勇于跨越
追求卓越

2020

CHINA RAILWAY ENGINEERING CORPORATION YEARBOOK

中国中铁年鉴

《中国中铁年鉴》编委会 编

中国经济出版社
CHINA ECONOMIC PUBLISHING HOUSE

图书在版编目（CIP）数据

中国中铁年鉴 . 2020 /《中国中铁年鉴》编委会编
. —北京：中国经济出版社，2020.11
ISBN 978-7-5136-6342-7

Ⅰ . ①中… Ⅱ . ①中… Ⅲ . ①铁路企业—企业集团—
中国—2020—年鉴 Ⅳ . ① F532.6-54

中国版本图书馆 CIP 数据核字（2020）第 180369 号

策划编辑　崔姜薇
责任编辑　王建昌
责任印制　马小宾
封面设计　任燕飞装帧设计工作室

出版发行　中国经济出版社
印 刷 者　北京富泰印刷有限责任公司
经 销 者　各地新华书店
开　　本　880mm × 1230mm　1/16
印　　张　45.5
字　　数　1580 千字
版　　次　2020 年 11 月第 1 次
印　　次　2020 年 11 月第 1 次
定　　价　300.00 元
广告经营许可证　京西工商广字第 8179 号

中国经济出版社 **网址** www.economyph.com **社址** 北京市东城区安定门外大街 58 号 **邮编** 100011
本版图书如存在印装质量问题，请与本社销售中心联系调换（联系电话：010-57512564）

《中国中铁年鉴（2020）》编委会

特约组稿和审稿人员（按姓氏笔画为序）

编辑说明

一、《中国中铁年鉴》是一部概览中国中铁系统各方面情况的综合性、资料性工具书，2003年创刊，逐年连续出版，本卷年鉴是第18卷。全书主要记载了中国中铁总部及所属企业2019年1月1日至12月31日生产经营、改革发展、科学技术创新、企业管理、党群工作等各项工作所取得的新成果、新经验以及重要活动信息。

二、本年鉴采取分类编辑法，按类目、分目、条目的结构组成内容体系，以不同字体、字号区别不同层次，条目标题均加【 】表示。为方便读者查阅，书中配备三重检索系统，即书前有详细目录、内文中有页眉检索、正文后有主题索引。

三、本年鉴设特稿、专文、大事记、概述、基建建设、勘察设计与咨询服务、工业制造、海外业务、实业投资及金融物贸、科技创新、行政工作、党群工作、人物、所属单位、附录和索引16个篇目、104个分目、1175个条目、9篇文章、103个图表（含示意图）。

四、本年鉴注重图片资料的收录，以彩页和压题、补白的形式编录，全文刊载图片358幅，在书前刊载专题彩色图片139幅，力求全书图文并茂地反映企业的发展历程。

五、本年鉴稿件由中国中铁总部各部门及所属各单位提供，所有稿件均经各部门和单位领导审核。年鉴文章、条目、图表中统计数据，由不同业务部门提供，如因统计口径不同而出现不一致之处，请以经营开发部和财务部的数据为准。

六、本年鉴的版式编排执行国家标准，计量单位一律采用国际单位制，文字采用国家文字改革委员会公布的标准简化汉字，专业术语采用有关国家标准和行业标准的约定，标点符号和数字书写按出版部门有关出版物的规定执行。如有疏漏之处，欢迎提出意见。

七、本年鉴根据行文实际需要，单位名称全称和简称并用。本年鉴出现的中国中铁所属各单位全称和简称对照参看“中国中铁所属单位全称及简称对照表”。

八、本年鉴的编辑出版，得到了中国出版协会年鉴工作委员会、中国经济出版社的指导和帮助，得到了中国中铁各级领导、部门的关怀和重视，得到了各编辑工作者的密切配合，谨在此向所有关心、支持和直接参与编撰工作的人员表示谢意和敬意。同时，欢迎社会各界提出宝贵意见，以便提高编撰质量。

中国中铁所属单位全称及简称对照表

中国铁路工程集团有限公司——集团公司

中国中铁股份有限公司——中国中铁、股份公司

中国中铁京津冀区域总部（中铁投资集团有限公司）——京津冀区域总部（中铁投资）

中国中铁华南区域总部（中铁南方投资集团有限公司）——华南区域总部（中铁南方）

中国中铁中南区域总部（中铁交通投资集团有限公司）——中南区域总部（中铁交通）

中国中铁西南区域总部（中铁开发投资集团有限公司）——西南区域总部（中铁开投）

中国中铁西部区域总部（中铁城市发展投资集团有限公司）——西部区域总部（中铁城投）

中国中铁华东区域总部［中铁（上海）投资集团有限公司］——华东区域总部（中铁上投）

中国中铁晋鲁豫区域总部（中铁发展投资有限公司）——晋鲁豫区域总部（中铁发展）

中国中铁北方区域总部（中铁北方投资有限公司）——北方区域总部（中铁北方）

中铁一局集团有限公司——中铁一局

中铁二局集团有限公司——中铁二局

中铁三局集团有限公司——中铁三局

中铁四局集团有限公司——中铁四局

中铁五局集团有限公司——中铁五局

中铁六局集团有限公司——中铁六局

中铁七局集团有限公司——中铁七局

中铁八局集团有限公司——中铁八局

中铁九局集团有限公司——中铁九局

中铁十局集团有限公司——中铁十局

中铁大桥局集团有限公司——中铁大桥局

中铁隧道局集团有限公司——中铁隧道局

中铁电气化局集团有限公司——中铁电气化局

中铁武汉电气化局集团有限公司——中铁武汉电化局

中铁建工集团有限公司——中铁建工

中铁广州工程局集团有限公司——中铁广州局

中铁北京工程局集团有限公司——中铁北京局

中铁上海工程局集团有限公司——中铁上海局

中国铁工建设有限公司——中国铁工建设

中铁国际集团有限公司——中铁国际

中铁东方国际集团有限公司——东方国际

中铁二院工程集团有限责任公司——中铁二院

中铁第六勘察设计院集团有限公司——中铁六院

中铁工程设计咨询集团有限公司——中铁设计

中铁大桥勘测设计院集团有限公司——中铁大桥院

中铁华铁工程设计集团有限公司——中铁华铁

中铁科学研究院有限公司——中铁科研院

中铁置业集团有限公司——中铁置业

中铁文化旅游投资集团有限公司——中铁文旅

中铁高新工业股份有限公司——中铁工业

中铁资源集团有限公司——中铁资源

中铁物贸集团有限公司——中铁物贸

中铁信托有限责任公司——中铁信托

中铁财务有限责任公司——中铁财务

中铁资本有限公司——中铁资本

中铁世德铁路投资有限公司——中铁世德

中铁云网信息科技有限公司——中铁信科

中铁国资资产管理有限公司——中铁国资

中国铁路工程集团有限公司党校——集团公司党校

① 2019年12月18日，中国中铁党委书记、董事长张宗言出席中国品牌论坛并作主旨演讲

② 2019年10月8日，中国中铁总裁陈云与来华访问的所罗门总理梅纳西·索加瓦雷在股份公司总部举行会谈

❶ 2019年1月25日，中国中铁纪委书记王士奇到磨万铁路项目三分部琅勃拉邦跨湄公河特大桥建设工地，慰问节日期间坚守施工一线的参建员工

❷ 2019年11月29日，中国中铁副总裁刘辉参加中国新型多制式智慧化轨道交通发展论坛

❸ 2019年9月20日，中国中铁执行董事章献到中铁隧道局施工的春风隧道项目检查工作

④ 2019年10月17日，中国中铁副总裁于腾群参加第六届中俄交通大学校长论坛

⑤ 2019年5月7日，中国中铁副总裁段永传到中铁置业贵州公司开展调研

⑥ 2019年9月6日，中国中铁副总裁刘宝龙到中铁东北投资集团有限公司及沈阳快速路总包部进行“防风险、保安全、迎大庆”安全质量环保专项检查

① 2019 年 2 月 25 日，中国中铁副总裁任鸿鹏会见越南代表团

② 2019 年 5 月 14 日，中国中铁工会主席刘建媛参加中国中铁“成都地铁杯”“天府机场高速杯”“西安地铁杯”劳动竞赛总结表彰会

③ 2019 年 4 月 15 日，中国中铁监事会主席张回家参加中国中铁广州南沙庆盛枢纽区块综合开发项目开工建设

4 2019 年 7 月 8 日，中国中铁总工程师孔遁调研中铁装备

5 2019 年 9 月 11 日，中国中铁总经济师马江黔到中铁六局装配式建筑产业基地调研指导

6 2019 年 6 月 25 日，中国中铁董事会秘书何文参加中国中铁 2018 年年度股东大会

1
2014年5月10日
习近平总书记考察中国中铁装备集团作出重要指示：
推动中国制造向中国创造转变

2
Grand Paris express
salini impregilo
NGE GC
Société du Grand Paris
egis TRACTEBEL

3
热烈祝贺国内首台高压水力耦合破岩TBM“龙岩号”成功下线

奋进
中国中铁
践行“三个转变”
CREC

4
“三个转变”重要指示发表五周年

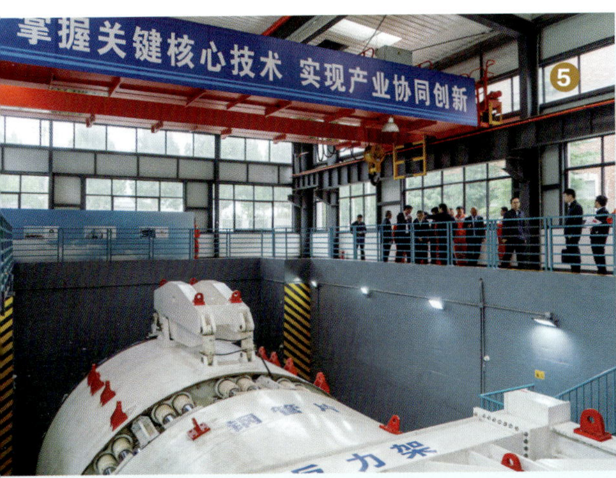

1. 2019年10月11日，中国中铁总裁陈云陪同国资委党委书记、主任郝鹏到中铁装备考察
2. 中铁装备制造生产的盾构机出口法国等20多个国家和地区，产销量连续三年世界第一
3. 中铁装备制造生产的具有颠覆性意义的高压水力耦合破岩TBM“龙岩号”下线，标志世界首台四代半掘进机问世
4. 中铁工业连续两年成功举办品牌论坛
5. 中铁装备强基工程试验平台
6. 中铁宝桥建设的中国规模最大、技术最先进、产品最齐全的重载高锰钢辙叉生产线投产
7. 中铁装备“隧道联络通道用盾构机及其联络通道掘进方法”获得中国专利金奖
8. 中铁装备在世界上规模最大、最有影响力的德国慕尼黑工程机械展亮相

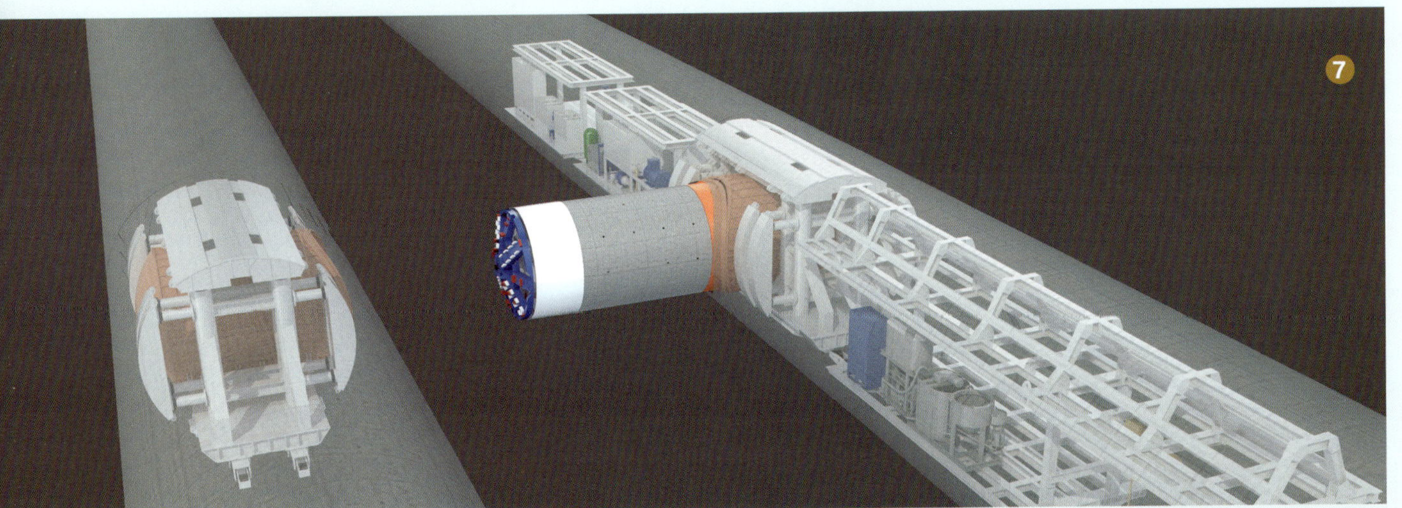

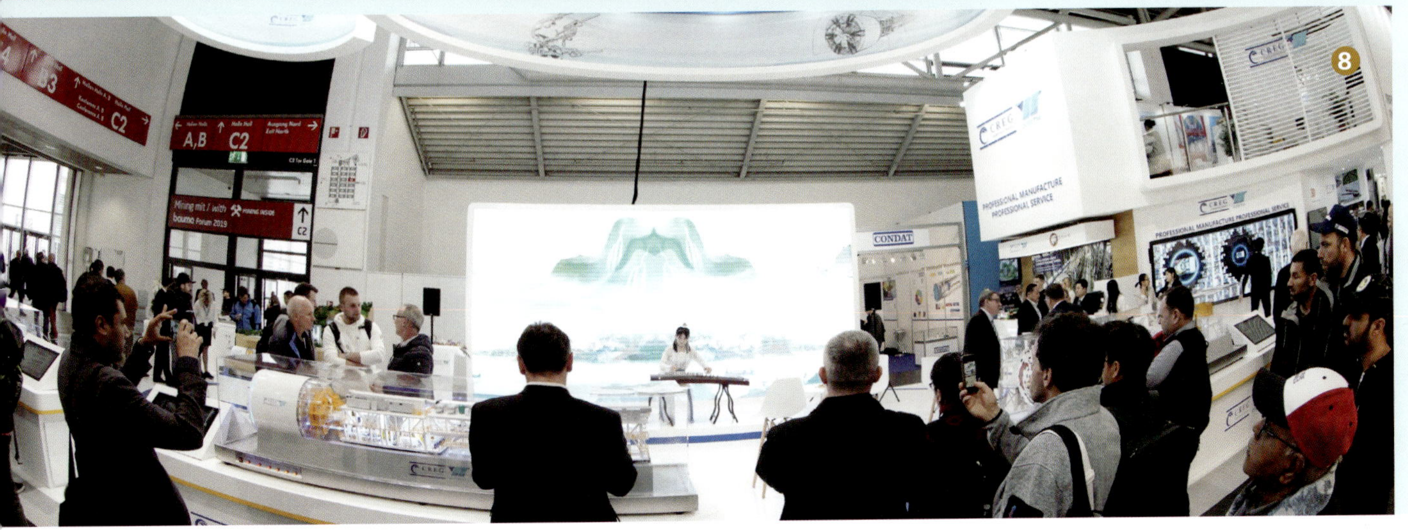

1. 中铁五局承建的中老铁路那通双线特大桥
2. 中铁大桥局承建的孟加拉帕德玛大桥
3. 中铁东方国际承建的马来西亚吉隆坡 MRT 二期项目
4. 中铁九局承建的刚果（金）卡莱米体育场工程
5. 2019 年 5 月 14 日，中铁三局参建的印尼雅万高铁 Walini 隧道贯通
6. 中铁隧道局承建的以色列特拉维夫轻轨红线工程
7. 中铁五局与加纳铁路发展部签订“加纳西线铁路项目曼索至库马西段（含敦夸至阿瓦索支线）施工与机车采购合同”
8. 中铁五局参建的斯里兰卡南部高速公路延长线工程
9. 中铁七局承建的坦桑尼亚 Dodoma—Babati（多多玛—巴巴提）道路项目获国家优质工程奖

BUMN
Walini Tunnel
Breakthrough

奋进
中国中铁

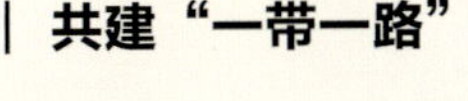
共建“一带一路”

加纳西部铁路项目合同签约仪式
中国中铁
CREC

中国中铁精准扶贫重点援建项目
签约仪式
汝城县人民政府
中国志愿服务基金会

奋进
中国中铁
精准扶贫

CREC

实训大楼

1 2019 年 10 月 31 日，中国中铁总裁陈云、工会主席刘建媛参加中国中铁精准扶贫重点援建项目签约仪式

2 2019 年 3 月 23 日，中国中铁组织定点帮扶贫困县农产品对接推介会

3 2019 年 3 月 22 日，党的十九大代表、全国劳模、央企楷模白芝勇为中国中铁援建工程测量专业学生授课

4 中国中铁精准扶贫技能教育培训基地实训大楼

5 中国中铁援建 3000 万元建设“中国中铁对口帮扶汝城县教育培训基地学生宿舍工程”开工仪式

6 中国中铁精准扶贫技能教育培训基地——电气运行与控制专业实训教室

7 中铁二局施工的纳雍县扶贫产业项目

8 2019 年 7 月 19 日，中铁广州局团委与汝城县团委联合开展“圆梦励志行”夏令营活动

热烈庆祝深圳市城市轨道交通首个双护盾TBM区间双线贯通
（10号线孖岭站-雅宝站区间）
中国中铁

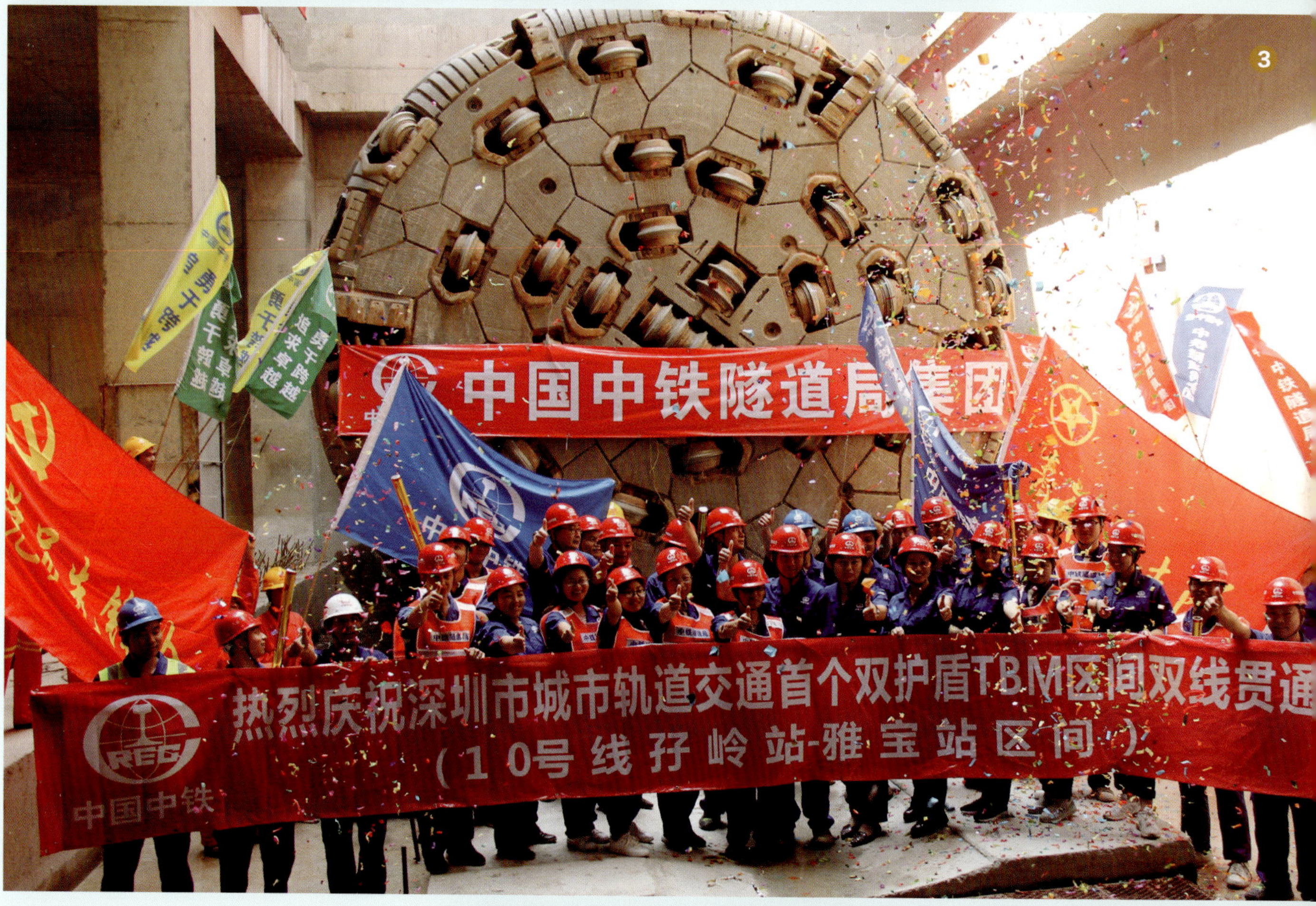

奋进
中国中铁
科技创新

闪亮的名字
2019 最美科技工作者发布仪式

① 中铁二院牵头、中铁隧道局参与研究的复杂地质与周边环境双护盾 TBM 设备研造与隧道建造关键技术获得 2019 年中国施工企业管理协会科技一等奖

② 中铁二院立项研究的复杂艰险山区高速铁路减灾选线及工程设计关键技术获得 2019 年中国铁道学会科技特等奖、2019 年中国交通运输协会科技特等奖

③ 中铁南方牵头、中铁隧道局参与研究的复杂地层双护盾 TBM 设计、研制与施工成套技术研究获得 2019 年中国铁路工程集团有限公司科学技术奖一等奖，图为中铁装备制造的型号为双护盾 TBM 盾构机 287/288，应用于深圳轨道交通 10 号线建设

④ 中铁大桥院副总工程师徐恭义入选全国“2019 最美科技工作者”

⑤ 中铁上海局受邀参加第十五届工程建设行业信息化发展大会

⑥ 中铁七局“非对称悬浇大跨度宽幅波形钢腹板 PC 箱梁施工技术研究”获工程建设科学技术进步奖二等奖

⑦ 中铁上海局参建的哈佳铁路获黑龙江省建设工程质量结构优质奖

1

2

3

4

奋进

中国中铁

| 获奖工程 |

1 中铁大桥局承建的宜昌市庙嘴长江大桥获中国建设工程鲁班奖

2 中铁隧道局承建的兰渝铁路西秦岭隧道工程获中国建设工程鲁班奖

3 中铁一局承建的长春市北郊污水处理厂扩建及提标改造工程获中国建设工程鲁班奖

4 中铁建工承建的哈尔滨站改造（站房、雨棚部分）工程获中国建设工程鲁班奖

5 中铁建工承建的滨海站获中国建设工程鲁班奖

6 中铁建工承建的中铁青岛世界博览城会议中心综合体项目获中国建设工程鲁班奖

7 中铁武汉电气化局参建的新建长沙至昆明铁路客运专线湖南段雪峰山一号隧道获中国建设工程鲁班奖

奋进
中国中铁
| 获奖工程 |
CREC

2

3

4

1. 中铁山桥参建的世界峡谷跨径最大钢桁梁悬索桥——湖南矮寨大桥获中国建设工程鲁班奖
2. 中铁大桥局、中铁宝桥参建的泰州长江大桥获中国建设工程鲁班奖
3. 中铁九局参建的玻利维亚乌尤尼35万吨年钾盐制造厂项目获中国建设工程鲁班奖
4. 中国中铁建设的深圳地铁11号线获中国建设工程鲁班奖和中国土木工程詹天佑奖
5. 中铁一局承建的国道317雀儿山隧道工程获国家优质工程奖
6. 中铁一局、中铁七局承建的西成客专跨西宝客专特大桥获国家优质工程奖
7. 中铁一局、中铁三局、中铁隧道局参建的杭州市紫之隧道（紫金港路—之江路）工程获第十七届中国土木工程詹天佑奖
8. 中铁南方、中铁一局、中铁广州局建设的南昌市九洲大道高架快速路工程（朝阳大桥—洪都大道）获国家优质工程奖

❶ 中铁大桥局承建的北京2022冬奥会交通保障工程京张高铁官厅水库特大桥

❷ 京张高铁最高试验时速达385千米

❸ 中铁五局承建的京张高铁长城站工程

奋进中国中铁

铁路工程

1. 2019 年 9 月 28 日，中国中铁承建的世界上一次性建成并开通运营里程最长的重载铁路浩吉铁路正式开通运营
2. 2019 年 11 月 29 日，中国中铁参建的汉十高铁正式通车
3. 中铁建工承建的北京丰台站施工全景
4. 中铁二院川藏铁路勘察设计人员向雪域高原进发

1 中铁一局参建的广西河池至百色高速公路

2 中铁三局承建的太原环城旅游公路暨公路自行车赛道工程新建段彩色路面

3 2019 年 12 月 4 日，中铁南方总承包建设的深圳地铁 14 号线首座车站封顶

4 2019 年 7 月 2 日，中铁开投建设的云南省东格高速公路通车运营

5 2019 年 11 月 29 日，由中铁设计承担勘察设计总承包的芜湖跨座式单轨万春湖—梦溪路区间先期试验段试乘

6 中国中铁承建的滇中引水工程楚雄段施工 9 标观音山倒虹吸工地

7 2019 年 12 月 25 日，中国中铁参建的厦门地铁 2 号线开通运营

8 2019 年 12 月 29 日，中国中铁投资建设的呼和浩特市城市轨道交通 1 号线开通试运营

1

奋进
中国中铁
| 公路及轨道交通工程 |

5

6

天竺山方向
To Tianzhushan
五缘湾方向
To Wuyuanwan
7

8
热烈庆祝呼和浩特市城市轨道交通1号线一期工程初期运营
守正创新 行稳致远
呼和浩特市城市轨道交通1号线一期工程初期运营
呼和浩特·2019年12月29日

① 中铁一局雄安新区“千年秀林”项目

② 中国中铁承建的广东珠三角水资源配置工程，助力粤港澳大湾区建设

③ 2019 年 12 月 29 日，中国中铁参建的银川都市圈城乡西线供水（一期）工程启动通水

④ 中国中铁助力中国火星探测事业，参建亚洲最大的大口径、全可动天线工程

⑤ 中铁一局参建的乌鲁木齐市政工程

⑥ 中铁四局承建的中国科学院微小卫星创新研究院（上海微小卫星工程中心）投入使用

⑦ 中铁三局承建的滹沱河生态修复改造工程

⑧ 中铁四局承建的合肥王小郢污水处理厂

⑨ 中铁北京局参建的北京大兴国际机场

6

7

8

奋进
中国中铁
市政工程

CREC

9

1. 2019 年 9 月 20 日，中铁大桥局承建的世界首座主跨超千米的公铁两用斜拉桥——沪通长江大桥合龙
2. 2019 年 9 月 25 日，中铁大桥局承建的中国首座跨海峡公铁两用大桥——平潭海峡公铁两用大桥全桥合龙
3. 2019 年 10 月 8 日，中铁大桥局承建的世界上跨度最大的双层公路悬索桥——武汉杨泗港长江大桥正式通车
4. 2019 年 5 月 16 日，中铁大桥局承建的世界上跨度最大的全漂浮体系斜拉桥——武汉青山长江大桥主桥合龙
5. 2019 年 12 月 26 日，中铁大桥局承建的中国首座公铁两用悬索桥、世界上运行荷载最大的高铁悬索桥——五峰山长江大桥主桥合龙
6. 中铁宝桥参建的北京新首钢大桥正式开通
7. 中铁七局承建的蒙华铁路南王隧道
8. 2019 年 12 月 31 日，中铁装备研发制造的中国最大直径泥水盾构机——“春风号”在深圳春风隧道进行盾构掘进

1. 中铁置业投资开发的中铁青岛世界博览城
2. 2019 年 5 月 12 日，中铁二局承建的成都天府恒大文化旅游城示范区正式开放
3. 2019 年 1 月，中铁三局承建的长春站南广场工程交付使用
4. 中铁置业与亳州市人民政府联手营建的陵西湖
5. 中铁建工承建的京张高铁清河站
6. 中国中铁参建的雄安火车站
7. 中铁建工承建的郑阜铁路周口东站
8. 中铁建工开发的诺德春风和院项目

清河站

周口东站

1. 中国中铁与南京市人民政府签署战略合作框架协议
2. 中国中铁与贵州省人民政府签署战略合作框架协议
3. 中国中铁参展第二届西部国际投资贸易洽谈会
4. 2019年7月26日，国家商务部组织2019年发展中国家中国援助项目管理研修班学员到中铁八局就非洲基础设施建设合作事项进行沟通交流
5. 2019年10月19日，由中国中铁主办、中铁工业承办的“川藏铁路建设极端装备技术交流会暨新品发布会”在郑州开幕
6. 2019年11月21日，中国中铁在北京和张家口两地开展了2019年“站房王牌＋冬奥会”主题反向路演活动
7. 2019年9月9日，中铁武汉电气化局代表中国中铁参加中国（西安）电子商务会

清　河　站
进站口2
Entrance
中国中铁
中国中铁反向路演活动

中国中铁股份有限公司
1

中国中铁2019年第一次临时股东大会
中国中铁股份有限公司
2019年第一次临时股东大会
2

奋进
中国中铁
企业管理

中国中铁三级工程公司
建设工作会议
3

中国中铁管理实验室活动推进暨"蒙华杯"劳动竞赛总结表彰大会
4

1. 中国中铁 2019 年中期业绩推介会
2. 中国中铁 2019 年第一次临时股东大会
3. 2019 年 12 月 4 日，中国中铁召开三级工程公司建设工作会议
4. 中国中铁管理实验室活动推进暨“蒙华杯”劳动竞赛总结表彰大会
5. 中铁八局建筑公司中坚力量训练营
6. 2019 年 5 月 29 日，中铁置业财务共享中心正式挂牌
7. 中国中铁所属单位组织员工学习
8. 中国中铁资本市场荣誉

① 中国中铁党委开展“不忘初心、牢记使命”主题教育活动

② 中铁五局开展“勇担当 · 强作为 · 当先锋”党建专题活动

③ 中铁一局领导干部廉洁从业专题教育

④ 中铁开投贵阳轨道 3 号线举行“不忘初心　牢记使命”“贵阳轨道党旗红　建功立业当先锋”党建活动

⑤ 中铁装备“蜂巢式”党建荣获“守初心 担使命”全国党刊基层党建十佳创新案例

⑥ 中铁置业组织基层党建业务技能大比拼

⑦ 中铁国际在井冈山市红色文化培训中心举办基层党组织书记暨党务工作人员“不忘初心　牢记使命”实地践学培训班

不忘初心 牢记使命
4

心 担使命”全国党刊基层党建创新案例
首届广东基层党建创新案例交流会
5

奋进
中国中铁
党建工作

CREC

6

7
中铁国际集团有限公司
不忘初心 牢记使命

1 中央电视台在中铁大桥局承建的沪通长江大桥录制国庆特别节目《我爱你中国》

2 中国中铁总部机关开展庆祝新中国成立70周年合唱比赛活动

3 中铁开投企业文化成果展示

4 中铁二局EAP团体心理辅导走进西藏米拉山工地

5 中铁置业启动首届美食节

6 中铁七局组织女性员工开展花艺踏青活动

7 2019年10月25日，中国中铁组织的“共建老中铁路 · 共筑美好家园”老中铁路“友谊之桥”青年文化交流活动在老挝琅勃拉邦苏发努冯大学隆重举行

8 2019年7月27日，中铁设计京张高铁项目团队参加央视《开讲啦》栏目

5
中国中铁

6

7
中国中铁
共建老中铁路 · 共筑美好家园

8

中铁八局

“思从心涌 把爱传递”
“五四”联谊活动

高起点谋划高效率推进高标准建设

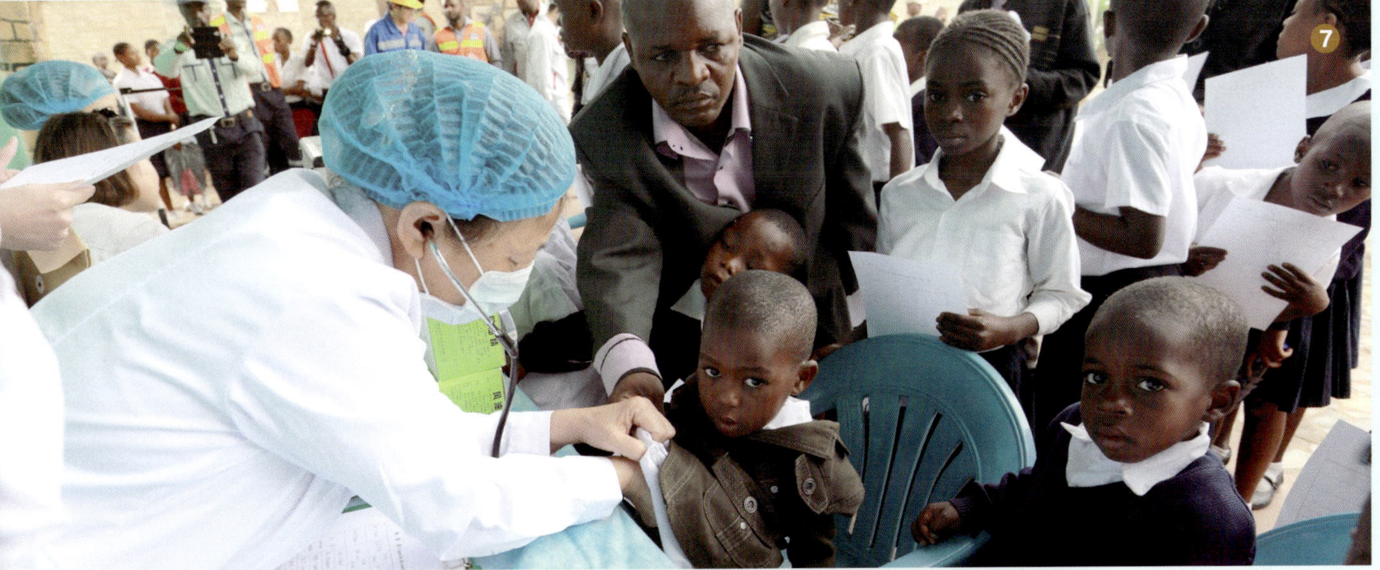

1. 中国中铁参与老成渝铁路抢险救援工作
2. 中国中铁紧急参与埃塞俄比亚空难救援
3. 中铁科研院与中国中铁映秀幼儿园师生举办“五四”联谊活动
4. 中铁开投投资建设的云南东格高速公路项目边坡绿化自动喷淋系统
5. 中国中铁投资建设的京新高速公路沿线防沙固沙成效显著
6. 中国中铁基层单位积极开展垃圾分类活动。图为中铁大桥局重庆南纪门长江轨道专用桥项目部开展“净岸”活动
7. 中铁资源刚果（金）项目卫生所开展义诊
8. 中铁上海局帮助困难员工脱贫解困

目 录
CONTENTS

特 稿

专 文

大事记

概 述

企业基本情况

职工队伍

资产和技术设备

管理创新、科技创新

生产经营发展

践行“三个转变”重要指示

坚决打赢精准脱贫攻坚战

企业高质量发展

基建建设

基建建设经营开发

基建建设生产管理

二次经营

安全质量管理

勘察设计与咨询服务

勘察设计生产经营

技术咨询与服务

优秀工程勘察设计奖

优秀工程咨询成果奖

工业制造

工业企业生产经营

主要产品

生产工艺及技术创新

海外业务

实业投资与金融物贸

实业投资

金融信托

物资贸易

科技创新

行政工作

董事会办公室（监事会办公室）

总裁办公室

战略规划部

财务部

干部部

劳资社保部

法律合规部

审计部

经营开发部

投资发展部

房地产与养老产业部

生产管理部

安全质量监督部

科技与信息化部（技术中心）

成本与采购管理部

行政管理部（离退休人员管理部、保卫部）

国际事业部

大企业合作事业部

党群工作

党委（保密）办公室

党委组织部

党委宣传部

党委巡视办公室

纪　委

工　会

团　委

机关党委（机关工会）

中国中铁报社

人　物

新闻人物

科技人物

模范人物

所属单位

中国中铁京津冀区域总部 中铁投资集团有限公司

中国中铁华南区域总部 中铁南方投资集团有限公司

中国中铁中南区域总部 中铁交通投资集团有限公司

中国中铁西南区域总部 中铁开发投资集团有限公司

中国中铁西部区域总部 中铁城市发展投资集团有限公司

中国中铁华东区域总部 中铁（上海）投资集团有限公司

中铁一局集团有限公司

中铁二局集团有限公司

中铁三局集团有限公司

中铁四局集团有限公司

中铁五局集团有限公司

中铁六局集团有限公司

中铁七局集团有限公司

中铁八局集团有限公司

中铁九局集团有限公司

中铁十局集团有限公司

中铁大桥局集团有限公司

中铁隧道局集团有限公司

中铁电气化局集团有限公司

中铁武汉电气化局集团有限公司

中铁建工集团有限公司

中铁广州工程局集团有限公司

中铁北京工程局集团有限公司

中铁上海工程局集团有限公司

中铁国际集团有限公司

中铁东方国际集团有限公司

中铁二院工程集团有限责任公司

中铁第六勘察设计院集团有限公司

中铁工程设计咨询集团有限公司

中铁大桥勘测设计院集团有限公司

中铁华铁工程设计集团有限公司

中铁科学研究院有限公司

中铁置业集团有限公司

中铁文化旅游投资集团有限公司

中铁高新工业股份有限公司

中铁资源集团有限公司

中铁物贸集团有限公司

中铁信托有限责任公司

中铁财务有限责任公司

中铁资本有限公司

中铁国资资产管理有限公司

中国铁路工程集团有限公司党校

中国中铁雄安新区投资建设总指挥部

中国中铁股份有限公司珠三角城际工程建设指挥部

中国中铁股份有限公司广州轨道交通指挥部

中国中铁股份有限公司孟加拉帕德玛大桥铁路连接线项目经理部

中国中铁股份有限公司印尼雅万高铁项目经理部

中国中铁股份有限公司 哈大铁路客运专线工程指挥部

中国中铁股份有限公司双辽至洮南公路建设项目第 ST01 合同段项目总经理部

附 录

统计资料

文件辑要

企业名录

索 引

中国中铁
CHINA RAILW

CHINA RAILWAY ENGINEERING CORPORATION YEARBOOK

特 稿

优化治理体系　提升治理能力
努力建设具有全球竞争力的世界一流企业

——党委书记、董事长张宗言在中国中铁三届一次职代会暨2020年工作会上的讲话

（摘要）

（2020年1月11日）

一、2019年党委和董事会工作取得显著成绩

2019年是新中国成立70周年。一年来，公司党委和董事会深入学习贯彻习近平新时代中国特色社会主义思想，坚决落实总书记重要指示批示精神、党中央重大决策部署以及国资委党委工作要求，聚焦高质量发展，抓改革促创新、补短板提质量，顺利实现公司领导班子新老交替，推动企业改革发展党建稳健前行，各项工作取得了显著成绩。

1. 企业改革发展成效突出。我们以政治建设为统领，坚持和加强党的领导，不断增强“四个意识”、坚定“四个自信”、坚决做到“两个维护”，主动服务落实中央重大决策部署和国家重大战略，大力推进改革发展。“双百行动”、解决企业办社会职能历史遗留问题等国资国企改革顺利推进，对外兼并重组、对内瘦身健体和组建新兴产业市场主体取得实质性进展，区域经营、立体经营、专业化经营加密加深持续优化，管理实验室活动和各种创新活动蓬勃开展，宏观成本管理与微观成本管理并重的理念和举措不断落实。在一系列改革管理措施推动下，全年新签合同额突破2万亿元大关，同比增长超过27％，连续跨越1.7万亿元、1.8万亿元、1.9万亿元、2万亿元四个千亿元级台阶；营业收入8508.84亿元，同比增长14.92％，营业收入的增长率以及超过1100亿元绝对值的增加，都是多年来没有过的；实现利润总额313.32亿元，同比增长37.96％；扣除非经常性损益后的净利润为178.94亿元，同比增长12.80%，利润总额和净利润分别首次跨越310亿元和250亿元的台阶。各项主要经济指标均创历史最好成绩，实现历史性的更大跨越，为国民经济稳增长做出了突出贡献。

2. 主题教育工作扎实开展。聚焦“守初心、担使命，找差距、抓落实”总要求，以深入学习贯彻习近平新时代中国特色社会主义思想为主线，坚持高起点开局、高标准推进，把学习教育、调查研究、检视问题、整改落实贯穿主题教育全过程，圆满完成第一批和第二批主题教育的各项任务。公司党委坚持刀刃向内、自我革命，认真查摆问题，积极制定整改措施，集中破解了一批事关企业改革发展党建大局的重要问题，解决了一批职工群众反映强烈的突出问题，推动“理论学习有收获、思想政治受洗礼、干事创业敢担当、为民服务解难题、清正廉洁作表率”目标顺利实现，得到国资委党委和国资委第一巡回指导组的充分肯定，相关做法在国资委会议上作了经验交流。

3. 公司治理水平逐步提升。坚持党的领导与完善公司治理有机统一，及时修订完善公司章程，“双向进入、交叉任职”的领导体系持续巩固，公司党委会、董事会、经理层议事制度不断完善，议事决策程序更加规范。组织董事会成员开展了多次专项调研，建立了“三重一大”决策和运行监管系统，党委“把方向、管大局、保落实”职能与董事会“定战略、决大事、控风险”职能相得益彰，作用发挥良好。坚持把加强干部队伍和各类人才队伍建设作为提高治理水平的重要抓手，不断完善有关制度办法，认真做好领导干部培训工作，积极推动干部交流任职，各级班子的战斗力不断增强；召开中国中铁首次人才工作会议规划部署企业人才工作，企业人才工作呈现出崭新的发展面貌。

4. 三基建设质量持续提高。召开“三基建设”现场会部署基层党建工作，研究制定加强基本组织、基本队伍、基本制度建设的实施意见，明确了今后三年的工作目标和工作举措。坚持党组织与行政组织同步设置，公司新成立的二级单位

全部同步设置党组织，全面加强了党员教育和基层党务工作培训，推进了基层党建工作制度不断完善。层层压实党建工作责任，坚持和落实了二级企业党委书记现场述职评议制度，对所属单位党建工作责任制的落实情况进行了年度考核评价。开展形式多样的创先争优活动，评选表彰了“三基建设”示范党支部，公司党委在中央企业地方国资委负责人会上交流了党建工作经验，总部离退休干部党总支荣获“全国离退休干部先进集体”。

5. 党风廉政建设纵深推进。严格落实“两个责任”，多次召开会议安排部署党风廉政建设工作，推动落实了企业纪检监察体制改革，制定了高质量推进实施中老铁路项目工作方案，积极打造中老铁路“廉洁之路”示范工程。认真配合国资委党委常规巡视，完成内部 10 家单位巡视，企业领导人员违规经商办企业专项整治实现处级以上干部全覆盖。驰而不息纠正“四风”，梳理并推动落实了解决形式主义突出问题为基层减负的一系列措施，积极推进总部“机关化”问题整改，驻京办事机构清理取得实质性成效。一体推进不敢腐、不能腐、不想腐，运用“四种形态”处理党员领导干部 2789 人次，召开了公司历史上规模最大的警示教育大会，取得了良好的警示与震慑效果。

6. 和谐企业建设有声有色。坚持党的群众路线，弘扬劳模精神、劳动精神和工匠精神，推动广大员工建功立业，共有 178 人和 144 个集体获得省部级以上荣誉。巨晓林、窦铁成当选新中国“最美奋斗者”，严金秀当选国际隧协主席和“2019 中国十大女性人物”。广泛开展职工技能大赛，举办了形式多样的劳动竞赛和青年活动。全面超额完成年度扶贫目标，公司定点扶贫的保德县、汝城县和桂东县全部脱贫摘帽，企业内部 1481 户困难职工实现解困脱困。与此同时，努力做好对外宣传工作，全年在中央主流媒体刊发宣传稿件创历史新高，积极参加央企领导上高校讲台、中国品牌论坛、庆祝新中国成立 70 周年等活动，跨文化融合工作取得积极进展，在讲好中国中铁故事、传播中国中铁声音中，展现了中国中铁良好的对外形象。

公司党委和董事会在过去一年取得的成绩，是包括李长进同志在内的班子成员和董事会成员真抓实干的结果，是全系统干部职工共同奋斗的结果。在此，我代表公司党委和董事会对大家在过去一年的辛勤付出致以崇高的敬意并表示衷心的感谢！

二、2020 年面临的形势和总体要求

2020 年是全面建成小康社会、实现第一个百年奋斗目标的决胜之年，是“十三五”规划落地收官、“十四五”规划谋篇布局的关键之年，是我们推进建设世界一流企业接续奋斗至关重要的一年。企业面临的形势，总体上看是机遇与挑战并存。

▲ 2019 年 5 月 20 日，中国中铁参建的郑州地铁 5 号线正式开通运营

就客观形势而言，虽然当前世界经济仍处在国际金融危机后的深度调整期，增长持续放缓，世界大变局加速演变，全球动荡源和风险点显著增多，经济下行压力进一步加大，各种不确定性因素进一步交织，一些风险隐患水落石出效应显现，企业经营将增加一些新的困难，但当前和今后一个时期，我国经济稳中向好、长期向好的基本趋势没有变，特别是中央经济工作会明确的一系列稳增长措施，为建筑企业发展提供了新的利好。第一，更加积极的逆周期调节政策给企业发展提供新机遇。根据中央经济工作会精神，今年经济运行要保持在合理区间，逆周期调节政策力度将相应加码，加强基础设施建设仍是稳增长的一大重点，特别是明确要加强城市更新和存量住房改造提升，以“旧改”接力“棚改”体量巨大，市场规模初步测算达3万亿~5万亿元，每年达到1万亿元左右。同时，交通基础设施投资持续发力，今年将完成铁路投资8000亿元，公路水路投资1.8万亿元，民航投资900亿元，形势令人鼓舞。第二，不断优化的区域经济格局为企业发展提供新天地。今年国家将加快落实区域发展战略，推进雄安新区建设，落实长江经济带保护措施，推动黄河流域生态保护和高质量发展，提高中心城市和城市群综合承载能力，包括长江三角洲区域一体化发展规划纲要、粤港澳大湾区发展规划纲要、西部陆海新通道总体规划等将全面展开，将为企业发展提供广阔的舞台。第三，持续深化的高水平开放将为企业发展提供新空间。党的十九届四中全会《决定》明确要实施更大范围、更宽领域、更深层次的全面开放。“引进来”与“走出去”从来都是相辅相成的，我国更高水平的对外开放，将为我们更大范围、更宽领域、更深层次“走出去”创造更加广阔的空间。第四，密集出台的系列优惠政策将为企业发展提供新条件。主要是国家着力为企业减负，出台的大规模减税降费政策，将为企业发展提供新的有利条件。第五，常态推动的全面从严治党将为企业发展提供新环境。纵深推进全面从严治党，以党风带动政风、社风持续改善，将为企业营造更好的公平竞争营商环境。

我们面临的挑战，主要是来自企业内部。中国中铁是一个优秀企业，历史底蕴深，科技实力强，行业专业化水平高，曾经创造出十分辉煌的业绩，但由于多方面的原因，发展中也积累了诸多痼疾，严重制约企业适应当前形势发展的需要，严重影响企业做强做优做大，实现真正的高质量发展。主要是：战略管控能力虚化，“建筑为本、相关多元”产业组合战略模糊，二级单位故步自封与盲目多元化两种错误倾向同时存在；市场竞争能力不强，规模优势逐步丧失；资源错配现象严重，机构重叠、职能交叉、二级单位总部臃肿、项目部养闲人等问题长期存在，导致宏观成本失控，人均产能低下；海外经营能力弱，国际化水平远远落后于兄弟央企；经营管理的理念思路落后，经营创新和管理创新不足；集团管控力差，全产业链优势发挥不够，各单位各自为战，发展不平衡不充分的问题突出；风险管控体系不完善，重生产轻效益、忽视资产质量的思维徘徊不去，问题资产较多；企业文化建设避实就虚，有些领导干部安于现状，怯于创新，坐井观天，夜郎自大，并且形式主义、官僚主义、享乐主义和奢靡之风时有反弹，与“追求卓越、勇于跨越”的中国中铁价值追求背道而驰；等等。解决这些问题对我们构成了巨大挑战，我们也只有克服这些内部挑战，才能抓住机遇，乘势而为，引领企业迈向美好的发展明天。

基于中央决策部署和内外部形势分析，2020年企业工作的总体要求是：以习近平新时代中国特色社会主义思想为指导，深入贯彻落实党的十九大、十九届二中、三中、四中全会和中央经济工作会、中央企业负责人会议精神，坚持稳中求进工作总基调，坚持新发展理念，坚持高质量发展，全面加强党的领导党的建设，以优化治理体系、提升治理能力为抓手，统筹推进稳增长、促改革、强创新、调结构、严监管、防风险，着力做优经营链、做精管理链、做强产业链、做实价值链、做大动能链，增强企业竞争力、创新力、控制力、影响力和抗风险能力，努力建设具有全球竞争力的世界一流企业，为决胜全面建成小康社会做出新的更大贡献。全系统各级各单位干部职工都要围绕这一总体要求，在新一年奋勇拼搏。

三、优化战略管理体系，提升建设世界一流企业的战略引领能力

我们是一个拥有八大业务板块、四十多家二级单位、三十余万职工的特大型中央企业集团。战略既决定企业的发展秩序，也决定企业的发展质量。新的一年，我们要把强化战略管控作为首要任务来抓。

1. 要明确企业的战略定位。一是要明确企业的地位作用定位，习近平总书记反复强调，国有企业是中国特色社会主义的重要物质基础和政治基础，是中国特色社会主义经济的“顶梁柱”。我们是中央企业，是党领导下的企业，必须坚决做到“两个维护”，当好“两基一柱”不动摇。二是要明确中国中铁的产业发展定位，不论是从企业的资源禀赋看，还是从国资委给我们确定的主业主责看，必须坚守“建筑为本、相关多元”的产业发展战略。我们是一个综合产业集团，不是一个“大杂烩”，我们的八大业务板块都是围绕建筑主业展开的，也必须始终围绕做强做优做大建筑主业向前发展。三是要明确所属各板块各单位的主业主责定位，中国中铁有八大板块，并不意味所属单位都要发展八大板块；中国中铁在各建筑相关领域无所不包，并不意

味着所属各单位都要无所不包。各板块各单位要严格落实股份公司给出的正面清单和负面清单，找准自己在中国中铁这个大家庭中的准确定位，坚持在自己的主业主责范围内图生存求发展。

2. 要确保不发生路径偏差。在生产经营过程中，必须以健全完善的战略管控体系确保不发生路径偏差。其中有三个重点：一是各级总部部门特别是战略规划、经营投资、财务管理、法律合规等关键部门要全面履职，在产业布局、机构改革、经营决策、投资领域、资源配置等各方面强化监督，严格把关，确保不发生发展方向偏离现象。二是各板块各单位要正确处理"恪守主业主责"与"相关多元发展"的关系。各投资开发、地产开发、工业制造、物流贸易、矿产资源以及金融单位要根据分工努力在各自的经营领域全面多元发展，但任何时候都不能忘记服务、促进主业发展的初心；各专业工程局要努力推进自身专业的相关多元化，但不能过界，放任发展与自身专业无关的综合工程业务。三是各级法人的基本职能不能发生偏差，要认真落实"股份公司重在产业管控、二级公司重在市场经营、三级公司重在生产组织"的要求，重点是各二级公司不能避实就虚，必须全面落实推进区域经营和加强三级公司建设的要求，坚决把自己应该承担的经营管理责任承担起来。

3. 要创造性完成"十三五"规划。要全面对照规划目标，查漏补缺、攻坚克难，确保"十三五"规划高质量圆满收官。一是要确保完成主要经济指标，确保完成规划确定的主要经济指标是重点，也是底线。需要强调的是当初我们制定"十三五"规划时经济指标普遍保守，必须对标兄弟央企，以时不我待的紧迫感，奋力一搏，确保"十三五"主要经济指标完成情况不落后，使"勇于跨越、追求卓越"更加名副其实，而不仅仅是一句空洞口号。二是要确保完成各项子规划，要认真梳理改革发展、安全生产、科技、人才、信息化、节能减排、企业文化等子规划的完成情况，尤其要把完成中央重大决策部署情况作为重点，对照差距，精准施策，确保全面完成各子规划确定的任务。三是要完成好规划总结评估，总结评估是完成"十三五"规划的重要内容，要把总结评估转化为盘点收获、查漏补缺的过程，转化为深化认识、总结规律的过程，转化为凝心聚力、促进落实的过程，特别是要与世界一流企业对标，明确优势，找准差距，为建设世界一流企业提供重要参考。

4. 要认真谋划"十四五"规划。"十四五"是中国中铁实现高质量发展、建设世界一流企业的重要历史阶段。各级各单位要高度重视"十四五"规划编制工作。在谋划"十四五"规划过程中，要坚持"五种思维"，即坚持政治思维，把坚决贯彻落实习近平新时代中国特色社会主义思想、习近平总书记重要指示批示精神和党中央重大决策部署贯穿规划编制始终；坚持改革思维，把破除制约发展的体制机制障碍贯穿规划编制始终；坚持创新思维，把增强高质量发展新动能贯穿规划编制始终；坚持全球思维，把推动中国中铁高水平开放合作和国际化经营贯穿规划编制始终；坚持底线思维，把防范化解重大风险挑战贯穿规划编制始终。要贯彻"五项原则"，即上级要求与企业实际相衔接，目标导向与问题导向相统一，立足国内与面向全球相统筹，全面规划与突出重点相协调，战略性与操作性相结合。牵头部门要认真筹划，集思广益，群策群力，反复研讨，确保规划文本质量，使其真正成为指导企业高质量发展、建设世界一流企业的行动纲领。

四、优化创造创新体系，提升建设世界一流企业的市场竞争能力

发展来源于创造，创造植根于创新。新的一年，我们要聚焦经营创造的各级主体，认真贯彻国资委深化国企改革三年专项行动方案和创新发展部署，着力做大动能链，真正以创造创新引领企业高质量发展。

1. 优化资源配置，夯实主业主责的竞争力。要按照"破旧、立新、压减、去非"的基本思路优化资源配置，全力做强主业主责。"破旧"就是要深化供给侧改革，推进非主业主责单位撤并处置工作，实现资源集聚发展，增强主业竞争力。"立新"就是要全面发展新兴产业，加快内外兼并重组，做好分拆上市工作，推动城市建设及更新、工业与民用建筑、水务环保、地下空间等新市场快速发展。"压减"就是要坚持压减企业户数与压减各级编制并举，凡不符合标准的三级及以下企业必须在今明两年内全部压减到位，二级企业总部的编制在6月底前必须全部压减到位。"去非"就是要加快剥离企业办社会职能和解决历史遗留问题，重点完成好"三供一业"移交收尾以及医疗、职教、退休人员社会化管理和厂办大集体改革工作，实现企业轻装前行。

2. 完善经营机制，增强市场开发的竞争力。要坚持市场导向和问题导向，全面完善区域经营与立体经营机制。要健全区域经营管理，一方面是要根据国家区域经济发展战略和各地发展规划，突出重点，兼顾一般，织密织深区域经营网点，确保"有鱼的地方有人钓鱼"；另一方面是全面落实区域经营管理要求，重点是通过落实二级公司领导班子成员的经营责任落实二级公司的经营责任，推动区域经营强劲发展。要深化立体经营协同，一方面是各区域总部（投资公司）要全新定位，看重使命，守土有责，小我服从大我，全面履行好立体经营职责；另一方面是各业务系统，重点是财务金融系统必须大力作为，打造好支撑立体经营的重要增长极。要强化房建经营机制，除建工集团强力主攻房建市场外，各单位都要强化房

建市场经营发展机制，以发育城市“塔吊”为标志，以房建市场渗透城市综合体市场，以城市综合体引领城市立体经营，全面提高企业在城市建设市场的综合竞争力。

3.改革海外体制，提升国际经营的竞争力。历经一年多的研讨论证，中国中铁海外经营体制机制改革总体方案已经出台公布，今年要通过周密工作确保这一重大改革顺利实施。有关工作我们将通过召开专题大会进行安排部署，在这里强调两点：一是建设“一体两翼N驱”海外经营新格局是股份公司党委经过慎重研究作出的重大决策，各单位必须摆正位置，坚决服从，积极配合，不得以任何理由阻碍改革方案落地。二是广大海外工作者要正确理解海外“双优”发展战略，坚持优先发展与优质发展相辅相成，两位一体；要以强烈的使命担当，积极投身于“一带一路”建设伟业，确保新一年海外新签明显进步，实现海外体制改革头年良好开局，以优异的经营业绩，不断彰显企业快速增长的全球竞争力。

4.推进管理创新，形成效率成本的竞争力。近几年的经营实践和管理实践表明，效率成本问题是制约我们中国中铁竞争力的最大因素。今年春节后，我们要对为期三年的管理实验室活动进行全面总结，但活动的结束不意味着实验室的终结，相反，我们要长期依托实验室推动各领域管理创新。要聚焦运行效率问题，对各级各部门各单位的权责分工、决策程序、时长卡控等进行大胆实验，推陈出新，努力把效率提上去；要聚焦综合成本问题，对宏观成本与微观成本的具体管控措施进行大胆实验，创新举措，切实把综合成本降下来；要聚焦专项管理问题，如投资项目责权利分割问题、滇中引水特殊项目问题等，适时开展专项管理实验室活动，通过实验创新，解决实践中的矛盾困难；要聚焦基层激励问题，在经营一线、项目一线、车间一线，大胆实验各种激励措施，充分调动员工降本增效的积极性，促进管理全面升级。

5.强化科研开发，壮大科技领先的竞争力。习近平总书记六年前在中铁装备作出的“三个转变”重要指示，既是我们的巨大荣誉，更是我们的重大责任。我们必须持续深入践行“三个转变”，勇当央企科技创新的排头兵。要加强企业科研平台建设，在加强现有国家级重点实验室运行管理的同时，积极争取更多的国家级创新平台。要加强关键核心技术攻关，积极承担面向2030年的重大工程科技任务，抓好关键核心技术攻关，落实好川藏铁路等重点项目的科研开发计划。要加强科研开发工作激励，健全完善科技创新体制机制，充分激发科技人才投身科研创新的积极性。要加强科技成果申报评选，以响当当的科技成果证明企业的科技实力，彰显中国中铁在业内科技领先的卓越形象。

▲京张高铁南口高架特大桥工程

五、优化营运控制体系，提升建设世界一流企业的现代管理能力

营运控制是企业管理的核心内容，是经济运行质量的根本保证。要从健全完善营运控制体系入手，优化顶层设计，推进企业治理体系与治理能力现代化。

1.优化法人治理，着力建立中国特色现代企业制度。建立现代企业制度是国企改革的方向，优化法人治理是建立现代企业制度的核心。要坚持“两个一以贯之”，进一步健全党组织发挥领导作用的制度体系和工作机制，推进党委发挥领导作用的决策事项清单化，推进合资企业、新设企业党建进章程。不断健全董事会制度体系和工作机制，持续增强董事会整体功能；规范所属子公司法人治理结构，落实子公司董事会职权；强化参股管理，规范参股股权行使办法，防止“只投不管”。要完善决策机制与流程，进一步厘清党委会、董事会、经理层权责边界，健全企业“三重一大”决策事项清单，完善决策方式、决策流程，规范落实党委会“前置程序”，提升决策质量与决策效率。要提高治理主体履职能力，全面加强股份公司委派的专职外部董监事队伍建设，着力提升董监事财务、运营以及投融资项目合规管理等方面的专业能力，充分发挥专职外部董监事的作用。

2.理顺内部关系，着力形成一盘棋高效运转体制。要围绕建设“一个中国中铁”，促进中国中铁“一盘棋”高效运转，全面理顺内部关系。在管理体制上，股份公司重点要抓好产业板块管控、区域总部经营和所属各单位均衡发展，二级公司要突出抓好区域经营机构和三级公司两类单位的建设管理，三级公司要着力形成“公司总部管总、专业分公司主建、项目经理部主战”的基本格局。在经营关系

上，要坚持股份公司高端经营、二级公司主体经营、三级公司辅助经营，其中的重点：一是二级公司必须在市场经营上承担主体责任，切实把三级公司从繁重的经营任务中解放出来；二是股份公司区域总部必须提高站位、形成能力，二级公司要自觉服从股份公司区域总部的统筹协调，在区域总部的经营统筹下拧成一股绳，聚合全产业链优势，形成强大的市场竞争力。在经济关系上，要以中国中铁内部经济关系规范为纲，厘清股份公司与所属二级单位、二级单位相互之间的经济关系，重点要全面规范区域总部（投资公司）的收费办法，充分调动各单位拓展市场、提质增效的主动性、积极性和创造性。

3. 完善内控管理，着力防范化解重大风险。防范化解重大风险既是打好“三大攻坚战”的重要内容，也是企业实现稳健发展的内在要求。一是要高度警惕并严防投融资风险，持续完善投融资项目运作管控机制，严把 PPP 等投融资项目论证决策关，严格执行基础设施投资项目负面清单，落实投融资项目“五个不准”，除中铁信托外严禁脱离主业开展金融投资业务，严禁超越财务承受能力开展投资活动，充分发挥投融资预算的控制作用，无预算不投资。二是要缜密营运严防债务风险，坚持带息负债规模和资产负债率双重管控，持续落实投资项目“两平衡、两调节”原则，深化抓“双清”、压“两金”工作，强化经营性净现金流管理，加强资金集中管控，积极开展权益类融资，有序推进资产证券化，坚持业绩考核资产负债率“一票否决”，确保资产负债率达到国资委管控目标。三是要强化管理严防安全质量风险，持续推进安全生产“管”“监”责任落实，加强安全质量教育培训，发挥机械装备和科学技术对安全质量的保障作用，推进“本质安全型”企业建设，杜绝较大以上安全质量事故，确保安全质量形势总体稳定。

4. 落实去机关化，着力建设市场化的“价值型”总部。“火车跑得快，全凭车头带”，企业要提升营运控制水平，必须把各级总部建设好。要进一步贯彻落实习近平总书记关于整治中央企业总部机关化问题的重要批示，根据国资委部署，持续深化总部机关化专项整改，全面推动“价值型”总部建设。要明确各级总部职能定位，厘清股份公司、二级公司、三级公司总部的管理职能，按照“功能决定架构，架构决定编制”原理，全面落实股份公司关于压减各级总部编制的要求，实现各级总部精兵简政、精干高效。要加大“放管服”力度，精简审批事项，把该放的权力放下去；明晰管控事项，把该管的事项管起来；提高服务水平，把该服务的服务到位。要加强总部员工队伍建设，以“价值型”员工支撑“价值型”总部建设，以总部员工的过硬素质确保总部的权威性和对下管控的科学性。要加强信息化建设，新成立的信息化公司要看重责任，通过有效作为尽快解决信息孤岛问题，为各级总部实施高效、精准的管理服务提供优质畅通的“高速公路”。

六、优化基础管理体系，提升建设世界一流企业的内在支撑能力

地基固则大厦坚，地基松则大厦倾。基础管理是企业生存的根本、发展的基石。我们要始终重视基础管理，坚持在练好内功、强身健体上下功夫，不断强化提质增效、转型升级的支撑力。

1. 加强经营要素建设，强化市场开发的依托。市场经营是智力的博弈、意志的较量，不是空手套白狼，它同时也是企业综合实力、经营要素的比拼。必须根据市场竞争需要，不断加强经营要素建设。一是要保证经营需要的注册资本，突出通过盈利的积累，提高实收资本，使实收资本的量不低于市场准入门槛的要求。二是要加强资质证照升级完善，在不断丰富特级资质的同时，全面加强港口与航道、水利水电、通信工程以及机场、建筑智能化、军工涉密等各类稀缺资质、空白资质的升级完善。三是要系统性抓好各类执业资格证书建设，人力资源部门要全面负责，按照“缺什么补什么”原则，制订培训计划，出台激励措施，确保把取证和日常管理工作落实到位。四是要全面做好业绩积累与整理工作，及时收集资料，强化档案管理，满足投标需要。五是要高度重视信誉建设，抓好各行各业各地区的信用评价和各类评优工作，争取评标加分项。六是要有的放矢积累经营资源，通过细致入微的沟通和工作汇报，使企业形象深入人心，把经营工作建立在坚实的声誉口碑上。

2. 加强三级企业建设，奠定做强做优的基础。要全面落实三级工程公司建设工作会议精神，推进三级公司尽快做强做优做大。要强抓压减撤并，各二级单位要深刻认识压减单位是做强三级公司的前提，必须以壮士断腕的决心，大力压减单位，确保完成今年的压减目标。要确保给足任务，加强三级公司的措施，“说一千道一万”，关键是二级公司要给足任务。在这一问题上，部分二级单位的主要领导至今没有转变观念，这与其说是认识问题，毋宁说是能力问题。不换思路换岗位，凡坚持依靠三级公司揽任务，不能落实“给任务”要求的，股份公司将不得不考虑调整班子。要坚持跟踪指导，股份公司和二级企业都要紧密跟踪过程落实，及时听取三级企业建设情况，认真研究解决存在问题，切实给予指导帮助；要定期亮晒三级企业建设成效，大力营造比学赶超氛围，促进相互提高。要加强考核奖惩，三级企业建设要作为重要指标纳入二级企业业绩考核和党建责任制考核，对成绩突出的予以奖励，对应付差事不作为的要严肃追责。

3. 加强工程项目管理，抓实创效创誉的根本。工程项目是创造效益的源泉、培养人才的基地、塑造形象的窗口，要始终高度重视项目管理，把加强项目管理的措施落实到位。要狠抓预控措施的落实，施工方案预控、责任成本预控和二次经营策划是项目管理的生命线，各二级工程单位和三级工程公司要从“法人管项目”的高度出发，确保在预控措施上下足功夫，把预控措施全面落实到位。要狠抓合作队伍管控制度的落实，贯彻严管善待方针，努力实现与合作队伍双赢。其前提是在上场初期就要精心选择合作队伍，严防“撤场经济”现象，凡因合作队伍中途撤场造成重大损失的，纪委都要及时介入，彻查队伍来源，严肃追责问责。要狠抓奖优罚劣机制的落实，根据“两管两创”的基本要求，建立并落实信誉与效益并重的奖罚机制，让给企业创造信誉和效益的项目经理披红戴花，受到重奖；让损坏企业信誉和造亏者成为“过街老鼠，人人喊打”，以正确的价值导向，确保项目管理始终在健康的轨道上运行发展。

4. 加强亏损治理力度，扎住效益流失的口子。我们的创效能力弱、效益水平低，重要原因是单位多、“财政人口”多、亏损项目和亏损企业多。为此，股份公司布置了“2019—2021 年治亏与压减三年攻坚战”，去年我们已对相关工作做出部署，在此基础上，确定今年为“亏损治理年”。各级各单位要凝神聚力，坚持治亏与压减并举，迅速投身于亏损专项治理活动。要加强组织领导，像国资委抓驻京机构清理、总部机关化整改那样，严密组织，狠抓落实，各级领导班子成员都要包干亏损项目、亏损企业，确保对亏损治理活动的领导力度。要强化治理力度，在坚持“清、诊、治、惩、防”五字方针的基础上，强化审计力度和审计成果的运用力度，通过亏损必审，分清责任亏损与非责任亏损，凡责任亏损的一律严肃问责，及时清除害群之马，全面提高审计与效能监察、执纪问责的震慑力。要确保治理效果，通过包干负责、对症下药，综合施策，确保年内项目层面的亏损面和亏损额下降 10% 以上，法人层面的亏损面和亏损额下降 50% 以上，同时把防范新增亏损的长效机制真正建立起来，使企业经济运行建立在即使只是微利但肯定不亏特别是不会发生巨亏的基础之上。

七、优化监管监督体系，提升建设世界一流企业的法治合规能力

“没有规矩，不成方圆。”没有监督，就没有秩序，也就没有落实。特别是在国资委党委刚刚结束对企业的巡视之际，我们必须以狠抓巡视整改为契机，大力推进法治中铁、合规中铁、廉洁中铁建设。

1. 健全党内监督体系。重点是解决好企业党内监督职责界定不够清晰、责任落实不够到位、监督合力不够充分等问题。要细化党内监督责任，修订落实全面从严治党相关制度文件，细化党组织、纪检组织以及相关职能部门具体责任分工；研究制定党内监督清单，进一步明晰党内监督责任。要统筹各类监督力量，以党内监督为主导，推进纪律监督、巡视监督、审计监督、财务监察和监事会监督等各类监督力量统筹衔接，相互协调。完善领导班子内部监督制度，破解对“一把手”监督和同级监督难题。深入实践监督执纪“四种形态”，突出用好第一种形态。要健全巡视整改机制，把高质量抓好国资委巡视整改作为重中之重，认真研究国资委巡视反馈意见和巡视整改工作要求，制定项目化整改工作方案，明确整改措施、整改时限、整改责任人，强化过程监督，强化整改问责，确保每个问题都要整改到位。要与近年来主题教育、内部审计、财务监察、国家审计发现问题整改结合起来，把解决问题与整章建制、执行制度结合起来，真正把巡视整改转化为企业治理效能。要完善内部巡视巡察整改督查落实情况报告制度和典型问题定期通报机制，探索建立巡视后评估制度，抓好 2020 年新一轮巡视全覆盖，推进巡视巡察信息化建设和队伍建设。

2. 强化依法合规建设。重点是解决好企业合规意识不强、体制机制不完善、纠纷案件数量和标的额高位运行、同类错误屡改屡犯等问题。要强化落实法治建设第一责任人职责，各单位主要负责人要切实增强法治建设第一责任人意识，认真履行各项工作职责，将法治建设工作纳入年度工作范畴进行统一部署。要强化合规管理体系建设，严格落实国资委和公司合规管理制度要求，积极推动法律合规管理体制机制改革试点工作，探索形成一套切实可行、可复制、可推广的合规管理改革方案。加强项目兼职法律合规队伍建设，全面改进和提升项目法律合规管理水平，培育全公司法治合规文化。要强化案件压减创效工作，着力减存量、遏增量，强化执行案件管理激励约束机制，对因违法违规发生重大法律纠纷案件、造成重大损失的要追究责任。要强化法治工作队伍建设，把法律顾问纳入企业人才培养统一规划，严格落实总法律顾问制度要求，提升专职总法律顾问队伍履职能力，提高法律合规队伍素质。

3. 完善权力配置和运行制约机制。重点是解决好一些业务权力过度集中、裁量权过高以及公权私用、以权谋私、以权牟利等问题。要坚持权责法定、科学配置权力，合理划分和科学配置各级组织、业务部门、岗位的权力和职责，推进机构、职能、权限、程序、责任制度化，自觉做到“法有授权必须为、法无授权不可为”。要坚持权责透明、推动用权公开，建立权力运行可查询、可追溯的反馈机制，促使隐性权力公开化、显性权力规范化。推进党务公开、企务公开，

凡是企业改革发展党建重大事项，以及容易发生腐败问题的事项等，都要做到及时公开，提高权力运行透明度。要坚持权责统一、实施全过程监督。紧盯权力运行的各个环节，加强腐败现象易发多发的重点领域和重要环节的监督跟进，不断强化“三重一大”决策运行监管系统功能，完善发现问题、纠正偏差、精准问责有效机制，加大不当用权的问责力度。

4. 构建一体推进不敢腐、不能腐、不想腐体制机制。重点是解决好对党纪国法以及企业规章制度不在乎不敬畏、顶风违纪不收敛不收手、不能腐的笼子有漏洞、不想腐的思想不牢固等问题。要保持高压态势，坚持无禁区、全覆盖、零容忍，狠刹不正之风，整治“打牌风”“赌博风”，坚决查处违规干预插手招投标、内外勾结损公肥私、搞利益输送、甘于被“围猎”等腐败问题，以及违反中央八项规定精神、形式主义、官僚主义等问题，特别是对十九大之后仍胆大妄为者要严惩不贷，强化不敢腐的震慑。要改革纪检体制，继续推进纪检监察体制改革方案的落实，进一步明晰各级纪委专责监督职权，完善各项配套制度，加强上级纪委对下级纪委的领导，强化“再监督”，织密不能腐的笼子。要筑牢思想防线，加强思想道德、党纪国法和党风廉政文化教育，解决好世界观、人生观、价值观“总开关”问题，建立审计问题警示教育机制，加大典型案件公开曝光力度，全面增强不想腐的自觉。

八、优化党建工作体系，提升建设世界一流企业的政治保障能力

党建强则企业强，党建兴则企业兴。新一年要进一步深入贯彻落实新时代党的建设总要求和国企基层党组织工作条例（试行），开展好“中央企业党建巩固深化年”专项行动，发挥党的领导作用，以高质量党建提高建设世界一流的政治引领能力和保障能力。

1. 健全政治建设制度，坚决做到“两个维护”。政治建设是党的根本性建设。要坚决落实中央决策部署，深入学习贯彻中央“不忘初心、牢记使命”主题教育总结大会精神，认真抓好主题教育总结评估和问题整改，巩固成果，健全“不忘初心、牢记使命”的长效机制，执行好公司贯彻落实中央重大决策部署的具体管控措施。要加强理论武装指导实践，各级党委会、理论中心组以及各类培训，要把学懂弄通做实习近平总书记关于国企国资改革发展党建的重要论述、最新重要指示批示精神和十九届四中全会精神作为“第一议题”，持续推动新思想武装到项目、落实到一线，持续用新思想树立起统领企业发展的魂、指导各项工作的纲。要严明党的政治纪律规矩，坚决贯彻民主集中制，从严从紧落实党的政治生活、重大事项请示报告制度。突出抓好“关键少数”，把做到“两个维护”作为各级领导班子建设的重要内容，领导干部在日常言行、履职尽责中要率先垂范，发挥好示范作用。

2. 完善选人用人机制，加强人才队伍建设。选人用人是一面旗帜，用对一个人可以激励一大群，用错一个人会打击一大片。新的一年，我们要树立正确的选人用人导向，遵循新时期好干部标准和国企领导人员“20 字”要求，坚持“德才兼备、以德为先”原则，更加突出讲担当重担当、重实干重实绩的鲜明导向，加快建设一支讲政治、善管理、素质过硬、能力突出的企业家队伍。要健全规范的选人用人制度，深化人事制度改革，健全完善选人用人领导体系、制度体系和考评体系，推进建立职业经理人制度等多种形式的市场化选人用人机制。严把选用程序，严格执行干部交流退出制度，实施年轻干部培养专项计划，加快推进干部队伍年轻化进程。要加强常态化的选人用人监督，健全完善选人用人工作责任追究办法、专项检查常态化工作机制、领导人员日常履职情况考察办法，加强日常管理监督，落实“三个区分开来”，激励干部担当作为，对不规矩、不担当、不胜任的干部坚决进行调整。要坚定不移实施人才强企战略，认真贯彻落实股份公司人才工作会精神，以公司人才队伍建设指导意见为纲，统筹推进“六支人才队伍”建设，不断拓展人才成长渠道，为建设世界一流企业提供人才保证。

▲ 南昌红谷隧道获第十七届中国土木工程詹天佑奖、国家优质工程金质奖

3. 强化基层组织功能，打造坚强战斗堡垒。基层党组织是党的全部工作和战斗力的基础。要大力推进“固三基”，认真贯彻落实公司党委“三基建设”指导意见，结合实际优化党组织和机构设置；认真落实党员教育培训工作规划、中央企业党务干部队伍能力提升“三年登高计划”，优化基层党组织书记选配、培养和工作保障机制，努力培养复合型党政人才；区分不同层级党组织功能定位，健全完善与承担任务相适应的党建工作制度，确保党组织工作有章可循。要大力推进“强堡垒”，紧扣建设世界一流企业，推进党建与生产经营深入融合，推广领导干部分片包干、基层党建联系点等方式，拓展党建主题实践品牌活动，引导党员创先争优、攻坚克难，争当生产经营的能手、创新创业的模范、提高效益的标兵、服务群众的先锋。加强海外党建和示范党支部建设，综合运用现代信息技术，不断提升基层组织工作质量。要大力推进“扛责任”，贯彻落实中组部《党委（党组）书记抓基层党建工作述职评议考核办法（试行）》，进一步优化完善党组织书记抓党建述职考核评议、党建工作责任制考核办法，把考核结果与业绩考核、评先评优等有机结合起来，压实各级抓党建工作责任。

4. 突出宣传文化作用，塑造一流企业品牌。宣传思想工作要高举习近平新时代中国特色社会主义思想伟大旗帜，深入开展正面宣传，健全完善新闻发言人制度，开展“国企开放日”活动，加强跨文化融合，讲好中国中铁改革发展故事、为全面建成小康社会贡献力量故事，彰显企业良好形象。要策划好先进典型宣传，打造更多有影响力的企业形象代言人。严格落实意识形态责任制，加强思想道德建设和爱国主义教育，引导广大职工群众爱岗敬业、拼搏进取。企业文化工作要积极吸收借鉴世界一流企业先进文化，重构符合企业实际、体现时代特征的中国中铁特色企业文化体系，以先进企业文化固优良作风之本、铸企业精神之魂、立诚信经营之道、聚永争一流之力。品牌塑造工作要突出管控好项目的工期、安全、质量、效益、环保、信誉。“表态再好不如现场干得好”，这是建筑企业商誉的真正“含金量”，各级都要把这“六项重点”工作抓牢打实。要加强品牌的管理和推介，让海内外客户更加充分地了解和信赖公司品牌，不断提升企业品牌的知名度和美誉度。

5. 加强群团组织领导，汇聚共建共享合力。群团组织是推动建设世界一流企业的重要力量。各级党组织要支持群团组织充分发挥作用，定期研究部署、指导群团工作，注重把热心群众工作、有群众工作经验的优秀职工选拔到群团岗位，为党群工作培养后备力量。各级群团组织要围绕中心、凝聚力量、奋发有为，围绕调动广大职工干事创业积极性，完善企业民主管理制度，工会组织要紧紧聚拢职工群众在经营生产、安全质量、科技创新等方面打硬仗、打难仗、打胜仗，共青团组织要开展好“千元节约，万元创效”达标竞赛活动。要突出抓好职工素质工程，着力培养造就一大批知识型、技术型、创新型的高素质职工。要扎扎实实为职工群众做好事、办实事、解难事，群团组织都要结合实际打造有影响的新时代服务品牌，汇聚共建世界一流企业的强大合力。要认真落实责任打赢脱贫攻坚战，进一步巩固提升各项扶贫工作成效，构建长效脱贫机制，在打赢脱贫攻坚战方面作出表率，贡献中国中铁力量。

加快奋进步伐　推动全面发展
开创中国中铁建设世界一流企业新局面

——总裁陈云在中国中铁三届一次职代会暨2020年工作会上的报告

（摘要）

（2020年1月11日）

一、2019年主要工作回顾

刚刚过去的一年，全系统上下以习近平新时代中国特色社会主义思想为指导，认真贯彻中央和国资委各项决策部署，深入落实年初和年中工作安排，抢抓机遇，主动作为，砥砺进取，在践行国家战略、打好三大攻坚战中，切实扛起中铁责任，努力贡献中铁智慧，充分展示中铁力量，积极做出中铁贡献，全面彰显中铁担当，圆满完成年度任务目标，企业发展取得了显著成绩。

新签合同额和营业收入实现历史性突破。根据年度报告显示，全年新签合同额突破2万亿元大关，同比增长超过27%；营业收入8508.84亿元，同比增长14.92%。双双连续9年创历史最好水平。

盈利能力大幅提升，资产质量持续改善。根据年度报告显示，全年实现利润总额313.32亿元，同比增长37.96%；实现净利润253.78亿元，同比增长45.55%，扣除非经常性损益后的净利润为178.94亿元，同比增长12.80%；资产负债率76.76%，圆满完成年度预算管控目标。

工程建设成绩喜人，科技创新成果丰硕。参建的北京冬奥会重要配套工程京张高铁、世界最长重载铁路浩吉铁路等一大批重点项目开通运营或顺利竣工，习近平总书记对京张铁路开通运营作出重要指示，让我们备受鼓舞、备感振奋、倍增干劲。企业安全质量总体稳定，国家级工程质量奖数量创历史最好成绩；7项工程获国优金质奖，在建筑央企中排名第一。科技创新取得新成果，5项成果通过国家科技奖初评，12项工程获第十六届詹天佑奖，14项工程获第十七届詹天佑奖，均位居建筑业企业榜首。平潭海峡大桥入选央企“2019年十大创新工程”。

员工收入稳步增长，品牌影响不断扩大。全员人均年收入达到13.69万元，同比增长9.3%。企业连续14次入选《财富》世界500强企业，2019年排名第55位，较上年提升1位；在ENR全球最大250家承包商中排名第2位。

过去一年，各项重点工作都取得了新成绩、实现了新提升。

（一）市场经营加压奋进，竞争能力与经营业绩实现新提升

面对复杂多变的市场形势，我们坚持市场经营的龙头地位不动摇，持续深化经营体制机制改革，不断完善区域经营、立体经营相关制度与配套政策，优化股份公司区域总部设置，积极加强与各省区市的战略合作，大力推进设计板块经营工作和城市建设市场开发，在坚守传统承包经营、持续深化投融资经营的基础上，有效拓展了各类经营模式的具体运作方式，推动市场竞争能力实现新提升。一是市场份额取得新提升。基建承包经营与投资经营同步增长，新签同比分别增长27.6%和16.6%，其中铁路市场继续保持领先优势，在全路大中型基建项目市场占比50.5%，领先第二名近13个百分点；市政、房建和港口航道等领域新签同比增长均超过50%。工业、物贸、房地产等板块新签均实现同比增长，其中勘察设计、矿产资源板块增幅分别达30.3%和27%，表现抢眼。海外经营奋力作为，全年新签合同额1276.0亿元，同比增长21.6%，匈塞铁路成功签约，大马城项目签署恢复协议。二是城市建设市场及新领域新市场经营取得新提升，城市建设市场新签额占到基建业务新签额的61.4%；水务、环保相关领域新签大幅增长，达到790亿元；水利水电市场开发取得突破，中标的滇中引水工程是建企以来中标额最大的水利项目。三是经营要素建设取得新提升，新增特级资质12项，全系统拥有特级资质达到75项。所属二级单位中有35家单位新签超额完成年度计划，一局、二局、三局、四局、五局、十局、建工和投资集团突破千亿元大关。

（二）改革创新加快步伐，治理效能与创新能力实现新提升

一是认真落实国资国企改革部署，扎实推动重点改革任务落地，促进企业治理水平不断提升。中铁设计混合所有制改革逐步深入，中铁九局、二院、国际“双百行动”综合改革有序推进。并购重组稳步实施，收购上市公司恒通科技取得积极进展。企业压减超额完成国资委下达的目标任务，累计压减企业321户，压减比例为29.7%；“处僵治困”实现主体完成目标。召开了三级工程公司建设会，推进了二级企业机关机构改革，建立了工资效率双对标机制。加速剥离企业办社会职能，“三供一业”分离移交基本完成，职教与医疗机构改革平稳推进。二是深入推进创新型企业建设，大力加快全面创新步伐。科技创新能力明显增强，新成立铁水联运、齿轨交通、水务环保、超高层建筑技术等5个专业研发中心，新增国家地方联合工程研究中心1个、国家及省部级技术中心22个、省部级专业研发中心8个，参与了川藏铁路国家技术创新中心建设，举办了川藏铁路极端装备研制技术交流暨新品发布会。全年获省部级及以上科技进步奖417项；新增省部级工法542项，同比增加165项；新增专利2065项，同比增加177项，其中“隧道联络通道用盾构机及其联络通道掘进方法”获专利金奖，中国中铁是唯一获此殊荣的建筑企业。管理实验室活动持续深入推进，制度建设与业务基础管理不断加强，基层创新创造热情有效激发，全年股份公司评出管理创新成果奖74项；14项成果获国家级管理创新奖，获奖数量为历年最多，其中《特大型施工企业基于四级责任矩阵的工程项目全要素成本管理》获一等奖，这是中国中铁首次荣获该奖项一等奖。

（三）生产体系高效运转，生产能力与品牌信誉实现新提升

基建板块生产整体有序，国内外高度关注的川藏铁路规划设计工作正在按计划紧张推进，京雄城际、中老铁路、雅万高铁等重点工程建设步伐不断加快。相关板块生产能力持续提升，房地产、工业等板块营业收入实现同比增长，其中矿产资源、勘察设计板块同比增长分别达11.60%和10.70%。安全质量环保管理持续加强，深入开展了安全生产责任“落实年”活动，推行了安全生产述职制度，加大了“四不两直”检查和事故追责问责力度，确保了新中国成立70周年大庆期间的安全生产，实现了年度安全质量管控目标。积极投身于污染防治攻坚战，加强了生态环境保护和节能减排工作，企业万元营业收入综合能耗同比下降3.3%。全年有10项工程获鲁班奖；57项工程获国家优质工程奖；20项工程进入全国安全生产标准化工地名单；西成高铁和云桂铁路、鹦鹉洲长江大桥分获FIDIC杰出项目奖与优秀项目奖，中国中铁是本届FIDIC奖评选全球获奖最多的企业。在上半年铁路信用评价中，5家单位入选A级施工企业，四局、三局分获冠亚军；二院在设计单位施工图评价中获A级第一名。

（四）降本增效统筹推进，创效能力与资产质量实现新提升

一是坚持开源与节流并重，大力加强企业成本管理、物资集采、二次经营、亏损企业和亏损项目治理等工作，在生产要素价格持续上涨的情况下，企业成本费用利润率达到3.82%，较上年提升0.65个百分点。全年物资集采2923亿元，同比增长22.6%，节约成本103亿元。二次经营收入935亿元，同比增加139亿元。治亏工作纵深推进，有84户企业、44个项目扭亏为盈，亏损企业减亏60.5亿元，亏损项目减亏12.2

▲ 北京市郊铁路S5线工程

亿元。二是在企业生产经营规模尤其是投资规模不断扩大的情况下，持续加强资金集中管理、财务成本管控等工作，推动资产质量不断提高。全口径资金集中度提升1.84个百分点，内部调剂资金余额达1020亿元；经营性净现金流实现正向流动，较上年多流入102.36亿元。直接融资比例由上年29%提升至32%，平均融资成本由上年4.62%下降至4.52%，其中权益类融资同比增加10亿元；资产证券化和保理业务有序推进，完成329亿元应收账款出表，降低资产负债率0.43个百分点。成功出售中铁高速51%股权及相关债权，净回笼资金95.59亿元，预计减少带息负债288.6亿元，增加净利润37亿元。企业所得税负继续下降，综合所得税率同比降低4.23个百分点。与此同时，各级法律、审计系统积极发挥职能作用，加强合规管理和风险防控，有力推动企业提质增效步伐。

（五）党的建设得到加强，队伍建设与民生建设实现新提升

全系统上下围绕新时代党的建设总要求和国资委党委工作部署，扎实开展“不忘初心、牢记使命”主题教育，深入抓好“三基建设”，圆满完成了国资委党委巡视配合工作，从严从实推进了问题整改。持续加强党风廉政建设和反腐败工作，积极推动纪检监察体制改革，驰而不息纠治“四风问题”，进一步加大了警示教育和执纪监督力度。大力加强领导班子和干部人才队伍建设，召开了企业人才工作会议，全年有1.38万余人晋升中高级职称；招收高校毕业生13502人，主专业率达到94%以上。大力加强企业文化建设与品牌管理，紧紧围绕中心工作开展宣传策划，中国中铁频频亮相中央主流媒体，企业品牌影响力不断提高。各级工团组织充分发挥优势，深入开展各种群众性创新创效活动，主动作为，有效作为，为企业改革发展汇聚了磅礴力量。全年有2家单位获全国五一劳动奖状，8个集体获全国工人先锋号，总部离退休干部党总支获“全国离退休干部先进集体”。严金秀当选国际隧协主席并被评为“2019中国十大女性人物”，巨晓林、窦铁成当选全国“最美奋斗者”。各级企业高度重视民生建设，积极推动员工收入与企业经济效益同步增长，不断加大困难员工帮扶解困力度，成立了中国中铁精准帮困专项基金，全年累计投入各类帮扶救助与送温暖资金2.4亿元，走访慰问职工民工33万余人次。在加快自身发展的同时，企业积极参加各类抢险救灾工作，进一步加大了对口地区的扶贫开发力度，3个定点扶贫县均提前脱贫摘帽，用实际行动彰显了央企的责任与担当。

同志们，去年企业改革发展党建等重点工作都取得了优异成绩。这些成绩的取得，离不开国资委的正确领导和大力支持，离不开公司上一届领导班子卓具成效的辛勤工作，离不开全体干部员工勇毅笃行的拼搏奋斗。在此，我向关心支持企业发展的各级领导和各界人士表示衷心感谢！向为企业发展做出巨大贡献的老领导们和广大离退休干部，向辛勤奋战在企业各条战线的全体干部员工及其家属致以崇高敬意！

成绩令人鼓舞、催人奋进，但问题也不容忽视。刚才张书记对企业存在的问题进行了揭示，下面我谈一些令我感触颇深的问题，主要有五个方面：一是市场意识、竞争意识、协作意识还不够强，思维理念与企业管理现代化要求存在差距；二是产品产业结构调整步伐不快，新兴领域、海外业务成长不快，专业化高端化进程不快，所属企业间同质化发展倾向严重；三是经营体制机制还未彻底理顺，产融结合相对滞后，经营工作的效能和质量有待进一步提升；四是基础管理薄弱、盈利能力不强、资产质量不优、资源配置效率不高等问题还比较突出，部分在建项目管控乏力、履约风险凸显，以现场保市场压力巨大；五是部分二级单位发展缺乏后劲，部分三级及以下企业经营困难、历史负担沉重。“冰冻三尺非一日之寒”，问题不会凭空消失，解决问题也绝非一日之功，我们必须采取措施逐步逐项加以解决。

二、2020年工作总体要求与奋斗目标

2020年是全面建成小康社会和“十三五”规划收官之年。新的一年，我们面临着比以往更加复杂严峻的内外部形势。正如张书记在讲话中分析的那样，世界经济秩序结构正在深度调整，加速演进中危与机同生并存；国内经济继续保持稳中向好、长期向好趋势，但困难挑战与不确定不稳定因素明显增多；建筑业市场总量巨大并有望延续增长态势，但规模增速逐步放缓、市场竞争更加激烈、行业监管日益趋严；企业近年来在高位进取中显现出足够韧性与潜力，但结构性体制性周期性矛盾、发展不平衡不充分不协调问题日益凸显并叠加呈现。可以说，我们已经进入了一个时和势总体有利、困难风险持续增多的发展时期与阶段，但总体看机遇仍然大于挑战，必须抢抓机遇、奋迎挑战、加快发展。

综合企业所面临的形势，股份公司党委和股份公司提出2020年工作的总体要求是：以习近平新时代中国特色社会主义思想为指导，深入贯彻落实党的十九大、十九届二中、三中、四中全会和中央经济工作会、中央企业负责人会议精神，坚持稳中求进工作总基调，坚持新发展理念，坚持高质量发展，全面加强党的领导党的建设，以优化治理体系、提升治理能力为抓手，统筹推进稳增长、促改革、强创新、调结构、严监管、防风险，着力做优经营链、做精管理链、做强产业链、做实价值链、做大动能链，增强企业竞争力、创新力、控制力、影响力和抗风险能力，努力建设具有全球竞争力的世界一流企业，为决胜全面建成小康社会做出新的更大贡献。

三、新一年重点工作安排

根据企业新一年面临的形势、总体要求和奋斗目标，我们要登高望远、埋头苦干、苦练内功，重点抓好以下六个方面的工作。

（一）强力拓展市场，推动产业升级，加快建设具有一流市场竞争能力的综合产业集团

市场是企业生存的根本，市场竞争力就是企业的生命力。加快做优经营链，打造一流的市场竞争力，既是推进企业高质量发展的第一要务，也是当前摆在我们面前的一项最为艰巨的任务。

1. 更新思维理念，深度融入市场。企业的发展历程就是一个不断解放思想的过程，每次进化蜕变都源于一场思维升级。解决思维理念问题，就是解决方向和动力问题，就是解决最根本的问题。当前要加快更新思维理念，推进由“工”向“商”转变，促进企业与市场深度融合发展。一是加快由项目思维向战略思维、全局思维转化，处理好“规模增长”与“提档升级”的问题，进一步增强战略引领意识和全局统筹意识，努力提高经营工作与发展战略的契合度，聚焦战略目标和整体发展，加强经营源头策划与协同管控，提升经营层次与质效，推动基于项目的单向单维经营向基于战略的多向多维经营升级。二是加快由工程思维向创新思维、商业思维转化，推动思维方式从以生产为导向、以产品实现为目标的“工程师思维”，逐步向以客户需求为导向、以精准供给为目的的商业思维转变，牢牢盯住市场发展方向，加快经营领域创新与商业模式创新，促进经营工作与市场商业生态充分融合，推动企业发展由资本驱动、要素驱动向创新驱动、价值驱动升级。三是加快由产品思维向产业思维、服务思维转化，在专注提升产品力的基础上，更加关注产业孵化培育能力和产业链整合能力，由“围着产品供需链转”向“围着产业价值链转”转变，加快产业链补链、强链、延链步伐，加快向高端、高附加值和高成长空间的领域迈进，推动企业由工程承包商向“投—建—营”一体化综合发展商升级。

2. 拓展市场纵深，强力推进经营。一是因势而谋。要主动服务和融入国家战略及经济发展，全方位、深层次谋划推进经营工作，充分把握区域协调发展、交通强国、城市群都市圈建设、乡村振兴、“一带一路”建设等一系列重大发展机遇，盯着“市场”做“基建”，围着“基建”拓“市场”，全力推动市场开发向纵深发展，努力形成大基建、大土木相关领域无不积极融入、无不参与竞争、无不齐头并进的大经营格局。二是应势而动。要积极响应当前国家加强战略性、网络型基础设施建设的号召，把握政府引导资金投向民生建设、基建设施短板等领域的重大利好，加强与政府及相关方面的沟通对接，及时掌握各地各行业的项目清单与推进计划，做到提前介入、及早跟进。各级各单位要迅速行动起来，加快排兵布阵，层层压实责任，灵活采用经营策略与模式，选派调动各方专业力量，全面加大铁路、公路、房建、市政等传统优势领域和新兴开拓领域的开发力度，尽快形成强力经营、竞相发力的大经营态势，确保实现应揽尽揽、超揽优揽。三是顺势而为。要加快建设以客户需求为导向、与市场相融相长的大经营体系，深入推进区域经营、立体经营体系建设，加快优化布局、完善制度、理顺关系、形成合力，加快提升股份公司区域总部经营能力，推动二级单位同步优化机构设置，加密重点区域经营网络，做到面上统筹和点上突破都力准劲足。要加强市场营销的整体策划、组织和协调，坚决消除各种人为的“门”“坎”“卡”，杜绝内耗、内部公关等问题，全力推动经营工作高质量发展。

3. 补强业务短板，拓展产业空间。一方面，要紧紧围绕补短板、强弱项，推进业务结构调整优化。坚定“向城市进军”不动摇，围绕城市能级提升和产城融合做文章，积极适应各地方政府和不同客户的差异化需求，努力提供从规划设计到投融建营全过程的综合解决方案，加快拓展城市综合开发、棚改旧改、城市双修、房地产、海绵城市等业务，特别要注重补强城市规划设计和超高层建筑、超大体量建筑综合体设计施工的能力短板。要加大油气管道、水利水电、港口航道、机场、水务与水环境治理、污染防治等市场开发力度，积极融合人工智能、物联网等新一代信息技术，参与现代物流仓储、智慧城市、新制式轨道交通、5G 基站等新型基础设施建设，努力实现短板弱项领域扩容增效。要自觉把“丁财两旺”、市场规范、诚信履约的区域作为经营重点，避免总在弱势地区“兜圈圈”。另一方面，要加强新产业的深度研究和统筹推进，合理迭代企业产能，致力新的产业替代与动能补充。要结合已有产业基础，加快铁路维管、高速公路运营、装配式房屋、桥梁综合管养等产业发展。要围绕城市群和都市圈建设，加快城市运营、水务能源、市政公用、物业管理等产业发展。要紧跟海洋强国战略，重点拓展海域岸线综合治理、海水淡化、岛礁建设、海上储油储气等基建业务。要把握“空中一带一路”建设需求，对民航基础设施投建营产业进行统筹布局。力争用三到五年的时间，实现业务结构与产业布局的整体升级，为建设一流综合产业集团构筑强有力支撑。

（二）明晰发展方向，提升运营效率，加快建设具有一流资源配置能力的综合产业集团

资源配置能力决定企业的增长方式和增长速度。打造一流的资源配置能力，在业务布局上要走对路，避免无谓的资源消耗；在生产

运营上要有效率，减少不必要的资源占用；在资源整合上要有质量，形成优质资源供需适配的良性循环。

1. 明晰各板块业务发展方向与重点。要把脉市场和产业发展动向，找准做强产业链的着力点与突破点，坚持规模与效益兼顾、效益优先，把资源配足配好，推动各板块业务加快发展。一是基建板块要巩固路桥隧及地下空间施工的行业领先地位，保持与提升铁路、城轨、公路、市政市场占比，想方设法提高竞争者进入门槛，稳住主业发展根基。综合工程局要向上下游延伸业务链条，加快专业化与规模化发展，努力具备投建营一体化能力。专业工程局要发挥好“专业+”优势，解决好产品产业单一、商业模式单一、市场通道狭窄等问题。二是投资板块要吃准政策走向，加强区域市场研究，加强新兴业态研究，加强商业模式研究，提升专业领域投资能力，动态调整投资策略，积极整合高端政商资源和金融资源，提升产融结合能力和全周期管理能力。三是设计板块要充分发挥经营先发优势和产业链上游优势，提升城市规划研究与设计施工总承包能力，加强与施工企业协调配合，发挥好规划设计的市场引领和空间拓展作用，带动主业快速发展。四是房地产板块要以提高回款率和销售净利润率为核心规范发展，主业企业要优化拿地策略，加强投资测算能力，加快存量去库存化，千方百计降低融资成本，在做强“诺德”品牌的基础上，努力打造针对不同消费主体的成熟产品线；其他企业要依据自身区位资源优势，在风险可控的前提下审慎开展投资。五是工业板块要在推动盾构、道岔等拳头产品系列化的同时，积极做好通用工程机械、机车、水工装备、建筑产业环保设备等产品研制；中铁工业要用好资本市场平台，有序开展资本运作；高铁电气要加快构建行业领先优势，增强科创属性，推进完成宏创项目。六是物贸板块要发挥好降采保供作用，提升采购规模和效益，建立健全适应主业发展的区域集采网络和供应链平台，同时防范好各类风险。七是金融板块要发挥核心金融牌照优势，积极融通外部资金、创新业务模式，努力提供一站式金融服务，助力主业发展。八是矿产资源板块要深挖矿山产能、效能和潜能，推动单位生产成本持续下降，同时紧盯大宗商品价格走势，优化产供销策略，努力实现新提升新发展。

2. 提升生产与运营的统筹管控能力。要加快建立健全权责明确、运行高效、监管有力的集团化生产管理体系，着力强化股份公司的统筹管控功能，进一步明确各层级管控重点与职责，发挥好层级统筹协调与系统垂直管理的作用。要贯彻“安全优质高效”的六字方针，狠抓在建项目管理，强化安全、质量、环保、进度、收入、成本、信誉等目标的整体管控，形成前后台双管双控合力，提高各类生产资源要素配置水平，最大限度挖掘和释

▲ 云南东格高速达朵隧道

放产能，努力形成稳产高产优产局面。要落实好中央企业保增长责任，积极服务国家重大战略，全力确保川藏铁路、京雄城际、中老铁路、雅万高铁等重大项目按期顺利推进，完成好党和国家交给我们的重要任务。要认真思考与深入研究企业运营业务管理与体系建设的问题。截至 2019 年底，企业已中标且需承担运营任务的 PPP 项目达 174 个，权属投资规模 6793 亿元。加强运营业务统筹管控，是关系企业未来发展的大事，当前要做好三项工作：一是摸清底数，厘清思路。深入细致地做好项目统计梳理，搞清楚过了锁定期能退能转及确需长期运营的项目各有多少；对确需运营的项目，逐一拿出自主运营或委外运营的具体思路。二是战略引领，规划先行。学习借鉴国内外先进单位的成功经验，加强运营业务发展的规划研究，解决好业务“谁来管、管什么、怎么管”等问题，明确发展的方向、重点与路径。三是建好平台，建强队伍。加快建立专业化、集约化的运营管理平台，高标准推进运营维管队伍建设，积极构建具有国内一流水平的运营管理体系。

3. 提升资源要素的优质供给能力。一是要根据综合产业集团发展的需要，坚持立足国内国外两个市场，加快整合上下游产业资源，重点整合基建主业亟须的资质与专业施工资源、金融牌照资源、产业基金资源，以及房地产战略合作和优质品牌资源、工业板块的产品研发制造及销售网络资源、海外经营的政商资源和融资平台资源、维管运营的专业团队和潜在客户等资源，以更加开放的合作促进各类优质社会资源向企业集聚，努力做长产业链条、做大发展版图。二是要将投入产出效率作为决定内部资源配置的关键因素，树立以价值创造为导向的资源配置理念，锚定发展重心，统筹优化配置资源，在优化注册资本金、投融资预算等财务资源配置的同时，积极将更多的科技资源、人才资源、产业资本，向国家积极推动、关系企业战略发展的重点领域区域集中，向市场潜力大、整体回报高的优势产业、新兴业态、龙头企业、优质企业等集中，把有限的资源用在刀刃上。三是要紧紧围绕产品生产链建设，以工程项目为载体，以形成能力为目标，推动各类生产资源向项目集中，不断提高技术与工料机等资源要素供给质量。要加强具有明显经济带动作用、解决生产共性难题的技术研发，提升战略集采、区域集采质量，推动施工装备共享与机械化自动化智能化步伐，特别要大力加强协作队伍和分供方管理，坚持优选严管善用劣汰，切实提升资源整合的质量与水平。

（三）强化经济管控，着力防范风险，加快建设具有一流效益创造能力的综合产业集团

企业的根本属性是创造价值，没有效益的企业就没有存在的必要。全系统要紧紧围绕做实价值链，加快开源节流、兴利除弊、标本兼治步伐，努力推动企业效益快速提升、持续提升。

1. 全力打好治亏与压减攻坚战。按照国资委相关部署及中央企业提质增效专项行动要求，股份公司党委、股份公司决定以“动真碰硬”的坚决态度，打一场治亏与压减的攻坚战，并将 2020 年确定为“亏损治理年”。全系统要把亏损

▲ 中铁大桥局承建的沪通长江大桥主航道桥 28 号墩首轮大节段钢梁双悬臂吊装

治理专项活动作为提质增效的首要工作来抓，强力推进亏损企业与亏损项目治理，全面硬化“清诊治惩防”各环节措施，坚决铲除病灶、斩断祸根，确保2021年底前消灭全部亏损企业。各级单位要不折不扣落实股份公司部署，主要领导要紧抓不放，各级组织要全程给力，绝不允许走过场。要严肃开展追责问责，加大对造亏人员惩处力度，绝不允许搞割发代首，亏损项目和亏损企业的主要领导一律不得提拔重用。要强力推进企业压减工作，尤其要加大规模不达标的三级工程公司等实体企业压减力度，同步推进机构压减、项目个数压减、管理层人员压减，绝不允许搞变通。要全面加快年度攻坚步伐，确保2020年法人层面的亏损面和亏损额同比下降50%以上，项目层面的亏损面和亏损额同比下降10%以上，绝不允许打折扣。股份公司将严格督导考核，对未完成年度目标的单位进行严肃问责和处罚，对超额完成目标的单位予以重奖。

2. 发挥好资本运营和资产管理的双轮驱动作用。第一，资本运营要发挥出应有的乘数效应，成为提高经济效益的加速器。一方面要“多找钱”：一是通过提高全要素生产率、降低成本、压控两金等实现更多资本积累。二是用好资本市场和上市公司平台，通过定向增发、市场化债转股，发行优先股、可转债、永续债等权益工具，设立产业基金以及二级企业引入战略投资等方式，努力扩容权益资本。三是在债务风险管控范围内，通过资产证券化、供应链金融及结构化融资，提高资本的流动性；尤其资产证券化不仅要聚焦流动资产，更要积极做好运营资产的证券化。另一方面要“用好钱”：一是要综合考虑投资项目和并购标的的资本收益率、规模贡献度、资产变现率、产业带动力等因素，提高可研与决策质量，确保项目优中选优；二是要落实好“两平衡两调节”原则，发挥好内部“资金池”作用，加快资金调配周转，把零散沉睡资金盘活用好；三是要眼光放远，在推动效益规模增长、加速孵化新产业的同时，着力形成一批可长期持有经营的优质资产。第二，要进一步提升资产管理能力。资产保值是底线，增值才是目标。要建立和运行好各个层级的资金集中、资产证券化、资产处置等机制，优化调整资产结构，提高资产经营水平和周转变现能力，同步强化表外资产管理，促进资源向资产转变、资产向资本转变。要严格加强“负无低”效资产管理，加快盘活闲置固定资产、无形资产和长期无收益股权投资，推进问题资产和不良资产处置，积极消化各类潜亏，切实把资产做实做优。要严格加强资产负债率管控，提升资产经营水平，确保完成国资委下达的资产负债率管控目标，力争资产收益率提升到2%以上。

3. 发挥好财务管理在经济管控中的中心作用。一是着力提升财务工作对整体经济运行的把控能力，建立健全预警监控机制，进一步夯实预算管理、成本核算、经济分析等基础工作，加强对经营性净现金流、带息负债、资产负债率等重要指标监管，从资金筹措、资本运作、资产管理、融资授信、债务管控、税务筹划、经费管理、业绩考核等方面打好组合拳，推动业财深度融合，不断增强财务工作在经济运行中的统筹规划管理功能。二是发挥好财务工作创直接效益、保间接效益的作用，突出加强现金流管控、资金集中管理和税务筹划工作，努力提升金融融通能力，加快破解融资瓶颈，拓展直接融资渠道，降低融资成本和综合税负水平，确保全口径资金集中度达到80%以上、融资成本降至4.6%左右、综合所得税率降至20%以下。三是加大降杠杆减负债和两金压控的督导力度，坚决完成国资委下达的目标。各级单位要切实加大对各类应收款、存货特别是已完工未结算、房地产存货、材料库存的清理力度，主要领导要亲自抓不松手，相关部门要全力抓不松劲，层层压实责任，配套严明的奖罚措施，全面加快去存量、压增量、控总量步伐。四是根据国资委“两利三率”指标考核要求，进一步强化效益效率的考核导向，充分发挥业绩考核的指挥棒作用，在加强净利润、资产负债率、两金等指标考核的基础上，突出加强营业收入利润率、人均营收和净利润、人工成本利润率等指标考核，对超额利润实行考核加分和工资总额奖励，引导各级企业更好地实现高质量发展。五是推动财务共享中心建设走深走实，加快海外财务共享中心建设，加快财务共享中心与各业务系统互联互通，通过财务共享中心建设与运行，理顺管理关系、促进业务标准化，推动企业基础管理上台阶，让内控管理、风险防范有抓手有保障。

4. 发挥好成本管理在效益提升中的基础作用。无论时代如何变迁，加强成本管理始终都是推动企业效益提升最重要、最直接、最基础的工作。降本增效不仅决定企业经营效果，更关乎企业精神和习惯养成。新的一年，宏观成本管理在强力推进组织机构瘦身的同时，要以提高全要素生产率为核心，在加强战略管理、完善体制机制、提高人工成本投入产出效率、增强资金融通能力上全面发力；要加快转变发展方式，淘汰落后产能，减少业务扩张过程中对权益资本、债务资本、产业资源的过度消耗，通过资源节约推动降本增效。微观成本管理要围绕项目成本管控精准给力，在提高责任成本预算编制精度与执行质量上下功夫，狠治编制随意、执行任性、问责有问无罚等问题。要以项目管理为抓手，深化管理实验室活动，突出整治以标准化之名行铺张浪费之实的行为，大力弘扬勤俭办一切事业的艰苦奋斗精神，不搞花架子，不做表面文章。要在加强项目成本早期诊断与过程施治上下功夫，建立健全项目生产成本与管理成本分级预警机制，高度关注投资项目超概、调概与施工单位亏损问题。同时，要高度重视二次经营工作，进一步加强整体策划和基础管理，力争新一年取得好成绩。非基建板块单位要认真研究本产业本单位成本管理问题，敢于动真碰硬，善于纠偏导正，真正做到向成本管理要质量要效益。

5. 发挥好法律合规管理、审计监督在风险防控中的关键作用。要认真落实中央关于打好防范化解重大风险攻坚战要求，把防范化解风险摆在更加突出的位置。大力推进“法治中铁”“合规中铁”建设，着力加强普法宣传与案例教育，健全法律合规全流程管理机制，提高内控体系建设质量。各级单位要严格履行议事规则和决策程序，该集体研究决策的必须集体研究决策，该报请上级批准的必须报请上级批准，绝不允许自由行事。要严格遵守企业制度，落实负面清单制度，对违规投标、违规担保、违法私刻公章或冒用公司名义开展业务、投资项目不遵守“五不开工”原则的必须从严惩处。要着力加强审计监督工作，严格落实亏损项目、亏损企业必审要求，对典型问题要在适当场合予以通报。要加大领导人员经济责任、PPP 等投资项目、境外项目、债务风险、资金业务的审计力度，最大限度扩展审计覆盖面，促进审计监督作用有力有效发挥。总之，全系统上下要切实高度重视风险防控，居安而思危、操治而虑乱，坚决守住不发生重大风险的底线。

（四）深化内部改革，释放创新潜能，加快建设具有一流创新发展能力的综合产业集团

改革创新是企业破解深层次矛盾和问题、把握发展主动权的必然选择。要以将改革进行到底的决心与勇气，全面推进创新发展，努力做大动能链，为建设世界一流企业打造强劲动能。

1. 加快推进海外体制机制改革。这是今年企业改革的头号工程，其必要性、紧迫性、艰巨性不用多讲，必须加快实施。“走出去”是我们建设世界一流企业的短板，我们要以此次海外改革为起点，不断优化调整组织模式、项目管控模式和经营模式，迎难而上，奋发进取，努力实现弯道超车。要按照《海外体制机制改革方案》的要求，积极推进中海外重组工作，打造新的海外商务平台公司，加快构建“一体两翼 N 驱”的组织阵型。要加快形成面向全球的海外经营布局，扎实推进区域化、属地化、专业化和品牌化发展，持续加大“一带一路”沿线国家和传统市场经营力度，大力开拓新国别市场尤其是发达国家市场，全方位、多层次、宽领域参与竞争，深耕区域市场，一体推进属地化经营，建立海外战略区和根据地。要研究制定全产业链整体出海战略，推动旗下各板块业务全面走出去，加快融入国际分工体系。要研究制定海外“双优”发展的配套政策措施，处理好平台公司与其他二级单位的利益关系，加强境外在建项目统筹管控，优化海外绩效考核评价体系，创新外经人才培养和激励机制，不断增强全球资源配置能力，加快由“跨国经营”向“跨国公司”转变，力争“十四五”末年度境外新签达到 400 亿美元以上、营收达到 200 亿美元以上。

2. 扎实推进改革攻坚与整合重组工作。改革是增强微观主体活力，做强做优做大国有企业的关键一招，困难越多越要加快改革。我们要认真落实国资委深化改革三年专项行动方案和创新发展部署，持续推进混改、“双百行动”综合改革等工作，确保按期完成“三供一业”分离移交全部工作及退休人员社会化管理、厂办大集体改革、职教医疗机构改革等任务。要深度开展企业结构和布局调整研究，推动战略性重组和专业化整合，加快水务环保、信息技术等产业集团组建步伐，不断加大二、三级战略性新兴产业单位扶持力度。要围绕企业中长期战略发展，积极寻求国内国外并购机会，把主业关联度高、业务互补性强、规模效益好、市场根基深的企业作为并购重点。要积极支持各级单位结合实际大胆改革，以问题为导向，以提高效率、提升效益、降低成本为着力点，大胆试大胆闯大胆改，用改革的突破性进展激活发展潜能，有效对冲风险挑战和经济下行压力。鼓励大家通过股改混改转换经营机制，支持有条件的单位通过分拆重组在“新三板”或科创板上市，实现企业更好更快发展。

3. 大力推进以科技创新为核心的全面创新。要充分发挥科技创新在全面创新中的引领作用，突出抓好国家级实验室、技术中心等战略性创新平台建设，以突破关键核心技术和产业共性难题、抢占行业竞争制高点为目标，进一步加大研发经费投入力度，积极争取国家和地方政府财政资金支持，推动科研、设计、施工和装备制造企业联合创新，加快打通科技成果产品化、产业化路径。要加大集成创新力度，着力解决“碎片化”研发问题，落实好川藏铁路等重点项目的科研开发计划，进一步加大国家级奖项申报力度，确保科技成果数量在建筑央企中处于领先地位。要加快提升信息化建设与应用水平，大力实施“信息贯通工程”，启动数据中台建设，统筹推进研发和数据整合，全面展开全球组网建设和企业数字化升级，尽快消除信息孤岛问题。要紧紧围绕效率效益提升来推进管理创新，指导基层选题要“奔着问题去”，边实践边分析边修正，在“摸着石头过河”中总结提炼成功做法，把那些能创造真金白银、可复制推广的优秀成果选出来推广好。要顺应以 PPP 项目为主流的投融资市场发展需要，紧贴国家政策与市场变化推进投融资创新，一方面要加快提升源头策划能力，力争在项目酝酿、规划研究阶段完成商业模式植入；另一方面要围绕“融”与“退”环节开展创新研究，

广泛借鉴，取长补短，着力解决好权益资本引入难、资本退出难等困扰发展的难题，拓宽投融资经营上升通道。

（五）完善法人治理，强化制度建设，加快建设具有一流营运管理能力的综合产业集团

要把握企业治理体系与治理能力现代化的要求，进一步完善法人治理体系，加强制度建设与基层基础建设，努力提升企业安全发展水平，以一流的营运管理能力推动企业高效运转。

1. 以建设中国特色现代国有企业制度为目标，推动法人治理体系不断完善。一是尊重和支持党组织、董事会、监事会依法行使职权，与他们一道推动公司行权能力建设，进一步明确不同治理主体在决策、执行、监督各环节的权责和工作程序，促进企业法人治理体系高效运转。二是积极推行经理层市场化选聘、契约化管理，加快建立健全职业经理人制度，探索完善中长期激励机制。三是加快完善二级企业法人治理结构建设，结合不同企业的功能定位、治理能力、管理水平等实际，“一企一策”且有侧重、分先后地推进授权放权经营，充分激发各级企业发展活力。四是高度重视委派到控股、参股、SPV公司等股东代表和“董监高”人员管理，规范权力运行机制，建立健全人员选派、请示报告、定期述职和考核奖惩等制度。五是高质量做好“十四五”规划编制工作，进一步清晰实现高质量发展的顶层设计，清晰企业战略发展方向、规划与重点，清晰各板块各产业发展目标、路径选择和资源配置。规划编制要做到六个统筹兼顾，即在追求近期利益与远期目标上统筹兼顾；在追求速度规模与防控风险上统筹兼顾；在专注做强主业与多元拓展上统筹兼顾；在国内发展与海外发展上统筹兼顾；在各层级协同发展上统筹兼顾；在改革发展稳定与党建引领上统筹兼顾。

2. 以管理实验室活动为载体，推动制度化规范化建设不断深入。国资委今年将组织开展“对标一流管理提升行动”，我们要认真抓好落实。要将这项活动与管理实验室活动紧密结合起来，将对标贯穿企业生产经营全过程和各层级，通过与世界一流企业、行业先进企业、央企标杆企业对标，有效发现问题，明确改进方向，加快做精管理链，提升管理制度化标准化流程化信息化水平。要把加强制度建设作为管理实验室活动一项长期任务来抓，本着于法周延、于事简便的原则，分层级推进制度清理和“立改废释”工作，逐步建立起一整套更加成熟、趋于定型的制度体系。要把“总部机关化”问题整改纳入管理实验室活动范畴，明晰各级总部的职能定位，加强机构定员管理，精简审批事项，改进会风文风，完善激励约束，确保按期完成整改，同时要以制度建设巩固整改成效，通过建立切实管用的长效机制，确保机关化行政化不出现反弹回流。股份公司将于上半年召开管理实验室活动总结大会，各级企业要同步做好总结工作，以更大力度推动活动蓬勃开展。

3. 以加强基层基础建设为重点，推动基础管理水平不断提升。股份公司总部部门和各级单位要认真落实去年11月召开的三级工程公司建设会议精神，准确把握“五给五有”基本思路，求真务实地处理好“五个方面问题”，厘清各级职责与工作重点，出实招，见真章，切实把改革管理措施谋深谋细、抓实抓紧，不断提高基层治理管理水平。要把加强项目管理作为三级工程公司建设的重中之重，在落实好“两管两创”和“五本书”等要求的基础上，加快建立健全项目导向型的管理体制机制，以项目全过程管理为抓手，以治亏减亏扭亏为根本任务，以全面创效为目标，大力加强项目的源头管理、生产过程管理和目标管理，推动企业各项工作、各项资源向项目倾斜汇聚。要着力消除项目管理中的断点、堵点和痛点等问题，有效破除“玻璃门”“部门墙”和“谷仓效应”，努力形成纵向贯通管理层级、横向联通业务系统、前后台一体聚焦用力的项目管理体系，把项目管理链真正做精。

4. 以强化安全质量环保管控为抓手，推动安全发展水平不断提高。没有稳定的安全保障，一切发展都无法持续。要牢固树立“安全管理是第一管理”的理念，以强化制度执行为切入点，持续推动

▲ 中铁二局承建的世界海拔最高公路特长隧道——国道318线拉林公路米拉山隧道双向正式通车

"管""监"系统责任落实，构建风险分级管控和隐患排查治理双重预防机制，进一步加大安全投入尤其是科技兴安力度，进一步加大飞检彻查、隐患治理、全员培训力度，深入推进项目安全质量标准化建设，在建设本质安全型企业上持续发力、久久为功。要制定企业投资项目和总承包项目质量安全红线管理规定，进一步加强内部信用评价工作，将其与任务分配直接挂钩，对违反红线规定或信用评价排名连续靠后的单位，任务要少给、量力给；对捅娄子、出乱子、砸牌子的单位，要慎重给或一段时期内不给。要推进重点工程创优工作，加大投入与奖励力度，积极申报各类奖项，在建造更多工程精品中树立行业标杆形象。要严格落实各级安全质量责任，进一步加大安全质量事故事件与问题惩处力度，始终保持铁腕抓安全、铁纪保安全的高压态势。要重视生态环境保护与节能减排工作，落实好绿色环保施工要求，在打好污染防治攻坚战中发挥央企表率作用。

（六）加强党的领导，推进队伍建设，加快建设具有一流可持续发展能力的综合产业集团

要自觉把坚持党的领导、加强党的建设贯穿于企业改革发展的全过程，努力提升政治建设、廉政建设、队伍建设、文化建设和民生建设质量，全面筑牢企业持续快速健康发展的根基。

1. 积极推动党建工作与生产经营融合发展。要贯彻落实新时代党的建设总要求和股份公司党委工作部署，认真总结"不忘初心、牢记使命"主题教育成果，进一步增强"四个意识"，坚定"四个自信"，做到"两个维护"。要积极推动党建工作与生产经营深度融合，做到同谋划、同部署、同考核、同推进，让抓生产经营中讲党建、抓党建时促生产经营在企业蔚然成风。各级经理层人员要自觉肩负起党建责任，全力完成好党组织交给的工作任务。各级党组织要围绕改革发展和生产经营重点难点，积极从党建工作角度研究有效措施，充分彰显作为，将生产经营指标完成情况作为衡量党组织工作和战斗力的重要标准。要从严从实做好国资委党委巡视发现问题的整改工作，深入剖析原因，严格实施整改，建立长效机制，在改进提升中推动企业健康持续发展。

2. 深入推进党风廉政建设与反腐败工作。这是一项长期、复杂而又艰巨的任务，从近年来尤其是去年国资委党委巡视发现问题看，更是提醒我们须臾不可松懈。要坚持抓早抓小、防微杜渐，进一步加强廉政警示教育，积极围绕"人怎么选、事怎么定、钱怎么管"等决策过程、管理过程，不断加大日常监督力度，及早发现和处理问题，防止小错酿成大错。要坚持治懒治庸、匡正风气，加大效能监察力度，以问题倒逼责任，以问责倒逼实干，对那些碌碌无为、懒政、怠政的干部该调整的调整，该挪位的挪位，让尸位素餐者无所遁形。要坚持执纪必严、以惩促治，驰而不息纠治"四风"，发挥好巡视巡察震慑治本作用，大力支持纪检监察组织严格执纪问责，始终保持正风肃纪、惩治腐败的高压态势。

3. 大力加强领导班子和干部人才队伍建设。要将党管干部、党管人才原则与发挥市场机制作用有效结合起来，认真落实新时代好干部标准，旗帜鲜明地树立凭政绩选人用人的导向，加快完善干部选用考核机制，真正把那些市场经营中的"猛将"、提质增效中的"干将"、改革创新中"闯将"选出来用起来。要将抓规矩、抓正职、抓团结作为加强领导班子建设的重点，充分发挥班子整体功能，提升各级班子的领导力凝聚力战斗力。要认真落实中央企业、股份公司人才工作会议精神，加大人才开发、建设与"选用育管"力度，采取市场化选聘和竞聘机制弥补新兴领域人才短板，加快培养一批在不同行业、领域内具有影响力的精英人才。要按照"多劳多得、优绩优酬"的原则，积极改革创新薪酬分配制度，探索推行好项目模拟股权、跟投、超额利润分配等激励措施，充分激发干部员工的创造热情。要加强干部队伍作风建设，进一步增强服务意识和群众工作能力，力戒深入基层却不懂基层、面对群众却不懂群众。要落实"三个区分开来"要求，切实保护好干部员工干事创业的积极性，让大家心无旁骛、放开手脚干事创业，努力形成各类人才资源竞相涌流、人才活力竞相迸发的生动局面。

4. 努力提升文化建设质量与民生建设质量。建设世界一流企业必须有一流的企业文化作基础。要以文载道弘扬时代主旋律，把宣传贯彻习近平新时代中国特色社会主义思想作为首要任务，在学思用贯通、知信行统一中凝聚企业发展的奋进合力。要加快建立健全以市场价值理念为准则的市场文化体系，推进由"工"向"商"转变，营造崇商、重商、兴商的浓厚氛围，以理念变革推动组织成长，以文化创新推动发展加力提速。要牢固树立以人民为中心的发展思想，确保发展每前进一步，民生建设就跟进一步。要切实加强企业民主管理，自觉维护员工就业上岗、参加培训、正常休假等合法权益，做好改革过程中的队伍稳定工作，加大拖欠员工工资和"五险一金"整治力度，进一步提升企业年金覆盖比例。要加大困难企业和困难员工帮扶救助力度，实实在在为困难企业纾忧解难，实实在在解决群众"急""难""愁""盼"问题，确保困难员工同步迈入小康。要充分发挥各级工团组织的作用，深入开展好劳动竞赛、青年创新创效等活动，聚能汇力推进发展。要积极推动员工住房条件改善，关心关爱离退休人员生活，保障农民工的正常权益。要持续推进对口地区的扶贫工作，巩固好扶贫脱贫成果，为全面建成小康社会贡献中国中铁的力量。

突出政治建设　深化标本兼治　服务发展大局
为建设具有全球竞争力的世界一流企业
提供坚强保证

——纪委书记王士奇在中国中铁三届一次职代会暨2020年工作会上的报告

（摘要）

（2020年1月11日）

一、2019年工作简要回顾

2019年，公司党委、纪委以习近平新时代中国特色社会主义思想为指导，认真学习贯彻党的十九大和十九届三中、四中全会精神，认真落实十九届中央纪委三次全会、国资委机关暨中央企业党风廉政建设会议精神，以政治建设为统领，层层压实“两个责任”，一体推进不敢腐、不能腐、不想腐，为提升企业治理能力现代化，实现企业高质量发展提供了有力保障。

（一）政治建设不断加强

政治建设是党的根本性建设。政治建设不是空泛的，2019年，公司党委抓理论武装、抓思想引领、抓责任落实、抓监督问责，广大党员领导干部政治站位更高了，政治意识更强了，“两个维护”体现在具体工作之中。

我们始终坚持把政治建设摆在首位，持续深入学习领悟新思想新理论，不断提高政治觉悟；广泛开展新中国成立70周年庆祝活动，不断加强爱国主义教育，激发爱国爱党热情；积极应对中美贸易摩擦，正确认识国内国际发展形势；紧跟新时代发展步伐，坚持理论与实际紧密结合，对习近平新时代中国特色社会主义思想的政治认同、思想认同、情感认同不断强化。

我们坚决贯彻落实党中央重大决策部署和习近平总书记重要指示批示。细化落实措施，推动“三个转变”落实落地；加大对定点扶贫县的帮扶力度，确保廉洁扶贫、干净扶贫；深入推动中老铁路“廉洁之路”建设，积极为“一带一路”建设贡献力量；高度重视京张铁路等工程项目的环境治理和文物保护，督促落实责任，抓好问题整改；建立落实党中央决策部署和习近平总书记重要指示批示工作台账，形成常态化机制，通过实际行动，做到“两个维护”。

我们严格执行《新形势下党内政治生活若干准则》。全年召开11次党委中心组学习；召开25次党委常委会，认真落实民主集中制；高质量召开领导班子民主生活会和支部组织生活会；指导4家二级企业党委按程序换届，发扬党内民主保障党员权利；坚持正确选人用人导向，修订完善领导干部管理办法；严守政治纪律政治规矩，制定贯彻《中国共产党重大事项请示报告条例》具体措施并认真落实。

我们扎实开展“不忘初心、牢记使命”主题教育，坚持问题导向，主动对标对表，狠抓整改落实，广大党员干部的党员意识、宗旨意识明显增强，立足岗位推动发展、践行国有企业“六种力量”的内在动力进一步激发。在国资委党委主题教育第一批总结暨第二批部署会议上，公司党委做了经验交流。

我们积极配合国资委党委巡视，接受政治体检，针对巡视期间移交问题线索，做到即知即改、立行立改，快查快办、及时汇报，巡视组给予充分肯定。今年1月2日，国资委党委巡视反馈意见大会召开后，公司党委立即就巡视反馈问题整改工作进行了研究，作出安排部署。2019年，我们还对所属10家二级企业党委开展了常规巡视，发现问题168个，给予党政纪处分36人次。对16名政治意识不强、工作不在状态、履职尽责不到位的二级企业主要领导进行问责处理，企业政治生态不断净化。

（二）作风建设持续改进

党的作风建设关系党的生死存亡，企业的风气决定企业兴衰成败。2019年，我们完善制度办法、开展专项整治、严肃监督问责、通报负面典型，采取了一系列更有针对性的措施，党员领导干部的作风形象、企业风气明显好转。

我们不断完善落实中央八项规

定精神具体措施，修订了企业负责人履职待遇管理办法、总部公务用车管理办法、业务招待费实施细则等制度文件，不断严明“十五个严禁”；扎实开展驻京办事机构专项清理，对二级企业驻京机构全部关停撤销；加大重要时间节点的教育提醒、监督检查，结合主题教育，对重复发生反复发生问题进行重点整治。

我们深入开展形式主义、官僚主义集中整治，对重视程度不够、效果不明显的单位，约谈党委主要负责人，责令进行“补课”；认真落实中央基层减负年要求，梳理存在突出问题，制定精简文件、减少会议等为基层减负28条具体措施；积极推进总部“机关化”问题整治，成立专项整改工作领导小组，制定专项整改实施方案，以总部去“机关化”为起点，深入推进作风转变。

我们紧盯“关键少数”，抓典型、严问责、强震慑，全年查处违反中央八项规定精神、作风不严不实问题17件，问责处理28人次。不少党员领导干部主动补缴公车私用费用，纪律规矩意识强了，公、私更加分明；“麻将风”“赌博风”、逢年过节赠送礼品礼金、大操大办婚丧嫁娶、大吃大喝公款报销等一些长年形成的歪风陋习得到有效遏制。

我们大力弘扬真抓实干精神，鼓励干部担当作为。制定修订了公司二级企业领导人员管理办法、优秀年轻干部挂职锻炼工作的实施意见等文件制度；加大对选人用人监督，严把政治关、廉洁关、作风关，公司纪委全年参与重要人事安排初始酝酿77人次，回复党风廉政意见49人次，对3名拟提拔使用领导干部亮了“红灯”，企业风气明显好转，干事创业氛围更加浓厚。

（三）纪检监察体制改革有力推进

推进纪检监察体制改革，是党中央坚持和加强党的领导、落实全面从严治党战略的重大举措。公司党委高度重视、精心组织，公司及各职能部门提高站位、全力支持。2019年，公司纪检监察体制改革有力推进，走在了委管企业的前列。

我们严格落实国资委党委《实施意见》和驻委纪检监察组对公司实施方案的《批复意见》，牢牢把握改革的核心要义，强化纪委“专责监督”职能，进一步聚焦主责主业；加强上级纪委对下级纪委的领导，落实“三个为主”要求；针对体制改革后的新形势新任务新要求，制定修订了向上级纪委报告制度、政纪处分规定等11个文件，通过“形”的转变逐步实现“神”的重铸。

我们严格执行驻委纪检监察组“做强集团、做实基层”要求，针对基层执纪审查工作主要集中在二级企业的实际情况，进一步加强了二级企业纪委机构设置和人员力量；制定了二级企业纪检监察体制改革协调指导方案，针对各单位不同情况，坚持分类施策，不搞“一刀切”，对各单位提出的实施方案逐个进行研究，一对一反馈修改意见，加大指导力度，保证改革方向正确。

我们针对没有被授予监察权的实际情况，积极探索与地方纪委监委协调配合机制。2019年，各级地方纪委监委在案件调查过程中涉及我单位人员共329人；公司各级纪检组织向地方监委移送涉嫌违法犯罪人员6人。在驻委纪检监察组的领导和支持下，我们积极与地方纪委监委沟通协调，在信息共享、纪法衔接、共同构建惩防体系等方面取得阶段性进展。

（四）一体推进不敢腐、不能腐、不想腐更加深入

腐败是企业高质量发展的“拦路虎”。2019年，公司党委、纪委紧盯重点领域关键环节关键少数，标本兼治、惩防并举，一刻也不敢放松、一刻也没有放松。

我们不断压实全面从严治党“两个责任”，层层签订《党风廉政建设责任书》，将“两个责任”纳入党建责任制考核；印发了领导人员廉洁从业承诺制度、加强党内监督的实施办法等制度文件；深入开展企业领导人员和亲属违规经商办企业专项整治，查处问题线索23件；公司党委主要领导约谈有关领导干部170人次，纪委主要领导约谈91人次；坚持“一案双查”，全年因落实“两个责任”不力追责问

▲ 项目部举办廉洁书画展

责71件，追责145人次。

我们坚持有案必查。一年来，全公司各级纪检组织共受理信访举报1175件；处置问题线索1487件，其中谈话函询210件次，初步核实1219件次，了结1072件次；全年立案524件，结案539件，给予党政纪处分1185人；被刑事处理41人。运用“四种形态”处理党员领导干部2789人次，其中第一种形态1578人次，占比57%；第二种形态1053人次，占比38%；第三种形态123人次，占比4%；第四种形态35人次，占比1%。

我们坚持抓早抓小防微杜渐，“咬耳扯袖”“红脸出汗”成为常态；坚持纪在法前、纪严于法，对一般违规违纪问题给予党政纪处分，惩前毖后治病救人，避免从“好同志”一下变为“阶下囚”；针对主动交代问题、积极配合调查的，依规依纪给出路、给政策、给机会，做到宽严相济；针对十八大以后特别是十九大以后不收敛不收手的，坚决严肃查处。一年来，包括1名二级企业班子成员在内的6名党员领导干部主动向纪委交代问题，积极配合调查，悬崖勒马，迷途知返。

我们盯住工程建设重点领域关键环节，严肃查处违规招投标、违规选人用人、违规选用劳务队伍（供应商）、超合同结算等突出问题，清理违规超结超付费用、收缴违纪所得，挽回经济损失9400余万元；各级纪检组织开展“再监督”，找出管理漏洞，锁定薄弱环节，对职能部门提出工作建议，督促落实“一岗双责”，修订了《劳务分包企业管理办法》《领导干部插手干预重大事项记录制度》等文件；加强境外项目风险调研，形成《中国中铁关于境外风险防控情况报告》。

我们召开了公司历史上规模最大的警示教育大会。虽然通报的只有7个典型问题，但突出聚焦的是各级领导班子成员特别是“一把手”、项目经理等“关键少数”、关键岗位，聚焦的是政治纪律规矩意识淡漠、党的十八大以后特别是十九大以后仍不收敛不收手的突出问题，聚焦的是长年形成的、屡治不渝的、个别领导干部“习以为常”而员工群众深恶痛绝的歪风陋习，充分体现了公司党委、纪委全面从严治党的信心和决心，充分释放了越往后执纪越严的强烈信号。

我们编印了警示教育读本《鉴戒》（2019），在全公司范围内印发34500余册，反响良好；组织各单位购买并认真观看《党的十九大以来查处违纪违法党员干部案件警示录》和《叩问初心警示片》，引以为戒、警钟长鸣；各单位开展廉洁教育7349次，累计参加22万人次，警示教育入脑入心，不想腐的自觉不断强化。

（五）纪检干部队伍建设持续加强

面对全面从严治党的新形势新任务新要求，公司纪检干部队伍的整体水平特别是业务水平，还有较大差距。2019年，我们坚持在学中干、在干中学，苦练内功、提升能力，全公司纪检干部队伍在实践锻炼中快速成长。

我们按照公司党委和驻委纪检监察组统一安排，深入开展“不忘初心、牢记使命”主题教育；以中央纪委国家监委印发的17门课程为主要内容，分两批对全公司1510名专职纪检干部进行了业务培训；选派9名业务骨干参加中纪委、国资委举办的培训班；组织内部专家到各二级企业开展业务培训15场次。广大纪检干部的政治站位、履职能力不断提升，有不少纪检干部面对各种困难和繁重的日常工作，付出了极大的辛苦，体现出了过硬的政治素养，树立了新时代纪检干部忠诚干净担当的良好形象。

我们不断加强自我监督，修订了监督执纪审批流程和文书模板，严格执行问题线索处置集体研究和请示报告制度；对纪检人员之间打听、干预执纪审查工作和违规请托办事的，严格执行报备及责任追究规定，不断严肃工作纪律；开展了执纪审查及纪律处分决定执行情况专项检查，纠正不规范行为；开展了信访举报处理过程中形式主义、官僚主义问题专项整治，不断改进工作作风；坚持刀刃向内、从严要求，对14名违规违纪纪检干部严肃问责处理，其中给予党政纪处分13人，诫勉谈话1人。

回顾2019年各项工作，虽然取得一定成绩，但也存在一些问题，特别是通过接受国资委党委政治巡视，我们对自身存在问题看得更准、更透，必须引起高度重视：

一是全公司学习贯彻习近平新时代中国特色社会主义思想仍需不断深入，贯彻落实党中央决策部署和习近平总书记重要指示批示还存在一定差距，促进企业治理能力现代化、推动高质量发展一刻也不能停歇。

二是个别单位政治站位不高，政治担当不够，政治监督不力，个别党员领导干部特别是领导班子成员严守政治纪律政治规矩意识不强，企业政治生态还需不断净化，加强政治建设不能有丝毫松懈。

三是个别党员领导干部责任意识不强，工作不在状态，作风不严不实，一些长年形成的歪风陋习还没有彻底根除，形式主义、官僚主义阻碍企业发展，改进作风形象尚需下更大的功夫。

四是个别单位党组织、纪检组织落实全面从严治党“两个责任”不够扎实，工作浮于表面，党委书记第一责任人作用发挥不充分，主体责任扛不起来，监督执纪宽松软现象依然存在，压实全面从严治党“两个责任”必须持续发力。

五是十九大以前，甚至是十八大以前发生的违纪违法犯罪问题频频暴露，地方监委移交或要求配合的案件明显增多；个别党员领导干部心存侥幸、思想麻痹，甘于被“围猎”，“不收敛”、“不收手”和“不知止”的现象还没有被完全有效遏制；一体推进不敢腐、不能腐、不想腐体制机制建设，巩固反腐败斗争压倒性胜利任务依然艰巨。

二、2020 年工作部署

2020 年是全面建成小康社会、实现第一个百年奋斗目标的决胜之年，是“十三五”规划圆满收官、“十四五”规划谋篇布局的关键之年，也是中国中铁推进建设世界一流企业接续奋斗至关重要的一年。今年党风廉政建设和反腐败工作总的思路和要求是：以习近平新时代中国特色社会主义思想为指导，全面贯彻党的十九大和十九届四中全会精神，认真落实国资委党委和驻委纪检监察组工作部署，增强“四个意识”、坚定“四个自信”、做到“两个维护”，坚持稳中求进工作总基调，以党的政治建设为统领，压实“两个责任”，加强作风建设，一体推进不敢腐、不能腐、不想腐，融入中心工作，服务发展大局，为推进企业治理能力现代化，建设具有全球竞争力的世界一流企业提供坚强保证。

（一）要加强政治建设，做到“两个维护”

建设具有全球竞争力的世界一流企业，发挥国有企业“六种力量”和“顶梁柱”作用，最根本的就是要提高政治站位，营造良好的企业政治生态，体现政治担当。

一是要深入贯彻党的十九届四中全会精神。党的十九届四中全会将完善全面从严治党制度作为“坚持和完善党的领导制度体系，提高党科学执政、民主执政、依法执政水平”的重要组成部分，把监督工作、反腐败工作纳入国家制度和治理体系作出顶层设计和安排部署。各级党组织、纪检组织、广大党员干部，要以习近平新时代中国特色社会主义思想为指导，把学习贯彻全会精神作为一项重大政治任务，自觉尊崇制度、严格执行制度、坚决维护制度，不断深化全面从严治党，做到全面依法治企。二是要高质量抓好国资委党委巡视发现问题整改，各级党组织要落实主体责任，党委书记是第一责任人，要切实提高站位，强化政治担当；各级纪检组织要把监督推动巡视整改作为加强政治监督的重要内容，做到举一反三、深入整改；要把巡视整改与学习贯彻十九届四中全会精神、巩固主题教育成果结合起来，把巡视整改成果转化为推动改革发展的动力。三是要严肃党内政治生活，认真贯彻新形势下党内政治生活若干准则，积极开展批评和自我批评；要严格执行重大事项请示报告制度，请示报告不是小事，是我们党的重要政治纪律、组织纪律、工作纪律，要坚持权责明晰，既牢记授权有限，该请示的必须请示，该报告的必须报告，又牢记守土有责，该负责的必须负责，该担当的必须担当。四是要坚决贯彻党中央重大决策部署和习近平总书记重要指示批示，结合企业实际创造性抓好推动落实。

（二）要牢记初心使命，涵养新风正气

习近平总书记指出：党的作风正，人民的心气顺，党和人民就能同甘共苦。各级党员领导干部要在树新风、扬正气上发挥带头示范作用，企业风清气正，广大员工群众才能对企业更有信心、更有希望，更愿意与企业同甘苦、共成长。

一是要不断巩固发展“不忘初心、牢记使命”主题教育成果，聚焦主责主业，深化问题整改，建立长效机制，把为中国人民谋幸福、为中华民族谋复兴的初心使命，体现在优质高效完成工作任务，推动企业高质量发展上。二是要持续巩固拓展落实中央八项规定精神成果，紧抓重要时间节点，紧盯关键少数，开展“麻将风”“赌博风”等歪风陋习专项整治，对“四风”隐形变异新动向时刻防范、露头就打，对顶风违纪的从严从快查处并通报曝光。三是要坚决破除形式主义、官僚主义，以不断深化“机关化”问题专项整治为契机，切实改变工作作风，提升管理效能，公司总部要带头落实为基层减负 28 条具体措施，做到以上率下。四是要在抓执行上下功夫，按照习近平总书记要求，各级领导干部“要有真抓的实劲、敢抓的狠劲、善抓的巧劲、常抓的韧劲，抓铁有痕、踏石留印抓落实”。对工作不在状态、不担当、不作为的，搞形式主义、官僚主义的领导干部，坚决予以调整问责。

（三）要压实“两个责任”，从严管党治党

各级党组织、纪检组织，特别是各级党委、纪委一把手，要知道该干什么、该抓什么，要知道怎么才能干好，切实把责任扛起来。不干、不抓或者干不好、抓不实，就要被调整、被问责，给能干的人让位子。

一是各级党组织要发挥领导作用，把落实全面从严治党主体责任寓于实施领导全过程。党委书记作为第一责任人，要把全面从严治党责任记在心里、扛在肩上，紧密结合企业实际，对重要问题亲自部署、亲自过问、亲自协调、亲自督导。二是各级领导班子成员、各业务部门要落实好“一岗双责”，抓好分管系统和领域的党风廉政建设；组织、宣传、人事等党的工作部门要发挥职能作用，把应当由部门承担的具体任务落到实处。三是进一步完善党领导反腐败的工作体制和决策机制，建立健全分析企业政治生态、听取重大案件情况报告制度；要发挥党内监督主导作用，整合企业内部监督力量，构建上下联动、相互衔接的“大监督”工作格局。四是各级纪检组织要把监督第一职责挺在前面，加强对党委落实主体责任的监督，强化对“关键少数”和重点领域的监督，推进对职能部门履职的“再监督”。

（四）要坚持标本兼治，巩固反腐成果

一体推进不敢腐、不能腐、不

想腐，必须持续发力。促进企业治理能力现代化、推动高质量发展、建设具有全球竞争力的世界一流企业，实现这些奋斗目标，责任重大，使命光荣，对于腐败问题，必须是也只能是“零容忍”，没有任何可商量的余地。

一是要持续强化不敢腐的震慑，精准运用“四种形态”，特别是用好用足第一种形态，保持“咬耳扯袖”“红脸出汗”常态化。要坚决查处巡视整改不力、搞虚假整改等违反政治纪律问题；坚决查处违反中央八项规定精神问题；坚决查处十八大以后特别是十九大以后仍不知敬畏、不收敛不收手问题，斩断“围猎”和甘于被“围猎”的利益链。二是要进一步扎牢不能腐的笼子，完善招标投标、物资采购、劳务分包、干部选用等重点领域关键环节的权力运行制约机制。要切实做到管好关键人、管到关键处、管住关键事、管在关键时，对于滥用权力以及不担当、不负责行为，必须严肃问责追责，坚决防止权力监督出现“破窗效应”。三是要持续增强不想腐的自觉，充分发挥查办案件治本功能，加大曝光通报力度，强化警示震慑作用，引导广大党员干部守初心担使命，严守纪律规矩、严明公私界限、严格家风家教，树立正确的世界观、人生观、价值观。四是要践行“三个区分开来”重要要求，鼓励干事创业，为担当者担当，为负责者负责；对于主动坦白交代问题、积极配合审查调查的要给出路、给政策、给机会，做到宽严相济。

（五）要深化体制改革，促进形神兼备

推进纪检监察体制改革，不仅是完善机构设置、加强人员配备，核心内容是要强化纪委专责监督职能，加强上级纪委对下级纪委的领导，真正把纪律规矩严起来，深化全面从严治党，促进依法治企，服务发展大局。

一是要持续深入推进“三转”，各级纪检组织要进一步聚焦主责主业，突出政治监督，强化同级监督，细化日常监督，提升“专责监督”效能；二是要严格落实“三个为主”要求。要进一步规范纪委书记、副书记提名考察工作程序；涉及同级党委管理的在职干部案件、上级纪委交办要结果的案件以及其他案情重大复杂的案件，在拟立案审查前、拟给予党政纪重处分前，及时向上级纪委报告，并严格按照答复意见开展下一步工作；要建立纪委书记履职考核以上级纪委为主制度办法，考核结果与其任免、薪酬、奖惩等事项挂钩。三是要完善党风廉政建设和反腐败工作协调机制，要定期召开协调小组会议，通报问题、安排工作、形成合力；要加强与地方纪检监察机关、司法机关、审计机关、执法部门等沟通协调，相互通报信息，建立健全审查调查协作配合机制。四是要拓宽选人渠道，把好纪检干部入口关，把政治标准作为第一标准，坚决杜绝照顾型、安置型配备纪检干部；要加强纪检人才库建设，优先从人才

▲ 中铁建工诺德武汉江城之门项目搭建政企党建联创共建合作新平台

库中选拔选用。

（六）要发挥利剑作用，助力高质量发展

巡视巡察工作必须进一步聚焦“政治”二字，要通过监督检查上级要求和各项重点工作的落实情况、党规党纪以及企业规章制度的执行情况等，检验政治意识、政治站位、政治担当。政治建设抓实了，企业高质量发展才有了基础。

一是要对标国资委党委巡视工作标准和要求，充分学习借鉴国资委党委巡视工作方法和经验，进一步提高公司巡视巡察工作水平；要把国资委党委巡视反馈问题整改纳入公司内部巡视的重要内容，盯住不放，确保彻底整改。二是要认真落实巡视工作五年规划，分两批对16家二级企业党委开展常规巡视，适时对公司总部、区域指挥部、直属项目部开展专项巡视，高质量完成新一轮巡视“全覆盖”。三是要修订完善《公司党委巡视工作手册》、巡视工作制度办法、工作流程等文件，研究制定巡察工作指导意见，建立完善纪检组织和组织人事部门加强巡视整改日常监督制度机制，探索建立“巡视后评估”制度。四是要加强对二级企业巡察工作的指导督导，搭建全公司巡视巡察信息化交流平台，建立完善巡视与纪检组织、审计机构、干部部门等协作配合机制，形成工作合力，加强巡视巡察工作成效。

（七）要加强队伍建设，强化政治担当

打铁必须自身硬。纪检干部的第一职责就是监督，如果自己政治站位不高、作风不严不实，就不可能很好地发挥监督作用，就会严重损害企业党组织、纪检组织的权威和形象，阻碍企业党风廉政建设，这样的干部，必须坚决、及时从纪检队伍中清除。

各级纪检组织、广大纪检干部，一是要经常与党章、与习近平总书记重要讲话要求、与新时代好干部标准对标对表，切实加强理论武装，提高政治站位，践行初心使命；二是要带头落实十九届四中全会精神，带头执行、维护党的纪律和企业规章制度，提升运用法治思维能力，不断提高业务水平和履职效果；三是要进一步规范执纪程序，加强自我监督，看一看是不是“要求别人做到的，自己首先做到，要求别人不做的，自己首先不做”，是不是在急难险重任务、重大复杂问题线索面前敢于碰硬、勇于担当；四是要坚决严肃查处执纪违纪行为，避免“灯下黑”。

专　文

勇当新时代中国品牌的创造者传播者维护者

——党委书记、董事长张宗言刊发在《经济日报》的署名文章

（2019年5月9日）

2014年5月10日，习近平总书记在视察中国中铁装备集团时，提出要“推动中国制造向中国创造转变、中国速度向中国质量转变、中国产品向中国品牌转变”。5月10日中国品牌日由此诞生。“三个转变”重要指示，为民族工业复兴指明了方向，也是中国中铁肩负的时代使命。5年来，中国中铁不忘嘱托、牢记使命，坚持把创新和质量内化于品牌之中，探索形成了以提升质量、科技创新、全球合作、精神传承和责任担当为核心内涵的中国品牌建设模式，积极创造、传播、维护中国品牌形象，切实把习近平总书记的重要指示转化为国家品牌建设的生动实践。

▲ 国务委员王勇为中国中铁颁发中国质量奖

提升质量：夯实品牌之基

质量是品牌的生命线。党的十九大提出要建设质量强国。这就要求每个行业、每家企业都要牢固树立提高供给质量的观念，通过产品和服务质量的显著提升，创造一大批享誉世界的国际知名品牌。中国中铁作为全球最大的建筑企业之一，必须当仁不让地发挥好主体作用，引领全行业的质量提升。近年来，我们坚持“精心设计，绘制时代蓝图；科学施工，构筑精品工程”理念，把每个施工现场的管理都作为一项系统工程，大力推进现场管理标准化、现场布局科学化、现场培训常态化、现场作业规范化“四化”建设，确保质量创优。特别是已连续多年开展的全面管理实验室活动，从基础管理创新入手，严把质量关口，逐步形成了覆盖各层级和各业务板块的质量管理基础体系，不断提升建筑品质，丰富品牌内涵，努力把每一项工程都建设成为国际一流建筑和百年精品工程。目前，公司累计荣获中国建设工程鲁班奖172项。2018年，我们的《天堑变通途“四位一体”质量管理模式》荣获国家质量领域最高奖——中国质量奖。

科技创新：开辟品牌之路

习近平总书记强调，实践反复告诉我们，关键核心技术是要不来、买不来、讨不来的。

只有把关键核心技术真正掌握在自己手里，实现自主科技创新，才能培育出我们的自主品牌。在某种意义上，建设中国品牌，必须敢于走前人没走过的路，在关键共性技术、前沿引领技术、现代工程技术、颠覆性技术等方面实现自主

创新的突破。作为国家首批创新型企业，中国中铁依托所拥有的“高铁建造技术”“盾构掘进技术”“桥梁结构健康与安全”3个国家实验室和13个国家认定的企业技术中心，取得了一大批具有自主知识产权的核心技术。在高速铁路、高原铁路、重载铁路、电气化铁路、桥梁工程、隧道及地下工程、铁路道岔、盾构制造八大领域始终保持国际领先水平，特别是系统掌握了不同地质结构、不同气候环境、不同轨道类型等多种条件下的高速铁路建造技术，铸就了“中国高铁”的金色品牌。累计荣获国家科技进步奖和发明奖115项，包括5项特等奖和16项一等奖；荣获詹天佑奖114项，稳居国内建筑企业榜首。

全球合作：兑现品牌之诺

习近平总书记强调，共建“一带一路”，关键是互联互通。

作为最早“走出去”的中国企业，中国中铁早在20世纪70年代就承担了坦赞铁路的建设。“一带一路”倡议提出后，我们积极参与实施了雅万高铁、中老铁路、亚吉铁路、孟加拉帕德玛大桥及铁路连接线、匈塞铁路、莫喀高铁等一大批重点项目。我们首先从诚信履约入手，在施工进度、安全质量、绿色施工、廉政建设、社会责任等各方面赢得认可，打造了“中国铁路”“中国大桥”“中国隧道”“中国装备”“中国方案”“中国标准”等一系列亮丽的国家品牌。同时，我们还依靠技术、人才、管理等方面的综合优势，开展中国技术与所在国适用标准的融合研究，在相关国家建设科技创新基地，积极与国际机构、跨国公司实施联合开发，因地制宜地为海外客户提供定制化服务，开创互利共赢的国际合作新模式。2016年6月，习近平总书记和乌兹别克斯坦总统共同见证了安帕铁路隧道通车。我们用中国技术、中国标准使这条“中亚第一长隧”提前100天通车。该项目获得了国际市政工程协会“特别国际优秀奖”，为托起世界各国人民的美好梦想贡献了中国力量。

精神传承：铸就品牌之魂

习近平总书记强调，一个国家、一个民族不能没有灵魂。

打造中国品牌，展示的是中国形象，弘扬的是中国精神。形象是品牌的外在体现，精神则是品牌的灵魂所在。中国中铁拥有125年的历史渊源，从中国人设计建设的第一条铁路京张铁路，到今天的世界首条智能高铁京张高铁，我们的技术实力发生了翻天覆地的变化，但詹天佑等第一代铁路人留下来的奋斗精神始终没有变，并不断被弘扬丰富发展，成为我们“勇于跨越、追求卓越”的企业精神，全面融入品牌建设，成为中国中铁品牌最深远、最牢固的根基。在企业精神感召鼓舞下，我们涌现出了“全国知识型产业工人、共和国双百人物”窦铁成，“全国总工会副主席、全国农民工楷模”巨晓林，“全国最美职工、央企楷模”白芝勇，“全国最美科技工作者、央企楷模”王杜娟等一大批全国重大先进典型，成为企业品牌的最佳代言人。2018年春节前夕，我们参加新成昆铁路建设的青年党员给习近平总书记写了一封信，表达了他们继承发扬老一辈筑路人逢山开路、遇水架桥、风餐露宿、四海为家的艰苦奋斗精神，为铁路事业作贡献的决心。习近平总书记在四川凉山地区视察时提到了他们的来信，说来信让他感受到了青年一代对祖国和人民的担当和忠诚，读了很是欣慰。这是习近平总书记对新一代产业工人的充分肯定。

责任担当：挥洒品牌之色

习近平总书记强调，只有积极承担社会责任的企业才是最有竞争力和生命力的企业。

一个品牌的成色足不足，不仅与产品服务的好坏有关，还与企业对社会的贡献多少有关。只有企业对社会的贡献度大，品牌的美誉度才会高。中国中铁始终是党和国家在关键时刻听指挥、行动快，危急关头冲得上、打得赢的基本队伍。特别是每当国家出现重大险情时，我们总会挺身而出、义无反顾地承担各类抢险救灾任务，先后圆满完成了汶川抗震救灾、玉树灾后重建等急难险重任务。目前，全公司有3支国家隧道专业救援队，成为国家抢险救援的重要专业力量。同时，我们积极开展精准扶贫工作，负责的3个定点扶贫县中，湖南省桂东县已成功脱贫摘帽，其他两县预计在今年底也将摘帽。在“一带一路”建设中，我们同样把履行社会责任作为品牌建设的重要方面。今年3月，埃塞航空公司空难后，在当地参与“一带一路”建设的中国中铁员工第一时间参与了救援。与此同时，我们还通过捐款、捐物、捐资助学等形式，为改善项目所在国的人民生活水平提供物质帮助；通过义务修建道路、桥梁、居民饮水、排污等利民工程，帮助他们解决了许多重大民生问题；每年为项目所在国提供4万多个就业岗位和技术培训机会，极大促进了当地的社会经济发展。

当今世界，品牌已成为国家的名片，体现的是国家形象和民族文化。在实现民族复兴的征途中，我们将坚定不移地践行好习近平总书记“三个转变”重要指示精神，坚决当好新时代中国品牌的创造者传播者维护者，为中国品牌走向世界增光添彩！

永当先锋铸辉煌

——中国中铁近70年来改革发展成就巡礼

2019年6月12日，被誉为中国铁路发展“集大成者”、智能高铁示范工程的京张高铁实现全线轨道贯通。百年前，京张铁路打破了中国人不能自建铁路的断言，成为中华民族一条自力更生的“争气路”。百年后，京张高铁开启了世界智能高铁的先河，成为中国铁路从“落后”走向“引领”的见证。创造这个辉煌的，正是有着百年历史源流、被誉为“永远的开路先锋”的中国中铁。

新中国成立70年来，中国中铁始终坚守“为民族复兴筑路”的初心，秉持“勇于跨越、追求卓越”的企业精神，为祖国基础设施建设特别是铁路建设做出了突出贡献，在加快建设“国内领先、世界一流的综合性产业集团”目标上迈出坚实步伐，用一流的业绩证明了自己不愧是“国之重器”与“顶梁之柱”。

在坚守“筑路报国”初心中成就梦想

1950年6月，新中国刚刚成立不久，大西南剿匪的硝烟还没散尽，新中国第一条铁路——成渝铁路开工建设。这条规划于清末，到新中国成立时还是地图上一条虚线的铁路，经过包括中国中铁建设者在内的筑路大军艰苦鏖战，仅用两年时间，就全线贯通。毛泽东主席欣然题词，庆贺成渝铁路通车。

作为新中国铁路建设事业的开创者，自在成渝铁路开工典礼上接过邓小平、贺龙等老一辈革命家授予的“开路先锋”大旗起，中国中铁一代又一代员工，凭借对祖国的忠诚、对事业的执着、对生命的超越，不畏艰险、顽强拼搏，逢山开路、遇水架桥，在广袤的神州大地上，开辟了一条条人间坦途，绘就了一幅幅壮美画卷，创造了大批代表不同时代中国建筑业最高水平的标志性工程。

21世纪之初，党中央、国务院做出修建青藏铁路的重大决策，中国中铁的广大员工积极响应党中央号召，义无反顾地奔赴古老的雪域高原，以高昂的斗志攻克“高寒缺氧、多年冻土、生态脆弱”三大世界性难题，以顽强的作风在“生命禁区”拼搏奉献，创造了在平均海拔4000米以上修建高原铁路的人间奇迹，培育出“艰苦不怕吃苦，缺氧不缺精神，风暴强意志更强，海拔高追求更高”的青藏铁路建设精神，与大庆精神、载人航天精神一起成为中央企业先进精神的代表。

中国中铁坚持“勇于跨越、追求卓越”，凭借自身的设计、建设、设备制造优势，在中国高速铁路建设中成为实至名归的领航者。2008年8月1日，中国中铁参建的第一条中国拥有完全自主知识产权、时速350千米的高速铁路京津城际铁路开通。其后又相继建成开通了武广高铁、京沪高铁、哈大客专、京广高铁、兰新高铁。中国中铁，不断创造中国高铁建设的辉煌奇迹，以实力水平铸就“中国高铁”的金色品牌。

在近70年的风雨历程中，中国中铁先后参与建设的铁路干线占中国铁路总里程的2/3以上；建成电气化铁路占中国电气化铁路的90%；参与建设的高速公路约占中国高速公路总里程的1/8；建成的跨江跨海大桥、穿山越洋长大隧道长达4万多千米。

在自主创新中引航领跑

2019年5月9日，2019中国品牌日“5·10”晚会在上海举办。晚会上，中铁装备坚持自主创新，实现中国盾构从无到有、从引进消化吸收到创新领跑、从完全依赖进口到出口18个国家和地区的品牌发展故事，引发了观众的强烈共鸣。

时间回溯到5年前，2014年

5月10日，习近平总书记视察中铁装备时发表了“三个转变”重要论述，即“推动中国制造向中国创造转变，中国速度向中国质量转变，中国产品向中国品牌转变”，由此开启了中国制造高质量发展的新篇章，掀开了中国品牌发展的新征程，孕育了“5月10日”中国品牌日的诞生。

作为国家首批创新型企业，中国中铁认真贯彻落实“三个转变”的重要指示，坚持实施“大科技”发展战略，大力推进科技创新，依托所拥有的“高铁建造技术”“盾构掘进技术”“桥梁结构健康与安全”三个国家实验室和13个国家认定的企业技术中心，逐步在高速铁路、高原铁路、重载铁路、电气化铁路、特长隧道、大跨度桥梁、盾构设计制造等领域掌握了一大批具有自主知识产权的核心技术，创造了一大批国际一流的科技成果，为建设“交通强国”做出了重大贡献。

从“学会建成”到“追赶超越”，中国中铁不仅“逢山修隧”，而且跨越江海采用隧道方案正在成为常态。21世纪以来，中国中铁相继修建了武汉长江公路隧道、厦门翔安海底隧道、青岛胶州湾海底隧道、广深港高铁狮子洋水下隧道……江河海洋不再是隧道施工禁区，我国隧道施工技术突飞猛进，目前已跻身国际先进行列。

当前，中国中铁桥梁修建技术已经迈入引领国际阶段。继修建代表我国桥梁建设里程碑的武汉长江大桥、南京长江大桥、九江长江大桥和芜湖长江大桥等一座座桥梁后，近些年来相继建成的东海大桥、杭州湾跨海大桥、武汉天兴洲大桥、青岛胶州湾跨海大桥、港珠澳跨海大桥的多项修建技术处于世界先进水平。2018年6月11日，在第35届国际桥梁大会上，中国中铁修建的芜湖长江二桥荣获大会最高奖——乔治·理查德森奖，该奖项被誉为桥梁界的“诺贝尔奖”。此前，芜湖长江二桥还荣获了全球基础设施建设领域的重要创新奖项——“BE创新奖”，这是中国桥梁建设工程首次荣膺这项创新大奖。

在工业制造领域，中国中铁领军行业发展，设计研发的土压平衡复合式盾构机，填补了中国大型现代化隧道掘进设备领域的空白；研制的多种TBM及盾构设备世界领先。铁路道岔、大型钢结构、大型铁路施工机械等产品远销美国、德国等30多个国家。

截至2019年6月底，中国中铁共获国家科技进步奖115项，其中特等奖5项，一等奖16项；省部级（含国家认可的社会力量设奖）科技进步奖3325项；中国土木工程詹天佑大奖130项；国家级工法166项，省部级工法2528项；通过省部级科技鉴定的科技成果1454项；拥有有效专利授权9421件，其中发明专利2442件。

在参与市场竞争中谋求大发展

1981年4月7日，经过艰苦的努力，中铁二局中标了蛇口远东饼干厂。“三块石头支口锅，三顶帐篷搭个窝”，就是当时到地方闯市场的真实生活写照。就是靠着这种艰苦奋斗的精神，他们优质高效地完成了饼干厂的建设任务，成为首批进入深圳的施工企业。

党的十一届三中全会以后，中国中铁主动适应形势的发展需要，不断解放思想、转变观念，在全路率先走向市场，培育出勇于改革、勇于创新的发展理念。从1981年在深圳迈出工程建设招投标第一步到今天，中国中铁始终坚持以市场为导向，全员全方位参与竞争，连续多年实现了跨越式发展。特别是近些年来，中国中铁坚持全面深化改革，大力推动转换经营机制，突破传统的经营方式，加快拓展地下综合管廊、地下空间综合利用、海绵城市等新兴市场，实现了从被动追随市场到主动适应市场，再到经营创造市场的“三级跳”，企业的经营领域和发展规模不断扩大，为在新时代推动企业高质量发展奠定了坚实基础。

2016年6月，在深圳福田交通枢纽，数百名深圳市民共同见证了中国中铁以BT模式投资建设的深圳地铁11号线开通。这是中国一次建成里程最长、时速最快的“海景地铁”，大大便捷了市民出行，推动了深圳现代化国际化创新型城市的发展。

中国中铁不断创新经营模式，积极参与实施各种投融资项目运作，加快推动企业转型升级、提质增效。中国中铁先后以EPC、BT、

▲ 卡姆奇克隧道给居民带来福祉

BOT、PPP 等模式实施了一大批基础设施投资项目，投资运营了多条高速公路。2019 年 9 月 24 日，呼和浩特地铁 1 号线一期工程开始联调联试。该线正线总长 21.93 千米，建设工期 57 个月，是中国中铁联合体和呼市政府共同出资、建设并运营的全生命周期项目，是中国第一个完全的、包含土建工程的、真正意义上的地铁 PPP 项目，创新了地铁建设领域投融资体制。

历经数十载风雨拼搏，中国中铁成就了属于自己的梦想与光荣：2018 年，新签合同额达 16921.6 亿元，较 1989 年中国铁路工程总公司成立时增长了 545 倍；实现利润总额 172 亿元，较 1989 年增长了 1177.3 倍，用一流的业绩证明了自己不愧是“国之重器”与“顶梁之柱”。

在“一带一路”中当好先行

2016 年 6 月，由中国中铁承担的乌兹别克斯坦“安格连一帕普”铁路卡姆奇克隧道，采用中国技术，按照中国标准，以提前 100 天的速度，在三年内保质保量地完成了任务，成为中国企业“一带一路”国际合作的成功典范、中国企业“走出去”的一张名片。习近平主席与乌兹别克斯坦时任总统出席通车连线活动，见证了这一具有历史意义的重要时刻。

近年来，中国中铁充分发挥央企综合优势和基础设施建设专业优势，积极投身于“一带一路”建设，加快推动基础设施互联互通，打造了“中国高铁”“中国大桥”“中国隧道”“中国装备”等一系列亮丽的国家品牌。

在非洲，中国中铁在海外建设的第一条全产业链铁路亚吉铁路于 2018 年 1 月正式投入商业运营。该铁路是东非第一条现代电气化铁路，从融资、设计、施工、装备材料，到通车后的运营维护，全部由中国企业负责。

在中东，以色列特拉维夫红线车辆段试测线工程于 2019 年 8 月 15 日全部完工，标志着试车线已经具备通车全部条件。轻轨红线是特拉维夫轻轨系统的首条线路，采用欧洲标准设计、欧洲标准施工，从策划到实施历经几十年，举国关注。中铁隧道局、中铁电气化局组建的联营体成功击败诸多国际工程承包巨头，克服了隧道技术标准高，施工难度大、外围环境复杂、监管严厉等诸多挑战，于当地时间 2018 年 9 月 20 日完成红线西标段盾构隧道掘进任务，在国际高端市场展示了中国技术和实力。

目前，中国中铁正在实施一大批“一带一路”标志性项目：中老铁路、俄罗斯莫喀高铁、印度尼西亚雅万高铁、孟加拉帕德玛大桥……还先后 17 次参加南极科考，地球最南端南极上的一块停机坪，被国家海洋局命名“中国中铁停机坪”，为“造福人类的崇高事业”做出贡献。

▲ 亚吉铁路

中国中铁的先进装备也在走出国门。中铁装备紧跟国家“一带一路”倡议，自 2013 年首次出口马来西亚吉隆坡走出国门，到 2015 年一次性中标以色列特拉维夫地铁 6 台盾构，到 2017 年助力阿联酋迪拜深埋雨水隧洞项目，再到先后中标意大利 CEPAV 铁路项目、丹麦哥本哈根、法国巴黎地铁等项目，产品进入欧洲核心市场，不断在“一带一路”建设中贡献中国智慧、提供中国方案。截至目前，中铁装备已向国际市场出口近 50 台套隧道掘进机和相关产品，进入 18 个国家和地区，2017 年、2018 年连续两年产销量世界第一。

如今，中国中铁不仅是中国工程建设标准的制定者，而且积极参与到国际工程领域，并且发挥越来越重要的作用。2019 年 5 月 8 日，中铁科研院隧道专家严金秀在意大利当选为新一届国际隧道与地下空间协会主席，成为 ITA 历史上的首位女主席。这表明各会员国对中国在该领域卓越表现的一致认可。

截至 2018 年底，中国中铁在境外 90 个国家设有业务机构。仅 2018 年，海外新签订单总额就达 120 亿美元。

在党建工作创新中引领高质量发展。

2019 年 7 月 25 日，中国中铁党委在雄安新区京雄城际铁路召开“三基建设”现场会，全面落实全国国有企业党的建设工作会议和中央企业党的建设工作座谈会精神，全面深化党的基本组织、基本队伍、基本制度“三基建设”，着力推动全公司基层党建工作全面进步、全面过硬。

多年来特别是近年来，中国中铁始终把企业党的建设作为凝聚发展力量的根本保证，坚持加强和创新党建工作，传承发扬艰苦奋斗、顽强拼搏、甘愿奉献的企业优良传统，坚持“施工战线延伸到哪里，党的组织就建立到哪里，活动就开展到哪里，基层党组织战斗堡垒和党员先锋模范作用就发挥到哪里”，做到思想政治工作“上桥头、进洞口、下工班、到宿舍”，探索形成了“一加强、两突出、三延伸”的项目党建和现场思想政治工作新途径，大力培养和选树先进典型，大力营造崇尚先进、学赶先进的良好氛围，从而为加快企业改革发展凝聚起强大的精神动力。

2018年春节前夕，中铁隧道局新成昆铁路青年党员给习近平总书记写了一封信，表达了他们继承和发扬老一辈筑路人逢山开路、遇水架桥、风餐露宿、四海为家的艰苦奋斗精神，表达了为铁路事业做贡献的决心。习近平总书记2月12日在四川凉山地区视察时回应说：“他们的来信，让我感受到了青年一代对祖国和人民的担当和忠诚，读了很是欣慰。”这是总书记对我们新一代产业工人的充分肯定。如今，中国中铁人传承成昆铁路精神，在新成昆铁路第一长大隧道小相岭隧道施工中，坚持践行初心，顽强拼搏，攻坚克险，再立新功。

坚持党的领导、加强党的建设，是国有企业的“根”和“魂”。2017年6月28日的股东大会上，党建工作纳入公司章程的修正案高票通过。中国中铁成为中央企业第一家党建工作进章程的境内外整体上市公司，为充分发挥党委领导核心和政治核心作用奠定了坚实基础。

目前，通过深入开展重点工程党旗红、区域党建、打造“全面从严治党示范性工程”等主题实践活动，党的基本组织、基本队伍、基本制度三项基础工作逐步落实落地，中国中铁项目党建、区域党建、农民工党建等“八位一体”的基层党建工作新格局正在形成。

中国中铁党委书记、董事长张宗言表示，中国中铁始终以为民族复兴筑路为己任，在壮大综合国力、促进经济社会发展、保障改善民生和“一带一路”建设中做出了应有的贡献。我们将“不忘初心、牢记使命”，在实现民族复兴的征途中，按照党的十九大提出的“培育具有全球竞争力的世界一流企业”的要求，坚决当好中国特色社会主义经济“顶梁柱”，努力以传承创新筑造民族复兴路。

大事记

一月

1月1日，中铁一局、中铁四局、中铁十局、中铁电气化局参建的济南轨道交通R1线开通运营。

1月2日，中铁二局、中铁六局、中铁七局、中铁电气化局等单位参建的新建朔州至准格尔铁路正式开通运营。

1月3日，中国中铁与中铁隧道局、中铁七局组成联合体中标深圳市妈湾跨海通道（月亮湾大道—沿江高速）工程，中标价55.6亿元。

1月4日，中国中铁与中国华电集团有限公司签署战略合作协议。

1月6日，中铁城投与银川市政府签署《深化合作框架协议》《银川丝路明珠塔项目合作投资协议》，中铁城投、中铁建工、银川市通联资本有限公司共同签署《银川丝路明珠塔项目公司合资协议》。

1月7日，中国中铁党委书记、董事长李长进在股份公司总部与来访的海南省国资委主任、党委书记倪健一行举行会谈，双方就开展战略合作进行了深入交流并达成广泛共识。

1月8日，中国中铁召开2019年度安全质量工作视频会议。

1月8日，2018年度国家科学技术奖励大会在北京人民大会堂隆重举行，中国中铁主持完成的1项成果获国家科技进步奖二等奖，参与完成的2项成果分别获1项国家科技进步奖一等奖、2项二等奖，1项成果获国家技术发明奖二等奖。

1月9日，由中铁大桥院承担设计、中铁大桥局参建的“高速公路＋普通公路＋铁路”的“三位一体”跨江大桥——常泰过江通道工程正式开工。

1月10日，由中铁装备、南宁轨道交通集团、南宁广发重工集团联合研制的国内首台气垫式直排泥水——土压双模式盾构机顺利下线。

1月11日，中国中铁与中铁开投、中铁二院、中铁五局、中铁八局、中铁隧道局、中铁广州局联合体中标昆明至倘甸高速公路BOT项目，中标金额81.91亿元。

1月12日，中国中铁获得“最佳董事会”奖。

1月14日至15日，国务院国资委在北京召开中央企业地方国资委负责人会议。中国中铁党委书记、董事长李长进，总裁张宗言参加会议。中国中铁党委在会上做了《“严”字当头“实”字托底 努力提高企业基层党建工作质量》的书面交流。

1月16日，习近平总书记考察雄安新区时，勉励中国中铁京雄城际建设者：“城市建设、经济发展，交通要先行，你们正在为雄安新区建设这个‘千年大计’做着开路先锋的工作，功不可没。”

1月16日，中国中铁32项工程获得2018年度中国铁道学会科学技术奖。

1月16日，中铁二局、中铁大桥局、中铁四局五公司、中铁四局钢结构建筑公司获得全国建筑业AAA级信用企业荣誉。

1月17日，中国中铁总裁张宗言率领调研组到中铁七局开展集中调研。

1月21日至22日，中国中铁总裁张宗言、副总裁任鸿鹏在股份公司总部分别与到访的马来西亚交通部部长陆兆福，克罗地亚海洋、交通和基础设施部部长布特科维奇举行了会谈。

1月23日，由中铁一局、中铁二局、中铁三局、中铁四局、中铁七局、中铁十局、中铁大桥局、中铁隧道局、中铁电气化局、中铁上海局等单位参建的中国首条制式模式创新的轨道交通线路——温州市域铁路S1线正式载客试运营。

1月24日，中国中铁与中铁南方东莞公司、中铁一局、中铁二局、中铁三局、中铁五局、中铁广州局、中铁隧道局、中铁上海局联合体中标东莞轨道交通1号线一期PPP改造项目，中标金额76.58亿元。

1月24日，中国国家铁路集团有限公司副总经理王同军视察雅万高铁项目中国中铁管段。

1月，中铁一局高级测量技师白芝勇入选“大国工匠年度人物”候选人。

▲2019年12月31日，广东江门大道新会段（五邑路至三江）建成通车

二月

2月1日，中国铁路总公司党组书记、董事长陆东福，总经理杨宇栋等领导到京张高铁八达岭隧道施工现场检查调研。

2月11日，陕西省委书记、省人大常委会主任胡和平到中铁四局钢结构建筑公司西安铁路集装箱中心站新增第三线束项目调研指导工作。

2月11日，福建省委书记于伟国、常务副省长张志南到中铁隧道局长平高速公路2标调研慰问。

2月19日，中国中铁以PPP合作模式参与的东莞轨道交通1号线项目举行开工仪式。

2月19日，由中铁一局、中铁二局、中铁四局、中铁五局等单位参建的武汉地铁2号线南延线正式运营。

2月21日至22日，中国中铁二届五次职工代表大会暨2019年工作会议在京召开。

2月22日，中国中铁党委在京召开2019年党风廉政建设和反腐败工作会议。

2月24日至26日，中共中央政治局常委、国务院副总理韩正赴云南就经济运行、企业生产经营、生态环境保护等进行考察调研。25日，韩正在大理白族自治州重点考察洱海保护治理情况，现场调研了中铁五局五公司承建的双廊下沉式再生水厂。

2月25日，中国铁路总公司副总经理王同军到中老铁路项目检查工作，先后检查了中铁八局承建的琅勃拉邦湄公河特大桥、中铁二局承建的万象北站路基工程、楠科内河特大桥架梁等工程，并参观了中老铁路展示馆。

2月25日，由中国中铁联合相关单位，深度策划出品的五集电视纪录片《中国城轨》开始播出。该片首次全景式反映了中国城市轨道交通建设成就，中国中铁多家单位参与该片制作，所属多个项目在片中有大篇幅展现，全片生动体现了中国中铁在城市轨道交通建设领域的实力水平和行业龙头地位。

2月26日至28日，中铁国资分别与通用环球医疗、国药医疗举行医疗机构资源整合合作协议签字仪式，确定对中国中铁所属14家医疗机构，采取整体打包并同步引入以健康产业为主业的央企战略投资者进行资源整合，合作成立3家医院管理平台公司，由央企合作方实施控股；同时，与民营企业合作方武汉和润合、四川嘉信2家公司举行了股份制医院的改制合作补充协议和增资意向协议签字仪式，确定了国有控股权退出的改革路径。

2月27日，中国中铁工会主席刘建媛当选中华全国总工会第七届女职工委员会委员、常委。

2月27日，中国中铁总裁张宗言出席陕西省高速公路建设暨眉县至太白高速公路开工动员会、陕西省政府与中国中铁座谈会，并先后与陕西省委书记胡和平，陕西省省长刘国中，陕西省副省长、宝鸡市委书记徐启方等领导举行会谈；实地考察中铁一局承建的中铁宝桥重载高锰钢辙叉基地。

2月28日，中铁四局承建蒙古国最大、最现代化的污水处理厂——乌兰巴托中央污水处理厂正式开工建设。

2月28日，受应急管理部委托，中国中铁组织编制的《隧道施工企业以及国家隧道应急救援队应急预案范本》在国家应急救援中心网站正式发布，成为国家级专业应急预案。

2月，由中铁设计承担勘察设计的京张铁路清河站获得美国绿色建筑协会颁发的LEED建筑设计与施工金级预认证。

三月

3月5日，中国中铁党委书记、董事长李长进，中铁大桥院总工程师高宗余，中铁四局总经理王传霖，中铁大桥局党委书记、董事长刘自明，中铁大桥院董事长秦顺全，中铁工程装备总工程师王杜娟等6名同志参加第十三届全国人民代表大会。

3月8日，中共中央总书记、国家主席、中央军委主席习近平参加十三届全国人大二次会议河南代表团审议。会上，第十三届全国人大代表、中铁装备总工程师王杜娟向习近平总书记汇报了企业五年来在科技创新、产业发展、海外事业方面取得的成果。

3月10日，埃塞俄比亚一架客机坠毁，中铁七局埃塞俄比亚公司投入由20人组成的救援队伍和机械设备，配合埃塞俄比亚航空公司开展救援工作。

3月13日，中国中铁与招商局集团举行战略合作协议签约仪式。

3月14日，中国中铁团委在西安举办“青春心向党 建功新时代”——“共青团号”助力西安地铁建设活动，在生产一线启动中国中铁共青团纪念五四运动100周年主题活动。共青团陕西省委书记段小龙出席活动并为盾构机揭牌。

3月15日，中国中铁执行董事章献一行对中铁城投PPP项目开展督导专项调研。

3月15日，中铁一局与通联

▲ 广州地铁14号线热滑试验

资本联合体中标宁夏银川都市圈城乡西线供水工程项目，中标金额67.3亿元。

3月16日，中国中铁与宝鸡市人民政府签署深化合作协议。

3月18日，中国中铁总裁张宗言与衡水市委书记王景武举行会谈，双方就在教育产业城、棚户区改造、城市综合体开发、土地整理、特色小镇、文化旅游、轨道交通（地铁、城际铁路）等重大基础设施项目的开发合作进行了深入交流，并达成广泛共识。

3月18日，中国中铁与中铁开投、中铁三局、中铁六局、中铁二院、中铁广州局、中铁大桥院联合体中标贵州金沙经仁怀至桐梓高速公路PPP项目，中标金额173.90亿元。

3月21日，由中铁二院设计、中铁五局施工的中老铁路磨丁隧道顺利贯通，该隧道是中老铁路全线首座贯通的长大隧道。

3月21日至22日，中国中铁总裁张宗言、副总裁任鸿鹏率团出访缅甸，推动中缅铁路通道项目。其间，分别会见了缅甸交通通信部部长吴丹欣貌、缅甸计划财政部部长吴梭温、中国驻缅甸商务参赞谢国祥、中国驻缅甸大使洪亮。

3月22日，中铁电气化局中标南昌轨道交通3号线（B）部分PPP项目，中标金额68.56亿元。

3月22日，中国中铁与哈尔滨市政府正式签署《哈尔滨市综合交通项目“PPP+配套土地开发”合作框架协议》。

3月26日，全国人大常委会副委员长、中华全国总工会主席王东明一行到中铁隧道局深中通道项目调研慰问。

3月26日，中国中铁副总裁于腾群带队到中铁北京局北京公司调研。

3月26日，中国中铁召开2019年经营工作暨区域经营经验交流会。

3月27日至28日，中国中铁工会女工委召开三届四次全委（扩大）会议。

3月28日，中国中铁党委召开2019年第一批巡视工作动员会。

3月28日，中铁电气化局中标太原市轨道交通2号线一期工程（B部分），中标金额60.30亿元。

3月29日，中国中铁与中铁一局、中铁四局、中铁隧道局共4家单位联合体中标深圳市黄木岗综合交通枢纽工程施工总承包项目，中标价54.7亿元。

四月

4月2日，中国中铁总部获得公路工程施工总承包特级资质，同时获得公路行业工程设计甲级资质。

4月2日，中国中铁与中铁十局、北京正和恒基滨水生态环境治理股份有限公司、北京正和恒基国际城市规划设计有限公司联合体中标唐山市东湖片区生态修复和基础设施建设PPP项目，中标金额130.58亿元。

4月2日，中国中铁2018年度A股业绩推介会在公司总部举行。

4月8日，中国中铁总裁张宗言出席德国宝马工程机械展。中铁工业携世界领先的新技术、新产品和全系列盾构、架桥、铺轨设备闪亮登场，向世界全方位展示中国隧道掘进机和专用工程装备领域的新成果、新业绩。

4月8日，由中铁五局和中铁电气化局参建的斯里兰卡南部铁路延长线一期项目正式通车。

4月9日，中国中铁与中铁南方珠三角、中铁二院、中铁二局、中铁五局路桥、中铁八局、中铁广州局、中铁隧道局联合体中标庆盛枢纽区块综合开发项目（庆盛科创教育核心区工程），中标金额76.42亿元。

4月12日，中国中铁12项工程获得第二十六届中国土木工程詹天佑大奖。

4月15日，全国人大常委会副委员长丁仲礼带队到中铁五局路桥公司七彩湖污水处理厂视察水污染防治情况。

4月15日，中国中铁与合肥市人民政府签署项目合作框架协议。

4月16日，由中铁国际中国海外有限责任公司总承包，中海外和中铁二局共同实施的尼泊尔巴瑞巴贝引水隧道项目正式贯通。

4月17日，中国中铁副总裁段永传出席2019年中外知名企业四川行投资推介会暨项目合作协议签署仪式。

4月22日，中国中铁与中铁开投联合体中标重庆轨道交通4号线（民安大道—石船）PPP项目，中标金额172.36亿元。

4月24日，江西省委书记、省人大常委会主任刘奇率领省人大检查组到中铁四局九江市中心城区水环境系统综合治理一期项目调研。

4月24日，中国中铁党委书记、董事长李长进与前来中国参加第二届“一带一路”国际合作高峰论坛的马来西亚首相马哈蒂尔举行会谈，双方就区域合作以及恢复吉隆坡大马城项目进行了深入交流并达成广泛共识。

4月24日，中国中铁总裁张宗言在股份公司总部会见了来中国参加第二届“一带一路”国际合作高峰论坛的东帝汶“国父”、海洋划界和油气事务首席代表夏纳纳及其代表团一行。

4月24日，中国中铁与联想集团签署战略合作协议。

4月25日，国务院总理李克强在钓鱼台国宾馆会见马来西亚总理马哈蒂尔。会见后，在李克强总理和马哈蒂尔总理的见证下，中国中铁总裁张宗言与马来西亚经济事务部部长阿兹敏签署“大马城”项目恢复框架协议。

4月25日，中国中铁与西南交通大学联合在成都西南交大犀浦校区举行了校外辅导员首场报告会。中国中铁选派中铁二院副总工程师张海波、中铁科研院副总经理严金秀两位优秀骨干人才，担任西南交通大学校外辅导员。

4月25日，中国中铁青年王中美获评第23届“中国青年五四奖章”。

4月26日，中国中铁党委书记、董事长李长进出席第二届“一带一路”高峰论坛开幕式。

4月26日，中国中铁总裁张宗言、副总裁任鸿鹏与匈牙利总理欧尔班·维克托举行会谈。

4月26日，中国中铁2人获得“全国优秀共青团干部”称号，1个集体获得“全国五四红旗团委”称号。

4月26日，中铁二局参建的世界海拔最高公路特长隧道——国道318线拉林公路米拉山隧道正式双向通车。

4月28日，第七届中国中铁劳动模范表彰大会暨扶贫攻坚工作推进会在股份公司总部召开。

4月30日，河北省委常委、副省长、雄安新区党工委书记、管委会主任陈刚，视察中铁五局五公司施工的雄安南拒马河防洪工程。

4月30日，中国国家铁路集团有限公司董事长、党委书记陆东福一行莅临中铁建工集团丰台站改项目进行调研指导工作。

五月

5月6日，中国中铁总裁张宗言与首发集团党委书记、董事长张闽，总经理张恒利一行在股份公司总部举行会谈，双方围绕加强基建领域深度合作进行了深入交流。

5月7日，中国中铁与上海证券交易所在上海签署战略合作协议。

5月8日，中铁科研院女隧道专家严金秀当选为新一届ITA主席，这是中国隧道专家首次当选国际隧协主席，也是国际隧协历史上首位女主席。

5月9日，《经济日报》刊发中国中铁总裁张宗言署名文章《勇当新时代中国品牌的创造者传播者维护者》。

5月10日，中国中铁在股份公司总部召开“践行‘三个转变’指示精神 加强中国中铁品牌建设”座谈会，继续深入推进落实“三个转变”重要指示精神，提高中国中铁品牌建设工作水平。

5月14日，中国中铁总裁张宗言，副总裁、总法律顾问于腾群，副总裁段永传一行到中铁七局四公司、武汉公司，就“三级工程公司建设与管理”开展调研工作。

5月14日，由中国中铁承建的印度尼西亚雅加达—万隆高铁项目瓦利尼隧道顺利贯通。

5月14日，中国中铁与重庆市住建委签署重庆市轨道交通4号线二期PPP项目投资协议。

5月22日，中国中铁总裁张宗言在总部会见山东省委常委、济南市委书记王忠林，双方就基础设施建设、产业园及棚户区开发等领域达成共识。

5月25日，河北省委书记、省人大常委会主任王东峰，省委副书记、省长许勤一行到中铁十局雄安新区南拒马河防洪治理工程（容城段）一标段视察。

5月27日，中国中铁总裁张宗言与北京市副市长杨斌一行举行会谈。

5月30日，中国中铁总裁张宗言在青岛市会见山东省委常委、青岛市委书记王清宪，双方在交通基础设施建设、新旧动能转换、产业发展辐射带动等方面达成广泛共识。会后，中国中铁与青岛市人民政府签订战略合作协议。同日，张宗言总裁到中铁二局承建的青岛地铁1号线永年路站检查工作。

5月30日，“国企领导上讲台、国企骨干担任校外辅导员”活动在西南交通大学举行。中国中铁党委书记、董事长李长进为300余名师生带来《新中国铁路发展的伟大成就与未来展望》主题报告。同日，中国中铁—西南交大“新时代校企思政联合体”共建项目正式启动。

5月31日，中国中铁组织开展“安全生产月”活动启动暨安全质量宣誓活动。

六月

6月至9月，中国中铁党委组织开展第一批“不忘初心、牢记使命”主题教育；9月至12月，中国中铁党委组织开展第二批“不忘初心、牢记使命”主题教育。

▲ 黔张常铁路

6月2日，中国中铁智慧城市研发中心揭牌仪式在天津举行。

6月5日，中国中铁总经济师马江黔出席长江生态环保产业联盟成立大会暨第一届理事会第一次会议。

6月12日，中国中铁党委“不忘初心、牢记使命”主题教育工作视频会议在京召开。

6月12日，中国中铁建设的中国首条智能高铁京张高铁全线轨道贯通。

6月17日，四川省宜宾市长宁县发生6.0级地震，中国中铁各单位迅速行动，立即组织离受灾点较近的工程项目全力参与抗震救援工作。

6月18日，中国中铁5名共产党员获“中央企业优秀共产党员”称号，3名党务工作者获“中央企业优秀党务工作者”称号，4个基层党组织获“中央企业先进基层党组织”称号。

6月18日至22日，2019年中国技能大赛——中国中铁第二届员工职业技能竞赛暨第十八届青年职业技能竞赛轨道交通信号工大赛在河南郑州举办。

6月20日，中铁九局集团匈牙利有限责任公司、中铁电气化局集团匈牙利有限公司和匈牙利当地公司组成的联营体中标匈牙利肖罗克莎尔（含）——克莱比奥（边境）铁路升级采购EPC项目，中标金额约为20.79亿美元，约折合143.33亿元人民币。

6月24日，中国中铁总裁张宗言在南京会见南京市委副书记、市长蓝绍敏，双方就进一步加强合作进行深入交流并达成广泛共识。同日，中国中铁与南京市政府签署战略合作框架协议。

6月25日，中国中铁2018年年度股东大会在公司总部召开。

6月27日至29日，中国中铁总裁张宗言、副总裁任鸿鹏应邀出席首届中非经贸博览会。

6月27日，中国中铁副总裁刘辉出席以“全球地下空间未来趋势与发展方向”为主题的中国（南京）城市地下空间开发国际高峰论坛。

6月，由中铁工业装备公司设计制造、出口意大利的大直径（10.03米）土压平衡盾构机在河南郑州下线，是中国高端隧道掘进装备首次应用于欧盟国家。

七月

7月1日，中国中铁与四川省交通投资集团有限责任公司签署战略合作协议。

7月2日，由中铁开投集团投资建设并运营管理的云南东格高速公路正式通车运营。该项目是财政部第四批PPP示范项目，是云南省首次探索以EPC工程总承包模式实施的高速公路项目，也是中国中铁及昆明市第一条投入运营的PPP高速公路。

7月4日至5日，中国中铁总裁张宗言、副总裁任鸿鹏带队赴塞尔维亚首都贝尔格莱德，参加中匈塞交通基础设施合作联合工作组第八次会议。中匈塞三方工作组会议后，中国中铁总裁张宗言、副总裁任鸿鹏在匈牙利首都布达佩斯主持召开匈塞铁路项目（匈牙利段）中国中铁内部工作会议，安排部署下一步工作。其间，张宗言总裁一行还拜会了中国驻匈牙利大使段洁龙，汇报了匈塞铁路项目的最新进展情况。

7月4日，中国中铁执行董事章献、副总裁段永传到中铁上投开展“不忘初心、牢记使命”主题教育调研暨PPP项目实施情况督导调研。

7月8日至10日，中国中铁总工程师孔遁先后到中铁装备、盾构及掘进技术国家重点实验室、中铁六院开展“不忘初心、牢记使命”主题教育专题调研。

7月8日至10日，中国中铁总经济师马江黔先后到中铁物贸上海公司、中铁上海局、中铁七局、中铁装备开展“不忘初心、牢记使命”主题教育专题调研。

7月9日，中国中铁副总裁刘宝龙到银西铁路甘宁段四标惠安堡铺轨基地，开展“不忘初心、牢记使命”主题教育专题调研。

7月9日，中国中铁与菏泽市人民政府举行战略合作协议签约仪式。

7月10日，中国国家副主席王岐山与蒙古国总理乌·呼日勒苏赫在蒙古国国家宫共同为使用中华人民共和国优惠性质贷款建设、中铁四局施工的蒙古国乌兰巴托新国际机场高速公路竣工揭牌。

7月10日，中央纪委常委、国家监委委员、中央纪委国家监委驻国资委纪检监察组组长、国资委党委委员陈超英深入中铁建工集团京张高铁清河站施工现场，开展“不忘初心、牢记使命”主题教育专题调研。

7月10日，中国中铁与湖北省交通运输厅签署战略合作框架协议。

7月10日，中国中铁智慧工会云平台正式上线运行。

7月11日，中国中铁召开2019年设计经营工作推进会。

7月15日，老挝总理通伦·西苏里到中铁八局中老铁路磨万Ⅲ标琅勃拉邦车站施工现场视察。

7月15日至16日，中国中铁总裁张宗言带队先后到中铁三局、中铁一局新运公司，围绕“不忘初心、牢记使命，努力当好习近平新时代中国特色社会主义思想的忠实践行者”，开展主题教育专题调研。

7月15日，中国中铁与中铁一局、中铁十局、中铁上海局联合体中标泰城水生态环境治理工程PPP项目，中标金额71.42亿元。

7月21日至25日，由国务院国资委新闻中心和人民日报、环球时报、澎湃新闻等媒体相关人员组成的采访团，赴印度尼西亚对中国中铁雅万高铁建设现场进行了实地采访，并刊发了《雅万高铁十二时辰》《雅万高铁描画中国高铁出海样本》《雅万高铁整装再出发》等多篇报道，展示了中国中铁开拓进取、负责担当的海外形象。

7月22日，中国中铁排名2019《财富》世界500强第55位。

7月22日，中国中铁党委在京举行“不忘初心、牢记使命”主题教育专题党课报告会。中国中铁总裁张宗言以“深入学习贯彻习近平新时代中国特色社会主义思想，践行初心使命为实现‘两个一百年’奋斗目标贡献力量”为主题讲专题党课。

7月23日至24日，中国中铁党委召开“不忘初心、牢记使命”主题教育第二次学习研讨暨2019年第五次中心组学习会议。公司党委中心组成员集体前往中国国家博物馆“复兴之路”和“复兴之路·新时代部分”展区进行现场教学。

7月23日，国家隧道应急救援中铁五局贵阳队参加“7·23”贵州省六盘水市水城县坪地村山体滑坡救援。

7月25日，中国中铁党委在雄安新区京雄城际铁路五标项目部召开“三基建设”现场会，并举办“不忘初心、牢记使命”党风廉政建设高质量发展研讨班。

7月27日，中国中铁总裁陈云参加2019欧亚经济论坛——中国（西安）电子商务博览会，为论坛开幕式致辞。

7月29日，国家隧道应急救援中铁二局昆明队、中铁十局参加“7·29”成昆铁路扩能工程泥石流抢险救援。

7月30日，吉尔吉斯斯坦总理穆哈梅特卡雷·阿布尔加济耶夫到中铁五局承建的吉尔吉斯BK公路项目视察。

7月，中国中铁荣获2018年度任期中央企业负责人经营业绩考核A级，连续6年获国资委经营业绩考核A级，同时获得2016—2018年任期考核A级。

7月，中铁大桥勘测设计院副总工程师、全国工程勘察设计大师徐恭义入选全国“2019最美科技工作者”。

八月

8月2日，中国中铁党委书记、董事长张宗言出席“央企助力青海脱贫攻坚推进会”活动。

8月9日至9月20日，股份公司领导及高管分成15个检查组开展安全生产大检查活动。

8月11日，中国中铁党委书记张宗言、副总裁刘宝龙一行，以“四不两直”的方式，到中铁六局南水北调工程河西支线项目和中铁建工丰台站改建工程站房工程项目开展安全生产检查。

8月14日，中国中铁党委书记、董事长张宗言在拉萨会见西藏自治区党委书记吴英杰，双方就交通、水利、能源等基础设施建设领域达成广泛共识。

8月19日，中国旅游大巴在老挝发生车祸，国家隧道应急救援中铁二局昆明队老中铁路隧道应急救援站积极参与救援工作。

8月20日，四川省阿坝州汶川县境内普降暴雨到大暴雨，中国中铁所属多家单位积极组织参与汶川抢险救援工作。

8月21日，中国中铁党委召开“不忘初心、牢记使命”专题民主生活会。

8月25日，中国中铁发布关于董事长、法定代表人变更的公告（临2019-054）。张宗言任中国中铁董事长、法定代表人。同日，发布关于公司总裁变更的公告（临2019-055），聘任陈云为公司总裁。

8月26日至29日，中国中铁总裁陈云应邀出席2019中国国际智能产业博览会暨大数据智能化高峰会、市长圆桌会议等活动，并在活动期间分别召开了股份公司重庆片区企业及重庆片区轨道交通建设座谈会。

8月28日，中国中铁总裁陈云、副总裁任鸿鹏在股份公司总部与来访的孟加拉国铁道部部长努如尔·伊斯拉姆·苏简一行举行会谈。

8月31日，2019中国500强企业高峰论坛发布“2019中国企业500强”排行榜，中国中铁列第12位。

8月31日，中国中铁召开2019年度经济运行情况分析会。

8月，美国《工程新闻纪录（ENR）》发布2019年全球最大250家工程承包商（ENR’s 2019 Top 250 Global Contractors），中国中铁排名第2位。同时，ENR还发布了2019年最大250家国际工程承包商（ENR’s 2019 Top 250 International Contractors）榜单，中国中铁排名第18位。

▲ 中铁大桥院设计、中铁大桥局施工的世界最长、中国首座跨海峡公铁两用大桥平潭海峡公铁两用大桥全桥合龙

九月

9月2日，中国中铁举行2019年度中期业绩推介会。

9月2日至7日，中国中铁纪委书记王士奇陪同驻国资委纪检组组长陈超英前往以色列进行检查调研，参加了驻以中央企业监督检查工作座谈会，并前往中国中铁特拉维夫轻轨红线项目部进行现场检查，参观以色列合作伙伴RAD集团的大数据中心并与RAD董事会主席进行会谈。

9月3日至11日，中国中铁党委书记、董事长张宗言率路演团队在中国香港、韩国首尔和日本东京等地，开展中国中铁2019年H股中期业绩推介路演。其间，会见了摩根士丹利、千禧投资、富达国际、安联环球资产、汇丰资管、橡树资本、韩国银行资产、KIC、Sumitomo Mitsui DS Asset Management等28位公司境外股东和潜在投资者，累计召开16场一对一及小组会议。

9月3日至4日，中国中铁总裁陈云一行到浙江省，先后与浙江省委常委、杭州市委书记周江勇，舟山市委书记俞东来举行会谈，并与舟山市政府签署战略框架协议。

9月5日，中国中铁与中铁开投、中铁二院、中铁一局、中铁二局、中铁设计、中铁建昆仑投资公司、中铁十七局、中铁一院联合体中标贵州省桐梓至新蒲高速公路PPP项目，中标金额70.8亿元。

9月7日，中国中铁总裁陈云一行到哈尔滨市，与黑龙江省委常委、哈尔滨市委书记王兆力等领导举行会谈，双方围绕哈尔滨城市基础设施建设领域合作进行了深入交流并达成重要共识。

9月7日，德国总理默克尔参观中铁大桥院设计、中铁大桥局建造的武汉长江大桥。

9月9日至10日，中国中铁总裁陈云在西安出席2019年欧亚经济论坛相关活动。

9月10日，中铁二院西安至成都高速铁路项目荣获2019年度全球FIDIC杰出工程项目奖，中铁二院云桂高速铁路和中铁大桥院武汉鹦鹉洲长江大桥项目荣获2019年度全球FIDIC优秀工程项目奖。

9月11日，中国中铁与天津市人民政府签署战略合作框架协议。

9月11日，中国中铁党委书记、董事长张宗言应邀参加第四届"一带一路"高峰论坛。

9月11日，国务院国资委党委管理领导班子中央企业"不忘初心、牢记使命"主题教育第一批总结暨第二批部署会议召开。中国中铁总裁陈云出席会议并代表公司党委作了题为《坚持深学细照笃行 以高质量整改推动企业改革发展》的大会交流发言。

9月12日，中国中铁党委在京召开"不忘初心、牢记使命"主题教育第一批总结暨第二批部署会议。

9月13日，中国中铁副总裁、总法律顾问于腾群代表中国中铁在广西南宁参加第15届中国—东盟博览会系列活动之中缅经济走廊论坛和中国—东盟首届"一带一路"青年领袖论坛，并分别发表主题演讲。

9月16日，中国中铁党委书记、董事长张宗言在股份公司总部与以色列国家城市交通有限公司执行总裁沙伊·伊芙塔赫、副总裁艾菲·卡利法一行举行会谈。

9月18日，中国中铁党委印发《关于加强公司基层党的基本组织基本队伍基本制度建设的实施意见》，对加强基层党的基本组织、基本队伍、基本制度建设进行了规范。

9月19日，中国中铁党委书记、董事长张宗言与广西壮族自治区党委书记、自治区人大常委会主任鹿心社在南宁举行会谈。

9月20日，中铁国际、中铁十局组成的联营体中标所罗门金岭金矿项目施工总承包工程，中标金额约为8.25亿美元，约折合57.80亿元人民币。

9月22日，中国中铁党委书记、董事长张宗言，纪委书记王士奇，中国志愿服务基金会副理事长、秘书长姚桂清等领导组成脱贫攻坚考察调研组，到中国中铁对口帮扶的山西省保德县，考察调研中国中铁在保德县脱贫攻坚取得的新成效，对中国中铁扶贫工作开展情

▲ 中铁工业旗下中铁九桥自主研发设计的LZD900型缆载起重机成功完成五峰山长江大桥7跨中跨钢梁吊装任务

况进行监督检查，签订中国中铁对口帮扶保德县援建项目协议。

9月23日，中国中铁与中国志愿服务基金会联合发起成立“中国中铁精准帮困专项基金”。

9月24日，中国中铁中老铁路暨云南地区铁路重点建设项目现场推进会在云南玉溪召开。

9月25日，中铁大桥院设计、中铁大桥局施工的中国首座跨海峡公铁两用大桥——平潭海峡公铁两用大桥全桥合龙。

9月25日，由中铁北京局、中铁建工参建的北京大兴国际机场正式投入运营。

9月25日，中铁一局电务公司窦铁成、中铁电气化局一公司巨晓林获“最美奋斗者”称号。

9月27日，中国中铁与云南省人民政府签署深化战略合作框架协议。

9月28日，由中国中铁参建的世界上一次性建成并开通运营里程最长的重载铁路——浩勒报吉至吉安铁路正式开通运营。

9月29日，中国中铁全公司开展“同升国旗、同唱国歌”活动，庆祝中华人民共和国成立70周年。

9月29日，中国中铁庆祝新中国成立70周年劳模先进座谈会在股份公司总部召开。窦铁成、白芝勇、黄新宇、高兴泽、王杜娟、王中美等受邀进京参加国庆观礼活动的劳模先进代表参加了座谈会。

十月

10月1日，中铁电气化局巨晓林、中铁一局窦铁成和白芝勇、中铁六局黄新宇、中铁大桥局高兴泽、中铁工业王杜娟和王中美、中铁大桥院秦顺全8位劳模应邀参加庆祝中华人民共和国成立70周年大会。

10月4日，巴布亚新几内亚总理詹姆斯·马拉佩一行莅临中铁建工集团国家法院项目视察指导工作。

10月8日，中国中铁总裁陈云与来华访问的所罗门总理梅纳西·索加瓦雷一行在股份公司总部举行会谈。

10月8日，由中铁大桥院设计、中铁大桥局承建的世界跨度最大双层悬索桥——武汉杨泗港长江大桥通车。

10月9日，中铁三局与中铁十局、中铁资本联合体中标山东省滨州市邹平市货运铁路专用线PPP项目，中标金额为61.82亿元。

10月9日至10日，中国中铁党委书记、董事长张宗言一行，分别与湖南省委书记杜家毫，湖南省委常委、长沙市委书记胡衡华，湖南省副省长陈飞等领导举行会谈，就进一步加强中国中铁与湖南省、长沙市在基础设施投资及建设、装备制造等领域广泛合作进行深入交流，并达成重要共识。

10月10日，中国中铁党委书记、董事长张宗言出席在中铁五局召开的高速铁路建造技术国家工程实验室第十二次理事会会议，并当选为新一届理事长。

10月10日，中国中铁总裁陈云在股份公司总部与来访的巴基斯坦铁道部部长谢赫·拉希德·艾哈迈德一行举行会谈，双方就铁路基础设施领域合作进行了广泛交流，重点探讨了巴基斯坦ML1铁路升级改造项目，并达成了重要共识。

10月11日，国务院国资委党委书记、主任郝鹏赴河南调研国资国企改革发展和党的建设工作，并到中铁装备进行调研指导。

10月11日，国资委党委第五巡视组巡视中国中铁党委工作动员会召开。

10月14日，国务院国资委第一巡回督导组组长苏文生，督导组成员于洛勇、董丽娜一行3人深入中铁大桥局沪通长江大桥项目部，开展“不忘初心、牢记使命”第二批主题教育督导调研工作。

10月15日，中共中央政治局常委、国务院总理李克强在视察中铁五局施工的银西铁路陕西段一标渭河特大桥四线段时，作出重要指示：确保施工安全、工程质量，优质建设四线桥。

10月16日，中国中铁党委书记、董事长张宗言赴澳门出席“2019央企支持澳门中葡平台建设高峰会”开幕式。

10月16日，中国中铁与贵州省人民政府签署战略合作框架协议。

10月18日，中国中铁总裁陈云与深圳市市长陈如桂在深圳举行会谈，双方就深化合作共同推进落实国家战略，携手推进粤港澳大湾区建设，助力新时代深圳高质量发展进行了深入交流，并达成重要共识。

▲ 中铁七局参建的宁奉城际工程

10月18日，中国中铁投融资建设的宜宾至威信高速公路（四川段）PPP项目在四川珙县巡场镇举行开工仪式。

10月19日，国家主席习近平特使、国家副主席王岐山在对印度尼西亚进行友好访问期间，考察了雅万高铁1号隧道，并详细听取了中国中铁党委书记、董事长张宗言关于中国中铁雅万高铁项目建设情况的汇报。

10月19日，中国中铁主办，中铁高新工业、中铁工程装备承办的“铁路建设极端装备技术交流会暨新品发布会”在郑州开幕。

10月22日，中国中铁总裁陈云在太原与山西省委副书记、省长楼阳生举行会谈。同日，参加山西省太原能源低碳发展论坛，并与山西省国资委签署山西建投股权合作框架协议。

10月22日，中铁建工集团20名勇士随中国第36次南极科学考察队第17次出征南极，承担中山站和罗斯海新站临时建设等任务。

10月23日至26日，中国中铁总裁陈云带队来到惠州、东莞、广州等粤港澳大湾区中心城市，先后会见了相关城市和企业领导，就进一步深化项目合作，携手推进大湾区城市建设等事宜进行了深入交流，并达成重要共识。

10月28日，国家隧道应急救援中铁五局贵阳队参加“10·28”贵阳市美的置业广场在建工地坍塌事故救援，搜救遇险人员8人。

10月29日，中国中铁与中铁二局、中铁三局、中铁四局、中铁五局、中铁六局、中铁七局、中铁八局、中铁十局、中铁北京局、中铁广州局、中铁建工、中铁隧道局、中铁武汉电气化局共14家单位联合体中标成都轨道交通10号线三期及13号线一期工程施工总承包项目，中标价212.5亿元。

10月29日到11月4日，中国中铁总工程师孔遁带队到孟加拉帕德玛大桥铁路连接线项目检查工作。

10月30日至11月1日，中国中铁总裁陈云，中国志愿服务基金会副理事长兼秘书长姚桂清，中国中铁工会主席刘建媛等一行，先后到中国中铁定点扶贫县湖南省郴州市汝城、桂东两县调研扶贫工作情况，并签订有关援建项目协议。

10月30日，中国中铁中标西安市地铁八号线工程施工总承包项目3标段，中标价73.8亿元。

10月31日至11月9日，中国中铁第四届董事会执行董事章献、独立非执行董事郭培章、闻宝满、郑清智、钟瑞明，非执行董事马宗林一行，通过实地考察、检查材料、听取汇报、座谈交流等形式，分别到土耳其、克罗地亚、匈牙利3国，对股份公司“一带一路”欧洲业务开展情况进行专题调研检查。

十一月

11月2日，中国中铁副总裁刘宝龙出席2019中国（武汉）国际桥梁科技论坛暨产业博览会。

11月3日至5日，中国中铁党委书记、董事长张宗言带队到中铁四局、中铁七局、中铁十局、中铁上海局开展集中调研，在中铁上海局开展“不忘初心、牢记使命”主题教育调研督导，并讲授专题党课。

11月5日，中国中铁党委书记、董事长张宗言率团参加第二届中国国际进口博览会，并应邀出席开幕式，现场聆听习近平主席发表的主旨演讲。

11月5日，中国中铁与中铁一局、中铁九局、中铁二院联合体中标哈尔滨机场二高速迎宾路高架工程项目，中标价93.5亿元。

11月6日，中国中铁总裁陈云一行在郑州，先后与河南省副省长刘伟，河南省委常委、郑州市委书记徐立毅举行会谈，就进一步加强合作进行深入交流，并达成广泛共识。

11月7日至8日，中华全国总工会副主席魏地春、中华全国铁路总工会主席索河到中老铁路施工现场调研慰问，并组织开展海外员

▲ 中铁上海局承建的呼和浩特地铁1号线新华广场站

工思想状况调研等相关活动，中国中铁工会主席刘建媛陪同调研。

11月7日，中国中铁与来自瑞典、意大利、美国的工程机械装备供应商分别签署采购意向协议。

11月7日，中国中铁与中铁开投、中铁一局、中铁二局、中铁三局、中铁五局、中铁七局、中铁八局、中铁十局、中铁隧道局联合体中标云南省滇中引水工程大理Ⅰ段至楚雄段引入社会资本建设项目和楚雄段至红河段引入社会资本建设项目两个项目，项目中标价分别约为165.4亿元、120.2亿元，工期分别为2420日历天、2405日历天，均采用股权投资＋施工总承包模式实施。

11月8日，中国中铁党委书记、董事长张宗言，总裁陈云带队拜会天津市委书记李鸿忠、市长张国清等领导，并签署战略合作协议。

11月9日，中国法治国际论坛（2019）在广州开幕，习近平总书记致贺信，中国中铁副总裁、总法律顾问于腾群参加会议并作主题发言。

11月12日，国务院国资委和教育部联合举办的“国企领导上讲台、国企骨干担任校外辅导员”活动西南交通大学思政公开课在犀浦校区举行。中国中铁总裁陈云为西南交大师生作《“一带一路”建设与中国中铁的担当实践》主题报告。

11月12日，中国中铁党委在京召开第二批“不忘初心、牢记使命”主题教育工作推进视频会议。

11月13日，在第二届进博会上，中国中铁党委书记、董事长张宗言分别与印度尼西亚总统特使、海洋统筹部部长卢胡特和巴拿马工商部部长拉蒙·马丁内兹举行会谈，就加强基础设施投资建设合作进行了深入交流，并达成重要共识。

11月13日，2018—2019年度国家优质工程奖表彰名单发布，中国中铁入选工程109项（含金奖9项），累计获得国优工程奖348项。

11月15日，中国中铁召开全公司退休人员社会化管理和厂办大集体改革工作推进会议。

11月15日，中国中铁总裁陈云一行先后与吉林省委副书记、省长景俊海，吉林省委常委、长春市委书记王凯在长春举行会谈，就进一步加深央地合作、实现吉林经济高质量发展进行了深入交流，并达成广泛共识。

11月16日至19日，中共中央政治局常委、全国政协主席汪洋考察中老铁路建设情况。中国国家铁路集团有限公司董事长、党组书记陆东福，中国铁路国际有限公司总经理、中老铁路公司董事长鞠国江，中国中铁党委书记、董事长张宗言，中国中铁纪委书记王士奇等陪同考察。其间，中国国家铁路集团有限公司董事长、党组书记陆东福先后到中国中铁承建的万象楠科内河特大桥现场、中老铁路琅勃拉邦梁场进行调研检查，慰问参建员工，并参观了中老铁路展览馆。其间，中国中铁在中铁八局磨万Ⅲ标项目经理部驻地召开中国中铁中老铁路项目建设推进会议，中国中铁党委书记、董事长张宗言，纪委书记王士奇参加会议。

11月18日，中国中铁工会与泰康养老公司“中国中铁员工重大疾病保险”合作签字仪式在总部机关举行。

11月21日至22日，中国中铁在北京和张家口两地开展了2019年“站房王牌＋冬奥会”主题反向路演活动。

11月21日，中国中铁与中铁一局、中铁二局、中铁三局、中铁四局、中铁八局、中铁隧道局、中铁上海局等12家单位联合体中标青岛市地铁6号线一期工程土建施工项目，中标价70.4亿元。

11月21日，中国中铁党委在总部举办学习贯彻党的十九届四中全会精神报告会，邀请全国人大常委会委员、全国人大监察和司法委员会副主任委员、中国法学会副会长徐显明同志作报告。中国中铁党委书记、董事长张宗言主持会议。

11月22日，中国中铁与中铁城投联合体中标乐山至西昌高速公路（乐山至马边段）PPP项目，中标价164.79亿元。

11月26日，中铁资本与中煤国地控股有限公司签署战略合作协议。

11月26日，国家隧道应急救援中铁二局昆明队、国家隧道应急救援中铁五局贵阳队参加“11·26”云凤高速公路安石隧道出口突泥涌水灾害救援，搜救遇险人员8人。

11月28日，中国中铁与中铁城投联合体中标G7611线昭通（川滇界）至西昌段高速公路PPP项目，中标价300.12亿元。

11月，中国中铁中标成都轨道交通10号线三期及13号线一期施工总承包项目，中标合同额212.5亿元。

11月，中国中铁团委以“点亮微心愿，我是圆梦人”为主题，启动“五彩梦想”接力计划。该接力计划获评2019年度全国青年社会组织“伙伴计划”五星级扶贫项目并通过民政部审批，由中国志愿服务基金会开启了公开募捐活动。

十二月

12月1日，依托中铁隧道局成立的盾构及掘进技术国家重点实验室牵头主编的中国首个全断面隧道掘进机再制造领域的国家标准——《全断面隧道掘进机再制造》（GB/T 37432—2019）由国家标准化管理委员会正式批准发布实施。

12月2日，中国勘察设计协会评选并表彰了新中国成立70周年来全国勘察设计行业优秀项目、优秀单位和人员，中国中铁所属的中铁二院、中铁设计和中铁大桥院荣获全国优秀勘察设计企业称号，中铁二院总经理朱颖、中铁设计董事长李寿兵荣获全国优秀企业家

（院长）称号，中铁二院许佑顶、中铁六院范建国和贺维国、中铁设计徐升桥、中铁大桥院高宗余荣获科技创新带头人称号，中铁二院张海波获杰出人物奖，45项工程获优秀勘察设计项目奖。

12月3日，中国中铁中标南京地铁6号线工程施工总承包D.006.X-TA01项目，中标价55.1亿元。

12月4日，中国中铁三级工程公司建设工作会议在京召开。

12月4日，2018—2019年度中国建设工程鲁班奖（国家优质工程）表彰工程名单发布，中国中铁入选23项工程，其中承建15项，参建8项，累计获得鲁班奖185项。

12月5日，中国中铁在京召开人才工作会议。

12月5日，由《大公报》主办的2019第九届中国证券金紫荆奖颁奖典礼在香港举行。中国中铁股份有限公司荣获“新中国成立70周年卓越贡献企业奖”。

12月6日，中国中铁召开2019年警示教育大会。

12月10日，中铁交通牵头与中铁一局、中铁二局、中铁三局、中铁四局、中铁五局、中铁广州局共7家单位联合体中标新建南宁至玉林铁路项目工程总价承包NoRZ2标段项目，中标价90.8亿元。

12月7日，“第十九届中国上市公司百强高峰论坛暨第五届中国百强城市全面发展论坛”在上海举行，中国中铁以227.11亿元的利润总额位居第35位，获得“中国百强企业奖”。

12月11日，人力资源社会保障部和财政部联合颁布2019年国家级高技能人才培训基地和国家级技能大师工作室项目单位备案目录，中铁五局李吉大师工作室、中铁大桥局秦环兵大师工作室入选目录清单，中国中铁国家级技能大师工作室增至6个。

12月12日，中共中央组织部发出表彰决定，授予中国中铁总部机关离退休干部党总支“全国离退休干部先进集体”称号。

12月2日，由中国中铁工会主办、中铁建工集团工会承办的“与共和国同行”全国职工书屋主题阅读活动中国中铁专场暨2019年工会职工书屋图书配送仪式在中铁建工集团举办。

12月12日至15日，中国中铁党委书记、董事长张宗言赴泰国开展经营活动，拜会了泰国国会主席兼下议院议长川·立派、中国驻泰国大使吕健以及泰国当地合作伙伴，现场考察了中铁十局承建的泰国国家水资源办公楼项目。

12月12日，工业和信息化部管理会计发展联盟成立，中国中铁股份有限公司受邀为副理事长单位。

12月13日，北京市副市长杨斌一行到中国中铁总部走访调研，并与中国中铁党委书记、董事长张宗言举行会谈，双方围绕北京市交通基础设施以及生态环保领域投资建设等进行了深入交流，并达成广泛共识。

12月13日，中铁六局中标中国云城（余姚）产业基地施工总承包项目，中标价71.6亿元。

12月15日，中国品牌强国盛典在北京举办，在央视财经频道直播，公司副总裁、总法律顾问于腾群代表公司参加活动，并领取品牌强国盛典榜样100奖项。

12月15日，中铁一局、中铁二局、中铁四局、中铁五局、中铁八局、中铁大桥局、中铁建工、中铁上海局8家单位参建的成都至贵阳高铁全线开通运营。

12月16日，2019年全国建设工程项目施工安全生产标准化工地学习交流名单发布，中国中铁列入学习交流名单的项目20项，其中中国中铁股份有限公司参建3项。

12月17日，中国中铁总裁陈云在马来西亚首都吉隆坡出席马来西亚大马城项目恢复协议签署仪式并致辞。

12月18日，由人民日报社主办的2019中国品牌论坛在京举行。中国中铁党委书记、董事长张宗言出席论坛并作主旨发言。

12月18日，全国优秀工程咨询成果奖评审结果公示，中铁二院新建铁路磨丁至万象线可行性研究报告等8个项目入选，中国中铁累计获得全国优秀工程咨询奖96项。

12月19日，中铁隧道局与中铁惠信股权投资基金管理有限公司联合体中标镇雄以勒至七星关林口高速公路以勒至大银（滇黔界）段特许经营项目，中标金额58.7亿元。

12月19日，中国中铁与中铁二局、中铁七局、中铁十局、中铁

▲ 中铁五局、中铁六局承建的新建九景衢铁路景德镇北站工程获国家优质工程奖

广州局、中铁上海局、中铁二院联合体中标濮阳至湖北阳新高速公路宁陵至沈丘段PPP项目，中标价123.8亿元。

12月20日，中国中铁总裁陈云与中国政企合作投资基金股份有限公司（简称“中国PPP基金”）董事长冯晋平举行会谈。

12月20日，《学习时报》发表中国中铁党委书记、董事长张宗言的署名文章《永做民族复兴的开路先锋》。

12月20日，中国中铁召开“十四五”规划工作启动会议。

12月21日，第十五届中国上市公司董事会“金圆桌”论坛暨颁奖盛典活动在南京举行。中国中铁股份有限公司荣获“公司治理特别贡献奖”，中国中铁董事长、党委书记张宗言荣获“企业家精神奖”。

12月24日，中铁南方与中铁一局、中铁四局、中铁六局、中铁七局、中铁八局、中铁上海局、中铁广州局共8家单位联合体中标深圳市轨道交通四期共建管廊工程——14号线共建综合管廊工程14GL-101标施工总承包项目，中标价60.8亿元。

12月25日，中国中铁与中铁交通联合体中标G2003太原绕城高速公路义望至凌井店段（太原西北二环）工程，中标价259.8亿元。

12月25日，中国中铁与中铁二局、中铁四局、中铁六局、中铁七局、中铁八局、中铁上海局共7家单位联合体中标滨海快线（福州至长乐机场城际铁路工程）第1标段（车站、区间工程、车辆段、停车场及基地工程）（施工），中标价68.3亿元。

12月26日，中国中铁与中铁二局联合体中标国道109新线高速公路（西六环至市界段），中标价220.9亿元。

12月26日，由中铁大桥院设计、中铁大桥局施工、中铁工业制造的中国首座公铁两用悬索桥、世界首座高速铁路悬索桥——连镇铁路五峰山长江大桥主桥合龙。

12月26日，中国中铁14项管理创新成果获得第二十六届全国企业管理现代化创新成果奖。其中，《特大型施工企业基于四级责任矩阵的工程项目全要素成本管理》首次代表中国中铁获得国家级管理创新成果一等奖。

12月27日，中铁电气化局与中铁六局、中铁八局联合体中标集宁至通辽铁路电气化改造工程“投融资+EPC+运维”项目，中标价82.2亿元。

12月27日，中铁投资与中铁十局、中铁广州局、中铁上海局、中铁十局集团电务工程公司、山东省路桥集团有限公司、山东高速铁建装备有限公司联合体中标新建郑州至济南高速铁路项目，中标价160亿元。

12月29日，中国中铁承建的银川都市圈城乡西线供水一期工程建成供水。

12月29日，中国中铁首个地铁PPP项目——呼和浩特市城市轨道交通1号线一期工程开通。

12月30日，中国中铁承建的北京至张家口高速铁路开通运营。

12月30日，中国中铁与中铁一局、中铁二局、中铁三局、中铁四局、中铁六局、中铁七局、中铁十局、中铁隧道局、中铁电气化局、中铁北京局、中铁上海局联合体中标天津地铁4号线PPP项目，中标价176.7亿元。

12月，中国中铁股份有限公司（香港联合交易所股票代码：00390；上海证券交易所股票代码：601390）获得美国知名金融杂志《机构投资者》（*Institutional Investor*）评选的“最佳投资者关系企业”、“最佳ESG指标”及“最佳企业管治”奖项，同时也是首家获得《机构投资者》颁发的“最佳ESG指标”及“最佳企业管治”奖项的中国内地工业行业上市公司。中国中铁董事长、党委书记张宗言荣获“最佳首席执行官”奖项（卖方），公司财务总监杨良荣获“最佳首席财务官”奖项（卖方）。

热词解释

“两个一以贯之”：习近平总书记在2016年全国国有企业党的建设工作会议上提出了“两个一以贯之”。坚持党对国有企业的领导是重大政治原则，必须一以贯之；建立现代企业制度是国有企业改革的方向，也必须一以贯之。

“四个意识”：2016年1月29日中共中央政治局会议精神。四个意识即政治意识、大局意识、核心意识、看齐意识。

“四个自信”：习近平总书记在庆祝中国共产党成立95周年大会上提出。四个自信即中国特色社会主义道路自信、理论自信、制度自信、文化自信。

“两个维护”：党的十九大精神及《中国共产党纪律处分条例》《中国共产党支部工作条例（试行）》等中央文件。两个维护即坚决维护习近平总书记在党中央和全党的核心地位；坚决维护党中央权威和集中统一领导。

“三个转变”：2014年5月10日，习近平总书记视察中铁装备时指出：一个地方、一个企业，要突破发展瓶颈、解决深层次矛盾和问题，根本出路在于创新，关键要靠科技力量。要加快构建以企业为主体、市场为导向、产学研相结合的技术创新体系，加强创新人才队伍建设，搭建创新服务平台，推动科技和经济紧密结合，努力实现优势领域、共性技术、关键技术的重大突破，推动中国制造向中国创造转变、中国速度向中国质量转变、中国产品向中国品牌转变。为深入践行“三个转变”，推动经济大国向经济强国转变，国务院批准将每年5月10日定为中国品牌日。

“三项制度改革”：国资委2019年5月印发《关于开展2019年中央企业三项制度改革专项行动的通知》，是指国务院针对国企的三项制度改革：劳动，人事，分配。企业管理人员能上能下、员工能进能出、收入能增能减的市场化机制建设。

“双百行动”：2018年3月国资委发布《关于开展“国企改革双百行动”企业遴选工作的通知》及8月发布的《国企改革“双百行动”工作方案》。国务院国有企业改革领导小组选取百余户中央企业子企业和百余户地方国有骨干企业，在2018—2020年全面落实国有企业改革“1+N”政策要求，深入推进综合性改革，力求在改革重点领域和关键环节率先取得突破，打造一批治理结构科学完善、经营机制灵活高效、党的领导坚强有力、创新能力和市场竞争力显著提升的国企改革尖兵，凝聚起全面深化国有企业改革的强大力量。

“三基建设”：国务院国资委党委书记、主任郝鹏在中央企业地方国资委负责人会议上的讲话，要全面夯实基本组织、要全面建强基本队伍、要全面健全基本制度。

“123456”工程：2019年工作会提出，即围绕一条主线，明晰高质量发展的具体路径；突出两大抓手，汇聚高质量发展的内外合力；深化三项改革，破除高质量发展的突出梗阻；推进四大创新，激发高质量发展的强劲动能；强化五项管理，抓实高质量发展的关键环节；夯实六大基础，筑牢高质量发展的重要支撑。

“五给五有”：2015年9月，蒙华铁路上场动员会议精神，集团公司对工程公司要做到给任务、给要素、给服务、给压力、给奖惩；工程公司要做到有规模、有能力、有效益、有信誉、有文化。

“五个导向”：2016年科技创新大会精神，即适用性的导向；前瞻性的导向；回报性的导向；时效性的导向；协同性的导向。

“三级七层”：2017年中国中铁二次经营暨成本管理推进视频会议精神，构建覆盖股份公司、集团公司、工程公司三级法人，建立起包括股份公司、集团公司、集团公司区域经营机构、集团公司项目经理部、集团公司驻京机构、工程公司、工程公司项目经理部等在内的“三级七层”管理体系，形成上下贯通、层层管二次经营、二次经营层层有人管的管理格局。

“两个基本要求”：2018年经营工作会暨区域经营经验交流会议精神。“六给两要”：给地盘、给资质、给人才、给权利、给服务、给奖惩；要有效益的项目、要有信誉的市场。“十要十不要”：一要以集团公司为主导，不要以工程公司为主导；二要优选精英，不要滥竽充数；三要精干高效、统管市场，不要机构重叠臃肿、条块分割；四要驻地办公，不要以遥控“分管”“负责”等形式鱼目混珠；五要连片成块，不要因人设事、支离破碎；六要监管施工，不要只单纯履行经营职责；七要配套政策，不要“锣齐鼓不齐”；八要覆盖全国，不要留有空白；九要多种形式互为补充，不要死板教条、“单打一”；十要真改真革，不要阳奉阴违。

“两个主体责任”：2018年经营工作会暨区域经营经验交流会议精神，集团公司承担市场经营主体责任，工程公司承担施工管理主体责任。

“两个直观标志”：2018年经营工作会暨区域经营经验交流会议精神，集团公司及其区域经营机构承揽任务是否占到承揽总额80%以上；所属工程公司总经理是否还在成天跑市场。

“321要求”：2019年经营工作会暨区域经营经验交流会议精神。“3”就是建立集中经营、集成经营、集约经营的“三集”模式。“2”就是要狠抓贴近市场、根植市场两大环节。“1”就是要最终实现释放与提升企业发展力这一目的。

“十条禁令”：2019年经营工作会暨区域经营经验交流会议精神。一是禁止投资公司主导50亿元以下的项目，不论是投资项目还

▲ 中铁一局承建的阿克苏火车站改扩建站房投入使用

是总承包项目，50亿元以下的项目投资公司要整合系统资源由工程局主导，50亿元以上的项目也要尽可能由工程局主导；二是禁止把能搞总承包的项目运作成投资项目；三是禁止投资公司不按规定随意划小标段；四是禁止投资公司不按公开公正的规定发包工程，搞暗箱操作，厚此薄彼；五是禁止投资公司在股份公司明文规定的标准外加码收费；六是禁止投资公司肆意拖欠工程局工程款，欠款率不得高于当地市场平均水平；七是禁止投资公司无原则设置建设管理机构，能交给一个工程局干的项目要交给一个工程局，能由工程局代行建设管理职能要由工程局代行建设管理职能；八是禁止设立实体性三级公司，已经设立的必须全部撤销，项目公司和为市场经营开发成立的公司除外；九是禁止投资公司敞开口子进人，即日起各投资公司进人必须报股份公司审批，投资公司的人员按省区经营部、项目公司两条线进行分别管理，投资公司的经营人员（含机关投资及工程经营人员）原则上按责任区域内每50亿元（或每自揽15亿元）新签目标值1人的标准配置，其他人员也都要逐步递减；十是禁止投资公司所属区域经营机构以合作共建之名搞乱摊派。

“三型三化”：关于印发《关于进一步贯彻落实习近平总书记“三个转变”重要指示精神推动企业创新发展的意见》的通知提出，精益型、创新型、引领型；品牌化、融合化、全球化。

“一体两翼N驱”：2019年《中国中铁股份有限公司海外体制机制改革方案》提出。打造“一体两翼N驱”海外发展新格局，强化股份公司“一体”总体统筹功能，发挥平台公司的“两翼”带飞作用，推动二级子集团海外力量形成“N驱”协同共进之势。构建“大区+国别+项目”经营管理体系，实现海外经营点线面立体推进。

概　述

企业基本情况

【简况】中国铁路工程集团有限公司是集勘察设计、施工安装、房地产开发、工业制造、科研咨询、工程监理、资本经营、金融信托、资源开发和外经外贸于一体的多功能、特大型企业集团，总部设在北京。

中国铁路工程集团有限公司的前身是原中华人民共和国铁道部于1950年3月成立的设计局和工程总局及1952年9月铁道部成立的基本建设局。1958年3月铁道部将基本建设局、设计总局、新建铁路工程局合并为基本建设总局。1979年5月，基本建设总局对外称中国铁路工程总公司。1989年7月，铁道部撤销基本建设总局，正式组建中国铁路工程总公司。2000年9月，经国务院批准，铁道部与中国铁路工程总公司实行政企分开，中国铁路工程总公司整体移交中央企业工委管理。2003年国务院国有资产监督管理委员会成立后，中国铁路工程总公司隶属国务院国资委管理。2006年11月，被列为国有独资企业董事会试点企业。2007年9月12日，中国铁路工程总公司独家发起设立中国中铁股份有限公司（简称“中国中铁”），并于2007年12月3日和12月7日，分别在上海证券交易所和香港联合交易所挂牌上市。作为中国中铁的控股股东，中国铁路工程总公司于2017年12月28日完成公司制改制，工商登记变更为中国铁路工程集团有限公司。

中国中铁是中国铁路工程集团有限公司经营业务的运营主体，拥有40余家子、分公司，主要分布在中国国内除台湾地区以外的各省、市、自治区，并在90多个国家和地区设有办事处、代表处和项目部等境外机构。主要子企业有中铁一局、中铁二局、中铁三局、中铁四局、中铁五局、中铁六局、中铁七局、中铁八局、中铁九局、中铁十局、中铁大桥局、中铁隧道局、中铁电气化局、中铁武汉电气化局、中铁建工、中铁广州局、中铁北京局、中铁上海局18家施工企业集团；中铁二院、中铁六院、中铁设计、中铁大桥院、中铁华铁、中铁科研院6家勘察设计咨询科研企业；由中铁工业控股中铁山桥、宝桥、科工、装备4家工业制造企业；以及中铁国际、东方国际、中铁信托、中铁财务、中铁资本、中铁交通、中铁南方、中铁投资、中铁开投、中铁城投、中铁上投、中铁北方、中铁发展、中国铁工投资、中铁世德、中铁置业、中铁文旅、中铁资源、中铁物贸、中铁信科20家国际业务、金融、投资、房地产、矿产资源、物资贸易、信息化公司。中铁国资资产管理有限公司负责管理中国铁路工程集团有限公司有关学校、医院、主辅分离资产等未进入上市范围的机构和资产，集团公司党校为中国铁路工程集团有限公司直属单位。

中国中铁具有国家住房和城乡建设部批准的铁路工程施工总承包特级资质、公路工程施工总承包特级资质、市政公用工程施工总承包一级资质以及桥梁工程、隧道工程、公路路面、公路路基工程专业承包一级资质。作为全球最大建筑工程承包商之一，自2006年起，连续14年进入世界企业500强，2019年，中国中铁在《财富》世界500强企业排名第55位，在中国企业500强中位列第12位，在2019年ENR全球最大承包商250强中排名第2位。连续6年入选中央企业业绩考核A类企业。

中国中铁业务范围涵盖基本建设各个领域，能够提供建筑业“纵向一体化”的一揽子交钥匙服务。先后参建了京九铁路、青藏铁路、京沪高铁、京张高铁、港珠澳大桥、中老铁路、雅万高铁等一大批举世瞩目的重大工程，参与建设的铁路占中国铁路总里程的2/3以上；建成的电气化铁路占中国电气化铁路的90%；参与建设的高速公路约占中国高速公路总里程的1/8；建设了中国3/5的城市轨道工程。

作为科技部、国务院国资委和中华全国总工会授予的全国首批“创新型企业”，中国中铁拥有“高速铁路建造技术国家工程实验室”“盾构及掘进技术国家重点实验室”和“桥梁结构健康与安全国家重点实验室”3个国家实验室及7个博士后工作站。拥有16个

▲ 2019年8月26日至29日，中国中铁携前瞻科技亮相2019智博会

国家认定的企业技术中心，并先后组建了桥梁、隧道、电气化、先进工程材料及检测技术、轨道、施工装备、城市轨道工程及磁悬浮交通工程等20个专业研发中心。截至2019年底，中国中铁共获国家科技进步奖120项，其中特等奖5项，一等奖16项；获中国土木工程詹天佑奖140项，省部级（含国家认可的社会力量设奖）科技进步奖3472项；国家级工法166项，省部级工法3070项；通过省部级科技鉴定的科技成果1504项；拥有有效专利授权12707件，其中发明专利2843件。

截至2019年12月31日，全公司在册员工285405人，其中，干部199631人、工人85774人；管理人才131832人、各类专业技术人才186767人（含在管理岗位118968人）技能人才85774人。高级及以上职称33284人（含正高级2417人），其中，正高级工程师2197人，高级工程师24158人，高级经济师2608人，高级会计师1755人；中级职称64290人。中国工程院院士1名、百千万人才工程国家级人选10名、全国工程勘察设计大师9名、享受国务院政府特殊津贴专家260人，中国青年科技奖3名、全国杰出专业技术人才2名、中国中铁特级专家13人、中国中铁专家86人、全国技术能手6名，全国青年技术能手6名。（王 琳）

【中国铁路工程集团有限公司法人治理结构】中国铁路工程集团有限公司不设股东会。2019年，公司治理结构人员有所调整。截至年末，董事会由3名董事组成，分别为董事长、党委书记张宗言，董事、总经理、党委副书记陈云，职工董事、工会主席刘建媛；董事会不设专门委员会。经理层由1人组成，为总经理陈云。党组织情况详见中国铁路工程集团有限公司领导人员名单。（李 伟）

【中国中铁股份有限公司法人治理结构】中国中铁股份有限公司建立了包括股东大会、董事会、经理层、监事会、党组织在内的完善的法人治理结构。2019年，公司治理结构人员有所调整。截至年末，董事会成员由8名董事组成，其中执行董事3名，分别为董事长、执行董事、党委书记张宗言，执行董事、总裁、党委副书记陈云，执行董事、党委常委章献；独立非执行董事4名，分别为郭培章、闻宝满、郑清智、钟瑞明；非执行董事1名，由中央企业专职外部董事马宗林担任。董事会下设战略、审计与风险管理、薪酬与考核、提名、安全健康环保五个专门委员会，其中提名委员会和安全健康环保委员会委员外部董事占多数、审计与风险管理委员会和薪酬与考核委员会委员全部由外部董事担任。经理层由9人组成，分别为总裁陈云，副总裁刘辉，财务总监杨良，副总裁、总法律顾问于腾群，副总裁段永传、刘宝龙、任鸿鹏，总工程师孔遁，总经济师马江黔。公司设董事会秘书1名，由何文担任。公司经理层成员和董事会秘书均为公司高级管理人员。监事会由5名监事组成，其中股东代表监事2名，分别为监事会主席张回家、监事陈文鑫，职工代表监事3名，分别为刘建媛、苑宝印、范经华。党组织情况详见中国中铁股份有限公司领导人员名单。（李 伟）

【主要经济技术指标完成情况】2019年，中国铁路工程集团有限公司新签合同额21662.3亿元，同比增长27.9%。其中海外业务新签合同额1276.0亿元，占新签合同总额的5.9%。基建建设板块新签合同17946.3亿元，占新签合同总额的82.8%，同比增长25.1%。其中，铁路工程新签合同额3112.4亿元，占基建建设板块的17.3%，同比增长22.5%；公路工程新签合同额3090.6亿元，占基建建设板块的17.2%，同比增长2.5%；市政工程新签合同额4644.9亿元，占基建建设板块的25.9%，同比增长51.5%；房建工程新签合同额4360.3亿元，占基建建设板块的24.3%，同比增长75.2%；城市轨道工程新签合同额2014.0亿元，占基建建设板块的11.2%，同比下降14.8%；水利水电工程新签合同额236.2亿元，占基建建设板块的1.3%，同比下降16.0%；港口与航道工程新签合同额29.4亿元，占基建建设板块的0.2%，同比增长55.7%；机场工程新签合同额33.2亿元，占基建建设板块的0.2%，同比下降30.3%。非基建建设板块新签合同额3716.0亿元，占新签合同总额的17.2%，同

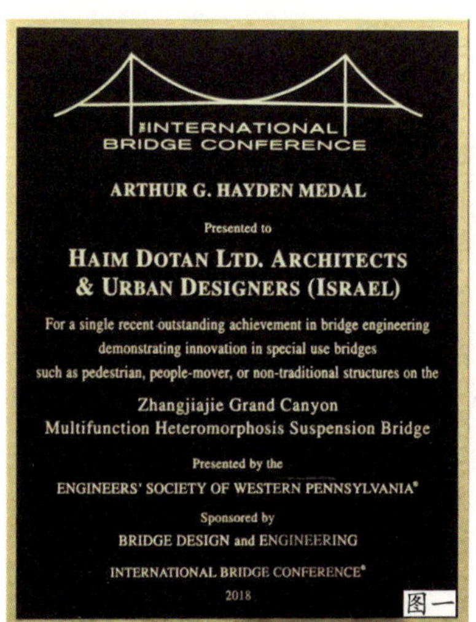

▲ 中国中铁建设工程荣获鲁班奖、詹天佑奖、古斯塔夫林登少奖、理查德森奖等国内外大奖700余项（图一、图二为其中两个奖项的照片）

比增长43.8%。其中，勘察设计咨询新签合同额288.1亿元，同比增长30.3%；工业制造新签合同额420.9亿元，同比增长14.4%；房地产开发新签合同额696.8亿元，同比增长31.5%；物贸新签合同额800.9亿元，同比增长9.4%；矿产资源新签合同额139.3亿元，同比增长27.0%；金融新签合同额37.3亿元，同比下降14.1%；其他1319.1亿元，同比增长131%。

2019年，中国铁路工程集团有限公司完成企业营业额10702.1亿元，为计划9730亿元的110.0%，比2018年同期9541亿元增加1161.1亿元，同比增长12.2%。其中，国内完成10220.1亿元，占总产值的95.5%，同比增长12.5%；海外完成481.2亿元，占总产值的4.5%，同比增长5.3%。在企业营业额中，基建建设8513.6亿元，占79.6%；勘察设计咨询155.6亿元，占1.5%；工业制造280.1亿元，占2.6%；房地产开发431.0亿元，占4.0%；基础设施投资553.9亿元，占5.2%；矿产资源120.7亿元，占1.1%；物资贸易466.9亿元，占4.4%；金融36.3亿元，占0.3%；其他130.5亿元，占1.2%。

基建建设营业额中，铁路2316.1亿元，占27.2%；公路1393.5亿元，占16.4%；市政1589.1亿元，占18.7%；房建1082.7亿元，占12.7%；城轨1895.7亿元，占22.3%；水利水电90.1亿元，占1.1%；港口与航道12.6亿元，占0.1%；机场26.1亿元，占0.3%；其他工程107.6亿元，占1.3%。

公司总产值排名前五位的所属二级单位：中铁四局1020.2亿元，中铁一局801.2亿元，中铁二局689.6亿元，中铁建工600.5亿元，中铁三局567.8亿元。（丁宾）

【生产经营】2019年，中国中铁统筹推进工程建设生产，全年完成施工产值8513.6亿元，建成桥梁2034.3千米、隧道1511.8千米、房屋15012.3万平方米、完成土石方11.6亿立方米。基建建设板块新签合同17946.3亿元，同比增长25.1%。承包经营新签合同额达到14100.7亿元，同比增长27.6%。其中，以股份公司资质中标的总承包项目11项752.9亿元。勘察设计咨询新签合同额288.1亿元，同比增长30.3%；工业制造新签合同额420.9亿元，同比增长14.4%；房地产开发新签合同额696.8亿元，同比增长31.5%；物贸新签合同额800.9亿元，同比增长9.4%；矿产资源新签合同额139.3亿元，同比增长27.0%；金融新签合同额37.3亿元，同比下降14.1%；其他1319.1亿元，同比增长131%。中铁四局、中铁一局、中铁建工、中铁三局、中铁五局、中铁投资、中铁二局、中铁十局新签合同额超过千亿元。（丁宾）

▲ 蒙华铁路南王隧道

【企业资质】中国中铁股份有限公司拥有铁路工程施工总承包特级、公路工程施工总承包特级、市政公用工程施工总承包一级、桥梁工程专业承包壹级、隧道工程专业承包壹级、公路路面工程专业承包壹级、公路路基工程专业承包壹级等资质。2019年，中国中铁系统共申请取得高等级资质32项，其中特级资质12项。截至2019年12月31日，全系统有施工资质的企业243家，具有施工资质1656项，其中总承包特级资质75项，总承包一级资质283项，专业承包一级资质640项；全系统有勘察设计资质的企业67家，有勘察资质50项，其中综合甲级5项，专业甲级16项；有设计资质200项，其中综合甲级3项，行业甲级75项，专业甲级49项，专项甲级11项。（郭新立）

【信息化建设】中国中铁采用先进技术，统筹建设管理，布局全面发展，逐步实现“十三五”信息化发展规划整体目标。完善制度，规范软件系统的开发、应用和推广工作，促进标准统一、数据互通、资源共享，打破信息孤岛。启动全公司企业专网优化项目，完成了“三重一大”、网络安全态势感知、股份公司网站IPv6改造等项目建设。引领创新，研究5G、AI、物联网等前沿技术在智慧工地和智能梁板枕厂中的创新应用。开展信息化专业技术培训工作，培养网络安全、BIM等各类专业人才。（杨晶晶）

【党建工作】2019年，中国中铁党委深入学习贯彻习近平新时代中国特色社会主义思想，坚决落实习总书记重要指示批示精神、党中央重大决策部署以及国资委党委工作要求，全面加强党的领导党的建设，

认真履行管党治党责任，用高质量党建引领企业高质量发展。

开展“不忘初心、牢记使命”主题教育，把学习教育、调查研究、检视问题、整改落实贯彻始终，并将相关做法在国资委大会上作经验交流。召开15次党委常委会、11次中心组学习会持续跟进学习习近平新时代中国特色社会主义思想和最新重要讲话重要指示批示精神，以及十九届四中全会精神。聚焦落实“七大”决策部署、实施“123456”工程总体要求，推动学用结合和上级各项工作要求落到实处。

落实“两个一以贯之”，把“党建入章”作为并购重组必要条件，坚持“双向进入、交叉任职”，厘清各治理主体权责边界，制定“三重一大”清单211个具体决策事项，建立覆盖三级企业运行监管系统。推进二级企业健全完善党委会、董事会、经理层议事规则，规范二级企业董事会建设，完善外派董监事管理办法，举办董监事业务能力培训班。坚持民主集中制，前置研究讨论重大经营管理事项101项。进入董事会、经理层的党委成员在履行具体决策程序时充分表达党委意见，开展海外经营、房地产业务、工程公司建设、现代企业制度建设等重大事项调研。召开2次全委会、26次常委会、12次党委办公会研究部署党建工作，建立“两个维护”保证机制，制定重大事项请示报告清单，建立党的十九大精神、中央决策部署和习近平总书记重要指示批示工作台账。召开领导班子专题民主生活会和基层党组织专题组织生活会。制定加强“三基建设”、纪检监察体制机制改革等制度，组织所属企业党委书记述职评议，召开现场会推进“三基建设”。公司党委在国资委央企负责人会上交流党建经验，离退休干部党总支获“全国离退休干部先进集体”。

落实“四同步、四对接”要求，强化混合所有制企业党组织建设，做到“应建尽建”。扎实推进所属二级单位按期换届工作，做到“应换尽换”。开展基层党组织书记和党员教育培训工作。2019年，共培训基层党组织书记11646人，培训党员195114人次，对总部党支部书记集中培训2次。结合主题教育，深入排查摸底，全程跟踪督导，逐一整改提升，集中整治3个软弱涣散基层党组织和103个薄弱基层党组织。推进党建与业务深入融合，推行领导干部基层党建联系点制度，拓展党建主题实践品牌活动，引导党员创先争优。评选表彰61个“三基建设”示范党支部和81个“红旗项目部”，推动工程项目安全质量、工期效益、廉洁形象等全面过硬，发挥引领示范作用。

坚持党管干部原则，进一步完善选人用人程序，抓好“五管”、把好“五关”确保选拔出来的干部组织认可、群众满意。严格执行考察制度，坚持把会议推荐、谈话推荐与延伸考察相结合，实行干部选拔任用全过程纪实和对重点考察人选“签字背书”，坚持干部考察与年度考核、任期考核、试用期考核、履职考察、党委巡视结果相结合，注重加强任前审核，认真落实“凡提四必”，研究人选提名坚持做到“六不上会”。修订优秀年轻干部挂职锻炼工作的实施意见，加大优秀年轻干部培养选拔力度，强化对优秀年轻干部的培养历练。2019年选拔二级企业领导班子正职优秀年轻干部人选18名、副职62名，其中“70后”64名，占优秀年轻干部的81%，截至年末23人已被提拔任用，其中正职1名、副职22名，年龄最小的41岁，进一步改善了二级企业领导班子结构。认真落实中央企业人才工作会议部署，召开中国中铁首次人才工作会议，制定加强人才队伍建设、发挥专家人才队伍作用等方面制度，以“六支人才队伍”建设为抓手，建设高质量人才队伍。针对人才流失问题，调研形成了制度成果。提高技能人才待遇，近年来共有3000人当选职工代表和党代表，3名当选十九大代表，2名当选全国人大代表，16位享受政府特殊津贴，对国家级“技能大师”每月发放2000元技能津贴。

制定《2019年中国中铁党委理论学习中心组重点学习内容安排》，组织开展11次集体学习。注重把重点发言和集体研讨相结合，围绕17个专题进行研讨交流。主题教育期间，公司15名领导班子成员和高管利用围绕企业党建工作、深化改革、海外发展等10多个方面重点课题，深入22个二级单位、45个三级单位、54个项目部进行调研，共发现问题166个、收集意见建议226条，现场解决问题70个，形成15篇高质量调研报告。积极参加上级组织的各类庆

▲ 中国中铁党委“不忘初心　牢记使命”党风廉政建设高质量发展研讨班

祝活动，向中宣部推荐“最美奋斗者”，巨晓林、窦铁成当选。参与中央媒体“新中国的第一”等专题宣传报道。在全公司组织“同升国旗、同唱国歌”活动，制作中国中铁版《我和我的祖国》MV在学习强国上发布。国庆阅兵活动中，王杜娟登上群众游行彩车并接受央广采访。在第二届“一带一路”峰会期间，邀请各中央媒体参加公司“一带一路”建设成果新闻通气会。安排公司领导接受采访，在央视等媒体播出。在印度尼西亚开展跨文化融合专项工作，深入挖掘“一带一路”建设成果，编辑出版书籍《一路有我》。

制订纪检监察体制改革实施方案，问题线索管理、案件审查报告实施办法；对立案审查的问题线索及时按程序向驻委纪检监察组请示报告；对二级企业纪委书记履职情况进行述职考核。公司党委、纪委坚持每月召开党风廉政建设和反腐败工作联席会议。对地方监委移交的问题，公司纪委及时与党委进行沟通；对扶贫领域问题线索进行联合排查。

公司党委坚决做到“两个维护”，切实履行主体责任，主动配合国资委党委常规巡视，巡视期间对公司领导和高管办公用房、公务用车等问题进行即知即改，对违规违纪问题查处问责。把国资委巡视反馈问题整改作为重中之重，认真研究制订项目化整改方案，定期召开推进会强化整改落实。

持续深化京张、京雄、玉磨铁路以及重点工程劳动竞赛，深化创新创效活动，扎实推进群众保安全工作，开展劳动技能竞赛，涌现了彭祥华、秦环兵等一批大国工匠，巨晓林、白芝勇等30人被评为中国中铁优秀工匠。大力弘扬劳模精神，荣获最美奋斗者2名、全国五一劳动奖状2名、工人先锋号8名、五一劳动奖章6名。深化员工关爱工程，大力推动普惠服务、健康关爱，丰富和保障职工生活。成立中国中铁精准帮困专项基金，全年困难职工解困脱困1481户。举办第二届青年创新创意大赛，汇集青年双创成果570余项。深入开展“号手岗队”创建活动，充分发挥团员青年的生力军和突击队作用。（刘　卫）

【履行社会责任】2019年，中国中铁加强三支国家专业救援队建设，修订《安全质量、生态环境及灾害事故（事件）应急预案》，持续推进昆明队、贵阳队基地建设和救援装备升级改造，全面、系统地开展补充救援人员、完善指挥系统、健全协调机制、配套基础设施、完善规章制度、加强培训演练和构建保障体系等工作，有效提升专业救援能力。受应急管理部委托，公司编制了隧道施工企业以及国家隧道应急救援队应急预案范本，于2月28日在国家应急救援中心网站正式发布，成为国家级专业应急预案；组织编制建筑施工中央企业应急预案范围，12月上旬已提交国家应急救援指挥中心。2019年，中国中铁所属各单位及昆明、贵阳两支专业救援队分别参加了四川宜宾抗震救援、贵州水城特大山体滑坡抢险救援、成昆铁路扩能工程山洪抢险救援等5次抢险救援工作，营救被困人员18名。全公司共组建1130多支志愿服务队，投入志愿服务1.6万余人次，开展各类志愿服务活动近4300次，帮扶人数超过4.2万人次。通过教育捐赠和金秋助学等形式，不断加大对基础教育的支持力度。2019年公司共发放助学款797万元，资助职（民）工子女3308人次。公司积极参与文物保护和修复工作，完成了“世界现存最大石刻坐佛像”——四川乐山大佛的抢救性修复工作。公司承建的京张高铁八达岭长城站主体结构顺利封顶，该车站的地下站部分位于北京八达岭长城山体下方102米处，为了做好对长城的保护，项目施工中采取了精准微爆破、静态微爆破、预应力锚杆、实时监测等技术，最大限度减少山体扰动，保护了文物古迹。（尚宪鹏）

职工队伍

【干部构成】截至2019年12月31日，中国中铁拥有干部总数199631人，其中女干部40148人，约占20.11%；少数民族干部7529人，约占3.78%；党员干部82820人，约占41.49%。学历结构：研究生及以上学历毕业10564人，约占5.29%；本科学历毕业127811人，约占64.02%；专科学历毕业43717人，约占21.9%；中专及以下学历毕业17539人，约占8.79%。（张晓明）

【工人构成】截至2019年12月31日，中国中铁工人总数85774人，其中女职工10241人，技术工人69281人。技术工人中有职业资格证书的64184人，其中工匠技师11人、特级技师291人、高级技师7293人、技师13712人、高级工31648人、中级工13281人、初级工5741人。高级工及以上的高技能人才48010人，占工人总数的61.7%，占有职业资格证书的技术工人数量的82.5%。工人队伍文化结构：初中及以下占43.3%，高中、技校、中专共占41%，大专及以上占15.8%。工人队伍年龄结构：25岁以下占1.3%，26至49岁占64.2%，50岁以上占34.5%。（谢学文）

中国铁路工程集团有限公司领导人员名单

党委书记、董事长	李长进（6月免）
党委书记、董事长	张宗言（8月不再担任总经理，任党委书记、董事长）

党委副书记、总经理、董事　陈　云（8月任总经理、董事，6月任党委副书记）
党委副书记、党委常委、党委委员　周孟波（6月免）
党委常委　刘　辉
党委常委　章　献
党委常委、纪委书记　王士奇
党委常委　杨　良
党委常委　于腾群
工会主席、职工董事　刘建媛

（李　猛）

中国中铁股份有限公司领导及高管名单

党委书记、董事长　李长进（6月免）
党委书记、董事长　张宗言（8月不再担任总裁，任党委书记、董事长）
党委副书记、总裁、执行董事　陈　云（8月任党委副书记、总裁，10月任执行董事）
党委副书记、党委常委、党委委员、执行董事　周孟波（6月免）
党委常委、副总裁　刘　辉
党委常委、执行董事　章　献
党委常委、纪委书记　王士奇
党委常委、财务总监　杨　良
党委常委、副总裁、总法律顾问　于腾群
副总裁　段永传
副总裁　刘宝龙
副总裁　任鸿鹏
工会主席、职工监事　刘建媛
监事会主席、监事　张回家
总工程师　孔　遁
总经济师　马江黔
董事会秘书　何　文

（李　猛）

中国中铁股份有限公司纪委副书记、工会副主席、安全总监、高级专家

纪委副书记　苑宝印
曹　兴
程志强（12月任）
工会副主席　李晓声
王喜军
安全总监　李凤超
高级专家　郑　机
朱本珍

（王源海）

中国中铁股份有限公司外派专职董事监事

外派专职董事监事　黄江刚
汪建刚
杨　峰
周振国
吴成福
梁　勇
陈晓春

汪保华
王云波
王随新
张亚君
毛锁明
谭厚斌
杨马庄
房晓军
邓文华
李慧成
郭民龙
薛　林
梁永兴

（毛祥虎）

中国铁路工程集团有限公司总部部门正副职领导

党委办公室（保密办公室）

主任	李新生
副主任	李聚民

办公厅

主任	齐　伟

财务部

部长	李　平

审计部

部长	张利生

党委干部部

部长	贾惠平
副部长	裴清宁
	张春全
	吕月胜

党委组织部

部长	丁荣昌
副部长	黄建忠

党委宣传部

部长	曹艳春
副部长、党建和思想政治工作研究会秘书长	安庆军
副部长	张　翰
	王国卿

纪委

副书记	苑宝印
	曹　兴

	程志强（12月任）

纪委执纪审查一室

主任	梁宝岭
副主任	韩　宁（12月任）

纪委执纪审查二室

主任	陈立峰
副主任	朱高明

纪委执纪监督室

主任	魏心柏

工会

副主席	李晓声
	王喜军

工会综合部

部长	郑　黎

工会生产宣传部

部长	陈宝华

工会权益保障女工部

部长	刘治国
副部长	章　静

团委

书记	曹　彬
副书记	刘传刚

（王源海）

中国中铁股份有限公司总部部门正副职领导

董事会办公室、监事会办公室

主任	张睿开
专职监事	陈文鑫
副主任	段银华

总裁办公室

主任	齐　伟
副主任	李　辉
	薛　健

战略规划部

部长	方　锐
副部长	范永贵
	景　象

财务部

部长	何　文（兼）
副部长	李　静

肖　圣
杨　涛
柳百明

干部部（党委干部部）

部长	贾惠平
副部长	裴清宁（人才公司执行董事、总经理，按部门正职管理）
	张春全
	吕月胜

劳资社保部

部长	张贺华
副部长	李　敏
	李景贵

法律合规部

部长	侯社中

审计部

部长	范经华
副部长	吴　青

经营开发部

部长	郭凤芝
副部长	杨宗林（享受部门正职待遇）
	史　洁

投资发展部

部长	冯慧光
副部长	孙旭东
	郭　华

房地产与养老产业管理部

部长	姜洪友
副部长	王永胜

生产管理部

部长	王宗怀
副部长	李海明
	杨启兵
	孟祥红
	周高飞

安全质量监督部

部长、安全稽查总队队长	李凤超（兼）
副部长	何荣康
	唐连成
	樊玉智

科技与信息化部（技术中心）

部长（主任）	于兴义
副部长（副主任）	高　峰
	刘涵宁

成本与采购管理部

部长	朱定法
副部长	卢志良
	李夏初
	彭立军

行政管理部（离退休人员管理部、保卫部）

部长	权有勇
副部长	韩　东
	刘建锁

国际事业部

党委书记、总经理	卢　勃
副总经理	王西明
	吴继邦
	赵艳杰
	王　坤
	李建平
	杨新平

大企业合作事业部

副总经理（主持工作）	龙　禹（6月任）
副总经理	杨文博

党委办公室（保密办公室）

主任	李新生
副主任	李聚民

党委组织部

部长	丁荣昌
副部长	黄建忠

党委宣传部（企业文化部）

部长	曹艳春
副部长、党建和思想政治工作研究会秘书长	安庆军
副部长	张　翰
	王国卿

党委巡视办

副主任	任立新

纪委

副书记	苑宝印

曹　兴
程志强（12月任）

纪委执纪审查一室

主任	梁宝岭
副主任	韩　宁（12月任）

纪委执纪审查二室

主任	陈立峰
副主任	朱高明

纪委执纪监督室

主任	魏心柏

工会

副主席	李晓声
	王喜军

工会综合部

部长	郑　黎

工会生产宣传部

部长、体协秘书长	陈宝华

工会权益保障女工部

部长	刘治国
副部长	章　静

团委

书记	曹　彬
副书记	刘传刚

机关党委

书记	权有勇

机关工会

主席	韩　东

中国中铁报社

总编	常玉伟

（王源海）

资产和技术设备

【资产及财务状况】中国铁路工程集团有限公司总资产10656.30亿元，其中流动资产7133.81亿元，主要构成为货币资金1591.26亿元，应收账款1038.29亿元，其他应收款336.86亿元，预付账款277.18亿元，存货1997.76亿元；非流动资产3522.49亿元，主要构成为债权投资139.29亿元，长期应收款286.14亿元，长期股权投资625.16亿元，其他权益工具投资109.74亿元，固定资产原值1219.91亿元，净值616.06亿元；无形资产401.17亿元（其中土地使用权111.12亿元），递延资产81.01亿元，其他非流动资产947.33亿元。总负债8121.50亿元，其中流动负债6770.26亿元，主要构成为短期借款748.64亿元，应付票据657.18亿元，应付账款2876.59亿元，其他应付款695.96亿元，合同负债1104.64亿元，应付职工薪酬36.92亿元；长期负债1351.24亿元，主要构成为长期借款750.48亿元，应付债券383.14亿元，长期应付款135.20亿元。净资产2534.80亿元，其中国家资本120.73亿元，资本公积265.30亿元，未分配利润534.32亿元。当年完成营业收入总额8519.78亿元，实现利润总额311.73亿元，实现净利润252.31亿元。（樊 伟）

【主要财务指标完成情况】2019年，中国铁路工程集团有限公司实现营业收入8519.78亿元，比2018年增加1102.55亿元，增长14.86%。基础设施建设营业收入7315.62亿元，同比增长17.20%；勘察设计与咨询服务实现营业收入161.72亿元，同比增长10.70%；工程设备与零部件制造业务实现营业收入169.74亿元，同比增长13.16%；房地产开发业务实现营业收入430.31亿元，同比下降0.68%；其他业务方面实现营业收入合计442.38亿元，同比下降0.76%；全年在境外地区实现收入450.77亿元，同比增长5.17%；实现利税524.84亿元，同比增长8.15%。实现净利润252.31亿元，同比增长45.25%。资产总额10656.30亿元，同比增长12.54%。负债总额8121.50亿元，同比增长12.26%。所有者权益2534.80亿元，同比增长13.44%，其中归属于母公司股东权益1014.08亿元。资产负债率76.21%，同比下降0.19个百分点。12月31日，中国中铁A股、H股总市值1390.88亿元。（樊 伟）

表4-1　中国铁路工程集团有限公司2019年主要财务指标完成情况

项　目	2019年	2018年	比上年增长/%
资产总额/亿元	10656.30	9468.77	12.54
所有者权益/亿元	2534.80	2234.46	13.44
负债总额/亿元	8121.50	7234.32	12.26
营业总收入/亿元	8519.78	7417.23	14.86
利润总额/亿元	311.73	226.27	37.77
净利润/亿元	252.31	173.70	45.25
归属于母公司所有者的净利润/亿元	106.06	82.08	29.22
技术开发投入/亿元	172.24	140.95	22.20
利税总额/亿元	524.43	484.90	8.15
应交税金总额/亿元	234.61	297.44	−21.12
全员劳动生产率/（万元/人·年）	35.35	31.41	12.55
净资产收益率/%	10.58	8.78	增加1.80个百分点
总资产报酬率/%	3.65	3.13	增加0.52个百分点
国有资本保值增值率/%	113.00	109.66	增加3.34个百分点

制表：樊 伟

【子企业财务指标完成情况】2019年，中国铁路工程集团有限公司子企业财务指标完成情况见表4-2。

表4-2　2019年中国铁路工程集团有限公司子企业财务指标完成情况

单位名称	收入			净利润		
	本年完成/亿元	年度预算/亿元	完成度/%	本年完成/亿元	年度预算/亿元	完成度/%
中铁一局	739	703.0	105	10.98	12.22	90
中铁二局	641	562.0	114	−16.86	12.36	−136
中铁三局	533	527.0	101	7.89	9.55	83
中铁四局	918	797.0	115	16.59	16.56	100
中铁五局	479	472.0	102	5.42	9.06	60
中铁六局	343	342.0	100	1.36	5.37	25
中铁七局	467	460.0	101	5.13	6.73	76
中铁八局	320	313.0	102	5.56	6.58	85
中铁九局	169	168.0	101	0.41	3.60	11
中铁十局	464	444.0	105	2.72	8.10	34
中铁大桥局	396	380.0	104	7.92	8.35	95
中铁隧道局	439	436.0	101	3.05	7.78	39
中铁电气化局	399	385.0	104	10.60	8.48	125
中铁武汉电气化局	102	85.2	120	0.98	1.07	91
中铁建工	597	518.0	115	17.14	19.17	89
中铁广州局	179	171.0	105	0.45	3.64	12
中铁北京局	259	254.0	102	0.28	4.70	6

续表

单位名称	收入			净利润		
	本年完成 / 亿元	年度预算 / 亿元	完成度 / %	本年完成 / 亿元	年度预算 / 亿元	完成度 / %
中铁上海局	325	303.0	107	2.20	5.80	38
中铁国际	56	69.5	81	1.17	3.65	32
中铁东方国际	20	22.6	88	0.32	0.72	45
广州建设	43	33.0	131	-0.04	0.27	-13
中铁二院	91.7	91.5	100	0.49	7.32	7
中铁六院	25.6	25.7	100	0.67	1.03	65
中铁设计	44.5	39.8	112	5.31	4.77	111
中铁大桥院	16.0	14.0	114	1.46	1.40	104
中铁科研院	15.7	15.0	105	0.55	0.57	96
中铁华铁	9.8	9.7	101	0.47	0.82	57
中铁交通	194.8	180.0	108	45.78	3.68	1244
中铁南方	223.8	176.0	127	4.21	4.79	88
中铁投资	188.9	155.0	122	9.36	6.87	136
中铁城投	232.0	221.0	105	13.75	13.00	106
中铁开投	217.9	185.0	118	12.53	12.01	104
中铁上投	88.6	72.6	122	0.70	1.08	65
中铁文旅	87.5	75.4	116	5.97	11.17	53
中铁置业	174.2	254.0	69	10.85	19.06	57
中铁工业	205.8	180.0	114	16.36	15.10	108
中铁资源	136.5	135.0	101	23.13	18.25	127
中铁信托	18.2	17.2	106	10.32	12.30	84
中铁财务	14.2	14.0	102	8.26	6.88	120
中铁物贸	284.7	262.0	109	4.51	2.90	155
中铁资本	8.4	7.1	119	1.89	1.40	135
铁工财资	0	—	—	0.8	—	—
中铁人才	0	—	—	0	—	—

制表：樊 伟

【资产比重变动】2019 年，中国铁路工程集团有限公司资产比重变动情况见表 4–3。

表 4–3　**2019 年中国铁路工程集团有限公司资产比重变动情况**

项目	年末数额 / 亿元	年初数额 / 亿元	增长额 / 亿元	增幅 / %	占总资产 / %
货币资金	1591.26	1353.30	237.96	17.58	14.93
应收账款	1038.29	1060.70	−22.41	−2.11	9.74
预付款项	277.18	416.21	−139.03	−33.40	2.60
其他应收款	336.86	303.21	33.65	11.10	3.16
存货	1997.76	1652.84	344.92	20.87	18.75
合同资产	1159.29	1092.46	66.83	6.12	10.88
其他流动资产	413.77	348.39	65.38	18.77	3.88
流动资产合计	7133.81	6521.88	611.93	9.38	66.94
长期应收款	286.14	119.54	166.61	139.38	2.69
长期股权投资	625.16	373.19	251.97	67.52	5.87
固定资产	616.06	569.79	46.27	8.12	5.78
无形资产	401.17	604.56	−203.38	−33.64	3.76
其他非流动资产	947.34	738.78	208.56	28.23	8.89
非流动资产合计	3522.49	2946.89	575.60	19.53	33.06
资产总计	10656.30	9468.77	1187.53	12.54	100.00

制表：樊 伟

【主要技术动力装备】截至 2019 年底，中国中铁拥有机械动力设备 124661 台（套），设备原值 650.99 亿元，机械设备总功率 1098 万千瓦，技术装备率 10.36 万元 / 人，动力装备率 43.43 千瓦 / 人，主要施工机械设备新度系数 0.40。主要设备：盾构设备 397 台，全断面掘进机（TBM）16 台；铁路箱梁架桥机 122 台、运梁车 114 台、提移梁机 219 台（套）；铁路 T 梁架桥机 102 台，铺轨机 57 台；电气化施工设备 548 台（套）；铁路机车、轨道车 564 台，大型机械化整道设备 90 台。（姚道雄）

管理创新、科技创新

【改革发展】全公司认真贯彻国资委深化国企改革三年专项行动方案和创新发展部署，推进混合所有制改革和“双百行动”综合改革，制定《加强三级工程公司建设指导意见》，组织召开三级工程公司建设工作会议，制订三级工程公司撤并重组计划；推进水务环保专业化公司重组；推进剥离企业办社会职能，加快解决历史遗留问题，“三供一业”分离移交有序推进，医疗教育机构改革取得积极进展。坚持破立并举，开启海外体制机制改革，持续增强企业发展新动力。统筹优化各类资源配置，推动业务结构调整优化，积极挺进城市综合体开发、城市双修、水务环保等新兴市场，进一步拓展发展空间。（王　琳）

【企业管理创新】加强战略管理，编制《中国中铁“十四五”规划编制工作总体方案》。持续深入推进全面管理实验室活动，形成覆盖各层级和各业务板块的管理创新基础体系。开展管理创新，围绕经营开发管理、投融资管理、安全质量环保管理、成本管理等工作，立项 109 项管理创新课题，评选出 74 项管理创新成果奖，共有 14 项成果被审定为第二十六届全国企业管理现代化创新成果。其中，《特大型施工企业基于四级责任矩阵的工程项目全要素成本管理》首次代表中国中铁被审定为一等创新成果。（林生辉）

【科技创新】2019 年，中国中铁结合发展实际和工程建设需要，新开科研课题以川藏铁路建造技术、高速铁路建造技术、桥梁修建技术、隧道与地下工程修建技术、四电工程技术、施工装备及工业产品制造技术、房屋建筑技术、节能减排及其他新领域技术、智能制造及信息化技术等领域为重点，结合公司生产经营实际的需要，以京张铁路、西十铁路、贵阳至南宁铁路、西延高铁、京雄城际、沪通长江大桥、深中跨江通道、北京地铁、深圳地铁、青岛地铁、福州地铁、成都地铁、杭州地铁等重难点工程为依托，重点开展超大跨度公铁两用桥梁（1500m 级）合理结构体系研究、超大直径岩石隧道掘进机关键技术等课题的研究、超大跨蛭壳型暗挖地下洞库建造与服役期安全保障关键技术研究等课题。

2019 年，中国中铁共获得国家科技进步奖 4 项、技术发明奖 1 项，中国土木工程詹天佑奖 14 项，获省部级科技成果奖 328 项；获得授权专利 2065 项，其中发明专利 311 项，“隧道联络通道用盾构机及其联络通道掘进方法”获得第二十一届中国专利奖金奖；“整体式无砟轨道”“具备防抬梁和防落梁功能的双曲面球型减隔震支座”“一种用于盾构机刀盘的可转动辐条”3 项专利获得优秀奖；获得省部级工法 542 项。
（袁　明　刘建廷　黄佳强　耿治平）

【设立中国中铁信息技术公司】2019 年 12 月 20 日，经股份公司 2019 年第 30 次总裁办公会和第四届董事会第二十八次会议研究，设立中国中铁信息技术公司。公司注册资本 2 亿元，注册地为北京市顺义区。公司经营范围包括信息化咨询规划设计、软件产品开发及应用、系统集成、电子工程、信息系统运维、信息安全管控、信息技术产品研发、数字化建造技术及相关业务培训等。（王　琳）

【成立中国中铁股份有限公司国际工程分公司】2019 年 9 月 12 日，经股份公司 2019 年第 25 次总裁办公会和第四届董事会第二十五次会议研究，成立中国中铁股份有限公司国际工程分公司。作为股份公司国际业务执行单位，负责落实股份公司国际业务发展战略和规划、经营目标；开展境外投资、并购业务；管理股份公司直属区域机构，管理直属境外项目的安全生产、质量把控；开展海外经营业务，承担国际业务经营指标。中国中铁股份有限公司国际工程分公司由股份公司国际事业部负责筹备组建。设立后与股份公司国际事业部合署办公，采取“一套人马、两块牌子”的管理模式。（王　琳）

▲ 西秦岭隧道 TBM 刀盘

【重组中国铁工建设有限公司】中国铁工建设有限公司成立于1984年6月，前身是中国铁路工程机械租赁中心，为铁道部基本建设总局、中国铁路工程总公司的直属单位，于2008年3月正式更名为中国铁工建设有限公司，并于2011年4月重组并入中铁建工，为中铁建工的全资子公司，注册资本金2.18亿元。按照《重组设立中国中铁专业化水务环保公司的方案》，为贯彻落实新发展理念，适应新形势、新市场发展需要，加快结构调整，助推转型升级，培育新的经济增长点，2019年，经中国中铁第30次总裁办公会、第四届董事会第二十九次会议研究，审议通过了关于重组设立专业化水务环保公司的有关内容，将中铁建工集团下属子公司中国铁工建设有限公司通过资产划转方式从中铁建工集团分离划入股份公司，作为股份公司二级企业管理，将股份公司下属各单位从事水务环保投资、运营资源和部分相关施工资源重组划转至中国铁工建设，整合成立股份公司专业化水务环保公司。

中国铁工建设有限公司于2019年12月重组设立，是中国中铁旗下新型的全资子公司，注册资金50亿元，注册地北京市顺义区。集团下设6个子公司，分别为：中铁水务环保集团有限公司、中铁市政环境建设有限公司、中铁城市建设开发有限公司、中铁生态环境有限公司、中铁绿色资源开发有限公司、中铁智慧城市投资发展有限公司（中铁城市建设开发有限公司为股份公司2020年3月批复设立的企业）。

中国铁工建设有限公司定位为生态环境、水务环保、绿色资源和智慧城市、地下空间领域的全产业链系统服务商。通过构建在产业研究、规划设计、科技研发、投融资、建设管理、运营维护、咨询服务等方面的一体化系统优势，致力成为生态环境、智慧城市和绿色发展的领军企业。企业经营范围主要是水务环保领域、绿色资源领域和智慧城市、地下空间开发领域。其中，水务环保领域专注于城乡供水、给排水；污水处理、工业废水治理、再生水、海水淡化；江河流域治理、水利治理；水环境综合治理、黑臭水体治理、城市双修、园林绿化；智慧水务、智能环境技术研发与应用、环境设备制造。绿色资源领域专注于固废处理资源化、废料垃圾处理资源化、污泥处理；土壤污染治理与修复。智慧城市、地下空间开发领域专注于城市地下空间规划设计与投资开发运营；智慧城市公共基础设施规划设计与投资开发运营；智慧交通、智慧建筑、智慧安防、智慧服务的研发应用与运营管理；智慧城市运营服务综合平台的开发应用与咨询。（李成威）

【中铁世德铁路投资有限公司股权变更】中铁世德铁路投资有限公司成立于2018年5月，注册地陕西省西咸新区，由中国中铁股份有限公司（简称中国中铁）、山西世德能源集团有限公司（简称山西世德）、中铁平安投资有限公司（简称中铁平安）和中铁一局集团有限公司（简称中铁一局）全资设立，注册资本金10亿元，其中中国中铁持股比例30%，山西世德持股比例45%，中铁平安持股比例16%，中铁一局持股比例9%。2019年经股份公司2019年第5次总裁办公会、第四届董事会第二十次会议审定，中铁平安所持中铁世德16%股权全部变更为中国中铁持有。出资方案变更后，中铁平安退出中铁世德；股份公司在中铁世德的股权由30%增加为46%，出资由3.837亿元变更为5.8834亿元；中铁一局、山西世德股比和出资额不变。变更后，中铁世德为中国中铁控股子公司。主营业务为以股权、资产并购方式进行工程建设及管理、投资煤运专线铁路及铁路专用线、煤炭集疏运系统及煤炭物流上下产业链的投资建设。（唐 强）

【以股权转让方式收购上市公司恒通科技】中国中铁拟通过协议转让方式取得恒通科技26.51%的股份，同时恒通科技实际控制人孙志强签署《表决权放弃协议》，放弃行使其剩余30.62%股份所代表的全部表决权，并将上述股份全部质押给中国中铁，质押期限至本次收购的标的股份过户完成之日起三年届满之日。收购转让价格为12元/股，转让价款合计约7.82亿元。该收购满足国有资本业务布局和结构调整的需要，有利于做强、做优、做大国有资本，满足深化改革的需要，有利于实现双方互利共赢，装配式建筑属于公司主业范围，有利于中国中铁低成本、高效率进入装配式建筑业务领域，有效避免重复建设，有利于迅速做大装配式建筑板块，打造中国中铁建筑业务全产业链、提升一站式服务能力。（林生辉）

▲ 中老铁路Ⅱ标旺科村二号隧道全线贯通

【优化区域总部设置、新设投资公司】经股份公司第四届董事会第二十九次会议研究，决定优化区域总部设置、新设投资公司，采取区域总部和投资（集团）公司合署，实行“一个机构、两块牌子”的管理模式，根据股份公司区域机构现状，考虑不同区域特点，资源优势，市场情况，加密区域经营，加强立体经营。①中铁华南工程指挥部，更名为中铁华南区域总部，与中铁南方投资集团有限公司（简称中铁南方），实行“一个机构、两块牌子”的管理模式。撤销中铁珠三角城际铁路工程指挥部，其人员、资产、职能并入中铁南方。依托“海南自贸区（自由港）”、“粤港澳大湾区”和“海峡西岸经济带”战略，经营区域为广东、福建、海南。中铁海南投资建设有限公司委托中铁南方进行管理。②中铁华东工程指挥部，更名为中铁华东区域总部，与中铁（上海）投资集团有限公司（简称中铁上投）合署，实行“一个机构、两块牌子”的管理模式。依托“长江三角洲”战略，经营区域为上海、浙江、江苏、安徽。③中铁京津冀工程指挥部，更名为中铁京津冀区域总部，与中铁投资集团有限公司（简称中铁投资）合署，实行“一个机构、两块牌子”的管理模式。依托“京津冀一体化”战略，经营区域为北京、天津、河北。④设立中铁中南区域总部，与中铁交通投资集团有限公司（简称“中铁交通”），实行“一个机构、两块牌子”的管理模式。整合中铁南方江西区域内现有机构、资产、人员。经营区域为广西、湖南、江西，保留中铁交通在其他区域已运营项目。⑤设立中铁西南区域总部，与中铁开发投资集团有限公司（简称“中铁开投”），实行“一个机构、两块牌子”的管理模式。经营区域为云南、贵州、湖北、重庆。中铁重庆投资发展有限公司委托中铁开投进行管理。⑥设立中铁西部区域总部，与中铁城市发展投资集团有限公司（简称“中铁城投”），实行“一个机构、两块牌子”的管理模式。依托“西部大开发”战略，经营区域为四川、陕西、甘肃、宁夏、青海、新疆、西藏。⑦设立中铁晋鲁豫区域总部和中铁发展投资有限公司（暂定名），实行“一个机构、两块牌子”的管理模式。撤销中铁华北工程指挥部，其人员、资产、职能并入中铁晋鲁豫区域总部。整合现有中铁山东投资公司、中铁山东城市建设开发公司和中铁投资在山东、河南，中铁交通在山西区域内现有机构、资产、人员。依托“黄河流域生态保护和高质量发展”战略，负责山东、山西、河南区域市场经营和项目管理工作。⑧设立中铁北方区域总部和中铁北方投资有限公司（暂定名），实行“一个机构、两块牌子”的管理模式。依托“振兴东北”战略，整合现有中铁双洮指挥部、中铁投资辽宁、吉林、黑龙江、内蒙古区域内现有机构、资产、人员。负责辽宁、吉林、黑龙江、内蒙古区域市场经营和项目管理工作。（郭鑫荣）

【总部部门职能和机构编制调整】经股份公司2019年第25次总裁办公会和第四届董事会第二十五次会议研究，撤销中国中铁股份有限公司监察部。监察部机构撤销后，将公司重大事项督察督办考核管理职能调整至总裁办公室、党委办公室。将公司未履行或未正确履行职责违规经营投资问题线索的受理、处置、核查职能调整至审计部。将公司招标采购监督管理职能调整至成本与采购管理部。将对影响企业效能的有关事项或活动过程的监督检查职能调整至具体业务管理部门。对管理人员失职失责行为的政纪处理，由股份公司纪委同相关业务主管部门组织开展，其中股份公司纪委主要协调进行处分前谈话、提出处理建议、提报党委常委会和总裁办公会研究等工作，干部部负责下达处分文件。

经2019年第25次股份公司总裁办公会议研究决定，董事会办公室（监事会办公室）增加负责编制董事会经费预算和董事会经费的管理职能。删除负责支持和配合国务院派驻公司的国有企业监事会开展工作职能。将负责国有企业监事会企业年度报告编制工作，调整为“负责审计署企业年度报告编制工作”。将劳资社保部负责建立分包企业资格准入、登记注册、考核评价和资信等级管理制度并指导落实；负责分包企业负面清单，农民工实名制及农民工工资管理职能调整到成本与采购管理部。将法律合规部负责股份公司规章制度综合管理工作，调整为“负责股份公司规章制度综合管理及党内规范性文件的法律合规性审查工作”。根据中国中铁违规经营投资责任追究实施办法规定，明确审计部承担违规经营投资责任追究工作办公室职责，负责组织开展股份公司违规经营投资责任追究工作。将投资发展部负责股份公司名义实施的基础设施投资项目的合同评审、开工报告审批，负责矿产资源投资项目的合同评审、初步设计审查和开工报告审批，调整为“负责股份公司名义实施的境内基础设施投资项目的合同评审，以及由股份公司履行投资决策权的境内基础设施投资项目开工报告审批，负责矿产资源投资项目的合同评审、初步设计审查和开工报告审批”。总裁办公室文书档案处分立为文书处和档案处。将“大企业市场开发事业部”更名为“大企业合作事业部”。（宋智聪）

【机构设立审批】1月2日，股份公司同意中铁投资集团有限公司设立沈阳西部建设投资有限公司。注册资本58900万元。股比结构：中国中铁股份有限公司25%；中铁三局5%；中铁九局5%；中铁广州局5%；中铁建信（北京）投资基金管理有限公司55%；沈阳中德园开发建设集团有限公司5%。

同日，股份公司同意中铁城市发展投资集团有限公司设立中铁

（宜宾）宜彝高速公路有限公司。注册资本6亿元，其中中铁城投出资2.4亿元，持股40%；中国中铁股份有限公司出资3.6亿元，持股60%。

1月16日，股份公司同意中铁建工集团有限公司设立张家口诺德建设发展有限公司。注册资本5000万元。股比结构：北京中铁诺德房地产开发有限公司95%；张家口城改投资有限公司5%。

同日，股份公司同意中铁建工集团有限公司设立昆明中铁诺德房地产开发有限责任公司。注册资本2亿元。股比结构：北京中铁诺德房地产开发有限公司20%，中铁开投10%，中信信托70%。

1月18日，股份公司同意中铁置业集团有限公司设立无锡中铁置业投资发展有限公司。注册资本1亿元。股比结构：中铁置业集团上海投资发展有限公司85%；中铁十局集团有限公司5%；无锡市梁溪城市投资发展有限公司10%。

同日，股份公司同意中铁置业集团有限公司设立北京中铁诺德盛兴置业有限公司。注册资本1000万元。股比结构：中铁置业集团北京有限公司出资。

同日，股份公司同意中铁置业集团有限公司设立常州中铁置业投资开发有限公司。注册资本5000万元。股比结构：中铁置业集团上海有限公司85%；中铁二局集团有限公司5%；常州弘辉控股集团有限公司10%。

1月22日，股份公司同意中铁四局集团有限公司设立阿布扎比分公司。

同日，股份公司同意中铁四局集团有限公司设立哥斯达黎加分公司。注册资本10000美元。股比结构：中铁四局独资。

同日，股份公司同意中铁六局集团有限公司设立巴基斯坦办事处。

同日，股份公司同意中铁九局集团有限公司设立玻利维亚分公司。注册资本20万玻利维亚诺。股比结构：中铁九局独资。

同日，股份公司同意中铁建工集团有限公司设立卢旺达分公司。

同日，股份公司同意中铁建工集团有限公司设立马来西亚分公司。

同日，股份公司同意中铁建工集团有限公司设立乌干达分公司。

同日，股份公司同意中铁二院工程集团有限责任公司设立捷克分公司。

同日，股份公司同意中铁二院工程集团有限责任公司设立克罗地亚分公司。

3月6日，股份公司同意中铁置业集团有限公司设立武汉中铁置业有限公司。注册资本3000万元。股比结构：中铁置业湖南青竹湖置业有限公司独资。

同日，股份公司同意中铁交通投资集团有限公司设立兴县北山过境公路建设有限公司。注册资本1000万元。股比结构：中铁交投75%，中铁六局5%，兴县交通基础设施建设投资开发有限公司（政府出资人代表）20%。

同日，股份公司同意中铁高新工业股份有限公司设立中铁磁浮交通发展有限公司。注册资本3亿元。股比结构：中铁工业独资。

同日，股份公司同意中铁开发投资集团有限公司设立贵阳轨道交通三号线开发建设有限公司。注册资本20亿元。股比结构：贵阳市轨道公司30%，中国中铁34%，中铁开投4.29%，中铁资本21%，中铁一局0.61%，中铁二局1.26%，中铁三局0.85%，中铁四局0.63%，中铁五局0.79%，中铁六局0.68%，中铁七局0.55%，中铁八局0.5%，中铁九局0.62%，中铁十局0.54%，中铁上海工程局0.58%，中铁广州工程局0.77%，中铁北京工程局0.57%，中铁隧道局0.51%，中铁建工0.62%，中铁电气化局0.63%。

3月8日，股份公司同意中铁工程设计咨询集团有限公司设立中铁旸谷（北京）信息技术有限公司。注册资本2000万元。股比结构：中铁设计51%，成都旸谷信息技术有限公司49%。

同日，股份公司同意中铁大桥勘测设计院集团有限公司设立重庆分公司。

同日，股份公司同意中铁物贸集团有限公司设立长春分公司。

3月26日，股份公司同意中铁高新工业股份有限公司设立湖南轨道装备有限公司。注册资本5000万元。股比结构：中铁宝桥集团有限公司51%，湖南磁浮技术研究中心有限公司34%，湖南基础建设实业发展有限公司15%。

4月19日，股份公司决定设立中国中铁股份有限公司伊斯坦布尔分公司。注册资本10万土耳其拉（约合17000美金），股份公司

▲ 中铁八局在建的重庆铁路枢纽东环线工程成为国内首条普速铁路生态景观廊道

独资。

5 月 7 日，股份公司同意中铁八局集团有限公司设立渑池分公司。

同日，股份公司同意中铁北京工程局集团有限公司设立成都分公司。

5 月 9 日，股份公司决定成立中铁（河南）新川高速公路有限公司。注册资本 3000 万元。股权比例：股份公司出资 1770 万元，占比 59%；中铁二院出资 30 万元，占比 1%；中铁二局出资 240 万元，占比 8%；中铁三局出资 90 万元，占比 3%；中铁十局出资 90 万元，占比 3%；中铁上海局出资 90 万元，占比 3%；中铁隧道局出资 60 万元，占比 2%；中铁北京局一公司出资 30 万元，占比 2%；中铁广州局出资 90 万元，占比 3%；中铁七局出资 90 万元，占比 3%；中铁七局电务公司出资 30 万元，占比 1%；中铁九局六公司出资 60 万元，占比 2%；河南省收费还贷高速公路管理有限公司出资 300 万元，占比 10%。

同日，股份公司决定设立中国中铁股份有限公司以色列分公司。

同日，股份公司决定设立中国中铁匈牙利有限责任公司。注册资本按当地法律的最低注册资金标准 300 万匈牙利福林（按现行汇率约折合人民币 7.44 万元），股份公司独资。

5 月 21 日，股份公司同意中铁八局集团有限公司设立中铁八局集团贵阳兴桥建设科技有限公司。注册资本 1000 万元。该公司为项目型公司，项目任务结束后应及时注销。

同日，股份公司同意中铁广州工程局集团有限公司设立中铁广州工程局集团第三工程有限公司东至分公司。

6 月 14 日，股份公司同意中铁四局集团有限公司设立中铁宁铁南京建设工程有限公司。注册资本 1 亿元。

同日，股份公司同意中铁四局集团有限公司选取所属一、四、五公司作为试点，采取新设分公司并与相关子公司并行，实行“一套人马、两块牌子”的管理模式。

同日，股份公司同意中铁隧道局集团有限公司保留中铁隧道局工程有限公司并建议进行更名，可根据企业国际业务的发展需要，依托该公司有效整合重组海外资源。

同日，股份公司同意中铁隧道局集团有限公司设立中铁隧道局集团试验检测有限公司。注册资本 5000 万元。股比结构：中铁隧道独资。

同日，股份公司同意中铁城市发展投资集团有限公司设立中铁蜀南投资建设有限公司。注册资本 1 亿元。与区域内项目公司实行“一套人马、两块牌子”的管理模式。

同日，股份公司同意中铁高新工业股份有限公司设立中铁贵州建工有限公司。注册资本 5000 万元。股比结构：中铁科工 51%，贵州省公路工程集团有限公司 49%。

同日，股份公司同意中铁高新工业股份有限公司设立中铁西安环境研究院有限公司。注册资本 5000 万元。股比结构：中铁环境科技工程有限公司独资设立。

7 月 17 日，股份公司同意中铁城市发展投资集团有限公司设立中铁丝路建设投资有限公司。注册资本 2 亿元。股比结构：中铁城投 99%，中国中铁 1%。

7 月 30 日，股份公司同意设立中铁泰城水生态环境治理工程 PPP 项目有限公司。注册资本 184587 万元。股比结构：中国中铁 86.13%，中铁上海局 5%，中铁十局 3%，中铁一局 2%，泰安市东城金财投资有限公司 3.87%。该公司委托中铁投资集团有限公司组建和管理。

8 月 14 日，股份公司决定成立中国中铁股份有限公司北京财务共享服务中心。

8 月 15 日，股份公司同意中铁资本有限公司设立中铁汇达保险经纪有限公司广东分公司。

同日，股份公司同意中铁置业集团有限公司设立中铁置业集团中南有限公司。注册资本 1 亿元。股比结构：中铁置业独资。

同日，股份公司同意中铁工程设计咨询集团有限公司设立中铁工程设计咨询集团有限公司蒙西分公司。

同日，股份公司同意中铁建工集团有限公司成立中铁诺德物业管理有限公司杭州分公司。

同日，股份公司同意中铁建工集团有限公司设立中铁建工集团有限公司东营分公司。

同日，股份公司同意中铁建工集团有限公司设立中铁建工集团武威有限公司。注册资本 5000 万元。股比结构：中铁建工集团有限

▲ 中铁宝桥承建的云南腾冲市龙江特大桥通过竣工验收

公司独资。

同日，股份公司同意中铁十局集团有限公司设立中铁十局集团有限公司吴中分公司。

同日，股份公司同意中铁十局集团有限公司设立中铁十局物业发展有限公司青岛分公司。

同日，股份公司同意中铁十局集团有限公司设立云南中铁双百建材有限公司。注册资本3000万元。股比结构：中铁六局51%、中铁开投49%。

8月16日，股份公司同意中铁九局集团有限公司设立中铁九局集团有限公司巴拿马分公司。

同日，股份公司同意中铁十局集团有限公司以货币资金形式出资4000万元，烟台昕诺吉技术股份有限公司以其持有烟台高新区某宗工业用地作价入股（约23.23亩，根据第三方评估机构的评估报告确定价值）成立合资公司。

同日，股份公司同意中铁二院工程集团有限责任公司设立中国中铁齿轨交通工程研究中心。

同日，股份公司同意中铁大桥勘测设计院集团有限公司设立中国中铁铁水联运技术研发中心。

同日，股份公司同意中铁上海局集团有限公司设立中国中铁水务环保工程技术研发中心。

同日，股份公司同意中铁九局集团有限公司设立中国中铁高速铁路轨道板智能制造专业研发中心。

同日，股份公司同意中铁建工集团有限公司设立中国中铁超高层建筑技术研发中心。

同日，股份公司同意中铁九局集团有限公司设立巴拿马分公司。注册资本1万美元。

同日，股份公司同意中铁工程设计咨询集团有限公司设立蒙西分公司。

同日，股份公司同意中铁四局集团有限公司设立沙迦分公司。

同日，股份公司同意中铁六局集团设立越南有限公司。注册资本50万美元。股比结构：中铁六局集团有限公司独资。

同日，股份公司同意中铁七局集团有限公司设立几内亚分公司。

同日，股份公司同意中铁建工集团有限公司设立巴布亚新几内亚分公司。

同日，股份公司同意中铁建工集团有限公司设立印度尼西亚代表处。

同日，股份公司同意中铁广州工程局集团有限公司设立几内亚比绍分公司。

同日，股份公司同意中铁国际集团设立东帝汶分公司及中海外东帝汶分公司。注册资本均为10万美元。

9月11日，股份公司决定成立中国中铁股份有限公司国际工程分公司，与股份公司国际事业部合署办公，采用“一套人马、两块牌子”的管理模式。

9月30日，股份公司决定中铁世德铁路投资有限公司不再委托中铁一局管理，由股份公司直接管理。

11月7日，股份公司同意中铁二局设立广州工程有限公司。注册资本1亿元。公司成立后，由中铁二局深圳公司代管，实行“一套人马、两块牌子”的管理模式。

同日，股份公司同意中铁二局集团设立贵州分公司。分公司成立后，由中铁二局一公司代管。

同日，股份公司同意中铁六局集团有限公司设立滁州分公司。该分公司为经营性分公司，成立后由中铁六局合肥分公司代管，实行“一套人马、两块牌子”的管理模式。

同日，股份公司同意中铁九局集团有限公司设立佛山管片分公司。分公司成立后，由中铁九局路桥分公司代管，管片分公司与管片生产项目经理部实行“一套人马、两块牌子”的管理模式。

同日，股份公司同意中铁十局集团有限公司设立运营管理分公司。

同日，股份公司同意中铁十局集团有限公司设立无锡分公司。分公司成立后，由中铁十局五公司代管。

同日，股份公司同意将中铁隧道局集团有限公司深圳分公司委托中铁隧道集团三处有限公司实体运行，将中铁隧道局集团有限公司洛阳分公司委托中铁隧道集团机电工程有限公司实体运行。同意在中铁隧道股份有限公司注册地郑州设立中铁隧道局集团有限公司TBM盾构工程分公司，在中铁隧道集团一处有限公司注册地重庆设立中铁隧道局集团有限公司重庆分公司，在中铁隧道集团二处有限公司社保所在地北京设立中铁隧道局集团有限公司北京分公司，在中铁隧道集团四处有限公司注册地南宁设立中铁隧道局集团有限公司建筑工程分公司，在中铁隧道局集团路桥工程有限公司注册地天津设立中铁隧道局集团有限公司路桥工程分公司。相对应的公司均实行“一套人马、两块牌子”的管理模式。

同日，股份公司同意中铁建工集团设立广东工程有限公司。注册资本1亿元。公司成立后与中铁建工广州分公司并行，实行“一套人马、两块牌子”的管理模式，待时机成熟及时注销广州分公司。

同日，股份公司同意中铁广州工程局集团有限公司设立深圳、广州、肇庆三家分公司，分别与所属地子公司采取“一套人马、两块牌子”的管理模式。同意中铁广州工程局集团有限公司设立北京分公司。

同日，股份公司同意中铁广州工程局集团有限公司设立海南分公司。该公司为经营性分公司。

同日，股份公司同意中铁第六勘察设计院集团有限公司设立淮北分公司。

11月8日，股份公司同意中铁一局集团有限公司设立陕西中铁工程检测有限公司。注册资本1000万元。股比结构：中铁一局集团有限公司独资。

12月5日，股份公司同意中铁（上海）投资集团有限公司设立

徐州淮铁城市发展有限公司。注册资本 2000 万元。股比结构：徐州淮海国际铁路物流港建设有限公司独资。

12 月 26 日，股份公司同意中铁一局集团有限公司设立中铁一局集团第三工程有限公司。注册资本 3.01 亿元。股比结构：中铁一局集团有限公司独资。

12 月 27 日，股份公司同意中铁一局集团有限公司设立广州建设工程有限公司。注册资本 5 亿元。股比结构：中铁一局集团有限公司独资。中铁一局集团广州建设工程有限公司与中铁一局集团有限公司广州分公司实行“一套人马、两块牌子”的管理模式，经营指标合并考核。

同日，股份公司同意中铁一局集团有限公司设立深圳工程有限公司。注册资本 5 亿元。股比结构：中铁一局集团有限公司独资。该公司成立后由中铁一局集团有限公司广州分公司代管，经营指标合并考核。

12 月 31 日，股份公司同意中铁北京工程局集团有限公司设立中铁北京工程局集团有限公司呼和浩特分公司。

同日，股份公司同意中铁建工集团有限公司设立中铁建工集团检测中心有限公司。

同日，股份公司同意中铁置业集团有限公司合资设立哈尔滨中铁城市建设发展有限公司。注册资本 1 亿元。股比结构：沈阳中铁盛丰置业有限公司 45%，中铁投资集团有限公司 25%，哈尔滨市城投投资控股有限公司 30%。

同日，股份公司同意中铁隧道局集团有限公司设立中铁隧道局集团有限公司西安分公司。

同日，股份公司同意中国中铁香港投资有限公司设立青岛广荣置业有限公司。注册资本 4000 万美元。

同日，股份公司同意中铁资源集团有限公司注销中铁资源集团商贸有限公司成立中铁资源集团有限公司商贸分公司。

同日，股份公司同意中铁工程设计咨询集团有限公司设立中铁设计集团渤海交通设计研究有限公司。注册资本 5000 万元。股比结构：中铁工程设计咨询集团有限公司独资。（郭鑫荣）

【注销机构】1 月 8 日，中铁大桥局集团有限公司注销中铁大桥局集团南通投资发展有限公司。

1 月 9 日，中铁建工集团有限公司注销中铁建工集团芜湖有限公司。

1 月 27 日，中铁文化旅游集团有限公司注销贵州中润置业有限公司。

同日，中铁文化旅游集团有限公司注销贵州中凯置业有限公司。

1 月 28 日，中铁北京工程局集团有限公司注销中铁润达投资有限公司。

1 月 31 日，中铁建工集团有限公司注销上海融御实业有限公司。

2 月 27 日，中铁建工集团有限公司注销广州市番禺里仁房地产有限公司。

3 月 25 日，中铁二院工程集团有限责任公司转让成都华丰应用地质开发有限公司。

4 月 1 日，中铁四局集团有限公司注销中铁四局集团建筑装饰安装有限公司。

4 月 28 日，中铁大桥局集团有限公司注销中铁大桥局集团（沈阳）工程有限公司。

4 月 30 日，中铁北京工程局集团有限公司注销中铁航空港工程建设有限公司。

5 月 22 日，中铁广州工程局集团有限公司转让广州市桥新燃气有限公司。

8 月 27 日，中铁七局集团有限公司注销河南铁诚科技检测有限公司。

9 月 11 日，股份公司决定撤销中国中铁股份有限公司监察部。

9 月 16 日，股份公司决定撤销中国中铁股份有限公司莫斯科代表处。

10 月 8 日，中铁建工集团有限公司注销中铁建工集团大连建筑工程有限公司。

10 月 21 日，中铁三局集团有限公司注销北京容源投资管理有限公司。

10 月 25 日，中铁五局集团有限公司注销成都市天成商品混凝土有限责任公司。

11 月 1 日，中铁建工集团有限公司注销中铁建工集团路桥工程有限公司。

11 月 7 日，中铁隧道局集团有限公司注销中铁隧道集团无锡疗养院有限公司。

▲ 中铁北京局参建的海南文昌至琼海高速公路正式通车

11月26日，中铁广州工程局集团有限公司注销中铁港航局集团有限公司。

12月24日，中铁交通投资集团有限公司注销广西桂林铁程交通投资有限公司。

12月27日，中铁置业集团有限公司注销深圳中铁粤丰置业有限公司。

12月28日，中铁资源集团有限公司转让SMST有限责任公司。（郭鑫荣）

【直属指挥部、区域经营机构设立、变更】1月2日，股份公司决定成立中国中铁股份有限公司广州南沙新区大岗先进制造业基地区块综合开发项目工程总承包项目经理部。

1月16日，股份公司决定成立中国中铁股份有限公司珠三角城际琶洲支线PZH-1标项目经理部。

1月25日，股份公司决定成立中国中铁股份有限公司唐山市东湖片区生态修复基础设施建设项目指挥部。

1月29日，股份公司决定成立中国中铁股份有限公司云南玉楚高速公路工程指挥部。撤销原“中国中铁股份有限公司云南玉楚高速公路勘察试验段B标工程指挥部”。

3月6日，股份公司决定成立中国中铁股份有限公司贵阳轨道交通3号线一期工程指挥部。

4月17日，股份公司决定成立中国中铁股份有限公司陕西旬凤高速公路土建第9合同段项目经理部。

同日，股份公司决定成立中国中铁股份有限公司深圳市妈湾跨海通道工程施工总承包2标联合体项目经理部。

同日，股份公司决定成立中国中铁股份有限公司深圳市滨海大道交通综合改造工程设计施工总承包联合体项目经理部。

4月18日，股份公司决定成立中国中铁股份有限公司濮新高速公路工程指挥部。

同日，股份公司决定成立中国中铁股份有限公司中德产业园项目总包部。

4月28日，股份公司决定成立中国中铁股份有限公司庆盛枢纽区块综合开发项目（庆盛科创教育核心区工程）联合体项目经理部。

5月21日，股份公司决定成立中国中铁股份有限公司贵州金仁桐高速公路工程指挥部。

同日，股份公司决定成立中国中铁股份有限公司深圳市黄木岗综合交通枢纽工程施工总承包联合体项目经理部。

同日，股份公司决定成立中国中铁股份有限公司广州市中心城区地下综合管廊工程项目经理部八至十分部。

6月3日，股份公司决定成立中国中铁股份有限公司重庆轨道交通4号线（民安大道—石船）PPP项目工程指挥部。

6月4日，股份公司决定成立中国中铁股份有限公司唐山花海项目建设指挥部。

6月5日，股份公司决定成立中国中铁股份有限公司庆盛枢纽区块综合开发项目（庆盛科创教育核心区工程）联合体项目经理部。

8月9日，股份公司决定成立中国中铁股份有限公司泰城水生态环境治理工程PPP项目总包部。

同日，股份公司决定成立中国中铁股份有限公司洛阳市轨道交通1号线红山车辆段01标段工程指挥部。

9月11日，股份公司决定成立中国中铁股份有限公司川藏铁路工程指挥部。

9月26日，股份公司决定成立中国中铁股份有限公司滁宁城际铁路一期工程总承包部。

10月15日，股份公司决定成立中国中铁股份有限公司冯红铁路建设工程指挥部。

10月23日，股份公司决定成立中国中铁股份有限公司长春地铁6号线02标段总包部。

10月25日，股份公司决定成立中国中铁股份有限公司贵州桐新高速公路工程指挥部。

10月28日，股份公司决定成立中国中铁股份有限公司芜湖赤铸山路快速化改造工程项目经理部。

11月12日，股份公司决定成立中国中铁股份有限公司云南省滇中引水工程楚雄段至红河段引入社会资本建设项目指挥部。

同日，股份公司决定成立中国中铁股份有限公司云南省滇中引水工程大理Ⅰ段至楚雄段引入社会资本建设项目指挥部。

12月7日，股份公司决定成立中国中铁股份有限公司北部区域工程建设指挥部，由中铁六局组建和管理。

12月19日，股份公司决定成立中国中铁股份有限公司青岛市地铁6号线一期工程土建施工项目经理部。

12月26日，股份公司决定成立中国中铁股份有限公司南京地铁6号线工程施工总承包D6-TA01标项目部。

同日，股份公司决定成立中国中铁股份有限公司云南省滇中引水项目总指挥部。

12月31日，股份公司决定成立中国中铁股份有限公司西安地铁8号线工程施工总承包3标段项目经理部。

同日，股份公司决定成立中国中铁股份有限公司西安地铁6号线一期站后工程施工总承包项目经理部。（郭鑫荣）

【对外并购重组】2019年，中铁四局完成收购安徽宏源水利水电建设有限公司，中铁电化局完成收购江西新航电气化绝缘子制造有限公司。（林生辉）

生产经营发展

【国内工程】2019年，中国中铁参建的北京冬奥会重要配套工程、中国首条智能化高铁——京张高铁、世界最长重载铁路浩吉铁路等一大批重点项目开通运营或顺利竣工；承建的世界跨度最大双层悬索桥——武汉杨泗港长江大桥通车、承建的世界首座高速铁路悬索桥——连镇铁路五峰山长江大桥通车、承建的世界最大跨度公铁两用斜拉桥——沪通长江大桥南主塔成功封顶；成昆铁路、商合杭高铁、北京地铁、广州地铁、中老铁路、雅万铁路、孟加拉帕德玛大桥铁路连接线等重点在建项目建设有序进行。西成高铁和云桂铁路、鹦鹉洲长江大桥分别获得菲迪克（FIDIC）杰出项目奖和优秀项目奖。（王琳）

【海外业务】中国中铁坚持贯彻“走出去”战略，积极参与“一带一路”建设、基础设施互联互通、国际产能和装备制造合作，截至2019年底，在98个国家和地区设立335个境外机构，在建项目合同总额为428.10亿美元，境外重大经营项目27个，派往境外工作人员7628人，境外工程项目外派劳务人员8141人。积极推进海外经营体制机制改革，循序构建“一体两翼N驱”新发展格局，充分利用国家和国际组织举办峰会或对接互动的有利契机，畅通国内高端经营渠道，强化海外经营。中老铁路、雅万铁路、孟加拉帕德玛大桥等“一带一路”标志性工程顺利推进，在习近平主席和缅甸国务资政昂山素季的见证下与缅甸交通与通信部交换木姐至曼德勒铁路工程文件，在马来西亚总理马哈蒂尔的见证下签署马来西亚大马城项目恢复协议。（王建军）

【勘察设计】2019年，中国中铁勘察设计与咨询服务企业新签合同额480.94亿元，同比增长21.19%；完成企业营业额206.01亿元，同比增长19.29%。参与的举世瞩目的川藏铁路勘察设计工作有序推进，参与勘察设计的孟加拉帕德玛大桥铁路连接线项目开工建设，参与设计、施工的世界最长的跨海大桥——港珠澳大桥正式通车。在2019年ENR全球150家最大设计企业和225家最大国际设计企业排名中，中国中铁分别位列第20位和第94位。（贤惠）

【工业制造】中国中铁工业板块主要生产厂家包括中铁工业和中铁电气化局下属的中铁电气工业有限公司。生产的主要产品有：钢梁钢结构、道岔、盾构、工程机械、混凝土制品和电气化专用器材等。2019年，公司工程设备和零部件制造业务实现新签合同额420.9亿元，同比增长14.5%；营业收入169.74亿元；营业额280.1亿元；利润总额19.99亿元。2019年，以川藏铁路极端装备为研发重点，成功开发出世界最大悬臂掘进机、世界首台半断面马蹄形盾构机、5000米高原水平旋喷钻机、可多机群协同全电脑三臂凿岩台车、高原型智能湿喷台车、耐候钢桥梁、耐候道岔等新型产品；研发世界首台第四代半掘进机——高压水力耦合破岩TBM“龙岩号”；完成国家973计划项目“TBM安全高效掘进全过程信息化智能控制及支撑软件基础研究”的项目研究，实现了盾构机的掘进状态自感知、风险智能预警；攻克了直径6m级以内的地铁隧道主轴承国产化替代技术，解决了盾构领域部分“卡脖子”难题；研制的国内最大全回转爬坡式起重机，可满足目前国内所有钢桁拱架设要求。公司在大型钢结构桥梁的市场占有率超过60%；作为亚洲最大、世界第二的盾构研发制造商，在隧道施工装备及相关服务业务市场占有率连续多年保持国内第一，2017—2019年连续三年保持产销量世界第一。2019年销售盾构/TBM109台，再制造盾构91台，生产制造盾构/TBM109台。生产的盾构产品销往新加坡、意大利、丹麦、法国等20个国家和地区。（孟祥红）

【房地产开发】2019年，中国中铁认真贯彻落实国家房地产宏观调控政策，按照国资委和股份公司年度工作部署要求，坚定不移地贯彻稳中求进的工作总基调和实现高质量发展的根本要求，积极适应市场形势变化，围绕公司房地产板块发展目标和任务，坚持新发展理念，强化风险防控，更加重视投资安全和投资回报，发展规模取得新突破，发展质量取得新提升。中国中铁房地产新签合同额、销售额、营业收入及营业利润等主要经济指标均取得历史最好成绩，实现大幅增长，转型升级提质增效成果初步

▲ 中铁黑龙滩·国际旅游度假区地中海度假村酒店开工仪式

显现。一是新签合同额持续大幅增长。2018 年、2019 年连续两年新签合同额（含棚户区改造及城市综合建设类项目新签合同额）超过 1800 亿元，是 2017 年 509 亿元的将近 3 倍，是 2016 年 292 亿元的将近 7 倍。二是房地产销售额实现大幅增长。2018 年、2019 年中国中铁房地产销售额连续实现突破了 700 亿元、800 亿元大关。三是房地产营业收入实现较快增长。2018 年全公司房地产营业收入为 439.92 亿元，同比 2017 年 309.5 亿元增长 42.14%，三年年复合增长率 15.5%，占股份公司总营业收入的 5.94%。四是房地产营业利润实现大幅增长。2018 年全公司表内房地产营业利润为 46.03 亿元，同比 2017 年 32.55 亿元增长 28%，是 2016 年 24.58 亿元的 1.87 倍，在股份公司各板块中以不到 6% 的营业收入占比贡献了 26.4% 的利润，利润贡献率位居各板块第二位。（孙玉宝）

践行“三个转变”重要指示

【践行“三个转变”举措】自 2014 年 5 月 10 日习近平总书记在视察中铁装备时提出“中国制造向中国创造转变、中国速度向中国质量转变、中国产品向中国品牌转变”以来，中国中铁始终以总书记“三个转变”重要指示为指引，以引领中国建筑业创新发展为使命，以建设世界一流企业为己任，不忘初心、牢记使命，通过改革和创新激发企业活力，努力推动企业转型升级，在国有企业改革发展和技术创新方面走出了一条独特的发展之路，持续推动企业高质量发展。企业综合实力明显增强，世界 500 强企业排名从 86 位提升到 55 位。一是深化国有企业改革。中国中铁开展了旗下工业制造板块重组整合与资产置换工作，将中铁山桥、中铁宝桥、中铁科工及中铁装备四家企业重组整合为中铁高新工业股份有限公司（简称中铁工业），并与所属 A 股上市公司中铁二局进行资产置换，完成配套募集资金 60 亿元的溢价发行，将中铁二局更名为中铁工业，成为中国 A 股唯一涵盖隧道掘进机、道岔、桥梁钢结构、专用施工机械等专业设备的上市公司。推动企业混合所有制改革，引入的社会资本占到 49.88%，中国中铁直接和间接持有公司 50.12% 的股份，实现了国有资本绝对控股。完善法人治理结构，重组上市的中铁工业严格按照证券监管要求，设立了股东大会、董事会、监事会、经理层，并在董事会下设立战略、审计、薪酬与考核、提名四个专门委员会，聘任 3 名独立董事，形成了各治理主体协调运转、有效制衡的良好治理机制。通过资产整合，重新优化业务结构，大力发展新型产业，分立重组中铁工程服务有限公司，推进服务专业化，推动企业由传统制造业向服务型制造业转型；分员促立中铁轨道交通装备有限公司、分立重组中铁磁浮科技（成都）有限公司，大力开展城市轨道交通领域的投资建设、设备制造及运营维护业务；新成立中铁环境科技工程有限公司，开展隧道施工渣土处理、降造除尘以及土壤修复、水体净化等业务。剥离企业办社会功能，梳理企业承担的教育、医疗卫生、社区管理等社会服务职能，细化成责任矩阵表，制定专项推进措施，逐项狠抓落实，有序推进各项社会功能移交工作。二是引领行业技术发展方向。通过加大原创性创新，抢占行业技术制高点。2008 年，中铁工业旗下中铁装备研制出中国首台第三代复合式土压平衡盾构机，并成功应用于天津地铁建设。2018 年中铁工业在业内宣布完成了第三代、第四代掘进机的技术积累，正加快研制新型的以激光、水射流、声波、射线、核能源、化学物质等一种或多种物质为主进行掘进破岩的第四代半和具有行业技术颠覆意义的第五代掘进机，这也是中国首次在世界上对掘进机技术发展方向进行定义。2019 年，中铁工业成功研发出国内首台第四代半掘进机——高压水辅助破岩掘进机。中铁工业旗下中铁装备是国家 973 计划“TBM 安全高效掘进全过程信息化智能控制与支撑软件基础研究”项目的承担单位，依托该项目，企业建成了世界首个 TBM（硬岩掘进机）云计算平台，并基于自主设计搭建的大数据中心对 TBM 工程现场数据实现 100% 采集。2019 年，该项目已通过国家科技部结题验收，项目致力解决 TBM 施工“缺感知、缺决策、缺平台”的世界性科研难

▲ 为港珠澳大桥量身打造世界最先进的机器人自动组悍生产线的投用，提升了焊接效率，使钢桥梁使用寿命提升到 120 年

题，最终目标是实现TBM的智能化掘进和无人驾驶，全面提升国产TBM的设计、制造和掘进的智能水平。中铁工业先后主参编全断面隧道掘进机领域国家标准16项、行业标准2项，推动中国掘进机行业水平不断提升，同时也增强了国产掘进机在国际上的话语权。中铁工业自主研制的矩形盾构机，开创了盾构机应用于市政建设的先河；自主研制的世界首台马蹄形盾构机，开挖断面比传统设备节省20%~30%，开挖效率是传统矿山法的4倍；自主研制的国内最大直径硬岩掘进机（直径9.03米），填补了国内9米以上大直径硬岩掘进机的空白，并实现国产硬岩掘进机首次应用于铁路隧道施工，标志着中国硬岩掘进机技术已经达到了世界领先水平；国内自主研制的最大直径泥水盾构（直径15.8米）在郑州下线，标志着中国完全掌握了大直径盾构的研发制造技术。三是加强党的建设。中铁工业在上市后第一时间即推动党建总体要求进章程工作，在股东大会上以99.9%的高票率通过了该项议案。公司党委成员依照法定程序进入了董事会、监事会和经理层，公司及所属企业均实现了党委书记、董事长“一肩挑”。结合国有上市公司要求，在党委会议事规则中明确了党委会研究讨论作为企业重大决策的前置程序这一重要遵循，推动了企业党组织“把方向、管大局、保落实”的有效落地。以中铁装备为试点，开展“蜂巢式”党建特色活动，以党员为“蜜蜂”，以党员责任区为“蜂孔”，以党组织为“蜂巢”，积极探索“三+3”党建模式，即以“三个转变”为统领，做到“三个坚持”（坚持和加强党的领导，坚持党要管党、全面从严治党，坚持员工幸福和掘进机事业相统一），开展“三大工程”（筑巢引蜂、强蜂提质、培孔增产），实现“三创目标”（创新、创业、创效），努力打造新时代一流国企党建品牌。2019年“两会”期间，全国人大代表王杜娟向习近平总书记汇报了中国中铁践行“三个转变”的情况，得到了习近平总书记的赞许；10月11日，国务院国资委郝鹏书记调研中铁装备，对中国中铁贯彻落实“三个转变”取得的成绩给予了充分肯定。（王　琳）

【推动中国制造向中国创造转变】为完善创新体系，2019年公司制定发布《专业研发中心管理暂行办法》《科技成果转化管理办法》。对科技创新平台建设进行专项调研和督促，提出国家级、省部级和公司级研发平法建设的政策建议。对《科技成果奖励管理办法》作出补充规定，提高对企业新获得认定国家级创新平台的奖励力度，进一步推动国家级创新平台建设。2019年，新增国家地方联合工程研究中心1个，为数字轨道交通技术研究与应用国家地方联合工程研究中心；新增5个国家认定的技术中心和19个省部认定的技术中心；新组建5个专业研发中心。围绕建筑行业关键核心技术，开展科研攻关。立足川藏铁路、沪深中跨江通道等重难点工程，开展超大跨度公铁两用桥梁（1500m级）合理结构体系研究、超大直径岩石隧道掘进机关键技术、超大跨蜓壳型暗挖地下洞库建造与服役期安全保障关键技术研究等可体验机。支持科研经费增至1亿元，川藏线专项支持经费1亿元。

引领科技进步 2019年，公司共获得国家科技进步奖4项，技术发明奖1项，中国土木工程詹天佑奖14项，获省部级科技成果奖328项；获得授权专利2065项，其中发明专利311项，“隧道联络通道用盾构机及其联络通道掘进方法”获得第二十一届中国专利奖金奖，“整体式无砟轨道”“具备防抬梁和防落梁功能的双曲面球型减隔震支座”“一种用于盾构机刀盘的可转动辐条”3项专利获得优秀奖；获得省部级工法542项。2019年5月，公司专家严金秀当选国际隧道和地下空间协会主席。

公司坚持以科技创新为核心的全面创新发展。2019年持续深入推进管理实验室活动，制度建设与业务基础管理不断加强，基层创新创造热情有效激发。全年公司评出管理创新成果奖74项；14项成果获国家级管理创新奖，其中《特大型施工企业基于四级责任矩阵的工程项目全要素成本管理》获一等奖。（王　琳）

【推动中国速度向中国质量转变】公

▲2019年5月8日，由中宣部、发改委、商务部、工信部、国资委指导，中国中铁、品牌中国战略规划院、中铁工业联合发起，中铁装备承办的“‘三个转变’重要指示发表五周年暨第二届中国品牌战略发展论坛”在郑州举行

司不断加强质量精准化管理，分层次、分行业实施全面质量管理，积极推动企业 ISO 9001 质量管理体系换版升级。积极引入卓越绩效管理等先进质量管理方式，开展标准化技术和工艺改造，建立工艺参数及质量在线监控系统。同时开展与国内外优质产品的质量比对，鼓励以用户为中心的微创新，改善用户体验，激发消费潜能，满足绿色环保、可持续发展、消费友好等需求。2019 年，公司所属的 8 家企业被中国建筑业协会认证中心评选为“质量管理优秀企业”。参建的北京冬奥会重要配套工程京张高铁、世界最长重载铁路浩吉铁路等一大批重点项目开通运营或顺利竣工。承建获参建的工程获中国建设工程鲁班奖 10 项、国家优质工程奖 57 项。（王 琳）

【推动中国产品向中国品牌转变】中国中铁进一步优化企业品牌和产品品牌架构，探索形成以提升质量、科技创新、全球合作、精神传承和责任担当为核心内涵的中国品牌建设模式，成功入围“中国品牌发展（企业）指数”100 榜单，2019 中国品牌强国盛典榜样 100 品牌等。2019 年下半年铁路施工企业信用评价中，中铁三局、中铁上海局、中铁四局、中铁一局被评为 A 级。其中，中铁四局已经第 26 次获评铁路施工企业信用评价 A 级，是获得 A 级企业次数最多的单位；中铁四局在此次评价中获得第一名，已累计 22 次获评 A 级。2019 年，公司充分发挥投资者热线、IR 邮箱、上证 E 互动平台利用，利用召开业绩发布会、接待投资者来访、召开年度股东大会、现金分红说明会、参加投资峰会等多种形式与广大股票和债券投资者进行沟通交流，认真倾听和妥善处理股东和投资者意见和建议，并以投资者关心问题为导向推动公司管理提升，塑造资本市场良好形象。（王 琳）

【出台《关于进一步贯彻落实习近平总书记“三个转变”重要指示精神 推动企业创新发展的意见》】10 月，中国中铁出台《关于进一步贯彻落实习近平总书记“三个转变”重要指示精神 推动企业创新发展的意见》（以下简称“意见”）。意见以习近平新时代中国特色社会主义思想为指引，以“三型三化”（精益型、创新型、引领型；品牌化、融合化、全球化）建设为抓手，以科技创新为突破，以管理创新为保障，以质量提升为根本，以品牌塑造为目标，全力推动质量变革、效率变革、动力变革，努力打造世界一流的中国建造、中国创造、中国智造。提出通过推动战略升级，强化人才队伍建设，激发机制活力，强化创新驱动，着力质量提升，推动建筑业两化融合，实现产业融合发展，推进海外双优，加强品牌建设，彰显社会责任，加强党的领导等方式，用三到五年的时间研制一批国际领先、具有自主知识产权的核心技术和产品，把现有的优势产业打造成世界隐形冠军，把具备条件的新兴产业推上科创板，构建行业领先的科技创新、质量保证、产业集群、品牌集群体系，推动企业高质量发展迈上新台阶，把中国中铁打造成世界建筑业最强品牌，全面担当起“一带一路”建设的先行者、构建人类命运共同体的主力军。（韩 毅）

【中国中铁入选经典传承品牌企业】2019 年 11 月 28 日，“品牌耀中华——2019 中国广告主大会暨 70 年中国品牌高峰论坛”在杭州国际博览中心举办。中国中铁入选“中国品牌 70 年典范企业——经典传承品牌企业”，中铁建工入选“中国品牌 70 年典范企业——时代先锋品牌企业”。中国中铁始终注重加强品牌建设，坚定不移地践行习近平总书记“三个转变”重要指示精神，坚决当好新时代中国品牌的创造者、传播者、维护者。通过坚持统分有序，不断完善品牌架构；坚持科技创新，着力打造自主品牌；坚持舆论引导，营造良好品牌环境；坚持文化传承，增加品牌内涵价值；坚持全球视角，充分展示中国形象，有效推动了中国中铁品牌建设。特别是在高速铁路、高原铁路、重载铁路、电气化铁路、桥梁工程、隧道及地下工程、铁路道岔、盾构制造等领域始终保持国际领先水平，铸就了“中国高铁”的金色品牌，有效地提升企业品牌的社会影响力和美誉度。（唐海军）

坚决打赢精准脱贫攻坚战

【精准扶贫规划】2019 年，中国中铁以《关于中央企业全力支持打赢脱贫攻坚战三年行动的指导意见》为指导，认真贯彻落实党中央、国务院扶贫办、国资委的决策部署，进一步加大投入力度，聚力精准施策，以增派挂职干部、产业帮扶、就业扶贫为主要抓手，全力支持决战决胜脱贫攻坚。一是召开全公司扶贫开发工作视频会议。主要领导出席会议并发表讲话，传达党中央有关精神，落实有关具体要求，切实加强对全系统扶贫开发工作管理统筹力度，充分发挥公司系统优势，上下联动、形成合力、尽锐出战。二是持续做好调研督导工作。公司主要领导、分管领导择期带队赴定点帮扶县进行调研督导，看望挂职干部，查看重点援建项目推进情况，了解贫困县委、县政府脱贫攻坚及巩固脱贫成果工作开展情况，为下一步工作提供思路和建议方案。三是继续加大扶贫资金投入力度，全面完成国务院扶贫办考核工作任务。

2019 年，公司结合实际、创新方法，开展优秀挂职干部评选表彰工作；开展中国中铁专家赴定点贫困县帮扶活动，充分发挥中国中铁工程技术专家在乡村规划、设计咨询、工程建设方面的专业优势，为贫困县的建设出谋划策；策划中国中铁扶贫日（10 月 17 日）主题活动；开发劳务用工信息系统，针对贫困县劳动力就业现状及中国中铁用工需求，采用信息化手段，搭

建中国中铁劳务用工信息平台，实现用工需求与供给之间无缝对接，大力助推贫困县劳务用工输出工程，通过“一人就业、解决全家脱贫”难题。（赵郁倩）

【2019 年精准扶贫举措】2019 年，中国中铁及所属 18 家二级单位参与扶贫开发工作，合计投入专项资金 12366 余万元，帮助建档立卡贫困人口近 3932 人脱贫，成效显著。中国中铁对口帮扶的三个贫困县已全部脱贫摘帽。公司把工作重点转移到巩固脱贫攻坚成果上来，持续加大力度，通过产业帮扶、教育帮扶、培训扩能、劳动力输出等措施，构建脱贫长效机制，脱贫工作质量明显提升，超额完成扶贫责任书各项指标任务。向定点帮扶县投入扶贫专项资金 7440 万元，引进帮扶资金 91.62 万元，培训基层干部 93 人，培训技术人员合计 4659 人，购买贫困地区农产品 666.78 万元，帮助销售贫困地区农产品 94.73 万元。公司采取的主要扶贫举措包括：一是投入帮扶资金创历史新高。2018 年 8 月桂东县脱贫摘帽、2019 年 3 月汝城县脱贫摘帽、2019 年 4 月保德县脱贫摘帽。2019 年投入扶贫专项资金 7440 万元，比 2018 年多投入 3125.1 万元。共投入 7000 万元分别支持桂东县 X006 线跳鱼栏坳至增口改扩建项目、汝城县职教新城二期学生宿舍楼项目、保德县中国中铁幸福大道附属工程。三个项目围绕产业发展、教育培训、农产品外运等关键要素，积极构建长效机制，长期惠及当地老百姓。投入资金 300 万元，支持三县教育等常规项目建设。为第一村支书共配套资金 90 万元，支持第一书记加强基层组织建设。投入 50 万元支持开发“精准扶贫就业管理信息系统”。二是搭建农产品销售平台，全面推动消费扶贫。利用中国中铁大平台，在总部召开贫困县特色农产品展销会，推动全系统消费扶贫。与中铁置业集团策划开展“中国中铁精准扶贫进社区”活动，利用中铁置业集团在建、销售楼盘，将贫困县优质、健康、绿色的农产品“端”上业主餐桌。积极牵头与北京首农集团联系，推动贫困县优质特色农产品上架首农集团农产品超市，2019 年全年，全系统共消费农产品 831.75 万元。三是积极开展培训、劳务输出工作。通过挂职干部“师带徒”“上讲台”等方式，开展多期知识培训及实操课程，培训基层干部 93 人。通过汝城县“人人有技能”精准扶贫送技能下乡活动、保德县“保德好司机”活动、桂东县“一技在手，就业不愁”活动，三县实际培训技术人员合计 4659 人。“人人有技能”培养工程被教育部评为“终身学习品牌项目”。主动与广东、深圳用人市场对接，共输送 460 多人外出就业。四是助力解决“两不愁三保障”突出问题。持续坚持“扶贫先扶智”理念，把教育扶贫作为彻底稳定脱贫的重要抓手。2019 年投入资金 100.4 万元，资助三县贫困新生和在校大学生 1209 名。投入 10 万元帮助桂东县沤江一完小更新多媒体教学设备，投入 10 万元捐赠保德县 11 所偏远乡村学校留守儿童累计 336 套羽绒服。聘

▲ 2019 年 9 月 23 日，中国中铁与中国志愿服务基金会联合发起成立“中国中铁精准帮困”专项基金

▲ 2019 年 10 月 30 日，中国中铁总裁陈云赴中国中铁定点扶贫县汝城、桂东调研

▲ 中铁七局承建的坦桑尼亚 Dodoma—Babati（多多玛—巴巴提）道路项目国家优质工程奖

请我公司员工“全国劳模、大国工匠”白芝勇为汝城县职业教育培训中心客座高级讲师，并成立了工作室，助推当地教育。保德县韩家川乡猫窝村第一村支书刘小营邀请中铁三局中心医院体检医疗队为全村常住村民进行免费体检，树立村民健康管理理念。通过持续努力，桂东县累计实现脱贫 41995 人，贫困发生率降至 0.31%。汝城县累计实现脱贫 61773 人，贫困发生率降至 0.46%。保德县累计实现脱贫 34042 人，贫困发生率降至 0.12%。五是加强对外交流开阔工作视野。出席中国建筑业企业扶贫攻坚推进大会，公司工会主席刘建媛应邀参加会议，并做交流发言。参与中央七套“手挽手，精准扶贫央企在行动”节目拍摄活动，扶贫领导小组成员裴清宁作为特邀嘉宾，介绍中国中铁参与扶贫开发工作的有关情况，充分展示了中国中铁作为中央企业的责任担当，播出后，引起社会强烈反响。同时积极与中国扶贫基金会对接，引入无偿援助资金 58 万元。六是研发“精准扶贫就业管理信息系统”，畅通就业渠道。中国中铁投入专项经费研发“精准扶贫就业管理信息系统”，有效对接保德、汝城、桂东三个定点扶贫县贫困劳动力就业工作。截至年末，“就业信息平台”已在保德、汝城、桂东三县初步调试到位，并在中国中铁部分单位推广上线，求职人员信息和就业岗位信息已陆续输入，系统内在册人员 10086 人，企业已发布可对接岗位 437 个，实现了企业用工和贫困户就业线上双选。（赵郁倩）

表 4–4　中国中铁精准扶贫成效　单位：万元

指　标	数量及开展情况
一、总体情况	
1. 资金	12366
2. 物资折款	1537
3. 帮助建档立卡贫困人口脱贫数（人）	3932
二、分项投入	
1. 产业发展脱贫	
1.1 产业扶贫项目类型	采购受扶地砂石料、以购代捐、代贫困户入股村集体经济产业 \ 施工修建（捐赠）\ 种植业和养殖业
1.2 产业扶贫项目数（个）	24
1.3 产业扶贫项目投入金额	4361
1.4 帮助建档立卡贫困人口脱贫数（人）	3315
2. 转移就业脱贫	
2.1 职业技能培训投入金额	135.96
2.2 职业技能培训人数（人 / 次）	5252
2.3 帮助建档立卡贫困户实现就业人数（人）	905
3. 易地搬迁脱贫	
3.1 帮助搬迁户就业人数（人）	55
4. 教育脱贫	
4.1 资助贫困学生投入金额	285
4.2 资助贫困学生人数（人）	2942
4.3 改善贫困地区教育资源投入金额	3028.5
5. 健康扶贫	

续表

指　标	数量及开展情况
5.1 贫困地区医疗卫生资源投入金额	5.42
6. 生态保护扶贫	
6.1 项目名称	
6.2 投入金额	
7. 兜底保障	
7.1 帮助“三留守”人员投入金额	4.25
7.2 帮助“三留守”人员数（人）	380
7.3 帮助贫困残疾人投入金额	17.50
7.4 帮助贫困残疾人数（人）	20
8. 社会扶贫	
8.1 东西部扶贫协作投入金额	275
8.2 定点扶贫工作投入金额	9162.48
8.3 扶贫公益基金	3
9. 其他项目	
9.1 项目数（个）	8
9.2 投入金额	122.18
9.3 帮助建档立卡贫困人口脱贫数（人）	277
9.4 其他项目说明	上海局对外援建乡村道路建设项目 1 个，10 万元。集团内部扶贫项目 1 个，帮扶困难职工 27 人，43.5 万元
三、所获奖项（内容、级别）	
1. 中铁北京局荣获乡村振兴示范村建设奖杯；级别：局级。 2. 中铁二局王忠获评四川省优秀驻村工作队队员；级别：省级。 3. 中铁获帮扶工作组先进集体；级别：县级。 4. 中铁四局驻安徽省颍上县杨湖镇汪李村扶贫工作队荣获安徽省属单位脱贫攻坚先进集体荣誉称号；级别：省级。 5. 中铁四局驻安徽省颍上县杨湖镇汪李村扶贫工作队第一书记兼队长张坤荣获“中国中铁优秀扶贫干部”“中国中铁劳动模范”称号；级别：股份公司级。 6. 中铁四局驻安徽省颍上县杨湖镇汪李村扶贫工作队第一书记兼队长张坤荣获“颍上县杨湖镇优秀共产党员”称号；级别：乡镇级	

【成立中国中铁“精准帮困专项基金”】9 月 23 日，中国中铁与中国志愿服务基金会联合发起成立“中国中铁精准帮困专项基金”。该专项基金是中国中铁响应党中央号召、坚决打赢脱贫攻坚战的具体举措，是中国中铁各级组织对困难职工帮扶的职责，也是托起困难职工对美好生活向往的现实保障，体现了企业对广大职工群众的关爱。中国中铁“精准帮困专项基金”成立后，可以更好地发挥基金平台的公益慈善作用，协助企业对外做好对口扶贫，对内做好困难职工、困难家庭、困难企业的帮扶工作。（马　萌）

企业高质量发展

【战略性新兴产业发展情况】中国中铁作为以建筑业为主的知识、资本、技术密集型企业集团，坚持“夯实主业、相关多元”的发展思路，对战新产业进行布局，积极与有关高校和科研机构展开合作，培育产学研用一体化平台。战略性新兴产业主要涉及 9 大类别中的 5 类，具体为：新一代信息技术、高端装备制造、新材料、节能环保、相关服务业。①新一代信息技术领域。成立了以互联网大宗商品交易平台、互联网物流平台、互联网大数据服务平台、数据集成服务、软件即服务（SaaS）、区块链技术相关软件和服务和工业物联网服务为主的专业化公司。已形成“中国中铁采购电子商务平台”“中国中铁网上商城”“中国中铁采购电子商务企业数据融合平台”“中国中铁供应链金融服务平台”“中国中铁数据服务平台”“中国中铁物流管理平台”等科技成果。专注于云计算、大数据、人工智能领域与主业相关联功能的开发和应用，上线运营了盾构远程监控平台、BIM 协同管理应用平台、中国工程机械在线租赁平台、智慧工地管理平台，并在智慧城市建设方面取得进展。②高端装备制造领域。下属核心企业中铁高新工业股份有限公司作为国内交通工程装备领域的领军企业，产品涵盖铁路道岔、桥梁钢结构、盾构机、TBM、异形盾构机、大型特种施工机械、中低速磁悬浮和跨座式等新型城市轨道交通道岔产品，形成了集科研设计、制造安装、工程施工、科技检测与维保服务于一体的完整产业链，同时，围绕新型轨道交通产业开展大型盾构机、跨座式单轨及单轨样车、中速磁悬浮车辆、悬挂式单轨列车、有轨电车等的研发试制，开展了时速160～200千米磁浮样车研制；中铁一局在气压动力机械及元件制造领域，组建了“中国中铁气动列车研发中心”，研究气动列车动力系统构成及工作原理、研究气动列车在国内建设的适应性；中铁电气化局开展了高速铁路自然灾害及异物监测系统设备，电加热道岔融雪系统设备，铁路专用器材及设备，城轨铁路器材及设备，输变电设备及器材，电力电子产品及成套设备，施工工具、声屏障及相关环保节能产品，接触网导线，铜合金绞线；开展了以“公铁两用高空作业车”“集装箱式接触网腕臂自动预配平台设备”“接触网整体吊弦全自动预配平台设备”为代表的智能工程装备研发应用。③新材料领域。与相关高校和科研机构合作，开展基础材料应用研究，积极研究超强超导合金技术。同时，针对轨道交通产品特点，研究防腐蚀性能高的工艺替代传统热镀锌工艺等，保障产品的先进性。④节能环保领域。在水资源循环利用和节水活动领域，投资运营污水处理、自来水项目，积极拓展管道直饮水、污水处理厂托管运营、技术服务等。在城市管道设施工程领域，承建了平潭地下综合管廊干线工程，实现了高效、节能、安全、环保的“管、控、营”一体化智慧型城市管廊。紧扣环保需求，在固废处理、水环境治理和轨道交通施工安全与生态环境健康领域持续发力。围绕地下空间业务，积极开展了地下空间规划推广、地下项目的投资与建设工作。⑤相关服务业领域。充分发挥资本功能，助力主业发展，为战略新兴产业开展融资租赁和保理服务，目前正在筹备的中铁好雨创新投资基金处于募资阶段。（郭鑫荣）

【启动中国中铁开展质量提升、推进企业高质量发展行动】开展质量提升推进高质量发展行动是中国中铁贯彻落实习近平新时代中国特色社会主义思想和党的十九大精神，做出的重要战略举措。在2019年工作会上，中国中铁围绕推进企业高质量发展，部署了“123456”工程。根据国资委有关文件精神，结合企业发展实际，在广泛征求意见的基础上，制定了《中国中铁关于开展质量提升 推进高质量发展行动的实施意见》。明确了指导思想、基本原则和主要目标。建立了“四六八”质量提升任务体系，即构建公司治理、经营管理、创新管理、风险管控四大体系，实施人才队伍、科技兴企、效益提升、国际化经营、信息化建设、党的建设六项工程，实现产业发展水平、工程产品和服务质量、专业化水平、企业成本管控能力、三级工程公司发展能力、安全生产管理水平、企业品牌影响力、员工权益保障八项提升。确定了“三阶段、六环节”的行动安排，提出了五个方面的保障措施，构建了中国中铁高质量发展监测指标体系，并确立了按年度下达具体指标和验收的推进思路。（韩　毅）

▲ 中铁资源刚果（金）华刚铜钴矿浮选生产线

【深化劳资社保改革　激发企业高质量发展内生动力】中国中铁围绕推进人才强企战略，按照“提素质、拓渠道、增待遇、强管理、树形象”的系统管理思路，构建完善的技能人才队伍建设工作体系，为企业提供了坚实的技能人才保障。中国中铁提出“力争用5年左右时间，建设一支有效满足企业生产核心能力建设需要、总量受控、结构合理、素质优良的复合型技能人才队伍”的目标，出台了“1+N”系列技能人才队伍建设管理制度，推动了技能人才工作制度化、规范化和常态化。其中“1”是指《关于进一步加强技能人才队伍建设的指导意见》，“N”就是包括《特级技师、工匠技师职业资格评审暂行办法》等系列配套制度。在增加待遇上，中国中铁设立技能人才岗位津贴标准，破除“一评定终身”的做法，建立了技能等级复评制度，畅通了技术技能互认通道，支持所属企业探索建立职业技能等级与专业技术职称互通互认制度。完善技能人才培训体系，深化企校合作，推进产教融合；建立健全了专兼职培训教师制度，培养了专兼职培训教师1.2万余人；编制了覆盖全公司79个主要工种的系列技能培训教材。加强培养，增设特级技师和工匠技师两个高端技能人才等级，拓展技能人才发展空间，畅通技能人才成长渠道，增强技能人才为企业发挥作用的主观能动性。2017—2019年，中国中铁共有5500多名技能人才当选为企业职工代表和党代表，3名高技能人才当选党的十九大代表，2名高技能人才当选

全国人大代表，16 名高技能人才享受国务院政府特殊津贴，上百名高技能人才在政府、公司或所属企业群团组织中挂职或兼职。中国中铁打造集“创新 + 攻关 + 传技 + 交流 + 服务”五位一体的中国中铁技能大师工作室特色，在企业高质量发展中充分发挥了创新创效的重要作用。2017—2019 年，中国中铁技能人才取得省部级及以上科技进步奖 16 项，获得省部级及以上发明专利或实用新型发明专利 236 项，完成集团公司及以上 QC 成果 708 项、工法工艺 581 项和技术论文 102 篇，整理有推广价值的绝技绝活 608 项。中国中铁对薪酬体系进行改革，形成以业绩为导向的分配机制，综合运用各种激励方式，使薪酬资源优先向效益好、贡献大的单位倾斜，优先向关键核心岗位、业绩高的员工倾斜，妥善解决了企业分配中“该高不高、该低不低”“大锅饭”等问题，实现了薪酬资源效用的最大化。针对企业员工“总量大、效率低”“重规模、轻效率”等突出问题，中国中铁贯彻落实“瘦身健体”管理要求，坚持“总量控制”原则，建立了“高效增人、低效减人、提效增人”的激励约束机制和数学调控模型，形成了企业员工总量、劳动生产率与企业效益有效挂钩的管理机制。通过对劳务企业实行准入制，开展资信评级工作，促进依法合规经营，防范企业用工风险，并从源头上保障劳务工人权益；运用信息化手段提升劳务队伍及劳务工人管理水平和效率，将管理内容集成到“中国中铁分包企业管理信息系统”，健全劳务队伍和劳务工人管理的长效机制。（王源海）

【中铁设计员工持股试点】2016 年 11 月，中铁设计被列为国资委首批员工持股试点企业。根据计划安排，中铁设计实施了增资扩股公开征集战略投资者进场交易，制订了中铁设计员工持股具体实施方案，确定了员工持股计划，签订了《员工持股计划定向资管计划资产管理合同》，员工缴纳了入股资金。2017 年 5 月 25 日中国中铁、新华联控股有限公司、比亚迪股份有限公司、中信证券股份有限公司（中铁设计员工持股计划）与中铁设计五方签订《增资协议》。5 月 31 日，完成了中铁设计增资扩股引入战略投资者及员工持股工商变更登记。根据国资委有关规定，结合企业实际，经中国中铁慎重研究，确定中铁设计实施员工持股后的股权结构为：中国中铁股比占 70%，持股员工股比占 20%，引入的两家非公有资本股东股比占 10%。其中，新华联控股有限公司占比 6%，比亚迪股份有限公司占比 4%。完成增资后公司注册资本由 51157.28 万元增至 73081.8286 万元。引入战略投资者及开展员工持股后，公司董事会人数为 8 名，其中，中国中铁委派 5 名，职代会选举职工董事 1 名，两家非公有资本股东各委派 1 名，员工持股计划推选董事 1 名。公司监事会人数为 5 名，其中，中国中铁委派 2 名，职代会选举职工监事 2 名，员工持股计划委派监事 1 名（非持股员工）。中铁设计实施混改，构建了“国有资本—战略投资者—持股员工”三元股权结构，以完善的公司治理结构为依托，通过建立完善的动态流转机制，确定合理的股权流转对价方法，选用适宜的持股平台，构建长效管理机制等方式，实现协同发展。中铁设计的企业经营指标明显增长，科技创新能力显著提升，战略协同效应逐步显现，中铁设计发

图一

图二

▲ 图一、图二为福清兴化湾海上风电场一期项目

挥在跨座式单轨系统规划、设计及系统集成上的领先优势与比亚迪展开积极合作，在汕头、蚌埠、安阳、桂林、吉林、玉溪等多个城市，推广比亚迪“云轨”系统规划总规模近300千米，总投资规模近千亿元，部分城市试验线已开工建设。人才引进实力显著增强，资本高运作空间逐渐增大，中铁设计与芜湖市轨道交通有限公司合资成立中铁轨道交通设计研究有限公司，打造“芜湖跨坐式单轨”品牌，扩展华东市场和实施属地化经营；与中国铁路集团有限公司所属中国铁路投资有限公司合资成立国铁建设管理有限公司，搭建铁路前期研究、EPC及代建运营平台，以推动铁路EPC建设模式的发展；与中国中铁所属各投资公司兄弟单位在PPP、EPC+F等投资项目进行合作，通过参与投资获得项目份额。（苏晓堃）

【川藏铁路建造技术攻关】川藏铁路东起四川省成都市，向西经雅安、康定、昌都、林芝、山南到拉萨，其中雅安至林芝段新建正线长度约1008千米。川藏铁路集合了山岭重丘、高原高寒、风沙荒漠、雷雨雪霜等多种极端地理环境和气候特征，跨14条大江大河、21座4000米以上的雪山，工程建设中需解决地形高差、地震频发、复杂地质、季节冻土、山地灾害、高原缺氧以及生态环保等建设难题，被业界称为“最难建的铁路”。针对川藏铁路特殊区域及环境特征，中国中铁先后投入2亿多元，组织开展了“特殊地质问题与综合选线”“线下工程设计施工关键技术”“运营安全与防灾减灾关键技术”三大系列专题研究。截至2019年底，已立项开展154项川藏铁路相关科学技术研究，其中承担的中国铁路总公司重大（点）科研课题15项，四川省重点研发项目5项，股份公司科研课题2项。针对川藏铁路工程可行性研究阶段的重点难点技术问题，中国铁路总公司与中国科学院、中国工程院、中国气象局、中国地震局等单位签订了战略合作协议，统筹布局了五大系统性重大专项研究项目，27个课题，20多家单位参加。中国中铁所属中铁二院牵头承担了4个子课题研究任务。为解决川藏铁路的科技难题，凝聚优势科技力量，加强川藏铁路科技创新的顶层设计和统筹协调，在国家科技部支持下，由中国铁路总公司所属中国铁道科学研究院牵头，中铁工所属中铁二院参加建设的“川藏铁路技术创新中心”国家级技术创新平台建设正在筹建中。（黄佳强）

【盾构/TBM关键核心部件国产化】在国家科技部、国资委、工信部等国家部委的大力支持和帮助下，中国中铁及所属中铁工程装备集团有限公司利用国家推进实施“制造强国战略”的机遇，得到国家工信部“强基工程”项目支持，建设了“盾构机/TBM关键部件国产化试验平台”，针对盾构机/TBM部分关键部件及系统，开展国产化科研立项攻关。同时，积极同国内知名高校、科研院所及行业优势企业展开产学研合作，快速推进关键部件的技术突破，实现持续性行业引领。通过“盾构/TBM主轴承减速机工业试验平台”项目，建设主轴承、减速机性能测试平台及综合试验台，运用盾构/TBM掘进大数据等先进方法，确定盾构/TBM主轴承、减速机的实际运行工况，研究性能测试及载荷加载方法，提出盾构/TBM主轴承、减速机的可靠性及寿命指标的试验方法和技术评价体系。平台向全社会提供主轴承及减速机的性能和可靠性测试等综合服务，以此持续推动盾构/TBM主轴承、减速机等所有关键部件的国产化。截至2019年，已陆续完成部分盾构机结构件系列滚刀、液压元器件、流体元器件、电气元器件、激光导向系统、同步注浆泵、系列直径滚刀、管片真空吸盘、TBM混喷系统、输送泵、破碎机、主驱动拉拔螺栓、刀具磨损检测、超前地质预报等关键部件及系统的国产化替代。（张俊）

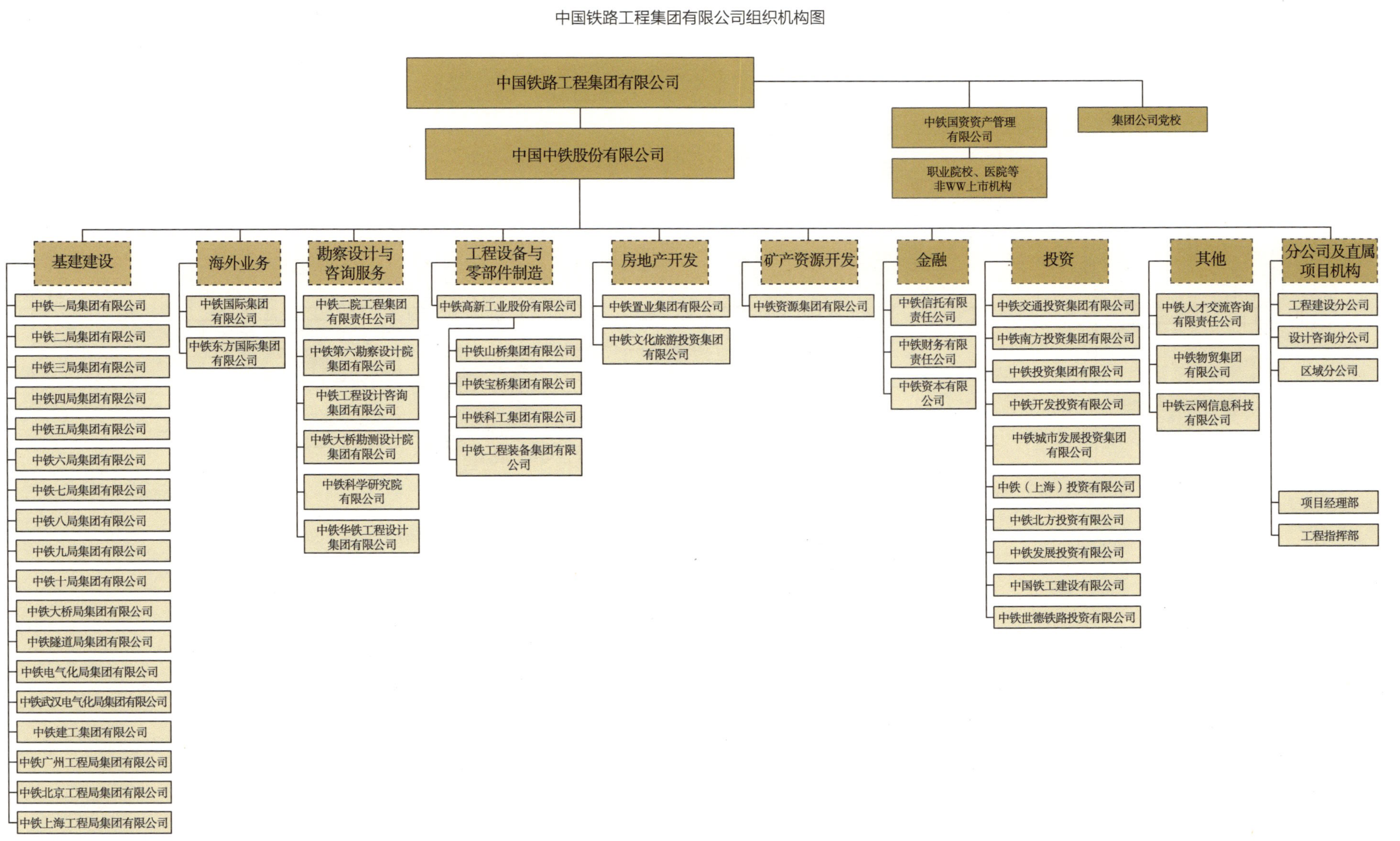
中国铁路工程集团有限公司组织机构图
中国铁路工程集团有限公司
中铁国资资产管理有限公司
职业院校、医院等非WW上市机构
集团公司党校
中国中铁股份有限公司
基建建设
中铁一局集团有限公司
中铁二局集团有限公司
中铁三局集团有限公司
中铁四局集团有限公司
中铁五局集团有限公司
中铁六局集团有限公司
中铁七局集团有限公司
中铁八局集团有限公司
中铁九局集团有限公司
中铁十局集团有限公司
中铁大桥局集团有限公司
中铁隧道局集团有限公司
中铁电气化局集团有限公司
中铁武汉电气化局集团有限公司
中铁建工集团有限公司
中铁广州工程局集团有限公司
中铁北京工程局集团有限公司
中铁上海工程局集团有限公司
海外业务
中铁国际集团有限公司
中铁东方国际集团有限公司
勘察设计与咨询服务
中铁二院工程集团有限责任公司
中铁第六勘察设计院集团有限公司
中铁工程设计咨询集团有限公司
中铁大桥勘测设计院集团有限公司
中铁科学研究院有限公司
中铁华铁工程设计集团有限公司
工程设备与零部件制造
中铁高新工业股份有限公司
中铁山桥集团有限公司
中铁宝桥集团有限公司
中铁科工集团有限公司
中铁工程装备集团有限公司
房地产开发
中铁置业集团有限公司
中铁文化旅游投资集团有限公司
矿产资源开发
中铁资源集团有限公司
金融
中铁信托有限责任公司
中铁财务有限责任公司
中铁资本有限公司
投资
中铁交通投资集团有限公司
中铁南方投资集团有限公司
中铁投资集团有限公司
中铁开发投资有限公司
中铁城市发展投资集团有限公司
中铁（上海）投资有限公司
中铁北方投资有限公司
中铁发展投资有限公司
中国铁工建设有限公司
中铁世德铁路投资有限公司
其他
中铁人才交流咨询有限责任公司
中铁物贸集团有限公司
中铁云网信息科技有限公司
分公司及直属项目机构
工程建设分公司
设计咨询分公司
区域分公司
项目经理部
工程指挥部

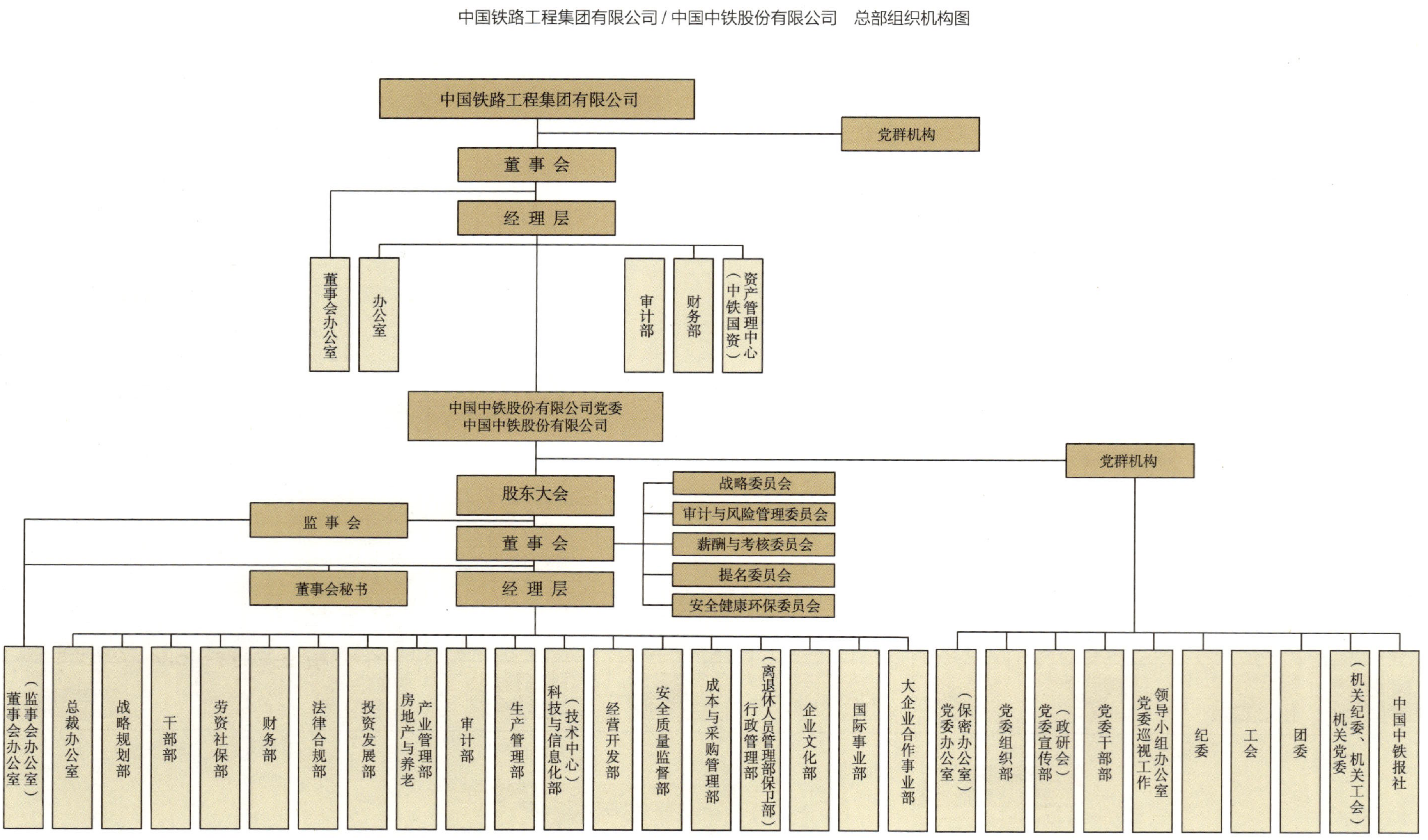

中国铁路工程集团有限公司 / 中国中铁股份有限公司　总部组织机构图

基建建设

基建建设经营开发

【基建建设板块新签合同额】2019年，中国中铁全系统基建建设板块完成新签合同额17946.3亿元，较2018年14346.3亿元增加3600亿元，同比增长25.1%。其中，铁路工程板块新签合同额3112.4亿元，占基建建设板块新签合同总额的17.3%，较2018年2540.8亿元增加571.6亿元，同比增长22.5%；非铁路板块新签合同额14833.9亿元，占基建建设板块新签合同总额的82.7%，较2018年11805.6亿元，同比增长25.7%。（丁　宾）

【基建建设板块营业额】2019年，中国中铁完成基建建设营业额8513.6亿元，同比增长13.2%。其中，铁路2316.1亿元，同比增长0.9%；公路1393.5亿元，同比增长18.9%；市政1589.1亿元，同比增长30.4%；房建1082.7亿元，同比增长36.8%；城轨1895.7亿元，同比增长5.0%；水利水电90.1亿元，同比增长27.2%；港口与航道12.6亿元，同比增长24.0%；机场26.1亿元，同比下降2.3%；其他工程107.6亿元，同比下降15.8%。（丁　宾）

【铁路市场经营开发概况】2019年，中国中铁基建建设铁路工程板块新签合同额3112.4亿元，占2019年新签合同额的14.4%，较2018年的2540.8亿元增长22.5%。2019年各工程局国内铁路市场新签合同额2484.9亿元，较2018年2206.3亿元增加278.6亿元，同比增长12.6%。其中，大中型基建项目中标125个标段1714.2亿元，较2018年的1424.6亿元增长20.3%。全年铁路大中型市场累计开标232个标段，开标总额3392.5亿元，中国中铁市场占有率达50.5%。（丁　宾　王永胜）

【非铁路市场经营开发概况】2019年，中国中铁基建建设非铁路工程板块新签合同额14833.9亿元，公路工程新签合同额3090.6亿元，同比增长2.5%；市政工程新签合同额4644.9亿元，同比增长51.5%；房建工程新签合同额4360.3亿元，同比增长75.2%；城市轨道工程新签合同额2014.0亿元，同比下降14.8%；水利水电工程新签合同额236.2亿元，同比下降16.0%；港口与航道工程新签合同额29.4亿元，同比增长55.7%；机场工程新签合同额33.2亿元，同比下降30.3%。

全年中国中铁完成铁路正线铺轨（新线、复线）9546.1千米，完成电气化铁路接触网7310千米。完成公路建设2526.2千米，其中包括1580千米的高速公路。建成桥梁2034.3千米、隧道1511.8千米。（丁　宾）

表5–1　　2019年全系统基建建设板块新签合同额统计表

板块名称		2019年新签合同额		2018年新签合同额		同比增长率/%
		金额/亿元	占比/%	金额/亿元	占比/%	
合计		17946.3	100.0	14346.3	100.0	25.1
铁路		3112.4	17.3	2540.8	17.7	22.5
路外	公路	3090.6	17.2	3016.3	21.0	2.5
	市政	4644.9	25.9	3066.8	21.4	51.5
	房建	4360.3	24.3	2489.0	17.3	75.2
	城轨	2014.0	11.2	2364.0	16.5	−14.8
	水利水电	236.2	1.3	281.3	2.0	−16.0
	港口与航道	29.4	0.2	18.9	0.1	55.7
	机场	33.2	0.2	47.6	0.3	−30.3
	其他	425.3	2.4	521.5	3.6	−18.5
	小计	14833.9	82.7	11805.6	82.3	25.7

制表：丁　宾

【各工程局基建建设板块新签合同额情况】2019年，各工程局基建建设板块新签合同额15341.9亿元，较2018年13018.1亿元增加2323.8亿元，同比增长17.9%。其中，铁路市场新签合同额2763.7亿元，较2018年2358亿元增加405.7亿元，同比增长17.2%。2019年，各工程局非铁路市场新签合同额12578.2亿元，较2018年10660.1亿元增加1918.1亿元，同比增长18.0%。其中，公路工程2536.1亿元（同比下降6.8%），市政工程3281.0亿元（同比增长21.1%），房建工程3903.2亿元（同比增长47.5%），水利电力工程451.7亿元（同比增长105.3%），港口与航道工程27.4亿元（同比增长

44.9%），机场工程 31.9 亿元（同比下降 33%），城轨工程 1979.7 亿元（同比下降 2.4%）。（丁　宾）

【滨海大道（总部基地段）交通综合改造工程设计施工总承包（EPC）工程】2019 年 1 月 2 日，中国中铁、中铁四局等三家联合体中标深圳市滨海大道（总部基地段）交通综合改造工程设计施工总承包（EPC）工程，建设单位深圳地铁集团有限公司，公开招标方式中标，中标价 34.0 亿元，工期 731 日历天。工程范围为总部基地下沉隧道改造段、深湾五路至广深高速平面改造段。线路全长 6.0 千米，总部基地段全长 1.6 千米（其中下沉隧道段约 1.0 千米，范围自沙河东路至深湾五路之间为下沉段），主辅路为全下沉模式；深湾五路—广深高速平面改造段全长约 3.5 千米。（李少林）

【妈湾跨海通道（月亮湾大道—沿江高速）工程施工总承包 2 标】2019 年 1 月 3 日，中国中铁、中铁隧道局、中铁七局联合体中标深圳市妈湾跨海通道（月亮湾大道—沿江高速）工程施工总承包 2 标，建设单位深圳市交通公用设施中心，公开招标方式中标，中标价 55.6 亿元，工期 1820 日历天，线路全长 8.1 千米，起于南山妈湾港区的妈湾大道与月亮湾大道交叉处，穿越前海湾止于宝安区大铲湾港区，止于沿江高速大铲湾收费站，与西乡大道相接。施工内容包括（但不限于）宝安段 4.5 千米（道路、隧道、桥梁、综合管廊、管线等）+ 海域段单洞盾构（含 1 台盾构机）+ 接收井等工程，主要包括道路、桥梁、盾构隧道、明挖隧道、交通、管廊、电力隧道、直埋管线、隧道附属及景观艺术。（李少林）

【黄木岗综合交通枢纽工程施工总承包】2019 年 3 月 29 日，中国中铁、中铁一局、中铁四局、中铁隧道局联合体中标深圳市黄木岗综合交通枢纽工程施工总承包工程，建设单位深圳地铁集团有限公司，公开招标方式中标，中标价 54.7 亿元，工期 1332 日历天，位于深圳市黄木岗立交下方，位于深圳市笋岗西路、泥岗西路、华富路、华强北路五岔路口之间，建筑面积 26 万平方米为深圳市地铁 7 号线、14 号线以及规划 24 号线三线换乘枢纽。其中，14 号线沿华富路和泥岗西路地下敷设，为地下三层叠侧车站，与既有 7 号线同台换乘；24 号线沿笋岗西路地下敷设，为地下四层车站，与 7 号线、14 号线形成节点换乘。工程范围涵盖地铁 14 号线、24 号线黄木岗站，既有 7 号线改造，地下空间开发，慢行系统完善，交通接驳设施等工程内容。（李少林）

【庆盛枢纽区块综合开发项目（庆盛科创教育核心区工程）EPC 项目】2019 年 4 月 9 日，中国中铁、中铁珠三角投资发展有限公司、中铁二院、中铁二局、中铁五局、中铁八局、中铁广州局、中铁隧道局联合体中标广州市庆盛枢纽区块综合开发项目（庆盛科创教育核心区工程），建设单位广州南沙开发区产业园区开发办公室，公开招标方式中标，中标价 81.6 亿元，工期 60 个月。该项目位于广州市南沙区，东至东部干线，南至广深港客运专线，西至京珠高速，北至沙湾水道，紧邻广深港客运专线，规模 6 平方千米。建设内容包括场地平整、33 条市政道路、47 条桥梁、电力隧道、水闸及泵站、2 所新建学校、城市绿地系统工程。（李少林）

【长春市轨道交通 6 号线 02 标段［欧亚卖场站—光谷大街站（含）—硅谷大街站（含）—蔚山路站（含）—南四环路站（含）—前进大街南站（含）主体及装修工程、全线轨道工程、全线供电工程］】2019 年 9 月 3 日，中国中铁、中铁一局、中铁二局、中铁三局、中铁上海局、中铁电气化局联合体中标长春市轨道交通 6 号线 02 标段［欧亚卖场站—光谷大街站（含）—硅谷大街站（含）—蔚山路站（含）—南四环路站（含）—前进大街南站（含）主体及装修工程、全线轨道工程、全线供电工程］，建设单位长春市地铁有限责任公司，公开招标方式中标，中标金额下浮率 5.05%，中标价 30.7 亿元，工期 1332 日历天，线路全长 29.6 千米，起于欧亚卖场站，经过光谷大街站、硅谷大街站、蔚山路站、南四环路站，止于前进大街南站，共计 5 座车站和 5 个区间。

工程范围包括车站区间的雨污水管线迁改工程、交通疏解工程、部分还建工程、土建砌筑装修工程（不含标志标识、公益灯箱）、通风空调及采暖工程（不含大风机）、给排水及水消防工程（含市政管网接入），全线轨道工程，全线供电

▲ 中国中铁参建的大（理）丽（江）铁路提速工程开通运营

▲ 2019 年 9 月 22 日，双洮公路项目跨铁架梁要点施工

▲ 2019 年 11 月 13 日，中铁七局参建的长沙机场大道工程获国家优质工程奖

工程［含全线疏散平台工程，含 02 标段车站区间范围内动力照明（不含环控柜），不含 01 标段、03 标段、04 标段动力照明；不含外电源、主变电所、甲供设备、综合接地、区间接地］。（李少林）

【西安市地铁 6 号线一期工程车站设备安装及装修、轨道、系统设备安装施工总承包项目】 2019 年 9 月 23 日，中国中铁中标西安市地铁 6 号线一期工程车站设备安装及装修、轨道、系统设备安装施工总承包项目，建设单位西安市轨道交通集团有限公司，公开招标方式中标，中标价 16.6 亿元，工期 435 日历天，2019 年 10 月 8 日开工，2020 年 12 月 15 日竣工，线路全长 20.1 千米，设南客站、侧坡站、纬三十二站、纬二十八站、韦斗路站、西部大道站、锦业二路站、丈八六路站、丈八四路站、丈八一路站、科技八路站、科技六路站、科技二路站、科技路站、劳动南路站，共计 15 座车站，1 处车辆段，1 座主变电站，承包范围包括地铁 6 号线一期工程 13 座车站（不含南客站和劳动南路站）及相邻区间设备安装及装修、轨道施工工程，全线系统设备安装及车辆段、停车场 FAS、BAS、门禁等工程。（李少林）

【成都轨道交通 10 号线三期及 13 号线一期工程施工总承包项目】 2019 年 10 月 29 日，中国中铁、中铁二局、中铁三局、中铁四局、中铁五局、中铁六局、中铁七局、中铁八局、中铁十局、中铁北京局、中铁广州局、中铁建工、中铁隧道局、中铁武汉电气化局联合体中标成都轨道交通 10 号线三期及 13 号线一期工程施工总承包工程，建设单位成都轨道交通集团有限公司，公开招标方式中标，中标价 212.5 亿元，其中 10 号线三期工程中标价 32.3 亿元，工期 1635 日历天，计划 2019 年 10 月 10 日开工建设，2024 年 3 月 31 日开始初期运营；13 号线一期工程中标价 180.1 亿元，工期 1767 日历天，计划 2019 年 10 月 10 日开工建设，2024 年 8 月 10 日初期运营。10 号线三期均为地下线，线路全长 5.8 千米，起于人民公园站，经过文翁石室站、武侯祠站、高升桥站、红牌楼站，止于太平园站（不含），共计 5 座车站和 6 个区间；13 号线一期工程均为地下线，线路全长 29.07 千米，起于七里沟站，经过老马堰站、培风路站、瑞星路站、东坡路站、青华路站、杜甫草堂站、青羊宫站、小南街站、文翁石室站、华西坝站、新南门站、望江路站、三官堂站、净居寺站、四川师大站、娇子立交站、幸福梅林站、三圣花乡站、公园大道站，止于龙华寺站。共计 21 座车站和 23 个区间，1 座车辆段，2 座主变电所。施工总承包工程范围包括土建工程、轨道工程、机电工程、车辆段及停车场常规设备（不含工艺设备）采购与安装、绿化景观、与停车场密不可分的平台工程和与停车场工程建设配套的市政工程及接驳工程等。（李少林）

【西安市地铁 8 号线工程施工总承包项目 3 标段】 2019 年 10 月 30

日，中国中铁中标西安市地铁 8 号线工程施工总承包项目 3 标段，建设单位西安轨道交通集团有限公司，公开招标方式中标，中标价 73.8 亿元，工期 1523 日历天，2019 年 10 月 30 日开工建设，2023 年 12 月 30 日竣工。线路全长 23.8 千米，起于明光路站（不含），经过范家村站、红庙坡站、大白杨站、小白杨站、丰禾路站、开远门站、土门站、新桃园站、延平门站、高新一中站、科技六路站（8 号线）、科技六路站（11 号线）、科技八路站（不含）、电子城站、电子正街站、东仪路站、会展中心站，止于雁塔南路站（含），共计 17 座车站和 17 个区间，工程内容为前期工程（含设计）、土建工程、人防工程、轨道工程。（李少林）

【青岛市地铁 6 号线一期工程土建施工】 2019 年 11 月 21 日，中国中铁、中铁一局、中铁二局、中铁三局、中铁四局、中铁八局、中铁隧道局、中铁上海局等 12 家单位联合体中标青岛市地铁 6 号线一期工程土建施工工程，建设单位青岛地铁集团有限公司，公开招标方式中标，中标价 70.4 亿元，工期 36 个月，线路全长 30.5 千米，起于辛屯路站，经过朝阳山 CBD 站、华山一路站、创智谷站、石山路站、黄海学院站、海港路站、朝阳路站、峨眉山路站、富春江路站、钱塘江路站、滨海学院站、青医西院区站、港头站、黄河路站、淮河西路站、可洛石站、抓马山站、河洛埠站、中德工业园站，止于生态园站，共计 21 座车站和 22 个区间。工程内容包括线路正线土建工程，含车站和区间主体工程、附属物的土建（含安装的预留预埋），施工范围内所涉及建筑工程临时占地、三通一平、建构筑物调查、施工便道、既有道路桥梁加固检测、市政配套工程（市政管网接入）、通信管线迁改、电力管线迁改、建筑物垃圾外运等。（李少林）

▲ 2019 年 12 月 2 日，高铁综合检测车行驶在中铁七局承建的郑渝高铁河南段颍河特大桥

▲ 2019 年 12 月，中铁广州局承建的青岛市地铁一期车辆段与综合基地工程获国家优质工程奖

【南京地铁 6 号线工程施工总承包 D.006.X-TA01 标】 2019 年 12 月 3 日，中国中铁（牵头）、中铁一局、中铁三局、中铁四局、中铁八局、中铁隧道局、中铁北京局、中铁上海局、中铁广州局、中铁电气化局、中铁五局电务公司、中铁十局电务公司联合体中标南京地铁 6 号线工程施工总承包 D.006.X-TA01 标，建设单位南京地铁集团建设有限责任公司，公开招标方式中标，中标价 55.04 亿元，工期 48 个月，线路全长 15.04 千米，起于南京南站，经过夹岗站、市中医院站、大校场路站、中和桥站、光华门站、明故宫站、富贵山站、长途东站、丹霞路站，止于营苑南路站，共计 10 座车站和 12 个区间，1 座停车场。工程范围：车站、区间土建工程及装饰工程（不含车站艺术品），含渣土运输处置，槽道套筒预埋；车站、区间安装工程，包括动力照明、杂散电流防护与接地系统、通风空调、给水排水与消防；停车场生产及办公用房、附属工程；绿化工程、标志导向及路引系统、站前广场、环卫设施；人防工程（含所有人防封堵）；临时占地，树木及绿化赔偿，道路恢复、破复，管线迁改，交通疏解，桥梁拆复建、拔桩、河道改移，拆复建警备区大门、门卫、景观广场，场地准备，不含征地拆迁；研究实验，工程造价咨询，安全生产保障，下穿铁路配合（不含地下空间占用费），军事配合，房屋鉴定，扬尘污染防治。（李少林）

【滨海快线（福州至长乐机场城际铁路工程）第1标段（车站、区间工程、车辆段、停车场及基地工程）（施工）】2019年12月18日，中国中铁、中铁四局、中铁二局、中铁七局、中铁六局、中铁上海局、中铁八局6家单位联合体中标滨海快线（福州至长乐机场城际铁路工程）第1标段（车站、区间工程、车辆段、停车场及基地工程）（施工），建设单位福州地铁集团有限公司，公开招标中标，中标价68.3亿元，工期1644日历天，线路全长13.4千米，起于福州火车站，经过塔头站、闽都站、国货路站、三叉街站、盖山路站，止于帝封江站，地下线路，包括东升停车场及出入场线、地铁上盖、下穿、交叉换乘、与滨海快线工程本标段的同步实施部分，共计6座车站6个区间，1个停车场及出入场线。中标内容（包括但不限于）：前期工程、车站工程、区间工程、人防工程、停车场和基地工程、配套附属工程及与本标段不可分割需同步实施的项目等招标范围内全部施工内容。（李少林）

表 5-2　中国中铁 2019 年基建建设中标重大项目汇总表

序号	签订单位	业主单位	合同名称	合同签署日期	合同金额/万元	合同工期
			铁路			
1	中铁三局 中铁四局 中铁广州局 中铁上海局	中国铁路上海局集团有限公司南京铁路枢纽工程建设指挥部	新建江苏南沿江城际铁路站前工程——NYJZQ-8标、NYJZQ-1标、NYJZQ-4标、NYJZQ-10标	2019.4—5	1064229	48个月
2	中铁三局 中铁九局 中铁北京局 中铁八局 中铁电气化局 中铁建工	成兰铁路有限责任公司 川南城际铁路有限责任公司 自贡市东投建设开发有限公司	新建川南城际铁路 自贡至宜宾线站前工程——ZYZQ-3、ZYZQ-2标段、ZYZQ-1标段； 内江至自贡至泸州线站前工程CN-3标段补充合同； 内江至自贡至泸州线“四电”系统集成及相关工程施工总价承包——CNSDJC-1； 内江至自贡至泸州线自贡东站站房及相关工程施工总价承包CNZF-1标、自贡东站配套设施项目施工	2019.1—3、2019.12	970382	1776日历天 550日历天 630日历天 540日历天 1080日历天
3	中铁大桥局 中铁三局 中铁五局 中铁四局	沪昆铁路客运专线浙江有限责任公司	新建湖州至杭州西至杭黄高铁连接线站前工程（不含先期开工段） 新建湖州至杭州西至杭黄高铁连接线先期开工段站前工程2标、3标、4标	2019.10—12	838826	2019.11—2023.3
4	中铁一局	陕西煤业化工集团有限责任公司	新建红柳林至冯家川铁路项目	2018.11	760000	740日历天
5	中铁一局 中铁二局 中铁五局 中铁北京局 中铁电气化局	萧甬铁路有限责任公司、中国铁路上海局集团有限公司杭州铁路枢纽工程建设指挥部	新建金华至宁波铁路站前工程（不含先期开工段）施工总价承包JYZQSG-6标段、JYZQSG-4标段、JYZQSG-2标段、JYZQSG-5标段，监理-JYJL-2	2019.11	672521	48个月
			公路			
1	中国中铁 中铁隧道局 中铁七局	深圳市交通公用设施建设中心	深圳市妈湾跨海通道（月亮湾大道—沿江高速）工程-2标	2019.3	555923	1820日历天
2	中铁一局	杭州市临安区青山湖投资开发有限公司	青山湖跨湖大桥及延线道路工程（陈市路南延工程） 青山湖湖底隧道及延线道路工程（新横路南延工程） 城市客厅基础设施工程总承包项目	2019.9.6	220488	900日历天

续表

序号	签订单位	业主单位	合同名称	合同签署日期	合同金额/万元	合同工期
3	中铁大桥局	佛山市路桥建设有限公司	佛山市龙翔大桥及引道工程施工第LXSG-02标段	2019.8	196041	1096日历天
4	中铁五局	江苏强荣建设有限公司广西隆安至硕龙高速公路工程施工总承包项目经理部	广西隆安至硕龙高速公路工程施工第A3标段B分部	2019.10	179649	36个月
5	中铁大桥局	杭州市公路管理局	沪杭甬高速公路杭州市区段改建工程（乔司主线收费站至钱塘江新建大桥段）——关键节点土建施工第TJ02标段	2019.7	177725	28个月
6	中铁北京局	庐江县交通运输局	徽州大道南沿工程（庐江段）一标段施工标段招标	2019.6	160615	900日历天
			市政及其他			
1	中国中铁与中铁一局、中铁四局、中铁隧道局联合体	深圳市地铁集团有限公司	深圳市黄木岗综合交通枢纽工程施工总承包项目	2019.4	546879	2069日历天
2	中国中铁与中铁二局、中铁三局、中铁四局、中铁五局、中铁六局、中铁七局、中铁八局、中铁十局、中铁北京局、中铁广州局、中铁建工、中铁隧道局、中铁武汉电气化局联合体	成都轨道交通集团有限公司	成都轨道交通10号线三期及13号线一期工程施工总承包项目	2019.12	2124917	10号线三期工程1635日历天 13号线一期工程1767日历天
3	（主）中国中铁，（成）中铁珠三角投资发展公司、中铁二院、中铁二局、中铁五局、中铁八局、中铁广州局、中铁隧道局	广州南沙开发区产业园区开发办公室	庆盛枢纽区块综合开发项目（庆盛科创教育核心区工程）——EPC部分	2019.5	815643	1825日历天
4	中国中铁、中铁新丝路建设投资管理有限公司、中铁一局、中铁三局、中铁五局、中铁七局、中铁十局、中铁电气化局	西安市轨道交通集团有限公司	西安市地铁8号线工程施工总承包项目3标段	2019.11	737731	1523日历天
5	中国中铁与中铁一局、中铁二局、中铁三局、中铁四局、中铁八局、中铁隧道局、中铁上海局等12家联合体	青岛地铁集团有限公司	青岛市地铁6号线一期工程土建施工项目	2019.11	704467	36个月

续表

序号	签订单位	业主单位	合同名称	合同签署日期	合同金额/万元	合同工期
6	中国中铁牵头与中铁一局、中铁三局、中铁四局、中铁八局、中铁隧道局、中铁北京局、中铁上海局、中铁广州局、中铁电气化局、中铁五局电务公司、中铁十局电务公司联合体	南京地铁建设有限责任公司	南京地铁6号线工程施工总承包D.006.X-TA01项目	2019.12	551038	48个月

制表：李少林

表 5-3　　2019年度以股份公司资质中标的总承包项目汇总表

序号	工程项目名称	总包合同签订单位	建设单位名称	合同金额/万元	合同工期
1	成都轨道交通10号线三期及13号线一期工程施工总承包项目	中国中铁、中铁二局、中铁三局、中铁四局、中铁五局、中铁六局、中铁七局、中铁八局、中铁十局、中铁北京局、中铁广州局、中铁建工、中铁隧道局、中铁武汉电气化局	成都轨道交通集团有限公司	2124917	10号线三期1635日历天，13号线一期1767日历天
2	庆盛枢纽区块综合开发项目（庆盛科创教育核心区工程）EPC	中国中铁、中铁珠三角投资发展有限公司、中铁二院、中铁二局、中铁五局路桥公司、中铁八局、中铁广州局、中铁隧道局	广州南沙开发区产业园区开发办公室	815643	60个月
3	西安市地铁8号线工程施工总承包项目3标段	中国中铁	西安市轨道交通集团有限公司	737731	1523日历天
4	青岛市地铁6号线一期工程土建施工	中国中铁、中铁一局、中铁二局、中铁三局、中铁四局、中铁八局、中铁隧道局、中铁上海局等12家单位联合体	青岛地铁集团有限公司	704466	36个月
5	滨海快线（福州至长乐机场城际铁路工程）第1标段（车站、区间工程、车辆段、停车场及基地工程）	中国中铁、中铁二局、中铁四局、中铁六局、中铁七局、中铁八局、中铁上海局	福州地铁集团有限公司	682770	1644日历天
6	妈湾跨海通道（月亮湾大道—沿江高速）工程施工总承包2标	中国中铁、中铁隧道局、中铁七局	深圳市交通公用设施建设中心	555923	1820日历天
7	南京地铁6号线工程施工总承包D.006.X-TA01标	中国中铁（牵头）、中铁一局、中铁三局、中铁四局、中铁八局、中铁隧道局、中铁北京局、中铁上海局、中铁广州局、中铁五局电务公司、中铁十局电务公司	南京地铁集团建设有限责任公司	551038	48个月
8	滨海大道（总部基地段）交通综合改造工程设计施工总承包（EPC）	中国中铁、中铁四局等三家联合体	深圳市地铁集团有限公司	339565	731日历天
9	黄木岗综合交通枢纽工程施工总承包	中国中铁、中铁一局、中铁四局、中铁隧道局	深圳地铁集团有限公司	546879	1332日历天

续表

序号	工程项目名称	总包合同签订单位	建设单位名称	合同金额/万元	合同工期
10	长春市轨道交通6号线02标段［欧亚卖场站—光谷大街站（含）—硅谷大街站（含）—蔚山路站（含）—南四环路站（含）—前进大街南站（含）主体及装修工程、全线轨道工程、全线供电工程］	中国中铁、中铁一局、中铁二局、中铁三局、中铁上海局、中铁电气化局	长春市地铁有限责任公司	306999	1332日历天
11	西安市地铁6号线一期工程车站设备安装及装修、轨道、系统设备安装施工总承包项目	中国中铁	西安市轨道交通集团有限公司	166003	435日历天

制表：李少林

基建建设生产管理

【施工产值完成情况】2019年，中国中铁所属18家施工企业施工产值7451.49亿元，占年度计划6655.56亿元的112%，同比增长11%。各施工企业中，中铁四局完成产值969.97亿元，中铁一局完成产值756.23亿元，中铁二局完成产值608.59亿元，中铁三局完成产值525.56亿元，中铁五局完成产值480.11亿元，中铁建工完成产值473.14亿元，中铁十局完成产值470.20亿元，中铁隧道局完成产值442.82亿元，中铁七局完成产值395.55亿元，中铁上海局完成产值347.56亿元，中铁大桥局完成产值342.38亿元，中铁电气化局完成产值338.62亿元，中铁六局完成产值331.93亿元，中铁北京局完成产值269.02亿元，中铁八局完成产值252.82亿元，中铁广州局完成产值178.57亿元，中铁九局完成产值164.70亿元，中铁武汉电气化局完成产值103.70亿元。各投资集团企业中，中铁城投完成产值260.94亿元，中铁投资完成产值232.79亿元，中铁开投完成产值228.53亿元，中铁南方完成产值212.67亿元，中铁交通完成产值170.72亿元，中铁上投完成产值95.03亿元。

（李卫华　秦博龙）

【新开工重点项目】·穗莞深城际琶洲支线段城际铁路（施工总承包）· 琶洲支线PZH-1标位于广东省琶洲，由中国中铁珠三角建设指挥部负责建设，项目合同额27.47亿元，建设期自2019年1月至2023年12月，项目自琶洲站（不含）至新造竖井（不含），全长8.585千米。本标段新建地下车站1座，为大学城东站，为明挖法施工；明挖区间1段共长195米，盾构隧道共长8.1千米；无碴道床铺设17.1千米，全线正线铺轨35.184千米，站线铺轨2.25千米；全线站房装修及安装工程、四电集成。线路7次下穿（或上跨）地铁或城际铁路，4次下穿高速公路（或市政干道），5次下穿珠江，5次下穿或临近高压及超高压线路铁塔。

·滁州至南京城际铁路（滁州段）一期工程PPP项目· 项目投资额30.48亿元，2019年9月12日进场施工，建设期42个月。施工里程为DK31+845—DK46+255，施工内容包括车站、区间、轨道工程、车辆基地及附属工程的土建与装修与四电工程。工程由中铁上投总承包。参建单位有中铁三局、中铁四局、中铁八局、中铁十局、中铁广州局5家单位。区间工程：特大桥5座14.01千米，预制架设双线简支箱梁413孔。车站工程：桥—建完全合一形式，主体采用钢筋混凝土框架结构，雨棚、过街天桥采用钢结构，总建筑面积约3.0288万平方米；车辆段工程：特大桥2座1.521千米，现浇简支箱梁53孔，框架小桥涵4座720横延米；站场及路基土石方约76万立方米；房屋主要采用框架结构、框剪结构及钢桁架结构，房屋总建筑面积约4.8万平方米。

·宜宾市过境高速公路西段和宜宾至彝良高速公路（四川境段）PPP项目· 宜彝高速项目位

▲ VR安全教育体验馆

于四川省宜宾地区，有中铁城投代建，建安投资额182.51亿元，项目于2019年6月进场施工，建设期18个月。项目由宜宾至彝良高速公路（四川境）项目和宜宾市过境高速公路西段项目组成，共分为西绕段、南绕段和主线段，施工图设计路线全长共160.139千米，其中西绕段全长31.744千米（含利用连接线7.25千米）、南绕段全长28.354千米、主线段全长100.381千米。全线共有隧道21座/26470.5米，桥梁143座/38493.1米，涵洞、通道368座，天桥、渡槽24座，互通式立交16处，分离式立交24处，服务区3处。参建单位有中铁二局、中铁三局、中铁四局、中铁六局、中铁七局、中铁八局、中铁广州局。

·宜宾至威信高速公路（四川境）PPP项目· 宜宾至威信高速公路PPP项目位于四川省境内，有中铁城投代建，建安投资额131.77亿元，项目于2019年12月进场施工，建设期四年。参建单位有中铁三局、中铁五局、中铁九局、中铁十局、中铁北京局。工可推荐线（利用宜彝高速+L+利用宜叙高速+A+D+A线）起于宜宾绕城高速公路双河枢纽互通，采用双向四车道，路线全长106.4千米，建设里程85.6千米，设计时速80千米/小时。

·云南滇中引水工程大理Ⅰ段至楚雄段引入社会资本建设项目· 云南省滇中引水工程大理Ⅰ段至楚雄段引入社会资本建设项目建安投资额166.7亿元，建设期2019年12月1日至2026年7月16日，由中国中铁联合体（联合体牵头人股份公司）以“股权投资+施工总承包”模式承建。施工线路总长162.848千米，共包括31座输水建筑物：隧洞153.557千米/18座（共布置30座施工支洞），其中芹河隧道为20.94千米，大转弯隧洞为22.698千米，凤凰山隧洞为24.991千米；渡槽0.989千米/4座；倒虹吸6.886千米/5座；暗涵1.419千米/4座。施工内容包括全线的隧洞（含支洞）、渡槽、倒虹吸、暗涵等。参建单位：中铁一局（大理Ⅱ段6标）、中铁二局（楚雄段5标）、中铁三局（大理Ⅰ段5标、楚雄段5标）、中铁五局（大理Ⅰ段6标、大理Ⅱ段2标）、中铁七局（大理Ⅱ段5标）、中铁八局（楚雄段1标）、中铁十局（楚雄段6标）、中铁隧道局（大理Ⅰ段4标）。

·云南省滇中引水工程楚雄段至红河段引入社会资本建设项目· 云南省滇中引水工程楚雄段至红河段引入社会资本建设项目建安投资额120.2亿元，建设期自2019年12月1日至2026年7月2日，由中国中铁联合体（联合体牵头人为股份公司）以“股权投资+施工总承包”模式承建。施工线路总长234.568千米，共包括63座输水建筑物：隧洞207.208千米/32座（共布置40座施工支洞），其中小扑隧洞为32.1千米、小路南隧洞为14.902千米；倒虹吸33.976千米/16座，其中龙泉倒虹吸为5.072千米；渡槽1.428千米/8座；暗涵0.662千米/5座；消能电站2座。供电工程包括35千伏变电站10座，35千伏供电线路120.75千米，10千伏供电线路183.3千米。施工总包含全线的隧洞（含支洞）、渡槽、倒虹吸、暗涵、消能电站、供电等工程。参

▲ 大柱山隧道施工

▲ 中铁五局承建京张高铁八达岭长城站封顶

▲ 赣深铁路工程

建单位：中铁一局（昆明段2标）、中铁二局（玉溪段4、5、6及供电标）、中铁三局（红河段3、4、5及供电标）、中铁五局（昆明段7标）、中铁七局（楚雄段9标）、中铁八局（楚雄段8标）、中铁十局（红河段1、2标）、中铁隧道局（玉溪段1、2标）。

（李卫华　秦博龙）

【在建重点工程进展情况】**·新建北京至雄安铁路·** 中铁上海局承建新建北京至雄安铁路JXSG-5标，标段位于廊坊市永清县、固安县和霸州市境内，全长13.682千米，工程内容：一桥、一站、一线，即固霸特大桥、霸州北站、动车走行线。固霸特大桥共3联、10跨，霸州北站路基全长为1.668千米，动车走行线全长3.132千米。项目路基工程和框构桥、涵洞均已全部完成。截至2019年末，在施桥梁主体工程。桥梁桩基累完6434根，占设计量6434根的100%；承台累完653个，占设计量655个的99.7%；墩台身累完740个，占设计量759个的97%；连续梁累完2033.5延长米，占设计量2181.5延长米的93%；箱梁预制累完707孔，占设计量729孔的97%；箱梁架设累完580孔，占设计量729孔的80%。

项目合同额：20.9135亿元，合同工期：2018年5月1日至2020年11月30日。2019年完成产值114574万元，占业主年度计划114500万元的100%；开累完成177478万元，占合同额209135万元的85%。

·新建北京至雄安城际铁路站前工程JXSG-7标· 项目由中铁九局承建，工程起自既有京九线李营站，止于雄安站。标段线路经过河北省保定市雄县，标段起讫里程为DK102+000—DK105+050，线路正线长度3.05千米。桥涵工程主要包含特大桥1座，预制架设箱梁305孔，现浇简支箱梁155孔，现浇道岔梁4708.8延长米；主要工程量：路基土石方41万立方米，特大桥1座，预制架设箱梁238孔，现浇简支箱梁329孔，轨道工程主要包括Ⅲ型板式无砟道床8.004铺轨公里，轨枕埋入式无碴轨道5.577铺轨公里，CRTS Ⅰ型双块式无砟道床7.872铺轨公里。截至年末，雄安特大桥已全面开工，桥梁下部结构施工已全部完成，箱梁预制也已完成；架设箱梁完成开累完成285孔，占设计量的89%；附属工程防护墙设计10329米，开累完成3200米、完成占比31%，遮板设计10329米，开累完成2796米、完成占比27%。

项目合同额：11.7764亿元。合同工期：2018年5月8日至2020年5月7日。年度完成产值80008万元，占年度计划67682万元的118%；开累完成107611万元，占合同总价131612万元的82%。

·新建北京至雄安新区城际铁路雄安站站房及相关工程JXZF-2标段· 项目由中铁建工承建，雄安站综合交通枢纽位于雄县城区东北部，距雄安新区起步区20千米，京港台高铁、京雄城际、津雄城际三条线路汇聚于此。建筑主体共5层，其中地上3层，地下2层，另外地面候车厅两侧利用地面层和站台层之间的高大空间设有地面夹层。四幢辅楼均设地面第二夹层。城市轨道交通地下层局部设有地下夹层。地下层地铁车站层高14.5

▲ 广州地铁 14 号线安全生产月启动仪式

米，地下层商业空间层高 8.5 米，地面候车厅层高 13.85 米，地面车库配套层高 6.5 米，地面夹层出站通廊、商业配套层高 7.38 米，站台层（高架覆盖部分）层高 9 米，高架层 20.2 米。主体结构形式为现浇型钢混凝土框架结构、框架柱采用钢骨混凝土柱、轨道梁采用型钢混凝土梁；基础结构形式为柱下桩基承台 + 防水板、柱下桩基承台、平板式筏形基础 + 抗拔桩；地基类型为天然地基。目前主要进行主体结构施工，累计完成浇筑混凝土约 21439 立方米，钢结构安装约 15000 吨。

项目合同额：17.6122 亿元。合同工期：2018 年 12 月 1 日至 2020 年 3 月 31 日。年度完成产值 108626 万元，占年度计划 126000 万元的 86.2%，开累完成 108626 万元，占合同额 176122 万元的 61.7%。

·新建福州至平潭铁路站前工程 FPZQ-3 标· 项目由中铁大桥局承建，平潭海峡公铁两用大桥全长 11149.7 米，其中公铁合建段长度 9227.1 米，单建铁路长度 1922.6 米。桥梁孔跨布置依次为：48 孔 49.2 米混凝土箱梁 +［（6×80 米）+（2×88 米）+（7×80 米）］简支钢桁梁 +14×49.2 米混凝土箱梁 +（133.1+196+532+196+133.25）米钢桁结合梁斜拉桥 +（6×80 米）简支钢桁梁 +（129.1+154+364+154+129.2）米钢桁结合梁斜拉桥 +［（1×88 米）+（1×80 米）］简支钢桁梁 +17×40.7 米混凝土箱梁 +［（4×80 米）+（1×88 米）+（2×80 米）］简支钢桁梁 +11×49.2 米混凝土箱梁 +7×40.7 米混凝土箱梁 +［上层公路为 8×40.6 米混凝土箱梁，下层铁路为 324.8 米（铁路路基）］+9×40.7 米混凝土箱梁 +［2×88 米］简支钢桁梁 +（81.1+140+336+140+81.15）米钢桁结合梁斜拉桥 +［2×88 米］简支钢桁梁 +5×40.7 米混凝土箱梁。截至年末，主体工程已全部架设完成。铁路附属工程中，竖杆竖直爬梯完成 26 处、剩余 40 处；下弦检查车轨道完成 4252 米、剩余 1431 米；电力通道平台已完成安装 5006 米、剩余 676.4 米；梁端伸缩装置已完成安装 92 套、剩余 63 套；阻尼装置完成 24 个、已全部完成；员工走道完成 5297 米、剩余 385.8 米；铁路桥面铺装完成 10116 米、剩余 1033 米。公路附属施工中，上弦检查车轨道完成 5522 米、剩余 160.9 米；防撞护栏混凝土基座完成 5673.8 米、剩余 3553.3 米；防撞护栏安装完成 3520.4 米、剩余 5706.7 米；桥面水管区栏杆安装完成 2262.9 米、剩余 6964.2 米；公路桥面铺装左幅 1006.25 米、右幅 389 米，左幅剩余 8220.85 米，右幅剩余 8690.5 米。

项目合同额：87.9908 亿元。合同工期：2013 年 11 月 1 至 2020 年 5 月 30 日。年度完成产值 110343 万元，占年度计划 74491 万元的 148%；开累完成施工产值 926622 万元，占合同价 879909 万元的 105%。

·广州地铁 11 号线· 广州市轨道交通 11 号线起于新滘东路，经琶洲会展中心、员村、天河公园、华师、广州东站、云台花园、广州火车站、流花湖公园、荔湾湖公园、芳村、广州造船厂、逸景路，之后沿新滘路闭合形成环线。线路穿越广州市主城区，串联广州市天河区、白云区、越秀区、荔湾区和海珠区，连接广州火车站、广州东站等大型交通枢纽，线路全长约 44.2 千米，全部采用地下敷设方式，全线共设车站 32 座，另外，代建一座车站（城轨琶洲站），其中换乘站 20 座，设置车辆段 1 座，主变电站 3 座。广州市轨道交通 11 号线工程由中国中铁和广建联合体共同施工。11 号线 32 座车站中，28 座车站已开工进行土建施工；31 个区间中，12 个区间和 1 个出入段线已开始进行土建施工，其中沙田区间右线、田云区间左线、大广区间左线、天华区间左右线、琶员区间左右线共 7 台盾构正在掘进；其余工点正在进行前期临建、征地拆迁、交通疏解和管线迁改工程施工。

车站部分，钻孔桩开累完成 4459 根，占总量的 36%；旋喷桩开累完成 10896 根，占总量的 55%；连续墙开累完成 1496 幅，占总量的 38%；土石方开累完成 2502404 立方米，占总量的 30%；搅拌桩开累完成 240685 米，占总量的 50%；抗拔桩开累完成 721 根，占总量的 47%；中立柱开累完成 636 根，占总量的 73%。区间部分，钻孔桩开累完成 806 根，占总量的 85%；旋喷桩开累完成 1770 根，占总量的 85%；连续墙开累完成 79 幅；土石方开累完成

469522立方米，占总量的19%。盾构掘进：年度完成4277.5米，开累完成5656米。

项目合同额：208.2197亿元。合同工期：2016年9月28日至2022年12月30日。年度完成产值272979万元，占年度计划304774万元的90%（其中中国中铁年度完成产值245217万元，占年度计划243967万元的101%；广建联合体年度完成产值27762万元，占年度计划60807万元的46%）；开累完成产值513233万元，占项目建安投资额2082197万元的24.6%。广建联合体年度产值未完成主要原因如下：石榴岗站、琶洲站、琶洲城轨站、琶员区间的征借地及拆迁困难等问题，大塘站、赤沙滘站、出入段线盾构井、琶洲站的管线迁改难度大等问题，以及春节、国庆等重大节日、安全事故、广州展会、国际金融论坛等造成的停工影响。

▲ 广州地铁14号线管、监工作分离会

·深圳地铁14号线· 深圳地铁14号线起自福田中心区岗厦北枢纽，经罗湖区、龙岗区，止于坪山区沙田站，预留延伸至惠州，线路全长50.34千米。主要施工内容：车站17座（枢纽站4座，换乘站10座，标准站3座，平均站间距3.1千米），全地下敷设；车辆基地按1段1场布置（福新停车场、昂鹅车辆段）；主变电所共4座（新建2座、利用既有1座、预留1座）；盾构区间21个，盾构区间单线总长88.86千米。重点工程及特点：建设标准高，地铁14号线设计最大时速为120千米，具备地铁快线功能，采用自动化无人驾驶模式；征拆迁改量大，全线征拆量约41.1万平方米；盾构资源投入强度大，盾构区间长大区间多，平均站间距3.1千米，计划投入47台盾构机，其中6台双模盾构机施工在深圳轨道建设尚为首次应用；地质复杂，岩溶地质施工风险高。14号线岩溶主要分布于2站3区间，合计约4.7千米，约占线路总长度9.4%；沿线枢纽多（新建黄木岗枢纽、大运枢纽、穿越岗厦北枢纽）枢纽体量大、施工难度高。参建单位：中铁隧道局、中铁六局、中铁五局、中铁九局、中铁广州局、中铁三局、中铁电气化局。项目共有31个工点，已全部开工。地连墙完成960幅，完成总量的95%；咬合桩完成14846根，完成总量的94%；土方完成285万立方米，完成总量的61%；盾构掘进1740环，完成区间总量的3%。

项目合同额：235.00亿元。合同工期：2018年1月10日至2022年8月10日。年度完成产值453012万元，占年度计划429999万元的105%；开累完成产值580562万元，占合同额235亿元的25%。

·昆明轨道交通4号线（PPP）· 标段全长43.38千米，有车站29座、车辆段1处、停车场2处。线路起点为陈家营站，终点为昆明火车南站站，线路串联了主城西北的国家高新技术产业开发区、主城中心区、主城东南的国家经济技术开发区，并向南连接呈贡新城。全线设车站28座，已全部封顶；盾构区间60个单线区间，已全部贯通。站后工程施工开累完成：铺轨工程100%，装修工程91.1%，通风空调工程90.6%，给排水工程84.6%，动照工程90.1%，消防工程90.7%。

项目合同额：146.12亿元。合同工期：2016年1月至2020年6月。年度完成产值443964万元，占年度计划296161万元的149.9%；开累完成1375303万元，占项目建安投资额1461207万元的94.1%。

·青岛市地铁8号线工程PPP项目（B2包）· 青岛地铁8号线土建工程线路总长27.82千米，包括8站10区间、1处车辆段基地及出入线段、2处站后停车线、1处站后折返线。其中明挖车站4座、暗挖车站4座，盾构/TBM+矿山法区间3个、矿山法区间1个、盾构/TBM区间6个；TBM区间长度左右线合计18.747千米；盾构区间长度左右线合计7.724千米；矿山法区间长度左右线合计20.123千米；明挖区间长度左右线合计0.576千米。全线设8个车站，有明挖车站4座，其中科技馆站、大洋站主体结构已封顶，均已完成实体移交验收；沧口站、闫家山站受涉军及拆迁占地影响，暂未进场；暗挖车站4座，其中嘉定山站主体拱部衬砌施工、五四广场站两层段开挖施工，南昌路北站主体下台阶开挖施工，山东路南站5号线拱部开挖施工。全线11个区间，其中科大区间、观科区间已贯通，大青区间西侧过海段、青沧区间

▲ 商合杭铁路工程

▲ 天津港南疆矿石铁路专用线扩建工程

等7个区间段落已进入正线暗挖施工。大青盾构区间（陆域、海域），其中陆域段全线贯通，剩余2台泥水盾构掘进施工；闫南区间左线TBM已开始施工，右线正在调试。车辆基地站场土方已完成，设计18个建筑单体开工18个，检修库、运用库、综合楼等主要单体结构已封顶。

车站主体部分，土石方开挖年度完成16.35万立方米，开累完成76.25万立方米，占设计总量158万立方米的48.3%；主体结构年度完成33340立方米，开累完成90020立方米，占设计总量263268立方米的34.2%。暗挖区间：年度完成9401米，开累完成19879米，占设计总量22200米的89.5%；二次衬砌年度完成14580米，开累完成16586米，占设计总量22200米的74.7%。盾构区间：年度完成7011米，累计完成10000米，占设计总量25800米的38.8%。

关键控制工程完成情况：大青区间全长7917米（其中海域段全长5420米），分东西两侧2个工区相向施工，西侧由中铁二局负责，采用"矿山法"施工；东侧由中铁一局负责，采用"盾构法"施工。

项目合同额：92.9883亿元。合同工期：2017年3月1日至2021年5月31日。年度完成产值243796万元，占年度计划185300万元的132%；开累完成产值436782万元，占建安投资总额929883万元的47%。

·大连地铁5号线PPP项目· 大连地铁5号线工程南起虎滩新区站，北至后关村站，线路全长24.484千米，包括18站19区间，1出入线段；变电所2座及控制中心1座与4号线、7号线共享；后关村车辆段综合维修基地1处。全线18个车站中已开工17个，其中后盐站正在进行土石方开挖施工；桃源站正在进行主体结构施工；石葵路站正在进行拱部二衬施工；劳动公园站正在进行底纵梁施工；青泥洼桥站正在进行主体导洞开挖；12个车站主体结构已封顶。剩余虎滩公园站处于开工筹备阶段。全线19个区间中暗挖区间3个，明挖区间1个，盾构区间11个，明挖+盾构区间1个，明挖+暗挖+盾构区间3个。目前起虎、石劳、劳青、梭甘、火梭5个暗挖区间正在进行正线暗挖施工；明挖区间出入段线正在进行路基及罩棚施工；全线已进场12台盾构机，其中7台盾构机正在进行掘进，3台盾构机正在进行接收，2台盾构机正在进行调试，7条盾构隧道已贯通。火梭区间明挖段正在进行基坑开挖，梭梭、梭甘区间明挖段主体结构已完工。泉前区间暗挖段已双线贯通。后关村车辆段正在进行房建施工。控制中心已完成基础施工。全线施工有序推进，总体安全、质量受控。

车站主体：土石方开挖年度完成15.63万立方米，开累完成168.67万立方米，占设计总量272万立方米的63%。车站砼年度完成40303立方米，开累完成223965立方米，占设计总量433050立方米的52%。非盾构区间：非盾构区间年度完成1051米，开累完成2380米，占设计总量4480米的53%。非盾构区间衬砌年度完成489米，开累完成1017米，占设计总量4480米的23%。盾构区间：盾构掘进年累完成13113米，开累完成25907米，占设计总量36313米的71%。

关键控制工程进展情况：火梭区间线路全长3310米，其中海域段2310米，北岸陆域段180米，南岸陆域段820米。从北岸梭鱼湾南站跨梭鱼湾海域至疏港路南侧风井采用单洞双线大直径盾构隧道建设方案，由中铁一局负责施工。岩溶专勘方面：火梭区间海域段岩溶专勘已完成，并出具正式报告。岩溶处理方面：岩溶处理累计完成1538米已全部完成，效果验证完成1058米。大盾构掘进情况：大盾构已于2019年1月18日正式始发掘进，目前掘进累计完成1004米，完成设计总量2882米的35%。本月火梭区间大盾构掘进正常，按期对大盾构施工质量、掘进过程进行专项检查。

项目合同额：115.0361亿

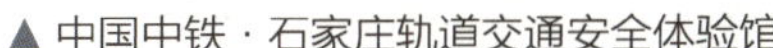

▲ 中国中铁 · 石家庄轨道交通安全体验馆

▲ 中铁九局承建的京雄城际铁路七标雄安站特大桥连续梁顺利合龙

元。合同工期：2017年3月30日至2022年4月30日。年度完成产值156419万元，占年度计划108800万元的145%；开累完成429220万元，占建安投资总额1150361万元的37%。

·呼和浩特市城市轨道交通1号线一期工程（PPP）· 工程为金海工业园区—白塔段，长21.932千米，其中地下线18.42千米，高架线3.212千米，过渡段0.3千米；共设车站19座，其中地下站16座、高架站3座。在回民区政府、新华广场、农发行、呼和浩特东站分别与其他四条线路进行换乘（其中2号线新华广场站、3号线呼和浩特东站与本项目同期施工）。全线设车辆段、停车场各1处、主变电站2座、控制中心1座。全线20座车站（含3座高架车站）主体工程全部完工，全线16个盾构区间，已全部贯通，16个联络通道全部完成。全线铺轨设计69668米，全部完成。12月23日，呼和浩特市轨道交通1号线一期工程完成竣工验收。

项目合同额：83.4116亿元。合同工期：2016年4月1日至2020年12月28日。年度完成产值291222万元，占年度计划196400万元的148%；开累完成产值834616万元，占建安投资总额834116万元的100%。

·青岛地铁1号线工程土建施工一标段（总承包）· 线路全长29.642千米。起点瓦屋庄站，位于黄岛，沿长江路、滨海大道向北至瓦屋庄站；标段包括18站21区间2出入段线，其中明挖车站12座、暗挖车站6座；明挖区间长0.29千米，暗挖区间长5.2千米，TBM区间长度左右线合计9.2千米，盾构区间长度左右线合计20.4千米。全线12座明挖车站已全部封顶；全线6座暗挖车站主体结构已全部完成；全线12段矿山法区间已全部洞通；全线13段盾构（TBM）区间已贯通11段，有2段（安薛左、右线，薛瓦区间右线）正在掘进；全线2段出入段线主体结构已完成。盾构区间：年度掘进完成5517米，开累完成16171米，占设计总量16728米的97%。

项目合同额：54.2869亿元。合同工期：2016年1月1日至2019年12月31日。年度完成产值96995万元，占年度计划70000万元的139%；开累完成产值511885万元，占合同价值542869万元的94%。

·成都地铁8号线一期工程· 成都地铁8号线一期工程南起谢家桥站，北至十里店站，线路全长28.6km，共设车站25座，区间51个，均为地下线，设元华车辆段1座，与5号线、9号线共址；设1座主变电站所和1座二级开闭所，控制中心位于崔家店。项目以股份公司资质中标，采用“投融资+施工总承包+回报”的方式组织建设。项目划分17个标段，分别是中铁一局（土建2标、机电2标）、二局（土建1标、轨道标、机电1标、系统2标）、三局（土建3标、机电3标）、四局（土建5标、机电5标）、七局（系统3标）、八局（管片预制）、隧道局（土建4标、机电4标）、上海局（土建6标）、建工（机电6标）、武汉电气化局（系统1标）。

项目25座车站主体结构全部封顶；附属结构167个，开工141个，完工56个；盾构区间49个全部洞通；铺轨完成65千米，完成总量的82%；站后施工单位正有序开展施工。

土石方完成183170立方米，完成计划181733立方米的101%；开累完成4168300立方米，完成总量4387707立方米的95%。结构砼完成41619立方米，完成计划49435立方米的84%；开累完成789900立方米，完成总量866956立方米的91%。车站主体结构完成1547立方米，完成计划1547立方米的100%；开累完成388776立方米，完成总量388776立方米的100%。车站附属结构完成6853立方米，完成计划5853立方米的117%；开累完成69421立方米，完成总量94386立方米的74%。车辆段及停车场完成3125立方米，完成计划3125立方米的100%；开累完成63947立方米，完成总量66815立方米的96%。场段铺轨完成0.15千米，完成计划1.568千米的10%；开累完成12.47千米，完成总量13.888千米的90%。装饰装修完成13958平方米，完成计划13045平方米的107%；开累完成45776平方米，完成总量227272平方米的20%。供电系统完成6.7站，完成计划1.5站的447%；开累完成12.2站，完成总量26站的47%。

项目投资额：107.60亿元。合同工期：2017年1月至2020年12月。年度完成产值325991万元，占年度计划280000万元的116.4%；开累完成765231万元，占建安投资的71%。

·贵州省遵义至余庆高速公路（PPP）· 贵州省遵义至余庆高速公路（PPP）项目，起点始于余庆县境内江瓮高速余庆枢纽，线路向西北途经湄潭县、瓮安县，最后于遵义市播州区接入遵义市西南环冷水坪枢纽到达终点。初步设计路线全长为93.19千米，含路基土石方1228万立方米，桥梁65座/23958米，隧道22座/28573米，全线设互通式立体交叉10处，分离式立体交叉58处，服务（停车）区3处，收费站8处。设计速度80千米/小时，双向四车道，路基宽度为24.5米。目前开挖1740.9万立方米，占设计1919万立方米的91%，填方1335.2万立方米，占设计1563.6万立方米的85%，软基处理127.5万立方米，占设计135.6万立方米的94%，附属圬工14.1万立方米，占设计32.4万立方米的43%。

桥梁工程：开累完成桩基3248根，占设计3594根的90%，墩柱1932个，占设计2139个的76%。制、架梁：开累完成梁片预制1561片，梁片架设1043片。隧道工程：设计隧道共22座/28573米，现开工20座隧道的56个洞口。开累完成上台阶开挖46108米，占设计56688米的81%，下台阶开挖44289米，占设计56688米的78%，仰拱41731米，占设计55243米的76%，二衬39884米，占设计57024米的70%。

项目合同额：50.56亿元。合同工期：2017年9月3日至2020年12月31日。年度完成产值321295万元，占年度计划300259万元的107%；开累完成616708万元，占项目合同额1143163万元的53.9%。

·陕西绥延高速公路项目（BOT）· 绥延高速公路位于陕西省境内，是政府与社会资本合作（PPP）项目，全长119.77千米。其中绥延高速88.58千米，清子高速31.19千米。绥延高速起点位于绥德县城以西的石家湾，与榆绥高速顺接，向南途经绥德县、清涧县、延川县，终点位于延川县白草沟，与延延高速相接。全长88.58千米。主要施工内容：绥延高速所有土建、路面、交安、机电、房建及绿化工程。主要实物工程量：路基挖方2691万立方米，填方753万立方米；桥梁35253.6米/89座，涵洞131道；隧道16149.4米/14座；互通式立交6处，分离式立交5处。施工单位有中铁一局、中铁二局、中铁三局、中铁六局、中铁八局、中铁十局、中铁北京工程局七家单位。清子高速起点榆林市清涧县西贺家沟，设清涧北枢纽立交与绥延高速相接，向西沿清涧河布线，经折家坪镇、马家砭镇、史家沟、杨家园则镇，终点位于延安市子长县吴家坪东，连接G340高速。全长31.19千米。主要施工内容：清子高速所有土建、路面、交安、机电、房建及绿化工程。主要实物工程量：路基土石方937万立方米；桥梁11026米/22座，涵洞38道；互通式立交3处，分离式立交3处，通道4处。施工单位有中铁二局、中铁三局、中铁六局、中铁八局、中铁九局5家单位。

主要形象进度：绥延高速于12月13日完成交工验收，计划2020年1月1日开通。清子高速路基土石方：挖方完成535万立方米，占设计的95%；填方完成308万立方米，占设计的99%；桥梁：桩基完成2352根，占设计的97%；墩柱完成1937根，占设计的95%；盖梁完成978个，占设计的93%；梁板预制3992片，占设计的94%；梁板架设3204片，占设计的76%；桥面系完成1.4万延长米，占设计的58%。

项目合同额：103.8亿元（其中绥延段83.4亿元，清子段20.4亿元）。合同工期：2016年10月26日至2020年12月30日（绥延段2016年10月至2019年12月，清子段

▲中铁九桥参建的吉林松原天河大桥获中国建设工程鲁班奖

2016年10月至2020年12月）。年度完成产值43015万元，占年计划4亿元的108%；开累完成147765万元，占设计20.4亿元的72%。

·陕西旬邑至凤翔、韩城至黄龙高速公路项目· 项目位于陕西省，是政府与社会资本合作（PPP）项目，包括旬凤、韩黄两个高速公路项目。项目全长197.12千米，其中旬凤高速123.66千米，韩黄高速73.46千米。旬凤高速起点位于咸阳市旬邑县，通过赤道枢纽立交与银百高速公路相接；途经旬邑县、彬县、麟游县、凤翔县，终点位于宝鸡市凤翔县城以西的王家山，设柳林枢纽互通与银昆高速相接，全长123.66千米（其中与福银高速共线7.05千米）。施工内容：旬凤高速所有土建、路面、交安、机电、房建及绿化工程。主要工程数量：路基土石方3811.39万立方米，桥梁23387.9米（全幅）/116座，隧道22523米（全幅）/18座。沥青路面123.66千米（全幅），互通立交12处，连接线7.44千米，服务区2处、停车区2处。施工单位有中铁一局、中铁二局、中铁十局、中铁上海局、中铁北京局5家单位。

主要形象进度：路基工程，挖土方设计1605万立方米，开累完成1286万立方米，开累完成占设计量的80%；挖石方设计699万立方米，开累完成544万立方米，开累完成占设计量的78%；填方设计1415万立方米，开累完成614万立方米，开累完成占设计量的43%。

桥梁工程：桩基设计5313根，开累完成4552根，占设计量的86%。墩柱设计3461根，开累完成1516根，占设计量的44%。盖梁设计1905个，开累完成538个，占设计量的28%。制梁设计7319片，开累完成2134片，占设计量的29%。架梁设计7319片，开累完成923片，占设计量的13%。

隧道工程：开挖设计总长44343米，开累完成29126米，占设计量的66%；二衬设计总长44974米，开累完成24402米，占设计量的54%。

项目合同额：167.36亿元（其中：旬凤101.38亿元、韩黄65.98亿元）。合同工期：2017年1月至2022年12月（其中：旬凤2018年10月至2020年12月；韩黄2018年10月至2022年12月）。年度完成产值436754万元，占年度计划28.2亿元的155%；开累完成产值507854万元，占建安投资101.38亿元的50%。

（李卫华　秦博龙）

【竣工项目】1月2日，中铁二局参建的新建朔州至准格尔铁路竣工通车。

1月5日，中铁十局、中铁电气化局、中铁建工参建的宁启铁路通车运营。

1月16日，中铁大桥局承建的浙江沿海高速公路象山至乐清段全线通车。

1月23日，中铁上海局参建的温州市域铁路S1线开通运营。

3月5日，中铁广州局承建的中石化（香港）洋浦成品油保税库配套码头工程正式投产运营。

4月10日，中铁一局、中铁电气化局参建的哈尔滨市轨道交通1号线竣工开通。

4月26日，中铁二局承建的国道318线林芝至拉萨段公路改造工程米拉山隧道段竣工开通。

5月17日，中铁一局、中铁六局、中铁七局、中铁隧道局、中铁北京局参建的四川省汶川至马尔康高速公路竣工开通。

5月20日，中铁一局、中铁三局、中铁四局、中铁六局、中铁七局、中铁隧道局、中铁电气化局、建工参建的郑州市轨道交通5号线竣工开通。

5月25日，中铁三局、中铁四局、中铁七局、中铁隧道局参建的沈阳地铁9号线投入运营。

6月5日，中铁大桥局承建的福平铁路平潭海峡公铁两用大桥元洪航道桥主桥成功合龙。

6月6日，中铁一局、中铁三局、中铁四局、中铁七局、中铁八局、中铁九局、中铁隧道局、中铁上海局、中铁广州局参建的施工南宁市轨道交通3号线竣工开通。

6月20日，中铁六局参建的北京市市郊铁路S1东延支线开通运营。

6月23日，中铁一局、中铁二局、中铁三局、中铁隧道局、中铁广州局、中铁北京局参与建设的兰州地铁1号线一期工程开通试运营。

6月30日，中铁北京局参建的京雄城际铁路新机场高速标段竣工开通。

7月2日，云南省S25昆明至巧家高速公路东川至格勒段通车。

8月28日，中铁电气化局承建的格库铁路装配式房屋第一根预制柱成功吊装就位。

9月4日，中铁电气化局承建的京张高铁全线接触网一次送电成功，标志着京张高铁全线实现“电通”目标。

9月25日，世界最长、中国首座跨海峡公铁大桥平潭海峡公铁两用大桥将实现全桥贯通。

9月27日，中铁大桥局承建施工的秭归香溪长江公路大桥正式通车。

9月28日，深圳地铁5号线南延工程开通运营。

9月29日，中铁大桥局承建的武汉杨泗港长江大桥竣工通车。

10月1日，中铁一至九局、中铁大桥局、隧道局、电气化局、北京局、上海局、广州局、武汉电气化局等16家单位参与施工的浩吉铁路（蒙华铁路）正式开通运营。

11月1日，中铁四局、中铁七局、中铁大桥局、中铁隧道局、中铁建工、中铁电气化局、中铁广州局、中铁武汉电气化局等单位参建的武汉至十堰高铁建成进入试运营阶段。

▲2019年12月24日，中铁七局参建的锦承铁路朝叶段“四电”扩能改造工程顺利开通

▲2019年7月，中铁七局太焦铁路制梁场450T提梁机在作业

11月15日，沪通长江大桥主航道桥28号墩完成了最后一组斜拉索吊装。

11月22日，玉磨铁路重点控制性工程“新平隧道”5号横洞小里程与2号大里程开挖贯通，26日“通达隧道”1#斜井正洞与平导正洞胜利贯通。

12月15日，中铁一局、中铁二局、中铁四局、中铁五局、中铁八局、中铁大桥局、中铁建工、中铁上海局8家单位参与施工的成都至贵阳高速铁路全线开通运营。

12月30日，中铁三局、中铁四局、中铁五局、中铁六局、中铁七局、中铁大桥局、中铁隧道局、中铁电气化局8家单位参与建设的北京至张家口高速铁路开通运营。（李卫华　秦博龙）

二次经营

【二次经营概况】2019年，全系统各单位共完成境内施工产值7040.18亿元，实现变更索赔额935.25亿元，变更索赔率为13.28%；变更索赔创效额135.95亿元，变更索赔创效率1.93%。（刘艳芳）

【铁路工程二次经营】2019年铁路工程完成产值2113.39亿元，实现变更索赔额388.41亿元，变更索赔率为18.38%；变更索赔创效额51.93亿元，变更索赔创效率2.46%。（刘艳芳）

▲2019年7月1日，中铁二局承建的郑济铁路控制性工程——黄河特大桥公铁合建段北引桥连续钢桁梁顺利合龙

【公路工程二次经营】2019年公路工程完成产值1109.58亿元，实现变更索赔额130.46亿元，变更索赔率为11.76%；变更索赔创效额19.52亿元，变更索赔创效率1.76%。（刘艳芳）

【市政工程二次经营】2019年市政工程完成产值1276.73亿元，实现变更索赔额122.25亿元，变更索赔率为9.57%；变更索赔创效额21.76亿元，变更索赔创效率1.7%。（刘艳芳）

【房建工程二次经营】2019年房建工程完成产值940.52亿元，实现变更索赔额90.59亿元，变更索赔率为9.63%；变更索赔创效额14.02亿元，变更索赔创效率1.49%。（刘艳芳）

【城轨工程二次经营】2019年城轨工程完成产值1347.47亿元，实现变更索赔额172.35亿元，变更索赔率为12.79%；变更索赔创效额24.46亿元，变更索赔创效率1.81%。（刘艳芳）

【水利水电工程二次经营】2019年水利水电工程完成产值56.91亿元，实现变更索赔额6.8亿元，变更索赔率为11.95%；变更索赔创效额1.02亿元，变更索赔创效率1.8%。（刘艳芳）

【其他工程二次经营】2019年其他工程完成产值195.58亿元，实现变更索赔额24.39亿元，变更索赔率为12.47%；变更索赔创效额3.24亿元，变更索赔创效率1.66%。（刘艳芳）

安全质量管理

【安全质量管理概况】2019年，中国中铁进一步强化“红线”意识和“底线”思维，坚持问题导向，坚持标本兼治，保障安全投入，推动落实“管”“监”系统安全责任，提升企业本质安全保障能力，推进工程项目安全质量标准化建设，深化建筑施工安全专项治理行动和隐患排查治理，加强股份公司资质中标项目安全质量、生态环境保护管控，部署开展安全生产责任“落实年”活动，加强教育培训和班组长安全质量责任制建设，持续推动应急救援体系建设，层级建立和落实安全生产述职机制，提高全公司安全质量、生态环境保护监管工作水平。全年10项工程获得鲁班奖（其中承建工程6项、参建工程4项），48项工程获得国家优质工程奖，20项工程进入全国学习交流的建设工程项目施工安全生产标准化工地名单。（任乐春）

▲ 2019年8月11日，中国中铁党委书记、董事长张宗言，副总裁刘宏龙，以“四不两直”方式深入项目检查指导工作

▲ 2019年5月31日，中国中铁各单位同时开展安全质量宣誓活动

【安全生产】中国中铁从落实安全责任、完善安全管理体系、强化安全施工管理、加强安全设备保障、开展安全教育培训五个方面，全方位强化安全生产。制定《2019年安全生产、工程质量、环境保护和职业健康监督管理工作要点》，明确全年工作思路和工作目标，并开展落实。全年未发生重大及以上安全生产事故，确保了中华人民共和国成立70周年大庆期间安全生产无事故。（任乐春）

【安全质量大检查】2019年，股份公司共组织各类安全质量大检查7次，检查共覆盖34家二级企业和158个项目。5月中旬，由股份公司两位主要领导分别带队，对重庆、青岛片区在建项目开展安全生产大检查，并分别召开片区安全质量检查及管理现场会，对安全生产大检查情况、典型事故案例等进行了通报，主要领导就进一步做好安全质量工作提出明确要求。组织开展岁末年初、节后复工、汛期安全生产大检查，对丽香铁路、郑济铁路等50余个重点项目进行检查。3月下旬，国资委督查组对中国中铁总部和石家庄地铁进行安全生产督导检查，督查组对公司落实国资委要求给予充分肯定。8月9日至9月28日，股份公司领导及高管带队15个安全质量检查组，按“齿轮推动、层级覆盖”原则，对34家二级单位以“一局、一处、一项目”的方式开展全方位、系统性安全质量大检查。（任乐春）

【全国“安全生产月”活动】按照国务院安委会办公室《关于开展2019年全国“安全生产月”和“安全生产万里行”活动的通知》有关要求，公司以党政工团联合形式下发《关于2019年“安全生产月”活动安排的通知》，以“防风险、除隐患、遏事故”为主题，部署全公司安全质量宣誓、主题宣讲、安全宣传咨询日、安全生产大培训、安全警示教育和科普宣传、安全隐患排查治理、应急预案演练等系列活动。5月31日，各单位

▲ 2019年6月19日，杭州地铁工程建设突发事故应急演练在中国中铁施工总承包的杭州地铁7号线机场西站工点举行

及在建项目同时开展安全质量宣誓活动，股份公司领导及高管、总部机关全体员工、部分二级公司领导在总部机关主会场参加宣誓活动，并由项目经理代表通过视频向全公司所有项目部发出安全生产倡议。公司统一制作“管”“监”责任落实宣传海报和项目经理安全倡议书，在一线作业场所广发张贴、宣贯和督查落实。（任乐春）

【应急救援体系建设】按照《生产安全事故应急条例》和有关规定，组织修订《中国中铁股份有限公司安全质量、生态环境及灾害事故（事件）应急预案》，持续推进昆明队、贵阳队基地建设和救援装备升级改造，全面系统开展补充救援人员、完善指挥系统、健全协调机制、配套基础设施、完善规章制度、加强培训演练和构建保障体系等工作，有效提升专业救援能力。受应急管理部委托，编制隧道施工企业以及国家隧道应急救援队应急预案范本，于2月28日在国家应急救援中心网站正式发布，成为国家级专业应急预案；组织编制建筑施工中央企业应急预案范本，并已提交国家应急救援指挥中心。2019年，昆明队、贵阳队分别参加贵州水城特大山体滑坡、成昆铁路扩能工程山洪、泥石流地质灾害等5次抢险救援工作，营救被困人员18名（自救援队成立以来累计营救128名），凸显中国中铁专业应急救援队伍的能力和实力。（任乐春）

【工程创优】2019年，中国中铁共有10项工程获得中国建设工程鲁班奖，57项工程获得国家优质工程奖，其中7项工程获得国家优质工程金质奖。截至2019年底，中国中铁累计获得中国建设工程鲁班奖185项，获得国家优质工程奖348项。（柴海楼）

【中国中铁杯与中国中铁优合并评审】依据中国建筑业协会工程质量分会《关于退出中国中铁杯和中国铁建杯评审事宜的函》的意见，中建协质量管理分会不再承担自2012年中国中铁杯创立以来的创优过程监管并与中国中铁共同推荐鲁班奖申报指标的职能。该职能自2019年起，交由中国中铁承担并由中国中铁直接对中国建筑业协会负责。自2019年起，股份公司优质工程不再区分为中国中铁杯（省部优）与中国中铁优（企业优）。（柴海楼）

表5-4　2019年中国中铁获中国建设工程鲁班奖情况

序号	工程名称	承建单位	参建单位
1	宜昌市庙嘴长江大桥	中铁大桥局集团有限公司	
2	兰渝铁路西秦岭隧道工程	中铁隧道局集团有限公司	中铁隧道集团二处有限公司 中铁二局集团有限公司
3	长春市北郊污水处理厂扩建及提标改造工程	中铁一局集团有限公司	中铁一局集团第二工程有限公司
4	哈尔滨站改造工程（站房、雨棚部分）	中铁建工集团有限公司	中铁上海工程局集团建筑工程有限公司
5	滨海站	中铁建工集团有限公司	中铁建工集团安装工程有限公司
6	中铁青岛世界博览城会议中心综合体项目	中铁建工集团有限公司	
7	新建长沙至昆明铁路客运专线湖南段雪峰山一号隧道		中铁武汉电气化局集团有限公司
8	湖南省吉首至茶洞（湘渝界）公路矮寨特大悬索桥		中铁山桥集团有限公司
9	泰州长江公路大桥		中铁大桥局集团有限公司 中铁宝桥集团有限公司
10	玻利维亚乌尤尼35万吨/年钾盐制造厂项目		中铁九局集团有限公司

制表：柴海楼

表 5–5　　2019 年中国中铁获国家优质工程奖情况

序号	工程名称	获奖单位	获奖等级
1	四川雅砻江锦屏一级、二级水电站工程	中铁二局集团有限公司	国家优质工程金质奖
2	广东省潮州至惠州高速公路项目	中铁十局集团有限公司 中铁隧道局集团有限公司	国家优质工程金质奖
3	南京长江第四大桥工程	中铁大桥局集团有限公司 中铁宝桥集团有限公司	国家优质工程金质奖
4	南昌市红谷隧道工程	中铁隧道局集团有限公司	国家优质工程金质奖
5	重庆西站（重庆至贵阳铁路扩能改造工程重庆西站站房及相关工程）	中铁二院工程集团有限公司 中铁二院（成都）咨询监理有限责任公司	国家优质工程金质奖
6	尼日利亚铁路现代化项目阿布贾至卡杜纳段工程	中铁二院工程集团有限责任公司	国家优质工程金质奖
7	渭北煤化工业园区 180 万吨甲醇 70 万吨聚烯项目	中铁西安勘察设计研究院有限责任公司	国家优质工程金质奖
8	宁安铁路安庆长江大桥	中铁大桥局集团有限公司	国家优质工程奖
9	南京至高淳城际轨道禄口机场至溧水段工程	中铁一局集团有限公司 中铁四局集团有限公司 中铁三局集团第六工程有限公司 中铁十局集团有限公司 中铁二局集团电务工程有限公司 中铁四局集团第八工程分公司	国家优质工程奖
10	苏州市轨道交通 2 号线及延伸线工程	中铁一局集团有限公司 中铁二局集团有限公司 中铁四局集团有限公司 中铁隧道局集团有限公司 中铁上海局集团有限公司 中铁一局集团电务工程有限公司 中铁七局集团电务工程有限公司	国家优质工程奖
11	南昌市轨道交通 2 号线生米南车辆综合基地工程	中铁五局集团有限公司 中铁五局集团第一工程有限责任公司	国家优质工程奖
12	广州市轨道交通 14 号线邓村车辆段与综合基地工程	中铁一局集团有限公司 中铁一局集团建筑安装工程有限公司 中铁一局集团新运工程有限公司	国家优质工程奖
13	滨北线松花江公铁两用桥改建工程	中铁大桥局集团有限公司	国家优质工程奖
14	新建哈齐铁路客运专线“四电”系统集成及相关工程和客运信息系统工程	中铁电气化局集团有限公司	国家优质工程奖
15	武汉市轨道交通 11 号线东段（光谷火车站—左岭站）工程 BT 投融资建设项目	中铁一局集团电务工程有限公司	国家优质工程奖
16	新建石家庄至济南铁路客运专线平禹特大桥	中铁一局集团有限公司 中铁一局集团第二工程有限公司 中铁一局集团天津建设工程有限公司 中铁十局集团有限公司 中铁电气化局集团有限公司	国家优质工程奖
17	西成客专跨西宝客专特大桥	中铁一局集团有限公司 中铁七局集团有限公司	国家优质工程奖
18	新建宝鸡至兰州铁路客运专线三阳川渭河 2 号特大桥	中铁三局集团有限公司	国家优质工程奖
19	新建宝鸡至兰州铁路客运专线渭河隧道	中铁三局集团有限公司 中铁电气化局集团有限公司	国家优质工程奖
20	新建重庆至万州铁路分水镇隧道	中铁二局集团有限公司 中铁二局第二工程有限公司	国家优质工程奖
21	重庆轨道交通 5 号线一期北段工程（园博中心站—大石坝站）	中国中铁股份有限公司 中铁隧道局集团有限公司 中铁二局集团有限公司	国家优质工程奖
22	重庆至贵阳铁路扩能改造工程天坪隧道	中铁隧道局集团有限公司	国家优质工程奖
23	重庆至贵阳铁路扩能改造工程新凉风垭隧道	中铁电气化局集团西安电气化工程有限公司	国家优质工程奖

续表

序号	工程名称	获奖单位	获奖等级
24	新建沪昆铁路客运专线长沙至昆明段（贵州）北盘江特大桥	中铁广州局集团有限公司	国家优质工程奖
25	新建沪昆铁路客运专线（云南段）腰站特大桥	中铁五局集团有限公司	国家优质工程奖
26	济南市二环南路建设工程（西段）	中铁十局集团有限公司	国家优质工程奖
27	南昌市九洲大道高架快速路工程（朝阳大桥—洪都大道）	中铁广州局集团有限公司 中铁一局集团有限公司 中铁南方投资集团有限公司	国家优质工程奖
28	重庆市江津中渡长江大桥	中铁宝桥集团有限公司	国家优质工程奖
29	南宁东站综合交通枢纽一期工程（地下空间）——公共服务工程 01 标	中铁隧道局集团有限公司	国家优质工程奖
30	南宁市青山大桥工程	中铁四局集团有限公司	国家优质工程奖
31	南宁市良庆大桥工程	中铁上海局集团有限公司	国家优质工程奖
32	广西百色至靖西高速公路	中铁八局集团有限公司	国家优质工程奖
33	长沙机场大道工程	中国中铁股份有限公司 中铁七局集团第三工程有限公司 中铁四局集团第一工程有限公司 中铁交通投资集团有限公司	国家优质工程奖
34	国道 317 线雀儿山隧道	中铁一局集团有限公司	国家优质工程奖
35	达州至万州高速公路（四川境）项目	中铁隧道局集团有限公司 中铁二局集团第一工程有限公司	国家优质工程奖
36	海口市地下综合管廊试点工程（2015—2016 年）长滨路等六条综合管廊	中铁四局集团有限公司	国家优质工程奖
37	上海铁路局太平桥货场部分地块单位租赁房项目 A 地块工程	中铁上海局集团有限公司	国家优质工程奖
38	重庆双碑嘉陵江大桥主桥及东西引桥工程	中铁大桥局集团有限公司	国家优质工程奖
39	永旺梦乐城烟台店	中铁建工集团有限公司	国家优质工程奖
40	中铁青岛世界博览城会议中心综合体项目	中铁建工集团有限公司	国家优质工程奖
41	鹤壁万达广场	中铁建工集团安装工程有限公司	国家优质工程奖
42	息烽温泉景区旅游基础设施及配套建设工程	中铁二局第一工程有限公司	国家优质工程奖
43	广州地铁琶洲 AH041018、AH041023 地块项目主体工程 BT 融资建设（施工图设计及施工总承包）工程	中铁建工集团有限公司	国家优质工程奖
44	坦桑尼亚 Dodoma—Babati（多多玛—巴巴提）道路项目	中铁七局集团有限公司	国家优质工程奖
45	乌干达 MBARARA 绕城高速及 MBARARA—NTUNGAMO 道路项目	中铁七局集团有限公司	国家优质工程奖
46	新建山西中南部铁路通道太行山隧道	中铁隧道勘测设计院有限公司	国家优质工程奖
47	云桂铁路（云南段）东风隧道	中铁二院工程集团有限责任公司	国家优质工程奖
48	新建成都至重庆铁路客运专线新中梁山隧道	中铁二院工程集团有限责任公司土木建筑设计研究二院	国家优质工程奖
49	新建铁路大同至西安客运专线原平西至西安北段“四电”系统集成及相关工程（SDJC）标段	中铁华铁工程设计集团有限公司	国家优质工程奖
50	郑州市陇海路快速通道工程 BT 项目桥梁工程	中铁工程设计咨询集团有限公司 中铁二院工程集团有限责任公司	国家优质工程奖
51	芜湖海螺医院住院楼及门诊楼工程	中铁时代建筑设计院有限公司	国家优质工程奖
52	青岛市地铁 2 号线一期工程辽阳东路车辆段与综合基地	中铁二院工程集团有限责任公司	国家优质工程奖

续表

序号	工程名称	获奖单位	获奖等级
53	动车组次轮五级检修建设项目表面处理厂房及总装车体联合厂房	中铁工程设计院有限公司	国家优质工程奖
54	电力科研楼等3项（中国电力科学研究院科技研发中心建设工程）	中铁华铁工程设计集团有限公司	国家优质工程奖
55	新建合肥至福州铁路闽赣段通信信号电力系统集成工程	北京中铁诚业工程建设监理有限公司	国家优质工程奖
56	新建贵阳至广州铁路客运专线四电系统集成、防灾安全监控及相关工程	中铁二院工程集团有限责任公司	国家优质工程奖
57	襄阳市内环线汉江三桥工程桥梁工程	中铁武汉大桥工程咨询监理有限公司	国家优质工程奖

制表：柴海楼

表 5-6　　2019 年中国中铁杯优质工程奖获奖情况

总序	分序	工程名称	申报单位
一		地铁工程（41 项）	
1	1	西安地铁 4 号线 TJSG-11 标段工程	中铁一局集团城市轨道交通工程有限公司
2	2	乌鲁木齐轨道交通 1 号线 11 标段工程	中铁一局集团有限公司第三工程分公司
3	3	上海轨道交通 9 号线三期（东延伸）10 标段工程	中铁一局集团城市轨道交通工程有限公司
4	4	广州市轨道交通 21 号线 20 标段工程	中铁一局集团城市轨道交通工程有限公司
5	5	武汉市轨道交通蔡甸线 1 标段工程	中铁一局集团有限公司 中铁一局集团建筑安装工程有限公司
6	6	兰州轨道交通 1 号线一期［TJ Ⅲ -12A］盘旋路站	中铁一局集团市政环保工程有限公司
7	7	北京市中低速磁浮交通示范线（S1 线）工程轨道安装工程	中铁一局集团新运工程有限公司
8	8	武汉市轨道交通阳逻线（21 号线）第二标段轨道工程	中铁一局集团新运工程有限公司
9	9	武汉市轨道交通 1 号径河延伸线工程	中铁一局集团桥梁工程有限公司 中铁一局集团电务工程有限公司
10	10	成都地铁 3 号线二、三期工程土建 11 标	中铁二局集团有限公司 中铁二局第三工程有限公司 中铁二局集团有限公司城通分公司 中铁城市发展投资集团有限公司
11	11	北京市中低速磁浮悬交通示范线（S1 线）工程施工总承包 05 标段	中铁二局集团有限公司 中铁二局第四工程有限公司
12	12	广州市轨道交通 14 号线一期［施工 3 标］土建工程	中铁二局集团有限公司 中铁二局第四工程有限公司
13	13	广州市轨道交通 9 号线一期轨道工程轨道施工总承包项目	中铁二局集团有限公司 中铁二局集团新运工程有限公司
14	14	北京地铁 16 号线工程土建施工 07 合同段	中铁二局集团有限公司 中铁二局集团有限公司城通分公司 中铁二局第五工程有限公司
15	15	重庆市轨道交通四号线一期工程太平冲站—唐家沱站区间及出入线高架段	中铁三局集团第六工程有限公司
16	16	杭州地铁 2 号线二期工程 SG2-23	中铁三局集团桥隧工程有限公司
17	17	苏州市轨道交通 4 号线及支线Ⅳ -TS-03 标土建工程施工项目	中铁三局集团华东建设有限公司
18	18	广州市轨道交通九号线施工 1 标土建工程	中铁三局广东建设工程有限公司
19	19	哈尔滨市轨道交通 1 号线三期工程土建三标	中铁四局集团第一工程有限公司
20	20	青岛地铁 2 号线一期工程土建一标 01 工区	中铁四局集团有限公司第七工程分公司
21	21	广州地铁 13 号线土建工程 07 标	中铁四局集团城市轨道交通工程分公司
22	22	上海轨道交通 9 号线三期（东延伸）7 标段曹路站土建工程	中铁四局集团上海工程公司

续表

总序	分序	工程名称	申报单位
23	23	广州市轨道交通 21 号线工程［施工 18 标］土建工程	中铁五局集团有限公司 中铁五局集团路桥工程有限责任公司 中铁五局集团有限公司城市轨道交通工程分公司
24	24	成都地铁 1 号线三期首期工程土建 5 标	中铁六局集团有限公司交通工程分公司 中铁城市发展投资集团有限公司
25	25	大连市地铁一期工程 105 标段工程施工	中铁七局集团有限公司 中铁七局集团第二工程有限公司
26	26	杭州地铁 2 号线二期工程 SG2-22 标	中铁七局集团有限公司 中铁七局集团第三工程有限公司
27	27	广州市轨道交通 14 号线支线［施工 1 标］土建工程	中铁七局集团西安铁路工程有限公司
28	28	济南市轨道交通 R1 号线地下段土建工程二标	中铁十局集团第一工程有限公司
29	29	西安市地铁 3 号线一期工程鱼化寨至保税区段（不含试验段）土建施工项目 TJSG-5 标	中铁十局集团西北工程有限公司
30	30	宁和城际轨道交通一期工程土建 NH-TA03 标	中铁电气化局集团有限公司 中铁电气化局集团有限公司铁路工程公司
31	31	武汉市轨道交通 7 号线一期工程第二十一标段土建工程	中铁电气化局集团有限公司 中铁电气化局集团西安电气化工程有限公司
32	32	成都地铁 3 号线一期土建工程 2 标	中铁城市发展投资集团有限公司 中铁隧道股份有限公司 中铁隧道局集团路桥工程有限公司 中铁隧道集团四处有限公司
33	33	青岛市地铁一期工程（3 号线）土建 03 标	中铁隧道集团二处有限公司
34	34	昆明市轨道交通 3 号线西标	中铁隧道集团二处有限公司
35	35	广州市轨道交通 14 号线一期施工 10 标土建工程	中铁隧道集团三处有限公司
36	36	合肥市轨道交通 2 号线土建 TJ01 标段	北京中铁隧建筑有限公司
37	37	合肥市轨道交通 2 号线土建 TJ10 标	北京中铁隧建筑有限公司
38	38	杭州地铁 4 号线一期工程南延伸段 5 标段	中铁隧道局集团有限公司市政工程公司
39	39	温州市域铁路 S1 线一期工程土建施工 SG10 标	中铁隧道局集团有限公司市政工程公司
40	40	广州市轨道交通四号线南延段南沙停车场工程［施工Ⅱ标］	中铁广州工程局集团深圳工程有限公司
41	41	西安市地铁 4 号线工程土建施工项目 D4TJSG-18 标段	中铁广州工程局集团市政环保工程有限公司
二		**工业建筑（3 项）**	
42	1	中铁宝桥高锰钢辙叉基地厂房工程	中铁一局集团建筑安装工程有限公司
43	2	浙江南车储能式无轨电车产业化项目联合厂房房建工程	中铁三局集团有限公司运输工程分公司
44	3	贵阳经济技术开发区大数据安全产业示范区 A 区建设 PPP 项目国家大数据安全靶场（竞演区）施工	中铁五局集团建筑工程有限责任公司
三		**公共建筑（19 项）**	
45	1	厄瓜多尔基多南部医院	中铁一局集团有限公司海外事业部
46	2	息烽温泉景区旅游基础设施及配套建设工程	中铁二局第一工程有限公司
47	3	厦门地铁 1 号线高崎停车场运用库	中铁二局集团有限公司 中铁二局第二工程有限公司
48	4	太和县公共文化服务建设项目（六馆两中心）工程	中铁四局集团钢结构建筑有限公司
49	5	新建长春铁路综合货场工程	中铁四局集团钢结构建筑有限公司
50	6	义乌西铁路货场扩建工程	中铁四局集团钢结构建筑有限公司
51	7	新建济南至青岛高速铁路工程县级站站房工程施工总价承包 JQGTZFSG-4 标	中铁五局集团有限公司 中铁五局集团建筑工程有限责任公司
52	8	贵州省地质资料馆暨地质博物馆建设项目	中铁五局集团建筑工程有限责任公司
53	9	中铁九天大厦	中铁八局集团建筑工程有限公司
54	10	新建青连铁路青岛西站站房工程	中铁十局集团建筑工程有限公司
55	11	遵义茅台迎宾馆工程	中铁建工集团有限公司西南分公司

续表

总序	分序	工程名称	申报单位
56	12	南丹路1号办公楼改建项目	中铁建工集团有限公司上海分公司
57	13	太湖新城吴江开平路以北水秀街以西地块商住用房项目	中铁建工集团有限公司上海分公司
58	14	新建张家口至呼和浩特铁路呼和浩特铁路局新建调度所工程	中国铁工建设有限公司
59	15	广州市地下铁道总公司坑口项目	中铁建工集团北方工程有限公司
60	16	地理与资源科学实验研究中心及陆地表层系统模拟科研实验研究平台	中铁建工集团装饰工程有限公司
61	17	敦煌机场扩建工程航站区等工程	中铁建工集团有限公司北京分公司
62	18	亳州市华佗中医院新区工程	中铁上海工程局集团有限公司
63	19	张家港金沙洲学校工程	中铁上海工程局集团有限公司
四		公路桥梁（10项）	
64	1	济齐黄河公路大桥工程	中铁一局集团有限公司 中铁三局集团有限公司 中铁四局集团有限公司 山东路桥集团有限公司 中铁一局集团桥梁工程有限公司
65	2	浙江乐清湾大桥及接线工程第01标段吊船湾大桥	中铁四局集团第二工程有限公司
66	3	国家高速公路网昆明绕城高速公路东南段建设项目土建工程B标狗街南盘江特大桥	中铁四局集团第一工程有限公司
67	4	荣乌国家高速公路潍坊至日照联络线潍坊至日照段潍城经济开发区Ⅱ号高架桥	中铁四局集团有限公司第七工程分公司
68	5	广东省龙川至怀集公路（连平至英德段）土建工程TJ25标英红特大桥	中铁四局集团第五工程有限公司
69	6	四川省崇州市琴鹤大桥	中铁八局集团第一工程有限公司 中铁城市发展投资集团有限公司
70	7	芜湖长江公路二桥主桥A-1标	中铁大桥局集团有限公司 中铁大桥局集团第四工程有限公司
71	8	平潭综合实验区环岛公路（金井湾大桥及接线工程一期）A9合同段	中铁大桥局集团有限公司 中铁大桥局集团第二工程有限公司
72	9	摩洛哥拉巴特绕城高速公路布里格里格河谷斜拉桥项目	中铁大桥局集团有限公司 中铁大桥局集团第六工程有限公司
73	10	广佛江快速通道江门棠下段工程龙舟山互通立交	中铁广州工程局集团桥梁工程有限公司
五		公路隧道（5项）	
74	1	温州绕城高速公路西南线第1标段官山隧道	中铁三局集团第二工程有限公司
75	2	益阳至马迹塘高速公路项目第3标段浮邱山隧道	中铁十局集团第二工程有限公司
76	3	雅安至康定高速公路C1标二郎山隧道工程	中铁隧道股份有限公司
77	4	长临高速LJ4标段盘秀山隧道工程	中铁隧道集团一处有限公司
78	5	广东省龙川至怀集公路TJ23标金门隧道	中铁隧道局集团有限公司 中铁隧道集团三处有限公司
六		核电工程（1项）	
79	1	台山核电站取水隧洞	中铁隧道局集团有限公司 中铁隧道股份有限公司
七		石油工程（1项）	
80	1	锦州国家石油储备库工程项目地下洞库施工工程C2合同包	中铁隧道局集团有限公司 中铁隧道局集团二处有限公司
八		交通综合工程（27项）	
81	1	柳州（鹿寨）至南宁高速公路改扩建工程№3合同段	中铁一局集团第三工程分公司

续表

总序	分序	工程名称	申报单位
82	2	新建西安至成都客运专线（陕西境内）站前工程XCZQ11标-1标段工程	中铁一局集团铁路建设有限公司
83	3	霍永高速公路K79+766.871—K151+615.682段工程	中铁三局集团投资有限公司
84	4	新建铁路深圳至茂名铁路江门至茂名段JMZQ-2标段铺架工程	中铁四局集团有限公司第八工程分公司
85	5	合芜高速联络线（通江大道北延线）工程	中铁四局集团市政工程分公司
86	6	湖南省永顺至吉首高速公路土建T08合同段	中铁五局集团机械化工程有限责任公司
87	7	新建张家口至呼和浩特铁路站前工程ZHZQ-7标DK271+786—DK285+000段路基工程	中铁六局集团呼和浩特铁路建设有限公司
88	8	新建北京至石家庄铁路客运专线石家庄枢纽（北京局代建部分）站场工程	中铁六局集团太原铁路建设有限公司
89	9	新建石家庄至济南铁路客运专线站前工程sjz-5标段	中铁六局集团丰桥桥梁有限公司
90	10	新建九景衢铁路4标段工程	中铁六局集团丰桥桥梁有限公司
91	11	明水（甘新界）至哈密公路工程第MH-6标段	中铁七局集团有限公司 中铁七局集团第三工程有限公司
92	12	湖南省永吉高速公路第16合同段	中铁七局集团有限公司 中铁七局集团郑州工程有限公司
93	13	新建大冶北至阳新铁路站前工程DYSG-3标	中铁七局集团有限公司 中铁七局集团武汉工程有限公司
94	14	坦桑尼亚KYAKA—BUGEME沥青标准道路升级项目（59.1KM）	中铁七局集团有限公司 中铁七局集团武汉工程有限公司
95	15	新建天津新港北铁路集装箱中心站工程	中铁七局集团西安铁路工程有限公司
96	16	宁西二线（西安局管段）站前工程NXZQ-4标	中铁七局集团有限公司 中铁七局集团路桥工程有限公司
97	17	坦桑尼亚Babati—Dodoma道路项目B标段：Mela—Bonga段	中铁七局集团有限公司 中铁七局集团海外公司
98	18	乌干达新建MBARARA绕城高速及MBARARA—NTUNGAMO道路项目	中铁七局集团有限公司 中铁七局集团海外公司
99	19	乌干达Kamwenge—Fort Portal道路项目（66.2千米）	中铁七局集团有限公司 中铁七局集团海外公司
100	20	昆明市黄土坡至马金铺高速公路工程	中铁八局集团昆明铁路建设有限公司
101	21	长春至白城铁路扩能改造工程CBSG-8标段白城站场改造工程	中铁九局集团有限公司
102	22	昆玉高速公路鸣泉收费站（昆明南）外迁工程	中铁隧道局集团一处有限公司
103	23	湄渝高速公路三明（莘口）至明溪（城关）段A3合同段土建施工	中铁隧道局集团四处有限公司
104	24	哈尔滨站改造工程（站房、雨棚部分）	中铁建工集团有限公司北京分公司
105	25	沈阳至铁岭城际铁路工程（松山路—道义）土建施工第七合同段	中铁北京工程局集团第六工程有限公司
106	26	新建济南至青岛高速铁路工程JQGTSG-6标	中铁上海工程局集团有限公司
107	27	嘉闵高架（S32—莘松路）道路新建工程JMN2-5标段	中铁上海工程局集团第二工程有限公司
九		**市政工程（43项）**	
108	1	四川省成都市博览城综合交通枢纽工程	中铁一局集团有限公司 中铁一局集团第四工程有限公司 中铁城市发展投资集团有限公司
109	2	肇庆市城市化道路改造工程	中铁一局集团有限公司广州分公司
110	3	从化大桥（县道X935线改线）工程	中铁二局集团有限公司 中铁二局第二工程有限公司
111	4	国道321线泸州沱江二桥加宽改造工程	中铁二局集团有限公司 中铁二局第五工程有限公司

续表

总序	分序	工程名称	申报单位
112	5	高新区世纪城路东延线跨府河桥梁工程	中铁二局集团有限公司 中铁二局第五工程有限公司
113	6	苏州高铁新城富翔路（民泰路—轨道车辆段）工程	中铁二局集团有限公司 中铁二局第五工程有限公司
114	7	温州绕城高速公路西南线第 1 标段仰义枢纽互通	中铁三局集团第二工程有限公司
115	8	贵阳市北京东路延伸段（贵阳东北城市干道）二期道路工程第七合同段火石坡大桥	中铁三局集团第六工程有限公司
116	9	苏州高新区有轨电车 2 号线 ST2-TJ-2 标土建工程施工项目（首批）	中铁三局集团华东建设有限公司
117	10	福特汽车南京测试中心	中铁四局集团第一工程有限公司
118	11	椰海大道西延段（长天路至海榆中线）地下综合管廊	中铁四局集团第四工程有限公司
119	12	深圳前海双界河路（及其地下道路）市政工程二标	中铁四局集团第五工程有限公司
120	13	嘉定南翔污水处理厂一期工程	中铁四局集团上海工程公司
121	14	徐州市迎宾大道高架快速路工程 PPP 项目	中铁四局集团第二工程有限公司
122	15	景德镇市地下综合管廊 PPP 项目	中铁四局集团有限公司
123	16	贵阳市南垭路（1.5 环北段）道路建设工程土建工程第一合同段（蛮坡立交工程）	中铁五局集团有限公司 中铁五局集团第一工程有限责任公司
124	17	西安地铁三号线长乐公园站；咸宁路站—长乐公园站盾构区间；长乐公园站—通化门站盾构区间	中铁七局集团有限公司 中铁七局集团第三工程有限公司
125	18	南宁吴圩机场第二高速公路工程（城市快速路段）	中铁七局集团有限公司 中铁七局集团第四工程有限公司
126	19	商丘高铁站相关市政道路立交工程	中铁七局集团有限公司 中铁七局集团郑州工程有限公司
127	20	成都市成华区致力路下穿隧道	中铁八局集团第二工程有限公司
128	21	贵阳市朝阳洞路道路改造工程跨铁路桥梁工程	中铁八局集团有限公司市政工程分公司
129	22	呈黄路改扩建与王家营准轨场铁路立交工程施工第一标段	中铁八局集团昆明铁路建设有限公司
130	23	梭鱼湾周边道路桥梁工程	中铁九局集团第五工程有限公司
131	24	济广高速济南连接线段店立交南延（济南市二环西路高架桥南延）穿越铁路工程	中铁十局集团第一工程有限公司
132	25	合肥市郎溪路高架包河大道立交工程项目郎溪路高架	中铁十局集团第三建设有限公司
133	26	合肥市蓬莱路跨派河桥（云谷路—芮祠路）工程跨派河大桥	中铁十局集团第三建设有限公司
134	27	安庆经开区两区共建和平东路综合管廊及道路排水工程	中铁十局集团第三建设有限公司
135	28	芜湖市弋江路快速化改造米市口立交工程	中铁十局集团第四工程有限公司
136	29	五爱街—南二环互通立交桥工程施工一标段	中铁大桥局集团有限公司 中铁大桥局集团第二工程有限公司
137	30	白石桥工程施工	中铁大桥局集团有限公司 中铁大桥局集团第五工程有限公司
138	31	重庆寸滩长江大桥	中铁大桥局集团有限公司 中铁大桥局集团第八工程有限公司
139	32	广州大道系统工程—广州大桥扩宽工程	中铁大桥局集团有限公司 中铁大桥局集团第九工程有限公司
140	33	S26 公路入城段（G15 嘉闵高架路）新建工程 S26R-2 标	中铁大桥局集团有限公司 中铁大桥局上海工程有限公司
141	34	兰州轨道 1 号线东岗车辆基地 B 项目	中铁北京工程局集团第一工程有限公司
142	35	沈阳市南北快速干道工程（科普公园—南乐郊路）施工三标段	中铁北京工程局集团第六工程有限公司
143	36	亳州市元参路（西一环路—魏武大道）道路排水工程	中铁天丰建筑工程有限公司
144	37	柳州市官塘大桥工程	中铁上海工程局集团有限公司
145	38	柳州市白沙大桥工程	中铁上海工程局集团有限公司

续表

总序	分序	工程名称	申报单位
146	39	合肥市清溪净水厂 PPP 项目	中铁上海工程局集团有限公司
147	40	虹梅南路—金海路通道（虹梅南路段）新建工程 HM-5 标	中铁上海工程局集团第二工程有限公司
148	41	沈阳东一环快速路工程三标	中铁上海工程局集团北方工程有限公司
149	42	郑州航空港经济综合实验区 2016—2018 年片区城市基础设施一级开发建设项目施工总承包（第四标段）	中铁投资集团有限公司 中铁七局集团有限公司 中铁七局集团郑州工程有限公司 中铁七局集团第一工程有限公司 中铁七局集团第二工程有限公司 中铁七局集团第三工程有限公司 中铁七局集团第五工程有限公司 中铁七局集团电务工程有限公司
150	43	贵州国际旅游体育休闲度假中心一期工程	中国中铁股份有限公司贵州生态城分公司
十		水运水利工程（2 项）	
151	1	宁夏中南部城乡饮水安全水源工程五标段	中铁隧道集团一处有限公司
152	2	惠州港燃料油调和配送中心 30 万吨码头（Ⅱ标）	中铁广州工程局集团港航工程有限公司
十一		四电工程（24 项）	
153	1	上海市轨道交通 17 号线工程通信系统、信号系统安装工程	中铁一局集团电务工程有限公司
154	2	南宁轨道交通 2 号线通信、信号、供电系统安装工程	中铁二局集团电务工程有限公司
155	3	成绵乐客专公司代建新建铁路成都至重庆客运专线、改建铁路成昆线成都至峨眉段引入成都枢纽四电系统集成及设备房屋等相关工程	中铁三局集团电务工程有限公司
156	4	南昆铁路南宁至百色段增建二线工程（站后）NBSG-6 标	中铁三局集团电务工程有限公司
157	5	广州市轨道交通 4 号线庆盛站、官桥站及南延段（金洲至南沙客运港）弱电系统安装工程	中铁三局集团电务工程有限公司
158	6	新建连云港至盐城铁路站后四电及相关工程 LYZH-SD 标段	中铁四局集团电气化工程有限公司
159	7	杭州地铁 2 号线一期工程西北段车站（含区间）设备安装及装修工程施工六标段	中铁四局集团电气化工程有限公司
160	8	新建长春铁路综合货场工程	中铁四局集团电气化工程有限公司
161	9	成都地铁 7 号线工程机电安装及装修 10 标	中铁四局集团机电设备安装有限公司 中铁城市发展投资集团有限公司
162	10	京哈线通州至北戴河段（Ⅰ标段）自动闭塞改建工程	中铁六局集团电务工程有限公司
163	11	成都地铁 1 号线三期首期系统 1 标	中铁七局集团有限公司 中铁城市发展投资集团有限公司 中铁七局集团电务工程有限公司
164	12	刚果（金）布桑加水电站 220kV 输变电工程（永临结合部分）	中铁七局集团电务工程有限公司
165	13	四平至齐齐哈尔铁路郑家屯至榆树屯站电气化改造工程（沈阳局管内）PQSG-2 标段	中铁九局集团电务工程有限公司
166	14	福清兴化湾海上风电场一期（样机试验风场）项目风机基础与风机安装及 35kV 海缆敷设工程	中铁大桥局集团有限公司 中铁大桥局集团第五工程有限公司
167	15	杭州地铁 2 号线二期工程车站（含区间）设备安装及装修工程施工 1 标	中铁隧道局集团机电工程有限公司
168	16	成都地铁 7 号线工程机电系统综合 1 标工程	中铁武汉电气化局集团西安分公司 中铁城市发展投资集团有限公司
169	17	重庆至贵阳铁路扩能改造工程“四电”系统集成及相关配套工程 YQSD-2 标段	中铁电气化局集团有限公司 中铁电气化局集团西安电气化工程有限公司

续表

总序	分序	工程名称	申报单位
170	18	东湖国家自主创新示范区有轨电车 T1、T2 试验线工程创新投融资建设项目 3 标段工程	中铁电气化局集团有限公司 中铁电气化局集团西安电气化工程有限公司 中铁电气化局集团有限公司第二工程分公司
171	19	广州市轨道交通 9 号线一期供电系统安装工程	中铁电气化局集团有限公司 中铁电气化局集团有限公司城铁公司
172	20	厦门市轨道交通 1 号线一期工程车站设备安装及装修工程施工 1 标段	中铁电气化局集团有限公司 中铁电气化局集团第三工程有限公司
173	21	上海市轨道交通 8 号线三期暨集运系统工程机电设备采购及安装总承包	中铁电气化局集团有限公司 中铁电气化局集团第一工程有限公司
174	22	苏州市轨道交通 4 号线及支线工程接触网、供电系统安装施工项目 2 标（SRT4-11-13 标）	中铁电气化局集团有限公司 中铁电气化局集团第一工程有限公司
175	23	新建杭州至黄山铁路站后四电集成及相关工程	中铁电气化局集团有限公司 中铁电气化局集团上海电气化工程分公司 中铁电气化局集团第一工程有限公司
176	24	贵阳市城市轨道交通 1 号线供电、通信系统工程	中铁电气化局集团有限公司 中铁电气化局集团西安电气化工程有限公司
十二		铁路桥梁（35 项）	
177	1	哈牡铁路蚂蚁河 1 号特大桥	中铁一局集团第二工程有限公司
178	2	成贵铁路 10 标香坝河特大桥	中铁一局集团有限公司 中铁一局集团第四工程有限公司
179	3	新建郑州至徐州铁路客运专线 ZXZQ06 标虞城特大桥	中铁一局集团有限公司 中铁一局集团第四工程有限公司
180	4	济青高铁北胶新河特大桥	中铁一局集团有限公司 中铁一局集团第五工程有限公司
181	5	蒙华铁路 MHTJ-10 标段龙门黄河大桥	中铁一局集团有限公司 中铁一局集团厦门建设工程有限公司
182	6	重庆至贵阳线扩能改造工程渝黔铁路土建 4 标豹子岩綦江双线特大桥	中铁二局集团有限公司 中铁二局集团第一工程有限公司
183	7	新建京张铁路新保安高架特大桥	中铁三局集团第二工程有限公司 中铁三局集团第五工程有限公司
184	8	新建蒙西至华中地区铁路 MHTJ-24 标段藕池河特大桥	中铁三局集团第六工程有限公司
185	9	新建黔江至张家界至常德铁路站前工程 QZCZQ-10 标白洋河特大桥	中铁三局集团有限公司运输工程分公司
186	10	温州市域铁路 S1 线一期工程 SG14 标灵昆特大桥	中铁四局集团第二工程有限公司
187	11	连盐铁路左线跨蔷薇河、淮沭新河特大桥	中铁四局集团第四工程有限公司
188	12	江苏连盐铁路站前工程 LYZQ- Ⅲ标善后河特大桥	中铁四局集团第四工程有限公司
189	13	新建铁路深圳至茂名铁路江门至茂名段 JMZQ-2 标南坦海特大桥	中铁四局集团第五工程有限公司
190	14	新建张家口至呼和浩特铁路左卫洋河南特大桥工程	中铁四局集团建筑工程有限公司
191	15	新建连云港至盐城铁路站前工程 LYZQ- Ⅲ标段盐河特大桥	中铁四局集团南京分公司
192	16	石济客专济南黄河公铁两用桥	中铁四局集团第二工程有限公司
193	17	新建济南至青岛高速铁路站前工程 JQGTSG-5 标段临青特大桥	中铁五局集团有限公司 中铁五局集团第二工程有限责任公司 中铁五局集团第六工程有限责任公司

续表

总序	分序	工程名称	申报单位
194	18	京沈客专辽宁段 TJ-6 标铁营子特大桥	中铁五局集团有限公司 中铁五局集团第四工程有限责任公司 中铁五局集团第二工程有限责任公司 中铁五局集团第六工程有限责任公司
195	19	新建怀邵衡铁路 HSHZQ-5 标西洋江特大桥	中铁五局集团有限公司 中铁五局集团第四工程有限责任公司 中铁五局集团第六工程有限责任公司
196	20	新建哈尔滨至牡丹江铁路客运专线站前工程 SG-5 标段亚布力西特大桥	中铁五局集团有限公司 中铁五局集团第五工程有限责任公司
197	21	新建铁路北京至沈阳客运专线辽宁段 TJ-6 标凉水河特大桥	中铁五局集团有限公司 中铁五局集团第五工程有限责任公司 中铁五局集团第二工程有限责任公司 中铁五局集团第六工程有限责任公司
198	22	新建哈尔滨至佳木斯铁路宾西北至平安屯段站前工程摆渡匝道特大桥	中铁五局集团有限公司 中铁五局集团机械化工程有限责任公司 中铁五局集团第六工程有限责任公司
199	23	新建哈尔滨至佳木斯铁路宾西北至平安屯段站前工程涛淇河特大桥	中铁五局集团有限公司 中铁五局集团机械化工程有限责任公司 中铁五局集团第六工程有限责任公司
200	24	新建铁路西安至成都客运专线西安至江油段陕西境内溢水河特大桥	中铁五局集团有限公司 中铁五局集团路桥工程有限责任公司 中铁五局集团成都工程有限责任公司 中铁五局集团第六工程有限责任公司
201	25	新建北京至沈阳铁路客运专线河北段站前工程 JSJJSG-3 标瀑河特大桥	中铁五局集团有限公司 中铁五局集团第一工程有限公司 中铁五局集团第六工程有限公司
202	26	新建呼和浩特至准格尔铁路工程 HZSG-2 标段跨改集包左右线特大桥工程	中铁六局集团呼和浩特铁路建设有限公司
203	27	新建湛江东海岛铁路工程	中铁六局集团广州工程有限公司
204	28	川黔铁路遵义段外迁工程余家巷特大桥	中铁八局集团第三工程有限公司
205	29	新建田师府至桓仁铁路工程 TH-1 标段谢家崴子太子河特大桥	中铁九局集团第七工程有限公司
206	30	新建龙口至烟台铁路站前工程Ⅲ标段跨 206 国道及夹河特大桥	中铁十局集团第八工程有限公司
207	31	新建连云港至盐城铁路站前工程 LYZQ- Ⅴ、Ⅵ标跨沿海高速、苏北灌溉总渠特大桥	中铁十局集团西北工程有限公司
208	32	重庆至贵阳铁路扩能改造工程新白沙沱长江特大桥	中铁大桥局集团有限公司 中铁大桥局集团第一工程有限公司 中铁大桥局集团第八工程有限公司
209	33	新建连云港至镇江铁路先期开工段五峰山长江特大桥北岸引桥桥梁工程	中铁北京工程局集团第五工程有限公司
210	34	深茂铁路潭江特大桥	中铁广州工程局集团第二工程有限公司
211	35	新建京沈客运专线工程辽宁段 TJ-4 标卧虎沟河特大桥工程	中铁上海局集团北方工程有限公司
十三		铁路隧道（9 项）	
212	1	杭州至黄山铁路高度铁路文昌隧道	中铁二局集团有限公司 中铁二局第六工程有限公司
213	2	新建铁路西安至成都客运专线 XCZQ-4 标段黄家梁隧道	中铁五局集团有限公司 中铁五局集团成都工程有限责任公司 中铁五局集团第六工程有限责任公司

续表

总序	分序	工程名称	申报单位
214	3	阳平关至安康增建第二线站前工程新长枪岭隧道	中铁六局集团有限公司交通工程分公司
215	4	丹大快速铁路前阳至庄河 DT2 标段草莓沟 1 号隧道	中铁九局集团第六工程有限公司
216	5	新建云桂铁路（云南段）站前工程第四标段幸福隧道工程	中铁十局集团第三建设有限公司
217	6	西成铁路客专九标何家梁隧道	中铁隧道局集团有限公司 中铁隧道股份有限公司 中铁隧道局集团有限公司杭州公司
218	7	宝兰客专兰山隧道	中铁隧道局集团有限公司 中铁隧道局集团二处有限公司
219	8	宁夏程儿山隧道	中铁隧道局集团二处有限公司
220	9	怀绍衡铁路 3 标南雪峰山隧道	中铁隧道局集团有限公司 中铁隧道局集团三处有限公司
十四		住宅工程（15 项）	
221	1	石狮市城北片区 F、H 地块安置区工程	中铁一局集团厦门建设工程有限公司
222	2	城南 E 区（二期）	中铁二局集团有限公司 中铁二局第三工程有限公司
223	3	中铁鹭岛艺术城	中铁二局集团有限公司 中铁二局集团建筑有限公司
224	4	秦皇岛站货场铁路职工经济适用房（一标段）	中铁六局集团建筑安装工程有限公司
225	5	天鹅小区一期南区工程	中铁七局集团有限公司 中铁七局第五工程有限公司
226	6	中铁·骑士府邸一期工程	中铁八局集团第四工程有限公司
227	7	天津碧桂园一期十四标	中铁十局集团第五工程有限公司
228	8	沈阳地铁 2 号线一期浑南车辆段二期定修段检修组合库及丽水新城二期工程（公租房）土建工程	中铁隧道局集团四处有限公司
229	9	塘沽新塘组团三号还迁区规划 07-10 安置地块农民还迁安置用房工程（佳顺苑）	中铁建工集团北方工程有限公司
230	10	东部新城核心区 E-12#、13# 地块住宅项目施工总承包工程	中铁建工集团有限公司华北分公司
231	11	中铁·诺德滨海花园二区项目 D 区	中铁建工集团有限公司深圳分公司
232	12	阿尔及利亚奥兰省 2100 套公共商品住房设计及施工项目	中铁建工集团有限公司国际工程公司
233	13	山东省济南市礼乐佳苑东门济南市西客站片区安置一区三 -2 地块一期	中铁北京工程局集团第六工程有限公司
234	14	长春中铁城 A2 地块二期施工总承包项目	中铁天丰建筑工程有限公司
235	15	中铁逸都国际项目 F 组团	中铁天丰建筑工程有限公司

制表：柴海楼

表 5-7　**2019 年中国中铁获建设工程项目施工安全生产标准化工地名单**

序号	工程名称	获奖单位
1	新建广州南沙港铁路 NSGZQ-5 标	中铁六局集团有限公司
2	青岛市地铁 1 号线土建 1 标 03 工区	中国中铁股份有限公司 中铁八局集团有限公司
3	郑州机场至许昌市域铁路工程（郑州段）土建施工 07 标段	中铁十局集团有限公司
4	新建宁波穿山港铁路站后四电及相关工程	中铁武汉电气化局集团有限公司
5	新建京张铁路清河站站房、雨棚及相关工程	中铁建工集团有限公司
6	西咸青年创业园工程	中铁广州工程局集团有限公司
7	苏州高新区滨河路人防停车场工程（代建）总承包施工项目 DJSG-2016-01 标	中铁上海工程局集团有限公司

续表

序号	工程名称	获奖单位
8	玉溪至楚雄高速公路勘察试验段工程 B 标段 B1 工区	中国中铁股份有限公司 中铁开发投资集团有限公司
9	新建合肥至安庆铁路站前工程 HAZQ-4 标	中铁北京工程局集团有限公司
10	大连市地铁 5 号线工程梭鱼湾南车站建设项目（地下主体土建部分）项目	中国中铁股份有限公司
11	陈塘庄货场铁路职工定向安置经济适用房 B 地块项目	中铁建工集团有限公司
12	张家口南综合客运枢纽项目	中铁建工集团有限公司
13	上海轨道交通 18 号线土建工程 8 标项目	中铁二局集团有限公司
14	日照市东港区秦楼街道片区秦家楼城中村棚户区改造项目（EPC）	中铁建工集团有限公司
15	青岛至连云港铁路青岛西站站房及相关项目	中铁十局集团有限公司
16	郑州市轨道交通 2 号线二期工程土建工程 B 合同段项目	中铁一局集团有限公司
17	武汉大东湖核心区污水传输系统及北湖污水处理厂及其附属土建项目	中铁上海工程局集团有限公司
18	南宁市轨道交通 5 号线一期（国凯大道—金桥客运站）施工总承包 02 标土建 5 工区项目	中铁隧道局集团有限公司
19	中共贵州省委党校（贵州行政学院）1#、2# 学员宿舍及第二食堂建设勘察、设计、施工（EPC）总承包项目	中铁五局集团建筑工程有限责任公司
20	贵州省工伤职业康复医院项目	中铁二局集团有限公司

制表：徐彦胜

表 5-8-1　　2019 年度中国中铁安全标准工地表彰名单（境内）

序号	工程项目	施工单位
一	地铁工程（25 项）	
1	厦门本岛至翔安过海通道二工区	中铁一局集团城市轨道交通工程有限公司
2	沈阳地铁 4 号线 9 标	中铁一局集团第二工程有限公司
3	厦门轨道交通 3 号线 2 标五工区	中铁一局集团厦门建设工程有限公司
4	西安地铁 5 号线二期 D5-GC-TJ2 标	中铁二局第一工程有限公司
5	上海轨道交通 15 号线工程土建 16 标	中铁二局集团有限公司城通分公司
6	北京地铁 3 号线一期工程土建施工 04 合同段	中铁三局集团第四工程有限公司
7	青岛市地铁 1 号线工程轨道安装施工一标段	中铁三局集团线桥工程有限公司
8	郑州市轨道交通 4 号线工程土建施工 10 标段	中铁四局集团城市轨道交通工程分公司
9	广州市轨道交通 13 号线二期工程［珠鱼区间］土建工程	中铁五局集团有限公司城市轨道交通工程分公司
10	北京地铁 17 号线工程土建施工 16 合同段	中铁六局集团有限公司交通工程分公司
11	苏州轨道交通 5 号线土建工程 V-TS-21 标	中铁七局集团有限公司 中铁七局集团第三工程有限公司
12	北京地铁 12 号线工程土建施工 16 标段	中铁九局集团有限公司路桥分公司
13	西安市地铁六号线一期工程（南客站—劳动南路站）土建施工项目 D6TJSG-8 标段	中铁十局集团西北工程有限公司
14	北京地铁 19 号线一期土建施工 04 标	中铁隧道集团路桥工程有限公司
15	郑州市轨道交通 4 号线工程土建施工 07 标段	中铁隧道集团二处有限公司
16	南宁轨道交通 5 号线 02 标土建 5 工区	中铁隧道股份有限公司 中铁隧道集团四处有限公司 中铁交通投资集团有限公司
17	南宁市轨道交通 4 号线一期工程施工总承包 02 标土建 9 工区	中铁广州工程局集团城轨工程有限公司
18	济南市轨道交通 R2 线一期土建工程施工八标段	中铁北京工程局集团城市轨道交通工程有限公司
19	广州市轨道交通 11 号线 11308 标工程	中铁上海工程局集团有限公司

续表

序号	工程项目	施工单位
20	南宁市轨道交通4号线02标土建10工区楞塘村站	中铁交通投资集团有限公司 中铁隧道局集团建设有限公司
21	南宁市轨道交通5号线02标土建8工区秀灵路站	中铁交通投资集团有限公司 中铁四局集团第五工程有限公司
22	佛山市城市轨道交通3号线3203标	中铁南方投资集团有限公司 中铁一局集团有限公司 中铁广州局集团有限公司 中铁六局集团有限公司
23	福州市轨道交通5号线一期工程施工总承包第1标段（施工）	中铁南方投资集团有限公司 中铁隧道局集团有限公司 中铁四局集团有限公司 中铁五局集团有限公司 中铁上海局集团有限公司
24	成都轨道交通9号线一期工程	中铁城市发展投资集团有限公司 中铁二局集团有限公司 中铁五局集团有限公司 中铁六局集团有限公司 中铁七局集团有限公司 中铁八局集团有限公司 中铁九局集团有限公司 中铁十局集团有限公司 中铁北京局集团有限公司 中铁建工集团有限公司 中铁武汉电气化局集团有限公司
25	杭州地铁7号线工程	中铁（上海）投资集团有限公司 中铁四局集团城市轨道交通工程分公司 中铁三局集团桥隧工程有限公司 中铁十局集团第三建设有限公司 中铁一局集团城市轨道交通工程有限公司 中铁隧道局集团有限公司市政工程公司 中铁上海工程局集团华海工程有限公司
二	建筑工程（13项）	
1	天樾名邸	中铁二局集团建筑有限公司
2	招商·依云上城三期	深圳中铁二局工程有限公司
3	西部文化产业中心幕墙工程	中铁二局集团装饰装修工程有限公司
4	郑州航空港经济综合实验区河东第一至第三棚户区施工总承包项目第六标段	中铁四局集团建筑工程有限公司
5	上海微小卫星工程中心卫星研制项目	中铁四局集团上海工程有限公司
6	新建崇礼铁路太子城站站房及相关工程	中铁六局集团建筑安装工程有限公司
7	住宅产业化PC预制构件	中铁六局集团丰桥桥梁有限公司
8	内江师范学院新校区建设项目（一分部）	中铁九局集团有限公司西南分公司
9	新建徐州至淮安至盐城铁路宿迁等5站站房及相关工程XYFJ-Ⅱ标段宿迁站	中铁电气化局集团北京建筑工程有限公司
10	中铁大厦、中铁佳苑工程	中铁建工集团北方公司
11	融合中心一期工程	中铁建工集团山东公司
12	海上大都会HPC-19-01地块二期	中铁建工集团深圳分公司
13	四川黑龙滩国际生态旅游度假区安置房工程（三标段）	中铁上海工程局集团有限公司

续表

序号	工程项目	施工单位
三	公路工程（12项）	
1	常宜高速公路 CY-CZ1 标	中铁一局集团铁路建设有限公司
2	G019 线改建工程那羊段 3 标段二分部	中铁一局集团有限公司第三工程分公司
3	G25 长深高速德清至富阳段扩容杭州段第 TJ06 标段工程	中铁三局集团第二工程有限公司
4	G109 线改建工程那羊段第三标段	中铁三局集团桥隧工程有限公司
5	山西静兴高速公路土建 3 标	中铁三局集团第六工程有限公司
6	中国中铁双洮公路建设项目 GQ03 工区	中铁五局集团机械化工程有限责任公司
7	贵州省江口至都格高速工程瓮安至开阳高速公路 PPP 段	中铁六局集团天津铁路建设有限公司 中铁开发投资集团有限公司
8	日照（岚山）至菏泽公路枣庄至菏泽段第七合同段	中铁八局集团第一工程有限公司
9	双辽至洮南公路建设项目 ST01 标段 GQ06 工区	中铁十局集团青岛工程有限公司
10	郑州至西峡高速公路尧山至栾川段土建工程 YLTJ-6 标	中铁大桥局集团第一工程有限公司
11	贵州省江口至都格高速公路瓮安至开阳段Ⅱ标	中铁开发投资集团有限公司 中铁四局集团有限公司
12	成都天府国际机场高速公路工程	中铁城市发展投资集团有限公司 中铁一局集团第四工程有限公司 中铁二局集团第五工程有限公司 中铁六局集团呼和浩特铁路建设有限公司 中铁八局集团第二工程有限公司 中铁隧道局集团一处有限公司 中铁北京工程局集团（天津）工程有限公司 中铁建工集团路桥工程有限公司
四	铁路工程（24项）	
1	新建郑州至万州铁路湖北段站前工程 ZWZQ-8 标	中铁一局集团第五工程有限公司
2	新建银川至西安铁路甘宁段站前工程 YXZQ-4 标	中铁一局集团新运工程有限公司
3	新建上海至南通铁路（南通至安亭段）HTZQ- Ⅲ标段	中铁三局集团华东建设有限公司
4	新建郑州至周口至阜阳铁路郑州南站及相关工程 ZNSG-2 标	中铁四局集团第一工程有限公司
5	新建蒙西至华中地区铁路煤运通道工程 MHPJ-2 标	中铁四局集团第八工程分公司
6	西安北至机场城际轨道项目土建标	中铁四局集团工程建设分公司
7	新建张吉怀铁路 ZJHZQ-8 标凤凰制梁场	中铁五局集团第六工程有限责任公司
8	新建北京至张家口铁路八达岭长城站站房及相关工程	中铁五局集团建筑工程有限责任公司
9	京沈客专星火站枢纽站前工程	中铁六局集团北京铁路建设有限公司
10	新建郑州至济南铁路郑州至濮阳段站前（含部分站后工程）ZPZQ- Ⅷ标段	中铁七局集团有限公司 中铁七局集团第一工程有限公司 中铁七局集团第五工程有限公司 中铁七局集团郑州工程有限公司
11	新建北京至张家口铁路沙城站还建及北京北动车所站后工程 JZSG-10 标	中铁七局集团有限公司 中铁七局集团西安铁路工程有限公司
12	新建玉溪至磨憨铁路站前工程 YMZQ-13 标普洱火车站	中铁八局集团昆明铁路建设工程有限公司
13	成昆铁路峨眉至米易段扩能工程站前 EMZQ-6 标	中铁十局集团有第一工程有限公司
14	新建郑州至济南铁路郑州至濮阳段站前（含部分站后）工程 ZPZQ- Ⅶ标段	中铁大桥局集团有限公司郑济铁路项目经理部
15	成昆铁路峨眉至米易段扩能工程站前工程 EMZQ-9 标	中铁隧道局集团有限公司 中铁隧道集团一处有限公司

续表

序号	工程项目	施工单位
16	新建张家界至吉首至怀化铁路 ZJHZQ-1 标吉首隧道	中铁隧道局集团有限公司 中铁隧道集团三处有限公司
17	新建武汉至十堰铁路站后“四电”系统集成及相关工程 HSSDSG - 2 标	中铁武汉电气化局集团第一工程有限公司
18	新建京张铁路清河站站房、雨棚及相关工程	中铁建工集团北京分公司
19	佛莞城际轨道交通广州南站至望洪站段站后工程	中铁建工集团广州分公司
20	格尔木火车站站房、雨棚及相关工程	中铁建工集团西北分公司
21	新建川藏铁路拉萨至林芝段 LLZQ-4 标	中铁广州工程局集团桥梁工程有限公司
22	新建贵阳至南宁铁路广西段站前先期开工工程 GNZQ-1 标	中铁北京工程局集团有限公司 中铁北京工程局集团第二工程有限公司
23	新建盐城至南通铁路站前工程东台制梁场	中铁北京工程局集团第五工程有限公司
24	新建北京至雄安城际铁路 JXSG-5 标工程固霸特大桥	中铁上海工程局集团有限公司
五	**市政工程（21 项）**	
1	郑州市市政控制性节点（地下交通）工程土建施工 11 标	中铁一局集团第四工程有限公司
2	西朗污水处理厂二期工程、西朗污水厂提标改造设计—采购—施工总承包（EPC）项目	中铁一局集团市政环保工程有限公司
3	济南市东客站综合交通枢纽进出场道路施工第二标段	中铁四局集团第三建设工程有限公司
4	南京市南部新城红花—机场地区南片区基础设施项目（国际路、夹岗六路路网工程）	中铁四局集团南京分公司
5	郑州市至巩义市域铁路市政配套工程土建施工 03 标	中铁五局集团第四工程有限责任公司
6	广州市龙归污水处理厂扩建工程三期	中铁五局集团第五工程有限责任公司
7	广州市中心城区地下综合管廊工程施工 GLSG-4 标环线南区间	中铁五局集团有限公司城市轨道交通工程分公司
8	楚都大道工程（荆州纪南文旅区建设项目工程总承包五标段）	中铁七局集团有限公司 中铁七局集团第四工程有限公司
9	合肥市裕溪路（钟油坊路—影香亭路）一二标工程	中铁七局集团第二工程有限公司
10	洪都大道快速化改造工程一标	中铁八局集团第二工程有限公司
11	合肥市繁华大道集贤路互通立交二期项目	中铁十局集团第三建设有限公司
12	苏州国际快速物流通道二期工程——春申湖路快速化改造工程 3 标	中铁十局集团第五工程有限公司
13	徐贾快速路及综合管廊与陇海铁路交叉工程	中铁十局集团第四工程有限公司
14	重庆市轨道交通 10 号线二期南纪门长江轨道专用桥工程	中铁大桥局集团第八工程有限公司
15	汕头市苏埃通道工程	中铁隧道局集团有限公司 中铁隧道股份有限公司 中铁隧道集团三处有限公司
16	衢州市九华大道隧道工程（一期）总承包（EPC）	中铁隧道局集团有限公司市政工程公司
17	阜阳西站站前广场等基础设施建设工程	中铁北京工程局集团有限公司 中铁北京工程局集团第五工程有限公司
18	芙蓉生活区市政道路改造出口加工区道路及绿化提升等工程项目	中铁上海工程局集团有限公司
19	横岭水质净化厂二期提标改造工程	中铁上海工程局集团有限公司

续表

序号	工程项目	施工单位
20	长春新区东北亚国际物流港	中铁投资集团有限公司 中铁二局集团有限公司 中铁三局集团有限公司 中铁四局集团有限公司 中铁五局集团有限公司 中铁十局集团有限公司 中铁上海局集团有限公司 中铁北京局集团有限公司
21	江南中心绿道武九线综合管廊工程 PPP 项目第一标段	中铁开发投资集团有限公司 中铁七局集团有限公司
六	**机电安装（5 项）**	
1	苏州市轨道交通 3 号线工程供电系统安装施工项目 SRT3-11-14 标	中铁一局集团电务工程有限公司
2	广州市轨道交通 21 号线信号系统安装工程	中铁一局集团电务工程有限公司
3	北京轨道交通 7 号线二期供电及综合监控系统设备安装工程	中铁二局集团电务工程有限公司
4	北京市轨道交通 7 号线二期工程信号系统及 AFC 系统设备安装工程	中铁四局集团电气化工程有限公司
5	南宁市轨道交通 4 号线 02 标机电 17 工区	中铁八局集团第三工程有限公司
七	**四电工程（6 项）**	
1	新建赤峰至京沈高铁喀左站铁路四电系统集成及站后相关工程 CFSG-7 标	中铁三局集团电务工程有限公司
2	苏州市轨道交通 3 号线工程车站机电安装及装修施工项目（第二批）SRT3-12-11 标	中铁七局集团电务工程有限公司
3	新建北京至张家口铁路“四电”系统集成防灾安全监控及相关工程	中铁电气化局集团北京电气化工程有限公司
4	新建鲁南高速铁路日照至临沂段和临沂至曲阜段“四电”系统集成强电专业及相关工程	中铁电气化局集团第三工程有限公司
5	苏州市轨道交通 3 号线工程供电系统安装施工项目（SRT3-11-16 标）	中铁电气化局集团第一工程有限公司
6	新建商丘至合肥至杭州铁路（芦庙至合肥段）四电系统集成及相关工程 SHSD-2 标段项目	中铁电气化局集团西安电化工程有限公司
八	**桥梁工程（8 项）**	
1	重庆铁路枢纽东环线（DHZQ-4 标）明月峡长江大桥	中铁二局集团第五工程有限公司
2	新建牡丹江至佳木斯铁路站前工程 MJZQSG-1 标亮子河特大桥	中铁四局集团第二工程有限公司
3	新建太焦铁路 TJZQ-8 标曹家沟跨二广高速公路特大桥	中铁四局集团第四工程有限公司
4	南宁市仲龙路八尺江大桥工程	中铁四局集团第五工程有限公司
5	新建银川至西安铁路（陕西段）站前工程 4 标一工区漠谷河 2 号特大桥	中铁四局集团第七工程分公司
6	长春新区国际物流港项目（BK5+602.5—BK6+700 兴福大路—龙北路主线高架桥）	中铁四局集团路桥工程有限公司
7	新建玉溪至磨憨铁路站前工程 YMZQ-5 标段元江双线特大桥	中铁四局集团第五工程有限公司 中铁四局集团钢结构建筑有限公司
8	新建连云港至镇江铁路站前工程 LZDQSG-2 标段	中铁大桥局集团有限公司连镇铁路项目经理部
九	**隧道工程（2 项）**	
1	梅汕客专 MSSG-3 标丰顺隧道	中铁二局第四工程有限公司
2	新建太原至焦作铁路山西段站前工程 TJZQ-6 标段襄垣隧道	中铁五局集团贵州工程有限公司

续表

序号	工程项目	施工单位
十	铁路运输（1 项）	
1	神朔、朔黄铁路联合运输	中铁三局集团有限公司运输工程分公司
十一	水运工程（2 项）	
1	贵州省夹岩水利枢纽及黔西北供水工程总干渠 2 标	中铁五局集团第一工程有限责任公司
2	石家庄市滹沱河生态修复工程（中华大街至藁城城区东）PPP 项目二标段建设工程	中铁投资集团有限公司 中国中铁股份有限公司石家庄滹沱河生态建设指挥部 中铁三局集团有限公司
十二	综合工程（1 项）	
1	贵州国际旅游体育休闲度假中心一期工程	中国中铁股份有限公司贵州生态城分公司

制表：徐彦胜

表 5-8-2　　2019 年度中国中铁安全标准工地表彰名单（境外）

序号	工程项目	施工单位
一	建筑工程（2 项）	
1	阿尔及利亚奥兰省 3000 套租售式住房设计及施工项目	中铁建工集团国际工程公司
2	中国驻哈萨克斯坦使馆新建馆舍工程项目	中铁建工集团国际工程公司
二	公路工程（4 项）	
1	安哥拉威热省 Quitexe Ambuila 公路段修缮项目	中铁四局集团第一工程有限公司
2	“El Espino—Charagua—Boyuibe” 公路项目	中国中铁股份有限公司玻利维亚分公司
3	埃塞俄比亚 Modjo—Meki（56 千米）高速公路项目	中铁七局集团有限公司 中铁七局集团海外公司 中铁七局集团武汉公司
4	塞拉利昂 Wellington—Masiaka（61.8 千米）高速公路项目	中铁七局集团有限公司 中铁七局集团海外公司
三	铁路工程（3 项）	
1	磨万铁路Ⅵ标万象制梁场	中铁二局集团新运工程有限公司
2	磨丁至万象铁路第Ⅲ标段	中铁八局集团磨万铁路第Ⅲ标项目经理部 中铁八局集团昆明铁路建设工程有限公司 中铁八局集团第一工程有限公司 中铁八局集团第三工程有限公司
3	磨万铁路Ⅱ标Ⅰ分部	中铁国际集团川铁国际经济技术合作有限公司
四	市政工程（2 项）	
1	援毛里塔尼亚努瓦克肖特城市排水工程雨水系统项目	中铁四局集团市政工程有限公司
2	刚果（金）卡米娜引水和处理工程项目	中铁八局集团有限公司海外工程分公司
五	隧道工程（1 项）	
1	新建铁路磨丁至万象段 ZLZQ-1 标磨丁隧道	中铁五局集团第二工程有限责任公司
六	综合工程（1 项）	
1	委内瑞拉 RPLC 场平项目 EW01-C/D 包工程	中铁十局集团有限公司拉美分公司 中铁十局集团第三建设有限公司 中铁十局集团电务工程有限公司

制表：徐彦胜

勘察设计与咨询服务

勘察设计生产经营

【全公司勘察设计工作概况】中国中铁勘察设计与咨询服务业务涵盖研究、规划、咨询、勘察设计、监理、工程总承包、产品产业化等基本建设全过程服务，主要涉及铁路、城市轨道交通、公路、市政、房建等行业，并不断向现代有轨电车、磁悬浮、跨坐式轨道交通、智能交通、民用机场、港口码头、电力、节能环保等新行业新领域拓展。基本经营模式是在境内外通过市场竞争获得勘察设计订单，按照合同约定完成工程项目的勘察设计及相关服务等任务。中国中铁通过创新勘察设计业务经营模式，充分利用开展城市基础交通设施规划的优势，获取设计项目和工程总承包项目，促进全产业链发展。2019年累计获省部级及以上勘察设计奖226项，咨询成果奖26项。组织铁路重大科技创新成果（技术标准类）的申报工作，共有9项铁路技术标准申报入库，《铁路桥涵混凝土结构设计规范》（TB 10092—2017）、《隧道工程防水技术规范》（CECS 307:2014）、《盾构法开仓及气压作业技术规范》（CJJ 2017—2014）三本规范获2019年中国工程建设标准化协会“标准科技创新奖”。西成高铁、云桂铁路和武汉鹦鹉洲长江大桥获得FIDIC杰出优秀项目奖。在2019年ENR全球150家最大设计企业和225家最大国际设计企业排名中，中国中铁分别位列第20位和第94位。（贤 慧）

▲ 中铁二院设计的新成昆线金沙江大桥

▲ 中铁二院设计的西安至成都高铁获菲迪克最高奖——全球杰出工程奖。图为动车通过由中铁五局承建的西成高铁溢水河大桥

【勘察设计与咨询生产经营概况】2019年，勘察设计与咨询板块各企业全年完成企业营业额206.01亿元，为年度计划的105.59%，同比增长19.29%。完成新签合同额480.94亿元，为年度计划的112.24%，同比增长21.19%。（贤 慧）

【重点工程勘察设计】截至2019年底，设计咨询企业开展项目5457项，其中勘察设计项目2602项、咨询项目1233项、监理项目709项、国外项目52项，其他项目861项。中铁二院川藏铁路雅安至林芝段项目可研文件通过国家铁路集团的审查，其深化可研报告先后通过国铁集团、国家铁路局、专家咨询委员会及中咨公司的审查，取得相关专题研究成果及重大科技攻关阶段性成果，为国家批复项目可研奠定了基础；中铁设计集团设计的中国首条智能高铁京张高铁于年底正式通车；中铁大桥院设计的连淮扬镇铁路关键节点工程五峰山长江大桥顺利合龙。（贤 慧）

【中铁二院勘察设计经营管理】2019年，中铁二院勘察设计板块新签合同总额87.16亿元，同比减少1.43%。其中，铁路项目新签合同额43.04亿元，同比减少14.19%，占新签合同总额的49.38%；城市轨道交通项目新签合同额24.54亿元，同比减

少 0.54%，占新签合同总额的 28.16%；公路项目新签合同额 4.33 亿元，同比增长 19.77%，占新签合同总额的 4.97%；市政工程项目新签合同额 14.93 亿元，同比增长 61.44%，占新签合同总额的 17.13%；其他项目新签合同额 0.30 万元，同比减少 57.70%，占新签合同总额的 0.35%。（吴怡帆）

【中铁二院勘察设计工作进展情况】 2019 年，中铁二院全年完成勘察设计实物工作量 4726.30 折算公里，比 2018 年同期 4665.51 折算公里增加 1.3%。

一、国内项目：1. 铁路板块。2019 年，中铁二院共承担 72 项铁路项目，其中勘察设计项目 67 项（前期项目 16 项、新开工项目 12 项、在建项目 35 项、概算清理项目 4 项）、设计咨询项目 5 项。

2. 公路及市政板块。中铁二院共承担 64 项公路市政项目，其中勘察设计项目 63 项（可研 4 项、勘察设计 19 项、配合施工 40 项），咨询项目 1 项，项目主要集中在四川、重庆、贵州、云南、西藏、广东、广西、海南、福建、浙江、山西、湖南等地区。

3. 城市轨道交通板块。中铁二院共承担城市轨道交通项目 137 项，其中勘察设计项目 114 项（勘察设计总承包及总体总包项目 36 项、可研项目 21 项、工点及系统项目 57 项）、咨询或强审项目 23 项，承担各类车站 394 座、区间 390 个、停车场车辆段 31 座、304 项系统专业设计，主要集中在成都、广州、深圳、贵阳、杭州、佛山、合肥、宁波、青岛、郑州、西安等地区。

二、国外项目：2019 年，中铁二院承担的海外勘察设计项目共计 59 项，合同总额约合 18.86 亿美元。项目主要分布于亚洲、非洲、欧洲、南美洲、北美洲和大洋洲共 30 个国家，其中非洲 22 项，亚洲 20 项，欧洲 3 项，南美洲 11 项，北美洲 1 项，大洋洲 2 项。按项目实施阶段分类：咨询 5 项，可研（概念设计）4 项，初步设计 3 项，项目管理 9 个，施工图（详细设计）14 项，配合施工 7 项，竣工验收 5 项，暂停 4 个，完工 8 个。

▲ 2019 年 6 月 30 日，中铁五局参建的南昌地铁 2 号线后通段开通运营

三、工程总承包：2019 年，中铁二院执行的工程总承包项目共计 30 项，其中在建项目 28 项，暂停施工项目 1 项，未开工项目 1 项。铁路项目 13 项、市政（涉铁）项目 2 项、公路项目 5 项、新型轨道交通项目 2 项、市政项目 8 项。（袁超　郑铮　龚永）

【中铁六院勘察设计生产经营】 2019 年，中铁六院累计完成营业额 28.07 亿元，为股份公司年度预算目标 25.70 亿元的 109.20%，同比增长 18.02%。执行生产项目共计 4058 项。其中勘察设计 2497 项，工程总承包（含施工）32 项，境外项目 13 项，技术咨询（含施工图审核、设计咨询、集成服务等）1359 项，工程监理 139 项，产品产业化 18 项。完成地质钻探 13.8 万实钻米。全年新增生产项目 935 项，完工或投运项目 230 项。

铁路工程方面。承担勘察设计项目 605 项；承担设计咨询、施工图审核 54 项。

城市轨道交通工程方面。承担总体总包项目 4 项，工点设计项目 407 项，系统设计项目 316 项；承担设计咨询、施工图审核项目 160 项；承担勘察、测绘及第三方监测项目 269 项。项目主要分布在北京、广州、上海、郑州、天津、深圳、成都、重庆、长沙、武汉、西安、郑州、南京、杭州、南昌、南宁、苏州、福州、沈阳、太原、贵阳、石家庄、青岛、徐州、乌鲁木齐等城市。

公路市政工程方面。承担勘察设计项目 445 项；承担设计咨询、施工图审核项目 273 项。项目主要分布在陕西、广州、深圳、南京、厦门、郑州、长沙、合肥、安庆、成都、汕头等地区。

工程总承包方面。承担工程总承包和施工项目 32 项，其中城轨项目 4 项，铁路项目 13 项，建筑项目 6 项，市政项目 9 项。主要分布在河北、河南、安徽、陕西、湖北等地区。

建筑工程方面。承担勘察设计项目 670 项；承担设计咨询、施工图审核项目 540 项。主要分布在合肥、阜阳、肥东、六安、苏州等地区。

海外工程方面。承担海外工程项目 13 项。其中铁路项目 2 项，城轨项目 5 项，建筑项目 3 项，市政项目 3 项。主要分布在以色列、马来西亚、新加坡、乌兹别克斯坦、巴基斯坦等国家和地区。

▲ 云桂铁路（2018 年铁路优秀勘察一等奖、2019 年 FIDIC 优秀奖、詹天佑奖）

工程监理。共承担工程监理 139 项，其中铁路项目监理共 40 项；城轨项目监理共 95 项；市政项目监理共 4 项。

配合经营前期研究和投标项目方面。配合经营前期研究项目 201 项，其中海外工程 11 项，境内工程 190 项。投标项目 281 项。

（李红谍）

【中铁六院勘察设计工作进展情况】

铁路项目：深圳至茂名铁路越珠江口工程是国内最长的高速铁路水下隧道，隧道长 13.74 千米，2019 年中铁六院主要开展可研修编、初步设计等工作。重庆至昆明高速铁路寻甸至会泽段（DK550+300—DK604+581.424）勘察设计工程，线路长度 52.481 千米，2019 年主要开展初步设计文件修改、施工图设计等工作。京通铁路电气化改造工程线路全长 803.1 千米，其中朝阳地至通辽段正处于施工配合阶段，昌平至朝阳地段完成了施工图工作，2019 年配合施工。滨海新区轨道交通 B1 线一期工程（黄港车辆段至于家堡站段）线路全长约 22.4 千米，均为地下线，共设站 15 座，在黄港欣嘉园东侧设置黄港车辆段，2019 年主要开展施工图设计和配合施工工作。滨海新区 B1 线一期工程（于家堡站—盐田停车场）线路全长约 8.9 千米，均为地下线；共设站 7 座，设盐田停车场一处。2019 年主要开展施工图设计工作。北京轨道交通 28 号线（原 CBD 线）线路长度 6.54 千米，全为地下线，设 8 座车站，1 座停车场，其中换乘站 4 座。2019 年主要完成配合线网调整研究、初步设计等工作。以色列特拉维夫地铁红线系统工程设计项目，本工程线路全长 24 千米，中铁六院主要负责供电系统、通信系统、屏蔽门、AFC 和 PSCADA 等系统设计，本年度主要开展了初步设计和施工图设计工作。（李红谍）

【中铁设计勘察设计生产经营】

2019 年，中铁设计新签合同 1684 项，新签合同额 112.48 亿元，完成中国中铁股份有限公司下达计划新签合同额 90 亿元的 125%，同比 2018 年新签合同额 99.65 亿元增加 13%。

2019 年，中铁设计完成营业额 44.07 亿元，完成中国中铁股份有限公司下达计划营业额 39 亿元的 113%，同比增长 31%。

2019 年，中铁设计开展不同阶段的主要勘测设计、咨询、工程总承包项目共计 515 项，累计完成工程设计（或实物工作量）工作量 4725 折算公里（其中：铁路 2446 折算公里；城市轨道交通 840 折算公里），同比上一年减少 5.5%；工程测量 1872 标准平方公里，同比上一年增加 15.6%；工程地质 40.95 实钻万米，同比增长 2.2%。

根据中国勘察设计统计年报“全国工程勘察设计企业营业收入前 100 名排序”，中铁工程设计咨询集团有限公司排名第 14 位。自 2005 年起，连续 14 年勘察设计收入全国排名前 50 名。2019 年度工程项目管理营业收入排名第 7，较 2018 年上升 1 名；2019 年度工程总承包完成合同额排名第 100，比 2018 年下降了 10 名。

（谢晓玲　韩宁　刘涛　刘彪）

【中铁设计勘察设计工作进展情况】

一、铁路重点工程勘察设计工作进展情况：2019 年，中铁设计集团承担中国铁路总公司项目 22 项（2682 千米），其中，前期工作（预可研、可研）项目 6 项（776 千米），初步设计、施工图设计及配合施工项目 16 项（1906 千米）；承担铁路局及地方铁路项目 103 项，其中，前期工作（预可研、可研）项目 27 项（2026 千米），初步设计、施工图设计及配合施工项目 15 项（357 千米），铁路规划、方案研究项目 61 项。主要项目有：

（一）前期工作项目

1. 成都至达州至万州铁路（309 千米）：开展前期工作项目，2019 年完成可研文件编制。

2. 通苏嘉甬铁路江苏段（103 千米）：开展前期工作项目，2019 年完成可研文件编制。

3. 文山至蒙自铁路（116 千米）：开展前期工作项目，2018 年底开展预可研文件编制，2019 年无进展。

4. 襄阳至常德铁路荆门至宜昌段（63 千米）：开展前期工作项目，2019 年完成可研文件编制，并进行审查。

5. 龙川至梅州铁路（93千米）：开展前期工作项目，2017年11月完成了可研鉴修文件，尚未批复。

6. 鄂托克前旗至上海庙铁路（92千米）：2018年10月完成了可研修改，尚未批复。

（二）初步设计、施工图设计及配合施工项目

1. 宜昌至郑万联络线引入宜昌枢纽工程（16千米）：2019年5月完成了补定测，并开展施工图。

2. 太子城至黑城子至锡林浩特铁路（381千米）：2019年完成太崇段站前施工图，全线初步设计。

3. 大莱龙铁路扩能（176千米）：2019年2月开工建设，计划2021年1月完工。

4. 新建郑州至济南铁路［郑州至濮阳段］（198千米）：2019年继续开展站后不受招标影响施工图，计划2020年底通车。

5. 新建北京至张家口铁路（174千米）：2019年完成站后受招标影响施工图，2019年底通车。

6. 新建崇礼铁路（53千米）：2019年完成站后受招标影响施工图，2019年底通车。

7. 太原至焦作城际铁路［河南段］（39千米）：继续开展配合施工工作，计划2020年底通车。

8. 新建呼和浩特至张家口铁路（287千米）：继续开展配合施工工作，2017年乌兰察布至呼和浩特东段开通，2019年底乌兰察布市至张家口开通。

9. 东乌至包西联络线工程（47千米）：继续开展配合施工，2019年建成。

10. 叶柏寿至赤峰铁路扩能改造工程（146千米）：继续开展配合施工，2019年建成。

11. 新建吉林枢纽西环线（41千米）：继续开展配合施工工作。

12. 蒙西至华中地区铁路煤运通道工程荆门至岳阳段（280千米）：继续开展配合施工工作，2019年10月建成通车。

13. 南同蒲线风陵渡至华山段电化改造工程（21千米）：已开工建设，2019年10月建成通车。

▲ 2019年12月30日，由中铁设计的张呼高速铁路全线开通运营。图为列车行驶在张呼高速铁路上

二、城市轨道交通重点工程勘察设计工作进展情况：2019年，中铁设计承担的城市轨道交通主要设计项目105项，主要分布在北京、上海、天津、广东、四川等19个省、自治区、直辖市。目前传统轨道交通项目大部分处于初步设计和施工图设计阶段，转型跨座式轨道交通项目继续开展规划、勘察设计，其中芜湖项目继续开工建设。

主要设计项目如下：

1. 北京市：房山线北延设计总承包，22号线、昌平线南延工程02标、13号线加站等土建工点，新机场线、12号线、17号线、19号线、燕房线支线工程03标、新机场线延伸等轨道系统。

2. 天津市：Z2线、6号线二期、11号线、B1线一期等轨道系统。

3. 河北省：石家庄3号线一期供电系统、信号系统，邯郸市轨道交通规划。

4. 山西省：太原1号线可研、总体总包、土建工点、车辆段、弱点系统、轨道系统及2号线土建工点、轨道系统、地勘等。

5. 浙江省：宁波4号线、5号线一期、2号线二期、3号线等轨道系统及金华义乌东阳城际05标。

6. 上海市：18号线一期、二期轨道系统。

7. 福建省：厦门4号线土建1标。

8. 山东省：青岛1号线、8号线、青平城际等轨道系统，1号线、6号线土建工点，潍坊市、德州市、菏泽市轨道交通规划，菏泽1号线。

9. 江苏省：徐州1号线车辆段及土建工点、2号线一期工程车辆段及四电系统，南京5号线、9号线一期、10号线二期、11号线一期等轨道系统及南京7号线土建工点，苏州6号线、7号线等轨道系统及苏州S1线、7号线等土建工点，南通1号线一期、2号线一期等轨道系统，盐城市交通规划。

10. 安徽省：合肥5号线工程土建，合肥市机场跨座式单轨示范线，合肥市市区现代有轨电车旅游示范线，芜湖市1号线、2号线一期，蚌埠市轨道交通规划、蚌埠市云轨试验线、蚌埠市胶轮有轨电车项目。

11. 吉林省：长春市轻轨3号线东延线设计总承包、轻轨北湖线工程通信系统、地铁空港线一期土建、7号线一期土建，吉林市市域旅游轨道交通。

12. 辽宁省：沈阳4号线土建、3号线一期轨道系统。

13. 四川省：成都8号线一期、

▲ 中铁广州局承建的粤港澳大湾区建设重点工程路控制性工程——南沙港铁路龙穴南水道特大桥 172 号墩主塔封顶

5 号线、13 号线、33 号线等土建工点。

14. 广东省：广州 21 号线、3 号线东延、14 号线二期、7 号线二期等轨道系统，广州 8 号线北延线土建，深圳 9 号线西延、10 号线、14 号线土建。

15. 河南省：安阳市轨道交通，安阳市旅游轨道交通示范线工程，安阳市胶轮有轨电车 L1 线，云台山至神农山旅游轨道交通。

16. 湖北省：宜昌市轨道交通 2 号线。

17. 湖南省：衡阳市 4 号线胶轮有轨电车项目。

18. 广西壮族自治区：南宁 2 号线东延轨道系统，桂林市轨道交通规划。

19. 贵州省：遵义市轨道交通 1 号线、2 号线工程。

（谢晓玲　韩　宁　刘　涛　刘　彪）

【中铁大桥院勘察设计生产经营】2019 年，中铁大桥院新签合同额 27.43 亿元，同比增长 17.22%，完成年度预算 27.0 亿元的 101.59%；年营业收入 15.96 亿元，同比增长 18.66%，完成年度预算 14 亿元的 114%；全年实现净利润 1.46 亿元，同比增长 11.45%，完成年度预算 1.4 亿元的 104.29%。

中铁大桥院转变营销观念，调整营销思路，完善营销策略，在坚持“注重前期谋划以创造项目”“注重推动多功能叠加以赢得项目”“注重产业链经营以提升总体效益”的营销策略基础上，充分发挥现有资质优势和板块联动作用，不断推动营销范围向多领域延伸，使“创新 + 服务”的营销思路进一步清晰，“以桥为主、多元竞进”的发展方向进一步明确，为中铁大桥院集团公司市场营销工作的扎实有效开展发挥了指导作用。通过设置五大片区经营指挥部，充实区域经营力量，落实区域经营职责，明确区域经营目标，建立健全了面向国内市场的营销体系。在海外市场成功中标孟加拉 JMJ 铁路、加纳滨海大道工程、阿克拉普夸西立交桥等项目，实现新签合同额 2665 万美元，超额完成年度指标。积极参与 PPP、EPC 工程总承包项目，中铁大桥院武汉院全年完成工程总承包合同额 7 亿元。通过强强联合，在保持与原有客户密切合作的基础上先后与多个投资平台公司、工程局、地方设计院、国际咨询公司及机构等建立了合作伙伴关系，客户群体显著增加。

桥梁工程板块，中铁大桥院以“国内领先，世界一流”为目标，紧抓国家交通强国建设、城市经济圈和区域经济一体化建设、“一带一路”建设等政策机遇，积极承揽铁路特大桥、公铁两用桥、跨江跨海特大桥项，先后承担了川藏铁路金沙江、东久曲、大渡河、怒江特大桥勘察设计、马鞍山公铁两用大桥勘测设计、通苏嘉甬铁路杭州湾跨海大桥的勘察设计、常泰、龙潭、南京仙新路过江通道勘察设计等项目，利用技术优势和服务优势牢牢保持行业龙头地位。依托桥梁专业优势承揽桥梁工可研究、招标概算、涉水专题等前期工作和引桥、接线、排水、绿化、景观设计等与桥梁配套的市政业务，充分发挥桥梁产业的联动效应。桥梁监理方面，承担了深中通道岛隧工程、襄阳庞公大桥、湘雅路过江通道工程等大型桥梁工程监理，同时以援孟加拉国孟中友谊八桥施工监控项目为突破口，进军海外市场，做强做大大桥监理的金字招牌。桥隧诊治方面，持续深耕加固改造设计、施工监控监测、检测试验评估、健康监测系统、特种工程实施“五大主业”和运营养护管理、防腐除湿系统、桥梁船撞防护、检查检修装备、软件产品研发“五大专项”，充分挖掘桥梁产业链下游业务，打造桥梁诊治国内第一品牌，推动大桥院进一步提升承揽桥梁全产业链业务的能力。

市政工程板块，全力抓好在建项目的生产与服务，加强专业能力和综合能力建设，先后承担了武汉江汉七桥、深圳鹏坝通道、龙昌大桥引桥及接线配套等项目。进军公路市场，承担了广安岳池北部山区路网工程、宜威高速路、乐山至西昌高速乐山至马边段新建段高速公路等项目；绿色建筑、海绵城市、综合管廊、BI 米产业化等新型业务领域平稳向好发展。

轨道交通板块，继续抢占市场份额，提升市场地位，成功打入杭州、成都轨道交通市场，积极谋划进入天津、深圳、重庆和遵义市场。以工点建设为依托，对北京、武汉、佛山、南宁、厦门、长春等既有优势市场的轨道交通项目进行深耕细作，用专业、周到的服务积

累口碑，做好品牌化工作。

城乡规划板块，充分发挥规划先行优势，依托系统内外投资公司及知名企业，实现了省内省外多点发展，年合同额持续增长，业内影响度持续上升。

建筑规划板块，中铁大桥院以实现国内一流为目标，全力开拓市场，大力塑造品牌。加强与中铁系统内投资板块的深度合作，发挥设计单位的投资参谋和先导作用的同时也借机承揽了城市规划、建筑设计、棚户改造、文旅康养、特色小镇、产业园区、市政路桥、综合管廊等领域的优质融投资项目。继续巩固高铁站房设计市场，2019 年陆续中标京甬线溪口、新昌站、晋城东站等近五十座高铁和轨道交通站房设计，并借助站房设计和铁道工程领域的市场优势，拓展站前广场及配套商业设施规划开发、市政跨铁工程及市政主干道勘察设计业务。

铁道工程板块，在大长铁路、铁路专用线、路内更新改造和城际铁路领域持续跟进发力，并依托桥梁设计的专业优势做实铁水联运、上穿下跨、转体桥梁等特色产业，先后承担湖北省铁水联运规划、新建三峡枢纽白洋港疏港铁路专用线、阳逻国际集装箱铁水联运二期工程、武汉北四环跨铁工程转体桥、武汉光谷大道快速化改造工程上跨南环铁路转体桥等一系列业内关注度高且影响巨大的项目，扩大影响力，走出差异化发展道路。

（吴　刚）

▲ 中铁科研院岩锋公司研发的 HP2516 湿喷机组和 TK800 湿喷机正式下线

【中铁大桥院勘察设计工作进展情况】1. 川藏铁路大渡河特大桥，大桥为主跨 1060 米双线铁路钢桁梁悬索桥。2019 年完成项目可研、深化可研工作，并完成初步设计预审查及过半施工图设计任务，按照国铁集团统一部署，开展可研上报配合工作，计划年底完成初步设计修编。

2. 川藏铁路东久曲特大桥，大桥位于林芝市巴宜区鲁朗镇境内，通麦车站至鲁朗车站之间，桥长 594 米，桥高 220 米，为双线铁路桥。铁路等级为 I 级客货共线铁路，速度目标值为 200 千米 / 小时，牵引质量为 2000~3000 吨，正线线间距为 7.5 米，到发线有效长为 650 米。主桥采用主跨 400 米上承式钢桁拱桥方案。拱上共设 11 个立柱，采用桁架式刚架墩结构。拱座采用扩大基础。土建工期约 60 个月。项目暂处于工可阶段。

3. 川藏铁路金沙江特大桥，大桥为四线铁路桥，桥上设罗麦站。推荐采用主跨 500 米钢管混凝土拱桥方案，桥长 780 米，桥高 350 米。主梁采用钢箱梁，分幅布置，全宽 23 米，横向由四片小钢箱构成，每两片小箱梁组成一幅，中间用横联连接，钢箱梁高 3.5 米。立柱采用桁架式钢立柱。拱座基础采用复合桩基础。土建工期约 70 个月。项目暂处于工可阶段。

4. 川藏铁路怒江特大桥，大桥位于西藏自治区昌都市八宿县境内，拟在同卡镇吉巴村附近跨越怒江，桥址位于昌都市区西南方向约 90 千米处，八宿县城西北方向约 55 千米。大桥位于通麦车站至鲁朗车站之间，桥长 1200 米，桥高 630 米，为双线铁路桥。铁路等级为 I 级客货共线铁路，速度目标值为 200 千米 / 小时，牵引质量为 2000~3000 吨，正线线间距为 7.5 米，到发线有效长为 650 米。怒江特大桥为主跨 1000 米钢桁梁悬索桥方案，主梁孔跨布置为（120+1000+80）米。主缆矢跨比为 1/9，全桥采用两根主缆，主缆横向间距为 30 米。主梁采用钢桁梁，主塔采用 H 型钢筋混凝土结构，基础采用群桩基础，锚碇采用隧道锚。土建工期约 72 个月。项目暂处于工可阶段。

5. 南京仙新路长江大桥，该项目属于市政工程项目，按城市快速路标准设计，全长 13.17 千米。其中主桥长 1760 米，双向 6 车道，设计时速 80 千米。主桥为悬索桥，跨度（580+1760+580）米，为单跨钢箱梁悬索桥，是国内最大跨度悬索桥。正在进行施工图评审与出版，中铁大桥院承揽该桥的主桥设计工作。

6. 南京龙潭长江大桥，初步设计、施工图设计，中铁大桥院承揽了该桥的主桥设计工作，该项目属于公路工程项目，按高速公路标准设计，全长 21 千米。其中主桥长 1660 米，双向 6 车道，设计时速 100 千米。主桥为悬索桥，跨度（1560 + 100）米，加劲梁采用钢箱梁结构，2018 年 6 月中设计标，2019 年 6 月完成初步设计工作，2019 年 8 月完成南北锚碇、南北主塔及主缆锚固系统施工图设计工作，计划 2020 年 3 月完成上部结

▲ 中铁上海局北京地铁 6 号线西延铺轨工程项目部提前 4 天实现“长轨通”

构施工图设计工作。

7. 马鞍山长江公铁大桥。该项目采用 4 线铁路 +6 车道市政道路标准设计。设计跨长江段，总长约 10 千米，分为主汊桥、副汊桥及引桥。其中主汊主桥采用主跨（2×1120）米的三塔斜拉桥方案，副汊采用主跨为 392 米的双塔斜拉桥，主跨斜拉桥建成后将三塔斜拉桥主跨纪录六百米级刷新到千米级。大桥 2019 年底完成初步设计，计划 2020 年上半年正式开工。目前正在进行工可修编，同步进行初步设计工作。

8. 鄂黄第二公路过江通道工程。该项目为公路项目，正在开展工可研究，项目北岸位于黄冈市黄州区，南岸位于鄂州市鄂城区燕矶镇，距上游已建鄂黄长江大桥约 6.5 千米，距下游已建鄂东长江大桥约 23 千米。该项目为国务院发布的《长江经济带综合立体交通走廊规划（2014—2020 年）》及湖北省发布的《湖北省综合交通运输“十三五”发展规划纲要中期评估有关成果的通知》中规划过江通道，项目计划建设时间为 2020 年至 2025 年，投资估算 136 亿元。

9. 宁波至舟山铁路及甬舟高速公路复线工程。中铁大桥院负责西堠门大桥和桃夭门大桥的设计工作，均为两线高铁与 6 车道高速公路合建的桥梁，西堠门大桥为主跨 1488 米斜拉悬索协作体系桥，桃夭门大桥为主跨 666 米混合梁斜拉桥，可行性研究工作已完成，等待批复；正在开展初步设计工作，计划 2020 年 3 月完成初步设计（送审稿）。

10. 武汉杨泗港长江大桥。中铁大桥院承揽了该工程两岸引桥及两岸疏解的设计工作，该项目属于综合市政工程项目，采取主线高架 + 地面道路的建设方式，上层桥城市快速路，下层桥城市主干路，地面设置城市辅道。上层主线按城市快速路标准设计，全长 4317.8 米，两岸引桥 2617.8 米（主桥为主跨 1700 米双层单跨悬索桥），上层主线引桥高架标准宽度 26 米，双向 6 车道，设计速度 60 千米 / 小时，下层主线引桥高架标准宽度 26 米，（近期）双向 4 车道 + 两侧非机动车道 + 人行道，设计速度 50 千米 / 小时，地面辅道按城市次干道标准设计，双向 4 ~ 6 车道，设计速度 40 千米 / 小时，在滨江大道和新武金堤路交叉口处各设置互通立交一座，该两处立交首创具有双层疏解功能的大型互通式立交，在同一交通节点处完成上层城市快速路和下层城市主干道的双层快慢交通疏解功能的立交，通过该立交实现上层城市快速路和下层城市主干道两个交通系统的匝道转换和快慢交通转换，达到快速疏解和快慢便捷转换的目的。该项目 2014 年 12 月开工建设，已于 2019 年 10 月建成通车。

11. 成贵铁路宜宾金沙江公铁两用大桥。中铁大桥院承揽了该桥的设计工作。该项目为公铁两用桥，上层桥面为四线高速铁路，其中两线成贵，设计时速 250 千米 / 小时，其余两线预留；下层桥面为双向 6 车道公路，按城市快速路标准设计，设计时速 60 千米 / 小时。大桥全长 1874.9 米，主桥为 336 米双层桥面钢箱系杆拱桥，为世界最大跨度的公铁两用钢箱拱桥；铁路桥面在上，公路桥面在下，桥面高差 32 米系国际首例。2013 年 12 月开工建设，2019 年 9 月铁路桥通车运营，11 月公路桥顺利通车。

12. 北沿江高铁项目，是“八纵八横”高铁主通道之一，项目起点为上海北，经太仓在崇明岛中间跨越长江后到启东西，向西经由南通、泰州、扬州、南京、合肥南（终点），正线长度约 508 千米，投资估算总额 1180 亿元。按双线高铁设计，速度 350 千米 / 小时。上海至南通区段设计，跨长江南支采用隧道方案，跨长江北支主桥采用主跨 400 米的斜拉桥方案。中铁大桥院参与上海至南通区段设计，其中南通地区线路长约 77 千米，越江段的南支隧道长约 14 千米、北支桥梁长约 2.5 千米。项目正在进行可研修编及公铁合建方案研究。

13. 通苏嘉甬铁路（杭州湾二通道）工程，是国家中长期铁路网规划“八纵八横”中沿海高速铁路组成部分，线路起自南通市南通西站，与盐通铁路正线贯通，向南跨过长江后（利用沪通四线桥），经过苏州市、嘉兴市、跨过杭州湾进入宁波市。正线线路长度约 310.4 千米，其中新建长度约 301.3 千米。跨越杭州湾拟采用桥梁方案，跨海桥长约 29.2 千米，为时速 350 千米双线高速铁路桥，是目前国内最长的高速铁路跨海大桥。正在进行工程可行性研究报告编制。

14. 南中高速工程。中铁大桥院负责项目洪奇门特大桥和横门西特大桥设计咨询工作，洪奇门特大桥推荐方案采用主跨520米双塔混合梁斜拉桥，横门西特大桥采用（66+390+324+2×66）米独塔混合梁斜拉桥。目前正处于初步设计阶段。

15. 北京轨道交通项目，在建项目为地铁3号线3站4区间和7号线东延线2站2区间。3号线3站4区间已完成初步设计和初步设计评审工作，3号线已重新启动设计工作；7号线东延线2站2区间已经完成全部施工图，并完成施工，正在进行投入运营前的各项验收工作。

16. 南京轨道交通项目，4条线工点在进行设计工作，分别为5号线、6号线、7号线、11号线。其中5号线4站4区间，目前处于施工图设计阶段，已完成部分车站主体围护施工图及主体建筑施工图，预计2020年12月通车。

17. 武汉轨道交通项目，在建项目有11号线二期工程1站3区间，车站正在进行主体和围护结构施工，主要工作是配合施工；5号线5站4区间（两个高架站、一个高架区间，一个高架地下过渡区间、三个地下站、两个地下区间），部分车站主体结构已经完成90%，部分车站围护结构施工；12号线4站5区间完成初步设计审查，正在进行施工图设计工作；19号线部分车站已开始施工，正在进行施工图设计和配合施工工作。　（刘　涛）

【中铁华铁勘察设计生产经营】2019年，中铁华铁设计集团在巩固勘察设计与咨询板块业务持续发展的基础上，以创新为导向，拓展以设计为主体的工程总承包业务，全年实现新签合同额29.38亿元，完成股份公司下达新签合同额指标26亿元的113%，近三年年平均增幅达到45%。　（李　冰）

【中铁华铁勘察设计工作进展情况】

1. 江苏八字桥农业观光度假旅游项目勘察、设计、采购、施工EPC工程总承包，合同额80000万元。项目在建阶段。

2. 中车北京二七机车有限公司国家冰雪运动训练科研基地改建项目，中标额2218万元，项目在建阶段。

3. 北京轨道交通新机场线一期及19号线一期工程设计10合同段（新宫车辆段），中标额2101.3万元，已完成施工招标图。

4. 乌鲁木齐市轨道交通5号线一期工程设计华凌车辆基地的设计项目，中标额2515.78万元，项目在建阶段。

5. 乌鲁木齐市轨道交通6号线一期工程设计07合同段，中标额2261.94万元，项目在建阶段。

6. 苏州轨道交通6号线车辆基地（车辆段、停车场）项目，中标额2361.6万元，项目在建阶段。

7. 河北京车造车基地项目施工图设计，中标额3908万元，项目在建阶段。

8. 北京地铁17号线工程工点设计08合同段，中标额3716万元，项目在建阶段。

9. 北京市轨道交通19号线一期新宫车辆段综合利用结构预留设计项目，中标额2400.6万元，项目在建阶段。

10. 昆明市轨道交通4号线PPP项目土建工程设计承包合同，中标额1105.17万元，项目在建阶段。

11. 罗浮山文化产业基地建设项目工程项目设计方案，中标额1265万元，项目在建阶段。

12. 北京市丰台区花乡白盆窑村BPY-L011地块R2类居住用地项目——基坑支护工程项目，中标额1240.2万元，项目在建阶段。

13. 中国南车北京二七车辆厂职工住宅项目（一期）施工图，中标额1020万元，项目在建阶段。

14. 中车北京二七机车北车北京轨道交通装备产业园建设项目（一期工程）初步设计，中标额1666.3万元，项目在建阶段。

15. 通号（长沙）轨道交通控制技术有限公司中国通号长沙产业园（一期）项目设计第一标段，中标额1000万元，项目在建阶段。

16. 成都阿坝工业园区标准化厂房建设设计项目（二期），合同额902万元，项目在建阶段。

17. 新蔡农商银行科技大厦综合办公楼设计项目，合同额537万元，项目实施阶段。

18. 天府新区眉山双创中心项目（大数据配套商务中心），合同额516.8万元，项目在建阶段。

19. 新建太焦城际铁路太原南到晋城段长治东站站房、雨棚及相

▲ 中铁华铁设计的冬奥重点场馆之一“二七冰雪大道速滑馆”正式投入使用

▲ 中铁上海局参建的哈佳铁路获黑龙江省建设工程质量“结构优质”奖

关工程，站房面积 50203 平方米，目前已完成初步设计。

20. 高标准定制化厂房设计项目，合同额 780 万元。总建筑面积 27 万平方米，项目在建阶段。

21. 张地 2017-B22 号地块项目施工图设计项目，合同额 580 万元。总建筑面积 18.9 万平方米，高层住宅，施工图设计阶段。

22. 中铁隧道集团科技大厦设计项目，建筑面积 99339 平方米，同步进行施工图设计和施工配合阶段。

23. 顺义区后沙峪镇 SY00-0019-6001、6003 地块 R2 二类居住用地和 SY00-0019-6004 地块 B1 商业用地项目基坑支护和地基处理工程勘察项目，合同额 50000 万元，项目在建阶段。

24. 北京轨道交通新机场线一期工程车辆工艺设备集成采购项目（二标），合同额 4186 万元，设备供货中。

25. 无锡地铁 3 号线一期工程工艺设备非标无基础设备及通用设备项目，合同额 2816 万元，设备供货中。

26. 合肥南动车运用所改扩建工程第一批甲供物资设备采购项目，合同额 2568 万元。设备已安装完毕，静态验收已完成。

27. 呼和浩特市城市轨道交通一号线一期工程车辆段工艺设备基础性大型工艺设备集成包、工艺运用检修类设备集成采购项目第二标段工艺运用检修类设备采购项目，合同额 3168 万元，设备供货中。

28. 新建北京至张家口铁路沙城站还建及北京北动车所站后工程，合同额 2830 万元，设备供货中。

29. 新建南昌至赣州客运专线南昌枢纽工程（CGFJ-1 标）甲供物资，合同额 3660 万元。轨道桥部分已供货，正在安装中。（张 静）

【中铁科研院勘察设计生产经营】

2019 年，中铁科研院勘察设计板块新签合同额总额 16511 万元，比 2018 年增加 2897 万元，增长 21.3%。受城市轨道交通建设政策调整影响，勘察设计板块完成营业额 10755 万元，比 2018 年减少 3252 万元，减少 23%。（伍海艳）

【中铁科研院勘察设计工作进展情况】

1. 成都市轨道交通 9 号线一期工程（武青车辆段）。工程名称：成都轨道交通 9 号线一期工程 9CLD［武青车辆段土建（含主变电）、装修、风水电］设计，合同额 2926 万元。成都轨道交通 9 号线一期工程设置一段一场，分别为武青车辆段和元华停车场；设主变电所 2 座，分别位于武青车辆段和元华停车场内；控制中心位于沈家桥附近的新苗控制中心（共享）。2019 年进行施工配合及设计文件归档工作。

2. 成都市轨道交通 11 号线一期工程。工程名称：成都市轨道交通 11 号线一期工程分项设计车站Ⅴ标（回龙路站、迎宾大道站、回龙路西站），合同额 860 万元。成都地铁 11 号线是一条连接主城区、天府新区、新津县的市域快线。一期工程北起观东路站，途经新成仁路、夔州大道、福州路、正兴 42 路和迎宾大道，终止于回龙路西站。线路全长 22.0 千米，共设车站 19 座，地下站 18 座、高架站 1 座，其中换乘站 3 座，与 1 号线、5 号线、6 号线、18 号线换乘。设车辆段 1 座，新建主变电所 2 座。截至 2019 年底，已完成初步设计，项目任务完成 78%。

3. 成都地铁 6 号线一、二期工程工点设计车站 5 标项目。工程名称：成都地铁 6 号线一、二期工程，合同额 3351.8 万元。2019 年 5 月完成初步设计修编，2019 年 12 月已进入施工配合阶段，完成所有车站建筑及结构施工图设计工作。

4. 青岛市轨道交通 1 号线一期工程。工程名称：青岛市地铁 1 号线一期工程土建工点五标五站，合同额 1392 万元。青岛地铁 1 号线为连接黄岛中心区、青岛中心区和城阳现状城区的南北向骨干线路，沿线连接了火车站、火车北站、流亭国际机场、黄岛汽车站、汽车北站等重要的交通枢纽。1 号线主要沿长江路、滨海大道、费县路、胶州路、人民路、四流南路、兴华路、重庆路、凤岗路、中城路和 S209 敷设，全长 59.3 千米。截至年末项目已完成所有专业的施工图设计，正在进行附属结构、风水电及装修施工配合及部分变更设计。

5. 青岛市轨道交通 6 号线一期工程。工程名称：青岛市地铁 6 号线一期工程土建工点设计四标段设计，合同额 2663 万元。青岛地铁 6 号线一期工程起点为辛屯路站，终点为生态园站，线路正线全长 30.19 千米，其中地下线 29.72

千米，过渡段 0.23 千米，高架线 0.24 千米。全线设 20 座车站，包括地下站 17 座，高架站 3 座，平均站间距约 1.54 千米。工程设抓马山车辆基地一处，由抓马山站南端接轨。截至 2019 年 12 月底，已完成施工图设计。

6. 青岛地铁 8 号线工程。工程名称：青岛市地铁 8 号线土建工点设计三标段，合同额 3013.74 万元。青岛地铁 8 号线工程起点为胶州北站，终点为五四广场站，线路正线全长 60.7 千米。设站 18 座，设胶州北车辆段 1 座，河套停车场 1 座。线路起自胶州北站，终至五四广场，正线串联了胶州市、红岛高新区、李沧区、市北区、市南区五个行政区，是连接青岛新机场、北岸城区、东岸城区的快速骨干线路，其中换乘站 11 座。截至 2019 年底已完成风、水专业施工图，管线综合、BIM 施工图及电专业施工图。

7. 佛山地铁 11 号线工程。工程名称：佛山城市轨道交通 11 号线工程，合同额预估 1000 万元。佛山地铁 11 号线起点顺德容桂，终点是广州鹤洞东，全长 41 千米，设站 20 座，其中顺德段 29.8 千米，设站点 14 座。截至 2019 年底，项目任务已完成 30%。

8. 广州市轨道交通 12 号线工程。工程名称：广州市城市轨道交通第三期建设规划（2017—2023 年）线路设计等前期研究 12 号线工程（含交通衔接工程）仑头站及仑头站—大学城南站区间设计（设计 14 标），合同额 2263 万元。广州地铁 12 号线全长约 37.6 千米，全线共设车站 24 座，其中换乘站 14 座，全部采用地下敷设方式。最大站间距为 2.3 千米，最小站间距为 0.82 千米，平均站间距为 1.5 千米。线路标志色为茶绿色。全线设置一段一场，分别为槎头车辆段和科学中心停车场。设主变电站 2 处，分别位于白云文化广场、赤沙滘。截至 2019 年 12 月 20 日，广州市轨道交通 12 号线工程（浔峰岗—大学城南）施工图设计区间工程仑头站—官洲站区间、官洲站—大学城北站区间、大学城北站—大学城南站区间、大学城南停车场出入场线区间设计防水图送强审。

9. 昆明轨道交通 4 号线工程。工程名称：昆明轨道交通 4 号线设计 3 标，合同额 2136 万元。昆明市轨道交通 4 号线从主城西北方向的昆明国家高新技术产业开发区出发，穿过主城中心区，主城东南国家经济技术开发区，世纪城大型居住组团，沿米轨走廊进入呈贡新区西部。线路串联了高新区、主城中心区、经开区、螺蛳湾商贸城、呈贡新城的斗南、乌龙、吴家营、大学城、呈贡火车南站等客流密集区。4 号线路全长 43.396 千米，设站 29 座。截至年末，已完成全部设计内容的设计出图工作，土建配合现场施工形象进度 90%，机电及装修配合现场施工形象进度 65%。当前重点工作为“保通”。

（王柯媛）

技术咨询与服务

【全公司技术咨询和服务情况】2019 年勘察设计板块技术咨询与服务营业额 33.6 亿元，占比 16.31%，同比增长 4.34%；新签合同额 50.4 亿元，占比 10.47%，同比增长 3.27%。充分发挥股份公司专家委员会作用，广泛开展设计咨询，相

▲ 中铁科研院西北院文保团队承担乐山大佛胸腹部开裂残损区域抢救性保护前期研究及现场勘测工作

继组织技术专家赴印尼雅万高铁项目开展隧道施工技术咨询服务，优化设计施工方案；组织专家赴孟加拉帕德玛大桥铁路连接线项目检查指导、解决施工现场技术难题。开展设计咨询类产品内部市场准入评审。（贤 慧）

【中铁二院技术咨询和服务情况】2019年，中铁二院技术管理服务板块完成新签合同总额16.44亿元，与2018年相较，同比增加28.26%。获取了新建赣州至深圳铁路（广东段）施工图审核、新建宜昌至郑万高铁联络线施工图审核、深圳市轨道交通8号线二期、三期工程勘察设计监理、成都天府国际机场高速公路项目（正线）JL2合同段工程监理、佛山市城市轨道交通3号线工程土建监理3104标段、新建郑州至万州铁路重庆段施工监理（ZWCQJL-4标段）等项目。（吴怡帆）

【中铁六院技术咨询和服务与监理项目情况】2019年，中铁六院承揽广州轨道交通18号线供电系统安装工程、北京市轨道交通19号线一期安装工程、新建蒙西煤运通道四电工程等50余个监理项目，完成新签合同额2.65亿元，占总合同额的5.29%。咨询业务承揽了长沙市轨道交通5号线一期工程综合联调、成都轨道交通10号线三期/18号线三期工程等项目，共计200余项，完成新签合同额2.20亿元，占总合同额的4.39%。2019年，中铁六院完成技术咨询（含技术咨询、工程检测）营业额1.29亿元；工程监理营业额1.55亿元。（李红谍 马 萍）

【中铁设计技术咨询与服务】2019年，中铁设计集团监理业务全年累计中标昌景黄铁路（安徽段）、南沿江铁路、湖杭铁路先开段、酒额铁路东风段、北京地铁昌平线南延轨道专业及机电安装、北京地铁17号线机电安装、广州地铁10号线、深圳地铁8号线、武汉地铁5号线、运城经济技术开发区柳河东路跨越南同蒲铁路立交桥工程项目监理、新建薛店铁路物流基地、宁夏吴忠市太阳山至红寺堡公路、廊坊凯发新泉生态补水管网工程监理、新建杭衢铁路（建衢段）、改建铁路大莱龙铁路扩能改造工程、广州市轨道交通14号线二期及同步实施工程、杭州地铁4号线二期工程车站（含区间）设备安装及装修工程、济南轨道交通R2线一期工程场段工程等38个监理项目，新签合同额42253万元，占总合同额的3.76%。

中铁设计承揽了凤凰工业园市政基础设施建设项目（二期）EPC总承包项目技术咨询、张家港市铁路专用线工程可行性研究、新建铁路如东—南通—苏州—湖州线苏州至吴江段可行性研究等项目，完成新签合同额50026万元，占总合同额的4.45%。

2019年，中铁设计集团完成工程监理营业额45364万元；完成技术咨询（含技术咨询、工程检测、地勘监理）营业额48676万元。（刘一评）

【中铁大桥院重大咨询与监理项目情况】2019年，中铁大桥院技术咨询服务板块新签合同额2.66亿元，完成营业收入2.22亿元。重大咨询和监理项目有：

·常泰长江大桥· 大桥位于泰州大桥与江阴大桥之间，分别距离泰州大桥约28.5千米，距离江阴大桥约30.2千米。常泰长江大桥路线起自泰兴市六圩港大道，跨长江主航道，经录安洲，跨长江夹江，止于常州市新北区港区大道，路线全长10.03千米，公铁合建段长5299.2米，普通公路接线长4730.8米。项目采用“高速公路+普通公路+城际铁路”三位一体合并方式过江，跨江采用桥梁方案，其中主航道桥采用142+490+1176+490+142=2440米双层斜拉桥，桥梁上层为高速公路，下层为城际铁路和普通公路；录安洲、天星洲专用航道桥采用169.5+388+169.5=727米钢桁拱桥，录安洲非通航孔桥采用124+124+124=372米连续钢桁梁桥，两岸引桥采用预应力混凝土梁桥。项目普通公路接线工程包含泰兴侧2.34千米和常州侧2.39千米，采用一级公路标准。常泰项目为公铁合建项目，业主为江苏省交建局，中铁大桥院负责常泰项目主桥及南北接线的监理任务，施工准备与施工阶段监理服务期为2019年9月至2024年6月。2019年正在进行主墩钢沉井的制造施工，为在建项目。

·深圳至中山跨江通道工程· 项目北距虎门大桥约30千米，南距港珠澳大桥约38千米。项目东接机荷高速，跨越珠江口，西至中山马鞍岛，与规划的中开、东部外环高速对接，通过连接线实现在深圳、中山及广州南沙登人，项目全长约24千米，其中跨海长22.4千米。项目沿线经过深圳市宝安区、海域、中山翠亨新区。工程包括：两座人工岛，东侧岛长625米、宽100米；西侧岛长625米，宽175米；沉管特长隧道，长6720米，下穿大铲湾水道、机场支航道、矾石水；伶仃洋航道桥，主跨1620米、通航净空76米；横门西航道桥，主跨580米、通航净空53.5米。西人工岛岛长为625米，呈风筝形，最宽处456米，陆域高程为4.9米，海域使用面积为25.3万平方米，其中人眼可见的岛体面积13.7万平方米，岛体面积相当于19个国际标准足球场。按照设计文件，西人工岛从2016年12月开工，建设工期为70个月；第二阶段作为关键线路和控制性工程的岛隧工程在2017年12月开工；第三阶段桥梁工程于2018年4月开工，深中通道项目计划于2024年建成通车。深中通道属于交通项目，中铁大桥院负责岛遂工程监理，项目为在建工程。

·沪通长江大桥· 大桥是中

国铁路网沿海通道中的重要组成部分，是鲁东、苏北与上海、苏南、浙东地区间最便捷的铁路运输通道，也是长三角地区快速轨道交通网的重要组成部分。新建沪通铁路沪通长江大桥线路长 11072.106 米（公铁合建桥梁长 6993.062 米，铁路分建段桥长 4079.044 米）。小时 TQ-2 标工程施工监理合同段起讫点里程为 DK16+645.040—DK22+650.440，线路长 6005.4 米。包括主航道桥，南岸跨大堤（3×112）米简支钢桁梁桥、南岸引桥。主航道桥采用双塔五跨公铁合建斜拉桥，具体孔跨布置为（140+462+1092+462+140）=2296 米。主塔采用钻石型混凝土结构，在承台以上高度为 325 米，主塔基础采用沉井结构形式，其中 28# 主塔墩沉井高 105 米，29# 墩沉井高 115 米，平面尺寸均为（86.9×58.7）平方米。主梁采用三片主桁的箱桁组合结构，该桥跨径为同类桥梁世界之最；29# 墩深水沉井基础为世界最大的桥梁沉井基础；国内第一次采用了 Q500qE 新钢种及 2000 米 pa 级斜拉索；主塔高度 325 米，为国内第一。项目为公铁合建项目，业主为中国铁路总公司，中铁大桥院与铁科院监理公司组成联合体承担沪通长江大桥主桥及南岸引桥的全部施工监理任务，中铁大桥院主要负责沪通长江大桥北侧（南通侧）一半及公铁合建段的施工监理任务。项目为在建工程（主桥已合拢），预计 2020 年建成通车。

·五峰山长江大桥· 大桥是新建铁路连云港至镇江铁路重点控制工程，大桥北岸位于镇江市丹徒区高桥镇，南岸位于镇江市镇江新区。桥梁总长 6408.909 米，其中跨江大桥主桥长 1432 米；南北公铁合建段引桥长 1444.799 米（北岸 757.9 米，南岸 686.899 米）；南北单建铁路引桥长 3532.11 米（北岸 2304.811 米，南岸 1227.299 米）。铁路设计行车速度 250 千米 / 小时，正线线间距 4.6 米，预留两线铁路。高速公路；双向八车道；设计行车速度 100 千米 / 小时；桥面宽度 40.5 米。正桥主航道桥采用（84+84+1092+84+84）米双塔连续钢桁梁悬索桥桥式方案。连镇铁路、预留铁路、公路在正桥部分采用合建形式，引桥采用分建形式。该项目为公铁合建项目，业主为中国铁路总公司，五峰山长江特大桥为中铁大桥院与铁科院监理公司联合体监理，中铁大桥院主要负责监理范围主要包含五峰山长江特大桥北锚碇、主桥北岸边墩、北岸辅助墩、北塔基础、北塔、北岸主缆锚固系统、北岸主索鞍塔顶格栅及顶推架的预埋件等，项目为在建项目，预计 2020 年建成通车。

·温州瓯江北口大桥· 大桥位于温州市瓯江出海口，是《国家公路网规划（2013—2030 年）》中 G15W3 沈海高速并行线（宁波—东莞）和 G228 国道（辽宁丹东—广西东兴）在浙江境内的重要组成部分。本项目是 G15W3 沈海高速乐清至瑞安段的中间段。温州瓯江北口大桥工程采用宁波至东莞国家高速公路和国道 228 线（南金公路）共线过江的双层桥梁方案，主桥为（215+2×800+275）米三塔四跨双层钢桁梁悬索桥。上层为宁波至东莞国家高速公路，路线起自温州市黄华镇北侧，起点桩号 GK271+785.136，接在建的宁波至东莞高速公路南塘至黄华段，止于灵昆岛，接在建的宁波至东莞高速公路灵昆至阁巷段，终点桩号 GK279+698，全长 7913 米。下层为国道 228 线，路线北接国道 G228 线乐清段，南接国道 G228 线灵昆段，全长 3905 米。该项目为公路项目，监理的内容为中塔沉井基础、承台、塔柱、北塔、北锚碇、北引桥及上部钢结构的制造、安装的施工监理。该项目为在建项目。

·南京长江五桥· 大桥位于南京长江三桥下游约 5 千米、南京长江大桥上游约 13 千米处。路线起自南京市浦口区五里桥，接拟建的江北大道，跨越长江主航道后，经梅子洲，下穿夹江南岸，接已建成的江山大桥，全长约 10.33 千米，其中，跨长江大桥长约 4.4 千米，夹江隧道长约 1.8 千米，其余路段长约 4.1 千米。跨江大桥主桥采用纵向钻石型索塔中央双索面三塔组合梁斜拉桥，跨径布置为（80+218+2×600+218+80）米，索塔采用钢—混凝土组合索塔，索塔基础采用钻孔灌注桩基础，主梁采用含粗骨料 UHPC 为桥面板材料的流线型扁平整体箱型组合梁，斜拉索采用钢绞线斜拉索。该项目为

▲ 中铁设计、中铁十局联合体承建，中铁华铁负责监理的上合组织（连云港）国际物流园专用铁路 EPC 项目通过竣工验收

公路项目，中铁大桥院负责承台主桥及南北接线土建标段的监理任务，项目为在建项目，预计2020年建成通车。

·白洋长江大桥· 大桥是宜昌至张家界高速公路在湖北省宜昌市境内跨越长江的通道，该项目北接保康至宜昌高速公路，南连宜昌至张家界高速公路湖南段，是《湖北省公路水路交通运输发展“十二五”规划》建设的重点项目，起于当阳市（双莲镇），路线依次经宜昌市夷陵区、枝江市，在白洋工业园与宜都市陆城镇交界区跨越长江，途经宜都市、五峰县，止于五峰县炉红山（鄂湘界）。项目位于湖北省宜昌市境内，桥址位于长江中游宜昌至枝城河段，北岸是宜昌市枝江市白洋镇在建白洋工业园，南岸是宜都市城镇带（陆城镇、枝城镇等）。项目作为宜昌至张家界高速公路的重要组成部分，与G318国道、宜昌至华容一级公路、规划岳阳至宜昌高速公路以及众多国道省道和县道相连接，是联系鄂西北、湘西地区的省际快速通道。项目路线全长14.906千米，主线桥梁总长3391米，全线采用六车道高速公路标准，设计速度100千米/小时，跨江主桥桥跨布置为主跨1000米双塔钢桁梁悬索桥。该项目为公路项目，中铁大桥院负责全部施工监理任务，目前主桥钢桁梁已合龙，为在建项目，预计2020年11月前建成通车。

·香溪长江公路大桥· 大桥是拟建的湖北省骨架公路网中第六纵的第二条支线跨越长江的节点工程。项目起点为秭归县郭家坝镇米仓口隧道出口约290米处，与宜巴公路（S334）平交，路线在兵书宝剑峡峡口向北跨越长江，沿香溪河东岸上行2千米在刘家坝村向西跨越香溪河，终点为归州镇香溪河西岸的向家店，与峡堡公路（S255）相接，路线全长5.419千米。其中，跨长江采用主跨531米的中承式钢箱桁架拱桥，桥跨布置为（2×35+531+3×3×30）米，全长883.2米；灵观台大桥采用30米预制T梁结构，全长1325.5米；跨香溪河采用主跨470米的双塔双索面组合混合梁斜拉桥，桥跨布置为（20+2×48+78+470+78+2×48+3×35+2×3×30）米，桥长1079.6米；三岔沟大桥采用20米预制T梁结构，全长216.1米；吴家沟隧道左右洞长分别为960米、865米；路基全长1797.5米。道路等级采用双向四车道一级公路标准，设计车速60千米/小时。整体式路基标准宽度23米，分离式路基标准宽度2×11.75米。中铁大桥院负责全桥、隧的施工监理任务，项目已建成通车。

·虎门二桥· 大桥起自广州市南沙区东涌镇，连接广州绕城公路南环和广澳高速公路，经广州市番禺区石楼镇，止于东莞沙田镇，接广深沿江高速公路，全长12.89千米，全线采用桥梁方案，按8车道高速公路标准建设，桥梁标准宽度40.5米，设计时速100千米。虎门二桥全线设置东涌、骝东（规划预留）、海鸥岛、沙田4处互通立交和两座特大桥——大沙水道桥和坭洲水道桥。中间以海鸥岛为跳板。坭洲水道桥采用主跨658+1688米双塔双跨悬索桥，大沙水道桥采用主跨1200米双塔单跨悬索桥。悬索桥主梁采用钢箱梁，混凝土塔柱，设重力式锚碇。引桥采用30～62.5米跨径的预应力混凝土桥梁，共分7段，依次为：东涌枢纽立交主线桥、骝东枢纽立交主线桥、西引桥、中引桥、海鸥岛互通立交主线桥、东引桥和沙田枢纽立交主线桥。上部构造施工采用预制节段拼装、小箱梁预制架设、支架现浇和挂篮悬浇等方式。中铁大桥院负责第一合同段的监理任务，起于东涌枢纽立交，起点桩号为K0-573，经骝东互通立交、大沙水道桥，止于海鸥岛互通立交桥，终点桩号K7+289，全长7.862千米。该项目已建成通车。

·新建川南城际铁路——宜宾临港长江大桥· 川南城际铁路位于川南城市群核心区域，连接内江、自贡、宜宾和泸州四市，是连接成渝经济区腹地次级中心城之间，以及沿线地区与成都、重庆两大中心城市之间便捷快速通道，线路总长约213千米。建设川南城际铁路对完善成渝城际铁路网，促进区域内城镇化进程，推动沿线经济社会发展具有重要意义。大桥位于宜宾市内，该桥为蓉昆高铁、渝昆高铁及连接宜宾北岸临港区、南岸翠屏区市政交通的共同过江通道，是川南城际铁路自宜线的重点控制性工程。大桥采用平层钢箱斜拉桥方案进行设计，按照“四线铁路六车道公路”公铁两用标准建设，投资估算约25亿元，工期5年。宜宾临港长江大桥主跨522米，主桥梁宽63.9米，支撑体系为半漂浮体系，双塔四索面，设计时速为350千米的四线高铁走中间，设计时速为80千米的双向3车道城市快速路走两边。桥跨布置为：9×40.7米（北引桥）+（72.5+203+522+203+72.5）米主桥+7×40.7米（南引桥）；桥梁全长1724.2米，主桥长1073米。平面上主桥公铁共面，在引桥上铁路与公路分离，公路降坡分叉下穿铁路。主桥主梁采用平层钢箱梁，单箱3室，标准梁宽63.9米（含非机动车道）。中铁大桥院承担的监理任务为宜宾临港长江大桥（DK71+870.91—DK73+608.81）范围内的站前战后工程施工监理，主要包括临建工程、桥梁工程、四电工程、铺轨工程等。该项目为在建项目，预计2022年底完成。 （熊　锋）

【中铁华铁重大咨询与监理项目情况】 2019年，中铁华铁工程设计集团有限公司技术咨询服务业务持续稳定发展，主要项目有：①广州北车辆段扩建工程铁路建设工程勘察设计项目可研报告、勘察报告、初步设计编制，合同额290.87万元，已完成。②顺义区马坡镇西丰乐村棚户区改造土地开发项目立项申请报告，合同额79.8万元，已编制完成。③上铁道岔生产项目可行性研究报告，合同额60.61万元，已编制完成。④广州轨道交通10号线及同步施工监理3标，监理合同额4308.37万元。在建阶段。⑤新建贵阳至南宁铁路贵州段工程施工监理GNJL-2标段监理项目，监理合同额4850万元。正线长度66.51千米，在建阶段。⑥新建弥勒至蒙自铁路监理MMJL-3标段项目，合同额2126万元。正线长度29.87千米，在建阶段。⑦新建常德经益阳至长沙铁路工程施工监理CYCJL-3标段项目，合同额3112万元，正线长度23.95千米，在建阶段。⑧新建汕头至汕尾铁路工程施工监理SSJL-4标段项目，合同额3572万元，标段正线40.1千米，在建阶段。⑨珠三角城际轨道交通广佛环线GFHDJL-2标项目，合同额3195万元，标段正线长26.59千米，在建阶段。⑩新建杭衢铁路（建衢段）施工监理HQJL-2标段项目，合同额2433万元，正线全长37.72千米，在建阶段。（张　静）

【中铁科研院重大咨询与监理项目情况】2019年，中铁科研院技术咨询服务板块新签合同总额136155万元，比2018年增加35460万元，增长35.2%。技术咨询服务板块完成营业额89489万元，比2018年增加1579万元，增长2%。主要项目有：

·新建赤峰至京沈高铁喀左站铁路工程CFJL-1标监理项目· 合同额2072.51万元，全线路基土石方1986.96万立方米，其中正线路基土石方1730.25万立方米。桥梁54座42482.76延长米，框构及钢架桥31座7171.7顶平米，涵洞246座6191.5横延长米。隧道15座30518.0延长米。正线铺轨322.22铺轨公里，其中无砟轨道48.63铺轨公里，道砟78.21万立方米；站线铺轨27.48铺轨公里，道岔87组，道砟7.87万立方米；房屋8.57万平方米。截至2019年底，进度完成61%。

·新建重庆铁路枢纽东环线DHJL-3标段监理项目· 合同价2334.47万元，标段范围：站前工程施工图设计范围内的全部工程以及站后全部工程的施工监理，包括征地拆迁、路基、桥涵、隧道及明洞、轨道工程、通信信号及信息、电力及牵引供电、房屋、其他运营生产设备及建筑物、大型临时设施和过渡工程、十一章配合辅助工程等所有站前站后工程项目，以及协助建设单位做好项目开工准备工作、竣工验收工作和按中国铁路总公司现行规定应纳入监理范围的其他内容。起止里程:DK65+012—DK159+979.5，线路长度:96.66千米。截至2019年底，进度完成82%。

·新建京雄城际铁路监理三标监理项目· 合同价约2218.32万元，监理服务工期2018年5月8日至2020年5月7日。工程范围：京雄城际铁路正线DK83+229.85—DIK105+060.2（长度21.83千米）施工工程（不含轨道板预制及铺轨工程）、接口工程、站后工程（不含雄安站站房）的施工监理；同期施工的津九联络线、京港台正线雄安站以北工程的施工监理。截至2019年底，进度完成99%。

·新建杭州经绍兴至台州铁路HSTJL-7标· 合同价2736.027万元，线路北起台州中心站特大桥杭州端台尾DK215+535.53，至既有温岭站西侧与既有站并站，DK237+820到达标段终点，标段全长22.285千米，尾部预留向南延伸的条件。截至2019年底，进度完成64%。

·新建贵阳至南宁高速铁路广西段GNJL-2标监理项目· 合同价5132.491万元，站前工程管段里程为DK196+418.95—DK291+757.3，总长度为66.537千米，短链2处共28820.442米，长链1（19.032米），包括路基26段共4061米、隧道10座共48837米（其中特长隧道2座、长隧道3座）、桥梁23座共14650米（其中特大桥8座、大桥11座、中桥4座）、车站2座等。铺轨工程包括正线铺轨562.491千米，站线铺轨20.678千米。截至2019年底，进度完成34%。

·新建深圳至茂名铁路江门至茂名段工程JMJL-2标段施工监理· 合同价3924.2272万元，江门站中心里程为DK124+395范围内的江门站站房及相关配套工程，车站最高聚集人数4000人，属大型铁路旅客站房。截至2019年底，进度完成75%。

·川南城际铁路CNJL-1标监理项目· 合同价2901.0254万元，管段起讫里程为IDK0+475.5—IDK59+315，区间长度57.127千米。线路涵盖路基、桥梁、隧道、站场及站后等铁路各个专业。主要工点包括：内江北站站场改造1处、新建站房3处（三元站、白马西站、自贡东站）；隧道5座；路基工点176个；桥梁50座。其中，桥梁总长度32030米，约占本管段区间长度的56%；超过1000米的特大型桥梁11座，分别跨越（下穿）既有铁路、高速公路、大江河流及城市主干道。站房规模总面积为44000平方米。截至2019年底，进度完成81%。

·成都地铁6号线一、二期工程土建施工监理3标项目· 合同价2518.651万元，管段包括欢乐谷站（不含）—金府站（原柳家碾站）—星河站（原长宁路站）—西南交大站—沙湾站—人民北路站—梁家巷站（原解放路站）—前锋路站（原马鞍北路站）—建设北路站，共计8站9区间的土建施工。车站位于一环路上，交通流量大、地下管线众多、车站结构复杂、施工方法多样（明挖、半盖挖）、同步市政下穿及桥梁施工，施工组织难度大。管线改移或悬吊、基坑降水施工、深基坑开挖、钢支撑架设、高大模板施工、临电管理、起重吊

▲ 中铁一局承建的银西铁路（陕西段）漠谷河 1 号特大桥

装作业及一环路施工组织协调均为重点。截至 2019 年底，车站主体结构进度完成 100%，附属结构进度完成 20%。

·广州市轨道交通 18 号线工程监理 1 标项目· 合同价 6510.32 万元。工程范围：十八号线 YDK0+690—YDK14+330（长度为 13640 米），包含万顷沙车辆段出入线。该标段共 2 座车站、2 座中间风井、2 座盾构井、一条出入线及 5 段盾构区间（22 个联络通道）。截至 2019 年底，一分部（万顷沙出入段线—万顷沙站—万横中间风井）完成 38%；二分部[万横中间风井（不含）—横沥站—横番一号风井]完成 74%。

·福州市城市轨道交通 4 号线一期工程第六标段· 合同编号 JS4-JL-05-2018-003。合同价 2509.15 万元。福州地铁 4 号线一期工程起点站为橘园站、终点站为帝封江站，全线约为 28.4 千米，共设站 23 座，全线均采用地下线敷设。在洪塘设停车场一座，在螺洲设车辆段一座。监理范围：城门站—螺洲镇站—帝封江站（不含），出入段线、螺洲车辆段，共 2 站 2 区间 1 车辆段 1 出入段线。截至 2019 年底，进度完成约 43%。

·重庆轨道 18 号线监理一标项目· 合同价 4473.39 万元，线路起点至李家沱长江复线桥北侧，本标段包括富华路停车场、停车场出入线、富华路站（代建）、富—歇区间、歇台子站、歇—奥区间、奥体中心站、奥—石区间、石坪桥站、石—杨区间、杨家坪站、杨—滩区间、滩子口站、滩—黄区间、黄桷坪站、黄—四区间、四川美院站、四—电区间、电厂站、电—长区间，共计 8 站 9 区间，1 停车场，1 出入场线。截至 2019 年底，进度完成 2%。

·北京地铁 19 号线一期工程土建施工监理 04 标项目· 合同价 2428.03 万元，线路全长 3576 米。共包括 2 站 4 区间，即新发地站、新发地站—草桥站盾构区间、草桥站、新发地站—草桥站区间（新机场线部分）、新发地站—草桥站区间（19 号线部分）、草桥站后折返线区间（新机场线部分）。截至 2019 年底，进度完成 78%。

·成都轨道交通 17 号线二期工程监理 4 标· 合同价 2922.9179 万元，线路从仙桥北路—航天路—龙潭寺高洪片区，总长 7.787 公里。本标段包括机车厂站（含配线商业开发及附属）、人民塘站（含 35 千伏电缆廊道）、航空西路站、龙潭商务区站、高洪村站（含配线商业开发及附属）、二仙桥站（不含）—机车厂站—人民塘站—航天西路站—龙潭商务区站—高洪村站区间、S12 明挖区间（站前、站后共 2 段），共 5 站 5 区间。截至 2019 年底，进度完成 2%。

·新建川南城际自贡至宜宾线 ZYJL-1 标段监理项目· 合同价 2160 万元。标段里程 DK4+170—DK40+707.33，包括：路基 11.35 千米/36 处（含邓关站 1.37 千米）；桥梁 20.40 千米/36 座（特大桥 16525.2 米/16 座，连续梁 9 处），涵洞 740.43 米/34 道，车站通道一座、虹吸涵洞一座；隧道 4.87 千米/6 座（杉树湾隧道 1200 米、胡家村隧道 2486 米）；箱梁预制架设 577 孔、SK-2 型双块式轨枕 23.9 万根，CRTS Ⅰ型双块式无砟轨道 75.8 千米，及管段内三电、管线迁改和道路改移。截至 2019 年底，进度完成 5%。

·新建成都至蒲江铁路工程站前监理 1 标· 合同价 3649.9794 万元，桥涵工程 31 个，占全线长度 85.44%；路基单位工程 5 个，总长 12.3 千米；轨道工程 8 个，共计 101.95 千米；目前正线 39 个单位工程已验工开通，进度完成 75.9%。

·京沈（京冀）项目监理八标· 合同价 2112 万元，管辖里程为 DK18+080—DK28+032.6，其中路基长 1952 米，望京隧道长 8 千米，隧道盾构掘进区段总长 6900 米（双线），采用复合式泥水加压平衡盾构。盾构开挖外径为 10.90 米，管片外径 10.5 米，内径 9.5 米，环宽 2 米，按“6+2+1”分块，C50 砼。望京隧道是京沈全线唯一处于北京城区标段，穿越建筑物最多，施工沉降要求高。截至 2019 年底，进度完成 96%。

·马来西亚吉隆坡地铁二期监测项目· 合同价 4278.37 万林吉特，主要工作内容：完成 Titiwangsa 车站、Hospital KL 车站、1# 中央通风井与 1# 渡线（IVS1 &Crossover 1）和 C 标段的施工监测，监测项目包含地面沉降、建筑物倾斜及沉降、墙（土）体测斜、轴力、地下水位、水压、自动监测等内容。截至 2019 年底，进度完成 65%。

·拉林铁路隧道超前地质预报项目· 合同价 2000 万元，项目位于西藏自治区拉萨至林芝段，新建正线长度 402.405 千米，主要工作内容：施做全线一级风险及二级风险等高风险隧道的超前地质预报，包括地质雷达预报、TSP 地震波预报、红外探水预报以及综合预报。截至 2019 年底，进度完成 86%。

·国道 216 线公路新改建工程检测项目· 合同价 2666 万元，该项目路线起自黑石北湖以北约 7 千米新疆与西藏区界处，与国道 216 线民丰至区界段衔接，接国道 317 线洞措至改则段。具体检测内容为全线土建、桥梁和交安工程交工质量鉴定检测，桥梁动静载检测及桩基检测等。截至 2019 年底，进度完成 11%。

·成都市武侯区桥梁及下穿隧道管养项目· 合同价 1420 万元，工作内容为既有病害整治、桥梁检查、日常管养、专项养护、日常监测等。截至 2019 年底，进度完成 84%。（伍海艳）

▲ 2019 年 10 月 18 日，中铁科研院岩锋公司研发的 HP2516 湿喷机组和 TK800 湿喷机正式下线

优秀工程勘察设计奖

【优秀工程勘察设计奖】 2019 年，中国中铁共获得省部级勘察设计奖 225 项，评选出 2019 年度股份公司优秀工程勘察设计奖 247 项，其中：优秀工程勘察奖 39 项，优秀工程设计奖 174 项，优秀工程标准设计奖 19 项，优秀工程计算机软件奖 15 项。（贤　慧）

表 6–1　　**2019 年度中国中铁获省部级以上工程勘察设计奖情况**

序号	项目名称	奖项名称	获奖单位	评选单位	获奖等级
1	新建云桂铁路工程地质勘察	铁路优质工程（勘察奖）	中铁二院	国家铁路局	一等奖
2	新建长沙至昆明铁路客运专线北盘江特大桥工程勘察	铁路优质工程（勘察奖）	中铁二院	国家铁路局	二等奖
3	新建海南东环铁路工程测量	铁路优质工程（勘察奖）	中铁二院	国家铁路局	二等奖
4	新建贵阳至广州铁路贵阳至贺州段工程高风险岩溶隧道群工程勘察	铁路优质工程（勘察奖）	中铁二院	国家铁路局	三等奖
5	中老铁路磨丁至万象段工程测量	铁路优质工程（勘察奖）	中铁二院	中国勘察设计协会	一等奖
6	新建云桂铁路工程地质勘察	中国勘察设计协会行业优秀工程勘察奖	中铁二院	中国勘察设计协会	一等奖
7	兰州至重庆铁路广元至重庆段工程地质勘察	中国勘察设计协会行业优秀工程勘察奖	中铁二院	中国勘察设计协会	二等奖
8	新建海南东环铁路工程测量	中国勘察设计协会行业优秀工程勘察奖	中铁二院	中国勘察设计协会	二等奖
9	厦门至深圳铁路厦门至潮汕段工程地质勘察	中国勘察设计协会行业优秀工程勘察奖	中铁二院	中国勘察设计协会	三等奖
10	成贵铁路乐山至贵阳段精测网测量	中国勘察设计协会行业优秀工程勘察奖	中铁二院	中国勘察设计协会	三等奖
11	南宁市轨道交通 2 号线岩土工程勘察	“海河杯”天津市优秀工程勘察奖	中铁六院	天津市勘察设计协会	一等奖
12	宝鸡至兰州客运专线天宁隧道综合地质勘察	“海河杯”天津市优秀工程勘察奖	中铁六院	天津市勘察设计协会	一等奖
13	乌兹别克斯坦安革连至琶布铁路卡姆奇克隧道工程测绘项目	“海河杯”天津市优秀工程勘察奖	中铁六院	天津市勘察设计协会	一等奖

续表

序号	项目名称	奖项名称	获奖单位	评选单位	获奖等级
14	苏州市轨道交通4号线及支线工程第三方测量	“海河杯”天津市优秀工程勘察奖	中铁六院	天津市勘察设计协会	一等奖
15	检测与监测项目（IC-CJ02标）	“海河杯”天津市优秀工程勘察奖	中铁六院	天津市勘察设计协会	一等奖
16	东莞市城市快速轨道交通R2线工程（东莞火车站—东莞虎门站段）控制测量及施工检测工程项目2404标	“海河杯”天津市优秀工程勘察奖	中铁六院	天津市勘察设计协会	一等奖
17	广州市轨道交通7号线一期工程（广州新客站—新造段）控制测量及施工测量检测工程项目	天津市测绘学会优秀工程勘察奖	中铁六院	天津市测绘学会	三等奖
18	南京至高淳城际轨道禄口新城南站至高淳站（安装、装修、轨道）工程测量DSI-TE01-01标	天津市测绘学会优秀工程勘察奖	中铁六院	天津市测绘学会	二等奖
19	广州市轨道交通七号线一期工程（广州新客站—新造段）	天津市测绘学会优秀工程勘察奖	中铁六院	天津市测绘学会	一等奖
20	控制测量及施工测量检测工程项目	中国勘察设计协会行业优秀工程勘察奖	中铁六院	中国勘察设计协会	二等奖
21	呼和浩特轨道交通1号线一期工程01标施工监测项目	中国勘察设计协会行业优秀工程勘察奖	中铁六院	中国勘察设计协会	二等奖
22	广州市轨道交通13号线一期工程鱼珠—象颈岭控制	中国勘察设计协会行业优秀工程勘察奖	中铁六院	中国勘察设计协会	三等奖
23	测量及施工测量检测工程项目	中国勘察设计协会行业优秀工程勘察奖	中铁六院	中国勘察设计协会	三等奖
24	广州市轨道交通7号线一期工程（广州南站至大学城南站）[土建工程第三方监测]监测1标	铁路优质工程（勘察奖）	中铁六院	国家铁路局	一等奖
25	广州市轨道交通七号线一期工程（广州新客站—新造段）控制测量及施工测量检测工程项目	铁路优质工程（勘察奖）	中铁设计	国家铁路局	二等奖
26	重庆至贵阳铁路天坪隧道工程地质勘察	铁路优质工程（勘察奖）	中铁设计	国家铁路局	二等奖
27	城际轨道禄口新城南站至高淳段（安装、装修、轨道）工程测DS1-TE01-01标	铁路优质工程（勘察奖）	中铁设计	国家铁路局	三等奖
28	新建南宁至广州铁路西江特大桥工程地质勘察	铁路优质工程（勘察奖）	中铁设计	国家铁路局	三等奖
29	郑焦城际铁路黄河特大桥工程勘察	铁路优质工程（勘察奖）	中铁设计	国家铁路局	三等奖
30	山西中南部铁路通道太行山隧道工程地质勘察	铁路优质工程（勘察奖）	中铁设计	国家铁路局	三等奖
31	山西中南部铁路通道黄土坮垣区地质勘察	山东省测绘地理信息行业协会优秀工程勘察奖	中铁设计	山东省测绘地理信息行业协会	一等奖
32	郑州至新郑机场城际铁路地下车站岩土工程勘察	山东省测绘地理信息行业协会优秀工程勘察奖	中铁设计	山东省测绘地理信息行业协会	二等奖
33	新建张呼铁路福生庄越岭段工程地质选线勘察	中国勘察设计协会行业优秀工程勘察奖	中铁设计	中国勘察设计协会	二等奖
34	新建铁路德龙烟线德州至大家洼段地质勘察	河南省优秀工程勘察奖	中铁设计	河南省勘察设计协会	一等奖
35	西城·西进时代中心（三地块）京沪高铁路桥变形监测服务工程	河南省优秀工程勘察奖	中铁设计	河南省勘察设计协会	二等奖
36	济南市轨道交通R1线下穿京沪铁路专项监测服务工程	山西省优秀工程勘察奖	中铁设计	山西省住房和城乡建设厅	一等奖

续表

序号	项目名称	奖项名称	获奖单位	评选单位	获奖等级
37	新建湛江东海岛铁路工程测量	山西省优秀工程勘察奖	中铁设计	山西省住房和城乡建设厅	二等奖
38	新建湛江东海岛铁路工程测量	山西省优秀工程勘察奖	中铁设计	山西省住房和城乡建设厅	二等奖
39	新建陶利庙至鄂托克前旗铁路精密控制测量	山西省优秀工程勘察奖	中铁设计	山西省住房和城乡建设厅	三等奖
40	新建太原至兴县铁路工程湫水河特大桥地质勘察	山西省优秀工程勘察奖	中铁设计	山西省住房和城乡建设厅	三等奖
41	华晋焦煤王家岭矿铁路专用线工程地质勘察	山西省优秀工程勘察奖	中铁设计	山西省勘察设计协会	一等奖
42	新建太原至兴县铁路工程新横岭隧道地质勘察	山西省优秀工程勘察奖	中铁设计	山西省勘察设计协会	二等奖
43	太原钢铁（集团）有限公司袁家村矿铁路专用线工程地质勘察	山西省优秀工程勘察奖	中铁设计	山西省勘察设计协会	二等奖
44	五寨县昌茂石油销售有限公司李家平铁路专用线工程地质勘察	山西省优秀工程勘察奖	中铁设计	山西省勘察设计协会	三等奖
45	石太线北京铁路局管内设施设备改造工程（地质勘察）	中国测绘协会优秀工程勘察奖	中铁设计	中国测绘协会	铜奖
46	古交三期（2×66）万千瓦低热值煤热电项目铁路专用线工程（地质勘察）	中国测绘协会优秀工程勘察奖	中铁设计	中国测绘协会	铜奖
47	山西省焦炭集团益兴铁路专用线工程（地质勘察）	中国勘察设计协会行业优秀工程勘察奖	中铁设计	中国勘察设计协会	三等奖
48	西水洋物流园区铁路专用线（地质勘察）	中国勘察设计协会行业优秀工程勘察奖	中铁大桥院	中国勘察设计协会	三等奖
49	石武客专河南段运营期轨道控制网复测及结构变形监测	安徽省优秀工程勘察奖	中铁四局	安徽省工程勘察设计协会	三等奖
50	新建海南环岛高速铁路工程设计	铁路优质工程（设计奖）	中铁二院	国家铁路局	一等奖
51	新建南宁至黎塘铁路南宁东客运站站场设计	铁路优质工程（设计奖）	中铁二院	国家铁路局	一等奖
52	新建云桂铁路昆明南至百色（不含）段昆明南客运站工程设计	铁路优质工程（设计奖）	中铁二院	国家铁路局	一等奖
53	新建长沙至昆明铁路客运专线云贵段艰险山区路基工程设计	铁路优质工程（设计奖）	中铁二院	国家铁路局	一等奖
54	新建长沙至昆明铁路客运专线贵阳北至昆明南北盘江特大桥工程设计	铁路优质工程（设计奖）	中铁二院	国家铁路局	一等奖
55	新建长沙至昆明铁路客运专线朱砂堡二号隧道岩溶暗河及巨型空腔综合处理工程设计	铁路优质工程（设计奖）	中铁二院	国家铁路局	一等奖
56	新建贵阳至广州铁路贵阳至贺州段轨道工程设计	铁路优质工程（设计奖）	中铁二院	国家铁路局	二等奖
57	新建成都至重庆铁路客运专线路基工程设计	铁路优质工程（设计奖）	中铁二院	国家铁路局	二等奖
58	青岛北客站大型深厚垃圾场地基处理工程设计	铁路优质工程（设计奖）	中铁二院	国家铁路局	二等奖
59	新建成都至重庆铁路客运专线新中梁山隧道工程设计	铁路优质工程（设计奖）	中铁二院	国家铁路局	二等奖
60	铁路通信传输骨干网西南环（3号环）改造工程设计	铁路优质工程（设计奖）	中铁二院	国家铁路局	二等奖
61	新建成都至重庆客运专线降噪工程设计	铁路优质工程（设计奖）	中铁二院	国家铁路局	二等奖

续表

序号	项目名称	奖项名称	获奖单位	评选单位	获奖等级
62	新建铁路厦门至深圳线前场铁路大型货场工程设计	铁路优质工程（设计奖）	中铁二院	国家铁路局	三等奖
63	新建厦门北动车运用所工程设计	铁路优质工程（设计奖）	中铁二院	国家铁路局	三等奖
64	新建贵阳至广州铁路平寨滑坡抗滑桩—桩板结构组合加固工程设计	铁路优质工程（设计奖）	中铁二院	国家铁路局	三等奖
65	新建云桂铁路昆明南至百色（不含）段石林隧道工程设计	铁路优质工程（设计奖）	中铁二院	国家铁路局	三等奖
66	新建贵阳至广州铁路三都隧道工程设计	铁路优质工程（设计奖）	中铁二院	国家铁路局	三等奖
67	新建云桂铁路通信、信号、信息、防灾安全监控工程设计	铁路优质工程（设计奖）	中铁二院	国家铁路局	三等奖
68	新建云桂铁路新建昆明铁路局调度所工程运调系统设计	铁路优质工程（设计奖）	中铁二院	国家铁路局	三等奖
69	新建兰渝铁路广元至重庆段（含南充东至高兴段）给排水工程	铁路优质工程（设计奖）	中铁二院	国家铁路局	三等奖
70	埃塞俄比亚轻轨一期工程	中国勘察设计协会行业优秀工程设计奖	中铁二院	中国勘察设计协会	二等奖
71	东莞市城市快速轨道交通 R2 线工程设计	中国勘察设计协会行业优秀工程设计奖	中铁二院	中国勘察设计协会	二等奖
72	深圳车公庙综合交通枢纽工程设计	中国勘察设计协会行业优秀工程设计奖	中铁二院	中国勘察设计协会	二等奖
73	深圳地铁 11 号线松岗车辆段与综合基地工程设计	中国勘察设计协会行业优秀工程设计奖	中铁二院	中国勘察设计协会	二等奖
74	蜀蓉立交桥工程设计	中国勘察设计协会行业优秀工程设计奖	中铁二院	中国勘察设计协会	三等奖
75	兰州市北环路（二环）东段工程设计	中国勘察设计协会行业优秀工程设计奖	中铁二院	中国勘察设计协会	三等奖
76	青岛市地铁一期工程（3 号线）安顺车辆基地工程设计	中国勘察设计协会行业优秀工程设计奖	中铁二院	中国勘察设计协会	三等奖
77	立体三线换乘车站—成都太平园站工程设计	中国勘察设计协会行业优秀工程设计奖	中铁二院	中国勘察设计协会	三等奖
78	埃塞俄比亚亚的斯亚贝巴 LRT 一期工程弱电系统设计	中国勘察设计协会行业优秀工程设计奖	中铁二院	中国勘察设计协会	三等奖
79	成昆铁路	中国勘察设计协会行业优秀工程设计奖	中铁二院	中国勘察设计协会	优秀奖
80	南昆铁路	中国勘察设计协会行业优秀工程设计奖	中铁二院	中国勘察设计协会	优秀奖
81	宝成铁路	中国勘察设计协会行业优秀工程设计奖	中铁二院	中国勘察设计协会	优秀奖
82	成渝铁路	中国勘察设计协会行业优秀工程设计奖	中铁二院	中国勘察设计协会	优秀奖
83	遂渝铁路	中国勘察设计协会行业优秀工程设计奖	中铁二院	中国勘察设计协会	优秀奖
84	湘黔铁路	中国勘察设计协会行业优秀工程设计奖	中铁二院	中国勘察设计协会	优秀奖
85	重庆市轨道交通 3 号线	中国勘察设计协会行业优秀工程设计奖	中铁二院	中国勘察设计协会	优秀奖
86	海南环岛高速铁路	中国勘察设计协会行业优秀工程设计奖	中铁二院	中国勘察设计协会	优秀奖
87	北京轨道交通燕房线（主线）工程供电系统、综合监控系统	“海河杯”天津市优秀设计奖	中铁六院	天津市勘察设计协会	一等奖

续表

序号	项目名称	奖项名称	获奖单位	评选单位	获奖等级
88	广州市轨道交通 7 号线一期工程综合监控系统设计	“海河杯”天津市优秀设计奖	中铁六院	天津市勘察设计协会	三等奖
89	广州市轨道交通 4 号线南延段工程供电系统及综合监控系统	“海河杯”天津市优秀设计奖	中铁六院	天津市勘察设计协会	二等奖
90	黎湛铁路电气化改造工程	“海河杯”天津市优秀设计奖	中铁六院	天津市勘察设计协会	二等奖
91	青岛市地铁 2 号线一期工程（东段）供电系统设计	“海河杯”天津市优秀设计奖	中铁六院	天津市勘察设计协会	三等奖
92	厦门轨道交通 2 号线工程林边站全专业 BIM 技术应用	“海河杯”天津市优秀设计奖	中铁六院	天津市勘察设计协会	三等奖
93	青岛市地铁 2 号线一期工程浮山所站（原南京路站）—燕儿岛路站区间设计	“海河杯”天津市优秀设计奖	中铁六院	天津市勘察设计协会	三等奖
94	青岛市地铁 2 号线一期工程浮山所站（原南京路站）设计	“海河杯”天津市优秀设计奖	中铁六院	天津市勘察设计协会	二等奖
95	青岛市地铁 2 号线一期工程高雄路站设计	“海河杯”天津市优秀设计奖	中铁六院	天津市勘察设计协会	一等奖
96	青岛市地铁一期工程（3 号线）错埠岭站设计	“海河杯”天津市优秀设计奖	中铁六院	天津市勘察设计协会	二等奖
97	南昌市红谷隧道工程	“海河杯”天津市优秀设计奖	中铁六院	天津市勘察设计协会	一等奖
98	厦门市轨道交通 3 号线五缘湾站—刘五店站区间风井深基坑工程	“海河杯”天津市优秀设计奖	中铁六院	天津市勘察设计协会	一等奖
99	天坪隧道工程	“海河杯”天津市优秀设计奖	中铁六院	天津市勘察设计协会	一等奖
100	红石岩隧道工程	“海河杯”天津市优秀设计奖	中铁六院	天津市勘察设计协会	一等奖
101	厦门市轨道交通 3 号线刘五店站主体基坑工程	“海河杯”天津市优秀设计奖	中铁六院	天津市勘察设计协会	一等奖
102	地铁工程抗震支吊架设计与安装	“海河杯”天津市优秀设计奖	中铁六院	天津市勘察设计协会	一等奖
103	武汉市轨道交通 8 号线一期工程梨园站设计	“海河杯”天津市优秀设计奖	中铁六院	天津市勘察设计协会	一等奖
104	成都地铁 7 号线工程 一品天下站设计	“海河杯”天津市优秀设计奖	中铁六院	天津市勘察设计协会	一等奖
105	成都地铁 7 号线工程金沙博物馆站设计	“海河杯”天津市优秀设计奖	中铁六院	天津市勘察设计协会	一等奖
106	成都地铁 7 号线工程高朋大道站（原神仙树西站）	“海河杯”天津市优秀设计奖	中铁六院	天津市勘察设计协会	一等奖
107	长春地铁 1 号线卫星广场站设计	“海河杯”天津市优秀设计奖	中铁六院	天津市勘察设计协会	一等奖
108	合肥市轨道交通 1 号线一期工程包公园站	“海河杯”天津市优秀设计奖	中铁六院	天津市勘察设计协会	一等奖
109	成都地铁 7 号线工程驷马桥站	“海河杯”天津市优秀设计奖	中铁六院	天津市勘察设计协会	一等奖
110	成都地铁 3 号线一期工程前锋路站（原马鞍北路站）	“海河杯”天津市优秀设计奖	中铁六院	天津市勘察设计协会	一等奖
111	南京地铁 S3 号线工程春江路站	“海河杯”天津市优秀设计奖	中铁六院	天津市勘察设计协会	一等奖
112	西安市地铁三号线 胡家庙车站及胡家庙—石家街区间工程	“海河杯”天津市优秀设计奖	中铁六院	天津市勘察设计协会	一等奖
113	深圳市城市轨道交通 11 号线工程—南山站及车红区间通风空调系统	“海河杯”天津市优秀设计奖	中铁六院	天津市勘察设计协会	一等奖
114	复杂环境上土下岩基坑撑索组合支护设计	“海河杯”天津市优秀设计奖	中铁六院	天津市勘察设计协会	一等奖
115	南京宁和城际轨道交通一期工程油坊桥站	“海河杯”天津市优秀设计奖	中铁六院	天津市勘察设计协会	一等奖

续表

序号	项目名称	奖项名称	获奖单位	评选单位	获奖等级
116	富水圆砾地层条件下四孔“扭麻花”区间盾构隧道设计	“海河杯”天津市优秀设计奖	中铁六院	天津市勘察设计协会	一等奖
117	成都地铁7号线工程西南交大站（原二环路交大路口站）	“海河杯”天津市优秀设计奖	中铁六院	天津市勘察设计协会	一等奖
118	天津地铁6号线调整及新建延伸线工程南翠屏站设计	“海河杯”天津市优秀设计奖	中铁六院	天津市勘察设计协会	一等奖
119	繁华城区麻花型交叉隧道及全暗挖地下三层车站设计	“海河杯”天津市优秀设计奖	中铁六院	天津市勘察设计协会	一等奖
120	大连地铁1号线会展中心站设计	“海河杯”天津市优秀设计奖	中铁六院	天津市勘察设计协会	一等奖
121	西安市地铁3号线 长乐公园车站工程	“海河杯”天津市优秀设计奖	中铁六院	天津市勘察设计协会	一等奖
122	改建铁路甘钟线洛阳村隧道改线工程右嘴头燕尾式隧道斜向穿越滑坡工程设计	铁路优质工程（设计奖）	中铁六院	国家铁路局	三等奖
123	陇海线宝鸡东Ⅰ场、绛帐、武功站联锁设备改造工程设计	铁路优质工程（设计奖）	中铁六院	国家铁路局	三等奖
124	中科院合肥技术创新工程院研发楼	安徽省优秀工程设计奖	中铁六院	安徽省工程勘察设计协会	三等奖
125	合肥华南城三号交易广场	安徽省优秀工程设计奖	中铁六院	安徽省工程勘察设计协会	三等奖
126	安徽城市管理职业学院二期建设工程设计——体育馆	安徽省优秀工程设计奖	中铁六院	安徽省工程勘察设计协会	二等奖
127	合肥市轨道交通1号线一期工程包公园站（原芜湖路站）	安徽省优秀工程设计奖	中铁六院	安徽省工程勘察设计协会	一等奖
128	合肥市轨道交通1号线一期工程朱岗站（原太湖路站）	安徽省优秀工程设计奖	中铁六院	安徽省工程勘察设计协会	三等奖
129	巢湖市健康路（裕溪路—环保局）白改黑改造工程	安徽省优秀工程设计奖	中铁六院	安徽省工程勘察设计协会	三等奖
130	芜湖市恒大华府	安徽省优秀工程设计奖	中铁六院	安徽省工程勘察设计协会	三等奖
131	合肥庐阳区荣城花园南苑二期复建点项目	安徽省优秀工程设计奖	中铁六院	安徽省工程勘察设计协会	三等奖
132	全椒县南屏山文体公园	安徽省优秀工程设计奖	中铁六院	安徽省工程勘察设计协会	二等奖
133	店埠河游园（塘杨桥—八斗路桥）景观设计	安徽省优秀工程设计奖	中铁六院	安徽省工程勘察设计协会	一等奖
134	福州市轨道交通1号线（一期）工程总体设计项目	上海市优秀工程设计奖	中铁六院	上海市勘察设计行业协会	一等奖
135	北京市轨道交通燕房线（主线）工程总体	上海市优秀工程设计奖	中铁六院	上海市勘察设计行业协会	一等奖
136	南昌市红谷隧道工程	江西省优秀工程设计奖	中铁六院	江西省建设工程勘察设计协会	一等奖
137	北京地铁16号线二期工程综合监控系统设计	中国勘察设计协会行业优秀工程设计奖	中铁六院	中国勘察设计协会	二等奖
138	上海市轨道交通17号线工程设计总体设计	中国勘察设计协会行业优秀工程设计奖	中铁六院	中国勘察设计协会	一等奖
139	北京轨道交通燕房线（主线）工程总体	中国勘察设计协会行业优秀工程设计奖	中铁六院	中国勘察设计协会	一等奖
140	北京地铁16号线二期工程	中国勘察设计协会行业优秀工程设计奖	中铁六院	中国勘察设计协会	一等奖
141	福州市轨道交通1号线（一期）工程总体设计	中国勘察设计协会行业优秀工程设计奖	中铁六院	中国勘察设计协会	二等奖

续表

序号	项目名称	奖项名称	获奖单位	评选单位	获奖等级
142	佛山地铁 1 号线东平隧道	中国勘察设计协会行业优秀工程设计奖	中铁六院	中国勘察设计协会	二等奖
143	北京轨道交通燕房线（主线）工程供电系统、综合监控系统	中国勘察设计协会行业优秀工程设计奖	中铁六院	中国勘察设计协会	三等奖
144	南昌市红谷隧道工程	中国勘察设计协会行业优秀工程设计奖	中铁六院	中国勘察设计协会	三等奖
145	富水圆砾地层条件下四孔“扭麻花”区间盾构隧道设计	中国勘察设计协会行业优秀工程设计奖	中铁六院	中国勘察设计协会	三等奖
146	南昌市红谷隧道工程	中国施工企业管理协会优秀工程设计奖	中铁六院	中国施工企业管理协会	一等奖
147	重庆至贵阳铁路扩能改造工程天坪隧道	中国施工企业管理协会优秀工程设计奖	中铁六院	中国施工企业管理协会	二等奖
148	新建南宁至广州铁路肇庆西江特大桥设计	铁路优质工程（设计奖）	中铁设计	国家铁路局	二等奖
149	京津城际铁路无线超宽带设计	铁路优质工程（设计奖）	中铁设计	国家铁路局	二等奖
150	新建天津新港北铁路集装箱中心站工程增压直排防堵真空联合堆载预压加固吹填土地基设计	铁路优质工程（设计奖）	中铁设计	国家铁路局	二等奖
151	新建陶利庙至鄂托克前旗铁路综合设计	铁路优质工程（设计奖）	中铁设计	国家铁路局	三等奖
152	新建菏泽铁路物流基地工程总体设计	铁路优质工程（设计奖）	中铁设计	国家铁路局	三等奖
153	新建南宁至广州铁路桂平至新肇庆段工程轨道系统设计	铁路优质工程（设计奖）	中铁设计	国家铁路局	三等奖
154	新建铁路锡林浩特至二连浩特线总体设计	铁路优质工程（设计奖）	中铁设计	国家铁路局	三等奖
155	空铁一体化新郑机场站地下工程设计	铁路优质工程（设计奖）	中铁设计	国家铁路局	三等奖
156	新建铁路吉林至珲春客运专线拉法山隧道工程设计	铁路优质工程（设计奖）	中铁设计	国家铁路局	三等奖
157	济南大型养路机械存放及维修保养设施改造工程设计	铁路优质工程（设计奖）	中铁设计	国家铁路局	三等奖
158	新建张呼铁路呼和浩特东站工程建筑设计	铁路优质工程（设计奖）	中铁设计	国家铁路局	三等奖
159	新建菏泽铁路物流基地工程	山东省优秀工程设计奖	中铁设计	山东省住房和城乡建设厅	一等奖
160	新建铁路龙口至烟台线四电集成系统设计	山东省优秀工程设计奖	中铁设计	山东省住房和城乡建设厅	二等奖
161	青岛市地铁 2 号线一期工程苗岭路站（不含）—东韩站总体设计	山东省优秀工程设计奖	中铁设计	山东省住房和城乡建设厅	三等奖
162	济南市二环西路南延下穿京沪铁路立交桥工程	山东省优秀工程设计奖	中铁设计	山东省住房和城乡建设厅	三等奖
163	改建铁路胶济客运专线供电系统扩能改造工程既有柱上分区所改造为箱式分区所工程	山东省优秀工程设计奖	中铁设计	山东省住房和城乡建设厅	三等奖
164	新建日照南 30 吨轴重货车检修车间工程	山东省优秀工程设计奖	中铁设计	山东省住房和城乡建设厅	三等奖
165	新建湛江东海岛铁路综合设计	河南省优秀工程设计奖	中铁设计	河南省勘察设计协会	特等奖
166	陇海快速路—中州大道互通式立交上跨陇海铁路立交桥工程市政综合设计	河南省优秀工程设计奖	中铁设计	河南省勘察设计协会	一等奖

续表

序号	项目名称	奖项名称	获奖单位	评选单位	获奖等级
167	郑州市农业路快速通道工程（雄鹰东路—金源东街）第一设计标段市政综合设计	河南省优秀工程设计奖	中铁设计	河南省勘察设计协会	一等奖
168	汕（头）湛（江）高速公路云浮至湛江段及支线工程茂湛铁路跨线桥	河南省优秀工程设计奖	中铁设计	河南省勘察设计协会	一等奖
169	山西中南部铁路通道重载万吨区段站	河南省优秀工程设计奖	中铁设计	河南省勘察设计协会	一等奖
170	湛江铁路西站客运综合交通枢纽工程（二期）市政综合设计	河南省优秀工程设计奖	中铁设计	河南省勘察设计协会	二等奖
171	濮阳豫能发电有限责任公司铁路专用线铁路综合设计	河南省优秀工程设计奖	中铁设计	河南省勘察设计协会	二等奖
172	宝钢广东湛江钢铁基地项目工厂站工程	河南省优秀工程设计奖	中铁设计	河南省勘察设计协会	二等奖
173	更换道岔大修改造（郑州电务段管内）	河南省优秀工程设计奖	中铁设计	河南省勘察设计协会	二等奖
174	郑州等25个车站（场）无线调车机车信号和监控	河南省优秀工程设计奖	中铁设计	河南省勘察设计协会	二等奖
175	太焦线后寨—高平半自动闭塞区段增设断轨监测系统	河南省优秀工程设计奖	中铁设计	河南省勘察设计协会	三等奖
176	北京铁路局白羊墅驼峰系统改造工程（设计）	山西省优秀工程设计奖	中铁设计	山西省住房和城乡建设厅	一等奖
177	中国北车太原轨道交通装备有限责任公司铁路专用线（设计）	山西省优秀工程设计奖	中铁设计	山西省住房和城乡建设厅	二等奖
178	五寨县昌茂石油销售有限公司李家平铁路专用线工程（设计）	山西省优秀工程设计奖	中铁设计	山西省住房和城乡建设厅	二等奖
179	岢岚福耀现代物流安塘发运站改造工程（设计）	山西省优秀工程设计奖	中铁设计	山西省住房和城乡建设厅	三等奖
180	修文路用车辆停留基地工程（设计）	山西省优秀工程设计奖	中铁设计	山西省住房和城乡建设厅	三等奖
181	临汾地区物流基地改造工程（设计）	山西省优秀工程设计奖	中铁设计	山西省住房和城乡建设厅	三等奖
182	京津城际铁路无线超宽带工程	中国施工企业管理协会绿色建造工作委员会优秀工程设计奖	中铁设计	中国施工企业管理协会绿色建造工作委员会	三等奖
183	山西中南部铁路通道重载万吨区段站设计	河南省优秀工程设计奖	中铁设计	河南省勘察设计协会	一等奖
184	北京市轨道交通燕房线（主线）工程总体项目	上海市优秀工程设计奖	中铁设计	上海市勘察设计协会	一等奖
185	深圳市城市轨道交通9号线工程9104-3标设计	北京市优秀工程设计奖	中铁设计	北京工程勘察设计行业协会	二等奖
186	京哈线K206+565.8滦县滦河站连接线框架地道桥	北京市优秀工程设计奖	中铁设计	北京工程勘察设计行业协会	三等奖
187	宜昌市庙嘴长江大桥设计	中国勘察设计协会行业优秀工程设计奖	中铁大桥院	中国勘察设计协会	一等奖
188	南宁市青山大桥工程	中国勘察设计协会行业优秀工程设计奖	中铁大桥院	中国勘察设计协会	二等奖
189	武汉长江大桥	中国勘察设计协会行业优秀工程设计奖	中铁大桥院	中国勘察设计协会	优秀奖
190	牛角沱嘉陵江大桥	中国勘察设计协会行业优秀工程设计奖	中铁大桥院	中国勘察设计协会	优秀奖
191	南京长江大桥	中国勘察设计协会行业优秀工程设计奖	中铁大桥院	中国勘察设计协会	优秀奖

续表

序号	项目名称	奖项名称	获奖单位	评选单位	获奖等级
192	重庆朝天门长江大桥正桥	中国勘察设计协会行业优秀工程设计奖	中铁大桥院	中国勘察设计协会	优秀奖
193	京沪高速铁路	中国勘察设计协会行业优秀工程设计奖	中铁大桥院	中国勘察设计协会	优秀奖
194	港珠澳大桥主体工程	中国勘察设计协会行业优秀工程设计奖	中铁大桥院	中国勘察设计协会	优秀奖
195	马鞍山长江公路大桥	中国勘察设计协会行业优秀工程设计奖	中铁大桥院	中国勘察设计协会	优秀奖
196	武汉鹦鹉洲长江大桥	中国勘察设计协会行业优秀工程设计奖	中铁大桥院	中国勘察设计协会	优秀奖
197	大连地铁张前路车辆段与综合基地	北京市优秀工程设计奖	中铁华铁	北京工程勘察设计行业协会	二等奖
198	电力科研楼等 3 项中国电力科学研究院科技研发中心建设工程	中国施工企业管理协会绿色建造工作委员会优秀工程设计奖	中铁华铁	中国施工企业管理协会绿色建造工作委员会	二等奖
199	退城搬迁入园建厂技术改造项目一期建设工程	北京市优秀工程设计奖	中铁华铁	北京工程勘察设计行业协会	三等奖
200	大连地铁张前路车辆段与综合基地	中国勘察设计协会行业优秀工程设计奖	中铁华铁	中国勘察设计协会	三等奖
201	旌德县经济开发区污水处理厂	安徽省优秀工程设计奖	中铁四局	安徽省工程勘察设计协会	三等奖
202	中铁四局黄山馨园国际大酒店改造	安徽省优秀工程设计奖	中铁四局	安徽省工程勘察设计协会	三等奖
203	中铁南山院	安徽省优秀工程设计奖	中铁四局	安徽省工程勘察设计协会	二等奖
204	合肥市上海路下穿沪蓉、合福铁路工程	安徽省优秀工程设计奖	中铁四局	安徽省工程勘察设计协会	一等奖
205	亳州市蕉城区西一环北段（洪河—北一环）道路勘察设计	安徽省优秀工程设计奖	中铁四局	安徽省工程勘察设计协会	二等奖
206	包河区 2014 年市政设施日常管养项目设计	安徽省优秀工程设计奖	中铁四局	安徽省工程勘察设计协会	三等奖
207	蜀山新产业园区路网设计	安徽省优秀工程设计奖	中铁四局	安徽省工程勘察设计协会	三等奖
208	合肥 G206 公路（南岗至上派段）改建工程 K6+640—K7+400	安徽省优秀工程设计奖	中铁四局	安徽省工程勘察设计协会	二等奖
209	合肥市 S105 省道改建上跨 954 军专线、合肥四方磷复肥专用线铁路立交桥工程	安徽省优秀工程设计奖	中铁四局	安徽省工程勘察设计协会	三等奖
210	中国科学技术大学东区校园环境改造工程眼镜湖标段	安徽省优秀工程设计奖	中铁四局	安徽省工程勘察设计协会	二等奖
211	新海公园景观改造设计	安徽省优秀工程设计奖	中铁四局	安徽省工程勘察设计协会	三等奖
212	共青城市富华山景区游步道及相关景观工程	安徽省优秀工程设计奖	中铁四局	安徽省工程勘察设计协会	三等奖
213	珠海中铁诺德国际花园项目	广东省优秀工程设计奖	中铁建工	广东省工程勘察设计行业协会	二等奖
214	铁路路基边坡防护系列通用参考图	铁路优质工程（标准设计奖）	中铁二院	国家铁路局	一等奖
215	时速 250 千米高速铁路地震区双线隧道复合式衬砌	铁路优质工程（标准设计奖）	中铁二院	国家铁路局	二等奖

续表

序号	项目名称	奖项名称	获奖单位	评选单位	获奖等级
216	铁路车站人工湿地处理单元（南方地区）	铁路优质工程（标准设计奖）	中铁二院	国家铁路局	二等奖
217	铁路站场排水构筑物	铁路优质工程（标准设计奖）	中铁二院	国家铁路局	三等奖
218	时速160千米、200千米客货共线铁路单线圆端形实体桥墩	铁路优质工程（标准设计奖）	中铁二院	国家铁路局	三等奖
219	铁路车站人工湿地处理单元（北方地区）	铁路优质工程（标准设计奖）	中铁设计	国家铁路局	二等奖
220	10kV 架空电力线路铁塔安装图	铁路优质工程（标准设计奖）	中铁设计	国家铁路局	三等奖
221	铁路钢桁梁桥三维建模、计算、检算和辅助绘图综合系统软件	铁路优质工程（计算机软件奖）	中铁二院	国家铁路局	三等奖
222	组合桩结构设计软件 V1.0	铁路优质工程（计算机软件奖）	中铁二院	国家铁路局	三等奖
223	基于 BIM 技术的铁路工程建设项目管理平台	铁路优质工程（计算机软件奖）	中铁二院	国家铁路局	三等奖
224	大跨度悬索桥非线性分析软件 SNAS	中国勘察设计协会行业优秀计算机软件奖	中铁大桥院	中国勘察设计协会	二等奖
225	大跨度悬索桥非线性分析软件 SNAS	铁路优质工程（计算机软件奖）	中铁大桥院	国家铁路局	一等奖

制表：贤 慧

优秀工程咨询成果奖

【优秀工程咨询成果奖】2019 年，中国中铁获得国家及省部级优秀咨询成果奖 26 项；评选出股份公司级优秀工程咨询成果奖 100 项。（贤 慧）

表 6–2　2019 年度中国中铁获省部级以上优秀工程咨询成果奖

序号	项目名称	获奖类别	获奖单位
1	新建铁路磨丁至万象线可行性研究报告	国家级	中铁二院
2	成都市三铁融合总体方案研究报告	国家级	中铁二院
3	新建铁路自贡至宜宾线宜宾临港长江大桥可行性研究报告	国家级	中铁二院
4	百色市城市轨道交通概念性规划	国家级	中铁二院
5	铁路跨海通道隧道建设方案研究	国家级	中铁六院
6	襄阳市庞公大桥项目申请报告	国家级	中铁大桥院
7	新建贵州瓮马铁路南北延伸线工程马场坪至都匀段预可行性研究报告（代项目建议书）	国家级	中铁大桥院
8	中车北京二七机车有限公司国家冰雪运动训练科研基地改建项目	国家级	中铁华铁
9	河南中部铝港专用铁路预可行性研究	省部级	中铁设计
10	约旦安曼地铁 1 号线项目可行性研究	省部级	中铁设计
11	晋城市太行一号国家风景道（玛琅山至柳树口段）可行性研究	省部级	中铁设计
12	新华大道新建工程穿越陇海铁路及地方铁路专用线工程可行性研究	省部级	中铁设计
13	陕能咸阳西郊热电联产项目（2×350）MW 铁路专用线预可行性研究	省部级	中铁设计
14	滑县专用铁路项目申请报告	省部级	中铁设计
15	高要档案馆综合大楼工程可行性研究	省部级	中铁设计

续表

序号	项目名称	获奖类别	获奖单位
16	郑州市紫荆山南路（南四环—龙湖镇建设路）道路工程可行性研究	省部级	中铁设计
17	黄河南岸高铁综合实训基地方案研究	省部级	中铁设计
18	太焦线沿线燃煤锅炉改造工程可行性研究	省部级	中铁设计
19	神木市腾雨物流有限责任公司黄土庙铁路专用线可行性研究	省部级	中铁设计
20	G106 淮阳刘楼至项城李庄段改建工程跨漯阜铁路立交工程方案设计	省部级	中铁设计
21	兰考县济阳大道（南环路—金牛大道）跨陇海铁路立交工程方案设计	省部级	中铁设计
22	中科炼化铁路专用线可行性研究	省部级	中铁设计
23	陕西凉水井集运有限公司黄土庙铁路专用线可行性研究	省部级	中铁设计
24	大庆市城市规划交通线网规划获 2018 年度优秀城乡规划设计	省部级	中铁科研院
25	西康铁路（上行 K77+580—K225+851 段、下行 K77+470—K226+434 段，西康襄渝北东联络线 K221+956—K226+341 段）地质灾害及隐患调查评估报告	省部级	中铁科研院
26	新建郑州至万州铁路重力不良（滑坡、岩堆）专题研究	省部级	中铁科研院

制表：贤　慧

工业制造

工业企业生产经营

【工业制造概况】中国中铁工业板块主要生产厂家包括中铁工业和中铁电气化局下属的中铁电气工业有限公司。生产的主要产品有：钢梁钢结构、道岔、盾构、工程机械、混凝土制品和电气化专用器材等。2019年，公司工程设备和零部件制造业务实现新签合同额420.9亿元，同比增长14.5%；营业收入169.74亿元；营业额280.1亿元；利润总额19.99亿元。2019年，中国中铁以川藏铁路极端装备为研发重点，成功开发出世界最大悬臂掘进机、世界首台半断面马蹄形盾构机、5000米高原水平旋喷钻机、可多机群协同全电脑三臂凿岩台车、高原型智能湿喷台车、耐候钢桥梁、耐候道岔等新型产品；研发世界首台第四代半掘进机——高压水力耦合破岩TBM“龙岩号”；完成国家973计划项目“TBM安全高效掘进全过程信息化智能控制及支撑软件基础研究”的项目研究，实现了盾构机的掘进状态自感知、风险智能预警；攻克了直径6m级以内的地铁隧道主轴承国产化替代技术，解决了盾构领域部分“卡脖子”难题；研制的国内最大全回转爬坡式起重机，可满足目前国内所有钢桁拱架设要求。在推进产业发展方面，研发出跨座式、悬挂式和磁浮式轨道交通车辆并开展动态试验和成果优化；开展氢能源+锂电池供电方式的低地板有轨电车样机生产制造；掌握了隧道污水处理关键技术，研制出盾构渣土减量化、无害化、资源化处理的成套技术装备“春泥号”。公司在大型钢结构桥梁的市场占有率超过60%；作为亚洲最大、世界第二的盾构研发制造商，在隧道施工装备及相关服务业务市场占有率连续多年保持国内第一，2017—2019年连续三年保持产销量世界第一。2019年销售盾构/TBM109台，再制造盾构91台，生产制造盾构/TBM109台。生产的盾构产品销往新加坡、意大利、丹麦、法国等20个国家和地区。（孟祥红）

【中铁工业生产经营概况】2019年，中铁工业累计完成营业额233.7亿元，同比增长10.8%，其中境外营业额完成12.16亿元；实现营业总收入205.75亿元，同比增长14.96%，完成年度经营计划196亿元的104.97%。从各业务板块来看，钢结构产业完成营业额91.38亿元，同比增长15.88%，钢结构产品产量达到116.55万吨，同比增长13.58%；隧道施工装备完成营业额76.33亿元，同比增长7.72%；整组道岔完成营业额33.76亿元，同比下降7.42%；高锰钢辙叉完成营业额2.21亿元；工程施工机械产业完成营业额7亿元，同比增长9.38%；工程服务产业完成营业额7.90亿元，同比增长61.47%，设备租赁完成营业额10.56亿元，同比增长80.4%。（邱守慈）

【中铁山桥生产经营概况】2019年，中铁山桥围绕改革创新、降本增产、提质增效开展工作，先后制造完成黑河大桥、延崇大桥、虎门二桥、裕溪河大桥、平塘大桥、沪通长江大桥、平潭海峡大桥、瑞典斯鲁森大桥；为京张高铁、郑西铁路、京福铁路、合安铁路、皖赣铁路等一大批重点线路道岔完成供货。2019年中铁山桥完成新签合同额76.8亿元，完成营业额42.2亿元，实现营业收入42.6亿元，完成归属母公司净利润5.93亿元。2019年中铁山桥完成钢结构34.2万吨，完成整组道岔4313组，完成辙叉8564个，完成机械产品21台套。（张璇）

【中铁宝桥生产经营概况】2019年，中铁宝桥积极践行“三个转变”，全年累计新签合同额89.9亿元，为年度计划的108.2%，同比增长14.7%；完成企业营业额50亿元，为年度计划的106.4%，同比增长2.9%；实现营业收入57.3亿元，为年度计划的110.2%，同比增长18.2%；归属母公司净利润4.02亿元，为年度计划的103.1%，同比增长11%。完成生产整组道岔5632组，计划完成率115.9%，其

▲2019年1月15日，由中铁工业研制中国出口非洲的首台盾构机——“中铁665号”土压平衡盾构机成功下线

中完成客专道岔 390 组，计划完成率 111.4%；完成道岔配件 15314 根，计划完成率 139.2%；完成钢梁钢结构 35.7 万吨，计划完成率 118.9%。（蒋晓强）

【**中铁科工生产经营概况**】2019 年，中铁科工完成新签合同额 45.33 亿元，完成年度计划的 113.32%，同比增长 27.53%，连续 11 年超额完成任务；海外实现新签合同额 2003 万美元；实现营业收入 27.5 亿元，完成年度计划的 114.7%，同比增长 21.3%；实现净利润 8042 万元，完成年度计划的 100.5%，同比增长 12.9%。（刘则威）

【**中铁装备生产经营概况**】2019 年，中铁装备营业额完成 76.89 亿元，同比增长 9.53%；营业收入完成 45.50 亿元，同比增长 8.62%；净利润完成 4.95 亿元，同比增长 1.32%。累计生产完成盾构设计制造 108 台，再制造 50 台，合计 158 台；生产完成隧道专用设备 64 台（套）、盾构后配套水平运输编组 97 列、盾构滚刀 2972 把；钢结构加工制造完成 28220 吨，安装完成 21700 吨；集成房屋安装完成 1258 套。（孙晓伟）

【**中铁九桥生产经营概况**】2019 年，中铁九桥完成营业额 23.83 亿元；实现营业收入 23.56 亿元；完成全年预算的 107.08%；实现利润总额 0.64 亿元；实现净利润 0.57 亿元；完成新签合同额 35.32 亿元。中铁九桥完成钢结构生产 25.82 万吨，为沪通长江大桥、五峰上长江大桥、双洮高速、刁口河特大桥、郑济高速铁路黄河特大桥、贵阳市筑城广场南明河大桥等重大项目制造钢梁。全年完成机械产品 13 台，其中起重机械 6 台、检查车 4 台、缠丝机 3 台。（刘 灿）

【**中铁电气化局工业公司主要指标完成情况**】2019 年，中铁电气工业有限公司完成新签合同额 40.28 亿元，其中铁路市场 26.71 亿元占比 66.3%，城市轨道交通市场 11.73 亿元占比 29.13%，海外市场 7527 万元占比 1.87%，地方轨外市场 1.08 亿元占比 2.7%。实现营业收入 35.42 亿元，完成工业产值 36.0323 亿元，利润总额 2.1 亿元，产品出厂合格率 100%。（陈 楠）

▲ 2019 年 4 月 2 日，由中铁工业参建的南沙大桥（虎门二桥项目）正式通车

▲ 2019 年 4 月 12 日，中铁工业参建的重庆东水门长江大桥荣获第十六届中国土木工程詹天佑奖

主要产品

· 隧道施工设备 ·

【**中铁装备隧道施工设备**】中铁装备在全国设置 18 个盾构生产基地 56 个总装工位，各基地的厂房配置了相关的机器加工制造设备、起重设备和检测设备等，合计常用工位盾构 /TBM 最大年产能约 280 台（套）。新乡专用设备生产基地设置 3 条隧道成套化专用设备生产线（湿喷机、刀具、三臂凿岩台车）和 10 个总装工位（悬臂掘进机、拱架安装台车、刀具、水平运输）。南京钢结构基地现有钢结构生产线共 9 条，其中 2019 年新增集成房屋焊接生产线 1 条，静电喷涂生产线 1 条。

盾构产品领域，2019 年，中铁装备重点完成了用于阿尔及利亚地铁施工的 ϕ10.47m 大直径土压平衡盾构，用于意大利北部铁路隧

图一

图二

▲ 图一、图二为“川藏铁路建设极端装备研制技术交流会暨新品发布会”现场图

道的 ϕ10.00m 大直径土压平衡盾构，用于法国巴黎地铁 16 号线的 ϕ9.82m 大直径土压平衡盾构，用于新加坡地铁的 5 台 6m 级土压盾构，用于山东文登抽水蓄能电站的 ϕ3.55m 小直径 TBM，用于榕江关埠引水工程的 2 台 ϕ5.00m 小直径 TBM，用于千岛湖引水工程的 ϕ6.00m 双护盾 TBM，用于福建龙岩项目的 ϕ3.83m 小直径凯式 TBM，用于珠三角水资源的 ϕ6.98m 泥水平衡盾构，用于澳大利亚西部干道的 2.34m×3.505m 的顶管。隧道专用设备产品领域，中铁装备 2019 年重点完成应用于贵阳轨道 3 号线花果园西站斜井通道项目的 CTR300A 悬臂掘进机，科研项目 CTR450 悬臂掘进机，科研项目高原型双臂湿喷台车，科研项目高原型智能化双臂锚杆台车等。（孙晓伟）

【川藏铁路建设极端装备技术交流会暨新品发布会】 10 月 19 日，由中国中铁主办，中铁工业承办的“川藏铁路建设极端装备技术交流会暨新品发布会”在郑州开幕。中国中铁总裁陈云出席活动并发表重要讲话，陈云强调要紧紧围绕习近平总书记“三个转变”重要指示，不忘初心、牢记使命，坚持创新驱动，联合一切力量，搭建最广泛的科技创新联盟，进一步加大装备研发力度，打造大国重器。“极端装备”是“极端制造”的设备集成，它是指极大与极小的极端尺度范围、面向极端任务、工作于极端环境的技术与设备。极端制造是先进制造技术的核心之一。展会现场共展出 100 余台（套）装备及高仿真模型，是中铁工业针对高寒、高海拔、缺氧、高空等极端环境下工程施工需求所研制的最新成果，涵盖全断面掘进装备、矿山法掘进装备、生态保护装备技术、智能应用平台、桥梁架设装备、新制式轨道交通等几大门类。（蒲林茂）

表 7-1　　**中铁装备 2019 年隧道施工设备产品一览表**

产品类别	应用领域 / 技术特点
土压平衡盾构机 （图中展示的为中国中铁 296 号盾构，服务于太原铁路枢纽西南环线项目）	适用于多种岩层复合地质隧道开挖，主要用于城市地铁隧道建设，目前应用于国内近 40 个城市地铁项目的掘进，形成了盾构族群。 现有产品适用范围直径为 4~17m

续表

产品类别	应用领域 / 技术特点
 泥水平衡盾构机 （图中展示的为中国中铁 588 号泥水盾构，服务于春风隧道项目）	适用于含水量大的过江、跨海隧道施工，现主要用于公路、地铁、铁路工程，典型代表为下穿长江隧道工程以及规划中的渤海海峡、琼州海峡、台湾海峡跨海隧道工程。 与土压平衡盾构外观相似，出渣方式和平衡方式不同。 现有产品适用范围直径为 4~17m
 硬岩掘进机（TBM） （图中展示的为中国中铁 305 号 TBM，服务于大瑞铁路高黎贡山项目）	适用于围岩相对稳定，以Ⅱ级、Ⅲ级围岩为主的硬岩地层开挖，采用锚喷支护形式，常用于水利、水电、铁路、公路等山岭隧道建设。 现有产品适用范围直径为 3.5~15m
 硬岩掘进机（TBM）——凯式敞开式 （图中展示的为中国中铁 237/238 号 TBM，服务于黎巴嫩大贝鲁特引水项目）	适用于围岩相对稳定，以Ⅱ级、Ⅲ级围岩为主的硬岩地层开挖，采用锚喷支护形式，常用于水利、水电、铁路、公路等山岭隧道建设。 与主梁式的支护形式相同，推进及支撑形式不同。 现有产品适用范围直径为 3.5~15m
 硬岩掘进机（TBM）——双护盾 （图中展示的为中国中铁 382 号 TBM，服务于深圳地铁 6 号线项目）	适用于软岩和硬岩地层，岩石完整或者破碎但能够自稳的地层。以管片衬砌作为初期或永久性支护，具备单护盾和双护盾两种工作模式。TBM 掘进和管片安装可以同步进行。常用于水利、水电、铁路、公路、城市地铁等隧道建设。 现有产品适用范围直径为 3.5~15m

续表

产品类别	应用领域 / 技术特点
 硬岩掘进机（TBM）——单护盾 （图中展示的为中国中铁 R17/R18 号 TBM，服务于重庆地铁 5 号线项目）	适用于软岩，岩石较破碎但是能够自稳的地层，以管片衬砌作为初期或永久性支护，依靠管片提供反推力，掘进和管片安装顺次进行。常用于水利、水电、铁路、公路、城市地铁等隧道建设。 现有产品适用范围直径为 3.5~15m
 “马蹄形”盾构 （图中展示的为中铁 269 号“马蹄形”盾构，服务于蒙华铁路白城隧道）	适用于大型公路、铁路山体隧道等领域，能够最大限度增加空间利用率，较圆形截面减少 20%~30% 的开挖面积，为全球首创的隧道开挖模式
 矩形盾构顶管机 （图中展示的为中国中铁 236 号—新加坡地铁汤申线矩形顶管）	适用于矩形断面隧道开挖，主要用于城市交通下穿隧道建设和地下横通道建设。 现有产品最大断面为 10.42m × 7.55m
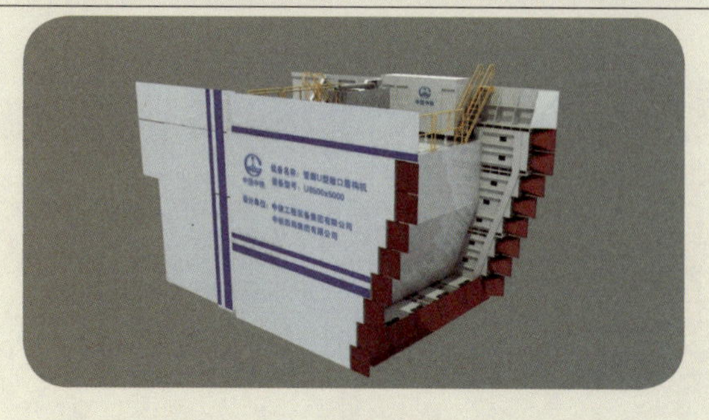 U 形盾构 （图中展示的为设备应用于海口项目）	U 形盾构机主要适用于土层，粉质黏土，砂土层，密实卵砾地层中的各类方涵、管廊的铺设，富水地层需进行降水，局部岩石方便破碎明挖，施工深度一般不大于 10m，宽度一般不大于 15m

续表

产品类别	应用领域 / 技术特点
 顶管机	适用于浅覆土隧道开挖，主要用于城市地下共同管廊建设和油气输送管道建设。 现有产品适用范围直径为 0.8~4m
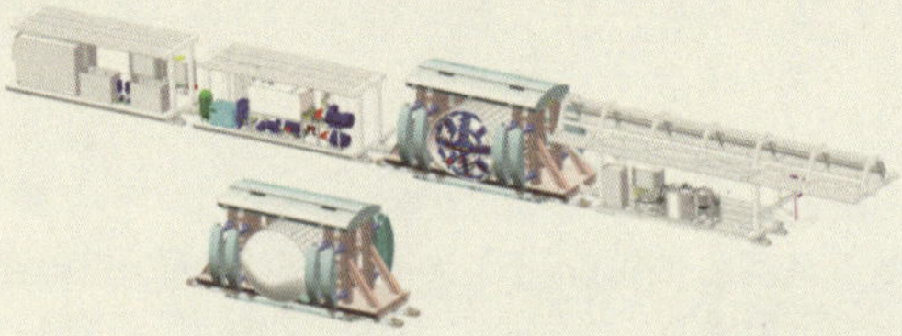 联络通道掘进机	目前隧道联络通道项目主要采用冷冻法或者注浆法加固、矿山法暗挖，成本高、工期长且存在一定的安全质量风险。采用联络通道施工掘进机施工，可大大降低施工加固成本，缩短施工工期。同时，技术成熟后可拓展至各种 T 接隧道施工，为地下空间、综合管廊的支线管网施工提供新的解决方案
 扩孔式掘进机 TBE	先开挖导洞，再进行分级或以此扩孔掘进成洞的机器，适用于围岩相对稳定、高强度岩层隧道开挖。 现有产品最大开挖直径为 14m
 斜井 TBM	可开挖倾斜隧洞的 TBM。 现有产品开挖能力为从上向下 10° 坡度，从下向上 30° 坡度

续表

产品类别	应用领域 / 技术特点
 SBM 竖井掘进机	SBM 竖井掘进机是结合隧道掘进机及竖井施工特点研制的新型竖井施工设备，设备集成了竖井开挖、出渣、支护、通风、排水等多项施工及施工保障，是一种集机、电、液于一体的大型集成化施工设备，是竖井施工行业的创新性产品
  曲线管幕机	曲线管幕机是一种应用于超大地下空间开发的机械装备，在避开地下障碍物、盾构机地下对接、主隧道与闸道结合部开挖、地铁车站开挖等超大地下空间工程中具有广泛应用前景
 单刃滚刀、双刃滚刀、中心滚刀双联滚刀 17 寸、18 寸、19 寸、20 寸等	适用盾构 /TBM 刀盘刀具更换，是盾构机掘进关键部件，选型时考虑到盾构 /TBM 刀盘设计及刀具更换过程，使刀具与刀盘达到完美配合，并且对掘进地层特性进行研究，使刀具与掘进地层达到最佳匹配
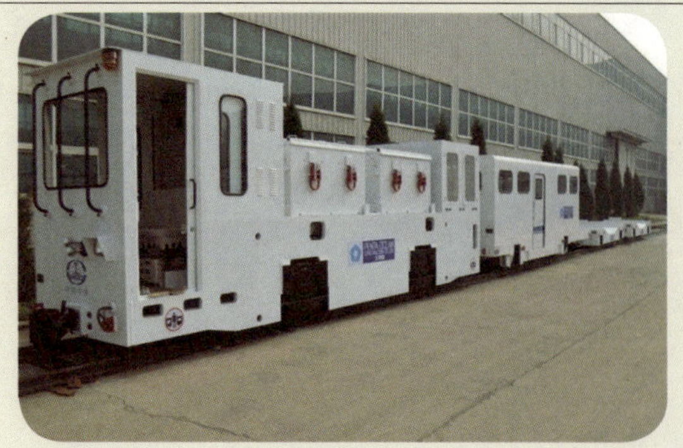 隧道配套编组列车	适用于中短距离隧道开挖物料、人员、渣土运输。 现有产品适用范围为 15~60t 牵引机车

续表

产品类别	应用领域 / 技术特点
悬臂掘进机	悬臂掘进机广泛应用于地铁、市政、公路、水利等隧道施工，具有机械化程度高、对围岩损伤扰动少、超欠挖易控制、开挖出渣连续、作业人员少、劳动强度低、安全性高、适应断面灵活等特点。因其履带式的行走机构，便于转弯、爬坡，对复杂地质条件适应性强
三臂凿岩台车	适用范围： 适用Ⅱ级、Ⅲ级、Ⅳ级围岩为主以及经过超前加固的Ⅳ级、Ⅴ级围岩； 采用以全断面或短台阶法施工的隧道工程； 断面面积：50~170 ㎡
单臂拱架安装台车	适合在小断面或单线隧道中进行拱架短距离运输，吊装及完成其他高空作业
三臂三篮拱架安装台车	适用于大断面、长大隧道的拱架作业、装药作业以及各种高空作业，配备的是轮式行走，转场运输迅速快捷

产品类别	应用领域 / 技术特点
 混凝土湿喷台车	适用于长大隧道全断面开挖以及台阶法开挖的混凝土喷射支护作业。 目前产品系列涵盖 20、25、30 方量，喷射高度最高可达 17 米
 信息化二衬模板台车	隧道施工过程二次衬砌中须使用的专用设备，用于对隧道内壁的砼衬砌施工，采取分布式灌浆管道，易于操作
 连续皮带机	专门用于隧道开挖出渣的连续性物料运输设备，主要和盾构机或硬岩 TBM 配套施工，可实现不停机掘进，是隧道施工机械化、成套化的关键设备
 竖井皮带机	目前，垂直提升主要采用波纹挡边皮带机，多应用于煤矿、水泥厂和钢厂，优点是占用面积小，可连续输送，同比目前斗式提升效率高，而且可以根据不同的需求进行针对性的布置

· 道岔 ·

【中铁山桥承揽道岔产品及生产情况】2019 年，中铁山桥道岔产品中标怀化铁路、朝凌客专等国家重点工程，承揽了杭海城际、成都地铁、济南地铁等城轨项目以及上海铁路局、沈阳铁路局、南昌铁路局等大型维修项目，海外道岔中标印度尼西亚、孟加拉国、美国、韩国等国际项目。全年完成整组道岔 4313 组，完成辙叉 8564 个。（张 璇）

表 7-2 中铁山桥 2019 年道岔新品

产品名称	应用领域 / 技术特点
 60kg/m 钢轨 12 号单开道岔【专线 4311-I】	60kg/m 钢轨 12 号单开道岔直向允许通过速度客车：160km/h，货车：120km/h；侧向通过速度 50km/h。该道岔于 2019 年 1 月试铺完成，轨下基础为混凝土岔枕和无砟道床；尖轨设两个牵引点，牵引点动程分别为 160mm 和 82mm；辙叉采用镶嵌翼轨式合金钢组合辙叉；护轨为分开式可调护轨，使用 UIC33 槽型钢轨制造；采用Ⅱ型弹条扣件；转辙器设限位器；道床设 1∶40 轨底坡
 75kg/m 钢轨 12 号单开道岔辙叉与护轨高锰钢辙叉【SC443-202GSX(顺向) SC443-202GNX(逆向)】	新设计高锰钢辙叉，适用于重载线路车轮。本设计采用了全新的辙叉心轨降低值，优化心翼轨受力分配，提高轨顶轮廓与车轮的拟合度，保护心轨小断面薄弱位置。 针对顺向运行辙叉（列车由心轨跟端过渡至趾端），调整辙叉翼轨降坡平缓度，降低顺向进叉列车车轮对翼轨造成的冲击；逆向运行时，通过提高轨顶轮廓与车轮的拟合度，更好地保护心轨小断面薄弱位置
 60kg/m 钢轨单向伸缩调节器【研线 1105（19）】	本伸缩器适用于城市轨道交通，标准轨距无砟轨道。伸缩器的伸缩量为 ±300mm。基本轨为 60kg/m 钢轨，尖轨为 60AT 尖轨，跟端设置引导轨撑。在基本轨轨撑下设置间隙垫片，使轨撑与轨底上表面具有一定的间隙，更好地实现可滑动扣件和跟端大阻力扣件的功能。采用了优化设计的基本轨轨撑，提高了基本轨和尖轨跟端的垂向稳定性，优化了轨距调整片结构

续表

产品名称	应用领域 / 技术特点
60kg/m 钢轨单向伸缩调节器【研线 0706（18HH）】	铺设于淮河大桥商杭线路的 60kg/m 钢轨单向伸缩调节器伸缩器的伸缩量为 ±400mm，基本轨为 60kg/m 钢轨，尖轨为 60AT 尖轨，跟端设置双联轨撑；轨下基础为无砟轨道。在基本轨轨撑下设置间隙垫片，使轨撑与轨底上表面具有一定的间隙，更好地实现可滑动扣件和跟端大阻力扣件的功能并且间隙垫片采用了限位结构。 调节器轨撑螺栓采用新型结构，提高轨撑螺栓的防松性能。采用了优化设计的基本轨轨撑，提高了基本轨和尖轨跟端的垂向稳定性。采用硫化弹性垫板，偏心缓冲调距块结构
 孟加拉 60E1 钢轨 1:12T- 变形 道岔【SCW1836】 孟加拉 60E1 钢轨 1:12D- 变形 道岔【SCW1837】	本道岔适用于孟加拉国部分铁路的建设项目。 道岔为双轨距道岔线路，宽股轨距 1676mm，米股轨距 1000mm，T 变形为共直股设计，D 变形为共曲股设计。轴重：宽轨 250kN，米轨：150kN；轨下基础采用混凝土岔枕；基本轨采用 60E1 钢轨，尖轨采用 60E1A5 钢轨；辙叉采用高锰钢整铸式。为了保证绝缘设置和线路平顺，钝角辙叉部分护轨采用 60E1 钢轨制造，而其余位置采用分开可调式槽型护轨
 60kg/m 钢轨 9 号减震合金钢组合辙叉【SC901】	60kg/m 钢轨 9 号减震合金钢组合辙叉【SC901】为锻制合金钢心轨组合辙叉，可与高锰钢整铸辙叉互换使用（带铁垫板），辙叉趾端及跟端均采用接头夹板固定联结，辙叉用于跨区间无缝线路时可冻结或焊接，同时取消辙叉两端接头螺栓孔；轨件及辙叉与岔枕之间采用预埋式道岔扣件减震系统；心轨为合金钢锻造叉心与叉跟轨组合式结构。通过该组合辙叉，可以实现直向 100km/h，侧向 35km/h 的允许通过速度，同时保证了列车通过的安全性和平顺性
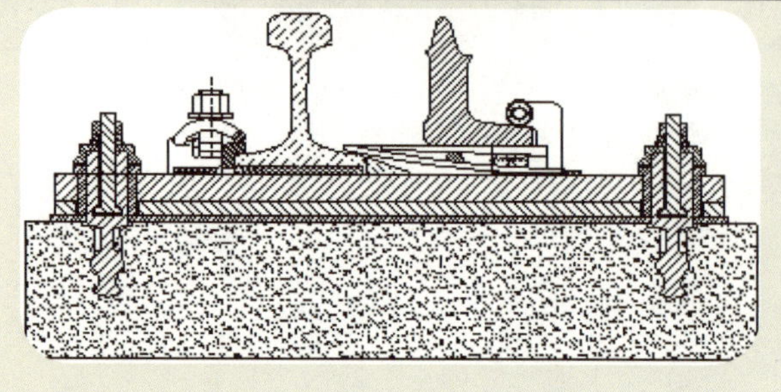 整体道床 60kg/m 钢轨 9 号单开减震道岔【SC899】	用于太原地铁 2 号线的整体道床 60kg/m 钢轨 9 号单开减震道岔采用新型预埋式双层非线性扣件，解决了双层非线性减震扣件安装高度的问题，同时增大扣件的横向刚度，以降低钢轨的横向偏转，保证动态轨距。通过试制试铺，实现了与太原地铁线路的良好接口，验证安装维护的可行性

续表

产品名称	应用领域 / 技术特点
 60kg/m 钢轨伸缩调节器【SC902】	本道岔铺设于刁口河大桥，钢梁桥与钢梁桥钢轨伸缩器全长为16650mm，基本轨长为13825mm，尖轨长为11260mm。平面线型采用复合圆曲线线型，前段曲线半径为R600m，后段曲线半径为R300m。钢轨伸缩器轨距为1435mm，尖轨尖端处轨头宽1mm，尖轨尖端处框架尺寸为1437mm。轨下基础为合成树脂轨。钢梁桥与钢梁桥伸缩量±400mm；用于跨区间无缝线路
 75kg/m 钢轨 18 号单开道岔高锰钢拼装辙叉【SC488PZK-5】	新型的高锰钢辙叉拼装结构应用于重载线路，主要解决了传统整铸高锰钢辙叉铸造缺陷多，使用寿命短，无法实现线路无缝焊接的缺点。辙叉主要冲击部位锰钢化，充分利用奥氏体高锰钢裂纹敏感性低的材质优势；辙叉高锰钢与钢轨栓接结构，趾跟端端头为普通钢轨适应线路任何连接形式；辙叉心轨设置心轨加宽，20~50mm 断面两侧各加宽 3mm，50~100mm 断面完成心轨加宽过渡。 辙叉采用了藏尖结构贴合形式，加厚了锰钢翼轨的断面厚度，提高其抗挤压、抗冲击能力；辙叉采用了卡扣式防拉开结构，该结构是由叉跟轨与心轨连接处开始，在其密贴部分 320mm 范围内，锰钢心轨贴合侧面铣削去除 5mm，而对应贴合位置叉跟轨轨头加宽 5mm，之后在 30mm 范围内采用 R80 和 R10 凹凸圆弧结构完成过渡，形成楔形自锁结构
 75kg/m 钢轨 12 号单开道岔高锰钢拼装辙叉【SC852PZK-5】	
 60kg/m 钢轨 12 号单开道岔高锰钢拼装辙叉 【专线 4249PZK-5】	

制表：冯 薇

▲ 2019 年 7 月，国内首组变形道岔在中铁工业试制试铺成功

【中铁宝桥承揽道岔和提速道岔产品情况】2019 年，中铁宝桥道岔承揽保持稳定增长，先后承揽赣深、郑万、郑济等高铁项目 5.6 亿元；中标杭绍台、潍莱等地方铁路项目 4.4 亿元；中标天津、成都等地铁项目 5.35 亿元。全年累计承揽整组道岔 5400 组，高锰钢（商品）辙叉 2852 个，轨类配件 19363 根，实现订货 28.9 亿元，同比增长 2.5%。（蒋晓强）

表 7-3　　中铁宝桥 2019 年主要道岔新品

产品类别	应用领域 / 技术特点
1435mm 轨距 60R2 槽型钢轨 6 号单开道岔厂内试铺（图中展示的为 60R2 槽型钢轨 6 号单开道岔，应用于文山普者黑有轨电车 4 号线工程）	适用于城市轻轨、有轨电车交通等领域，道岔尖轨采用 NM400 合金钢制造，电务转换设备采用内置式，道岔可适用于无砟、有砟道床，满足线路无缝化使用要求

续表

产品类别	应用领域 / 技术特点
 1435mm 轨距 60R2 槽型钢轨菱形交叉道岔 （图中展示的为 60R2 槽型钢轨菱形交叉道岔，应用于武汉有轨电车 T2 线工程）	适用于城市轻轨、有轨电车等领域，道岔辙叉采用合金钢辙叉，辙叉趾端、跟端采用铝热焊技术，将标准槽型轨焊接到辙叉上，道岔可满足有轨电车桥上“三通”及城市交叉路口的使用要求
 1435mm 轨距 60kg/m 钢轨 9 号对称三开道岔厂内试铺 （图中展示的为 60kg/m 钢轨 9 号对称三开道岔，应于天津地铁 4 号线工程）	适用于城市轨道交通、地铁等领域，可满足地铁线路快速折返的要求，可有效减小应采用交叉渡线道岔进行折返而增加的隧道开挖量
 60kg/m 钢轨 9 号单开道岔（整体道床用）厂内试铺 （图中展示的为城轨 270NC，用于南昌市轨道交通 3 号线工程）	适用于城市轨道交通、地铁等领域，道岔全长较既有 9 号道岔全长缩短到 28.3m，直向容许通过速度提高到 120km/h，采用“弹片调整块式”滑床板替代了“销钉弹片式”滑床板

续表

产品类别	应用领域 / 技术特点
 1435mm 轨距 60kg/m 钢轨 9 号单开道岔厂内试铺 （图中展示的为 60kg/m 钢轨 9 号单开道岔，应用于福州地铁 6 号线工程）	适用于城市轨道交通、地铁等领域，道岔容许通过速度：直向为 120km/h，侧向为 35km/h。电务转换设备按联动内锁闭和分动外锁闭两套转换装置设计，供不同用产选用
 1435mm 轨距 54E1 钢轨 4 号单开道岔厂内试铺 （图中展示的为 54E1 钢轨 4 号单开道岔，应于菲律宾马尼拉轻轨 1 号线延长线工程）	适用于车辆段无缝线路、客运铁路，轨下基础为有砟混凝土岔枕碎石道床；道岔转换系统采用可挤型手动扳动器，可实现列车逆向经过转辙器无人值守；转辙器尖轨采用弹性可弯尖轨，寿命长、现场养护维修工作量少；辙叉采用拼装高锰钢辙叉，既能满足道岔无缝化需要，又能有效利用高锰钢辙叉本身的耐冲击、耐磨性能
 1000mm 轨距 54E1 钢轨 8 号单开道岔厂内试铺 （图中展示的为 1000mm 轨距 54E1 钢轨 8 号单开道岔，应于泰国铁路局双线工程）	适用轨距为 1000mm 铁路线路，也可用于无缝线路，道岔容许通过速度（轴重 20 吨）为直向：160km/h；侧向：30km/h，所有垫板均为整铸垫板，道岔区设 1:40 轨底坡或轨顶坡，采用 Pandrol E2091TAV 分开式可调弹性扣件，焊接高锰钢辙叉

续表

产品类别	应用领域 / 技术特点
 1435mm 轨距 54E1 钢轨 12 号单开道岔厂内试铺 （图中展示的为 54E1 钢轨 12 号单开道岔，应用于印尼铁路既有线路改造工程）	适用于轨距为 1435mm 铁路线路，也可用于无缝线路。道岔容许通过速度：直向：160km/h；侧向：40km/h。辙叉采高锰钢整铸式辙叉，辙叉趾端、跟端均在厂内焊接标准 54E1 钢轨，便于线路通过焊接实现无缝化
 1435mm 轨距 60E1 钢轨 9 号单开道岔厂内试铺 （图中展示的为 60 额钢轨 9 号单开道岔，应于伊朗铁路既有线路改造工程）	针对伊朗 Arshinkooh 道岔公司既有线路更换进行的新产品设计，道岔 4 设置 1:20 的轨底坡或轨顶坡，采用 SKL12 弹条扣件，混凝土岔枕、整铸高锰钢辙叉，适用于直向通过速度为 160km/h 的有缝、无缝铁路线路
 嵌入式锻造高锰钢组合辙叉 （图中展示的为 75-12 号嵌入式锻造高锰钢组合辙叉，应用于大秦铁路、神朔铁路）	适用于重载铁路、客货混跑铁路，具有良好的耐磨性和冲击韧性，使用寿命可达 3 亿吨以上，能够满足用户对固定型辙叉高安全、长寿命、少维修的需求及无缝线路焊接要求

续表

产品类别	应用领域 / 技术特点
 Ⅱ代高锰钢辙叉 （图中展示的为Ⅱ代嵌入式高锰钢组合辙叉，服务于大秦铁路迁安北站、阳原站、曲沃站）	适用于重载铁路、客货混跑铁路、地铁等领域，采用合金化高锰钢、细晶成型、爆炸预硬化等技术，具有良好的抗疲劳性能、耐磨性能和冲击韧性，使用寿命可达 2.5 亿吨以上

制表：蒋晓强

· 钢结构制造与安装 ·

【中铁山桥承揽重点钢梁钢结构项目情况】 2019 年中铁山桥钢结构产品相继中标了济南凤凰大桥、中派河大桥、秦皇岛桥、钱塘江大桥、京雄高速复兴大桥、深中通道、福厦铁路安海湾大桥等项目。

· 福州洪塘大桥 · 由中铁山桥承揽制造的福州洪塘大桥拓宽改建工程辅通航孔桥、东引桥及三环互通匝道桥钢梁制作、运输及安装工程，该项目位于福建省福州市，洪塘大桥上部结构主要有三种形式，即工字形组合梁、现浇混凝土连续箱梁和钢箱梁，东侧引桥段共长 384.5m，跨径布置采用（31.038+40+29.5+25.962+28+27）(钢混组合梁）+（30+25.5）（钢混组合梁）+（40+72+35.5）（变截面工字型钢混组合梁），总重约 12748t。

· 沪通长江大桥主航道桥 · 由中铁山桥承揽制造的沪通长江大桥为沪通铁路的控制性工程，该项目位于江阴长江大桥下游 45km、苏通长江大桥上游 40km，沪通长江大桥全长 11072m，主航道桥跨度组成为（142+462+1092+462+142）m 的钢桁斜拉桥，总重约 76000t。该项目采用的 Q500 级为第六代桥梁用高强钢为国内首次使用。大桥北接南通，南连张家港，是鲁东苏北与上海、苏南、浙东地区间最便捷的铁路运输通道，也是长三角地区快速轨道交通网的重要组成部分。大桥建成后将成为世界第一跨度公铁两用斜拉桥，也是世界上首座超过千米跨度的公铁两用桥梁；主塔高 325m，为世界上最高公铁两用斜拉桥主塔。中铁山桥负责承制沪通长江大桥张家港岸 Z0~Z18 共计 47 个阶段的制造，整体节段制造分为 14 个轮次，每轮按照 3+1 的模式进行连续匹配制造。

· 温州瓯江北口大桥工程公路项目引桥 · 由中铁山桥承揽制造的温州瓯江北口大桥工程公路项目引桥钢梁制造工程，全桥约重 19275t。包括北引桥分离，段、北引桥合并段、南引桥合并段和南引桥分离段四个部分。北引桥钢混组合梁为槽型钢箱梁结构，主体采用 Q420D、Q345D、Q345C 钢。整体上由顶板、腹板、底板、桁架式空腹横梁、腹板加劲肋、底板加劲肋

▲ 2019 年 4 月 22 日，由中铁工业参建的商合杭高铁裕溪河特大桥合龙

组成，其中顶板板厚42~68mm，中间腹板顶宽1.2m，边腹板顶宽1.4m；腹板板厚18~28mm底板板厚28~48mm，16.25m梁宽段底宽7.3m，20.0m梁宽段底宽11.05m。顶板采用Q420D钢材，底板和腹板采用Q345D钢材。桁架式空腹横梁标准间距4.5m，主梁等宽段上弦杆采用双肢L125×L125×12等边角钢斜腹杆采用双肢L140×L140×14等边角钢，材质为Q345C。

·温州瓯江北口大桥工程公路项目主桥· 由中铁山桥承揽制造的温州瓯江北口大桥工程公路项目主桥钢梁制造工程，全桥约重43356t。结构形式为钢桁梁悬索桥，主桥采用主跨2×800m三塔四跨双层连续钢桁梁悬索桥，主缆的跨度布置为（230+800+800+348）m。主桁采用Q345qD，Q420qD钢材，上下弦杆采用箱形断面，竖杆、斜杆采用工形断面，主桁节点为全焊接整体节点。上层公路桥面采用正交异性整体钢桥面板，下层公路桥面与上层公路桥面基本一致。加劲梁主图结构标准节段吊装重量约707t，最大吊装重量796t。

·福州市道庆洲过江通道工程· 由中铁山桥承揽制造的福州市道庆洲过江通道工程A2标段项目钢桁梁制造，重约16717t，主要材质为Q345qD和Q420qE。该桥位于青洲大桥和乌龙江特大桥之间，起于南台岛三江口片区三江路，跨乌龙江，与省道203线相连，和长乐首占新区连接。道庆洲大桥建成后形成的交通走廊，将福州主城区、福州东部新城、长乐临江城的首占营前新区、鹤上组团、数字福建产业园以及滨海新城中心区联系起来，带动沿线区域的开发建设，加快福州市沿江向海发展步伐，提供福州城市沿江向海的市政交通支撑，弥补城市道路功能和路网分布不足的缺陷，对福州市的发展有着重大意义。道庆洲引桥为钢桁梁结构，钢桁梁第四联跨度布置为0.7+7×84+0.7=589.4m，第五联跨度布置为0.95+83.8+83.8+1.09=169.64m，第六联跨度布置为1+7×81.6+1 =83.6m。引桥上层为8车道公路，下层为两线城际轻轨。上层桥面采用结合梁，下层为正交异性钢桥面板。

·南京浦仪公路西段工程钢结构制造工程· 由中铁山桥承揽制造的南京浦仪公路西段工程钢结构制造项目（B2标段）工程，重约26698t，材质为Q345qD。浦仪公路西段工程起自与205国道交叉的浦泗立交，向东与永利铁路、南浦路、浦珠路、规划滨江大道交叉，跨上坝夹江。

·河北省延崇高速公路GQ3合同段钢结构制造· 由中铁山桥承揽制造的河北省延崇高速公路GQ3合同段钢结构制造工程，重约37118t，项目包括结合梁桥、钢桁梁、钢箱梁、异型钢塔等。其中延崇高速砖楼特大桥主桥为变高度钢桁组合梁结构，上部结构孔跨布置为（65+120+65）m上承式拱形变高钢桁组合连续梁，单幅2联，全桥共计4联。主桁杆件及连接系采用Q370qE材质钢材，主桁采用三角形桁架形式，主桁中心间距9.0m，主墩处桁高18.0m，边墩处及跨中桁高6.0m，单片主桁共22个上弦节点，23个下弦节点，节间长9.0 ~ 14.975m；杏林堡大桥为延崇高速上的节点桥梁工程，位于张家口市怀来县王家楼乡杏林堡村东北，属于怀来北互通立交工程范围。主线桥及左线桥结构形式均采用钢独塔钢主梁双索面斜拉桥；主线桥、左线桥跨径组合为（40+65+65+40）m，单幅桥宽为21.24m。斜拉桥主塔及钢箱梁，采用Q345qE钢材。斜拉桥主塔用钢约900t，钢箱梁用钢5300t，总重约6200t。延崇高速太子城互通式立交桥主线1号桥上部结构采用三塔双索面钢结构斜拉桥、双塔双索面钢结构斜拉桥及现浇等高度预应力混凝土箱梁。斜拉桥主塔及钢箱梁，采用Q345qE钢材。斜拉桥主塔用钢2800t。

·武穴长江公路大桥· 由中铁山桥承揽制造的武穴长江公路大桥工程，全桥重28049t，主桥采用双塔单侧混合梁斜拉桥方案，桥跨布置为（80+290+808+75+75+75）m，主跨808m，桥梁全长1403m，全桥桥梁段最大吊装重量332.1t，最小吊装重量93.9t，钢箱梁由顶板、底板、内腹板、外腹板、横

▲2019年10月24日，孟加拉帕德玛河4E跨钢梁吊装架设，经过3天安装、调整、定位，成功实现第14跨钢梁合龙安装

隔板（横梁）、风嘴、索梁锚固构造等组成。钢箱梁以顶板上缘线、底板上缘线为基准的轮廓高为3.8m，全宽38.5m（包括2×2.5m锚索区和风嘴），至索塔区缩窄为36.0m。钢箱梁主体结构钢材采用Q345qD，TMCP轧制工艺，厚度公差要求为C类。

·广州明珠湾大桥· 由中铁山桥承揽制造的广州明珠湾大桥，重约24584t，工程线路起始于万顷沙岛的万环西路，止于南沙经济开发区虎门联络道，是南沙明珠湾区的重要交通通道，全长约10.42km，大桥跨越龙穴南水道，水域宽度1300m。主桥为三主桁六跨连续钢桁拱双层桥，上层采用双向八车道，下层两侧为预留BRT车道、中间为管道走廊，主桥采用（96+164+436+164+96+60）m中承式六跨连续钢桁拱桥，水中引桥采用60+3×96m四跨连续梁钢桁梁结构。主跨436米，建成后将成为世界最大跨径的三主桁钢桁拱桥。全桥钢桁梁总重约5.4万吨，主桁及拱肋采用Q420qD、Q370qD材质的钢材，联结系及桥面系构件采用Q370qD材质的钢材。 工地拼装除桥面系及上弦杆上水平板采用焊接外，其余均为高强度螺栓连接。

·芜湖长江公铁大桥· 由中铁山桥承揽制造的芜湖长江公铁大桥，主要包括南北引桥（共4联）、跨江主桥（含两个塔钢锚梁及钢牛腿）、公路匝道钢箱梁（共6联），主要采用Q500qE、Q420qE、Q370qE三种材质钢材，制造工程钢梁重约10.5万吨，划分为A、B两个标段，主桥钢梁以铁路E47节点划分。A标段（无为侧）重约5.57万吨，B标段（芜湖侧）重约4.93万吨。

·孟加拉国帕德玛（PADMA）大桥· 由中铁山桥承揽制造的孟加拉帕德玛大桥是连接中国和东南亚“泛亚铁路”重要通道之一，也是中国“一带一路”倡议的重要交通支点工程，该桥为双层钢桁梁大桥，包括主桥（长6150m，宽21.5m）、公路引桥（长3100m）和铁路引桥（长3800m），重约12.6万吨，是孟加拉国最大的基建项目。孟加拉帕德玛大桥主桥长6.15km，为上层双向四车道公路，下层单线铁路的公铁两用大桥，大桥主桥由41孔跨度为150m的板桁组合梁组成，其桥式布置为6×（6×150）+1×（5×150）=6150m。本桥单孔重约3000t，全桥总重约为12.58万吨。

·新建平潭海峡公铁两用大桥· 由中铁山桥承揽制造的新建平潭海峡公铁两用大桥是新建福州至平潭铁路、长乐至平潭高速公路的关键性控制工程，起于长乐区松下镇，经人屿岛，跨越松下港区进港航道（元洪航道）和鼓屿门水道，再依次通过长屿岛和小练岛、跨越大小练岛水道抵达大练岛，大桥全长11149.7m。钢结构共重约13.6万吨，全部由中铁山桥制造。简支钢桁梁采用整孔吊装技术，制造厂进行整孔预压缩施工，整孔吊装与预压缩技术的应用在国内尚属首次。

·宁波舟山港主通道（鱼山石化疏港公路）公路工程钢结构项目· 由中铁山桥承揽制造的宁波舟山港主通道（鱼山石化疏港公路）公路工程钢结构项目GJG02标、GJG04标，共含南通航孔桥以桥中心分界北侧的一半约7000t，北通航孔桥全部共1664t，长白互通匝道钢箱梁约9500t，钢箱梁合计18276t；钢锚梁及牛腿332t，钢护栏及风障约4800t。全桥钢结构共23412t。其中南通航孔桥采用（74+106+390+106+74）m双塔双索面钢箱梁斜拉桥，主梁采用流线型扁平钢箱梁，全断面宽度为34.0m，梁顶宽26.8m（不计风嘴），底板宽18.4m，梁高3.5m，风嘴长度为3.6m。钢箱梁主体结构采用Q345D。北通航孔桥主跨260m的钢—混凝土混合梁连续刚构，跨径布置为125+260+125=510m，主梁采用上下行分幅布置。钢箱梁单幅宽12.75m，跨中整孔制作钢梁长85m，钢箱梁主体结构采用Q345D低合金钢。

·黑河—布拉戈维申斯克黑龙江（阿穆尔河）公路大桥· 由中铁山桥承揽制造的黑河—布拉戈维申斯克黑龙江（阿穆尔河）公路大桥，全桥重62791t，主桥采用（84.75+84+5×147+84+84.75）m钢—混凝土叠合梁矮塔斜拉桥，主桥的结构形式为六塔叠合梁矮塔斜拉桥，全长1072.5m；其中中方境内主桥长536.25m。主梁为组合截面，全桥叠合梁由两根钢箱加劲纵梁和钢横梁组成的梁格体系与混凝土桥面板形成整体组合截面，纵梁梁高3.3m。主

▲2019年8月30日，中铁工业承建的光谷大道南延线工程正式通车运行

桥、钢塔钢材为Q420qFNH、Q370qFNH，其他钢材为Q345E。黑河大桥主桥和索塔钢结构采用Q420qFNH耐候钢，低温冲击韧性要求-60℃≥47J。为国内首次采用的超低温F级桥梁钢，对Q420q FNH耐候钢进行了开发试验研究，接头力学性能满足设计要求，开发相应配套焊材，填补中铁山桥的技术空白，提高桥梁钢结构制造水平，为黑河大桥提供技术支持，为高寒地区钢结构制造项目积累经验。该桥为国内首次采耐候钢材质高强度螺栓连接，对耐候钢材质高强度螺栓连接工艺进行开发试验研究，通过试验，开发耐候钢材质高强度螺栓连接工艺，确定耐候钢材质高强度螺栓连接副技术要求。

·南沙港铁路西江特大桥· 由中铁山桥承揽制造的南沙港铁路西江特大桥位于珠江三角洲中部地区。西江特大桥主桥采用（2×57.5+172.5+600+4×57.5）m钢箱混合梁斜拉桥，主跨600m跨越西江，是目前世界上双线货运铁路跨度最长的铁路桥，桥梁全长1117.5m，主桥位于双向3‰纵坡上，变坡点位于主跨跨中处，竖曲线半径10000m，平面位于直线上。通航标准为Ⅰ级航道，通航3000t级海轮，通航净高不小于22m，净宽不小于350m，线路标准为Ⅰ级双线货运铁路，货车最高运行时速120km。全桥索塔锚固梁共88节。锚固结构由钢锚梁、钢牛腿、预埋钢板、锚管等组成。钢箱梁重约1.52t，钢锚梁重约0.12万吨，共重约1.64t。在钢箱梁制造中，运用了U肋内焊技术，采用了块体拼装技术；在钢锚梁制造中进行了聚四氟乙烯板抗剪强度试验，并成功用于聚四氟乙烯板与钢板的粘接，此项技术中铁山桥尚属首次。

·济南凤凰路黄河大桥· 由中铁山桥承揽制造的济南凤凰路黄河大桥合同签订于2019年4月12日，公司承建包括约一半主桥、南侧水中引桥、南侧跨大堤引桥。主桥重约2.27万吨，水中引桥0.7万吨，跨堤引桥重约1.24万吨，共重约4.2万吨。主梁跨中和中支点钢梁段采用Q420E钢材，其余钢梁采用Q345E钢材。主桥采用三塔双索面组合板组合梁自锚式悬索桥，跨径布置70+168+428+428+168+70=1332m，为目前世界上最大跨度的三塔自锚式悬索桥。主梁为钢—混凝土组合桥面结构，中间预留城市轨道交通空间。

·成都麓溪河大桥50m钢混组合梁· 由中铁山桥承揽制造的成都麓溪河大桥50m钢混组合梁合同签订于2019年3月，成都麓溪河大桥包括A支线1号特大桥和A支线2号桥，1号特大桥跨越麓溪河，两端分别连接高庙山（成自泸）枢纽互通和双简互通，钢板梁吊装高度在15m；2号桥跨越双简路（货运大道），两端分别连接双简互通和冷家河坝互通，吊装高度为22m。1号特大桥以及2号桥均为左右幅，跨度为50m，整幅桥宽34.5m，单幅桥宽为16.85m的钢板梁结构。钢板梁单幅桥为六片钢板梁，钢板梁的横向间距为2.08m，50m跨主梁全跨设置9道上、下两层横联结构，上部横联采用T形横梁，下部横联采用工形横梁，上、下两种横联与主梁均采用10.9s级M20高强度螺栓连接。钢主梁外侧设有11道挑臂结构，挑臂长度为1.425m，与主梁焊接在一起。钢主纵梁为等截面“工”字行截面，高2.54m，上缘钢板宽度0.8m，顶面含有20×150m的剪力钉，下缘钢板宽度1.0m。梁端采用钢箱梁构造的端横梁，为提高整体刚度，端横箱梁内灌C50混凝土。钢主梁标准段主横梁纵向间距1.8m。A支线1号特大桥和2号桥钢主梁的钢材材质采用Q370qD。钢结构重约0.14万吨。

·德国莱茵河桥· 由中铁山桥承揽制造的德国莱茵河桥位于德国勒沃库森市，跨越莱茵河往返特里尔与多特蒙德之间、两座单向行驶的公路斜拉桥，跨度分布为200.7+280+208=688.7m，桥宽34.15m，主跨为正交异性板钢桥面，边跨为钢混结合桥面。两侧为不规则截面边箱，边跨横纵梁工形截面（上翼缘焊有剪力钉），中跨横纵梁T形截面，钢锚箱设置在边箱内。单桥重约1.1万吨（不含钢塔）。材质为S355K2+N。该项目是中铁山桥承揽的首座德国大型公路钢箱梁，其制造执行欧标兼德国标准。

·潮汕换线高速公路（含潮汕联络线）项目· 由中铁山桥承揽制造的潮汕换线高速公路（含潮汕联络线）项目榕江特大桥主桥钢箱梁制造工程合同签订于2019年3月28日，全桥约重19410t。包括钢箱梁、锚箱、钢锚梁及附属设施。榕江特大桥采用跨径为

▲2019年11月13日，中铁工业参建的南京长江第四大桥获得国家优质工程金质奖

（60+140+400+140+60）m 的双塔双索面钢箱梁斜拉桥，中跨、次边跨及边跨均布设斜拉索，主梁为全钢箱梁方案，采用带风嘴的扁平流线型截面，桥面纵坡为 2.0%，梁顶宽 33.56m（不计风嘴），底板宽 26.11m，梁高 3.5m，风嘴长度为 3.77m。箱梁内设置 2 道中纵腹板，间距 18m。斜拉索标准索距 14.5m，钢锚梁梁长 5.4m，高为 0.85m，为箱形结构，其侧面拉板主要承受斜拉索水平拉力，腹板为将索力传递至侧面拉板的重要构件，腹板两侧设置加劲肋。钢牛腿是钢锚梁的支承结构，每根钢锚梁直接支承在一对钢牛腿顶板上，由上承板、聚四氟乙烯滑板、腹板、腹板加劲肋、塔壁钢板、剪力钉及 PBL 加劲钢板组成。钢箱梁主体采用 Q345qC、Q370qD 钢，钢锚梁采用 Q355NHD 钢。

·深圳至中山跨江通道钢箱梁制造工程（G05 合同段）· 由中铁山桥承揽制造的深圳至中山跨江通道钢箱梁制造工程（G05 合同段）合同签订于 2019 年 11 月 4 日。工程范围包括中山大桥 + 横门泄洪区非通航孔桥 + 浅滩区非通航孔桥（万顷沙互通主线桥）+ 万顷沙匝道桥，主线全长 3.24km，包含附属设施，钢结构总重约 91228t。深中通道项目以解决正交异性桥面板疲劳损伤病害为突破点，全面推行智能装备、BIM 技术在制造过程中的实施应用为宗旨，构建以板材智能下料切割生产线、板单元智能焊接生产线、节段智能总拼生产线、钢箱梁智能涂装生产线以及车间制造执行智能管控系统为核心的“四线一系统”，全面提升钢箱梁制造的自动化、数字化、网络化、智能化制造水平，推进我国桥梁制造向信息化、智能化发展，全面促进钢箱梁制造产业的转型升级。

·白沟河特大桥· 由中铁山桥承揽制造的白沟河特大桥合同签订于 2019 年 12 月。白沟河特大桥为京雄高速河北段主线上跨越白沟河的特大景观桥梁。大桥靠近雄安新区，是进出雄安新区的门户桥梁，大桥的成功建设对整个公路项目具有重要影响。白沟河特大桥主要跨越白沟河两岸防洪大堤及整个河床，主桥桥型布置为 3×40+17×91+3×30.67=1759m，设计采用上承空腹式钢箱连拱桥，桥面纵向位于人字坡上，双向坡度分别为 2.0% 和 −2.0%，竖曲线半径为 20000m，平曲线半径 5600m。桥梁分为左右两幅，桥梁横断面布置为 0.5m 护栏 +19.5m 机动车道 +0.5m 护栏 +1.0m 中央分隔带 +0.5m 护栏 +19.5m 机动车道 +0.5m 护栏，桥梁总宽 42m。拱桥全长共计 17 孔，中铁山桥负责生产桥梁的 1 ~ 9 孔部分，结构总重约 29000t。主拱圈、桥面系简支钢箱梁、人行道挑臂等主体钢结构采用 Q345qE 桥梁用结构钢。

▲ 2019 年 12 月 30 日，中铁工业参建的世界最大跨度铁路桥怒江特大桥主体建成

·贵州省都匀至安顺公路钢结构制造· 由中铁山桥承揽制造的贵州省都匀至安顺公路钢结构制造，包括两个合同段。第 GJGZZ-1 合同段共计 28 座桥梁，其中钢箱梁 10 座，主要采用 Q345qD、Q370qD 材质钢材；钢混工字组合梁 3 座，钢混箱形组合梁 15 座，均主要采用 Q420qD 材质钢材。该合同段共计 20805.6t。第 GJGZZ-2 合同段为老棉河特大桥主桥和引桥，主桥结构为双塔双索面叠合梁斜拉桥，跨径（215+480+215）m，桥面宽 30.3m，主梁为工字形钢梁，主梁间有横梁连接，并设 3 道小纵梁；引桥采用 4×40m 为一联的结构形式，共 5 联，桥面宽度为 2×12.75m，主梁采用“工字形钢梁 + 混凝土桥面板”的组合结构，梁高 2.0m，主梁间设置横向联结系，在相邻两片主梁中间设置一道小纵梁。该桥主要采用 Q370qD 材质钢材，共计 17583.6t。（张璇　刘申）

【中铁宝桥承揽重点钢梁钢结构项目】 2019 年，中铁宝桥相继中标深中通道、滁天高速公路桥、莆炎高速 YA20 合同段项目、赤壁长江公路大桥等大型桥梁项目，累计承揽钢结构 40.9 万吨，合同额 50.7 亿元，同比增长 18.2%。其中，中标深中通道钢结构 9.2 万吨，是中铁宝桥建厂史上吨位、金额最大的一笔合同。

·济南齐鲁黄河大桥钢箱拱（制造、安装）· 2019 年 1 月 30 日中铁宝桥与中交第二公路工程局有限公司济南齐鲁大道北延工程二标项目经理部签订中交二公局齐鲁黄河大桥项目钢拱肋单元采购合同。2019 年 4 月 20 日中铁宝桥集团与中交第二公路工程局有限公司济南齐鲁大道北延工程二标项目经理部签订济南齐鲁大道北延工程二标拱

肋焊接、拼接、涂装施工协议。齐鲁黄河大桥（G309-S101 连接线工程）地点位于济南市槐荫区、天桥区，路线南起齐鲁大道与济齐路交叉口，接现状齐鲁大道。黄河大桥主桥长度为 1170m，跨径布置为（95+280+420+280+95）m，标准断面全宽 60.7m。中铁宝桥参与承建的为该桥的钢箱拱部分，包含一个 420m 主拱和两个 280m 主拱，主拱均由拱肋、拱肋连接、横撑三部分组成，工程量共约 1.4 万吨。

·莆炎高速公路 YA20 合同段钢梁·2019 年 2 月 25 日中铁宝桥与中交公路规划设计院有限公司签订莆炎高速公路尤溪中仙至建宁里心段 YA20 合同段沙溪大桥钢结构制造、运输及现场连接合同。莆炎高速公路尤溪中仙至建宁里心段起自三明市尤溪县中仙乡，止于建宁县里心镇，全长 212.104km，其中新建段长 184.565km。全线采用高速公路标准建设，设双向六车道，设计速度 100km/h。其中莆炎高速 YA20 合同段钢梁项目包括钢桁梁（沙溪大桥主桥）、钢板梁（沙溪大桥引桥、苏桥村 3# 桥、S306 跨线桥、承福亭 1# 桥），工程量总计约 2.2 万吨，主桥材质主要为 Q345qDNH、Q420qDNH、Q500qDNH，附属材质主要为 Q345B。主桥结构均采用焊接连接。

·济南凤凰路北延工程钢箱梁及钢塔·2019 年 4 月 12 日中铁宝桥与中交第二航务工程局有限公司第四分公司签订 G220 至济青高速公路王舍人互通立交连接线工程（原济南凤凰路北延工程）第二标段项目北岸二标段钢箱梁及钢塔柱厂内制作加工、运输、现场安装分项工程专业分包施工合同。本项目起点与坝王路顺接，位于荷花路交叉口处，路线上跨黄河南岸堤顶；北岸跨越堤顶后，穿过老洼村后与现状 G220 交叉。桥位处两岸大堤间距 2.3km，与上游石济客专铁路桥间距 5.1km，与下游济南黄河三桥间距 3.1km，与黄河基本正交。本标段 K2+946 至 K6+659.148（终点），包含跨越黄河段大桥，路线全长 3668t，其余均为路基段，总长 3713.2t。本合同段包括北岸钢箱梁（主桥 + 引桥 + 跨堤桥）、钢塔柱，钢结构总工程量约 6.48 万吨。

·泾河大桥钢结构·2019 年 8 月 28 日中铁宝桥与中铁二十局集团第五工程有限公司陕西省东庄水利枢纽工程对外交通公路（新建段）施工Ⅲ标项目经理部签订泾河大桥钢结构制作、涂装、运输及安装工程合同。泾河大桥是东庄水利枢纽对外交通工程中的重要节点工程，也是关中峡谷旅游带的重要景点工程。大桥位于淳华县与礼泉县交界处，横跨泾河，上游距泾河水利枢纽坝址约 500m 处，下游距已建成泾河斜拉桥 3.0km，右岸直接对外交通 T 形交叉口，左岸与谢家山隧道直线对接。大桥为中承式空间 Y 形副拱肋桥，桥梁总长 284m，主梁边、中跨连续设置，墩台及拱上横梁处设竖向支座，跨径布置为（19.5+220+19.5）m。吊杆为柔性吊杆，布置间距 6m，共 29 对，吊杆两端采用钢锚箱分别与主梁、主拱连接，主拱端张拉，主梁端锚固。主副拱及主梁均采用 Q420qDNH 钢板，全桥工程量共约 7500t。

·深中通道钢箱梁·2019 年 10 月 29 日中铁宝桥与深中通道管理中心签订深圳至中山跨江通道钢箱梁制造工程承包合同（G04 标）。深中通道是集“桥、岛、隧、水下互通”于一体的世界级跨海通道工程，项目主体工程全长约 24.03km，跨海段长 22.39km，陆域段长 1.64km，其中桥梁工程全长约 17km，钢箱梁总量约 28 万吨。项目北距虎门大桥约 30km，南距港珠澳大桥约 38km。G04 标段处于 K16+811~K20+564 桩号，全长 3753m，包括伶仃洋大桥钢箱梁（1/2）工程量约 2.82 万吨，伶仃西泄洪区非通航孔桥全长 2420m，工程量约 6.03 万吨，本标段钢结构总工程量（含附属设施）约 9.11 万吨。

·潍莱铁路 96m 钢桁梁·2019 年 2 月 25 日中铁宝桥与中铁十局集团青岛工程有限公司签订新建潍坊至莱西高速铁路工程潍莱铁路 WLTLSG-5 标项目三分部钢桁梁物资的采购和供应合同。该项目为新建潍坊至莱西铁路跨越青荣铁路的钢桁梁，采用一孔 96m 简支钢桁梁结构。钢桁梁主桁类型为整体节点三角形腹杆体系下承式道砟桥面钢桁梁。主桁共有 8 个

▲ 中铁山桥研制并应用国内首台智能板单元焊接系统。该成果成功应用于港珠澳大桥板单元制造、沪通长江大桥钢梁制造中；新研制成功的 U 肋内焊机器人，获得国家发明专利和实用新型专利，将应用于深圳至中山跨江通道项目钢箱梁制造中

节间，节间长度12m，计算跨径96m，桁高12.3m，横向两片桁布置，主桁横向中心距为11.7m。主桁杆件、拼接板、纵横梁材质为Q370qENH，填板、上平纵联、桥门架等材质为Q345qDNH，钢结构工程总量约1308t。

·潍莱铁路站前5标（120+82）m连续钢桁梁和框架墩·2019年5月22日中铁宝桥与中铁十局集团青岛工程有限公司签订新建潍坊至莱西高速铁路工程潍莱铁路WLTLSG-5标项目五分部钢桁梁物资的采购和供应合同。该项目为新建潍坊至莱西铁路跨越青荣铁路的钢桁梁及框架墩。钢梁采用单线连续钢桁梁结构，梁全长203.6m。钢桁梁主要由主桁结构与主梁组成，主桁分为上弦杆、下弦杆、腹杆、平联及桥门架组成；主梁由桥面板单元及横梁单元组成，各杆件间均采用全断面平齐连接。主桁与主梁及横梁组成均采用全焊接形式。总工程量约2100t。

·赤壁长江公路大桥钢梁·2019年9月26日中铁宝桥与湖北省赤壁长江公路大桥有限公司签订湖北省赤壁长江公路大桥钢主梁、钢锚梁等制造CBGL-1标段合同。赤壁长江公路大桥项目工程范围路段长11.2km，包括北岸引桥、主桥（跨越长江通航水域）、南岸滩桥、南岸跨堤桥（跨越南岸大堤）、南引桥及南岸接线6个区段。通航孔主桥桥垮布置为（90+240+720+240+90）m的双塔对称结合梁斜拉桥。全桥结合梁钢主梁均采用双边箱截面形式。钢主梁全桥长1377.8m，全桥横断面上共有两片主梁，横桥向两主梁中心距为32.52m，每片主梁断面均为箱形。每片主梁顺桥向共121个梁段，梁段长度有8m、8.9m、12m及16m共4类。桥塔处单片主梁重约68t，其余梁段重量均小于68t。工程总量约2.24万吨。

·临港长江大桥钢梁·2019年12月26日中铁宝桥与四川公路桥梁建设集团有限公司川南城际铁路自贡至宜宾线临港江大桥站前工程CN-7标项目经理部签订钢箱梁、钢锚梁、结合梁钢梁制造、涂装、运输、现场焊接及配合拼装施工合同。临港长江大桥采用“四线铁路六车道公路”的公铁两用桥梁设计方案，主桥为公铁两用双塔双索面钢箱梁斜拉桥，全桥孔跨布置为9×40.7m+（72.5+203+522+203+72.5）m+（7×40.7）m，桥梁全长为1742.49m，主桥全长1077.3m，主桥梁长1075.2m，桥面宽度为63.9m。大桥采用3#塔设置“半固定支座+粘滞阻尼器”，4#塔设置“竖向支座+粘滞阻尼器”的结构体系方案。铁路引桥主梁为三榀单箱单室、等高度、变截面钢—混连续结合梁钢梁，公路引桥主梁为工形钢梁与预制混凝土桥面板组成的等高度、变截面钢—混连续结合梁钢梁。钢箱梁主要钢材材质为Q420qE、Q420qD、Q345qE、Q345qD，部分主材有Z35要求，工程量约46632.98t。钢锚梁+牛腿主要钢材材质为Q370qD，部分钢材有Z35要求，工程量约1195.00t。北岸铁路引桥主要钢材材质为Q345qE，工程量约3402.56t。北岸公路引桥主要钢材材质为Q345qD、Q420D，部分钢材有Z向性能要求，工程量约2094.52t。工程量总计约53325t。

（蒋晓强）

【中铁科工承揽重点钢梁钢结构项目】2019年，中铁科工钢梁钢结构完成新签合同额24.23亿元，占全年新签合同总额的53.45%。主要项目有：武汉光谷大道南延钢箱梁项目、赣州蓉江新区创业大桥钢结构工程、杨泗港快速通道青菱段跨铁路斜拉转体桥、调顺大桥主桥钢箱组合梁和钢锚梁、济宁大道/宁安大道项目三标段钢结构梁等。

·杨泗港快速通道青菱段跨铁路斜拉转体桥·杨泗港快速通道青菱段西起白沙洲大道八坦立交，东至丁字桥路，道路经线宽，其中涉铁斜拉桥人长508m，主桥采用（40+88+252+88+40）m双塔斜拉桥。斜拉桥主梁采用正交异性板扁平流线型栓焊钢箱梁，由顶板、平底板、斜底板、锚固腹板、人行道腹板围封而成，箱梁内腔被纵横隔板分隔。该工程中铁重工承建主桥上部钢箱梁及相关配套工程施工内容，施工内容包含钢箱梁、桥面防撞墙及桥面除锈、压重槽、声屏障、防抛网、伸缩缝、排水系统、除湿系统等工程。

·光谷大道南延钢箱梁项目·武汉光谷大道南延（三环线至外环线）工程主线全长2411m，共计16联，钢箱梁占14个联段，约39650t。

·咸阳渭河特大桥·咸阳渭河特大桥位于新建银西铁路陕西段YXZQ-1标草滩十一路桥梁段，拱轴线采用二次抛物线，跨度为128m，横桥向设置两道拱肋，拱肋中心间距14.3m。该桥为刚性系梁刚性拱，钢管拱设两道拱肋，拱肋采用钢管混凝土空腹哑铃型截面，拱肋上下管之间连接缀板，两道拱肋共设34对吊杆；全桥共设

▲ 中铁工业所属中铁科工参建的武汉军运会保障交通项目

6组K形横撑，每道横撑均为空钢管结构。

·佛清从高速公路二期钢箱梁·佛清从高速公路二期工程起于佛山市禅城区南庄，接广明高速罗格枢纽交通，路线往北全部利用佛山一环，至佛山一环官窑立交后接上一期工程，二期工程路线长24.679km。本项目钢箱梁共分为4个匝道，共6联钢箱梁，均为跨高速工程，分别为I匝道跨佛山一环第七联及跨桂丹路第九联、博爱路互通跨一环U匝道、狮山桃园路跨佛山一环U匝道和季华西路C匝道第四联及A匝道第七联，钢箱梁合计2690t。其中I匝道跨佛山一环第七联为2×42m钢箱梁，钢箱梁桥面全宽12.5m，梁高为2.0m，为单箱双室结构，钢箱梁安装高度18m，位于佛山一环高速正上方，现场采用交通疏导方式，利用大吨位汽车吊直接吊装钢箱梁的方式进行安装。

·金山大道项目·金山大道项目是2019年世界军人运动会重要保障线路的重要组成部分，五环立交桥全长2600m（含1450m两条匝道），主线设计为双向六车道，长1180m，为6联钢箱梁结构，共计15323t。立交桥位于吴中街与三店西路之间，连接军运会场馆东西湖五环体育中心，军运会期间将全面缓解比赛场馆周边的交通压力，同时提升吴家山新城交通格局。

·合肥繁华大道集贤路互通立交工程二期·合肥繁华大道集贤路互通立交工程二期工程西起泰山路，东至云外路起，终点与现状繁华大道顺接，全长2398.826m，是连接老城区与高新、经开、肥西的重要货运通道。中铁重工承接该项目钢箱梁14联，其中涉铁段为主线2联；市政段为NE匝道3联，ES匝道4联，SW匝道2联，WS匝道1联，WN匝道2联，共四层立交，均为曲线钢箱梁。

·深圳梦海前湾河桥·深圳梦海前湾河桥位于深圳市前海合作区梦海大道上，该桥跨越前湾河水廊道，采用跨径155.5m的拱梁结合体系钢梁，全桥等宽46.5m，梁高2.3m，主拱最高点距离桥面23.4m，是一座外观像海鸥空中飞舞扇动翅膀的景观桥，该桥由东南大学与法国马克公司联合设计。（刘则威　丁婷）

【中铁九桥承揽重点钢梁钢结构项目】2019年，中铁九桥钢梁钢结构业务板块新签合同额为33.95亿元，占全年新签合同额的96.1%。承接浍河特大桥上部结构及附属工程制造、安装，贵阳市人民大道南明河大桥钢桁梁制造，广州市红莲大桥钢箱梁、钢锚梁、叠合梁制作、安装，双辽至洮南高速公路工程钢箱梁制造、安装，引江济淮工程（安徽段）江淮沟通段J002-3标钢结构工程，玉溪至楚雄高速公路钢梁制造，安九铁路鳊鱼洲大桥钢梁等重大钢梁项目。海外项目新签合同额1亿美元，主要有孟加拉帕德玛大桥铁路连接线钢结构制造、孟加拉国科考斯巴扎铁路第一、第二标段桥梁钢结构制造等项目。（刘灿）

·工程机械·

【中铁科工工程机械类产品】2019年，机械板块完成新签合同额14.56亿元，占新签合同总额的32.19%，其中隧道施工3.24亿元，占比7.15%，城市交通2.24亿元，占比4.94%。主要项目有1000t/900t/550t运架、CCPG500A长铺机、WKH-12A电铲、盾构及后配套、不锈钢槽道、防撞钢套箱、管片螺栓、索鞍索夹、“华纳”风电安装船等。

2019年，中铁科工首台“新时代号”悬挂式轨道列车完成组装，并顺利下线；第三代（第七台）ZTSX100A型双轮铣研制完成并投入使用；首套海外900t搬提架运设备助力印尼雅万高铁建设；自主新研发的WKH-12A型电铲在中铁九局鹿鸣采矿场正式投入使用；国内高铁架设最大跨度TLJ450-46型提梁机在京雄城际铁路首提成功；国内起重力矩最大、功能最全的2台80t全回桥面吊机助推重庆嘉陵江曾家岩大桥合龙；国内首例SPMT模块车运输变截面大吨位钢箱梁成功架设；首台套新型智能轨道车投入京津城际高铁和津宝高铁测量作业；首套一罐双机HZS120搅拌站成功投产。

·40m跨1000t步履式架桥机·40m跨1000t步履式架桥机为无导梁型，主要由前辅助支腿、前支腿、机臂、中支腿、起重小车、后支腿、电气系统、液压系统等组成，采用单跨架梁模式，小车与运梁车上的驮梁台车同步拖拉取

▲ 中铁山桥员工马学利作为港珠澳大桥建设者荣获2019年大国工匠奖杯

梁，步履式走行过孔。该装备可实现20~40m多种跨度简支箱梁的架设；可实现隧道口架梁和运梁车驮运架桥机过隧；可实现2000m曲线和30‰大坡度架梁；设备数字化程度高，利用云平台实现关键点的全数据采集，保障施工的安全和质量。

·JQS900架桥机/YLSS900B运梁车·JQS900型过隧运架设备具有自重轻、性能可靠、复杂工况适应性强等特点。JQS900/YLSS900B架运设备适用于时速250~350km铁路客运专线20m、24m、32m标准箱梁的运架，经局部改造可应用于20 ~ 32m的非标双线整孔混凝土预制箱梁的运输和架设。同时，还可实现设计时速为350km、250km的铁路进隧道30m、出隧道口5m架梁。

·JQSS900B架运设备·JQSS900B架运设备为自主研制的具有中国自主知识产权、性能及各项经济技术指标均达到国际领先水平的两跨式过隧道运架成套设备，通过多功能设计，该机型可满足客运专线32/24/20 m标准梁和非标梁的架设，解决了隧道内外、门式墩下、三桥并行等特殊工况架梁难题，达到一机多用的目的，极大地节省施工成本，且便于现场架梁施工组织。通过郑徐、京沈等客运专线箱梁运架施工实践证明，成套设备可以满足隧道内外、隧道口、门式墩下等特殊工况的箱梁架设要求，并且在安全性、先进性、适用性、经济性以及提高工效等方面具有较大的创新。

·JQ550架桥机·JQ550型架桥机为轮轨走形式架桥机，采用双主梁三支腿龙门结构。后支腿轮轨走行，悬臂过孔，尾部喂梁，拖拉取梁，跨一孔简支架梁。JQ550型架桥机用于高速铁路、客运专线单线单箱梁的架设施工，可架设32m、24m等跨及变跨高速铁路、客运专线预应力混凝土单线单箱梁，能方便架设首末跨梁、曲线梁；能通过运梁车装设驮架后驮运过时速250km单线隧道实现桥间转移；能在时速250km双线隧道口大于34m的距离时实现隧道口架梁。

·TLJ450-46型提梁机·TLJ450-46型提梁机跨四座七线，系国内高铁箱梁架设领域最大跨度的提梁机，设计难度极大。首次采用双层叠合主梁结构设计，经过技术验证，减小板厚，增大截面，提高主梁刚度的同时又减轻重量，并且双层结构形式解决了单层梁公路运输超高超宽的问题，极大地降低了制造和运输成本。TLJ450-46型提梁机的研制成功极大地推动了中国大跨度双层叠合主梁设计研发技术的发展。

·WKH-12A电铲·适用于大型露天矿山的剥离和采掘，以及大型露天建设工程中土石方的挖掘作业，具备适用性强、生命效率高、使用寿命长、故障率低等优点。采用电力驱动，利用钢丝绳提升以及齿轮齿条推压实现挖掘动作。主要组成包括：铲斗、斗杆、起重臂与推压机构、开斗机构、提升机构、回转机构、回转平台、中央枢轴、辊盘、底架、行走机构、履带式行走机构、气路系统、润滑系统、除尘通风装置、司机室等。通过计算机三维设计和强度验算，使设备能够适应各种严酷工况。

·CCPG500A长钢轨铺轨机组·CCPG500A长钢轨铺轨机组用在已施工完毕的道床上，采用“单枕连续法”铺设中国标准的轨枕和60（75）kg/m长轨，可一次铺设500m及以下长度的长钢轨。能自行及牵引枕轨运输列车，具有铺轨导向等功能，在施工完成后，可与列车联挂进行工地运输或解体后公路运输。

（刘则威　陈梦遨）

【中铁九桥工程机械类产品】2019年中铁九桥工程机械业务板块新签合同额0.45万元，占全年新签合同额的1.3%。主要有江汉七桥WD100A型全回转架梁起重机，安九高铁项目用JQ900A下导梁架桥机改造与检修，鳊鱼洲大桥用650t架梁起重机改造，广州明珠湾大桥工程全回转爬坡架梁起重机设备，五峰山长江大桥用缆载起重机、紧缆机检修，云南怒江勐古桥160t缆索起重机设计制造承揽

▲ 2019年5月24日，中铁工业自主研制的国内高铁架设最大跨度TLJ450-46型提梁机在雄县成功首提

▲ 2019年9月12日，中铁工业完全自主研发的12立方电铲在黑龙江省鹿鸣采矿场投入使用

任务。（刘 灿）

·电气化工业生产·

【中铁电气化局砼制品生产】2019年砼制品生产新签合同额1.35亿元，完成产量40442根。主要供货线路：青连客专、穗莞深城际铁路、永广客专、格库铁路、商合杭客专、渝怀铁路、昌吉赣客专、南昌维管项目、沪通铁路、京张高铁、连镇客专、汉十客专、郑万客专、蒙华铁路、鲁南客专、黔张常铁路、京广铁路改造、阳安铁路、成兰铁路、衢宁铁路、涪秀铁路、邢和客专、大张铁路、成都枢纽改造、珠海城际铁路、广清客专、金台铁路、靖神铁路、赣韶铁路、京原铁路改造、连徐客专、拉林铁路、安九客专、六安铁路、亦庄站场、广州枢纽改造、成渝铁路、京哈铁路大修、玉磨铁路等。（陈 楠）

【中铁电气化局钢结构生产】2019年钢结构生产新签合同额5.72亿元，完成产值7.52亿元，完成产量115188根。主要供货线路：青连客专、穗莞深城际铁路、永广客专、格库铁路、商合杭客专、渝怀铁路、昌吉赣客专、南昌维管项目、沪通铁路、京张高铁、连镇客专、汉十客专、郑万客专、蒙华铁路、鲁南客专、黔张常铁路、京广铁路改造、阳安铁路、成兰铁路、衢宁铁路、涪秀铁路、邢和客专、大张铁路、成都枢纽改造、珠海城际铁路、广清客专、金台铁路、靖神铁路、赣韶铁路、京原铁路改造、连徐客专、拉林铁路、安九客专、六安铁路、亦庄站场、以色列特拉维夫红线项目、广州枢纽改造、成渝铁路、京哈铁路大修、太原地铁2号线等。（陈 楠）

【中铁电气化局接触线及承力索生产】2019年接触线及承力索新签合同额8.84亿元，完成产值8亿元，完成导线承力索12734.6t，完成全年计划的177.78%。主要供货线路：拉林铁路、福平铁路、新白广铁路、长株潭铁路联络线、京哈铁路改造、牡佳客专、京通铁路改造、防城港站场改造、新郑机场城际铁路线、唐呼铁路改造、杭州地铁2号线、合肥地铁3号线、南宁地铁4号线、杭临铁路城际、深圳地铁2号线、深圳地铁8号线、石家庄地铁2号线、佛山地铁2号线、杭州地铁6号线、福州地铁1号线、苏州地铁5号线、重庆地铁6号线、郑州地铁4号线、常州地铁2号线、杭州地铁7号线、以色列特拉维夫轻轨红线等，并首次进入海外市场。（陈 楠）

【中铁电气化局变压器类生产】2019年变压器类生产新签合同额4.63亿元，完成产量2759台，完成配电箱产量1687个，完成产值5.04亿元，完成全年计划的101%。主要供货线路：青连客专、格库铁路、商合杭客专、渝怀铁路、昌吉赣客专、沪通铁路、京张高铁、连镇客专、汉十客专、郑万客专、蒙华铁路、鲁南客专、黔张常铁路、京广铁路改造、衢宁铁路、涪秀铁路、邢和客专、大张铁路、珠海城际铁路、广清客专、金台铁路、赣韶铁路、京原铁路改造、连徐客专、拉林铁路、安九客专、六安铁路、亦庄站场、以色列特拉维夫红线项目、广州枢纽改造、成渝铁路、京哈铁路大修、太原地铁2号线等。（陈 楠）

【中铁电气化局接触网零部件生产】2019年接触网零部件生产新签合同额16.84亿元，完成工业产值13.88亿元，完成接触网零件1630万套，完成全年计划的105%，产品出厂合格率100%。主要供货线路：京张高铁、商合杭客专、鲁南客专、蒙华铁路、郑万客专、徐怀盐客专、昌赣铁路、汉十客专、福州地铁2号线、杭临城际铁路、合肥地铁3号线01标、济南地铁R1线、南宁地铁4号线、上海地铁10号线2期、沈阳地铁9号线、沈阳地铁10号线、苏州地铁3号线、温州地铁S1线、济南地铁R3线、芜湖地铁1号线、郑州地铁5号线、郑州地铁市民文化线、重庆地铁10号线、重庆地铁环线1期、巴基斯坦拉合尔橙线、柳州公共交通先、石家庄地铁2号线、成都地铁6号线、北京地铁16号线、成都地铁8号线、杭州地铁6号线、杭海城际铁路、太原地铁2号线等。（陈 楠）

【中铁电气化局声屏障类生产】2019年电气产品及声屏障类生产新签合同额2.13亿元，完成产值2.93亿元，完成声屏障产量

▲ 2019年7月11日，中铁电气化局参建的京港高铁昌赣段全线7座牵引变电所全部送电完成

$189735m^2$，主要供货线路：蒙华铁路、商合杭客专、鲁南客专、成兰铁路。（陈 楠）

【中铁电气化局服务类产品】2019年服务类产品新签合同额1100万元，完成全年计划的110%，实现检测销售收入857万元，完成全年计划的143%。（陈 楠）

表 7-4 中铁电工 2019 年主要经济技术指标完成情况

	单位	中铁电工合计		
		计划	完成	完成比例 %
一、产值				
1. 现行价格	万元	310000	360323	116.23
2. 销售产值	万元	340000	352400	104.17
二、主要产品产量				
1. 接触网配件	万套	—	1630	—
2. 砼支柱	根	—	40442	—
3. 钢结构	根	—	115188	—
4. 变压器	台	—	2759	—
5. 声屏障	m^2	—	178529	—
6. 承力索和接触线	t	—	12734	—
7. 各种配电箱柜	台	—	1687	—
三、质量				
1. 机电产品一次合格率	%	96.5	98.6	102.18
2. 砼支柱合格率	%	99	99.5	100.5
3. 配件（钢件）	%	98	99.86	101.89
4. 配件（铸件）	%	90	98.09	108.98
四、劳动生产率				
全员劳动生产率	元 / 人	—	2637796	—
五、安全				
千人负伤率	‰	6	0	—
六、利润				
利润总额	万元	—	21032.17	—
七、设备				
1. 机械利用率	%	90	457	500.7
2. 主要设备完好率	%	90	95.99	106.7

制表：陈 楠

生产工艺及技术创新

【中铁山桥生产工艺和技术创新】2019年，中铁山桥全年完成科技创新课题59项，其中股份公司课题2项、中铁工业8项。开展新型大热输入桥梁钢焊接技术研究、钢桥正交异性板U肋全熔透焊接技术研究、钢桥制造基于BIM技术三维参数自动化建模及材料统计研究、钢桥自动化涂装技术研究、耐候钢桥梁焊接技术研究，推动川藏铁路新产品研发和新技术开发工作，参加《钢结构焊接规范》《公路耐候钢混凝土组合桥梁技术规程》《钢结构机器人焊接接头标记方法》等标准编制工作。钢结构BIM系统生产制造、项目管理、BIM模型展示等管理模块初步完成，将在深中通道项目实施，横隔板焊接机器人试验圆满成功，在官厅水库大桥首创国内桥梁产品全生命周期服务云平台。对道岔产品进行简统化、标准化优化设计，对零部件结构进行改进，对加工工艺进行提升，启动道岔智能制造示范工厂信息化项目，引进智能喷风处理生产线，完成百米钢轨锯切生产系统，提高下料质量和钢轨利用率。科研课题《海上装配化桥梁建设成套技术》获中国公路学会科学技术奖特等奖、《全工厂化焊接钢桁梁整孔制造及海上整孔架设成套技术》获中国钢结构协会科学技术奖一等奖、《严寒地区公铁两用钢桁梁桥成套建造技术》获中国交通运输协会科学技术奖一等奖、《港珠澳大桥青州航道桥关键技术研究与应用》获华夏建设科学技术奖一等奖。（张 璇）

【中铁宝桥生产工艺和技术创新】2019年，中铁宝桥重载高锰钢生产线建成投产，国内首条U肋组

焊一体生产线投入使用，钢结构智能制造“一中心，三示范”项目基本建成，公司道岔产品装箱单自动生成系统正式上线，打砂涂装装备进一步提高，辙叉自动化打磨和冷铁自动分拣机器人提质增效明显。研制的锻造高锰钢组合辙叉上道最大通过量5.68亿吨，刷新了国内该领域的最高纪录；《复杂气候环境下60-12号单开道岔优化改进设计》顺利结题并通过专家验收，决战川藏铁路已蓄势待发；高速磁浮道岔、跨座式观光轻轨研究扎实推进，首组可替换梁单渡线云轨道岔落户河南安阳，悬挂式空轨可动心道岔达到国际先进技术水平；开发的30余种地铁道岔，技术性能和使用寿命提升明显；研发的Ⅱ代高锰钢辙叉和Ⅱ代合金钢辙叉试制验证推进顺利；“U肋内侧平位埋弧焊+外侧船位埋弧焊”方案首次成功应用于桥梁制造。2019年，中铁宝桥累计技开技措实施完成64项，结转下年26项。共获专利授权45件，其中发明专利3件。

（蒋晓强）

【中铁科工生产工艺及技术创新】
2019年，中铁科工研发40m跨1000吨级高铁架运设备、地铁隧道施工机械化成套设备、应对海外市场宽轨铺轨机、DTJG56钢环加固抓取机项目、高压水刀、高铁线路混凝土雕刻机、SPMT模块车架梁技术、宽断面、栓焊连接断面的钢梁制作工艺、悬挂式轨道交通梁、柱的制造安装技术、跨座式单轨交通钢混组合轨道梁制造架设技术等新产品和新技术。全年新申请专利72项，其中发明专利20项，获批授权专利70项，其中发明专利7项。7项科技成果通过湖北省、中国中铁、中铁工业科技成果评审，其中2项国际领先、3项国际先进、1项国内领先、1项国内先进。获批中国铁路工程集团科技进步奖特等奖1项、一等奖1项；获得中铁工业科技进步奖特等奖1项、二等奖1项；获得中国公路学会二等奖1项、三等奖1项；荣获湖北省创新方法大赛三等奖4项、优胜奖1项；“充电机车载式超级电容智能工矿牵引机车”和“高铁线路混凝土雕刻机”获得2019年武汉市创新产品。

（刘则威　陈昶）

【中铁装备生产工艺及技术创新】
2019年，生产工艺创新方面，中铁装备持续开展工艺基础研究和新产品工艺开发，先后完成TBM刀座支撑面的快速修复技术、高强度螺栓预紧扭矩技术和金属表面缺陷黏结剂修复技术等基础工艺研究；深入连铸、热处理等特殊工艺研究，成功实现大直径泥水盾构主驱动铜套和常压换刀装置刀座国产化；先后完成巴黎、天目山等大直径重难点项目盾构机的工艺研究和设计；推进工信部智能制造科研项目落地，成功引入焊接机器人，为提高盾构机主驱动等关键部件的生产效率和焊接质量奠定基础。在隧道专用设备领域，持续推进930科研项目新工艺研发，其中针对2019-KY-019CTR450智能化悬臂掘进机，研究结构件厚板焊接工艺和大型结构件装配工艺；针对2019-KY-015高原型智能化双臂锚杆台车、2019-KY-010双臂湿喷台车、2019-KY-009高原型全电脑DJ3G三臂凿岩台车、2018-KY-020智能湿喷台车持续开展台车装配工艺及标准化工艺研究，有效助力930科研项目顺利开展；完成2018-KY-010关于机车制造工艺改进提升的研究，有效解决机车翻转与焊接困难问题，并制定机车制造工位工序布置图一套，车间制造生产线一条，制作机车车体焊接用翻转平台一套，申请实用新型专利1项。技术创新方面，2019年国内首台高压水耦合破岩TBM成功下线，CJM沉井竖井掘进机完成厂内试验，经济性盾构完成技术方案评审，双刀盘TBM、双结构TBM等川藏用TBM形成技术方案；智能湿喷台车、智能型三臂凿岩台车、高原型三臂凿岩台车、双臂湿喷台车、双臂锚注一体机、混凝土湿喷台车和世界最大悬臂掘进机CTR450等创新产品研制成功。中铁装备12项科研成果通过中铁工业评审，其中，“适应城市地铁小转弯半径的双护盾TBM研制及应用”等6项成果达到国际领先水平；“暗挖隧道管片快速拼装工法配套设备研制”3项成果达到国际先进水平；“一种采用锂电池的牵引机车的研究”等3项成果达到国内领先水平。全年共申请专利370

▲ 2019年11月28日，由中铁电气化局电气化装备研发中心自主研发的牵引变电所“智能巡检机器人”正式投入使用

项，其中发明专利 189 项，实用新型专利 179 项，发明和实用新型专利同时申请 168 项，外观专利申请 2 项。授权专利 316 项，其中境外授权发明专利 2 项，国内发明专利 24 项，实用新型专利 290 项；截至 2019 年 12 月 31 日，累计授权专利 896 项，其中境外授权发明专利 8 项，国内发明专利 188 项，实用新型专利 696 项，外观专利 4 项。（栾飞　陈敬举）

【中铁九桥生产工艺及技术创新】中铁九桥通过科技成果鉴定 5 项，其中国际领先水平 2 项、国际先进 2 项、国内领先 1 项。共完成知识产权申请 35 项（其中发明专利 21 项，实用新型专利 14 项），较 2018 年增长 25%。获得授权专利 15 项，较 2018 年增长 87%。“斜拉桥拱门形钢斜塔安装工法”被认定为江西省 2019 年度第一批省级工法。（刘灿）

【中铁电气化工业生产工艺和技术创新】2019 年中铁电工共有 5 项成果参加中铁电气化集团公司 2019 年第 18 次 QC 成果评审会及北京市质量协会第七十四次 QC 小组成果发表会，均取得优异成绩。其中，高铁电气公司铸模 QC 小组《提高缓速器定子生产效率》获得中铁电气化集团公司三等奖和北京市二等奖，宝鸡保德利公司铸梦 QC 小组《提高 W 型定位支座铸造毛坯成品率》及保变分公司精益求精 QC 小组《缩短煤油气相干燥过程时间》均获得中铁电气化集团公司二等奖和北京市三等奖，高铁电气公司城轨 QC 小组《提高双线可调整体吊弦抗重载断裂性能》、宝鸡检测公司聚沙成塔、检测 QC 小组《降低接触网零部件温升设备故障率》获得北京市三等奖。

中铁电工完成了工业园施工初步设计及二期施工图相关设计。保德利公司与武汉大学、武汉理工大学合作开发高速铁路接触网吊弦疲劳试验机，满足新铁标要求；完成了承力索吊弦线夹本体冲压生产线自动化。高铁电气实施了多规格不可调整体吊弦模拟振动试验线改造。北赛公司采用连续挤压生产工艺，提高了铜铬锆合金绞线生产效率和成品率，降低了铜铬锆合金绞线产品成本。保定制品公司设计、制作了横腹杆式混凝土支柱主筋定位卡具以及绑扎张紧装置，保证了主筋的位置以及钢筋保护层厚度；利用现有压力传感器制作张拉机校验工装，保证了张拉工序质量；设计电动倒链加立式加载工装，提高了加载稳定性以及试验效率。德阳公司进行了环支柱蒸汽养护自动化控制工艺研究与应用。环保分公司改进了轻质高强吸声板养护方法、声屏障施工混凝土搅拌泵送一体远距离输送系统以及桥梁非金属吸声板面密度控制。宝鸡检测公司利用计算机编程进行电阻率等计算，检测结果计算快速准确；自主研发疲劳试验机冷却系统自动控水装置。（陈楠）

【卷铁芯牵引变压器产品研制】由中国中铁立项、中铁电气化局工业公司自主研制的 110kV 节能环保型卷铁芯牵引变压器通过国家级电气试验机构沈阳国家变压器研究所认证。轨道交通牵引变压器是铁路专用电力变电设备、电气化铁路关键组成部分，被誉为电气化铁路“心脏”。中铁电气化局工业公司依靠自身在电气化铁路变压器设计研发方面的经验，针对轨道交通牵引变电领域特型卷铁芯变压器开展研究，历时 5 年，成功研制出 110kV 节能环保型卷铁芯牵引变压器，并在试验机构顺利通过了例行试验、型式试验和特殊试验。与同类型产品相比，中铁电气化局工业公司研制的此款变压器能耗更低，空载损耗较国家标准降低 40% 以上、负载损耗较国家标准降低 10% 以上。（石浩男　臧朔）

▲ 2019 年 10 月 19 日，中铁工业研制的 HP-3017E 智能湿喷台车在郑州下线

▲ 2019 年 10 月 19 日，中铁工业研制的世界最大悬臂掘进机在郑州下线

445
447
449

海外业务

【国际业务概况】2019年，中国中铁国际业务新签合同额178.59亿美元，完成年度计划162亿美元的110.24%；同比增加24.67亿美元，增长率为16.03%。国际业务完成营业额65.72亿美元，完成年度计划58亿美元的113.30%；同比增加3.9亿美元，增长率为6.30%。

2019年1—12月，股份公司全系统新设机构29个（子公司5个、分公司23个、办事处1个），注销机构8个。截至2019年12月底，全系统在98个国家和地区设立境外机构335个（子公司104个、分公司149个、办事处77个、经理部5个），其中以中国中铁名义注册的境外机构27个。境外机构中：亚洲127个，占比37.91%；非洲134个，占比40%；美洲39个，占比11.64%；大洋洲16个，占比4.78%；欧洲19个，占比5.67%。全系统拥有外境员工9164人，其中，国内人员有1536人，派往境外工作的员工总数7628人；国内外派劳务8141人，雇用当地人员45967人。2019年中国中铁在《财富》世界500强排名55位；ENR国际承包商排第18位。（温平生）

【海外工程】·印尼雅加达—万隆高铁项目（印尼雅万高铁）· 正线全长142.3千米，设计时速350千米，项目总投资为60.71亿美元（25%资金来源为业主印中高铁公司自筹资本金，75%为中国国家开发银行贷款），合同工期为3年。中国中铁承建的EPC项目标段于2017年4月4日签订合同，2018年6月9日正式开工建设，合同额为13.65亿美元，2019年累计完成产值48428万美元，开累完成产值58473万美元，占合同额13.65亿美元的42.8%。

·新建磨丁至万象铁路项目（中老铁路或磨万铁路）· 正线全长414.332千米，设计时速160千米，总概算约55.82亿美元（约374亿元人民币，汇率按照1美元兑换6.7元人民币计算；其中40%资金来源为业主老中铁路公司自筹资本金，60%为中国进出口银行贷款），建设期5年，特许运营期50年。中国中铁所属中铁二局、中铁五局、中铁八局、中铁国际承建的EPC土建标段于2015年12月21日签署合同，2017年1月1日正式开工建设，四个土建标合同额总计15.53亿美元。2019年累计完成产值4.75亿美元，开累完成产值12.34亿美元，占合同额15.53亿美元的79.5%。

·孟加拉帕德玛大桥铁路连接线项目· 正线全长168.6千米，设计客运时速120千米，货运时速80千米，项目于2016年8月8日签署合同，合同额为31.4亿美元（15%资金来源为孟加拉国政府自筹，85%为中国进出口银行贷款），业主为孟加拉国家铁路局，承包商为中国中铁，合同工期为4.5年。项目于2018年7月3日正式开工建设，2019年累计完成产值23145万美元，开累完成产值24735万美元，占合同总额31.4亿美元的7.9%。

·孟加拉国阿考拉至拉克萨姆增建套轨二线项目· 全长72千米，线路设计时速为120千米，项目于2016年6月15日签署合同，合同金额为4.47亿美元（3.9%资金来源为孟加拉国政府自筹，27.8%为欧洲投资银行贷款，68.3%为亚洲开发银行贷款），业主为孟加拉国家铁路局，承包商为中国中铁与外国企业联合体，合同工期为4年。项目自2016年11月1日正式开工建设，2018年累计完成产值8981万美元，开累完成产值1.88亿美元，占合同额4.46亿美元的42.19%。2019年累计完成产值8351万美元，开累完成产值27201万美元，占合同额4.47亿美元的60.9%。

·孟加拉国多哈扎里至考克斯巴扎尔铁路项目· 第一标段全长52.4千米，设计时速100千米，项目于2017年9月16日签署合同，合同金额约3.42亿美元（资金来源为亚洲开发银行贷款），业主为孟加拉国家铁路局，承包商为中国中铁与外国企业联合体，合同工期为1092天。项目自2018年7月1日正式开工建设，2019年累计完成产值5398万美元，开累完成产值6496万美元，占合同额3.42亿美元的19.0%。

▲2019年3月21日，中老铁路首座长大隧道——磨丁隧道顺利贯通

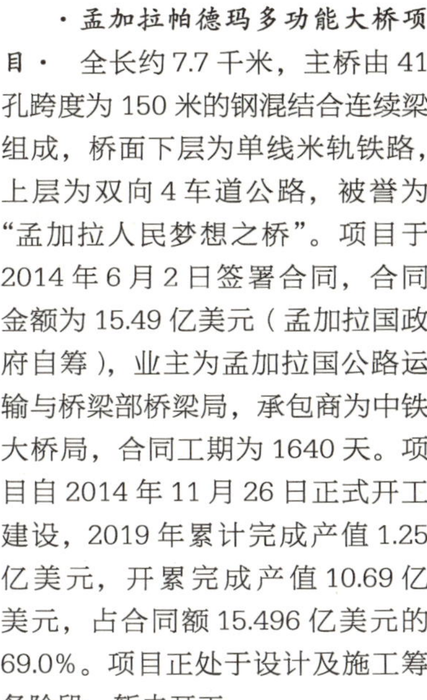

·孟加拉帕德玛多功能大桥项目· 全长约7.7千米，主桥由41孔跨度为150米的钢混结合连续梁组成，桥面下层为单线米轨铁路，上层为双向4车道公路，被誉为“孟加拉人民梦想之桥”。项目于2014年6月2日签署合同，合同金额为15.49亿美元（孟加拉国政府自筹），业主为孟加拉国公路运输与桥梁部桥梁局，承包商为中铁大桥局，合同工期为1640天。项目自2014年11月26日正式开工建设，2019年累计完成产值1.25亿美元，开累完成产值10.69亿美元，占合同额15.496亿美元的69.0%。项目正处于设计及施工筹备阶段，暂未开工。

·玻利维亚ESPINO公路项目· 全长159.4千米，项目于2015年9月18日签署合同，合同金额为2.53亿美元（15%资金来源为玻利维亚政府自筹，85%为中国进出口银行贷款），业主为玻利维亚公路管理局，承包商为中国中铁，合同工期为42个月。项目自2017年6月16日正式开工建设，2019年累计完成产值10247万美元，开累完成产值13600万美元，占合同额25300万美元的53.8%。

·以色列特拉维夫轻轨红线系统及轨道设计施工维护项目· 全长约24千米，项目于2018年3月21日签署合同，合同额约合6.62亿美元，业主为以色列特拉维夫城市公共交通系统有限公司，承包单位为中国中铁所属中铁隧道局集团和中铁电气化局集团联合体，合同工期为197周。项目于2018年3月22日正式开工，2019年累计完成生产产值15513万美元，开累完成产值16551万美元，占合同额6.62亿美元的25.0%。项目目前处于设计、集成、施工并行阶段，各专业陆续开工。

·亚的斯—吉布提铁路运维项目（亚吉铁路运维项目）· 亚吉铁路全长767千米，设计时速客车120千米/时、货车80千米/时，是非洲第一条全线采用中国电气化铁路标准施工的现代电气化铁路。运营维护项目合同于2016年7月28日签署，合同金额为3.57亿美元（不含增值税），资金由埃塞政府自筹，业主为埃塞—吉布提联合铁路公司，运维期限为6年。中国中铁以EPC模式参与项目设计建设，并承担项目运营维护任务。该项目自2018年1月1日正式开始商业运营，2019年累计实现运营收入9291万美元，开累实现营业收入18224万美元。

·埃及斋月十日城市郊铁路项目· 全长73.3千米，设计时速为120千米。项目模式为EPC+F+O&M，EPC合同总价已调整为12亿美元（资金来源为中国进出口银行贷款），2016年1月21日签署合同，业主为埃及国家隧道局，承包商为中国中铁与其他企业组成的联合体，合同工期24个月。（祝建生）

【海外重大项目推进情况】**·匈塞铁路项目匈牙利段·** 中国中铁所属中铁九局、中铁电气化局与匈牙利当地公司组成的CRE联合体于2018年1月19日递交资格预审文件。经招标方与投标人进行多轮谈判，2019年3月18日发布最终版招标文件。2019年4月8日，CRE联合体递交最终投标文件。4月25日，招标方宣布CRE联合体评标排名第一。5月24日，项目签署EPC合同。6月12日，项目授标通告在欧盟“电子投标系统（TED）”网站发布。12月4日，CRE联合体签署《项目产品采购协议》。

·马来西亚大马城项目· 大马城项目是中马两国在基础设施建设、城市综合开发以及铁路、商业等各领域合作的一个重要平台，将为服务国家周边外交战略、服务中国—东盟自由贸易区发展发挥重要作用，为推动共建“一带一路”倡议走深走实、构建人类命运共同体提供新动力。项目位于马来西亚首都吉隆坡市中心，占地486英亩（约合197万平方米）。宗地用途为商业和混合用地，使用年限为永久（999年），由16个地块组成。项目区位优势明显、交通便捷通畅、市政配套完善、土地完整性好、可开发性强。2019年4月25日，在李克强总理和马来西亚马哈蒂尔首相见证下，中国中铁和马来西亚政府签署了《大马城项目恢复框架协议》，约定以原《股权买卖协议》中的价格、股权比例恢复项目。12月17日，中国中铁正式签署《补充协议》，争取到马方承担其股东出资义务、延长ICSB付款周期、ICSB取得PMC管理权、马方继续提供优惠税收政策等更加有利的条件，为项目顺利实施打下了坚实

▲2019年12月8日，埃及斋月十日城铁路项目Badr车站施工现场

▲ 2019 年 1 月 3 日，中铁七局刚果（金）布桑加水电站砂石骨料生产系统

▲ 2019 年 3 月 13 日，中铁七局乌干达地区在植树节组织中乌青年植树

基础。

·巴基斯坦ML1铁路项目· 2019 年 4 月 28 日，在李克强总理和伊姆兰汗总理的共同见证下，中巴双方签署了 ML1 铁路项目一期初步设计工作结束的声明。根据巴基斯坦计划委员会 9 月 21 日要求，项目作为整体立项，初设概算 92 亿美元，项目 PC1 立项文件于 10 月 23 日提交中国铁路总公司。截至年末，已完成初步设计审查的子项目共 6 段，全长 847 千米，合计 42.7 亿美元。

·菲律宾南北铁路南线项目· 2019 年 8 月 29 日，中菲双方签署南线项目 PMC 贷款协议。菲律宾交通部于 12 月 23 日向财政部递交预申贷函支持文件，计划 2020 年 1 月 10 日前向中方提交 DB 预申贷函，4 月确定 DB 承包商。此次拟采购项目一期，从卡兰巴至黎牙实比约 380 千米。正在积极推动短名单推荐工作和尽快启动项目 DB 招标等事宜。

·中泰铁路项目· 项目一期线上工程，2019 年 7 月，泰内阁审议批准中泰铁路二期呵叻至廊开段设计预算，二期将由泰国公司负责可研和详细设计，中方提供设计咨询，建设模式有待中泰铁路合作联合委员会进一步磋商。11 月 2 日至 5 日，李克强总理出席东亚合作领导人系列会议，两国政府发表声明，双方同意将中泰铁路打造为两国高质量共建“一带一路”合作的成功典范。项目一期线下土建工程，中国中铁所属中铁十局与当地合作伙伴已参与 3-1、3-2 标段投标，均为第二标，正在积极跟进。

·中缅铁路通道项目· 2019 年 4 月 25 日，在“一带一路”国际合作高峰论坛上，中国中铁向缅方递交木曼铁路可行性研究技术部分。9 月 17 日，正式下发关于成立中国中铁中缅铁路通道项目工作小组的通知。12 月 16 日，中国中铁向缅甸铁路局正式递交了木姐—曼德勒铁路项目可行性研究报告的最终版。

·赞比亚既有铁路升级改造项目· 自 2017 年 12 月开始，项目投标组与赞比亚交通部就合同报价、技术条件、工程量等进行多轮谈判。2019 年 5 月 20 日，投标组致函业主，同意接受业主提出的 8.52 亿美元最终价格（不含机车部分）。9 月 27 日，赞比亚财政部已授权交通部签约。

·加纳西部铁路项目· 2019 年 4 月 27 日，中国中铁所属中铁五局和加纳铁道部签订第一阶段 5 亿美元施工合同。合同段长约 135 千米，合同工期 36 个月。

·埃及苏阿铁路项目· 2019 年 3 月，经股份公司复评审后向业主递交标书，基于 36 个月工期的项目报价为 190 亿美元。2019 年 5 月至 8 月，共进行三次评标技术澄清，目前该项目仍在技术建议书评标中。12 月，业主要求将建议书有效期延至 2020 年 3 月 31 日，以及投标保函延期至 2020 年 4 月 10 日。

·以色列特拉维夫轻轨绿线和紫线PPP项目· 2019 年 3 月 15 日，中国中铁牵头联营体递交资格预审文件。5 月 29 日，业主公布资格预审结果，中国中铁牵头的联营体顺利通过，共有 6 家联营体通过资格预审。6 月 5 日，业主发布第一批招标文件。以色列分公司于 8 月 25 日完成注册，前方投标小组基本建立。（杜　胜）

【外事活动】2019年，在第二届“一带一路”国际合作高峰论坛期间，中国中铁密集开展与各国政要和高级别代表团高端会谈，积极参与峰会系列活动，推动了一大批项目落实落地，彰显了中国中铁品牌影响力，丰富了主场外交经验。先后参加了开幕式、高级别会议、欢迎晚宴、6场平行分论坛和1场企业家大会，会见了4位国家元首，与11个国家部长级代表团进行了深入交流，形成了包括匈塞中标、大马城恢复、中缅木曼铁路等16项主要成果。在首届中国——非洲经贸博览会期间，成立了专项工作组，积极筹备参会，争取到中非基础设施与融资合作对话会和中非经贸合作区发展研讨会的发言席位，组织相关二级单位积极参与布展。博览会期间约20个非洲国家政府官员、金融机构和企业代表来展台进行对接、洽谈，共安排高层会见4场，完成3场项目见签，合同金额共计9.7亿美元。在第二届中国国际进口博览会期间，共安排高层会见2场。股份公司党委书记、董事长张宗言分别与印度尼西亚总统特使、海洋统筹部部长卢胡特和巴拿马工商部部长拉蒙·马丁内兹举行会谈，就加强基础设施投资建设合作进行了深入交流，并达成重要共识。（吴　思）

▲ 2019年3月28日，中铁上海局马来西亚吉隆坡捷运二期地下工程C标段盾构顺利始发

▲ 2019年11月10日，中铁七局埃塞俄比亚市政项目举行开工典礼

【出台《中国中铁股份有限公司海外体制机制改革方案》】《中国中铁股份有限公司海外体制机制改革方案》以习近平新时代中国特色社会主义思想为指引，坚持“四总”海外经营改革方向：建成具有全球竞争力的世界一流企业是总目标，实现“中国中铁国际化”向“全球化中国中铁”转变是总任务，推动全公司国际化经营实现高质量发展是总要求，推行海外优先发展是总遵循。全面加快海外经营体制机制改革步伐，大力实施海外优先发展和优质发展的“双优”战略。打造“一体两翼N驱”海外发展新格局，强化股份公司“一体”总体统筹功能，发挥平台公司的“两翼”带飞作用，推动二级子集团海外力量形成“N驱”协同共进之势。构建“大区＋国别＋项目”经营管理体系，实现海外经营点线面立体推进。推动平台公司重组。按照“做强总部、做优平台、做实区域”的要求打造海外利益共同体和生命共同体。构建海外投融资并购平台，提升全球资源配置能力，稳中求快推进海外业务转型升级。完善海外经营绩效考核评价体系，发挥考评“指挥棒”作用，激发海外经营动力与活力。推进海外经营合规管理系统、财务共享系统和信息化管理系统“三大系统”建设，增强企业海外经营集中控制力与抗风险能力。加强海外党建和党风廉政建设，为企业国际化经营高质量发展提供坚强保障。改革方案明确到2020年末（“十三五”末），公司海外经营体制改革基本完成，形成更加符合公司国际化经营要求的发展体系，管理体系、运营体系和考核评价体系，市场布局和业务结构更趋合理，全球资源配置能力和效率逐步提升，选拔培养出一批德才兼备、善于经营、强于管理、熟悉商务、精通语言的国际复合型人才队伍，公司国际化经营活力、控制力、影响力和抗风险能力显著增强，实现海外业务稳步增长，海外

▲ 中铁隧道局成功签约三个瑞典政府基建采购项目——斯德哥尔摩地铁延长线

新签合同额、营业额稳中有升。到2025年末（“十四五”末），公司海外经营体制机制更加成熟更加定型，国际化复合型人才队伍占公司人员比例显著提高，在全球交通基础设施领域的资源配置中占据主导地位，引领全球交通基础设施领域的技术发展，在全球交通基础设施领域的影响力和话语权显著加大，在全球交通基础设施领域全产业链一体化的核心竞争力显著增强，建成具有全球竞争力的世界一流企业；培育出至少2个年新签合同额100亿美元、营业额50亿美元左右的核心区域市场，4个年新签合同额50亿美元左右、营业额25亿美元左右的重点区域市场，公司境外新签合同额达到400亿美元，营业额达到200亿美元，境外收入占公司收入总额达到15%左右。（余　翔）

·统计数据·

表 8-1　2019年新签境外业务合同额按板块划分

类别	承包工程	道岔机械产品加工	设计咨询	外派劳务	进出口贸易	境外实业	境外开矿	其他	合计
金额/万美元	1282995	30007	39018	7140	202810	1267	83108	139521	1785866
占 比/%	71.84	1.68	2.18	0.40	11.36	0.07	4.65	7.81	100
同比增减/%	13.47	60.54	33.89	0.01	2.18	−2.16	−26.40	191.23	16.03

表 8-2　2019年新签境外业务合同额按工程及业务类别划分

类别	铁路	公路	市政	房建	水电	港码	机场	城轨	劳务	贸易	境外办厂	境外开矿	其他	合计
金额/万美元	467965	235503	100829	471738	31759	2114	25331	16781	7140	202810	1267	83108	139521	1785866
占比/%	26.20	13.19	5.65	26.42	1.78	0.12	1.42	0.94	0.40	11.36	0.07	4.65	7.81	100
同比增减/%	85.64	−24.19	41.94	24.02	−4.26	−89.82	227.65	−83.66	0.01	2.18	−2.16	−26.40	191.23	16.03

表 8-3　2019年1—12月中国中铁新签境外业务合同额按区域划分统计表

类别	亚洲	非洲	拉丁美洲	欧洲	大洋洲
金额/万美元	634329	720165	180100	155600	95672
占比/%	35.52	40.33	10.08	8.71	5.36

表 8–4　2019 年海外业务完成营业额按板块划分

类别	承包工程	道岔和机械产品加工	设计咨询	外派劳务	进出口贸易	境外实业	境外开矿	其他	合计
金额 / 万美元	436250	17932	4540	108	152726	1267	24504	19842	657169
占比 / %	66.38	2.73	0.69	0.02	23.24	0.19	3.73	3.02	100
同比增减 / %	−6.07	21.79	−41.49	−0.92	76.75	−2.16	101.12	−36.58	6.31

表 8–5　2019 年海外业务完成营业额按工程及业务类别划分

类别	铁路	公路	市政	房建	水电	港码	机场	城轨	劳务	贸易	境外办厂	境外开矿	其他	合计
金额 / 万美元	132916	140202	36705	69299	22067	5974	3180	48379	108	152726	1267	24504	19842	657169
占比 / %	20.23	21.33	5.59	10.55	3.36	0.91	0.48	7.36	0.02	23.24	0.19	3.73	3.02	100
同比增减 / %	9.86	−4.72	24.18	9.60	−56.23	102.17	−23.15	−29.35	−0.92	76.75	−2.16	101.12	−36.58	6.31

表 8–6　2019 年 1—12 月中国中铁完成境外业务营业额按区域划分统计表

类别	亚洲	非洲	拉丁美洲	欧洲	大洋洲
金额 / 万美元	262968	349801	24824	5150	14426
占比 / %	40.02	53.23	3.78	0.78	2.20

表 8–7　2019 年新签合同数量按地区划分

类别	亚洲	非洲	拉丁美洲	欧洲	大洋洲
项目个数	192	256	18	4	11

实业投资与金融物贸

实业投资

【全公司实业投资完成情况】2019年，基础设施和矿产资源存量投资项目399个，项目总投资16052亿元，其中权属中国中铁的项目投资（以下简称“权属投资”）11190亿元，开累完成权属投资5238亿元，完成比例47%，剩余权属投资5952亿元。全年基础设施投资新签合同额3751.5亿元，超额完成计划的1.4%。

基础设施投资既有项目391个，项目总投资规模15635亿元，其中权属投资规模11013亿元，开累完成权属投资5096亿元，开累回款1886亿元，剩余权属投资5917亿元。

矿产资源板块共有投资项目8个，项目计划总投资规模417亿元，中国中铁计划投资规模为177亿元。2019年，矿产资源板块完成投资2.96亿元，其中，华刚铜钴矿投资完成0.56亿元，绿纱铜钴矿0.68亿元，布桑加水电站1.71亿元。截至2019年末，中国中铁开累完成投资142亿元，剩余投资规模35亿元。

中国中铁完成房地产开发投资523.33亿元。其中，西南区域完成投资102.53亿元、京津冀区域完成投资100.2亿元、长三角区域完成投资45.58亿元、珠三角区域完成投资23.2亿元、长江中游区域完成投资68.14亿元等。

（汪先俊　王圣明　孙玉宝）

【高端经营合作】加强高端经营，深化政企合作，2019年中国中铁先后与104个省、市地方政府和企业集团进行对接，推进区域经营及项目开发；先后与天津、合肥、哈尔滨、宝鸡、舟山、广州白云区、四川交投、四川铁投等12个市政府及地方企业签订战略合作协议，为区域经营和重点项目落地奠定基础。（汪先俊）

【投资经营成果】牢固树立“投资商＋建设商＋运营商”理念，全面加强投资经营。加强与兄弟央企和地方国企联合，共同运作S25静宁至天水高速公路庄浪至天水段工程、昔阳（晋冀界）至榆次高速公路、渝湘复线（主城至酉阳段）、武隆至道真（重庆段）高速公路、保定市府河水系综合治理（一期）黄花沟综合治理、曲靖市麒麟区城南片区污水处理厂配套管网、新塘永和污水处理厂四期工程等项目。加强前期经营策划，加大重点项目前期统筹协调和项目运作指导力度，先后成功推进贵州金沙经仁怀至桐梓高速公路、乐山至西昌高速公路（乐山至马边段）、重庆轨道交通4号线（民安大道—石船）、天津地铁4号线、唐山市东湖片区生态修复、云南省滇中引水工程、国道109新线高速公路（西六环至市界段）、庆盛枢纽区块综合开发等大型项目。积极开拓铁路、水务、环保等新型投资领域，成功中标云南滇中引水工程项目，实现了公司基础设施投资在水利方面的突破。全年新中标公路项目1794.8亿元，城轨项目582.2亿元，市政项目445.3亿元，水务环保项目513.8亿元，铁路项目318.2亿元。全年新签投资项目为股份公司储备施工任务2761.7亿元。（汪先俊）

▲2019年4月15日，广州南沙庆盛枢纽区块综合开发项目开工

【创新商业模式】在政策框架下，围绕政府专项债、片区联动开发、产业新城等，创新投资模式。从实操层面对政府投资条例、财金〔2019〕10号文件等进行全面解读，指导各二级单位严格落实项目合法合规要素。以哈尔滨机场二高速＋土地开发、南昌高铁新区＋土地开发、南昌地铁＋产业园、合肥地铁＋产业园、哈尔滨地铁＋土地开发等项目为依托，探索实践产业新城、口岸小镇、地铁＋物业、PPP+土地一二级开发、PPP+专项债+EPC等模式，通过商业创新，积极运作大项目，实现片区滚动开发，2019年采用“基金＋专项债＋土地开发+EPC”等模式，成功运作唐山市东湖片区生态修复等项目。（汪先俊）

·基础设施投资·

【基础设施投资完成情况】2019年，中国中铁基础设施投资完成1456亿元，为年度计划1200亿元的121%。全年新签项目合同

额3752亿元，为年度计划3700亿元的101%。BT项目回款158亿元，为年度计划148亿元的107%。11条运营高速公路实现清分收入34亿元，为年度计划28亿元的121%，日均清分收入942万元，为盈亏平衡点889万元的106%。（罗元恒）

【基础设施投资项目情况】2019年，中国中铁基础设施投资既有项目391个，项目总投资规模15635亿元，其中权属投资规模11013亿元，开累完成权属投资5096亿元，开累回款1886亿元，剩余权属投资5917亿元。其中：

1.BT项目：共143个，项目总投资规模4115亿元，其中权属投资规模2481亿元，开累完成权属投资1960亿元，开累回款1543亿元，剩余权属投资521亿元。按实施阶段来看：在建项目86个，项目总投资规模2602亿元，其中权属投资规模1026亿元，开累完成权属投资575亿元，开累回款291亿元，剩余权属投资451亿元。建成在购项目57个，项目总投资规模1513亿元，其中权属投资规模1456亿元，开累回款1251亿元。

2.BOT项目：共56个，项目总投资规模2454亿元，其中权属投资规模1659亿元，开累完成权属投资1031亿元，开累回款330亿元，剩余权属投资628亿元。按实施阶段来看：在建项目35个，项目投资规模1972亿元，其中权属投资规模1240亿元，开累完成权属投资612亿元，剩余权属投资628亿元。建成运营项目11个，项目投资规模449亿元，其中权属投资规模401亿元，开累清分收入284亿元。建成运营水务项目9个，项目总投资规模14亿元，其中权属投资规模14亿元，开累运营收入46亿元。建成其他运营项目1个，项目总投资规模18亿元，其中权属投资规模5亿元。

3. PPP项目：共192个，项目总投资规模9065亿元，其中权属投资规模6873亿元，开累完成权属投资2105亿元，开累回款14亿元，剩余权属投资4767亿元。按实施阶段来看：在建项目175个，项目投资规模8713亿元，其中权属投资规模6633亿元，开累完成权属投资1850亿元，剩余权属投资4783亿元。建成运营项目17个，项目投资规模352亿元，其中权属投资规模240亿元。

（罗元恒）

【2019年基础设施投资项目完成情况】2019年，中国中铁基础设施投资完成1456亿元，全年基础设施投资项目共回款207亿元。其中：BT项目完成权属投资116亿元，当年回款158亿元。BOT项目完成权属投资321亿元，当年回款43亿元（已运营的11条高速公路全年实现清分收入34亿元，为年度计划28亿元的121%。日均清分收入942万元，为盈亏平衡点889万元的106%。水务项目均已建成运营，当年运营收入9亿元）。PPP项目完成权属投资1018亿元，当年回款7亿元。（罗元恒）

·基础设施典型投资项目情况·

【云南省滇中引水工程大理Ⅰ段至楚雄段引入社会资本建设项目开工建设】2019年12月1日，滇中引水大理Ⅰ段至楚雄段引入社会资本建设项目开工建设。输水总干渠起点为石鼓（接石鼓泵站出水池后的隧洞连接段），末点为禄丰县罗

▲2019年10月16日，中国中铁与贵州省签署战略合作框架协议

▲ 2019 年 10 月 28 日，中铁五局承建的国际山地旅游联盟总部大楼正式建成启用

茨，全长约 361.9 千米，设计引水流量渠首设计水位 2035 米，渠末设计水位 1918.6 米，总水头 116.4 米，输水建筑物共 114 个。项目采用“使用者付费”的“股权投资 + 施工总承包”模式实施，建设期 6 年。云南省人民政府批复依法组建云南省滇中引水工程有限公司，授权项目公司负责项目的建设、运营及管理，通过公开招标方式选中中国中铁股份有限公司社会投资人，持股 5.49%。（闫 冰）

【云南省滇中引水工程楚雄段至红河段引入社会资本建设项目开工建设】2019 年 12 月 1 日，滇中引水楚雄段至红河段引入社会资本建设项目开工建设。项目起于祥云县万家，止于红河州个旧的新坡背，干渠全长 445.2 千米，渠首设计水位 1956.0 米，渠末设计水位 1400.0 米，总水头 556 米，共设计 147 个建筑物。项目采用“使用者付费”的“股权投资 + 施工总承包”模式实施，建设期 6 年。云南省人民政府批复依法组建云南省滇中引水工程有限公司，授权项目公司负责项目的建设、运营及管理，通过公开招标方式选中中国中铁股份有限公司社会投资人，持股 3.98%。（闫 冰）

【成都轨道交通 9 号线一期工程 PPP 项目】成都轨道交通 9 号线一期工程 PPP 项目建设内容包括金融中心东站—成飞集团站，线路长约 22.7 千米。设车站 13 座，其中换乘站 11 座。项目估算投资总 199.78 亿元，项目合作期 26 年，其中建设期 4 年、运营期 22 年。项目采用 PPP 模式实施，通过公开招投标引入中国中铁与中铁光大组成联合体作为社会投资人，与成都地铁有限责任公司按照 42：28：30 共同组建项目公司。（闫 冰）

【广州南沙新区大岗先进制造业基地区块综合开发项目】广州南沙新区大岗先进制造业基地区块综合开发项目建设内容包括场地平整、港口大道等 13 条市政道路、大隆涌平高路桥等 12 座桥梁、综合管廊、堤防工程、河道疏浚、闸桥、排涝站等基础设施和安置区配套工程。项目估算总投资 104.6 亿元，项目合作期 13 年，其中建设期 3 年、运营期 10 年。项目采用 EPC+PPP 模式通过整体打包以公开招标方式，由同一中标人负责 A、B 两部分内容实施，进行设计、投融资、建设、运营维和移交工作，其中：A 部分采用设计施工总承包（EPC）模式，中国中铁联合体中标后，与政府实施机构签订设计施工总承包合同，负责 A 部分项目的勘察、设计、建设，建设完成后移交南沙区政府，由南沙产办委托 B 部分成立的项目公司负责 A 部分的运营维护、移交工作；B 部分采用 PPP 模式，以“设计—建设—融资—运营维护—移交 + 委托运营”（DBFOT+OM）模式，通过公开招标引入中国中铁作为牵头人，与广州启创投资有限公司、政府方出资代表南沙产投按照 49：20：31 共同组建项目公司，负责 B 部分投融资、设计、建设、运营维护工作以及 A 部分运营维护工作、协助政府做好区块产业导入服务工作。（闫 冰）

【贵阳轨道交通 3 号线工程】贵阳轨道交通 3 号线一期工程项目全长 43 千米，起于花溪区桐木岭，经过经开区、南明区、云岩区，止于乌当区洛湾，设 29 座车站和 28 个区间，设 1 个车辆段、1 个停车场、3 座主变电所和 1 个运营控制中心。项目估算总投资概算 322.3 亿元，项目合作期 30 年，其中建设期 5 年、运营期 25 年。项目采用 PPP 模式实施，通过公开招投标引入中国中铁作为社会投资人，并与政府方出资代表贵阳市轨道公司按照 7：3 共同组建项目公司，负责项目建设和运营维护。（闫 冰）

【中标云南玉溪至楚雄高速公路项目】云南玉溪至楚雄高速公路项目线路起于玉溪市红塔区多依村西附近，止于楚雄至大姚高速公路起点，路线全长 190.6 千米。其中，玉溪至易门段 68.6 千米，采用设计速度 100 千米 / 小时、双向六车道高速公路标准建设；易门至楚雄段 122.0 米，采用设计速度 100 千米 / 小时、双向四车道高速公路标准建设。批复概算总投资 349.9 亿元，项目合作期 34 年，其中建设期 4 年、运营期 30 年。项目采用“使用者付费 + 可行性缺口补助”回报机制下的“PPP+ 施工总承包”模式实施，通过公开招标引入中国中铁作为社会投资人，并与政府方出资代表云南省交发公司按照 9：1 共同组建项目公司，负责项目

建设和运营维护。（闫 冰）

【芜湖市轨道交通1号线及2号线一期工程】芜湖市轨道交通1号线及2号线一期PPP项目全长46.8千米。1号线起自保顺路站，终至白马山站，全长30.5千米，设25座车站，均为高架站，其中换乘站4座，设停车场1处，车辆段1处，全线联络线2处。2号线一期起自北京路站，终至万春湖路站，全长16.2千米，设11座车站，换乘站3座，设车辆段1处。项目估算总投资133.3亿元，项目合作期30年，其中建设期3年、运营期27年。项目采用股权合作+BOT+EPC模式实施，通过公开招投标引入中国中车（牵头人）和中国中铁联合体作为社会投资人，与政府方出资代表芜湖市轨道交通有限公司按照7:3共同组建PPP项目公司，负责项目建设和运营维护，其中中国中铁方持股32.5%。（闫 冰）

【成都新机场高速公路工程】成都新机场高速公路项目线路总长88.7千米，包含正线和南线两个子项工程，其中正线长69.8千米，南线长18.9千米。项目估算总投资180.1亿元，项目合作期32.5个月，其中建设期3年、运营期29.5年。项目采用BOT模式实施，通过公开招标引入中国中铁和中国铁建联合体作为社会投资人，各按50%股比共同组建项目公司，项目公司分别与招标人签署特许经营合同，负责成都新机场高速和蒲都高速两条线路的投资建设及运营维护，原则上中国中铁负责新机场高速公路，中国铁建负责蒲都高速公路。（闫 冰）

【武汉武九线综合管廊项目】武汉武九线综合管廊项目建设内容包括江南中心绿道武九铁路北环线综合管廊工程（友谊大道—建设十路）和建设十路（临江大道—中北路延长线）道路、排水工程两个部分。其中，江南中心绿道武九铁路北环线综合管廊工程，包括主线、支线、监控中心及附属工程，主线管廊起于友谊大道，止于建设十路，全长约13.2千米，支线管廊起于武九铁路，止于团结大道，全长约3.0千米；建设十路道路、排水工程包括路基路面建设、道路范围内雨水路面收集管及支管和污水管道、道路交通、绿化、照明等相关配套工程，全长约540米，红线宽50米，双向四车道。项目估算总投资44.1亿元，项目合作期30年，其中建设期3年、运营期27年。项目采用“使用者付费+政府可行性缺口补助”回报机制下的“PPP+施工总承包”模式实施，通过公开招标引入中国中铁作为社会投资人，与政府方出资代表武汉铁投按照9:1共同组建项目公司，负责项目的投融资、建设、运营维护管理和移交工作。（闫 冰）

▲ 2019年1月29日，贵阳轨道交通3号线一期工程施工推进动员大会在贵阳召开

▲ 2019年12月12日，引进项目集中签约中铁肇庆西江国际未来科技城

【西江国际未来科技城项目】西江国际未来科技城项目建设内容包括金渡二期、天资工业园、江滨新城（二期）约18401亩土地（含可建设用地约5301亩）的土地整理工作，产业厂房及产业配套建设、公共服务等建设，以及其他区域有条件实施的基础设施、公共服务、城市双修项目等。项目估算总投资194.4亿元，项目合作期30

年，其中建设期7.5年、运营期22.5年。项目采用片区综合开发PPP模式实施，通过公开招投标引入中铁南方等八家联合体作为社会投资人，并由肇庆高要建投作为政府方出资代表按照9∶1共同组建肇庆中铁西江高科投资有限公司，负责项目建设、产业导入和运营维护等。（闫 冰）

表9–1　　中国中铁2019年在建及在购基础设施投资项目汇总表

序号	实施单位	项目名称	权属投资规模/亿元	本年完成权属投资/亿元	开累完成权属投资/亿元	本年回购/亿元	开累回购/亿元
	基础设施项目合计（不含运营高速公路）		10612	1456	4695	173	1602
1	中铁交通		1266	196	528	11	73
2	中铁南方		896	39	489	9	359
3	中铁投资		1421	175	516	18	193
4	中铁开投		1968	353	835	25	213
5	中铁城投		2474	290	1087	56	404
6	中铁上投		164	18	45	—	5
7	中铁一局		465	111	295	17	90
8	中铁二局		6	2	7	—	4
9	中铁三局		232	33	113	4	40
10	中铁四局		524	69	293	18	87
11	中铁五局		88	11	17	—	—
12	中铁六局		48	1	1	—	—
13	中铁七局		80	19	28	—	—
14	中铁八局		35	9	27	1	4
15	中铁九局		14	3	13	1	10
16	中铁十局		130	19	38	1	9
17	中铁大桥局		143	26	106	8	36
18	中铁隧道局		156	10	71	2	39
19	中铁电气化局		128	39	47	—	—
20	中铁武汉电气化局		2	1	1	—	—
21	中铁建工		36	4	13	—	—
22	中铁广州局		35	4	21	—	10
23	中铁北京局		102	1	34	3	20
24	中铁上海局		88	13	39	—	6
25	中铁二院		30	1	1	—	—
26	中铁六院		—	—	—	—	—
27	中铁设计		29	—	10	—	—
28	中铁大桥院		—	—	—	—	—
29	中铁工业		—	—	—	—	—
30	中铁置业		—	—	—	—	—
31	广州地铁11号线		52	—	20	—	—

制表：罗元恒

表9–2　　中国中铁2019年基础设施投资完成及回款情况表

项目分类	年度投资计划/亿元	年度完成投资/亿元	计划完成率	年度BT回款计划/亿元	年度回款额/亿元	BT回款完成年度计划
BT	149	108	72%	148	158	107%
BOT	187	228	122%	—	43	—
PPP	864	1018	118%	—	7	—
其他	0	0	—	—	—	—
合计	1200	1354	121%	148	208	—

注：BOT和PPP回款额为运营收入。

制表：罗元恒

表 9–3　　中国中铁 2019 年 BOT 高速公路项目汇总表

序号	项目名称	起始地点	开通日期	运营里程 / 千米	项目总投资 / 亿元	项目权属投资 / 亿元	本年清分收入 / 亿元	开累清分收入 / 亿元
1	广西岑梧	岑溪—梧州	2008.01.16	65	23.26	23.26	1.30	16.30
2	广西岑兴	岑溪—兴业	2008.12.20	148	51.53	34.01	8.10	63.40
3	广西全兴	全州—新安	2008.11.30	58	16.45	10.65	2.00	15.90
4	山东德商	菏泽—曹县	2008.11.28	85	28.76	28.76	4.20	22.70
5	云南富砚	富宁—砚山	2008.04.28	141	80.04	72.03	3.70	37.20
6	重庆渝邻	重庆—邻水	2004.07.15	53	17.28	8.47	3.00	29.10
7	河南平正	平舆—正阳	2007.10.10	52	24.17	24.17	2.00	16.20
8	重庆忠垫	忠县—垫江	2007.12.28	75	42.67	34.14	2.00	25.20
9	陕西榆神	榆林—神木	2010.12.08	107	62.36	62.36	39.00	37.00
10	四川绵遂	绵阳—遂宁	2010.12.29	97	51.44	51.5	2.90	16.00
11	陕西神佳米	神木—佳县	2015.11.24	67	51.53	51.53	1.00	4.50
合计				948	449.5	400.8	34.00	284.00

制表：罗元恒

表 9–4　　中国中铁 2019 年运营 BOT 高速公路收入表

序号	项目名称	项目投资规模 / 亿元	权属投资规模 / 亿元	本企业投入资本金 / 亿元	2019 年度实现收入 / 亿元	同比收入增长率 / %	至 2019 年累计收入 / 亿元
1	山东德商	28.76	28.76	7.40	4.20	9	22.70
2	重庆渝邻	17.28	8.47	4.70	3.00	7	29.10
3	广西全兴	16.45	10.65	4.70	2.00	10	15.90
4	广西岑兴	51.53	34.01	13.60	8.10	5	63.40
5	河南平正	24.17	24.17	2.30	2.00	12	16.20
6	广西岑梧	23.26	23.26	4.20	1.30	–5	16.30
7	云南富砚	80.04	72.03	21.70	3.70	0	33.60
8	陕西榆神	62.36	62.36	20.00	3.70	6	37.20
9	四川绵遂	51.44	51.50	12.80	2.90	12	16.00
10	重庆忠垫	42.67	34.14	15.40	2.00	–10	25.20
11	陕西神佳米	51.53	51.53	14.10	1.00	–36	4.50
合计		449.50	400.80	120.90	34.00	3	284.00

制表：罗元恒

· 矿产资源开发投资 ·

【矿产资源开发投资】矿产资源板块在产矿山 5 座，分别是黑龙江伊春鹿鸣钼矿、华刚 SICOMINES 铜钴矿、绿纱铜钴矿、MKM 铜钴矿及蒙古乌兰铅锌矿，主要生产阴极铜金属产品及硫化铜精矿、硫化钼精矿、氢氧化钴精矿、铅精矿、锌精矿矿产品等。

2019 年，各矿山企业生产稳定，主要产品产量相比 2018 年同期稳步提升。其中，铜金属总量 20.07 万吨，同比增加 10.41%；钴金属量 2632 吨，较 2018 年同期基本持平；钼金属量 1.55 万吨，

▲ 中铁资源刚果（金）华刚铜钴矿 DIKULUWE 采坑现场

▲ 中铁资源黑龙江鹿鸣钼矿磨矿现场——亚洲最大半自磨机和国内最大钼矿球磨机

同比增加6.92%；铅金属量1.7万吨，同比增加69.57%；锌金属量1.63万吨，同比增加11.31%；银金属量43.29吨，同比增加83.35%。

2019年，矿产资源板块共实现营业收入136.51亿元，较2018年同期125.02亿元增长9.20%；实现利润总额26.31亿元，较2018年同期21.29亿元增长23.58%；实现净利润23.13亿元，较2018年同期18.25亿元增长26.73%；实现归属母公司净利润20.69亿元，较2018年同期17.06亿元增长21.25%。2019年，矿产资源板块积极消化行业及市场的不利因素，通过产能提升、成本控制、管理优化等综合手段，产品产量保持稳定增长，营业收入、利润等指标再创新高，企业发展态势和发展质量不断向好，抵御市场风险的能力进一步增强。同时，华刚二期工程建设项目已启动，布桑加水电站工程建设如期推进，为矿产资源板块后续发展增加了新动能。（王圣明）

表9-5　2019年矿产资源板块项目汇总表

序号	项目名称	项目地点	项目状态	中国中铁持有项目公司股权比例/%	中国中铁投资情况				
					投资规模/万元	截至2018年末投资累计/万元	2019年投资/万元	截至报告期投资累计/万元	后续剩余投资/万元
1	伊春鹿鸣钼矿	黑龙江	建成	83.00	601700	602579	—	602579	—
2	刚果（金）MKM铜钴矿	刚果（金）	建成	80.20	119525	123524	—	123524	—
3	刚果（金）绿纱铜钴矿	刚果（金）	建成	72.00	213780	185268	6801	192069	21711
4	刚果国际钴盐厂	刚果（金）	建成	51.00	29447	26505	—	26505	—
5	刚果（金）华刚矿业SICOMINES铜钴矿	刚果（金）	在建	41.72	458689	205721	5644	211365	247324
6	刚果（金）布桑架水电站	刚果（金）	在建	46.70	65240	23676	17114	40790	24450
7	刚果（金）阳极板加工厂	刚果（金）	建成	60.00	1257	1289	—	1289	—
8	蒙古国乌兰铅锌矿—查夫银多金属矿	蒙古国	建成	100.00	276506	218563	—	218563	—
总计					1766143	1387125	29550	1416684	349459

制表：王圣明

·房地产开发投资·

【房地产开发总体情况】2019年中国中铁房地产项目253个，其中房地产二级开发项目224个、土地一级和棚改旧改等类地产项目29个，投资规模约8593.41亿元，开累完成投资4600.07亿元，投资完成比例53.53%，开累实现回款3399.71亿元。全年房地产板块实现新签合同额1810.75亿元（其中房地产二级开发项目销售额811.66亿元，比2018年同期销售额上升13.13%；棚户区改造、片区开发等类项目新签合同额619.69亿元；一级项目新签合同额205.28亿元；代建项目新签合同额146.43亿元；物业、租赁及咨询类项目新签合同额27.69亿元），为年度计划1149.77亿元的157.5%，同比下降8.4%。实现投资额717.26亿元，同比下降20.4%，其中新增项目完成投资171.28亿元，为年度新增投资预算298亿元的57.48%，同比下降66.54%；既有项目完成投资545.98亿元，为年度计划914.66亿元的59.69%，同比增长40.29%；实现回款583.84亿元，为年度计划627.35亿元的93.06%，同比增长32.16%；实现营业收入399.58亿元，为年度预算542.74亿元的73.62%，同比下降9.17%，占中国中铁营业收入的5.9%。（孙玉宝）

▲ 2019年8月21日，中铁七局承建的成都地铁3号线二、三期工程双流西站获2019年度优秀焊接工程奖

【房地产开发板块项目总体情况】2019年中国中铁涉及房地产业务的二级单位共有25家，三级单位共有63家，项目公司共有2个，从业人员超3000人。区域分布：境内238个项目，分布在25个省、自治区和直辖市，其中一线城市项目28个，二线城市项目118个，三四线城市项目92个。境外15个项目，主要分布在南非、坦桑尼亚、巴布亚新几内亚、印度尼西亚4个国家。业态分布包括，传统住宅项目169个，商业地产项目38个，产业地产项目5个，文旅地产项目5个，养老地产项目3个，共有产权房项目4个，棚户区改造项目和土地一级开发项目29个。（孙玉宝）

【房地产二级开发项目】2019年，中国中铁共有房地产二级开发项目204个项目（二级表内项目），分布在北京、上海、广州、深圳等50个城市。年内公司房地产开发业务销售金额696.8亿元，同比增长31.4%；销售面积503万平方米，同比增长16.4%；开工面积807万平方米，同比增长62.4%；竣工面积315万平方米，同比下降24.1%。截至2019年末，公司在建房地产项目占地面积4123万平方米，待开发的土地储备面积1687.6万平方米。（孙玉宝）

【新增房地产项目】2019年，中国中铁新增房地产项目14个（含棚户区改造及城市综合建设类项目6个、房地产二级开发项目8个）。其中包括2019年决策的新增11个项目，以及2018年决策的3个新增项目。中铁置业3个项目，贵阳市清镇职教城乡愁小区Z2地块首批土地（预计总投资94.4亿元），武汉市新洲区阳逻经济开发区H地块项目（预计总投资36.4亿元），长春市汽开区中铁城A4地块项目（预计总投资22.09亿元）；中铁大桥局武汉市汉阳大道三合村棚改项目（预计总投资9.7亿元）；中铁信托和中铁五局合作开发2个，郴州市北湖区棚改项目（预计总投资25.5亿元），湘潭市北二环城中村改造项目（预计总投资74.5亿元）；中铁城投银川市西夏区棚户区改造项目（预计总投资80.3亿元）；中铁七局联合中铁投资合作开发焦作市中铁太行国际城项目（预计总投资98.3亿元）；中铁四局投资开发无锡市地铁4号线具区路车辆段生态综合体项目（预计总投资160.67亿元）；中铁二局投资开发珠海市金湾区三灶镇自有土地项目（预计总投资1.45亿元）；中铁上投联合中铁电气化局、中铁工业合作开发徐州市铁路物流园二期项目（预计总投资134.68亿元）；中铁十局济南市章丘区明水大修厂自有土地（预计总投资11.3亿元）；中铁文旅成都市郫都区春台村集体经营性建

▲ 中铁诺德春风和院项目样板间

▲ 中铁置业开发的北京中铁和园项目

设用地（预计总投资 12.6 亿元）；中铁城投联合中铁建工银川丝路明珠电视塔项目（预计总投资 23.33 亿元）。（孙玉宝）

【新增土地储备】中国中铁房地产板块年内新增 26 宗土地储备，新增土地面积 237.76 万平方米，是 2018 年新增土地面积（324 万平方米）的 74%；新增计容建筑面积 524 万平方米，是 2018 年新增计容建筑面积（791 万平方米）的 66%。土地成交总价约 182.45 亿元，是 2018 年土地成交总价 646.71 亿元的 28%。分别是：中铁信托（共 1 宗）遵义市红花岗区万里路地块（4 月 18 日）；中铁大桥局（共 1 宗）武汉市汉阳大道三合村 P（2019）016 地块（4 月 9 日）；中铁建工（共 12 宗）太原市迎泽区松庄村城中村改造二级开发土地 HGZ-1911 住宅兼容商业用地（3 月 20 日）、HGZ-1912 住宅兼容商业用地（3 月 20 日）、HGZ-1913 住宅兼容商业用地（3 月 20 日 ）、HGZ-1976 住宅兼容商业用地（10 月 21 日）、HGZ-1977 商业用地（10 月 21 日）、HGZ-1978 住宅兼容商业用地（10 月 21 日）、HGZ-1982 托幼用地（11 月 4 日）、HGZ-1983 住宅兼容商业用地（11 月 4 日）；济南章丘区绣惠街道改造项目 2019-10 地块（6 月 13 日 ）、2019-11 地块（6 月 13 日）、2019-12 地块（6 月 13 日）、2019-13 地块（6 月 13 日）；中铁城投（共 1 宗）银川丝路明珠塔“银地（G）(2019）-5 号地”（3 月 1 日）；中铁文旅（共 1 宗）成都市郫都区春台村集体经营性建设用地（1 月 24 日）；中铁置业（共 5 宗）青岛市世界博览城 5# 地块（1 月 23 日）、贵阳清镇职教城乡愁校区 Z2 地块首批土地（7 月 19 日）、武汉市新洲区阳逻经济开发区 H 地块（10 月 18 日）、长春市汽开区中铁城 A4 地块（12 月 27 日）、青岛市世界博览城 6# 地块（12 月 27 日）；中铁二局（共 1 宗）珠海市金湾区三灶村自有土地（2019 年 9 月 29 日）；中铁十局（共 1 宗）济南市章丘区明水大修厂自有土地（1 月 7 日）；中铁上投（共 2 宗）徐州铁路物流园一期一阶段土地 2019-56 号地、徐州铁路物流园一期一阶段土地 2019-57 号地（9 月 2 日）；中铁四局（共 1 宗）无锡地铁 4 号线具区路车辆段上盖综合体项目地块（12 月 18 日）。（孙玉宝）

表 9-6 2019 年中国中铁房地产板块各单位既有项目投资完成情况表

序号	单位名称	2019 年 1 月至 12 月				2018 年 1 月至 12 月
		年度预算额 / 亿元	完成额 / 亿元	完成率 / %	同比增长 / %	完成额 / 亿元
1	中铁置业	423.09	266.46	62.98	45.74	182.83
2	中铁建工	191.76	115.36	60.16	51.43	76.18
3	中铁文旅	77.40	61.69	79.70	19.12	51.79
4	中铁二局	35.80	27.35	76.40	76.22	15.52
5	中铁四局	25.35	25.78	101.70	240.55	7.57
6	中铁上投	29.94	13.27	44.32	6219.05	0.21
7	中铁大桥局	18.00	13.19	73.28	3.69	12.72
8	中铁八局	12.80	10.67	83.36	-44.60	19.26
9	中铁五局	6.90	5.25	76.09	695.45	0.66
10	中铁开投	31.35	4.97	15.85	66.22	2.99

续表

序号	单位名称	2019 年 1 月至 12 月				2018 年 1 月至 12 月
		年度预算额 / 亿元	完成额 / 亿元	完成率 / %	同比增长 / %	完成额 / 亿元
11	中铁电气化局	21.88	4.95	22.62	-13.01	5.69
12	中铁城投	3.84	3.27	85.16	35.68	2.41
13	中铁北京局	5.11	2.34	45.79	4.00	2.25
14	中铁交通	1.73	1.36	78.61	-61.90	3.57
15	中铁六局	2.62	1.21	46.18	65.75	0.73
16	中铁七局	1.02	0.78	76.47	-11.36	0.88
17	中铁国际	0.60	0.29	48.33	-73.15	1.08
18	中铁九局	0.55	0.28	50.91	-63.64	0.77
19	中铁一局	2.7226	0.26	9.55	-77.59	1.16
20	中铁广州局	0.22	0.19	86.36	-73.61	0.72
21	中铁二院	0	0.11	—	22.22	0.09
22	中铁三局	11.97	0	0	-100.00	0.11
23	中铁十局	0	0	—	—	0
24	中铁南方	0	0	—	—	0
25	中铁投资	10.01	0	0	—	0
合计		914.6626	559.03	61.12	43.64	389.19

制表：孙玉宝

表 9-7　**2019 年中国中铁房地产板块各单位新签合同额完成情况表**

序号	单位名称	2019 年 1 月至 12 月				2018 年 1 月至 12 月
		年度预算额 / 亿元	完成额 / 亿元	完成率 / %	同比增长 / %	完成额 / 亿元
1	中铁置业	605.00	495.46	81.89	-38.81	809.74
2	中铁建工	150.99	246.59	163.32	-14.88	289.71
3	中铁七局	2.60	101.58	3906.92	46072.73	0.22
4	中铁五局	30.05	100.14	333.24	191.70	34.33
5	中铁城投	50.07	88.48	176.71	24477.78	0.36
6	中铁二局	16.11	40.77	253.07	-58.93	99.26
7	中铁文旅	184.8	34.16	18.48	39.94	24.41
8	中铁八局	19.52	30.28	155.12	-0.36	30.39
9	中铁大桥局	15.00	30.27	201.80	28.26	23.6
10	中铁四局	4.44	10.41	234.46	56.78	6.64
11	中铁二院	0	8.73	—	-43.39	15.42
12	中铁电气化局	11.27	8.26	73.29	-95.35	177.61
13	中铁开投	7.47	8.19	109.64	—	0
14	中铁北京局	6.00	4.23	70.50	1822.73	0.22
15	中铁十局	0.01	3.11	31100.00	-96.89	99.86
16	中铁交通	0.98	2.38	242.86	-76.85	10.28
17	中铁一局	0.76	1.67	219.74	-59.07	4.08
18	中铁六局	0.36	0.73	202.78	-44.70	1.32
19	中铁九局	0.07	0.11	157.14	0	0.11
20	中铁国际	0	0.02	—	—	0
21	中铁三局	0	0	—	—	0
22	中铁广州局	0.47	0	0	-100.00	1.75

续表

序号	单位名称	2019年1月至12月				2018年1月至12月
		年度预算额/亿元	完成额/亿元	完成率/%	同比增长/%	完成额/亿元
23	中铁上投	0.60	0	0	-100.00	168.46
24	中铁南方	0	0	—	-100.00	32.27
25	中铁投资	43.20	0	0	-100.00	139
合计		1149.77	1215.57	105.72	-38.27	1969.04

制表：孙玉宝

表 9-8　　2019年中国中铁房地产板块各单位营业收入完成情况表

序号	单位名称	2019年1月至12月				2018年1月至12月
		年度预算额/亿元	完成额/亿元	完成率/%	同比增长/%	完成额/亿元
1	中铁置业	245.00	156.69	63.96	-12.95	180.00
2	中铁建工	80.49	94.08	116.88	-4.01	98.01
3	中铁文旅	73.70	41.96	56.93	-7.86	45.54
4	中铁八局	26.90	30.89	114.83	-16.78	37.12
5	中铁大桥局	26.00	23.37	89.88	-24.54	30.97
6	中铁二局	17.15	22.34	130.26	-26.73	30.49
7	中铁四局	9.64	6.62	68.67	-25.45	8.88
8	中铁电气化局	10.89	5.44	49.95	-51.86	11.30
9	中铁六局	4.52	4.6	101.77	—	0
10	中铁北京局	8.71	4.27	49.02	870.45	0.44
11	中铁交通	7.61	2.07	27.20	-66.29	6.14
12	中铁七局	2.05	2.04	99.51	-0.49	2.05
13	中铁城投	1.65	1.56	94.55	-80.67	8.07
14	中铁广州局	2.74	1.32	48.18	—	0
15	中铁五局	0	1.32	—	38.95	0.95
16	中铁一局	4.99	0.5	10.02	—	0
17	中铁九局	0.41	0.43	104.88	290.91	0.11
18	中铁十局	6.18	0.05	0.81	-44.44	0.09
19	中铁二院	0	0.02	—	-96.92	0.65
20	中铁国际	0	0.01	—	—	0
21	中铁三局	0	0	—	—	0
22	中铁南方	0	0	—	—	0
23	中铁开投	5.43	0	0	—	0
24	中铁上投	5.4	0	0	-100.00	0.53
25	中铁投资	3.28	0	0	-	0
合计		542.74	399.58	73.62	-13.39	461.34

制表：孙玉宝

表 9-9　　2019年中国中铁房地产板块各单位回款完成情况表

序号	单位名称	2019年1月至12月				2018年1月至12月
		年度预算额/亿元	完成额/亿元	完成率/%	同比增长/%	完成额/亿元
1	中铁置业	326.53	231.03	70.75	23.97	186.36
2	中铁建工	100.38	132.84	132.34	40.99	94.22
3	中铁文旅	54.94	85.73	156.04	51.44	56.61
4	中铁二局	40.12	43.04	107.28	110.36	20.46
5	中铁八局	22.60	29.74	131.59	-3.03	30.67
6	中铁大桥局	22.19	21.58	97.25	53.49	14.06

续表

序号	单位名称	2019 年 1 月至 12 月				2018 年 1 月至 12 月
		年度预算额 / 亿元	完成额 / 亿元	完成率 / %	同比增长 / %	完成额 / 亿元
7	中铁四局	6.69	11.12	166.22	0.27	11.09
8	中铁电气化局	4.47	6.69	149.66	−32.15	9.86
9	中铁开投	5.97	5.84	97.82	—	0
10	中铁城投	9.62	4.54	47.19	10.46	4.11
11	中铁交通	1.40	2.74	195.71	−72.65	10.02
12	中铁七局	2.40	2.71	112.92	1593.75	0.16
13	中铁北京局	8.51	2.23	26.20	1138.89	0.18
14	中铁六局	0.96	2.02	210.42	96.12	1.03
15	中铁一局	2.62	0.63	24.05	65.79	0.38
16	中铁广州局	1.70	0.51	30.00	−42.05	0.88
17	中铁九局	0.25	0.40	160.00	166.67	0.15
18	中铁十局	7.68	0.20	2.60	17.65	0.17
19	中铁五局	0	0.16	—	−74.19	0.62
20	中铁上投	6.04	0.06	0.99	−80.65	0.31
21	中铁国际	0	0.02	—	—	0
22	中铁二院	0	0.01	—	−97.73	0.44
23	中铁三局	0	0	—	—	0
24	中铁南方	0	0	—	—	0
25	中铁投资	2.28	0	0	—	0
合计		627.35	583.84	93.06	32.16	441.78

制表：孙玉宝

表 9-10　　2019 年中国中铁房地产板块各单位表内二级项目销售额情况表

序号	单位名称	2019 年 1 月至 12 月		2018 年 1 月至 12 月
		完成额 / 亿元	同比增长 / %	完成额 / 亿元
1	中铁置业	361.91	71.83	210.62
2	中铁建工	243.58	34.29	181.38
3	中铁二局	40.77	52.98	26.65
4	中铁文旅	34.16	40.52	24.31
5	中铁八局	30.28	−0.36	30.39
6	中铁大桥局	19.81	−16.06	23.6
7	中铁四局	10.41	56.78	6.64
8	中铁二院	8.73	—	0
9	中铁电化局	8.26	−14.14	9.62
10	中铁开投	8.2	—	0
11	中铁城投	8.12	2155.56	0.36
12	中铁北京局	4.23	1822.73	0.22
13	中铁七局	3.28	1390.91	0.22
14	中铁十局	3.11	3787.50	0.08
15	中铁交投	2.38	−76.83	10.27
16	中铁一局	1.67	142.03	0.69
17	中铁六局	0.73	−44.70	1.32
18	中铁五局	0.16	−83.84	0.99
19	中铁九局	0.11	0	0.11
20	中铁国际	0.02	—	0

续表

序号	单位名称	2019 年 1 月至 12 月		2018 年 1 月至 12 月
		完成额 / 亿元	同比增长 / %	完成额 / 亿元
21	中铁三局	0	—	0
22	中铁广州局	0	-100.00	1.75
23	中铁投资	0	—	0
24	中铁上投	0	-100.00	0.46
25	中铁南方	0	—	0
合计		789.92	49.13	529.68

制表：孙玉宝

金融信托

【资本性开支完成情况】中国中铁2019年资本性开支完成投资166.68亿元，为年度预算239.53亿元的69.59%。其中，房屋建筑物完成投资51.26亿元，既有项目36.06亿元，新增项目15.2亿元，为年度预算96.47亿元的53.13%；生产设备完成投资74.16亿元，既有项目22.76亿元，新增项目51.4亿元，为年度预算86.78亿元的85.46%；其他固定资产完成投资18.2亿元，既有项目1.46亿元，新增项目16.74亿元，为年度预算31.45亿元的57.87%；无形资产完成投资23.06亿元，既有项目8.98亿元，新增项目14.08亿元，为年度预算24.83亿元的92.85%。（梁世锟）

【金融工具投资完成情况】公司2019年金融工具完成投资192.82亿元，全年金融工具投资预算（不含与主业投资项目匹配的金融投资，下同）总额230.93亿元，完成率为83.50%。（李倩）

物资贸易

【物贸企业概况】中国中铁共有二级、三级物贸子企业21家，其中二级企业一家，为中铁物贸，三级企业20家（不含中铁物贸所属子公司），包括中铁一至十局、大桥局、隧道局、电气化局、武汉电气化局、上海局、北京局、国际、资源所属物资公司。两级物贸企业对内承载着物资集中采购供应、参与现场物资管理等功能，对外适度开展市场经营，并承担部分中国铁路总公司、大型地铁项目等的物资供应、代理服务等业务。（刘鸿鹏）

▲2019年5月22日，“供应链创新与应用中国行”专家组参观鲁班电子商务平台

【物资贸易业务】引导两级物贸企业发挥专业化优势，立足并服务于股份公司主业开展物资贸易，促进物资贸易业务持续健康发展，物贸企业内部集采供应规模不断扩大，经营状况不断好转，经营利润明显提升。物贸企业累计完成内部集采供应约755亿元，外部市场经营约122亿元，累计实现毛利约24亿元。加强物贸业务风险管控，发布《中国中铁2019年度物资贸易业务负面清单》，督导各单位严守禁令，严防新增贸易业务风险，2019年各单位未开展融资性贸易等高风险贸易业务，无新增融资性贸易业务风险。督导相关单位加快既有风险处置工作，全年累实现债权回收4.6亿元，物贸风险净债权余额进一步降低。（刘鸿鹏）

【中国中铁鲁班智慧物流协同服务平台】中国中铁鲁班智慧物流协同服务平台旨在打造分布式产业链智能协同系统，打通供应链上、下游数据链路，实现货物流通环节的实时监控和多方协同，搭载的基于区块链的质量追溯体系可实现货物全生命周期的质量管理，为构建起以中国中铁为核心的电子商务智能生态体系，实现线上线下的深度融合和各方协作共赢打下坚实的基础。该平台获选数字化产融协同“50佳典型案例”第12名。

（徐晓晗　李治国）

【中铁物贸获优秀集中采购结构和先进电子平台两项大奖】11月19日，在“第十届全球采购（武汉）

▲ 2019 年 11 月 25 日，中铁七局参建的武汉地铁 8 号线站台装饰装修

▲ 2019 年 11 月 25 日，中铁七局邯郸美的罗兰春天项目一期土建总承包工程施工完成。

论坛暨公共采购 2019 年会”上，中铁物贸荣获“优秀集中采购机构”和“先进电子平台”两项大奖。作为中国中铁唯一指定专业从事物资贸易和物资集中采购及电商平台建设与运营维护的大型企业集团，中铁物贸通过开展管理创新实验室活动、建设工程项目物资信息系统、打造鲁班电子商务平台、建设现代化数据中心等一系列举措，全面推进工程物资集中采购管理，助力“数字中铁”建设，并先后成为中国物流与采购联合会副会长单位、北京企业（诚信创建）评价协会副理事长单位，荣获“中国企业联合会信用评价最优评级 AAA 企业”。2018 年成功入选由国家商务部等 8 部委组织评选的“全国供应链创新与应用试点企业”，成为中国中铁系统内唯一入选单位。2019 年 5 月，“供应链创新与应用中国行”专家组为深入贯彻国务院办公厅《关于积极推进供应链创新与应用的指导意见》，专程到中铁物贸实地调研并给予了高度评价。

中铁物贸推进股份公司工程物资“大集采”战略，先后承担了中国中铁国内外数千项铁路、公路、市政、水利、房建和城轨等工程的物资集采服务，提供了数千亿元的工程建设物资。与包括鞍钢、攀钢、包钢、宝武等传统四大钢厂和中石油、阿里巴巴、京东、美孚、雪佛龙等 39 家大型央企、资源厂商及知名互联网企业建立了良好的战略合作关系，掌握拥有各类优质资源厂家近 300 家。配合股份公司发布湖北、湖南、安徽、四川、广东、河南、陕西、上海、新疆等共计 28 个省、自治区、直辖市和雄安新区钢材、水泥定价规则，基本覆盖了全国主要省、自治区、直辖市。

中国中铁采购电子商务平台累计注册工程项目 18000 余个、注册供应商 80000 余家、用户数 140000 余个、成交额累计超 7000 亿元。平台通过“五核一能”全范围、全流程、全方式功能，打通了从计划、寻源、合同到执行结算的采购全流程、多应用对象一体化协作。平台其他各项功能不断完善，智讯通系统成功上线，中国中铁商旅平台在中国中铁全面推广，中国中铁招标中心正式投入使用，鲁班金服平台一期产品完成上线技术演示。平台先后获得全国建筑业企业信息化建设特优案例、工程建设行业互联网发展优秀实践案例、运营模式转型领军者、2018 年度最具影响力电商品牌等多个奖项。

（肖文清　赵　飞）

▲ 第十届全球采购（武汉）论坛暨公共采购 2019 年会颁奖现场

高
起

科技创新

【科技创新体系建设】2019年，公司制定发布了《专业研发中心管理暂行办法》《科技成果转化管理办法》。对科技创新平台建设进行专项调研和督促，提出国家级、省部级和公司级研发平台建设的政策建议。对《科技成果奖励管理办法》作出补充规定，提高对企业新获得认定国家级创新平台的奖励力度，进一步推动国家级创新平台建设。2019年，新增国家地方联合工程研究中心1个，为数字轨道交通技术研究与应用国家地方联合工程研究中心；新增3个国家认定的技术中心和19个省部级认定的技术中心；新组建5个专业研发中心。组织召开高速铁路建造技术国家工程实验室第十二次理事会及第二次技术委员会会议，进一步明确高铁实验室发展方向和建设思路。（袁 明　罗静峰）

【重大科研项目技术攻关】2019年，公司围绕建筑行业关键核心技术，开展科研攻关。立足川藏铁路、沪深中跨江通道等重难点工程，开展超大跨度公铁两用桥梁（1500m级）合理结构体系研究、超大直径岩石隧道掘进机关键技术、超大跨蛭壳型暗挖地下洞库建造与服役期安全保障关键技术研究等课题研究。总部支持科研经费增值1亿元，川藏线专项支持经费1亿元。（袁 明　罗静峰）

【新增3家国家级企业技术中心】2019年，中铁五局集团有限公司技术中心、中铁七局集团有限公司技术中心、中铁九桥工程有限公司技术中心3家公司通过国家级企业技术中心认定。截至2019年底，股份公司共有国家企业技术中心16家。（袁 明　罗静峰）

【组建5个专业研发中心】2019年，新组建中国中铁铁水联运技术研发中心、中国中铁齿轨交通工程研究中心、中国中铁水务环保交通工程技术研发中心、中国中铁高速铁路轨道板智能制造专业研发中心、中国中铁超高层建筑技术研发中心5个专业研发中心。截至2019年底，股份公司共有20个专业研发中心。（袁 明　罗静峰）

【科研课题立项】根据《股份公司科技研究开发计划管理办法》的规定，结合企业“十三五”科技发展规划确定的攻关领域、关键技术和企业发展需求，完成2019年股份公司科技研究开发课题立项指南发布、课题申报、形式审查、专家评审、公示等规定程序，制定下发了2019年股份公司科技研究开发计划。2019年度科技开发计划新开课题1214项，其中股份公司直接管理的A类课题219项，其中重大专项课题3项，重大课题18项，重点课题71项，引导课题127项。（罗静峰）

【科研课题验收】采用会议评审和网评等多种形式开展科研课题验收工作。“胶州湾湾口过海地铁隧道设计施工关键技术研究”等23项课题以会议的方式完成验收，“地铁盾构下穿浅埋城市主干道下管廊施工控制技术研究”等150项课题以网络评审的方式完成验收。2019年共有172项课题通过结题验收，其中重大专项课题3项、重大课题20项、重点课题61项和引导课题88项。（刘建廷　李永全）

【5项成果获国家科技进步奖、国家技术发明奖】2019年，中铁二院参与完成的“高速列车—轨道—桥梁系统随机动力模拟技术及应用”获国家技术发明奖二等奖；中铁二院参与完成的“河谷场地地震动输入方法及工程抗震关键技术”获国家科技进步奖二等奖；中铁大桥院参与完成的“强风作用下高速铁路桥上行车安全保障关键技术及应用”获国家科技进步奖二等奖；中铁西南科学研究院有限公司参与完成的“长大埋深挤压性围岩铁路隧道设计施工关键技术及应用”获国家科技进步奖二等奖；中铁四局集团有限公司参与完成的“高速铁路高性能混凝土成套技术与工程应用”获国家科技进步奖二等奖。（刘建廷　李永全）

【328项技术成果获省级（含社会力量设奖）科技进步奖】2019年中国中铁系统共获省级（含社会力量设奖）科技进步奖328项，其中省级科技进步奖57项，中国施工企业

▲ 中铁五局、中铁七局、中铁八局参建的新建拉萨至日喀则铁路获第十七届中国土木工程詹天佑奖

协会科学技术奖67项，中国铁路工程集团有限公司科学技术奖133项，其他社会力量设奖71项。

（刘建廷　李永全）

【133项技术获集团公司科学技术奖】2019年，共有133项技术获得中国铁路工程集团有限公司科学技术奖，其中特等奖8项，一等奖42项，二等奖83项。

（刘建廷　李永全）

【14项工程获中国土木工程詹天佑奖】2019年，中国中铁参建的14项工程获第十七届中国土木工程詹天佑奖，占获奖工程总数（31项）的45%，系统内共有20个单位获奖。（耿治平）

【专利与工法】截至2019年12月31日，公司现拥有专利12707项，其中发明专利2843项，PCT专利16项。拥有国家级工法166项，省部级工法3070项。2019年，下达专利计划1530项，其中发明专利775项，获授权专利2065项，其中发明专利311项，涵盖桥梁、隧道及地下工程、轨道工程、地质路基、房建、四电和工程机械等专业，其中"隧道联络通道用盾构机及其联络通道掘进方法"获得第二十一届中国专利奖金奖，"整体式无砟轨道""具备防抬梁和防落梁功能的双曲面球形减隔震支座""一种用于盾构机刀盘的可转动辐条"3项专利获中国专利优秀奖。2019年下达工法计划504项，其中国家级工法23项。全年获省部级工法542项（国家级工法未评选），知识产权和工法的数量和质量得到进一步提升。（黄佳强）

【科技成果鉴定与评审】全系统共有390项科技成果通过了各级鉴定、评审，其中通过省（市）科技成果鉴定（评审）48项，股份公司科技成果评审342项。在通过省部级及股份公司组织鉴定评审的390项成果中，大直径土压平衡盾构机研制及在复杂地层超长距离掘进技术研究、广州南沙区凤凰三桥建设关键技术研究、江顺大桥建设关键技术研究、渝黔铁路白沙沱长江大桥建筑关键技术、莞惠城际铁路隧道及地下工程修建关键技术研究、高速铁路40米跨1000吨级箱梁过隧运架成套装备、大跨度悬索桥非线性分析的关键技术及软件开发、海洋环境珊瑚礁地质桥梁设计新技术等70项成果达到国际领先水平，在复杂地形重载铁路龙门黄河中承式提篮拱桥施工关键技术、成都博览城大型五层立体综合交通枢纽工程关键施工技术研究、PC建筑示范应用及产业化深化研究、新型公铁两用架桥机架设铁路T梁综合技术及配套设备研制、西湖景区复杂地质隧道群绿色数字化施工关键技术、超大吨位斜拉桥转体施工技术研究、明挖车站与暗挖区间装配式结构技术研究、上跨铁路及高速公路双转体钢—混混合连续梁施工技术研究、海相地质长大明挖隧道施工技术研究、大断面公路隧道上跨运营高速铁路隧道关键施工技术研究、蒙华重载铁路膨胀土改良及路基填筑施工技术研究、连续梁边跨现浇段背拉平衡法施工技术研究、既有线特长隧道铁路信号改造工程施工技术研究、大跨度钢管混凝土拱桥施工关键技术研究、高速铁路CRTS Ⅲ型板式无砟轨道施工及自密实混凝土研制

▲ 2019年4月28日，由国内众多施工单位组织的500余人观摩团，分八批次到中铁隧道局深圳春风隧道项目观摩

▲ 2019年8月，中铁三局郑济高铁濮阳轨道板厂Ⅲ型板无人化生产车间，引领国内行业先进技术

技术、波音737完工及交付中心项目综合技术研究、青藏高原铁路大跨提篮式钢管混凝土拱桥拱肋安装技术、山区高速铁路桥梁高墩结构设计技术研究、山西中南部铁路通道重载铁路路基结构设计研究、隧道底部结构设计和施工综合配套技术研究、城市轨道交通用内置式泵房轨道技术研究、CRTS Ⅲ型板式无砟轨道布板及精调系统、基于增设劲性钢梁提升混凝土梁桥承载能力技术、大跨度结合梁悬索桥耐久性设计新技术、中国中铁物流管理平台等162项成果达到国际先进水平。（刘建廷　李永全）

【博士后工作站】截至2019年底，全系统拥有中国中铁总部，中铁一局、中铁四局、中铁大桥局、中铁二院、中铁山桥、中铁时代建筑设计院7家博士后工作站。（黄佳强）

【中国铁道学会工程分会】2019年中国铁道学会工程分会承办了“大断面隧道及地下空间修建技术国际交流会”、主办了“2019年铁路工程爆破技术研讨会”，参会领导、专家、学者和一线工作者等200余人。组织第十一届世界高速铁路大会论文征集，发动26个成员单位上报论文108篇。编辑出版月刊《铁道工程学报》12期，总共发稿217篇。（冯莎莎）

【期刊管理】围绕轨道工程建设新理念、新技术、新材料和新装备等内容进行选稿组稿，突出学术性、实践性和导向性，《铁道工程学报》全年发稿217篇；完成股份公司及其所属单位主办公开发行科技期刊的年检、年报工作；出版、发行《电气化铁道》“高铁运行十年电气化技术创新发展论文专辑”增刊；《桥梁建设》申报参评中国科技期刊卓越行动计划2019年度梯队期刊；《一带一路报道》杂志成功入选国庆70周年精品期刊展，在2019北京国际图书博览会上精彩亮相。（耿治平）

【科技情报工作】注重科技情报针对性，根据读者调研反馈，通过微信公众号推出各专业最新科技情报、特色情报产品及每周最新产业动态等，共发布微信公众号479期；在科管系统的科技情报版块上定期发布多家单位编制科技情报产品和世界500强对标跟踪等信息；截至年末，共编制发布《情报动态》19期，《科技情报》46期，《科技前沿》16期，《科技情报汇编》4期，《专题情报》6期，《中国建筑最新动态（对标）》14期，《科技情报工作月度简报》10期。专业数据库服务工作方面，累计浏览及下载91258篇。完成7个专项科技情报咨询业务工作。（李永全）

【节能减排】2019年，全系统积极开展节能减排工作，全面落实中国中铁“十三五”节能减排规划，大力开展绿色施工科技示范工程建设，推广应用新技术、新工艺和新设备，提高能源利用效率的同时对污染物排放量进行严格控制，加大技术改造和淘汰落后设备力度，减少废气、废液的排放，充分利用废渣等废弃物。修订发布《中国中铁绿色施工科技示范工程评选办法》《中国中铁节能低碳技术评选管理办法》。全年无环境责任事故及节能减排重大违规违纪事件，排放污染物均达到国家和所在地相应排放标准。2019年公司万元营业收入综合能耗（可比价）为0.0535吨标煤/万元，同比下降3.26%。全年共有97个项目获得中国中铁2019年度绿色施工科技示范工程称号，92项技术被评选为中国中铁节能低碳技术，其中节能技术57项，低碳技术35项。（马志伟）

【绿色办公】2019年，公司组织完成了总部无纸化会议系统的应用推广工作。总部无纸化系统支持计算机终端、手机及平板电脑等硬件设备的并行接入，以屏幕同屏、手写签批、资料分发共享等技术手段支撑无纸化会议的召开，实现了会前准备、会中管控、会后归档及统计分析等全流程数字化建设目标。2019年，公司总部共召开无纸化会议161次，累计参会4803人次，归档会议文件3391份，累计共解约纸张140.42万张。

（杨晶晶）

【信息化工作建设】编制《网络信息安全管理办法》《软件开发和推广管理办法》等制度办法和相应的管理流程，规范全公司软件系统的建

▲ 中铁上海局市政公司承建的上海白龙港污水处理厂污泥处理工程获得中国土木工程詹天佑奖，其8座卵型消化池为国内目前建设在软土地基上单体规模最大、数量最多的双向有黏结预应力蛋形消化池工程，其总体规模位居亚洲第一

设、开发、应用和推广工作，促进数据互通、资源共享，避免重复建设，为打破信息孤岛奠定基础。对涉及全公司应用的A类软件系统进行了统一立项和统一验收。指导所属单位开展2019年信息化13项重点工作，采用在线方式，完成所属单位网信数据采集和信息化建设绩效考核。牵头开展华熙办公楼信息化集成项目，组织专家评审中铁隧道局、中国国资等单位新大楼弱电系统建设方案，为中铁电气化局、中铁建工、中铁投资、中铁开投、中铁资本推进“管理三化”信息系统建设、商务智能系统、企业统一门户、供应链金融等信息系统建设提供专家建议和建设支持。完成了国资委“三重一大”系统、保密视频会议、国资数字交换平台建设，完成总部档案和OA系统集成、网站IPv6改造和英文站点改版等项目建设。启动全公司企业专网优化项目，逐步将所属单位专线由单线4MB升级为双线30MB，总部互联网带宽扩容，提供全局性VPN接入能力，升级云视频会议一体化服务体系。2019年共召开视频会议152次，参会人数50余万人次，推进OA系统改版升级和无纸化会议，任务平均耗时0.46天，同比提效43%。2019年组织开展国庆70周年网络信息安全专项检查工作，对70多套信息系统进行漏洞扫描和渗透测试，完成110多个安全漏洞修复，保障各系统安全运行。全年信息化建设成果丰硕，41个信息化示范案例被选为中施企协信息化示范案例，总部态势感知平台获2019年中央企业“智能+”网络安全综合优秀解决方案奖。（杨晶晶）

【中国中铁智慧城市研发中心揭牌】 6月2日，中国中铁智慧城市研发中心揭牌仪式在天津举行，中国中铁副总裁刘辉出席揭牌仪式并讲话，股份公司总部有关部门以及中铁六院相关负责同志等参加仪式。中国中铁智慧城市研发中心是股份公司推动产业结构优化升级的重要战略部署，主要负责承接“新型智慧城市”发展战略，承担国家及股份公司范围内智慧业务的咨询设计、研究开发等工作。智慧城市研发中心立足全面战略引领，致力在智慧城市业务的顶层设计、战略引领、具体实施上，为中国中铁以信息技术为牵引、实现创新驱动转型升级、提升持续创新能力，贡献智慧和力量。（边少勇）

【中铁高新工业股份有限公司异形全断面隧道掘进机项目】 中铁高新工业股份有限公司所属中铁工程装备集团联合国内多个科研院所，通过“产学研用”协同攻关，掌握了异形全断面隧道掘进机的成套关键技术，完成了异形掘进机系列化开发，并实现了产业化。该项技术突破了异形断面低扰动多刀盘协同开挖系统设计技术，揭示了掘进机切削系统构型对开挖面稳定性的影响规律，提出了多刀盘的分析设计方法，针对盾体空间受限及复杂多变负载环境，提出了驱动结构空间集约化与等强度相结合的设计制造方法，开发了多刀盘多驱动协同控制策略，解决了异形断面软岩低扰动一次开挖成型的国际难题，研制出世界首台10米以上单跨大断面异形掘进机，在3米浅覆土、0.5米超小间距实现低扰动掘进。突破了异形掘进机多维度位姿测控技术。发明了多传感器信息融合位姿的在线测量方法，构建了异形掘进机位姿检测模型和自动纠偏控制模型，提出了自动纠偏、双螺旋输送机出

▲ 2019年，中铁隧道局数字管控中心上线试运行

▲ 2019年6月2日，中国中铁智慧城市研发中心揭牌仪式在天津举行

▲ 应用于郑州红专路下穿中州大道项目的超大断面矩形掘进机

渣、掌子面平衡顶推等多系统协调的姿态控制策略，研制出异形隧道多维度成型联合控制系统，突破了异形掘进机多维度位姿高精度测控难题，实现了位姿偏差 ±1‰。突破了重载大惯量多曲率管片高精度拼装技术。提出了多自由度重载柔性串并联拼装机构设计方法，建立了异形管片拼装机构的多体动力学模型，突破了基于负载反馈的管片拼装机电液柔性补偿控制技术，实现了以时效评价为优化目标的单圆回转拼装路径自动规划，研制出国际首台曲率自适应“6+1”自由度拼装机，解决了异形多曲率管片高效精准拼装难题，管片定位精度 3 毫米以内，单环拼装时间 40 分钟。该项目获得 2018 年度国家科技进步奖二等奖、省部级一等奖 3 项、中国工程院好设计金奖、新加坡工程与建筑类施工管理金奖、国际隧道协会（ITA）“年度技术创新项目奖”等重要奖项。成果转化异形掘进机 17 台套，成功应用于世界首个矩形掘进机施工机动车道下穿隧道工程——郑州红专路下穿中州大道项目、世界首个马蹄形掘进机施工双线铁路隧道项目——蒙华铁路白城隧道、国内首个异形掘进机施工地下停车场项目、国内首台出口海外的异形掘进机——新加坡地铁出入口项目、国内首个异形掘进机施工长距离综合管廊项目等国内外多个领域 16 项创新性工程。与传统明挖法、矿山法相比，采用异形掘进机的盾构法施工具有不开挖路面、不封闭交通、不搬迁管线、安全、高效、环保等优势。近 3 年新增经济收入 54.6 亿元、新增利税 7.19 亿元。（张 俊）

【中铁科学研究院有限公司西北院风沙灾害防治理论与关键技术应用项目】中铁科学研究院有限公司西北院风沙灾害防治理论与关键技术应用项目主要以国家科技部项目《兰新铁路百里风区风沙灾害防治技术研究及应用》和《青藏铁路沙害形成机理及防治技术研究》等课题为支撑，重点研究风沙灾害防护理论与关键应用技术，提出了风沙流密度概念及其测定方法，创立了沙荷载计算方法，研究分析了风沙流密度与风速、垂直度之间的关系，构建了戈壁风沙流的物理力学体系架构，摸清了戈壁风沙流的活动规律，为风沙物理学的发展提供了一定的理论支撑。该项目查明兰新铁路百里风区大风的时空分布规律，从大风监测系统、防风工程和《大风天气列车安全运行办法》三个方面入手，补充完善了现有挡风墙条件下强风地区防风安全运输体系，提升了强风地区铁路安全运输的科学调度水平。设计了箱式和斜插板式两种新结构挡沙墙，通过在墙体上设计不同类型的斜向上排气孔，迫使携沙气流在前进中发生抬升，有效地降低动能，致使沙粒沉降，达到净化风沙流的目的。研发了适用于青藏铁路沿线风沙灾害防治的植生管等植草固沙技术。研发了以水玻璃为主要成分的流沙固化剂，通过四硼酸钠、碳酸锂、山梨醇和聚丙烯酰胺等添加剂的改性，有效地提高了固化剂的耐久性和稳定性。研发了一种粉煤灰抑尘剂，通过木质素磺酸盐与丙烯酸单体的接枝改性，形成一种黏结性很强的复合材料，同时在配方中加入氯化钙、四硼酸钠和甲基硅酸钠，增强抑尘剂本身的黏结性和防水性，有效地弥补了常规抑尘剂防水性能差、黏结性低等不足。该项目应用推广于乌准铁路、青藏铁路格拉段沿线及兰新高铁，获得 2018 年国

▲ 2019 年 9 月 24 日，广州港南沙港区近洋码头项目沉箱出运

家科学技术进步奖二等奖、2012年新疆维吾尔自治区科学进步奖一等奖、2014年青海省科学技术进步奖一等奖。（李 伟）

【中铁大桥局长大跨桥梁安全诊断评估与区域精准探伤技术项目】中铁大桥局长大跨桥梁安全诊断评估与区域精准探伤技术项目发明了高精高效、适应恶劣环境的长大跨桥梁“健康精准体检”新体系。探明了区域子结构—整体结构协调机理和特征灵敏度统计规律，发明了子结构损伤—整体安全性能诊断评估技术；发现了融合长距离、微损伤探测的压电阻抗特征及其识别方法，发明了关键区域混凝土内部无线便携式压电智能探伤装置；揭示了C型开环电流磁场聚控和钢损伤磁真空漏磁检测机理，发明了关键区域内部钢损伤磁电智能爬行探伤装置。成果应用于武汉天兴洲长江大桥等跨江、海、峡谷长大跨桥梁，引领了复杂土木结构安全诊断评估技术的跨越式发展。项目获2018年国家技术发明奖二等奖。三项核心发明已成功应用于具有自主知识产权的长大跨桥梁结构安全诊断评估系统的研发，在武汉天兴洲长江大桥、军山长江大桥等多个工程结构中成功应用，带动了长大跨桥梁结构长寿命安全技术的发展。

（舒海华）

【中铁大桥院大跨度缆索承重桥梁抗风关键技术与工程应用项目】中铁大桥院参与的大跨度缆索承重桥梁抗风关键技术与工程应用项目针对大跨度缆索承重桥梁抗风关键技术开展了深入系统研究，在大型风洞试验平台与试验技术、大跨桥梁风振计算方法及气动控制技术等方面取得了一系列创新性成果及突破，自主研制了世界最大、性能先进的边界层风洞，创新了一系列风洞试验技术，为大跨度缆索承重桥梁抗风设计提供了关键技术装备；基于大型边界层风洞试验平台，建立了高精度桥梁气动力模型和风振分析方法，发展和完善了桥梁抗风设计理论；基于试验平台和风振分析理论，提出了大跨缆索承重桥梁主梁气动外形设计准则和系统性的风振气动控制技术。项目获得2018年度国家科技进步奖二等奖、2017年度四川省科技进步奖一等奖，成果已全面应用于国内外公路、铁路交通及石油天然气管道输运工程等领域。该项目自主研制的大型边界层风洞，先后承担了国内外70多座大跨度缆索承重桥梁的风洞试验，为其设计、施工提供了关键的试验平台；提出的三维涡激振动和抖振分析理论、非线性颤振分析理论广泛应用于近100座大跨度缆索承重桥梁的风振分析和抗风性能评价；提出的流线型箱梁气动外形设计准则、检修车轨道内侧导流板的涡振控制技术、上稳定板控制板桁结合加劲梁的颤振技术、桥塔竖向翼板驰振控制技术等一系列桥梁气动控制技术已成功应用于国内外50余座大跨度缆索承重桥梁。其中包括港珠澳大桥、武汉天兴洲长江大桥、杨泗港长江大桥、青山长江大桥、宜昌伍家岗长江大桥、五峰山长江大桥、平潭海峡大桥、美国Gerald Desmond大桥、挪威Hålogaland大桥、马来西亚槟城二桥、莫桑比克Maputo大桥等，具有广泛的推广应用前景和国际竞

▲ 2019年9月24日，施工中的北京燃气天津南港LNG应急储备项目

▲ 应用了大跨度缆索承重桥梁抗风技术的五峰山长江大桥

争优势，为中国大跨度缆索承重桥梁建造技术步入世界先进行列提供了关键技术支撑。 （梅大鹏）

【中国中铁当选“中国公众科学素质促进联合体”理事单位】12 月 18 日，由中国科学协会倡导，中国 125 家具有影响力的企业、媒体、学会、高校和科研文化机构共同发起成立了“中国公众科学素质促进联合体”，中国中铁作为发起单位之一当选为理事单位。中国中铁多年来积极参与科普工作，取得了显著成果。“中国自主研制最大直径盾构机在深圳始发”（中铁装备研制）入选由中国科协主办、新华网承办的“典赞 · 2019 科普中国”2019 年“十大科学传播事件”。 （李永全）

【《全断面隧道掘进机再制造》（GB/T 37432—2019）发布】依托中铁隧道局成立的盾构及掘进技术国家重点实验室牵头主编的中国首个全断面隧道掘进机再制造领域的国家标准——《全断面隧道掘进机再制造》（GB/T 37432—2019）由国家市场监督管理总局、国家标准化管理委员会于 2019 年 5 月 10 日批准发布，2019 年 12 月 1 日正式实施。该标准共有 10 个章节，明确规定了全断面隧道掘进机再制造的流程、再制造性评估、再制造总体方案制订、再制造设计等一般要求；规定了刀盘、主驱动单元、后配套系统等主要系统及部件的再制造要求；规定了全断面隧道掘进机再制造的安全要求和环境保护、验收方法等内容。该项标准的发布实施，填补了国际国内全断面隧道掘进机再制造标准的空白，对整个全断面隧道掘进机再制造行业发展提供了重要依据和参考。 （杨露伟）

【浩吉铁路荆岳段技术方案创新】浩吉铁路荆岳段由中铁设计咨询设计。中铁设计在总体、站场、桥梁专业与沿线地方政府，在城市规划道路的立交条件、结构形式上进行深入对接，就江汉平原主要车站，针对设计范围水网、路网发达，软土深厚等特点，合理确定小桥涵净空、填土高、功能布置，在车站范围桥涵布置、上下层涵洞等方面进行设计优化，并注重小桥涵基础与路基地基处理方式的协调性，节约投资约 4000 万元。针对平原地区填料匮乏，总体、站场、路基、桥梁专业积极配合蒙西华中股份公司进行替代方案研究和比选，采用路改桥、砂芯外侧黏土包边路基等综合措施，解决了路基填料难题，控制了整体工程造价。桥梁专业负责浩吉铁路全线荷载标准、梁部选型研究、常用跨度简支梁设计及优化。改进声屏障梁的人行道结构，采用钢横梁上铺设双 U 形板作为电缆槽道，并铺设 RPC 混凝土盖板，优化设计后全线正线 1.79 万单线孔，共节省投资 2.4 亿元左右。优化后的人行道结构形式，已在全路推广使用。线路专业编制的《铁路线路钢筋混凝土立柱钢板网

▲ 高速铁路用高强高导接触网导线关键技术及应用（现场施工放线）获 2019 年度科学技术奖一等奖、2019 年度天津市科学技术进步奖一等奖

▲ 京广线广坪自闭及连锁改造工程（张滩—乐昌—安口—梅村）4 站 3 区间信号机调试

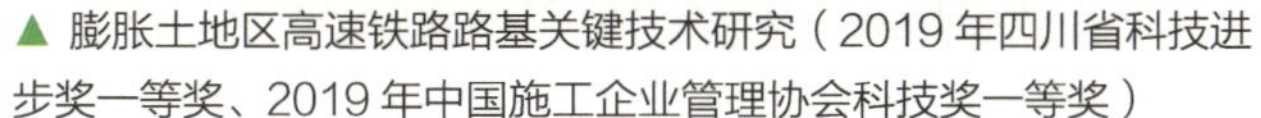
▲ 膨胀土地区高速铁路路基关键技术研究（2019 年四川省科技进步奖一等奖、2019 年中国施工企业管理协会科技奖一等奖）

▲ 中铁七局承建的荆州市楚都大道工程国内首例双幅 15 跨连续梁景观桥—海子胡特大桥

防护栅栏》，经蒙华公司组织专家评审后，在浩吉铁路全线 1813.5 千米范围内应用，钢板网防护栅栏采用薄钢板加工制成的钢板网栏片，具有重量轻、易于安装，尤其是山区和丘陵地区防护栅栏安装，具有结构较强、刚度较好，不易受外力破坏，投资较同尺寸钢筋混凝土栏片省等优点。桥梁专业开展了复杂水文分析、软土区桥梁基础设计、水网发达软土地区及膨胀土地区小桥涵设计、顶推连续梁上跨汉宜高铁、下承式钢桁梁混凝土整体桥面系、大跨刚架桥设计、墩顶转体、大直径预应力管桩（PHC）等桥梁设计工程实践。路基专业开展了肋条骨架内 APM 基材植生护坡、砂芯外侧黏土包边路基、挤密螺纹桩、膨胀土化学改性剂、绿色生态混凝土等路基设计工程实践。江汉平原片石资源匮乏，路基专业开展路堤边坡新型绿色防护措施试验研究，在软质岩混合料、细粒土路堤地段设置试验段，开展肋条骨架内基材植生护坡试验。大间距肋条骨架较浆砌片石截水骨架护坡圬工量降低约 10%。基材植生生态固坡技术机械化程度高，工期短，护坡效果好，具有较好的景观效果和生态恢复功能。在 2019 年 3 月 28 日中国铁路总公司工程管理中心组织的浩吉铁路站前工程验收示范段观摩交流会议中，此项技术获得符合“绿色蒙华、生态蒙华”建设理念，动态优化设计成果明显，值得总结推广的一致好评。轨道设计采用跨区间无缝线路，分轻、重车线设计，其中重车线采用 FC-16 型扣件及配套轨枕，轻车线采用弹条Ⅱ型扣件及配套轨枕。其中 FC-16 型扣件配套用预应力混凝土轨枕、桥枕是轨道院针对本线车辆、线路、扣件等设计情况在专线 3394 及专线 3448 基础上进行研制，轨枕的适用范围、使用条件、承载能力及试验荷载前后保持一致。“伸缩调节器用可滑动扣件 +TPEE 复合垫板过渡”及 FC-16 型扣件配套用预应力轨枕及桥枕方案均为国内首次采用。通过异型桥台或承台结构、优化车站咽喉区布置、采用挡墙收坡等特殊设计，减少了重大拆迁，取得良好效益并确保了工期。为实现运检维的自动化和智能化，所有牵引变电所均按无人值班且无人值守设计，中铁设计结合智能高铁设计理念，将其成功运用在浩吉铁路中。蒙华 10 千伏电力供电系统引入智能设计。高压柜电动手车、设备动态在线监控，都是首次在长大干线铁路上应用。桥梁专业完成中国中铁股份公司科研重点项目 1 项《重载铁路下承式钢桁梁混凝土整体桥面系关键技术研究》，核心技术包括整体布置、桥面结构、关键尺寸等，并提出一种节点处钢混过渡段合理构造形式；完成中铁设计集团科研 1 项《大直径 PHC 桩在重载铁路桥梁中的应用研究》，研究成果可应用于重载铁路及各等级铁路桥梁 PHC 桩基础设计。开展中铁设计集团科研 1 项《客货共线铁路软土区路基填筑对

▲ 2019 年 5 月 6 日，中铁电气化局携轨道交通灾害监测、周界入侵报警、铁路人机位预警、城市轨道交通数据管理平台、运维巡检机器人等数字化系统参加“第二届数字中国建设峰会”

框架桥涵影响及地基处理协调性研究》。路基专业完成中铁设计集团科研1项《长短桩复合地基加固软土地基试验研究》，研究长短桩的加固机理，探讨复合地基稳定性分析理论，研究刚柔性桩—土的相互作用特性；申报铁路工程工艺工法1项《APM基材植生固坡》；申报发明专利1项《APM基材植生固坡》。 （韩 皓）

【高端学术交流活动】2019年3月，中国中铁主办大断面隧道及地下空间修建技术国际交流会，围绕“隧道工程建设发展及创新”“地下空间利用与可持续发展”“各国隧道工程现状与发展”3个板块，共同探讨了世界隧道及地下工程现状与未来发展、面临的机遇与挑战，分享各国隧道及地下空间修建的先进经验和成功案例，为中国隧道及地下空间建设提供可借鉴的国际经验。5月组织“一带一路”防灾减灾与可持续发展国际学术大会铁道工程分论坛。10月主办“2019年铁路工程爆破技术研讨会”，围绕“川藏铁路爆破技术难题与对策”“川藏铁路爆破特点和质量安全监督”等进行交流探讨。11月举办中国（武汉）国际桥梁科技论坛暨中国（武汉）国际桥梁产业博览会，论坛主题为“智能建造、智慧服务”。 （冯莎莎）

【中国中铁科技创新优秀人才】

李育朝　中铁一局新运公司总工程师
胡国伟　中铁三局技术开发部部长
孙小猛　中铁四局二公司总工程师
夏真荣　中铁五局科技管理部部长
杨会军　中铁六局副总工程师兼科技管理部部长
于小四　中铁七局副总工程师
潘东发　中铁大桥局总工程师
卓　越　中铁隧道局副总工程师兼隧道设计院院长
林云志　中铁电气化局科技设计部部长
严　晗　中铁建工建筑工程研究院副院长
申永利　中铁北京局技术中心主任兼设计分公司总经理
廖云沼　中铁广州局副总工程师兼技术中心主任
唐　俊　中铁上海局副总工程师
喻　渝　中铁二院副总工程师
李汉卿　中铁六院电化院总工程师
刘永锋　中铁设计咨询副总工程师
徐　伟　中铁大桥院副总工程师
王逢睿　中铁科研院西北院副总经理
鹿广清　中铁工业山桥集团副总工程师
贾连辉　中铁工业装备集团研究总院党委书记、院长 （张晓明）

表10–1　2019年国家科技奖励获奖情况表

序号	项目名称	获奖等级	完成单位
1	河谷场地地震动输入方法及工程抗震关键技术	二等奖	中铁二院工程集团有限责任公司
2	强风作用下高速铁路桥上行车安全保障关键技术及应用	二等奖	中铁大桥勘测设计院集团有限公司
3	长大埋深挤压性围岩铁路隧道设计施工关键技术及应用	二等奖	中铁西南科学研究院有限公司
4	高速铁路高性能混凝土成套技术与工程应用	二等奖	中铁四局集团有限公司
5	高速列车—轨道—桥梁系统随机动力模拟技术及应用	技术发明奖二等奖	中铁二院工程集团有限责任公司

制表：刘建廷　李永全

表10–2　中国中铁获第十七届中国土木工程詹天佑奖情况表

序号	项目名称	获奖单位
1	重庆西站	中铁二院工程集团有限责任公司
2	京津城际延伸线于家堡站站房工程	中铁建工集团有限公司
3	泰州长江公路大桥	中铁大桥勘测设计院集团有限公司 中铁武汉大桥工程咨询监理有限公司 中铁大桥局集团有限公司 中铁宝桥集团有限公司
4	南京长江第四大桥	中铁大桥局集团有限公司 中铁宝桥集团有限公司
5	云桂铁路南盘江特大桥	中铁二院工程集团有限责任公司
6	新建拉萨至日喀则铁路	中铁五局集团有限公司 中铁七局集团有限公司 中铁八局集团有限公司

续表

序号	项目名称	获奖单位
7	郑州至徐州铁路客运专线	中铁七局集团有限公司 中铁三局集团有限公司 中铁四局集团有限公司 中铁电气化局集团有限公司
8	云桂铁路	中铁二院工程集团有限责任公司 中铁一局集团有限公司 中铁隧道局集团有限公司 中铁十局集团有限公司
9	南昌市红谷隧道工程	中铁隧道局集团有限公司 中铁第六勘察设计院集团有限公司
10	杭州市紫之隧道（紫金港路—之江路）工程	中铁一局集团有限公司 中铁隧道局集团有限公司 中铁三局集团有限公司
11	雅安至泸沽高速公路	中铁西南科学研究院有限公司
12	深圳市城市轨道交通 11 号线	中铁南方投资集团有限公司 中国中铁股份有限公司 中铁一局集团有限公司 中铁三局集团有限公司 中铁四局集团有限公司 中铁五局集团有限公司 中铁隧道局集团有限公司 中铁二院工程集团有限责任公司
13	广州市轨道交通 2、8 号线延长线工程	中铁一局集团有限公司 中铁隧道局集团有限公司 中铁二局集团有限公司 中铁电气化局集团有限公司
14	成都地铁 2 号线工程	中铁二院工程集团有限责任公司 中铁第六勘察设计院集团有限公司 中铁二局集团有限公司

制表：耿治平

表 10-3　　中国中铁获 2019 年度省部级科学技术进步奖

序号	项目名称	获奖等级	完成单位
1	北京地铁工程施工深孔注浆关键技术研究及应用	北京市科技进步奖三等奖	中铁隧道局集团有限公司
2	黄河库区急流裸岩条件下低桩承台施工关键技术	安徽省科技进步奖三等奖	中铁四局集团有限公司
3	特大断面地铁车站浅埋暗挖施工关键技术	安徽省科技进步奖三等奖	中铁四局集团有限公司 中铁四局集团第四工程有限公司
4	高速铁路 CRTS Ⅲ型板式无砟轨道成套技术及装备研究	安徽省科技进步奖三等奖	中铁四局集团有限公司 中铁局集团第一工程有限公司 安徽中铁工程材料科技有限公司 中铁四局集团第五工程有限公司 中铁四局集团机电设备安装有限公司
5	硬岩地层地铁浅埋下穿文保建筑群及紧贴既有地下结构爆破施工关键技术	广西壮族自治区科技进步奖二等奖	中铁四局集团有限公司 中铁十局集团第五工程有限公司 中铁隧道局集团有限公司 中铁隧道集团四处有限公司
6	轨道交通大功率高可靠供电系统的关键技术及工程应用	广东省科技进步奖一等奖	中铁二院工程集团有限责任公司
7	地铁暗挖车站关键施工技术研究及工程应用	贵州省科技进步奖三等奖	中铁二局第一工程有限公司
8	自密实混凝土减水剂研发及工业化生产应用	贵州省科技进步奖三等奖	中铁五局集团有限公司 中铁五局集团建筑工程有限责任公司

续表

序号	项目名称	获奖等级	完成单位
9	油气瓦斯铁路隧道关键施工技术研究	贵州省科技进步奖三等奖	中铁五局集团有限公司 中铁五局集团成都工程有限责任公司 中铁五局集团第一工程有限责任公司
10	南水北调下穿既有铁路干线安全施工控制成套技术	河北省科技进步奖二等奖	中铁六局集团石家庄铁路建设有限公司 中铁六局集团有限公司 中铁六局集团北京铁路建设有限公司
11	超大跨径自锚式悬索桥成套技术研究及应用	河南省科技进步奖二等奖	中铁大桥局集团有限公司
12	高水压高智能大直径盾构关键技术开发及应用	河南省科技进步奖二等奖	中铁隧道局集团有限公司 盾构及掘进技术国家重点实验室
13	盾构刀具破岩试验平台与刀盘选型设计技术	河南省科技进步奖二等奖	中铁隧道局集团有限公司 盾构及掘进技术国家重点实验室 中铁隧道股份有限公司
14	复杂条件下双向六车道沉管隧道施工关键技术	河南省科技进步奖二等奖	中铁隧道局集团有限公司 中铁隧道集团二处有限公司
15	硬岩掘进机自主设计制造关键技术及应用	河南省科技进步奖一等奖	中铁工程装备集团有限公司
16	超高性能混凝土—钢正交异性板组合桥面、体系成套技术	湖北省科技进步奖三等奖	中铁大桥局桥科院
17	大型复杂空间钢管结构设计建造新技术与应用	湖北省科技进步奖一等奖	中铁大桥局桥科院
18	高水差、复合地层内河长大沉管隧道关键技术及应用	江西省科技进步奖一等奖	中铁隧道集团二处有限公司
19	节能墙材与绿色建筑关键技术	辽宁省科技进步奖二等奖	中铁二局第四工程有限公司
20	多塔连跨叠合梁自锚式悬索桥拼装顶推关键技术	宁夏回族自治区科技进步奖二等奖	中铁大桥局集团第一工程有限公司
21	沪昆客运专线朱砂堡2号隧道特大溶洞及暗河处理施工技术研究	山西省科技进步奖二等奖	中铁三局集团有限公司 中铁三局集团第二工程有限公司
22	深埋第三系粉细砂地层隧道防坍涌施工成套技术	山西省科技进步奖二等奖	中铁三局集团有限公司 中铁三局集团第六工程有限公司
23	带系杆斜腿刚构支架模数化设计及成套应用技术	山西省科技进步奖二等奖	中铁三局集团有限公司 中铁三局集团华东建设有限公司 中铁三局集团第五工程有限公司
24	一种新型高效900吨箱梁运架一体机研制及施工技术研究	山西省科技进步奖二等奖	中铁三局集团有限公司 中铁三局集团线桥工程有限公司
25	古交至太原山区长距离大管径供热工程土建及安装施工技术研究	山西省科技进步奖三等奖	中铁六局集团太原铁路建设有限公司 中铁六局集团有限公司
26	一种胶粉改性沥青混合料及其制备方法	山西省科技进步奖三等奖	中铁三局集团有限公司
27	邻近长江承压水粉细砂层盾构下穿重要建筑物和营运大断面隧道施工技术	山西省科技进步奖三等奖	中铁三局集团有限公司 中铁三局集团第二工程有限公司
28	大跨度地铁车站拱盖法及区间浅埋暗挖施工技术研究	山西省科技进步奖三等奖	中铁三局集团有限公司 中铁三局集团第四工程有限公司
29	新建大型铁路资源高效利用及节能降排绿色施工技术研究	山西省科技进步奖三等奖	中铁三局集团有限公司 中铁三局集团第五工程有限公司
30	超浅埋岩溶地层泥水盾构综合掘进施工技术研究	山西省科技进步奖三等奖	中铁三局集团有限公司 中铁三局集团广东建设工程有限公司
31	地铁车站近距离下穿大直径城市供水主管道原位保护施工技术	山西省科技进步奖三等奖	中铁三局集团有限公司 中铁三局集团桥隧工程有限公司
32	富水粉土粉砂地层地铁联络线及接岔区“先隧后站”施工技术研究	山西省科技进步奖三等奖	中铁三局集团有限公司 中铁三局集团桥隧工程有限公司
33	建筑物密集区超大断面城市隧道（群）施工关键技术	山西省科技进步奖三等奖	中铁三局集团有限公司 中铁三局集团桥隧工程有限公司
34	TCM60铺轨机适应大坡度（25‰）及短距离无砟线路铺轨的应用研究	山西省科技进步奖三等奖	中铁三局集团有限公司 中铁三局集团线桥工程有限公司
35	内燃机车节能降耗技术研究	山西省科技进步奖三等奖	中铁三局集团有限公司 中铁三局集团有限公司运输工程分公司
36	强风及海洋环境下钢与混凝土混合塔斜拉桥关键技术与应用	上海市科技进步奖二等奖	中铁宝桥集团有限公司

续表

序号	项目名称	获奖等级	完成单位
37	“一带一路”亚吉铁路火山渣路基关键技术及应用	四川省科技进步奖三等奖	中铁二局集团有限公司 中铁二局第五工程有限工程
38	龙洞堡综合交通枢纽关键技术	四川省科技进步奖二等奖	中铁二院工程集团有限责任公司
39	铁路大跨度上承式变截面提篮式钢桁拱桥建造关键技术	四川省科技进步奖三等奖	中铁二院工程集团有限责任公司
40	重载铁路新型列车移动通信及同步控制系统关键技术与应用	四川省科技进步奖三等奖	中铁二院工程集团有限责任公司
41	高速铁路复杂岩溶勘察技术研究及应用	四川省科技进步奖一等奖	中铁二院工程集团有限责任公司
42	现代轨道交通综合体设计理论与关键技术	四川省科技进步奖一等奖	中铁二院工程集团有限责任公司
43	高速铁路用高强高导接触网导线关键技术及应用	天津市科技进步奖一等奖	天津中铁电气化设计研究院有限公司 中铁电气化局集团有限公司
44	内河沉管隧道建设关键技术研究与应用	天津市科技进步奖一等奖	中铁隧道集团二处有限公司
45	大跨度钢—混结合连续梁（顶推）设计与施工关键技术研究及应用	云南省科技进步奖二等奖	中铁八局集团昆明铁路建设有限公司
46	跨铁路营业线超宽超高大吨位桥梁转体关键技术及应用	云南省科技进步奖二等奖	中铁八局集团昆明铁路建设有限公司
47	ODQ-QY-10000~32000/2×27.5GY 电气化铁道 AT 供电方式 SF6 气体绝缘自耦变压器	云南省科技进步奖三等奖	中铁二院工程集团有限责任公司
48	基于信息物理系统的地铁施工安全主动控制关键技术与应用	中华人民共和国教育部一等奖	中铁隧道股份有限公司
49	高速铁路陡坡路基变形控制技术研究	重庆市科技进步奖三等奖	中铁二院工程集团有限责任公司
50	内插装配式预制混凝土方桩新型复合基坑围护结构施工技术	中国公路学会科学技术奖三等奖	中铁三局集团有限公司 中铁三局集团第五工程有限公司
51	大跨度双边箱钢—混组合梁斜拉桥施工技术	中国公路学会科学技术奖二等奖	中铁四局集团有限公司 中铁四局集团第二工程有限公司
52	黄河公铁两用刚性悬索加劲连续钢桁梁桥关键技术研究	中国公路学会科学技术奖二等奖	中铁四局集团有限公司 中铁四局集团钢结构建筑有限公司 中铁四局集团第二工程有限公司
53	高海拔高寒地区路域生态修复技术应用研究	中国公路学会科学技术奖三等奖	中铁西北科学研究院有限公司 中铁九局集团有限公司 中铁科学研究院有限公司
54	芜湖长江公路二桥建设关键技术研究及应用	中国公路学会科学技术奖一等奖	中铁大桥局桥科院 中铁大桥局集团有限公司
55	恶劣海洋环境下桥梁基础超大直径钻孔桩施工技术	中国公路学会科学技术奖二等奖	中铁大桥局集团有限公司 中铁大桥勘测设计院集团有限公司 中铁大桥局集团第五工程有限公司 中铁大桥局集团第四工程有限公司 中铁大桥局集团第六工程有限公司
56	高性能分布式光纤传感器及其在交通基础设施监测中的应用	中国公路学会科学技术奖三等奖	中铁大桥局桥科院
57	矩阵式可循环使用钢结构台座 CRTS Ⅲ型轨道板预制技术	中国铁道学会科学技术奖三等奖	中铁一局集团有限公司 中铁一局集团物资工贸有限公司
58	MTC3082-12 型单线隧道矩形框架台车研制	中国铁道学会科学技术奖三等奖	中铁一局集团有限公司 中铁一局集团建工机械有限公司
59	深厚软土、软岩地区桩土共同作用设计理论及工程应用	中国铁道学会科学技术奖三等奖	中铁一局集团有限公司
60	铁路大跨度上承式变截面提篮式钢桁拱桥建造关键技术	中国铁道学会科学技术奖二等奖	中铁二局工程有限公司 中铁二院工程集团有限责任公司
61	高速铁路结构混凝土高性能化技术创新与工程应用	中国铁道学会科学技术奖特等奖	中铁三局集团有限公司
62	CRTS Ⅲ型先张板式无砟轨道成套施工技术研究	中国铁道学会科学技术奖二等奖	中铁三局集团有限公司 中铁一局集团有限公司
63	TCM60 铺轨机适应大坡度（25‰）及短距离无砟线路铺轨的应用研究	中国铁道学会科学技术奖二等奖	中铁三局集团有限公司 中铁三局集团线桥工程有限公司
64	上跨多条高铁营业线大型站房钢桁架屋盖高空滑移关键技术研究	中国铁道学会科学技术奖三等奖	中铁三局集团有限公司 中铁三局集团建筑安装工程有限公司

续表

序号	项目名称	获奖等级	完成单位
65	浅覆盖层桥梁大型深水基础施工成套技术	中国铁道学会科学技术奖三等奖	中铁三局集团有限公司 中铁三局集团第六工程有限公司
66	基于黄土多物性指标的超大断面变形规律及其施工控制技术	中国铁道学会科学技术奖二等奖	中铁四局集团有限公司
67	铁路工程项目管理理论研究及应用	中国铁道学会科学技术奖一等奖	中铁四局集团有限公司
68	高海拔复杂地层高地温隧道施工安全控制关键技术	中国铁道学会科学技术奖三等奖	中铁五局集团有限公司 中铁五局集团第一工程有限责任公司
69	高速铁路隧道超大断面施工关键技术	中国铁道学会科学技术奖三等奖	中铁五局集团有限公司 中铁五局集团第五工程有限责任公司
70	下穿时速 350 千米京沪高速铁路、长桥体、大吨位、长顶程框构桥顶进施工关键技术研究	中国铁道学会科学技术奖三等奖	中特六局集团有限公司 中铁六局集团北京铁路建设有限公司
71	小半径曲线大跨度槽型梁转体施工技术研究	中国铁道学会科学技术奖三等奖	中铁七局集团有限公司 中铁七局集团武汉工程有限公司
72	高速铁路桥面系附属构件材料、制造工艺及成套设备研究	中国铁道学会科学技术奖二等奖	中铁八局集团有限公司 中铁八局集团第四工程有限公司
73	复合材料 SMC 电缆槽的研制	中国铁道学会科学技术奖三等奖	中铁八局集团电务工程有限公司
74	基于 BIM 技术的简支系杆拱桥顶推转体施工关键技术研究	中国铁道学会科学技术奖二等奖	中铁九局集团有限公司 中铁九局集团第二工程有限公司
75	跨营业线铁路小曲线半径槽型连续梁转体施工关键技术研究	中国铁道学会科学技术奖三等奖	中铁九局集团有限公司 中铁九局集团第二工程有限公司
76	双层六线大跨度重载铁路钢桁梁斜拉桥建造关键技术	中国铁道学会科学技术奖一等奖	中铁大桥局集团有限公司 中铁大桥局集团第一工程有限公司 中铁大桥局集团第八工程有限公司
77	铁路桥隧建筑物检养修管理系统	中国铁道学会科学技术奖三等奖	中铁大桥局桥科院
78	高速铁路用高强高导接触网导线关键技术及应用	中国铁道学会科学技术奖一等奖	天津中铁电气化设计研究院有限公司 中铁电气化局集团有限公司
79	AT 供电方式故障测距装置校准系统	中国铁道学会科学技术奖二等奖	中铁电气化局集团有限公司
80	高海拔、高温差、严寒地区大型火车站综合施工技术	中国铁道学会科学技术奖二等奖	中铁建工集团有限公司
81	太原南站工程综合施工技术	中国铁道学会科学技术奖二等奖	中铁北京工程局集团有限公司 中铁北京工程局集团北京有限公司 中铁建工集团有限公司 中铁北京工程局集团第一工程有限公司
82	杭州南站 BIM 建模施工的技术研究与应用	中国铁道学会科学技术奖二等奖	中铁建工集团有限公司 中铁建工集团北方工程有限公司
83	消除高铁车站鼓捣上方玻璃幕墙危害行车安全隐患研究	中国铁道学会科学技术奖三等奖	中铁建工集团有限公司
84	4A 级漂流景区高陡峡谷两侧特大桥桥基控制爆破及防护综合技术	中国铁道学会科学技术奖二等奖	中铁广州工程局集团有限公司 中铁广州工程局集团第三工程有限公司
85	广州南站工程综合施工技术	中国铁道学会科学技术奖二等奖	中铁北京工程局集团有限公司 中铁北京工程局集团第二工程有限公司
86	库区复杂环境长大山岭铁路隧道综合施工技术研究	中国铁道学会科学技术奖三等奖	中铁上海工程局集团有限公司 中铁上海工程局集团第一工程有限公司
87	高速铁路车—桥系统抗风设计关键参数深化研究及应用	中国铁道学会科学技术奖一等奖	中铁二院工程集团有限责任公司
88	复杂岩溶区高速铁路勘察技术研究及应用	中国铁道学会科学技术奖二等奖	中铁二院工程集团有限责任公司
89	复杂岩质地层双护盾 TBM 设计施工关键技术	中国铁道学会科学技术奖二等奖	中铁二院工程集团有限责任公司
90	轨道交通线路动力学理论及应用技术	中国铁道学会科学技术奖二等奖	中铁二院工程集团有限责任公司
91	城市建成区既有铁路客站综合开发问题及策略研究	中国铁道学会科学技术奖三等奖	中铁二院工程集团有限责任公司
92	铁路大跨度上承式变截面提篮式钢桁拱桥建造关键技术	中国铁道学会科学技术奖二等奖	中铁二院工程集团有限责任公司
93	攀西地区复杂地质条件及艰险环境下长大铁路隧道群理论体系与技术应用研究	中国铁道学会科学技术奖三等奖	中铁二院工程集团有限责任公司

续表

序号	项目名称	获奖等级	完成单位
94	城际铁路 CTCS2+ATO 列控系列研究与应用	中国铁道学会科学技术奖一等奖	中铁工程设计咨询集团有限公司
95	铁路工程高强钢筋试验研究与应用	中国铁道学会科学技术奖一等奖	中铁工程设计咨询集团有限公司 中铁大桥科学研究院
96	高速铁路大跨度钢箱拱桥关键技术	中国铁道学会科学技术奖一等奖	中铁工程设计咨询集团有限公司 中铁大桥局 中铁广州局工务处
97	电气化铁路大型卷铁芯节能型系列变压器的研制与应用	中国铁道学会科学技术奖一等奖	中铁工程设计咨询集团有限公司
98	大断面特长隧道快速施工与机械化配套技术	中国铁道学会科学技术奖三等奖	中铁华铁工程设计集团有限公司
99	兰渝铁路挤压性围岩隧道修建技术及应用	中国铁道学会科学技术奖特等奖	中铁西南科学研究院有限公司 中铁隧道局集团有限公司
100	武汉地铁泥水盾构下穿汉江施工技术研究	中国施工企业管理协会科学技术奖一等奖	中铁一局集团有限公司 中铁一局集团城市轨道交通工程有限公司
101	轻型薄壁全体外预应力箱梁节段预制拼装施工关键技术	中国施工企业管理协会科学技术奖二等奖	中铁一局集团有限公司 中铁一局集团桥梁工程有限公司
102	“鼎”字形独塔双索面钢箱梁斜拉桥关键施工技术	中国施工企业管理协会科学技术奖二等奖	中铁一局集团有限公司 中铁一局集团第四工程有限公司
103	苏州地铁盾构穿越运营铁路站场及邻近古建筑群施工关键技术	中国施工企业管理协会科学技术奖二等奖	中铁一局集团有限公司 中铁一局集团城市轨道交通工程有限公司
104	大连滨海大跨双联变宽隧道施工关键技术研究	中国施工企业管理协会科学技术奖二等奖	中铁一局集团有限公司 中铁一局集团第二工程有限公司
105	重庆地铁大跨度车站及区间隧道施工技术研究	中国施工企业管理协会科学技术奖二等奖	中铁一局集团有限公司
106	城市轨道交通新型有轨电车轨道施工综合技术及预算定额研究	中国施工企业管理协会科学技术奖二等奖	中铁一局集团有限公司 中铁一局集团新运工程有限公司
107	城市复杂交通条件下桥梁拆除施工技术研究	中国施工企业管理协会科学技术奖二等奖	中铁二局集团有限公司 中铁二局第六工程有限公司
108	强震后高原季节性冻土隧道修建关键技术研究	中国施工企业管理协会科学技术奖二等奖	中铁二局第四工程有限公司 中铁二局集团有限公司
109	铁路大跨度上承式变截面提篮式钢桁拱桥建造关键技术	中国施工企业管理协会科学技术奖二等奖	中铁二局集团有限公司 中铁二院工程集团有限责任公司 中铁二局第五工程有限公司
110	基于互联网＋的连续桥梁冬期施工及智能养生技术	中国施工企业管理协会科学技术奖二等奖	中铁三局集团有限公司 中铁三局集团第五工程有限公司
111	全体外预应力宽幅薄壁箱梁节段预制及架设施工关键技术研究	中国施工企业管理协会科学技术奖二等奖	中铁三局集团有限公司 中铁三局集团第五工程有限公司
112	高铁站场现浇梁高支架群信息化技术应用研究	中国施工企业管理协会科学技术奖二等奖	中铁三局集团有限公司 中铁三局集团第三工程有限公司
113	地震频发地区深埋复杂地质构造长大隧道修建技术研究	中国施工企业管理协会科学技术奖二等奖	中铁三局集团有限公司 中铁三局集团桥隧工程有限公司
114	试车场环道曲面沥青路面施工技术	中国施工企业管理协会科学技术奖一等奖	中铁四局集团有限公司 中铁四局集团第一工程有限公司
115	大跨度空间桁架结构累积滑移及整体异步落架关键技术研究	中国施工企业管理协会科学技术奖二等奖	中铁四局集团有限公司 中铁四局集团钢结构建筑有限公司
116	车辆段整体工程减震降噪测试研究与应用	中国施工企业管理协会科学技术奖二等奖	中铁四局集团有限公司 中铁四局集团建筑工程有限公司
117	桥梁钢结构智能制造关键技术研发与应用	中国施工企业管理协会科学技术奖二等奖	中铁四局集团有限公司 中铁四局集团钢结构建筑有限公司
118	沙漠地区穿越无水砂层大口径长距离深埋式钢筋混凝土顶管施工技术研究	中国施工企业管理协会科学技术奖二等奖	中铁四局集团有限公司
119	基于黄土多物性指标的超大断面隧道变形规律及其施工控制技术	中国施工企业管理协会科学技术奖二等奖	中铁四局集团有限公司
120	隧道泥水充填破碎带高精度三维探测、智能监测与预警处治关键技术	中国施工企业管理协会科学技术奖一等奖	中铁一局集团第五工程有限公司 中铁五局集团第一工程有限责任公司

续表

序号	项目名称	获奖等级	完成单位
121	高海拔多年冻土区公路隧道、路基关键施工技术	中国施工企业管理协会科学技术奖二等奖	中铁五局集团有限公司 中铁五局集团第五工程有限责任公司
122	重载铁路车站高填深挖路基施工技术研究	中国施工企业管理协会科学技术奖二等奖	中铁五局集团有限公司 中铁五局集团第四工程有限责任公司
123	高速铁路隧道瓦斯抽排揭煤防突成套施工技术研究	中国施工企业管理协会科学技术奖二等奖	中铁五局集团有限公司 中铁五局集团第四工程有限责任公司
124	大型地铁车辆段施工关键技术研究	中国施工企业管理协会科学技术奖二等奖	中铁六局集团有限公司 中铁六局集团天津铁路建设有限公司
125	复杂环境铁路框架桥下穿运营高速铁路施工关键技术研究	中国施工企业管理协会科学技术奖二等奖	中铁六局集团有限公司 中铁六局集团天津铁路建设有限公司
126	滦河站连接线下穿京哈铁路立交桥工程施工关键技术研究	中国施工企业管理协会科学技术奖二等奖	中铁六局集团有限公司 中铁六局集团天津铁路建设有限公司
127	城市核心区域高架桥绿色智慧快速建造关键技术研究	中国施工企业管理协会科学技术奖二等奖	中铁七局集团有限公司 中铁七局集团第三工程有限公司
128	土压平衡盾构机在全断面紧密富水砂层中穿越高铁道岔区的沉降控制技术	中国施工企业管理协会科学技术奖二等奖	中铁七局集团有限公司 中铁七局集团第三工程有限公司
129	隧道洞口明暗双线浅埋偏压综合施工技术研究	中国施工企业管理协会科学技术奖二等奖	中铁七局集团有限公司 中铁七局集团第四工程有限公司
130	非对称悬浇大跨度宽幅波形钢腹板 PC 箱梁施工技术研究	中国施工企业管理协会科学技术奖二等奖	中铁七局集团有限公司 中铁七局集团郑州工程有限公司
131	WMMP 土压平衡盾构机适应性改造技术	中国施工企业管理协会科学技术奖二等奖	中铁七局集团有限公司 中铁七局集团武汉工程有限公司
132	合川涪江深水库区连续刚构拱桥施工综合技术研究	中国施工企业管理协会科学技术奖二等奖	中铁八局集团有限公司 中铁八局集团第一工程有限公司
133	CRTS Ⅲ型板式无砟轨道自密实混凝土制备及施工技术研究	中国施工企业管理协会科学技术奖二等奖	中铁八局集团第四工程有限公司
134	装配式钢框架结构施工关键技术研究	中国施工企业管理协会科学技术奖二等奖	中铁十局集团建筑工程有限公司
135	时速 200 千米双线（32+2×34+32）米门式墩刚构连续梁结构设计研究	中国施工企业管理协会科学技术奖二等奖	中铁上海设计院集团有限公司 中铁十局集团有限公司
136	大跨度钢箱梁多点连续快速顶推施工技术	中国施工企业管理协会科学技术奖二等奖	中铁十局集团第四工程有限公司 中铁十局集团有限公司
137	大跨度钢系杆拱桥整体吊装施工技术	中国施工企业管理协会科学技术奖二等奖	中铁十局集团第四工程有限公司 中铁十局集团有限公司
138	广东湿热地区长寿命沥青路面设计及施工成套技术	中国施工企业管理协会科学技术奖二等奖	中铁十局集团第三建设有限公司 中铁十局集团有限公司
139	温拌橡胶沥青混合料设计与施工关键技术研究	中国施工企业管理协会科学技术奖二等奖	中铁十局集团西北工程有限公司 中铁十局集团有限公司
140	高风险特长隧道节能环保快速施工技术	中国施工企业管理协会科学技术奖二等奖	中铁十局集团第三建设有限公司 中铁十局集团有限公司
141	恶劣海洋环境下桥梁基础超大直径钻孔桩施工技术	中国施工企业管理协会科学技术奖一等奖	中铁大桥局集团有限公司 中铁大桥勘测设计院集团有限公司 中铁大桥局集团第五工程有限公司 中铁大桥局集团第四工程有限公司 中铁大桥局集团第六工程有限公司
142	邹城市三十米桥铁路立交桥 22400 吨转体施工技术	中国施工企业管理协会科学技术奖二等奖	中铁大桥局集团有限公司 中铁大桥局集团第六工程有限公司
143	空间交叉索面独塔斜拉桥快速施工技术	中国施工企业管理协会科学技术奖二等奖	中铁大桥局集团有限公司 中铁大桥局第七工程有限公司
144	盾构刀具破岩试验平台与刀盘选型设计技术	中国施工企业管理协会科学技术奖一等奖	中铁隧道局集团有限公司 盾构及掘进技术国家重点实验室
145	城市复杂环境下软岩浅埋超大断面地铁暗挖车站建造关键技术与应用	中国施工企业管理协会科学技术奖一等奖	中铁隧道集团二处有限公司
146	挤压破碎带极高地应力软岩大变形隧道建造关键技术	中国施工企业管理协会科学技术奖一等奖	中铁隧道集团二处有限公司 中铁隧道局集团有限公司 中铁隧道股份有限公司
147	全液压履带式自行栈桥	中国施工企业管理协会科学技术奖二等奖	中铁隧道局集团有限公司 中铁隧道集团二处有限公司

续表

序号	项目名称	获奖等级	完成单位
148	矩形顶管密贴施工对相邻管节影响及导向控制技术	中国施工企业管理协会科学技术奖二等奖	中铁隧道集团二处有限公司
149	一种高铁线路故障测距方法及故障测距系统	中国施工企业管理协会技术发明奖二等奖	中铁电气化局集团有限公司
150	复合地层盾构空舱掘进施工关键技术与围岩稳定性控制研究	中国施工企业管理协会科学技术奖二等奖	中铁电气化局集团有限公司
151	中丹科研教育中心工程绿色建筑节能技术研究	中国施工企业管理协会科学技术奖二等奖	中铁建工集团有限公司
152	永旺梦乐城烟台店大型商业综合体施工技术研究与应用	中国施工企业管理协会科学技术奖二等奖	中铁建工集团有限公司 中铁建工集团山东有限公司
153	城市轨道交通车站安装装修工程施工关键技术	中国施工企业管理协会科学技术奖三等奖	中铁建工集团有限公司
154	高塑性坚硬厚黏土层桥梁深水基础钢板桩围堰新技术	中国施工企业管理协会科学技术奖二等奖	中铁广州工程局集团有限公司
155	公路桥梁装配化施工关键技术研究	中国施工企业管理协会科学技术奖二等奖	中铁上海工程局集团有限公司 中铁上海工程局集团第一工程有限公司
156	全断面钢轨焊缝打磨成套设备的研制与应用	中国施工企业管理协会科学技术奖二等奖	中铁上海工程局集团有限公司 中铁上海工程局集团华海工程有限公司
157	复杂地质与周边环境双护盾 TBM 设备研造与隧道建造关键技术	中国施工企业管理协会科学技术奖一等奖	中铁二院工程集团有限责任公司
158	膨胀土地区高速铁路路基关键技术研究	中国施工企业管理协会科学技术奖一等奖	中铁二院工程集团有限责任公司
159	铁路隧道基底加固标准及措施研究	中国施工企业管理协会科学技术奖二等奖	中铁工程设计咨询集团有限公司
160	城市桥梁养护管理信息系统研究	中国施工企业管理协会科学技术奖二等奖	中铁西南科学研究院有限公司 中国中铁股份有限公司
161	高速铁路隧道洞口微气压波缓解新技术研究	中国施工企业管理协会科学技术奖二等奖	中铁西南科学研究院有限公司
162	中国中铁采购电子商务企业数据融合平台	中国施工企业管理协会科学技术奖二等奖	中铁物贸集团有限公司 鲁班（北京）电子商务科技有限公司
163	基于 BIM 技术的简支系杆拱桥顶推转体施工关键技术研究	中国施工企业管理协会科学技术奖二等奖	中铁九局集团第二工程有限公司
164	复杂地质环境下盾构隧道全寿命风险防范关键技术	中国岩石力学与工程学会科技进步奖二等奖	中铁一局集团有限公司
165	深埋第三系粉细砂地层隧道防坍涌施工成套技术	中国建筑学会科技进步奖三等奖	中铁三局集团有限公司 中铁三局集团第六工程有限公司
166	铁路大跨度钢箱混合梁斜拉桥关键施工技术	中国质量协会技术质量奖二等奖	中铁四局集团有限公司 中铁局集团第二工程有限公司
167	新建京张高铁八达岭隧道长城站爆破开挖微损伤及降振技术研究	中国爆破行业协会科技进步奖一等奖	中铁五局集团有限公司
168	三塔四跨结合梁悬索桥建造关键技术	中国建筑学会科技进步奖一等奖	中铁大桥局集团有限公司 中铁大桥勘测设计院集团有限公司
169	艰险山区钢箱加劲梁悬索桥上部结构施工关键技术	中国建筑学会科技进步奖三等奖	中铁大桥局集团有限公司
170	三塔重载铁路斜拉桥钢箱钢桁结合梁施工技术	中国钢结构协会科技进步奖一等奖	中铁大桥局集团有限公司
171	全工厂化焊接钢桁梁整孔制造及海上整孔架设成套技术	中国钢结构协会科技进步奖一等奖	中铁大桥局集团有限公司 中铁大桥局集团第五工程有限公司 中铁大桥勘测设计院集团有限公司 中铁山桥集团有限公司
172	沪通长江大桥主航道桥沉井施工关键技术	中国钢结构协会科技进步奖一等奖	中铁大桥局集团有限公司
173	双层六线大跨度重载铁路钢桁梁斜拉桥建造关键技术	中国钢结构协会科技进步奖二等奖	中铁大桥局集团有限公司 中铁大桥局集团第一工程有限公司 中铁大桥局集团第八工程有限公司
174	摩洛哥梭形塔钢混组合梁斜拉桥建造技术	中国钢结构协会科技进步奖二等奖	中铁大桥局集团有限公司

续表

序号	项目名称	获奖等级	完成单位
175	全工厂化焊接钢桁梁整孔制造及海上整孔架设成套技术	中国钢结构协会科技进步奖一等奖	中铁大桥局集团有限公司 中铁大桥局集团第五工程有限公司 中铁大桥勘测设计院集团有限公司 中铁山桥集团有限公司
176	沪通长江大桥主航道桥沉井施工关键技术	中国钢结构协会科技进步奖一等奖	中铁大桥局集团有限公司
177	高磨蚀地层盾构刀具磨损预测关键技术研究与应用	中国机械工业联合会科技进步奖三等奖	中铁隧道局集团有限公司 盾构及掘进技术国家重点实验室
178	超大断面短延时爆破成井技术研究	中国爆破行业协会科技进步奖一等奖	中铁隧道股份有限公司
179	超大断面极硬岩水封洞库爆破开挖施工关键技术	中国爆破行业协会科技进步奖二等奖	中铁隧道局集团有限公司
180	上跨既有铁路拆架梁施工技术研究	中国公路建设行业协会科技进步奖二等奖	中特六局集团有限公司 中铁六局集团北京铁路建设有限公司
181	沧州西至小园段京沪铁路分离式立交工程施工关键技术研究	中国公路建设行业协会科技进步奖三等奖	中铁六局集团有限公司 中铁六局集团天津铁路建设有限公司
182	大跨度内倾式钢箱拱桥主拱肋施工关键技术	中国公路建设行业协会科技进步奖一等奖	中铁上海工程局集团有限公司
183	公路桥梁预制拼装施工关键技术	中国公路建设行业协会科技进步奖一等奖	中铁上海工程局集团有限公司 中铁上海工程局集团第一工程有限公司
184	分离式小间距（10 厘米）薄壁墩柱施工技术	中国公路建设行业协会科技进步奖三等奖	中铁上海工程局集团有限公司
185	大跨度中承式钢箱拱桥深水裸岩主墩基础施工关键技术	中国公路建设行业协会科技进步奖三等奖	中铁上海工程局集团有限公司
186	深水裸岩地质全漂浮体系斜拉桥钢箱梁工业自动化顶推施工关键技术	中国公路建设行业协会科技进步奖三等奖	中铁上海工程局集团有限公司
187	潮汐地区低窄净空下系杆拱桥快速建造技术	中国公路建设行业协会科技进步奖二等奖	中铁上海工程局集团有限公司
188	复杂地质与周边环境双护盾 TBM 隧道建造与设备研造关键技术	中国岩石力学与工程学会科技进步奖二等奖	中铁二院工程集团有限责任公司
189	轨道惯性导航动态测量系统	中国测绘学会科技进步奖二等奖	中铁工程设计咨询集团有限公司
190	CRTS Ⅲ型无砟轨道离缝伤损无损检测技术研究	2019 年度中国质量协会质量技术奖二等奖	中铁西南科学研究院有限公司
191	大跨径高山深谷钢桥焊接制造关键技术及其应用	中国机械工程学会科技进步奖二等奖	中铁山桥集团有限公司
192	全工厂化焊接钢桁梁整孔制造及海上整孔架设成套技术	中国钢结构协会科技进步奖一等奖	中铁大桥局集团有限公司 中铁山桥集团有限公司等
193	中低速磁浮交通系列道岔研究开发及应用	中国城市轨道交通协会科技进步奖三等奖	中铁宝桥集团有限公司
194	高氧化率复杂铜矿高效浮选新工艺研究及应用	中国有色金属工业协会科技进步奖一等奖	华刚矿业股份有限公司

制表：刘建廷　李永全

表 10–4　　2019 年度中国铁路工程集团有限公司科学技术奖获奖成果

序号	项目名称	获奖等级	完成单位
1	艰险山区高速铁路特大跨度混凝土拱桥关键技术	特等奖	中铁二院工程集团有限责任公司 西南交通大学 中国铁道科学研究院集团有限公司 福州大学
2	高海拔超高地温隧道施工关键技术研究	特等奖	中铁五局集团有限公司 中铁五局集团第一工程有限责任公司
3	盾构 /TBM 主轴承减速机工业试验平台	特等奖	中铁高新工业股份有限公司 中铁工程装备集团有限公司

续表

序号	项目名称	获奖等级	完成单位
4	机械法联络通道建造成套技术研究	特等奖	中铁上海工程局集团有限公司 宁波市轨道交通集团有限公司 中铁高新工业股份有限公司 宁波大学 上海市隧道工程轨道交通设计研究院
5	移动式接触网标准化装备成套技术研究	特等奖	中铁电气化局集团有限公司 中铁电气化局集团有限公司电气化公司
6	主跨 457 米世界最大有推力钢箱拱桥建造关键技术	特等奖	中铁上海工程局集团有限公司 中铁上海工程局集团第五工程有限公司
7	跨海大桥双幅大吨位箱梁架运成套设备	特等奖	中铁高新工业股份有限公司 中铁工程机械研究设计院有限公司 中铁科工集团有限公司
8	地铁快线轨道工程关键技术研究	特等奖	中铁二院工程集团有限责任公司 东莞市轨道交通有限公司 RMS 技术株式会社 西南交通大学
9	高速铁路虚拟环境与动力学选线设计平台研究	一等奖	中铁二院工程集团有限责任公司 中南大学 石家庄铁道大学
10	蒙华重载铁路隧道技术创新与应用	一等奖	中铁隧道局集团有限公司 中铁一局集团有限公司 中铁二局集团有限公司 中铁五局集团有限公司 中铁科学研究院有限公司
11	大跨径钢箱钢桁结合梁制作技术研究	一等奖	中铁高新工业股份有限公司 中铁宝桥集团有限公司 中铁宝桥（扬州）有限公司
12	黄河公铁两用刚性悬索加劲连续钢桁梁桥关键技术研究	一等奖	中铁四局集团有限公司 中铁四局集团钢结构建筑有限公司 中铁四局集团第二工程有限公司
13	港珠澳大桥复杂海况桥梁快速施工关键技术	一等奖	中铁大桥局集团有限公司
14	艰险山区高速铁路大风灾害预警关键技术研究	一等奖	中铁二院工程集团有限责任公司 西南交通大学
15	桥梁拉索智能检测机器人研发及应用	一等奖	中铁大桥局集团有限公司 中铁大桥科学研究院有限公司 桥梁结构健康与安全国家重点实验室
16	双层六线大跨度重载铁路钢桁梁斜拉桥建造关键技术	一等奖	中铁大桥局集团有限公司 中铁大桥局集团第一工程有限公司 中铁大桥局集团第八工程有限公司
17	CRTS Ⅲ型板式无砟轨道快速智能测量设备研制及关键技术	一等奖	中铁四局集团有限公司 中铁四局集团第五工程有限公司 中铁四局集团第一工程有限公司
18	引松供水工程施工关键技术研究	一等奖	中铁隧道局集团有限公司 中铁隧道股份有限公司
19	高磨蚀地质滚刀适应性研究及应用	一等奖	中铁高新工业股份有限公司 中铁工程装备集团有限公司 中铁工程装备集团隧道设备制造有限公司
20	浮吊法扩建跨运河钢管拱桥装配式施工技术研究	一等奖	中铁十局集团有限公司 中铁十局集团第四工程有限公司
21	宁安铁路安庆长江大桥正桥施工关键技术	一等奖	中铁大桥局集团有限公司
22	大跨度结合梁悬索桥设计新技术	一等奖	中铁大桥勘测设计院集团有限公司
23	饱和软黄土地层浅埋地铁暗挖车站下穿西安火车站施工关键技术	一等奖	中铁一局集团有限公司 中铁一局集团城市轨道交通工程有限公司

序号	项目名称	获奖等级	完成单位
24	维护多年冻土路基热稳定的太阳能制冷新技术研究	一等奖	中铁西北科学研究院有限公司 中铁科学研究院有限公司 甘肃中铁建设工程有限公司 中铁成都科学技术研究院有限公司
25	适应城市地铁小转弯半径的双护盾 TBM 研制及应用	一等奖	中铁高新工业股份有限公司 中铁工程装备集团有限公司
26	乌兹别克斯坦安格连至琶布铁路隧道岩爆预测及防治技术	一等奖	中铁隧道局集团有限公司 中铁隧道勘察设计研究院有限公司 福州大学 中铁隧道股份有限公司 中铁隧道集团一处有限公司
27	重庆寸滩长江大桥主桥施工关键技术	一等奖	中铁大桥局集团有限公司 中铁大桥局集团第八工程有限公司
28	复杂换乘地铁站超大基坑开挖及环形支护综合施工技术研究	一等奖	中铁三局集团有限公司 中铁三局集团广东建设工程有限公司
29	高速铁路长大隧道平面控制测量关键技术研究	一等奖	中铁二局集团有限公司
30	双块式轨枕自动化智能化预制技术研究	一等奖	中铁三局集团有限公司 中铁三局集团桥隧工程有限公司 中铁三局集团线桥工程有限公司
31	大跨径斜拉扣挂悬浇拱桥施工技术研究	一等奖	中铁八局集团有限公司 中铁八局集团第一工程有限公司
32	高速铁路道岔关键技术深化研究与创新	一等奖	中铁高新工业股份有限公司 中铁山桥集团有限公司
33	地铁轮胎式铺轨车研制与施工技术研究	一等奖	中铁四局集团有限公司 中铁科工集团有限公司
34	复杂地层双护盾 TBM 设计、研制与施工成套技术研究	一等奖	中铁南方投资集团有限公司 盾构及掘进技术国家重点实验室 中铁隧道局集团有限公司
35	120 千米 / 小时钢铝复合接触轨系统研究	一等奖	中铁电气化局集团有限公司 中铁高铁电气装备股份有限公司
36	地铁明挖车站与暗挖区间装配式结构施工技术研究	一等奖	中铁六局集团有限公司 中铁六局集团北京铁路建设有限公司
37	复杂环境铁路智慧选线系统研究	一等奖	中铁二院工程集团有限责任公司 中南大学
38	盾构管片钢筋笼自动加工设备研发与应用	一等奖	中铁隧道局集团有限公司 中铁隧道勘察设计研究院有限公司 建科机械（天津）股份有限公司 中铁隧道股份有限公司
39	全钢超高层建筑施工技术研究	一等奖	中铁建工集团有公司 中铁建工集团北方工程有限公司
40	盾构 TBM 大数据管理平台研制及应用	一等奖	中铁隧道局集团有限公司 盾构及掘进技术国家重点实验室
41	盾构远程在线监测云平台	一等奖	中铁高新工业股份有限公司 中铁工程服务有限公司
42	基于惯导三维激光扫描移动测量系统在铁路既有线测量中的应用研究	一等奖	中铁二院工程集团有限责任公司 武汉大学
43	未成岩富水地层洞内超前综合降水技术研究与应用	一等奖	中铁隧道局集团有限公司 中铁隧道勘察设计研究院有限公司
44	轨道惯性导航动态测量系统	一等奖	中铁工程设计咨询集团有限公司
45	青岛新机场综合交通中心高地铁站房施工综合技术研究	一等奖	中铁建工集团有限公司 中铁建工集团山东有限公司
46	铁路瓦斯突出隧道施工新技术研究与应用	一等奖	中铁隧道局集团有限公司 中铁隧道勘察设计研究院有限公司 中铁隧道集团一处有限公司
47	装配式高强混凝土风电塔筒预制技术及配套工装研究	一等奖	中铁八局集团有限公司 中铁八局集团桥梁工程有限责任公司
48	基于 BIM+GIS 高铁施工综合协同管理平台系统的研发及应用	一等奖	中铁三局集团有限公司

续表

序号	项目名称	获奖等级	完成单位
49	第四系松散地层综合物探勘察技术研究	一等奖	中国铁路设计集团有限公司
50	防洪江堤拓宽为城市道路吹填砂施工技术	一等奖	中铁四局集团有限公司 河海大学
51	超大吨位高塔斜拉桥转体施工技术研究	二等奖	中铁六局集团有限公司 中铁六局集团北京铁路建设有限公司
52	自行式整体膺架法在现浇梁施工中的研究与应用	二等奖	中铁七局集团有限公司 中铁七局集团第三工程有限公司
53	1800 吨步履式架梁起重机的研制	二等奖	中铁高新工业股份有限公司 中铁九桥工程有限公司 中铁大桥局集团有限公司
54	三洞并行特长高速铁路隧道施工关键技术	二等奖	中铁五局集团有限公司 中铁五局集团第五工程有限责任公司 中铁五局集团第四工程有限责任公司
55	立体结构地铁车辆段的列车整体升降设施研究	二等奖	中铁华铁工程设计集团有限公司
56	山区高速铁路桥梁高墩结构设计技术研究	二等奖	中铁二院工程集团有限责任公司 西南交通大学 重庆大学
57	准朔铁路黄河上承式钢管拱特大桥施工技术研究	二等奖	中铁六局集团有限公司 中铁六局集团太原铁路建设有限公司
58	高速铁路桥梁工程工装集成创新应用技术	二等奖	中铁三局集团有限公司 中铁三局集团第三工程有限公司 中铁三局集团第五工程有限公司 中铁三局集团第六工程有限公司
59	挤压破碎带极高地应力软岩大变形隧道建造关键技术	二等奖	中铁隧道局集团有限公司 中铁隧道集团二处有限公司 中铁隧道股份有限公司 中铁隧道勘察设计研究院有限公司
60	跨越铁路营业线钢箱梁桥先顶推后转体施工技术研究	二等奖	中铁七局集团有限公司 中铁七局集团武汉工程有限公司
61	轻型薄壁全体外预应力箱梁节段预制拼装施工关键技术	二等奖	中铁一局集团有限公司 中铁一局集团桥梁工程有限公司
62	特长多导洞硫化氢高瓦斯隧道施工关键技术研究	二等奖	中铁五局集团有限公司 中铁五局集团成都工程有限责任公司 西南交通大学
63	长距离大埋深小直径隧道盾构机关键技术研究及应用	二等奖	中铁高新工业股份有限公司 中铁工程装备集团有限公司
64	库区深水隧道管道安装施工技术研究	二等奖	中铁广州工程局集团有限公司
65	上跨铁路及高速双转体钢—混混合连续梁施工技术研究	二等奖	中铁六局集团有限公司 中铁六局集团北京铁路建设有限公司
66	基于智能张拉系统的吊杆测控一体化施工技术研究	二等奖	中铁四局集团有限公司 中铁四局集团第四工程有限公司
67	高承压水粉细砂地层超深地铁车站盖挖逆作快速施工关键技术	二等奖	中铁二局集团有限公司
68	AT 供电方式故障测距装置校准系统的研究	二等奖	中铁电气化局集团有限公司
69	既有线特长隧道铁路信号改造工程施工技术研究	二等奖	中铁八局集团有限公司 中铁八局集团电务工程有限公司
70	楠溪江特大桥施工关键技术研究	二等奖	中铁十局集团有限公司 中铁十局集团第五工程有限公司
71	一次整体浇筑单箱四室混凝土连续宽箱梁上跨既有铁路多点连续顶推施工技术研究	二等奖	中铁七局集团有限公司 中铁七局集团西安铁路工程有限公司
72	倾斜裸岩河床钢管砼拱桥拱肋及叠合梁安装关键技术	二等奖	中铁广州工程局集团有限公司
73	西湖景区复杂地质隧道群绿色数字化施工关键技术	二等奖	中铁一局集团有限公司 中铁一局集团第五工程有限公司
74	基于 GIS 和云技术的智能铁路交通勘测系统构建技术研究	二等奖	中铁第六勘察设计院集团有限公司

续表

序号	项目名称	获奖等级	完成单位
75	长大坡度小半径曲线盾构隧道施工技术研究	二等奖	中铁北京工程局集团有限公司 中铁北京工程局集团城市轨道交通有限公司
76	新建重庆北站站房及相关工程综合施工技术	二等奖	中铁建工集团有限公司
77	干细砂层大断面隧道建设技术研究	二等奖	中国铁路设计集团有限公司 中国铁路总公司工程设计鉴定中心 大西铁路客运专线有限责任公司 中铁十二局集团有限公司
78	现代有轨电车三开组合道岔技术研究	二等奖	中铁山桥集团有限公司
79	双线铁路隧道新型智能衬砌台车研制与应用	二等奖	中铁隧道局集团有限公司 中铁工程装备集团有限公司 中铁隧道勘察设计研究院有限公司 中铁隧道股份有限公司 中铁隧道集团三处有限公司
80	BIM 技术在城市轨道交通工程建设信息化协同管理中的示范应用研究	二等奖	中铁四局集团有限公司 中铁四局集团第三建设有限公司
81	天津市北海路地道桥顶进施工关键技术研究	二等奖	中铁六局集团有限公司 中铁六局集团天津铁路建设有限公司
82	高速公路冻土沼泽地段路基关键技术研究	二等奖	中铁西北科学研究院有限公司 中铁十一局集团第五工程有限公司 中铁十一局集团有限公司 中铁科学研究院有限公司
83	成都博览城大型五层立体综合交通枢纽工程关键施工技术研究	二等奖	中铁一局集团有限公司 中铁一局集团第四工程有限公司
84	接触网整体吊弦全自动预配研究	二等奖	中铁武汉电气化局集团有限公司 中铁电气化（武汉）设计研究院有限公司 乐山晟嘉电气股份有限公司
85	大跨度钢管混凝土拱桥施工关键技术研究	二等奖	中铁八局集团有限公司
86	隧道施工通风智能化与信息化技术研究	二等奖	中铁隧道局集团有限公司 中铁隧道勘察设计研究院有限公司 河南理工大学
87	基于 BIM 的桥梁运营期长期健康监测系统研究	二等奖	中铁西南科学研究院有限公司 中铁科学研究院有限公司 中铁成都科学技术研究院有限公司
88	深大基坑自动化监测系统的开发与应用研究	二等奖	中铁一局集团有限公司 中铁一局集团天津建设工程有限公司
89	地铁基坑抽吸压灌一体化降水施工技术	二等奖	中铁一局集团有限公司 中铁一局集团天津建设工程有限公司
90	利用地热能的寒区隧道及洞口路面防冻保温系统研究	二等奖	中铁西南科学研究院有限公司 中铁科学研究院有限公司
91	大型展馆类建筑钢结构索拱高矾索施工技术	二等奖	中铁天丰建筑工程有限公司
92	严寒地区季节性冻土路基施工技术	二等奖	中铁四局集团有限公司 中铁四局集团第二工程有限公司
93	自然通风对地铁车站环境影响及节能潜力的研究	二等奖	中铁二院工程集团有限责任公司 重庆大学
94	高速铁路用耐疲劳型整体吊弦装置研究及寿命评估	二等奖	中铁电气化局集团有限公司 宝鸡保德利电气设备有限责任公司 中铁高铁电气装备股份有限公司
95	刚性接触网不均匀磨耗研究	二等奖	中铁第六勘察设计院集团有限公司 天津中铁电气化设计研究院有限公司
96	郑州东部地区典型砂层地铁综合施工技术研究	二等奖	中铁六局集团有限公司
97	高铁箱梁制梁场模块化 BIM 建造关键技术的研发与应用	二等奖	中铁十局集团有限公司 中铁十局集团第四工程有限公司
98	地下大空间综合交通枢纽的关键设计技术研究	二等奖	中铁华铁工程设计集团有限公司
99	工型钢板组合梁桥车—桥耦合振动及振动控制	二等奖	中铁大桥科学研究院有限公司 中铁大桥局集团有限公司 桥梁结构健康与安全国家重点实验室

续表

序号	项目名称	获奖等级	完成单位
100	高海拔多年冻土区公路隧道、路基关键施工技术研究	二等奖	中铁五局集团有限公司 中铁五局集团第五工程有限责任公司
101	富水黄土不良地质地铁隧道暗挖及车站施工技术研究	二等奖	中铁十局集团有限公司 中铁十局集团西北工程有限公司
102	城市轨道交通胶轮路轨 APM 核心机电供电系统施工技术研究	二等奖	中铁四局集团有限公司 中铁四局集团电气化工程有限公司
103	复杂地质条件下大跨度连拱隧道施工关键技术研究	二等奖	中铁八局集团有限公司 中铁八局集团昆明铁路建设有限公司
104	沈阳北站站房工程综合改造关键技术研究	二等奖	中国铁路设计集团有限公司 中国铁路沈阳局集团有限公司 中铁九局集团有限公司
105	涌水大跨变断面喇叭口及小净距隧道施工技术研究	二等奖	中铁七局集团有限公司 中铁七局集团西安铁路工程有限公司
106	无砟轨道板尺寸快速智能检测系统	二等奖	中国铁路设计集团有限公司 武汉大学 中铁四局集团有限公司 武汉中观自动化科技有限公司
107	基于 BIM 技术的铁路预应力混凝土连续梁设计研究	二等奖	中国铁路设计集团有限公司
108	隧道底部结构设计和施工综合配套技术研究	二等奖	中铁工程设计咨询集团有限公司
109	高速铁路 CRTS Ⅲ型预应力及普通板式无砟轨道综合施工技术	二等奖	中铁上海工程局集团有限公司
110	永旺梦乐城烟台店大型商业综合体施工技术研究与应用	二等奖	中铁建工集团有限公司 中铁建工集团山东有限公司
111	复杂环境下地铁盾构区间施工安全控制技术研究	二等奖	中铁七局集团有限公司 中铁七局集团郑州工程有限公司 郑州大学
112	山西中南部铁路通道重载铁路路基结构设计研究	二等奖	中铁工程设计咨询集团有限公司 西南交通大学
113	大厚度黄土湿陷特性及测试评价新方法研究	二等奖	中铁西北科学研究院有限公司 中铁科学研究院有限公司
114	基于移动网络和云数据的工程机械状态远程监测系统	二等奖	中铁七局集团有限公司 中铁七局集团西安铁路工程有限公司 华东交通大学
115	装配式双向先张预应力轨道板系统研究	二等奖	中铁工程设计咨询集团有限公司 天津银龙预应力材料股份有限公司
116	高速铁路预制梁场 BIM 管理平台关键技术研究	二等奖	中铁四局集团有限公司 中铁四局集团第四工程有限公司
117	国外特长单线铁路隧道机械化配套应用研究	二等奖	中铁隧道局集团有限公司 中铁隧道集团一处有限公司 中铁隧道股份有限公司
118	大断面长距离综合管廊矩形顶管建造关键技术研究	二等奖	中铁上海工程局集团有限公司 中铁上海工程局集团华海工程有限公司
119	缓黏结预应力技术在铁路桥梁中的应用研究	二等奖	中铁二院工程集团有限责任公司 中国建筑技术集团有限公司
120	多源地震干涉法隧道超前地质预报技术研发	二等奖	中铁西南科学研究院有限公司 中铁科学研究院有限公司
121	集成式泥浆综合处理关键技术及系统成套设备研究	二等奖	中铁四局集团有限公司
122	组合板式复合抗滑结构研究	二等奖	中铁西北科学研究院有限公司 中铁科学研究院有限公司
123	先张法 U 型梁成套施工技术	二等奖	中铁三局集团有限公司 中铁三局集团广东建设工程有限公司
124	地铁运营线 100 米长轨更换施工关键技术研究与应用	二等奖	中铁上海工程局集团有限公司 中铁上海工程局集团华海工程有限公司

续表

序号	项目名称	获奖等级	完成单位
125	基坑开挖对下覆既有地铁隧道的上浮变形计算及工程控制的创新研究	二等奖	中铁南方投资集团有限公司 广州大学
126	城市轨道交通用内置式泵房轨道技术研究	二等奖	中铁工程设计咨询集团有限公司 陕西杨凌磐基新材料科技有限公司 天津轨道交通集团有限公司
127	聚合物插层蒙脱土协同改性煤沥青在沥青路面中面层的应用研究	二等奖	中铁三局集团有限公司 中铁三局集团投资有限公司 山西省交通科学研究院
128	平面溜放自动调速系统研究	二等奖	中铁大桥勘测设计院集团有限公司 中铁武汉勘察设计研究院有限公司 西安优势铁路有限责任公司
129	接触网公铁两用作业车研制	二等奖	中铁武汉电气化局集团有限公司 中铁武汉电气化局集团第一工程有限公司
130	大跨度双边箱钢—混组合梁斜拉桥施工技术	二等奖	中铁四局集团有限公司 中铁四局集团第二工程有限公司
131	超大吨位非对称转体混合梁斜拉桥施工建造技术研究	二等奖	中铁九局集团有限公司 中铁九局集团第二工程有限公司 中国铁路设计集团有限公司 湖南大学
132	沙漠地区恶劣环境下高速公路路面综合技术研究	二等奖	中铁七局集团有限公司 中铁七局集团第三工程有限公司 中铁七局集团路桥工程有限公司
133	知识管理与协同创新平台	二等奖	中铁高新工业股份有限公司 中铁山桥集团有限公司

制表：刘建廷　黄佳强

表 10-5　　**中国中铁获 2019 年度省部级工法目录**

序号	工法名称	开发单位	认定机构
1	隧道防火瓷砖高效勾缝施工工法	中铁一局集团有限公司	中国公路建设行业协会
2	钢混组合梁悬臂拼装施工工法	中铁一局集团有限公司	中国公路建设行业协会
3	斜拉桥主塔上横梁悬空组拼式牛腿支架施工工法	中铁一局集团有限公司	中国公路建设行业协会
4	T 构托换轻型桥台加固既有刚构桥施工工法	中铁一局集团有限公司	中国公路建设行业协会
5	基于三维精控测量的节段箱梁预制施工工法	中铁一局集团有限公司	中国公路建设行业协会
6	隧道衬砌混凝土面凿毛排架施工工法	中铁一局集团有限公司	中国公路建设行业协会
7	高寒高海拔地区沥青混凝土路面施工工法	中铁一局集团有限公司	中国公路建设行业协会
8	三角形钢筋混凝土拱施工工法	中铁一局集团有限公司	中国公路建设行业协会
9	双幅 T 构同步平行转体施工工法	中铁一局集团有限公司	中国公路建设行业协会
10	隧道衬砌液位继电感应技术预防拱顶空洞施工工法	中铁一局集团有限公司	陕西省住建厅
11	浅埋暗挖超大断面车站隧道双侧壁导坑钻爆开挖施工工法	中铁一局集团有限公司	陕西省住建厅
12	中低速磁浮轨道连续轨排架轨施工工法	中铁一局集团有限公司	陕西省住建厅
13	双连拱隧道联合套拱施工工法	中铁一局集团有限公司	陕西省住建厅
14	单边可调节台车隧道二衬施工工法	中铁一局集团有限公司	陕西省住建厅
15	硬岩富水隧道泄水降压施工工法	中铁一局集团有限公司	陕西省住建厅
16	富水隧道超长距离反坡排水施工工法	中铁一局集团有限公司	陕西省住建厅
17	钢管拱助大方量超高内压混凝土施工工法	中铁一局集团有限公司	陕西省住建厅
18	钢桁—槽型梁组合结构施工工法	中铁一局集团有限公司	陕西省住建厅

续表

序号	工法名称	开发单位	认定机构
19	城市轨道交通接触网刚柔过渡安装施工工法	中铁一局集团有限公司	陕西省住建厅
20	城市轨道交通杂散电流防护系统施工工法	中铁一局集团有限公司	陕西省住建厅
21	隧道内接触网腕臂吊柱安装工法	中铁一局集团有限公司	陕西省住建厅
22	隧道仰拱钢筋与止水带安装工法	中铁二局第二工程有限公司	四川省住房和城乡建设厅
23	桩板结构防护浅埋运营地铁隧道施工工法	中铁二局集团有限公司	四川省住房和城乡建设厅
24	公路 35 米 /850 吨非对称整孔箱梁梁上运架施工工法	中铁二局集团有限公司	四川省住房和城乡建设厅
25	架桥机拆除上跨繁忙高速公路混凝土连续梁施工工法	中铁二局集团有限公司	四川省住房和城乡建设厅
26	铁路无砟轨道上拱整体水平切割工法	中铁二局集团有限公司	四川省住房和城乡建设厅
27	上软下硬复合地层地下连续墙快速成槽施工工法	中铁二局集团有限公司	四川省住房和城乡建设厅
28	全回转钻机清除废桩施工工法	中铁二局集团有限公司	四川省住房和城乡建设厅
29	隧道二次衬砌复合橡胶立杆伸缩端头模板施工工法	中铁二局集团有限公司	四川省住房和城乡建设厅
30	城市中心区主干道 SPMT 模块车快速架桥施工工法	中铁二局集团有限公司	四川省住房和城乡建设厅
31	粉砂粉土地层超深超厚地连墙两次清孔工法	中铁二局集团有限公司	四川省住房和城乡建设厅
32	盾构跟踪注浆控制沉降施工工法	中铁二局集团有限公司	四川省住房和城乡建设厅
33	基坑开挖钢支撑轴力自动补偿施工工法	中铁二局集团有限公司	四川省住房和城乡建设厅
34	基坑周边地下水位自动化监测施工工法	中铁二局集团有限公司	四川省住房和城乡建设厅
35	矩形顶管接收止水施工工法	中铁二局集团有限公司	四川省住房和城乡建设厅
36	地铁车站钢支撑留撑施工工法	中铁二局集团有限公司	四川省住房和城乡建设厅
37	预应力混凝土轨枕预制施工工法	中铁二局集团新运工程有限公司	四川省住房和城乡建设厅
38	CPH-240T 型道岔换铺机组换铺道岔施工工法	中铁二局集团新运工程有限公司	四川省住房和城乡建设厅
39	32 米 /900 吨双线整孔箱梁 500 米小曲线架设施工工法	中铁二局集团新运工程有限公司	四川省住房和城乡建设厅
40	铁路声屏障 T 梁现浇桥面板灵巧型模架系统法施工工法	中铁二局集团新运工程有限公司	四川省住房和城乡建设厅
41	大型地下水封储油洞库微震监测系统施工工法	中铁二局第二工程有限公司	四川省住房和城乡建设厅
42	轨道步进式长栈桥仰拱施工工法	中铁二局第二工程有限公司	四川省住房和城乡建设厅
43	中洞法施工暗挖地铁车站顶纵梁抱箍法施工工法	中铁二局第二工程有限公司	四川省住房和城乡建设厅
44	饮用水源河流高密度黏土河床地层双层钢板桩围堰工法	中铁二局第二工程有限公司	四川省住房和城乡建设厅
45	下承式倒三角形组合式梳型钢管拱肋节段支架安装工法	中铁二局第二工程有限公司	四川省住房和城乡建设厅
46	下承式倒三角形组合式钢管拱肋混凝土顶升灌注工法	中铁二局第二工程有限公司	四川省住房和城乡建设厅
47	城市高架大跨连续刚构 Y 型拱施工工法	中铁二局第四工程有限公司	四川省住房和城乡建设厅
48	隧道接触网支柱预埋槽道施工工法	中铁二局第四工程有限公司	四川省住房和城乡建设厅
49	现浇箱梁横移落梁施工工法	中铁二局第四工程有限公司	四川省住房和城乡建设厅
50	富水砂层三轴搅拌桩施工工法	中铁二局第六工程有限公司	四川省住房和城乡建设厅
51	厚层淤泥地质大跨径双层贝雷梁支架施工工法	中铁二局第六工程有限公司	四川省住房和城乡建设厅
52	渠式水泥土切割地下连续墙施工工法	中铁二局第六工程有限公司	四川省住房和城乡建设厅

续表

序号	工法名称	开发单位	认定机构
53	隧道采空区探测及处置施工工法	中铁二局第六工程有限公司	四川省住房和城乡建设厅
54	磁焊枪防水板焊接施工工法	中铁二局第六工程有限公司	四川省住房和城乡建设厅
55	高原地区藏式风格肌理漆施工工法	中铁二局集团装饰装修工程有限公司	四川省住房和城乡建设厅
56	高原地区大尺幅唐卡装饰施工工法	中铁二局集团装饰装修工程有限公司	四川省住房和城乡建设厅
57	高填方高遇溶率地区旋挖成孔灌注桩施工工法	中铁二局集团建筑有限公司	四川省住房和城乡建设厅
58	超高层复杂劲性结构节点施工工法	中铁二局集团建筑有限公司	四川省住房和城乡建设厅
59	超高层异形结构施工升降平台斜向爬升施工工法	中铁二局集团建筑有限公司	四川省住房和城乡建设厅
60	地下室剪力墙单侧木模板施工工法	中铁二局集团建筑有限公司	四川省住房和城乡建设厅
61	梁柱（墙）节点 L 型钢模板施工工法	中铁二局集团建筑有限公司	四川省住房和城乡建设厅
62	高墩小半径现浇连续箱梁支架施工工法	中铁二局第四工程有限公司	中国公路建设行业协会
63	复杂钢结构与混凝土连接段施工工法	中铁二局第五工程有限公司	中国公路建设行业协会
64	路基附属工程机械化高效施工工法	中铁三局集团有限公司	中国公路建设行业协会
65	桥墩回收用水绿色循环养护施工工法	中铁三局集团有限公司	中国公路建设行业协会
66	隧道仰拱与中心水沟机械化高效施工工法	中铁三局集团有限公司	中国公路建设行业协会
67	高水位碎石层新型复合基坑围护结构施工工法	中铁三局集团有限公司	中国公路建设行业协会
68	路基智能压实施工工法	中铁三局集团有限公司运输工程分公司	中国公路建设行业协会
69	紧邻高层建筑石灰岩地层基坑 CO_2 爆破施工工法	中铁三局集团第五工程有限公司	山东省住房和城乡建设厅
70	挡土墙 PFF 整体复合反滤层单侧模板施工工法	中铁三局集团有限公司	国家铁路局
71	临近既有高铁多种围护结构深基坑施工工法	中铁三局集团有限公司	国家铁路局
72	CRTS Ⅲ型板式无砟轨道底座板滑模施工工法	中铁三局集团有限公司	国家铁路局
73	TCM60 铺轨机大坡道 500 米长钢轨铺设施工工法	中铁三局集团有限公司	国家铁路局
74	重载铁路简支 T 梁人行道组合结构施工工法	中铁三局集团有限公司	国家铁路局
75	跨多条营业线连续梁支架现浇墩顶转体与悬臂浇筑组合施工工法	中铁三局集团有限公司	国家铁路局
76	基于 BIM 技术的大吨位低净空槽形梁施工工法	中铁三局集团有限公司	国家铁路局
77	基于互联网 + 的连续梁冬期智能养生工法	中铁三局集团有限公司	国家铁路局
78	桥墩混凝土自动养护施工工法	中铁三局集团有限公司	国家铁路局
79	客运专线现浇梁 0# 段多孔定点振捣施工工法	中铁三局集团有限公司	国家铁路局
80	客运专线现浇梁钢筋及预应力管道精准定位施工工法	中铁三局集团有限公司	国家铁路局
81	应用 BIM 技术拼装 64 米钢桁梁施工工法	中铁三局集团有限公司	国家铁路局
82	三维激光扫描检测隧道净空施工工法	中铁三局集团有限公司	国家铁路局
83	变截面碗状钢结构分步吊装施工工法	中铁三局集团有限公司 中铁三局集团有限公司运输工程分公司	山西省住房和城乡建设厅
84	超高层不规则立面玻璃幕墙施工工法	中铁三局集团有限公司 中铁三局集团建筑安装工程有限公司	山西省住房和城乡建设厅
85	站房屋盖钢桁架分段滑移施工工法	中铁三局集团有限公司 中铁三局集团建筑安装工程有限公司	山西省住房和城乡建设厅
86	屋盖钢桁架滑移拼装平台施工工法	中铁三局集团有限公司 中铁三局集团建筑安装工程有限公司	山西省住房和城乡建设厅
87	站房屋盖基座桁架制作安装施工工法	中铁三局集团有限公司 中铁三局集团建筑安装工程有限公司	山西省住房和城乡建设厅

续表

序号	工法名称	开发单位	认定机构
88	高铁绿化智能养护体系施工工法	中铁三局集团有限公司 中铁三局集团建筑安装工程有限公司	山西省住房和城乡建设厅
89	内插式预制混凝土方桩基坑围护结构施工工法	中铁三局集团有限公司 中铁三局集团第五工程有限公司	山西省住房和城乡建设厅
90	紧邻高层建筑石灰岩地层基坑 CO_2 爆破施工工法	中铁三局集团有限公司 中铁三局集团第五工程有限公司	山西省住房和城乡建设厅
91	高水位碎石层潜孔冲击高压旋喷桩施工工法	中铁三局集团有限公司 中铁三局集团第五工程有限公司	山西省住房和城乡建设厅
92	桥梁钻孔桩基桩头施工精确控制施工工法	中铁三局集团第五工程有限公司 太焦铁路 TJZQ-1 标项目经理部	山西省住房和城乡建设厅
93	水中墩信息化施工工法	中铁三局集团有限公司 中铁三局集团有限公司运输工程分公司	山西省住房和城乡建设厅
94	多叶片搅拌桩施工工法	中铁三局集团有限公司 中铁三局集团天津建设工程有限公司	山西省住房和城乡建设厅
95	钻孔灌注桩旋挖钻套筒跟进施工工法	中铁三局集团有限公司 中铁三局集团华东建设有限公司	山西省住房和城乡建设厅
96	地下结构既有桩基厚板托换施工工法	中铁三局集团有限公司 中铁三局集团桥隧工程有限公司	山西省住房和城乡建设厅
97	下翻梁侵限条件下盾构平移施工工法	中铁三局集团有限公司 中铁三局集团第二工程有限公司	山西省住房和城乡建设厅
98	海底高标号混凝土二衬质量控制工法	中铁三局集团有限公司 中铁三局集团第四工程有限公司	山西省住房和城乡建设厅
99	“T-I”型中隔墙移动模架浇筑施工工法	中铁三局集团有限公司 中铁三局集团第四工程有限公司	山西省住房和城乡建设厅
100	大直径 PCCP 供水管原位保护施工工法	中铁三局集团有限公司 中铁三局集团桥隧工程有限公司	山西省住房和城乡建设厅
101	盾构顶升侧移空推过站施工工法	中铁三局集团有限公司 中铁三局集团桥隧工程有限公司	山西省住房和城乡建设厅
102	砂质板岩隧道光面爆破控制施工工法	中铁三局集团有限公司 中铁三局集团广东建设工程有限公司	山西省住房和城乡建设厅
103	连续梁 0# 块落地倚靠式支架施工工法	中铁三局集团有限公司 中铁三局集团天津建设工程有限公司	山西省住房和城乡建设厅
104	重载铁路简支 T 梁人行道组合结构施工工法	中铁三局集团有限公司 中铁三局集团第二工程有限公司	山西省住房和城乡建设厅
105	后张法预应力混凝土简支 T 梁裂纹控制施工工法	中铁三局集团有限公司 中铁三局集团第二工程有限公司	山西省住房和城乡建设厅
106	路基下穿公路 U 型支挡结构施工工法	中铁三局集团有限公司 中铁三局集团第二工程有限公司	山西省住房和城乡建设厅
107	预制梁薄顶板圆锚张拉施工工法	中铁三局集团有限公司 中铁三局集团第三工程有限公司	山西省住房和城乡建设厅
108	CRTS Ⅲ型板式无砟轨道底座板滑模施工工法	中铁三局集团有限公司 中铁三局集团第五工程有限公司	山西省住房和城乡建设厅
109	复合边坡防护机械化施工工法	中铁三局集团有限公司 中铁三局集团第五工程有限公司	山西省住房和城乡建设厅
110	基于 BIM 的转体连续梁桥施工工法	中铁三局集团有限公司 中铁三局集团第五工程有限公司	山西省住房和城乡建设厅
111	基于精确预弯的钢筋笼机械化施工工法	中铁三局集团有限公司 中铁三局集团第五工程有限公司	山西省住房和城乡建设厅
112	基于互联网 + 的连续梁冬期智能养生工法	中铁三局集团有限公司 中铁三局集团第五工程有限公司	山西省住房和城乡建设厅
113	小型预制件标准化施工工法	中铁三局集团第五工程有限公司 太焦铁路 TJZQ-1 标项目经理部	山西省住房和城乡建设厅
114	现浇梁钢筋及预应力管道精准定位施工工法	中铁三局集团第六工程有限公司 太焦铁路 TJZQ-1 标项目经理部	山西省住房和城乡建设厅
115	现浇梁 0# 段多孔定点振捣施工工法	中铁三局集团第六工程有限公司 太焦铁路 TJZQ-1 标项目经理部	山西省住房和城乡建设厅

续表

序号	工法名称	开发单位	认定机构
116	下承式挂篮悬臂浇筑连续梁施工工法	中铁三局集团有限公司 中铁三局集团第六工程有限公司	山西省住房和城乡建设厅
117	大跨度刚构—连续组合曲线梁施工工法	中铁三局集团有限公司 中铁三局集团第六工程有限公司	山西省住房和城乡建设厅
118	路堑二氧化碳致裂开挖施工工法	中铁三局集团有限公司 中铁三局集团第六工程有限公司	山西省住房和城乡建设厅
119	高寒隧道泄水洞排水系统施工工法	中铁三局集团有限公司 中铁三局集团第六工程有限公司	山西省住房和城乡建设厅
120	震区高陡岩堆体隧道进洞施工工法	中铁三局集团有限公司 中铁三局集团桥隧工程有限公司	山西省住房和城乡建设厅
121	现浇箱梁抛物线型桁架施工工法	中铁三局集团有限公司 中铁三局集团桥隧工程有限公司	山西省住房和城乡建设厅
122	倾斜塔柱底部应力控制施工工法	中铁三局集团有限公司 中铁三局集团桥隧工程有限公司	山西省住房和城乡建设厅
123	大体积混凝土智能降温养护施工工法	中铁三局集团有限公司 中铁三局集团桥隧工程有限公司	山西省住房和城乡建设厅
124	铁路高架车站单双线箱梁施工工法	中铁三局集团有限公司 中铁三局集团线桥工程有限公司	山西省住房和城乡建设厅
125	900 吨架桥机过提梁拱架梁施工工法	中铁三局集团有限公司 中铁三局集团线桥工程有限公司	山西省住房和城乡建设厅
126	下承式节段拼装造桥机拆卸施工工法	中铁三局集团有限公司 中铁三局集团有限公司运输工程分公司	山西省住房和城乡建设厅
127	铁路预制梁孔道压浆质量快速检测施工工法	中铁三局集团有限公司	山西省住房和城乡建设厅
128	三维激光扫描检测隧道净空施工工法	中铁三局集团有限公司	山西省住房和城乡建设厅
129	地铁运营线运输岔区轨道施工工法	中铁三局集团有限公司 中铁三局集团线桥工程有限公司	山西省住房和城乡建设厅
130	地铁预制轨道板式整体道床施工工法	中铁三局集团有限公司 中铁三局集团线桥工程有限公司	山西省住房和城乡建设厅
131	市域铁路橡胶减震垫道床施工工法	中铁三局集团有限公司 中铁三局集团线桥工程有限公司	山西省住房和城乡建设厅
132	地铁轨道道床轨底坡控制施工工法	中铁三局集团有限公司 中铁三局集团线桥工程有限公司	山西省住房和城乡建设厅
133	短线法节段梁预制施工工法	中铁三局集团有限公司 中铁三局集团广东建设工程有限公司	山西省住房和城乡建设厅
134	上行式移动模架现浇梁快速施工工法	中铁三局集团有限公司 中铁三局集团广东建设工程有限公司	山西省住房和城乡建设厅
135	先后张结合 U 型梁预制施工工法	中铁三局集团有限公司 中铁三局集团广东建设工程有限公司	山西省住房和城乡建设厅
136	变电设备柜体孔洞防火封堵施工工法	中铁三局集团有限公司 中铁三局集团电务公司有限公司	山西省住房和城乡建设厅
137	基于 GPS 测量接触网硬横梁施工工法	中铁三局集团有限公司 中铁三局集团电务公司有限公司	山西省住房和城乡建设厅
138	既有地铁 OCC 通信系统改造施工工法	中铁三局集团有限公司 中铁三局集团电务公司有限公司	山西省住房和城乡建设厅
139	动车运用所 CCS 系统施工工法	中铁三局集团有限公司 中铁三局集团电务公司有限公司	山西省住房和城乡建设厅
140	低净空钢侧模咬合桩施工工法	中铁三局集团有限公司 中铁三局集团第二工程有限公司	山西省住房和城乡建设厅
141	地铁车站大断面竖井倒挂井壁施工工法	中铁三局集团有限公司 中铁三局集团第四工程有限公司	山西省住房和城乡建设厅
142	地铁车站盾构始发洞门冻结加固施工工法	中铁三局集团有限公司 中铁三局集团第四工程有限公司	山西省住房和城乡建设厅
143	地铁硬质岩层竖井快速钻孔漏渣施工工法	中铁三局集团有限公司 中铁三局集团第四工程有限公司	山西省住房和城乡建设厅

续表

序号	工法名称	开发单位	认定机构
144	利用 RPD 钻机快速判断围岩情况的施工工法	中铁三局集团有限公司 中铁三局集团第四工程有限公司	山西省住房和城乡建设厅
145	明挖隧道近距离叠合上跨盾构区间分段施工工法	中铁三局集团有限公司 中铁三局集团第五工程有限公司	山西省住房和城乡建设厅
146	叠合既有涵洞地铁出入线 U 形槽施工工法	中铁三局集团有限公司 中铁三局集团第五工程有限公司	山西省住房和城乡建设厅
147	自行液压台车明挖隧道高效施工工法	中铁三局集团有限公司 中铁三局集团第五工程有限公司	山西省住房和城乡建设厅
148	岩溶地区隧道聚能水压光面爆破施工工法	中铁三局集团有限公司 中铁三局集团第五工程有限公司	山西省住房和城乡建设厅
149	单线隧道微台阶开挖施工工法	中铁三局集团有限公司 中铁三局集团第五工程有限公司	山西省住房和城乡建设厅
150	隧道双壁导坑法变三台阶法变断面施工工法	中铁三局集团有限公司 中铁三局集团第五工程有限公司	山西省住房和城乡建设厅
151	薄壁空心墩液压自动滑模施工工法	中铁三局集团有限公司 中铁三局集团第六工程有限公司	山西省住房和城乡建设厅
152	隧道仰拱液压走行模板浇筑施工工法	中铁三局集团有限公司 中铁三局集团第六工程有限公司	山西省住房和城乡建设厅
153	基于 BIM 的 H 型百米索塔快速施工工法	中铁三局集团有限公司 中铁三局集团桥隧工程有限公司	山西省住房和城乡建设厅
154	盾构近距离侧穿高铁桥梁施工工法	中铁三局集团有限公司 中铁三局集团桥隧工程有限公司	山西省住房和城乡建设厅
155	暗挖隧道近距离下穿城市公路隧道施工工法	中铁三局集团有限公司 中铁三局集团桥隧工程有限公司	山西省住房和城乡建设厅
156	邻近既有线水中嵌岩承台施工工法	中铁三局集团有限公司 中铁三局集团桥隧工程有限公司	山西省住房和城乡建设厅
157	复杂环境下千斤顶顶升拔桩施工工法	中铁三局集团有限公司 中铁三局集团桥隧工程有限公司	山西省住房和城乡建设厅
158	液化软土水泥搅拌桩施工工法	中铁三局集团有限公司 中铁三局集团有限公司运输工程分公司	山西省住房和城乡建设厅
159	城市地铁高压线下小净距立柱桩施工工法	中铁三局集团有限公司 中铁三局集团华东建设有限公司	山西省住房和城乡建设厅
160	墩帽钢筋整体绑扎安装施工工法	中铁三局集团有限公司 中铁三局集团华东建设有限公司	山西省住房和城乡建设厅
161	地铁短隧道通长管幕超前预支护施工工法	中铁三局集团有限公司 中铁三局集团广东建设工程有限公司	山西省住房和城乡建设厅
162	基于型钢模架盾构始发施工工法	中铁三局集团有限公司 中铁三局集团广东建设工程有限公司	山西省住房和城乡建设厅
163	惯性导航技术用于既有线升级改造施工工法	中铁三局集团有限公司 山西天昇测绘工程有限公司	山西省住房和城乡建设厅
164	重载铁路黏土包砂路基填筑施工工法	中铁三局集团有限公司 中铁三局集团第五工程有限公司	山西省住房和城乡建设厅
165	地铁深大基坑皮带机出土快速施工工法	中铁三局集团有限公司 中铁三局集团桥隧工程有限公司	山西省住房和城乡建设厅
166	膨胀土高路堑边坡加筋土反压施工工法	中铁三局集团有限公司 中铁三局集团桥隧工程有限公司	山西省住房和城乡建设厅
167	超长原位注水素土挤密桩施工工法	中铁三局集团有限公司 中铁三局集团建筑安装工程有限公司	山西省住房和城乡建设厅
168	超高层建筑铝合金模板施工工法	中铁三局集团有限公司 中铁三局集团第三工程有限公司	山西省住房和城乡建设厅
169	多点落地物理隔离门式钢架施工工法	中铁三局集团有限公司 中铁三局集团第六工程有限公司	山西省住房和城乡建设厅
170	检修闸竖井“正井反向出碴”施工工法	中铁三局集团有限公司 中铁三局集团桥隧工程有限公司	山西省住房和城乡建设厅
171	大跨度倾斜式主辅拱肋钢箱拱桥安装施工工法	中铁三局集团有限公司 中铁三局集团有限公司运输工程分公司	山西省住房和城乡建设厅
172	繁忙铁路干线桥梁拆除还建施工工法	中铁三局集团有限公司 中铁三局集团有限公司运输工程分公司	山西省住房和城乡建设厅

续表

序号	工法名称	开发单位	认定机构
173	梁端锚穴封锚施工工法	中铁三局集团有限公司 中铁三局集团建筑安装工程有限公司	山西省住房和城乡建设厅
174	焊接球形网架分区累积滑移安装施工工法	中铁三局集团有限公司 中铁三局集团建筑安装工程有限公司	山西省住房和城乡建设厅
175	高速公路风积沙湿压法填筑施工工法	中铁三局集团有限公司 中铁三局集团有限公司运输工程分公司	山西省住房和城乡建设厅
176	隧道桩—板结构上跨煤矿运输巷道施工工法	中铁三局集团有限公司 中铁三局集团第二工程有限公司	山西省住房和城乡建设厅
177	连续梁支架现浇墩顶转体与悬灌组合施工工法	中铁三局集团有限公司 中铁三局集团第二工程有限公司	山西省住房和城乡建设厅
178	高铁路基沥青混凝土防水封闭层施工工法	中铁三局集团有限公司 中铁三局集团第二工程有限公司	山西省住房和城乡建设厅
179	动水环境下地下墩身施工工法	中铁三局集团有限公司 中铁三局集团第三工程有限公司	山西省住房和城乡建设厅
180	紧邻高铁线桥墩防侵限安全施工工法	中铁三局集团有限公司 中铁三局集团第三工程有限公司	山西省住房和城乡建设厅
181	桥梁垫石锚栓孔精准定位快速施工工法	中铁三局集团有限公司 中铁三局集团第三工程有限公司	山西省住房和城乡建设厅
182	桥梁钻孔桩孔口钢筋精确对位施工工法	中铁三局集团有限公司 中铁三局集团第三工程有限公司	山西省住房和城乡建设厅
183	地铁高架桥预制墩帽安装施工工法	中铁三局集团有限公司 中铁三局集团第三工程有限公司	山西省住房和城乡建设厅
184	大跨隧道上软下硬地层进洞施工工法	中铁三局集团有限公司 中铁三局集团第三工程有限公司	山西省住房和城乡建设厅
185	浅埋暗挖隧道分体式组合台车二衬施工工法	中铁三局集团有限公司 中铁三局集团第五工程有限公司	山西省住房和城乡建设厅
186	跨既有高铁转体桥合拢段可移动防护吊架工法	中铁三局集团有限公司 中铁三局集团第五工程有限公司	山西省住房和城乡建设厅
187	基于快速精确定位的铁路声屏障施工工法	中铁三局集团有限公司 中铁三局集团第五工程有限公司	山西省住房和城乡建设厅
188	全体外预应力宽幅超薄节段箱梁预制施工工法	中铁三局集团有限公司 中铁三局集团第五工程有限公司	山西省住房和城乡建设厅
189	全体外预应力宽幅超薄节段箱梁快速架设施工工法	中铁三局集团有限公司 中铁三局集团第五工程有限公司	山西省住房和城乡建设厅
190	混凝土拱形骨架护坡钢吊模施工工法	中铁三局集团有限公司 中铁三局集团第六工程有限公司	山西省住房和城乡建设厅
191	铁路双线隧道全机械化施工工法	中铁三局集团有限公司 中铁三局集团桥隧工程有限公司	山西省住房和城乡建设厅
192	双块式轨枕通道养护全自动预制工法	中铁三局集团有限公司 中铁三局集团桥隧工程有限公司	山西省住房和城乡建设厅
193	高架车站 π 型梁预制架设施工工法	中铁三局集团有限公司 中铁三局集团桥隧工程有限公司	山西省住房和城乡建设厅
194	64 米简支箱梁节段预制拼装施工工法	中铁三局集团有限公司 中铁三局集团桥隧工程有限公司	山西省住房和城乡建设厅
195	曲线道岔几何尺寸调整施工工法	中铁三局集团有限公司 中铁三局集团有限公司运输工程分公司	山西省住房和城乡建设厅
196	双块式轨枕双排坑全自动化预制施工工法	中铁三局集团有限公司 中铁三局集团线桥工程有限公司	山西省住房和城乡建设厅
197	铁路工程信息化管理运输施工工法	中铁三局集团有限公司 中铁三局集团线桥工程有限公司	山西省住房和城乡建设厅
198	900 吨箱梁隧道口倒运接力过隧道架梁施工工法	中铁三局集团有限公司 中铁三局集团线桥工程有限公司	山西省住房和城乡建设厅
199	地铁无缝线路钢轨合拢段焊接施工工法	中铁三局集团有限公司 中铁三局集团线桥工程有限公司	山西省住房和城乡建设厅
200	钢结构主体顶棚管线施工工法	中铁三局集团有限公司 中铁三局集团电务公司有限公司	山西省住房和城乡建设厅

续表

序号	工法名称	开发单位	认定机构
201	杂散电缆与钢轨胀钉式连接施工工法	中铁三局集团有限公司 中铁三局集团电务公司有限公司	山西省住房和城乡建设厅
202	高位置隧道壁漏缆卡具安装施工工法	中铁三局集团有限公司 中铁三局集团电务公司有限公司	山西省住房和城乡建设厅
203	机器人清扫风管施工工法	中铁三局集团有限公司 中铁三局集团电务公司有限公司	山西省住房和城乡建设厅
204	高寒地区道岔融雪控制系统安装调试工法	中铁三局集团有限公司 中铁三局集团电务公司有限公司	山西省住房和城乡建设厅
205	断面可调式大净空衬砌台车施工工法	中铁四局集团有限公司	安徽省住房和城乡建设厅
206	地下管廊整体移动式模架体系施工工法	中铁四局集团有限公司	安徽省住房和城乡建设厅
207	CRTS Ⅲ型无砟轨道板关键尺寸快速检测施工工法	中铁四局集团有限公司	安徽省住房和城乡建设厅
208	隧道掌子面开挖线智能定位测量工法	中铁四局集团有限公司	安徽省住房和城乡建设厅
209	深水大型钢围堰雪橇板下水单拖单绑浮运安装工法	中铁四局集团有限公司	安徽省住房和城乡建设厅
210	深水倾斜裸岩水下精准爆破施工工法	中铁四局集团有限公司	安徽省住房和城乡建设厅
211	重载铁路风沙路基施工工法	中铁四局集团有限公司	安徽省住房和城乡建设厅
212	装配式管廊U型盾构施工工法	中铁四局集团有限公司	安徽省住房和城乡建设厅
213	U型敞口盾构机空推施工工法	中铁四局集团有限公司	安徽省住房和城乡建设厅
214	多舱室综合管廊自行式台车整体浇筑施工工法	中铁四局集团有限公司	安徽省住房和城乡建设厅
215	水平层理围岩特大断面隧道双楔形掏槽光面爆破施工工法	中铁四局集团有限公司	安徽省住房和城乡建设厅
216	复杂环境下浅埋暗挖岩层车站洞桩法施工工法	中铁四局集团有限公司	安徽省住房和城乡建设厅
217	特大断面石质隧道局部浅覆土段半明半暗施工工法	中铁四局集团有限公司	安徽省住房和城乡建设厅
218	地铁车站上软下硬地层TRD止水帷幕施工工法	中铁四局集团有限公司	安徽省住房和城乡建设厅
219	有轨电车59R2槽型轨梳子型道岔施工工法	中铁四局集团有限公司	安徽省住房和城乡建设厅
220	软土盾构在硬塑状黏土层中快速掘进施工工法	中铁四局集团有限公司	安徽省住房和城乡建设厅
221	框架柱钢筋笼整体吊装快速定位施工工法	中铁四局集团有限公司	安徽省住房和城乡建设厅
222	智能全站仪协同BIM技术工程测量施工工法	中铁四局集团有限公司	安徽省住房和城乡建设厅
223	城市轨道交通盾构区间预埋滑槽刚性接触网施工工法	中铁四局集团有限公司	安徽省住房和城乡建设厅
224	城市轨道交通胶轮路轨APM300型系统供电轨安装施工工法	中铁四局集团有限公司	安徽省住房和城乡建设厅
225	多室波形钢腹板连续梁桥悬臂施工工法	中铁四局集团有限公司	安徽省住房和城乡建设厅
226	多室波形钢腹板连续梁桥悬臂施工工法	中铁四局集团市政工程有限公司	中国公路建设行业协会
227	运营高速公路连续梁桥桩基托换施工工法	中铁四局集团有限公司	中国公路建设行业协会
228	地下室外墙无贯穿拉杆模板支设施工工法	中铁四局集团建筑工程有限公司	中国公路建设行业协会
229	特大断面隧道负埋深段盖挖施工工法	中铁四局集团有限公司	中国公路建设行业协会
230	复杂地质区间大坡度超小半径圆曲线段盾构始发掘进施工工法	中铁四局集团第五工程有限公司盾构分公司	中国公路建设行业协会
231	严寒地区CRTS Ⅲ型板式无砟轨道板预制施工工法	中铁四局集团有限公司	国家铁路局
232	直肋纹灌注桩施工工法	中铁四局集团有限公司	国家铁路局
233	高速铁路桥梁地段CRTS Ⅲ型板式无砟轨道底座施工工法	中铁四局集团有限公司	国家铁路局
234	时速350千米高速铁路CRTS Ⅲ型板式无砟轨道道岔板铺设施工工法	中铁四局集团有限公司	国家铁路局

续表

序号	工法名称	开发单位	认定机构
235	上行双幅式移动模架施工工法	中铁四局集团有限公司	国家铁路局
236	大跨三主桁刚性悬索加劲连续钢桁梁带加劲弦顶推施工工法	中铁四局集团有限公司	国家铁路局
237	大跨度铁路变桁高连续钢桁梁悬臂架设跨中合龙施工工法	中铁四局集团有限公司	国家铁路局
238	DJ180 型架桥机无砟双线隧道口架设铁路 T 梁施工工法	中铁四局集团有限公司	国家铁路局
239	高速铁路墩台垫石支座预埋孔精确定位成孔施工工法	中铁四局集团有限公司	国家铁路局
240	上行双幅式移动模架钢筋骨架整体吊装施工工法	中铁四局集团有限公司	国家铁路局
241	超浅埋富水砂层矩形大断面车站管幕洞柱法施工工法	中铁四局集团第五工程有限公司	江西省住房和城乡建设厅
242	越江隧道无人船监测施工工法	中铁四局集团有限公司	江西省住房和城乡建设厅
243	废弃泥浆泥水分离处理施工工法	中铁四局集团有限公司	江西省住房和城乡建设厅
244	淤泥质地层下穿排水箱涵矩形通道暗挖施工工法	中铁四局集团有限公司	江西省住房和城乡建设厅
245	富水超深嵌岩地下连续墙成槽施工工法	中铁四局集团有限公司	江西省住房和城乡建设厅
246	半台阶隧道开挖处理盾构区间障碍物施工工法	中铁四局集团有限公司	江西省住房和城乡建设厅
247	富水砾石层超深地下连续墙施工工法	中铁四局集团有限公司	江西省住房和城乡建设厅
248	深基坑围护结构渗水三维成像检测及修复施工工法	中铁四局集团有限公司	江苏省住房和城乡建设厅
249	桥面高分子防水卷材快速铺贴施工工法	中铁四局集团有限公司	江苏省住房和城乡建设厅
250	场地受限的大基坑无对撑组合式锁扣钢连墙施工工法	中铁四局集团有限公司	江苏省住房和城乡建设厅
251	斜拉桥索导管高空精确定位施工工法	中铁四局集团有限公司	江苏省住房和城乡建设厅
252	跨座式单轨 PC 轨道梁预制施工工法	中铁四局集团有限公司	江苏省住房和城乡建设厅
253	基于围囹支撑水下整体安装的超长钢板桩围堰施工工法	中铁四局集团有限公司	江苏省住房和城乡建设厅
254	软硬结合地层地连墙抓引铣组合快速施工技术	中铁四局集团有限公司	江苏省住房和城乡建设厅
255	洞桩法地铁车站桩柱一体化施工工法	中铁四局集团有限公司	天津市住房和城乡建设厅
256	地铁深基坑混凝土支撑无支架切割施工工法	中铁四局集团有限公司	天津市住房和城乡建设厅
257	密实卵石地质栈桥管桩桩基快速成桩施工工法	中铁四局集团有限公司	天津市住房和城乡建设厅
258	软岩地质水下承台基坑开挖施工工法	中铁四局集团有限公司	天津市住房和城乡建设厅
259	利用分层辅助导洞九部开挖特大断面地铁车站施工工法	中铁四局集团有限公司	重庆市住房和城乡建设厅
260	软岩大变形隧道台阶开挖锚杆快速施工工法	中铁五局集团成都工程有限责任公司	四川省住房和城乡建设厅
261	软岩隧道二台阶带仰拱开挖工法	中铁五局集团成都工程有限责任公司	四川省住房和城乡建设厅
262	有害气体特长隧道智能通风施工工法	中铁五局集团成都工程有限责任公司	四川省住房和城乡建设厅
263	QLYNGH 固化剂表层软基处理施工工法	中铁五局集团第一工程有限责任公司	湖南省住房和城乡建设厅
264	地铁车站换乘节点段深基坑施工工法	中铁五局集团第一工程有限责任公司	湖南省住房和城乡建设厅
265	梁体自动喷淋养护施工工法	中铁五局集团第一工程有限责任公司	湖南省住房和城乡建设厅
266	砂岩地层双连拱地铁隧道三导洞机械开挖施工工法	中铁五局集团第一工程有限责任公司	湖南省住房和城乡建设厅
267	绳锯法拆除既有桥梁施工工法	中铁五局集团第一工程有限责任公司	湖南省住房和城乡建设厅
268	手机测量程序结合全站仪控制隧道超欠挖测量方法	中铁五局集团第一工程有限责任公司	湖南省住房和城乡建设厅
269	隧道岩爆分级防治施工工法	中铁五局集团第一工程有限责任公司	湖南省住房和城乡建设厅

续表

序号	工法名称	开发单位	认定机构
270	小型构件半自动化流水线预制施工工法	中铁五局集团第二工程有限责任公司	湖南省住房和城乡建设厅
271	高速铁路聚氨酯弹性体伸缩缝气囊法现场浇筑施工工法	中铁五局集团第二工程有限责任公司	湖南省住房和城乡建设厅
272	CRTS Ⅲ型板无砟轨道底座排水坡快速成型施工工法	中铁五局集团第二工程有限责任公司	湖南省住房和城乡建设厅
273	湿陷性黄土地区柱锤冲扩桩施工工法	中铁五局集团第二工程有限责任公司	湖南省住房和城乡建设厅
274	短 0 号块连体挂篮安装及解体施工工法	中铁五局集团第二工程有限责任公司	湖南省住房和城乡建设厅
275	高原高寒高边坡 CBS 植被混凝土生态防护施工工法	中铁五局集团第五工程有限责任公司	湖南省住房和城乡建设厅
276	高原高寒多年冻土区隧道复合式衬砌施工工法	中铁五局集团第五工程有限责任公司	湖南省住房和城乡建设厅
277	“滇中红层”地震构造带隧道斜井进正洞挑顶施工工法	中铁五局集团第五工程有限责任公司	湖南省住房和城乡建设厅
278	大型水工隧洞围堰控制爆破拆除施工工法	中铁五局集团第五工程有限责任公司	湖南省住房和城乡建设厅
279	圆形小断面隧洞针梁模板台车同向跳仓施工工法	中铁五局集团第五工程有限责任公司	湖南省住房和城乡建设厅
280	大跨度大吨位大高差缆索式起重吊机施工工法	中铁五局集团机械化工程有限责任公司	湖南省住房和城乡建设厅
281	高陡坡防混凝土离析快速输送工法	中铁五局集团机械化工程有限责任公司	湖南省住房和城乡建设厅
282	隔仓局部填筑混凝土双壁钢围堰施工工法	中铁五局集团机械化工程有限责任公司	湖南省住房和城乡建设厅
283	路堤边沟一次开挖成型施工工法	中铁五局集团机械化工程有限责任公司	湖南省住房和城乡建设厅
284	水泥稳定碎石结构层“两布一膜”养护工法	中铁五局集团机械化工程有限责任公司	湖南省住房和城乡建设厅
285	现浇文化石隧道洞门墙施工工法	中铁五局集团机械化工程有限责任公司	湖南省住房和城乡建设厅
286	自行式仰拱栈桥与轻便弧形腹膜一体化仰拱施工工法	中铁五局集团机械化工程有限责任公司	湖南省住房和城乡建设厅
287	高原高寒多年冻土区隧道复合式衬砌施工工法	中铁五局集团有限公司 中铁五局集团第五工程有限责任公司	中国公路建设行业协会
288	锚杆肋柱式槽板竖直挡墙预制装配施工工法	中铁五局集团有限公司 中铁五局集团建筑工程有限责任公司	中国公路建设行业协会
289	挖方高边坡坡面自动化变形监测预警系统施工工法	中铁五局集团第四工程有限责任公司 中铁五局集团有限公司	中国公路建设行业协会
290	地铁下穿通行状态下既有桥梁桩基托换施工工法	中铁五局集团第四工程有限责任公司 中铁五局集团有限公司	中国公路建设行业协会
291	沿江陡崖地形四柱高墩快速施工工法	中铁五局集团第四工程有限责任公司 中铁五局集团有限公司	中国公路建设行业协会
292	移动平台精确定位长大管棚施工工法	中铁五局集团有限公司 中铁五局集团第四工程有限责任公司	中国公路建设行业协会
293	高原高寒多年冻土区隧道洞口跟管管棚施工工法	中铁五局集团有限公司 中铁五局集团第五工程有限责任公司	中国公路建设行业协会
294	大跨度三连拱隧道先边后中施工工法	中铁五局集团有限公司 中铁五局集团第四工程有限责任公司	中国公路建设行业协会
295	隧道二次衬砌合页式钢端头模施工工法	中铁五局集团贵州工程有限公司 中铁五局集团有限公司	中国公路建设行业协会
296	悬臂式掘进机在软弱围岩中施工工法	中铁六局集团天津铁路建设有限公司	天津市住房和城乡建设委员会
297	框架桥滑板接长顶进施工工法	中铁六局集团天津铁路建设有限公司	山西省住房和城乡建设厅
298	上盖开发地铁车辆段异形柱的施工工法	中铁六局集团天津铁路建设有限公司	山西省住房和城乡建设厅
299	钻孔桩伸缩式新型吊筋施工工法	中铁六局集团天津铁路建设有限公司	山西省住房和城乡建设厅
300	复杂地质顶进框架桥纠偏施工工法	中铁六局集团天津铁路建设有限公司	山西省住房和城乡建设厅
301	跨铁路营业线钢桁架天桥顶推施工工法	中铁九局集团第四工程有限公司	辽宁省住房和城乡建设厅
302	盾构下穿富水砂卵石浅埋河床抗拔桩抗浮板加固工法	中铁九局集团第四工程有限公司	辽宁省住房和城乡建设厅
303	大直径、超长钻孔灌注桩施工工法	中铁九局集团第七工程有限公司	辽宁省住房和城乡建设厅

续表

序号	工法名称	开发单位	认定机构
304	基于BIM技术的通信铁塔基础制作及铁塔安装工法	中铁九局集团电务工程有限公司	辽宁省住房和城乡建设厅
305	双幅箱梁斜腿支架及箱梁横移施工工法	中铁大桥局集团有限公司 中铁大桥局集团第二工程有限公司	江苏省住房和城乡建设厅
306	浅埋大断面管幕—箱涵顶推施工工法	中铁大桥局集团有限公司 中铁大桥局集团第四工程有限公司	江苏省住房和城乡建设厅
307	同向回转锚固体系斜拉索施工工法	中铁大桥局集团有限公司 中铁大桥局集团第四工程有限公司	江苏省住房和城乡建设厅
308	隧道近距下穿巨型滑坡体坡体稳定监测工法	中铁隧道局集团有限公司	河南省建筑业协会
309	单线铁路隧道长锚杆快速施工工法	中铁隧道局集团有限公司	河南省建筑业协会
310	导洞内连体管幕高精度独头施工工法	中铁隧道局集团有限公司	河南省建筑业协会
301	线侧下式铁路站房路基侧高填方分离式基础处理施工工法	中铁六局集团有限公司 中铁六局集团建筑安装工程有限公司	山西省住房和城乡建设厅
302	小半径内反檐弧形混凝土阳台栏板施工工法	中铁六局集团有限公司 中铁六局集团建筑安装工程有限公司	山西省住房和城乡建设厅
303	多材质大曲率幕墙组合安装施工工法	中铁六局集团有限公司 中铁六局集团建筑安装工程有限公司	山西省住房和城乡建设厅
304	装配式预制门框柱及免支模构造柱施工工法	中铁六局集团有限公司 中铁六局集团建筑安装工程有限公司	山西省住房和城乡建设厅
305	超高饰面清水混凝土立柱施工工法	中铁六局集团有限公司 中铁六局集团建筑安装工程有限公司	山西省住房和城乡建设厅
306	双曲面异形饰面清水混凝土站台雨棚施工工法	中铁六局集团有限公司 中铁六局集团建筑安装工程有限公司	山西省住房和城乡建设厅
307	不同曲线铁路雨棚钢梁快速精确制造施工工法	中铁六局集团有限公司 中铁六局集团建筑安装工程有限公司	山西省住房和城乡建设厅
308	铁路站台雨棚钢结构柱梁先栓后焊施工工法	中铁六局集团有限公司 中铁六局集团建筑安装工程有限公司	山西省住房和城乡建设厅
309	流沙地质旋挖钻孔灌注桩液压振动沉拔护筒法施工工法	中铁六局集团有限公司 中铁六局集团建筑安装工程有限公司	山西省住房和城乡建设厅
310	地铁车站薄壁不锈钢管道改进型加工及安装施工工法	中铁六局集团有限公司 中铁六局集团建筑安装工程有限公司	山西省住房和城乡建设厅
311	医院走廊吊顶密集管线模块化综合布线安装施工工法	中铁六局集团有限公司 中铁六局集团建筑安装工程有限公司	山西省住房和城乡建设厅
312	钢箱梁正交异性板单元焊接变形控制施工工法	中铁六局集团有限公司 中铁六局集团建筑安装工程有限公司	山西省住房和城乡建设厅
313	模块化钢箱梁制作安装施工工法	中铁六局集团有限公司 中铁六局集团建筑安装工程有限公司	山西省住房和城乡建设厅
314	大跨度铁路钢桁梁复杂线型调整施工工法	中铁六局集团有限公司 中铁六局集团建筑安装工程有限公司	山西省住房和城乡建设厅
315	大跨径铁路钢桥水中V型墩旁托架安装施工工法	中铁六局集团有限公司 中铁六局集团建筑安装工程有限公司	山西省住房和城乡建设厅
316	跨江河免支架铁路钢桥对称架设施工工法	中铁六局集团有限公司 中铁六局集团建筑安装工程有限公司	山西省住房和城乡建设厅
317	铁路钢桥高强度复合桥面板焊接施工工法	中铁六局集团有限公司 中铁六局集团建筑安装工程有限公司	山西省住房和城乡建设厅
318	斜拉桥索导管安装施工工法	中铁六局集团有限公司	山西省住房和城乡建设厅
319	连续箱梁内腔顶板锯齿块快速张拉施工工法	中铁六局集团有限公司	中国公路建设行业协会
320	高速铁路桥梁工程沉降观测及信息化处理施工工法	中铁六局集团有限公司 中铁六局集团太原铁路建设有限公司	山西省住房和城乡建设厅
321	双轨道台车横向移梁施工工法	中铁六局集团有限公司 中铁六局集团太原铁路建设有限公司	山西省住房和城乡建设厅
322	架桥机更换既有线T梁施工工法	中铁六局集团有限公司 中铁六局集团太原铁路建设有限公司	山西省住房和城乡建设厅

续表

序号	工法名称	开发单位	认定机构
323	500吨汽车吊换梁施工工法	中铁六局集团有限公司 中铁六局集团太原铁路建设有限公司	山西省住房和城乡建设厅
324	公路隧道节能环保水压光面爆破施工工法	中铁六局集团有限公司 中铁六局集团太原铁路建设有限公司	山西省住房和城乡建设厅
325	水平管幕加固铁路路基施工工法	中铁六局集团有限公司 中铁六局集团太原铁路建设有限公司	山西省住房和城乡建设厅
326	高速铁路线间挖孔桩施工工法	中铁六局集团有限公司 中铁六局集团太原铁路建设有限公司	山西省住房和城乡建设厅
327	转体桥边墩支座后安装施工工法	中铁六局集团太原铁路建设有限公司 太原市城市建设管理中心	山西省住房和城乡建设厅
328	桥梁墩身外包钢板施工工法	中铁六局集团有限公司 中铁六局集团太原铁路建设有限公司	山西省住房和城乡建设厅
329	2~100米钢箱梁T构转体施工工法	中铁六局集团有限公司 中铁六局集团太原铁路建设有限公司	山西省住房和城乡建设厅
330	Ⅵ级围岩浅埋黄土暗挖隧道凿除侵限构筑物施工工法	中铁六局集团有限公司 中铁六局集团太原铁路建设有限公司	山西省住房和城乡建设厅
331	狭小空间隧道二衬台车快速改装施工工法	中铁六局集团有限公司 中铁六局集团太原铁路建设有限公司	山西省住房和城乡建设厅
332	高水位浅埋黄土隧道变形控制施工工法	中铁六局集团有限公司 中铁六局集团太原铁路建设有限公司	山西省住房和城乡建设厅
333	狭小隧道内整体道床施工工法	中铁六局集团有限公司 中铁六局集团太原铁路建设有限公司	山西省住房和城乡建设厅
334	三台阶临时仰拱加核心土左右错步开挖施工工法	中铁六局集团有限公司 中铁六局集团太原铁路建设有限公司	山西省住房和城乡建设厅
335	凿除超厚地下连续墙施工工法	中铁六局集团有限公司 中铁六局集团太原铁路建设有限公司	山西省住房和城乡建设厅
336	信息化在隧道监控量测中的应用施工工法	中铁六局集团有限公司 中铁六局集团太原铁路建设有限公司	山西省住房和城乡建设厅
337	半幅道路封闭法接长铁路框架桥施工工法	中铁六局集团有限公司 中铁六局集团太原铁路建设有限公司	山西省住房和城乡建设厅
338	大型铁路客站地道接长施工工法	中铁六局集团有限公司 中铁六局集团太原铁路建设有限公司	山西省住房和城乡建设厅
339	大直径钢筋混凝土预制管片施工工法	中铁六局集团有限公司 中铁六局集团太原铁路建设有限公司	山西省住房和城乡建设厅
340	水中长大连续框架桥基础施工工法	中铁六局集团有限公司 中铁六局集团太原铁路建设有限公司	山西省住房和城乡建设厅
341	邻近既有线拆除桥梁箱梁模板施工工法	中铁六局集团有限公司 中铁六局集团太原铁路建设有限公司	山西省住房和城乡建设厅
342	重载铁路隧道地段无砟轨道施工工法	中铁六局集团有限公司 中铁六局集团太原铁路建设有限公司	山西省住房和城乡建设厅
343	连续梁悬臂浇筑全封闭防护施工工法	中铁六局集团有限公司 中铁六局集团太原铁路建设有限公司	山西省住房和城乡建设厅
344	重载铁路隧道群无砟轨道施工工法	中铁六局集团有限公司 中铁六局集团太原铁路建设有限公司	山西省住房和城乡建设厅
345	大直径盾构管片全自动蒸养施工工法	中铁六局集团有限公司 中铁六局集团太原铁路建设有限公司	山西省住房和城乡建设厅
346	复杂施工工艺下隧道二衬混凝土施工工法	中铁六局集团有限公司 中铁六局集团太原铁路建设有限公司	山西省住房和城乡建设厅
347	富水地区箱涵开裂综合治理施工工法	中铁六局集团有限公司 中铁六局集团太原铁路建设有限公司	山西省住房和城乡建设厅
348	控制墩身混凝土温度裂缝施工工法	中铁六局集团有限公司 中铁六局集团太原铁路建设有限公司	山西省住房和城乡建设厅
349	铁路隧道湿喷机械手喷射混凝土施工工法	中铁六局集团有限公司 中铁六局集团太原铁路建设有限公司	山西省住房和城乡建设厅
350	轻型轨道运输车运输声屏障施工工法	中铁六局集团有限公司 中铁六局集团太原铁路建设有限公司	山西省住房和城乡建设厅

续表

序号	工法名称	开发单位	认定机构
351	132 米钢桁梁三线立交横移架设施工工法	中铁六局集团有限公司	山西省住房和城乡建设厅
352	复杂条件下大跨度连续梁—钢管拱桥先梁后拱施工工法	中铁六局集团有限公司	山西省住房和城乡建设厅
353	大跨度连续梁挂篮施工线形监控施工工法	中铁六局集团有限公司	山西省住房和城乡建设厅
354	梁柱式支架配合滑移式侧模现浇多榀并排简支梁施工工法	中铁六局集团有限公司	山西省住房和城乡建设厅
355	等截面挤密螺纹桩施工工法	中铁六局集团有限公司	中国公路建设行业协会
356	塑料排水板引孔施工工法	中铁六局集团有限公司	中国公路建设行业协会
357	高速公路特殊小半径曲线地段 30 米预制 T 梁架设施工工法	中铁六局集团有限公司 中海建路桥建设有限公司	中国公路建设行业协会
358	沟渠工程应用钢模台车施工工法	中铁六局集团有限公司	中国公路建设行业协会
359	邻近既有线高富水深基坑桩间止水加固施工工法	中铁六局集团有限公司 中铁六局集团路桥建设有限公司	中国公路建设行业协会
360	铁路站场岔区框架桥顶进施工工法	中铁六局集团有限公司 中铁六局集团路桥建设有限公司	中国公路建设行业协会
361	高速公路冲沟地带偏压隧道进洞施工工法	中铁六局集团有限公司 中铁六局集团路桥建设有限公司	中国公路建设行业协会
362	高速公路隧道蜂窝式防水板施工工法	中铁六局集团有限公司 中铁六局集团路桥建设有限公司	中国公路建设行业协会
363	钢梁 CRM 抗滑磨耗层人行道路面施工工法	中铁六局集团有限公司	山西省住房和城乡建设厅
364	WJQ40 米 160 吨桁架双梁式架桥机侧面喂梁、架设施工工法	中铁六局集团有限公司	山西省住房和城乡建设厅
365	高铁桥梁新型封端混凝土滴灌养护施工工法	中铁六局集团丰桥桥梁有限公司	山西省住房和城乡建设厅
366	接触网支柱基础预埋螺栓安装定位施工工法	中铁六局集团丰桥桥梁有限公司	山西省住房和城乡建设厅
367	客运专线非标调跨箱梁改为梁场预制施工工法	中铁六局集团丰桥桥梁有限公司	山西省住房和城乡建设厅
368	铁路预制箱梁预应力孔道成型施工工法	中铁六局集团丰桥桥梁有限公司	山西省住房和城乡建设厅
369	梯形轨枕预制施工工法	中铁六局集团丰桥桥梁有限公司	山西省住房和城乡建设厅
370	无砟轨道底座板振动整平梁施工技术	中铁六局集团呼和铁建公司	内蒙古自治区住房和城乡建设厅
371	囊式扩体锚索工法	中铁六局集团呼和铁建公司	内蒙古自治区住房和城乡建设厅
372	小半径曲线 D 型梁加固原位现浇施工工法	中铁六局集团呼和铁建公司	内蒙古自治区住房和城乡建设厅
373	营业线上跨铁路立交桥拆除施工工法	中铁六局集团呼和铁建公司	内蒙古自治区住房和城乡建设厅
374	高速道岔冬季无缝化处理工法	中铁六局集团呼和铁建公司	内蒙古自治区住房和城乡建设厅
375	深基坑顺挖逆作法桩间挡土墙施工工法	中铁六局集团呼和铁建公司	内蒙古自治区住房和城乡建设厅
376	超深地下连续墙钢筋笼整体吊装施工工法	中铁六局集团有限公司	山西省住房和城乡建设厅
377	大直径盾构大坡度始发导台基座施工工法	中铁六局集团有限公司	山西省住房和城乡建设厅
378	富水硬岩地层常压刀盘修复施工工法	中铁六局集团有限公司	湖南省住房和城乡建设厅
379	利用后浇带防渗漏固定装置进行大高差后浇带施工工法	中铁七局集团第五工程有限公司	河南省建筑业协会
380	T 梁原位支架法预制施工工法	中铁七局集团有限公司	河南省建筑业协会
381	多室宽幅箱梁全焊接多点反力架千斤顶预压施工工法	中铁七局集团有限公司	河南省建筑业协会
382	贝雷梁支架整体落架拆除施工工法	中铁七局集团有限公司	河南省建筑业协会
383	超小净距隧道中导洞开挖工法	中铁七局集团有限公司	河南省建筑业协会

续表

序号	工法名称	开发单位	认定机构
384	大型站场路基工程应用路基连续压实智能控制系统的施工工法	中铁七局集团有限公司	河南省建筑业协会
385	矩形抗滑桩机械快速成孔施工工法	中铁七局集团有限公司	河南省建筑业协会
386	基于BIM技术的新建地铁车站与既有地铁车站换乘节点注浆加固施工工法	中铁七局集团有限公司	河南省建筑业协会
387	灰岩溶地质旋挖钻施工工法	中铁七局集团有限公司	河南省建筑业协会
388	湿陷性黄土区土石混填路基施工工法	中铁七局集团有限公司	河南省建筑业协会
389	HZQDY900型无导梁式运架一体机箱梁架设施工工法	中铁七局集团有限公司	河南省建筑业协会
390	薄壁腹拱+V型支腿连续梁桥施工工法	中铁七局集团有限公司	河南省建筑业协会
391	复杂环境下126米小半径匝道桥非常规架梁施工工法	中铁七局集团有限公司	河南省建筑业协会
392	电磁焊机铺设隧道防水板施工工法	中铁七局集团有限公司	河南省建筑业协会
393	浅埋大跨小净距隧道施工工法	中铁七局集团有限公司	河南省建筑业协会
394	跨既有城市多层互通立交桥步履式多点同步顶推钢箱梁施工工法	中铁七局集团有限公司 中铁七局集团郑州工程有限公司	中国公路建设行业协会
395	复杂环境下126米小半径匝道桥非常规架梁施工工法	中铁七局集团有限公司 中铁七局集团武汉工程有限公司	中国公路建设行业协会
396	三墩曲线及大坡度连续梁转体施工工法	中铁七局集团有限公司 中铁七局集团第四工程有限公司	中国公路建设行业协会
397	挂篮反力架法预压施工工法	中铁七局集团有限公司 中铁七局集团路桥工程有限公司	中国公路建设行业协会
398	隧道突水涌泥段施工工法	中铁七局集团有限公司 中铁七局集团第四工程有限公司	中国公路建设行业协会
399	黄土地质引水隧洞机械化快速掘进施工工法	中铁七局集团有限公司 中铁七局集团郑州工程有限公司	中国公路建设行业协会
400	有压面状淌流地段隧道初期支护与围岩间地下水处理工法	中铁七局集团有限公司 中铁七局集团第三工程有限公司	中国公路建设行业协会
401	跨运营高铁“Π”型钢包混凝土结构钢横梁施工工法	中铁七局集团有限公司	河南省工程建设协会
402	新型便捷的盾构机台车轨道洞内运输施工工法	中铁七局集团有限公司	河南省工程建设协会
403	城市轨道交通地下段区间照明施工工法	中铁七局集团有限公司	河南省工程建设协会
404	P60-30号道岔整体点内拆除施工工法	中铁七局集团有限公司	河南省工程建设协会
405	热拌沥青混凝土路面冷接缝施工工法	中铁七局集团有限公司	河南省工程建设协会
406	与大直径管道交叉的深基坑支护施工工法	中铁七局集团有限公司	河南省工程建设协会
407	基于IMS惯导系统的高速铁路无砟轨道长轨精调施工工法	中铁七局集团有限公司	河南省工程建设协会
408	高铁隧道平行导坑快速掘进施工工法	中铁七局集团有限公司	河南省工程建设协会
409	盾构空推过中间风井后负环管片无损拆除施工工法	中铁七局集团郑州工程有限公司	河南省工程建设协会
410	黄土隧道全环加长套拱超前小导管贴壁进出洞施工工法	中铁七局集团郑州工程有限公司	河南省工程建设协会
411	黄河河漫滩钻孔咬合桩硬切法施工工法	中铁七局集团郑州工程有限公司	河南省工程建设协会
412	在土石坝河堤中大型钢围堰吸泥下沉施工工法	中铁八局集团第一工程有限公司	四川省住房和城乡建设厅
413	“滇西红层”软岩地质特长大小断面铁路隧道悬臂掘进机施工工法	中铁八局集团第一工程有限公司	四川省住房和城乡建设厅
414	“大跨度两阶段合龙”拱桥斜拉扣挂悬臂浇筑施工工法	中铁八局集团第一工程有限公司	四川省住房和城乡建设厅
415	混凝土异型二次结构施工工法	中铁八局集团有限公司	四川省住房和城乡建设厅

续表

序号	工法名称	开发单位	认定机构
416	高速铁路桥面遮板无垫片预制施工工法	中铁八局集团第四工程有限公司	四川省住房和城乡建设厅
417	变截面薄壁高墩大块组合钢模施工工法	中铁八局集团昆明铁路建设有限公司	中国公路建设行业协会
418	复杂地质条件下大跨度双连拱隧道施工工法	中铁八局集团昆明铁路建设有限公司	中国公路建设行业协会
419	大跨度两阶段式合龙拱桥斜拉扣挂悬臂浇筑施工工法	中铁八局集团第一工程有限公司	中国公路建设行业协会
420	盾构区间始发、接收洞门预装环形膜袋密封施工工法	中铁八局集团昆明铁路建设有限公司 中国中铁股份有限公司	山东省住房和城乡建设厅
421	一种旋挖桩和高压注浆管桩复合深基坑围护体系施工工法	中铁八局集团昆明铁路建设有限公司	云南省住房和城乡建设厅
422	复杂地质条件下大跨度双连拱隧道施工工法	中铁八局集团昆明铁路建设有限公司	云南省住房和城乡建设厅
423	中承式钢箱提篮拱桥原位拼装施工工法	中铁八局集团昆明铁路建设有限公司	云南省住房和城乡建设厅
424	浅埋软弱围岩隧道双侧壁导坑九部开挖施工工法	中铁八局集团昆明铁路建设有限公司	云南省住房和城乡建设厅
425	移动式液压台车拱涵成套施工工法	中铁八局集团昆明铁路建设有限公司	云南省住房和城乡建设厅
426	基于 BIM 技术的地铁车站深基坑开挖及支护施工工法	中铁九局集团第七工程有限公司 中铁投资集团有限公司	内蒙古自治区住房和城乡建设厅
427	基于 BIM 技术的转体斜拉桥空间曲面钢—混结构索塔施工工法	中铁九局集团有限公司 中铁九局集团第二工程有限公司	公路工程建设学会
428	大坡度变幅 45 米 T 型梁架设施工关键技术研究	中铁九局集团第六工程有限公司	公路工程建设学会
429	非对称独塔单索面混合梁斜拉桥转体施工工法	中铁九局集团有限公司 中铁九局集团第二工程有限公司 中国铁路沈阳局集团有限公司吉林工程建设指挥部	公路工程建设学会
430	软土路基包裹式土工格室加筋挡土墙施工工法	中铁十局集团青岛工程有限公司 中铁十局集团有限公司	中国公路建设行业协会
431	高桩承台无封底干作业施工工法	中铁十局集团第三建设有限公司 中铁十局集团有限公司	中国公路建设行业协会
432	连续梁冬期施工混凝土智能温控养护施工工法	中铁十局集团第二工程有限公司 中铁十局集团有限公司	中国公路建设行业协会
433	钢箱梁格构式临时支墩及钢塔支撑架施工工法	中铁十局集团第四工程有限公司	中国公路建设行业协会
434	地铁深基坑端头土方履带式伸缩臂抓斗提升工法	中铁十局集团西北工程有限公司 中铁投资集团有限公司	内蒙古自治区住房和城乡建设厅
435	劲性骨架钢管拱二次竖转施工工法	中铁大桥局集团有限公司	湖北省住房和城乡建设厅
436	海上大型可拆卸式吊箱围堰施工工法	中铁大桥局集团有限公司	湖北省住房和城乡建设厅
437	既有线钢桁梁公路桥面板更新改造施工工法	中铁大桥局集团有限公司	湖北省住房和城乡建设厅
438	双幅箱梁斜腿支架及箱梁横移施工工法	中铁大桥局集团有限公司	湖北省住房和城乡建设厅
439	坚硬地层地连墙组合工艺快速成槽施工工法	中铁大桥局集团有限公司	湖北省住房和城乡建设厅
440	多跨简支钢桁梁悬臂架设施工工法	中铁大桥局集团有限公司	湖北省住房和城乡建设厅
441	同向回转锚固体系斜拉索施工工法	中铁大桥局集团有限公司	湖北省住房和城乡建设厅
442	双悬臂盖梁可调移动支架施工工法	中铁大桥局集团有限公司	湖北省住房和城乡建设厅
443	浅埋大断面管幕—箱涵顶推施工工法	中铁大桥局集团有限公司	湖北省住房和城乡建设厅
444	深水大落差基础施工工法	中铁大桥局集团有限公司	湖北省住房和城乡建设厅
445	同向回转锚固体系斜拉索施工工法	中铁大桥局集团有限公司	中国公路建设行业协会
446	双悬臂盖梁可调移动支架施工工法	中铁大桥局集团有限公司	中国公路建设行业协会
447	深水大落差基础施工工法	中铁大桥局集团第七工程有限公司	中国公路建设行业协会
448	浅埋大断面管幕—箱涵顶推施工工法	中铁大桥局集团有限公司	中国公路建设行业协会

续表

序号	工法名称	开发单位	认定机构
449	劲性骨架钢管拱二次竖转施工工法	中铁大桥局集团有限公司	国家铁路局
450	三塔重载铁路斜拉桥钢箱钢桁结合梁施工工法	中铁大桥局集团有限公司	国家铁路局
451	既有线钢桁梁公路桥面板更新改造施工工法	中铁大桥局集团有限公司	国家铁路局
452	坚硬地层地连墙组合工艺快速成槽施工工法	中铁大桥局集团有限公司	国家铁路局
453	海上大型可拆卸式吊箱围堰施工工法	中铁大桥局集团有限公司	国家铁路局
454	多跨简支钢桁梁悬臂架设施工工法	中铁大桥局集团有限公司	国家铁路局
455	双幅箱梁斜腿支架及箱梁横移施工工法	中铁大桥局集团有限公司	国家铁路局
456	复杂海域简支钢桁梁整孔架设施工工法	中铁大桥局集团有限公司 中铁大桥局集团第五工程有限公司	中国公路建设行业协会
457	超厚硬塑黏土层大型沉井下沉施工工法	中铁大桥局集团有限公司 中铁大桥局集团第六工程有限公司 中铁大桥局集团第一工程有限公司	中国公路建设行业协会
458	深水巨型钢沉井定位着床施工工法	中铁大桥局集团有限公司	中国公路建设行业协会
459	复杂海域海峡大桥 ϕ4.9 米大直径钻孔桩施工工法	中铁大桥局集团有限公司 中铁大桥局集团第四工程有限公司	中国公路建设行业协会
460	简支钢桁梁主桁预压施工工法	中铁大桥局集团有限公司 中铁大桥勘测设计院集团有限公司	中国公路建设行业协会
461	斜拉桥钢桁梁大节段整孔架设施工工法	中铁大桥局集团有限公司 中铁大桥局集团第六工程有限公司	中国公路建设行业协会
462	巨型钢沉井整体制造出坞浮运施工工法	中铁大桥局集团有限公司	中国公路建设行业协会
463	铁路钢桁梁纵横梁体系道砟槽板预制与安装施工工法	中铁大桥局集团有限公司	重庆市建委
464	悬索桥隧道锚洞内缆索吊施工工法	中铁大桥局集团第八工程有限公司	重庆市建委
465	小箱梁整体式液压模板预制施工工法	中铁大桥局集团第八工程有限公司	重庆市建委
466	单线铁路软岩隧道下台阶与仰拱同步开挖施工工法	中铁隧道局集团有限公司	国家铁路局
467	无轨运输下高瓦斯隧道控制瓦斯浓度施工工法	中铁隧道局集团有限公司	国家铁路局
468	寒区隧道防水板＋保温板＋防水板快速施工工法	中铁隧道局集团有限公司	国家铁路局
469	有仰拱的隧道机械化开挖与全环支护施工工法	中铁隧道局集团有限公司	国家铁路局
470	单线铁路隧道长锚杆快速施工工法	中铁隧道局集团有限公司	国家铁路局
471	隧道仰拱及中心水沟整体模板施工工法	中铁隧道局集团有限公司	国家铁路局
472	大直径泥水盾构常压换刀工法	中铁隧道局集团有限公司	国家铁路局
473	穿越煤层采空区大断面隧道配套施工工法	中铁隧道局集团有限公司	中国公路协会
474	寒区隧道防水板＋保温板＋防水板快速施工工法	中铁隧道局集团有限公司	中国公路协会
475	大直径土压平衡盾构过江（河）施工工法	中铁隧道局集团有限公司	中国公路协会
476	无预应力束体系钢混结合连续梁施工工法	中铁隧道局集团有限公司	中国公路协会
477	长大隧道分隔巷道与风管联合通风施工工法	中铁隧道局集团有限公司	中国公路协会
478	转体梁精确合拢定位施工工法	中铁隧道局集团有限公司	河南省建筑业协会
479	大直径泥水盾构“零沉降”下穿无人驾驶无砟快轨施工工法	中铁隧道局集团有限公司	河南省建筑业协会
480	泥水盾构中泥浆高效利用的绿色环保施工工法	中铁隧道局集团有限公司	河南省建筑业协会
481	管幕支护下 PBA 车站 U 型导洞拼装初支施工工法	中铁隧道局集团有限公司	河南省建筑业协会
482	钻爆法隧道岩爆段安全快速施工工法	中铁隧道局集团有限公司	河南省建筑业协会

续表

序号	工法名称	开发单位	认定机构
483	TBM 隧道不良地质段预处理小导洞施工工法	中铁隧道局集团有限公司	河南省建筑业协会
484	嵌岩超深地下连续墙成槽工法	中铁隧道局集团有限公司	河南省建筑业协会
485	盾构机后配套拖车缩径一次始发工法	中铁隧道局集团有限公司	河南省建筑业协会
486	高速铁路隧道大型机械施工微台阶开挖工法	中铁隧道局集团有限公司	河南省建筑业协会
487	高大空间反吊顶抱箍体系施工工法	中铁建工集团有限公司	铁路总公司
488	高铁站房大跨度高落差长悬挑异性钢结构安装工法	中铁建工集团有限公司	铁路总公司
489	砂砾丰水地质可回收预应力锚索施工工法	中铁建工集团有限公司	江苏省建设厅
490	超大地下室耐磨硬化地坪免切缝施工工法	中铁建工集团有限公司	江苏省建设厅
491	悬挑卸料平台卸料口自动防护装置施工工法	中铁建工集团有限公司	江苏省建设厅
492	用于逆作法楼层间物料传递悬臂式电动提升机施工工法	中铁建工集团有限公司	江苏省建设厅
493	逆作法大直径环梁组合活动式模板加固体系施工工法	中铁建工集团有限公司	江苏省建设厅
494	用于逆作法施工咬合式预制周转垫层施工工法	中铁建工集团有限公司	江苏省建设厅
495	超大跨度管桁架多点整体提升施工工法	中铁建工集团有限公司	黑龙江省住房和城乡建设厅
496	大跨度拱形铝镁锰直立锁边金属板系统施工工法	中铁建工集团有限公司	黑龙江省住房和城乡建设厅
497	建筑外窗水密性现场自测施工工法	中铁建工集团有限公司	广东省住房和城乡建设厅
498	大张角异型 0# 块支架法施工工法	中铁北京工程局集团第二工程有限公司	湖南省住建厅
499	单跨无柱结构地铁车站临时立柱替代法	中铁北京工程局集团第二工程有限公司	湖南省住建厅
500	水上多跨混凝土拱桥快速拆除工法	中铁上海工程局集团有限公司	中国公路建设行业协会
501	透水性地质大型有推力钢箱拱桥基础施工工法	中铁上海工程局集团第五工程有限公司 中铁上海工程局集团有限公司	广西建筑业联合会
502	大跨度内倾式钢箱拱桥主拱肋施工工法	中铁上海工程局集团第五工程有限公司 中铁上海工程局集团有限公司	广西建筑业联合会
503	空间异形扭转反对称钢主塔安装施工工法	中铁上海工程局集团第五工程有限公司 中铁上海工程局集团有限公司	广西建筑业联合会
504	反对称双索面斜拉索安装施工工法	中铁上海工程局集团第五工程有限公司 中铁上海工程局集团有限公司	广西建筑业联合会
505	地铁车站清水混凝土柱预制安装工法	中铁上海工程局集团第五工程有限公司 中铁上海工程局集团有限公司	广西建筑业联合会
506	长大隧道 24 米自行式仰拱台车应用工法	中铁上海工程局集团第一工程有限公司	安徽省住房和城乡建设厅
507	大悬臂盖梁装配式可移动支架系统快速施工工法	中铁上海工程局集团有限公司	中国公路建设行业协会
508	大跨度内倾式钢箱拱桥主拱肋施工工法	中铁上海工程局集团有限公司 中铁上海工程局集团第五工程有限公司	中国公路建设行业协会
509	大跨度中承式钢箱拱桥深水裸岩主墩基础施工工法	中铁上海工程局集团有限公司 中铁上海工程局集团第五工程有限公司	中国公路建设行业协会
510	深水裸岩地质全漂浮体系斜拉桥钢箱梁工业自动化顶推施工工法	中铁上海工程局集团有限公司	中国公路建设行业协会
511	公路桥梁预制拼装施工工法	中铁上海工程局集团有限公司	中国公路建设行业协会
512	分离式小间距（10 厘米）薄壁墩柱施工工法	中铁上海工程局集团有限公司	中国公路建设行业协会
513	柱式检查坑轨道新型扣件系统施工工法	中铁二院工程集团有限责任公司	四川省建设厅
514	既有单线隧道扩建为多线隧道的施工工法	中铁二院工程集团有限责任公司	四川省建设厅
515	CRTS Ⅰ型双块式无砟轨道精调测量工法	中铁二院工程集团有限责任公司	四川省建设厅
516	高速铁路静态验收阶段长钢轨精调测量工法	中铁二院工程集团有限责任公司	四川省建设厅

续表

序号	工法名称	开发单位	认定机构
517	隧道内 SF6 气体绝缘自耦变压器安装施工工法	中铁二院工程集团有限责任公司	四川省建设厅
518	接触网无交叉线岔施工工法	中铁二院工程集团有限责任公司	四川省建设厅
519	分布式光纤路基变形监测施工工法	中铁二院工程集团有限责任公司	四川省建设厅
520	铰接节点对撑式抗滑桩施工工法	中铁二院工程集团有限责任公司	四川省建设厅
521	现浇框架板式减振垫浮置板道床施工工法	中铁二院工程集团有限责任公司	四川省建设厅
522	接触网避雷线架设施工工法	中铁二院工程集团有限责任公司	四川省建设厅
523	整体现浇刚性面板包裹式加筋土挡墙施工工法	中铁二院工程集团有限责任公司	四川省建设厅
524	砌块式面板（非包裹式）加筋土挡土墙施工工法	中铁二院工程集团有限责任公司	四川省建设厅
525	砌块式面板包裹式加筋土挡土墙施工工法	中铁二院工程集团有限责任公司	四川省建设厅
526	铁路路基桩基托梁施工工法	中铁二院工程集团有限责任公司	四川省建设厅
527	路堤加筋格宾挡土墙施工工法	中铁二院工程集团有限责任公司	四川省建设厅
528	大型钢主梁焊接施工工法	中铁宝桥集团有限公司	中国公路建设行业协会
529	大跨度组合梁散拼式安装施工工法	中铁宝桥集团有限公司	中国公路建设行业协会
530	工厂一体化预组合节段梁的制造方法	中铁宝桥集团有限公司	安徽省住房和城乡建设厅
531	公路 35 米 /850 吨非对称整孔箱梁梁上运架施工工法	中铁二局集团有限公司 中铁工程机械研究设计院有限公司	中国公路建设行业协会
532	斜拉桥拱门形钢斜塔安装工法	中铁九桥工程有限公司	江西省住房和城乡建设厅
533	盖挖逆作法车站永久钢管柱及柱下扩底桩基础施工工法	中铁一局集团有限公司 中铁投资集团有限公司	内蒙古自治区住房和城乡建设厅
534	超高压大直径旋喷加固地下连续墙接缝施工工法	中铁一局集团有限公司 中铁投资集团有限公司	内蒙古自治区住房和城乡建设厅
535	低净空钢侧模咬合桩施工工法	中铁三局集团第二工程有限公司 中铁投资集团有限公司	内蒙古自治区住房和城乡建设厅
536	有限空间下运营桥梁桩基托换施工工法	中铁三局集团第二工程有限公司 中铁投资集团有限公司	内蒙古自治区住房和城乡建设厅
537	富水砂卵石地层盾构钢套筒接收施工工法	中铁广州工程局集团有限公司 中铁投资集团有限公司	内蒙古自治区住房和城乡建设厅
538	软弱地层富水条件下地下连续墙快速成槽施工工法	中铁开发投资集团有限公司 中铁北京工程局集团城市轨道交通有限公司	云南省住房和城乡建设厅
539	地下连续墙“H”型钢接头防混凝土绕流施工工法	中铁开发投资集团有限公司 中铁隧道集团二处有限公司	云南省住房和城乡建设厅
540	黏土地层盾构始发洞门安全破除施工工法	中铁隧道集团二处有限公司 中铁开发投资集团有限公司	云南省住房和城乡建设厅
541	高速公路波形护栏快速安装施工工法	中铁开发投资集团有限公司	云南省住房和城乡建设厅
542	公路钢混组合梁制运架一体化施工工法	中铁开发投资集团有限公司	云南省住房和城乡建设厅

制表：黄佳强

表 10–6　　2019 年度中国中铁科技成果鉴定、评审项目目录

序号	成果名称	完成单位	组织鉴定（评审）单位	成果评价	类别
1	巴基斯坦拉合尔轨道交通橙线无砟轨道施工管理模式及关键技术研究	中铁一局集团有限公司 中铁一局集团新运工程有限公司	中国中铁股份有限公司	国内领先	评审
2	BIM 技术在地铁轨道工程施工中的开发与应用	中铁一局集团有限公司 中铁一局集团新运工程有限公司	中国中铁股份有限公司	国内先进	评审

续表

序号	成果名称	完成单位	组织鉴定（评审）单位	成果评价	类别
3	复杂地形重载铁路龙门黄河中承式提篮拱桥施工关键技术	中铁一局集团有限公司 中铁一局集团厦门建设工程有限公司	中国中铁股份有限公司	国际先进	评审
4	铁路隧道二衬混凝土施工质量现场控制技术	中铁一局集团有限公司 中铁一局集团第四工程有限公司	中国中铁股份有限公司	国内领先	评审
5	成都博览城大型五层立体综合交通枢纽工程关键施工技术研究	中铁一局集团有限公司 中铁一局集团第四工程有限公司	中国中铁股份有限公司	国际先进	评审
6	地铁基坑抽吸压灌一体化降水施工技术	中铁一局集团有限公司 中铁一局集团天津建设工程有限公司	中国中铁股份有限公司	国内领先	评审
7	深大基坑自动化监测系统的开发与应用研究	中铁一局集团有限公司 中铁一局集团天津建设工程有限公司	中国中铁股份有限公司	国内领先	评审
8	全断面粉砂地层小净距重叠盾构隧道施工关键技术	中铁一局集团有限公司 中铁一局集团城市轨道交通工程有限公司	中国中铁股份有限公司	国内先进	评审
9	南京地铁复杂地质条件下长距离硬岩盾构快速掘进关键技术	中铁一局集团有限公司 中铁一局集团城市轨道交通工程有限公司	中国中铁股份有限公司	国内领先	评审
10	福州地铁复杂地层及环境盾构施工综合技术	中铁一局集团有限公司 中铁一局集团城市轨道交通工程有限公司	中国中铁股份有限公司	国内领先	评审
11	PC 建筑示范应用及产业化深化研究	中铁一局集团有限公司 中铁一局集团建筑安装工程有限公司 西安建筑科技大学	中国中铁股份有限公司	国际先进	评审
12	新型土压平衡盾构用泡沫剂的研发与应用	中铁一局集团有限公司 陕西铁路工程职业技术学院	中国中铁股份有限公司	国内领先	评审
13	苍南巴曹跨海大桥关键施工技术	中铁一局集团有限公司 中铁一局集团桥梁工程有限公司	中国中铁股份有限公司	国内先进	评审
14	安全质量监察信息化管理的研究与应用	中铁一局集团有限公司 中铁一局集团电务工程有限公司	中国中铁股份有限公司	国内领先	评审
15	珠海横琴港澳金融中心大厦超高层结构施工及 BIM 技术应用	中铁一局集团有限公司	中国中铁股份有限公司	国内领先	评审
16	蒙华铁路集义高瓦斯特长隧道施工关键技术	中铁一局集团有限公司 中铁一局集团第五工程有限公司	中国中铁股份有限公司	国内领先	评审
17	滇西铁路炭质页岩隧道大变形机理及其施工控制技术	中铁二局集团有限公司 中铁二局集团第一工程有限公司 西南交通大学	中国中铁股份有限公司	国际先进	评审
18	亚吉铁路客票系统及“四电系统”联调联试成套技术研究与运用	中铁二局集团有限公司 中铁二局集团电务工程有限公司	中国中铁股份有限公司	国际先进	评审
19	单线铁路隧道机械化施工配套技术与经济性研究	中铁二局集团有限公司 中铁二局集团第二工程有限公司 中铁二局集团第四工程有限公司 中铁二局集团第五工程有限公司	中国中铁股份有限公司	国内领先	评审
20	高速铁路长大隧道平面控制测量关键技术研究	中铁二局集团有限公司	中国中铁股份有限公司	国际先进	评审
21	高地温区富水特长隧道施工关键技术	中铁二局集团有限公司 中铁二局集团第四工程有限公司 西南交通大学	中国中铁股份有限公司	国际先进	评审
22	上软下硬复合地层盾构长距离下穿老旧密集房屋群施工技术研究	中铁二局集团有限公司	中国中铁股份有限公司	国内领先	评审

续表

序号	成果名称	完成单位	组织鉴定（评审）单位	成果评价	类别
23	叠合结构地铁车站施工关键技术	中铁二局集团有限公司 中铁二局集团第六工程有限公司	中国中铁股份有限公司	国内先进	评审
24	埃塞轻轨轮缘快速磨耗原因及对策研究	中铁二局集团有限公司 中铁二局集团新运工程有限公司	中国中铁股份有限公司	国内先进	评审
25	大型地下水封储油洞库群全寿命周期综合监测技术	中铁二局集团有限公司 中铁二局集团第二工程有限公司	中国中铁股份有限公司	国内领先	评审
26	铁路桥梁预制绿色施工技术研究	中铁二局集团有限公司 中铁二局集团新运工程有限公司	中国中铁股份有限公司	国内先进	评审
27	地铁减震道床施工技术研究	中铁二局集团有限公司 中铁二局集团新运工程有限公司	中国中铁股份有限公司	国内先进	评审
28	城市轨道交通专用无线系统跨线运营、互联互通解决方案研究与实施的建立与实践	中铁二局集团有限公司 中铁二局集团电务工程有限公司	中国中铁股份有限公司	国内领先	评审
29	BT 模式下地铁机电系统集成管理研究	中铁二局集团有限公司 中铁二局集团电务工程有限公司	中国中铁股份有限公司	国内先进	评审
30	泉脉发育城区复杂条件地铁隧道综合施工技术研究与应用	中铁三局集团有限公司 中铁三局集团第五工程有限公司	中国中铁股份有限公司	国内领先	评审
31	浅埋富水砂层盾构穿越密集建构筑物、河道及既有线施工技术研究	中铁三局集团有限公司 中铁三局集团桥隧工程有限公司	中国中铁股份有限公司	国际先进	评审
32	高速铁路（60+120+324+120+60）米双塔钢箱桁梁斜拉桥综合施工技术研究	中铁三局集团有限公司 中铁三局集团桥隧工程有限公司	中国中铁股份有限公司	国内领先	评审
33	富水粉土粉细砂地层盾构下穿建筑群及湖泊施工技术研究	中铁三局集团有限公司 中铁三局集团第四工程有限公司	中国中铁股份有限公司	国内领先	评审
34	高速铁路桥梁工程工装集成创新应用技术研究	中铁三局集团有限公司 中铁三局集团第三工程有限公司 中铁三局集团第五工程有限公司 中铁三局集团第六工程有限公司 中铁三局集团建筑安装工程有限公司 中铁三局集团线桥工程有限公司	中国中铁股份有限公司	国内领先	评审
35	银西铁路甘宁段站后四电 BIM 技术应用研究	中铁三局集团有限公司 中铁三局集团电务工程有限公司 兰州交通大学	中国中铁股份有限公司	国内先进	评审
36	城市河流生态修复技术研究	中铁三局集团有限公司 中铁三局集团第二工程有限公司	中国中铁股份有限公司	国内先进	评审
37	混凝土 T 梁预制自动化及新型人行道结构技术研究	中铁三局集团有限公司 中铁三局集团第二工程有限公司	中国中铁股份有限公司	国内领先	评审
38	基于互联网 + 的制梁场设备智能综合管理系统开发应用及绿色示范工程	中铁三局集团有限公司 中铁三局集团建筑安装工程有限公司	中国中铁股份有限公司	国内领先	评审
39	基于 BIM+GIS 高铁施工综合协同管理平台系统的研发及应用	中铁三局集团有限公司	中国中铁股份有限公司	国际先进	评审
40	软弱地层盾构近距离侧穿高铁及高速公路桥梁桩基施工技术研究	中铁三局集团有限公司 中铁三局集团桥隧工程有限公司	中国中铁股份有限公司	国内先进	评审
41	大跨度展翼钢拱肋下承式钢箱梁拱桥施工关键技术研究	中铁三局集团有限公司	中国中铁股份有限公司	国内领先	评审

续表

序号	成果名称	完成单位	组织鉴定（评审）单位	成果评价	类别
42	城市复杂地理条件云轨工程快速施工技术研究	中铁三局集团有限公司 中铁三局集团第三工程有限公司	中国中铁股份有限公司	国内先进	评审
43	高铁桥梁并行且跨越运营高铁施工信息化技术应用研究	中铁三局集团有限公司 中铁三局集团第三工程有限公司	中国中铁股份有限公司	国内领先	评审
44	小净距超浅埋隧道穿越道路及高层建筑物施工技术研究	中铁三局集团有限公司 中铁三局集团第六工程有限公司	中国中铁股份有限公司	国内先进	评审
45	先张法 U 型梁成套施工技术	中铁三局集团有限公司 中铁三局集团广东建设工程有限公司	中国中铁股份有限公司	国际先进	评审
46	山岭地区弱风化花岗片麻岩地质基础、高墩身及跨公路特大桥施工技术研究	中铁三局集团有限公司 中铁三局集团天津建设工程有限公司 和邢铁路有限责任公司	中国中铁股份有限公司	国内先进	评审
47	膨胀土地层地铁车站群深基坑施工及 BIM 技术应用研究	中铁三局集团有限公司 中铁三局集团华东建设有限公司	中国中铁股份有限公司	国内先进	评审
48	小断面引水隧洞施工关键技术研究	中铁三局集团有限公司 中铁三局集团桥隧工程有限公司	中国中铁股份有限公司	国内先进	评审
49	废胶粉改性排水沥青混凝土在桥面排水系统中的应用	中铁三局集团有限公司 中铁三局集团投资有限公司 山西省交通科学研究院	中国中铁股份有限公司	国内领先	评审
50	聚合物插层蒙脱土协同改性煤沥青在沥青路面中面层的应用研究	中铁三局集团有限公司 中铁三局集团投资有限公司 山西省交通科学研究院	中国中铁股份有限公司	国内领先	评审
51	海绵城市新型沥青透水路面关键技术及应用	中铁四局集团有限公司 同济大学	中国中铁股份有限公司	国际先进	评审
52	深水基础非对称大跨度连续刚构施工关键技术研究	中铁四局集团有限公司 中铁四局集团第二工程有限公司	中国中铁股份有限公司	国际先进	评审
53	地铁轮胎式铺轨车研制与施工技术研究	中铁四局集团有限公司	中国中铁股份有限公司	国际先进	评审
54	城市地铁富水风化岩层超大断面隧道矿山法施工风险控制技术	中铁四局集团有限公司 中铁四局集团第一工程有限公司 西南交通大学	中国中铁股份有限公司	国内领先	评审
55	复杂环境下地铁换乘站施工关键技术研究	中铁四局集团有限公司 中铁四局集团第四工程有限公司	中国中铁股份有限公司	国内领先	评审
56	预制节段拼装桥墩施工关键技术	中铁四局集团有限公司 中铁四局集团钢结构建筑有限公司	中国中铁股份有限公司	国内领先	评审
57	防洪江堤拓宽为城市道路吹填砂施工技术	中铁四局集团有限公司 河海大学	中国中铁股份有限公司	国内领先	评审
58	基于 BIM 技术的建筑工程云平台应用研究	中铁四局集团有限公司 中铁四局集团建筑工程有限公司	中国中铁股份有限公司	国际先进	评审
59	大型住宅小区绿色施工技术	中铁四局集团有限公司 中铁四局集团建筑工程有限公司	中国中铁股份有限公司	国内领先	评审
60	高速公路卵石堆积地层隧道施工技术	中铁四局集团有限公司	中国中铁股份有限公司	国际先进	评审
61	上跨铁路营业线超宽 V 型刚构箱梁桥转体施工技术	中铁四局集团有限公司 山东大学	中国中铁股份有限公司	国内领先	评审

续表

序号	成果名称	完成单位	组织鉴定（评审）单位	成果评价	类别
62	基于围岩爆破损伤与变形特征的大断面隧道快速掘进技术	中铁四局集团有限公司 西南交通大学	中国中铁股份有限公司	国际先进	评审
63	地下综合管廊自动化内模台架制造与应用关键技术	中铁四局集团有限公司	中国中铁股份有限公司	国内领先	评审
64	城市轨道交通盾构区间预埋滑槽刚性接触网装配式施工技术研究	中铁四局集团有限公司 中铁四局集团电气化工程有限公司	中国中铁股份有限公司	国内先进	评审
65	东北冻融地区汽车试验场沥青路面裂缝防控关键技术	中铁四局集团有限公司 中铁四局集团第一工程有限公司	中国中铁股份有限公司	国际先进	评审
66	牌坊门楼式索塔自锚悬索桥塔梁施工关键技术	中铁四局集团有限公司 同济大学	中国中铁股份有限公司	国内先进	评审
67	260 吨箱梁运架设备研制与施工技术研究	中铁四局集团有限公司	中国中铁股份有限公司	国内领先	评审
68	高海拔超高地温隧道施工关键技术研究	中铁五局集团有限公司 中铁五局集团第一工程有限责任公司	中国中铁股份有限公司	国际先进	评审
69	Ⅳ级湿陷性深厚黄土地层高铁箱梁预制场地基处理施工技术研究	中铁五局集团有限公司 中铁五局集团第二工程有限责任公司	中国中铁股份有限公司	国内领先	评审
70	深水急流江中自来水厂取水设施安装施工技术研究	中铁五局集团有限公司 中铁五局集团第二工程有限责任公司	中国中铁股份有限公司	国内领先	评审
71	地表贯通补给型岩溶地区涌泥涌砂隧道施工技术研究	中铁五局集团有限公司 中铁五局集团第四工程有限责任公司	中国中铁股份有限公司	国内先进	评审
72	三洞并行特长高速铁路隧道施工关键技术	中铁五局集团有限公司 中铁五局集团第五工程有限责任公司 中铁五局集团第四工程有限责任公司	中国中铁股份有限公司	国际先进	评审
73	跨高速公路提篮式简支拱桥关键施工技术	中铁五局集团有限公司 中铁五局集团第五工程有限责任公司	中国中铁股份有限公司	国内先进	评审
74	高温高湿长大单线铁路隧道施工关键技术	中铁五局集团有限公司 中铁五局集团第五工程有限责任公司	中国中铁股份有限公司	国内领先	评审
75	浅薄覆盖层嵌岩钢板桩围堰施工关键技术研究	中铁五局集团有限公司 中铁五局集团贵州工程有限公司	中国中铁股份有限公司	国内先进	评审
76	砂卵石地层紧邻既有磁浮线新盖挖逆作法施工技术研究	中铁六局集团有限公司 中铁六局集团北京铁路建设有限公司	中国中铁股份有限公司	国内领先	评审
77	大吨位斜拉桥转体施工技术研究	中铁六局集团有限公司 中铁六局集团北京铁路建设有限公司	中国中铁股份有限公司	国际先进	评审
78	上跨铁路及高速公路双转体钢—混混合连续梁施工关键技术研究	中铁六局集团有限公司 中铁六局集团北京铁路建设有限公司	中国中铁股份有限公司	国际先进	评审
79	双线铁路预应力混凝土槽型梁下承式尼尔森体系钢管混凝土拱桥施工技术研究	中铁六局集团有限公司 中铁六局集团北京铁路建设有限公司	中国中铁股份有限公司	国内先进	评审
80	铁路盾构大直径管片制造技术研究	中铁六局集团有限公司 中铁六局集团太原铁路建设有限公司	中国中铁股份有限公司	国内领先	评审
81	天津市北海路地道桥顶进施工关键技术研究	中铁六局集团有限公司 中铁六局集团天津铁路建设有限公司	中国中铁股份有限公司	国内领先	评审

续表

序号	成果名称	完成单位	组织鉴定（评审）单位	成果评价	类别
82	基于框架桥顶进智能控制系统成套设备研究	中铁六局集团有限公司 中铁六局集团石家庄铁路建设有限公司	中国中铁股份有限公司	国内领先	评审
83	郑州东部地区典型砂层地铁综合施工技术研究	中铁六局集团有限公司	中国中铁股份有限公司	国内领先	评审
84	明挖车站与暗挖区间装配式结构技术研究	中铁六局集团有限公司 中铁六局集团北京铁路建设有限公司	中国中铁股份有限公司	国际先进	评审
85	海相地质长大明挖隧道施工技术研究	中铁六局集团有限公司 中铁六局集团广州工程有限公司 西南交通大学	中国中铁股份有限公司	国际先进	评审
86	地震高发区复杂环境高速公路施工技术研究	中铁六局集团有限公司 中铁六局集团路桥建设有限公司	中国中铁股份有限公司	国内先进	评审
87	铁路路基工程智慧化快速施工关键技术研究	中铁六局集团有限公司 中铁六局集团路桥建设有限公司	中国中铁股份有限公司	国内领先	评审
88	小半径变曲率曲线混凝土连续梁步履式顶推施工技术研究	中铁六局集团有限公司 中铁六局集团太原铁路建设有限公司	中国中铁股份有限公司	国内领先	评审
89	上跨铁路40米箱梁履带吊机单机架设施工技术研究	中铁六局集团有限公司 中铁六局集团太原铁路建设有限公司	中国中铁股份有限公司	国内先进	评审
90	城市核心区域高架桥绿色智慧快速建造关键技术研究	中铁七局集团有限公司 中铁七局集团第三工程有限公司 湖南大学	中国中铁股份有限公司	国际先进	评审
91	热铺沥青路面施工平整度与压实度一体化控制技术	中铁七局集团有限公司 中铁七局集团第三工程有限公司	中国中铁股份有限公司	国内先进	评审
92	跨既有城市多层互通立交桥步履式多点同步顶推钢箱梁施工技术研究	中铁七局集团有限公司 中铁七局集团郑州工程有限公司	中国中铁股份有限公司	国内先进	评审
93	黄土隧道全环加长套拱超前小导管贴壁进出洞施工关键技术研究	中铁七局集团有限公司 中铁七局集团郑州工程有限公司 兰州交通大学	中国中铁股份有限公司	国际先进	评审
94	黄河河漫滩钻孔咬合桩硬切法施工关键技术研究	中铁七局集团有限公司 中铁七局集团郑州工程有限公司	中国中铁股份有限公司	国内先进	评审
95	复杂环境下地铁盾构区间施工安全控制技术研究	中铁七局集团有限公司 中铁七局集团郑州工程有限公司 郑州大学	中国中铁股份有限公司	国际先进	评审
96	砂层地质小曲线半径盾构空推过风井施工技术研究	中铁七局集团有限公司 中铁七局集团郑州工程有限公司	中国中铁股份有限公司	国内先进	评审
97	富水软弱地层地铁车站安全控制技术研究	中铁七局集团有限公司 中铁七局集团郑州工程有限公司 上海师范大学	中国中铁股份有限公司	国际先进	评审
98	地铁盾构下穿铁路和浅埋明渠施工技术研究	中铁七局集团有限公司 中铁七局集团武汉工程有限公司	中国中铁股份有限公司	国内先进	评审
99	高铁隧道群穿越5A级景区武当岩地层综合施工技术研究	中铁七局集团有限公司 中铁七局集团武汉工程有限公司	中国中铁股份有限公司	国内领先	评审
100	汉十高铁十堰北站站前广场105米高填方施工技术研究	中铁七局集团有限公司 中铁七局集团武汉工程有限公司	中国中铁股份有限公司	国内领先	评审
101	蒙华重载铁路砂质黄土地区隧道二衬裂纹成因研究与预防	中铁七局集团有限公司 中铁七局集团西安铁路工程有限公司	中国中铁股份有限公司	国内领先	评审

续表

序号	成果名称	完成单位	组织鉴定（评审）单位	成果评价	类别
102	涌水大跨变断面喇叭口及小净距隧道施工技术研究	中铁七局集团有限公司 中铁七局集团西安铁路工程有限公司	中国中铁股份有限公司	国内领先	评审
103	金属矿山 φ250 大孔径深孔台阶大规模爆破施工综合研究	中铁七局集团有限公司 中铁七局集团有限公司海外公司	中国中铁股份有限公司	国内先进	评审
104	邻近既有建筑物深水植桩复合围堰绿色施工技术	中铁七局集团有限公司 中铁七局集团有限公司勘测设计研究院 中铁七局集团第四工程有限公司	中国中铁股份有限公司	国内领先	评审
105	饱和流塑性淤泥质土层大断面明挖浅埋隧道综合施工技术研究	中铁八局集团有限公司 中铁八局集团第一工程有限公司	中国中铁股份有限公司	国内先进	评审
106	大跨径斜拉扣挂悬浇拱桥施工技术研究	中铁八局集团有限公司 中铁八局集团第一工程有限公司	中国中铁股份有限公司	国内领先	评审
107	温度影响 CRTS Ⅰ型双块式无砟道床板开裂机理分析及控制技术研究	中铁八局集团有限公司 中铁八局集团第二工程有限公司	中国中铁股份有限公司	国内领先	评审
108	邻近高铁双线大断面隧道悬臂掘进机施工技术研究	中铁八局集团有限公司 中铁八局集团第三工程有限公司	中国中铁股份有限公司	国内领先	评审
109	39 米宽幅变截面箱梁鼎型矮塔斜拉桥施工技术研究	中铁八局集团有限公司 中铁八局集团昆明铁路建设有限公司	中国中铁股份有限公司	国内先进	评审
110	复杂地质条件下大跨度连拱隧道施工关键技术研究	中铁八局集团有限公司 中铁八局集团昆明铁路建设有限公司	中国中铁股份有限公司	国内领先	评审
111	既有线特长隧道铁路信号改造工程施工技术研究	中铁八局集团有限公司 中铁八局集团电务工程有限公司	中国中铁股份有限公司	国际先进	评审
112	险峻地势条件下重载索道桥快速施工技术研究	中铁八局集团有限公司 中铁八局集团桥梁工程有限责任公司	中国中铁股份有限公司	国内领先	评审
113	装配式高强混凝土风电塔筒预制技术研究	中铁八局集团有限公司 中铁八局集团桥梁工程有限责任公司	中国中铁股份有限公司	国内领先	评审
114	大跨度钢管混凝土拱桥施工关键技术研究	中铁八局集团有限公司	中国中铁股份有限公司	国际先进	评审
115	复杂地质条件下盾构超小半径与超大坡度穿越高层建筑物技术研究	中铁九局集团有限公司 东北大学 中铁九局集团第七工程有限公司	中国中铁股份有限公司	国内领先	评审
116	基于 BIM 技术的钢结构数控加工技术在市政桥梁中的开发应用	中铁九局集团有限公司 中铁九局集团第四工程有限公司	中国中铁股份有限公司	国内领先	评审
117	基于 BIM 技术的高速铁路钢筋智能加工关键技术研究	中铁九局集团有限公司 中铁九局集团第二工程有限公司	中国中铁股份有限公司	国内领先	评审
118	CRTS Ⅲ型先张法无砟轨道施工综合技术研究	中铁九局集团有限公司 中铁九局集团第四工程有限公司	中国中铁股份有限公司	国内领先	评审
119	跨多股电气化铁路 96 米系杆拱桥维修加固施工技术	中铁十局集团有限公司 中铁十局集团第一工程有限公司	中国中铁股份有限公司	国内领先	评审
120	跨汉江 220 米大跨度宽幅钢筋混凝土矮塔斜拉桥施工技术研究	中铁十局集团有限公司 中铁十局集团第二工程有限公司	中国中铁股份有限公司	国内领先	评审
121	高承压富水砂卵石地铁车站全盖挖顺做法施工技术研究	中铁十局集团有限公司 中铁十局集团第二工程有限公司	中国中铁股份有限公司	国内领先	评审

续表

序号	成果名称	完成单位	组织鉴定（评审）单位	成果评价	类别
122	富水砂卵地层盾构综合施工技术	中铁十局集团有限公司 中铁十局集团第三建设有限公司	中国中铁股份有限公司	国内领先	评审
123	单线箱梁550吨双跨步履式运架设备应用技术	中铁十局集团有限公司 中铁十局集团第四工程有限公司	中国中铁股份有限公司	国内领先	评审
124	高铁箱梁制梁场模块化BIM建造关键技术的研发与应用	中铁十局集团有限公司 中铁十局集团第四工程有限公司	中国中铁股份有限公司	国内领先	评审
125	长江取水口水下施工成套关键技术研究	中铁十局集团有限公司 中铁十局集团第四工程有限公司	中国中铁股份有限公司	国内先进	评审
126	双柱式钢斜塔钢箱梁斜拉桥施工技术研究	中铁十局集团有限公司 中铁十局第四工程有限公司	中国中铁股份有限公司	国内先进	评审
127	上跨繁忙国道大跨度钢混叠合梁综合施工技术	中铁十局集团有限公司 中铁十局集团第四工程有限公司	中国中铁股份有限公司	国内先进	评审
128	浮吊法扩建跨运河钢管拱桥装配式施工技术	中铁十局集团有限公司 中铁十局集团第四工程有限公司	中国中铁股份有限公司	国内先进	评审
129	楠溪江特大桥施工关键技术研究	中铁十局集团有限公司 中铁十局集团第五工程有限公司	中国中铁股份有限公司	国内领先	评审
130	兰渝铁路黄土地段超大断面不良地质隧道施工技术研究	中铁十局集团有限公司 中铁十局集团西北工程有限公司	中国中铁股份有限公司	国内领先	评审
131	淤泥质隧道施工关键技术研究	中铁十局集团有限公司 中铁十局集团西北工程有限公司	中国中铁股份有限公司	国内先进	评审
132	富水黄土不良地质地铁隧道暗挖及车站施工技术研究	中铁十局集团有限公司 中铁十局集团西北工程有限公司	中国中铁股份有限公司	国内先进	评审
133	地铁车辆段上盖开发利用关键技术研究	中铁十局集团有限公司 中铁十局集团建筑工程有限公司 兰州交通大学	中国中铁股份有限公司	国内领先	评审
134	既有客运专线机械整体插铺42#道岔施工技术研究	中铁十局集团有限公司 中铁十局集团青岛工程有限公司	中国中铁股份有限公司	国内领先	评审
135	软土路基包裹式土工格室加筋挡土墙施工技术研究	中铁十局集团有限公司 中铁十局集团青岛工程有限公司	中国中铁股份有限公司	国内先进	评审
136	超高混凝土主塔施工关键技术	中铁大桥局集团有限公司 沪通长江大桥建设指挥部 中国铁道科学研究院	中国中铁股份有限公司	国际先进	评审
137	恶劣海洋环境下钢桁梁整节段制造及架设技术	中铁大桥局集团有限公司 中铁大桥勘测设计院集团有限公司 中铁大桥局第四工程有限公司 中铁大桥局第五工程有限公司 中铁大桥局第六工程有限公司 中铁山桥集团有限公司	中国中铁股份有限公司	国际先进	评审
138	复杂海域桥梁施工结构及设备抗风浪安全关键技术	中铁大桥局集团有限公司 中铁大桥科学研究院有限公司 中铁大桥局第五工程有限公司 中铁大桥局第四工程有限公司 中铁大桥局第六工程有限公司 福建福平铁路有限责任公司	中国中铁股份有限公司	国际先进	评审

续表

序号	成果名称	完成单位	组织鉴定（评审）单位	成果评价	类别
139	海洋环境高墩高塔建造技术	中铁大桥局集团有限公司 中铁大桥局第五工程有限公司 中铁大桥局第四工程有限公司 中铁大桥局第六工程有限公司	中国中铁股份有限公司	国际先进	评审
140	工型钢组合梁桥车—桥耦合振动及振动控制	中铁大桥局集团有限公司 中铁大桥科学研究院有限公司 桥梁结构健康与安全国家重点实验室	中国中铁股份有限公司	国际先进	评审
141	盾构渣土改良材料的研制与应用	中铁隧道局集团有限公司 中铁隧道勘察设计研究院有限公司	中国中铁股份有限公司	国内领先	评审
142	乌兹别克斯坦安格连至琶布铁路隧道岩爆预测及防治技术	中铁隧道局集团有限公司 中铁隧道勘察设计研究院有限公司 福州大学 中铁隧道股份有限公司 中铁隧道集团一处有限公司	中国中铁股份有限公司	国际先进	评审
143	盾构管片钢筋笼自动加工设备研发与应用	中铁隧道局集团有限公司 中铁隧道勘察设计研究院有限公司 建科机械（天津）股份有限公司 中铁隧道股份有限公司 中铁隧道局集团有限公司勘察设计研究院	中国中铁股份有限公司	国内领先	评审
144	双线铁路隧道新型智能衬砌台车研制与应用	中铁隧道局集团有限公司 中铁隧道勘察设计研究院有限公司 中铁隧道股份有限公司 中铁隧道集团三处有限公司	中国中铁股份有限公司	国内领先	评审
145	城市地铁软岩隧道渣土立式提升系统研究	中铁隧道局集团有限公司 中铁隧道勘察设计研究院有限公司 中铁隧道局集团路桥工程有限公司 河南中业重工机械有限公司	中国中铁股份有限公司	国内领先	评审
146	160 千米 / 小时以下单线铁路隧道成套衬砌装备研制	中铁隧道局集团有限公司 中铁隧道勘察设计研究院有限公司 中铁隧道股份有限公司 中铁隧道集团二处有限公司	中国中铁股份有限公司	国内领先	评审
147	客运专线湿陷性黄土地层大断面隧道施工关键技术研究	中铁隧道局集团有限公司 中铁隧道勘察设计研究院有限公司 中铁隧道集团二处有限公司 中铁北京工程局集团有限公司	中国中铁股份有限公司	国内领先	评审
148	国外特长单线铁路隧道机械化配套应用研究	中铁隧道局集团有限公司 中铁隧道集团一处有限公司 中铁隧道股份有限公司	中国中铁股份有限公司	国际先进	评审
149	矩形顶管密贴施工过程对相邻管节影响及导向控制技术	中铁隧道局集团有限公司 中铁隧道集团二处有限公司 中铁北京工程局集团有限公司	中国中铁股份有限公司	国际先进	评审
150	软硬互层地层地铁隧道 DSUC 改进型 TBM 快速施工关键技术研究	中铁隧道局集团有限公司 中铁隧道集团二处有限公司	中国中铁股份有限公司	国内先进	评审
151	单线铁路隧道窄体双缸混凝土输送泵研制	中铁隧道局集团有限公司	中国中铁股份有限公司	国内领先	评审
152	轨道交通交直流系列分段绝缘器的研制	中铁电气化局集团有限公司 宝鸡保德利电气设备有限责任公司 中铁高铁电气装备股份有限公司	中国中铁股份有限公司	国内领先	评审
153	地面供电系统冷滑装置	中铁电气化局集团有限公司 中铁电气化局集团西安电气化工程有限公司	中国中铁股份有限公司	国内领先	评审

续表

序号	成果名称	完成单位	组织鉴定（评审）单位	成果评价	类别
154	新交接试验标准下电气检测的分析及实施	中铁电气化局集团有限公司 中铁电气化局集团第一工程有限公司	中国中铁股份有限公司	国内领先	评审
155	磁悬浮线路城市轨道交通通信工程测试技术研究	中铁电气化局集团有限公司 中铁电化集团北京电信研究试验中心有限公司 中铁电气化局集团有限公司城铁公司	中国中铁股份有限公司	国内领先	评审
156	复杂敏感环境条件下明暗挖结合地铁车站施工关键技术研究	中铁电气化局集团有限公司 北京交通大学	中国中铁股份有限公司	国际先进	评审
157	中低速磁浮施工技术研究	中铁电气化局集团有限公司 中铁电气化局集团有限公司城铁公司	中国中铁股份有限公司	国内先进	评审
158	典型高寒湿地电力及牵引供电工程基础施工工艺研究	中铁电气化局集团有限公司	中国中铁股份有限公司	国内先进	评审
159	高铁隧道照明施工技术的研究	中铁电气化局集团有限公司	中国中铁股份有限公司	国内先进	评审
160	接触网多功能梯车研制	中铁电气化局集团有限公司	中国中铁股份有限公司	国内领先	评审
161	铝合金接触网零部件微弧氧化防腐处理深化应用研究	中铁电气化局集团有限公司 宝鸡保德利电气设备有限责任公司 中铁高铁电气装备股份有限公司北京交通大学	中国中铁股份有限公司	国内先进	评审
162	高速铁路新型系列终端锚固线夹的研制	中铁电气化局集团有限公司 宝鸡保德利电气设备有限责任公司	中国中铁股份有限公司	国内先进	评审
163	接触网公铁两用作业车研制	中铁武汉电气化局集团有限公司 中铁武汉电气化局集团第一工程有限公司	中国中铁股份有限公司	国内领先	评审
164	BIM 技术在铁路四电工程中的应用	中铁武汉电气化局集团有限公司 中铁电气化（武汉）设计研究院有限公司	中国中铁股份有限公司	国内先进	评审
165	既有铁路扩能改造通信工程施工技术研究	中铁武汉电气化局集团有限公司 中铁武汉电气化局集团第一工程有限公司	中国中铁股份有限公司	国内先进	评审
166	双幅不等跨近距离同步转体刚构桥施工关键技术研究与应用	中铁建工集团有限公司 中铁建工集团山东有限公司	中国中铁股份有限公司	国内领先	评审
167	贵安站站房工程综合施工技术	中铁建工集团有限公司	中国中铁股份有限公司	国内领先	评审
168	基于 BIM 技术集成平台的应用研究	中铁建工集团有限公司 中铁建工集团安装工程有限公司	中国中铁股份有限公司	国内领先	评审
169	基于 BIM 技术全产业链预制装配式住宅研究	中铁建工集团有限公司 中铁华铁工程设计集团有限公司 中铁建工集团诺德投资有限公司 中铁建工集团有限公司设计院 中铁建工集团山东有限公司	中国中铁股份有限公司	国内领先	评审
170	隧道内多个超大加宽段爆破开挖及支护施工关键技术研究	中铁广州工程局集团有限公司 中铁广州工程局集团港航工程有限公司	中国中铁股份有限公司	国内领先	评审
171	地铁 W 型变截面曲线连续梁顶推施工技术研究	中铁广州工程局集团有限公司 中铁广州工程局集团深圳工程有限公司	中国中铁股份有限公司	国内领先	评审

续表

序号	成果名称	完成单位	组织鉴定（评审）单位	成果评价	类别
172	富水砂卵石地层盾构钢套筒接收技术	中铁广州工程局集团有限公司 中铁广州工程局集团城轨工程有限公司	中国中铁股份有限公司	国内先进	评审
173	双线明挖隧道区间装配式衬砌台车应用技术研究	中铁广州工程局集团有限公司 中铁广州工程局集团第三工程有限公司	中国中铁股份有限公司	国内先进	评审
174	隧道防排水施工成套新技术应用研究	中铁广州工程局集团有限公司 中铁广州工程局集团第三工程有限公司	中国中铁股份有限公司	国内先进	评审
175	连续梁拱拱肋安装及线性控制技术	中铁广州工程局集团有限公司 中铁广州工程局集团第三工程有限公司	中国中铁股份有限公司	国内先进	评审
176	沿海码头工程修复关键技术	中铁广州工程局集团有限公司 中铁广州工程局集团桥梁工程有限公司	中国中铁股份有限公司	国内先进	评审
177	斜拉桥超宽双边箱混凝土梁组合式挂篮施工技术	中铁广州工程局集团有限公司 中铁广州工程局集团桥梁工程有限公司	中国中铁股份有限公司	国内先进	评审
178	深厚淤泥地层超宽地铁车站降水开挖技术	中铁广州工程局集团有限公司 中铁广州工程局集团桥梁工程有限公司	中国中铁股份有限公司	国内先进	评审
179	气泡混合轻质土挡墙施工技术	中铁广州工程局集团有限公司 中铁广州工程局集团桥梁工程有限公司	中国中铁股份有限公司	国内先进	评审
180	山区陡坡地形不良地质高边坡支护施工技术	中铁广州工程局集团有限公司 中铁广州工程局集团桥梁工程有限公司	中国中铁股份有限公司	国内先进	评审
181	顶板非接触式顶进涵施工技术	中铁广州工程局集团有限公司 中铁广州工程局集团第二工程有限公司	中国中铁股份有限公司	国内先进	评审
182	大张角Y形墩曲线梁刚构桥施工技术研究	中铁北京工程局集团有限公司 中铁北京工程局集团第二工程有限公司	中国中铁股份有限公司	国内领先	评审
183	复杂环境下紧邻敏感构筑物盾构隧道安全掘进控制技术研究	中铁北京工程局集团有限公司 中铁北京工程局集团城市轨道交通工程有限公司	中国中铁股份有限公司	国际先进	评审
184	大型展馆类建筑钢结构索拱高矾索施工技术	中铁天丰建筑工程有限公司	中国中铁股份有限公司	国内领先	评审
185	粉粘交互地层PBA工法车站在密集构筑物范围内综合降水应用研究	中铁北京工程局集团有限公司 中铁北京工程局集团（天津）工程有限公司	中国中铁股份有限公司	国内先进	评审
186	预制装配式现浇混凝土剪力墙结构墙顶同步浇筑施工技术研究	中铁北京工程局集团有限公司 中铁北京工程局集团北京有限公司	中国中铁股份有限公司	国内先进	评审
187	基于BIM技术管道预加工及安装技术研究	中铁北京工程局集团有限公司 中铁北京工程局集团北京有限公司	中国中铁股份有限公司	国内领先	评审
188	地铁车站站台板装配化研究	中铁上海工程局集团有限公司 中铁上海工程局集团第二工程有限公司 同济大学 上海隧道工程轨道交通设计研究院	中国中铁股份有限公司	国内领先	评审
189	重载铁路长大山岭隧道绿色建造关键技术研究与应用	中铁上海工程局集团有限公司 中铁上海工程局集团第一工程有限公司	中国中铁股份有限公司	国内领先	评审

续表

序号	成果名称	完成单位	组织鉴定（评审）单位	成果评价	类别
190	地铁铺轨内燃机车尾气净化研究与应用	中铁上海工程局集团有限公司 中铁上海工程局集团华海工程有限公司	中国中铁股份有限公司	国内先进	评审
191	深厚软土地基泡沫轻质土路基应用关键技术研究	中铁上海工程局集团有限公司 中铁上海工程局集团第三工程有限公司	中国中铁股份有限公司	国内领先	评审
192	高速铁路CRTS Ⅲ型预应力及普通板式无砟轨道综合施工技术	中铁上海工程局集团有限公司	中国中铁股份有限公司	国内领先	评审
193	高强超微外加剂在喷射混凝土中的运用	中铁国际集团有限公司 中铁国际集团川铁国际经济技术合作有限公司	中国中铁股份有限公司	国内领先	评审
194	铁路隧道先锚式中空锚杆设计关键参数及施工工法研究	中铁二院工程集团有限责任公司	中国中铁股份有限公司	国际先进	评审
195	基于TRIZ理论的高寒高海拔斜坡路堤支挡结构方案研究	中铁二院工程集团有限责任公司	中国中铁股份有限公司	国内领先	评审
196	铁路超大跨度拱桥设计关键技术研究	中铁二院工程集团有限责任公司 江苏苏博特新材料股份有限公司	中国中铁股份有限公司	国际先进	评审
197	高水压岩溶隧道运营监测及预警技术研究	中铁二院工程集团有限责任公司 石家庄铁道大学	中国中铁股份有限公司	国际先进	评审
198	悬挂式单轨交通列车测速定位系统及轨道占用检测系统关键技术研究	中铁二院工程集团有限责任公司	中国中铁股份有限公司	国内领先	评审
199	俄罗斯高铁（莫斯科至喀山段）列车技术条件研究	中铁二院工程集团有限责任公司 西南交通大学 重庆理工大学	中国中铁股份有限公司	国际先进	评审
200	多层大跨重载公交枢纽停车楼结构关键技术问题研究	中铁二院工程集团有限责任公司 北京建筑大学 成都交投善成实业有限公司	中国中铁股份有限公司	国内领先	评审
201	城市轨道交通线网升级调整方法研究	中铁二院工程集团有限责任公司 西南交通大学	中国中铁股份有限公司	国际先进	评审
202	城市轨道交通系统模式决策方法研究	中铁二院工程集团有限责任公司 西南交通大学	中国中铁股份有限公司	国际先进	评审
203	中承式铁路拱桥限位技术研究	中铁二院工程集团有限责任公司 中南大学 成都济通路桥科技有限责任公司	中国中铁股份有限公司	国际先进	评审
204	山西中南部铁路通道重载铁路路基结构设计研究	中铁工程设计咨询集团有限公司 西南交通大学	中国中铁股份有限公司	国际先进	评审
205	隧道底部结构设计和施工综合配套技术研究	中铁工程设计咨询集团有限公司	中国中铁股份有限公司	国际先进	评审
206	近接工程对高速铁路隧道的影响及其控制技术研究	中铁工程设计咨询集团有限公司	中国中铁股份有限公司	国内领先	评审
207	京张铁路崇礼支线桩拱式新型明洞结构研究	中铁工程设计咨询集团有限公司	中国中铁股份有限公司	国内先进	评审
208	点支撑橡胶弹簧浮置板轨道关键技术研究	中铁工程设计咨询集团有限公司	中国中铁股份有限公司	国内领先	评审
209	城市轨道交通用内置式泵房轨道技术研究	中铁工程设计咨询集团有限公司 陕西杨凌磐基新材料科技有限公司 天津轨道交通集团有限公司	中国中铁股份有限公司	国际先进	评审

续表

序号	成果名称	完成单位	组织鉴定（评审）单位	成果评价	类别
210	装配式双向先张预应力轨道板系统研究	中铁工程设计咨询集团有限公司 天津银龙预应力材料股份有限公司	中国中铁股份有限公司	国内领先	评审
211	CRTS Ⅲ型板式无砟轨道布板及精调系统	中铁工程设计咨询集团有限公司	中国中铁股份有限公司	国际先进	评审
212	山区大跨度钢箱梁牌楼塔悬索桥设计新技术	中铁大桥勘测设计院集团有限公司 中铁二院重庆勘察设计院有限责任公司	中国中铁股份有限公司	国内领先	评审
213	基于增设劲性钢梁提升混凝土梁桥承载能力技术	中铁大桥勘测设计院集团有限公司 中铁大桥（南京）桥隧诊治有限公司	中国中铁股份有限公司	国际先进	评审
214	立体结构地铁车辆段的列车整体升降设施研究	中铁华铁工程设计集团有限公司	中国中铁股份有限公司	国内领先	评审
215	地下大空间综合交通枢纽的关键设计技术研究	中铁华铁工程设计集团有限公司	中国中铁股份有限公司	国内领先	评审
216	基于物联网技术的城市轨道交通巡检系统	中铁西南科学研究院有限公司 深圳大学 中铁科学研究院有限公司	中国中铁股份有限公司	国内领先	评审
217	大吨位桥梁平面转铰设计及转体过程智能化、监控系统研究	中铁西南科学研究院有限公司 中铁科学研究院有限公司	中国中铁股份有限公司	国际先进	评审
218	高速铁路道岔关键技术深化研究与创新	中铁高新工业股份有限公司 中铁山桥集团有限公司	中国中铁股份有限公司	国内领先	评审
219	大跨度全焊接公铁两用连续钢桁梁桥整跨制造技术研究	中铁高新工业股份有限公司 中铁山桥集团有限公司	中国中铁股份有限公司	国际先进	评审
220	耐候桥梁钢焊接技术研究	中铁高新工业股份有限公司 中铁山桥集团有限公司	中国中铁股份有限公司	国内领先	评审
221	圆弧底板分体式钢箱梁制造关键技术	中铁高新工业股份有限公司 中铁宝桥集团有限公司	中国中铁股份有限公司	国际先进	评审
222	深圳龙华现代有轨电车系列道岔的研制	中铁高新工业股份有限公司 中铁宝桥集团有限公司	中国中铁股份有限公司	国内领先	评审
223	道岔钢轨热锻成型自动控制技术研究及工艺开发	中铁高新工业股份有限公司 中铁宝桥集团有限公司	中国中铁股份有限公司	国内领先	评审
224	大跨径钢箱钢桁结合梁制作技术研究	中铁高新工业股份有限公司 中铁宝桥集团有限公司 中铁宝桥（扬州）有限公司	中国中铁股份有限公司	国际先进	评审
225	大跨径板桁组合加劲梁大节段制造技术	中铁高新工业股份有限公司 中铁宝桥集团有限公司 中铁宝桥（扬州）有限公司	中国中铁股份有限公司	国内领先	评审
226	道岔制造过程自动化检测技术研究	中铁高新工业股份有限公司 中铁宝桥集团有限公司 中铁宝桥（南京）有限公司	中国中铁股份有限公司	国际先进	评审
227	大型场馆管桁架屋盖制造与安装技术	中铁高新工业股份有限公司 中铁科工集团有限公司 中铁重工有限公司 中铁华铁工程设计集团有限公司	中国中铁股份有限公司	国内先进	评审
228	适应城市地铁小转弯半径的双护盾TBM研制及应用	中铁高新工业股份有限公司 中铁工程装备集团有限公司	中国中铁股份有限公司	国际先进	评审
229	跨海隧道高水压常压换刀技术研究及应用	中铁高新工业股份有限公司 中铁工程装备集团有限公司	中国中铁股份有限公司	国际先进	评审

续表

序号	成果名称	完成单位	组织鉴定（评审）单位	成果评价	类别
230	超大直径（φ15.03米）气垫式泥水盾构机的研究设计及应用	中铁高新工业股份有限公司 中铁工程装备集团有限公司	中国中铁股份有限公司	国际先进	评审
231	长距离大埋深小直径隧道盾构机关键技术研究及应用	中铁高新工业股份有限公司 中铁工程装备集团有限公司	中国中铁股份有限公司	国际先进	评审
232	暗挖隧道管片快速拼装工法配套设备研制	中铁高新工业股份有限公司 中铁工程装备集团有限公司 中铁工程装备集团隧道设备制造有限公司	中国中铁股份有限公司	国际先进	评审
233	矩形硬岩破岩试验研究	中铁高新工业股份有限公司 中铁工程装备集团有限公司 中铁工程装备集团隧道设备制造有限公司	中国中铁股份有限公司	国际先进	评审
234	信息化隧道衬砌模板台车研制	中铁高新工业股份有限公司 中铁工程装备集团有限公司 中铁工程装备集团隧道设备制造有限公司	中国中铁股份有限公司	国内领先	评审
235	一种采用锂电池的牵引机车的研究	中铁高新工业股份有限公司 中铁工程装备集团有限公司 中铁工程装备集团隧道设备制造有限公司	中国中铁股份有限公司	国内先进	评审
236	高磨蚀地质滚刀适应性研究及应用	中铁高新工业股份有限公司 中铁工程装备集团有限公司 中铁工程装备集团隧道设备制造有限公司	中国中铁股份有限公司	国际先进	评审
237	箱式集成房屋产品研发	中铁高新工业股份有限公司 中铁工程装备集团有限公司 中铁工程装备集团钢结构有限公司	中国中铁股份有限公司	国内先进	评审
238	重型大节段钢桁梁制造及总拼技术研究	中铁高新工业股份有限公司 中铁九桥工程有限公司	中国中铁股份有限公司	国际先进	评审
239	800吨变幅式桥面起重机的研制	中铁高新工业股份有限公司 中铁九桥工程有限公司 中铁大桥局集团有限公司	中国中铁股份有限公司	国内领先	评审
240	安徽亳州陵西湖公园项目海绵城市技术应用与研究	中铁置业集团有限公司	中国中铁股份有限公司	国内先进	评审
241	中铁置业住宅量化设计、产品配置及成本限额标准	中铁置业集团有限公司	中国中铁股份有限公司	国内先进	评审
242	景观风格库标准化设计应用	中铁置业集团有限公司	中国中铁股份有限公司	国内先进	评审
243	新型公铁两用架桥机架设铁路T梁综合技术及配套设备研制	中铁一局集团有限公司 中铁一局集团新运工程有限公司 中铁工程机械研究设计院有限公司	中国中铁股份有限公司	国际先进	评审
244	西湖景区复杂地质隧道群绿色数字化施工关键技术	中铁一局集团有限公司 中铁一局集团第五工程有限公司	中国中铁股份有限公司	国际先进	评审
245	“一带一路”亚吉铁路火山渣路基关键技术及应用	中铁二局集团有限公司 西南交通大学 中铁二局第六工程有限公司	中国中铁股份有限公司	国际领先	评审
246	利用GNSS进行三等水准测量	中铁二局集团有限公司 中铁二局集团第四工程有限公司 西南石油大学	中国中铁股份有限公司	国内领先	评审

续表

序号	成果名称	完成单位	组织鉴定（评审）单位	成果评价	类别
247	BIM 技术在房建工程的全生命周期研究及应用	中铁二局集团有限公司 中铁二局集团勘测设计院有限责任公司 中铁二局集团第四工程有限公司 中铁二局集团装饰装修工程有限公司	中国中铁股份有限公司	国际先进	评审
248	桥梁运架及大型起重设备远程运维管理系统研究	中铁二局集团有限公司 中铁二局集团新运工程有限公司	中国中铁股份有限公司	国内先进	评审
249	BIM 技术在玉磨铁路友谊隧道施工中的应用	中铁二局集团有限公司 中铁二局集团第二工程有限公司	中国中铁股份有限公司	国内先进	评审
250	基于 BIM 技术的建筑综合体机电装修专业设计施工一体化研究及运用	中铁二局集团有限公司 中铁二局集团装饰装修工程有限公司	中国中铁股份有限公司	国内领先	评审
251	双块式轨枕自动化智能化预制技术研究	中铁三局集团有限公司 中铁三局集团桥隧工程有限公司 中铁三局集团线桥工程有限公司	中国中铁股份有限公司	国际先进	评审
252	胶州湾湾口过海地铁隧道设计施工关键技术研究	中铁三局集团有限公司 中铁三局集团第四工程有限公司 中铁第六勘察设计院集团有限公司 中铁投资集团有限公司	中国中铁股份有限公司	国际先进	评审
253	干热大温差盐碱地区试车场超大斜面高速环道、综合施工技术	中铁四局集团有限公司 中铁四局集团第一工程有限公司 长安大学	中国中铁股份有限公司	国际领先	评审
254	铁路马蹄形山岭黄土隧道盾构施工技术研究	中铁四局集团有限公司 中铁四局集团第四工程有限公司 西南交通大学 中国铁路设计集团有限公司	中国中铁股份有限公司	国际领先	评审
255	CRTS Ⅲ型板式无砟轨道快速智能测量设备研制及关键技术	中铁四局集团有限公司 中铁四局集团第五工程有限公司 中铁四局集团第一工程有限公司	中国中铁股份有限公司	国际领先	评审
256	智慧管廊综合监控系统研究	中铁四局集团有限公司 中铁四局集团电气化工程有限公司 四联智能技术股份有限公司	中国中铁股份有限公司	国际领先	评审
257	BIM 技术在高速铁路大跨度钢桁梁斜拉桥中的研究与应用	中铁四局集团有限公司 中铁四局集团第二工程有限公司 中铁四局集团钢结构建筑有限公司	中国中铁股份有限公司	国际先进	评审
258	BIM 技术在城市轨道交通工程建设信息化协同管理中的示范应用研究	中铁四局集团有限公司 中铁四局集团第三建设有限公司 北京轨道交通建设管理有限公司	中国中铁股份有限公司	国际先进	评审
259	基于 BIM 技术在地铁轨道工程信息管理系统的运用	中铁五局集团有限公司 中铁五局集团第六工程有限责任公司	中国中铁股份有限公司	国内先进	评审
260	峡谷地区重载铁路上承式钢管混凝土拱桥施工关键技术	中铁五局集团有限公司 中铁五局集团机械化工程有限责任公司	中国中铁股份有限公司	国际先进	评审
261	大断面隧道上跨既有高速铁路施工技术	中铁六局集团有限公司 中铁六局集团广州工程有限公司 西南交通大学 中铁西南科学研究院有限公司 深圳市交通公用设施建设中心	中国中铁股份有限公司	国际先进	评审
262	大直径土压平衡盾构机研制及在复杂地层超长距离掘进技术研究	中铁六局集团有限公司 中铁工程装备集团有限公司	中国中铁股份有限公司	国际领先	评审
263	BIM 技术在地铁盾构施工的研究与应用	中铁七局集团有限公司 中铁七局集团第三工程有限公司	中国中铁股份有限公司	国内领先	评审

续表

序号	成果名称	完成单位	组织鉴定（评审）单位	成果评价	类别
264	铁路既有站房改扩建项目基于 BIM 的施工信息化技术研究	中铁七局集团有限公司 中铁七局集团第五工程有限公司	中国中铁股份有限公司	国内先进	评审
265	基于物联网与云平台工程建设智慧用电监控系统应用研究	中铁七局集团有限公司 中铁七局集团武汉工程有限公司	中国中铁股份有限公司	国内领先	评审
266	基于移动网络和云数据的工程机械状态远程网络监测系统	中铁七局集团有限公司 中铁七局集团西安铁路工程有限公司 华东交通大学	中国中铁股份有限公司	国际先进	评审
267	面向 BIM 设计的三维激光扫描技术在市政道路设计中的应用	中铁七局集团有限公司 中铁七局集团有限公司勘测设计研究院	中国中铁股份有限公司	国内先进	评审
268	蒙华重载铁路膨胀土改良及路基填筑施工技术研究	中铁八局集团有限公司 中铁八局集团第一工程有限公司	中国中铁股份有限公司	国内领先	评审
269	连续梁边跨现浇段背拉平衡法施工技术研究	中铁八局集团有限公司 中铁八局集团第二工程有限公司	中国中铁股份有限公司	国内领先	评审
270	施工企业智能管控信息平台研发与应用	中铁八局集团有限公司 中铁八局集团第三工程有限公司	中国中铁股份有限公司	国内领先	评审
271	房地产信息化集成管控平台研发与应用	中铁八局集团有限公司 成都同新房地产开发有限公司	中国中铁股份有限公司	国内领先	评审
272	超大吨位非对称转体混合梁斜拉桥施工建造技术研究	中铁九局集团有限公司 中铁九局集团第二工程有限公司 中国铁路设计集团有限公司 湖南大学	中国中铁股份有限公司	国际先进	评审
273	高速铁路 CRTS Ⅲ型板式无砟轨道施工及自密实混凝土研制技术	中铁十局集团有限公司 中铁十局集团第三建设有限公司	中国中铁股份有限公司	国际先进	评审
274	新建鲁南高铁引入京沪高铁曲阜东站综合施工技术研究	中铁十局集团有限公司 中铁十局集团第八工程有限公司 鲁南高速铁路有限公司 中铁二院工程集团有限责任公司 中南大学	中国中铁股份有限公司	总体国际先进，部分国际领先	评审
275	桥梁拉索智能检测机器人研发及应用	中铁大桥局集团有限公司 中铁大桥科学研究院有限公司 桥梁结构健康与安全国家重点实验室	中国中铁股份有限公司	国际领先	评审
276	重庆寸滩长江大桥主桥施工关键技术	中铁大桥局集团有限公司 中铁大桥局集团第八工程有限公司	中国中铁股份有限公司	国际先进	评审
277	大节段钢桁梁整体制造、架设关键技术	中铁大桥局集团有限公司 沪通长江大桥建设指挥部 中铁山桥集团有限公司 中铁九桥工程有限公司 中铁大桥（郑州）缆索有限公司	中国中铁股份有限公司	国际领先	评审
278	复杂海域公铁两用双层钢—混结合简支钢桁梁桥建造技术	中铁大桥局集团有限公司 中铁大桥勘测设计院集团有限公司 中铁大桥局第五工程有限公司 中铁大桥局第四工程有限公司 中铁大桥局第六工程有限公司 中铁山桥集团有限公司	中国中铁股份有限公司	国际领先	评审
279	恶劣海洋环境下桥梁施工装备技术	中铁大桥局集团有限公司 中铁大桥局第五工程有限公司 中铁大桥局第四工程有限公司 中铁大桥局第六工程有限公司 福建福平铁路有限责任公司	中国中铁股份有限公司	国际领先	评审

续表

序号	成果名称	完成单位	组织鉴定（评审）单位	成果评价	类别
280	蒙华重载铁路隧道技术创新与应用	中铁隧道局集团有限公司 中铁一局集团有限公司 中铁二局集团有限公司 中铁五局集团有限公司 中铁科学研究院有限公司	中国中铁股份有限公司	国际领先	评审
281	铁路隧道超前地质预报信息平台管理系统开	中铁隧道局集团有限公司 中铁隧道勘察设计研究院有限公司	中国中铁股份有限公司	国内领先	评审
282	盾构 TBM 大数据管理平台研制及应用	中铁隧道局集团有限公司 盾构及掘进技术国家重点实验室	中国中铁股份有限公司	国际先进	评审
283	复杂地层双护盾 TBM 设计、研制与施工成套技术研究	中铁隧道局集团有限公司 盾构及掘进技术国家重点实验室 中铁南方投资集团有限公司 中铁北京工程局集团有限公司	中国中铁股份有限公司	国际领先	评审
284	引松供水工程施工关键技术研究	中铁隧道局集团有限公司 中铁隧道股份有限公司	中国中铁股份有限公司	国际先进	评审
285	挤压破碎带极高地应力软岩大变形隧道建造关键技术	中铁隧道局集团有限公司 中铁隧道集团二处有限公司 中铁隧道股份有限公司 中铁隧道勘察设计研究院有限公司 中铁北京工程局集团有限公司	中国中铁股份有限公司	国际先进	评审
286	移动式接触网标准化装备成套技术研究	中铁电气化局集团有限公司 中铁电气化局集团有限公司电气化公司	中国中铁股份有限公司	国际领先	评审
287	高速铁路接触网关键结构安全智能识别系统	中铁电气化局集团有限公司 大连维德集成电路有限公司	中国中铁股份有限公司	国际领先	评审
288	接触网整体吊弦全自动预配研究	中铁武汉电气化集团有限公司 中铁电气化（武汉）设计研究院有限公司 乐山晟嘉电气股份有限公司	中国中铁股份有限公司	国际先进	评审
289	波音 737 完工及交付中心项目综合技术研究	中铁建工集团有限公司 中铁华铁工程设计集团有限公司	中国中铁股份有限公司	国际先进	评审
290	青藏高原铁路大跨提篮式钢管混凝土拱桥拱肋安装技术	中铁广州工程局集团有限公司 中铁广州工程局集团桥梁工程有限公司	中国中铁股份有限公司	国际先进	评审
291	珊瑚砂在岛礁机场场道工程建设中应用	中铁北京工程局集团有限公司 长沙理工大学	中国中铁股份有限公司	国际先进	评审
292	主跨 457 米世界最大有推力钢箱拱桥建造关键技术	中铁上海工程局集团有限公司 中铁上海工程局第五工程有限公司	中国中铁股份有限公司	国际领先	评审
293	机械法联络通道建造成套技术研究	中铁上海工程局集团有限公司 宁波市轨道交通集团有限公司 中铁高新工业股份有限公司 宁波大学 上海市隧道工程轨道交通设计研究院	中国中铁股份有限公司	国际领先	评审
294	地铁运营线 100 米长轨更换施工关键技术研究与应用	中铁上海工程局集团有限公司 中铁上海工程局集团华海工程有限公司	中国中铁股份有限公司	国际先进	评审
295	基于 BIM 融合通信技术的轨行区施工管理信息平台的应用	中铁上海工程局集团有限公司	中国中铁股份有限公司	国内领先	评审

续表

序号	成果名称	完成单位	组织鉴定（评审）单位	成果评价	类别
296	大断面长距离综合管廊矩形顶管建造关键技术研究	中铁上海工程局集团有限公司 中铁上海工程局集团华海工程有限公司	中国中铁股份有限公司	国际先进	评审
297	悬挂式单轨交通轨道梁综合维修关键技术研究	中铁二院工程集团有限责任公司 电子科技大学 成都大学 成都海逸机电设备有限公司	中国中铁股份有限公司	国际先进	评审
298	铁路预应力混凝土矮塔斜拉桥建造技术研究	中铁二院工程集团有限责任公司 中铁二十三局集团公司 中铁三局集团有限公司 洛阳双瑞特种装备有限公司 柳州欧维姆机械股份有限公司 成都亚佳工程新技术开发有限公司 成昆铁路有限责任公司 兰州交通大学	中国中铁股份有限公司	总体国际先进 部分国际领先	评审
299	高速铁路大断面瓦斯隧道修建技术研究	中铁二院工程集团有限责任公司 西南交通大学 成贵铁路有限责任公司 中铁五局集团第四工程有限责任公司 中国矿业大学	中国中铁股份有限公司	国际领先	评审
300	岩溶地区隧道衬砌结构安全及耐久性研究	中铁二院工程集团有限责任公司 中南大学 成贵铁路有限责任公司	中国中铁股份有限公司	国际先进	评审
301	复杂环境铁路智慧选线系统研究	中铁二院工程集团有限责任公司 中南大学	中国中铁股份有限公司	总体国际先进 部分国际领先	评审
302	莞惠城际铁路隧道及地下工程修建关键技术研究	中铁工程设计咨询集团有限公司	中国中铁股份有限公司	国际领先	评审
303	城市轨道交通工程测量管理信息系统	中铁工程设计咨询集团有限公司	中国中铁股份有限公司	国内领先	评审
304	海洋环境珊瑚礁地质桥梁设计新技术	中铁大桥勘测设计院集团有限公司 中交第二航务工程局有限公司	中国中铁股份有限公司	国际领先	评审
305	大跨度结合梁悬索桥耐久性设计新技术	中铁大桥勘测设计院集团有限公司	中国中铁股份有限公司	国际先进	评审
306	多源地震干涉法隧道超前地质预报技术研发	中铁西南科学研究院有限公司 中铁科学研究院有限公司	中国中铁股份有限公司	国际领先	评审
307	隧道岩溶及地下水综合超前预报技术	中铁西南科学研究院有限公司 中铁科学研究院有限公司	中国中铁股份有限公司	国际先进	评审
308	知识管理与协同创新平台	中铁高新工业股份有限公司 中铁山桥集团有限公司	中国中铁股份有限公司	国际先进	评审
309	山区大跨度悬索桥钢箱梁现场制造关键技术研究	中铁高新工业股份有限公司 中铁宝桥集团有限公司	中国中铁股份有限公司	国际先进	评审
310	高速铁路 40 米跨 1000 吨级箱梁过隧运架成套装备	中铁高新工业股份有限公司 中铁科工集团有限公司 中铁工程机械研究设计院有限公司 中国铁道科学研究院集团有限公司 中铁二局集团有限公司 中铁工程设计咨询集团有限公司	中国中铁股份有限公司	国际领先	评审

续表

序号	成果名称	完成单位	组织鉴定（评审）单位	成果评价	类别
311	全断面掘进机刀具智能诊断系统	中铁高新工业股份有限公司 中铁工程装备集团有限公司 中铁一局集团有限公司	中国中铁股份有限公司	国际领先	评审
312	盾构/TBM 主轴承减速机工业试验平台	中铁高新工业股份有限公司 中铁工程装备集团有限公司	中国中铁股份有限公司	国际领先	评审
313	1800 吨步履式架梁起重机的研制	中铁高新工业股份有限公司 中铁九桥工程有限公司 中铁大桥局集团有限公司	中国中铁股份有限公司	国际领先	评审
314	盾构远程在线监测云平台	中铁高新工业股份有限公司 中铁工程服务有限公司	中国中铁股份有限公司	国内领先	评审
315	土压平衡盾构机模拟操作系统	中铁高新工业股份有限公司 中铁工程服务有限公司	中国中铁股份有限公司	国内领先	评审
316	中国中铁物流管理平台	中铁物贸集团有限公司 鲁班（北京）电子商务科技有限公司	中国中铁股份有限公司	国际先进	评审
317	基于大数据分析技术的中国中铁商旅管理平台研究	中铁物贸集团有限公司 鲁班（北京）电子商务科技有限公司	中国中铁股份有限公司	国内领先	评审
318	中国中铁采购电子商务平台支付通系统	鲁班（北京）电子商务科技有限公司	中国中铁股份有限公司	国内领先	评审
319	铁路大跨度上承式变截面提篮式钢桁拱桥建造关键技术	中铁二局集团有限公司	中国中铁股份有限公司	国际领先	评审
320	复杂山区环境高墩小半径互通立交桥施工关键技术	中铁二局集团有限公司	中国中铁股份有限公司	国际先进	评审
321	强震后高原季节性冻土隧道修建关键技术研究	中铁二局集团有限公司	中国中铁股份有限公司	国内领先	评审
322	大跨度空间桁架结构累积滑移及整体异步落架关键技术研究	中铁四局集团有限公司	中国中铁股份有限公司	国际先进	评审
323	桥梁钢结构智能制造关键技术研发与应用	中铁四局集团有限公司	中国中铁股份有限公司	国际先进	评审
324	高海拔多年冻土区公路隧道、路基关键施工技术	中铁五局集团有限公司	中国中铁股份有限公司	国内领先	评审
325	上跨铁路 40 米箱梁履带吊机单机架设施工技术研究	中铁六局集团有限公司	中国中铁股份有限公司	国内领先	评审
326	小半径变曲率曲线混凝土连续梁步履式顶推施工技术研究	中铁六局集团有限公司	中国中铁股份有限公司	国内领先	评审
327	恶劣海洋环境下桥梁基础超大直径钻孔桩施工技术	中铁大桥局集团有限公司	中国中铁股份有限公司	国际领先	评审
328	复杂海域栈桥设计与施工技术	中铁大桥局集团有限公司	中国中铁股份有限公司	国际领先	评审
329	120 千米/小时钢铝复合接触轨系统研究	中铁电气化局集团有限公司	中国中铁股份有限公司	国际领先	评审
330	高速铁路用耐疲劳型整体吊弦装置研究及寿命	中铁电气化局集团有限公司	中国中铁股份有限公司	国际领先	评审
331	一种高铁线路故障测距方法及故障测距系统	中铁电气化局集团有限公司	中国中铁股份有限公司	国际领先	评审

续表

序号	成果名称	完成单位	组织鉴定（评审）单位	成果评价	类别
332	铁路自然灾害及异物侵限监测系统组态软件研究	中铁电气化局集团有限公司	中国中铁股份有限公司	国际先进	评审
333	公铁两用高空作业平台	中铁电气化局集团有限公司	中国中铁股份有限公司	国内领先	评审
334	金属屋面系统抗风揭试验装置及试验方法的研究	中铁电气化局集团有限公司	中国中铁股份有限公司	国内领先	评审
335	10 千伏和 27.5 千伏共箱式预装式变电站研制	中铁电气化局集团有限公司	中国中铁股份有限公司	国内领先	评审
336	广州南沙区凤凰三桥建设关键技术研究	中铁广州局集团有限公司	中国中铁股份有限公司	国际领先	评审
337	江顺大桥建设关键技术研究	中铁广州局集团有限公司	中国中铁股份有限公司	国际领先	评审
338	膨胀土地区高速铁路路基关键技术研究	中铁二院工程集团有限责任公司	中国中铁股份有限公司	国际先进	评审
339	复杂地质与周边环境双护盾 TBM 设备研造与隧道建造关键技术	中铁二院工程集团有限责任公司	中国中铁股份有限公司	国际先进	评审
340	大跨度悬索桥非线性分析的关键技术及软件开发	中铁大桥勘测设计院集团有限公司	中国中铁股份有限公司	国际领先	评审
341	电动空压机节能控制技术研究	中铁隧道局集团有限公司 安徽理工大学	中国中铁股份有限公司	国际先进	评审
342	沿海码头工程修复关键技术	中铁广州工程局集团有限公司 中铁广州工程局集团桥梁工程有限公司	中国中铁股份有限公司	国际先进	评审
343	大吨位（35 米 /850 吨）非对称整孔箱梁制运架施工技术及关键装备	中铁二局集团有限公司 中铁二局集团新运工程有限公司 中铁工程机械研究设计院有限公司	四川省科学技术信息研究所	国际领先	评审
344	BIM 技术在房建工程全生命周期研究及应用	中铁二局集团有限公司 中铁二局集团勘测设计院有限责任公司 中铁二局第四工程有限公司 中铁二局集团装饰装修工程有限公司	四川省科学技术信息研究所	国际先进	评审
345	“一带一路”亚吉铁路火山渣路基关键技术及应用	中铁二局集团有限公司 中铁二局第六工程有限公司	四川省科学技术信息研究所	国际领先	评审
346	亚吉铁路客票信息系统及“四电系统”联调联试成套技术研究与运用	中铁二局集团有限公司 中铁二局集团电务工程有限公司	四川省科学技术信息研究所	国际领先	评审
347	高地温区富水特长隧道施工关键技术	中铁二局集团有限公司 中铁二局第四工程有限公司	四川省科学技术信息研究所	国际领先	评审
348	复杂环境浅埋大跨地铁车站暗挖施工关键技术研究	中铁二局集团有限公司 中铁二局第二工程有限公司	四川省科学技术信息研究所	国际领先	评审
349	软岩隧道大变形主动控制及长短锚杆支护新技术研究与应用	中铁五局集团有限公司 中铁五局集团成都工程有限责任公司 中铁二院工程集团有限责任公司	四川省科学技术信息研究所	国际领先	评审
350	大规模城市立交及钢拱斜拉桥快速施工技术	中铁大桥局第七工程有限公司 中铁大桥局集团有限公司	湖北技术交易所	国际先进	评审

续表

序号	成果名称	完成单位	组织鉴定（评审）单位	成果评价	类别
351	恶劣海洋环境下钢桁梁整节段制造及架设技术研究与应用	中铁大桥局集团有限公司 中铁大桥勘测设计院集团有限公司 中铁大桥局集团第四工程有限公司 中铁大桥局集团第五工程有限公司 中铁大桥局集团第六工程有限公司 中铁山桥集团有限公司	湖北技术交易所	国际先进	评审
352	海洋环境高墩高塔建造技术研究	中铁大桥局集团有限公司 中铁大桥局集团第五工程有限公司 中铁大桥局集团第四工程有限公司 中铁大桥局集团第六工程有限公司	湖北技术交易所	国际先进	评审
353	复杂海域桥梁施工结构及设备抗风浪安全关键技术	福建福平铁路有限责任公司 中铁大桥局集团有限公司 中铁大桥科学研究院有限公司 中铁大桥局第四工程有限公司 中铁大桥局第五工程有限公司 中铁大桥局第六工程有限公司	湖北技术交易所	国际领先	评审
354	恶劣海洋环境下桥梁施工装备技术研究及应用	中铁大桥局集团有限公司 中铁大桥局集团第五工程有限公司 中铁大桥局集团第四工程有限公司 中铁大桥局集团第六工程有限公司	湖北技术交易所	国际领先	评审
355	强涌浪海域大型防撞箱围堰施工技术研究及应用	中铁大桥局集团有限公司 中铁大桥局集团第五工程有限公司 中铁大桥勘测设计院集团有限公司 中铁大桥局集团第四工程有限公司 中铁大桥局集团第六工程有限公司	湖北技术交易所	国际领先	评审
356	复杂海域公铁两用双层钢—混结合简支钢桁梁桥建造技术研究	中铁大桥局集团第五工程有限公司 中铁大桥局集团有限公司 中铁大桥勘测设计院集团有限公司 中铁大桥局集团第四工程有限公司 中铁大桥局集团第六工程有限公司	湖北技术交易所	国际领先	评审
357	复杂海域大跨度栈桥建造技术与标准研究	中铁大桥局集团第五工程有限公司 中铁大桥局集团有限公司 中铁大桥局集团第四工程有限公司 中铁大桥局集团第六工程有限公司	湖北技术交易所	国际领先	评审
358	复杂海况组合连续梁桥快速施工关键技术	中铁大桥局集团有限公司	湖北技术交易所	国际领先	评审
359	复杂海况组合梁双塔斜拉桥施工关键技术	中铁大桥局集团有限公司	湖北技术交易所	国际领先	评审
360	三峡库区桥梁深水基础施工关键技术研究	中铁大桥局第七工程有限公司	湖北技术交易所	国际先进	评审
361	高磨蚀地层盾构及 TBM 刀具磨损预测研究	中铁隧道局集团有限公司 盾构及掘进技术国家重点实验室	中国机械工程学会	国际领先	评审
362	盾构刀具试验平台与刀盘设计数字化技术研究	中铁隧道局集团有限公司 盾构及掘进技术国家重点实验室	中国机械工程学会	国际领先	评审
363	土岩互层掘进机刀盘刀具高效破岩与防损伤优化技术	中铁隧道局集团有限公司 盾构及掘进技术国家重点实验室	中国机械工程学会	国际先进	评审
364	超深埋超大直径盾构关键技术开发及应用	中铁隧道局集团有限公司 盾构及掘进技术国家重点实验室	中国机械工程学会	国际先进	评审
365	盾构 TBM 大数据管理平台研制	中铁隧道局集团有限公司 盾构及掘进技术国家重点实验室	中国机械工程学会	国际先进	评审

续表

序号	成果名称	完成单位	组织鉴定（评审）单位	成果评价	类别
366	铁路隧道水平砂泥岩地层爆破开挖成型控制施工技术	中铁隧道局集团有限公司	中国爆破行业协会科技成果评价中心	国际先进	评审
367	隧道掘进中台车凿岩周边孔聚能爆破施工工法	中铁隧道局集团有限公司	中国爆破行业协会	国际领先	评审
368	受限条件下宽幅钢箱梁节段双向滑移施工关键技术研究	中铁上海工程局集团建筑工程有限公司	上海市住房和城乡建设管理委员会科学技术委员会	国际先进	评审
369	高速铁路CRTS Ⅲ型先张预应力及普通板式无砟轨道成套施工技术	中铁上海工程局集团有限公司	上海市住房和城乡建设管理委员会科学技术委员会	国际先进	评审
370	俄罗斯高铁（莫斯科至喀山段）列车技术条件研究	中铁二院工程集团有限责任公司	四川省科学技术信息研究所	国际领先	评审
371	复杂地质与周边环境双护盾TBM设备研造与隧道建造关键技术	中铁二院工程集团有限责任公司	四川省科学技术信息研究所	国际领先	评审
372	复杂运营条件下现代有轨电车轨道系统成套技术开发及应用	中铁二院工程集团有限责任公司	四川省科学技术信息研究所	国际领先	评审
373	路基工程新型装配式柔性排水结构技术研究	中铁二院工程集团有限责任公司	四川省科学技术信息研究所	国际领先	评审
374	复杂艰险山区高速铁路减灾选线及工程设计关键技术	中铁二院工程集团有限责任公司	四川省科学技术信息研究所	国际领先	评审
375	高烈度地震区高墩大跨度波形钢腹板连续刚构桥关键技术研究	中铁二院工程集团有限责任公司	四川省科学技术信息研究所	国际先进	评审
376	地勘大数据中心建设与应用研究	中铁二院工程集团有限责任公司	四川省科学技术信息研究所	国际先进	评审
377	动力吸振式低频减震轨道研究及应用	中铁二院工程集团有限责任公司	四川省科学技术信息研究所	国际先进	评审
378	艰险山区高速铁路特大跨度混凝土拱桥关键技术	中铁二院工程集团有限责任公司	四川省科学技术信息研究所	国际领先	评审
379	渝黔铁路白沙沱长江大桥建筑关键技术	中铁二院工程集团有限责任公司	中国铁路总公司	国际领先	评审
380	山区高速铁路桥梁高墩结构设计技术研究	中铁二院工程集团有限责任公司	中国铁路总公司	国际先进	评审
381	复杂地质条件下瓦斯突出隧道修建关键技术	中铁第六勘察设计院集团有限公司 中铁隧道局集团有限公司 中铁隧道集团一处有限公司 中铁（天津）隧道工程勘察设计有限公司	天津市科学技术评价中心	国际领先	评审
382	高速铁路用高强高导接触网导线关键技术及应用	天津中铁电气化设计研究院有限公司 中铁电气化局集团有限公司	天津市科学技术评价中心	国际领先	评审
383	新能源悬挂式单轨轨道梁桥关键技术研究	中铁第六勘察设计院集团有限公司	天津市科学技术评价中心	国际先进	评审
384	高海拔高寒地区路域生态修复技术应用研究	中铁西北科学研究院有限公司 中铁九局集团有限公司 中铁科学研究院有限公司	中国公路学会	国际先进	评审

续表

序号	成果名称	完成单位	组织鉴定（评审）单位	成果评价	类别
385	高速公路冻土沼泽地段路基关键技术研究	中铁西北科学研究院有限公司 中铁科学研究院有限公司	中国公路学会	国际先进	评审
386	大跨径高山深谷钢桥焊接制造关键技术及其应用	中铁山桥集团有限公司	中国机械工程学会	国际先进	评审
387	多介质絮核加载高密度澄清过滤快速处理隧道施工污水成套技术装备	中铁环境科技工程有限公司	中国机械工业联合会	国际先进	评审
388	钼精矿标准样品（Mo55%）	廊坊市中铁物探勘察有限公司 伊春鹿鸣矿业有限公司	中国有色金属工业标准计量质量研究所，全国标准样品技术委员会有色分委会	国际先进	评审
389	新型链齿传动双轮铣槽机研制及工程应用	中铁科工集团有限公司 中铁工程机械研究设计院有限公司 中铁科工集团轨道交通装备有限公司 中铁科工集团装备工程有限公司	湖北技术交易所	国际先进部分国际领先	评审
390	城轨交通高速道岔（国产 14 号道岔，侧向通过速度 70 千米 / 小时）平面线型技术研究	中铁二院工程集团有限责任公司	四川省科学技术信息研究所	国内先进	评审

制表：黄佳强

表 10–7　2019 年度中国中铁获授权发明专利目录

序号	专利名称	专利号	权属单位
1	一种高空大跨度重载横梁施工支架及施工方法	ZL201611267199.X	中铁一局集团有限公司 中铁一局集团第四工程有限公司
2	一种拉毛处理方法	ZL201710330408.9	中铁一局集团有限公司
3	盾构通用环管片拼装点位确定方法（分案）	ZL201710963664.1	中铁一局集团有限公司
4	混凝土预制梁自动喷淋养生机	ZL201610740474.9	中铁一局集团有限公司
5	一种隧道衬砌瓷砖曲砼面凿毛装置	ZL201710513304.1	中铁一局集团有限公司
6	一种隧道防水板铺设台车	ZL201710777569.2	中铁一局集团有限公司
7	隧道初期支护变形侵限段拆除及安全受力转换施工方法	ZL201711463412.9	中铁一局集团有限公司
8	一种基于盾构机铰接密封结构损坏的漏浆修复方法	ZL201710619340.6	中铁一局集团有限公司
9	一种隧道开挖施工用修整设备及修整施工方法	ZL201710772231.8	中铁一局集团有限公司
10	一种防水布铺设及衬砌钢筋网绑扎的施工方法	ZL201810999438.3	中铁一局集团有限公司 中铁一局集团第四工程有限公司
11	一种有限空间内地铁车站地下连续墙施工方法	ZL201711460637.9	中铁一局集团有限公司 中铁一局集团桥梁工程有限公司 中铁一局集团建筑安装工程有限公司
12	一种钢渣混凝土	ZL201510176843.1	中铁一局集团有限公司 中铁一局集团桥梁工程有限公司
13	一种基于声光报警的加筋土挡墙震动报警系统	ZL201610459999.5	中铁一局集团有限公司 中铁一局集团城市轨道交通工程有限公司
14	一种软弱土地区挡土墙压力计算方法	ZL201610796617.8	中铁一局集团有限公司 中铁一局集团有限公司广州分公司
15	一种富水软土地区深基坑盖挖逆作施工方法	ZL201610797321.8	中铁一局集团有限公司 中国中铁股份有限公司 中铁一局集团桥梁工程有限公司
16	一种对焊钢筋推进装置及使用方法	ZL201611029964.4	中铁一局集团有限公司 中铁一局集团新运工程有限公司
17	一种盖挖逆作法钢管柱定位装置及制作方法	ZL201611219781.9	中铁一局集团有限公司 中铁一局集团城市轨道交通工程有限公司

续表

序号	专利名称	专利号	权属单位
18	一种用于单侧墙模板支撑体系施工工法	ZL201710213440.9	中铁一局集团有限公司 中铁一局集团桥梁工程有限公司
19	一种中洞法爆破开挖中硬岩地铁车站的减震防护系统及其施工方法	ZL201710932535.6	中铁一局集团有限公司 中铁一局集团桥梁工程有限公司
20	一种城市轨道U形槽板式无砟道床轨道板支承精调装置及其使用方法	ZL201711007235.3	中铁一局集团有限公司 中铁一局集团第四工程有限公司
21	一种二次衬砌带模注浆监控系统	ZL201810130460.4	中铁一局集团有限公司 中铁一局集团建筑安装工程有限公司
22	一种多点沉降调控监测系统试验加荷架及其试验方法	ZL201610591904.5	中铁一局集团有限公司 中铁一局集团第二工程有限公司
23	高铁无砟轨道维修路基物理隔离方法	ZL201710160377.7	中铁二局集团有限公司 中铁二局集团新运工程有限公司
24	一种用于大跨度钢桁架整体安装的快速施工方法	ZL201610030338.0	中铁二局集团有限公司 中铁二局第四工程有限公司
25	高铁无砟轨道维修整体道床切割运输方法	ZL201710160657.8	中铁二局股份有限公司 中铁二局集团新运工程有限公司
26	一种镀铜圆钢的物理焊接方法	ZL201710444322.9	中铁二局股份有限公司 中铁二局股份有限公司城通分公司
27	一种富水砂层地区降水井施工方法	ZL201610978348.7	中铁二局集团有限公司 中铁二局第一工程有限公司
28	湿陷性黄土深沟高填方结构的施工方法	ZL201710850897.0	中铁二局集团有限公司 中铁二局第四工程有限公司
29	一种原位注水素土挤密桩复合地基的施工方法	ZL201710888780.1	中铁二局第二工程有限公司 成都中铁新瑞工程检测技术有限公司
30	辅助TCM60铺轨机大坡度施工的撑轨及枕的支架	ZL201610820830.8	中铁二局集团勘测设计院有限责任公司
31	一种控制预应力简支T梁梁端裂纹的施工方法	ZL201710762060.0	中铁二局集团勘测设计院有限责任公司
32	一种双塔五跨钢箱桁梁斜拉桥快速施工方法	ZL201810658159.0	中铁二局集团勘测设计院有限责任公司
33	一种用于贝雷梁的吊放装置及方法	ZL201711109725.4	中铁二局集团第五工程有限公司
34	岩溶破碎地区浅埋隧道下穿既有铁路营业线施工方法	ZL201710761484.5	中铁二局集团第五工程有限公司
35	一种预应力T梁张拉方法	ZL201710236120.5	中铁二局集团第五工程有限公司
36	一种隧道工程洞内平面控制网快速测量方法	ZL201511015034.9	中铁二局集团有限公司 中铁二局集团第五工程有限公司
37	高效率防水卷材铺设装置	ZL201810640898.7	中铁二局集团第五工程有限公司
38	大断面暗挖地铁车站在粉细砂层中穿越高架桥柱洞法施工工法	ZL201410713317.X	中铁三局集团有限公司 中国中铁股份有限公司
39	一种轨道交通竖井联系测量的方法	ZL201610206180.8	中铁三局集团有限公司 中铁三局集团华东公司
40	支撑垫石地脚螺栓孔的精确定位工装及其施工方法	ZL201610549149.4	中铁三局集团有限公司
41	一种基于力矩式夹脚测量的隧道收敛在线监测装置	ZL201611037330.3	中铁三局集团有限公司 中铁三局集团三公司
42	一种特大斜拉桥边跨现浇梁支架的施工方法	ZL201710241448.6	中铁三局集团有限公司 中铁三局集团五公司
43	特大斜拉桥主塔弧形段竖向预应力施工方法	ZL201710278761.7	中铁三局集团有限公司 中铁三局集团五公司
44	一种用于高层建筑快速测量放样的方法	ZL201710204015.3	中铁三局集团有限公司
45	一种通用型CRTS Ⅲ型轨道板预制台座	ZL201710272548.5	中铁三局集团有限公司 中铁三局集团三公司 太原理工大学
46	一种空间网格桁架结构累积滑移施工方法	ZL201710146747.1	中铁三局集团有限公司 中铁三局集团广东公司

续表

序号	专利名称	专利号	权属单位
47	一种牌坊门楼式桥梁索塔塔柱同步施工方法	ZL201710241413.2	中铁三局集团华东公司 中铁三局集团有限公司
48	一种胶轮路轨导向轨的施工建造方法	ZL201710592885.2	中铁三局集团有限公司 中铁三局集团有限公司运输工程分公司
49	一种胶轮路轨枢轴道岔的施工建造方法	ZL201710592901.8	中铁三局集团有限公司
50	一种胶轮路轨转盘道岔的施工建造方法	ZL201710592905.6	中铁三局集团有限公司 中铁三局集团五公司
51	大断面马蹄形盾构始发的施工方法	ZL201710951413.1	中铁三局集团有限公司
52	一种隧道掌子面开挖线智能定位测量方法	ZL201711065822.8	中铁三局集团线桥公司 中铁三局集团有限公司
53	CRTS Ⅲ型板式无砟轨道轨道板铺设精度检测方法	ZL201711241595.X	中铁三局集团有限公司 中铁三局集团广东公司
54	一种跨越营业线修建梁桥的施工方法	ZL201711433923.6	中铁三局集团有限公司 中铁三局集团二公司
55	一种适用于超大断面硬岩隧道的浅埋外露施工方法	ZL201810324118.8	中铁四局集团有限公司
56	一种大断面地铁渡线隧道的施工方法	ZL201810327528.8	中铁四局集团有限公司
57	一种用于高速铁路路基无砟轨道路基支承层的摊铺设备	ZL201811076641.X	中铁四局集团有限公司
58	一种铁路非金属吸声板的制备方法	ZL201511032190.6	中铁四局集团有限公司
59	一种轮式测距仪	ZL201610187667.6	中铁四局集团有限公司
60	一种高速铁路大断面隧道预应力锚索锚固浆体材料	ZL201711440068.1	中铁四局集团有限公司
61	用于客运专线标准断面突变超大断面施工方法	ZL201710177156.0	中铁四局集团有限公司
62	采用滑床板增强线路加固效果的箱体顶进方法	ZL201710887736.9	中铁四局集团有限公司
63	地铁柱式检查坑施工方法	ZL201710608911.6	中铁四局集团有限公司
64	特殊地质超重框架桥顶进施工方法	ZL201810647313.4	中铁四局集团有限公司
65	铁路接触网带电条件下更换涵洞盖板的施工方法	ZL201710450735.8	中铁四局集团有限公司
66	箱体顶进就位后防塌方方法	ZL201810949557.8	中铁四局集团有限公司
67	一种适用于浅埋偏压段及下穿浅埋富水段的隧道施工方法	ZL201810402793.8	中铁四局集团有限公司
68	一种同时浇筑变形缝处两根结构柱的施工方法	ZL201710608938.5	中铁四局集团有限公司
69	长螺旋改进型钻孔灌注桩成孔施工方法	ZL201811315059.4	中铁四局集团有限公司
70	地铁长大坡道出入口机电安装施工方法	ZL201810799872.7	中铁四局集团有限公司
71	管幕支护顶推施工中箱体外跟进注入触变泥浆施工方法	ZL201610812808.9	中铁四局集团有限公司
72	移动式张拉辅助装置	ZL201710685963.3	中铁四局集团有限公司
73	一种隧道防御水板无纵向施工缝的施工方法	ZL201810178412.2	中铁四局集团有限公司
74	一种提升软土地基条件下灌注桩承载力的设备及方法	ZL201710152817.4	中铁五局集团有限公司 中铁贵州旅游文化发展有限公司 中铁五局集团路桥工程有限责任公司
75	一种 H 型钢三面孔辅助加工装置及使用方法	ZL201710291582.7	中铁五局集团有限公司 中铁五局集团第六工程有限责任公司
76	应用 BIM 技术的轨排生产线全自动组装模拟施工方法	ZL201710486876.5	中铁五局集团有限公司 中铁五局集团第六工程有限责任公司
77	一种用于探测后张梁预应力管道的装置及方法	ZL201710289306.7	中铁六局集团有限公司 中铁六局集团太原铁路建设有限公司
78	盾构施工超近距离注浆方法及注浆装置	ZL201710864570.9	中铁六局集团有限公司 中铁六局集团石家庄铁路建设有限公司

续表

序号	专利名称	专利号	权属单位
79	一种盾构机换刀系统	ZL201710677471.X	中铁六局集团有限公司 中铁六局集团石家庄铁路建设有限公司
80	跨铁路防护棚、跨铁路箱梁桥及跨铁路防护棚的施工方法	ZL201810934387.6	中铁六局集团有限公司 中铁六局集团有限公司交通工程分公司
81	一种隧道结构的自动监测系统、自动监测方法及其用途	ZL201810935602.4	中铁六局集团有限公司 中铁六局集团呼和浩特铁路建设有限公司
82	水中测量观测平台及其施工方法和水中测量观测系统	ZL201810929395.1	中铁六局集团有限公司 中铁六局集团天津铁路建设有限公司
83	一种拆除铁路既有线门式墩盖梁防护棚架的方法	ZL201710548953.5	中铁六局集团有限公司 中铁六局集团天津铁路建设有限公司
84	一种城市高架桥施工围挡结构及其安装方法	ZL201710101050.2	中铁六局集团有限公司 中铁六局集团天津铁路建设有限公司
85	一种高架桥下桩基安装结构及施工方法	ZL201710101045.1	中铁六局集团有限公司 中铁六局集团天津铁路建设有限公司
86	风积沙路基施工方法	ZL201710258028.9	中铁六局集团有限公司 中铁六局集团天津铁路建设有限公司
87	蒸压砂加气混凝土精确砌块裂缝控制方法	ZL201710261418.1	中铁六局集团有限公司 中铁六局集团北京铁路建设有限公司
88	桥梁转体装置及其施工方法	ZL201810368663.7	中铁六局集团有限公司 中铁六局集团北京铁路建设有限公司
89	一种高速铁路曲线梁桥转体施工不平衡力测试方法	ZL201810366971.6	中铁六局集团有限公司 中铁六局集团北京铁路建设有限公司
90	盾构接收时盾尾与成型管片分离的方法	ZL201710191773.6	中铁六局集团有限公司 中铁六局集团北京铁路建设有限公司
91	高寒地区带中心深埋水沟的铁路单线隧道施工方法	ZL201810228425.6	中铁六局集团有限公司 中铁六局集团北京铁路建设有限公司
92	一种配电网络的设备通信系统和方法	ZL201410454510.6	中铁六局集团有限公司 中铁六局集团丰桥桥梁有限公司
93	一种四舌接地线检测装置及其检测方法	ZL201410798251.9	中铁六局集团有限公司 中铁丰桥桥梁有限公司
94	岩层地质条件下无封底混凝土组合式围堰的施工方法	ZL201710050395.X	中铁六局集团有限公司 中铁丰桥桥梁有限公司
95	适用于岩层地质的筑岛钢板桩围堰式钻孔桩平台的施工方法	ZL201810454572.5	中铁六局集团有限公司 中铁六局集团丰桥桥梁有限公司
96	一种抵抗泄洪急流冲击的钢栈桥施工方法	ZL201810506336.3	中铁六局集团有限公司 中铁六局集团路桥建设有限公司
97	一种架桥机柔性支腿绞座临时固定装置	ZL201610420342.8	中铁七局集团第一工程有限公司
98	高速铁路桥面遮板无垫片预制施工工法及装置	ZL201711235434.X	中铁七局集团第三工程有限公司
99	一种用于地下连续墙施工的泥浆及其制备方法	ZL201710216168.X	中铁七局集团第三工程有限公司
100	铁路下穿公路隧道双层套管加筋管棚跟管钻进施工方法	ZL201610160706.3	中铁七局集团第三工程有限公司
101	高速铁路无砟轨道板预埋套管自动安装机器人	ZL201611113635.8	中铁七局集团第五工程有限公司
102	适用于高速铁路无砟轨道板模具智能清理机器人	ZL201611113647.0	中铁七局集团武汉工程有限公司
103	困难地段电杆更换施工方法	ZL201810100951.4	中铁七局集团武汉工程有限公司
104	一种桥墩墩基开挖设备	ZL201610124444.5	中铁八局集团建筑工程有限公司
105	超大型集束多边形煤仓群圆锥体钢煤斗拼装施工方法	ZL201611128900.X	中铁九局集团第二工程有限公司
106	一种结构保温装饰一体化预制混凝土外墙板的制备方法	ZL201710645647.3	中铁九局集团有限公司 烟台中科蓝德数控技术有限公司
107	一种精确控制 CFG 桩桩顶高程的方法	ZL2017104791829	中铁九局集团有限公司 烟台中科蓝德数控技术有限公司

续表

序号	专利名称	专利号	权属单位
108	基于分流隔板仓的施工方法及分流隔板仓装置	ZL201710542016.9	中铁九局集团第二工程有限公司 中铁九局集团有限公司 湖南大学 长吉城际铁路有限责任公司
109	一种结构保温装饰一体化预制混凝土外墙板的制备方法	ZL201710645647.3	中铁十局集团有限公司
110	一种斜腿墩柱施工用三角支撑架	ZL201710890090.X	中铁十局集团有限公司
111	既有盾构隧道变形控制的加固结构及施工方案	ZL201711193765.1	中铁十局集团有限公司
112	隧道施工用双液浆注浆施工方法	ZL201810496924.3	中铁十局集团有限公司
113	一种钢桁梁浇筑底模结构及其施工工艺	ZL201910393528.2	中铁十局集团有限公司
114	一种涵洞顶进纠偏的监控测量方法	ZL2017106515081	中铁十局集团有限公司
115	一种大吨位的桩基试验加载装置	ZL201610692603.1	中铁十局集团有限公司
116	一种基桩承载力试验位移测试方法	ZL201610859550.8	中铁十局集团有限公司
117	一种拱座预埋锚杆定位系统及施工方法	ZL201610905896.7	中铁十局集团有限公司
118	斜拉桥梁端锚固点的定位方法及索导管安装方法	ZL201611059186.3	中铁十局集团有限公司
119	适用于桩基孔底平整度检测的装置及平整度检测方法	ZL201611184702.5	中铁十局集团有限公司
120	一种变参数多功能粘滞阻尼器的设计方法及阻尼器	ZL201710010505.X	中铁十局集团有限公司
121	一种吊索塔架的安装方法	ZL201710035633.X	中铁大桥科学研究院有限公司 中铁大桥局集团有限公司
122	一种海上钢护筒海蛎子清除装置及方法	ZL201710032846.7	中铁大桥局集团有限公司 中铁大桥局集团第一工程有限公司
123	海上施工平台吊装定位装置及其吊装定位方法	ZL201710041827.0	中铁大桥局上海工程有限公司 中铁大桥局集团有限公司
124	一种桥面板吊装用吊架、吊装装置及吊装方法	ZL201710056472.2	中铁大桥局集团有限公司
125	一种提篮拱桥拱肋节段的二次横移吊装施工方法	ZL201710056520.8	中铁大桥局集团第二工程有限公司 中铁大桥局集团有限公司
126	一种异形截面斜钢塔吊装的定位导向及锁定装置	ZL201710056470.3	中铁大桥科学研究院有限公司 中铁大桥局集团有限公司
127	一种钢管桩桩底混凝土灌注施工装置及方法	ZL201710119923.2	中铁大桥局集团有限公司
128	斜拉桥塔柱索道管定位测量装置及其测量方法	ZL201710166506.3	中铁大桥科学研究院有限公司 中铁大桥局集团有限公司
129	一种超低频液体质量调谐阻尼器及设计方法	ZL201710279969.0	中铁大桥科学研究院有限公司 中铁大桥局集团有限公司
130	一种吊杆张拉装置及其施工方法	ZL201710320354.8	中铁大桥局集团有限公司
131	一种双层桥梁的施工方法	ZL201710320369.4	中铁大桥局集团有限公司
132	一种基于可视化的桥梁健康监测系统与方法	ZL201710353784.X	中铁大桥局武汉桥梁特种技术有限公司 中铁大桥局集团有限公司
133	压浆系统及压浆方法	ZL201710450555.X	中铁大桥局集团有限公司
134	一种钢管桩用的压浆管架及其布设方法	ZL201710454537.9	中铁大桥局集团有限公司
135	一种局部减摩阻桩基结构及其施工方法	ZL201710464926.X	中铁大桥局集团有限公司 中国中铁股份有限公司
136	一种水上重力锚的快速精确定位方法	ZL201710624318.0	中铁大桥局集团第一工程有限公司 中铁大桥局集团有限公司
137	一种用于大跨度钢桁梁的精确定位吊架	ZL201710914328.8	中铁大桥局集团有限公司
138	分离式箱型叠合梁的施工方法	ZL201711404191.8	中铁大桥局集团有限公司

续表

序号	专利名称	专利号	权属单位
139	缆索吊机系统及起吊方法	ZL201711487134.0	中铁大桥局集团有限公司 中国中铁股份有限公司
140	一种旋转吊装系统及起吊重物时旋转重物的方法	ZL201711479030.5	中铁大桥局集团有限公司
141	安装大跨度拱桥系杆的方法	ZL201810051531.1	中铁大桥局集团有限公司
142	一种支索装置	ZL201810188270.8	中铁大桥局武汉桥梁特种技术有限公司 中铁大桥局集团有限公司
143	一种悬索桥索夹螺杆轴力施工方法	ZL201710514527.X	中铁大桥局集团有限公司
144	一种磁浮式智能控制斜拉索阻尼装置及阻尼调节方法	ZL201710264685.4	中铁大桥局武汉桥梁特种技术有限公司 中铁大桥局集团有限公司
145	一种用于提高隧道光面爆破效果的聚能装药方法	ZL201710683522.X	中铁大桥局集团有限公司
146	一种用于黄土隧道稳定掌子面的稳固剂	ZL201610863482.2	中铁大桥科学研究院有限公司 中铁大桥局集团有限公司
147	一种岭脊段极高地应力软岩隧道施工变形控制的支护方法	ZL201610359277.2	中铁隧道局集团有限公司 盾构及掘进技术国家重点实验室
148	隧道掘进过程中的注浆结构及配套的注浆方法	ZL201710071735.7	中铁隧道局集团有限公司 盾构及掘进技术国家重点实验室
149	盾构机中直接切削混凝土中钢筋的滚刀的布置方法	ZL201610929587.3	中铁隧道局集团有限公司
150	全液压自行模板台车进行分体穿越式砼浇筑施工方法	ZL201710685011.1	中铁隧道局集团有限公司
151	一种敞开式 TBM 过全断面碳质板岩掘进及支护方法	ZL201710021869.8	中铁隧道局集团有限公司
152	一种翻转式开盖隧道模拟加载实验平台	ZL201410035706.1	中铁隧道局集团有限公司 中铁隧道集团科学技术研究院有限公司
153	土压平衡盾构皮带输送机数据采集处理系统及其处理方法	ZL201610678231.7	中铁隧道局集团有限公司 中铁隧道股份有限公司
154	一种获取不同地质工况盾构刀盘激振力的实验方法	ZL201710418687.4	中铁隧道局集团有限公司
155	一种土压平衡盾构模拟实验中土箱填土的方法	ZL201810108073.0	中铁隧道局集团有限公司 盾构及掘进技术国家重点实验室
156	一种土压平衡盾构模拟实验装置	ZL201810108060.3	中铁隧道局集团有限公司 石家庄铁路职业技术学院
157	一种盾构机用姿态调整方法	ZL201810107595.9	中铁隧道局集团有限公司 中国中铁股份有限公司 中铁隧道股份有限公司
158	一种盾构机用姿态调整系统的控制方法	ZL201810107933.9	中铁隧道局集团有限公司 中铁隧道股份有限公司
159	一种复合控制的盾构机用姿态调整方法	ZL201810107471.0	中铁隧道局集团有限公司 中铁隧道股份有限公司
160	一种复合控制的盾构机推进系统的控制方法	ZL201810107929.2	中铁隧道局集团有限公司
161	盾构机整体始发施工方法	ZL201810601751.7	中铁隧道局集团有限公司
162	一种高瓦斯及瓦斯突出隧道非防爆无轨运输方法	ZL201611145692.4	中铁电气化局集团有限公司
163	一种隧道衬砌拱顶的振捣方法	ZL201711056698.9	中铁电气化局集团有限公司
164	一种能机械膨胀且能部分回收锁脚锚管的使用方法	ZL201710352640.2	中铁电气化局集团有限公司
165	土压平衡盾构地层识别研究实验中土箱填土的方法	ZL201810205077.0	中铁电气化局集团有限公司
166	一种用于盾构机的速度复合调控装置	ZL201810204576.8	中铁电气化局集团有限公司
167	一种用于盾构机速度集成装置	ZL201810205080.2	中铁电气化局集团有限公司
168	一种用于盾构机的控制装置	ZL201810204306.7	中铁电气化局集团有限公司
169	一种接触网平腕臂、斜腕臂合并方法	ZL201810496662.0	中铁电气化局集团有限公司

续表

序号	专利名称	专利号	权属单位
170	一种接触网腕臂加工方法	ZL201810496654.6	中铁电气化局集团有限公司
171	一种接触网斜腕臂加工方法	ZL201810496649.5	中铁电气化局集团有限公司
172	一种接触网吊弦加工系统	ZL201810496648.0	中铁建工集团有限公司
173	一种接触网平腕臂加工方法	ZL201810495799.4	中铁建工集团有限公司
174	一种接触网腕臂加工装置	ZL201810495798.X	中铁广州工程局集团有限公司 中铁广州工程局集团桥梁工程有限公司
175	一种压接吊弦压接管和吊弦压接端子的方法	ZL201810494945.1	中铁港航局集团有限公司 中铁港航局集团深圳工程有限公司
176	一种接触网吊弦加工方法	ZL201810494860.3	中铁航空港集团第一工程有限公司 北京交通大学
177	一种高铁线路故障测距方法及故障测距系统	ZL201610953686.5	中铁上海工程局集团有限公司 中铁上海工程局集团第一工程有限公司
178	一种直流牵引供电保护装置测试系统	ZL201710546525.9	中铁上海工程局集团有限公司 中铁上海工程局集团第一工程有限公司
179	一种带有动力切换阀的液压系统	ZL201710179942.4	中铁上海工程局集团有限公司 中铁上海工程局集团市政工程有限公司
180	高速铁路接触网定位线夹装置	ZL201610769008.3	中铁上海工程局集团有限公司 中铁上海工程局集团第一工程有限公司
181	冗余式承力索/接触线终端锚固装置	ZL201610708099.X	中铁上海工程局集团有限公司 中铁上海工程局集团华海工程有限公司
182	一种激光接触网导线巡检方法	ZL201610630272.9	中铁上海工程局集团有限公司 中铁上海工程局集团第五工程有限公司
183	一种矩形定位器固定用可调节定位座	ZL201610629724.1	中铁上海工程局集团有限公司 中铁上海工程局集团华海工程有限公司
184	一种隧道超大加宽段面控制爆破开挖施工方法	ZL201710839644.3	中铁上海工程局集团华海工程有限公司
185	一种沿海码头受撞损伤桥墩不卸载工况下修复加强方法	ZL201711384763.0	中铁上海工程局集团有限公司
186	一种隧道初支与二衬间相对竖向位移的监测方法	ZL201711069333.X	中铁上海工程局集团有限公司
187	一种行进过程自动变跨铺轨机及使用方法	ZL201610883017.5	中铁上海工程局集团有限公司
188	一种主动式螺旋钢管对撑	ZL201710161690.2	中铁上海工程局集团有限公司
189	一种高速铁路箱梁预制中快速检查橡胶抽拔管位置的方法	ZL201710937452.6	中铁上海工程局集团有限公司 中铁上海工程局集团市政工程有限公司
190	一种桥梁用缓冲耗能防落梁装置的设计方法	ZL201710765300.2	中铁上海工程局集团有限公司 中铁上海工程局集团第三工程有限公司
191	一种桥梁应变和变形的测量方法	ZL201610615730.1	中铁上海工程局集团有限公司 中铁上海工程局集团建筑工程有限公司
192	一种无砟轨道大跨度高速铁路拱桥的拱上建筑构造	ZL201510779852.X	中铁上海工程局集团有限公司 中铁上海工程局集团北方工程有限公司
193	一种电气化铁路牵引网阻抗计算方法	ZL201610042254.9	中铁上海工程局集团有限公司 中铁上海工程局集团第一工程有限公司
194	预应力混凝土桥梁调束快速方法	ZL201610044218.6	中铁二院工程集团有限责任公司
195	旋转式可快速锚固安装黏结型中空锚杆	ZL201610318199.1	中铁二院工程集团有限责任公司
196	推压式可快速锚固安装黏结型中空锚杆	ZL201610321339.0	中铁二院工程集团有限责任公司
197	底板锚固约束型隧道衬砌构造	ZL201610407642.2	中铁二院工程集团有限责任公司
198	路基工程下膨胀土地基现场浸水试验方法	ZL201610587618.1	中铁二院工程集团有限责任公司
199	一种富盐软弱盐渍土地区无砟轨道路堤结构	ZL201611094741.6	中铁二院工程集团有限责任公司
200	一种高速铁路粉土、粉砂路堤结构及构筑方法	ZL201710022203.4	中铁二院工程集团有限责任公司 四川瑞明斯商贸有限公司
201	一种适用于桥墩和桥塔内的自平衡型拉索锚固结构	ZL201710187036.9	中铁二院工程集团有限责任公司

续表

序号	专利名称	专利号	权属单位
202	一种利用三维激光点云自动提取既有线轨顶高程方法	ZL201710802183.2	中铁二院工程集团有限责任公司
203	一种分离式可维修隧道衬砌构造	ZL201610409541.9	中铁二院工程集团有限责任公司
204	膨胀土地基胀缩作用下无砟轨道低矮路堤顶面升降量计算方法	ZL201610218428.2	中铁二院工程集团有限责任公司
205	一种抗力增强型加固结构及其施工方法	ZL201610934209.4	中铁二院工程集团有限责任公司
206	一种巨型滑坡锚固结构的设计方法	ZL201610740375.0	中铁二院工程集团有限责任公司
207	框架型低位排水系统隧道衬砌构造	ZL201610409516.0	中铁二院工程集团有限责任公司
208	一种无砟轨道铁路隧道上拱修复结构的施工方法	ZL201710246661.6	中铁二院工程集团有限责任公司
209	上承式拱桥横向刚度控制方法	ZL201611022698.2	中铁二院工程集团有限责任公司
210	高墩大跨混凝土连续刚构桥的纵向刚度控制方法及桥梁	ZL201710520708.3	中铁二院工程集团有限责任公司 川南城际铁路有限责任公司
211	一种可预防无砟轨道隧底变形的装置及其施工方法	ZL201810144687.4	中铁二院工程集团有限责任公司
212	一种实腹板式刚性吊杆及安装方法	ZL201710097518.5	中铁二院工程集团有限责任公司
213	一种新型盾构平衡始发及接收套筒装置	ZL201610792320.4	中铁二院工程集团有限责任公司
214	一种带限位功能的盾构管片衬砌接头构造	ZL201610997808.0	中铁二院工程集团有限责任公司
215	一种公路、铁路或轨道交通合建桥梁双层主梁断面构造	ZL201710059048.3	中铁二院工程集团有限责任公司
216	无砟轨道低路堤基底膨胀土桩基加固后隆起量的确定方法	ZL201710819589.1	中铁二院工程集团有限责任公司 成都大学
217	一种高速铁路格构式路堤结构及构筑方法	ZL201611193207.0	中铁二院工程集团有限责任公司
218	一种高速铁路大跨度拱桥的横向位移控制方法	ZL201710179537.2	中铁二院工程集团有限责任公司
219	一种隧道钢筋混凝土衬砌截面钢筋面积的设计方法	ZL201610963269.9	中国铁路总公司 中铁通信信号勘测设计（北京）有限公司
220	悬挂式单轨箱型梁巡检装置	ZL201610439842.6	天津中铁电气化设计研究院有限公司
221	一种隧道溶洞及地下水综合治理构造及施工方法	ZL201611253235.7	天津中铁电气化设计研究院有限公司
222	一种高速铁路路基压实指标的无损测算方法	ZL201710748097.8	天津中铁电气化设计研究院有限公司
223	一种路基底部膨胀土复合桩基的抗隆起设计方法	ZL201810424760.3	中铁隧道勘测设计院有限公司
224	斜拉桥轴向减压钢锚箱	ZL201611007017.5	中铁隧道勘测设计院有限公司
225	一种无砟轨道路基基底膨胀土中抗隆起桩基的锚固力测算方法	ZL201711010738.6	中铁隧道勘测设计院有限公司
226	一种斜拉桥桥塔索塔锚固区环向预应力钢束优化配置方法	ZL201711179059.1	中铁隧道勘测设计院有限公司
227	一种穿越水塘、鱼塘地段多股道铁路高填方路基的施工方法	ZL201810464893.3	中铁隧道勘测设计院有限公司
228	岩质地层暗挖三层地铁车站伞盖结构及施工方法	ZL2015104076057	中铁隧道勘测设计院有限公司
229	一种岩质地层地铁出入口分段型钢水平围护结构及施工方法	ZL201510650446.3	中铁隧道勘测设计院有限公司
230	一种控制沉管段与岸上段竖向不均匀沉降的结构	ZL2016110172145	中铁隧道勘测设计院有限公司
231	一种岩质地层地铁出入口分段型钢水平围护结构及施工方法	ZL201510650446.3	中铁工程设计咨询集团有限公司
232	水下单管上下层市政及公路长大盾构隧道通风系统及方法	ZL201610685714.X	中铁工程设计咨询集团有限公司
233	水下双管市政及公路长大盾构隧道的通风系统及通风方法	ZL201610685662.6	中铁工程设计咨询集团有限公司
234	大断面隧道近接建筑物施工隔离减震桩结构及施工方法	ZL2015100952038	中铁工程设计咨询集团有限公司

续表

序号	专利名称	专利号	权属单位
235	一种利用地铁出入口兼作施工斜通道结构及施工方法	ZL201510649961.X	中铁工程设计咨询集团有限公司
236	岩质地层暗挖三层地铁车站伞盖结构及施工方法	ZL2015104076057	中铁工程设计咨询集团有限公司
237	一种岩质地层地铁出入口分段型钢水平围护结构及施工方法	ZL201510650446.3	中铁工程设计咨询集团有限公司
238	一种控制沉管段与岸上段竖向不均匀沉降的结构	ZL2016110172145	中铁大桥勘测设计院集团有限公司
239	一种岩质地层地铁出入口分段型钢水平围护结构及施工方法	ZL201510650446.3	中铁大桥勘测设计院集团有限公司
240	大断面隧道近接建筑物施工隔离减震桩结构及施工方法	ZL2015100952038	中铁大桥勘测设计院集团有限公司
241	一种利用地铁出入口兼作施工斜通道结构及施工方法	ZL201510649961.X	中铁大桥勘测设计院集团有限公司 南京工业大学
242	水下双管市政及公路长达盾构隧道通风系统及方法	ZL201610685662.6	中铁大桥勘测设计院集团有限公司
243	水下单管上下层市政及公路长达盾构隧道通风系统及方法	ZL201610685714.X	中铁大桥勘测设计院集团有限公司
244	一种贯通式同相供电接触网馈线继电保护方法	ZL201810643010.5	中铁大桥勘测设计院集团有限公司
245	用于保护地下水环境的明挖隧道止水结构及施工方法	ZL2016104256302	中铁大桥勘测设计院集团有限公司 南京工业大学
246	一种铁路隧道基岩工作面处理方法	ZL2017100057287	中铁大桥勘测设计院集团有限公司
247	气密式防腐接触网钢管支柱及其制备方法	ZL2016104256139	中铁大桥勘测设计院集团有限公司
248	一种隧道中心排水管及其铺设方法	ZL201710005722X	中铁大桥勘测设计院集团有限公司
249	一种箱型钢管护轨装置及其安装方法	ZL2018111416235	中铁大桥勘测设计院集团有限公司
250	一种抗拉防落梁组合隔震装置及其施工方法	ZL2017100141802	中铁大桥勘测设计院集团有限公司
251	一种钢桥立体交叉焊缝结构及其施工方法	ZL2016112407395	中铁大桥勘测设计院集团有限公司
252	一种安装有粘滞阻尼器的桥梁	ZL2016109929807	中铁大桥勘测设计院集团有限公司
253	一种使用隔离板的道路施工方法	ZL2016108834725	中铁大桥勘测设计院集团有限公司
254	一种钢桁梁斜拉桥合龙杆件安装计算方法	ZL2017113891614	中铁大桥勘测设计院集团有限公司
255	基于静应变极值预测的铁路钢桥静载性能评估方法	ZL2016102299163	中铁大桥勘测设计院集团有限公司
256	一种弯折节点、曲线连续钢桁梁桥及其设计方法	ZL2017111295077	中铁大桥勘测设计院集团有限公司
257	混合梁连续刚构桥钢箱梁安装方法	ZL2018100358378	中铁大桥勘测设计院集团有限公司
258	一种带状测区低空摄影测量像控点布测方法	ZL2017104792484	中铁大桥勘测设计院集团有限公司
259	一种非线性粘滞阻尼器动力参数的优化方法	ZL2016107426358	中铁大桥勘测设计院集团有限公司
260	消除钢桁架桥支座处下弦杆次应力的结构及施工方法	ZL2016104165750	中铁大桥勘测设计院集团有限公司
261	一种双层桥面悬索桥主梁结构	ZL2017101577560	中铁大桥勘测设计院集团有限公司
262	中心轴承支承式转向架转盘	ZL201510500949.2	中铁大桥勘测设计院集团有限公司
263	一种石质文物浅表层修复材料及修复方法	ZL201610451048	中铁大桥勘测设计院集团有限公司
264	一种填料冻胀特性的试验装置及试验方法	ZL201510140669.5	中铁大桥勘测设计院集团有限公司
265	一种用于隧道超前地质预报的多源地震干涉法	ZL201710371184.6	中铁大桥勘测设计院集团有限公司 中铁大桥（南京）桥隧诊治有限公司
266	一种桥梁转体施工平衡重调控方法及调控系统	ZL201810044430	中铁大桥勘测设计院集团有限公司
267	一种具有硬地表瞬态面波快速检测功能的检测装置	ZL201510829661.X	中铁大桥勘测设计院集团有限公司
268	利用滑坡体自身动能转化势能的抬升结构治理滑坡方法	ZL201710567786.9	中铁大桥勘测设计院集团有限公司

续表

序号	专利名称	专利号	权属单位
269	一种耐候钢钢—混结合梁桥节段拼装方法	ZL201810482842.3	中铁大桥（南京）桥隧诊治有限公司 中铁大桥勘测设计院集团有限公司
270	一种桁梁整孔压缩加力系统及其使用方法	ZL201611138079.X	中铁大桥（南京）桥隧诊治有限公司 中铁大桥勘测设计院集团有限公司
271	一种道岔垫板紧固装置用防雨盖结构	ZL201711165486.4	中铁大桥（南京）桥隧诊治有限公司 中铁大桥勘测设计院集团有限公司
272	一种钢箱桁梁桥下弦节点板安装定位装置及方法	ZL201810475306.0	中铁大桥勘测设计院集团有限公司
273	一种辙叉自动翻转小车	ZL201710024584.X	中铁大桥勘测设计院集团有限公司
274	一种欧盟标准高锰钢辙叉铸造工艺	ZL201711079241.X	中铁大桥勘测设计院集团有限公司
275	北美标准自护式高锰钢辙叉铸造工艺	ZL201711079242.4	中铁大桥勘测设计院集团有限公司
276	一种基于水位变化的电缆自动收放装置及方法	ZL201610880582.6	中铁大桥勘测设计院集团有限公司
277	一种模块化门式多功能凿岩台车用作业平台及方法	ZL201611086776.5	中铁大桥（南京）桥隧诊治有限公司 中铁大桥勘测设计院集团有限公司
278	用于吊梁天车的防啃轨装置、吊梁天车及其走行方法	ZL201710234545.2	中铁大桥勘测设计院集团有限公司
279	一种用于共振破碎机的振动装置及共振破碎机	ZL201510715654.7	中铁大桥勘测设计院集团有限公司
280	一种轮胎式地铁换铺机及自动调平方法	ZL201510715654.8	中铁大桥（南京）桥隧诊治有限公司 中铁大桥勘测设计院集团有限公司
281	一种轮胎式地铁换铺机及其变跨方法	ZL201510715654.9	中铁武汉勘察设计研究院有限公司
282	地铁施工成套设备及铺轨方法	ZL201510715654.1	中铁武汉勘察设计研究院有限公司
283	掘进机截割控制系统及控制方法	ZL201710309176.9	中铁武汉勘察设计研究院有限公司
284	一种地下建筑模块化施工体系及其施工方法	ZL201710039085.8	中铁武汉勘察设计研究院有限公司
285	一种双护盾 TBM 盾体卡机预测方法及系统	ZL201711104872.2	中铁武汉勘察设计研究院有限公司
286	一种可伸缩式边滚刀刀箱	ZL201610828127.1	中铁武汉勘察设计研究院有限公司
287	一种基于流粒度的访问控制方法	ZL201510805255.X	中铁武汉勘察设计研究院有限公司
288	一种隧道管片快速拼装设备及其拼装方法	ZL201611252936.9	中铁武汉勘察设计研究院有限公司
289	一种滚刀刀圈热处理工装	ZL201710328692.6	中铁武汉勘察设计研究院有限公司
290	借助压缩空气的泥水盾构管路延伸排浆装置和排浆方式	ZL201710918469.7	中铁武汉勘察设计研究院有限公司
291	一种新奥法隧道掘进机	ZL201610930949.0	中铁武汉勘察设计研究院有限公司
292	一种非静止密闭加压泵站及其控制方法	ZL201710546666.0	中铁武汉勘察设计研究院有限公司
293	一种新型隧道预切槽设备	ZL201710689986.1	中铁武汉勘察设计研究院有限公司
294	用于地下工程的可循环利用的组合式结构	ZL201610807288.2	中铁武汉勘察设计研究院有限公司
295	一种用于矩形断面隧道施工的行星轮式仿形开挖装置	ZL201711423092.4	中铁武汉勘察设计研究院有限公司
296	一种常压换刀刀盘	ZL201611101183.1	中铁武汉勘察设计研究院有限公司
297	一种滚刀用隔环及隔环在盘形滚刀上的装配工艺	ZL201711306587.9	中铁武汉勘察设计研究院有限公司
298	一种摆动式罐体移动装置	ZL201611232.73.9	中铁武汉勘察设计研究院有限公司
299	一种硬岩 TBM 掘进控制参数智能决策方法及系统	ZL201710937469.1	中铁武汉勘察设计研究院有限公司
300	一种掘进机及掘进方法	ZL201811638532.2	中铁武汉勘察设计研究院有限公司
301	一种顶管机免拆装管线系统及其施工方法	ZL20161082977.6	中铁武汉勘察设计研究院有限公司
302	一种盾构机管片注浆栓	ZL2016105345799	中铁武汉勘察设计研究院有限公司
303	盾构铰接助力器	ZL2017102351434.0	中铁武汉勘察设计研究院有限公司

续表

序号	专利名称	专利号	权属单位
304	一种市政盾构隧道的支撑横梁安装结构	ZL2017104900084.0	中铁武汉勘察设计研究院有限公司
305	一种黄土隧道施工支撑装置	ZL201810274513X	中铁武汉勘察设计研究院有限公司
306	一种盾构机管片环号计算方法	ZL2018109862416.0	中铁武汉勘察设计研究院有限公司
307	一种垃圾处理污泥焚烧用注油器	ZL201711437553.3	中铁武汉勘察设计研究院有限公司
308	一种能够对大量建筑垃圾进行打碎的建筑垃圾打碎设备	ZL201711221061.0	中铁武汉勘察设计研究院有限公司
309	一种用于地铁直铺底座振捣与整型施工设备及施工工艺	ZL2017101067303	中铁武汉勘察设计研究院有限公司
310	微机控制电液转换制动系统和方法	ZL2018107618130	中铁武汉勘察设计研究院有限公司
311	一种地铁保护区域内开挖基坑的抗浮起施工方法	ZL201710612425.1	中铁武汉勘察设计研究院有限公司

制表：黄佳强

勇于跨越
中国中铁

行政工作

董事会办公室（监事会办公室）

【董事会办公室（监事会办公室）】根据总部行政部门机构编制、部门职能有关规定，董事会办公室主要职能为：①负责股份公司股东大会、董事会及其专门委员会日常工作。负责建设规范董事会试点日常工作。②负责股份公司股东大会、董事会及其专门委员会会议等公司章程规定的有关会议的组织、承办和会议决议的执行督办及情况反馈工作。③负责股份公司信息披露、定期报告编制、业绩推介、相关新闻发布和路演等活动的组织。负责与证券监管机构、中介机构、相关新闻媒体的沟通、联络和协调工作。④负责投资者关系管理。负责股东持有公司股票管理。负责股份公司关联（关连）交易的相关管理工作。负责股份公司网站投资者关系网页的日常维护工作。⑤负责牵头市值管理相关工作。配合实施资本市场的发债、增发等再融资事项。负责牵头资本市场的分拆分立、股份回购、大股东减持增持等工作。⑥负责股份公司董事监事和派出专职董事监事的日常履职支持服务。指导、监督、检查所属境内外子公司建立规范公司治理工作，指导境内外子公司董事会日常工作。监事会办公室主要职能为：①负责股份公司监事会制度建设及落实、监督工作。负责监事会日常工作。②负责股份公司监事会会议等公司章程规定的有关会议的组织、承办和会议决议的执行督办及情况反馈工作。③负责企业年度报告编制工作。④指导境内外子公司监事会或类似监督机构日常工作。

截至2019年底，部门设置定员15名，实际在职人员11人，包括主任1名，副主任1名，处长3名；另有股份公司执行董事章献、股份公司委派到子公司的3名专职董事监事和股份公司1名专职监事组织人事关系在部门，不占部门编制定员。（段银华）

【年度工作综述】2019年，董事会办公室（监事会办公室）扎实开展“不忘初心，牢记使命”主题教育，在不断加强支部建设基础上，积极深化公司治理问题研究，开展公司治理业务实践，依法合规完成董事监事高管届内调整的任免决策程序的组织和信息披露工作，修订了公司章程和监事会议事规则，依法合规开展信息披露，多渠道与境内外资本市场沟通交流，积极及时向资本市场传递公司高质量发展的成果，投资者关系管理工作再上新台阶；有效组织董事会监事会调研，服务组织董事监事参加国资监管、证券监管培训，加强对董事监事董秘依法规范履职的咨询与服务支持。（段银华）

【董事会试点工作】参与国资委中央企业法人治理结构课题研究，参与《中央企业外部董事选聘管理办法》《中央企业公司章程指引》的制订。研究解读《上市公司治理准则》《上市公司章程指引》、改革国有资本授权经营体制方案和中央企业公司章程指引向国资委报送《董事会2018年度工作报告》、独立董事个人履职报告、《2018年度完善法人治理结构相关工作情况的报告》，2018年度公司董事会被评价为“良好”。配合完成2018年度股份公司高管评价工作和2019年度高管个人绩效合约签署工作。2019年组织董事会赴公司数控中心及上海、广西、贵州以及境外等地，针对中铁（上海）投资、杭州至海宁城际铁路PPP项目、中铁交通及全兴高速公路BOT项目、中铁文旅及贵州国际生态城项目、“一带一路”欧洲市场项目开发情况进行现场调研检查。组织董事监事参加北京证监局、上交所、国资委等培训10次，累计受训27人次。（李伟）

【制度体系建设】根据中国中铁市场化法治化债转股发行股份购买资产导致股本结构和注册资本的变化、《公司法》第四次修正、中国证监会《上市公司治理准则》《上市公司章程指引》等监管规则的修订要求，完成公司《章程》第13次修订。为进一步规范监事会的议事方式和决策程序，促使监事会科学履职、合规运作，根据监管环境的变化和公司实际，对公司《监事会议事规则》进行修订完善。根据市场变化进一步提高决策效率，在

▲ 2019年中国中铁股份有限公司获“最佳董事会”奖

合法合规的前提下进一步优化董事会授权，7月制定、12月修订印发股份公司董事会授权经理层决策部分事项及有关要求的方案，11月制定印发集团公司董事会授权董事长、总经理行使公司有关职权方案。（李 伟）

【会议筹备和服务】2019年，集团公司组织召开董事会会议10次，审议通过议案及报告事项22项，对须集团公司履行必要决策程序的重大事项依法合规进行了审议决策。股份公司全年召开董事会会议11次，审议通过议案及报告事项176项，作出决议140项，涉及战略规划、薪酬管理、关联交易与内幕信息管理、授权、内部控制、投资、担保、机构设置、并购重组、定期报告等共21类内容，未出现重大决策失误。根据监管要求，分别于3月、6月、8月、12月四次组织股份公司独立董事与年审机构的沟通会，针对年度审计、中期审阅计划、中期审阅意见和新一年度审计计划进行沟通。4月29日，股份公司董事长李长进与非执行董事举行沟通会，就企业管治、内部控制及风险管理、董事会建设、专门委员会作用发挥等事项进行沟通。（曲秋盈）

【信息披露】认真贯彻对上市公司监管以信息披露为中心的监管理念，严格遵守境内外上市规则，进一步畅通全公司重大事项传递渠道，在持续做好法定信息披露的同时结合企业发展阶段性成果和市场关注热点进一步加大自愿性信息披露工作，扩大宣传效果；加强资本市场舆情的监测与应对，为企业赢得良好的资本市场环境和证券监管环境助力，公司连续六年被评为信息披露优秀企业。全年起草并发布公告、通函等409项，其中A股公告200项，包括临时公告88项（包括4项经营数据公告和17项工程中标公告）、定期报告4项、股东大会会议资料2项和其他备查文件106项；H股公告及通函209项，包括公告（中英文）25项、海外监管公告（中英文）148项、通函（中英文）20项和其他16项。（梁 韵）

【定期报告编制】全年编制并合规披露2018年年度报告、2019年第一季度报告、2019年中期报告以及2019年第三季度报告，共四期定期报告，完成《业绩路演模拟问答》、路演推介PPT等推介材料和新版业绩宣传片改版制作。为深入配合每期定期报告的披露工作，组织编写新闻通稿、邀请资深分析师撰写点评文章向主流财经媒体投放，进一步增强公司定期报告披露的效果，积极引导资本市场舆论方向，引导资本市场正面理解公司情况，增加对公司的投资信心。（李 强）

【投资者关系管理】坚持“大投关”“立体投关”理念，全方位多层次提升投资者关系管理工作。对股东进行分类管理，密切关注股东变化，提高投资者关系管理的针对性；继续坚持线上、线下相结合，坚持“请进来、走出去”相结合，畅通多渠道开展与境内外广大投资者的沟通交流，营造良好的资本市场环境；投资者关系管理经验和经典案例被列入2019年上海证券交易所的A+H股上市公司投关案例。全年举办2场业绩推介会、1场新闻发布会、2场季度业绩电话沟通会、1次专题反向路演，并组织公司领导2次赴亚欧开展境外路演活动，累计与约355家境内外重要股东及潜在投资者知名投资机构的代表和30家香港媒体的记者进行了交流互动。邀请27家境内外知名投资机构及3家财经媒体开展了“站房王牌＋冬奥会”主题反向路演活动；共计参加境内外知名投资机构峰会33场，接待境内外调研27场次、召开电话会议17场次，与327位机构投资者就宏观政策、业务发展、业绩变动等多方面沟通交流。（段银华）

【市值管理】加强以投资者问题为导向，以专项报告、路演报告、市值管理报告等形式及时或定期向管理层反映资本市场关注和同业公司动态，向总裁办公会、董事会和公司领导提出合理化的市值管理建议35条，积极为企业高质量发展做贡献。加强资本市场政策研究，特别是科创板政策法规研究，并在党委会、董事会上进行解读。牵头开展宏创项目，指导中铁电气化局完成相关中介机构的选聘和前期尽职调查的开展工作；同步开展对系统内高新技术、资源、水务等可能符合分拆条件的业务进行筛选和调研，形成关于分拆上市问题及相关建议的报告。参与市场化债转股、收购恒通科技等资本运作，开展公司治理、决策程序、信息披露、股份登记、章程修订等多方面的工作。推动中国中铁与上海证券交易所签署战略合作协议，从股权债券、资产证券化等多融资品种开展战略合作，营造了和谐外部治理环境。（张 凡）

【规范子公司董事会运作】深化母子公司治理协同，参与子公司董事会建设和委派的专职董事监事管理研究，2019年5月、10月举办中国中铁第八期董事监事董秘培训和中国中铁第七期董秘董办监办主任培训，分别与各单位董事会监事会日常工作机构开展业务座谈交流。为20位委派到子公司的专职董事监事履职做好支持服务，按季度编制《专职产权代表述职报告汇编》，分类梳理报告发现问题，组织成果运用。研究会签子公司章程、批复子公司董事会监事会议事规则20余项。协助子公司办理相关决策事项投标、工商登记、注册或注册变更等，制作提供单项决议27份。以非全资子公司的公司治理合规和权益维护为重点，组织办理太中银公司、中铁工业等参股控股公司股东（大）会议案审查和授权委托，

协助公司领导和股东代表处理太中银公司、广州管廊公司股权事务，就太中银政策性亏损问题拟文致函国铁集团。（周睿）

【资本市场获奖情况】首次获得美国《机构投资者》评选的2019年度亚洲区“最佳企业管理团队”五大奖项，同时获得《新财富》最佳第二届新财富最佳IR港股公司、天马奖“中国主板上市公司投资者关系最佳董事会”、金紫荆“新中国成立70周年卓越贡献企业”奖、金圆桌“最佳董事会”“港股综合实力100强、营业额10强”等多个奖项。（张凡）

总裁办公室

【制度建设】本着于法周延、于事有效的原则制定新制度、完善已有的制度、废止不适应的制度，编印《中国中铁总裁办公室制度汇编》（2019年版），收录综合管理、信息管理、行政事务、公务处理、档案史志、信访维稳等8个模块54项制度，基本形成系统完备的办公室制度体系。以规章制度为基础，梳理业务工作的关键环节和基本步骤，重新梳理了19项业务工作的内控流程，配套制定了总裁办公会（总经理办公会）相关文件检查办法、节假日值班工作流程等工作制度或规范，推行台账式、表格式管理模式，使各项业务工作更具可操作性，更易于执行和推广。

（吴晓婧）

【秘书工作】2019年，领导秘书积极做好服务公司经理层领导工作，领导出差及参加各类会议、活动的文稿准备及协调服务工作，及时完成领导出差报告、信息简报、工作总结等撰写和报送工作，全年累计出差633天，起草整理修改各类材料408篇，报送信息141篇。共组织、协调召开总经理办公会11次、总裁办公会42次、总部季度工作例会4次，并起草有关纪要，做好有关专题会议的组织服务工作。进一步规范决策类会议程序，制定总裁办公会和总经理办公会组织流程，以及议案提交、领导签字、资料保管等工作标准，及时完成“三重一大”决策事项的上传工作。起草完成公司经理层关于2019年上半年公司生产经营及董事会决议和授权事项执行情况的报告，以及一季度、三季度董事会决议和授权事项的报告，并按时提交总裁办公会、董事会审议通过。2019年修订发布《经理层有关决策审批权限规定》。（汪光普）

【调研工作】紧密围绕企业重大决策、重要工作部署，先后深入26家二、三级单位以及区域经营机构开展综合或专题调研；在各二级单位生产经营工作繁重的岁末年初，以电话、书面等多种替代方式开展年终调研工作，确保调研实效的同时，减轻了基层单位负担。通过开展调研活动，了解企业生产经营情况，及时找准企业运行中存在的问题和瓶颈难点，充分挖掘各单位管理过程中的创新举措和工作亮点，为起草好领导讲话等材料奠定了基础、为领导正确决策提供了第一手资料。先后起草撰写了2019年工作会、经营工作会、经济运行分析会、三级工程公司建设会等重要文稿的撰写工作，协助公司领导起草或修改各类讲话、报告、会议纪要等文稿400余篇，推动了企业各项工作的深入开展。（徐勇）

【信息工作】坚持“信息质量和企业排名双提升”的工作思路，在原有信息管理办法基础上，补充制定《中国中铁股份有限公司信息工作计分规则》，突出对信息采编时效和质量的考核，降低信息报送数量的要求，推动信息工作从重数量向重质量的转变。建立信息集中培训常态化机制，举办了2019年度信息工作培训班，并先后赴中铁一局、中铁三局、中铁四局、中铁七局、中铁八局等多家基层单位开展“一对一”工作指导与业务培训，推动基层信息工作人员业务能力的提升。截至2019年底，编发《中国中铁简报》106期，上报国资委信息105篇，采用68篇，采用率为64%，其中被中办、国办采用17篇，得分732分，在中央企业排名第13位，建筑企业排名第1位。连续四年被国资委办公厅评选为优秀信息工作单位。中国中铁被国资委办公厅授予“信息工作优秀单位”称号，有6人获得“信息工作优秀个人”称号，并在国资委举办的中央企业信息工作座谈会上进行了经验交流。（曾蕾）

【信息工作培训班】5月8日至9日，中国中铁2019年信息工作培训班在长沙中铁五局举办。中国中铁监事会主席张回家，总裁办公室主任齐伟、副主任薛健，党委办公室副主任李聚民，总裁办调研处长付晋德，主管曾蕾、徐勇，党委办公室主管王辉出席培训班，各二级单位公司办、党办有关负责同志及信息调研员等共90余人参加培训。张回家主席发表讲话，要求要充分认识信息报送工作的重要性，不断提高信息工作质量和水平，推动企业信息工作取得新的更大成绩。齐伟主任要求各单位信息工作必须与时俱进，要着力在提高信息工作站位、提高信息编办水平、提高信息工作效能、推动信息工作创新、延伸工作触觉和加强队伍能力建设六个方面下功夫。培训邀请国资委办公厅信息调研处处长董昕、湖南省政府办公厅总值班室副主任曾庆虎授课。培训表彰了信息工作先进单位和个人，中铁五局等6家先进单位作了经验交流，开展了信息工作分组讨论。（曾蕾）

【综合协调工作】2019年，总裁办公室与党委办公室共同修订完成《督查督办工作实施办法》，建立健全了督查督办工作的任务范围、管理职责、工作程序等机制。完成了《政府工作报告》《国资委工作

要点》、郝鹏书记会议讲话等与公司生产经营相关工作内容的分解立项和督办工作，对国资委办公厅转办的国务院“互联网＋督查”平台留言进行核实督办，并按要求反馈核查情况、问题原因、解决措施等办理情况，积极推动有关问题整改落实到位。对公司年度工作会议、经济活动分析会等重要会议领导讲话，以及季度工作例会等会议部署的重点工作事项进行任务分解、情况反馈，会同党委办公室发布《中国中铁督办工作通知》《中国中铁督办工作通报》8期，持续增强了督查督办工作的针对性和实效性。在进一步完善月度行政工作报送、汇总和发布流程的基础上，注重与各行政部门沟通总结上月重点工作完成情况，分析确定当月重点工作计划，汇总、核对形成总部行政工作计划摘要，报公司主要领导审定发布，为公司领导掌握情况、实施决策提供依据，同时引导总部各行政部门主动作为、提高效率。修订发布《公司值班工作管理办法》，并自2019年春节假期起，重点加强了全系统的节假日值班工作，公司总部实行三级值班带班，二级单位实行两级值班带班，各级各单位实行节假日报送值班带班表制度。针对总部部门负责人和部员数量不均衡的现状，研究制定了带班部门负责人和值班员分别轮流排班的值班带班方案，调整后的方案使得值班带班安排更加公平合理、相对均衡。2019年，总裁办公室共组织安排总部节假日值班38天、174人次，处理国家各部委紧急通知10余项。（吴晓婧）

▲ 2019年5月8日至9日，中国中铁2019年信息工作培训班在长沙中铁五局举办

【会议接待工作】先后牵头或参与完成了年初系列会议、经济运行分析会、三级工程公司建设会等公司大型会议的组织筹备工作。遵照对口对等、全程接待的原则，编制《股份公司总部承办国资委会议的组织流程》，明确了组织筹备工作的原则和程序，截至2019年底，主责承办或参与协办国资委会议9次。通过询价采购方式确定一家图文设计公司提供业务招待资料的设计、印刷服务，选定公司食堂作为业务接待宴会的送餐机构，从标准、规范到接待细节，全面提升业务接待工作水平。2019年共承办完成了国资委领导现场调研、省市政府领导来访以及重要合作伙伴洽谈签约等国内外大型业务招待活动30次，服务390余人次，在“零差错”完成业务招待任务的同时，充分展现了企业良好形象。制定《中国中铁股份有限公司总部业务招待若干规定》，总部业务招待活动全面实行清单制，清单须如实反映招待对象、业务招待活动、招待费用等情况，同时还明确了业务招待类别、标准、报销流程等。

（吴晓婧）

【公务用车管理】以历次审计、巡视发现问题为导向，重新修订了《中国中铁股份有限公司公务用车管理办法》《中国中铁股份有限公司总部公务用车管理办法》，制定总部车队管理规定。全年共出车1092次，行驶里程约21万千米，未发生安全责任事故和非责任事故，圆满完成各项工作任务。

（吴晓婧）

【文书管理】严控公文数量、范围、时间和篇幅，截至2019年12月底，总部印发行政正式文件940件，较2018年降低36.5%，完成了发文数量压减30%的目标。持续推进文书信息化建设，2019年国资委非涉密电子公文传输新系统正式启用，改版升级的OA公文系统将于2020年1月1日上线。持续加强公文催办工作，提升公文办理效率。落实股份公司所属单位请示类来文节点处理情况月度通报制度，2019年共收到所属单位请示类来文1499件，对其中节点滞留超过7个工作日的1个部门1人次进行通报，较2018年5个部门9人次的节点滞留状况有了明显改善，流程在办节点数量大幅减少。全年共处理各类收文4253件，处理各类发文1829件，办理机要通信117次，通过机要渠道发送和接收文件3085件。获得中央国家机关机要文件交换站评选的2019年度机要通信表扬单位。（何立强）

【印章管理】严格遵守印鉴管理相关制度和办法，规范用印审批程序和印章的刻制、使用、收缴、销毁程序。2019年，办理证照借用84人次，较2018年全年110人次减少26人次；审批用印2917人次，较2018年全年2880次增加37人次；监刻印章72枚；外出用印32人次103天；开具介绍信140件。（徐朵）

【项目档案管理】全面推进以股份公司名义中标的项目档案管理工作，召开了项目档案工作会；对中铁广州局、中铁隧道局、中铁大桥局、中铁上海局、中铁（上海）投资等二级单位进行了专题调研；建立定时更新台账、定时通报情况的常态机制，多措并举督导各单位认真开展项目档案管理工作。截至2019年底，已完成深圳地铁11号线、沈阳四环、成都地铁3号线等48个项目的档案移交接收工作，收到纸质档案共174卷，电子档案998GB，占到有史以来接收档案项目总数的77.4%。（吴颖慧）

【项目档案工作会议】4月10日至11日，中国中铁项目档案工作会议在广州召开。中国中铁监事会主席张回家、总裁办公室主任齐伟、珠三角城际铁路工程指挥部指挥长李开言、广州轨道交通指挥部党工委书记杨林浩、各集团公司档案分管领导、办公室负责人及广州轨道交通工程参建单位档案负责人共计230人参加了会议。张回家主席要求各单位要系统地认真学习好传达贯彻好会议精神，结合单位实际，拿出意见和办法，推动项目档案工作；要把项目档案工作列入项目的日常管理，划分责任任务，促进项目管理的基础建设工作上台阶；要建立加强项目档案工作组织领导的机制，确保项目档案工作有序开展；要明确职责、转化观念、过程管控、提高业务素养、加强监督考核，切实抓好项目档案中工作的落实；要适应项目档案信息化和专业化要求，找准项目档案工作的定位、方向和着力点，把智慧和力量凝聚到项目档案事业的发展。齐伟主任作了题为《提高认识，落实责任，努力开创股份公司项目档案工作新局面》的主旨讲话，全面回顾近年来股份公司项目档案工作，并对下阶段工作做出安排部署。总裁办文书档案处周慧、吴颖慧和中铁大桥局档案专家分别就施工企业项目档案管理、项目档案移交工作具体要求和项目文件整理及注意事项等内容进行了专题培训和业务交流答疑。（周 慧）

【国际档案日宣传】按照国家档案局关于做好“国际档案日”宣传活动的通知要求，结合中国中铁系统档案工作实际，以“新中国的记忆”为主题，通过开展系列活动宣传档案和档案工作价值。通过开展档案利用案例征集活动，评选出优秀档案利用案例183篇并汇编成《中国中铁股份有限公司档案利用优秀案例》，加强档案资源建设；组织股份公司在京12家单位共45人参加国家档案局举办的《奋斗铸就辉煌》讲座；在总部机关举办“卓越讲坛”——档案文化与道德建设大型报告会，邀请中国人民大学档案管理资深教授授课，为参会人员介绍了档案现象的起源、档案文化与道德基础构建、档案对于企业的主要作用，以及当前企业档案管理的主要问题及其解决思路等内容。股份公司相关领导、总部各部门员工及在京单位档案管理人员220余人参加了报告会。此外，中铁一局至十局、中铁大桥局、中铁广州局、中铁北京局、中铁上海局、中铁国际、中铁设计、中铁科研院、中铁信托、中铁财务、中铁南方、中铁资源、中铁物贸等单位围绕档案宣传主题，通过开展档案专题展览、档案征文、档案知识竞赛，设置档案宣传展板、海报，参加、举办档案专题讲座，发放档案宣传资料，参观档案库房等有特色、接地气的现场宣传活动，并依托微信公众号、公司网站等网络平台编发档案相关信息，做好国际档案日宣传工作，增强全体员工的档案意识。（吴颖慧）

▲ 中国中铁总部举办“卓越讲堂”——档案文化与道德建设大型报告会

【档案信息化建设】启动OA与紫光档案系统集成项目。为实现档案资源数字化、信息传输网络化、服务范围扩大化、信息资源共享化、检索查询便捷化的管理目标，稳步推进“电子档案中心”系统应用计划。在各二级公司积极推进档案管理系统的更新和升级，促进信息化建设进一步发展。（周 慧）

【档案利用】2019年，股份公司总部机关利用档案1020件，利用人员126人次，为总部机关整章建制、国资委巡视、资质申报、审查审计、法律纠纷、工作查考、宣传教育、编史、解决历史遗留问题等工作发挥重要作用。（吴颖慧）

【完善志鉴工作体系】制订下发《中国铁路工程集团有限公司史志工作管理办法》《〈中国铁路工程集

团有限公司年鉴〉编写指南》，建立健全史志工作制度体系，促进史志工作管理水平的提升。（王 琳）

【编辑出版发行《中国中铁年鉴（2019）》】《中国中铁年鉴（2019）》编辑工作自2019年2月启动，制定下发了组稿工作通知、年鉴框架及编写分工、所属单位篇目编写模板的通知。《中国中铁年鉴（2019）》由中国经济出版社出版，印发1000册。全书收集资料410万字，图片580余幅，编辑成书165万字，刊用图片297幅（其中彩页196幅，内文101幅）。年鉴设类目15个，分目97个，条目1161个，表格115份，文章6篇。本卷正值2018年中国改革开放40周年之际，彩页部分以“庆祝改革开放40周年”为题，以系列精美图片回顾了1978年至2018年中国中铁的发展历程，并精选出中国中铁2018年度各类重点工程和获奖工程，以及反映企业改革发展、生产经营、科技创新、企业文化、党建工作和对外交往的图片，呈现出中国中铁人“勇于跨越，追求卓越”的精彩瞬间。正文部分增设专文，刊录中国中铁庆祝改革开放40周年系列文章。（王 琳）

【志鉴获奖】《中国铁路工程集团有限公司年鉴》（2018）获得全国第六届年鉴出版质量评比中央企业年鉴综合奖二等奖，同时获得框架设计、条目编写、装帧设计三个单项奖二等奖，获检索、编校质量和出版时效单项三等奖。《中国铁路工程集团有限公司年鉴》（2018）获得第二届全国建筑业经典史志成果。（王 琳）

【配合各部委、各行业协会完成年鉴史志资料的供稿工作】2019年，在编辑《中国中铁年鉴（2019）》的同时，还向《中国国有资产监督管理年鉴》、《中国建设年鉴》、《中国建筑业年鉴》以及北京市丰台科技园区《丰台史化》提供中国中铁改革发展、重点工程、技术攻关、生产经营情况等资料近4万字。中国中铁在《国资年鉴》各项工作中成绩突出，获得国资委表彰，李辉主任代表中国中铁作了题为《高度重视 科学编纂努力推动年鉴编纂出版质量持续提升》的经验交流。（王 琳）

【志鉴利用】2019年，时逢新中国成立70周年，《中国中铁》报刊发专版中国中铁近70年来改革发展成就巡礼，通过借阅《中国铁路工程总公司志》《中国铁路工程总公司年鉴》《中国铁路工程集团有限公司年鉴》《中国铁路志人物志》等史志资料，查找中国中铁在近70年发展历程中重大历史事件、重大工程、先进人物等内容。向全国57家省市图书馆及高校图书馆捐赠2018卷年鉴57册，不断提升年鉴的使用利用率和中国中铁的社会美誉度及影响力。（王 琳）

【《国资年鉴》征订工作】按照国资委办公厅有关《中国国有资产监督管理年鉴》征订通知的要求，2019年在中国中铁系统征订国资年鉴47册。（王 琳）

【信访维稳工作机制建设】2019年信访维稳工作以压实基层履职责任为重心，健全完善信访维稳工作体系和信访工作机制，制定出台了《中国中铁股份有限公司信访工作办法》《中国中铁信访工作责任制实施办法》，通过召开全公司信访维稳工作视频会，举办全公司信访工作专题培训班、编印《信访工作文件选编》等形式进行贯彻落实。7月上旬发布实施后，下半年与上半年相比，总部来访批次总量下降了56.7%，人次总量下降了68%。其中个人访批次下降51%，集体访批次下降75%，杜绝了缠访闹访现象。（高奥璇）

【召开2019年信访维稳工作视频会议】会议深入学习贯彻习近平总书记关于加强和改进人民信访工作的重要思想，紧密结合“不忘初心、牢记使命”主题教育，认真贯彻落实中央和国资委党委关于做好中央企业信访维稳工作的部署和要求，全面分析中国中铁信访维稳工作面临的形势和任务，提高政治站位，强化责任担当，为全力做好新中国成立70周年大庆信访保障工作，持续推动信访工作高质量发展做出部署安排。（高奥璇）

【做好70周年大庆信访维稳工作】通过部署矛盾纠纷排查化解工作，召开信访维稳专题会议，举办信访工作培训班，开展信访事项“零报告”制度等一系列有效举措，精心组织70周年大庆信访保障工作。其间，全公司未发生一起不稳定事件，国庆节期间全公司各级企业均为“零上访”，实现了杜绝大规模群体进京访和个人极端恶性事件的

▲ 中国中铁2019年信访工作培训班

目标，圆满完成各项信访保障工作任务。国资委对中国中铁做好70周年大庆期间信访维稳工作早部署细安排保稳定的成绩给予了充分肯定。（高奥璇）

【矛盾纠纷排查化解】股份公司所属各二级单位开展矛盾纠纷隐患排查化解活动，排查全面深入，包括全部工程项目以上单位，实现了全覆盖。全公司共排查备案各类涉及信访稳定的矛盾纠纷及隐患重点问题164项，信访办对其中16项重点问题的化解处置措施进行了研判，并要求涉事企业主要领导的高度重视，亲自部署、亲自督导，落实信访维稳工作第一责任人的责任，有效化解矛盾纠纷隐患。（高奥璇）

【受理来信来访】2019年，中国中铁信访办共接待群众来访118批次/376人次。共办理群众来信182封，其中领导及上级交办的信访事项13件。未出现一起因协调、督办不及时而到北京敏感地区群体性上访事件，有力维护了企业和社会的和谐稳定的大局。（高奥璇）

【人才队伍建设】一是加大培训力度。2019年6月，在清华大学举办第九期中国中铁办公室负责人高级研修班；举办信息工作、档案管理、信访工作培训班；持续强化档案协作组座谈会常态化机制建设；指导二级单位开展业务工作培训班或研讨会等，提升了办公室系统整体工作水平。二是强化业务学习。坚持部门集中学习、个人自学和岗位实践指导相结合的学习方式，不断强化办公室信息、调研、文书、档案、督查、信访、会务、接待等业务知识学习，积极引导总裁办人员广泛阅读经济管理、文化历史、逻辑哲学等各领域书籍，坚持每日登录“学习强国”学习习近平新时代中国特色社会主义理论、党的十九大、十九届四中全会精神，勤学多思、勤于练笔，部门整体的文字表达能力不断提高。三是每月召开部门工作例会，提出目标任务要求，明确关键工作节点的完成时间，充分发挥总裁办人员的主观性和创造性，工作效能大幅度提升。（吴晓婧）

【支部建设】扎实开展“不忘初心、牢记使命”主题教育，组织集中学习研讨、调查研究、专题党课、检视梳理解决突出问题、对照党章找差距等活动，把开展主题教育与深化思想解放、落实重点工作、学习先进典型紧密结合起来，增强了支部党员的理想信念和党性修养。从严从实从细落实“三会一课”制度。全年共完成党支部党员大会5次，支部委员会会议12次，党小组会议12次，党课1次，党日活动2次，召开2018年度党支部组织生活会和“不忘初心、牢记使命”专题组织生活会2次，股份公司党委书记、董事长张宗言，副总裁任鸿鹏分别以普通党员的身份参加会议并作指导讲话。高度重视国资委党委巡视工作，一方面做好职能范围内的各项巡视准备、配合工作；另一方面建立巡视发现问题即知即改工作台账，对于能够立行立改的问题，立即彻底整改，对于需要长期解决的问题，健全完善管长远、管根本的制度措施，并以此为契机，举一反三、建章立制，确保问题彻底解决。（高奥璇）

▲2019年10月20日，总裁办党支部开展主题党日活动

战略规划部

【启动“十四五”发展规划编制工作】根据国资委《关于做好中央企业“十四五”规划编制工作的通知》和“十四五”规划工作启动会会议精神，制定《中国中铁“十四五”规划编制工作总体方案》，建立股份公司三级规划体系，总体规划为第一层次；业务和职能专项规划为第二层次（其中，业务规划9项，职能规划11项）；子公司规划为第三层次。12月20日，中国中铁召开“十四五”发展规划编制工作启动会议。会议对“十四五”规划编制工作进行了具体安排部署，要求准确把握“上位需求与下位需求相衔接、目标导向与问题导向相统一、立足国内与面向全球相统筹、全面规划与突出重点相协调、战略性与操作性相结合”四项工作原则；要把“政治思维、创新思维、全球思维、改革思维、底线思维”五种思维贯穿规划编制始终；要明确中国中铁三级战略规划体系、任务分工和阶段划分，形成大交叉、大同步的规划编制格局，

确保规划编制工作的时效性、协同性和一致性；要"向历史要未来、向市场要思路、向群众要智慧、向协作要效率、向沟通要合力、向科学要落实、向组织要保障"，精心组织、周密部署，确保高标准、高质量、高效率地完成规划编制工作。（王德志）

【中国中铁召开三级工程公司建设工作会议】12月4日，中国中铁三级工程公司建设工作会议在京召开。中国中铁党委书记、董事长张宗言，总裁陈云等公司领导及高管出席会议。股份公司总部各部门负责人，各二级企业有关负责人，117家三级工程公司党政主要负责人，18名创效功臣代表等420余人在主会场参加会议。股份公司总部有关人员，各二、三级企业领导班子成员、各部门负责人等18000余人在视频分会场参加会议。会议由陈云主持。会议分析了加强三级工程公司建设的重要意义，要求股份公司要履行好战略管理职责，重点是做好三级工程公司建设的顶层规划、统筹协调、督导考核、选树标杆等工作，发挥统领全局、政策导向作用。二级公司要发挥主体责任，全面履行"五给"责任，把经营责任扛在肩上，把要素配套落在根上，把管理服务砸在地上，把生产压力传到底上，把奖惩政策植在一线上。三级工程公司要主动作为，做到"六个全面加强"，即全面加强初心使命建设、全面加强组织架构建设、全面加强项目管理建设、全面加强职工队伍建设、全面加强协作队伍建设、全面加强党群工作建设。三级工程公司要实现"五有"，即有能力、有规模、有效益、有文化、有信誉，要通过五年左右的努力，建设一批生产能力强、发展质量高、经济效益好、品牌信誉优、综合贡献大的三级工程公司。会议提出要处理好经营对接与管理耦合的问题，处理好专业化建设与规模化发展的问题，处理好改革创新与激励保障的问题，处理好治亏、治困、治散与扶优、扶强、扶新的问题，处理好资源整合与组织成长的问题。会议表彰了中国中铁三级工程公司建设先进单位、中国中铁先进三级工程公司和中国中铁工程项目创效功臣；解读了《中国中铁关于加强三级工程公司建设的指导意见》。（韩毅）

▲ 2019年8月15日，施工中的产业城一期工程

【"双百企业"深化综合改革】中国中铁三家"双百企业"综合改革备案内容涵盖"五突破、一加强"6大领域中的115个任务，其中中铁九局涉及17个任务；中铁二院涉及68个任务；中铁国际涉及30个任务。截至2019年末，改革任务完成51个，推进中54个，未启动10项。其中中铁九局完成10项，推进中3项，未启动4项；中铁二院完成22项，推进中40项，未启动6项；中铁国际完成19项，推进中11项。3家单位主要开展了推进混合所有制改革，健全法人治理结构，建立职业经理人制度，完善市场化经营机制，推进组织结构调整和岗位优化，健全激励约束机制，解决历史遗留问题，加强党的领导和党的建设等改革措施。（杜伟）

【压减工作及"处僵治困"工作】中国中铁将压减工作作为瘦身健体、提质增效和高质量发展的重要手段，2019年召开压减工作视频会议，对三年来压减工作进行了总结，对下一步常态化压减工作进行统一部署。制定法人企业压减专项工作方案，针对三级工程公司规模小、数量多、资源分散等问题，对营业收入小于20亿元的综合型工程公司和营业收入小于15亿元的专业型工程公司进行重组撤并，2019年共压减工程公司23户。要求各二级投资公司原则上不得设立实体性三级投资公司，只保留项目公司和区域经营指挥部。截至2019年底，中国中铁在2016年存量法人企业1080户基础上合计完成压减321户，压减比例为29.7%，法人层级由7级压缩到6级，管理层级由7级压缩到4级。通过压减撤并低效和亏损企业，企业效益得到进一步提高。截至2019年底，中国中铁完成全部15户"僵尸企业"和特困企业的治理工作，其中已清理退出经营3户，强化管理扭亏解困12户，分流安置2891人。截至2019年末，12户存续经营企业均实现扭亏为盈，实现利润总额11.6亿元，发展质量不断提高。（杜伟）

【“三供一业”分离移交工作】截至2019年12月，全公司“三供一业”分离移交工作总体进度100%。“三供一业”分离移交协议签订申报资金622325万元。集团公司下拨资金498727万元，占申报资金的80.13%，其中下拨国有资本经营预算资金225512万元，集团公司配套支持资金273215万元。全公司维修改造费用累计支付382725万元，其中支付国有资本经营预算资金187790万元。尚余116002万元未支付。（法中奎）

【医疗机构改革】中国中铁系统共有53个医疗机构纳入改革范围，分布在全国14个省、直辖市、自治区33个市，其中有36个医院，17个卫生所、社区卫生服务站。截至2019年12月，53家医疗机构实施关闭撤销的23家，已全部完成决策和注销手续；改为对内卫生所的11家中，10家已完成决策和医疗资质变更手续，1家内部决策程序已完成，正在办理医疗资质变更手续；移交地方管理的3家中，1家已经完成移交地方专业化平台管理，其余2家与地方政府或地方公立医院签订了移交框架协议；进行重组改制的2家，均制订了重组改制方案，并履行了企业内部决策程序，实施国有股退出控股权、由民营企业合作方控股，同时，经与民企合作方沟通协商，签订了股权结构调整改革协议，具体实施还在商谈过程中；参与央企资源整合的14家中，11家参与通用环球医疗资源整合，3家参与国药医疗资源整合。截至年末5家医院已实现资源整合，进入平台公司运行，另9家正在推进中。（法中奎）

【职教机构改革】中国中铁系统共有11家职教机构，分布在全国8个省、直辖市、自治区的11个市。2018年底，以《中国中铁职业教育机构深化改革方案》通过集团公司党委常委会议研究为标志，基本搭建起中国中铁职教机构改革的框架，初步确定了中国中铁职教机构深化改革的目标方向。2019年9月25日，中国中铁在北京召开了职教机构管理移交工作总结会，中铁国资、中国中铁各相关二级企业、职教机构负责人三方签订了职教院校管理移交协议，由中铁国资对9家职教机构集中管理、2家职教机构回归主业实施撤销，标志着中国中铁职教机构集中管理工作取得阶段性成果。截至2019年12月底，8家集中管理的院校和2家回归主业撤销的院校均已完成协商，并达成协议。按照中国中铁工作部署，中铁国资组织起草了《中国中铁职业教育发展规划（2020—2024）》，并于12月17日组织召开了“中铁国资2019年职教院校发展研讨会”，对规划草案集中征求了各职教院校意见建议，为中国中铁职教事业发展凝聚了共识，进一步明确了发展定位和路径。（法中奎）

▲ 装配式建筑产业基地

【国有企业退休人员社会化管理工作】中国中铁共有退休人员245171人，其中党员47418人，分布在全国30个省、直辖市、自治区，归属328个地级市、区县。截至2019年12月底，已累计移交退休党员党组织关系4094人，移交退休人员人事档案90人，在企业内部分流安置专职管理人员62人，自2016年1月1日至2019年12月已完全实行退休人员社会化管理153人，其中退休党员27人。（法中奎）

【厂办大集体改革工作】根据国资委《关于中国铁路工程总公司厂办大集体改革总体方案的批复》（国资分配〔2015〕832号），中国中铁共有厂办大集体企业104户，大集体职工总数20440人，其中在职职工10627人，退休职工9813人，具体分布在吉林、辽宁、陕西等10多个省、直辖市、自治区。截至2019年12月底，中国中铁已安置完成在职职工5580人，安置率52.5%，累计完成改革户数8户，累计花费的改革成本18112万元。（法中奎）

【“总部机关化”问题专项整改】按照国资委党委《关于中央企业开展“总部机关化”问题专项整改工作的通知》要求，有序推进“总部机关化”问题专项整改工作。成立中国中铁“总部机关化”问题专项整改工作领导小组，研究制订了《中国中铁开展“总部机关化”问题专项整改实施方案》。坚持问题导向和目标导向相结合，统筹策划、协同推进专项整改工作，全面完成《“总部机关化”问题专项整改实施方案》的制订，行政色彩的机构名称和职务职级称谓的调整，总部职能、机构、岗位等调整优化思路和措施，总部权责事项清单、总部授权放权事项清单，审批备案事项压缩计划，对审批事项流程、时限做出明确规定，2020年文件、会议、检查等管理计划，总部与基层企业人员交流计划安排和宣贯教育计划等9项立行立改工作。及时总结立行立改工作，形成《中国中铁“总部机关化”问题专项整改工作阶段性总结报告》并上报国资委。

（郭鑫荣）

【管理创新成果评选】2019年，中国中铁组织开展管理创新课题立项及成果评选工作。股份公司总部及所属27家二级单位共申报立项109个管理创新研究课题。经评审，共有74项成果被评为2019年度中国中铁企业管理现代化创新成果，其中一等奖25项、二等奖29项、三等奖20项。2019年中国中铁共有14项成果获国家级管理创新奖，获奖数量为历年最多，其中《特大型施工企业基于四级责任矩阵的工程项目全要素成本管理》获一等奖，这是中国中铁首次获得该奖项一等奖。

（林生辉）

表11-1　　中国中铁获第二十六届全国企业管理现代化创新奖名单

序号	获奖单位	成果名称	获奖等级
1	中国中铁股份有限公司	特大型施工企业基于四级责任矩阵的工程项目全要素成本管理	一等奖
2	中铁四局集团有限公司	大型建筑企业基于“研产一体”的智库建设	二等奖
3	中铁大桥局集团有限公司	大型国有企业标准化内部审计项目质量管理	二等奖
4	中铁三局集团线桥工程有限公司	线桥公司以提高质量和效率为目标的轨枕自动化生产管理	二等奖
5	中国铁路工程集团有限公司	建筑施工企业战略引领的国际化复合型人才培养管理	二等奖
6	中铁四局集团物资工贸有限公司	基于“一网两中心”的大宗建筑物资智慧仓储服务	二等奖
7	中铁五局集团建筑工程有限责任公司	施工企业以BIM技术应用为核心的项目管理能力提升	二等奖
8	中铁广州工程局集团有限公司	工程施工企业基于信息化后台管控的大型设备管理	二等奖
9	中铁四局集团有限公司城市轨道交通工程分公司	轨道交通施工企业“三流合一”数字化管理	二等奖
10	中铁武汉电气化局集团有限公司	提升电气化铁路关键部件生产效能的智能化产线建设	二等奖
11	中铁六局集团有限公司	施工企业以劳产率为核心的员工总量和工资总额联动管理	二等奖
12	中铁五局集团机械化工程有限责任公司	“一带一路”倡议下建筑企业海外工程施工法律风险防控	二等奖
13	中铁七局集团有限公司	施工企业基于“透镜模型”的项目经理能力测评管理	二等奖
14	中铁一局集团有限公司	大型集团企业提升市场竞争力的组织结构优化管理	二等奖

制表：林生辉

全国企业管理现代化创新成果审定委员会文件

国管审〔2019〕3号

关于发布和推广第二十六届全国企业管理现代化创新成果的通知

各省、自治区、直辖市、新疆生产建设兵团、计划单列市企业管理现代化创新成果审定委员会、管理现代化工作委员会、企业联合会，各全国性行业协会，各有关企业：

为深入学习贯彻习近平新时代中国特色社会主义思想和党的十九大精神，学习落实中央经济工作会议精神，落实《中共中央、国务院关于营造企业家健康成长环境弘扬优秀企业家精神更好发挥企业家作用的意见》（中发〔2017〕25号），深入实

一等	特大型施工企业基于四级责任矩阵的工程项目全要素成本管理	中国中铁股份有限公司	张宗言 李夏初	马江黔、朱定法、孟庆飓、刘艳芳、齐　伟、张顺强、李永顺、卢志良、方　锐、王德志

▲《特大型施工企业基于四级责任矩阵的工程项目全要素成本管理》荣获国家级管理创新奖一等奖

【管理实验室活动】全面总结蒙华铁路项目管理实验室活动，评选表彰优秀项目管理制度。组织53名评审人员组成10个评审组，对所属18个工程局推荐的508项制度进行评审；经领导小组批准，印发《中国中铁关于表彰优秀项目管理制度的通知》对10个方面三个层级共239项优秀项目管理制度进行表彰，并对制度的推广应用、持续检验提出工作要求。

（林生辉）

【内控风险管控】编制全面风险管理报告。按照国资委要求，印发《中国中铁关于2019年开展全面风险管理工作有关事项的通知》，对全公司2019年全面风险管理工作进行了安排部署，开展公司层面风险评估工作，编制《2019年度全面风险管理报告》，经董事会审议上报国资委。按照国资委《关于做好中央企业防范化解重大经营风险工作的几点意见》，结合2019年度公司重大风险评估结果，从八个方面明确防范化解重大风险的工作要求、任务分工、主责及配合部门，印发《中国中铁关于做好防范化解重大风险有关工作的通知》，要求所属各单位结合自身情况逐级分解落实。完成总部机关内控风险合规体系“一体化”建设。按照《中国中铁总部推进管理实验室活动进一步完善管理制度和优化管理流程实施方案》安排，牵头总部各部门及中介机构整理、研究、分析公司发展规划、规章制度、业务报告、会议纪要、工作性通知等资料，组织广泛开展部门访谈及调研，按照“一体化”融合建设目标，已完成总部共计215个流程文档的编制并经各部门负责人确认，更新升级总部内控风险合规管理信息系统，实现上线运行。开展管理体系认证审核工作并通过管理体系年度审核。配合法律合规部参与中铁北京局、中铁信托、中铁文旅等单位妥善处置重庆合景公司重大风险问题。

（林生辉）

【协会管理】开展QC小组活动。组织召开股份公司第三十九次质量

管理成果发布会，施工、设计和工业专业共有60个质量管理小组成果在现场发表，77项成果现场交流，其中，16个QC小组获最佳发表奖，16个获最佳制作奖。推荐至中国铁道企业管理协会并荣获铁道行业质量管理小组优胜奖1个，优秀奖10个，铁道行业质量信得过班组优秀奖1个；全国铁道行业优秀质量管理小组成果23个，全国质量信得过班组1个。推荐至中国铁道工程建设协会并荣获铁路工程勘察设计优秀QC小组一等奖11个，二等奖14个，优秀奖12个。铁路施工优秀QC小组一等奖30个，二等奖37个。组织推荐并获得新中国成立70周年精品工程8项，功勋企业6家、功勋工匠10人，股份公司获得“功勋企业”称号。（林生辉）

财务部

【财务制度建设】2019年，修订《中国中铁股份有限公司办公用房管理办法》，对公司及所出资公司负责人履职待遇（办公用房）分层级管理；制定《关于建立办公用房投资执行情况报告制度的通知》，发布《进一步加强办公用房投资建设的通知》，加强办公用房日常管理，规范办公用房投资建设行为；制定《中国中铁二级单位全面预算（目标）管理和业绩考核办法》，明确业绩考核导向作用，坚持“要什么就考核什么”的基本原则，完善对所属二级单位业绩考核管理体系、考核内容和方法，将高质量发展、补足发展短板的关键指标纳入经营业绩考核中，突出资本回报、财务资源贡献为核心的供给质量、供给结构等方面考核；制定《中国中铁股份有限公司套期保值业务管理办法》，提升供给质量、守住风险底线，规范、稳健、有序的服务主业，促进企业实现高质量、可持续发展；制定《中国中铁境内直属非法人机构财务管理办法》《中国中铁直属境外机构财务管理办法》，规范直属的非法人结构的经济关系和财务管理行为；制定《中国中铁关于进一步明确若干财经纪律的通知》，树立、提升各级管理人员处理财经事项的依法合规、遵纪守法的意识；修订《中国中铁股份有限公司增值税管理暂行办法》，实现用制度对管理行为进行规范和约束，为企业创造价值；制定《中国中铁股份有限公司财税高端人才管理暂行办法》，明确了高端人才的选拔、培养以及淘汰等机制；修订《中国中铁股份有限公司资金与资金集中管理办法》，规范账户、货币资金、资金集中、外汇管理；修订《中国中铁股份有限公司授信与债务融资管理办法》，规范授信、融资、内部融通调剂管理；制定《中国中铁股份有限公司供应链金融业务管理办法》，对资产端资产证券化、保理和负债端供应链金融业务进行规范。（董晓）

【2019年经济运行分析会】8月31日，中国中铁2019年经济运行分析会在京召开。中国中铁党委书记、董事长张宗言，总裁陈云出席会议并发表讲话。中国中铁领导班子成员、工会副主席、高级专家、专职产权代表、专职监事、总部各部门负责人和处长，所属二级单位党政主要负责人，各指挥部主要负责人等250余人在主会场参加会议。会议还视频连线至各二、三级企业，共11700余人在767个分会场参加会议。会议对公司整体经济运行情况进行专项分析报告，安排部署下半年生产经营、经济管理等各项重点工作，组织动员全系统以更加奋发有为的精神状态，打好提质增效攻坚战，确保完成并力争超额完成年度任务目标。中铁四局等十家单位分别以现场和书面的形式分享各自的先进管理经验。（董晓）

▲2019年8月31日，中国中铁2019年经济运行分析会在京召开

【全面预算管理】一是完成2019年度预算方案并上报国资委、批复下达二级单位预算目标；修订发布《二级单位全面预算（目标）管理和业绩考核办法》，结合国资委年度业绩考核目标、公司《关于开展质量提升行动推进高质量发展的实施意见》、年度新签合同额目标变化等因素，完成年度中期预算调整工作。二是按月统计分析公司和二级单位预算执行情况，及时了解预算执行进度，在相关会议上进行通报警示。三是按照国资委2020年度预算工作要求，组织制定下发公司2020年度预算编制原则，向国资委报送公司2020年度预算预报表；结合国资委预算目标要求、公司发展战略及管理实际需要，拟订公司2020年度预算方案和各二级单位预算分解方案，已经党委常委会、总裁办公会审议通过，并上报

国资委。 （张旭升）

【“两金”及“双清”工作】2019年，在清收清欠方面，坚持“常专结合、突出重点”抓好“双清”工作。召开季度“抓双清、保经营”会议，通报二级单位“双清”工作完成情况，部署“双清”重点工作；修正完善“两金”压控考核的指标体系、考核权重等内容，纳入业绩考核体系；结合各部门、二级单位意见，草拟“双清”专项奖励办法，并通过制度评审会；开展存货和应收账款专项行动，印发专项行动方案，确定工作目标与9个二级重点单位，每季度收集审核各单位瑕疵存货和问题应收账款清理处置统计表，根据各单位存货及应收账款摸排情况，确定挂牌督办两金项目（111个重点清收、199个重点清欠）进行重点管控，夯实两金质量，提高资产运营效益。开展中秋、国庆以及年末“双清”专项行动，加大专项行动激励考核力度，利用有利时节，广泛调动工作积极性，适时开展清收清欠，促进全面完成“两金”专项行动和民企清欠工作年度目标，力争实现正向经营性现金流。

在民企清欠方面，认真贯彻落实党中央、国务院、国资委关于清理拖欠民营企业账款工作部署，积极稳妥推进民企清欠工作。一是贯彻落实国资委民企清欠工作有关文件要求，印发民企清欠工作方案、“回头看”、补充通知等9份文件，部署督促各单位高质量完成年度无分歧账款“零拖欠”工作目标；召开专题会议，研究明确总部相关部门民企清欠工作职责。二是组织开展按月收集各单位清欠工作台账、开展民企清欠数据再摸排，定期向国资委报送阶段性总结报告，2019年12月31日完成无分歧账款“零拖欠”的目标。三是开展民企清欠工作专项调研，及时掌握各二级单位民企清欠工作开展情况、存在的问题、困难和有关工作建议。四是配合国资委民企清欠工作专项督导检查工作（2次），在集团和8家子企业层面，对2018年11月以来民企清欠工作开展情况进行了检查，跟踪各单位对国资委督导检查发现问题的整改落实情况，进一步完善民企清欠基础工作，推动建立防止拖欠长效机制。 （张旭升）

【资金管理】2019年，中国中铁加强银行账户审批和授权，通过结算业务集中、上收下拨等方式，有效推进资金集中各项工作。利用财务公司平台，推进成员单位通过公司结算系统线上支付，宣贯财务公司的结算优势及特点，让成员单位在财务公司开立内部账户，通过全级次集中结算业务的开展，实现了以流量促增量，有效提升了公司整体资金集中管理水平。完善现金管理系统，与已挂牌财务共享中心单位的G6资金系统进行对接，继续贯彻执行《中国中铁关于大额资金支付监测有关事宜的通知》，要求已上财务共享服务的单位，所有资金支付必须通过财务共享服务线上支付流程对外支付。

截至2019年底，中国中铁通过财务公司集中资金1080.98亿元，总体资金集中度80.07%，全集团日均吸收存款达587.89亿元。通过铁工（香港）财资管理有限公司对境外资金进行资金归集。截至2019年底，铁工（香港）财资累计归集境外资金折合人民币3.71亿元，研究海外资金支付通道及资金集中方案，开展跨境人民币资金集中运营管理业务，解决孟加拉帕德玛大桥项目等跨境付款问题，针对股份公司全级次资金紧张现状，继续贯彻《中国中铁关于进一步加强资金集中工作的紧急通知》，要求各成员企业深挖资金集中潜力，努力提高资金集中度。结合现行政策，更新资金集中考核方式，下发《中国中铁股份有限公司资金与资金集中管理办法》，增加二级资金集中度考核。根据市场化原则不定期调整内部存、贷款利率政策，激发成员单位资金集中的积极性。严格贯彻股份公司禁令，对于投资类公司、施工项目总包单位设置障碍，阻止或妨碍参建单位资金集中工作等行为坚决制止并要求限期改正。 （文少兵）

【授信及信用评级】一是加强授信等金融资源管理。进一步加强与商业银行授信等金融资源的总对总合作。加强对授信等金融资源的总对总合作及集团内部集中管控的力度，对二级单位的授信进行逐笔审批，协调各商业银行办理系统内单位授信批复及启用工作。加强总对总银行集团整体授信工作，股份公司总体获得银行授信已达到1.7万亿

▲ 中国中铁与南航签署战略合作协议

元，剩余可用授信近 1 万亿元。二是维护公司信用评级。截至年末，公司国内信用评级由联合出具，为 AAA；国际信用评级标普、穆迪和惠誉给予公司的评级分别为 BBB+，A3，A+，展望均为稳定，2019 年上述评级机构对公司主体及存续期债券均进行了跟踪评级，评级结果没有变化。

（文少兵）

【融资管理】坚持以提升财务资源投入产出效率为目标，按照财务资源投入与“贡收”“贡现”“贡效”相匹配的原则，调整、优化财务资源配置，推动有限的财务资源向优势产业、优势项目和优势企业集中；通过日常融资审批、规范财经纪律、财务监督检查以及加大内部调剂力度等手段，维护融资预算管控刚性管控；通过整体筹划，年末集中偿还约 330 亿元融资，年末公司合并层面有息负债规模约 2130 亿元，有效地控制在董事会批准的融资预算范围内。顺利完成债转股第二步相关工作，9 月 19 日在中证登办理完毕本次发行股份购买资产的新增股份登记。充分利用资本市场融资便利和发债窗口期，先后发行 3 期公司债和 5 期中票，共计发行债券 190 亿元，平均融资成本为 3.7%，为公司筹集中长期低成本资金，公司直接融资（含永续）比重提高到 32%。利用境内资金市场价格下行走势，及时与中行、招行等贷款大户进行沟通，获得了基准下浮 15% 超低成本的银行贷款。利用资本市场价格下行趋势，成功发行了 190 亿元低成本债券，置换了存量相对高息银行融资。不定期对各单位高息融资进行排查和清理，对各单位的融资成本进行严格管控。在依法合规、成本合理、风险可控前提下，实施资产端“供应链金融”业务。全年开展应收账款资产证券化（ABN/ABS 及无追保理）出表业务合计约 329 亿元（余额达到 620 亿元）。通过应收账款出表，在压降“两金”的同时，对增加公司经营性现金流和降低公司资产负债表起到积极作用；按照《办法》对负债端“供应链金融”业务进行了监督和指导，确保负债端“供应链金融”业务规范、有序开展，整体风险可控。

（文少兵）

【产权、股权管理】2019 年完成资产评估审核备案项目 65 项，净资产账面值合计 278.14 亿元，净资产评估值合计 384.78 亿元，评估增值 106.64 亿元，增值率 38.34%。资产评估备案管理在企业重组、降负债、压降、双清、盘活资产等工作中发挥了重要作用，成为防止国有资产流失的门槛。其中，中铁交通转让中铁高速股权项目评估值比申报值增加 2.7 亿元，通过资产评估备案工作维护了本企业利益。建立公司资产评估机构服务评分制度，建立所属单位反映评估机构执业情况的渠道，为公司掌握情况，更新机构库提供信息来源。全年完成各类产权登记审核 550 项。截至 2019 年 12 月 31 日，全公司产权登记在册企业 1398 户，其中控股企业 1127 户、参股企业 222 户。组织完成 2018 年度产权登记数据核查及会审工作。组织开发产权登记机器人核查程序并完成首批试点。于 2019 年产权登记年度核查工作中全面应用，收集问题，改进程序，出台相应制度支撑。按照国资委的统一部署，完成对所属中国中铁、中铁工业、澳大利亚 RMA 公司合理持股比例方案的制订，经总公司董事会审议通过上报国资委，获得国资委对中国中铁和中铁工业的审核备案表，澳大利亚 RMA 公司因纳入清理不需国资委发放备案表。下发《中国中铁关于参股投资管理有关工作的通知》，建立参股投资管理报告制度，撰写《中国中铁参股投资报告》，规范参股投资管理。经董事会和总裁办公会审议通过，批复办理中铁工业参股投资陕西引汉济渭水源运营有限公司等 10 项参股投资事项。

（尹翔飞）

【金融资产投资管理】2019 年，财务部加强金融投资管理，要求股份公司所属非金融企业法人原则上不得从事与主业无关的金融投资；重点对系统内的套期保值业务进行监督和管理，主要包括审核业务预算、组织套期保值方案的评审与批复工作、实施现场调研与定期监督、根据监管要求定期向国资委汇报等。2019 年，经集团公司、股份公司履行决策程序后，批准系统内相关单位根据国资委要求参与“双百基金”投资、“央企扶

▲ 福厦铁路工程

贷基金”三期认购、股份公司菲律宾分公司与中铁一局菲律宾分公司认购菲律宾国债等金融投资；股份公司系统内仅有中铁电气化局开展了套期保值业务，产品为阴极铜期货。（李 倩）

【业绩考核评价管理】按照国资委和公司业绩考核管理要求，做好国资委对公司、内部二级单位业绩考核及制度修订工作。结合2016—2018年财务决算数据，完成国资委对公司业绩考核工作，获得2018年度考核A级（连续六年考核A级），2016—2018年任期考核为A类，被评选为2016—2018年任期“业绩优秀企业”。按照《中央企业经营业绩考核办法》规定，结合公司财务快报数据，上报国资委2019年度、2019—2021年任期集团公司经营业绩考核目标值，并签订年度、任期经营业绩责任书；上报业绩考核中期完成情况报告。组织开展二级单位2018年度、2016—2018年三年滚动业绩考核评价工作，考虑内部重组、消化问题资产等多方面因素，合理认定有关单位的申报调整事项，经会议决策后公布了考核结果。修订二级单位业绩考核办法。结合国资委新修订发布的《中央企业负责人经营业绩考核办法》（40号令）和《中央企业负责人经营业绩考核实施方案》，将全面预算管理办法与业绩考核办法进行合并、修订为《中国中铁二级单位全面预算（目标）管理和业绩考核办法》，明确业绩考核导向作用，坚持“要什么就考核什么”的基本原则，完善对所属二级单位业绩考核管理体系、考核内容和方法，将反映高质量发展、补足发展短板的关键指标纳入经营业绩考核中，突出资本回报、财务资源贡献为核心的供给质量、供给结构等方面考核。（张旭升）

【税务管理】准确分析制造业、建筑服务等行业适用增值税率再次下调对企业带来的影响，提前安排公司上下游以及相关部门的应对措施，确保企业在增值税税改中实现平稳过渡；下发《关于享受安全生产设备企业所得税优惠政策的通知》《关于做好2019年研发费用管理加计扣除工作的通知》《关于2019年1月起部分类型发票需启用新版发票报销的通知》等通知，指导各单位用足用好各类所得税收优惠政策；组织召开股份公司各层级个人所得税培训会议，对个税新政进行解读，确保每一位员工充分享受此次税改红利。组织各单位结合自身实际情况充分挖掘筹划空间、积极争取各类税收优惠政策全面提升税务规划实效；对于已经发生的资产减值、亏损等不良因素，积极寻找方案，通过重组、处置、注销等手段消除对企业整体税负的不良影响。牵头组织开展《中国中铁国际业务业财资税管理》课题研究，以业财资税共享为切入点，采取实地调研与案例分析相结合的方法进行研究。在15家参编单位的共同配合下，完成了境内外调研，形成了国际业务业财资税管理操作指南、重点国别税收协定运用指南、重点国别财税管理手册等一系列成果；开展“营改增”暨企业所得税管理总结分析，部署各单位以2018年度汇算清缴为契机，总结分析税务管理工作的开展情况、存在问题、经验教训，进一步提升税务管理水平；加强财税政策研究及解读运用，结合企业实际情况，制定有效预案，将政策研究有效运用和落实到实际工作中去，确保企业充分享受政策红利。

牵头组织各单位进一步完善增值税信息系统上线工作，实现增值税管理信息系统功能再次升级。在此基础上，积极推动税务管理台账信息化、红冲作废、纳税申报表自动生成等功能开展试运行工作，进一步提升管理效率和管理深度。（魏勇明）

【会计和信息化管理】根据国资委、财政部、证监会及其他监管机构要求，组织全公司各级独立核算单位，按照新修订的会计准则规定，按时完成股份公司2018年度、2019年一季度、半年度和三季度的财务决算的编报和披露工作。集团公司2018年度财务决算报告受到国资委和财政部的认可并通报表扬。根据近年来新发布的会计准则和管理需求，重新修订《中国中铁会计核算手册》，对现行会计政策进行梳理、更新，对会计科目体系进行系统修订，进一步提升股份公司会计核算、决算和信息披露的效率和质量。积极应对新准则变化的影响，一方面做好新准则期初数重述工作，充分评估准则变化对公司资产负债表产生的重大影响，经与审计机构充分沟通、衔接，设计出一套合理、精简、有效的重述新准则报表，顺利完成期初数报表的填报和收集工作；另一方面组织开展年度财务决算各项准备工作，建立决算和快报的编报和审核流程，召开决算会审会议，现场解决困扰决算编制的各类经营管理问题。选取7家单位作为试点，积极推广工程局基层项目部账转表工作。截至年末已经完成工作方法论和项目部指标体系两项理论成果，中铁二局已实现大部分工程项目成功账转表，其他试点单位相关工作也在稳步推进，极大提高基层项目部报表编报的效率和质量。（董 晓）

【财务共享中心建设】2019年，按照既定的顶层设计方案、路线图、时间表，完成中铁置业、中铁文旅共享中心的挂牌运营上线；推动总部及直属机构共享上线与总部共享中心机构设立；推进中铁资本、中铁财务、信托金融板块的试运转，积极指导中铁二院、中铁资源实施共享中心建设工作，推动财务管理从传统核算型向价值创造型转型，提升整体运营水平。组织完成海外共享平台系统建设，推进境外项目内账回收工作；选取中铁四局、中铁九局两家试点单位同步启动境外项目内账回收工作；启动印尼国别共享中心试点工作，目前雅万高铁项目部（试点）已经完成海外共享上线前的培训和准备工作。对集团、子公司和项目部之间数量大、基础性强的内部交易进行梳理并固化流程，实现集团内部“一个业务多笔凭证”自动处理，并确保内部交易对账及时准确，为合并报表自动化奠定基础。启动研发“员工工资和社会保障开支”监管平台，实现对所有共享上线账套的监控，及时发现拖欠员工工资和社会保障支出的问题，为企业工会维护员工合法权益提供坚实保障。（吴飞飞）

【财务监察】2019年，为深入贯彻落实“稳增长、提效益、抓改革、控风险、强落实”工作要求，充分发挥好财务监督职能和作用。财务部指导各二级单位对所属单位和项目开展“常专结合”的财务监察，主要方式有下发指导意见、发布年度工作计划、开展调查研究、进行问题通报和检查等。同时，按照财务监察全覆盖的要求，根据2019年财务监察计划，对所属单位采取抽样的方式进行综合财务监察，督导各单位严格落实财务管理制度、提升合规财务管理水平。（闫刚）

【财务培训】2019年3月和11月，中国中铁分别与税务总局干部学院和厦门大学联合各举办了一期税务管理培训班，通过培训，拓宽了财税人员视野，提高了财税人员专业能力，增强了财务人员的综合素质。4月召开“中国中铁财务共享平台前期研究成果展示及培训会”，培训会对OCR、微信发票助手、项目部账转表、关联往来及交易模块等研发成果进行介绍和现场操作演示。5月召开“股份公司本部直属机构财务共享推广上线业务培训会”，指导股份公司直属机构以及中铁广州建设等共30个核算机构共享上线运行，强化财务工作效率及效果，加强股份公司对直属机构的管控。5月和10月分别与税务总局干部学院和建行大学联合各举办了一期总会计师培训班，通过与税务局领导及专家进行座谈交流，全面解答了培训前收集的各类问题，同时增进了税企沟通。9月联合中国建设银行以及中国中铁党校在江苏省常州市建行大学华东学院举办“中国中铁2019年度产融结合培训班”。培训邀请了中国建设银行、北京华政税务师事务所、天达共和律师事务所、普华永道中天会计师事务所、中国国际工程咨询有限公司，以及股份公司投资发展部等8名专家，讲授了《PPP项目审批策略》《投资项目税务管理》《PPP如何挣钱》《新政之后，银行视角下政府债务及PPP项目投融资政策解读》《PPP项目及资产证券化》《政府投资新政下基建投融资法律与合同关系》《基础设施项目投融资的实务要点与典型案例》《基础设施资产管理》等8门课程。9月召开“中国中铁报表自动化试点工作推进会”，中铁二局作为账转表系统首家上线试点及研发承接单位，为各推广单位介绍了报表自动化应用情况及推广经验，联合普华咨询、思源时代对各推广单位现场测试过程中存在的问题进行研究指导，顺利实现股份公司报表自动化工作从研发单位向其他试点单位推广。8月至12月举办16期中国中铁财务人员继续教育培训班，培训内容涵盖国家宏观经济形势及经济热点分析、国家税收筹划升级与税务风险防范、新经济时代背景下的商业模式创新、企业集团财务转型及管理会计专题、企业集团财务共享服务实践案例分享、国企国资改革与混合所有制经济发展、新会计准则等专题。11月举办“印尼国别财务共享平台上线培训班”，集中讲解了国际财务共享理念方法，平台功能等，并对境外财务核算、业财资税管理、跨局应用等方面问题进行了研讨交流。12月与上海国家会计学院联合举办了一期财务部门负责人培训班，通过培训，提高了学员的宏观视野、专业能力等综合素质，促进了业务与财务融合，提升了企业财税管理综合水平。12月召开“中国中铁报表自动化非试点单位推广应用培训会”，通过对宏观背景、实施方法的研究和未来发展方向的展望，股份公司从战略高度对报表自动化推广应用做出了顶层设计，培训全面系统阐释报表自动化理论方法体系以及实施经验，为报表自动化推广应用做出了理论和方法指导。（董晓）

【财会学会管理】2019年，财会学会严格按照中国铁道财务会计学会要求履行职能，全面搭建队伍培训和学术研究两大平台，在财会人员培训、科研课题研究、学术交流等方面开展工作，充分发挥学会的桥梁和纽带作用。积极与相关培训机构进行沟通，组织财务人员培训。组织开展财会课题研究，推动理论创新，有效指导实践。年内财务系统专业课题立项147项、获奖18项，获奖典型案例33篇，获得中国施工企业协会“优秀论文、典型案例”优秀组织单位奖，获得铁道财会学会科研课题一等奖1篇，二等奖3篇，三等奖8篇，优秀奖4篇。提供财务理论学术交流机会，鼓励财会人员发挥主观能动性，营造良好学习氛围。2019年共征集到所属学会推荐的优秀论文200余篇，精选出66篇水平较高的论文，在《国际商务财会》杂志上发表。（田华）

【办公用房管理】根据国资委对中央企业及所出资企业负责人履职待遇（办公用房）的分层级管理要求，结合相关部门管理意见，修订印发《中国中铁股份有限公司办公用房管理办法》（中国中铁财务〔2019〕147号）。加强日常管理和规范办公用房投资建设行为，下发《关于建立办公用房投资执行情况报告制度的通知》和《进一步加强办公用房投资建设的通知》。组织统计二、三级企业领导人员办公用房整改情况，截至2019年

末，除中铁国际未整改6间外（因近期搬迁，避免浪费）已全部按照147号文进行整改。（梁世锟）

【中国建筑行业首单市场化债转股项目】2018年5月7日，中国中铁正式停牌筹划市场化债转股，并启动了内部决策程序。经与国资委、发改委、证监会等监管部门沟通，获得了发改委复函和国资委的批复，也得到了证监会的认可和支持。2018年6月，完成债转股第一阶段“标的公司债转股”工作，即通过引进中国国新、中国长城等九家投资者以“收债转股”及“现金增资”2种方式对所属中铁二局、中铁三局、中铁五局、中铁八局4家标的公司进行增资还债，已达到债转股效果。2018年6月末，中国中铁整体增加权益资金约116亿元，降低资产负债率约1.37个百分点。2019年5月5日，获中国证监会并购重组审核委员会2019年第20次会议无条件通过。2019年9月10—11日完成标的公司资产过户，2019年9月19日在中国证券登记结算有限责任公司上海分公司办理完毕本次发行股份购买资产的新增股份登记，标志着市场化债转股第二步中国中铁发行股份购买第一步引进的标的公司少数股权即“上翻”工作顺利完成。

本次市场化债转股项目为债转股实施机构提供了市场化退出渠道。债转股实施机构通过以现金或者债权增资的方式实施“子公司债转股”，实现降低中国中铁及各标的公司资产负债率的目标。上市公司通过发行股份购买资产的方式购买债转股实施机构通过“子公司债转股”持有的各标的公司股权，将其持有的标的公司股权置换为流动性更佳的上市公司股权，实现市场化退出及收益。中国中铁本次市场化债转股通过“子公司债转股”和“发行股份购买资产”分步实施的方式成功提前锁定了上市公司股票发行价格，在一定程度上降低了债转股实施机构的投资风险，吸引其更加积极地参与本次市场化债转股。在本次项目推进过程中，中国中铁充分考虑债转股实施机构的诉求，合理安排项目时点，成功实现债转股实施机构持有的中国中铁股票锁定时间为12个月，整体锁定时间短，符合投资者预期。通过前期周密计划和项目组共同努力，中国中铁股票于2018年5月7日起停牌，2018年8月20日完成上交所问询回复后复牌，仅停牌三个月即发布了发行股份购买资产预案，较停牌新规发布前市场上其他同类型同规模项目的停牌时间有了大幅缩减。中国中铁本次引入的债转股实施机构较为多元化，这些机构成为中国中铁股东，将有助于进一步提高中国中铁股权结构的多元化水平，有利于引进先进管理理念，建立健全自身债务约束长效机制，丰富融资渠道。中国中铁本次市场化债转股为中国建筑行业市场化债转股第一单，为中国建筑行业企业未来积极落实国家“三降一去一补”等战略做了很好的开端并起到了示范作用，有利于公司资本结构优化、经营效益提升，有助于国家“三降一去一补”等战略目标的实现。（文少兵）

【成立北京财务共享服务中心】2019年8月14日，经股份公司2019年第20次总裁办公会议决定成立“中国中铁股份有限公司北京财务共享服务中心”。主要职能为负责股份公司“中心”建设、发展、升级的规划、报批及组织实施；负责“中心”的制度建设，核算单元业务标准化的制定、修订；负责对下级“中心”以及各“中心”之间业务的指导、协调、统筹、业务纠纷的仲裁和日常运行管理；负责对下级“中心”的业务稽核；负责“中心”软件维护；负责“中心”与股份公司各类信息、数据系统链接及相关数据“整合、整理、发布”管理；负责股份公司本部财务会计业务的上线运行；负责接受不设立“中心”的“二级企业（中铁华铁、中铁资本、财务公司等）、与股份公司作为合同主体的PPP项目SPV公司（表内）及与之相对应的‘股份公司工程项目经理部或指挥部’”财务会计业务的上线运行；负责“中心”从业人员的业务培训。中国中铁股份有限公司北京财务共享服务中心为股份公司财务部内设机构。总定员31人，其中：领导人员3人，主任1人，由财务部部长兼任；副主任2人，1人由财务部副部长兼任，1人专职（按部门副职管理）。北京财务共享服务中心内设总部业务处，定员4人，处长1名；集中核算处，定员10人，处长1名；稽核处，定员3人，处长1名；业务管理处，定员5人，处长1名；数据管理处，定员6人，处长1名。（田华）

【财税理论创新研究】中国中铁在2019年建筑财税大会上，获奖优秀论文94篇（其中：特等奖5篇、一等奖25篇、二等奖29篇、三等奖35篇），占总获奖论文数的23%；获奖典型案例33项（其中：最佳案例7项、优秀案例26项），占总获奖案例数的41%。同时，股份公司荣获2019年度建筑财税优秀论文、典型案例“优秀组织单位”奖。（魏勇明）

干部部

【制度建设】进一步规范选人用人制度，研究修订《中国中铁股份有限公司二级企业领导人员管理办法》。健全干部选拔任用监督机制，研究制定《关于领导人员选拔任用“一报告两评议”实施办法》《关于领导人员选拔任用纪实工作实施办法》《关于领导人员选拔任用廉洁从业结论性评价办法》，修订《干部人事档案管理办法》。探索建立职业经理人制度，研究制定《职业经理人市场化选聘契约化管理办法（试行）》。完善了干部激励机制，印发《关于进一步激励全公司广大干部新时代新担当新作为的实施意见》，修订《关于优秀年轻干部挂职锻炼工作的实施意见》。研究了专家人才指导意见，印发《关于加强人才队伍建设的指导意见》和《关于进一步发挥专家人才队伍作用的实施意见》。（张劲枫）

【集团公司及股份公司领导班子建设情况】配合国资委党委完成了对公司党委书记、董事长人选的推荐考察及对公司主要领导的调整宣布工作，顺利实现主要领导调整的平稳过渡。（陈光建）

【所属单位领导班子建设】坚持政治标准是第一标准，始终把新时期“好干部”标准和国有企业领导人员“20字”要求贯穿于干部选拔、任用、考核工作的全过程，大力选拔任用忠诚干净担当的干部。突出政治标准选拔任用干部。在选人用人过程中，坚持“四个注重”和“三个一票否决”标准，即注重德才兼备、工作业绩、现实表现和群众公认，对廉洁从业出现问题、安全质量发生事故、企业经营造成亏损的，坚决实行“一票否决”，进一步提升干部选拔任用公信度和满意度。严格执行选人用人程序。认真落实《中央企业领导人员管理规定》，坚持“两个不得”“三个不上会”“凡提四必”“五个不准”要求，防止“带病提拔”，不断匡正选人用人风气，认真落实执行考察预告、民主推荐、集体研究、任前公示等要求，持续规范开展选人用人工作。严把“五关”、考准考实。坚持全方位、多角度、近距离考察识别干部，综合运用年度考核、任期考核、专项考察、日常履职考察、党委巡视巡察等各种途径，深入考察拟提拔干部的政治关、品行关、作风关、能力关、廉洁关，科学分析研判干部，确保选拔的领导人员政治素质和专业能力过硬。2019年提拔二级企业和总部部门负责人29名，其中正职3名，副职26名；正职交流12人次，副职交流20人次。加大优秀年轻干部培养选拔力度。认真贯彻落实习近平总书记关于年轻干部培养的指示精神，立足企业长远发展，加大优秀年轻干部选拔任用力度，持续优化领导班子结构。2019年，配合国资委党委确定了11名优秀年轻干部，其中二级企业6名，总部5名。在全公司范围内，经全面考察、深入研究，确定了80名优秀年轻干部，其中“70后”64名，占优秀年轻干部的81%。截至年末已有23人被提拔任用，其中正职1人，副职22人，年龄最小的41岁，进一步改善二级企业领导班子结构，增强二级企业班子活力。（陈光建）

【领导人员培训】坚持把思想政治建设放在各级领导班子建设的首要位置，以“不忘初心、牢记使命”主题教育为契机，教育引导各级领导干部旗帜鲜明讲政治，坚决做到用习近平新时代中国特色社会主义思想武装头脑、指导实践、推动工作，增强“四个意识”、坚定“四个自信”，做到“两个维护”，增强搞好国有企业的信心和决心。持续开展领导人员“补钙、筑基、提能”三位一体培训。在中国井冈山干部学院、中国浦东干部学院、中国大连高级经理学院举办领导人员培训班4期，培训公司党委管理二级企业领导班子成员及总部部门负责人184名，占公司党委管理干部的32.28%。通过领导干部“三位一体”培训，为领导人员补足理想信念之钙、筑牢政治理论之基、提升经营管理之能。加强优秀年轻干部党性教育。4月至6月，组织59名二级企业年轻处级干部参加中央党校国资委分校中国中铁处级干部春季学期进修班的学习。通过系统培训，进一步坚定年轻干部的马克思主义理论信仰，增强党性意识、纪律意识、规矩意识，促进年轻干部守初心、担使命。（张劲枫）

【职业经理人制度建设】在坚持党管干部的基础上，积极探索以市场化选聘、任期制和契约化管理为主要形式的二级企业职业经理人培育和管理机制。中国中铁到新兴际华、中国国药等央企开展职业经理人制度建设专题调研，学习先进做法和经验。组织各职能部门和二级企业代表，结合中国中铁发展实际，起草印发《中国中铁股份有限公司职业经理人市场化选聘契约化管理办法（试行）》。拟选取3家“双百企业”——中铁九局、中铁国际、中铁二院和新并购的1家A股上市公司——恒通科技，作为职业经理人制度先行试点，按照党组织领导、董事会选择、市场化选聘、契约化管理的方式，将经理层选聘权和管理权赋予董事会。中铁

▲ 锦承铁路朝叶段“四电”扩能改造工程顺利开通

九局实施项目经理职业化管理，对在岗项目经理全面进行职业等级认定，建立职业项目经理晋级和选用机制，为推进企业高质量发展奠定了经理人团队基础。（陈光建）

【人才工作会议】12月5日，中国中铁在京召开人才工作会议，会议深入学习贯彻习近平总书记关于人才工作的重要论述和全国组织工作会议、国资委中央企业人才工作会议精神，规划部署当前和今后一个时期的企业人才工作。中国中铁党委书记、董事长张宗言出席会议并作重要讲话，党委副书记、总裁陈云主持会议。股份公司领导及高管、公司总部各部门负责人、所属单位党政主要领导及人力资源部门（干部部门）负责人、获奖代表近200人参加了会议。张宗言在讲话中指出，党的十八大以来，股份公司党委坚持以习近平新时代中国特色社会主义思想武装头脑，深入学习贯彻习近平总书记关于人才工作的重要论述和重要指示批示精神，从服务国家战略和企业改革发展党建需要出发，持续加大人才工作力度，不断健全人才工作体系、完善选人用人机制、优化人才队伍结构、加强素质工程建设，各项工作取得明显成效。但当前企业人才队伍建设中仍然存在现有人才资源与高质量发展的供需矛盾突出、人才工作的科学化水平不高、员工素质培训不到位不扎实等突出问题，需要尽快加以解决。一是必须坚定不移实施人才强企战略，抓好人才工作顶层设计，实施人才工作“四个优先”。二是必须建立分门别类的人才队伍，重点抓好复合型党群人才队伍、经营管理人才队伍、项目经理人才队伍、专家人才队伍、专业技术人才队伍、技能人才队伍的建设。三是要重点突出科技人才培养。四是要强化教育培训与学术交流。五是必须完善发挥专家作用的长效工作机制。六是要积极探索，循序渐进、稳妥推进人才选聘的市场化进程。七是要形成符合企业各层次人才特点、有效激发活力的人才收入分配激励机制。八是要严把进人关，培厚人才土壤。九是要营造尊重支持依靠人才的浓厚文化氛围。十是要坚持并强化党对企业人才工作的领导。陈云在会上传达了2019年国资委中央企业人才工作会议精神，并在总结讲话中就做好人才工作提出要求：要扎实做好人才引进工作，全面加大人才培养力度，不断完善人才管理体系，坚持正确人才选用导向，着力优化人才激励机制。同时，要在2019年底前重点抓好以下几个方面的工作：一是认真传达学习好党的十九届四中全会精神，扎实开展好第二批“不忘初心、牢记使命”主题教育，全力支持配合好国资委党委巡视工作；二是全面加快生产经营管理步伐，确保完成年度目标及国资委考核任务，确保企业整体安全稳定；三是扎实推进“三供一业”分离移交工作，确保年底前全面完成分离移交任务；四是要系统总结好2019年工作，认真思考谋划好2020年工作。

股份公司党委常委、纪委书记王士奇宣读“中国中铁科技创新优秀人才”“中国中铁基层经营管理优秀人才”“中国中铁优秀工匠”表彰决定，公司领导和高管为获奖者代表颁奖。中铁四局党委、中铁上海局党委在会上做了人才工作经验交流；中铁二院副总工程师喻渝代表“中国中铁科技创新优秀人才”、中铁建工山东公司总经理何晔庭代表“中国中铁基层经营管理优秀人才”、中铁一局五公司精密测绘公司工程测量员白芝勇代表“中国中铁优秀工匠”分别作了发言。（张晓明）

【高层次专家技术人才队伍建设】2019年，新增全国工程勘察设计大师1名、中青年科技创新领军人才1名、交通运输业青年科技英才1名、詹天佑铁道科学技术奖6名、茅以升铁道工程师奖8名。推荐交通运输高层次技术人才2名，百千万人才工程国家级人选2名，最美科技工作者1名。入选国家科技奖项目评审专家库专家52人，国务院学位委员会第八届学科评议组成员1人，中国铁道学会科普人才库专家26人，中国地方铁路协会专家库专家53人，中国建筑业协会专家委员会专家89人，中国铁道工程建设协会铁路运营安全评估专家3人，行业影响力和话语权明显提升。研究推荐中铁科研院杜俊为第19批博士服务团成员，挂职达州市交通运输局挂任副局长。充分发挥工程技术专家优势，组织以中国工程院院士秦顺全为代表的10名专家到定点扶贫县考察调研，为扶贫县的规划和发展“把脉”，推进扶贫县精品工程建设。加大人才关心关爱力度，切实解决高层次人才、急需和紧缺人才的实际困难，办理高校毕业生进京落户415人，办理两批次京外调配人员57名，解决夫妻两地分居人员27名；按时发放145名享受国务院政府特殊津贴专家的津贴，划拨津贴款106.8万元；组织对国家级专家人才进行了慰问；选派中铁三局褚晓辉等4人参加“第九届桥梁与隧道工程技术论坛”，公司3名专家院士就各自研究的专业分别作专题报告；中铁科研院严金秀在意大利成功当选国际隧道与地下空间协会主席，对提升企业国际品牌形象，彰显企业核心技术实力起到了积极作用。（张晓明）

【1人获最美科技工作者】

徐恭义　中铁大桥勘测设计院集团有限公司

【1人获全国工程勘察设计大师】

易伦雄　中铁大桥勘测设计院集团有限公司

【1人获交通运输部科技英才计划】

王杜鹃　中铁高新工业股份有限公司

【1人获铁路青年人才托举工程】

范　磊　中铁高新工业股份有

限公司

【8人获茅以升铁道工程师奖】

陈　平　中铁四局集团有限公司

熊　胜　中铁五局集团有限公司

姚裕春　中铁二院工程集团有限责任公司

邓云川　中铁二院工程集团有限责任公司

刘　华　中铁大桥勘测设计院集团有限公司

朱东明　中铁九桥

傅战工　中铁大桥勘测设计院集团有限公司

陈家乐　中铁高新工业股份有限公司　（张晓明）

【专业技术职务任职资格评审】抓实人才评价工作，对单机版职称评审信息系统进行全面研发升级，全面优化完善各功能节点，极大地提高了职称评审工作的效率和质量。2019年，评审通过正高级工程师309人、高级工程师3700人，正高级经济师52人、高级经济师478人，正高级会计师40人、高级会计师214人。　（任玉超）

【总部机关人员管理】截至2019年底，中国中铁总部机关共有职能部门25个，正式人员267人。学历结构：博士研究生8人，硕士研究生53人，大学本科202人，大专4人。专业技术职务：正高级技术职务33人，高级技术职务182人，中级技术职务38人，初级技术职务12人，未聘任专业职务2人。年龄结构：40岁及以下131人，41～45岁43人，46～50岁35人，51～54岁39人，55岁以上19人。

2019年，以学习型、实干型、高效型、服务型、廉洁型“五型”机关建设为引领，不断强化员工考核，推进干部交流，加强教育培训，全面提升员工能力素质，促进总部员工走在前、作表率。构建“公司领导垂直评价、部门之间横向评价、基层单位向上评价”的部门年度考核评价体系，顺利完成了总部24个部门274名员工2018年度业绩考核工作。经考核，总部10个部门、14名部门正职、22名部门副职、22名内设机构处长、52名一般员工考核结果为“优秀”。组织完成9名部门中层人员和10名内设机构处长的试用期满考核。按照《关于优秀年轻干部挂职锻炼工作的实施意见》，加强总部部门同基层单位、有关部委之间的干部交流。全年，总部引进1名二级企业领导班子成员、1名国家移民管理局干部到总部任有关部门负责人，选派2名部门副职到二级单位任班子成员，3名基层企业优秀员工进入总部工作，6名优秀基层同志到总部部门挂职锻炼。调训21名总部负责人参加领导人员“补钙、筑基、提能”三位一体培训。全年，总部各部门共组织专业素质能力培训班57期，近2/3的总部员工参与了专业领域的学习培训，有效强化了业务能力提升。按照国资委党委《关于中央企业总部“机关化”问题专项整改工作的通知》要求，把推进“机关化”问题专项整治工作作为当前一项重要政治任务抓好抓实，对“巡视员、副巡视员、调研员、副调研员”等称谓进行了规范，对历史原因超配的部门负责人进行了适当调整，建立基层单位对总部部门的考核机制，增强了总部员工的基层观念和服务意识。　（毛祥虎）

▲ 中国中铁国际工程办西南交大招聘会

【干部教育培训】启动员工在线学习及培训管理平台建设。2019年下半年，在充分调研各单位实际情况的基础上，研究制定《中国中铁学习培训管理信息平台建设项目建议书》，启动员工在线学习及培训管理平台建设，着力搭建覆盖总部、二级、三级、项目部四级学习管理平台，构建全员“线上”学习平台，推动实现培训工作全过程信息化管理。建立首批次内部培训师队伍。按照《内部培训师管理办法》规定，指导二级单位按规定、按程序完成中初级内部培训师的评选和高级内训师的推荐工作，高质量完成高级内训师的评选工作。全年，各单位共申报高级内训师188名，评选高级内训师123名，通过率65.43%；评选中级内训师1471名，评选初级内训师2456名。加大微课开发力度，组织开展第二届微课大赛，指导、组织各单位推荐优秀微课作品261部，较2018年增长210.48%，评比表彰一等奖作品10部、二等奖作品15部、三等奖作品20部、优秀奖作品22部及6家优秀组织奖。充分发挥内部培训师作用，推动各专业内训师开发优秀视频作品 160 部。及时将优秀作品上传中国中铁网络学院、中铁惠园等平台进行共享，激发课程开发人员的创作热情，内部课程资源逐步沉淀。加大国际业务人才培养力度。持续抓好“3+1”国际工程班培养工作，增设奖学金，增强吸引力，组织 21 家二级企业在 7 所合作高校选拔优秀大三和研二学生 387 名，其中：硕士研究生 11 人、本科生 376 名。针对首届国际业务大赛涌现的优秀人才，举办为期三个月的中国中铁国际精英人才特训营，培训优秀青年海外人才 45 人。持续开展国际商务人员研修班和青年海外人才英语及国际商务研修班，培训海外骨干人才 101 人。（张劲枫　毛祥虎）

【干部档案管理】修订《干部人事档案管理办法》，进一步强化对选人用人监督；按照公司党委和机关党委“不忘初心、牢记使命”主题教育活动的安排部署，成立两个调研检查组，对 16 家二级企业档案专审及数字化等工作进行调研检查，持续规范所属单位干部人事管理工作。（殷　实）

劳资社保部

【制度建设】2019 年制定和修订制度办法 18 项，在贯彻国资委要求方面：制定受党纪政纪处分负责人薪酬扣减细则，修订完成三个层级履职待遇管理办法，拟订科技型企业股权和分红激励办法。在促进企业高质量发展方面：修订工资总额管理办法，发布加强区域经营人员薪酬管理通知，拟订加强工程项目薪酬管理指导意见。在提高职工幸福感方面：修订企业年金方案，修订总部补充医疗保险办法，调整总部员工薪酬标准，修订总部工时假期管理办法。（王源海）

【中国中铁深化三项制度改革】按照国资委《关于开展 2019 年中央企业三项制度改革专项行动的通知》要求，中国中铁制订《中国中铁深化三项制度改革行动方案》，明确了改革总目标，基本原则，具体细化了改革措施，建立任务清单，形成时间表和路线图，稳步推进三项制度改革，不断激发企业动力和活力，增强企业创造力和竞争力。要求所属单位按照行动方案内容，对照内外部优秀企业的管理模式和成功改革经验，查摆本企业三项制度改革工作存在的短板和差距，结合企业改革发展实际，研究制订深化三项制度改革实施方案，明确改革的总目标和三年阶段目标，细化具体措施，建立改革任务清单，形成时间表和路线图。目前 42 家二级企业均已制订了三项制度改革行动实施方案，定期上报实施情况。下一步将研究建立改革评估机制，注意总结提炼改革经验，注重发挥先进典型的示范引领作用，形成可复制，可推广的经验做法。（宋智聪）

【二级企业机关机构改革】在广泛调研和对标先进的基础上，结合企业实际，制定公布二级企业机关机构定员标准，对纳入机关预算范围的各类机构，按照职能管理部室、事业部、社管后勤分类明确管理要求和管理标准。本次改革调整核减二级企业机关定员 1195 人，减员比例 18.9%，制订分步实施计划，明确节点目标，到 2020 年 6 月 30 日实现达标。要求二级单位以贯彻标准为契机，坚持问题导向，对标先进，深入推进机关改革，创新管理手段，优化机构设置，同时将机关机构定员改革作为转变机关职能，转变机关作风，加强干部队伍建设的重要措施，构建精简高效和充满活力的企业机关，为企业高质量发展提供支撑和保障。（宋智聪）

【职能管理信息系统开发及应用】开发职能管理信息系统，实现各类公司及相关信息的便捷查询、统计及分析并积极组织推广应用，提高管理效能，提升机构管理信息化水平。（李　猛）

【员工总量管理】按照《中国中铁员工总量调控管理办法》的规定，根据各单位 2019 年经济指标预算和年度人才引进计划，考虑企业营业规模持续扩张、在建项目增多的实际情况，在保障安全生产和职工队伍稳定的前提下，结合员工队伍结构调整，人才成长周期性和梯队建设规划等因素，编制下达了 2019 年股份公司员工总量调控计划，2019 年员工总量控制目标为 301446 人，较 2018 年末实际 304433 人，减少 2987 人。（宋智聪）

【技能人才队伍建设】联合中国就

▲ 2019 年 5 月 7 日，中国中铁双洮高速公路项目总经理部举办“中国中铁双洮杯”技能大赛

业培训技术指导中心，6月和10月先后在郑州和哈尔滨组织举办轨道交通信号工和轨道车司机大赛。两个工种的大赛为国家级二类大赛，大赛中涌现的6名优秀选手将推荐“全国技术能手”称号，6名选手将推荐“全国青年岗位能手”称号，有效发挥了“以赛促训、技能交流、人才选拔、表彰激励”的作用。组织开展中国中铁优秀工匠评选工作，评选产生30名中国中铁优秀工匠，并制定培养支持计划，加大培养力度。举办接触网、工程信号、工程通信、工程测量四个专业高技能人才技能提升培训班，对系统内303名高技能人才进行培训。编辑出版《工匠之歌——献给奋战在生产一线的中国中铁人》一书，宣传优秀技能人才典型事迹，展示中国中铁优秀技能人才风采，营造“劳动光荣、技能宝贵、创造伟大”的技能人才建设良好氛围。组织开展股份公司第二批技能大师工作室评定工作，评选出中铁隧道局母永奇盾构机操作技能大师工作室等四个技能大师工作室。 （李　猛　谢学文）

【高管绩效考核和薪酬管理】依规做好公司高管人员薪酬管理。组织完成公司高管2018年度绩效考核和2019年度绩效合约签订工作，编制提交高管能力素质评价和绩效合约报告，得到公司董事会的高度认可。拟订公司领导及高管2018年度薪酬和2016—2018年任期激励收入兑现方案，2018年度公司主要领导薪酬79.41万元，其他领导及高管平均薪酬69.31万元；2016—2018年公司主要领导任期激励收入64.82万元，其他领导及高管平均56.47万元。 （王　鋆）

【工资总额管理】完善并印发工资总额管理办法。贯彻国家和国资委改革工资总额决定机制要求，建立健全与企业经济效益和人均营收及人工成本投入产出效率指标挂钩的工资决定和正常增长机制，坚持“增效增资、降效减资、提质增资”原则，工资总额办法加大与效益挂钩力度，鼓励企业创效，营造积极向上的正向激励氛围。组织完成公司2018年度工资总额清算和2019年度工资总额预算工作，清算总额达391.43亿元，有效满足各单位清算需求，同时消化各单位历史缺口9.4亿元。根据股份公司财务预算，编制并上报了2019年度工资总额预算408.06亿元，增幅5.16%。2018年度，公司职工平均工资12.47万元，较2017年增加1.62万元，增长14.9%。规范开展二级单位工资总额清算。合理优化配置年度薪酬资源，坚持向贡献大、效率高的企业倾斜，充分发挥工资总额的激励约束作用。加强工资总额预算执行过程管理。每季度根据各单位工资总额和经济效益指标完成情况，对各单位工资总额和经济效益指标同比增幅、预算完成进度等指标进行对比和分析，对工资总额执行过程存在的工资效益增幅不匹配、工资增长过快等问题进行预警、通报或约谈，督促各二级单位采取措施加强管理。

（王　鋆　张顺昌）

【二级企业负责人薪酬管理】做好2018年二级企业负责人年度薪酬兑现和2019年基本年薪下达工作。按照《中国中铁股份有限公司二级单位负责人薪酬管理办法》规定，研究拟订42家二级单位及6个直属项目部主要负责人2018年度薪酬结算及2019年基本年薪方案。2018年二级单位主要负责人平均薪酬107.5万元，同口径较上年97.7万元，增加9.8万元，增幅10%。落实股份公司海外“双优”发展战略，依据办法结合外交部驻外使领馆地区分类，对东方国际及3个直管境外项目使用海外系数调节；考虑利润贡献、区域经营及国际形势等因素对中铁信托、广州轨道交通11号线等项目进行个别调整。二级企业负责人薪酬兑现遵循“业绩升、薪酬升，业绩降、薪酬降”的基本原则，依据不同业务板块功能定位，理顺板块间企业负责人薪酬水平关系，方案经2019年8月6日股份公司第14次党委常委会及8月13日第25次总裁办公会议研究同意后，及时下薪酬结算文件，确保年薪兑现的时效性；同时明确了“副职负责人薪酬差距不得低于3%，对无特殊原因未拉开差距的单位，2019年度负责人年薪管理实行核准制”，积极推进二级单位负责人薪酬差异化管理，落实公司督查督办事项要求。针对中铁置业超提超发工资总额问题，依据股份公司二级单位工资总额预算管理办法规定，扣减其主要负责人及分管薪酬管理负责3%绩效年薪，其中，扣减主要负责人1.4万元，落实违规超提超发工资总额处罚规定。 （王　鋆　林震远）

【科技型企业股权和分红激励】按照《关于进一步做好中央科技型企业股权和分红激励工作的通知》要求，中国中铁研究制订科技型企业股权和分红激励工作总体方案和推进计划，构建内部管理机制，明确了总体推进规划，加快推进科技型企业股权和分红激励工作。依据科技型企业股权和分红激励工作的政策规定，选择符合激励条件、企业内部管理较好、具有开展意愿的中铁装备集团隧道设备有限公司作为试点，指导其采用岗位分红激励方式，明确激励对象，确定激励额度，明晰分配方式，细化考核指标，做好数据测算，形成激励方案，激发科技人员内生动力，提升企业科技创新能力，促进企业由要素驱动发展转向创新驱动发展。中铁装备集团隧道设备有限公司在拟订岗位分红激励方案的同时，首期（2020—2022年）纳入激励对象56人，预计年净利润增长率由3.9%提高至10%，激励对象收入在正常增长基础上额外增长12%，激发了科技人员内生动力。 （王　鋆）

【履职待遇和业务支出管理】按照国资委《关于进一步规范中央企业负责人履职待遇、业务支出管理有关事项的通知》要求，对股份公司企业负责人、股份公司总部机关员工以及所出资企业负责人履职待遇、业务支出管理办法进行修订。修订后的办法进一步明确了各层级管理人员在公务用车、办公用房、业务招待、国内差旅、通信等方面的管理标准和管理要求，进一步规范了企业履职待遇、业务支出管理工作。完成了2019年公司企业负责人年度履职待遇业务支出方案向国资委备案工作和二级企业负责人履职待遇业务支出预算审核工作。（李 猛）

【企业年金管理】修订印发企业年金方案。根据国家人社部和国资委年金制度变化，出台新的年金方案。方案建立了年金缴费水平与企业运行质量的挂钩机制和动态调整机制，合理确定缴费水平，发挥年金保障作用；增加日常管理要求，督促二级企业强化年金基金投资管理，增强年金基金投资风险管控，努力提高年金基金投资收益率。组织召开股份公司年金管委会会议，研究2019年1月前二级企业负责人年金企业缴费分配整改、调整股份公司年金基金投管人名单及建立投管人动态调整机制、更换总部年金基金投管人及中铁二局和集团公司党校实施企业年金等事宜，会后发布《关于规范企业年金企业缴费分配有关事项的通知》及《关于中止中铁二局集团有限公司企业年金缴费的通知》，开展修订股份公司受托管理框架合作协议、年金基金投管人绩效考核办法，招标确定总部年金基金投管人等事宜。审核批复二级企业年金实施方案。按照修订后的企业年金方案，审核二级企业年金实施方案内容，计算年金企业缴费计提比例，起草批复文件，分两批下达批复意见。（王 鋆 林震远）

【履行社保代办机构职责】贯彻养老保险收支两条线要求，2019年从北京市获得差额款0.38亿元；调整在京单位社保待遇，为在京单位2.27万名退休人员月增加养老金2834.74万元。出具社保缴费证明400余份次，涉及7000余人次，满足企业生产经营需要。完成1.2万人领取社保待遇人员资格认证，确保养老金按时足额发放，保障参保人员权益，维护企业和社会稳定。（王源海）

▲ 技能大赛

【设立第二批中国中铁技能大师工作室】设立第二批中国中铁技能大师工作室4个，包括中国中铁母永奇盾构机操作技能大师工作室，建设单位为中铁隧道局；中国中铁王中美焊接技能大师工作室，建设单位为中铁工业；中国中铁冯继军钢轨焊接技能大师工作室，建设单位为中铁三局；中国中铁郝利斌试验技能大师工作室，建设单位为中铁六局。大师工作室主要职责为：技能创新。结合现场实际，开展降低成本、节能减排、操作技能、安全质量等方面的技术革新和技术改造；以工作室为主体设立课题研究开发项目，形成一批有价值的操作规程、工艺工法、技术论文或发明专利、实用新型专利等技术技能革新成果。技能攻关。围绕企业重要技术、重大科技项目的实施或重大装备、重大工艺的引进，攻克技术技能难关，解决施工生产难题；同步实现新技术、新工艺、新材料、新设备中新技能推广应用。带徒传技。通过导师带徒等方式培养一批企业发展所急需紧缺的技能人才，编制完善符合现场实际的实用培训教材等方式，使技能得到传承。培训交流。通过举办有一定规模的技能培训班传授技艺、培养人才，带动专业技能素质水平的提高；充分发挥不同专业、不同岗位技术技能人才的自身优势，将理论研究和工作实践相结合，加强技术交流与协作。成果转化。做好技能大师工作室先进经验推广，以及技能攻关、技术技能革新成果向实际施工生产的转化应用和推广。（谢学文）

【驻京办清理】深入贯彻党中央决策部署，落实中央八项规定精神，持之以恒纠治“四风”，根据国资委要求，牵头组织开展股份公司驻京办事机构清理工作。一是组织实施两次清查。严格要求各二级企业履行主要负责人签字背书程序后报备清查结果，共纳入清理范围驻京办机构21个。二是加强组织领导。成立驻京办清理工作领导机构，建立部门协同工作机制，为驻京办清理提供了组织保障。三是制定印发工作方案，明确工作原则、责任主体和推进计划，确保清理工作有序推进。四是组织召开三次推进视频会。及时传达国资委精神，通报清理进展情况，全面部署清理工作，保证清理工作平稳可控。五是组织开展三次实地检查。在分管领导带领下，组织相关部门对21家驻京办关停撤销、人员安置、资产处置和职能承接等情况进行了三次全覆盖检查，确保清理工作全面彻底。六是扎实做好国资委检查验收工作。配合国资委对21家驻京办进行了关停情况实地检查，赢得国资委检查组高度评价。按规定上报驻京办清理总结报告、工作台账和支撑材料，扎实做好驻京办清理收尾工作。（李 猛）

法律合规部

【合规管理体系建设】中国中铁始终坚持决策先问法、违法违规不决策的合规管理理念。作为国务院国资委开展合规管理体系建设试点工作的五家试点单位之一，首创“大合规”管理理念，创新性地构建了“三防一查”的合规风险管理机制和“三位一体”的合规部门管理模式，建立了横向到边、纵向到底的合规管理体系。2019年，公司研究制定了《合规手册（总册）》《合规手册（总部管理分册）》《海外业务合规管理指引》及其配套实施细则等制度，进一步完善了公司的合规管理制度体系。（勾 阳）

【企业法治建设第一责任人职责落实】在2018年开展的法治建设第一责任人调研检查基础上，法律合规部认真分析存在的不足，积极开展整改落实。2019年，股份公司党委进一步完善党委规范性文件合法合规审查的程序，党委中心组在学习中积极开展法治专题的学习。各单位主要负责人自觉提高政治站位，从讲政治、讲党性、讲大局的高度，充分认识全面依法治企的重大意义，在落实法治建设主体责任、促进企业依法治理水平、营造依法治企氛围等方面，不断开创法治中铁建设的新局面。各单位主要领导依法治企意识普遍增强，基本实现了法治建设由公司领导负总责，总法律顾问统筹推进，法律部门具体实施，公司各部门分工配合的有效管控体系。各单位主要负责人深入推进法治宣传教育，大力开展“七五”普法活动，创新法治宣传手段，积极营造“领导干部带头学、管理人员经常学、项目员工积极学、法务人员全面学”的良好学法氛围。（勾 阳）

【合规管理工作】2019年，公司在规章制度清理工作基础上，按照公司“大合规”体系建设要求，从满足合规要求的角度，以日常管理流程中的合规事项为重点，对公司总部共计211项管理流程进行全面梳理，对每一项管理流程中需要重点关注的合规事项逐一进行审查，增加了合规关注要点的提示，通过流程再造推动公司风险、内控、合规管理体系的融合。（勾 阳）

【规章制度管理】2019年，公司总部共召开7次制度评审会，共计评审规章制度83项；全系统共审核规章制度10143项，提出法律合规审核意见29879条，审核意见被采纳28253条，规章制度法律合规审核率达100%，审核意见被采纳率94%。（勾 阳）

【项目法律合规管理实验室活动】2019年，中铁一局、中铁七局、中铁武汉电气化局、中铁二院、中铁城投和中铁大桥局深入开展项目法律合规管理实验室活动。各试点单位在管理实验室活动中，积极总结项目合规管理员工作的经验，初步形成了切实有效的相关制度，使项目兼职法律合规管理人员能够更好地发挥项目合规管理的重要作用。中铁一局通过前期试验论证，已初步形成项目合规管理的“1+6”制度体系。“1”是指《项目法律合规专员管理办法》，明确了项目法律合规专员的选定、聘任、履职、培训教育、考核评价和奖惩，是法律合规管理实验室活动开展的总指引；“6”是包括《项目重大决策法律合规审核操作指引和业务流程》《项目合同综合管理操作指引和业务流程》《项目合规管理工作操作指引和业务流程》《项目往来函件指导操作指引和业务流程》《项目普法宣传教育操作指引和业务流程》《项目纠纷争议处理操作指引和业务流程》6项项目合规管理工作的具体事项操作流程。中铁七局所属12家子企业制定《项目兼职法律合规人员管理办法》，共设置141名项目兼职法律合规人员，兼职法律合规人员由项目部推荐，经公司考核后，由人力资源部门下发人事令，并每月给予兼职津贴。中铁二院选取巴基斯坦

▲ 长沙机场大道工程获国家优质工程奖

项目部、埃塞铁路项目部和俄罗斯莫喀项目部等具有属地性、特殊性的境外大型项目作为项目合规管理制度体系建设的项目试点，共研究形成110部操作指引和业务流程。中铁大桥局定期组织项目合规联络员开展培训，对参加年度培训且考试合格的项目合规联络员发放《企业合规联络员资格证》，并对合规联络员实行年度注册制度。中铁武汉电气化局和中铁城投制定项目合规联络员管理办法，通过给予适当的津贴或者提高绩效比例，提高项目兼职法律合规联络员的积极性。（勾 阳）

▲ 中铁大桥局法律合规部开展“3·15”普法知识问答活动

【法律合规审核】2019年，法律合规部出具各类决策会议法律合规意见746份，提出审核意见2700余条；全系统共出具各类决策会议法律合规审核意见15173份，提出审核意见5万余条，被采纳法律评审意见4.3万余条，决策会议议案审核率达100%，审核意见采纳率达86%。（勾 阳）

【案件纠纷管理】2019年，公司共处理纠纷案件4557件、标的额248.9亿元，其中办结2294件、标的额59.3亿元；未办结2263件、标的额189.6亿元。2019年，公司新发生纠纷案件2954件、标的额86.4亿元，与2018年新发生3173件、标的额93.4亿元相比，案件数量减少219件、同比减少6.9%，案件标的额减少7亿元，同比减少7.5%。其中，新发生主诉案件237件、标的额34.7亿元，与2018年新发生的主诉案件359件、标的额25.5亿元相比，数量下降34%，但标的额增加36.1%；新发生被诉案件2717件、标的额51.7亿元，与2018年新发生的被诉案件2814件、标的额67.9亿元相比，分别下降3.4%和23.9%；新发生重大案件23件、标的额35.8亿元，与2018年新发生的重大案件22件、标的额22.6亿元相比，分别增加4.5%和58.4%。

2019年，新发生内部纠纷调解案件52件、标的额12.75亿元，与2018年新发生的内部纠纷调解案件27件、标的额5.15亿元相比，分别增加92.6%和147.6%。2019年内部纠纷调解案件结案53件（含以前年度结转纠纷结案17件），较2018年整年结案51件相比，增加2件。截至年末，尚有未结内部纠纷调解案件17件（含以前年度结算纠纷2件）、标的额2.12亿元。（勾 阳）

【法律风险管理】2019年，完成“境外项目典型案例汇编及借鉴”和“境内项目典型案例汇编及借鉴”两个风险案例汇编的收集与编写工作，共收集“境内”和“境外”汇编案例61个。（勾 阳）

【课题研究】2019年，结合公司在混合所有制改革、重组并购、防范重大风险等方面的重点工作，开展混合所有制改革及兼并重组、内部经济纠纷、依法合规决策流程细化、工程建设分包转包、SOD、AOD开发模式法律风险、PPP项目运营阶段法律风险、海外合规体系、知识产权管理8项课题研究，其中的海外合规体系研究成果已转化为《中国中铁股份有限公司海外业务合规指引》及4项配套制度，知识产权管理课题中的商标管理成果也已初步转化成了相应的管理制度。各二级单位结合自身业务实际情况，积极开展相关课题研究。2019年，各二级单位共组织课题研究49项，通过课题研究，提高了全公司的依法合规经营和法律风险防范能力。（勾 阳）

【普法宣传工作】中国中铁高度重视合规教育宣传和培训。2019年12月4日国家宪法日，公司领导班子成员和高管及各二、三级单位主要负责人参加宪法宣誓，所属41家二级单位、511家三级单位共计18000人通过视频连线同步进行宣誓。2019年，全公司共组织各类合规专题培训班839期，参培人数26802人次。全系统编写普法书籍101册，法律期刊85期，刊载法律类文章551篇。中铁国际创刊《中铁海外法律评论》。（勾 阳）

审计部

【审计工作综述】2019年，全公司共计完成审计项目3339项（其中：境外审计115项），为年度审计计划的108%，其中：工程项目审计1178项、经济责任审计712项、经济效益审计483项、管理绩效审计210项、财务收支171项、内部控制审计111项。审计覆盖企业资产总额9865亿元，覆盖子企业786户。2019年公司各级审计机构共计发现审计问题17514个，涉及金额221.9亿元，提出整改建议14018条，采纳13605条。各单位已经整改问题14197个，占发现问题的81%；修订制定制度226项，给予经济处罚709人，建议给予政纪处分217人。股份公司审计部推进审计工作改革，进一步完善内部审计体制机制，组织开展12个单位15名领导人员的任期经济责任审计，对7个亏损企业和亏损项目开展专项审计，对4个PPP项目开展投资项目审计，完成内部控制评价工作。落实国资委和审计署的有关要求，加大政策跟踪审计力度，配合有关部门组织开展了扶贫审计、民营企业清欠、农民工工资支付审计监督检查等专项活动，组织有关单位实施了“三供一业”专项资金审计，推动有关宏观政策和股份公司管理要求在企业的贯彻落实。（于艳芹）

【审计工作体制机制建设】加强对审计工作的组织领导，公司和所属各二级单位分别成立以企业主要领导为组长，相关班子成员任副组长，有关职能部门负责人为成员的审计工作领导小组，强化股份公司审计工作的组织领导和统筹协调。股份公司审计工作领导小组2019年召开两次会议，研究贯彻落实上级审计工作要求的工作方案，审议年度审计工作计划、重大审计项目工作方案和审计报告，研究处理审计发现的重大问题，研究审计队伍建设、制度体系、审计质量管理等重大事项。强化审计机构的“双线领导”。明确公司审计部为全公司审计工作的指导协调部门，负责统筹、组织、部署、指导和督促全公司审计工作；各级审计部门实行双重领导管理体制，在完成本级企业审计工作同时，接受上一级审计部门的统一组织协调；对审计中发现的重大问题及线索，在向同级党政领导报告的同时，向上一级审计部门报告；各级审计部门负责人的任免应征得上一级审计部门负责人和分管领导签字认可。（于艳芹）

【审计工作改革】制定并实施《关于深入推进企业审计工作改革的通知》，从完善审计工作体制机制、明确审计工作推动企业高质量发展的重要职责、突出审计工作重点、加强审计发现问题整改落实、夯实审计工作基础5个方面，提出深化企业审计工作改革的18项具体措施，推动股份公司审计工作改革向纵深发展。（于艳芹）

【开展经济责任审计】按照党政同责、同责同审的要求，将企业党委书记纳入经济责任审计范围，积极推动经济责任审计。2019年，股份公司审计部组织开展对中铁五局原总经理徐中义同志任期经济责任审计报告等12个单位15名领导人员的任期经济责任审计；审计实施过程中重点关注领导干部按照职责和程序行使权力的情况，以及履行经济责任的经济情况，揭示企业管理中存在的问题和风险，并有针对性地提出审计建议。通过审计，客观评价企业负责人履职期间的经济责任和经营绩效，有力地发挥了内部审计在维护国有资产安全、促进领导干部正确履职和廉洁勤政的重要作用。（于艳芹）

【亏损治理审计】按照股份公司亏损治理的有关要求，加大亏损项目的审计力度，对5个亏损项目和2个亏损企业进行专项审计。通过审计，深入分析亏损产生的原因，客观反映企业经营管理中存在的问题，提出切实可行的审计建议，并对审计发现的因主观原因造成的责任亏损，进行了严肃问责。（刘贵明）

【投资项目审计】股份公司审计部实施中铁五局长沙市轨道交通5号线投资项目、中铁城投西安地铁9号线一期工程PPP等投资项目投资业务审计。在组织所属审计机构认真开展投资业务审计的同时，积极组织开展投资业务的审计理论研究，中铁投资研究制定《SPV项目公司审计监督指导意见》；中铁城投《基于国有投资企业以社会资本方视角对政府和社会资本合作PPP项目审计研究》获四川省审计厅课题立项，并顺利通过结题验收，建立了PPP投资项目穿透式审计业务模型。上述审计业务和研究成果，为进一步完善投资业务审计规范，提升投资项目审计质量提供了理论和实践支撑。（于艳芹）

【境外项目审计】按照国资委《中央企业内部审计重点关注问题提示函》和公司领导要求，把境外审计列作审计业务重点。推动境外业务审计全覆盖，制定规划，力争在3年内实现对境外企业和境外项目轮审一遍。股份公司审计部年内安排中铁东方国际原总经理蔡泽民离任经济责任审计等境外审计项目4项。通过境外审计项目的实施，掌握境外实际经营状况，摸清相关项目的经营底数。（于艳芹）

【2019年度内控评价工作】审计部根据《企业内部控制基本规范》及其配套指引的规定和其他内部控制监管要求，结合公司内部控制制度和评价办法，督促各部门、各单位层层分解，明确责任，通过“以评促建”，全面推进企业内部控制体系建设。汇总编制《2019度股份公司内部控制评价报告》，与年报一起对外披露。（于艳芹）

【违规经营投资责任追究体系建设】贯彻落实《中央企业违规经营投资责任追究实施办法（试行）》要求，积极推动违规经营投资责任追究工作体系建设，形成职责明确、流程清晰、规范有序的责任追究工作机制，健全以追责促发展的长效工作机制。公司和所属企业相继制定《违规经营投资责任追究实施办法》，启动追责工作流程、实施细则及配套办法的建设；按照干部管理权限和实际管理授权，分级组织开展责任追究工作。（叶智勇）

【审计信息化工作推进方面】按照优化顶层设计，融入公司信息化总体方案的要求，在总结前期试点经验的基础上，启动股份公司审计信息系统（一期）建设。项目实施过程中，深入研讨总体功能规划、详细梳理功能需求，加强系统开发的过程督导，确保系统开发的工作顺利推进和按期上线。11 月，审计信息系统完成在中铁电气化局、中铁六院等单位的上线测试，12 月 5 日通过股份公司组织的初步验收，并在中铁电气化局、中铁六院、中铁四局、中铁大桥局、中铁广州局、中铁隧道局以及财务公司上线运行。（于艳芹）

【审计成果分析与运用】深入开展审计管理提示和管理建议活动。组织公司所属各级审计机构对全公司实施的各类审计项目中发现的问题进行系统的梳理、分析，对企业经营管理中存在的普遍性、典型性和倾向性问题进行归纳，向本单位管理层提出管理建议，向各业务管理部门进行管理提示，有效推动审计发现问题的整改。建立审计发现问题案例库。对建设项目和经济责任审计过程中发现的审计问题进行梳理，编写《建设项目审计发现问题清单》《经济责任审计发现问题清单》，指导各部门、各单位和各级领导在经营管理、履职尽责过程中及时规避风险，提高审计质量和效率。（于艳芹）

【制度建设】在股份公司层面完成《企审共建工作管理办法》《建设项目审计发现问题清单》《经济责任审计发现问题清单》3 项制度的修订工作，进一步完善股份公司审计制度体系。（于艳芹）

【业务团队建设】在调整充实审计队伍的基础上，通过有效培训和激励，不断提升审计队伍的素质和能力，锻造一支忠诚于企业，有能力、讲奉献、守纪律、敢担当的审计队伍。截至 2019 年末，公司共设立各级内部审计机构 291 个，内部审计团队专职审计人员 1018 人，其中：本科以上学历 837 人，中级职称以上人员 721 名，取得各类专业资格 200 项，审计团队的人员数量、知识结构和业务能力得到了进一步改善。（于艳芹）

【企审共建工作】建立企审共建规范。制定并实施《企审共建工作管理办法》，健全企审共建工作体制。做好迎审配合。认真做好审计署企业审计八局对公司开展的国有资本经营预算等十余项专项审计的配合工作。加强企审交流。加强与审计署及其派出机构以及各地方审计机关的沟通交流。（于艳芹）

经营开发部

【制度体系建设】2019 年，中国中铁在制度体系建设中以问题为导向，聚焦短板和关键环节，进一步完善经营开发顶层管理制度体系。适时加强经营指导。紧盯市场经营需要，下发《关于进一步加强经营要素建设管理工作的通知》，指导督促各单位加强经营要素建设；结合推进区域经营发现的问题，下发《关于进一步规范区域经营工作有关问题的通知》。强化顶层制度设计。健全经营开发全局性框架性制度体系，完成《中国中铁股份有限公司经营工作考核办法》《中国中铁股份有限公司承揽国内总承包项目投标（合同）评审管理办法》《中国中铁所属工程施工企业区域指挥部 20 强评选办法》《中国中铁股份有限公司区域经营工作管理办法》《中国中铁投资建设项目和总承包施工项目投标组织方案备案管理暂行办法》等制度办法的起草（修订）、征求意见和上会决策等工作。（徐林尧）

【区域经营机构】截至 2019 年，中国中铁及所属各二级公司成立 247 个区域经营机构，843 个经营分支机构，经营人员 5297 名，经营范围覆盖全国 31 个省、直辖市、自治区。其中，6 个投资公司有 44 个区域经营机构，121 个经营分支机构，经营人员 347 名；18 个工程局有 147 个区域经营机构，445 个省级经营分支机构，156 个地市级经营分支机构，经营人员 4193 名；6 个设计院有 34 个区域经营机构，121 个经营分支机构，经营人员 475 名；2 个房地产开发公司有 8 个区域经营机构，经营人员 137 名；工业、物贸公司有 14 个区域经营机构，经营人员 145 名。（徐林尧）

【区域经营建设情况】2019 年，中国中铁全面推进国内区域经营建

▲ 京张高铁新保安牵引变电所现场

设，区域经营建设取得阶段性成效。18家工程局按照公司总体部署和检查督导要求，结合市场规模和行业热点，优化机构布局，动态调整机构职能，配齐配强机构领导和相关人员，配套完善经营工作中依法合规保障商务接待等能力，为区域经营工作顺利开展打牢基础。以落实《中国中铁党委关于进一步明确二级企业领导班子成员分工调整的通知》(中国中铁党干〔2019〕53号)、《关于加强区域经营人员薪酬管理的通知》(中铁办发劳社〔2019〕97号)等顶层要求为契机，加强项目全过程跟踪、推进和策划实施机制、经营成果核定评价机制等制度建设，市场和现场联动促进机制、经营人员薪酬制度、人才培养流动机制等不断完善，为提升区域经营效果提供体系保障。区域经营机构主责经营意识、新市场新领域大客户大项目开拓意识不断增强，宏观政策与市场分析、项目精准推进、与业主沟通合作等核心关键能力不断提升。18家工程局147个区域经营机构全年新签订单12143.6亿元，为工程局系统承揽国内总额15482.3亿元的78.4%。承揽任务最多的区域经营机构完成606.5亿元，区域经营机构新签订单前20强入围门槛提升至220亿元，区域经营主责承揽效果初显。（徐林尧）

【立体经营体系建设】2019年，中国中铁围绕构建立体经营格局，理顺和完善股份公司、区域总部、集团公司、三级公司、项目经理部“五位一体”经营管理体系，即总部经营统筹、区域总部高端经营、集团公司主体经营、三级公司辅助经营、项目经理部滚动经营。按照《中国中铁有限公司立体经营指导工作意见》总体思路和要求，以经营指标为引领、以经济关系为纽带、以项目分类分级营销为具体抓手，构建和完善立体经营格局与运行机制，推进公司所属区域经营机构加快构建相应工作体系、制定相应配套管理制度办法。在推进过程中明晰自身定位，把握工作界面，充分发挥“高端经营、统筹协调、开发服务、监管维护”等作用，健全着力强化各业务板块在区域内的协同经营能力，发挥整体竞争优势，创新商业模式、合作模式、管理模式，着力推动多板块、多种经营模式的有机结合、有机融合，加快形成各业态协同有方，各部门配合有力，责权利一致，上下协调，横向联动的立体经营新格局。（徐林尧）

【立体经营成果】2019年，中国中铁紧跟国家政策导向，抢抓“蓝天碧水净土”、长江大保护、黄河综合治理、棚改旧改、产业新城、高铁新城等机遇和热点，依托技术管理和产业链优势，大力实施专业化经营，多种承揽模式分进合击，相继承揽云南省滇中引水工程、河源市高铁新城、广州市白云区城中村污水处理和供水管网工程、广州市南沙区农村生活污水查漏补缺治理工程等一大批新领域项目。中国中铁各投资公司和区域指挥部着力高端经营、大型总承包项目以及投融资项目，特别是调动各二级单位的积极性，优势互补，分工合作，全年中标单体规模在100亿元以上的项目达到17个。中国中铁以TOD模式成功运作无锡地铁4号线车辆段上盖综合体项目，以“车辆段上盖方式+EPC+PPP+BOO”投融资建设模式成功开发广州庆盛枢纽，以“基金+专项债+土地开发+EPC”等模式成功运作唐山东湖片区、哈尔滨机场二高速等项目，并针对铁路、城轨和公路等有效拓展各类经营模式的具体运作方式和实现形式。（徐林尧）

▲南沙港铁路工程

【经营模式创新】2019年，中国中铁积极适应国家政策、市场需求变化，大力推进经营商业模式创新。一是股份公司总承包经营从单纯的施工总承包向设计施工总承包和EPC总承包突破，相继承揽滨海大道（总部基地段）交通综合改造EPC、庆盛科创教育核心区工程EPC项目等。二是工程局总承包相继承揽甘肃S18张掖至肃南公路（张掖至康乐段）EPC工程、与中国铁路设计集团有限公司组成联合体中标广州至湛江高速铁路先开段公山隧道EPC工程，是继克拉玛依至塔城铁路EPC项目后的铁路领域重点工程又一突破。三是产业链协同效应逐渐显现。勘察设计咨询企业牵头施工制造企业配合，超前介入项目前期研究开发，超前介入庆盛区块综合开发项目、粤港深度合作园南沙枢纽片区、龙穴岛片区综合开发等。四是导向市场优势有效发挥。具备提供基于业主需求和市场需要的“一揽子”解决方案的能力，为业主提供城市深隧排水管网施工技术、污泥干化焚烧综合应用技术、污水处理厂设计施工标准等。五是项目运作模式不断创新。以“1+1+N”方式+EPC+PPP+BOO投融资建设模式成功开发庆盛枢纽项目，以EPC+O模式推动实施南沙农村生活污水查漏补缺治理工程，并针对铁路、城轨和公路等机遇出行的交通重点项目研究探索PPP+TOD、PPP+土地开发等模式。（徐林尧）

【2019年度经营工作会议】3月26日，中国中铁2019年度经营工作暨区域经营经验交流会在京召开。会议总结了2018年全公司经营工作，分析了当前面临的挑战和机遇，要求各单位要通过自我加压、目标引领确保经营大发展；通过锁定项目、严密组织确保经营大发展；通过发挥优势、巩固阵地确保经营大发展；通过创新领域、锐意开拓确保经营大发展；通过创新模式、产融结合确保经营大发展；通过国际经营、拓展海外确保经营大发展。要聚焦要害问题，推进二级单位区域经营管理模式验收达标；要彻底理顺投资公司与其他二级公司的关系，实现股份公司层面区域经营健康发展；要强化经营基础建设，推动经营工作全面迈上新台阶。会议对2019年经营工作进行了全面部署，传达了中央企业安全生产工作视频会议精神，强调要突出“管”“监”责任落实，提升企业和项目本质安全保障能力；要突出工程专业领域，切实加强安全生产管理工作；要突出“五重”风险防控，做好层级安全大检查工作。中铁一局等8家单位分别就区域经营经验作了大会交流发言。会议表彰了中国中铁2018年度经营工作优秀（先进）单位、集体和个人。股份公司领导及高管出席会议。

（徐林尧）

【召开设计经营工作推进会】7月11日，中国中铁2019年设计经营工作推进会在京召开。中国中铁总裁张宗言出席会议并讲话。会议的主要任务是：总结近年来设计经营工作，深刻认识设计经营在企业经营全局中的地位和作用，动员设计及有关单位以设计经营为引领，从经营思维转换入手，创新经营理念、创新体制机制、拓展业务领域、创新商业模式，推动设计业务和全产业链加速发展，实现设计经营迈上新台阶，促进企业全面经营高质量发展。张宗言强调要从提高站位、创新理念、创新管理体制、创新市场领域、创新商业模式、创新全面建设等方面，推动设计板块经营和各业务板块经营大发展。中铁二院、中铁六院、中铁设计、中铁大桥院、中铁华铁、中铁科研院六家单位分别作了汇报发言。

（王永胜）

【中国中铁与青岛市人民政府、菏泽市人民政府签署战略合作框架协议】2019年，中国中铁分别与山东省青岛市人民政府、菏泽市人民政府签署战略合作框架协议。其中，在青岛围绕中国中铁区域总部基地建设、城市基础设施建设、轨道交通产业示范区建设、上合组织示范区建设、国有企业混合所有制改革、产业基金建设等方面推进战略合作，部分项目已落地；在菏泽围绕菏泽市轨道交通项目、雄商高铁菏泽段项目、鲁南高铁菏泽至兰考段项目、菏泽市货物运输公转铁项目、菏泽轨道交通制造产业园项目等13个项目开展深入合作，部分项目已落地。（王玉玺）

【营销管理信息化建设】2019年，中国中铁按照“分期分批、有序推广、务求实效”的总体部署，先后组织10余次调研座谈和推广培训会议，完成对工程局、投资公司、设计院及中铁文旅营销管理系统V5.0版本的升级安装、培训工作和上线（试）运行，并打通与中国中铁投资管理系统、房地产管理系统的信息通道，实现数据共享。工程局系统继续完善优化营销管理软件功能，通过营销管理信息平台实现对项目投标管理工作的实时监控和闭环管理，规范投标管理，强化风险管控。在投资公司、设计院等单位以深化业务应用为核心，强化现代信息管理技术的应用，促进营销管理的流程化、标准化、精细化，逐步实现大数据互联共享，从系统管理上不断提高营销水平。（徐林尧）

【区域经营建设考核工作】2019年，中国中铁落实“用三年左右的时间形成区域经营能力”的工作要求，开展对工程局系统区域经营建设三年达标考核验收工作，深入推进区域经营部署全面真正落地。制定《区域经营三年达标考核细则》，对区域经营机构设置、经营机构要

▲ 韶关市曲江大道工程独塔双索面钢—砼混合梁斜拉桥——江湾大桥施工

素配置、配套制度建立及完善、区域经营能力建设及业绩等方面进行检查和验收，按照达标考核标准评分，18 家工程局得分均在 90 分以上，全部完成达标。（徐林尧）

【统计工作】2019 年，中国中铁对所属部分二级单位进行统计执法检查，通过对统计基础工作和统计数据的抽查，深入了解全公司统计工作现状，加强统计基础工作，促进统计数据质量提升。（朱公梅）

【股份公司资质审批管理】2019 年，中国中铁按照《中国中铁股份有限公司资质使用管理办法》要求，遵循“合法、规范、可控”的原则，加强股份公司资质审批管理，审批授权使用股份公司资质投标 20 项，对 33 个投标项目标前备案。（王永胜）

【经营管理人员业务培训】2019 年 4 月 15 日至 4 月 26 日、9 月 1 日至 9 月 12 日、11 月 3 日至 11 月 15 日，中国中铁经营开发部组织举办中国中铁第五期、第六期、第七期经营开发高级管理人员培训班，培训各二级公司经营部门负责人、区域经营指挥部、办事处、所属子（分）公司分管经营工作负责人 383 人；5 月 6 日至 6 月 6 日，经营开发部与成本和采购管理部联合举办中国中铁第五期经营 / 工经业务人员培训班，24 家二级公司 107 名业务人员参加培训，为经营和工经管理储备人才。（王永胜）

【2019 年“中国中铁各工程集团区域经营指挥部二十强”】

中铁建工华东指挥部
中铁二局西南指挥部
中铁四局长三角指挥部
中铁八局西南指挥部
中铁十局山东指挥部
中铁七局河南分公司
中铁一局西北指挥部
中铁四局华南指挥部
中铁三局山西指挥部
中铁一局华南指挥部
中铁五局云贵指挥部
中铁一局西南指挥部
中铁建工华北指挥部
中铁四局安徽经营部
中铁上海局华东经营部
中铁一局华东指挥部
中铁二局华南指挥部
中铁六局西南指挥部
中铁十局华东指挥部
中铁三局华东指挥部

投资发展部

【工作综述】在政府不断规范投资行为、进一步加强地方债务管控、着力防范化解重大风险、持续推进国有企业“降杠杆、减负债、控规模”等投资经营压力下，投资发展部围绕股份公司年度工作要求，基础设施投资板块以防范投资风险为前提，加强政策研究，规范投资行为，制定应对措施，创新投资模式，认真贯彻“严把六关”的投资要求，严格落实“六个狠抓”的监管要求，较好地完成年度各项工作；矿产资源板块紧紧围绕“深化改革、强化管理、提质增效”中心任务，把握矿产品市场回暖契机，严格管控成本费用，积极落实整改，继续保持矿山稳产高产、创收增利，企业依法合规经营工作取得实效，矿产资源板块步入良性发展轨道。（汪先俊）

【完善投资管理体系】优化顶层设计和管理方式，健全投资管理体系。制定出台《境内基础设施投资项目负面清单》《矿产资源投资项目负面清单》，进一步规范投资行为。初步编制《基础设施投资专项发展规划》，加强战略引领。对股份公司基础设施投资决策指标进行优化调整，建立分区域、分行业的差异化决策指标体系，修订《董事会授权经理层决策部分事项及有关要求的方案》。制定《投资项目标段划分实施细则》，合理配置和使用有限资源，落实“节约成本投入、便于施工组织、发挥最大效能”要求。（汪先俊　罗元恒）

【加强投资规模管控】不断优化风险应对策略，加强项目管理与指导，提高风险防范能力。严格履行投资决策程序，严肃投资纪律，坚决制止“先斩后奏、斩而不奏”等违规行为。严格管控债务风险，将推高企业资产负债率的投资项目纳入负面清单管理，严防投资推高资产负债率。测算存量 PPP 项目现金流和净投入，合理估计剩余投资空间，确保投资资金不断链、投资规模合理可控。不断规范投资项目可研报告和上会议案，加强可研报告评审和审查，提高可研报告的科学性和真实性、上会议案的完整性和可决策性。严把项目评审关，以项目依法合规、不推高企业资产负债率并满足股份公司投资回报要求为原则，优选新增项目。全年 155 个项目进行综合评审，经优中选优，严格把关，推荐提交总裁办公会审议 107 个，提交董事会审议 25 个。（汪先俊　罗元恒）

【加强投资过程监管】严格项目合同评审，认真落实总裁办公会和董事会的决议内容，严禁擅自降低投资条件、变更融资方案投标。全年共组织评审合同 135 份，签署 93 份。加强 PPP 项目开工管理，坚持开工报告审批制度，坚持贯彻落实“五不开工”原则，全年共对 38 个项目开工申请进行审核。加大督导力度，推进重点项目实施，向政府和业主致函，协助解决绥延高速、旬凤高速、韩黄高速、遵余高速等项目合法合规手续办理、征地拆迁、概算调整等问题，协调解决鲁南高铁、定临高速投资建设管理模式事宜。加强与政府方的沟通，督促推进新疆停缓建 PPP 项目解决方案。（罗元恒）

【投资业务培训】举办基础设施投资培训班，总部相关部门及各二级单位投资分管领导、投资部长、投资业务骨干等260余人参加培训，由系统内部专家和外聘专家针对PPP项目运作、模式创新、建设管理、运营管理、风险管控、政策解读等方面进行系统授课。全年各二级单位组织培训班近50次，参培人员达3000人次，为投资业务人员尽快掌握投融资市场新政策、转变投资理念、提高投资管理水平、增强风险防范意识奠定坚实的基础。通过参加国家有关部委及机构组织的培训班及专题座谈会，学习研讨投资新政策。（汪先俊）

房地产与养老产业部

【工作综述】2019年是公司房地产业务面临重大挑战和压力的一年，面对房地产政策整体偏紧，市场调控力度不减，因城施策、一城一策以及稳地价、稳房价、稳预期等方面的重大考验，中国中铁坚持以习近平新时代中国特色社会主义思想为指导，认真贯彻落实国家房地产宏观调控政策，按照国资委和股份公司年度工作部署要求，坚定不移地贯彻稳中求进的工作总基调和实现高质量发展的根本要求，积极适应市场形势变化，围绕公司房地产板块发展目标和任务，坚持新发展理念，强化风险防控，更加重视投资安全和投资回报，发展规模取得新突破，发展质量取得新提升，全公司房地产板块新签合同额1810.75亿元（包括房地产和棚改旧改等类地产项目），圆满完成1150亿元的年度目标任务；房地产二级市场销售额811.66亿元；销售回款583.84亿元，同比增长32.16%；营业430.31亿元，与2018年同期持平；新开工面积超过800万平方米，是2018年的2倍，带动施工任务超过300亿元。（孙玉宝）

【制度建设】2019年初，筹备召开中国中铁房地产板块工作专题会议，分管领导段永传副总裁到会讲话，讲话总结了2018年的全公司房地产板块工作，全面分析了当前房地产业务面临的形势，整体部署了2019年的工作任务和重点工作，对如何做好2019年房地产板块工作提出了明确要求；发布《中国中铁房地产2019年重点工作要点》，明确年度工作思路和九个方面的重点工作，对统筹推进全年各项工作发挥了重要指导作用。（孙玉宝）

【房地产业务调研督导】2019年开展调研督导工作，一是开展项目全面调研，4月至6月，组织相关二级单位开展了一次全面性房地产项目调研，对全公司所有在开发房地产项目进行了深入系统梳理，同时，由房地产部牵头组织5个调研小组对69个重点房地产项目进行重点调研，总结经验、查找问题、指导整改；二是开展重点片区重点项目调研督导，部门先后多次组织公司房地产专家组对苏浙沪片区、北京地区、山东地区、四川地区以及贵阳、苏州、济南、大连、合肥等重点片区、重点城市和重点项目进行了调研督导；三是开展了问题项目督导，部门对中铁置业、中铁建工等单位的问题项目进行专项督导，全面梳理问题项目情况以及产生问题的原因，指导帮助解决问题。（孙玉宝）

【强化项目开发效率】房地产与养老产业部和各相关单位围绕“保在建、快去化、降成本、提效益”的工作要求，把加快既有项目开发作为工作的重中之重，下发《中国中铁关于加快推进房地产项目开发确保实现年度各项目标任务的通知》，要求各相关单位全力推进既有项目开发，指导各单位提高项目开发效率，制定切实有效的措施，最大限度缩短从拿地到开工、从开工到开盘、从开盘到竣工验收及交付的时间，加快安排交房时间，努力做到快开工、快开盘、快签约，快回款、早交房，早确认收入，大部分项目开发效率实现较大提升，如中铁置业南通项目4个月内实现基础动工，6个月内开盘销售；中铁建工北京诺德春风和院项目实现拿地后10个月开盘，首次开盘30亿货值基本售罄，签约额排名北京市前三名；中铁大桥局十堰世纪山水、湘西天麓城项目均在一年内实现了拿地、设计、开工和开盘销售，开盘当天推盘综合去化率达98.4%。（孙玉宝）

【加强项目过程监管】房地产与养老产业部密切关注重点项目开发进展情况，和相关单位共同研究项目过程管控要点和管控目标，确保项目有序推进。如中铁文旅黑龙滩国际生态城项目，已累计完成土地整理20923亩，累计取得城镇建设用地指标4197亩，其中已取得1516.88亩土地；中铁文旅贵州国际生态城项目，累计取得建设用

▲ 四川黑龙滩生态大道工程

地指标13210亩，累计取得挂牌建设用地11175亩；中铁置业青岛西海岸项目，成功举办了东亚海洋合作论坛、博鳌亚洲论坛全球健康论坛大会、中国零售业博览会等重大活动和重要展会100多场次，参展参观人数超过300万人次；中铁置业长春中铁逸湖项目，2019年6月开盘入市，当年住宅产品全部售罄并实现项目现金流回正；中铁建工章丘绣惠古镇项目，实现从签订协议起不到一年即获取第一批土地，自摘得土地之日起两周之内取得立项、环评、用地规划和土地证等手续，刷新了报建的历史纪录，并成功申报2019年度济南市重点项目和2019年山东省新旧动能转化重大项目储备库。（孙玉宝）

【开展区域经营和立体经营】房地产与养老产业部按照股份公司开展区域经营的有关要求，督促指导房地产主业企业和相关单位紧密围绕既有项目扎根区域市场，深耕细作区域市场，实现区域滚动发展。中铁城投通过区域经营，扎根银川市场，年内新获项目2个，投资总额超过100亿元。中铁投资、中铁七局联合成功运作落地了中铁太行国际生态城一期旧城改造项目。中铁置业通过代建模式，新增北京顺义樱花园小区房屋产权置换A、B片区项目、湖南长沙尖山路项目，实现新签合同额134亿元。

（孙玉宝）

【加快房地产存货去化】房地产与养老产业部认真落实国务院国资委存货和应收账款清理专项行动以及股份公司对“两金”压控的有关要求，印发《关于进一步做好房地产存货去化有关工作的通知》，对全公司房地产存货情况进一步进行全面清查，摸清存货结构和状态，重点对长期未开发项目和尾盘项目进行了梳理和分类，提出明确的去化要求；加强对存货去化工作的督导，先后多次对中铁置业、中铁建工、中铁文旅等房地产主业企业和房地产存货较多的单位进行专项督导；各相关单位将房地产存货去化纳入全年重点工作，通过加快项目开发进度，强化项目营销管理，提高销售回款速度，抓好重难点项目存货去化等手段，进一步优化了存货结构。（孙玉宝）

【加强投资决策程序管理】2019年，房地产与养老产业部重点加强对新上项目的前期介入，围绕“优遴选、强营销、提效益”的工作思路，对二级单位新上报的棚改旧改、城市更新等项目加强业务指导，尤其在项目规划设计、内部产业链协同等方面对新上项目可研提出明确要求；各相关单位作为项目“立项主体、责任主体和实施主体”，加强新上项目的市场研判、法律评审、事前风险识别和防范措施的制定，可研报告的质量得到进一步提高。部门严格按照国务院国资委和股份公司房地产投资决策有关要求，进一步规范项目投资决策程序，强化决策制度的刚性约束；进一步加强对项目决策后续摘牌、落地和实施等方面情况的跟踪，严格要求相关二级单位及时汇报项目落实执行情况，加强了对决策项目落地执行的指导工作。截至年末，共收到15家二级单位59个请示报告，涉及44个事项；组织召开14次部门联合评审会，筹备8次总裁办公会暨房地产决策委员会会议。（孙玉宝）

▲ 建设中的中铁诺德春风和院项目

【开展过程评价】房地产与养老产业部总结分析2018年全公司房地产项目过程评价工作，对各单位做好2019年房地产项目过程评价工作提出具体要求，对部门牵头组织开展过程评价的两个项目下达了整改通知；下达各相关单位2019年房地产项目过程评价计划，选取中铁置业开发的贵阳中铁·逸都国际项目、中铁建工开发的海南丽湖半岛和中铁大桥局开发的宜昌世纪山水3个项目，由部门牵头，通过公开招标选聘的第三方咨询机构开展过程评价工作。（孙玉宝）

【加强重点项目监管】房地产与养老产业部进一步加强重点项目监管，对列入重点项目过程监管清单的15个重点房地产项目，要求相关单位及时上报项目管理月度报告和重大事项变动报告，对照可研报告梳理各项目进度、经济指标、风险管理等方面情况，对发生偏离的事项进行重点分析及时提出纠偏措施。对中铁置业济南彩石等推进不力的重点项目，及时约谈了相关二级单位主要领导、分管领导和项目公司主要负责人。（孙玉宝）

【持续督促问题整改】针对“不忘初心、牢记使命”主题教育、审计署经济责任审计、国资委党委巡视回头看、公司党委对基层单位专项巡视和对总部部门专项巡视、审计署专项审计等过程中发现的问题，对最新整改进展情况进行了逐一了解核对和认真梳理，对未能达到销号要求的问题进行了持续跟踪督导，对整改结果采取审慎的态度从严把关，确保问题整改到位，不留隐患；重点开展中铁二院表外及融资监管项目专项调研，按照股份公司领导指示，段永传副总裁带队，总部相关部门共同参与，对中铁二院房地产表外及融资监管项目进行全面排查，实地调研了15个项目，形成了6份专业调研报告和股份公司专项调研组总体报告，提出化解风险的具体措施。（孙玉宝）

【房地产板块信息管理系统】2019年底房地产板块信息管理系统正式上线运行，实现对项目实行清单式管理，对每一个项目从决策拿地到策划定位、规划设计、前期报建到工程建设管理、营销管理再到售后服务直至清算退出全过程进行实时、动态监管。（孙玉宝）

【房地产与养老产业业务培训班】房地产与养老产业部加强与国家相关部委、地方政府、行业协会以及社会专业研究机构的沟通联系，定期邀请国家部委、行业协会和社会专业研究机构专家到公司做专题政策解读和市场行情分析；在石家庄中国中铁党校组织举办了房地产业务培训班，邀请了房地产领域的知名学者和总部机关有关部门负责人对相关二、三级企业房地产从业人员进行了业务培训，并对近几年房地产与养老产业相关的政策文件进行了选编和学习。（孙玉宝）

【支部建设】按照股份公司党委和机关党委安排部署，支部深入开展了“不忘初心、牢记使命”主题教育，结合支部实际情况，制定了支部主题教育工作方案和学习计划；组织开展了主题党日活动；组织了10次集中学习研讨；由支部书记带队前往中铁置业、中铁建工等基层单位开展了主题教育调研工作，广泛征求了意见和建议；组织召开了专题组织生活会。支部通过抓好问题整改，不断巩固主题教育成果，确保整改工作取得实效。部门通过发放学习资料、召开学习会议、组织专题党课、开展学习交流等方式，深入学习了廉洁自律、纪律处分相关规定，切实提高党纪意识，时刻守住纪律“底线”；坚持在部门月度例会、部务会等不同会议上，对部门党风廉政建设工作进行研究部署，研究和解决工作中存在的问题；坚持部门负责人与部门工作人员每年签订《房地产养老产业部党风廉政建设责任书》；采取部门月度例会集体谈话和一对一谈话的形式，由部门负责人不定期与部门员工进行党风廉政谈话，进一步提高了部门员工的执纪守规意识和廉洁从业意识。（孙玉宝）

生产管理部

【施工组织管理】确定公布股份公司重点监管工程（项目），按分级管理原则做好相关监管工作；督促协调解决京张、汉十等多个项目的资源调配、设计配合、施工组织等问题；组织召开北京、深圳地铁等多个项目的推进或约谈会议、动员大会、管理研讨会；组织开展滇中引水等重大项目的施工调查和前期策划；对大连、青岛、乌鲁木齐地铁和京张、京雄、玉磨铁路等重点项目开展检查、督导；组织召开中老铁路现场推进会，赴雅万高铁、孟加拉帕德玛大桥铁路连接线项目开展技术咨询服务，协调解决现场技术难题；组织指导重大直管项目的施组评审或办理审核报批，对重难点项目提供技术、管理咨询或指导；对多个铁路、城轨、公路等业主单位发函、通报或与公司领导会谈时反映的问题进行了督办或现场督导，做好沟通、反馈工作。（毛建军）

【信用评价工作】全面贯彻落实《中国中铁股份有限公司投资建设项目和总承包施工项目内部信用评价办法》，每半年组织开展内部信用评价并发文公布。建立信用评价“工作群”，加强日常信息沟通并开展各项业务指导、布置工作。组织召开信用评价工作视频会，对铁路信用评价及内部信用评价工作进行部署。2019年上半年和下半年，股份公司分别有5家和4家施工企业被国铁集团评为A级。（毛建军）

▲ 汶马高速公路工程

【勘察设计基础管理】修订并发布《中国中铁优秀工程勘察设计奖评选办法》等3个管理办法，印发股份公司总部管理体系受控文件目录（技术标准类），征集组建股份公司工程技术专家库。经审核有1366名工程技术人员入选专家库，其中工程施工类技术专家817名，勘察设计类技术专家422名，工业制造类技术专家33名，监理类技术专家94名。积极发挥设计、施工、制造、监理四位一体的集团优势，解决工程建设技术难题，为建设项目做好技术咨询服务。发挥技术专家作用，强化设计施工互动协作，为项目施工提供技术咨询服务。开展设计咨询类产品内部市场准入评审。召开青岛地铁8号线大青区间过海隧道设计、施工专家咨询会议。组织大瑞线设计施工平推检查。组织川藏铁路前期设计及概算情况汇报会，川藏铁路隧道施工机械化配套系统设计及设备管理模式研讨会，对西安地铁9号线施工组织进行督导检查。认真履行技术标准管理职责。组织所属单位积极申报参与18项省部级以上相关标准编制工作。完成30多项住建部、国家铁路局和铁总等部委相关设计、施工、验标等标准规范的意见征集反馈工作，对40多个新发布的标准、规范予以转发，积极宣贯国家、行业有关技术标准规范和管理要求，实现技术标准应用的科学化。组织编写《广东省市政基础设施工程竣工验收技术资料统一用表》(城市轨道交通分册)，6月正式出版发行，成为首个由广东省住建厅确定在全省轨道交通工程项目使用的竣工验收技术资料统一用表，受到广东省的表扬。（贤　慧）

【闲置施工设备内部调剂】审批大型设备租赁报告162份，协调内部单位转让或租赁内部既有的盾构机（TBM）、搬提运架设备等大型设备共计73台套，合计金额约4.87亿元，其中盾构机24台套、搬提运架设备19台套。通过内部调剂，提高了自有设备利用效率，增加了企业资产收益。（姚道雄）

【机车车辆驾驶人员考试】协助中铁电气化局衡水铁路电气化学校举办了7次铁路车辆驾驶员换证取证培训，累计培训2075人次。（姚道雄）

【高风险工程大型装备监督管理】9月6日，在郑万高铁九标项目组织召开隧道施工成套机械设备使用与管理信息化、智能化技术应用研讨会，股份公司副总裁刘辉、总工程师孔遁，相关部门负责人及所属设计、施工、装备制造等19家单位100余名代表参会，针对即将开工建设的川藏线重难点施工技术、设备配置及管理问题等进行充分探讨。制定公司高风险工程的大型装备监督清单，定期跟踪其选型、设计、制造和使用情况，对佛莞13米、苏埃通道15.3米、广东春风隧道15.8米过海泥水平衡盾构机，高黎贡山9米TBM等涉及地质复杂、安全风险高的掘进机进行管控。（姚道雄）

【装备制造研发管理】组织召开股份公司专家委员会工业设备组专题会议，推进川藏铁路设备研发研制。围绕隧道施工作业机械化、山岭隧道运架梁、盾构产品系列化，对TBM关键技术研究方案以及应对高岩爆、高地应力、高岩温等不良地质条件的适应性设计方案进行指导，不断提升专业装备新产品研发制造能力。公司隧道成套化装备系列产品成功下线，特别针对川藏线复杂施工环境和地质进行产品针对性设计和提升取得重大突破，在10月19日公司举办的“川藏铁路极端装备研制技术交流暨新品发布会”，集中展示了全断面掘进设备、矿山法掘进设备、生态环保装备技术、智能应用平台、桥梁架设装备、新制式轨道交通装备等产品，为极端地质条件下的施工提供了综合技术方案和优质产品。加快新业务扩展和新产品研发，打造装备制造业新的发展引擎。督导中铁工业加快新制式轨道交通技术研发并取得了重大进展，跨座式单轨车辆、中速磁悬浮车辆已经完成设计和组装制造。（姚道雄）

安全质量监督部

【安全质量重点工作】2019年，公司研究下发《关于建立安全生产述职机制的通知》，进一步完善企业安全生产考核评价体系，督促安全生产第一责任人和分管负责人履职尽责。部署开展为期三年（2019年3月至2021年12月）的安全生产责任“落实年”活动，通过开展安全生产“管”“监”责任大宣贯大培训活动、安全生产“管”“监”责任落实专项检查活动、筑牢安全生产管理基础专项行动、生产安全

▲ 吴城候鸟小镇基础设施改造工程

惯性事故防控专项行动、本质安全保障能力提升行动五大主题活动，进一步推动安全生产“管”“监”系统责任落实，不断提升企业和项目本质安全保障能力。（任乐春）

【完善安全管理体系】2019年，公司全面强化安全生产风险分级管控，针对安全风险辨识评估清单，明确二级公司、三级公司、项目部等各层级安全风险管控等级、范围、重点和责任人，明确落实每一处重大安全风险和重点危险源的安全管理与监管责任，严格落实风险控制方案和措施，强化风险管控技术、制度的刚性落实与执行。

（任乐春）

【质量安全红线管理】消除运营隐患，组织开展铁路开通项目隧道衬砌质量检测。按照《关于发布2019年铁路建成投产项目隧道质量检测工作计划的通知》要求，牵头组织中铁科研院成立8个铁路隧道质量检测组，自1月12日至3月20日，对2019年计划开通的29条铁路线、236座389.4千米隧道完成了实体质量检测工作，对检测发现的问题，及时下发整改销号通知，并安排专人盯控整改到位，确保隐患消除在运营之前。积极配合国铁集团上、下半年开展的质量安全红线管理专项督查，确保受检项目与企业落实责任、配合督查到位。5月，组织召开质量安全红线管理督查座谈会议，就质量红线专项督查检查重点、发现的主要问题、主要措施及建议等进行交流，进一步推动质量安全红线管理水平提升。通过持续强化全系统质量安全红线管理，2019年国铁集团专项督查发现和通报所属单位的质量安全红线问题同比大幅减少，确保了工程实体质量合格达标。

（任乐春）

【开展安全生产责任“落实年”活动】2019年3月8日，股份公司部署为期3年的安全生产责任“落实年”活动。活动的总体要求是：“实现一个目标”，实现本质安全保障能力不断提升和股份公司安全生产“十三五”规划目标。“完成两项任务”，全面筑牢安全生产管理基础；全面加强生产安全事故防控。“采取三种手段”，强化安全生产教育培训；强化事故隐患自查自纠；强化监督处罚和责任追究。“落实四项措施”，查安全生产责任体系建设和矩阵分解；查安全生产教育培训工作落实；查安全生产标准化管理；查安全生产专职机构设置与法定持证人员配备。通过部署开展“安全生产‘管’‘监’责任大宣贯、大培训”“安全生产‘管’‘监’责任专项检查”“安全生产管理基础专项行动”“生产安全惯性事故防控专项行动”“本质安全保障能力提升”等活动，推动安全生产供给侧改革，提升企业和项目本质安全保障能力，严控事故总量和各类事故频次，促进全公司安全生产形势持续稳定向好。（梁　波）

【安全教育培训】完善项目安全教育培训体系，持续推广应用安全教育培训微课堂，编写和补充质量通病预防课件，利用多媒体安全培训工具箱对现场作业人员进行培训，实现安全教育培训的趣味化、信息化、系统化和规范化以及培训内容的多样化、专业化。2019年，公司利用多媒体安全培训工具箱共组织培训34.8万人次，合计183.5万学时。公司所属各单位持续开展层级安全质量教育培训活动，全年共计开展教育培训10.7万次，培训人员192.4万人次，提升了全员安全素质。2019年，公司在首都经济贸易大学合作举办了“中国中铁—首经贸安全生产高级管理人员研修班”，来自公司所属各单位公司66名高级管理人员参加培训。举办注册安全工程师继续教育及考核辅导、安全生产“三类人员”考核续期等11期培训班，共有1565人参加培训，有效提升了参培学员的综合能力。（任乐春）

▲ 中国中铁举办“同升国旗、同唱国歌”活动

【环境保护和职业健康】深入贯彻习近平总书记生态文明思想，树牢绿色发展理念，以“生态优先、绿色发展”为导向，进一步加强全公司生态环境保护工作，通过对在建工程、作业场所环境因素的识别和评估，确定重点控制的环境因素，编制项目环境管理工作计划，建立生态环保监控监测体系，加强生产过程中生态环境污染风险源及污染物排放控制，保护和改善生活与生态环境，并在安全生产检查中加强对项目部生态环保工作的督查，监督问题单位限期整改。认真贯彻《职业病防治法》，坚持依法依规做好职业健康工作，本着以人为本、健康工作的原则，落实建设项目职业病危害预评价、办理工伤保险、全员职业健康教育培训、职业危害因素告知、完善健康体检档案、配备合格劳动保护用品、加强过程监督检查等工作措施，狠抓一线职业健康管理工作，提升了一线作业人员职业卫生健康防护意识，杜绝了因工职业病发生，未发生急性、大范围、群体性职业中毒事件。（任乐春）

【开展质量安全通病预防及整治工作】对在建工程施工质量通病进行排查整治，发现问题和隐患要迅速按照定人、定期、定岗、定责、定点的“五定”原则整改，重大隐患及时上报，及时处置，坚决将工程质量隐患消灭在开通运营之前。对于纳入2019年度开通的项目，股份公司将继续授权中铁科研院对隧道工程质量进行100%检测。（任乐春）

科技与信息化部（技术中心）

【信息化推优】科技与信息化部遴选所属单位的优秀软件、信息化成果向相关部委和协会进行推荐。在中施企协110个信息化示范案例中，中国中铁优秀案例占41个。中国中铁与中国建筑等单位联合中标工信部BIM平台研发项目。网络安全案例获得国家网络安全通报中心优秀解决方案奖。（罗静峰）

【信息系统建设】对所属单位就如何完成2019年信息化13项重点工作进行指导。先后组织专家开展华熙办公楼信息化集成工作，帮助隧道局评审新楼弱电系统方案，为中铁建工、中铁投资、中铁开投开展商务智能系统、企业统一门户等信息系统建设提供专家建议和系统建设支持。积极协助开展“三重一大”、法律合规、工会惠园、海外经营等系统建设。（杨晶晶）

【网络安全管控】建设完成总部网络安全态势感知平台，提升了总部网络安全工作的预测、预警、感知、能力。为保障国庆70周年网络安全，开展全公司网络安全检查工作，对8家单位进行渗透和抽查，27家二级单位的70多套信息系统已经完成安全整改工作，完成110多个安全漏洞修复。（黄从治）

【启动BIM云平台试点应用】对BIM门户新闻、政策标准和培训资料进行丰富完善，开展BIM云平台专题视频会议培训，从各单位报名项目中选取23个试点项目的52名BIM工作人员，开展试点应用，试点效果良好。（罗静峰）

成本与采购管理部

【制度建设】制定并发布《工程项目责任成本预算文件编制质量评比办法》《工程项目二次经营策划书编制质量评比办法》《工程施工劳务（专业）分包采购指导意见》，推进成本管理规范化。制定、修订《中国中铁股份有限公司采购管理办法》《中国中铁股份有限公司采购业务监督管理规定》《中国中铁股份有限公司招标采购管理规定》《中国中铁股份有限公司采购评审管理规定》《中国中铁股份有限公司供应商管理规定》等制度办法，为各项工作规范有序开展提供支撑。（撒应群）

【工程项目宏观及微观成本管理课题研究】组织开展宏观及微观成本管理课题研究，分别采集13个综合工程局、5个专业工程局和3个设计院的项目成本数据、造价分析资料，通过统计分析、模糊层次分析（FAHP）及专家评审等方法，识别影响项目成本的宏微观关键因素，并进行定性、定量分析，形成工程项目宏观及微观成本管理研究课题报告。《特大型施工企业基于四级责任矩阵的工程项目全要素成本管理》获得第二十六届全国企业管理现代化创新成果一等奖，2019年度中国中铁企业管理现代化创新成果一等奖。12月13日，

▲ 中铁五局承建的京张高铁长城站站房模型在长沙举行的第一届中国—非洲经贸博览会上成为亮点

全国人大财经委副主任委员、国资委原副主任邵宁一行到中国中铁调研，听取中国中铁关于《特大型施工企业基于四级责任矩阵的工程项目全要素成本管理》汇报，中国中铁董事长、党委书记张宗言，总经济师马江黔陪同调研。（姚　涛　刘艳芳）

【投资项目成本管理】通过对中铁交通、中铁南方、中铁投资、中铁开投、中铁城投、中铁上投、中铁文旅及资潼高速公路、广州南沙先进制造产业园、重庆地铁、中铁国际生态城、芜湖轨道交通等投资公司及重点投资项目的调研，从 10 个方面系统分析投资项目宏观成本管理的现状及存在问题，梳理投资项目 5 个阶段的 28 项主要成本管理要点，形成《投资公司成本管理要点指引》。（姚　涛　温江涛）

【二次经营】承办中建协组织召开的五大央企地材价差问题研讨会，研讨结果经中建协将有关问题反映住建部，从源头解决概预算定价机制问题；与中铁建联合就铁路项目人工费不足、地材不调差、大临费用不足、隧道单价低、变更设计设置条件不合理等问题，分别向国家发改委、国资委、国家铁路局、国铁集团等有关部委和行业主管部门反映，促进有关问题解决；指导成兰、滇西南、福平铁路等重点项目开展二次经营工作；对川藏铁路做好标前策划工作。2019 年，全公司变更索赔率 13.28%，同比增加 0.63 个百分点。（姚　涛　刘艳芳）

【目标利润测算】在投资项目评审阶段，对可行性研究报告中相关指标数据进行审核把关，制定内部招标限价和目标利润，分别测算并下达了成都市轨道交通 9 号线一期工程 PPP 项目、石家庄市滹沱河生态修复工程 PPP 项目等 7 个项目的目标利润。（刘艳芳　姚　涛）

【造价与定额测定】2019 年申报铁路工程造价标准项目 86 项；开展铁路路基、桥涵、隧道工程新一轮定额测定；承担铁路智能建造工程定额（路基、桥涵、隧道、轨道）测定的课题研究，对路基、桥涵、隧道、轨道专业智能建造工程定额的消耗量进行现场测定；针对拉林铁路项目软岩大变形、岩爆、高地温等特殊地质隧道的施工降效问题，提出评审咨询意见；向国家铁路局、国铁集团及业主单位、川藏铁路公司提出造价、定额建议 470 余条，协调推动有关费用调整。（姚　涛　刘艳芳）

【督促提高工程分包管理水平】成立工程分包专项检查组，对重点项目开展专项检查工作，针对问题进行总结分析并下发整改通知单。通过在成本管理简报通报各单位在工程分包招标平台开展招标的比率来促进工程分包管理工作的依法合规，截至 2019 年底，所属 18 个工程局在工程分包招标平台开展招标的比率已达到了 97%。（温江涛）

【根治欠薪冬季攻坚行动】开展根治农民工欠薪工作，实现“三确保”，即确保农民工在春节前按时足额领取工资，确保不发生新的拖欠，确保不发生因欠薪而引发的重大群体性事件。2019 年 12 月 6 日，中国中铁 2019 年度根治欠薪冬季攻坚行动视频会在京召开。股份公司总裁陈云、总经济师马江黔出席会议，股份公司有关部门负责人在主会场参加会议，各二、三级公司、指挥部、项目部主要领导及分管领导、有关部门负责人等 13000 余人在视频分会场参加会议。会议要求要重点落实四个方面工作，即要提高政治站位，切实增强解决好拖欠农民工工资问题的责任感和紧迫感；要广泛宣传发动，切实将根治农民工欠薪精神贯彻到项目一线；要完善组织体系，切实将管理责任落实到位；要强化制度建设，切实建立起根治拖欠农民工工资的长效机制。（温江涛）

【亏损项目治理】指导督促各单位按照“清诊治惩防”五字方针，开展亏损项目治理工作，截至 2019 年底，亏损项目减少 44 个，占年度目标 41 个的 107%，减亏金额 12.22 亿元，占年度目标 9.69 亿元的 126%，两项减亏指标均超额完成了年度目标要求。（胡海力）

【集中采购】深入推进集中采购供应，提升采购质量和效益。2019 年全公司两级物资集中采购供应额 2923.1 亿元，占物资采购供应总额 3065 亿元的 95.4%，物资上网采购成交金额 2731 亿元，上网采购率超过 95%，电子招标率 98.1%，公开采购率 94.3%。设备采购总额 42.62 亿元，集中采购率 95% 以上。办公用品、计算机设备累计完成采购金额 1.33 亿元，

▲ 综合示范管段形象

同比增长 4.7%。商旅服务集中采购金额总计 2.37 亿元。（刘鸿鹏）

【物资集中采购供应】持续推进两级物资集中采购工作，进一步支持、引导中铁物贸发挥好专业化公司作用，在做好钢轨、道岔、石化产品战略采购的基础上，启动了钢绞线、混凝土湿喷机组等特许专卖店采购供应。持续推进区域性物资集中采购供应工作，先后启动了西藏、青海、宁夏等 9 省区物资集中采购供应，区域物资集采覆盖 28 个省市区，全国范围钢材、水泥的集中采购供应能力及价格体系基本形成。股份公司层面战略采购、区域集中采购、大型和直管项目集中采购供应金额 356 亿元，累计为各单位节约采购成本约 15 亿元。其中，与中石油开展的石化产品战略采购合作被国资委誉为央企合作典范，石化产品战略采购供应规模突破 80 万吨，为各单位节约采购成本 4 亿元以上。（刘鸿鹏）

【两级招标采购管理】全公司累计开展招标采购 7734 次，招标采购总金额 1892 亿元，降低成本约 107 亿元，成本降低率约为 5.35%。（刘鸿鹏）

【内部产品采购】进一步落实协同经营理念，组织开展物资、设备类内部产品评审工作，将悬臂掘进机系列、集装箱门市起重机等 8 项产品列入内部产品《必须采购目录》，隧道衬砌台车、桥梁检查车等 176 项产品及服务列入内部产品《优先采购目录》，推动内部企业互利合作，实现整体利益最大化。（刘鸿鹏）

【商旅集中采购管理】督导各单位积极应用商旅平台开展商旅服务集中采购，绑定 TMC 开通支付权限，具备正式运行商旅平台的单位总计 836 家，平台注册用户 12.6 万人，各单位在中铁商旅平台采购金额总计 2.37 亿元，同比增长 108%。（吴丕英）

【供应商管理】加强供应商管理，持续优化采购渠道。分 8 批发布了《中国中铁股份有限公司限制交易供应商名单》，对 270 家供应商进行限制交易，强化对供应商行为的管控约束，净化采购环境。通过大数据分析对 56 家供应商在鲁班平台进行了预警处理，为各单位实施采购风险管控提供了参考和支持。（吴丕英）

【物资管理】督导各单位落实“两保三控”主体责任，健全管理体系，制定管理目标，明确管理要求，强化监督考核，提升本单位物资管理“保证质量、保证供应，价格可控、消耗可控、风险可控”的能力和水平。加强各级物资采购供应服务机构建设，切实发挥集中采购控制价格、保证质量、保证供应的作用，为需求单位管控好相应风险。建立物资消耗“双超”整治常态化机制，督导项目部物资质量“红线”意识，加强采购计划管理，严把物资验收关和使用关，严防不合格物资进场，严控物资消耗，保证物资及时有序供应，保障项目施工生产。（刘鸿鹏）

【物资贸易业务】引导两级物贸企业发挥专业化优势，立足并服务于股份公司主业开展物资贸易，促进物资贸易业务持续健康发展，物贸企业内部集采供应规模不断扩大，经营状况不断好转，经营利润明显提升。物贸企业累计完成内部集采供应约 755 亿元，外部市场经营约 122 亿元，累计实现毛利约 24 亿元。加强物贸业务风险管控，发布《中国中铁 2019 年度物资贸易业务负面清单》，督导各单位严守禁令，严防新增贸易业务风险，2019 年各单位未开展融资性贸易等高风险贸易业务，无新增融资性贸易业务风险。督导相关单位加快既有风险处置工作，取得一定进展，年累计实现债权回收 4.6 亿元，物贸风险净债权余额进一步降低。（段永理）

【采购业务监管】制订发布采购业务监督管理规定（试行），强化各级采购管理部门业务监督职能。完善招评标服务体系，推动各单位建设了 22 个标准化开评标场所，满足各级采购管理部门对采购活动过程监督和结果监督的需要。加快鲁班平台采购价格管控模块开发，初步实现了对各单位主要物资采购供应价格的查询、分析功能，提高了采购监督效率和质量。组织开展 2019 年度采购业务专项监督检查，选取 10 个项目进行了现场督导检查，进一步规范各类采购

▲ 2019 年 4 月 23 日，中国中铁与中国电科签署战略合作协议补充协议

行为。（刘鸿鹏）

【信息系统】持续优化鲁班电商平台招标采购、供应商管理等功能，完善“大数据查询统计分析”功能，提高了系统的易用性，满足各单位使用需求。加快新版项目物资管理系统功能优化和部署推广，将新版物资管理系统嵌入既有的成本管理信息系统，解决了长期存在的物资供应数据重复录入问题，极大地降低了基层业务人员的工作量；通过项目物资管理信息系统的数据归集功能，为物资采购供应闭环管理创造了条件。2019年，共有3412家供应商通过鲁班平台审核认证，各类供应商累计有92957家，各单位完成物资上网采购成交金额2731.5亿元，其中鲁班平台成交金额2671亿元，网上采购成交规模较2018年同期增长33.6%。（吴丕英）

行政管理部（离退休人员管理部、保卫部）

【工作综述】2019年，行政管理部坚持理念和制度协调统一、坚持管理和服务协调统一、坚持传承与创新协调统一、坚持综合与专业协调统一、坚持后台和窗口协调统一、坚持内务与外联协调统一，把制度建设作为根本，逐步形成了较为完善的企业内部保卫、离退休人员管理、行政事务管理、物业服务管理制度机制，以工作理念引领推动了工作制度建设，以制度规范工作、夯实基础，有力地保障和推动了部门各项重点任务的开展。坚持服务领导、服务基层、服务总部员工和离退休人员，并在离退休工作、内部治安保卫工作方面加强了对所属单位的宏观指导；坚持传承好的传统和作风，连续8年获评总部年度绩效考核优秀部门，并注重在传承中发展，在发展中创新，不断创新思路、创新理念、创新举措，把好的经验做法、先进的信息技术、先进的智能设施和部门离退休工作、治安保卫、物业服务、行政管理事务、住房开发等紧密结合起来；坚持工作的多业性、政策性、专业性、先进性、合规性相统一，在繁杂中厘清规律、建立完善标准体系，以变应变、以新迎新；部门全体始终坚持树立主动服务意识，做好总部办公设备设施维护、会议服务保障、员工福利保障的后台“隐形”服务，又注重提升总部办公楼美化、绿化、亮化等各类“显性”服务的质量。（谭坤朋）

【行政事务管理】坚持以服务为核心、管理为基础、保障为目标，加强部门经费预算的全过程管控，杜绝超预算和无预算行为，进一步推进了管理标准、制度、流程的优化和落实。进一步细化总部办公用品、家具等资产购置、保管、发放、组固等日常管理标准，全年办公用品的网络集中采购率达100%；做好办公家具等资产“修旧利废”工作，定期进行全覆盖修补维护，全年节约资金约26万元；做好办公楼相关设备设施的维护保养，保障了办公楼高效使用；根据总部机构改革、部门调整和人员变化情况，抓好总部办公室调整、维修改造和办公设备设施配置，全年调整及协助搬迁办公室35间次，先后进行了6次办公用房装修改造，较好保障了总部员工及相关机构日常办公正常有序。加强C座办公楼的租赁管理及协调服务，全年对外租赁总收入为2140万元。同时，积极主动完成国资委党委巡视及审计等重大任务的保障服务，加大与相关区委区政府、区人大、有关部门、友邻单位的协调沟通，主动做好各项社会事务，不断深化企地共建工作。

（任宝生　刘　刚　王馈华）

【离退休人员管理与服务】截至2019年底，全公司共有离休干部1334人，离退休人员24.5万人。坚持把加强政治建设作为统领摆在首位，定期召开党总支例会及扩大会议，组织老同志代表参加公司重大会议及“卓越讲坛”专家讲座、参加中组部举办的专题报告会及观看“伟大历程　辉煌成就”庆祝新中国成立70周年大型成就展等活动。先后开展了总部老同志迎新春走访慰问、春秋游、体检等活动，年初召开了总部老领导、老同志、老专家座谈会和离退休人员迎新春联谊会，全年组织600名在京单位退休员工参加北京市免费疗养，按时为总部老同志发放“五项补贴”和慰问金，积极开展“五个一”学习教育和文娱活动；在全公司开展了“我看新中国成立70周年新成就”专题调研活动；组织总部老领导老专家代表前往雄安新区开展基层现场观摩和座谈活动；为2126名老同志发放了70周年大庆纪念章；办理8名老干部省部（副）级医疗待遇提高。制定印发了《中国铁路工程集团有限公司党委深入贯彻落实全国老干部会议精神实施方案》，先后在西安、郑州、北京召开了退休人员社会化管理工作座谈会，督导推进公司退休人员社会化管理试点工作。配合国资委做好对中铁一局、四局、七局、大桥局关于离退休干部“三化”建设专题调研活动。总部离退休干部党总支荣获“全国离退休干部先进集体”荣誉称号。（杨云峰　谭坤朋）

【企业内部治安保卫工作】坚持以“平安企业”建设为目标，强化业务培训，提高安保队伍素质，先后对总部秩序维护员和保安员进行了4次系统培训，每月组织一次法律、消防知识学习，每周进行队列、执勤动作和反恐防恐训练，每季度会同消防维保单位对中控室值机员进行系统培训。加强检查巡查，消除安全隐患，落实“日例行巡查、周重点检查、月专项检查、季综合检查”制度，定期对办公楼施工改造、重点区域、外来人员和C座外租单位进行巡查检查。突出工作重点，节假日、全国“两会”、“一带一路”高峰论坛和国资委会议重要时期专门下发通知安排部署安保工作，先后做好了所罗门群岛总理、马来西亚首相、乌克兰前总统等外国领导人及重要外宾安保工作。加强所属企业指导，举办中国中铁第五届保卫人员培训班，公司所属单位保卫部门工作人员共114人参加了培训和座谈活动。完善总部部门安全员和队伍制度，严格出入管理，对总部视频监控系统进行了升级改造，安装了访客机和人脸识别系统。保卫处夏玉民荣获2019年度股份公司先进劳动模范，总部安保工作得到广大员工的认可。2019年承办完成90次上级领导莅临、外宾来访以及大型活动的安保任务，仅国资委300人以上的重要会议和重大活动达9次，妥善处置了59起724人次闹访、群体性上访秩序的维护，总部实现了年度“三零”目标。（夏玉民）

【物业管理】持续深化总部办公楼物业“会务保障零差错、设备运行零故障、楼层服务零投诉、安全保卫零事故”和“管理精细化、流程标准化、服务特色化、操作规范化”“四零四化”服务品牌建设，加强精准监督力度。更新完善《中国中铁总部办公楼物业管理标准与服务流程手册》，突出办公楼物业管理服务内容、标准、制度、流程的基础性规定，并以此为执行标准。修订实施《总部办公楼物业管理与服务考核规定》，进一步推动物业服务高质量发展。重点抓好重要会议和重大活动的会议服务、贵宾服务、会场布置、秩序维护和会议设备设施维护等任务。截至2019年底，物业管理处共开展入室保洁76352房次，会议室开水服务59800次，清运垃圾7846袋，更换绿植1985盆，工程维修4847单次。共完成会议服务2529次，其中重要会议133次，贵宾接待102次，服务人数为47194人次。对物业管理处进行了3次总部员工问卷调查和物业管理服务考核，员工满意度达99.95%，考核结果均为优秀。召开了年度物业工作总结表彰会议，表彰了1个优秀团队和9名优秀个人。

（任宝生　刘刚　谭坤朋）

【后勤保障服务】组织成立中国中铁在京存量土地开发领导小组，明确了领导小组组成成员、工作职责和工作制度，6月，召开了在京存量土地开发领导小组会议，中国中铁总裁张宗言出席会议并提出了明确要求。截至年末，中铁六局万寿路2号项目、中铁建工青年路姚家园甲110号土地和中铁电气化局金家村1号院东院土地开发工作、督导中铁四局万寿路西街16号院危改项目工作有了新进展。制定印发《中国中铁总部员工租房补贴管理办法》，向丰台区争取了22套人才公租房，并加强了管理、再分配和再申报工作；牵头协调解决所属在京单位办公用房紧张问题，牵头抓好华熙LIVE1号写字楼租赁和装修、顺义区国家地理信息科技产业园区办公用房建设和管理相关协调工作；协调解决多年来部分职工住房办证难等遗留问题；高度重视员工生活工作保障，引入竞争机制，提高员工体检针对性，完成了员工餐厅供餐公司更换工作；稳步改善员工工作生活环境，认真抓好总部员工住房补贴、供暖费、劳保用品、工装定制、生日慰问、公园年票、节日慰问、图书电影卡等发放管理，建立了总部医务室，组织开展了健康科普和常见病义诊、“绿水青山就是金山银山”植树活动、“央联港”走进中国中铁、“走前头、作表率”全员读书活动，指导和保障总部各类协会开展了丰富多彩的文体活动，进一步深化总部“家文化”建设。

（韩东　刘建锁　刘刚　谭坤朋）

【部门建设】持续坚持以“五位一体、精干高效”为目标，以学习型部门建设为载体，秉承“后勤不后”和“勤俭办事、勤恳办事、勤巧办事”的理念，组织引导部门员工通过各种方式方法加强学习，不忘初心、牢记责任和使命，进一步提升了精细意识、服务意识和效益意识。针对部门“事多、事繁、事杂”的现状，倡导一专多能、一岗多责、团结协作的理念，不断拓展了员工知识结构和岗位综合技能，进一步增强了员工的责任意识和团队意识。结合新形势新要求，通过有效的举措，教育引导部门员工努力保持较高的综合素质、较强的协调能力、过硬的履职能力和创造性开展工作的水平，部门荣获总部“先进党支部”“学习先进部门”等荣誉，并荣获总部年度绩效考核优秀部门，部门整体建设和队伍建设取得了较好的成效。（谭坤朋）

国际事业部

【业务模式创新】一是聚焦创新融资模式。匈塞铁路项目是中国铁路走向欧洲的“第一单”。在项目融资过程中，国际事业部牵头积极协调中国进出口银行、匈牙利、塞尔维亚两国政府，创新贷款模式，实现优惠出口买方信贷贷款，实现了优惠贷款在铁路领域零的突破。二是聚焦拓宽发展业态。在从事传统海外业务的同时积极探索发展新业态。大马城项目的签约，是中国中铁进军海外城市综合体开发领域的里程碑，为中国中铁全产业链出海提供了良好平台。三是聚焦探索投资并购。跨境并购委员会成立后，国际事业部以澳大利亚飞跃项目为契机，积极尝试在高端市场以竞标方式进行并购的有益尝试，熟悉并掌握了在发达国家开展跨境并购的规则和流程，打造高效、专业的跨境并购团队，积累宝贵的经验。四是聚焦拓展投资项目。以印度尼西亚钻石塔项目为载体，推进中国中铁由传统承包商向“承包商＋投资商”转变，由推广施工能力向推广商业模式转变，加大海外投资力度，实现转型升级。五是聚焦构建经营格局。通过非律宾南北铁路项目，积极探索国际事业部

统筹、区域优势子集团主责、其他专业子集团配合的协同推进经营新格局。（杨鹏）

【海外基础管理工作】2019年，国际事业部以海外体制机制改革为契机，推动内部建设。调整内设部门，根据业务实际和改革需要，将原13部、处、室调整为办公室、发展合规部、人力资源部、市场部、投资部、财务部、项目管理中心、纪委综合室、党群工作部、外事管理处及对外联络部11部室，进一步理顺内部职能，提高运转效率。完善部门制度体系。完成海外业务“审批、核准、审核、备案”事项清单，为海外经营提供制度保障。优化考核评价体系，建立与国际化经营相适应的绩效考核评价体系，引导各单位重视海外业务的发展，为海外优质发展提供激励约束机制。加强人才引进力度，从中铁电气化局、中铁四局以及外部单位引进具有海外工作经验、综合能力突出的优秀人才，不断提高人才队伍整体素质。完善决策机制，贯彻落实“三重一大”决策机制，进一步完善党委会、总经理办公会决策流程，确保决策的科学性和民主性。（王建军）

【海外业务合规管理】通过对海外业务合规工作梳理，国际事业部配合法律合规部进行海外合规工作部署研究，编写2019年法律合规要点海外合规部分，确定海外合规制度建设、合规组织建设、合规文化建设等工作要点，并在年度工作中贯彻落实。2019年，国际事业部联合法律合规部完成两期全系统海外业务人员的合规培训，共有300人次参加培训。培训内容主要包括多边银行的合规体系及合规政策、其他中央企业合规体系建设经验等，对第三方合规调查、国际工程诚信经营合规要点及新形势下海外合规业务开展进行解读。国际事业部协同法律合规部编制出台股份公司海外合规管理纲领性文件《中国中铁股份有限公司海外合规管理指引》，在股份公司大合规管理体系的基础上不断完善海外合规制度的建设。2019年，国际事业部建立“中国中铁海外合规”微信公众号，累计刊登稿件28篇；从政策解读、合规实践、经验交流等板块进行信息推送，帮助公司海外从业员工学习和掌握国家、公司以及业务所在国的合规政策及实践，将合规经营的理念贯彻到海外经营行为中。做好合规专项事件处置，研究在当前复杂国际环境形势下，提出海外业务合规意见，重点事项协同法律合规部进行联合处置。（温平生）

【外事管理】截至2019年12月31日，国际事业部共审批及办理临时因公出国（境）团组3221个，派出人员9856人次；邀请外国经贸人员来华团组40个，共计102人次。在做好外事服务的同时，着力加强外事管理工作。一是建立健全规章制度，进一步规范企业外事工作。修订印发《中国铁路工程集团有限公司因公证照实施细则》《中国铁路工程集团有限公司外事管理办法》，组织修订《中国中铁股份有限公司境外突发事件应急处置预案》等制度。二是做好外事全流程管理，加强外事纪律意识。切实把好审核关、证件办理关、出访成果关和效应考核关、纪律关，加强外事工作合规管理。按照股份公司外事相关规定，对中铁二局、中铁五局在老挝外事活动中违反外事纪律的情况进行通报，进一步重申外事活动勤俭高效的原则，外事纪律得到新加强。三是强化底线思维，开展境外非生产性安全管理。针对频发的境外非生产安全事件尤其是高风险国家和地区，共发布安全风险预警信息20余条。通过专题会议与培训，对境外非生产性安全管理提出更高要求，提高驻外人员个人防护技能、突发事件应对和逃生技能。四是妥善处置境外安全突发事件和境外舆情。妥善处置埃塞俄比亚公路项目外籍雇员死亡及中方员工受冲击、中方员工在尼日利亚遭遇绑架等突发事件以及厄瓜多尔200所学校项目、马拉维公路项目等舆情事件共计10余次。五是加强外事信息化建设，进一步提高外事管理水平。完善外事管理系统功能，采购智能护照保管柜，并与外事管理系统实现对接，实现证照智能化管理。（付晓江）

大企业合作事业部

【年度工作综述】2019年，大企业合作事业部在股份公司党委和股份公司的正确领导下，坚持“外拓市场强经营，内抓管理夯基础”工作思路，通过精耕细作，全年完成新签合同额851.47亿元，超额完成年度计划350亿元的143%，较2018年增加473.27亿元，增长125%。（卫强）

【制度体系建设】大企业合作事业部坚持业务推进和制度建设齐抓共管，不断提升大企业工作制度化、规范化、现代化。2019年，制定和完善了《大企业市场开发工作管理办法》等配套制度，填补了大企业市场开发、项目监管的制度空白。（卫强）

【基础管理工作建设】大企业合作事业部与时俱进加强信息与统计、资信与业绩、投标与报价、生产与调度、文书与文稿等基础工作，提升业务工作规范化、模块化、常态化水平。加强经营要素建设，指导二级公司新增保密资质6项，上移场道资质2项。加强经营风险防控工作，严格遵守依法合规要求，年内未发生合同、资金、失信、泄密、廉政等重大问题。（卫强）

【重点项目运作】2019年，中国中铁与中国中信集团合作中标中国云城（余姚）产业基地施工总承包项目71.6亿元、四川省凉山彝族美姑县巴古乡等36个乡镇环境修复及城乡建设用地增减挂钩试点项目56.9亿元、兰州七里河安宁污水处理厂改扩建工程11.3亿元；与长江三峡集团合作中标九江市中心城区水环境系统综合治理二期项目17亿元、长乐外海海上风电场A区13亿元、无为县城乡污水处理一体化PPP项目11亿元；与中国航空工业集团合作中标预制构件供货合同，中标金额15.6亿元；与甘肃公航旅集团合作中标S25静宁至天水高速公路庄浪至天水段工程12.4亿元；与广州汽车集团股份有限公司合作中标广汽研究院新丰试验场项目13.3亿元。（卫　强）

【召开大企业市场经营工作推进会】7月12日，中国中铁召开2019年大企业市场经营工作推进会。中国中铁股份有限公司副总裁刘辉，总经济师马江黔出席会议。会议总结上半年经营工作成绩，梳理市场开发工作思路，对下半年经营工作进行重点部署。会议解读了股份公司大企业市场区域经营工作指导意见，明确各级职责和二级单位主辅责区域。要求各单位统一思想，精诚合作，压实责任，在股份公司统筹安排下，按照主辅职责开展区域经营活动，形成经营合力，进一步拓展市场，实现年度目标。（卫　强）

【召开大企业市场重点工作专题会】10月7日，中国中铁召开大企业市场重点工作专题会。中国中铁股份有限公司党委书记、董事长张宗言，总裁陈云，副总裁刘辉，总经济师马江黔出席会议。股份公司总裁办公室、经营开发部、党委办公室负责人和大企业合作事业部全体人员，中铁二局等单位主要领导、分管领导和主责业务部门负责人参加会议。会议要求，各单位要进一步提高思想认识，加强组织领导，明确责任分工，加强经营要素建设，加强经营统筹协调，加大经营开发力度，争当项目主力军、突击队和先锋队，确保实现大企业年度工作目标。中铁二局、中铁五局、中铁二院作表态发言。（卫　强）

中铁
中国

党群工作

党委（保密）办公室

【工作综述】党办（保密办）坚持以习近平新时代中国特色社会主义思想和十九届四中全会精神为指导，增强“四个意识”，坚定“四个自信”，做到“两个维护”，聚焦部门服务、协调、保障、监督职能，坚持服务中心、勇挑重担、敢于创新，较好地完成各项工作任务。（赵家兴）

【落实党委重点工作】认真贯彻落实习近平总书记关于国企现代化治理体系建设相关指示精神，完成《坚持“两个一以贯之”，探索完善党委领导与企业治理有机统一的实践途径》课题研究，印发《“三重一大”决策事项清单》，研究制定《工程项目层级“三重一大”决策指导意见》，建立了覆盖所属二级、三级公司的“三重一大”决策和运行应用系统，完成党的十九大以来的“三重一大”数据整理录入工作。严格执行党委常委会议事规则和“前置程序”实施细则，全年协助党委召开常委会33次，前置研究重大事项101个。牵头梳理了《贯彻落实习近平总书记重要指示批示、党中央和国资委党委重大决策部署工作台账》，并建立了季度督办更新机制，全年党委常委会学习传达上级重要精神事项166项。研究起草《中国中铁党委贯彻落实〈中国共产党重大事项请示报告条例〉的具体措施》，牵头梳理编制请示报告事项清单。制定集中整治形式主义官僚主义的实施方案，起草上报了专项整治工作报告，梳理并印发《中国中铁形式主义、官僚主义集中整治发现共性问题的通知》和《关于解决形式主义突出问题为基层减负的28条措施》，召开减负工作协调会2次。组织开展企业领导人员亲属和其他特定关系人所办企业与本企业业务往来专项整治工作，梳理形成专项整治的情况报告、承诺书，及时跟进核对清退情况、追责问责情况并建立了工作台账，迎接了国资委第二专项检查组检查。配合党委主题教育，牵头开展了主题教育专题调研和专项整治工作，督促各业务系统围绕157项问题持续开展整治整改工作。做好党建责任制考核迎检，起草《年度企业党建工作情况的汇报》《年度党建工作责任制考核评价自评情况的报告》《年度党委重点工作汇报》等材料，梳理编制《党建工作责任制考核迎检资料目录》《学习传达、贯彻落实中央精神和决策部署措施材料目录》《学习传达、贯彻落实国资委工作要求措施材料目录》《向国资委请示报告重要事项清单》等迎检材料目录，协调各部门准备迎检材料，并结合现场考核评价情况梳理问题整改台账。做好国资委党委巡视配合，起草国资委党委巡视配合工作方案、党委工作汇报材料、领导主持和讲话材料等，牵头建立了巡视配合资料工作台账、延伸调研工作台账、配合谈话工作台账，配合巡视组到25家二级单位、24家三级单位和项目部开展调研，配合提交了1142份各类材料，协助公司党委建立《巡视发现问题即知即改工作台账》。（李聚民　赵家兴）

▲2019年9月26日，中铁五局成都公司员工参观《百里长街看成都》摄影展

【协助党委落实主体责任】牵头修订制定《加强和改进党内监督实施办法》《党委党风廉政建设和反腐败工作领导小组工作规则》《落实党委履行党风廉政建设主体责任定期报告制度》《中国中铁党委落实党风廉政建设主体责任清单》《贯彻落实〈关于贯彻落实习近平总书记重要批示精神深入落实中央八项规定精神的工作意见〉的具体措施》《关于加强贯彻落实中央八项规定精神情况督促检查工作的实施办法》等文件，抓好《贯彻落实中央八项规定精神实施细则》《总部人员境内内部公务活动用餐管理规定》等制度落地，完成纪检监察体制改革方案和不能腐体制机制分工工作任务。制定公司领导和高管履行党建工作责任制“一岗双责”工作清单、公司领导班子成员党风廉政建设谈心谈话工作提醒，签订年度党风廉政建设责任书，组织召开党风廉政建设和反腐败会议、警示教育大会。组织上报公司党委领导班子和主要领导年度贯彻落实中央八项规定精神情况报告、《贯彻中纪委三次全会、中央企业党风廉政

建设和反腐败工作会议精神情况报告》、党风廉政建设和反腐败半年工作报告、2016年至2019年公司党委深化巡视整改情况报告、党委履行全面从严治党主体责任情况报告等材料。督促所属单位党委扎实落实主体责任情况月报、半年报机制，并在党委常委会、党委办公会上进行情况报告。

（李聚民　高　梁）

【以文辅政】在组织起草重要会议文稿方面，起草公司党委领导在二届五次职代会暨2019年工作会、党风廉政建设和反腐败工作会、党风廉政建设高质量发展研讨班、国资委巡视公司党委动员会、川藏铁路建设前期工作动员视频会、“三供一业”分离移交工作视频会、经营工作暨区域经营经验交流会、扶贫攻坚推进会、经济运行分析会、三级工程公司建设会、人才工作会、学习贯彻党的十九届四中全会精神会动员部署会暨专题报告会等会议上的讲话、发言文稿55篇。在组织起草重大活动文稿方面，起草公司党委领导在主题教育专题党课、国资委防范化解重大风险座谈会、2019年董事监事董秘培训班、重庆片区安全生产检查会、驻委纪检监察组陈超英组长调研、国资委主题教育督导组调研、“国企公开课100讲”活动、总部迎国庆升国旗仪式，以及有关签约仪式上的讲话、发言、致辞等文件文稿19篇。在组织起草学习贯彻上级重要指示精神的文稿方面，起草全国“两会”、中央经济工作会、中央企业地方国资委负责人会、国资委党委专题会、国资委支持澳门繁荣稳定工作座谈会等会议精神的学习传达材料，以及贯彻落实习近平总书记重要指示批示情况报告、学习宣贯十九届四中全会精神情况报告、落实“三个转变”重要指示精神情况报告、落实印尼雅万高铁重要批示精神情况报告、落实中老铁路项目重要指示精神情况报告、《贯彻落实中央经济工作会议、全国两会、中央企业负责人会议精神情况报告》、贯彻落实5·24专题部署会情况报告、应对中美贸易摩擦情况汇报、国资委党委巡视整改落实情况汇报、执行中央“八项规定”精神和反“四风”问题报告、国资委建设中国特色国企制度座谈会汇报、庆祝新中国成立70周年理论文章等有关材料文稿23篇。

（李聚民　王　辉）

【信息调研】2019年，印发《公司领导和高管深入开展2019年度调查研究工作的通知》，修订《党委领导及高管调查研究制度》，对公司领导和高管主题教育调研报告进行了汇编和调研成果任务分解。服务党委开展年度课题调研活动，下发《坚持“两个一以贯之”，探索完善党委领导与企业治理有机统一的实践途径》课题调研提纲和问卷，到部分所属单位开展现场调研并完成调研报告。配合党委书记先后赴中铁一局、十局、置业等单位开展专题调研，中国中铁党委书记、董事长张宗言在《旗帜》杂志刊发署名文章《中国中铁党委深入学习贯彻落实习近平新时代中国特色社会主义思想，推动企业高质量发展》文章。先后组织工程项目层级贯彻落实“三重一大”决策制度调研、三个片区的党办系统业务工作调研，积极参与三级工程公司建设情况调研、区域指挥部调研、经济活动分析专题调研、成都地区党委集中调研。2018年中国中铁信息工作在中央企业排名第14位，位列中央建筑企业第一。会同总裁办举办2019年度信息工作培训班，修订了信息工作记分规则，上线运行了信息管理信息化系统，并对年度信息工作进行了统计通报。2019年，共收到各单位报送党务信息3017篇，编发党务简报55期，向国资委报送党务信息45篇，被采纳10篇，被国资委党委上报中办4篇，被中办采用1篇，其中《中国中铁党委“五项对策”破解“两张皮”》的做法在《国资工作交流》刊发并被上报中办、在中央和国家机关工委《旗帜》杂志刊发。

（李聚民　王　辉）

【督查督办】及时对国资委党委2019年度党建工作要点、2019年党风廉政建设和反腐败工作要点、十九届四中全会宣贯会，以及公司二届五次职代会暨2019年工作会精神、党风廉政建设和反腐败工作会、经济活动分析会、三基建设现场会、党风廉政建设和反腐败工作高质量发展研讨班等精神进行重点任务分解立项，编制2019年党群系统重点工作督办表，严格按照责

▲2019年5月27日，中铁开投第一次党代会胜利召开

任目标、时限要求，执行挂牌督办和办结销号机制。对贯彻落实“两个重要文件”精神情况、主题教育专项整治情况、落实中纪委“工作建议”情况、领导人员及其家属办企业往来清理情况、上半年上级重要来文情况、万寿路16号院有问题事项、有关举报事项、哈铁院相关事项等重点问题，进行专项督查督办。坚持对公司党委常委会、党委办公会等日常会议任务督办，建立党委常委会以及领导重要批示的任务督办台账，每月对党委办公会任务进行分解督办和催办验收，做到实时督办、实时总结、实时汇报，确保工作不遗漏。联合总裁办修订《中国中铁股份有限公司督查督办工作实施办法》。

（赵家兴 李巍巍）

【综合事务】党委办公室（保密办）会同相关部门筹备二届五次职代会暨2019年工作会、党风廉政建设和反腐败工作会、巡视动员会、警示教育大会等重要会议，全年组织召开党委常委会33次、党委办公会10次、党建工作领导小组会11次、党内规范性制度评审会8次，并规范完成记录、纪要工作。全年共完成党委类发文217个，接收机要文件309件（1046份），中办文件87件（751份）、国办文件9件（36份）、国资委213件（259份），接收内参资料554份，部门收文1648件、发文通知51件，党委用印236人次。梳理编制《国资委党委重要规范性文件目录》，汇编2012年以来党群系统现行有效重要文件制度，完成2018年度股份公司层面党务公开事项登记工作，对2019年党委党内规范性文件进行备案审查，完成了2019年、2020年《中办通讯》征订工作，联合总裁办举办了两办负责人培训班。

（罗庆梅）

【国安保密】召开年度保密委员会会议，研究部署今后一个时期的保密重点工作。积极推动商业秘密、工作秘密事项梳理和商秘信息化系统可行性分析，先后到中国华能、中国能建、中铁装备设计院进行商秘系统建设调研。增置存储介质信息消除工具、计算机终端保密检查装备软件、计算机及移动存储介质保密管理软件等一系列软硬件装备，并建设央企涉密视频会议系统和普通密码传输网。积极完善制度体系，及时转发印发《保密违法违纪行为处分建议办法》《对外交往与合作提供涉密资料保密管理规定》《贯彻落实〈“十三五”时期全国保密事业发展规划〉工作计划》《中国中铁2019年国家安全人民防线建设重点工作任务》《中国中铁2019年保密工作计划》，修订《中国中铁计算机信息系统安全保密规定》，坚持在重大项目、重大工程、重要活动中的保密提醒工作，认真执行对外提供资料、发布信息的保密审查工作制度。加强保密教育培训，及时协调通过党委常委会传达有关法律规定和典型案例，积极参加国资委保密工作会议、第二届数据安全峰会、国资委保密培训班等，举办中国中铁2019年度保密业务培训班和保密常识测试。在“国家安全日”期间开展了宣传教育主题展活动，在全公司范围内组织收看了新闻专题节目《间谍罪名的背后》，组织各二级单位开展保密宣传教育作品征集评选活动。积极开展2018年中央企业保密工作对标管理自评，公司保密工作实现“达标”。下发《关于开展2018年度保密对标管理的通知》，指导所属二级企业针对11个一级指标36个二级指标进行保密对标管理，对以色列项目进行了涉外保密检查。配合国安机关、保密机关分析处理了6起疑似失泄密风险事件。

（李巍巍）

▲ 2019年9月19日，遵余高速开展“不忘初心共奋进 牢记使命创一流”党建共建主题活动

【部门建设】开展部门管理实验室活动，进行部门责任矩阵建设，编制12大类33项工作流程，以及配套的责任矩阵图和树状图，建立定期例会机制、工作备忘机制、文件起草研讨机制、重要会议精神通报机制等。起草党支部2018年度工作总结和2019年度工作计划，完成支部委员增补工作。加强支部政治理论学习，全年共开展集体学习10次，推送自主学习资料11期，坚持在部门例会上学习《前车之鉴》一书，加强党员日常廉洁意识教育。制定专题组织生活会方案，主动向所属各二级单位党办和总部机关有关部门征集意见建议64条，部门领导干部认真对照党章党规找差距，深入开展了谈心谈话、对照检查和批评自我批评，并对组织生活会期间发现问题汇总编

制了整改台账。联合总裁办公室、报社，以及中铁工业党办、中铁二局城轨公司昌平项目部先后三次开展主题党日活动、上专题党课，积极组织部门全体参加机关爱国歌唱比赛及摄影比赛。党委（保密）办公室支部被评为总部机关优秀党支部、模范会员之家。（赵家兴）

党委组织部

【党组织和党员队伍状况】截至2019年底，中国中铁共有党的基层委员会653个，其中局级党委44个，处级党委441个，其他党委168个。有党工委754个，党总支360个，党支部9930个，其中生产一线党支部7331个，多经党支部50个，离退休党支部643个，机关党支部1640个，其他党支部266个。

全公司共有党员164332名，其中预备党员3988名；女党员28177名，占党员总数的17.15%。党员队伍年龄结构：35岁以下47037名，占党员总数的28.62%；36～45岁37817名，占党员总数的23.01%；46～55岁32347名，占党员总数的19.68%；56～60岁11538名，占党员总数的7.02%；61岁及以上35593名，占党员总数的21.66%。文化结构：大专以上文化程度113511名，占党员总数的69.07%；中专及高中文化程度29201名，占党员总数的17.77%；初中及以下21620名，占党员总数的13.16%。职业结构：在职党员122525名，占党员总数的74.56%；离退休党员41615名，占党员总数的25.32%。在职党员中工人党员11938名，占党员总数的7.26%；企业管理人员党员59776名，占党员总数的36.38%；各类专业技术人员党员50730名，占党员总数的30.88%。（刘卫）

【加强思想政治建设】政治建设是党的根本性建设。中国中铁党委坚持把学习贯彻习近平新时代中国特色社会主义思想作为首要政治任务，推动大学习大普及大落实，引导全公司各级党组织和广大党员干部不断增强“四个意识”，坚定“四个自信”，做到“两个维护”，着力抓好各级领导干部的学习教育工作，进一步强化思想政治建设，围绕新时代党的建设总要求和新时代党的组织路线，深入开展“不忘初心、牢记使命”主题教育，扎实推进基本组织基本队伍基本制度“三基建设”，不断加强各级领导班子思想政治建设、基层党组织建设和党员队伍建设，为推动企业改革发展党建提供坚强的组织保证。2019年公司党委先后组织6次集中学习，对党的十九大报告、党章党规、习近平总书记重要论述选编等必读书目深学细悟，跟进学习习近平总书记最新重要讲话和指示精神，深入学习贯彻党的十九届四中全会精神，努力做到学思用贯通、知信行统一，增强知重负重、干事创业的责任担当。指导所属各级党组织认真学习、深刻领会党的十九大精神，并以会议精神指导开展主题教育、领导班子思想政治建设、基层党组织建设和党员队伍建设等基础性工作，用习近平新时代中国特色社会主义思想和党的十九大精神武装头脑、指导实践、推动工作，确保党的十九大决策部署贯彻落实到全公司党建工作和组织工作中。坚持集中教育与经常性教育相结合，全公司各级党组织采取党委中心组学习、举办读书班、专题辅导等形式组织学习研讨，围绕党的政治建设、担当作为、廉洁从业等方面列出专题14194个、11.5万多人次进行13418次集中学习研讨。3月11日至15日，在延安举办了中国中铁组工干部“不忘初心、牢记使命”实地践学培训示范班，起到学习贯彻“不忘初心、牢记使命”的示范表率作用。2019年全公司各级党组织共举办党员教育培训班4015期，共计培训138652人次，其中培训党组织书记15823人次，培训新党员5336人次，党委组织部先后到中铁二局、三局、七局、八局、上海局等10多个单位的党员教育管理培训班现场指导授课，取得明显实效。（刘卫）

【落实全国国有企业党建工作会议重点工作任务】筹备召开2018年度党委书记抓基层党建工作述职评议会议，中铁广州局等14家二级单位党委书记现场述职，并进行现场提问、点评和测评，其他二级单位进行了书面述职，做到全覆盖。持续深化落实全国国有企业党建工作会议重点任务，针对2016年梳理的6个方面50项任务清单，2019年先后2次开展集中督查督办，确

▲ 厄瓜多尔项目部幸福之家志愿者为困难学生发放新年礼物

保重点工作抓深入，全面工作无死角。配合国资委党建考核组第五组对公司2018年度党建工作进行考核，并完成考核组到中铁建工的延伸考核工作。10月9日，国资委党建局对公司党委2018年度落实党建工作责任制情况考核评价结果反馈之后，按照公司党委要求，对国资委反馈的问题进行分析整理，向部分党群部门印发了整改通知，明确整改时限和责任部门，确保反馈问题的整改到位。落实党建工作基层联系点制度，制定专门分工方案，公司15名领导班子成员和高管均建立了基层联系点，协调领导以普通党员身份到联系点过组织生活，检查指导工作，听取基层党员的意见建议。7月25日，张宗言深入中铁上海局京雄城际铁路五标项目部党建工作联系点检查指导工作；11月5日，深入中铁上海局开展“不忘初心、牢记使命”主题教育调研督导，并讲授专题党课。7月3日，陈云先后到中铁建工集团及丰台站项目部党建工作联系点调研指导工作；10月29日，深入中铁三局四公司北京地铁12号线3标项目部，开展第二批“不忘初心、牢记使命”调研督导并讲授专题党课。2019年中国中铁按照党的十九大精神修订上市公司章程，并以93.79%同意率高票通过股东大会。所属42家二级企业和具备条件的369家三级企业全部完成“进章程”工作。完善“双向进入、交叉任职”领导体制。所属二、三级企业全部实现党委书记、董事长“一肩挑”，11家二级骨干企业配备专职党委副书记，其余二级企业调整配备主抓党建工作的兼职副书记。严格抓好所属二级单位党委换届选举工作，切实做到“应换尽换”。（刘　卫）

【开展“不忘初心、牢记使命”主题教育】2019年6月至12月，中国中铁党委自上而下分两批深入开展“不忘初心、牢记使命”主题教育，全公司772个党委、11536个基层党组织、12.1万多名党员参加主题教育。公司党委始终把主题教育当作一项重大政治任务抓紧抓实抓好，聚焦“守初心、担使命，找差距、抓落实”总要求，围绕“五个突出”，坚持“四个贯穿始终”“八个高质量”，以深入学习贯彻习近平新时代中国特色社会主义思想为主线，坚持高起点开局、高标准推进，把学习教育、调查研究、检视问题、整改落实贯穿主题教育全过程，圆满完成第一批和第二批主题教育的各项任务。中国中铁党委坚持刀刃向内、自我革命，认真查摆问题，积极制定整改措施，集中破解了一批事关企业改革发展党建大局的重要问题，解决了一批职工群众反映强烈的突出问题，推动“理论学习有收获、思想政治受洗礼、干事创业敢担当、为民服务解难题、清正廉洁作表率”目标顺利实现，中央督导组、国资委党委和国资委指导组（督导组）先后32次调研督导中国中铁主题教育开展情况，并给予充分肯定。7月10日，中央纪委国家监委驻国资委纪检监察组组长陈超英同志在中铁建工集团京张高铁清河站施工现场开展专题调研时，对中国中铁主题教育各项工作给予高度评价；8月5日，国资委主题教育情况简报第10期刊发中国中铁党委讲好高质量专题党课的经验做法；9月11日，公司党委以《坚持深学细照笃行 以高质量整改推动企业改革发展》为题，在国资委党委主题教育第一批总结暨第二批部署会议上作经验交流发言。（刘　卫）

▲2019年9月12日，中国中铁党委在京召开“不忘初心、牢记使命”主题教育第一批总结暨第二批部署会议

【召开两级领导班子专题民主生活会】8月21日，中国中铁党委“不忘初心、牢记使命”专题民主生活会在京召开。中国中铁党委书记张宗言主持会议并带头检视剖析，公司领导班子成员及高管参加了会议。国务院国资委第一巡回指导组组长苏文生、成员李兢以及国资委企干二局五处副处长谷宇等领导到会指导。本次专题民主生活会，紧扣学习贯彻习近平新时代中国特色社会主义思想这一主线，聚焦不忘初心、牢记使命这一主题，突出力戒形式主义、官僚主义这一重要内容，围绕理论学习有收获、思想政治受洗礼、干事创业敢担当、为民服务解难题、清正廉洁做表率的目标，按照习近平总书记关于“四个对照”“四个找一找”的要求，结合思想和工作实际，深入查找了在推动习近平新时代中国特色社会主义思想大学习大普及大落实、应对中美贸易摩擦、全面深化企业改革、高质量党建引领高质量发展、转变党风企风五个方面存在的突出问题，针对查摆出来的问题，分别从政治站位、宗旨意识、能力素质、思想作风、廉洁自律五个方面深入分析了产生问题的根本原因，并从着力

整治对贯彻落实习近平新时代中国特色社会主义思想和党中央决策部署不力、着力整治干事创业精气神不够和不担当不作为、着力整治违反中央八项规定精神、着力整治形式主义官僚主义和加重基层负担、着力整治违规经商办企业和谋取非法利益、着力整治漠视和影响职工群众切身利益、着力整治企业选人用人制度不严格不规范、着力整治基层党建工作薄弱、着力整治企业管理存在短板和差距九个方面研究制定了具体整改措施。专题民主生活会期间，公司党委还按照要求组织开展了主题教育随机测评工作，公司领导班子成员及高管、总部机关部门负责人和普通党员共60余人参加了测评。指导所属全公司43家二级单位党委召开专题民主生活会并开展民主评议党员工作，占党支部总数的98.9%。参加民主评议的党员147806名，占应参加民主评议党员数量的89.9%。（刘 卫）

【加强“三基建设”】中国中铁党委先后深入中铁二局天府机场高速项目部、京张高铁项目部等工程项目开展基层党建调研，并召开“三基建设”专题调研座谈会，听取所属单位关于“三基建设”方面的典型经验做法，分析研讨存在的问题和不足。2019年7月25日，中国中铁召开“三基建设”现场会部署基层党建工作，研究制定加强基本组织基本队伍基本制度建设的实施意见，明确了今后三年的工作目标和工作举措。坚持党组织与行政组织同步设置，公司新成立的二级单位全部同步设置党组织，全面加强党员教育和基层党务工作培训，推进基层党建工作制度不断完善。层层压实党建工作责任，坚持和落实二级企业党委书记现场述职评议制度，对所属单位党建工作责任制的落实情况进行了年度考核评价。开展形式多样的创先争优活动，评选表彰了“三基建设”示范党支部，中国中铁党委在中央企业地方国资委负责人会上交流了党建工作经验。扎实开展整顿软弱涣散基层党组织工作。利用举办组织工作业务交流研讨会议契机，进行再动员、再部署、再推进，重点整顿基层党支部班子配备不齐、组织生活不规范、基层党建与业务工作“两张皮”等问题，切实解决基层党组织和党员队伍建设中的突出问题。3个软弱涣散基层党组织和113个薄弱基层党组织的集中整治工作基本完成。（刘 卫）

【加强基层党建重点工作】1月14日，国资委党委召开中央企业地方国资委负责人会议，组织部起草的《“严”字当头，压实责任，努力提高企业基层党建工作质量》经验材料在会上作书面交流。开展境外企业、混合所有制企业党组织的排查摸底工作。全公司现有混合所有制企业22个，员工总数1844名，其中党员342名，建立党组织21个；境外企业及分支机构275个，员工总数7395名，其中党员2335名，建立党组织234个。结合整治软弱涣散党组织的有关要求，下发通知对公司所属混合所有制企业、境外企业党组织设置情况进行了调查摸底，了解混合所有制企业、境外企业建立党组织情况和应建未建情况，并研究制定工作台账，督促未建立党组织的1家混合所有制企业和41家境外企业及时建立党组织，确保做到“应建尽建”。规范以股份公司名义中标项目的党组织设置工作。结合党内有关规定和有关单位实际情况，研究起草《关于以股份公司名义中标项目党组织设置的通知》，明确以股份公司名称中标的工程项目，必须同步成立与股份公司批复机构同名的党组织，委托由股份公司授权管理单位党委负责项目党组织的组建和日常管理工作。（刘 卫）

【培养选树先进典型】“七一”前夕，国资委党委在股份公司总部机关召开庆祝中国共产党成立98周年暨中央企业“两优一先”表彰大会，中国中铁党委推荐的4个先进基层党组织、5名优秀党员、3名优秀党务工作者受到表彰，中铁工业九桥公司电焊工特级技师王中美代表中央企业优秀共产党员作大会交流发言。国庆前夕，配合中组部、人社部等8家部委做好“庆祝中华人民共和国成立70周年”纪念章颁发工作。中国中铁党委被中组部、国资委党委选为重点宣传对象。起草《当好“主心骨”架起“连心桥”——中国中铁党委实施党群工作协理员制度创新农民工党建品牌》经验材料。起草下发《关于做好“红旗项目部”评选推荐工作的通知》，指导所属各基层单位做好第七批“红旗项目部”评选推荐工作。5月17日，股份公司双洮公路建设总承包部在施工一线开展“决战必胜，实现项目建设高质量发展 再创佳绩 向新中国成立70周年献礼”誓师大会，深入开展“双洮高速党旗红 全面创优争

▲ 2019年7月25日，中国中铁召开“三基建设”现场会

先锋”党建主题实践活动，为安全优质高效建设双洮高速公路提供坚强保障。（刘　卫）

【加强基层党组织建设及党员队伍建设】贯彻落实中央企业纪检监察体制改革精神，按照公司党委要求，制定并印发《关于调整公司纪委机构设置、人员编制和职责权限的通知》和《关于调整公司党委巡视领导小组办公室人员编制和职责权限的通知》，对公司纪委、巡视办机构设置、人员编制和职责权限进行调整。指导中铁一局、八局、隧道局、开投4家单位筹备召开党代会，顺利完成换届选举工作。召开中国中铁党委四届三次全委（扩大）会议，审议通过党委工作报告，并对行政工作报告、党风廉政建设和反腐败工作报告给予充分肯定。指导海南投资建设公司、重庆投资发展公司、国际事业部、国际工程分公司、川藏铁路指挥部等单位分别成立党委、纪委和党工委、纪工委，并指导开展党建工作。积极与恒通科技联系沟通，研究制定党委和纪委设置方案。集中订购269套《党章电视辅导教材》发放到所属部分党组织，指导做好教育培训工作。制定印发《中国中铁股份有限公司党费收缴、使用和管理实施细则》，指导全公司做好党费收缴、使用和管理有关工作。配合做好党委巡视办巡视问题整改的督查工作，对第一批巡视的单位开展巡视整改工作，并对巡视发现的问题进行督导验收。2019年，发展新党员3588人，其中高知群体632名，占新发展党员人数的17.61%；产业工人1034人，占新发展党员人数的28.82%；女党员523名，占14.58%。按照中央企业党建信息化要求，牵头对全公司党组织、党员、团组织、工会、统战工作等有关信息进行采集、整理和上报，确保实现和国资委央企党建信息化系统的数据对接工作。持续深入开展党员教育培训工作。举办了组织工作业务交流研讨会议，传达学习中组部和国资委党委关于党员教育管理的最新要求，对《中国共产党党员教育管理工作条例》的有关内容进行解读，并研讨交流了相关工作经验。制定并印发《关于做好2019年党员教育培训工作的通知》，对全公司党员教育培训工作进行了安排部署，两节期间，公司党委共计慰问新中国成立前入党的老党员47人，慰问生活困难党员828人，拨付慰问金281.3万元。在详细摸底的基础上，拨付了28万元对14个因公牺牲党员、干部家庭进行专项帮扶。国庆前夕，结合庆祝中华人民共和国成立70周年活动，再次拨付38000元对2名全国优秀共产党员、17个因公牺牲党员干部家庭进行专项慰问。（刘　卫）

▲2019年5月28日，中铁九局机关“党建文化长廊”正式面向全体党员开放

【中央企业优秀共产党员】（5人）

徐　州　中铁二局六公司经理

杜　操　中铁大桥局第七工程有限公司测绘公司经理

王玉生　中铁建工集团北京分公司总经理、党委副书记

王中美　中铁工业九桥公司桥梁技术研究院中心实验室焊接工作室电焊工特级技师

张恒祥　中铁国际某单位常务副经理

【中央企业优秀党务工作者】（3人）

丁荣昌　中国中铁党委组织部部长

冯友平　中铁隧道局四处玉磨铁路YMZQ-3标项目部党总支副书记

章胜华　中铁上海局第一工程有限公司党委书记

【中央企业先进基层党组织】（4个）

中铁四局第五工程有限公司党委

中铁七局第三工程有限公司党委

中铁一局二公司北京地铁12号线工程土建施工2标项目部党支部

中铁五局四公司新建京张铁路3标项目部党支部

【中国中铁第一批“三基建设”示范党支部】（61个）

中铁一局二公司北京地铁12号线2标项目部党支部

中铁一局电务公司郑州地铁信号项目部党支部

中铁一局四公司郑州市政控制节点11标项目部党支部

中铁二局三公司广州南沙项目部党支部

中铁二局四公司北京地铁7-6

标项目部党支部
中铁二局五公司重庆铁路枢纽东环线项目部党支部
中铁三局五公司太焦铁路项目党支部
中铁三局线桥公司京张铁路6标铺架分部党支部
中铁三局运输分公司第二运输段肃宁北机务段党支部
中铁四局四公司合肥市轨道交通5号线4标项目经理部党支部
中铁四局五公司沈阳地铁区域经理部党支部
中铁四局一公司庐江轨道板场党支部
中铁五局四公司京张铁路项目部党支部
中铁五局机械化公司双洮公路四工区党支部
中铁五局建筑公司贵阳直管项目第六党支部
中铁六局北京铁建公司延崇高速项目党支部
中铁六局太原铁路建设公司市政项目党支部
中铁七局海外公司埃塞俄比亚56公里高速公路项目党支部
中铁七局北京地铁19号线1标项目党支部
中铁八局电务公司供电一项目部党支部
中铁八局一公司磨万项目党支部
中铁九局电务公司电力工程队党支部
中铁九局七公司呼和浩特地铁项目党支部
中铁十局建筑公司青连铁路站房项目党支部
中铁十局三建公司郑阜铁路三分部项目党支部
中铁大桥局一公司武汉青山长江大桥项目部党支部
中铁大桥局四公司莞番高速1标项目部党支部
中铁大桥局六公司新建京张铁路5标项目部党支部
中铁隧道局隧道公司春风隧道工程项目部党支部
中铁隧道局一处成昆铁路峨眉至米易段项目部党支部
中铁隧道局三处深中通道S03合同段项目部党支部
中铁电气化局一公司五分公司第八党支部
中铁电气化局电气公司一分公司第一党支部
中铁电气化局城铁公司广州分公司第一党支部
中铁武汉电气化局一公司汉十项目部党支部
中铁武汉电气化局运营管理分公司米攀项目部党支部
中铁建工北京2022年冬奥会奥运村及场馆群工程项目党支部
中铁建工呼和浩特市巴彦淖尔路改造提升工程项目党支部
中铁建工房地产公司北京项目党支部
中铁广州局三公司新白广城际轨道交通项目党支部
中铁广州局深圳公司兰池佳苑项目党支部
中铁北京局二公司贵南高铁GNZQ-1标项目党支部
中铁北京局北京公司寻沾高速公路土建1标项目党支部
中铁上海局新建京雄城际铁路5标项目部党支部
中铁上海局一公司北京地铁十二号线6标项目党支部
中铁上海局市政公司武汉北湖污水厂项目党支部
中铁国际南美分公司Espino项目党支部
中铁二院昆明公司工程设计一处党支部
中铁六院电化院接触网设计所党支部
中铁工程设计咨询线站院第二党支部
中铁大桥院桥隧诊治公司第二党支部
中铁华铁城市轨道交通监理公司武汉片区党支部
中铁科研院西南院隧道所党支部
中铁工业山桥桥梁公司党总支
中铁工业宝桥钢结构车间党支部
中铁工业工程装备设计研究总院第一党支部
中铁置业贵州公司逸都国际阅山湖项目联合党支部
中铁资源鹿鸣矿业选矿厂党支部
中铁物贸成都分公司四川物供中心党支部
中国中铁总部机关劳资社保部党支部
中铁双辽至洮南公路项目第ST01合同段项目总经理部党支部

【中国中铁“红旗项目部”】(81个)
中铁一局新运公司格库铁路铺架项目部
中铁一局建安公司杭州地铁6号线双浦车辆段项目部
中铁一局电务公司广州轨道交通21号线电务工程项目部
中铁一局广州分公司广州市轨道交通11号线项目部
中铁二局电务公司杭州地铁5号线一期工程供电系统安装工程3标项目部
中铁二局二公司广州白云管网项目部
中铁二局一公司西安地铁5-2标项目部
中铁二局装饰装修公司重庆轨道交通五号线装饰装修5201标项目部
中铁三局贵南客专贵州段工程项目部
中铁三局二公司滹沱河生态修复工程二标项目部
中铁三局格库铁路新疆ZF标项目部
中铁三局五公司太原环城旅游公路暨公路自行车赛道工程项目部
中铁四局二公司徐州迎宾快速路一分部项目部

中铁四局四公司淮安东站综合客运枢纽项目部
中铁四局五公司赣深5标项目部
中铁四局一公司G213线张掖肃南至青海祁连二级公路建设工程SQSG05标项目部
中铁五局机械化公司G534项目部
中铁五局五公司洱海环湖截污工程项目部
中铁五局四公司京沈客专项目部
中铁五局新建京张铁路八达岭长城站房项目部
中铁六局北京铁建公司延崇高速项目部
中铁六局太原铁建公司新店街项目部
中铁六局交通工程分公司深圳城市轨道交通14号线项目部
中铁七局武汉公司贵州天河潭景区提升建设项目部
中铁七局郑州公司西藏国道214昌邦公路项目部
中铁七局三公司西安地铁六号线TJSG-6标项目部
中铁八局电务公司第二项目部
中铁八局三公司贵州双龙航空港第二项目部
中铁八局桥梁公司川南城际铁路富顺制梁场项目部
中铁九局第二工程公司四平市政项目部
中铁九局路桥分公司盐通铁路八标板场项目部
中铁九局四公司昆明市轨道交通4号线土建10标项目部
中铁十局一公司济南市刘长山路项目部
中铁十局二公司濮阳示范区市政工程建设（1）包项目部
中铁十局建筑公司第一项目部
中铁大桥局连镇铁路项目部
中铁大桥局五公司赤壁长江公路大桥项目部
中铁大桥局九公司广佛肇S4标项目部
中铁隧道股份有限公司春风隧道工程项目部
中铁隧道局三处广州如意坊放射线系统工程（一期）项目部
中铁隧道局市政工程公司杭州至富阳城际铁路工程土建施工SGHF-2标段项目部
中铁电气化局北京电气化公司京张四电集成电气化项目部
中铁电气化局城铁公司福州市轨道交通2号线设备系统总承包项目部
中铁电气化局上海公司杭黄铁路四电集成项目部
中铁武汉电气化局新建梅州至潮汕“四电”系统集成项目部
中铁武汉电气化局机电分公司呼和浩特市轨道交通1号线一期工程项目部
中铁建工集团北京分公司京雄城际雄安站房二标项目部
中铁建工集团东非公司援南苏丹朱巴教学医院改扩建项目部
中铁建工集团华北分公司舟山波音737完工及交付中心厂房及配套项目部
中铁广州局桥梁公司菊花湾大桥工程项目部
中铁广州局深圳公司深圳市城市轨道交通14号线工程施工总承包土建六工区项目部
中铁北京局合（肥）安（庆）铁路HAZQ-4标项目部
中铁北京局二公司深圳地铁10号线1011-4A标项目部
中铁上海局北京地铁12号线6标项目部
中铁上海局建筑公司改扩建研发用房项目部
中铁上海局银西铁路8标项目部
中铁国际集团亚洲分公司孟加拉国政府基础网络三期项目部
中铁东方国际集团中铁马来西亚东方隧道公司项目部
中铁二院测绘院川藏铁路指挥部
中铁二院广佛城市轨道交通项目部
中铁六院城建院北京项目部
中铁设计新建北京至张家口铁路配合施工指挥部
中铁大桥院深中通道JL1标监理项目部
中铁华铁工程设计集团工业设计院冬奥国家冰雪运动训练科研基地改建设计项目部
中铁科研院西北院皎平渡渡口及山洞遗址保护与模拟展示工程项目部
中铁工业山桥集团虎门二桥项目部
中铁工业宝桥集团怒江桥项目部
中铁工业工服公司沈阳综合管廊项目部
中铁交通投资集团山西静兴高速公路项目工程指挥部
中国中铁股份有限公司深圳市城市轨道交通14号线工程施工总承包联合体项目部
中国中铁股份有限公司石家庄地铁2号线工程建设指挥部
中铁开发投资集团瓮开高速公路工程指挥部
中铁城市发展投资集团成都轨道交通工程指挥部9号线项目部
中国中铁南京地铁七号线施工总承包D7-TA02标项目部
中铁置业集团沈阳公司长春项目部
中铁黑龙滩湖畔山居项目部
中铁资源集团布桑加水电站项目部
中铁物贸集团成都分公司四川物供中心
中国中铁广州市轨道交通十三号线二期工程项目部
中国中铁印尼雅万高铁项目部一分部
中国中铁双洮高速项目总经理部

（刘 卫）

党委宣传部

【宣传贯彻党的十九届四中全会精神】党的十九届四中全会召开以来，公司党委把学习宣传贯彻全会精神作为当前和今后一段时期的重要政治任务，切实加强组织领导，迅速掀起学习宣贯全会精神热潮。11月1日，公司党委中心组召开专题学习会议，学习全会《公报》；11月13日至14日，召开党委常委会议，学习全会《公报》《决定》，特别是认真学习了习近平总书记在十九届四中全会上代表中央政治局作的工作报告、《决定》重要说明、闭幕会重要讲话精神，研究审议了全公司深入学习宣贯十九届四中全会精神的工作方案；11月20日，印发《中国中铁党委学习贯彻落实党的十九届四中全会精神的通知》；11月21日，举办学习贯彻十九届四中全会精神报告会，邀请全国人大常委会委员、全国人大监察和司法委员会副主任委员徐显明作了题为《习近平总书记关于全面依法治国的新理念新思想新战略》的报告，全公司共22500余人参加报告会；11月28日再次召开党委常委会议，学习传达中共中央办公厅关于做好党的十九届四中全会精神学习宣传工作的通知、国资委党委书记、主任郝鹏在传达学习党的十九届四中全会精神会议上的讲话；11月29日，召开中国中铁学习贯彻党的十九届四中全会精神动员部署会暨专题报告会，对全公司学习贯彻落实四中全会精神作出全面动员部署；11月25日至29日，在北京大学举办新闻宣传骨干高级研修班，国资委宣传局领导及有关专家学者围绕深入学习贯彻十九届四中全会精神，就宣传思想文化工作进行了授课；12月28日，印发《中国中铁党委关于学习宣传贯彻党的十九届四中全会精神重点任务工作方案》。公司党政主要领导和分管领导在开展的主题教育、专题会议、基层调研、现场检查等工作中，按照“八个讲清楚”的要求，深入宣讲十九届四中全会精神，推动了全会精神在企业落实落地。（续海龙）

【“不忘初心、牢记使命”主题教育学习宣传】“不忘初心、牢记使命”主题教育启动以来，公司党委坚持把学习教育贯穿主题教育全过程，开展了6次集体学习研讨，围绕“深入学习领会习近平总书记关于党的初心和使命的重要论述”等6个专题，进行了2次研讨交流，领导班子成员及高管主题发言20人次，中层干部交流发言42人次。开展“对照党章党规找差距”专题学习，公司领导班子成员及高管对照党章、《准则》《条例》有关规定，认真查找差距、查摆问题，增强了党的意识、党员意识、纪律意识；开展了党史、新中国史专题学习，集中学习《中国共产党的九十年》三本书籍的部分章节，切实提升了政治素养，增强了对党史、新中国史学习的自觉性；采取“请进来、走出去”相结合的方法，邀请国资委有关厅局负责人和中国延安干部学院专家，分别就意识形态工作和学习党章作辅导报告，中心组成员集体参加了国家博物馆“复兴之路”现场教学，深化了学习效果。组织编印《中国中铁党委“不忘初心、牢记使命”主题教育学习问答》，在官方微信平台推送“不忘初心、牢记使命”每日一学、每日一题，有力推动了习近平新时代中国特色社会主义思想在企业大学习大普及大落实。（续海龙）

【意识形态工作】2019年，公司党委深入学习贯彻习近平新时代中国特色社会主义思想和党的十九大精神，严格落实意识形态工作责任制，坚持党管意识形态不动摇，牢牢把握意识形态工作领导权主导权，坚定不移管好方向、把好导向，不断加强和改进意识形态领域工作，为企业改革发展提供了强有力的思想保证。全年，两次召开党委常委会专题研究意识形态工作，两次向国资委党委上报意识形态工作总结，同时要求二级企业党委每半年以书面形式报告一次意识形态工作情况，并结合政治巡视和党建工作责任制考核，对二级企业意识形态工作进行了检查考核，层层传导压力，让制度发威、让责任见效。各单位及时分析研判意识形态领域情况、强化意识形态阵地建设、认真做好思想政治工作，取得实实在在效果。（续海龙）

【党委理论学习中心组学习】2019年，公司党委坚持不懈抓好中心组学习，在制度化、规范化、常态化的基础上，进一步增强学习的针对性、有效性。全年共组织召开了11次中心组学习会议，中心组成员认真学习了《习近平谈治国理政》（第

▲ 项目党建工作

一、二卷）、《习近平关于“不忘初心、牢记使命”重要论述选编》《习近平新时代中国特色社会主义思想学习纲要》《习近平关于国有企业改革发展和党建论述摘编》《中国共产党党内重要法规汇编》《中国共产党的九十年》等重要读本，及时传达学习十九届四中全会公报、习近平总书记重要讲话重要指示，以及中央、国资委党委有关重要会议及文件精神。突出研讨交流，中心组成员围绕深入学习贯彻习近平新时代中国特色社会主义思想，进行5次研讨交流，领导班子成员及高管主题发言29人次，中层干部交流发言60人次，切实增强了学习效果。在抓好本级中心组学习的同时，通过党建责任制考核、政治巡视、中心组学习自查以及到部分所属单位参学督学等工作，加强对各单位中心组学习的督查考核，要求各单位严格落实学习计划、考勤、督查、考核、通报、请假制度，保证学习质量，增强学习效果。（续海龙）

【开展“国企领导上讲台、国企骨干担任校外辅导员”活动】按照国务院国资委党委、教育部关于“国企领导上讲台、国企骨干担任校外辅导员”活动的部署要求，公司主要领导分别安排于2019年上半年和下半年到西南交大授课，同时还选派严金秀、张海波两位优秀骨干人才，担任西南交通大学校外辅导员。5月30日，李长进为西南交大师生作了题为《新中国铁路发展的伟大成就与未来展望》的主题报告，勉励广大青年学生树立正确的人生观价值观世界观，扣好人生第一粒扣子，努力提升本领，建功立业新时代。11月12日，陈云为西南交通大学师生作了题为《“一带一路”建设与中国中铁的担当实践》主题报告，重点介绍了“一带一路”倡议提出六年来中国中铁的重大实践和丰硕成果，与师生们共同展望了“一带一路”倡议的美好前景和中国中铁国际化发展的愿景。通过开展“国企领导上讲台、国企骨干担任校外辅导员”活动，积极为国有企业立言正声，引导广大青年学生全面正确理解党的路线、方针、政策，深入了解国情、党情、社情、企情，努力成长成才，为实现中华民族伟大复兴中国梦贡献自己的智慧和力量。（续海龙）

▲ 2019年11月12日，陈云总裁为西南交大师生作了题为《“一带一路”建设与中国中铁的担当实践》主题报告

【组织开展庆祝新中国成立70周年系列活动】根据中央精神以及国资委党委部署要求，公司党委制定印发了《关于开展庆祝中华人民共和国成立70周年系列活动的通知》《关于庆祝中华人民共和国成立70周年有关活动的安排》，对组织参加中央举行的重大庆祝活动、国资委党委举办的系列重要活动，组织开展专题学习宣贯、系列宣传活动、群众性主题教育活动、主题作品征集展示活动、先进模范学习宣传活动进行了安排。组织开展了“同升国旗、同唱国歌”活动，全公司30万员工深情高唱，为伟大祖国送上美好祝福；组织举办了“影像见证辉煌——中国中铁庆祝新中国成立70周年图片展”，全面展示新中国成立70周年以来，企业改革发展成就，激发广大干部职工成就感、自豪感、责任感、使命感；组织广大干部职工积极参加了“大国顶梁柱 阔步新时代——庆祝新中国成立70周年”中央企业故事大赛、“时代新人说——我和祖国共成长”演讲大赛、中央企业经典爱国主义歌曲歌咏展演、第二届“你好新时代——中国永远在这儿”融媒体作品大赛等活动，先后分两批组织在京单位1500余人参观了国庆70周年大型成就展，营造了浓厚的庆祝氛围，进一步激发了广大干部职工的爱国爱企热情，推动了企业改革发展。（续海龙）

【新中国成立70周年中国中铁典范工程】（100项）

成昆铁路 青藏铁路 成渝铁路 宝成铁路 京九铁路 大秦铁路 南昆铁路 京沪高铁 京津城际 南京长江大桥 武汉天兴洲长江大桥 武汉长江二桥 港珠澳大桥 拉萨站 北京大兴国际机场 秦沈客专 哈大客专 郑西客专 西成高铁 武汉长江大桥 青岛胶州湾跨海大桥 杭州湾跨海大桥 南京大胜关长江大桥 武汉鹦鹉洲长江大桥 九江长江大桥 芜湖长江大桥 北盘江大桥 北京站 衡广复线大瑶山隧道 青岛胶州湾海底隧道 兰新铁路乌鞘岭隧道 广深港高铁狮子洋隧道 北京地铁1号线 北京南站 坦赞铁路 京沪铁路 陇海铁路 西康铁路 广深准高速铁路 京广高铁 南京长江第三大桥 苏通长江大桥 武汉杨泗港长江大桥 青藏铁路新关角隧道 厦门翔安海底隧道 西康铁路秦岭隧道 青藏铁路昆仑山隧道 武汉长江公路隧道 深圳地铁5号线 大秦铁路军都山隧道 深圳北站 中国南极科考站 阿联酋棕榈岛 京新高速公路 贵广高铁 上海大众汽车试验场 上海F1国际赛车场 郑新黄河大桥 水柏铁路北盘江大桥 泰州长江公

路大桥　汕头海湾大桥　张家界大峡谷玻璃桥　上海磁浮示范运营线　北京西站　武昌站　宜万铁路　刚果（金）华刚矿业铜钴矿　安帕铁路卡姆奇克隧道　北京至天津至塘沽高速公路　兰新铁路　国家图书馆（二期）　朔黄铁路　内昆铁路　包兰铁路　兰新高铁　海南环岛铁路　沪昆高铁　东海大桥　重庆朝天门长江大桥　铜陵长江公铁大桥　国道317线雀儿山隧道　北京地铁2号线　京九铁路五指山隧道　上海地铁1号线　北京磁浮S1线　郑州东站　玉树灾后重建项目　秦岭终南山隧道　杭州市紫之隧道　深圳地铁11号线　广州地铁1号线　重庆轨道交通2号线　成都东站　兰州西站　孟加拉国卡纳夫里三桥　尼泊尔巴瑞巴贝引水隧道　埃塞俄比亚首都轻轨　北京奥林匹克公园市政配套工程　亚吉铁路

【新中国成立70周年中国中铁典型人物】（100人）

王开清（已故）　王世贵（已故）
王运歧（已故）　王序森（已故）
王保德（已故）　王　海（已故）
王梦恕（已故）　王超柱（已故）
毛忠满（烈士）　方秦汉（已故）
曲　镜（已故）　伍上仕（已故）
刘代灿（烈士）　刘汉东（已故）
刘建熙（已故）　刘曾达（已故）
刘锡群（烈士）　许　宁（已故）
李家成（已故）　李淑琴（已故）
杨　进（已故）　肖传仁（已故）
宋次中（已故）　张静之（已故）
陈　新（已故）　林威泽（烈士）
罗　安（已故）　罗　离（已故）
赵远朝（已故）　胡宝玲（已故）
高殿禄（已故）　郭金升（已故）
唐寰澄（已故）　萨福均（已故）
梅旸春（已故）　彭　敏（已故）
谢克勋（烈士）　蓝　田（已故）
丁太环　马朴亭　马庭林　王中美
王汝运　王杜娟　巨晓林　卢卫平
叶录年　田桂英　白芝勇　包庆连
母永奇　曲　岩　刘志祥　严金秀
李友坤　李　吉　李建学　李　勇
李鸿翔　李　慧　杨　煜　吴承清
何　军　张红心　张海波　张鲁新
张　鹏　陈　列　范建国　林云志
罗煌勋　周校光　郑宗溪　赵　智
赵煜澄　胡开颜　胡友梅　胡华贵
贺维国　骆振宝　秦环兵　秦顺全
徐升桥　徐　州　徐恭义　徐露平
高兴泽　高宗余　郭　平　黄希来
曹春元　曹博思　梁西军　梁　莹
彭祥华　窦铁成　翟长青　颜　华
潘东发　魏大翻

（何俊冶）

▲ 2019年9月29日，中国中铁隆重开展“同升国旗、同唱国歌”活动，庆祝中华人民共和国成立70周年

【“学习强国”学习平台推广使用】公司党委认真贯彻落实习近平总书记关于加强学习、建设学习大国重要指示精神，坚持把“学习强国”学习平台作为新形势下强化理论武装和思想教育的一大利器，作为推动习近平新时代中国特色社会主义思想学习宣传贯彻不断深入的重要平台，印发《关于加强“学习强国”学习平台学习使用工作的通知》，认真抓好推广使用，推动全员大学习。全公司46家子、分公司，直属指挥部、项目部进行了认证，11.9万名党员加入了学习组织，各项数据稳居央企前列。广大党员学好用好“学习强国”学习平台，打通了理论学习的“最后一公里”，形成讲学习、爱学习、比学习、会学习、互学习的良好氛围。

（续海龙）

【新闻宣传工作】2019年，全公司在中央主流媒体、地方媒体、各大网站和海外媒体刊播各类稿件265230篇次。其中，中央主流媒体报道达3642篇次，再创历史新高。继续突出抓好企业重大事件、重点工程、重要典型和海外经营的宣传报道，先后组织了多次集中采访活动。

新中国成立70周年宣传工作。组织凤凰卫视为公司党委书记、董事长张宗言拍摄新中国成立70周年祝福短片。积极与央视等中央媒体联系，参与“新中国的第一”“壮丽70·奋斗新时代”等新中国成立70周年专题宣传，并刊发多篇报道。拍摄制作中国中铁员工版《我和我的祖国》MV，在学习强国上进行发布。“十一”期间，中国中铁一线员工，尤其是海外项目收看国庆直播的多幅照片和多条视频被央视直播采用，央视于10月21日专门来函致谢。人民日报、新华社等中央媒体在“最美奋斗者”“人间正道是沧桑”“壮丽七十年”等国庆专栏中宣传巨晓林。国庆阅兵活动中，窦铁成身着中国中铁工服在现场观礼，多次在直播中出镜；王杜娟作为央企科技人员代表登上群众游行彩车，并于当晚接受中央人民广播电台采访，有力传播了企业形象。

中国中铁“一带一路”建设成果宣传。4月18日，在第二届“一带一路”国际合作高峰论坛召开前夕，党委宣传部邀请新华社、人民日报、中央人民广播电台、中央电视台、经济日报、光明日报等10家媒体参加了新闻通气会，对中国中铁参与“一带一路”建设的成果及海外经营情况进行了系统介绍，并在论坛期间刊发了系列报道。2019年公开出版《一路有我》专题书籍。

开展“中国品牌日”系列宣传。在习近平总书记“三个转变”提出五周年、第二个中国品牌日到来之际，开展一系列宣传活动。与《经济日报》沟通，于5月9日刊发张宗言总裁署名文章《勇当新时代中国品牌的创造者传播者维护者》；指导中铁工业、中铁装备举办“三个转变”重要指示发布五周年暨第二届中国品牌战略发展论坛，经济日报、工人日报、河南日报等媒体先后刊发《以品牌建设引领高质量发展》《“中国品牌日”从这里走来》等报道。

做好严金秀当选国际隧协主席的宣传。与中央、行业媒体精心策划，5月9日至10日对中铁科研院严金秀当选国际隧协主席进行集中宣传报道。新华社、光明日报、中国新闻社、中国妇女报、《人民铁道》报均刊发《中国隧道专家首次当选国际隧协主席》《中国中铁科研院严金秀当选国际隧协主席》《中国“隧道女神”当选国际隧协首位女性主席》等报道，得到网络媒体大量转载，对中国中铁、中铁科研院提升品牌、树立形象起到了较好效果。

开展“科幻作家走进新国企·掘进地下城”活动。5月21日至22日，与国资委新闻中心联合邀请科幻作家、科普作家、主流媒体、网络媒体、知名大V等20余人，走进中铁装备深入了解掘进机前沿技术，参观掘进机掘进现场。从科幻作品的角度入手，运用新媒体账号将中国中铁科技创新成果呈现给公众。该主题活动引起了全网关注，两天内“掘金地下城”微博话题阅读量超过1.1亿，近3万人参与了讨论，在科普盾构技术的同时，也传播了中国中铁的良好形象。

组织平潭海峡公铁大桥集中采访活动。9月10日至12日，邀请国资委新闻中心，中央、地方媒体前往平潭海峡公铁大桥开展集中采访活动，对平潭海峡公铁大桥的建设情况及中国中铁大桥局新中国成立70周年以来参与桥梁建设的辉煌历史进行了集中采访。同时，中国国际电视台英语财经栏目“新中国成立70周年特别报道”也前往武汉、平潭对中铁大桥局进行了拍摄。

策划中国中铁参加第二届进口博览会期间的宣传报道工作，11月7日，央视《焦点访谈》节目播出中国中铁党委书记、董事长张宗言访谈内容。新华社刊发《中国中铁董事长张宗言：进博会推动建筑工程企业出海双赢》专访报道。（沈　苏）

▲ 中国中铁学习贯彻党的十九届四中全会精神动员部署会暨专题报告会

【舆情管理】2019年，积极防范化解舆情风险，坚持舆情管理工作“早预防、早发现、早处置”原则，不断强化各项要素建设，努力推动舆情源头治理，实现了负面信息持续减少、舆情态势平稳可控的总体目标。面对多起突发事件和被社会公众关注的舆情问题，积极介入，妥善处置，及时回应，较好地维护了企业形象和声誉。配合新闻发言人组织召开7次总部舆情管理联席会议。坚持舆情处置流程，严格执行并不断完善工作制度，及时进行预警。在中央企业宣传思想工作会议上，公司党委作了题为《早预防早发现早处置 推动企业舆情管理工作源头治理》的交流发言。（李　元）

【新媒体建设】2019年，持续加强公司新媒体的日常管理运营，围绕公司重要会议、重大活动、重点工程，发挥灵活、及时、多样、开放、互动等特点，及时推送和更新公司信息。“中国中铁”微信平台、“中国中铁”报道微信平台共推送信息690余条，总阅读量超700万人次，每月综合评价排名中央企业新媒体前10位。“中国中铁”微信平台自2019年6月27日起，开展主题教育“每日一学、每日一答”活动，2019年共开展175期。中国中铁官方微博发布信息12条，总阅读量超43万人次。中国中铁官方网站发布信息450余篇，开通“不忘初心、牢记使命”主题教育专题网站，设中央精神、国资委要求、总体部署、工作动态、学习园地五个栏目，共发布信息107条。积极向“学习强国”中央企业学习平台投稿，被国资委采用30余篇。（何俊冶）

【跨文化融合专项工作】根据上级要求和部署，以雅万高铁项目为依托和载体，在印度尼西亚开展跨文化融合专项工作，推动中国中铁和中国企业形象在海外提持续升。与环球网合作，开通YouTube、

Facebook、Twitter、Instagram四个海外社交媒体账号，不断优化发布内容和形式，整体运营情况良好，关注度快速增长。编写中国中铁印尼国别社会责任报告，将以中、英、印尼文三种语言同步发布。 （李 元）

【政研会工作】2019年申报课题6项，均完成结题和初评工作，其中关于海外传播能力建设、发挥红色基因作用等成果在上级理论刊物进行发表。编辑出版《中铁党建》杂志6期、《调研参要》19期。收集整理公司各单位在高速铁路、大桥、隧道、电气化、房建、城市轨道交通、勘察设计等八个方面的经验做法，在《央企智库信息》上刊发；中国中铁智慧党建研究和实践的相关成果在《央企智库专报》上刊发。 （尚宪鹏 陈 丽）

【社会责任管理】编制发布2018年度《社会责任报告暨ESG（环境、社会与管治）报告》。从11个方面客观全面反映了公司社会责任管理和履行情况。加大精准扶贫力度。2019年，中国中铁及所属18家二级单位参与扶贫开发工作，合计投入专项资金12366万余元，帮助建档立卡贫困人口3932人脱贫。中国中铁对口帮扶的三个贫困县已全部脱贫摘帽。公司把工作重点转移到巩固脱贫攻坚成果上来，构建脱贫长效机制，脱贫工作质量明显提升，超额完成扶贫责任书各项指标任务。向定点帮扶县投入扶贫专项资金7440万元，引进帮扶资金91.62万元，培训基层干部93人，培训技术人员合计4659人，购买贫困地区农产品666.78万元，帮助销售贫困地区农产品94.73万元。积极参与各地各类抢险救灾。公司继续加强三支国家专业救援队建设，修订《安全质量、生态环境及灾害事故（事件）应急预案》，并持续推进昆明队、贵阳队基地建设和救援装备升级改造，有效提升专业救援能力。2019年，中国中铁所属各单位及昆明、贵阳两支专业救援队分别参加了四川宜宾抗震救援、贵州水城特大山体滑坡抢险救援、成昆铁路扩能工程山洪抢险救援等5次抢险救援工作，营救被困人员18名（自救援队成立以来累计营救128名），凸显中国中铁专业应急救援队伍的能力和实力。受应急管理部委托，公司编制了隧道施工企业以及国家隧道应急救援队应急预案范本，于2月28日在国家应急救援中心网站正式发布，成为国家级专业应急预案；还组织编制了建筑施工中央企业应急预案范本，12月上旬已提交国家应急救援指挥中心。积极推进绿色发展。公司制定《节能减排监督管理办法》《环境保护管理办法》等一系列规章制度。坚持节约资源和保护环境并重，努力建设“环境友好型、资源节约型”工程。2019年，公司各主要废气污染物均实现达标排放。综合能耗较2018年同期下降3.25%，顺利达成节能减排年度工作目标。基于系统化的环境管理，公司获得华夏认证中心有限公司颁发的ISO 14001环境管理体系认证。积极维护就业稳定。中国中铁始终把促进就业作为公司社会责任的一项关键内容。2019年，公司认真落实《集体合同》员工上岗就业承诺，千方百计促进企业下岗职工实现再就业。公司每年通过接收大中专毕业生、接收转业军人、人才市场引进人才等形式，为社会创造和提供了大量新的岗位。2019年，全公司新接收大中专毕业生13502人，军转干部在京安置退役军人4人，得到国务院军转办肯定。同时还为上百万农民工提供了就业岗位。 （尚宪鹏）

▲ 中铁大桥局开展庆祝新中国成立70周年桥工系列文艺作品征集活动

【政工职评】2019年5月，召开全公司政工职评工作研讨会，对职评政策和申报要求进行解读，对各单位具体工作人员进行业务培训。12月7日，召开高级政工师评审会，全公司共申报高级政工师282人，通过275人，通过率97.5%。

（尚宪鹏）

【策划出品大型电视纪录片《中国城轨》】2月25日，由中国中铁策划出品的五集电视纪录片《中国城轨》开始播出。大型纪录片《中国城轨》以城市轨道交通对世界及中国的改变为基点，走遍20个中国主要城市，并赴海外多个国家，用独特的视角、鲜活的镜头，真实记录中国城轨建设如何为地区发展注入新鲜的活力，前进的动力与时代的张力。中国中铁是城市轨道工程建设的排头兵。建成中国第一条地铁北京地铁一期工程、中国第二条地铁天津地铁、华东第一条地铁上海地铁1号线、华南第一条地铁广

▲ 中铁六局举办“六局和祖国共成长”暨第六届“中铁六局杯”摄影展

州地铁1号线、西部第一条城市地铁成都地铁1号线、第一条城市高架轨道交通线上海明珠线、世界第一条商业运营高速磁悬浮交通系统上海磁悬浮示范线等地铁、轻轨2000多千米，占中国城市轨道工程总里程的3/5。影片首次全景式反映了中国城市轨道交通建设成就，中国中铁多家单位参与该片制作，所属多个项目在片中有大篇幅展现，全片生动体现了中国中铁在城市轨道交通建设领域的实力水平和行业龙头地位。（何俊冶）

党委巡视办公室

【组织机构及主要职能】中国中铁股份有限公司党委巡视办是公司党委巡视工作领导小组（以下简称“领导小组”）的日常办事机构，作为党委工作部门单独设立，配备3名工作人员。在国资委党委巡视办指导下，承担统筹协调、指导督导、服务保障巡视工作等职责，向领导小组负责并报告工作。主要职责和任务：负责传达贯彻公司党委、巡视工作领导小组的决策、部署，向公司党委、巡视工作领导小组报告工作情况，研究落实并督办公司党委、巡视工作领导小组的决定事项；履行统筹推进公司党委巡视工作职责，制订巡视工作规划、年度计划和阶段任务安排，提出实施方案和操作规程；负责巡视工作政策研究，健全完善巡视工作制度体系；负责具体组织协调指导党委巡视组开展巡视，会同有关部门对巡视组成员进行调配、培训、管理和考核，对巡视组执行组长负责制情况进行了解和监督；负责二级企业党委巡察工作业务指导、工作调研和信息收集；会同巡视组及公司纪委、干部部等职能部门对被巡视党组织整改落实情况进行监督检查，开展整改成效检查和评估；负责巡视巡察发现问题的收集梳理分析，配合公司纪委开展政治生态分析评价工作；负责加强与总部相关职能部门的沟通联络，建立沟通协作机制；负责按要求向国资委党委巡视工作领导小组办公室报告公司党委巡视巡察工作情况。（钟芳林）

【制度建设】及时对标中央、国资委党委巡视工作新精神新要求，调整中国中铁党委巡视工作领导小组人员组成文件，修订巡视相关制度文件、工作流程、工作模板，制定《巡视反馈材料签收单》《巡视组移交归档资料目录模板》《巡视问题底稿资料模板》等资料，进一步规范巡视组工作标准，完善“1+9”巡视工作制度体系，提升全公司巡视工作制度化、规范化、科学化水平。（钟芳林）

【开展巡视情况】严格对照落实《中国中铁党委巡视工作规划（2018—2022）》总体部署，公司党委以“一拖二”的方式，完成2019年第一批巡视中铁三局、中铁置业、中铁四局、中铁开投、中铁六局、中铁资源、中铁广州局、中铁交投、中铁二院、中铁科研院10家二级企业的巡视任务，完成五年巡视全覆盖计划目标的23%。巡视共计发现问题168个，起草完成《2019年第一批巡视问题整改验收情况报告》，系统全面梳理年度巡视问题整改及验收工作情况，截至年末已完成整改验收134个。全年共组织召开巡视启动会、业务培训会、中期汇报会、专题研

▲ 中铁七局五公司“幸福之家”职工志愿服务协会揭牌仪式

讨会等各类型会议27次；陪同巡视工作领导小组成员参与巡视进驻、巡视反馈会议等共计20次，听取巡视组、被巡视单位专题汇报16次。（钟芳林）

【巡视整改】对照落实公司党委提出的强化整改落实和加强成果运用相关要求，坚持问题导向和效果导向相结合，确保每批巡视整改都能取得实实在在的效果。梳理公司党委新一轮前三批巡视发现7大部分37类共性问题，起草形成通报文件，经公司党委会研究通过，印发各二级企业以督促改、举一反三，完善制度、堵塞漏洞；修订完善巡视问题整改验收工作流程，强化公司纪委、组织干部部门对巡视巡察整改落实的日常监督；督促被巡视单位立行立改，组织召开全公司警示教育大会对相关问题进行公开通报曝光，增强巡视震慑力度。截至2019年底，新一轮前三批巡视发现437个问题已有386个完成整改予以验收销号，整改完成率近90%。（钟芳林）

【配合国资委党委常规巡视】根据公司党委统一部署，党委巡视办积极协助党委办公室统筹协调全公司做好国资委党委第五巡视组常规巡视配合各项工作。梳理上一轮国资委对公司党委巡视反馈问题、审计署审计及专项审计移交问题的整改情况；统筹协调全公司迎检资料提报，及时完善相关台账信息；配合国资委党委巡视组先后到北京、沈阳、太原、济南等地区，对部分单位开展现场调研工作。做好《国资委党委巡视巡察专项检查》迎检工作，起草完成《中国中铁党委巡视巡察工作专题汇报》及《巡视巡察工作亮点汇报》；梳理并制定《国资委巡视巡察迎检资料目录》，归纳并梳理迎检清单资料共计70大项，准备各类资料文件共计22468个，及时向国资委党委巡视组提报公司内部巡视巡察工作有关情况汇报及配套资料共计580余份；配合国资委党委巡视组组织完成专项检查谈话等各项工作。（钟芳林）

【二级企业党委开展巡察工作情况】认真落实公司党委提出的“坚持巡视巡察统一谋划、统一部署、协同推进”工作方针，进一步压紧压实责任，切实加强对二级企业党委开展巡察工作的指导和督促。在领导小组成员带领下，深入11家二级企业开展现场调研和书面调研，组织开展巡察工作交流座谈会，起草完成《中国中铁二级企业开展巡察工作调研情况报告》；建立完善巡视巡察工作重要事项报备和综合情况报告制度，审核各二级企业党委书记点人点事报备资料，加强巡察成果运用；进一步规范巡视巡察数据统计标准，设计《巡视巡察发现问题清单情况统计表》《移交立行立改问题清单情况统计表》《移交问题线索及办理情况统计表》等台账表格，确保全公司巡视巡察工作规范统一、同频共振。2019年，各二级企业党委共巡察三级企业（项目部）241个，发现问题3039个，受理群众来信来访132件，立案45件，问责党组织28个，给予党纪处分26人次、政纪处分90人次，组织处理或组织调整774人次，诫勉谈话172人次。截至2019年底，已完成问题整改2033个，通过整改建立完善各类规章制度936项，挽回经济损失4687万元，共计对巡察发现典型突出问题开展了41批次通报。（钟芳林）

纪　委

【组织机构及主要职能】纪委是党内监督的专责机关。依照党章和《中国共产党党内监督条例》，主要履行以下职责：①维护党的章程和其他党内法规，监督推动党的路线方针政策、决议和中央重大工作部署在公司党委和公司的贯彻落实。②协助党委推进全面从严治党，加强党风廉政建设和组织协调反腐败工作，参与起草制订公司党委全面从严治党规范性文件，开展企业政治生态分析评估，经常性对党员进行遵守纪律的教育。③监督检查公司党委、二级企业党委推进全面从严治党、落实管党治党主体责任情况，监督检查公司党委领导班子成员、公司党委管理的领导人员履行“一岗双责”情况，对总部职能部门履行业务监督管理职责进行再监督。④监督检查二级企业领导班子及公司党委管理的领导人员遵守和执行党的章程和其他党内法规，遵守和执行党的路线方针政策和决议，廉洁从业以及道德操守等方面的情况。⑤负责信访举报登记管理，按规定做好呈批和上报工作。⑥负责对公司党委管理的领导人员违反党章党规党纪问题的审查，提出处理建议；监督检查二级企业纪检组织执纪审查工作。⑦负责对违反党章党规党纪、失职失责的二级企业党委、公司党委工作部门、公司党委管理的领导人员进行问责或者提出责任追究的建议；综合协调公司有关部门做好政纪处理工作。⑧受理党员的控告和申诉；保障党员权利。⑨按照公司党委巡视领导小组安排部署，综合协调开展企业巡视，加强对巡视问题整改监督；督促和指导二级企业巡察。⑩监督企业选人用人管理工作。⑪加强对总部纪委、所属二级企业纪委的领导，落实“三为主”要求，督促落实监督责任。⑫负责纪检工作调查研究，制定修改纪检工作制度。⑬组织与地方执纪执法机关的配合协调，维护企业合法权益。⑭加强纪检组织自身建设，负责纪检干部的日常教育监督管理。⑮完成中央纪委国家监委驻国资委纪检监察组、公司党委交办、督办工作。定员15人。其中：副书记3人。内设纪委综合室、执纪审查一室、执纪审查二室、执纪监督室。（吕立良）

【理论学习】中国中铁纪委坚持以学深悟透习近平新时代中国特色社会主义思想为主线，利用参加党委中心组学习、邀请专家授课专题辅导、纪委支部“三会一课”、开展座谈交流研讨、深入开展调研等形式，把加强政治理论学习贯穿全年工作始终。特别是加强对十九大和十九届三中、四中全会精神，中央纪委三次全会精神，国资委机关暨中央企业党风廉政建设和反腐败工作会议精神，总书记系列重要讲话和关于“三个转变”等重要批示指示的学习，提升政治素养，开阔工作思路，涵养政治品德，增强党性修养。（吕立良）

【突出政治建设践行“两个维护”】中国中铁纪委坚决贯彻落实党中央重大决策部署和总书记重要指示批示。细化落实措施，推动“三个转变”落实落地；加大对定点扶贫县的帮扶力度，确保廉洁扶贫、干净扶贫；深入推动中老铁路“廉洁之路”建设，积极为“一带一路”建设贡献力量；高度重视京张铁路等工程项目环境治理和文物保护，督促落实责任，抓好问题整改；建立落实党中央决策部署和总书记重要指示批示工作台账，形成常态化机制，通过实际行动，做到“两个维护”。坚持正确选人用人导向，修订、完善领导干部管理办法；严守政治纪律政治规矩，制定贯彻《中国共产党重大事项请示报告条例》具体措施并认真落实。积极配合国资委党委巡视，接受政治体检，针对巡视期间移交问题线索，做到即知即改、立行立改，快查快办、及时汇报，巡视组给予充分肯定。2019 年，对所属 10 家二级企业党委开展了常规巡视，发现问题 168 个，给予党政纪处分 36 人次。对 16 名政治意识不强、工作不在状态、履职尽责不到位的二级企业主要领导进行问责处理，企业政治生态不断净化。（吕立良）

【压紧压实管党治党责任】协助党委落实中央和国资委党委国企党建工作要求和《关于新形势下党内政治生活的若干准则》，制定《贯彻落实新时代政治生活若干准则的具体措施》《加强党内监督实施办法》，将“两个责任”落实纳入党建责任制考核；协助党委研究部署党风廉政建设和反腐败工作常态化，年初召开党风廉政建设联席会、年中召开党风廉政建设高质量发展研讨班，安排部署重点工作；公司党委、纪委与所属单位签订《党风廉政建设责任书》，加大对“两个责任”落实情况的考核力度；发挥示范引领作用，开展了“全面从严治党示范性工程”创建活动。认真履行并监督推动各级纪检组织落实监督责任。严格落实《中国共产党党内监督条例》，定期听取二级企业“两个责任”落实情况汇报并开展监督检查；加强对同级班子监督，认真落实“画像”制度；加大对党员领导干部执行党的六大纪律的监督，严肃查处违纪人员；督促公司领导班子成员和高管带头到党建联系点参加组织生活会，自觉接受党内监督，严肃党内政治生活；公司纪委书记坚持定期与班子成员谈话沟通，督促落实“一岗双责”。深入开展企业领导人员和亲属违规经商办企业专项整治，查处问题线索 23 件；公司党委主要领导约谈有关领导干部 170 人次，纪委主要领导约谈 91 人次；坚持“一案双查”，全年因落实“两个责任”不力追责问责 71 件，追责 145 人次。（吕立良）

▲ 中铁十局开展“不忘初心、牢记使命”暨红色教育主题党日活动

【深入纠治“四风”】始终把纠治“四风”问题作为加强企业作风建设的主要任务来抓，监督推进进一步修订贯彻落实中央八项规定精神，督促检查实施办法和领导人员履职待遇、公务接待、办公用房管理制度，不断严明“十五个严禁”纪律，明确纪律红线和底线；加大重要节日节点的监督检查，采取明察暗访、突击检查等方式，对指挥部、培训中心、内部食堂等重点场所进行监督检查，防止“四风”问题隐形变异；对违规收受礼品礼金、公款吃喝、公车私用等问题进行重点整治，对中铁二局违规报销烟款案件相关责任人严肃问责。全年查处违反中央八项规定精神问题 17 件，问责处理 28 人次。监督推动驻京办事处专项清理，督导相关部门做好清查统计、机构撤销、人员安置、资产处置工作。累计督办撤销、关停各类驻京办事机构 24 个，分流安置人员 156 人，完成资产处置 20 家，收回车辆 60 辆。认真落实中央“基层减负年”要求，梳理存在突出问题，制定精简文件、减少会议等为基层减负 28 条具体措施；积极推进总部“机关化”问题整治，成立专项整改工作领导小组，制定专项整改实施方案，以总部去“机关化”为起点，

深入推进作风转变。制定、修订公司二级企业领导人员管理办法、优秀年轻干部挂职锻炼工作的实施意见等文件制度；加大对选人用人监督，严把政治关、廉洁关、作风关，公司纪委全年参与重要人事安排初始酝酿77人次，回复党风廉政意见49人次，对3名拟提拔使用领导干部亮了“红灯”，企业风气明显好转。（吕立良）

【开展主题教育活动】纪委坚持落实驻委纪检监察组要求和公司党委具体安排相结合，突出主责主业，提升理论水平。2019年参加公司党委组织的专题辅导2次，支部集中学习7次、主题研讨3次，纪委主要领导为二级企业纪委书记、公司纪委全体纪检干部讲了专题党课，支部书记在支部讲了专题党课；纪委全体党员走进京雄城际建设项目施工一线开展主题党日活动，重温入党誓词，坚定理想信念。围绕主题教育活动，结合深度融合、巡视巡察、执纪审查等重点工作，对20家二级企业、8家三级企业进行专题调研，提出立行立改问题23个，提出指导意见、建议45条；围绕“四个查找”，勇于揭短亮丑、找出差距短板，从5个方面制定20条整改措施，做到立行立改、限期整改；召开纪委领导班子专题民主生活会，把住“三个环节”，达到见人见事、红脸出汗的效果。按照驻委纪检监察组协调指导工作方案要求，公司纪委通过参加党委常委会、中心组学习会、主题教育专题研讨会等方式，对公司党委主题教育进行监督推动，先后4次参加专题会议，听取4个工作组、4个巡回指导组关于主题教育进展情况的汇报，确保主题教育方向正确不走偏；注重加强对二级企业纪委开展主题教育的协调指导，做到“三个同步”，确保二级企业纪委主题教育质量。（吕立良）

【纪检监察体制改革】严格落实国资委党委《实施意见》和驻委纪检监察组对中国中铁实施方案的《批复意见》，把握改革的核心要义，强化纪委“专责监督”职能，进一步聚焦主责主业；加强上级纪委对下级纪委的领导，落实“三个为主”要求；针对体制改革后的新形势新任务新要求，制定修订了向上级纪委报告制度、政纪处分规定等11个文件，通过“形”的转变逐步实现“神”的重铸。针对基层执纪审查工作主要集中在二级企业的实际情况，加强二级企业纪委机构设置和人员力量；制订二级企业纪检监察体制改革协调指导方案，针对各单位不同情况，坚持分类施策，不搞“一刀切”，对各单位提出的实施方案逐个进行研究，一对一反馈修改意见，加大指导力度，保证改革方向正确。（吕立良）

【查处违纪违规案件】2019年，全公司各级纪检组织共受理信访举报1175件；处置问题线索1487件，其中谈话函询210件次，初步核实1219件次，了结1072件次；全年立案524件，结案539件，给予党政纪处分1185人；被刑事处理41人。运用“四种形态”处理党员领导干部2789人次，其中第一种形态1578人次，占比57%；第二种形态1053人次，占比38%；第三种形态123人次，占比4%；第四种形态35人次，占比1%。包括1名二级企业班子成员在内的6名党员领导干部主动向纪委交代问题，积极配合调查，悬崖勒马，迷途知返。（吕立良）

【警示教育】自国资委党委第五巡视组对中国中铁开展巡视以来，按照公司党委的统一部署，公司纪委积极配合巡视组开展巡视工作，并向巡视组作了专题汇报。针对巡视组移交的问题线索，公司纪委高度重视，坚持优先查、快速查，纪委主要领导亲自审批、亲自督办、亲自向巡视组汇报处理情况。按照巡视组有关要求，针对国资委党委巡视期间处理的违规、违纪、违法犯罪典型问题，12月6日，组织召开警示教育大会，此次警示教育大会，是中国中铁历史上覆盖范围最广、规模最大的一次警示教育大会，国资委党委第五巡视组杜阳光、李剑两位同志全程参加会议，公司党委书记、董事长张宗言出席会议并讲话，公司党委副书记、总裁陈云主持会议，公司党委常委、纪委书记王士奇代表公司党委通报七个违规、违纪、违法犯罪典型问题。公司领导及高管、各层级党员干部等共计35000余人参加会议。

中国中铁纪委组织编印《鉴戒》（2019），通过“身边人、身边事”教育警示广大党员干部依规管理、廉洁从业。各级纪检组织积极组织广大党员干部参观法纪教育基地、观看廉洁教育图片展、开展联创联建、举办预防职务犯罪讲座、推送警示教育案例等活动，组织学习中纪委印发的《党的十九大以来查处违纪违法党员干部案件警示录》和《叩问初心》警示片，全年各级纪检组织开展党章党规党纪教育7349次，累计参加22万人次，党员干部纪律规矩意识不断强化；督导各单位严格落实典型案件通报曝光制度，对监督执纪中的案件及时通报曝光，全年各单位累计通报典型案件60余次，发挥了案件警示作用。（吕立良）

【中老铁路廉洁建设】中国中铁认真落实习近平总书记关于中老铁路“廉洁之路”建设的重要指示批示，始终把中老铁路廉洁建设当作重要政治任务，对8家参建单位“廉洁之路”建设情况进行全过程督导；在中老铁路暨云南地区铁路重点建设项目现场推进会上，纪委主要领导围绕习总书记提出的“廉洁之路”建设做出安排部署，组织参建单位召开专题调研座谈会，全面加强廉洁风险排查整治。2019年11月，中央政治局常委汪洋到中老铁路调研并提出工作要求，公司党委、纪委认真落实，细化措施，推动中老铁路“廉洁之路”建设落到

实处。（吕立良）

【推动与业务工作深入融合】各级纪检组织盯住工程建设重点领域关键环节，严肃查处违规招投标、违规选人用人、违规选用劳务队伍（供应商）、超合同结算等突出问题，清理违规超结超付费用、收缴违纪所得，挽回经济损失9400余万元；各级纪检组织深入开展“再监督”，找出管理漏洞，锁定薄弱环节，对职能部门提出工作建议，督促落实“一岗双责”，修订了《劳务分包企业管理办法》《领导干部插手干预重大事项记录制度》等文件；加强境外项目风险调研，形成《中国中铁关于境外风险防控情况报告》。（吕立良）

【纪检干部队伍建设】按照中国中铁党委和驻委纪检监察组统一安排，深入开展“不忘初心、牢记使命”主题教育；以中央纪委国家监委印发的17门课程为主要内容，分两批对全公司1510名专职纪检干部进行了业务培训；选派9名业务骨干参加中纪委、国资委举办的培训班；组织内部专家到各二级企业开展业务培训15场次。加强自我监督，修订监督执纪审批流程和文书模板，严格执行问题线索处置集体研究和请示报告制度；对纪检人员之间打听、干预执纪审查工作和违规请托办事的，严格执行报备及责任追究规定，不断严肃工作纪律；开展执纪审查及纪律处分决定执行情况专项检查，纠正不规范行为；开展信访举报处理过程中形式主义、官僚主义问题专项整治，不断改进工作作风；坚持刀刃向内、从严要求，对14名违规违纪纪检干部严肃问责处理，其中给予党政纪处分13人，诫勉谈话1人。（吕立良）

工　会

【组织机构】中国铁路工程集团有限公司工会隶属于中华全国铁路总工会和国务院国资委群众工作局领导，下属包含52个工会（工会工委）组织，集团公司工会总部设：综合部、生产宣传部（体协）、权益保障女工部。（马　萌）

【年度工作综述】2019年，中国中铁工会工作总体思路是：以习近平新时代中国特色社会主义思想为指导，深入学习贯彻中国工会十七大精神，认真践行习近平总书记关于工人阶级和工会工作的重要论述，以政治建设为引领，以服务职工为中心，以基层建设为重点，以智慧工会为平台，以改革创新为动力，聚焦主责主业，凝聚奋进力量，切实增强工会工作的政治性先进性群众性，不断提升工会组织的服务力凝聚力影响力，团结带领广大职工为推进企业高质量发展做出新的贡献，以优异成绩迎接中华人民共和国成立70周年。全公司各级工会组织认真贯彻中央、上级工会和公司党委的工作部署，紧紧围绕企业中心任务，不忘初心、牢记使命，围绕促增长深化建功立业活动、提质量深化职工队伍建设、保稳定深化维权维稳工作、惠民生深化员工关爱工程、展作为深化女职工工作、强基础深化工会自身建设六个方面积极进取、主动作为，职工主力军作用进一步发挥，和谐劳动关系得到进一步巩固，员工福祉得到进一步改善，工会组织活力进一步增强，工会工作品牌影响力得到进一步提升。（马　萌）

【企业民主管理】召开二届五次职

▲ 中国中铁召开二届五次职工代表大会

代会。2 月 21 日至 22 日，中国中铁二届五次职代会在公司总部机关召开。公司领导及高管同 240 余名职工代表以及股份公司所属成员企业党政工主要领导参加会议。会议按既定程序听取党委书记讲话，审议通过行政工作报告，以及提案处理和征集情况报告、《集体合同》履行情况报告。职工代表听取公司党政主要领导大会述职报告和其他领导及高管、职工监事书面述职报告，采用无记名投票方式对公司领导及高管进行民主测评并当场公布测评结果。张宗言总裁和刘建媛主席分别代表公司方、职工方签订了 2019 年《集体合同》。有 8 名职工代表作了大会提案发言。

召开二届五次职代会团长联席会议。3 月 18 日，召开中国中铁二届五次职代会团长联席会第一次会议。全票审议通过《中国中铁企业年金方案》、《中国中铁总部企业年金方案》《中国中铁总部员工休息休假管理办法》《中国中铁总部员工补充医疗保险管理办法》3 个职工切身利益事项也在总部职工民主管理联席会审议通过。8 月 1 日，召开二届五次职代会团长联席会第二次会议，审议通过《关于成立中国中铁困难职工帮扶基金的建议方案》《中国中铁困难职工帮扶基金管理暂行办法》《关于将中国中铁职工玉树赈灾捐款余额变更用途至中国中铁困难职工帮扶基金的议案》。（刘治国　于金显）

【组织建设】2 月 21 日，中国中铁工会主席刘建媛当选中华全国铁路总工会第十四届执行委员会兼职副主席。2 月 23 日，召开中国中铁工会三届十次全委会暨三届七次经审会。会议听取了公司领导讲话，刘建媛主席作了工作报告，李晓声副主席作经审工作报告。2 月 27 日，中国中铁工会主席刘建媛当选中华全国总工会第七届女职工委员会委员、常委。4 月 8 日至 12 日，中国中铁工会选派 8 名工会主席参加中华全国铁路总工会 2019 年工会领导干部培训班。3 月 18 日至 19 日，中国中铁工会在中国中铁党校举办学习贯彻中国工会十七大精神培训班。培训期间，北京市工会干部学院副研究员范丽娜、中国中铁工会主席刘建媛、中国劳动关系学院工会学院院长杨冬梅、中华全国总工会劳动和经济工作部副部长姜文良等分别围绕《以工会十七大精神为引领创新性开展工会工作》《员工健康关爱计划推进及实践》《中国工会十七大精神解读》《大力推进产业工人队伍建设改革》作专题授课。中国中铁各二级、三级公司工会主席、副主席、女工委主任等 190 余人参加现场培训。8 月 2 日，召开中国中铁工会三届十一次全委（扩大）会。会议总结了上半年工会工作，结合公司党政中心工作，对下半年重点工作进行了安排部署。9 月，中国中铁工会开展中国特色社会主义工运理论研究和实践创新成果论文征集活动。9 月 16 日至 22 日，中国中铁第六期工会干部领导力提升研修班在清华大学举办，中国中铁工会主席刘建媛、副主席李晓声和工会相关同志分别参加了开闭幕仪式和座谈交流研讨等活动，各单位 83 名工会干部参加培训。10 月 30 日，中华全国总工会副主席、书记处书记阎京华赴中铁二局京唐铁路项目调研，检查京唐铁路建设情况，为“幸福之家十个一工程”建设实体揭牌并慰问项目部职民工。中华全国总工会劳动和经济工作部副部长姜文良、中国中铁工会主席刘建媛一同调研。（郑 黎　马 萌）

【智慧工会建设】推动中国中铁智慧工会云平台（简称“云平台”）开发建设，组织做好平台功能优化、基础信息补录、会员注册认证、社会资源对接和硬件资源配置等工作，工会业务应用系统和职工活动服务平台搭建完成，基本实现了工会服务线上办理、普惠线上开展、活动线上组织、业务线上处理等功能，该平台 2019 年 7 月 10 日正式上线运行。云平台涵盖 4 大功能，通过构建“互联网 +”职工服务新通道、构建“互联网 +”普惠福利新模式、构建“互联网 +”互动交流新载体、四级（股份公司、局、处、项目部）三端（App、网站、微信公众号）资讯一键发布、集体合同管理、困难职工帮扶管理、劳模管理服务、工会组织和会员管理等系统，实现工会业务线上处理。云平台包含中铁惠园 App、中国中铁工会网、中国中铁智慧工会云平台管理后台、中国中铁职工之声微信公众号 4 个主体构架，先后在线开展“最美家庭”评选表彰，“我的年味”“和和美美一家亲”“我身边劳模”晒图点赞，手

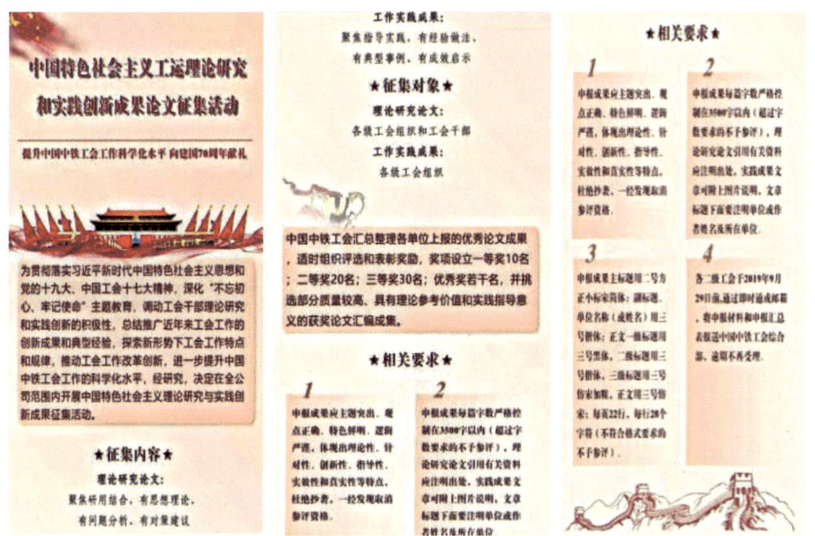

▲ 中国中铁工会开展中国特色社会主义工运理论研究和实践创新成果论文征集活动

机摄影大赛、安全知识闯关、“双十一”网上优惠购物等活动，进一步增强了工会工作的活力。通过举办9期管理员培训班，组建近千人的司机管理员队伍，加强智慧工会云平台运营管理。

（郑 黎 马 萌）

【劳动竞赛】2019年，通过共建共创、企地联合，围绕重点工程建设，持续深化京张高铁、京雄高铁、玉磨铁路以及成都地铁、西安地铁、广州地铁和平潭大桥等重点工程劳动竞赛，联合云南省总工会开展玉磨铁路劳动竞赛检查考核，联合地方工会召开了玉磨铁路、成都地铁、双洮高速等劳动竞赛现场表彰推进会。2019年四季度开展“安全卫士百日竞赛”活动，组织动员职工群众发挥监督检查作用，制止“三违”行为，为企业生产安全保驾护航。（陈宝华 朱成亮）

【权益维护】2019年“两节”送温暖慰问活动中，全公司共筹集1.04亿元，慰问困难职工、困难离退休人员、困难农民工及劳模先进共计2.6万户，慰问一线班组5256个。开展职民工工资发放情况专项调研。2019年9月，股份公司工会与行政相关部门对26个三级公司和项目部开展职民工工资发放情况专项调研。开展《2019年集体合同》履约情况检查。11月，职代会集体合同工作委员会在各单位普遍开展自查的基础上，对12家三级公司集体合同履行情况和职民工工资拖欠整改情况进行了专项检查。针对调研和检查中发现的问题，各单位及时整改落实，保障了员工合法权益。（刘治国 于金显）

【职工之家建设】2019年，全公司共投入“三工”建设资金10.5亿元。各级工会以“争创模范职工之家、争做职工信赖娘家人”活动为抓手，加强基层工会组织和干部队伍建设，增强工会组织的吸引力凝聚力战斗力。中国中铁工会深化项目部“幸福之家十个一工程”，开展重点工程调研慰问活动和海外员工思想状况调研。10月30日，中华全国总工会副主席、书记处书记阎京华赴中铁二局京唐铁路项目调研，检查京唐铁路建设情况，为“幸福之家十个一工程”建设实体揭牌并慰问项目部职民工。中华全国总工会劳动和经济工作部副部长姜文良、中国中铁工会主席刘建媛一同调研。（郑 黎 马 萌）

【精准帮扶工作】围绕打赢困难职工帮扶解困攻坚战，以党政工团名义下发《关于进一步做好困难职工帮扶解困工作的通知》，召开困难职工帮扶解困工作领导小组会、扶贫解困工作推进会、部分企业困难职工帮扶解困专题协调会。为建立特重困职工兜底性保障机制，联合中国志愿服务基金会发起成立中国中铁精准帮困专项基金，共向96户特重困职工家庭发放生活资助费41.7万元。2019年实现困难职工脱困解困1481户，供养人口同步脱困解困4512人，完成年度脱困解困目标的128.1%。其中，经“中国中铁精准帮困专项基金”和二级、三级单位常态资助后，特困、重困职工全部脱困解困（特困职工272户、重困职工522户）。自2018年以来，累计实现困难职工解困脱困3758户，供养人口同步脱困解困11276人，累计实现脱困解困率96.2%。

（刘治国 于金显）

【普惠服务体系建设】全面落实“三让三不让”关爱员工工程，大力推动普惠服务，中国中铁工会联手泰康养老公司启动重大疾病保险工作，通过企业搭桥、员工自愿自选自助的方式，为员工及家属提供专属团体优惠健康保险，增强抵御重大疾病、意外事故能力，有效解决了员工后顾之忧。特别是利用中铁惠园App，搭建了网上学院、困难帮扶、权益维护、诉求表达、健康医疗、心灵驿站、网上商城等服务平台，逐步建立了“互联网+”普惠服务体系。举办关爱农民工慰问活动。1月7日，由中国志愿服务基金会、中国中铁工会联合主办，中铁一局工会承办的“志愿服务送欢乐，情满中铁筑路人”关爱农民工慰问联欢演出活动，走进中铁一局二公司北京地铁12号线02标项目部。（刘治国 于金显）

▲ 中铁惠园 App　　▲ 中国中铁工会网

【健康关爱服务】组织员工健康关爱书面调研、网上问卷调查和片区督导调研，召开EAP工程推进视频会和交流研讨会。下发《关于加强员工健康关爱计划内部专员队伍建设的指导意见》，培训健康委员、内训师、督导运营师、健康关爱大使志愿者550人次，举办EAP内训师授课观摩大赛。搭建线上心理自助、心理测试和心理咨询平台，开通心理健康知识微课堂，开展10万名员工线上心理健康测评。截至年末，全公司共建立心灵驿站1100个，开展心理咨询疏导活动1228场次，电话和网络心理咨询1587人次，受益者达8.9万人次。（刘治国　于全显）

【生产宣传】围绕推动企业本质安全，组织各单位深入开展群众安全生产监督、全员安全教育培训和班组长安全质量责任制工作。3月13日至15日，在中国中铁党校举办群众安全生产工作暨生宣部长培训研讨班，对做好年度生产宣传工作提出要求。培训班上开展专家授课、经验交流，表彰了“大干90天劳动竞赛”活动优秀组织单位和先进个人；表彰了诗歌征集活动优秀作品；表彰了漫画活动优秀作品。6月1日至30日，在中铁惠园App面向全体员工组织开展“安全生产知识闯关答题”活动，闯关答题分为入门关、基础关、进阶关、学霸关、学神关，有近万名员工参与了答题活动。6月11日至14日，分两组分别对青岛地铁3号线、杭州地铁7号线进行群安工作互检，调研检查群安工作和班组长责任制推进落实情况，形成了调研报告。6月20日，在玉磨铁路召开班组长安全质量责任制现场推进会。会上发布了《工程项目班组长安全质量责任制工作指南》，通报了群安工作互检及班组长责任制调研检查情况，5家单位作经验交流。9月10日至12日，由中国中铁工会主办，中铁大桥局工会承办的首届群安员技能大赛在武汉铁路桥梁职业学院举办。来自中国中铁各单位的72名选手参加了大赛。中铁大桥局、九局、三局、七局、五局、一局6家单位获得团体前6名，中铁九局景占舰等18名选手荣获优胜奖。联合云南省开展了玉磨铁路劳动竞赛检查考核。6月20日，在玉磨铁路召开中国中铁玉磨杯劳动竞赛表彰推进会。会上对2个云南省五一劳动奖状、4个五一劳动奖章、6个工人先锋号和建功玉磨铁路标兵单位、建功玉磨铁路十大模范进行表彰。大力创建劳模创新工作室，8月1日，召开了劳模创新工作室建设推进会，表彰了第二批五星级创新工作室，交流了工作经验，明确了工作重点。制定《关于进一步深化职工创新创效活动的意见》《劳模（专家型职工）创新工作室联盟管理办法》，建立地下空间、电气化工程、桥梁工程、城市轨道工程、项目管理5个创新工作室联盟，广泛开展“五小”攻关、创新创效活动。截至2019年末，全公司共有创新工作室379个，其中国家级5个、省部级45个，母永奇、王中美、冯继军、郝利斌4个劳模创新工作室被评为中国中铁技能大师工作室。12月13日，成都市2019年职业技能邀请赛闭幕式暨百万职工劳动和技能大赛颁奖大会在成都举行。中国中铁共有26支队伍参赛，获盾构机施工技术比赛团体一等奖1个、团体二等奖2个、团体三等奖1个。在表彰会上，中国中铁企业和员工在四川省获得成都市五一劳动奖状18个、成都市五一劳动奖章85个、成都市工人先锋号55个。（陈宝华　朱成亮）

【女职工管理】认真学习贯彻中国妇女十二大精神，组织召开女工委全会和专业组会议，安排部署工作，总结交流经验，评选表彰女工工作和女职工先进典型。举办中国妇女十二大精神专题辅导报告和《重建家教与门风》卓越讲坛。组织开展庆祝“三八”节系列活动，健全女工工作信息数据库，推动女工组织建设日益规范。公司女工工作受邀在全总女职工工作调研座谈会上作经验交流。广泛开展女职工学习培训活动，在清华大学举办先进女职工素质提升研修班；搭建中铁惠园App女子学堂，并录制上传《帼之悟》系列课程；组织女职工参加第七届全国“书香三八”和第五届书香铁路读书征文等系列活动，在第七届全国“书香三八”读书活动中有6家单位获优秀组织奖，49个作品获奖，中国中铁工会获全国“书香三八”读书活动特别组织奖；50个作品入选“书香铁路”，中铁大桥院徐科英入选全国第八届“书香三八”读书用书创作人物。深化女劳模创新工作室建设，召开女劳

▲中国中铁工会与泰康养老公司“中国中铁员工重大疾病保险”合作协议签字仪式

模创新工作室建设现场观摩交流会。发挥女职工在家庭文明建设中的独特作用，开展“和和美美一家亲”晒图点赞和第二届“十大最美家庭”评选活动，并对34户候选家庭优秀先进事迹进行了展播。大力培养选树女职工先进典型，全公司荣获省部级以上女职工先进集体22个、先进个人28个，其中1名全国三八红旗手，2名全国五一巾帼标兵、3个全国五一巾帼文明岗，有2家单位获全国工会爱心托管班称号。2019年，中国中铁工会主席刘建媛当选中华全国总工会第七届女职工委员会委员、常委。

（刘治国　于金显）

【劳模管理】开展“我身边的典型”晒图点赞和第七届“中国中铁劳动模范”评选活动，召开庆“五一”暨劳模表彰大会，隆重表彰133名中国中铁劳模。召开庆祝新中国成立70周年劳模先进座谈会，广泛开展劳模走访慰问活动，通过多种形式加大先进典型宣传和推荐申报工作。2019年，全公司共获全国级最美奋斗者2名、五一劳动奖状2个、工人先锋号8个、五一劳动奖章6名；省部级劳动模范37名、先进集体104个、先进个人103名，其中央企先进集体12个、央企劳模21名，受表彰数量名列中央企业第六、建筑央企第一。有8位劳模先进应邀参加新中国成立70周年庆典活动。中国中铁弘扬劳模精神、选树先进典型的做法，受到了全国人大常委会副委员长、全总主席王东明的充分肯定。

（陈宝华　朱成亮）

▲ 全国职工主题阅读示范活动

▲ 中国中铁庆祝新中国成立70周年劳模先进座谈会

【职工文体】2019年，中国中铁举办“志愿服务送欢乐，情满中铁筑路人”关爱农民工慰问联欢演出活动、“中铁北京局杯”职工乒乓球赛（北京地区）、中国中铁2019年迎新春“中铁物贸杯”职工桥牌比赛（北京地区）等活动。开展以“我和我的祖国”为主题的系列文化体育活动。在“中国梦·劳动美”第六届全国职工微影视大赛评选中，中国中铁获得2项金奖，4项银奖。其中，中铁国际《伟大出自平凡》获得“随手拍”金奖，中铁一局《奋斗青春》获得宣传片金奖，中铁二院工会《逐梦川藏》获故事类银奖，《测绘人》《声音卫士》《穿城记》获宣传类银奖。在中国中铁工会主办、中铁二局工会承办的“我和我的祖国”——中国中铁喜迎新中国成立70周年职工征文大赛活动中，收到征文449篇，经大赛组委会的初评、复评和终评，评选出一等奖3篇、二等奖6篇、三等奖9篇、优秀奖30篇。12月2日，“与共和国同行”全国职工主题阅读示范活动中国中铁专场暨2019年工会职工书屋图书配送仪式在中铁建工集团举办。全国总工会党组书记、副主席、书记处第一书记李玉赋，全总党组成员、经费审查委员会主任李晓钟，中国中铁总裁陈云，工会主席刘建媛等领导出席活动。（陈宝华　朱成亮）

【财务和经费审查】2019年，规范工会财务管理，加强工会财务经审工作，认真组织做好财务预决算编制，开展基层工会经费使用管理情况自查和专项检查，组织完成部分单位工会经费收支审计和工会主席离任审计，促进工会财务规范管理。中国中铁工会在中华全国铁路总工会竞赛考核中获得2018年度财务竞赛评比特等奖、2018年度精神工作规范化建设考核一等奖；中铁二局工会、中铁大桥局工会、中铁电气化局工会、中铁建工工会、中铁上海局工会、中铁科研院工会在中华全国铁路总工会竞赛考

核中荣获2018年度基层工会财务工作先进单位。 （郑 黎 马 萌）

【2名个人荣获最美奋斗者】

窦铁成 中铁一局电务公司

巨晓林 中铁电气化局一公司

【2个集体荣获全国五一劳动奖状】

中铁三局集团第五工程有限公司（铁路）

盾构及掘进技术国家重点实验室（河南省）

【6名个人荣获全国五一劳动奖章】

石文忠 中铁六局集团石家庄铁路建设有限公司工会主席、副总经理（河北）

时一波 中铁大桥局集团第六工程有限公司党委副书记、总经理（湖北）

彭祥华 中铁二局二公司兴泉铁路项目部爆破技师（四川）

敬启双 中铁八局集团有限公司贵阳工程指挥部指挥长（四川）

陈爱玲（女） 中铁五局集团路桥工程有限责任公司贵州双龙港水环境综合整治项目部党工委书记、经理（贵州）

徐科英（女） 中铁大桥勘测设计院集团有限公司第二设计院设计一所副所长（铁路）

【8个集体荣获工人先锋号】

中国中铁股份有限公司石家庄地铁1、2号线工程建设指挥部（河北）

中国中铁股份有限公司双辽至洮南公路建设项目第ST01合同段项目总经理部（吉林）

中铁四局集团公司商合杭铁路站前十三标项目经理部合肥南动车所分部（安徽）

中铁大桥勘测设计院集团有限公司第二设计院杨泗港长江大桥项目组（湖北）

中铁二院工程集团有限责任公司地勘岩土工程设计研究院地质一所（四川）

中铁二局第一工程公司成贵铁路项目经理部铁盔山隧道出口作业班组（贵州）

中铁五局集团第一工程有限责任公司贵州省夹岩水利总干渠2标项目经理部（贵州）

中铁八局集团第六工程有限公司呈黄路项目部（云南）

【2个集体获得云南省五一劳动奖状】

中铁三局集团玉磨铁路项目部

中铁四局集团玉磨铁路项目部

【4名个人获得云南省五一劳动奖章】

刘树公 中铁一局集团玉磨铁路项目部常务副经理

毛朝勋 中铁六局集团玉磨铁路项目部路桥分部经理

黄小川 中铁八局集团玉磨铁路项目部一分部经理

黎文明 中铁十局集团玉磨铁路项目部经理

【6个集体荣获云南省工人先锋号】

中铁二局集团玉磨铁路项目部二分部

中铁五局集团玉磨铁路项目部架子四队

中铁六局集团玉磨铁路项目部隧道分部

中铁十局集团玉磨铁路项目部一工区

中铁上海局集团玉磨铁路三分部

中铁二院工程集团地勘院地质一所

【12个集体荣获中央企业先进集体】

中国中铁工程设计咨询集团有限公司

中国中铁工程装备集团有限公司

中铁一局集团第四工程有限公司

中铁三局集团有限公司运输工程分公司

中铁四局集团有限公司第八工程分公司

中铁六局集团太原铁路建设有限公司

中铁电气化局集团第一工程有限公司

中铁建工集团山东有限公司

中铁上海工程局集团第一工程有限公司

中铁北京工程局集团第一工程有限公司

中铁五局集团有限公司新建京张铁路三标项目部

中铁隧道局集团玉磨铁路项目经理部

【21名个人荣获中央企业劳动模范】

李远平（女） 中国铁路工程集团有限公司中铁二局集团城通公司广州地铁14-9标项目经理

裴维勇 中国铁路工程集团有限公司中铁四局集团第二工程有限公司机械分公司领工员

谭秀军 中国铁路工程集团有限公司中铁七局集团第五工程有限公司蒙华铁路项目部经理

廖远国 中国铁路工程集团有限公司中铁八局集团桥梁公司渝北龙盛制梁场经理

赵 佳 中国铁路工程集团有限公司中铁九局集团大连分公司刚果（金）项目经理

沈廷山 中国铁路工程集团有限公司中铁十局集团电务工程有限公司电务第二项目部作业队长

吴金霞（女） 中国铁路工程集团有限公司中国中铁大桥局集团第五工程有限公司福平铁路FPZQ-3标项目经理部党工委书记

王艳鸽（女） 中国铁路工程集团有限公司中国中铁武汉电气化局集团第一工程有限公司信号女子突击队队长

熊书文 中国铁路工程集团有限公司中国中铁广州工程局集团港航工程有限公司泰铭码头项目部经理

王英锋 中国铁路工程集团有限公

司中国中铁宝桥集团辙叉分公司维修电工
徐子龙　中国铁路工程集团有限公司中国中铁国际集团川铁国际经济技术合作有限公司乌克兰光伏项目部经理
姚　力　中国铁路工程集团有限公司中国中铁二院工程集团有限责任公司土木建筑设计研究一院副总工程师
赵兴华　中国铁路工程集团有限公司中国中铁第六勘察设计院集团有限公司电气化设计院分公司首都机场线项目总体、院智慧交通项目负责人
侯　健（女）　中国铁路工程集团有限公司中国中铁大桥勘测设计院第二设计院第三设计所副所长
张安民　中国铁路工程集团有限公司中国中铁置业集团上海有限公司总经理
王　权　中国铁路工程集团有限公司中国中铁资源华刚矿业股份有限公司商贸物资部部长
金　琰（女）　中国铁路工程集团有限公司中国中铁城投集团有限公司投资开发部副部长
张立业　中国铁路工程集团有限公司中国中铁大连地铁五号线有限公司总经理、党委副书记
王明蓉（女）　中国铁路工程集团有限公司中国中铁信托有限责任公司风险管理员
申凌云　中国铁路工程集团有限公司中国中铁文化旅游投资集团有限公司副总经理兼川投公司党委书记、总经理
邓英海　中国铁路工程集团有限公司中国中铁三局集团桥隧工程有限公司第十四工程队队长

【省部级劳动模范】（16 名）

山西省劳动模范（4 名）

张民栓　中铁三局京张铁路项目部
安晋哲　中铁六局太原铁建公司西南环项目部综合四架子队队长
尚　军　中铁隧道集团二处蒙华铁路 3 标一工区项目经理
罗　进　中铁隧道集团二处蒙华铁路 3 标项目部党工委书记

西藏自治区劳动模范（2 名）

边　建　中铁五局一公司拉林铁路项目部隧道开挖班班长
李春红　中铁广州局桥梁公司办公室业务经理

河南省劳动模范（7 名）

王小平　中铁隧道局副总工程师
秦小鹏　中铁隧道股份精密测量中心主任
胡方方　中铁隧道集团二处蒙华铁路 3 标一工区中条山隧道 1# 斜井开挖队长
余　军　中铁隧道集团三处盾构一分盾构维保工
王小平　中铁隧道局副总工程师
王　锴　中铁装备设备公司总经理
王保利　中铁装备新加坡公司技术部副部长

浙江省劳动模范（1 名）

郭二鹏　中铁电气化局台州项目部项目经理、党支部书记

河北省劳动模范（2 名）

宋红飞　中铁山桥钢结构工艺研究院副院长
徐渤雨　中铁山桥道岔车间铣三班班长

【省部级以上先进女职工集体】（22 个）

全国巾帼文明岗

中铁武汉电气化局集团输变电工程公司市场开发部
中铁武汉电气化局集团信号女子突击队
中铁大桥勘测设计院女杰创新工作站

全国第六届“书香三八”读书活动优秀组织奖

中铁八局集团有限责任公司
中国中铁二院工程集团有限责任公司
中国中铁九局集团公司

全国铁路先进女职工集体

中铁二局宁波穿山港项目部防护女工班
中铁四局第五工程有限公司委内瑞拉区域经理部翻译组
中铁六院集团电气化设计院分公司变电二次专业设计组

全国铁路先进女职工组织

中铁一局集团有限公司工会女职工委员会
中铁广州工程局集团有限公司女职工委员会

上海市三八红旗集体

中铁上海局华海公司成本管理部

河南省巾帼标兵岗

中铁七局海外公司经营开发部

湖北省巾帼标兵岗

中铁七局武汉公司离退休管理中心

湖北省先进女职工组织

中铁七局武汉公司工会女职工委员会
中铁大桥局集团第六工程有限公司工会女职工委员会
中铁大桥局集团第七工程有限公司工会女职工委员会
中铁武汉电气化局集团公司工会女职工委员会
中铁大桥院女工委

湖北省女职工建功立业标兵岗

中铁大桥院女杰创新工作站
中铁武汉电气化局集团公司财务共享服务中心

湖北省三八红旗集体

中铁武汉电气化局集团输变电工程公司市场开发部

【省部级以上先进女职工个人】（29 名）

第十一届全国五好家庭、宁夏回族自治区巾帼建功标兵

庞小蓉　中铁一局银川中铁水务公司客户服务部供水热线

全国青年岗位能手

霍永花　中铁二局西藏米拉山隧道项目总经济师

全国三八红旗手、全国巾帼建功标兵、第三届“央企楷模”、最美科技工作者

王杜娟　中铁装备集团总工程师、女工委主任

全国五一巾帼标兵

李远平　中铁二局城通公司广州市轨道交通十四号线一期施工9标项目经理（四川省三八红旗手）

曹博思　中铁四局设计研究院工程师

火车头奖章

王英琳　中铁工业科工集团工程机械设计院新轨分院总工

全国工会积极分子

张茂霞　中铁二局深圳公司人力部部长

周　宣　中铁八局现代物流公司物流中心副经理、工会主席

全国铁路优秀工会工作者

王　闽　中铁文旅党委副书记、纪委书记、工会主席

张　科　中铁工业科工集团工程机械设计院党群工作部部长

乔素兰　中铁宝桥宝工公司党委书记、纪委书记、工会主席

全国铁路先进女职工

齐旭燕　中铁北京局北京公司技术中心主任兼工程管理部副部长

董志红　中铁五局一公司副总经济师

徐科英　中铁大桥勘测设计院二院一所副所长

全国铁路先进女职工工作者

张怡军　中铁设计咨询人力资源处处长、党委干部部部长、女工委主任

祝阿妮　中铁隧道局工会权益保障女工部部长、女工委主任

全国铁路巾帼标兵

徐科英　中铁大桥勘测设计院二院一所副所长

山东省优秀工会工作者

王　斌　中铁十局工会权益保障部主管

山东省女职工建功立业标兵

程晓琳　中铁十局资金结算中心融资科科长

湖北省优秀女职工工作者

冯　翠　中铁武汉电气化局工会女工委主任

杨蕙泽　中铁大桥勘测设计院集团工会

黄诗丽　中铁大桥局武汉桥梁特种技术公司市场营销部副部长、女工委主任

湖北五一劳动奖章、湖北五一巾帼奖

卢圆圆　中铁武汉电气化局一公司

湖北省荆楚工匠

刘琴梅　中铁大桥局六公司中心试验室副主任

四川省优秀工会工作者

田　英　中铁二局六公司工会副主席

四川省三八红旗手

金　琰　中铁城投投资开发部副部长

陕西省优秀工会工作者

王　芳　中铁宝桥工会办公室宣传女工委员

河南省五一巾帼标兵

郭　璐　中铁隧道局盾构及掘进技术国家重点实验室科研人

魏淑芳　中铁七局五公司郑州房建分公司工经部部长

【第七届中国中铁劳动模范】

中铁一局（6名）

雷　威　铁路建设公司党委副书记、总经理

姜　栋　四公司大瑞铁路项目部项目经理

刘立娜（女）　二公司党委宣传部部长

齐国平　建工机械公司金属结构分公司工班长

王友彬　五公司鲁南高铁项目二分部领工员

方　卓　城轨公司掘进设备技术中心车间主任

中铁二局（6名）

钟正君　深圳公司党委副书记、总经理

陈振兴　丽香铁路项目部工班长

伍分强　新运公司郑济项目部起重工

赵　毅　五公司党委书记

刘卫东　四公司昆明恒大项目部经理

张　玲（女）　六公司南昌地铁3号线项目部总经济师

中铁三局（6名）

岳志军　建安公司党委副书记、总经理

胡宏哲　电务公司党委书记

董　浩　运输公司第二运输段副工长

刘会义　六公司协作队伍电工

张　莹（女）　二公司经营开发部副部长

李达昌　赣深4标项目部工程部副部长

中铁四局（6名）

毛　龙　二公司盐通三分部总工程师

胡世山　四公司党委书记、执行董事

李俊红　五公司郑万铁路2标经理部项目经理

唐宝平　八分公司焊轨工程队副队长

高永良　电气化公司连盐四电经理部作业队长

谭昊文（女）　城轨分公司副总经济师兼营销部部长

中铁五局（6名）

朱胥仁　一公司拉林铁路项目部经理

吴江华　贵州公司太焦铁路项目部总工程师总工程师

葛爱玲（女）　五公司经营开发部部长

刘继文　四公司银西1标项目部党工委书记

庞启辉　机械化公司机电分公司摊铺机操作手

张海峰　六公司安六铁路项目部测量工

中铁六局（5名）

黄帅军　交通分公司郑州盾构项目部机电总工

唐　红　海外分公司党委副书记、总经理，越南轻轨项目经理部经理

巩天才　北京公司副总经理
孙燕萍（女）　建安公司财务会计部副部长
郑英斌　石家庄公司石济代建项目部领工员

中铁七局（6名）

张志军　三公司深圳妈湾跨海通道项目经理
牛学忠　郑州航空港工程指挥部党工委书记、指挥长
李松泉　海外公司副总工程师兼赞比亚地区经理
姚　斌　西安铁路工程有限公司水电分公司工班长
李　静（女）　武汉工程公司长信土木工程检测公司总工程师
智少军　郑州工程有限公司测绘分公司敦白铁路沉降观测项目部测量工

中铁八局（5名）

曾伯川　三公司党委副书记、总经理
岳　鸿（女）　建筑公司成本管理部部长
倮伍克的子　城通公司设备物资管理中心机修工
杨国庆　二公司天府机场高速公路TJ2标段项目经理
廖洋洋　一公司温州市域铁路项目部副总工

中铁九局（5名）

高利乾　二公司四平市政项目经理部项目经理
陈立军　六公司青岛地铁1号线土建一标07工区工程项目部党支部书记
刘静思（女）　大连分公司刚果（金）项目部副总工程师
张铁民　电务公司第九工程队工长
吕文发　路桥分公司伊春采矿厂运输车间维修工

中铁十局（5名）

赵庆坤　山东区域指挥部党工委书记、常务副经理
钱国强　一公司鲁南高铁施工员
乔志兵　三建公司工管中心主任
赵瑞付　青岛公司项目部领工员
曹春花（女）　建筑公司项目部副经理

中铁大桥局（6名）

代建兵　一公司项目经理
蒋本俊　七公司宜昌香溪桥总工
韦理仁　九公司党委书记
秦伟朋　中铁大桥局办公室主任
曾　涛　华南片区指挥部常务副指挥长
李　忠（女）　幼儿园园长、书记

中铁隧道局（6名）

卿晓菊（女）　隧道股份有限公司工程试验中心科员（劳务工）
兰　涛　路桥工程有限公司工会主席
许光明　市政工程公司杭州指挥部指挥长、市政三公司经理
侯文涛　国际事业部新加坡环线C885项目部副经理
冯晓燕（女）　勘察设计研究院有限公司副总工程师、副主编
鲁　斌　西南指挥部营销部长

中铁电气化局（6名）

毕全利　一公司项目经理
常媛媛　智能交通公司科研所副所长
黄俊伟　三公司项目支部书记
王广冬　电气化公司项目总工
赵振斌　运管公司总经理
张大光　建筑公司项目经理

中铁武汉电气化局（2名）

李顺成　设计研究院有限公司副总工兼所长
刘　勇　一公司连镇项目部第一物资配置中心主任

中铁建工（6名）

侯国树　广州分公司总经理
杨洪涛　北京分公司装饰中心主任
张翠山　东非公司坦桑分公司副总经理
冯逸喆　华北分公司舟山波音737项目部商务经理
冯名来　山东公司劳务分包单位商务负责人
邱振虎　副巡视员

中铁广州工程局（2名）

张立军　拉林铁路工程指挥部常务副指挥长
吴　勇　第三工程有限公司磨万铁路Ⅱ标项目经理部试验室主任

中铁北京工程局（2名）

郭鸿强　六公司总工程师双洮项目经理
白顺涛　北京公司长春物流港项目经理

中铁上海工程局（2名）

叶成诚　一公司副总经理兼北京地铁指挥长
刘明友　五公司柳梧片区常务副指挥长兼白沙大桥、凤凰岭大桥项目经理

中铁国际（2名）

卫晓军　亚洲分公司副总经理
王玉水　中海外尼泊尔分公司总经理

中铁东方国际（1名）

冯庆元　副总工程师、科技部部长、MRT2项目公司总经理

中铁二院（3名）

裴志远　土建二院线路处副处长
徐正宣　地勘院副总工程师
鲍　方（女）　土建一院景观所所长

中铁六院（1名）

贺维国　隧道设计分公司总工程师

中铁设计咨询（2名）

姚楚峰　副总工程师
周宇清　线站院总工程师

中铁大桥勘测设计院（1名）

胡　骏　华东分公司总经理

中铁华铁（1名）

王　实　上海设计院党委副书记、院长

中铁科研院（1名）

张三峰　西南院副总经理

中铁工业（4名）

刘建国　中铁山桥机械车间钳工
于宏钢　中铁宝桥钢结构车间电焊工
王英琳（女）　中铁科工机械研究设计院新型轨道交通分院总工程师
朱有伟　中铁装备副总经济师兼商务部部长、营销中心总经理

中铁信托（1 名）

周　欣（女）　产业投资部总经理

中铁资本（1 名）

周光明　金控融资租赁有限公司总会计师、副总经理、总法律顾问、工会工委主任

中铁财务（1 名）

吴　爽（女）　信贷业务部经理

中铁交通（1 名）

刘进友　南宁轨道交通 3 号线 02 标工程指挥部、南宁市轨道交通 4 号线 02 标工程指挥部常务副指挥长

中铁南方（1 名）

邓盛利　投资开发中心主任

中铁投资（1 名）

张　剑　呼和浩特市轨道交通 1 号线一期工程建设指挥部指挥长

中铁开投（1 名）

陈　勇　瓮开、威围高速联合项目党工委书记、贵州分公司总经理

中铁城投（1 名）

何　伟　融资财务部副部长

中铁置业（1 名）

张露小荷（女）　设计研发部设计经理

中铁文旅（1 名）

程芝元　董事、总法律顾问、董事会秘书兼川投公司董事长、法定代表人

中铁资源（1 名）

郭有劲　廊坊市中铁物探勘察有限公司总经理、党委副书记

中铁物贸（1 名）

于广浩　深圳公司广州区域党支部书记、副主任

中铁国资（1 名）

郭　宇　党委办公室主任、党委工作部（企业文化部）部长

中铁党校（1 名）

李　然（女）　校务委员、办公室主任、第一党支部书记

中铁广州轨道交通指挥部（1 名）

刘　军　十一号线总包部前期工作部副部长

中铁双洮公路项目（1 名）

毛家鹏　总经理部办公室主任

中铁德伊高铁项目（1 名）

朱　骏　经理部副总经济师

中国中铁总部机关（2 名）

李凤超　安全总监、安全质量监督部部长、安全质量稽查总队队长

夏玉民　行政管理部高级经理

挂扶干部（10 名）

李　博　中铁高新工业股份有限公司办公室（党委办公室）主任

郝海静　中铁山桥山海关桥梁公司副经理

张　坤　安徽省颍上县杨湖镇汪李村第一书记，扶贫工作队队长（中铁四局副处级干部）

牛庆伟　中铁七局集团太焦铁路项目经理部党工委书记

马良权　中铁大桥局集团九公司党委副书记、纪委书记、监事

张忠文　山西省保德县副县长（中铁一局正处级干部）

秦建宁　中铁二院拉萨分院院长高级工程师，川藏铁路勘察设计总指挥部党工委委员、副指挥长

梁夫喜　中国中铁杭州地铁 7 号线工程施工总承包项目部副经理

李少林　中国中铁经营开发部业务管理处处长

胡丁旺　中国中铁干部部技术干部处处长

团　委

【团组织和团员队伍状况】截至 2019 年底，全公司有 35 岁以下青年 14.3 万余人，其中团员青年 55000 余人。有下级组织 5326 个，其中：团委 431 个，团工委 271 个，团总支 123 个，团支部 4501 个。2019 年，全公司有 1 个项目获得 2019 年全国青年社会组织“伙伴计划”五星级扶贫项目；1 个组织获得第十二届中国青年志愿者优秀组织奖；1 个集体获得“全国五四红旗团委”称号；1 个集体获得第十五届“振兴杯”全国青年职业技能大赛“优秀组织单位”；3 个集体获得全国铁路五四红旗团委（团支部）及青年安全生产示范岗；1 人获得第 23 届“中国青年五四奖章”；2 人荣获“全国优秀共青团干部”称号；1 人荣获“全国铁路向上向善好青年”称号，4 人荣获“全国铁路优秀共青团干部”称号；4 人荣获“全国铁路优秀共青团员”称号。　（谈　阳）

【基层团组织建设】突出“基层团组织建设年”主题，坚持眼睛向下、面向基层，从基本组织、基本队伍、基本制度抓起，利用已出台的制度对工作的保障和促进作用，结合实际制定下发《关于在新入职管理岗位员工中全面开展“师带徒”工作的指导意见》《关于建立各级组织为青年办实事联动机制的实施意见》，确保基层共青团工作的有效开展。加强对所属企业团组织按期换届工作的督导落实，加强组织管理，严格组织程序，指导 3 个项目及指挥部成立团工委；批复 7 家单位调整团委委员，配齐配强专兼职团干部；指导 5 家单位召开团代会，按期做好换届选举，积极配合党委做好党建工作考核评价，围绕党委研究共青团工作、团建基础、服务中心工作、服务青年成长以及青年思想引导、新媒体平台建设等方面加强考核评价，不断完善健全企业共青团工作考核评价机制。　（谈　阳）

【贯彻落实公司“两会”等系列重要会议精神】根据公司年度会议提出的目标要求，制定下发《关于组织开展“青春心向党·建功新时代”主题宣传教育实践活动的通知》，深入开展主题教育实践；编制《“2019”凝聚青年力量，绘制“六步”蓝图》形势任务宣传提纲，从青年人的角度对落实好公司“123456”工程做了详细解读，促进十九大精神的学以致用，引导青年准确把握企业发展形势任务。组

▲ 中铁武汉电气化局党建责任制开展考核评价工作

织全体青年收听收看纪念五四运动100周年大会并及时学习传达习近平总书记重要讲话精神。中国中铁系统20名青年赴现场聆听习近平总书记重要讲话，全公司10万余名团员青年通过电视、网络及手机等媒体渠道收听收看大会实况。邀请团中央书记处书记李柯勇及团中央“青年讲师团”走进中国中铁，从初心使命讲到网络热词、从志愿服务讲到公益创业，青年代表结合所从事的职业和自身实际，为中国中铁北京地区新入职员工讲述当代青年“不忘初心、牢记使命”，勇于担当、奋发作为的新时代奋斗故事，激励新员工守好初心、担当使命，切实增强团员意识，上好入职第一课。（谈　阳）

【召开三届六次全委（扩大）会议和协作区会议】在年初公司“两会”召开期间，团委组织召开共青团中国中铁三届六次全委（扩大）会议，股份公司团委作了题为《强化政治责任 提升担当意识 为服务企业实现高质量发展贡献青春力量》的工作报告，总结2018年工作，分析当前面临的新形势及新任务，部署2019年重点工作，正式推行“一支部一品牌”工作，引导基层全面推广“团支书人选公推直选”工作，引导支部结合实际明确工作重点，避免工作浮于表面；5家先进单位代表分别结合年度工作亮点进行PPT经验交流汇报，20家单位做了书面汇报。同时，就如何落实好“两会”精神、开展好2019年工作进行了交流研讨。全年各级团组织围绕中心积极开展团支部创建、团支部书记公开竞聘等特色品牌活动，不断优化和完善工作机制，全面激发基层团组织活力。（谈　阳）

【深入推进贯彻“青年大学习”主题活动】结合新中国成立70周年和五四运动100周年历史性节点，配合公司党委开展“不忘初心、牢记使命”主题教育，适时举办“不忘初心、牢记使命”优秀企业精神宣讲活动，22名参赛选手采用多媒体形式动情地讲述了21个为民族复兴架桥铺路的感人事迹，传承和弘扬优秀企业文化；大力弘扬总书记点赞的中国中铁青年“忠诚担当”精神，开展寻找和讲述“忠诚与担当”的中国中铁好青年活动。联合团中央青年发展部党支部到丰台新建火车站项目开展“不忘初心、牢记使命”主题党日活动，团中央书记处书记傅振邦全程参与并对中国中铁党委和各级党组织对共青团工作的重视给予了肯定；面向全体团员青年开展“读《习近平在正定》看忠诚与担当”主题征文活动，重点领会习近平总书记许党报国的理想追求、爱民为民的家国情怀、勤奋好学的进取精神、苦干实干的优良作风，各级团组织组织读书分享会等学习交流800余场次。（谈　阳）

【团委新媒体建设】积极发声，强化思想引领。围绕企业重大会议及决策，采用动画、H5等青年人喜闻乐见的方式做好青年形势任务教育。坚持做好“青年大学习”网上团课，在重点工作、重大主题宣传中统一发声。紧贴实际，服务中心工作。在传承优秀企业文化、弘扬优秀企业精神上做好文章。聚焦青春建功、安全生产、科技创新等，在促进作用发挥、推动管理提升上做好文章，突出新媒体对主业的价值和贡献度。突出特色，竭诚服务青年。创新推出了“青声青语、青热解读、青传承、青原创、安全漫画、青年大学习”等栏目，启动首届青年网络文化节，举办海报·摄影设计及书法大赛，组建新媒体骨干交流群（282人），加强互动交流；召开新媒体工作推进会，选送3人到团中央新媒体中心挂职助勤，有效提升了新媒体工作水平。中国中铁青年粉丝关注数量达到132731人，年总阅读量达到1017285次。多次进入全国基层团组织微信公众号综合影响力排行前五名。（谈　阳）

【持续推进“双创”活动】启动“智汇未来·双创”共享云平台建设。该平台系统在形式和内容上采取体验式页面，吸引基层群众性的创新成果上报；利用群众性创新成果数据库，建立检索、智能分类、查重功能；建立内部查阅、成果信息动态展示、内部流转分发流程；对创新成果进行外部转让价格定价参考，实现内部转让交易；建立创新专家及人才库，整合创新人才资源。依托该平台开展的第二届青年创新创意大赛已经正式启动，汇聚了青年创新创意成果有7个大类共计700余项，取得了初步

成效。（谈 阳）

【强化青年质量强企意识】下发一号文组织一线青年大力推进安全质量工作，全面落实好股份公司党政工团《关于全面系统推进“管”“监”责任落实 提升企业本质安全保障能力的通知》各项要求，组织各级团组织和基层青年安质岗充分发挥主观能动性，发挥好青年安全质量监督岗的“主阵地”作用和青年安全质量培训的“牛鼻子”作用，利用好青年安全质量包保机制的“倒逼”作用和工程信息化新技术的“加速器”作用持续提升企业本质安全保障能力。强化基层青年安全质量监督岗的哨兵作用，层层落实安全质量管理包保责任，公司所属各二、三级生产类企业结合自身实际与行政签订了《青年安全质量包保责任书》，覆盖率达到100%。在“质量月”活动期间，组织青年安质岗以“防风险、保安全、迎大庆”为工作主线，以促进青年安全、质量意识教育，安全质量群众性检查监督为抓手，引导广大青年安质岗岗员投身防风险、保稳定工作上来，促进企业重要时期内实现安全生产目标。以“质量是企业的生命”为主题，自下而上在全公司青年员工中开展了青年质量意识演讲比赛及青年质量意识巡回演讲活动，阐述质量对企业发展的重要性，有效传播了企业高质量发展的理念，再次敲响了安全生产的警钟。经初步统计，共计开展演讲比赛100余场，参与员工1000余人。（谈 阳）

【“幸福之家”志愿服务】在公司党政工支持下，结合实际走访慰问海外员工家属200余人。利用3月“雷锋月”的契机，开展精准扶贫服务、社区公益活动、特殊家庭应急服务等“幸福之家”志愿服务活动1200余场次，服务人员达33200余人次。持续拓展和外延青年志愿服务项目，组织在京青年志愿者圆满完成了中央企业五四特别主题团日活动等志愿服务活动；组织186名青年参加国庆群众游行；推荐4个集体申报了全国2019年学雷锋志愿服务“四个100”先进典型。（谈 阳）

【聚焦扶贫启动“五彩梦想”接力行动】以“点亮微心愿，我是圆梦人”为主题，启动“五彩梦想”接力计划，收集对接和实现企业定点扶贫县以及企业内部试点单位征集到困难员工及困难群众家庭微小心愿283个。该计划获得2019年全国青年社会组织“伙伴计划”五星级扶贫项目，充分展现了中国中铁青年在打赢脱贫攻坚战中的责任与担当。（谈 阳）

【搭建青年技能提升平台】各级团组织以服务保障六项举措为抓手，联合人力资源部门扎实开展好2019年度新入职大中专毕业生接收及“3家+”导师带徒活动，落实师带徒协议12000余份。举办2019年中国技能大赛——中国中铁职业技能竞赛信号工项目和轨道车司机项目大赛，指导双洮高速公路项目举办首届BIM应用大赛，共有来自全公司212名选手参与赛事角逐，一批优秀青年脱颖而出。组队参加第十五届“振兴杯”全国青年职业技能大赛电工项目比赛，中铁工业的王英峰获得个人第十七名。（谈 阳）

【开展青年典型培育和选树工作】全年命名表彰包含“青年文明号”和“优秀团干部”在内的先进集体397个、先进个人1048名，荣获省部级及以上荣誉70余项。各级团组织以“奋斗的青春最美丽”“青春励志会”等内容为主题，特别是以白芝勇、王中美、母永奇等青年典型代表为重点，大力开展青年典型宣传工作，通过主题宣讲、交流分享和学习实践等多种载体和方式，讲好青年故事，激励广大青年学习先进、争当先进。（谈 阳）

【青年人文关怀】结合年度工作安排，先后到中铁一局、中铁七局、双洮高速项目总包部等单位及项目同一线青年就工作、生活、职业规划、婚恋交友等方面存在的普遍诉求展开了座谈交流，倾听心声，解决困扰，不断完善服务青年工作机制。各级团组织通过加强内部交流和属地外联相结合的方式积极了开展青年联谊活动100余场。结合团中央网络影视中心做好“青春有约”网络平台的优化完善工作，做好内部推广，为青年交友提供良好平台。各级团组织利用重大节日及施工生产间隙创新开展了各类文体娱乐及团队拓展活动，凝聚团队合力。（谈 阳）

【青年交流活动】协助完成2019年度全国青联委员（法律界别）履职考核工作；协助组织召开中央企业团工委委员会议暨中央企业青联常委（扩大）会议及团中央书记处书记讲授团课活动，承办南亚青年代表团、国际青年商会香港总会代表团、亚非青年代表团及团中央“青年讲师团”走进中国中铁活动，圆满完成3名香港大学生暑期实践，组织青年积极参与中央企业共青团纪念五四运动100周年特备主题团日活动及2019年中国特色社会主义青年企业家论坛，作为中央企业代表积极参加了团中央出访蒙古、印度、俄罗斯活动，开阔了视野，拓宽了眼界。（谈 阳）

【团干部队伍建设】持续从严加强团干部的教育培训和高标准管理，严把入口关，全面推行团支部书记同时畅通出口关，做好团干部的转岗工作，全年二级单位团委负责人转岗4人，全部完成各项交接手续，确保了团干部队伍的合理流动。2019年，中国中铁团委组织举办青年思想政治教育专题培训班，各二、三级单位共128名专兼职团干部参加培训。此次培训以加强共青团思想建设、组织建设、作风建设和能力建设为重点，坚持理论与实践相结合、学习与交流相结合、专家讲座与互动教学相结合，对习近平新时代中国特色社会主义思想进行解读，围绕“不忘初心、牢记使命”主题教育做好辅导，邀请团中央新媒体中心专家分享共青团新媒体与宣传工作的经验，邀请公司纪委做青年警示教育，下发党风廉政建设教育读本《鉴戒》，分组对团内“三会一课”、支部书记公开竞聘等基础制度及活动进行了模拟演练及点评，加强了基础业务知识与技能培训，圆满完成各项学习任务，达到了预期目的。（谈　阳）

【1 个集体获得第十五届“振兴杯”全国青年职业技能大赛“优秀组织单位”】

中国铁路工程集团有限公司

【1 个项目获得 2019 年全国青年社会组织“伙伴计划”五星级扶贫项目】

中国铁路工程集团有限公司“五彩梦想”接力行动

【1 个组织获得第十二届中国青年志愿者优秀组织奖】

中国中铁“幸福之家”志愿服务协会

【1 个集体荣获“全国五四红旗团委”】

中铁四局集团有限公司团委

【1 个集体荣获“全国铁路五四红旗团委”】

中铁三局集团电务工程有限公司团委

【1 个集体荣获“全国铁路五四红旗团支部”】

中铁电气化局集团一公司二分公司北京地区团支部

【1 个集体荣获“全国铁路青年安全生产示范岗”】

中铁电气化局集团中铁电工保定铁道变压器分公司青年安全质量监督岗

【1 名同志荣获第 23 届“中国青年五四奖章”】

王中美　中铁工业九桥公司

【2 名同志被授予“全国优秀共青团干部”】

刘传刚　中铁铁路工程集团有限公司

杨　鹏　中铁二局集团有限公司

【1 名同志被授予“全国铁路向上向善好青年”（扶贫助困）】

刘建攀　中铁二局集团有限公司

【4 名同志被授予“全国铁路优秀共青团干部”】

逯平平　中铁三局集团有限公司

张金鑫　中铁电气化局集团有限公司

邵　艳　中铁电气化局集团有限公司

褚　昊　中铁电气化局集团有限公司

【4 名同志被授予“全国铁路优秀共青团员”】

郭　佳　中铁电气化局集团有限公司

石丹阳　中铁电气化局集团有限公司

赵章东　中铁电气化局集团有限公司

郄燚明　中铁电气化局集团有限公司（谈　阳）

机关党委（机关工会）

【工作综述】2019 年，机关党委在公司党委的领导下，坚持以习近平新时代中国特色社会主义思想为指引，紧扣新时代发展主题和全面从严治党要求，深入开展“不忘初心、牢记使命”主题教育，深入学习贯彻落实党的十九届四中全会精神，认真做好“围绕中心、建设队伍、服务员工”中心任务，全力抓好总部党的建设和总部建设，并取得明显成效。（常金盛　郭凌云）

【总部主题教育活动】聚焦动员部署，第一时间组织全体党员参加了公司党委主题教育工作会议，并制定下发主题教育实施方案，率先召开主题教育重点工作推进会议，组织全体党员参加公司党委推进会，听取专题辅导报告会、专题党课、全员集中动员教育 7 次 2000 余人（次）。聚焦学习研讨，为全体党员购买发放各类学习资料 3000 余册，全面开展学原著、读原文、悟原理；深入开展“歌声唱响新时代——爱国歌曲合唱比赛”等系列活动，组织全体党员集中观看电影《音乐家》；编发主题教育《机关党建》33 期，编发主题教育知识 50 余条。聚焦调查研究，公司领导班子和高管深入公司所属单位带头开展调查研究，总部 24 个部门与公司分管领导一并深入 22 个二级单位、45 个三级单位、54 个一线项目部，共发现问题 166 个、收集意见建议 226 条，现场解决问题 70 个。聚焦问题整改，各支部、部门坚持刀刃向内，160 名处长及以上党员干部全部对照党章党规开展了自查自纠，各党支部召开专题组织生活会梳理问题、明确责任，全力抓好主题教育专项整治和问题整改工作。（常金盛　郭凌云）

【创新开展机关党建工作】召开总部机关党的工作会议，认真贯彻公司党委、公司年初系列会议精神，总结 2018 年总部党的工作，明确 2019 年总部党的工作总的指导思想和主要工作任务，下发《2019 年总部党的工作要点》，对 2019 年总部党的建设和反腐倡廉工作做出全面部署。推进学习型党组织建设，强化“学习强国”平台使用，广泛营造“崇尚知识、全员读学习”的文化氛围。严格规范组织换届及党员发展工作，对机关党委委员会和机关纪委委员会进行了调整，指导 6 个党支部按规定完成了换届选举；2019 年发展和转正党员 3 名，转接组织关系 90 人。以贯彻落实《中国共产党支部工作条例（试行）》为重点，以全面加强“三基”建设为抓手，围绕中心工作着力提升党的组织力建设，劳资社保部党支部获得股份公司党委首批“三基”建设示范党支部。制定下发《下拨党支部建设活动经费方案》，向总部在职24个党支部和6个离退休人员党支部下拨党建活动经费共计25.528万元。严格做好党费收缴工作，全年收缴党费701279.03元，使用支出党费799841.90元。制发各类文件26项，编发《机关党建》47期，在《中国中铁简报》《中国中铁》报发表各类信息50余篇。

（常金盛　郭凌云）

【总部机关党的组织生活】严格规范和落实“三会一课”制度，制定下发《组织生活会和民主评议党员方案》，总部24个党支部全部召开了组织生活会，258名党员参加了民主评议和对党支部工作的测评，总部24个党支部班子民主评议测评整体情况为“好”，265名党员参加了民主评议，其中评定为优秀党员的88名，合格党员177名。进一步规范组织生活基础工作，购买发放《中国共产党支部工作条例（试行）》，修订下发《党支部工作手册》，编制下发《党员学习工作笔记》。开展党支部党建基础资料检查指导工作，对24个党支部党建基础资料进行了全面检查，并将存在的问题以文件形式进行了通报。丰富主题党日活动形式，先后组织160余名在职员工和离退休老领导、老党员、老同志前往北京展览馆，参观“伟大历程　辉煌成就——庆祝中华人民共和国成立70周年大型成就展”，指导24个党支部开展主题鲜明的党日活动，进一步丰富了党建主题活动的形式与内容。（常金盛　郭凌云）

【总部机关党风廉政建设】深入开展党规党纪学习，强化典型案例警示教育，下发《党的十九大以来查处违纪违法党员干部案件警示录》，组织全体党员干部参加中国中铁党委2019年警示教育大会。分两个阶段深入开展专项整治工作，4月10日制定下发了《关于开展企业领导人员亲属和其他特定关系人所办企业与本企业往来专项整治以及企业领导人员廉洁从业承诺工作的通知》，总部158名处长及以上人员完成了专项整治自查自纠工作，104名部门副职及以上人员签订了廉洁从业承诺书。7月，就专项整治工作的重要性和必要性、工作标准和纪律要求、“后半篇文章”工作进行了再强调、再要求，总部24个支部全部再次组织填报了《情况汇总表》，总部共有3名同志如实上报了有关事项。进一步加强党员教育管理，为全体党员干部购买发放了《中国共产党党内重要法规选编》《中国共产党党员教育管理工作条例》等学习资料。严格做好违规违纪党员处置工作，2019年总部给予开除党籍处分的1人、给予党内除名的1人。进一步加强总部作风建设和工作纪律建设，制定下发了《关于进一步加强总部建设的实施意见》《中国中铁股份有限公司总部劳动纪律管理暂行规定》，开展了总部部门副职及以上人员、部分部门人员在岗情况抽查活动，有效加强了总部作风建设。（常金盛　郭凌云）

【强化总部机关建设】坚持以党建带工建、党建带团建，不断增强总部凝聚力和活力，进一步加强了总部建设。突出典型示范引领，彰显群团工作先进性，结合“三八”妇女节，选树表彰先进女职工10名；结合“五一”劳动节，评选表彰劳动模范10名、工会先进工作者24名、模范会员之家10个；结合“五四”青年节，评选表彰十佳优秀青年10名、优秀团支部2个。总结选树李夏初同志作为总部“守初心、担使命”的典型，积极营造了学先进、赶先进、当先进的浓厚氛围。举办和召开了离退休老同志座谈会和离退休人员春节团拜会、总部员工迎新春联谊会；开展“绿水青山就是金山银山”主题植树活动，120余名员工及家属前往北京延庆区旧县镇植树基地，以实际行动为创建首都绿色生态环境；开展“不忘初心跟党走、青春建功新时代”主题团日活动，30余名青年员工前往周恩来、邓颖超纪念馆爱国主义教育基地和基辅号航空母舰国防教育基地，探寻初心根脉，传承红色基因。组织开展“追忆文化行、建工新时代”女职工主题活动。充分发挥总部员工兴趣活动协会作用，党工团联合广泛开展篮球、羽毛球、乒乓球和瑜伽健身等系列健康向上、凝心聚力的文体活动。慰问困难党员12人、困难职工7人，继续推行了员工生日蛋糕慰问活动和员工自选菜单式福利，满足了广大员工的生活需求，有效增强了总部的凝聚力和向心力。

（常金盛　郭凌云）

中国中铁报社

【中国中铁报社】《中国中铁》报创刊于2003年1月，原名《中国铁路工程》报，是由中国铁路工程总公司党委主办的、在全公司内部发行的报纸，截至2019年底已出刊829期。报社定员5人，现员5人，设总编1人，副总编1人，部员3人。

2019年，报社坚持以习近平新时代中国特色社会主义思想为指导，围绕庆祝新中国成立70周年主线，按照公司坚持党的领导、加强党的建设，坚持稳中求进的工作总基调，坚持新发展理念，把握实现高质量发展的根本要求，自觉承担举旗帜、聚民心、育新人、兴文化、展形象的使命任务，守正创新，突出意识形态主导权和主动权，结合股份公司重点工作，抓好党建及党风廉政建设、生产经营和改革发展、企业文化建设等方面报纸新闻宣传，讲好中铁故事，弘扬新风正气，宣传先进典型，同时加强报社内部建设，不断提升报纸质量，充分发挥了企业报纸新闻宣传阵地和舆论引导作用。

2019年1—12月，报社共收到通讯员来稿37621篇，刊登稿件4160篇。编辑、出版、制作数字报49期共296个版面。微信推送信息531条。（戴　骥　夏宜兵）

【高举思想旗帜，突出抓好学习贯彻落实习近平新时代中国特色社会主义思想和“不忘初心、牢记使命”主题教育报纸新闻宣传】围绕学习贯彻落实习近平新时代中国特色社会主义思想，开设“奋进新时代　学习正当时”专栏和“学习探索”理论专版，特别是结合理论联系实际应用，开设“学以致用促实效”专栏，刊发文章，为各单位互相提供了有益的借鉴。配合“不忘初心、牢记使命”主题教育活动，开设专栏，始终把学习贯彻习近平新时代中国特色社会主义思想作为主题教育的主线，体现到学习教育、调查研究、检视问题、整改落实各方面，进行报道和引导。在第一批主题教育期间，编辑13个“不忘初心、牢记使命”主题教育专版，全方位展示了各单位主题教育情况和取得的成果。（戴　骥　夏宜兵）

【坚持文化自信，突出抓好隆重庆祝新中国成立70周年报纸新闻宣传】坚持文化自信，以新中国成立70周年大庆为主线，结合中国中铁企业发展历史、员工个人成长及感悟，开办“大国顶梁柱　阔步新时代”“辉煌的历程”“历史丰碑”“我和我的祖国”等专栏，并在9月26日，编辑出版《壮丽70年　奋斗新时代》专刊，综合反映中国中铁历史成就、先进典型，引导广大员工了解历史，从而悟初心、守初心、践初心，增强广大员工对民族、国家和企业“更基础、更广泛、更深厚的自信”，增强“更基本、更深沉、更持久”的力量。（戴　骥　夏宜兵）

【提高政治站位，突出抓好响应党中央重大活动和决策部署的报纸新闻宣传】旗帜鲜明讲政治，牢固树立“四个意识”，坚定“四个自信”，坚决做到“两个维护”。围绕习近平总书记重要讲话精神，以及党中央、国务院、国资委重大决策部署，积极主动做好报纸宣传和舆论引导。2019年习近平总书记在新年贺词中提到一些中国中铁参建的重大工程、考察调研雄安新区、参加第二届“一带一路”北京峰会、出访俄罗斯及中亚、出席第七届世界军人运动会等，报社均及时组稿专题宣传与中国中铁有关的情况，将树立企业形象与展示国家形象结合起来。及时组稿刊发中国中铁广大团员青年热读《习近平在正定》等稿件。2019年是五四运动100周年、中国共产党成立98周年。报围绕两大主题，5月9日，以专版、专题等形式报道了中国中铁各级团组织掀起学习习近平总书记在纪念五四运动100周年大会上的讲话、中国中铁近年共青团和青年工作情况等内容。开设“我的入党故事”专栏，同时对各单位开展党史、新中国史学习情况进行了报道；7月4日，报纸刊发各单位隆重庆祝建党98周年情况的稿件，并以通版形式刊发了中国中铁党员

▲ 中国中铁总部举办庆祝新中国成立70周年爱国歌曲合唱比赛

的寄语祝福，充分反映了中国中铁党员坚定信念跟党走，为企业、国家多做贡献决心。

（戴　骥　夏宜兵）

【围绕企业重点，突出抓好贯彻公司及党委精神和重要活动、重要成就的新闻报道】围绕公司重大决策部署和活动积极做好新闻宣传。先后集中报道了系列工作会议精神、2018年度A股业绩、业绩路演；“三基建设”现场会、经济运行分析会等重要会议或重要活动。开设“基层党建”版面以及“强基固魂”专栏，重点围绕党的基本组织、基本队伍、基本制度建设开展报道；在加强廉政建设方面开设“廉政视窗”专栏，就各单位开展廉政建设方面好做法及先进典型做了积极报道。围绕提升企业管理水平加强宣传。积极报道各单位在推进企业高质量发展方面的好做法和经验，开设“管理实验室”专栏，特别是与战略规划部合作，开设“加强工程公司建设”专栏，重点报道了各单位在加强工程公司建设中的经验和成果，促进全员参与、共同探讨、共谋发展的舆论引导氛围形成。重点抓好施工管理，如安全、质量、进度、成果等方面的报道，对安全月、质量月等均推出了专版或专题宣传。坚持重点报道重大工程建设成就。报道公司在重点工程建设、科技创新、“一带一路”建设、和谐企业建设等各方面取得的成就，激励人心、鼓舞士气。加强企业履行社会责任、选树正面典型等方面的报道。报道中国中铁在2019年成昆线凉埃段岩体坍塌、汶川特大泥石流抢险，保德、桂东、汝城扶贫攻坚中发挥的重要作用。开设“劳动模范”专栏，重点报道先进人物事迹；同时报道了“最美奋斗者”巨晓林、窦铁成最新的事迹。

（戴　骥　夏宜兵）

【改进办报方式，突出抓好报纸工作质量提升】开展全公司各单位新闻选题调查，收集107个选题，报社将其分为重点跟进、自然来稿等类型，及时了解情况，促进报纸新闻宣传有序进行。加强融媒建设，2019年新增数字报微报纸、微信小程序，扩大新闻传播渠道。研讨报纸业务，提升办报水平。调整、改版报纸版序、内容、栏目，使之更符合当前新闻舆论引导工作的需要。召开第十次编委会暨新闻业务研讨会，举办第四期骨干通讯员培训班，做好骨干通讯员到报社轮训工作，促进了报纸工作基础力量增强。通过改进工作流程，实行编辑版面互校制度、报纸发排编辑轮值制度，增加把关程序，减少差错率，提高报纸质量。

（戴　骥　夏宜兵）

人　物

新闻人物

【巨晓林·最美奋斗者】巨晓林，男，汉族，出生于1962年9月，中共党员，陕西省岐山县人，现任中铁电气化局第一工程有限公司第六项目（高铁）管理分公司接触网技术员，高级技师，中国中铁工匠技师，国家级首批技能大师工作室（接触网专业）带头人。

巨晓林参加工作30多年来，先后参加了大秦线、京沪高铁、合福客专等十几条国家重点电气化铁路工程的施工。创新施工方法143项，创造经济效益1000多万元。先后荣获“全国五一劳动奖章”“国家级技能大师”“全国创先争优优秀共产党员”“全国劳动模范”“改革先锋”“最美奋斗者”等荣誉。

2011年11月，国家人力资源和社会保障部下发《人社厅函〔2011〕641号文件》以他的名字命名了接触网工工作室，即“巨晓林技能大师工作室”；2012年当选党的十八大代表，2014年当选为第十二届全国人大代表，2016年1月任中华全国总工会副主席（兼职），2017年当选为党的十九大代表。2018年10月26日再次当选中华全国总工会副主席（兼职）。2018年12月17日，被国家监察委员会聘为第一届特约监察员。2018年12月18日，在庆祝改革开放40周年大会上，获得“改革先锋”荣誉称号。2019年9月25日，在庆祝中华人民共和国70周年前夕，由中央宣传部、中央组织部、中央统战部、中央和国家机关工委、中央党史和文献研究院、教育部、人力资源社会保障部、国务院国资委、中央军委政治工作部联合授予“最美奋斗者”称号。

（龙　伟）

【窦铁成·最美奋斗者】窦铁成，男，1956年生，陕西省蒲城县人，中共党员，中铁一局电务工程有限公司电力工、工匠技师，电力试验所质量负责人。曾任陕西省总工会副主席（兼职）。

窦铁成荣获省部级以上荣誉数十项，其中，2008年，获全国五一劳动奖章；2009年获“全国知识型职工标兵”“全国知识型职工先进个人”称号；2009年入选时代领跑者——新中国成立以来最具影响的劳动模范、100位新中国成立以来感动中国人物，入选第二届全国道德模范敬业奉献模范提名奖；2010年荣获“全国劳动模范”“全国职工职业道德建设个人标兵”称号；2011年荣获“全国优秀共产党员”称号；2012年光荣当选党的十八大代表，2012年窦铁成技能大师工作室通过国家认证；2013年4月28日，窦铁成等26位全国劳模受到中共中央总书记、国家主席、中央军委主席习近平的亲切接见；2016年1月，当选陕西省总工会副主席（兼职）；2017年6月被评为西安工匠之星；2018年，其事迹入选国家庆祝改革开放40周年大型展览；2019年获“新中国成立70周年最美奋斗者”称号。

窦铁成先后参与京秦、京九、西康、达成、浙赣、东乌、西成、宝兰等十多条铁路电力施工，参加了深圳、北京、上海、西安、大连等多条地铁的建设，累计解决技术难题60多项，排除电力运行故障400多次，负责安装的60多个变配电所一次性通过验收，全部被评为优质工程。参加工作以来，坚持自学，探索电力施工技术，撰写自学笔记80多本、100多万字，从一个只有初中文化的普通工人成长为专家型技术工人。在北京地铁施工中，窦铁成发明的《城轨牵引变电所地线用绝缘机构》获得国家实用型专利。

（刘彬彬）

【白芝勇·中国质量工匠】白芝勇，男，汉族，本科，中共党员，1978年8月出生，四川省巴中市人。中铁一局第五工程有限公司精测队测量工高级技师、分队长，陕西省建设工会副主席（兼职）。

白芝勇同志自1999年参加工作以来，先后参加了秦岭特长隧道、乌鞘岭特长隧道等多个国家重点工程项目的外业测量及内业处理，全部一次性验收通过并获得优质工程。参加的中铁一局第五工程有限公司精测队QC小组在“提高CP Ⅲ平面控制网测量效率”项目中取得显著成绩，被命名全国优秀管理小组。

多年来，白芝勇敢想敢干、勇于创新，先后完成9项发明专利及31个项目攻关。参加工作20多年来，热爱学习，勤勉敬业，严谨精细，锐意创新，成为专家型青年技能人才的楷模。多次在中国中铁、陕西省、国务院国资委举办的测量工技能大赛中获奖，荣获“陕西省杰出能工巧匠”、“陕西省技术状元”、“陕西省劳动模范”“陕西省雷锋式职工”“全国青年岗位能手标兵”“全国劳动模范”“全国最美青工”和“十大最美职工”等荣誉称号，并享受国务院政府特殊津贴。2017年，荣膺“首届央企楷模”称号，并当选党的十九大代表。2018年当选“全国岗位学雷锋标兵”。

2019年荣获“中国质量工匠”称号，入选庆祝中华人民共和国成立70周年功勋工匠名录。（刘彬彬）

【严金秀·国际隧道协会主席、2019十大女性人物】严金秀，女，汉族，1964年9月出生，中共党员，工学硕士，四川三台人，现任中铁科学研究院有限公司副总经理、研究员，国际隧道与地下空间协会（ITA）主席，享受国务院政府特殊津贴专家，全国三八红旗手，2018年度时代女性榜样，2019十大女性人物。

严金秀长期从事隧道及地下工程领域的科研、咨询和国际交流工作。先后主持完成“特长隧道修建技术信息研究”、“世界沉管隧道工程技术信息研究”和“秦岭终南山公路隧道关键技术的信息研究”，在隧道技术信息研究方面做出了突出贡献；主持完成的“野三关隧道风险评估和控制的研究”，开创了中国铁路隧道工程风险评估的先河；在国内外发表论文20余篇，主编了500多万字的隧道专业论文集及期刊。曾获中国铁道学会科学技术奖特等奖1项、一等奖1项、二等奖1项；中国公路学会科学技术奖二等奖1项；四川省科技进步奖三等奖1项；中国施工企业管理协会科学技术创新成果一等奖1项；中国铁路工程总公司科学技术奖二等奖1项。任国际隧协执委期间，曾在欧洲、北美、南美、中东、东南亚等地做了30余次国际会议的主题报告，为促进隧道及地下空间领域的国际技术交流，扩大中国隧道工程界在世界舞台的影响力做出了突出贡献。2019年，在意大利那不勒斯举办的国际隧协第45届会员国大会上，经78个会员国投票选举，严金秀当选为新一届ITA主席，这是中国隧道专家首次当选国际隧协主席，也是国际隧协历史上首位女主席。

严金秀2000年被评为铁道部科技拔尖人才；2002年获第五届詹天佑铁道科学技术人才奖；2008年被中华全国铁路总工会授予火车头奖章；2012年荣获“中国经济女性年度创业人物”称号；2016年当选国际隧道与地下空间协会（ITA）副主席；2017年荣获“全国三八红旗手”，并被中宣部选为全国重点宣传典型，人民日报、新华社、中央电视台等全国10多家媒体进行了集中宣传报道，被誉为“隧道女神”；同年被联合国妇女署和网易联合评选为“2017年度女性榜样”；荣获“2018年度时代女性榜样”，并出席全国妇联宣传部与中央电视台共同推出的“三八”庆典活动《花开中国——CCTV时代女性盛典》，同年荣获“2018中国十大品牌女性”并出席第十一届品牌女性高峰论坛；2019年当选国际隧道与地下空间协会（ITA）主席，入围“最美奋斗者”四川省推荐人选，荣获“新中国成立70周年中国中铁典型人物”，被《中国妇女报》评选为“2019十大女性人物”。（陈兴鹏）

【王杜娟·全国人大代表、央企楷模、交通运输青年科技英才】王杜娟，女，1978年3月出生，汉族，陕西扶风人，2001年毕业于石家庄铁道学院。历任中铁隧道集团隧道设备制造公司工程师；中铁隧道装备制造公司设计研究总院院长；中铁工程装备集团总工程师；现任中铁工程装备集团副总经理，教授级高级工程师。长期致力于隧道掘进装备的研发工作，为推动盾构重大技术装备的国产化以及产业发展做出了积极贡献。

作为中国盾构国产化研究的开拓者及产业化发展的重要参与者，长期致力于盾构国产化研究、开发、制造事业，在盾构国产化研制方面进行了大量卓有成效的工作，取得了突出成绩。作为技术骨干，先后主持参与3项国家863计划、2项973计划、1项国家重点研发计划、3项河南省重大科技专项项目的研究工作，其中通过“复合盾构机的研制”项目的实施，成功研制出拥有自主知识产权的国内首台复合盾构机，获河南省科学技术进步奖一等奖；“盾构/TBM控制系统可靠性技术开发及应用”项目的研究到达国际先进水平，获河南省科学技术进步奖二等奖；“异形全断面隧道掘进机关键技术研究及应用”项目的实施，成功研制出拥有自主知识产权的世界最大断面的马蹄形盾构机和矩形盾构顶管机，多项关键技术达到国际领先水平，荣获国家科学技术进步奖二等奖；“盾构变频驱动系统的研制”“硬岩盾构成套装备关键技术研究及应用”“φ4m小直径土压平衡盾构研制”“超大断面矩形盾构顶管机的研制”“主动铰接式复合盾构机关键技术研究及应用”“φ6.3m泥水盾构样机研制”“适用于复合地层的小直径泥水平衡顶管设备技术研究及应”“三臂隧道凿岩台车研制”等项目的研究均达到国际先进水平，先后获2项中国施工企业管理协会科学技术奖创新成果一等奖、2项中国铁路工程总公司科学技术特等奖、5项中国铁路工程总公司科学技术奖一等奖，并取得86项国家授权专利，其中发明专利28项，发表多篇学术论文，在隧道掘进装备设计制造与施工技术方面积累了丰富的研发及实践经验。主持国内首个掘进机行业国家标准《全断面隧道掘进机术语和商业规格》的编制工作，为推动盾构国产化以及国家重大装备产业的发展做出了积极贡献。王杜娟与团队相继创新研制出国内首台具有完全自主知识产权的复合式土压平衡盾构机、首台敞开式岩石隧道掘进机、世界最大断面矩形顶管机、世界首台大断面马蹄形盾构机、世界最小岩石隧道掘进机、国内首台最大直径泥水平衡盾构机、国内最大直径敞开式硬岩掘进机、世界首台高压水力耦合破岩TBM、千米级全断面竖井钻机等重大装备800余台套。

2013年获得“中国中铁十大杰出青年”称号；2012年被河南省人民政府授予“河南省学术技术带头人”称号；2014年获茅以升铁道科学技术奖——铁道工程师奖；2015年被河南省总工会授予“河南省五一巾帼标兵”称号；2015年被中华全国铁路总工会授予火车头奖章及“全国铁路先进女职工”称号；2016年被中华全国总工会授予“全国五一巾帼标兵”称号；2016年被詹天佑基金会授予詹天佑青年奖；2018年当选第十三届全国人民代表大会代表；2018年被中央宣传部、科技部、中国科协评为“最美科技工作者”；2018年被国务院国资委授予第三届“央企楷模”称号；获2018年度交通运输青年科技英才。2019年作为第十三届全国人大代表向习近平总书记汇报企业5年来在科技创新、产业发展、海外事业等方面取得的成果。（张 俊）

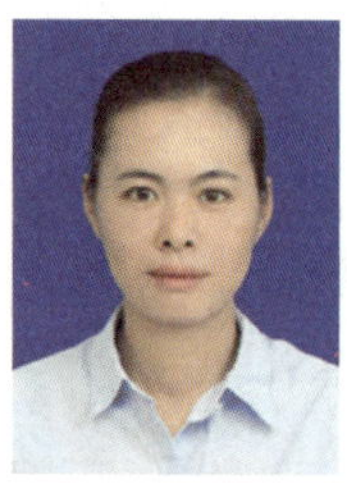

【王中美·中国五四青年奖章获得者】王中美，女，汉族，中共党员，1981年出生，湖北黄梅人。中铁工业旗下中铁九桥工程有限公司工匠技师。

自2001年参加工作以来，一直从事特大型桥梁的焊接技术攻关及电焊作业工作。在实践中敢于突破固有经验和传统，对焊接功法和焊接工艺进行大胆、有效创新。她革新厚度16毫米以上钢板熔透焊接必须开双面坡口的传统焊接工法，采用开单面坡口焊接工法，实现了厚度16～28毫米的钢板熔透焊接无须开双面坡口，技术创新成果被公司命名为“王中美焊接工法”，并在公司内被广泛推广使用。在铜陵长江特大桥钢梁焊接试验中，采用WER60实芯焊丝配氩气体焊代替二氧化碳气体保护焊，克服了原工艺焊接成型差、力学试验性能不达标难题，为铜陵桥钢梁制造全面铺开提供了焊接保障。在大国重器（全球首台）——沪通长江大桥1800吨架梁起重机的制造中，组建了以王中美为专家顾问的“焊接技术攻关小组”，解决了架桥机全焊变形、高强钢焊接一次性合格率90%以上的难题，保证了架桥机整体质量，助推了大桥的顺利合龙。她解决了湖北最美高铁——汉十高铁建设中的控制性工程崔家营汉江特大桥钢管拱焊接一次性合格率不高、广州中山基地钢梁制造中熔透焊接一次性合格率不高等难题。参建的多项重点工程获得国家优质工程奖、中国建设工程鲁班奖、全国优秀焊接工程奖一等奖等。

王中美先后参与了武汉天兴洲长江大桥、南京大胜关长江大桥、沪通长江大桥、孟加拉帕德玛大桥等40多座世界一流桥梁的前期焊接试验任务，带领团队通过优化参数、改进工序、创新工艺，取得新型钢种焊接、重型钢梁焊接、特殊工位焊接等创新成果17项，多项工艺填补国内空白。从当时世界上最大跨度的公铁两用桥——武汉天兴洲长江大桥到中国桥梁第五座里程碑——南京大胜关长江大桥，再到之后的世界首座跨度超千米的公铁两用斜拉桥——沪通长江大桥，王中美攻克了三代高强度高性能桥梁钢焊接技术难关。近年来，带领团队解决了“一带一路”重点项目孟加拉帕德玛大桥水上管桩的现场定位及快速对接施焊的技术难题，创新了海上接桩横位自动化焊接专项工艺，为优质、高效完成孟加拉帕德玛大桥钢管桩制造任务提供了强大的技术支撑。2019年，王中美带领团队投入川藏铁路拼装式耐候钢关键技术研究，通过反复试验，不断优化数据，得到各项力学性能指标与耐候性能均良好的焊接接头，成功推动了500兆帕强度级别耐候钢在川藏线上的应用。积极创新研究了系列强度大热输入高效易焊桥梁钢的开发及应用，解决了大线能量焊接热影响区会出现晶粒粗化降低韧性的难题，为国内大热输入高效易焊桥梁钢的发展做出先行的技术准备，有效提高了公司在桥梁行业的影响力。王中美劳模创新工作室相继获“江西省劳模创新工作室”“中国中铁劳模创新工作室”“中国中铁技能大师工作室”。

王中美个人先后获得“全国五一劳动奖章”及“中国中铁十大专家型工人”、“中国中铁劳动模范”、“江西省五一劳动模范”、“中央企业青年岗位能手”、“中央企业优秀共产党员”等荣誉称号，2018年被授予“全国三八红旗手”称号；2019年荣获第23届中国青年五四奖章。（刘 灿）

科技人物

【徐恭义·最美科技工作者】徐恭义，男，汉族，中共党员，1963年2月出生，山东省青岛市人，工学博士。现任中铁大桥勘测设计院集团有限公司副总工程师，教授级高级工程师。他是中国现代悬索桥技术领头人，百千万人才工程国家级人选，享受国务院政府特殊津贴，国家注册土木工程师和注册咨询工程师，英国特许工程师，英国土木工程学会FELLOW，2006年被评为全国工程勘察设计大师，2018年被评为武汉时代楷模，2019年被评为全国最美科技工作者（全国仅10位）。自1987年7月毕业后一直在中铁大桥院工作，主持完成汕头海湾大桥、澳门西湾大桥、东莞东江桥、镇江五

峰山公铁两用长江大桥、武汉杨泗港长江大桥和武汉青山长江大桥等60多座不同技术类型的桥梁设计。他是中国现代悬索桥技术发展起步的核心骨干成员，国内前两座悬索桥汕头海湾大桥和西陵长江大桥设计负责人，前五座悬索桥江阴长江大桥、厦门海沧大桥设计优化与方案咨询负责人；开拓板式加劲梁悬索桥技术，在西部山区建成预应力混凝土板梁悬索桥5座，具有国际独创性；参与主持多塔多跨悬索桥泰州长江大桥研究设计，该技术已在全国4座悬索桥中应用，具有国际引领作用；主持国内第一座高速铁路悬索桥镇江五峰山长江大桥研究设计，首次实现高速铁路桥梁一跨越过长江天堑，为中国高速重载铁路桥梁率先实现千米级跨度技术突破；主持设计世界最大跨度双层公路悬索桥武汉杨泗港长江大桥，采用全焊接钢桁加劲梁、超高强度主缆钢丝、大节段制造架设等国际领先技术，刷新多项世界纪录，为中国现代悬索桥技术从起步追赶到领先世界做出巨大贡献。编著出版《悬索桥设计》、《板式加劲梁悬索桥》、《桥梁设计常用数据手册》、美国《悬索桥检测维修评估案例研究》和《国际桥梁工程手册》等行业书籍，拓展了现代悬索桥设计理论和设计方法，提升了中国桥梁设计在国际同行业的影响力。先后获得国家科技进步奖二等奖2项，国际工程奖2项，被美国国际桥梁大会联合英国德国等组织授予约翰·罗布林终身成就奖，英国土木工程会授予国际成就大奖，两项大奖均为史上首次授予中国学者。

（刘　涛）

【易伦雄·全国工程勘察设计大师】易伦雄，男，汉族，中共党员，1966年7月出生，湖北省沙洋县人，工学博士。现任中铁大桥勘测设计院集团有限公司副总工程师，教授级高级工程师，湖北省中青年突出贡献专家、中国中铁专家，2016年获得国务院政府特殊津贴，2019年被授予“全国工程勘察设计大师”称号。自1987年7月毕业后一直在中铁大桥院工作，先后担任技术总负责人，主持设计了中国铁路桥梁的第六座里程碑——京沪高速铁路南京大胜关长江大桥、世界最大跨度三塔铁路斜拉桥——洞庭湖特大桥、重载铁路大跨度斜拉桥——公安长江大桥、世界首座高低矮塔的公铁两用斜拉桥——芜湖长江公铁二桥等10余座具有国际先进水平的特大桥梁工程。在大跨度高速铁路桥梁方面，研发了板桁与拱桁组合结构以及整体钢桥面关键技术，实现了大跨度铁路桥梁由普速向高速运行的跨越。在大跨度桥梁钢结构方面，研发的板（箱）—桁组合结构以及抗断裂、耐疲劳性能好的U肋全熔透焊接技术，促进了钢桥建设的创新与技术升级。在桥梁结构钢方面，研发应用了Q370qE-HPS/Q420qE/Q500qE/Q690qE系列高性能结构钢以及钢桥防断裂设计准则，形成了桥梁用钢与桥梁设计应用技术体系。先后获得国家科技进步奖特等奖1项，2等奖1项，省部科技进步和行业协会科学技术奖多项，省部行业优秀设计多项。先后发表学术专著、论文及主编国家工程建设标准和国家行业标准21项，获得发明及实用新型专利13项。

（刘　涛）

【陈平·茅以升铁道工程师奖获得者】陈平，男，汉族，中共党员，1978年12月生，湖北钟祥人，博士，教授级高级工程师。自2003年7月参加工作，先后在中铁四局遂渝工程指挥部、达成经理部、中铁四局二公司技术中心、宁波铁路枢纽三分部、中铁四局四公司、中铁四局集团技术管理部工作，现任中铁四局集团技术管理部部长。

长期从事工程技术工作，先后主持、参与完成了“强风、浪、潮特殊临海环境下栈桥斜桩施工技术”“高速铁路大跨连续梁拱桥异位拼装整体纵移关键技术”等20余项科技攻关课题，参与完成的《胶结密实圆砾土层双壁钢围堰施工工法》获得国家级工法，完成的《铁路大跨度钢箱混合梁斜拉桥关键施工技术》获安徽省科技进步一等奖，完成的《跨铁路营业线大跨度简支钢桁梁建造新技术》获中国铁路工程总公司科技进步一等奖。个人获得国家级工法1项，省部级工法11项，专利3项，安徽省科学技术奖1项，中国铁道学会、中国质量评价协会等各协会及中国铁路工程总公司科学技术奖8项，国际隧道协会技术创新工程奖1项，鲁班奖1项。其间，发表了*The influences of coupling beam device on the collision response between cable-stayed bridge approach bridge*等多篇EI检索科技论文。

先后获得“第三届安徽省优秀科技工作者”“中国公路建设行业协会科技创新英才”等荣誉称号。被聘为中国施工企业管理协会科技专家、中铁四局一级专家。2019年被授予茅以升铁道工程师奖。

（胡　磊）

【熊胜·茅以升铁道工程师奖获得者】熊胜，男，汉族，中共党员，1982年9月出生，2001年参加工作，毕业于中南大学建筑与土木工程专业，硕士研究生学历，现任中铁五局长沙地铁指挥部工程部长，高级工程师，中铁五局首届工程技术专家，“十

二五”十大科技创新标兵，2018年荣获火车头奖章，2019年荣获“茅以升铁道工程师”荣誉称号。

熊胜一直致力于隧道与地下工程技术研究及施工技术管理工作，在铁路、公路和城市轨道交通工程建设方面做出了一定贡献，先后参加了兰武二线乌鞘岭隧道、浙赣铁路复线、沈阳地铁一号线、贵广铁路等工程建设，主持了贵广铁路岩山隧道快速施工关键技术、长大隧道绿色高效施工关键技术及其集成应用、深基坑施工对高架桥稳定性影响及其保护措施研究等重大课题技术攻关，先后获得了省部级科学技术奖3项，国家级及省部级工法7项，发表学术论文10余篇。近5年来带领团队申报发明专利10余项，解决地铁下穿万家丽高架桥施工保护、盾构机下穿既有桥梁及隧道施工、泥质粉砂地层快速掘进及盾构机站内快速转场过站、双联拱浅埋暗挖隧道非爆破法快速施工、钢板桩超前支护等技术难题；研发钻爆法隧道消烟降尘减害设备与方法，实现了绿色高效施工；其中一种隧道钢板桩超前支护结构及方法、一种隧道除尘系统及方法在国内首次成功运用。（颜桢炜）

【姚裕春·茅以升铁道工程师奖获得者】姚裕春，男，汉族，1974年6月出生，四川三台人。现任中铁二院专业工程师，教授级高工。国家铁路局、四川省、河北省、重庆市和中国中铁专家库专家；第十批四川省学术和技术带头人后备人选，第十二批四川省学术和技术带头人；四川大学“创新实践导师”，西南交通大学硕士研究生导师；中铁二院工程集团有限责任公司“十二五”创新先进个人；中国中铁高级培训师。

自参加工作以来，长期从事铁路、公路、城市轨道交通工程的勘察、设计和研究工作，先后担任多条铁路干线专业技术负责人、所总工程师、集团公司专业工程师，主持20余项国家重点交通项目的勘察设计和10余项重点科研课题研究，审查及编写10余项铁路标准规范。在技术创新、新技术推广应用以及解决重大工程建设技术难题方面成效显著，个人贡献突出。

主持“深埋多层高压富水复杂采空区高速铁路路基工程技术研究”“客运专线中等压缩性土地基沉降特性及处理技术研究”“高速铁路陡坡高填路基椅式桩板结构研究”“川藏铁路修建关键技术研究”“高速铁路发展技术研究”等10余项重点课题研究；参加“铁路工程设计基本规范”“铁路路基支挡结构设计规范”“铁路路基基于可靠度理论的设计标准”“地铁设计规范”等6项铁路行业标准和规范编写；出版《高速铁路中等压缩性土地基工程技术研究与应用》《山区铁路（公路）路基工程典型案例》等5部专著，在岩石力学与工程学报、岩土工程学报、铁道工程学报等全国中文核心期刊发表学术论文30余篇（其中EI期刊10余篇）。

担任海南东环客专、成渝客专、京沪高铁（咨询）、川藏铁路、成贵客专等多条长大铁路干线技术负责人，组织完成相关设计和配合施工；担任路基总工程师，负责成渝客专、贵广客专、成绵乐客专、贵阳枢纽、委内瑞拉铁路、成贵客专、郑西高铁等十余条长大干线铁路项目的技术审查工作；担任集团公司专业工程师，负责集团公司所有项目的专业设计原则、勘察技术要求等重大设计输入审查，组织专业重大技术方案会审，负责重大勘察设计文件和图纸的本级审查签署，参加重大工程现场核对并解决现场出现的重大复杂技术难题。

先后获得四川省、重庆市、中国岩石力学与工程学会、中国铁道学会、中国铁路工程总公司等省部级科技进步奖17项；获国家铁路局、四川省、重庆市及中国中铁等优秀工程设计奖31项。2019年获得茅以升铁道工程师奖。（董瀚潞）

【邓云川·茅以升铁道工程师奖获得者】邓云川，男，汉族，1974年10月生，四川渠县人。现任中铁二院电气化设计研究院总工程师，教授级高工。第十三批四川省有突出贡献的优秀专家；第十批四川省学术和技术带头人后备人选；中华人民共和国注册电气工程师；铁道部评标专家；四川省评标专家。

邓云川同志作为铁道电气化领域设计专家，在渝利线设计中，提出全并联供电技术方案，较传统AT方案节省投资近1.2亿元；提出新型非晶合金材料27.5千伏所用变压器技术方案，研制的产品节省大量电能；建立了接触网防雷分析模型和方法，为开展相关科研和工程应用奠定了基础；提出回路空间电磁场分析理论和方法，极大地优化了牵引网电气参数计算。自参加工作以来，主持设计项目50余项，其中代表性项目有：福厦线电气化工程；成都东客站电气化工程；武广客运专线电气化工程；浙赣铁路杭州至株洲段电气化工程；南昌西客站电气化工程；新建铁路渝怀线电气化工程；新建铁路重庆至利川线电气化工程；尼日尔马拉迪—马尔巴萨 & 索拉兹—津德尔132千伏输变电工程；成绵乐城际客运专线电气化工程等。主持配合研究60余项国家重点交通项目的勘察设计和重点科研课题研究。获省部级科技进步奖一等奖4项、二等奖2项、三等奖1项，省部级优秀工程勘察设计一等 奖4项、二等奖6项、三等奖2项；发表学术论文 41 篇，其中 10 篇论文获省部级及其他学会优秀论文奖；获得实用新型专利 45 项。参编省级工法 3 项、标准 5 项、学术著作 4 部（合著）：《高速铁路建造技术——设计卷》《交通工程情景英语 900 句》《汉英英汉地铁轻轨词汇》《汉英英汉铁路客运专线常用词汇》。（董瀚路）

【刘华·茅以升铁道工程师奖获得者】刘华，男，汉族，中共党员，1979 年 10 月出生，安徽安庆人，工学博士，教授级高级工程师，2007 年 3 月毕业于东南大学，现任中铁大桥勘测设计院集团有限公司桥隧技术公司总经理兼总工程师，2019 年获得茅以升铁道工程师奖。长期致力于桥梁结构全寿命期智能监测与防灾减灾的研究及实践，研究了繁忙线路不中断交通条件下桥梁结构提载、拓宽和顶升的成套创新技术，实现老桥使用功能和安全性的提升，解决了服役 50 年公铁两用桁架桥提升改造技术难题，是南京长江大桥、九江长江大桥公路桥改造工程总设计师；研究了桥梁结构防灾减灾与应急修复关键技术，正确并及时解决突发事件中桥梁结构的安全性，成功应用于厦门大嶝大桥、南京长江二桥、芜湖长江大桥、汕头海湾大桥、肇庆西江特大桥、漳州篁渡桥等十余起桥梁火灾、船撞、冲刷等方面的应急抢险抢修；研发了成套智慧桥梁智能监测与评估技术，实现全天候实时监测桥梁运营，保障高速铁路及特大跨度桥梁处于安全可控状态，成功应用于南京大胜关长江大桥、黄冈公铁两用长江大桥、铜陵公铁两用长江大桥、平潭海峡公铁两用大桥、沪通长江大桥、五峰山长江大桥、澳门西湾大桥、宁波招宝山大桥等三十余座国内有重大影响的公路、铁路桥梁。先后发表学术论文 30 余篇，获国家专利 13 项，其中国家发明专利 6 项，实用新型专利 7 项；获得江苏省科学技术奖、中国铁路工程总公司科学技术奖等 20 余次，其中获得中国铁路工程总公司或省级科学技术奖一等奖五项（其中两项排名第 1）、二等奖四项。获得“江苏省科技企业家”“333 高层次人才”、“‘六大人才高峰’高层次人才”、“产业教授”“科技咨询专家”及“南京市五一劳动奖章”“中青年拔尖人才”等荣誉称号。（刘涛）

【朱东明·茅以升铁道工程师奖获得者、江西省劳模】朱东明，男，汉族，中共党员，1977 年出生，江西余江人，现任中铁工业旗下中铁九桥工程有限公司总工程师，桥梁技术研究院院长，教授级高级工程师。

朱东明于 2000 年 6 月毕业于武汉理工大学工程力学专业，工学学士学位，毕业后一直在中铁九桥工程有限公司从事桥梁钢结构制造、安装以及桥梁施工装备研制工作。自参加工作以来，作为专业工程师，他勇攀科技高峰，2013 年 10 月成立并由江西省总工会命名“中铁九桥朱东明劳模桥梁技术创新工作室”，带领科研团队先后参与了沪通长江大桥、五峰山长江大桥、杨泗港长江大桥、铜陵长江大桥等多座国家重大桥梁的建造工程科研攻关工作，自主研发了“1800t 步履式架梁起重机”“大跨径悬索桥钢梁安装专用设备——‘2×900t 缆载起重机’‘ZLJ1300 型主缆挤紧机’‘ZLC1350 型缠丝机’”“装配式钢混组合梁制运架一体技术”“千米级主跨公铁两用悬索桥整节段施工技术”“拱门形钢斜塔斜拉扣挂施工技术”等多项填补行业空白，技术成果达到国际领先的水平，为中国桥梁建造技术的发展做出重要贡献。

他曾担任《公路桥梁施工系列手册——桥梁钢结构》编委，发表论文 9 篇，获批省级工法 1 项，参编国家行业标准 1 项；获科技类奖项共计 10 余项，其中省部级科技进步奖 5 项；取得国家发明专利 6 项、实用新型专利 26 项。2009 年获“中国中铁优秀青年项目总工”称号，2010 年被评为“江西省劳动模范”“九江市委专业技术拔尖人才”，2013 年入选“赣鄱英才 555 工程”第三批人选，2014 年获“中国中铁‘讲理想、比贡献’活动先进个人”称号，2019 年获茅以升铁道工程师奖。（刘灿）

【傅战工·茅以升铁道工程师奖获得者】傅战工，男，汉族，中共党员，1974 年 4 月出生，湖北省天门市人，教授级高级工程师，1996 年 6 月毕业于西南交通大学，现任中铁大桥勘测设计院集团有限公司第二设计院院长，2019 年获得茅以升铁道工程师奖。

从事桥梁专业 20 余年，完成各类桥梁 30 余座，具有丰富的桥梁设计与施工经验，参与海南省标志性建筑海口世纪大桥、柳州市标志性建筑红光大桥、国内首座双层公路桥东莞东江大桥、世界最大跨度铁路桥宁安铁路安庆长江大桥、世界最大跨度的斜拉桥常泰长江大桥、跨度国内第一、世界第二悬索桥南京仙新路长江大桥等十几个特大桥梁设计工作；完成了武汉鹦鹉洲长江大桥、宁安铁路安庆长江大桥、非洲最大斜拉桥摩洛哥穆罕默德六世大桥、东非第一大桥坦桑尼亚达累斯萨拉姆基甘博尼跨海斜拉桥等多座特大桥的施工设计工作。他是中国施工企业管理协会专家，商务部对外经合局专家、《桥梁建设》和《世界桥梁》的审稿专家。

获得省部级科技进步奖、发明专利多项。（刘　涛）

【陈家乐·火车头奖章获得者、茅以升铁道工程师奖获得者】陈家乐，男，1980年4月生，河南信阳人，正高级工程师，中铁科工机械院桥隧装备研究院院长。他先后主持和参与了12项省部级及股份公司重大、重点工程项目，解决了重大技术难题，成果先后应用于国家重点工程建设，取得良好的经济效益和社会效益。其中5项成果通过省部级鉴定，鉴定意见为“国际领先”，项目累计获得省部级及中国铁路工程总公司级别科学技术奖25项，取得发明专利7项、实用新型专利12项。

陈家乐先后参与或主导完成了900吨级分体式隧道内外通用箱梁架运设备、中国第一台高等级公路大型双幅箱梁架运设备、国内在役最大1300吨海上架运装备、国内高铁首套1000吨级运架装备等科技含量高、经济效益好、影响力大的高端特种施工装备，为国家的重点工程建设做出了积极贡献。

2005年获评中国中铁“青年岗位能手”，2014年获评“中国施工企业管理协会科学技术奖技术创新先进个人”，2018年入选武汉市洪山区“洪山英才计划”，获2018年度茅以升科学技术奖——铁道科学技术奖，2019年获得茅以升铁道工程师奖。（周　虁）

【范磊·铁路青年人才托举工程】范磊，男，1986年1月出生，汉族，中共党员，河南新蔡人，2009年毕业于郑州航空工业管理学院机械设计制造及其自动化专业，大学本科学历。历任中铁隧道集团隧道设备制造公司工程师；中铁隧道装备制造公司设计研究总院顶管所副所长；中铁工程装备集团设计研究总院特种掘进机分院副院长；现任中铁工程装备集团特种掘进机分院院长，高级工程师，长期从事特种隧道掘进装备的设计研发工作，取得了丰富的研究成果，推动了地下空间开发装备与工法的协同创新。

参加工作以来，先后参与60多台盾构总体方案的研究与设计，应用到全球20多个城市和地区，完成高密度驱动设计技术、基于正交试验方法的渣土改良工艺方法等10多项技术攻关，解决了矩形盾构的地质适应性难题，研制出多个世界首台套异形掘进机。参与研制的世界首台超大断面矩形盾构，突破了浅覆土、小间距、长距离技术难题，成功应用于郑州中州大道下穿隧道工程，并入选150个“新中国第一”，参与研制的世界首台超大断面马蹄形盾构，成功应用于蒙华铁路白城隧道，提高了软土铁路隧道的机械化施工水平。

作为技术骨干，参与河南省重大科技专项“超大断面矩形盾构顶管机（10×7m）研制”、中国中铁股份有限公司重大项目“超大断面马蹄形盾构机的研制”“富水砂卵石层矩形顶管机关键技术研究及应用”“土压平衡顶管机研制及其应用技术”等多项省部级科研项目，参与项目获得国家科技进步奖二等奖1项，河南省科技进步奖一等奖1项，郑州市科技进步奖特等奖1项，中国铁路工程总公司科技进步奖特等奖1项、一等奖4项，中施企协科学技术奖一等奖1项，中交协科技进步奖一等奖1项，授权国家发明专利23项，发表学术论文5篇，其中《马蹄形盾构机研制关键技术及工程应用》被EI收录，参编《全断面隧道掘进机顶管机安全要求》《全断面隧道掘进机矩形土压平衡顶管机》国家标准两项，作为副主编，出版《顶管技术》书籍一本，入选中国科协第三届青年人才托举工程，先后获得河南省青年五四奖章、河南省青年岗位能手、中原青年工匠、郑州市青年五四奖章、中国中铁青年岗位能手等荣誉表彰。（宋全锋）

模范人物

【石文忠·全国五一劳动奖章获得者】石文忠，男，汉族，本科，中共党员，1964年5月出生，河北省正定县人。现任中铁六局石家庄铁路建设有限公司高级工程师，工会主席、副总经理。

石文忠同志自1980年参加工作以来，先后参建石家庄、衡水、邯郸等河北省内多个车站新建、站改工程，并利用业余时间边干边学，逐步提升自己的业务水平及能力，取得石家庄铁道学院本科学历。近年来先后主管建设了西安地铁、阳大铁路、太原西北环等重点工程建设，其中西安地铁工程中“双侧壁导坑法向中洞法转换施工工法关键技术”被评为山西省国内领先工法；阳泉泉西路工程荣获“河北省建设工程安济杯”奖。

自2007年7月任工会主席以来，他始终以执着的敬业精神，与时俱进的意识，开创了工作新局面。他带领的工会工作部连续9年获得中铁六局集团公司工会“四好班子”称号；此外还获得北京市、河北省“模范职工之家”等各类先进的表彰。2018年获得河北省五一劳动奖章；2019年获得全国五一劳动奖章。（牛彦春）

【时一波·全国五一劳动奖章获得者】时一波，男，1978年1月出生，汉族，湖北安陆人，中共党员，大学本科，2000年毕业于湖北工学院建筑工程专业。历任中铁大桥局六公司助理工程师、工程师、高级工程师、六公司二分公司总工程师、六公司重庆菜园坝长江大桥项目部总工程师、六公司副总工程师、六公司南京大胜关长江大桥项目部常务副经理、经理、六公司副总经理、鹦鹉洲项目部经理、杨泗港项目部经理、现任中铁大桥局六公司总经理、党委副书记。长期扎根中国桥梁建设一线，主持或参与建设了重庆菜园坝长江大桥、南京大胜关长江大桥、武汉鹦鹉洲长江大桥、武汉杨泗港长江大桥等工程，担任中铁大桥局六公司总经理以来，带领六公司全体员工凝心聚力、攻坚克难、砥砺前行，创造了良好的经济和社会效益。

在武汉鹦鹉洲长江大桥施工期间，创造了当时大桥施工在长江上平均1.4天成孔一根桩的最高纪录、实现了仅用436天时间完成129米高一号墩下部结构施工，创造了当时长江流域混凝土桥塔施工新纪录；比业主计划提前104天完成锚碇施工，创造了当时世界上同类型规模最大、施工环境最复杂、施工难度最大锚碇的精确定位。不断优化施工方案，“抬升门型钢板桩围堰施工承台、6米高大节段爬模塔柱、上下横梁与塔柱同步施工方案、大桥上部的无应力状态梁板结合技术、连续猫道索技术、小循环主缆架技术、同步钢混结合梁架设技术”等一批新的施工技术在实践中完成。“钢筋混凝土桩与钢管桩组合平台施工水中墩基础工法”获得湖北省工法、武汉鹦鹉洲长江大桥三塔四跨悬索桥建造关键技术荣获中国钢结构协会科学家技术奖一等奖。武汉鹦鹉洲长江大桥荣获全国市政示范工程金奖及中国建设工程鲁班奖。

担任中铁大桥局六公司总经理期间，聚焦高质量发展，聚力提质增效，企业规模持续扩大、经济效益持续提升。公司新签合同额、企业营业额、营业利润持续增长，企业实现了由简单产品制造向综合工程施工转型升级的跨越式发展。企业规模迅速扩大，在建项目规模、数量均达到历史之最，在2015年底基本消灭了亏损项目，获得中国中铁“扭亏解困十佳单位”称号。积极响应国家“西部大开发”的号召，2017年至2019年在西藏片区先后承接了7个工程项目，履行了央企的社会责任。参建的京沪高铁南京大胜关长江大桥荣获2015年度国家科学技术进步奖特等奖，2016年乔治·理查德森大奖；武汉鹦鹉洲长江大桥荣获2015年全国市政示范工程金奖、2017年度中国建设工程鲁班奖；汉中龙岗桥荣获2015年度国家优质工程奖；武汉杨泗港长江大桥荣获2016年度武汉市十大魅力工地；南通东沙大桥项目荣获2016年度江苏省交通建设优质工程。

先后获得2010年“中国中铁优秀青年项目经理”称号、2013年湖北省五一劳动奖章、2013年度鲁班奖工程项目经理、2018年湖北省“优秀青年企业家”称号。2019年获得全国五一劳动奖章。

（祝希娟）

【彭祥华·全国五一劳动奖章获得者】彭祥华，男，汉族，中共党员，1969年出生，重庆铜梁人。中铁二局二公司技术中心专家，技师。自参加工作以来，他先后参加了横南铁路、朔黄铁路、菏日铁路、青藏铁路、兰武铁路、重庆忠垫高速公路、汶川薛城水电站、古城电站、新疆吐库二线铁路、拉林铁路等10余条国家重点工程建设。2001年，面对青藏高原“多年冻土”“高寒缺氧”等世界难题，他创新思路成功解决了冻土条件下的二衬施工难题和软硬交接岩层的爆破超欠挖问题，为青藏铁路建设贡献了自己的力量。他参与古城水电站建设，通过优化炮眼孔距，实现了较好的光面爆破效果，节约了施工成本。2015年，川藏铁路拉萨至林芝段全面开工，他和团队负责承建地质条件最复杂的东嘎山隧道，针对川藏铁路拉林段所面临的软岩变形、隧道涌水等巨大施工难题，创造性地提出了多种创新施工工艺，极大地降低了人工作业量，提前8个月完成工期，节省资金约2000万元。凭借在川藏铁路拉林段做出的突出贡献和精确到毫秒级的爆破技术，彭祥华2016年成功入选央视《大国工匠》栏目人物；2017年荣获火车头奖章、中国中铁十大专家型工人、四川国企十大工匠；2018年荣获四川工匠、四川省五一劳动奖章；2019年被授予全国五一劳动奖章，同时成功入选庆祝中华人民共和国成立70周年“功勋工匠”名录。（朱亮）

【敬启双·全国五一劳动奖章获得者】敬启双，男，1966年生，1989年参加工作，中共党员，硕士研究生，教授级高级工程师，现任中铁八局集团贵阳工程指挥部指挥长。自参加工作以来，扎根国家铁路建设一线，任劳任怨，甘愿奉献，为国家重点铁路工程建设做出了突出贡献。先后荣获中铁八局集团第三届劳动模范、中华全国铁路总工会火车头奖杯、“成都铁路建设杯”建设杰出人物、成都铁路局集团铁路建设标兵、贵州省五一劳动奖章等荣誉，2019

年4月，获得全国五一劳动奖章。

在长昆铁路施工中，他带领指挥部全体员工组织了一场静态验收、缺陷整治攻坚战，确保了长昆铁路东段“6·18”按期开通运营的目标；针对长昆西段剩余工程量巨大、众多拆迁难点尚未突破的现状，在他的领导下，项目于36天时间内完成了48.6千米无砟轨道施工，9天时间完成了管段内全部铺轨，2016年6月16日实现了西段全线轨道顺利铺通目标。

针对贵阳站四渡六交组合道岔升级改造施工，他带领广大参战员工克服施工周期长、行车干扰大等系列困难，最终提前5天安全、优质、高效完成了施工任务，为贵阳站即将到来的春运工作创造了良好条件，得到了成都铁路局和工管中心的充分肯定和赞扬。（陈家玲）

【陈爱玲·全国五一劳动奖章获得者】陈爱玲，女，汉族，中共党员，1965年6月出生，中专学历。中铁五局集团路桥公司贵州双龙航空港水环境综合整治项目部党工委书记、经理，工程师。中铁五局路桥公司项目部党工委书记、经理。中铁五局唯一的女项目经理。从基层普通工人到调度员、经营部部员、副部长成长为一名优秀的生产一线管理者。2015年，在黔中水利项目完成区政府、区住建局、业主眼中“不可能完成的结算任务”。2018年，在贵阳栗木山河项目，完成河道截污沟、防洪工程节点目标，按时保质地完成全部工程。在金清联络线项目，克服施工中孔桩穿过溶洞和可塑黏土层时，易出现无法钻进、塌孔、缩孔、偏孔、串孔等困难，安全按期完成施工任务并保证全线开通。先后获得中铁五局“先进女职工”“先进生产者”，中国中铁“优秀党务工作者”，2017年获得贵州省行业道德标兵、贵州省五一劳动奖章、2019年获全国五一劳动奖章等荣誉。（祝洁琼）

【徐科英·全国五一劳动奖章获得者】徐科英，女，1979年生，湖北省鄂州市人。中铁大桥勘测设计院集团有限公司第二设计院设计一所副所长，正高级工程师，武汉市第十三届妇女代表大会代表，火车头奖章获得者、全国铁路巾帼标兵、全国铁路先进女职工、湖北省女职工建功立业标兵、中国中铁青年岗位能手、武汉市“最美岗花”。2005年从同济大学桥梁工程系硕士毕业后，加入中铁大桥院。先后参与了京沪高速铁路南京大胜关长江大桥（获得国际桥梁界“诺贝尔奖”——乔治·理查德森大奖和国家科技进步特等奖）、平潭海峡公铁两用大桥（中国首座公铁两用跨海大桥）、武汉杨泗港长江大桥（世界上最大跨度双层公路悬索桥）、援马尔代夫中马友谊大桥等8座长江大桥、3座跨海大桥、1座黄河大桥等诸多国家级、省部级重点工程。荣获中国铁道学会科技进步奖特等奖、全国优秀工程咨询成果一等奖等多项省部级以上科技奖项，取得12项国家发明专利，其中2项发明专利被列为“国家铁路局重大科技创新成果”，并颁发入库证。开发了“钢桁梁智能设计系统”，被列为“中铁大桥院技术进步重要成果”并给予重奖；作为主要起草人参与编制中华人民共和国行业标准《铁路桥梁钢结构设计规范》，该规范2017年1月由国家铁路局发布实施；作为主要成员参与了中国工程院重点咨询项目《海洋桥梁工程技术发展战略研究》。2017年获“湖北省女职工建功立业标兵”称号，2019年获“火车头奖章”“全国铁路巾帼标兵”“全国铁路先进女职工”等称号。（刘涛）

【李远平·全国五一巾帼标兵、中央企业劳动模范】李远平，女，1972年9月出生，中共党员，四川富顺人，现任中铁二局广州地铁十三号线二期工程局指挥部副指挥长，高级工程师。自1997年参加工作以来，先后参与了广州轨道交通3号线、6号线、8号线、13号线、14号线、21号线以及东莞轨道交通R2线的建设。先后主持了超浅埋、大断面、长距离水平冻结帷幕加固法和复合地层、大断面、长距离矩形地铁顶管法及弱扰动悬臂掘进机地铁隧道施工技术等多项省部级以上科研项目，在国内外发表论文10余篇，并于2017年成为了“李远平巾帼创新工作室”的带头人。她参与完成的“浅埋隧道全断面帷幕水平冻结施工工法”获评2007—2008年国家级工法；“超浅埋地铁大断面长距离水平冻结施工技术”荣获中国铁路工程总公司科学技术奖一等奖、四川省科技进步奖三等奖；参与研发的“超长、高精度水平钻孔的施工方法”获评国家级专利；她带领的东莞地铁2304标QC质量管理小组在《提高前进式加固土体一次验收合格率》获得全国工程建设优秀质量管理小组一等奖。作为项目经理，她成功扭转了东莞地铁2303B标、广州地铁14-9标的被动局面，获得了上级领导的一致好评。先后荣获“中铁二局十佳优秀项目总工、金牌员工”“广东省东莞市轨道工程先进技术标兵”“广州地铁集团有限公司年度先进个人、优秀项目经理”“中国中铁先进女职工”“四川省五一巾帼标兵”“四川省三八红旗手”“全国五一巾帼标兵”“中央企业劳动模范”等称号。

（邱彬斌）

【裴维勇·中央企业劳动模范】裴维勇，男，1965年生，中共党员，安徽省阜阳人。中铁四局集团第二工程有限公司机械管理分公司高级技师和“裴维勇劳模创新工作室”带头人。

先后参建过京九、武广、成贵、玉磨、涪秀、牡佳铁路等国家重点工程和“一带一路”基础工程，作为“一带一路”基础工程和企业高技能人才，裴维勇多次临危受命，展示了一名“工匠”勇挑重担、勇于担当的精神风采。他以不甘平庸的钻劲，成为行走在祖国大江山川间的高铁建设“工匠”。2017年3月，中铁四局二公司命名的“裴维勇劳模创新工作室”挂牌成立。作为带头人，裴维勇带领工作室成员围绕施工重难点项目，开展了一系列创新创效工作。他以身体力行的责任感，带领创新工作室成员围绕“急难险重”工程，攻克了20余项技术难题，推广先进操作法10余项，荣获2项国家实用新型专利。

工作35年来，裴维勇钻研技术，求真务实，逐步成长为共和国高铁建设领域的高技能人才。他忠于职守，精于技能，多次被评为“先进工作者”“优秀党员”“十大标兵”。近年来，他分别被安徽省、江苏省、苏州市授予“十大能工巧匠”“企业首席技师”“高技能突出人才”；2019年9月，被国资委授予“中央企业劳动模范”称号。（班　丽）

【谭秀军·中央企业劳动模范】谭秀军，男，汉族，1984年11月生，中共党员，陕西省汉阴县人，2005年7月参加工作，大专学历，工程师，现任中铁七局五公司蒙华项目部项目经理。先后在中铁七局五公司黔桂铁路项目、石武客专项目、郑焦城际铁路项目、蒙华铁路项目从事项目管理工作，为一批国家、地方重点工程的顺利建设和企业发展做出了较大贡献。

谭秀军同志政治立场坚定，工作踏实肯干，乐于奉献，在郑州黄河公铁两用桥项目任工程部长时，带领技术人员刻苦钻研施工技术难题，不断讨论和验证，通过建立一套完善高效的质量自检体系，在流沙地层条件下钻孔桩施工Ⅰ类桩达到了99.8%，居所有参建单位之首，受到业主单位和德国咨询公司的赞扬。特别是在270分钟内完成京广线新黄河桥拨接启用，得到了当时铁道部的高度赞扬。京广线为国内最繁忙的主干线，在如此短的时间内完成主干线的高速切换，在国内尚属首次，被中央电视台滚动报道播出。

谭秀军带领年轻技术骨干开展QC攻关，推广新材料、新技术、新工艺、新设备应用，《提高二衬钢筋冷挤压连接初验合格率》获河南省工程建设优秀质量管理小组一等奖及中施协工程建设优秀质量管理小组二等奖；《钢筋笼主筋检查尺》《钢筋笼箍筋检查尺》《绿色采光型钢结构厂房》《用于混凝土拌合站的防落料配料斗》四项发明获国家实用新型专利及发明专利。

谭秀军先后获“2007年中铁七局优秀共青团员”“2008年河南省优秀共青团员”“2013年河南城际公司先进建设者”“2014年河南城际公司安全质量先进个人”“河南省工程建设优秀QC小组二等奖”“中铁七局五公司‘希望之星’”“2016年度蒙华公司晋豫指挥部优秀项目经理”“2017年度蒙华公司晋豫指挥部优秀项目经理”“2017年河南省工程建设优秀质量管理小组一等奖”“中铁七局第七届‘十佳青年’”“中国中铁劳动模范”“中央企业劳动模范”等多项荣誉称号。（高亚杰）

【廖远国·中央企业劳动模范】廖远国，男，1965年出生，1987年参加工作，中共党员，现任中铁八局桥梁公司渝北龙盛制梁场经理、工程师。参加工作31年来，脚踏实地，从基层干起，具备丰富的项目管理经验。施工组织中，严格执行国家有关规范、标准和施工图及技术要求，不断技术革新，取得明显的经济效益。用心把项目做成了工程质量管理好、施工现场管理好、安全生产管理好的“三好”项目。尤其在工程质量管理方面，竣工项目合格率达到100%。

在担任遂渝二线遂宁制梁场项目经理期间，该项目工程总产值2.8亿元，整体盈利29万元。创造了从开工到制梁只用了20天的纪录，铁道部预制T梁生产许可证高达90.3分，荣获成都铁路局遂渝二线Ⅰ标段“标准化工地”和成都铁路局“标准化示范工地”称号，多次获得上级领导检查的好评，三次获得成都铁路局重庆建设指挥部通令嘉奖。在担任渝黔铁路引入重庆枢纽货运线重庆制梁场项目经理期间，在无锅炉的条件下，创造了月产100孔，发运166孔的纪录。全年生产预制桥梁419.5孔，实现施工产值10898.69万元，利润1000余万元。

2017年10月至2019年担任重庆铁路枢纽东环线渝北龙盛制梁场项目经理，带领全体人员拼搏奋斗，在建场布局、设备配置、信息化、现场管理等方面下足功夫，不断优化建厂方案，促使基建工作取得了实质性进展。2018年7月20日，顺利完成首片T梁浇筑。渝北龙盛制梁场以高效、有序的管理模式，打造了重庆东环线的示范项

目、亮点工程，展现了中铁八局的品牌实力。（陈家玲）

【赵佳·中央企业劳动模范】赵佳，男，汉族，1985年11月生，中共党员，辽宁省大连市人，高级工程师，现任中铁九局大连分公司三级职业项目经理兼刚果（金）项目经理。

赵佳同志自2004年参加工作以来，先后在国内主持或参与过大连市东联路桥、大连北站匝道、振连路大连湾桥梁工程、白云雁水隧道等工程建设，受到大连市建委领导的好评和肯定，具有丰富的专业技术施工经验。2014年至2019年，在刚果（金）工作期间，积极主动融入海外文化，探索海外项目管理方法，在国际有色金属市场低迷的情况下，稳中求进、不等不靠，打造矿建行业品牌。项目经营开发、施工生产完成情况等各项指标逐年上升，为中铁九局站稳刚果（金）区域市场做出了突出贡献。在赵佳的多年带领下，开创了中铁九局在刚果（金）区域的多个第一，刚果（金）SICOMINES铜钴矿采选冶一期工程获得了中铁九局首个境外工程鲁班奖；完成了中铁九局在刚果（金）区域的第一座桥梁工程——卢安博道路桥梁工程；完成了第一个矿山井下开采斜坡道工程——KAMOA开挖槽工程，并凭借此工程与业主的完美合作，成功拓展了欧洲市场；时任总统卡比拉亲自接见赵佳，对资源换项目工程卡莱米体育场工程、卢蒙巴大道工程给予高度赞扬。2018年，赵佳同志获得中华全国铁路总工会“火车头奖章”；2019年被授予“中央企业劳动模范”称号。

（赵莹）

【沈廷山·中央企业劳动模范】沈廷山，男，汉族，1970年出生，山东济南人，中共党员，大专学历。现任中铁十局集团电务工程有限公司电务第二项目部作业队长。

1987年参加工作以来，凭借顽强的毅力和勤奋学习，从一名初中生自学取得大专学历，从一名初级工成长为公司首名铁道信号高级技师、特级技师。在工作中，勇挑重担、大胆创新、善打硬仗、成绩卓著，为企业发展做出突出贡献。他悉心钻研改进的“免维护型地下电缆接续盒接续方法”，将工效提高了30%。配合研发的“方向滑轮拉电缆”等3项技术革新，提高工效近3倍。以他名字命名的中铁十局“金牌职工创新工作室”、中国中铁“劳模（专家型职工）创新工作室”，总结改进“侧面绑把”“电源线绑把”等7项施工工艺，完成“既有机械室内安装组合柜施工工法”“利用BIM技术降低走线架布设缆线的返工率”等工法、QC成果12项，其中2014年获省级工法、中国施工企业管理协会科学技术奖科技成果创新二等奖，2015年获省级QC成果、中国建筑协会和中国中铁联合颁发的“中国中铁奖杯”，2019年获省级QC成果三等奖，其创新成果推广应用，为企业节约成本800余万元。2008年获得“中铁十局劳动模范”称号，2010年获得山东省富民兴鲁劳动奖章、“中央企业先进职工标兵”称号，2013年获“中国中铁劳动模范”称号，2014年获“中国中铁十大专家型工人”称号，2017年获得山东省职工职业道德建设先进个人，2019年获得“中央企业劳动模范”称号。（刘宁）

【吴金霞·中央企业劳动模范】吴金霞，女，汉族，1973年1月出生，江西省武宁县人，中共党员，高级政工师。1993年7月毕业于江西省九江市卫校，历经大桥五处工地医院护师、职工医院护士长、五公司厦门片区指挥部办公室主任、公司财务部清欠办主任、企业策划部副部长，五公司福平铁路平潭大桥项目副书记、工会主席、工区党工委书记等多岗位锻炼。其间，取得中央电大护理专业大专文凭、西南科技大学工商管理本科文凭，获聘经济师（中职）、政工师、高级政工师。现任中铁大桥局五公司平潭海峡公铁大桥项目部二工区党工委书记。

在平潭跨海大桥建设期间，出任项目部工会主席，面对长达6年的工期和恶劣的施工环境，积极建议并配合项目部党工委“高标准高起点”打造“三工”，参与筹建“职工服务站”“职工书屋”，积极开展送温暖、庆生日、困难帮扶、举办“工地婚礼”等活动，被大家亲切地称为“海岛妈妈”。项目部2014年被评为福州市“工人先锋号”、中铁大桥局集团“大桥杯”劳动竞赛“优胜单位”，职工书屋被全国总工会授予“全国职工书屋”。

2014年11月，平潭桥海上施工平台开建。面对孤立于大海中间的施工平台，她主动请缨上平台，为员工配置人性化集装箱宿舍，并安装移动电视接收器，将光纤绑在海底电缆上保证平台网络顺畅，购置盆栽花草，设置小超市，丰富员工生活。在抓好工区党建工作的同时，始终坚持一岗双责，狠抓现场安全文明绿色施工。组织建立工区安全驿站、青安岗，带领群安员、党群协理员助理、青年团员主动参与班前安全教育十分钟、进场员工安全培训及爱岛爱海洋就像爱家乡等活动，筑牢施工安全生产、绿色施工的第一道防火墙，确保所在工区未发生一起安全质量环保事故。

在平潭桥任职期间被誉为“战地记者”，承担项目对外宣传的任务。在各级媒体刊稿300余篇次，大桥工地获得中央电视台《新闻联播》《朝闻天下》《新闻直播间》等热点栏目和新华网、人民网多次报道，极大地展示了建桥国家队的风采，提升了企业的知名度和美誉度。项目部荣获福建省“五一劳动奖状”、中铁大桥局集团公司“共产党员先锋工程”，连续三年被评为中铁大桥局集团公司“宣传报道先进单位”。

先后获“中铁大桥局五公司优秀党务工作者”“中铁大桥局集团公司三八红旗手标兵”“宣传报道先进标兵”“中国中铁先进女职工”“中国中铁第六届劳动模范”“中央企业劳动模范”等荣誉称号。（吴霏）

【王艳鸽·中央企业劳动模范、全国交通技术能手】 王艳鸽，女，汉族，1987年7月出生，河南鲁山县人，现任中铁武汉电气化局信号女子突击队队长。自2006年参加工作以来，先后参与了洛张线、茂湛线、湘渝线、湘桂线、京沪线、兰渝线、合芜线、哈尔滨站改、汉十高铁等多条主要干线的铁路施工。

作为信号女子突击队第6任队长，她高举大旗，带领队伍始终战斗在工地的最前沿，坚持“创国优、建精品”，以创新创效为引领，为信号事业奉献青春力量，缔造铁路上的“最美工艺品”。2016年，在兰渝线施工中，她将以往传统的“信号机模拟试验盘”革新为“集成化信号机模拟试验箱”，该成果荣获中国中铁十佳制片奖、全国工程建设质量管理小组活动优秀成果奖一等奖，应用一年创造经济价值75万元。2019年，她带领团队发布的QC成果——《提高计算机联锁驱动采集模拟试验效率》获中国中铁十佳发布奖、铁道工程建设一等奖、全国建设二等奖，并申请了国家专利。王艳鸽任队长期间，信号女子突击队先后获“湖北五一巾帼奖”“湖北省工人先锋号”“全国五一巾帼标兵岗”“中华全国铁路总工会火车头奖杯”“中国中铁先进女职工集体”“湖北省三八红旗集体”“全国巾帼文明岗”的荣誉，2019年10月，信号女子突击队创新工作室被命名为“湖北省示范性职工劳模（工匠）创新工作室”。

王艳鸽2016年被股份公司授予“中国中铁优秀共产党员标兵个人”“湖北省岗位青年能手”“第六届中国中铁劳动模范”。2017年5月，获湖北省五四青年奖章，她以代表身份参加湖北省第十一次党代会、中央企业系统（在京）党代表会议、中共中国中铁第四次代表大会。2017年12月，王艳鸽以湖北产业工人代表身份当选为湖北团省委兼职副书记。2018年，王艳鸽增补为中国中铁第三届女职工委员会委员。2019年9月，获“中央企业劳动模范”称号；2019年11月，在共青团中央组织下，作为中国青年代表之一对印度进行访问；2019年12月，获“全国交通技术能手”称号。（贺贝贝）

【熊书文·中央企业劳动模范】 熊书文，男，汉族，福建宁德人，中共党员，高级工程师，现任中铁广州工程局集团港航工程有限公司福州港闽江口内港区筹东作业区泰铭码头工程项目部项目经理。

自2005年河海大学毕业参加工作以来，一直扎根施工一线，从最初的现场技术员成长为创造“北海速度”的项目经理。他先后参加了深圳机场飞行区扩建工程、中铁南方装备中山基地、中国石化北海炼化码头等多个重点工程建设。在担任广西北海LNG接收站陆域形成工程项目经理期间，引进行业先进的外模工艺与内芯模工艺并加以结合改进，短短65天时间完成14个沉箱（52层）的分层预制；研究改进扭王字块制作模板，在4个月的时间里，利用98套模板完成了需要250套模板30202块扭王字块（单个2~5吨三种规格）的预制，6个月时间完成68万立方米的抛石、506万立方米的吹填砂以及40万平方米的地基处理等项目共计3.08亿元，创造了中铁广州局的“北海速度”。他秉承中铁广州局区域生产经营一体化的经营理念，带领项目管理团队以项目管理为基础，以工程质量为品牌，开拓市场，2013年至2015年先后中标包括神华国华围填海造地工程、中国石化北海炼化石化码头工程、中国石化北海炼化石化码头后方陆域形成工程以及广西北海LNG码头港池疏浚工程4个项目，实现干好在建、区域滚动良好发展。

他通过开办职工夜校、现场观摩、劳动竞赛、导师带徒等活动带领管理团队不断进步，为企业培养了一批熟悉重力式码头、高桩码头等港口工程的管理人才；自我学习总结、改进创新不断突破，发表《水上铺排架填充砂袋围堰技术要点探析》等多篇论文，总结编制企业工法1项，取得发明专利1项、实用新型专利3项。先后获得“第五届中国中铁劳动模范”“中国中铁优秀青年项目经理”“全国建筑企业优秀项目经理”“全国工程建设优秀项目经理”“中央企业劳动模范”等荣誉称号。（刘惠英）

【王英锋·中央企业劳动模范、陕西省五一劳动奖章获得者】王英锋，男，1984年10月生，汉族，中共党员，学历大专，陕西西安人。

2007年7月，毕业于陕西工业职业技术学院应用电子技术专业，同年进入中铁宝桥集团工作，现为中铁宝桥集团辙叉分公司维修组维修电工高级技师。参加工作13年来，他刻苦学习，积极钻研，2012年7月以优异的成绩荣获中国中铁第十一届青年技能竞赛电工技能大赛个人第一名，被授予“中国中铁青年岗位能手标兵”荣誉称号；2013年7月荣获2012年至2013年度“陕西省优秀青年岗位能手”称号；2014年4月荣获“全国青年岗位能手”荣誉称号；2015年9月参加陕西省青年职业技能大赛取得维修电工项目第三名；2015年11月代表陕西省在中国技能大赛—第十一届“振兴杯”全国青年职业技能大赛决赛中荣获维修电工项目第二十名；2016年1月被授予“陕西省技术能手”称号；2016年9月被推选为陕西省青联委员；2016年11月被评为集团公司“十大最美家庭”；2017年荣获宝鸡市“劳动模范”；2018年中国中铁“十大杰出青年”等称号。2019年获“中央企业劳动模范”“陕西省五一劳动奖章”。

（蒋晓强）

【徐子龙·中央企业劳动模范】徐子龙，男，汉族，本科学历，中共党员，1980年2月生，河南郑州人，中铁国际集团有限公司中国电信菲律宾PTO项目工作组组长。

徐子龙同志自2003年参加工作以来，长期在外经战线奋斗。在尼日利亚工作期间，历任尼日利亚子公司翻译、南部片区副经理、党支部组织委员、子公司副经理级党支部书记。创建中铁国际川铁公司尼日利亚子公司南部片区，累计新签合同41个，合同总额2亿美元，涵盖公路、桥梁、房建、城市综合体等多领域工程，实现项目利润约2500万美元，整体提升了川铁公司尼日利亚子公司的实力，解决了子公司的生存危机，并助力子公司跻身该国著名承包商行列，子公司多次获得优秀承包商称号。2017年1月至2018年5月，任川铁公司市场开发部副经理及机关一支部书记，参与了喀麦隆水厂、尼日利亚边境检查站、斯里兰卡南部铁路、孟加拉国帕德玛连接线、马尔代夫五桥及河道与伊拉克住房项目的追踪及投标工作，中标项目约4000万美元。2018年5月，任乌克兰光伏项目部项目经理，实施中铁国际川铁公司的第一个光伏项目，在项目前景不被看好的情况下，通过科学调度、精心组织，发扬“追求卓越，勇于跨越”的精神，提出穿插式施工法，克服语言不通、环境陌生、人员和设备不足、材料到位不及时及冬季施工等困难，利用既有资源，以不怕苦、不怕难、不服输的干劲，不仅项目提前完工，而且使项目扭亏为盈，其本人也被业主授予特别贡献奖。2019年11月，徐子龙同志被派往菲律宾中国电信PTO项目担任工作组组长。徐子龙同志多次得到各级单位的认可，荣获“中国中铁青年岗位能手”“中国中铁优秀团干部”“中国中铁安全生产先进个人”等荣誉称号及中华全国总工会火车头奖章。2019年，获得“中央企业劳动模范”称号。（谢萌萌）

【姚力·中央企业劳动模范】姚力，男，汉族，1971年5月出生，四川资阳人。中共党员，教授级高级工程师，现任中铁二院土建一院副总工程师。

从业20余年，姚力同志作为负责人主要参加了胶济铁路电气化工程、遂渝线无砟轨道等10余项国家重大铁路工程的设计和咨询工作，建成了中国具有自主知识产权的首条成区段无砟轨道铁路；他努力践行“一带一路”国家战略方针，积极推动中国高速铁路标准及中国高速铁路技术走出国门；参加了埃塞俄比亚亚的斯亚贝巴至吉布提铁路、俄罗斯莫斯科至喀山高速铁路、中巴经济走廊铁路通道ML1线升级改造、孟加拉帕德玛大桥连接线等重大海外项目的设计和审查。在莫斯科至喀山高速铁路项目中作为轨道设计负责人，根据项目特点，对比研究了全球各种轨道结构特点，成功推动了中国CRTS Ⅲ型板式无砟轨道技术用于莫斯科至喀山时速400千米高速铁路的轨道工程设计，并通过了俄罗斯国家鉴定委员会的审查和认可。他积极创新，研发了单元板式、纵连板式、双块式、岔区轨枕埋入式无砟轨道结构，形成了自主知识产权的无砟轨道技术。他主持了“遂渝线无砟轨道综合试验段”“高速铁路无砟轨道耐久性提升综合技术研究”“‘静音钢轨’技术成果应用与产业化”“时速400千米特殊严寒地区高速铁路线桥隧关键技术研究”等省部级重大科研项目。他积极参加科研成果的产业化转化，成功研发出静音钢轨降噪产品，实现合同额总计近2000万元。取得了“无砟轨道构造”等5项发明专利、10余项实用新型专利、10余项省部级优秀设计奖项。先后获得“四川省有突出贡献优秀专家”“四川省青年科技奖”及“中国中铁青年科技拔尖人才”等荣誉。2019年被授予“中央企业劳动模范”称号。（董瀚潞）

【赵兴华·中央企业劳动模范】赵兴华，男，现任中铁第六勘察设计院集团有限公司电气化设计院分公司总经理，中共党员，满族，教授级高级工程师，1981年4月出生，2003年毕业于西南交通大学电气工程与自动化专业，同年分配到中铁电气化勘测设计研究院（现为中铁六院电化院）工作，历任专业负责人、项目部长、副所长、所总工程师、分院长、副总经理、总经理等职。2019年获得中央企业劳动模范称号。

作为技术总负责人，赵兴华在北京市轨道交通首都机场线工程中主持了国内第一套国产化适度集成综合监控系统的研发、设计及应用工作，解决了国内地铁综合监控系统集成规模、系统功能优化、系统接口标准化以及系统产品自主研发等方面的重大技术难题，打破了该系统长期被国外供货商垄断的局面，是同期国内地铁监控系统国产化进程的引领者，在完善了系统功能的同时投资同比降低30%，社会效益及经济效益显著，该项目荣获北京市优秀工程设计奖一等奖、全国勘察设计协会颁发的勘察设计一等奖、住建部颁发的全国优秀工程勘察设计金奖（个人奖）。

作为关键技术负责人，主持了北京地铁燕房线工程全自动运行技术课题研究，对标国际发达地区地铁建设及IEC标准，根据国内的实际运营需求及产品制造水平，以开发出具有自主知识产权的全自动无人驾驶技术为目标，带领团队系统性地研究了国内地铁无人驾驶的各种场景模式及各设备系统的配置方案，深入研究全自动驾驶的应用需求，以需求为导向确定技术方案，指导系统及产品研发和生产，引导各阶段系统调试工作，最终具备全自动运行技术的北京燕房线于2017年底高水平开通，作为国家科技示范线，标志着中国轨道交通全自动运行技术不再依赖进口，走在世界前沿，并具有很多符合国情独特的技术优势。

主持了《低压逆变+400伏再生制动能量利用装置在地铁牵引供电系统的创新应用》科研工作，并在北京地铁多条线路实施应用，系统节能效果显著；作为技术负责人参加的课题《供电系统电流选跳技术在轨道交通中压网络中应用的研究》获得上海市科学技术成果奖。

牵头组织了广州地铁、太原地铁智慧交通技术研究及应用，尤其是在太原地铁2号线推行的全自动驾驶技术、城轨融合云技术、互联网售票等技术已达到国内领先水平，在轨道交通领域中起到了引领和示范作用。作为项目总体，在北京地铁16号线设计项目中，依托BIM三维技术，推动了《地铁空间设备横担与花格整合体》国家外观设计专利的研究、获取及实施，机电设备管线及设备终端的设计及安装标准显著提升，后期运营维护费用降造12%，乘客候车公共区垂直空间提升超200毫米。

主持完成了省部级重点工程北京地铁15号线全过程设计工作。北京地铁15号线是公司在轨道交通领域承担的首个多专业大型综合设计项目。在设计过程中先后主持了列车再生制动能量吸收/消耗装置等10多项关键技术方案的论证、设计及应用工作。作为项目总体，赵兴华主持了北京地铁机场线、北京地铁16号线、北京地铁房山线、北京地铁9号线等工程的设计工作。

多年来，他负责北京、太原、石家庄、乌鲁木齐、重庆、贵阳等地区50多个项目的设计管理及服务工作。他推行目标管理和精细化管理确保了项目的顺利实施，多个项目获得省部级及以上奖项。

（刘胜利）

【张安民·中央企业劳动模范】张安民，男，1963年出生，安徽砀山人，中铁置业集团有限公司副总工程师，中铁置业上海有限公司总经理、党委副书记，于1986年在中铁五局建筑处第五工程队参加工作，2008年调入中铁置业公司，具备工民建专业33年的专业知识积累和实践管理经验，自2008年以来，带领中铁置业集团上海有限公司先后在上海、杭州、南通、亳州等城市开发大型商业综合体和住宅项目12个，累计开发建筑面积近300万平方米。

他操盘的中铁置业集团公司第一个综合体项目——中铁·中环时代广场，通过“精巧省”地设计管控，节约成本约3648万元，使该项目成为中铁置业“占用资金少、营销速度快、经济效益好”的运作典范。同时在该项目中创新使用铝合金电缆材料和地源热泵技术，在满足同等电气性能的前提下，低成本、高质量地达到绿色节能、环保减排目标。实现销售额27.4亿元、营业收入27.2亿元，净利润5.1亿元。2013年该项目获评上海市“可再生能源建筑应用示范项目”，获得上海市政府奖励134万元。

多年来，他创新经营模式，强化质量管控，积极开展项目管理实验室活动，探索激励机制、项目“快周转”和一二级联动项目成本管控，为华东区域城市化建设以及企业经济效益、员工个人收益的双提升做出了积极贡献。荣获中华全国铁路总工会火车头奖章，中央企业劳动模范，“中国铁路工程总公司百佳十优先进个人”“青年岗位能手标兵”“置业中国房地产十大财智人物”“第七届闸北区拔尖人才”“中铁置业成立十周年十大置业之星”等20余项省部级荣誉，2019年获得“中央企业劳动模范”称号。

（刘玥岐）

【金琰·中央企业劳动模范】金琰，女，1971年8月出生，汉族，甘肃兰州人，中共党员，1994年7月毕业于长沙铁道学院获工学学士学位，2008年1月获西南交通大学工程硕士学位。历任中铁二院线路处助理工程师、工程师、高级工程师、交通规划研究院教授级高级工程师、运量所副所长、所长、副总工程师、公路市政院副总工程师，现任中铁城市发展投资集团有限公司投资开发部副部长，全国注册咨询工程师（投资）。入选第十批四川省学术和技术带头人后备人选，担任四川省科技青年联合会第五届理事会常务理事，荣获四川省及中国中铁科技创新成果奖7项，省部级优秀咨询成果奖二等奖3项，在核心期刊发表论文12篇。获“中央企业劳动模范”“四川省三八红旗手”“四川省五一劳动奖章”“四川省五一巾帼标兵”“中国中铁十大杰出女性”“中国中铁先进女职工”，天府新区引进的特优A类人才。

参加工作20多年来，一直从事公路、铁路、市政、城市轨道等交通基础设施规划、设计、可行性评估和投资咨询工作。组织投资项目筛选、投资评估、标书编制、各类合同评审、谈判、签署等工作，为企业投资经营开发和投资项目风险控制做出卓越贡献，成长为PPP项目理论和实践经验丰富的实干家。在PPP项目监管不断升级的大环境下，牵头工作组对接的335亿元宜宾两个高速公路项目均为原投资人无法解决融资，解除投资协议后的二次招商，她结合PPP项目监管要求和国资委降负债的要求，充分分析地方政府财政承受能力，提出满足各方条件的新模式，说服政府将经营性的“BOT+政府补贴”模式调整为准经营性模式的“BOT+政府特殊股份+可行性缺口补贴”及“BOT+政府建设期补助+可行性缺口补贴”，将政府难以承担的建设期补贴平滑至运营期，实现了项目运营期使用者付费收入不足的风险由双方共担，超额收益双方共享的风险分担机制，此模式既解决了地方政府财政承受能力不足的难题，同时又降低了企业承担BOT项目使用者付费不足的风险。同时，会同公司财务团队加强金融机构对贷款可融性的探讨，设置合理的收益水平，预期使用者付费及可行性缺口补助获得的收入能够覆盖贷款本息，既实现项目融资方案的可行性，又满足企业降负债的控制要求。2019年两个项目均顺利签订投资合同，融资有效解决，出省大通道的建设持续推进，得到地方政府和省交通厅的高度评价和充分肯定，对中国中铁在宜宾最困难的时候伸出援手表示衷心感谢，赢得了良好的政企合作关系。两个项目在四川省内高速公路项目合作模式中均实现重大突破，项目实施方案的编制、绩效考核体系的设置、财承报告中或有支出的纳入等内容有较多创新，两个项目因地制宜采用不同的合作模式几乎全部采纳进入省政府和社会资本合作项目实施方案编制范本中。她作为行业专家受邀参与评审《四川省经营性高速公路项目社会资本方招标文件参考文本》的修订及《四川省经营性高速公路项目公司股权转让管理办法》的拟定。她牵头四川省第三批“金琰职工技能”创新工作室，以“创新引领投资”为理念，以风险把控为核心，以建设项目投融资创新模式运用研究、项目投融资实施方案的可行性研究、投融资建设项目的运营管理研究等为创新专业领域，致力于公司投融资项目的“投资+建设+运营”实践工作，培养出一批业务骨干。主持的《多因素条件下的立交方案优化及计算机决策分析实现》等4项科研成果获中国中铁科技进步奖二等奖，《铁路运量预测软件系统》获四川省优秀软件一等奖，《公路项目交通量预测软件》获四川省优秀软件三等奖，《成都铁路发展构想研究》获四川省优秀工程咨询成果奖二等奖，《投资项目税务操作手册》获中国中铁企业管理现代化创新成果奖一等奖。（郭睿）

【张立业·中央企业劳动模范】张立业，男，汉族，1971年12月出生，中共党员，大学学历，高级工程师。参加工作以来，先后参与了株六铁路、侯运高速、户勉高速、岑梧高速、桂梧高速、重庆地铁、兰新铁路、石家庄地铁、临白高速、大连地体5号线等重难点工程的建设。现任中铁大连地铁5号线有限公司党委书记、董事长。

大连地铁5号线PPP项目是中国中铁第一个全面自主投融资、建设运营管理的PPP地铁建设项目。张立业迎难而上，勇挑重担，凭着一股共产党员的刻苦钻研和敢于争先的拼搏精神，立下了创建“PPP项目建设示范、SPV公司管理示范”的建设管理目标，团结带领项目管理团队，通过聘请专业咨询单位指导、实开展验室管理及创新性课题研究等管理措施，不断学习创新，攻克难关，取得了胜利。他构建了“1+4+1”PPP项目建设管理模式模板模块，建立健全大连地铁5号线建设管理体制机制；理顺股东各方及地方政府的合同关系、经济关系、管理关系，在最短时间内完成了项目公司注册、建设管理手续办理及征地拆迁工作，确保项目建设管理顺利推进；精准融资模式，降低融资成本。带领公司财务融资部门先后与17家金融机构一一谈判。债务融资109.65亿元，实现了贷款期限25年、贷款利率在基准利率上下浮动10%、中国中铁不提供担保、不提供流动性支持、不回购股权等优惠条件，仅此一项，为项目公司节约资金成本近11亿元。组织高标准、严要求开展施工建设管理，确保安全、质量、环保、文明施工建设管理达到全国先进行列。大连地铁5号线标准化、规范化、信息化、工厂化管理多次引来全国各地建筑行业专家、学者前来观摩；狠抓科技创新，建设“五型”地铁。他结合大连地铁5号线海底大盾构世界级施工难题，共完成3项专利申请及1项软件开发申请；创新党建、廉建工作理念、模式，做到党建、廉建与企业管理有效融合，创新性提出了“多方领导、一方主导、相关多元、共建共享”的PPP项目特色党建理念和“党建共建共享、廉建共建联控”的党建、廉建总体目标。

因工作业绩突出，先后多次获得中铁投资集团先进个人、优秀共产党员称号。2017年当选为大连市西岗区人大代表，2019年被国家人力资源和社会保障部、国资委联合授予“中央企业劳动模范”称号。（刘　明）

【王明蓉·中央企业劳动模范】王明蓉，女，汉族，1968年3月出生，四川南江县人。中铁信托有限责任公司风险管理部高级业务主管。作为公司的风管员，被派驻至业务一线部门，尽职尽责地做好自己经手的每一个项目的立项初审、合同初审、复核确认、现场核签核保等工作，累计经手766个信托项目，涉及信托规模上千亿，无一项目发生差错。在工作中摸索形成了独特的行之有效的“望、闻、问、切”督促项目贷后管理方法。坚持原则，对于项目贷前贷后过程中，可能出现有损公司利益、未来对公司有隐患条款等情况，一字一字地抠，据理力争；敢于亮剑，对于项目管理不规范、相关合同执行不到位、抵押物出现风险敞口、项目出现风险苗头等情况，敢于说真话并及时向公司汇报，并提出自己的建议，将一些风险苗头消灭在萌芽状态，力争将可能给公司造成的风险降到最低。积极献计献策，参与清理和制定公司各类信托项目管理制度等，促进了业务流程高效运作和内控文化规范化建设。

先后荣获“中铁信托优秀员工”“中铁信托优秀风险管理员”“中铁信托先进工作者”“中国中铁劳动模范”“中国中铁优秀工会工作者”“中央企业劳动模范”等荣誉称号。（王明蓉）

【申凌云·中央企业劳动模范】申凌云，男，44岁，仡佬族，中共党员，教授级高级工程师，现任中铁文旅集团副总经理、中铁文旅集团四川投资公司党委书记、总经理。

2016年4月，申凌云同志担任中铁文旅集团川渝片区前期筹备组组长，负责中铁黑龙滩项目政府协调和项目推进工作。面临全新的土地一级整理、二级开发、产业投资、城市运营等全新业务领域，申凌云率领由21人组成、专业人员仅占27%的初创团队开始了政府协议谈判、可研论证、策划定位、资源对接等前期工作，先后对标考察了国内外十余个代表性项目，他充分发挥组织才能，调动各种积极因素，对接各类优势资源，逐步摸索出中铁文旅投资项目的基本管理规律。截至2018年8月，开累完成投资约28亿元，完成营业收入15.29亿元，实现归属母公司净利润2亿元。实现了从传统施工管理者到文旅综合项目投资开发管理者的华丽转身，以实际行动践行了中央企业管理者创新驱动、高质量发展的使命担当。（周昱凤）

【邓英海·中央企业劳动模范】邓英海，男，汉族，1982年2月出生，黑龙江省龙江县人，中共党员，本科学历，现任中铁三局集团桥隧工程有限公司第十四工程队队长（兼中铁三局桥隧公司自宜铁路项目项目经理）。

邓英海同志自2002年参加工作，先后参建过遂渝铁路（薛家坝涪江桥荣获鲁班奖）、宜万铁路、广珠城际铁路、南广铁路（郁江桥荣获国家优质工程奖）、沪昆铁路（斜拉转体桥荣获国家优质工程奖、詹天佑奖）、郑州机场二期改扩建工程、商合杭铁路（裕溪河特大桥目前是世界最大跨度的无砟轨道高速铁路桥梁）等国家重点工程。2017年荣获安徽省五一劳动奖章、山西省总直属基层系统立功竞赛“标兵个人”，2018年荣获山西省五一劳动奖章，2019年荣获“中央企业劳动模范”称号等荣誉。

自参加工作以来，邓英海同志坚持“在工作中学习，在学习中创新”理念，敢想敢干，勇于创新。作为中铁三局新时代建桥专业化队伍的领军人，他先后主持技术攻关28项，完成省级工法8项、国家实用型技术专利6项、创新小改小革36项，为企业创造利润1500多万元。作为技术创新带头人，他的技术创新团队被山西省总工会授予“邓英海职工创新工作室”。作为一名技术型的基层党员领导干部，他白天在一线工地解决施工难题，晚上查找各种学习资料充实自己，始终以严格的标准要求自己。充分地发挥了党员干部的先锋模范带头作用，为广大员工树立了学习的榜样。（杨建功）

所属单位

中国中铁京津冀区域总部 中铁投资集团有限公司

【简况】中铁投资集团有限公司（简称中铁投资）成立于2014年8月，注册资本金25亿元，是中国中铁区域高端总承包经营平台、服务中国中铁成员企业的投融资平台、中国中铁PPP项目运营管理平台，与中国中铁工程建设分公司"一套机构，两块牌子"运作，代表中国中铁在北京、天津、河北、河南、山东、辽宁、吉林、黑龙江、内蒙古9省（直辖市、自治区）和雄安新区范围内开展高端总承包经营和投融资业务。

中铁投资在北京、天津、河北、河南、山东、辽宁、吉林、黑龙江、内蒙古等9个省（直辖市、自治区）设有省级区域经营指挥部，同时在青岛、大连、烟台等9个城市设有区域经营机构，拥有各类高级管理人员600余人。中铁投资按照中国中铁发展战略，立足于地铁、城市轨道交通、高铁投资建设运营，积极开拓交通、市政基础设施开发、房地产开发、城市运营等领域，依托中国中铁央企品牌和实力，大力加强与政府、金融机构、社会各界的合作，形成了较强的投融资、建设、运营管理等核心优势，经营业绩逐年攀升，截至2019年末累计投资及新签合同额超过2300亿元。

中铁投资先后投资建设了石家庄地铁1号线、石家庄地铁2号线、呼和浩特地铁1号线、郑州地铁1号线、长沙地铁5号线、青岛地铁1号线、青岛地铁2号线、大连地铁5号线、郑州空港城、长春新区东北亚物流港、吉林公主岭地下综合管廊、沈阳市四环快速路、京新高速公路等30余个重大项目，投资建设的郑州地铁2号线获国家优质工程奖，青岛地铁1号线土建一标和呼和浩特市城市轨道交通1号线一期工程两个项目获得"中国中铁2018年节能减排标准化工地"称号。

中铁投资始终秉承"创造价值、创造幸福"的宗旨，以"服务国家、奉献社会、回报股东、造福员工"为使命，努力打造成为中国中铁投资板块经营区域最广、竞争力最强、综合实力最优、发展速度最快、创新活力最足、队伍凝聚力最高的"六最型"企业，致力于成为业务发展模式成熟、核心竞争力突出，投资、建设、运营一体化发展，规模和竞争实力达到国内领先水平的投资运营商。　（韩小雷）

【主要指标】2019年中铁投资新签合同额1213亿元，占年度任务710亿元的171%；实现营业收入188.90亿元，占年度任务155亿元的121.55%；实现净利润10.72亿元，占年度任务6.86亿元的156%，超额完成了股份公司下达的各项预算指标。　（雷晓林）

表14-1　　2019年中铁投资集团有限公司主要经济指标

项目	2019年	2018年	比上年增长/%
资产总额/亿元	381.13	254.33	126.80
所有者权益/亿元	105.76	68.09	37.67
营业收入/亿元	188.90	121.55	67.35
利润总额/亿元	10.82	6.98	3.84
净利润/亿元	10.72	6.87	3.85
归属于母公司所有者的净利润/亿元	10.72	6.87	3.85
技术开发投入/万元	340.14	160.4	179.74
利税总额/亿元	11.98	6.87	5.11
应交税金总额/亿元	1.26	0.86	0.4
全员劳动生产率/万元/人·年	4293	2592	1701
净资产收益率/%	12.33	10.25	增加2.08个百分点
总资产报酬率/%	2.84	2.84	—
国有资本保值增值率/%	102.61	102.19	增加0.42个百分点

制表：雷晓林

【改革发展】中铁投资整合职能要素，清理系统界面，规范层级管理，完善定岗定编，促进管理流程通畅、部门履职到位。强化集团管控。按照"大部门制"思路调整公司部门设置，减少职能交叉，实现系统业务的统一和扁平化管理，提高本部服务现场的能力和效率。落实区域经营、立体经营、辅助经营建设。明确公司的市场定位和市场开发原则，构建"两级三个层次"的经营开发体系，全面提升经营开发能力，实现了对"九省一区"范围的市场全覆盖和业务全覆盖。做实项目公司和总包部。加强项目管理资源配置，充实项目管理人员，强化项目管理责任，夯实项目管理的基础，有效防范各种风险。整

合内外资源。加强“投资集团+”，促进内外战略合作，打造产业发展联盟，建立企业利益共同体，有效盘活资金、人力等各种资源，切实提升公司的核心竞争力。推进“三项制度”改革。拓宽用工渠道，突出业绩考核导向，完善激励机制，提高员工收入待遇，激发干部职工干事创业激情。加强基层党建工作。强化党的领导，促进基层党组织建设，深化纪检监察体制改革，充分发挥政治功能。（史慧媛）

【重大项目】2019年，中铁投资参建的重大项目有14个，分别是：青岛市地铁1号线工程土建施工一标段、青岛市地铁2号线一期工程土建一标、青岛市地铁8号线PPP项目（B包）、石家庄市城市交通2号线一期工程、洛阳市轨道交通1号线02标土建项目、洛阳市轨道2号线02标项目、大连地铁5号线PPP项目、呼和浩特市城市轨道交通1号线一期工程、石家庄滹沱河生态修复工程二标、唐山市东湖片区生态修复工程项目（EPC）、中铁泰城水生态环境治理工程PPP项目、沈阳快速路PPP项目、沈阳中德园基础及公共设施建设PPP项目、河南新安至伊川高速公路PPP项目。其中石家庄滹沱河生态修复工程二标10月1日实现试运营；青岛市地铁2号线一期工程土建一标西段12月16日顺利开通；呼和浩特市轨道交通1号线一期工程12月29日按期实现开通试运营；大连地铁5号线PPP项目火梭区间大盾构平稳推进；青岛市地铁8号线PPP项目（B包）大青区间海底隧道正常推进；石家庄地铁2号线8月25日实现洞通、9月30日实现长轨通、11月20日实现35kV电通目标，为提前通车试运营创造了条件；洛阳地铁1号线土建02标段5月30日实现全线洞通，比业主下达计划提前1个月；洛阳地铁2号线3个车站主体结构实现封顶，3个区间顺利洞通；唐山市东湖片区生态修复工程项目（EPC）唐古路扩建全线、开越路改造全线12月15日主路半幅贯通；中铁泰城水生态环境治理工程PPP项目12月31日污水处理厂主要单体结构完成；沈阳快速路PPP项目进行长青街快速路、浑南大道快速路和胜利大街快速路的桥梁工程和隧道工程施工，其中桥梁工程完成92%，隧道工程全部完成；沈阳中德园基础及公共设施建设PPP项目年内开工两条管廊八条道路，两条管廊进行主体施工，两条道路路面工程施工已完成，六条道路路基土石方施工已完成；河南新安至伊川高速公路PPP项目各项前期手续已基本办理完成，陈宅隧道、宋家凹隧道、水沟河隧道、伊河特大桥开始施工。

围绕区域经营总体思路，中铁投资积极履行股份公司“三个平台”的职责定位，秉持“经营是龙头”的理念，全面加强区域经营、立体经营建设，大力推进经营体制机制创新，有效优化区域经营管理流程。以重点项目经营推进为核心，以项目商业模式创新研究为抓手，找短板，抓落实，突破新领域。全年自主经营完成新签合同额1212.7亿元，占股份公司下达计划的171%，同比增长46%；区域内完成协同经营新签合同额3540亿元，占股份公司下达计划的102%。积极顺应市场形势和政策变化，加大政策研究力度，有效探索各类经营模式的具体运作方式和实现形式，以创新经营为重点，研究新模式；区域总部（投资集团）深入推进股份公司在房地产开发、棚户区改造、旧城改造、城市提升、生态环境、水务环保等领域的业务持续发展思路，以拉动主业、运作大项目为主要经营思路，积极研究多种实施模式，实现房地产及生态环保板块的新突破。

全年签订战略合作协议10个，分别为哈尔滨市轨道交通配套土地一、二级开发项目公司的框架协议、哈尔滨市机场第二通道（含智轨）配套土地乙二级开发项目公司的框架协议，郑济高铁濮阳东站片区开发项目战略框架合作协议，烟台市牟平区人民政府战略合作协议（两份），天津市滨海新区人民政府战略合作协议，沈阳市铁西区人民政府战略合作框架协议，菏泽市城市轨道交通PPP项目合作框架协议、大连金普新区管理委员会产城联盟合作示范区战略合作协议、丰台区人民政府战略合作协议；促成股份公司签订战略协议4个，分别是哈尔滨市综合交通项目“PPP+配套土地开发”合作框架协议、青岛市人民政府战略合作协议、菏泽市人民政府与战略合作框架协议、天津市人民政府战略合作框架协议。

2019年累计中标14个项目，

▲ 2019年10月11日，中铁二局、中铁六局、中铁武汉电气化局等单位参建的联通粤东北和粤港澳大湾区的梅汕客专正式开通运营

完成新签合同额1212.726亿元，其中投资类项目中标9个，完成新签合同额976.987亿元，具体为：①唐山市东湖片区生态修复和基础设施建设PPP项目社会资本方招标；②泰城水生态环境治理工程PPP项目社会资本采购项目；③机场第二通道迎宾路高架工程（省道老机场公路改造）——一期项目（桥梁）；④政府与社会资本合作（PPP）建设濮阳至湖北阳新高速公路宁陵至沈丘段（鹿邑县境）项目投资人（二次）招标；⑤政府与社会资本合作（PPP）建设濮阳至湖北阳新高速公路宁陵至沈丘段（商丘市境）项目投资人（二次）招标；⑥政府与社会资本合作（PPP）建设濮阳至湖北阳新高速公路宁陵至沈丘段（周口市境）项目投资人（二次）招标；⑦国道109新线高速公路（西六环路—市界段）政府和社会资本合作（PPP）项目；⑧天津地铁4号线PPP项目；⑨新建郑州至济南铁路山东段站前工程。施工总承包类项目中标4个，完成新签合同额137.438亿元，具体为：①宁阳县满庄片区棚户区改造项目（一期）、宁阳县满庄片区开发项目、宁阳县政务中心以南地块改造项目；②洛阳市城市轨道交通1号线工程LYGD1-CLJD-01标段（车辆段施工）项目；③长春市轨道交通6号线02标段（欧亚卖场站—光谷大街站（含）—硅谷大街站（含）—蔚山路站（含）—南四环路站（含）—前进大街南站（含）—主体及装修工程、全线轨道工程、全线供电工程）；④青岛市地铁6号线一期工程土建施工。房地产项目中标1个，完成新签合同额98.3亿元，具体为太行国际生态城一期旧城改造项目。

2019年中铁投资高度重视大连地铁5号线海底隧道施工安全，积极参与中国中铁重大专项课题《多功能泥水平衡盾构机的研制及施工关键技术研究》，指导项目公司组织中铁六院、中铁一局开发具有自主知识产权的《盾构施工BIM管理平台软件》（软著登字第3188949号）。该项目成果获中国中铁首届“卓越杯”BIM大赛银奖。（蒋昕益　陆记霞　李天南）

【重大创新】2019年中铁投资加强科技创新工作，青岛地铁1号线“胶州湾湾口过海地铁隧道施工技术研究”课题成果达到国际先进水平。通过多渠道、多途径积极开展专利、工法工作，截至年末获得实用新型专利2项，分别是《一种带有固定咬合机构的钢筋笼滚笼机》《一种后锚固可调试的钢缀板装置》，申请发明专利《基于BIM模型在协同设计过程中方案差异对比方法》1项，申请《一种隧道施工栈桥用吊装机构》《一种市政工程用测量装置》等实用新型专利15项；获得《富水砂卵石地层盾构钢套筒接收施工工法》《有限空间下运营桥梁桩基托换施工工法》《低净空钢侧模咬合桩施工工法》等省部级工法8项。（陆记霞）

【工程创优】中铁投资（参建）的郑州市轨道交通2号线一期工程获国家优质工程奖；郑州航空港城市基础设施一级开发建设项目施工总承包项目获中国中铁杯优质工程奖；长春物流港与石家庄滹沱河生态修复项目荣获中国中铁安标工地。（孙　东）

【党建及文化建设】中铁投资党委深入学习贯彻习近平新时代中国特色社会主义思想，认真落实党的十九大、十九届四中全会精神，以政治建设为统领，坚持和加强党的领导，不断增强“四个意识”、坚定“四个自信”、做到“两个维护”，着力加强意识形态建设，高质量高标准推进“不忘初心、牢记使命”主题教育，聚焦“守初心、担使命，找差距、抓落实”总要求，把学习教育、调查研究、检视问题、整改落实贯穿主题教育全过程，共组织各类集中学习研讨98次，领导人员讲党课136次，撰写心得体会167篇，圆满完成了第一批和第二批主题教育的各项任务。公司党委坚持刀刃向内、自我革命，认真查摆问题，对照党章党规检视问题62条，征集员工意见建议285条，召开专题民主生活会认真查摆，共梳理出6个方面77条问题和不足，制定112项整改措施，着力强化“党性体检”、示范引领“关键少数”，严格执行“三会一课”，有力推动了企业改革发展党建各项工作。

坚持党的领导与完善公司治理有机统一，及时修订完善公司《章程》，构建党委会前置程序，董事会科学决策，监事会依法监督，经理层高效执行的各司其职、各负其责、协调运转的科学治理机制，始终坚持依法合规，优化企业管理流程，创新项目矩阵管理模式，保证决策的科学性、程序性和合规性。全年组织召开党委会16次，履行党委会前置程序议题137项，召开董事会、监事会7次，研究决策重要事项101项，内容涉及企业改革方案、项目可行性分析、财务预决算、制度建设、组织机构设置等各个方面。加强内控审计，开展企审共建，共查出问题金额6236万元，提出整改措施112条，有力提升企业经济效益。建立“三重一大”决策和运行监管机制，组织股份公司董事会成员、专职产权代表对大连地铁5号线、石家庄滹沱河生态修复工程、唐山花海项目专项调研，党委“把方向、管大局、保落实”职能与董事会“定战略、决大事、控风险”职能相得益彰，各项决策依法合规，决议执行情况良好，保障了重大决策的科学健康运行。

坚持党管干部、党管人才原则，全面落实“好干部”标准和国企领导人员20字要求，把政治标准放在首位，全年共调整干部1035人次，其中领导干部302人次，普通管理干部733人次。加强教育培训，建立多层次培训体

系，共培训各类管理人员 4900 余人次。

认真落实中央企业党建质量提升年和股份公司“三基建设”现场会精神，强化抓基层党建质量鲜明导向，实现党组织“应设尽设”，党组织换届“应换尽换”，党务干部“应配尽配”，党建工作经费“应有尽有”。健全完善管理制度，出台《关于进一步加强基层党组织“三基建设”的实施意见》《新时代党建工作新格局》《党支部工作手册》《基层党组织工作手册》等制度、手册，结合“不忘初心、牢记使命”主题教育，扎实开展“党旗红、铁投兴、奋斗美”党建主题实践，建立健全基层党组织书记抓党建工作述职评议和党建工作责任制考核评价，把企业党建工作转化为企业发展优势，石家庄地铁 2 号线项目部获股份公司“红旗项目部”称号。

严格落实“两个责任”，中铁投资与呼和浩特市纪委监委建立项目廉政风险联防联建工作机制，促进重点工程项目“工程优质、干部优秀、资金安全”。举办“党风廉政建设漫画展”“曲艺示廉 文化育廉”等反腐倡廉教育活动，共开展形势教育 40 余次，累计 2236 人次。开展“找差距、强作风、展作为”基层测评总部机关工作作风的活动，提升总部机关工作质量和效率。配合国资委党委第五巡视组开展政治巡视，强化巡视问题整改；分别对呼和浩特地铁 1 号线、东北亚国际物流园项目开展内部巡察，对发现的 51 个问题立行立改。2019 年公司党委与总部 2 名人员进行约谈，对 2 名人员进行提醒谈话，取得较好的警示与震慑效果。

推进“双 P 工程”、丰富“八有”工会建设，大力实施“员工普惠服务”和“员工健康关爱计划”，全年共投入“三工”建设资金 400 余万元，筹集发放夏送清凉和“两节”送温暖资金 20 余万元。举办“中国中铁员工重大疾病保险”推介会，办理北京市工作居住证 31 人，加快职工住房建设，大兴区黄村镇 12 万平方米集体经营性建设用地租赁住房已签订土地转让意向协议。2019 年，中铁投资被授予“全国工人先锋号”称号；1 人获中央企业劳动模范，9 人获省部级、地市级“五一劳动奖章”。

中铁投资集团党委、纪委把政治建设摆在首位，持续深入学习领悟新思想新理论，组织党委中心组学习 5 次，围绕企业改革发展开展了专题研讨。“两会”期间举办学习贯彻十九届中央纪委三次全会精神暨党风廉政建设警示教育大会。为广大党员干部发放《党的十九大以来查处违纪违法党员干部警示录》《鉴戒》教育读本，举办新时代党风廉政教育漫画展，组织各单位主要领导、纪检干部参观了呼和浩特市第二监狱，观看警示教育片，各单位举办预防职务犯罪讲座、参观警示教育基地等 40 余次，受教育 2236 人次。创新开展“一周一课”研讨交流 20 余期。到建设管理部、投资经营开发中心等部门和 4 个区域单位进行了调研，检视发现问题 42 个，列出问题清单，推动整改落实。完善副处级以上人员廉政档案活页夹 123 份，开展“找差距、强作风、展作为”基层测评总部部门工作作风，纪委书记全年参与重要人事安排初始酝酿 302 人次，回复党风廉政意见 34 人次；全年共明察暗访 125 次、突击检查 118 次。深入开展形式主义、官僚主义集中整治，对自查自纠的 8 个方面 16 个问题进行了集中整改。开展企业领导人员和亲属违规经商办企业专项整治。中铁投资集团公司纪委创新监督模式，强化项目廉政风险防控，4 月与呼和浩特市纪委监委开展项目联防联建，出台《项目廉政风险联防联建工作机制》文件，取得明显效果。（庞　峰　张见龙）

【信息化建设】2019 年开展项目建设管理信息化研究，推进股份公司重点课题“基于 BIM 的地铁工程项目建设基础管理信息化方案与实践”研究，支持、指导大连地铁 5 号线针对火梭区间特大安全风险工程海底隧道段开展“盾构施工 BIM 平台”研发，并已通过验收；牵头完成中铁投资集团视频监控系统建设工作，硬件已通过验收，软件安全测评已完成，软件著作权登记已经受理，石家庄地铁 2 号线、呼和浩特市地铁 1 号线、大连地铁 5 号线、青岛地铁 8 号线实现摄像头 100% 上线，中铁投资集团公司、项目公司、各标段实现平台端、手机端进行生产建设监控，并可通过智能眼镜、可视化对讲系统及时与生产现场联系。完成股份公司重点工程项目工作清单和股份公司二级企业 2019 年度信息化工作任务清单有关工作任务，实现大连地铁 5 号线和青岛地铁 8 号线视频监控和股份公司数字化管控中心联网。（陆记霞）

▲ 石家庄地铁 2 号线 05 标项目部组织观看中华人民共和国成立 70 周年阅兵

【履行社会责任】中铁投资集团呼和浩特市地铁1号线指挥部开展的“情暖童心 中铁青年志愿者关爱留守儿童活动”是中国中铁深入贯彻落实《国务院关于加强农村留守儿童关爱保护工作的意见》所开展的一项长期性的公益活动，活动以真诚关爱留守儿童健康成长为宗旨，所属各标段中铁青年志愿者与学校单亲留守儿童建立“一对一结对子、大手牵小手”的关爱帮扶关系，135名中铁青年志愿者，定期联系关爱的留守儿童，动态了解留守儿童的学习、生活和心理情况，为留守儿童提供情感关怀、学习辅导、生活照料、心理疏导等关爱服务和帮助，构建学校、家庭、社会“三位一体”的合力共育模式，累计开展关爱活动16次，并多次开展“以雪为令 铲冰除雪活动”“青年志愿者助力高考活动”“助力创建文明城市”“敬老爱老”“义务劳动”“精准扶贫”等一系列志愿服务活动。（庞　峰）

【领导人员】

陈　勇	党委书记、董事长
徐坤甲	党委副书记、总经理、董事
张作义	党委副书记、纪委书记、工会主席、监事
刘林山	党委委员、副总经理
张永强	党委委员、副总经理、董事
廖　斌	党委委员、副总经理
修　贵	党委委员、副总经理、董事
龙明华	党委委员、副总经理
孙玉国	党委委员、副总经理
张亚旭	党委委员、总会计师、董事、董事会秘书、总法律顾问
汪小庆	党委委员、副总经理
吴成福	专职外部董
梁　勇	专职外部监事、监事会主席
周有俊	职工监事、总经理助理

（史慧媛）

中国中铁华南区域总部 中铁南方投资集团有限公司

【简况】中铁南方投资集团有限公司（简称中铁南方）是中国中铁股份有限公司在广东、福建、江西、海南及遵义地区的投融资经营平台和建设运营管理主体，全权代表中国中铁开展区域内基础设施和产业新城的投资、建设、运营管理业务，总部设在深圳。公司前身是成立于2008年1月的中铁南方投资发展有限公司（深圳地铁5号线BT项目公司）。2013年3月25日，经国家工商总局（现国家市场监督管理总局）核准，组建中铁建设投资集团有限公司（简称中铁建投）。2014年7月，根据股份公司战略部署，中铁海西投资公司整体并入中铁建投。2016年8月，中铁珠三角投资发展有限公司整体并入中铁建投。2017年9月29日，为整合华南地区市场，股份公司将中铁华南工程指挥部机构及人员并入中铁建投，实行“一套人马、两块牌子”管理模式，由中铁建投履行中国中铁华南工程指挥部相关职能。2018年4月8日，为传承“中铁南方”品牌和企业发展需要，经深圳市市场监管部门核准，正式更名为中铁南方投资集团有限公司（简称中铁南方）。2018年12月，股份公司设立中铁海南投资建设有限公司，委托中铁南方组建和管理。2019年12月31日，为贯彻落实股份公司区域经营战略，中铁南方所属中铁（江西）投资发展有限公司重组至中铁交通投资集团有限公司。

中铁南方主要经营业务包括项目投资、项目管理、基础设施建设、房地产开发、土地一级开发整理、市政公用工程、设计咨询、工程咨询、机械设备租赁、市政公用工程、房屋建筑工程、机电安装工程、铁路工程施工总承包、城市轨道交通工程专业承包、物业管理、自有物业租赁、房地产经纪与代理、股权投资等。截至2019年底，中铁南方具有市政公用工程施工总承包壹级、建筑工程施工总承包壹级、公路工程施工总承包壹级、机电工程施工总承包贰级、铁路工程施工总承包叁级5项资质，7个全资子公司具有市政公用工程施工总承包壹级资质，1个子公司具有环保工程专业承包壹级、城市及道路照明工程专业承包壹级资质。

截至2019年底，中铁南方内设行政部门13个、党群机构6个、附属机构3个、7个指挥部；代表股份公司行使股东权利的公司5个、分公司2个。在册职工为501人，比2018年增加2人。管理人员488人，占职工总数的97.4%，技能人才13人，占职工总数的2.6%。具有各类专业技术人员483人，占管理人员总数的98.9%，其中：正高级职称24人，占专业技术人员总数的4.9%；副高职称193人，占专业技术人员总数的39.9%；中级职称163人，占专业技术人员总数的33.7%。技能人员均为汽车驾驶员，其中：技师1人，占技能人员总数的7.6%。

截至2019年底，中铁南方资产总额225.83亿元，较2018年末168.26亿元增长34.22%；负债总额161.82亿元，较2018年末132.73亿元增长21.92%，负债增长幅度低于资产增长幅度；资产负债率71.66%，较2018年底下降7.22个百分点；所有者权益总额64.01亿元，较2018年末35.53亿元增长80.15%，所有者权益总额增长速度大幅高于资产总额、负债总额的增长速度。固定资产原值3.24亿元，累计折旧0.75亿元，固定资产净值2.50亿元。流动资产合计151.87亿元，其中货币资金38.48亿元，应收账款48.67亿元，预付账款9.59亿元，其他应收款16.43亿元，存货17.34亿元，合同资产5.79亿元，其他流动资产9.12亿元，一年内到期的非流动资产6.45亿元。非流动资产合计73.96亿元，其中投资性房地产5.21亿元，长期股权投资

7.35亿元，长期应收款13.62亿元，固定资产净值2.50亿元，无形资产2.83亿元，使用权资产0.08亿元，递延所得税资产0.57亿元，其他非流动资产41.78亿元，长期待摊费用0.02亿元。

（刘湘　苏杭　朱权　赵攀锋）

【主要指标】2019年，中铁南方完成新签合同额858.6亿元，较2018年增长2.8%；实现营业收入223.85亿元，较2018年增长28.16%；利润总额5.43亿元，净利润4.20亿元（其中：归属于母公司所有者的净利润4.24亿元，完成股份公司批复年度预算的115.5%；归属于少数股东净利润-394万元）。2019年末归属于母公司所有者权益总额34.48亿元。剔除上缴利润等客观因素影响后，国有资本保值增值率112.34%。（赵攀锋）

表14-2　2019年中铁南方投资集团有限公司主要经济指标

项目	2019年	2018年	比上年增长/%
资产总额/亿元	225.83	168.26	34.22
所有者权益/亿元	64.01	35.53	80.15
营业收入/亿元	223.85	174.66	28.16
利润总额/亿元	5.43	6.18	-12.15
净利润/亿元	4.20	4.79	-12.28
归属于母公司所有者的净利润/亿元	4.24	4.60	-7.71
技术开发投入/亿元	0.06	0.04	67.98
利税总额/亿元	6.18	6.75	-8.39
应交税金总额/亿元	2.05	2.12	-3.64
净资产收益率/%	8.45	13.19	减少4.74个百分点
总资产报酬率/%	2.99	3.93	减少0.94个百分点
国有资本保值增值率/%	112.34	113.55	减少1.21个百分点

制表：赵攀锋

【改革发展】人事管理：根据企业改革发展新形势、新任务、新要求，以"忠诚、干净、担当"为标准，选拔任用一批干部并推行内部轮岗交流。全年选拔任用中层干部97人次，其中提拔使用5人、交流任职83人次、试用期转正8人、改任非领导职务1人。开展干部全员考核，全面掌握了干部职工的综合表现情况，发现了一批担当负责、苦干实干的优秀干部，形成了优秀年轻干部名单。有计划地推进优秀年轻干部跨专业、跨领域交流，培养有专业背景的复合型干部，全年推动干部交流任职372人次。把可塑性强、有培养前途的好苗子放到市场开拓前沿、重难点项目、艰苦环境经受摔打磨炼，引导年轻干部加强学习、积累经验、增长才干。

薪酬绩效：以岗位价值为出发点，推进全面薪酬体系改革。建立营销业绩与所属单位工资总额、员工收入挂钩的激励分配制度，推动营销激励精准投放，发挥好薪酬激励对营销工作的牵引作用，充分体现投资公司的职能定位；参考市场实践，按岗位价值和贡献配置薪酬资源，合理调整薪酬级差，推进薪酬级差随岗位层级增加而同步增加，适度拉大同级薪酬宽带。以业绩评价为着重点，构建立体绩效考核体系。从企业职能定位和整体经营战略出发，运用战略地图、平衡记分卡等人力资源工具，推行财务预算指标和业绩考核目标挂钩的方式，层层分解绩效指标，落实到部门和员工层面，牵引核心工作方向，确定关键任务评估权限，推动责权对等，建立完整的绩效考核指标体系，通过提高绩效工资占比、强化绩效管理的有效性，实现工资总额、企业效益、员工收入有效联动。

成本管理：分析各所属单位历年人工成本数据析，采用人工成本利润率、人事费用率、人均利润率、工资总额利润率等指标对企业工资效益联动现状、趋势进行分析，制定薪酬分配策略，在所属各单位之间开展"三率"对标及预警工作，发挥薪酬资源投入产出的最大效用。健全全口径人工成本管控机制，加强成本控制和工资调控。与财务系统对接，将工资总额以外的保险费用、福利费用、培训经费、工会经费、劳动保护费等其他人工成本项目纳入管理范畴，严格控制人工成本不合理增长，不断提高人工成本投入产出效率。

社保福利：建立报酬福利公布机制，定期公布相关数据，使"隐形"福利待遇公开化、透明化、显性化，让员工了解企业的负担和担当，提升员工的获得感。扎实做好员工稳岗补贴申请、社保费用报销、重特大疾病补充医疗保险投保、补充医疗保险报销等工作，切实抓好"五险两金"日常工作，落实员工社会保险待遇，提升员工归属感、安全感。在员工职业发展上，搭建"管理+技能"职业发展双通道，为吸引、激励和保留人才提供了保障。（朱权）

【重大项目】2019年，中铁南方新中标项目33个，完成新签合同额858.6亿元，其中：投资类项目3个，合计金额221.56亿元，占比25.8%；施工总承包类项目30个，合计金额552.25亿元，占比64.4%；在建项目二次经营额84.5亿元，占比9.8%。

2019年，中铁南方在建项目共46个（广东地区30个，遵义地区2个，江西地区6个，福建地区8个）。其中，2019年完工的项目有7个，分别是深圳地铁汇通大厦BT项目、月亮湾跨线桥项目、幸福渠水系综合整治工程综合住房小区、厦门地铁2号线3标、江门大道南线2标（新增合同）、佛山（云浮）产业转移工业园基础设施及产业配套工程PPP项目（二包二期）、遵义市南部新区锂电材料产业园标准厂房项目。2019年累计完成产值212.6亿元，占年度计划196亿元的109%；在建46个项目开累完成产值599.1亿元，占合同总额1735.3亿元的35%。

为解决工程项目急难险重问题，发挥设计施工一体化管理优势，中铁南方牵头立项9项科研项目，其中《深圳前海片区复杂地质条件下典型工程问题分析与对策研究》《深圳复杂地质双护盾TBM设计、研制与施工成套技术研究》《深圳繁华滨海地区富水砂卵石软弱地层地铁综合修建技术》《基于BIM技术的城市轨道交通小曲线半径大跨度连续刚构拱桥施工技术研究》4项课题已结题验收，《基于BIM的厦门地铁三号线过海通道施工风险集成控制与系统研发》《地铁隧道衬砌结构隐伏质量缺陷识别与量化技术研究》《深圳复杂地质长距离区间盾构高效施工技术研究》《深圳地铁14号线岩溶地层溶洞精细化探测及施工安全控制技术》《基于GIS+BIM技术的集团级工程项目一体化智慧管理研究》5项课题处于研究阶段。

（陈　超　肖云飞）

【重大创新】探索设计引领、投资带动、土地开发、管养服务等项目运作模式创新，以“EPC+PPP+BOO”模式中标南沙庆盛枢纽区块综合开发项目，以“股权换施工”模式中标东莞轨道交通1号线PPP改造项目，以“EPC+O”模式中标江门滨江新区市政道路及水环境综合治理项目。

围绕企业中心工作的热点、难点和管理短板，常态化推进管理实验室活动，成立战略管理、制度管理、标准管理、项目建设管理、投资运营管理、融资管理、产业园管理、法律合规管理8个管理实验室，以及深圳地铁14号线、广州南沙新区大岗先进制造业基地、肇庆西江国际未来科技城3个重大项目管理实验室，管理创新活动稳步推进，企业管理整体呈现高质量发展的良好态势。（苏　杭）

▲2019年12月4日，中铁南方投资建设的深圳地铁14号线首座车站封顶

【工程创优】全年中铁南方获得国家级荣誉3项，省部级荣誉8项，市级荣誉15项。其中，深圳市城市轨道交通11号线分别获得中国建设工程鲁班奖和中国土木工程詹天佑奖，南昌市九洲高架快速路项目获国家优质工程奖。（李　旭）

【党建工作】全年召开党委会22次，研究议题272个，前置研讨议题191个，制定“三重一大”决策清单140项，全面规范决策程序。对7家指挥部党工委开展了党建责任制考核。组织全体党员干部学习党的十九届四中全会精神。分两批深入开展“不忘初心、牢记使命”主题教育。发放理论书籍1500余册，印发应知应会手册600余册；两级领导班子共开展集中学习30次，撰写学习心得183篇、调研报告61篇，讲专题党课49场次；查找问题908项，截至2019年末整改完成653项。中铁南方党委下设8个党工委，27个党支部，45个党小组，共有党员345名，配备专兼职党务人员50余名。编印下发党建工作手册，推进基层党建工作规范化、标准化。联合深圳地铁举办“奋进新时代，共建新地铁”——巨晓林先进典型报告会，发挥榜样引领作用。在广州南沙大岗开展四方廉洁共建活动，打造廉洁优质示范工程。与广州水务开展“不忘初心勇前行，广州水务立新功”共建活动，推进党建与生产经营深度融合。组织110余名中层及以上领导开展亲属所办企业与本企业业务往来自查自纠。制定《关于推进纪检监察体制改革的实施方案》等制度，建立健全纪检监察工作体制机制。发放廉洁教育读本300余本，观看典型案例警示教育光盘24份。开展廉洁谈话84次，“两个责任”进一步落实。（陈　超　张志磊）

【信息化建设】重大工程试应用工程项目一体化管控云平台和安全监测与重大风险管理系统顺利通过验收。完成中铁南方集团公司施工监

控平台和视频会议云平台建设，实现了PC端、手机端全天候监管和指挥现场施工。上线运行智慧盾构TBM大数据云平台，实现了盾构姿态数据分析、实时监控和进度预警等智能化管理。在深圳地铁14号线、前海市政V标、春风隧道、黄木岗枢纽、滨海大道等重点工程推广应用BIM技术，有效提高现场生产管控水平。完成VPN虚拟专网改造、业务系统虚机双机热备、态势感知平台和准入控制系统部署、无线网络重建、等级保护测评等工作，切实保障全公司网络及信息系统的稳定运行。（肖云飞）

【企业文化】以新中国成立70周年为契机，广泛开展爱党、爱国、爱企文化教育活动，大力弘扬社会主义核心价值观，组织观看70周年国庆盛典，制作《红旗飘飘》文化视频片，盛赞祖国、讴歌企业、继往开来。组织广大党员职工综合运用“学习强国”等载体，广泛开展学党史、新中国史、改革开放史。各级专兼职通信员充分运用报纸、电视、网络等媒体，以及微信公众号、企业内网等平台，及时宣传报道企业取得的最新成绩，宣扬“勇于跨越，追求卓越”的企业精神和“敢于创新，勇于超越”的企业核心价值理念，全年撰写新闻稿件500篇以上，其中在省部级媒体发表100篇以上，较好发挥了举旗帜、聚民意、育新人、兴文化、展形象的良好作用。（李小勇）

【履行社会责任】坚持绿色施工，打造绿色品质工程，大力推进施工集约化、机械化、智能化、信息化管控水平，运用泥浆循环净化系统、渣土皮带机输送系统、钢筋集中加工、机器人焊接等先进技术与工艺，实现了绿色施工、环保施工、文明施工。参与广州地铁路面塌陷、河源105国道塌方等救援任务，开展河源小水村精准扶贫工作，组织中铁深圳义工联先后开展了义务植树志愿服务活动、“金秋助学”活动、关爱建设驻地沿线社区孤寡老人等社会公益活动，用责任与担当彰显着企业的初心。

（李小勇）

▲2019年12月31日，中铁南方投资建设的南昌九洲大道荣获国家优质工程奖

【领导人员】

付漳湖　党委书记、董事长
温德智　党委副书记、总经理、副董事长、法定代表人（12月免）
赵　勇　中铁华南工程指挥部指挥长（1月任职）、副总经理
王利强　党委副书记、纪委书记、工会主席、监事会主席
张国亮　副总经理
李同杰　副总经理、总会计师、总法律顾问
张吉纯　副总经理
刘继强　副总经理、总工程师
肖铁贤　副总经理、总经济师
王　伟　副总经理
彭声前　副总经理、中铁华南工程指挥部副指挥长

（朱　权）

中国中铁中南区域总部 中铁交通投资集团有限公司

【简况】中铁交通投资集团有限公司（简称中铁交通）拥有公路工程、市政公用工程施工总承包壹级资质。公司驻地广西壮族自治区南宁市良庆区凯旋路15号绿地中心8号楼。前身是中国中铁西南投资管理有限公司，于2007年12月28日在广西壮族自治区南宁市注册成立。2012年7月，经国家工商总局（现国家市场监督管理总局）核准，更名为中铁交通投资集团有限公司。运营管理陕西绥延高速公路和广西中铁交通高速公路管理公司（合资，包括广西岑梧高速公路、广西岑兴高速公路、广西全兴高速公路、山东德商高速公路、河南平正高速公路、云南富砚高速公路、重庆垫忠高速公路、重庆渝邻高速公路、四川绵遂高速公路、陕西榆神高速公路、陕西神佳米高速公路）；广东汕湛、韶新（参股）、陕西旬凤韩黄4个在建高速公路项目公司、指挥部；在广西南宁、柳州、桂林，云南昆明、贵州贵阳，湖南长沙、衡阳、娄底，四川宜宾，投资建设市政项目15个；在广西南宁、湖南长沙以“施工总承包”或“投资+总承包”模式管理南宁市轨道交通3号线02标工程、4号线02标工程、5号线02标工程、长沙市轨道交通5号线一标项目；下辖天地置业1个房地产公司。

中铁交通拥有从业人员771人（不含渝邻、韶新公司），其中在册职工441人。资产总额439.66亿元，其中固定资产净值2.37亿元，无形资产净值77.99亿元，流动资产154.60亿元，其他资产204.7亿元。先后3次获得中国中铁“四好班子”称号，投资建设项目获中国建设工程鲁班奖2项、中国土木工程詹天佑奖1项、国家“AAA级安全文明标准化工地”3项，交通运输部公路交通优质工程奖（李春奖）1项，国家优质工程奖1项，以及其他省部级以上工法7项、优质工程16项、安标工地15项。获团中央“青年文明号”2项、中央企业“青年文明号”3项。

（刘　欢　练瑞琪　项　文）

【主要指标】2019年，中铁交通完成营业收入194.79亿元，同比增长27.13%；实现利润总额55.57亿元，同比增长593.57%；归属于母公司所有者的净利润41.63亿元，同比增长986.63%；年末资产负债率67.81%，较目标值低12.75个百分点。（练瑞琪）

表14-3　　2019年中铁交通投资集团有限公司主要经济指标

项目	2019年	2018年	比上年增长/%
资产总额/亿元	439.66	579.57	−24.14
所有者权益/亿元	141.51	113.71	24.45
营业收入/亿元	194.79	153.22	27.13
利润总额/亿元	55.57	8.01	593.57
净利润/亿元	43.54	5.21	735.32
归属于母公司所有者的净利润/亿元	41.63	3.83	986.63
技术开发投入/亿元	—	—	—
利税总额/亿元	56.38	8.51	562.95
应交税金总额/亿元	0.58	1.88	−69.39
净资产收益率/%	34.12	4.58	增加29.54个百分点
总资产报酬率/%	14.45	4.56	增加9.89个百分点
国有资本保值增值率/%	156.39	125.99	增加30.40个百分点

制表：练瑞琪

【改革发展】12月23日，中铁交通与招商公路、工银投资签订投资合作协议，中铁交通向招商公路及工银投资出售中铁高速51%股权及内部债权，通过引入优秀高速公路投资人共同打造央企高速公路专业化投资运营平台。深入“三项制度”改革，10余项制度体系年内已落地实施。优化机构定编管理，严格落实员工总量要求，大力推进运营公司员工身份转化工作。推进投资建设项目机构调整和减员工作，按股份公司要求做好机关本部机构改革和定员定编方案编制工作。（项　文　刘　欢）

【重大项目】2019年，共召开7次董事会，形成决议132项，召开14次党委会，研讨239项议题，召开10次总经理办公会，研讨309项议题。牵头中标太原西北二环PPP项目，投资估算259.78亿元；牵头中标广西南宁至玉林高铁02标，投资估算90.84亿元；联合山西路桥中标榆昔高速公路BOT项目，投资估算202亿元（中铁交通持股20%）；联合山西交投中标山西境黎城至霍州段PPP项目，投资估算233.38亿元（中铁交通持股20%），兴北连接线和天地置业房产销售，全年完成新签合同额445亿元。全年新立项课题1项，结题及成果验收课题3项，其中《BIM技术在高速公路工程建设及运营管理中的应用研究》获得中国公路学会交通BIM工程创新三等奖。

（项　文　岳玉洁　曹承福）

【工程创优】南宁市轨道交通4号线02标土建11工区和中铁交通广东汕揭高速公路01标第一项目经理部五联山隧道获中国中铁“安全标准工地”；中南公司长沙黄花国际机场交通枢纽工程、中铁交通南宁项目南宁市沙井—南站立交工程、中铁交通南宁项目龙岗新区八鲤工业区和蒲新小区道路施工总承包工程（八鲤临6路）荣获中国中铁优质工程奖；中铁交通贵州双龙见龙洞路南延伸段道路建设工程猫洞河左幅桥荣获2018年贵州省建筑安全文明施工样板工地；静兴项目荣获2019年度首届中国公路学会交通BIM工程创新奖三等奖；中南公司所属长沙机场大道项目荣获2018—2019年度国家优质工程奖；成达公司金沙江大道三期、新机场东连接线项目双双荣获四川省建筑业绿色施工示范工程。（项　文）

【重大创新】管理创新：探索高速运管管理模式创新，推进高速公路建设与运营分离，做实运管公司，优化公路公司机构及人员，打造专业化养护机构，打造信息化、智能化的运营维管平台，实现运营管理专业化、集约化，全面提升运营板块核心竞争力。探索运管模式的实践创新，提前介入高速公路运营管理筹备。经营创新：完善区域经营机构，充实经营力量。严格落实股份公司区域经营和立体经营要求，健全经营网络，打好区域主战场。调整了领导班子分工，2名副总经理到区域经营指挥部任职并取酬，区域内在建项目正职任区域指挥部

副指挥长，实现生产经营一体化。深挖经营区位潜力，拓宽经营领域范围。根据市场形势变化，积极调整经营思路，在坚持主业经营和依托经营基础上，在坚守传统承包经营、持续开展投融资经营基础上，依法合规摸索出新。（项　文）

【企业文化】2019年中铁交通制定《进一步加强基层文化建设的指导意见》，更新并印制《企业文化手册》和《宣传画册》，完成新办公大楼公共区域企业文化宣传（包括宣传栏、展板），实施了企业文化展厅布设及企业形象宣传片制作，指导全公司进一步加强先进典型选树培育工作，并以庆祝中华人民共和国成立70周年为契机开展“弘扬爱国奋斗精神、建功立业新时代”等系列主题活动，营造了强烈的爱国爱企新貌，在企业文化建设引领和品牌形象塑造上做出了积极努力和有益探索。（杨敏军）

【党建工作】深入学习贯彻习近平新时代中国特色社会主义思想和党的十九届四中全会精神，开展“不忘初心、牢记使命”主题教育，建立健全党委参与企业重大决策机制，推进党支部标准化建设。配合股份公司党委开展政治巡视和整改落实工作，配合做好经济责任审计，启动完成内部政治巡察工作。从严干部人才队伍管理，深入开展“四好”领导班子创建活动，深入推进党风廉政建设和反腐败工作，推动全面从严治党向纵深发展。深入开展“作风建设年”活动，两级机关作风明显好转，服务意识有效提升。（项　文）

【信息化建设】推进安全生产后台监控、施工现场违章捕捉、BIM技术辅助监控和隧道衬砌防脱空预警等安全质量信息化建设，全面推广高速公路收费站所安全生产讲评台，营造浓厚的安全生产文化。开展网络安全和信息化建设：完成中铁交通集团信息化二期研发工作；完成新办公楼数据管控中心及运营指挥中心硬件建设和软件研发，统筹规划数据中心机房建设；构建智能交通，完成绥延高速公路智能管控试点；落实股份公司信息化网络安全相关工作。（曹承福　唐玉伦）

【履行社会责任】开展应急救援32次，投入各类抢险机械设备334台套、抢险救援1123人次，科学应对化解各类安全质量环保突发险情。全面履行央企社会责任，所属单位积极参与“6·17”宜宾地震、汕头强台风等应急救援，得到地方政府高度肯定。（唐玉伦）

【领导人员】

龙援青	党委书记、董事长
谭世俊	党委副书记、副总经理
刘　宁	副总经理
龙　伟	副总经理兼总工程师
王建龙	副总经理
陈　戈	副总经理
韩凤岩	党委副书记、纪委书记、工会主席、监事会主席
何　川	总会计师、兼总法律顾问

（李俊峰）

中国中铁西南区域总部
中铁开发投资集团有限公司

【简况】中铁开发投资集团有限公司（简称中铁开投）是中国中铁的全资二级子公司，公司成立于2011年12月，注册地在云南省昆明市，注册资本金50亿元，拥有市政、公路、建筑3个工程施工总承包壹级资质。经营范围为：投融资、建筑、公路、铁路、市政、轨道交通、机场、水利水电、环保、土地整理、房地产开发（城市综合体开发）领域的工程建设管理及施工、物资设备采购租赁。

中国中铁西南区域总部是落实中国中铁区域经营战略、完善经营布局、实施立体经营和高端经营、助推企业高质量发展的平台，与中铁开投实行“一个机构、两块牌子”的管理模式。中国中铁西南区域总部和中铁开投是中国中铁面向南亚、东南亚的辐射中心，代表中国中铁全面履行与地方政府签署的战略合作协议，负责云南、贵州、湖北、重庆三省一市以及缅甸、老挝、泰国、柬埔寨、越南五国基础设施及“基础设施+”项目的投资、建设、运营、移交管理和总承包项目承揽，是中国中铁在西南、华中地区及“澜湄五国”投资建设领域的核心力量。

2011年4月8日，中国中铁在昆明成立中国中铁昆明轨道交通工程指挥部和轨道交通3号线西标段项目经理部。2011年12月8日，中国中铁以昆明轨道交通工程指挥部和3号线西标段工程项目经理部为班底，成立“中铁泛亚建设投资有限公司”。2012年3月2日，中铁泛亚建设投资有限公司更名为中铁昆明建设投资有限公司。2016年12月8日，中铁昆明建设投资有限公司更名为中铁开发投资有限公司。2017年12月26日，昆明中铁总部大厦奠基。2018年1月16日，“中铁开发投资集团有限公司”组建。2019年5月，公司第一次党代会胜利召开，同年11月中国中铁云南滇中引水工程大理Ⅰ段至楚雄段、楚雄段至红河段引入社会资本建设项目成功中标，合计中标金额287.75亿元。12月，设立中国中铁西南区域总部，与中铁开投按照“一个机构、两块牌子”的管理。

截至2019年12月31日，中铁开投本部共设置职能部门13个，下设子、分公司7家，各类型项目公司19家，工程指挥部（经理部）18个，投资总额近2000亿元，资产总额563.74亿元、年施工生产能力246.34亿元；拥有正式员工共346人。

中铁开投先后获得云南省建筑业协会“优秀企业”、云南省“五一劳动奖状”、重庆市“五一劳动奖状”等多项荣誉；投资建设管理

▲ 2019年5月，中铁七局承建的蒙华铁路陕州车站被所在地水利部门授予“水土保持生态文明示范工程”

的多个重点工程项目先后荣获中国建设工程鲁班奖、国家优质工程奖、建设工程项目施工安全生产标准化工地等称号，承担了多项国家级课题研究，6项成果达到国际先进，1项成果国内领先，充分发挥了品牌价值和社会效应。公司领导班子先后四次获评股份公司“四好班子”；2019年，公司获得中国中铁企业管理现代化创新成果奖一等奖1项、三等奖1项，获得中国中铁“绿色施工科技示范工程”4项。

（杨臆蓉　侯苗苗　左富生）

【主要指标】2019年，中铁开投实现营业收入217.93亿元，较2018年增长12.11%；归属于母公司所有者的净利润12.53亿元，较2018年增长4.37%，各投资项目盈利情况良好，无亏损项目；经营性现金净流量46.44亿元，盈余现金保障倍数3.71倍，资金回流情况良好；开投合并口径年末资产负债80.03%；两金余额32.17亿元，低于股份公司下达47.6亿元的控制目标。管理体系有效运转，安全质量平稳可控，圆满兑现了节点工期和年度目标。（宋华青）

表14–4　2019年中铁开发投资集团有限公司主要经济指标

项目	2019年	2018年	比上年增长/%
资产总额/亿元	563.74	263.73	113.76
所有者权益/亿元	90.53	35.35	156.11
营业收入/亿元	217.93	194.39	12.11
利润总额/亿元	13.04	12.93	0.87
净利润/亿元	12.53	12.01	4.37
归属于母公司所有者的净利润/亿元	12.53	12.01	4.37
技术开发投入/亿元	—	—	—
利税总额/亿元	13.65	13.09	4.28
应交税金总额/亿元	1.57	1.08	45.37
全员劳动生产率/（万元/人·年）	324.90	770.82	-57.85
净资产收益率/%	13.85	45.37	减少69.47个百分点
总资产报酬率/%	4.09	10.90	减少62.48个百分点
国有资本保值增值率/%	114.27	129.35	减少11.66个百分点

制表：宋华青

【改革发展】梳理中铁开投公司本部、项目公司、指挥部、标段经理部各层级管理关系，在人员配置、权责分配、管理力度等方面明晰各自的主体责任。成立安监、工经专业区域管理中心，形成“分级管理、区域集中、分工负责”的三级联动管理格局。分别于2019年9月和12月开展处职干部和科职干部“三个转变”考核，全公司93名处级干部、145名科级干部参加了考试，强化“三个转变”，解决“干什么、怎么干、怎么干好”的问题。

以管理实验室活动为载体，开展12项课题的创新实践和研究，系统梳理13个业务系统的运行机制，制定责任矩阵，明确工作流程和接口，修订及新制定下发涉及企业党建、施工生产、投资经营等方面的制度，加强各项制度的立改废释。两项管理成果分获中国中铁企业管理现代化创新成果一等奖和三等奖。编制“十二项策划”，公司第一批次8个项目年内全部通过评审并发布实施，同时在策划执行上，坚持做到紧抓主线不偏移，积极协调不推诿，及时纠偏贯始终，保证了执行兑现率，增强项目全周期管控。开展“保征拆、保融资、保安全，促经营、促转变”的“三保两促”专项活动，推动项目建设。

完成年初提出的“工程建设费创效0.75%、财务资本运作创效2%、物资自营业务利润0.65%”创效指标，全年累计创效约8亿元。开展应收账款短期保理及资产证券化业务，成功发行应收账款资产证券化产品，募集资金9.9亿元，对东格高速、寻沾高速进行收费收益权支持票据ABN试点，预计实现回流资金16亿元。针对影响项目建设投资的地材资源，采用股权投资、联合建厂，新建等方式，降低地材采购成本，年末玉楚高速的自建砂石料场已正式投产，为施工单位节约了大量的采购成本。（代林灵　左富生　唐春辉）

【重大项目】2019年中铁开投自主新签合同额完成826.2亿元，占股份公司下达年度计划700亿元的118.03%；区域协同新签合同额完成2110亿元，占股份公司下达年度计划2070亿元的101.93%。中铁开投注重战略引领，结合三省一市政府经济发展规划和合作诉求，采用降负债、资本合作、企业重组、脱贫攻坚等多方式多纽带深化战略合作，与贵州省、云南省、遵义市、临沧市等政府签署战略协议17份。与各大银行签订战略协议4份。整合产业链上游资源，加强与云南机场集团、重庆高速集团等地方国企合作，多方式拓展开发渠道，在房地产板块与万科（重庆）、重庆鲁能、龙湖地产等行业标杆企业开展补短板战略合作，同时与重庆市政院、重庆交规院、渝勘院、武汉市政院等设计院签订战略合作协议，储备丰富的规划设计资源。

通过牵头引领，成功中标滇中引水两个标段工程项目，建安合同额285亿元，是中国中铁建企以来中标额最大的水利项目，也是近年来同一工程承担建安任务规模最大的项目。该项目无论是高端经营、品牌经营、全产业链经营，还是项目全过程运作洽谈、投标组织，到中标后的合同谈判与签订、履约保函及股权资金办理、机构组建及安摊建点等，各阶段各环节都体现系统内各单位的高度协同和高效运转。坚持以现场保市场、促市场，在云南地区凭借良好口碑、综合实力和影响力，中标云南省普通高中建设项目，并于11月底代表股份公司启动云南省曲靖市会泽县三所幼儿园捐赠建设工作。

2019年中铁开投参与建设的玉楚高速二期、重庆轨道交通4号线、滇中引水大楚段、楚红段开工建设，昆明轨道交通4号线29座车站全部封顶，全线实现“长轨通”；贵阳轨道交通3号线29座车站全面开工，贵州省首台盾构“黔进号”顺利始发；重庆轨道交通4号线23个工点全面开工。中铁开投承建的东川至格勒高速公路顺利开通运营，成为昆明市、中国中铁第一条以PPP模式建成运营的高速公路；寻沾高速打造“红色主题”路域文化，建设“美丽公路”，已具备通车试运营条件；玉楚高速8个控制性工程全面开工，在云南省交通厅年度质量综合督查中，得分创云南省历史新高；遵余高速重点控制工程进度取得突破。

中铁开投与中信信托共同成立中铁惠信基金公司，搭建自有基金融资平台；与中铁投资、山东省新旧动能基金管理有限公司、山东财金政企合作基金管理有限公司、济南高新控股集团有限公司等合伙成立“山东省新旧动能转换基金”，基金规模30亿元，助力企业经营开发；中铁惠信基金联合中铁隧道局中标镇雄以勒至七星关林口高速公路项目，项目总投资54.36亿元，实现了项目出表。

（高培富　代林灵　侯苗苗　杨丽萍）

【实业投资】2019年中铁开投完成权属投资226.18亿元，占年度预算160.31亿元的141.09%；其中，固定资产投资完成0.47亿元，金融工具投资完成3.72亿元，股权投资完成41.19亿元，基础设施投资完成165.37亿元，房地产完成投资15.4亿元（含草海项目）。（刘葵）

【走向海外】2019年10月23日，成立海外（跨境）联合经营中心，参与中缅铁路通道项目现场工作小组组建。针对南亚、东南亚市场建立“境外协同机构＋境内中心”的组织模式，参与南亚、东南亚、“一带一路”、国际产能合作等相关论坛与会议，与云南省商务厅、国开行等机构紧密对接，不断提升中铁开投在国际市场中的品牌知名度和影响力，通过开展不同形式、不同领域、不同层次的业务对接，不断拓宽信息渠道，拓展业务发展空间。（何柯苇）

【重大创新】依托昆明地铁4号线、贵阳地铁3号线、遵余高速、玉楚高速、寻沾高速和武九管廊项目，开展科技攻关，解决项目面临的一系列技术难题，取得了良好的效益。其中，依托昆明地铁4号线，对高富水圆砾地层盾构双线隧道上下重叠下穿既有线掘进技术进行研究，确保了小一火区间盾构法隧道顺利穿越北京路隧道和既有运营地铁2号线隧道；对富水圆砾地层明挖长大地铁车站深大基坑施工对周边环境影响技术进行研究，总结出一套富水圆砾地层深大基坑合理开挖、支护、降水技术措施和周围地表沉降合理的控制技术，确保火车北站深基坑施工及周边建（构）筑物的安全；通过研究开发基于“GIS+BIM”的数字化管控平台，规范施工单位的项目管控行为，实现公司各层级对项目实施“规范管理、远程管理、可视管理”的目标，化解公司项目管理力量薄弱的突出矛盾，提升公司的信息化管理水平。依托玉楚高速公路项目，对软岩大跨隧道大变形控制技术研究，提出限阻耗能型支护工艺工法，有效确保齐云隧道顺利贯通。全年共获得实用新型专利授权8项，云南省省级工程建设工法5项，中铁开投主持完成的“创新思路、革新观念，推动区域经营、立体经营纵深发展”和“城市轨道交通工程新型建设管理模式下质量安全责任体系研究”两项成果分别获得2019年度中国中铁企业管理现代化创新成果奖一等奖和三等奖。（侯苗苗）

【工程创优】2019年中铁开投投资（参建）的重庆市轨道交通5号线一期北段工程（园博中心站—大石坝站）获得国家优质工程奖；云南玉溪至楚雄高速公路勘察试验段工程B标段B1工区获得“2019年全国建设工程项目施工安全生产标准化工地”；昆明市轨道交通4号线PPP项目土建工程获得“2018年度云南省建筑施工安全生产标准化工地”，贵州省江口至都格高速公路瓮安至开阳段高速公路Ⅱ标和Ⅲ标、江南中心绿道武九线综合管廊工程PPP项目一标3个单位获得“中国中铁安全标准工地”。（徐青云）

【企业文化】中铁开投坚持正确的政治方向和舆论导向，唱响主旋律，传播企业好声音。参展重庆第二届西洽会、2019智博会，与《桥梁》杂志社联合举办了全国性、创新性的“装配式钢混组合梁制运架技术交流及现场观摩会”，承办了云南省建设工程质量安全标准化现场观摩会，展示了企业良好的品牌形象。公司获2019年度“云南省五一劳动奖状”“重庆市工人先锋号”；2名同志分别被授予“重庆市五一劳动奖章”和“贵州省五一劳动奖章”；1名同志获得股份公司第七届劳动模范称号；1个创新工作室晋升为股份公司级的劳模（专家型职工）创新工作室；玉楚高速项目被纳入云南省2019年“四个一百”重点建设项目劳动竞赛考核单位。公司评选表彰了首届十大标兵，并开辟专栏进行宣传，进一步发挥模范带动作用，营造比学赶超先进的浓厚氛围。（杨臆蓉）

【党建工作】充分发挥党的领导作用，总揽全局，协调各方，确保党的意图贯彻企业改革发展和经营生产全过程；严格履行主体责任，深入开展“不忘初心、牢记使命”主题教育，统筹推进党的组织建设、作风建设、纪律建设，积极探索投资业务多元化、多模式、多股东情况下党组织的设置形式和党建业务开展；召开党风廉政建设和反腐败工作会议对全面工作进行部署，认真开展再监督工作，紧盯物资招标采购管理等开展监督调研，提出整改要求8项，严格执纪问责，给予党内严重警告、行政降职处分1人，运用第一种形态函询、诫勉3人次，强化党内监督，完成首轮常规巡察全覆盖，稳步推进检察体制改革、完善体制机制；坚持把政治规矩和政治纪律挺在前面，确保领导班子品行好、作风实、勇作为，在延安干部培训学院举办两期中层干部培训班，在江西干部学院举办一期科级干部培训班，共计181人参加培训，全年累计选派245人次参加地方政府、行业协会及股份公司培训班；深入开展了和谐企业创建，积极推进“三让三不让”关爱员工工程、幸福之家“十个一”工程、员工健康关爱计划等活动，尊重职工合理诉求，切实维护职工群众切身利益。

（杨臆蓉　刘澎玮　左富生）

【信息化建设】中铁开投信息化建设按照“14841”管理思路，结合股份公司《十三五信息化发展规划》的目标要求，制定下发《中铁开投信息化发展规划》和《信息化建设顶层设计》，用于统筹和指导公司未来3~5年信息化建设工作，并经股份公司专家会评审通过。按照中铁开投信息化建设实施推进计划，完成信息化建设第一阶段统一门户与集成平台项目的立项审批和招标工作，为实施建设奠定基础。优化升级数字化项目管控平台的主要平台架构和网络，并在11个在建项目上线，得到全面推广应用。（侯苗苗）

【履行社会责任】中铁开投积极响应党中央国务院关于打赢脱贫攻坚战三年行动的指导意见和云南、贵州、湖北、重庆三省一市脱贫攻坚总体部署，从基础设施、产业、就业、教育扶贫等方面深入开展脱贫

▲2019年7月2日，云南省东格高速公路通车运营

▲2019年10月25日，中铁开投与中国银行召开“银企融合·共筑共赢”研讨会

攻坚相关工作，2019年，中铁开投代表中国中铁在云南省曲靖市会泽县捐建三所易地扶贫搬迁幼儿园，总投资（捐赠）近8700万元；贵阳轨道交通3号线指挥部为贵阳市花溪区仲元山组引水管网进行改造，解决了当地14户农户用水困难问题；对东川区10名贫困大学生进行3年的一对一帮扶解困；遵余高速积极响应当地小学“春晖行动”，合计捐款14695元；沿线共修建148.8千米便道，维护修理93千米原有道路，极大地方便了当地居民出行；公司各施工隧道内设置喷淋降尘系统，推广使用太阳能光伏发电系统，在建项目推广渣土车进出场地自动喷洗等措施，“三高四化”的建设标准极大地推进了资源节约型、环境友好型工程项目建设。（杨臆蓉　高培富）

【领导人员】

赵庆武　党委书记、董事长、法定代表人
张润文　党委副书记、副董事长、总经理
邓　民　党委委员、副总经理
郑　杰　党委委员、副总经理
史金洪　党委委员、副总经理
陈安惠　党委委员、副总经理
张国华　党委委员、副总经理
宁　锐　党委委员、副总经理、总工程师
汪志鹏　党委委员、总会计师

（左富生）

中国中铁西部区域总部 中铁城市发展投资集团有限公司

【简况】中铁城市发展投资集团有限公司（简称中铁城投）是中国中铁的全资子公司，也是中国中铁在西部七省（自治区）的区域经营总部，代表中国中铁在四川、陕西、新疆、甘肃、宁夏、青海、西藏七省（自治区）开展基础设施项目的投资、建设、运营管理和总承包项目承揽。中铁城投2013年在四川省成都市天府新区注册成立，注册资本金15亿元。本部设在成都市天府新区中国中铁西南总部——中铁卓越中心，现有正式员工452人，其中具有中高级以上职称408人，占比90.3%。中铁城投及所属单位拥有2个市政公用工程、2个公路工程、1个建筑工程和1个铁路工程共6个施工总承包壹级资质。中铁城投依托中国中铁全产业链优势，积极拓展融资渠道，不断深化政企合作，优化整合中国中铁系统内各专业、各板块资源，发挥中国中铁的品牌、人才、资金、技术、管理等方面优势，以PPP、BOT、投融资、股权投资、EPC、施工总承包等合作模式，在城市轨道交通、公路、铁路、水利、市政基础设施、城市双修、生态环保、棚户区改造、土地综合开发等领域，以高性价比的优质服务，实施了一大批重点基础设施项目，在投融资、建设管理和运营管理等方面积累了丰富经验。中铁城投自2012年成立以来，累计签合同额约3600余亿元。

在西部大开发和“一带一路”建设中，中国中铁、中铁城投与西部各地方政府和相关企业签订了战略合作协议。中铁城投先后获得四川省“五一劳动奖状”、成都市“五一劳动奖状”、股份公司“四好班子”、“模范职工之家”和“工会四好班子”等荣誉称号，参与建设的工程项目获得国家优质工程奖1项。

（江新　杨雪　何方　朱家林）

【主要指标】2019年，中铁城投完成新签合同额880.35亿元，完成股东下达年度预算580亿元的151.78%；实现营业收入231.99亿元，完成股东下达年度预算221亿元的104.97%；实现净利润16.88亿元，完成股东下达年度预算15.45亿元的109.25%。

（张林虎）

表14-5　2019年中铁城市发展投资集团有限公司主要经济指标

项目	2019年	2018年	比上年增长/%
资产总额/亿元	316.53	213.73	48.10
所有者权益/亿元	54.57	34.21	59.51
营业收入/亿元	231.99	206.1	12.56
利润总额/亿元	19.12	15.22	25.62
净利润/亿元	16.88	13.01	29.75
技术开发投入/亿元	—	—	—
利税总额/亿元	21.33	18.13	17.65
应交税金总额/亿元	4.45	5.12	-13.09
净资产收益率/%	37.98	47.52	减少9.54个百分点
总资产报酬率/%	7.99	8.86	减少0.87个百分点
国有资本保值增值率/%	141.29	161.44	减少20.15个百分点

制表：张林虎

【改革发展】2019年，中铁城投以“投资融资—建设管理—运营管理”产业链为依托，以规范企业治理和提升管理水平为导向，启动两级机构改革，本部机关设12个部门、定员96人，实现精干高效，统筹规划、分类管理；所属单位由17个整合为12个，优化资源配置，强化区域经营。制定《开展质量提升行动、推进高质量发展实施方案》，确定“16项提升”任务。管理课题《基建投资企业投资项目税收筹划实操指南》《基建投资公司区域一体化管控研究与实践》，分别获得股份公司2019年度企业管理现代化创新成果奖一等奖、二等奖。坚持党的领导与完善公司治理有机统一，坚持将党建工作要求纳入项目公司章程，完善项目公司法人治理结构，“双向进入、交叉任职”的领导体系。在依法合规、风险可控的前提下，董事会向经理层授权5项决策事项，“三重一大”决策事项清单不断完善细化，议事决策程序更加规范科学。中铁城投坚持稳中求进，规模效益逐步凸显，全年新签合同额880.3亿元，协同经营完成2841.5亿元。近三年新签合同额年均完成近900亿元，连续6年超额完成股份公司下达指标。企业资产总额近317亿元，管理资产总规模达1067亿元。（罗　乐）

【重大项目】 2019年，中铁城投新签合同额880.35亿元，新中标项目13个。新增项目2项是PPP项目，合同总额464.91亿元，占比52.81%；10项总承包项目，合同总额335.08亿元，占比38.06%；1项房地产开发项目，合同额80.36亿元，占比9.13%。从项目类型来看，新增项目分为公路、市政、棚户区改造三类，其中公路项目3个，合同总额471.54亿元，占比53.56%；市政项目9个，合同总额328.45亿元，占比37.31%；棚户区改造项目1个，合同额80.36亿元，占比9.13%。从区域分布来看，新增项目主要集中在四川区域，其中四川项目共8个、合同总额694.75亿元，占比78.92%；陕西项目4个、合同总额105.23亿元，占比11.95%；宁夏项目1个、合同额80.36元，占比9.13%。

2019年中铁城投在建项目32个，建安合同额1296.76亿元，完成施工产值282.63亿元，其中轨道交通工程完成112.01亿元，市政工程完成35.42亿元，公路工程完成119.19亿元，房建工程10.69亿元，水环境治理工程5.32亿元。主要项目进展情况如下：

成都地铁在建项目7个，截至2019年末，成都轨道交通8号线完成投资额77.02亿元，完成合同额的78.0%；成都地铁9号线一期完成投资额96.19亿元，完成投资额的84.3%；成都地铁13号线一期完成投资额0.16亿元，完成投资额的0.1%，工程进展正常。

▲ 2019年12月10日，中铁城投总承包施工的成都机场高速公路全线控制性工程龙泉山隧道8洞全部贯通

西安地铁在建项目2个，截至2019年末，西安地铁9号线一期完成投资额52.24亿元，完成合同额的75.5%；西安地铁6号线完成投资额2.3亿元，完成合同额的13.0%。

天府机场高速公路项目总投资额178.80亿元，建安投资额110亿元，建设期3年。截至2019年末，完成建安投资额95.98亿元，完成总建安投资额的86.9%。

成资渝高速公路项目，总投资147.32亿元，建安投资额88.41亿元。截至2019年末，完成建安投资额41.2亿元，完成建安总投资额的46.6%。

国道109线那曲至羊八井公路改建工程施工第3标，项目全长77.75千米，合同额56.28亿元。截至2019年末，完成施工产值37.2亿元，完成合同额的66.2%。

宜宾至彝良高速公路（四川境）和宜宾市过境高速公路西段项目，项目全长129.145千米，合同额193.64亿元。截至2019年末，完成施工产值21.91亿元，完成合同额的16.7%。

青海省西海（海晏）至察汗诺公路工程PPP项目（XC-1标段），项目全长153.817千米，合同额44.99亿元。截至2019年末，完成施工产值12.85亿元，完成合同额的28.6%。

内江师范学院新建校区PPP项目，建筑面积总计57万平方米，项目总投资31亿元，建安投资额19.11亿元，建设期3年。截至12月底，完成建安投资额9.06亿元，完成建安总投资额的47.4%。

（朱家林　龙洪明）

【重大创新】 整章建制，修订完成《中铁城投科技创新管理办法》；申报实用新型专利6项；在实施的科研项目共6项，其中天府机场高速公路项目《四洞并行大跨软弱围岩高瓦斯公路隧道关键技术研究》

《深埋大跨双拱钢波纹管桥力学特性及施工关键技术研究》以及成都轨道指挥部《盾构隧道道床剥离病害机理及治理》课题正在按计划推进。四川省审计厅立项课题《基于国有投资企业以社会资本方视角对政府和社会资本合作PPP项目审计研究》软科学完成结题。股份公司立项课题《基于PPP模式下的城市轨道交通运营研究》以及中铁城投立项的《投资管理体系及信息化系统研究》软科学课题正在按计划推进。（何彦君）

【工程创优】成都轨道交通9号线一期工程、成都天府国际机场高速公路工程2个项目获得中国中铁安全标准工地。成都地铁7号线工程获得四川土木工程“李冰奖”。四川省崇州市琴鹤大桥，四川省成都市博览城综合交通枢纽工程，成都地铁3号线二、三期工程土建11标，成都地铁1号线三期首期工程土建5标等共8个项目获得中国中铁杯优质工程奖。（何彦君）

【企业文化】2019年，中铁城投更换总部大楼标识，“中国中铁”LOGO点亮天府新区，升级中铁城投网站及“中铁城投”微信公众号，目前关注粉丝达3800人。拍摄“成都天府机场高速公路龙泉山隧道首洞贯通”“锦城绿道开启公园城市幸福生活”新闻在央视播出；策划龙泉山隧道首洞贯通、中铁城投8年发展纪实和成都地铁建设主力军等新闻采访；设计中国中铁“建设者之歌”主题文化列车。策划组织丝绸之路博览会、成都西博会等大型会议展览。2019年，中国中铁刊发中铁城投新闻23篇，公司微信号发布新闻117篇。（江新　刘俊）

【党建工作】截至2019年12月，中铁城投党委所属单位共设立党工委、纪工委各14个，设置直管党支部3个，所属单位党组织机构实现独立设置全覆盖。公司本部设置党委干部部、党委办公室、纪委综合室、党群工作部4个党群部门。所属各单位设置综合办公室作为党群职能部门。公司机关本部现有专职党群干部12人（不含公司党委书记、纪委书记、工会主席）。在已成立党组织的17家直管三级单位中，共分别配备专兼职党工委书记14名、党支部书记3名、纪工委书记10名。截至2019年12月，全公司正式员工共有党员337名，其中，正式党员332名，预备党员5名。印发《关于深入学习宣传贯彻党的十九届四中全会精神的通知》。修订中铁城投《党建工作责任制考核评价办法（试行）》《党建工作领导小组工作规则》《建立公司党委领导班子成员定期向公司党委报告落实党内政治生活相关情况机制》等现行基本制度清单12项。开展“不忘初心、牢记使命”主题教育，通过测评，对公司开展主题教育评价好和较好占比100%，评价为好的占比98%。组织开展党委理论中心组学习7次。开展集中整顿软弱涣散基层党组织工作，各基层党支部查找问题34个。印发了《关于庆祝中华人民共和国成立70周年相关活动方案的通知》，举办中铁城投改革开放成就展。组织党员代表到汶川开展爱国主义教育，在延安举办基层党组织书记培训班。创新楼宇党建，成立中铁卓越中心综合党委。加强三基建设，组织召开“三基建设”工作推进会。联合四川省总工会开展“中国梦 劳动美”送文化到基层走进天府机场高速文艺会演活动。组织开展公司首届劳动模范评选表彰活动，表彰奖励5名劳模，举办劳模疗休养培训班。建立“三让三不让”实施办法。召开公司2019年党风廉政建设及反腐败工作会、年中推进会。2019年春节、元旦、五一、端午节、中秋、国庆期间累计开展突击检查44次，未发现违反“四风”问题。2019年公司纪检组织共收到各类信访件7件，其中股份公司纪委转办3件，作为问题线索处置5件，初核后适当处理3件，立案调查2件，政纪处分2人，其中1人行政警告、1人开除，运用第一种形态约谈3人。（胡志彬　刘俊）

【履行社会责任】2019年，中铁城投投融资建设项目累计为社会提供劳务就业岗位逾7万个。6月17日，四川分公司驰援宜宾长宁地震灾区，组织宜彝和宜威高速项目的参建单位积极协助当地政府开展救援帮助工作并为长宁县灾区提供20万元的物资捐助。8月20日，四川省阿坝州汶川县遭遇百年难遇

▲ 2019年11月9日，中铁广州局承建的佛山地铁北岸三洪奇车站移动模架浇筑清理

的强降雨，引发特大山洪泥石流灾害，多个乡镇道路和房屋被冲毁，灾情严峻。灾情发生后，四川分公司及时组织参建单位160余人、39台套设备组成抢险先锋队，奔赴灾情较为严重的三江镇、草坡乡抗洪抢险，为灾区抢通了生命线。11月9日，天府指挥部15名党员志愿者在开展“不忘初心、牢记使命”主题教育期间，到巴中市平昌县三合村小学开展“关爱山区留守儿童”志愿活动。全体党员同志自发捐款1.1万元，为30名留守儿童送去了电视机、文具、图书、体育用品、衣物等爱心物资。中铁城投工会采取“以购代捐”形式，在四川沐川县农户家定点采购14万元香肠腊肉制品、在重庆奉节采购3万元脐橙用于员工节日慰问，助力农户创业脱贫。组织员工自发团购扶贫点广元旺从土鸡、陕西酥梨，缓解贫困户农产品滞销问题。投融资建设项目均加大维稳投入，全年投资项目没有出现社会群体性事件。（刘　俊）

【领导人员】

龙援青　党委书记、董事长、法定代表人（11月免，调离）
黄天德　党委副书记、总经理
杨玉德　党委委员、副总经理
薛　军　党委委员、副总经理、工会主席
刘仁智　党委委员、副总经理
万姜林　党委委员、副总经理、总工程师
李家标　党委委员、财务总监
李　政　党委委员、副总经理
吴国强　党委副书记、纪委书记（张　燕）

中国中铁华东区域总部 中铁（上海）投资集团有限公司

【简况】中国中铁华东区域总部是中国中铁在华东区域的经营平台，是总部区域经营战略布局和高端经营的延伸。中铁（上海）投资集团有限公司（简称中铁上投）是中国中铁股份有限公司的全资子公司，是中国中铁产融结合的专业平台，是集投融资、规划设计、建设管理及运营为一体的大型专业化公司。中铁上投成立于2016年7月15日，注册资本金15亿元。拥有市政总承包一级资质、房地产开发二级资质。中国中铁华东区域总部与中铁（上海）投资集团有限公司合署办公，实行“一个机构、两块牌子”的管理模式。

中铁华东区域总部（中铁上投）代表股份公司在华东区域履行统筹、协调、监管、服务和高端经营五项职能，依托长三角一体化战略，纵深推进上海、浙江、江苏、安徽市场区域经营，着力扩大市场份额，打造“长三角区域高质量营销平台”。在扩大铁路、城轨等传统基础设施投资领域优势的基础上，聚焦智慧城市、地铁上盖物业、城市TOD综合开发、棚户区改造、保障性住房等投资领域，拓展环境治理领域，提升投资经营核心能力，形成差异化核心产品和投资品牌，把企业打造成“交通基础设施和城市建设全产业链领军企业”，开创企业高质量发展新局面。

截至2019年底，公司在册员工177人，平均年龄42岁。其中，高级及以上职称97人，占员工总数的54.8%；本科及以上学历161人，占员工总数的90.96%。（王蕙怡）

【主要指标】中铁华东区域总部（中铁上投）2019年资产总额49.62亿元，较2018年增长81.29%；归属于母公司所有者的净利润0.59亿元，较2018年减少7.81%；营业收入14.33亿元，较2018年减少1.71%。（伍丽军）

表14–6　2019年中铁（上海）投资集团有限公司主要经济指标

项目	2019年	2018年	比上年增长/%
资产总额/亿元	49.62	27.37	81.29
所有者权益/亿元	12.79	11.42	12.00
营业收入/亿元	14.33	14.58	–1.71
利润总额/亿元	0.77	0.85	–9.41
净利润/亿元	0.59	0.64	–7.81
归属于母公司所有者的净利润/亿元	0.59	0.64	–7.81
技术开发投入/亿元	—	—	—
利税总额/亿元	1.07	0.828	29.23
应交税金总额/亿元	0.31	0.33	–6.06
净资产收益率/%	3.12	5.60	减少44.29个百分点
总资产报酬率/%	2.80	2.34	增加19.66个百分点
国有资本保值增值率/%	109.1	106.38	增加2.56个百分点

制表：伍丽军

【改革发展】中铁华东区域总部（中铁上投）推进所属子公司、分公司改革，设立上海、浙江、安徽、江苏、淮海等区域经营指挥部，负责所属区域的市场开发与经营工作；按股份公司区域总部建设

要求，重新明确集团公司各级组织机构的管理定位，明晰管理职能与权限。

人才队伍建设方面，打开企业内部横向交流、上下交流通道；借助专业测评平台，采取岗位匹配度测评、360度测评等方式开展人才盘点工作，提高中铁上投集团公司人才培养的针对性。

薪酬改革方面，将专职区域经营指挥部负责人与所在区域经营工作直接挂钩；优化本部员工薪酬管理办法，实施宽带薪酬，同一岗位设置七档，打通人才发展的薪酬通道；取消所属各单位间岗位工资差异，提高浮动薪酬占比的同时，将浮动薪酬与本单位新签合同额完成情况挂钩，通过考核实现“业绩升薪酬升、业绩降薪酬降”。

建立完善福利保障体系，为全体员工开通企业年金账户并缴纳企业年金，并在工商银行开设补充医疗保险专户，两大民生工程正式建立。（荣　敏　陈　坤）

【重大项目】2019年中铁华东区域总部（中铁上投）推进区域总部和区域投资平台建设，加强高端经营、立体经营工作，推进与中央企业、省属企业、地方知名企业和金融机构合作，各项主要经济指标较上年度有所增长，区域协同新签合同额2835亿元，占股份公司下达指标2250亿元的126%，自揽新签合同额538.36亿元，占股份公司下达指标500亿元的108%，全面完成股份公司下达的各项经济指标。投资类项目新签合同额309.68亿元，其中合肥市中铁智慧新城片区开发项目新签合同额175亿元；徐州铁路物流园二期棚户区改造项目新签合同额134.68亿元。工程承包类项目7个，新签合同额208.15亿元，其中南京地铁6号线工程施工总承包项目D.006.X-TA01标55.10亿元、睢宁县双庄社区安置房项目30.12亿元、泰安徂阳新城社区棚户区改造建设项目及徂汶新区市政道路管网建设项目工程总承包（EPC）项目27.54亿元、徐州铁路物流园项目二期22亿元等。（陈旻瀚　乔惠子）

【重大创新】开展管理创新工作，《关于PPP项目SPV公司管理的探索和研究》《国有基础设施投资企业发展的战略制定与实施研究》2项成果获得中国中铁企业管理现代化创新成果二等奖。（荣　敏）

【工程创优】中铁上投参与建设的杭州地铁7号线工程获得中国中铁2019年度“安全标准化工地”称号；南通地铁1号线03标工程获得南通市2019年下半年“市级标准化星级工地”称号。（王　一）

【企业文化】中铁上投联合中铁上海局参加南京地铁主办的“追梦二十载 奋进新征程”庆祝20周年工作成就大会，推出创作节目《开往春天的地铁》，以“快板+说唱+舞蹈”的形式，回顾了南京地铁线路从无到有、从1号线到10号线的里程增长，讲述了中铁人在南京地铁建设中的勇于争先、辛劳付出，歌颂了中铁建设者为南京地铁建设所做出的贡献。（张凤娇）

【党建工作】2019年中铁上投及所属各单位分两批开展“不忘初心、牢记使命”主题教育，研究制定《中铁上投党委“不忘初心、牢记使命”主题教育专项整治工作分工方案》，深入查找、重点对照8个方面专项整治问题，列出41个问题清单及109条整改措施，形成专项整治工作管理台账。党委制定发布“三重一大”事项决策清单，先后召开13次党委会，审议党风廉政建设相关议题17个。压实“两个责任”，落实管党治党责任，党委制订党建工作责任制清单，开展年度考核和党建责任述职。加强对领导干部的日常监督，构建以“廉语上投”、警示短片、警示简报为主要形式的廉洁提醒，组织开展3场“一讲课一调研一座谈”活动。促进同级间的互相监督，坚持纪委书记与公司领导班子定期沟通谈话制度，结合实际工作和具体事例，按上级纪委要求对领导班子成员分别进行“画像”评价。重点强化选人用人监督，建立党管干部廉洁档案，并实时更新；把好选人用人廉洁关，纪委书记全部参与了初始酝酿，回复各类廉洁意见，与新提拔的干部进行任前廉洁谈话。发挥巡察利剑作用，完成对2家单位巡察、对3家单位“回头看”，发现并推动整改问题24项。修订《所属单位党组织组建方案》，安徽、江苏、淮海、浙江、上海五个区域经营指挥部成立党工委，直属项目总包部成立党工委，作为集团公司党委的派出机构，集团公司本部设立党委。严格落实党内政治生活要求，召开并指导所属各单位党组织召开民主生活会和“不忘初心、牢记使命”专题民主生活会、专题组织生活会。推进“两学一做”学习教育常态化制度化。开展党内主题教育活动，组织召开庆祝中国共产党成立98周年暨“一先两优”表彰大会，指导各单位开展庆祝建党98周年“七个一”系列活动，杭州地铁7号线项目开展“高扬党旗创一流 杭州地铁争先锋”党建主题活动，南通地铁总包部党工委与南通市公安局交警支队联合成立“融合党建带”警企先锋队。抓好党员干部党性教育，在中组部党性教育基地安徽金寨干部学院举办了2019年党支部工作培训班。截至2019年底，公司党员共134名，占职工总数的75.7%。（陈　坤　杨志强）

【信息化建设】2019年，中铁上投盾构信息风险管控平台正式上线，并在杭州地铁7号线、南京地铁7号线02标、南通地铁1号线03标及杭海城际铁路4个盾构施工项目全面推广应用，平台全年累计接入盾构机59台次，通过盾构远程数据实时盯控，及时进行施工纠偏提醒，共下发二级及以上安全风险预警通知书42次、盾构施工异常工况预警沟通20余次、设备状态与施工环境安全提醒若干次，为盾构顺利达到提供了保障。（王　一）

【履行社会责任】中铁上投开展精准扶贫工作，购买桂东县扶贫农副产品10.5万元慰问各在建项目一线员工。（张凤娇）

【领导人员】

沈尧兴　党委书记、董事长、法定代表人
谢大鹏　党委副书记、副总经理（主持经理层工作）、副董事长
吴少华　党委副书记、纪委书记、工会主席
李　川　副总经理、董事
叶　樵　党委委员、副总经理、董事
况成明　党委委员、副总经理（6月免，调离）
范喜德　党委委员、副总经理
贾学斌　党委委员、总会计师
王祥玉　副总经理
王耀辉　副总经理（6月任）

（陈　坤）

中铁一局集团有限公司

【简况】中铁一局集团有限公司（简称中铁一局）是中国中铁股份有限公司的全资子公司，前身为铁道部西北铁路干线工程局，1950年5月始建于甘肃天水，后迁至兰州、乌鲁木齐，1970年由乌鲁木齐迁至西安，2000年改制为中铁一局集团有限公司。中铁一局具有铁路、公路、市政公用、建筑工程施工总承包特级资质；铁路铺轨架梁、桥梁、隧道、公路路面、公路路基工程专业承包壹级资质；同时还具有铁道甲（Ⅱ）级，市政、建筑行业甲级设计资质；以及工程造价咨询甲级、测绘甲级等多项资质。开展铁路、城市轨道、公路、市政、房建等领域项目施工，是大型综合性建筑施工企业。公司驻地陕西省西安市。

截至2019年底，中铁一局下辖20个实体子（分）公司及海外事业部，员工总量24420人，其中管理干部10394人，技术工人8844人。拥有各类专业技术人员14334人，高级职称1957人，正高级工程师117人，享受国家级政府津贴的5人；拥有各类机械设备8673台（套），其中各类型号盾构机58台。设备资产原值628992.99万元，净值260521.57万元，机械总功率1200009.21千瓦，技术装备率10.63万元/人，人均动力装备率47.73千瓦/人，主要施工机械实有完好率为90.52%，利用率86.99%。资产总额达554.59亿元，其中流动资产398.83亿元，非流动资产155.76亿元，净资产112.10亿元。2019年，实现新签合同额1616.19亿元，企业营业额801.16亿元。

中铁一局累计获得中国建设工程鲁班奖20项、中国土木工程詹天佑奖20项，国家优质工程奖67项；国道317线雀儿山隧道工程入选新中国成立70周年“经典工程”。2019年中铁一局获新中国成立70周年“功勋企业”称号。被国家相关部委、行业协会授予“中国500家最大建筑业企业第一名”“全国守合同重信用企业”“全国用户满意施工企业”“中国施工管理优秀企业”“全国五一劳动奖状”“全国企业文化建设优秀单位”等多项荣誉。中铁一局坚持科技兴企战略，累计有100多项科研成果达到国际先进或国内领先水平，拥有有效专利348项，其中发明专利135项，实用新型专利213项。

中铁一局1998年通过了ISO 9002标准质量体系认证，2003年通过了质量、环境和职业健康安全管理三位一体化认证，2010年12月，通过了新加坡SGS国际认证机构对企业质量管理体系运行的外部认证审核，2011年12月通过了北京SGS国际认证机构的环境和职业健康安全管理体系运行外部认证审核，2016年通过了新加坡建筑局（GGBS）的绿色优雅建筑商认证。近年来，在保持企业管理体系持续有效运行的基础上，结合企业发展实际，开展了系列管理活动，推进提质增效工作，企业管理水平和产品质量持续提升，抵御风险能力进一步增强。（刘彬彬）

【主要指标】中铁一局2019年完成营业收入738.53亿元，较2018年的651.25亿元增加87.28亿元。实现净利润10.98亿元，较2018年的10.72亿元增加0.26亿元。资产总额554.59亿元，较2018年末增长5.44%。净资产收益率10.02%，较2018年减少1.11个百分点。净资产收益率下降的主要原因是上级母公司中国中铁在2019年增资5.54亿元所致。总资产报酬率2.8%，较2018年的2.95%减少了0.15个百分点，

▲ 宝平高速特大桥

影响原因是2019年利润总额较2018年增幅较小，低于资产总额增幅。

2019年实现经营性净现金流入26.4亿元，较2018年的22.75亿元增加了3.65亿元。盈余现金保障倍数2.4倍，较2018年增长了0.2倍。经营性净现金流的超额完成，为企业经营收益提供了充足的现金流保障。（张浩杰）

表 14–7　2019年中铁一局集团有限公司主要经济指标

项目	2019年	2018年	比上年增长 / %
资产总额 / 亿元	554.59	525.98	5.44
所有者权益 / 亿元	112.10	105.45	6.30
营业收入 / 亿元	738.53	651.25	13.40
利润总额 / 亿元	12.88	12.30	4.73
净利润 / 亿元	10.98	10.72	2.55
归属于母公司所有者的净利润 / 亿元	10.51	10.23	2.74
技术开发投入 / 亿元	12.52	9.93	26.12
利税总额 / 亿元	24.43	36.48	−33.03
应交税金总额 / 亿元	15.50	24.18	−35.89
全员劳动生产率 /（万元 / 人·年）	321.60	303.30	6.03
净资产收益率 / %	10.02	11.13	减少 1.11 个百分点
总资产报酬率 / %	2.80	2.95	减少 0.15 个百分点
国有资本保值增值率 / %	110.71	112.67	减少 1.96 个百分点

制表：杨祖文

【改革发展】2019年，持续开展企业瘦身健体，推动中铁一局物贸公司吸收合并建工机械公司，进一步优化了内部资源配置。不断强化组织机构管理，对各部门职责重新进行界定，明晰各部门管理边界，提升管理效率。结合企业管理实际，制定落实宏观成本与微观成本管理实施方案，建立落实措施和整改计划分工表，确定了15项宏观成本和4项宏微观协同管理的关键因素。开展资质申报工作，细化制定申报方案，明确节点目标，下属三级单位成功申报公路特级资质，成为股份公司第二家“六特”企业，中铁一局全年获省批资质17项。扎实推进“三供一业”分离移交，实现了五所医院重组改制，推动了兰州技师学院和职工大学的移交改革，“三供一业”工作有序推进。修订完善《中铁一局工资总额管理办法》，深化企业收入分配制度改革，建立健全与劳动力市场基本适应、与企业经济效益和人均营业收入挂钩的工资确定和正常增长机制；同时，调整工资总额管控的思路，变“大水漫灌”为“精准滴灌”，重心逐步从总量控制向内部分配结构调整倾斜。强化人工成本管控，通过人工成本管控将工资总额和效益联动理念贯彻下去，切实发挥工资总额激励撬动作用，调动员工积极完成经营管理等各项任务目标。（李颖飞　刘德利）

【重大项目】重大决策方面，外拓市场，完善经营开发体制建设，持续深入推进区域经营，加强地区指挥部建设；坚持以承包经营为主体、投资经营为补充，持续巩固传统优势市场，积极拓展新市场新领域。内强管理，构建责任明确、管

▲ 银吴客专900吨箱梁架设

▲ 中铁一局新加坡地铁T302项目施工现场

理有序的施工生产秩序，健全安全管理制度体系，扎实推进安全质量“管”“监”系统责任落实，为信用评价提供有力支持。提质增效，坚持依法治企，持续加强合规体系建设；发挥财务监督作用，防范生产经营风险，理顺内部经济秩序，扎实推动“双清”工作，持续开展金融资源扩容和金融产品创新，促进资产质量改善。

重大项目方面，中铁一局承建的红淖铁路、克塔铁路、靖神铁路、浩吉重载铁路、永广铁路、汉十客专、商合杭客专、郑阜高铁、成贵高铁、昌赣客专、黔张常铁路、阳安二线、呼张高铁、银吴客专等项目顺利开通运营。郑万高铁8标、潍莱高铁2标、西安地铁5号线一期1标（阿房宫车辆段）、厦门地铁3号线、大连地铁5号线4标等项目持续推进。银川都市圈供水项目、广州西朗污水处理厂、肇庆市肇庆新区一级路项目等公路、市政项目，重视管理创新、突出技术攻关，赢得各方好评。

重大科研开发方面，主持国家发改委课题“城市地下空间工程大数据智能分析与公共服务平台建设及示范应用”；自主研发的盾构集群远程监控与智能决策支持系统、城市轨道交通BIM集成平台、中国工程机械在线租赁平台、基于BIM的智慧工地平台等，形成了多项研究成果。承担的中国中铁“气动轻轨综合技术研究”“多功能泥水平衡盾构机的研制及施工关键技术研究”等4项重大科研课题研究，均进展顺利，取得阶段性成果。（党强　张超彦　唐明）

【走向海外】2019年中铁一局中标境外项目13个，实现新签合同额82.76亿元人民币。中铁一局共有24个在建项目分布在12个国家和地区，承建的新加坡地铁T302项目实现安全生产无事故400余万工时，获得新加坡陆路交通管理局（LTA）颁发的“2019年度施工环境优秀奖”。陕西省经济贸易合作促进会授予中铁一局陕西省对外投资合作“优秀企业”荣誉称号，企业当选陕西省“一带一路”国际经贸合作企业联盟副主任单位。截至年末中铁一局在建的重点项目有：哥伦比亚公路项目、孟加拉帕德玛大桥铁路连接线项目、新加坡地铁T302项目、新加坡地铁T250A项目、新加坡南北高速（隧道）N108标段项目、马来西亚TRX交通连接线项目、香港大埔公路（沙田段）扩阔及加建隔音屏障工程。（杨萌）

【重大创新】技术创新方面，2019年完成中铁一局级科技成果评审、验收37项；组织通过中国中铁级科技成果评审18项；获省部级以上科学技术奖18项；完成专利申报33项，取得发明专利授权15项，实用新型专利授权30项；新增省部级工法21项；主编参编行业标准8项；在省部级以上学术刊物上发表论文三百多篇。

管理创新方面，修订《中铁一局管理创新办法》，优化课题立项和成果评审程序，加大对管理创新成果的奖励力度，充分调动广大员工的积极性。全年共完成36项课题研究工作，组织开展管理创新成果奖评选工作，共评选优秀管理创新成果18项，其中一等奖3项，二等奖11项，三等奖4项。择优推荐参评中国中铁和各级协会管理创新成果奖，获中企联（国家级）管理创新成果奖二等奖1项；陕企联（省部级）管理创新成果奖一等奖2项，二等奖3项，三等奖2项；中国中铁成果奖一等奖2项。（唐明　李颖飞）

【工程创优】2019年，中铁一局获得国家级优质工程奖14项（其中中国建设工程鲁班奖1项、中国土木工程詹天佑奖4项、国家优质工程奖8项，庆祝新中国成立70周年经典工程1项），省部级优质工程奖32项，市级优质工程奖18项；荣获国家安全标准化工地2项，省部级安全文明工地15项，市级安全文明工地47项。（张锋）

【企业文化】中铁一局通过大力宣贯中国中铁的核心价值理念、十二项文化及中铁一局企业核心价值体系，实现与中国中铁企业文化理念体系并轨。以文化助推企业发展，找准立足点，全面推进重点工作，促进企业文化落地生根。着力开展工程项目文化建设示范点工作，持续夯实五大基础、推进五大工程、培育五大优势、强化五大机制四个“五大”的重点工作，进一步深化项目文化建设达标活动。持续加强“诚信、责任、安全、创新、廉洁、和谐文化”的六大文化建设，通过抓重点、促全面，在活跃企业文化氛围、提升员工文化素养的同时，

▲ 中铁一局参建的长春市北郊污水处理厂扩建及提标改建工程荣获2018—2019年度中国建设工程鲁班奖及国家优质工程

塑造了企业良好的社会形象，为企业实现高质量发展发挥了文化引领作用。 （杨 坤）

【党建工作】扎实组织开展主题教育。以习近平新时代中国特色社会主义思想为指导，深入学习党的十九大和十九届四中全会精神，积极开展“不忘初心、牢记使命”主题教育活动，研究制定实施方案，组建3个巡回指导组督导推进主题教育，先后组织开展“大学习 大讨论”、实地践学、主题宣讲、知识竞赛等活动，高质量召开了专题民主生活会和“对照党章党规找差距”会议，举办了2期党组织书记示范培训班和28期组工业务培训，培训专兼职政工人员1268人。

从严落实管党治党责任。召开中铁一局第四次党员代表大会，分析了新时代企业面临的形势，提出了今后五年改革发展的总体思路和具体举措，为企业发展奠定了思想和政治基础。指导7个单位党委、党工委增补委员11名，指导9个项目建立了党工委、纪工委。持续推进星级党支部达标命名，命名三星级党支部227个。1个党支部被国资委授予“中央企业先进基层党组织”，3个基层党组织获评中国中铁“三基建设”示范党支部。完成15家单位党委书记书面述职评审，组织6家单位党委书记进行了现场述职。全年共举办培训班25期，轮训党员1480名，举办第3期“入党积极分子示范培训班”。

全面加强干部人才管理。授予5家单位“四好班子”称号，完成21个单位和部门的干部考察及试用期满考核工作。全年提拔干部32人、调整155人，实施交流任职28人次。深入推进校企合作，启动优秀毕业生引进“启航计划”，全年引进高校毕业生895人。深入实施“大培训”工程，全年培训办班8760期，培训18.01万人次。

深入推进党风廉政建设。严格落实“两个责任”。组织开展领导人员亲属办企业专项清理，实现对416名副处职及以上领导干部全覆盖。纵深推进党委巡察。组织对4家单位进行了巡察回访，指导17家单位对63个基层项目（单位）党组织开展了内部巡察。深入开展“再监督”，挽回经济损失2019.43万元。持续加强纪检监察队伍建设，深入开展廉洁从业警示教育。

持续加强宣传文化工作。全年开展战役性报道29次，累计在中央媒体发稿339篇、地方媒体3236篇、行业媒体2577篇、各大网站6480篇、新媒体4795篇。深入推进文化建设，10个项目被中国中铁授予“项目文化建设示范点”称号。

扎实做好党的群团工作。积极开展劳动竞赛，推进“幸福企业”建设，大力选树劳模和先进典型，窦铁成荣获“最美奋斗者”和“新中国成立以来陕西省最具影响力劳模”，白芝勇荣获“中国质量工匠”，1家单位被评为“中央企业先进集体”，中铁一局获陕西省脱贫攻坚先进单位称号。组织召开了第五次团代会，全年有21个青年集体和58名青年个人受到了中国中铁、团陕西省委、共青团中央等不同层级的表彰。 （齐国庆）

【信息化建设】2019年，中铁一局本部部署8个信息系统（财务共享、财务报表、安全隐患排查、成本管理、门户网站、营销管理、OA、邮件），顺利通过网络安全等级保护二级测评，并获得“信息系统安全等级保护备案证明”。开展企业门户网站IPv6改造，实现中铁一局门户网站IPv4、IPv6双栈访问；开展提升视频会议效果整改工作，全年召开网络视频会议首次超过五百场，单次会议参会分会场最高达到120个；举办BIM技能专项培训和两期BIM取证培训，并组织开展BIM比赛，通过以赛促练，共获得63项各类奖项；举办首期无人机操作取证培训班，共34人参加了AOPA民用无人驾驶航空器执照学习和UTC航拍技术内容培训。 （李增平）

【履行社会责任】2019年，中铁一局积极参与各铁路线路抢险，履行央企社会责任，得到了西安铁路局、乌鲁木齐铁路局、南昌铁路局等业主单位的认可和嘉奖。7月7日因暴雨引发洪水，造成泉高线行车中断，组织抢险人员55人、挖掘机3台、装载机1台，经过51小时抢通线路。7月13日南疆铁路马兰至塔塔尔间受降雨影响，路基边坡溜塌，出动救援人员120人、救援机械7台，经过31小时抢通线路。8月7日兰新铁路夏普吐勒至吐鲁番区间上游山区突降暴雨引发泥石流，导致路基、桥梁发生险情，组织抢险人员120人、机械设备8台，经过25小时抢险，确保了线路畅通。受多日降雨影响，8月9日阳安铁路西乡县境内

▲ 扎实开展“不忘初心、牢记使命”主题教育活动

区间发生塌方，线路临时中断，组织抢险人员20人，经过7小时抢险，实现了线路畅通。持续开展精准扶贫工作，加强扶贫资金和项目建设过程监管。2019年，购销陕西省商洛市特色农产品40余万元；投资211万元建设陕西省柞水县扶贫社区工厂项目，为特色农产品提供分拣加工包装业务，解决贫困人口直接就业50人；投资80万元建设柞水县木耳特色馆项目；提供援助资金1200万元在柞水县金米村发展大棚种植吊袋木耳，种植规模为200亩200余万袋。教育扶贫方面，资助贫困生393名（其中建档立卡户学生114名），投入助学补助资金28.73万元。

（张超彦　张　钰）

【领导人员】

马海民　党委书记、董事长
李晓峰　总经理、党委副书记
郭秀春　副董事长
朱卫东　副总经理
李冬立　副总经理
郭　炜　副总经理
王　力　工会主席、副总经理
汤　勇　副总经理
王兴忠　副总经理（2月免）
安国勇　总工程师、副总经理
罗田郎　副总经理
王新年　党委副书记
王文吉　党委副书记、纪委书记
鲁和友　副总经理
杨育林　总会计师
孔凡强　副总经理　（6月任）

（景江宏）

中铁二局集团有限公司

【简况】中铁二局集团有限公司（简称中铁二局）的前身是成立于1950年6月12日的西南铁路工程局，是邓小平、贺龙等老一辈革命家亲手缔造并授予“开路先锋”大旗的新中国第一家铁路施工企业，是第一家建立现代企业制度和股票上市的铁路施工企业，也是中国中铁核心成员企业。2015年11月，中国中铁股份有限公司与中铁二局股份有限公司开展了资产置换及发行股份购买资产的重大资产重组事项，设立中铁二局工程有限公司，整体承接中铁二局股份有限公司名下的全部资产、负债、业务、人员及相关证照、资质及业务许可、权证、业绩、荣誉及资格。2018年3月29日，根据中国中铁股份有限公司《关于中铁二局工程有限公司更名有关事宜的批复》的批准，并经国家工商行政管理总局（现国家市场监督管理总局）核准，原中铁二局工程有限公司于2018年9月28日正式更名为中铁二局集团有限公司。

中铁二局始终秉承“干一项工程，树一座丰碑”的理念，转战南北，东进西移，从修建新中国第一条铁路成渝铁路开始，先后参加宝成、成昆、南昆、京九、青藏、京广、京津、京沪、哈大、京福、兰渝、贵广、西成、杭黄、成蒲、成雅、郑济、贵南、京唐、广汕、昌景黄、金甬等300多条重点铁路建设，累计里程16000余千米，为中国铁路建设作出了重要贡献。参建200多条高速公路、40余项水利水电、20多个机场港口、数千项市政以及国内大部分城市轨道交通等工程，足迹遍布中国大陆及海外50多个国家和地区。

经过几代二局人的奋勇开拓，中铁二局已从单一的铁路施工劲旅，发展成为拥有各类人才近2万人，全资及控股子公司24个，总资产达900亿元，年综合生产能力1000亿元以上，集工程施工、基础设施建设管理、房地产开发、国际业务、勘察设计咨询、商贸物流、商业物业等业务于一体的大型现代产业集团。先后获得国家及省部级科技进步奖84项、国家及省部级工法366项，获得中国建设工程鲁班奖31项、国家优质工程奖41项、中国土木工程詹天佑奖21项、中国建筑工程装饰奖18项，省部级优质工程奖441项，被授权国家专利437件。先后被授予“全国抗震救灾英雄集体”“全国五一劳动奖状”“全国优秀施工企业”“中国工程建设诚信典型企业”等称号。

截至2019年底，中铁二局共有设备6534台，固资原值43.63亿元，净值13.89亿元，设备新度系数0.32，设备完好率88.68%，利用率85.22%，机械设备总功率70.29万千瓦，其中海外设备762台（套），原值4.92亿元，净值2.21亿元，总功率11.53万千瓦，2019年公司共新投入施工生产设备原值2.37亿元。

（张　媚）

▲ 中铁一局援建的金米村木耳种植大棚

表 14-8　　2019 年中铁二局集团有限公司主要经济指标

项目	2019 年	2018 年	比上年增长 / %
资产总额 / 亿元	934.84	876.54	6.65
所有者权益 / 亿元	91.03	104.15	-12.60
营业收入 / 亿元	640.72	520.10	23.19
利润总额 / 亿元	-16.89	-35.46	-52.37
净利润 / 亿元	-17.08	-36.95	-53.78
归属于母公司所有者的净利润 / 亿元	-16.52	-22.29	-25.89
技术开发投入 / 亿元	10.98	7.34	49.59
利税总额 / 亿元	-12.97	-27.93	-53.56
应交税金总额 / 亿元	13.35	6.37	109.58
净资产收益率 / %	-17.50	-33.54	增加 16.04 个百分点
总资产报酬率 / %	-0.69	-4.67	增加 3.98 个百分点
国有资本保值增值率 / %	87.53	125.03	减少 37.5 个百分点

制表：邓增谷

【重大项目】 中铁二局开工建设广汕高铁、昌景黄铁路、贵阳地铁 3 号线等项目并以高标准推进项目建设；成兰铁路高原高寒特殊环境软岩大变形、玉磨铁路耐腐蚀混凝土、重庆东环铁路深水基础大跨度桥梁等关键技术取得重大突破；丽香铁路宗思隧道、浦梅铁路牛峒山隧道、拉林铁路令达拉隧道、文泰高速南浦溪特大桥等一大批重难点工程兑现节点工期；蒙华、梅汕、成贵、昌赣、穿山港铁路，沈阳、兰州、南昌、乌鲁木齐地铁及国道 318 线米拉山隧道等大批项目按期优质开通；尼泊尔引水隧道工程获《工程新闻纪录》2019 年度全球优秀工程奖。（蒲　伟）

【走向海外】 国际市场滚动发展。紧跟国家“走出去”和“一带一路”机遇，精耕细作海外市场，足迹遍布埃塞俄比亚、尼日利亚、科特迪瓦、尼日尔、沙特、哈萨克斯坦、尼泊尔、老挝、越南、泰国等国家和地区，追踪项目 90 余项。以在建工程为支撑，深耕国际市场，推动生产经营一体化发展，积极跟踪尼泊尔水电站、埃塞南部铁路等项目，成功中标中老铁路铺轨工程，海外市场实现滚动开发。（胡意旋）

【重大创新】 管理创效成效显现，工程项目机构改革初见成效，广州地铁 13 号线、重庆地铁 4 号线、杭州地铁 7 号线先后组建共建经理部，贵南、郑万、鲁南、昌景黄铁路相继成立精干高效的工程指挥部，装修公司试点推进片区经理部，管理成本明显下降。企业压减治亏深入推进，剥离企业办社会职能有序进行。降本增效作用明显，成本管理更加规范，强化合同管理，狠抓责任成本闭环、规范劳务分包管控、提升二次经营创效，全年索赔额和索赔率双双创历史新高。物资集中采购率、公开采购率等多项指标在股份公司系统持续领跑。多元业务持续优化。坚持严管严控，多元业务持续优化发展。物贸业务通过委托加工、债务重组等多举措催收债权。房地产业务加快去化存量，加速释放财务资源，有序推进优质项目开发，资产质量和周转效率得以提升，连续两年实现稳定盈利。商业物业通过创新经营方式，制定具体处置措施和方案。设计咨询业务新签合同额呈现良性发展态势。发展根基持续巩固。深入实施科技兴企，中国中铁路基与地基工程技术研发中心、爆破安全技术中心在中铁二局成功挂牌，公司省级企业技术中心增至 5 家；开展川藏铁路前瞻性研究，为参与川藏铁路建设打下了基础。深入推进全面管理实验室活动，不断促进公司管理体系科学化发展，全年优化规章制度 48 个，调整业务流程 47 个，进一步提升了管理效能。（任文锋）

▲ 2019 年，中铁二局参建的世界海拔最高公路特长隧道——国道 318 线拉林公路米拉山隧道正式双向通车

【工程创优】2019年中铁二局获中国建设工程鲁班奖1项、国家优质工程金奖1项；获得省（部）级优质工程奖21项；获国家级安标工地2项，省（部）级安标工地19项；获得国家授权专利92项，省（部）级科技进步奖7项，省（部）级工法42项。全公司收到各类褒扬函件273份，同比增加25.2%；连续六年当选“全国用户满意企业”，中国中铁投资建设项目和总承包施工项目内部信用评价第3次蝉联第一名，长期位列A级企业行列；中铁二局一公司、二公司、三公司、四公司、五公司、六公司、建筑公司获评中施企协2019年度工程建设AAA级信用企业，企业品牌形象持续巩固提升。（蒲　伟）

【企业文化】中铁二局与中央电视台共同策划制作的三集成昆铁路纪录片《飞越安宁河》《最亲的陌生人》《重聚一线天》，在CCTV-10《讲述》栏目播出，献礼新中国成立70周年。对陈列馆国际业务板块进行更新，增加抗美援朝抢险铁路、援助越南铁路和坦赞铁路建设实物照片等内容。2019年，中铁二局陈列馆共接待76场，累计参观人数1907人次。承办庆祝新中国成立70周年“中铁二局杯”·全国铁路发展成就摄影大赛，收到全国铁路和铁路相关企业以及全国31个省、自治区、直辖市的作者来稿22800余件（单幅、组图），全方位展示了新中国成立70周年以来，中国铁路建设、运营改革发展取得的巨大成就，展示了中铁二局为国家铁路建设勇当“开路先锋”的卓越贡献。深入无锡地铁、杭州地铁、南京禄口皮草小镇、福州中铁城·江督府等项目开展“企业文化项目行”，通过局史教育、开路先锋文化培训、向员工赠书和开展道德讲堂等活动，增进了员工的企业文化认同。统一企业标识，在官方网站、企业微信开设“诚信经营”和“打造本质优良型”企业专栏，大力宣扬诚信经营案例，不断加强全公司诚信经营文化培育。（魏　潘）

【党建工作】中铁二局党委围绕学懂弄通做实，深入学习习近平新时代中国特色社会主义思想，广大党员干部增强了“四个意识”、坚定了“四个自信”、做到了“两个维护”。聚焦新中国成立70周年，全年累计对外宣传14846篇次，策划全国铁路摄影展，两部《口述历史》被存入四川省史志机构，成昆铁路系列纪录片在央视《讲述》栏目播出。各级党组织圆满完成第一批和第二批主题教育的各项任务。贯彻落实好党委“前置程序”，年内研究议题183项，连续9年开展党建工作述职考评。研究制定“三基建设”实施意见，调整党纪组织12个，指导4个党委完成换届选举，增补14个单位“两委”委员19名。9个单位和个人荣获“中国中铁三基建设示范党支部”“中央企业优秀共产党员”称号。落实国企好干部“20字”标准，对243名中层领导人员进行15天封闭培训，新增正高级职称14人、高级职称362人、特级技师14人、工匠技师2人。制定党风廉政建设和反腐败工作领导小组工作规则，推动开展纪检监察体制改革。督促两级机关部门报备问题，督导责任追究，始终保持重拳治腐的高压态势。坚持做到“三个区分开来”，正确运用“四种形态”。各级工会大力推进“幸福之家十个一工程”“幸福基金”等普惠服务，全年员工上岗率达92.8%，实现脱困359户，公司连续17年获全国“安康杯”竞赛优胜单位。各级共青团探索实施片区团建、海外团建、网上团等平台。“中铁二局青年”微信跻身团中央“全国基层团组织微信公众号”榜单前10强。全年荣获庆祝新中国成立70周年纪念章、全国工人先锋号等国家级和省部级荣誉137个。（刘姿颖）

▲中铁二局承建的金台铁路田市跨永安溪、台金高速公路特大桥节段拼装梁合龙

【信息化建设】中铁二局重点开展信息化建设、数字化工地建设和BIM技术应用。2019年信息中心新制定制度1个，对7个原信息化管理制度进行了梳理、分析，其中暂时延用制度4个，修订制度2个，废止制度1个。修订后《信息化管理办法》明确了公司网络安全与信息化领导小组的组成办法和职责、子（分）公司和项目部信息化管理机构、岗位和职责、各层级信息化年度预算编制办法、审批程序、公司、子公司信息化系统建设中业务部门与信息中心的分工、责任、协同流程，规范了系统开发质量管控办法及数据上线测试、安全评估工作。（石雪岗）

【履行社会责任】中铁二局先后参与“利奇马”台风、老挝交通事

故、云南临沧隧道突泥涌水事故等各类抢险救援19次；选派6名驻村干部深入四川通江、凉山挂职锻炼，推动产业建设扶贫和就业扶贫，帮助58户、217人贫困人口成功脱贫。坚持以人为本，突出员工在企业发展中的主体地位，有效实现好、维护好广大爱岗敬业员工的根本利益，共享发展成果，深入关爱员工，为18278名职工足额缴纳企业年金；提供助医、助困、助学惠及3101人次职工及家属。（魏 潘）

【领导人员】

邓元发	党委书记、董事长
王广钟	党委副书记、总经理、副董事长
方国建	党委副书记
汪国明	党委副书记、纪委书记
张文杰	工会主席
刘剑斌	副总经理、总法律顾问
陈道圆	副总经理
胡志勇	副总经理
蒋光全	副总经理（9月免）
林 原	副总经理
崔江利	副总经理
王 勇	副总经理、总工程师（9月免）
刘恒书	总会计师
张 兵	副总经理
王声扬	副总经理
张次民	副巡视员
熊志勇	副巡视员（5月退休）
蒋光全	副巡视员（9月任）
王 勇	副巡视员（9月任）

（文 露）

中铁三局集团有限公司

【简况】中铁三局集团有限公司（简称中铁三局）成立于1952年4月1日，前身是内蒙古牙克石库图段工程处。1972年4月，局机关由哈尔滨迁往山西太原。2000年11月28日，正式改制为中铁三局集团有限公司。主要从事交通基础设施工程建设施工，是全国首批工程总承包和首家取得铁路运输许可证的建筑企业，同时也是具有铁路工程、建筑工程、市政工程、公路工程施工总承包特级资质和六项甲级设计资质的“六特六甲”企业。公司主要从事新（改、扩）建铁路，电气化铁路、临管运营及公路、桥梁、隧道、市政、城市轻轨、地下铁道、水利水电、工业与民用建筑等土木工程的投资、施工及勘测设计等。单位驻地山西省太原市迎泽区新建南路1号。拥有17家子公司、分公司，2019年顺利通过监督审核及《工程建设施工企业质量管理规范》2017转版审核，获得新版认证证书。截至2019年底，在册员工总数22113人，其中：在岗员工20421人，非在岗员工1692人；从事管理、技术人员14314人，从事作业人员7799人。在册员工总数较上年末减少1217人。全公司干部总数为14314人。学历结构：博士研究生2人，硕士研究生248人，本科7823人，专科4130人，中专及其以下2111人。职称结构：正高级102人，副高级1567人，中级4507人，助理级4239人，员级1302人，未聘任技术职务人员994人。全公司工人总计7799人。

中铁三局资产总额为392.17亿元，年末所有者权益95.54亿元，营业收入为531.46亿元，实际净利润9.57亿元。截至2019年底，拥有机械设备台数6502台/套，原值52.31亿元，净值20.39亿元，总功率118.58万千瓦，动力装备率54.24千瓦/人，技术装备率9.4万元/人，机械设备完好率92.08%，机械设备利用率91.25%，年施工生产能力600亿元。2019年，新增施工生产机械设备819台/套，设备原值5.89亿元。目前保有450吨以上混凝土箱梁制运架设备45台/套，原值4.48亿元；地铁施工盾构机组24台/套，原值10.81亿元。

建局60多年来，共完成100余条新线、复线铁路的修建和技术改造工程，完成的铁路里程总长度超过13000多千米，其中高铁8000多千米。先后承建620多项国家重点工程和国外工程，派出3万多人次支援、参与20余个国家和地区工程建设或劳务输出。公司涉足投资领域，先后投资北京地铁奥运支线、山西霍永高速公路和福建福州三坊七巷等BT项目；中铁三局科技研发中心和山东烟台疗养院等房地产开发项目；海口道路改造、景观亮化、山东东营港港疏工程、晋中市政、朔州房建等PPP项目；武川金矿、武汉明珠酒店、青岛海德等股权投资项目。近年来参与建设青藏、京沪、哈大、沪昆、西成、成兰、京沈、济青、玉磨、商合杭、京张、太焦、银西、赣深铁路等国家重点工程，铁路信用评价名列前茅，稳居“A”类。创出“三局铺架、三局运输、三局地铁、三局建筑、三局高铁和三局党建”等企业品牌。在铁路运输领域，实现年货运量连续8年达1亿吨以上；高铁铺轨创造了中国标准无缝线路焊轨，实现长轨焊接16万个焊点“零缺陷”纪录；施工技术涵盖城轨建设全专业，动车调试能力为全国仅有的两家企业之一。

截至2019年末，中铁三局荣获各类科学技术奖300多项，其中，国家级科技进步奖特等奖1项、三等奖1项，全国科技大会优质奖12项、全国新技术金奖2项、省部级科学技术奖48项、各类社会力量及地市级科技奖134项；通过省部级鉴定（评审）科技成果167项；开发国家级工法20项、省级工法318项、部级工法38项、公路工法12项；开发形成专利395项，其中发明专利74项、软件著作权2项。截至2019年底，参与建设的工程荣获中国建设工程鲁班奖19项、国家优质工程奖30项（其中国家优质工程金质奖1项）、国家市政工程金杯奖8项、中国土木工程詹天佑奖17

项、铁路优质工程奖（火车头奖）90项、上海市建设工程白玉兰奖3项、山西省建设工程汾水杯奖18项。连续30多年被山西省及太原市工商行政管理局评为“守合同重信用”单位；连续20多年获得全国守合同重信用企业。2008年被中华全国总工会授予“全国五一劳动奖状”。2013年以来连续5年获得山西省骨干建筑业企业称号。2015年荣获全国工程建设质量管理小组活动优秀企业称号；2016年荣获全国建筑业先进企业称号及中国中铁“十二五”十大科技创新型企业。2017年获得“全国企业文化建设标杆单位”“全国质量管理小组活动优秀企业”和“全国文明单位”称号。2018年被授予“全国改革开放四十年企业文化建设优秀单位”称号。2019年被中国文化管理协会评为“新中国成立70周年 企业宣传思想文化先锋70强”。（徐建军　吕安萍　樊永红　李　帆）

【主要指标】2019年末，中铁三局资产总额为392.17亿元，较2018年387.24亿元增加4.93亿元，增幅1.27%；年末所有者权益95.54亿元，较2018年87.62亿元增加7.92亿元，增幅9.04%。营业收入为531.46亿元，完成股份公司预算指标527亿元的100.85%，较2018年增长10.54%。实际净利润9.57亿元，较2018年7.80亿元增长22.74%，完成年度预算9.55亿元的100.21%。净资产收益率为9%，总资产报酬率为3%，国有资本保值增值率为109%。（李　帆）

表14–9　　2019年中铁三局集团有限公司主要经济指标

项目	2019年	2018年	比上年增长/%
资产总额/万元	3921668	3872375	1.27
所有者权益/万元	955390	876157	9.04
营业收入/万元	5314629	4808087	10.54
利润总额/万元	104393	91145	14.54
净利润/万元	95711	77977	22.74
归属于母公司所有者的净利润/万元	95718	77989	22.73
技术开发投入/万元	122534	102801	19.20
利税总额/万元	179544	231425	−22.42
应交税金总额/万元	83833	153448	−45.37
全员劳动生产率/（万元/人·年）	27	27	0
净资产收益率/%	9.00	11.00	减少21.36个百分点
总资产报酬率/%	3.00	3.00	0
国有资本保值增值率/%	109.00	113.00	减少3.54个百分点

制表：李帆

【改革发展】2019年，中铁三局坚持以完善和创新干部人事制度改革为工作重点，加快干部管理制度体系完善，并向纵深推进，形成以《领导人员管理办法》为核心，其他办法为补充的一整套干部管理制度体系。细化选人用人程序，严格落实干部选拔任用纪实制度，确保干部选任过程可追溯、可倒查。制定中铁三局集团公司《深化三项制度改革实施方案》，强化薪酬与绩效挂钩，建立新的薪酬激励机制，加强工资总额调控，推动薪酬制度改革，继续优化子公司、分公司和直管项目经理部负责人薪酬制度，实现“增收须增效，降效要降收”。修订子公司、分公司、项目经理部负责人薪酬管理办法，发挥薪酬的激励约束作用。在区域指挥部考核中，突出经营指标、承揽质量及自主经营能力考核，拉开薪酬水平差距，向主责人员和有功人员倾斜。（吕安萍）

▲2019年6月12日，中铁三局承建京张高铁全线轨道铺通

【重大科研开发】2019年，中铁三局30项科技成果通过评审（或

评价），1 项成果达到国际领先水平，8 项成果达到国际先进水平。其中，“胶州湾湾口过海地铁隧道设计施工关键技术研究”依托青岛地铁 8 号线海底隧道项目开展研究，是中国首条采用钻爆法施工的海底隧道工程。“双块式枕场智能建造关键技术研究与应用”依托京张项目怀来梁枕场和郑万项目南漳枕场，开展对原有生产线自动化设备和智能化系统升级改造的研究。2019 年，中铁三局获得股份公司级及以上科技奖 32 项。其中，山西省科技进步奖 7 项，铁道学会科学技术奖 3 项，公路学会科学技术奖 1 项，中国铁路工程集团有限公司科技奖 6 项。“深埋第三系粉细砂地层隧道防坍涌施工成套技术”获得山西省科技进步奖二等奖。“一种新型高效 900 吨箱梁运架一体机研制及施工技术研究”获得山西省科技进步奖二等奖。入选铁路重大科技项目 1 项、铁路专利 1 项、铁路科技论文 3 篇；共有 83 项工法被评为省部级工法，其中 65 项山西省省级工法，铁路工程建设部级工法 13 项，公路工程工法 5 项，另有 64 项工法通过山西省住建厅组织的工法关键技术鉴定；获得授权实用新型专利 137 项、发明专利 16 项，获得软件著作权 1 项。（韩　磊）

【重大项目】2019 年度，中铁三局参与建设的京张、浩吉、昌赣、黔张常、克塔、敦格、准朔、靖神铁路等 19 条重点铁路线顺利开通，别锡公路、云南美丽公路、广州地铁 21 号线、东格公路、太原自行车赛道和呼和浩特地铁等 51 个路外项目按期开通或交付使用。（张玉荣）

【对外投资与经营】2019 年，中铁三局持续加强区域经营、城市经营、专业经营力度，与多省市政府进行高层互动并与当地国企达成战略合作。年度完成投资新签合同额 111 亿元。中标晋城东站站前广场和丹河快线“1+3”工程 PPP 项目；响应国家“一带一路”倡议，持续深入西北甘肃市场，新中标天水三阳川隧道 PPP 项目，依托中国首个铁路 PPP 项目——东营港疏港铁路 PPP 项目的成功经验及行业领先优势，2019 年成功运作邹平铁路专用线 PPP 项目；拓展生态环保、旅游、公共服务、棚户区改造等新领域投资业务，参与股份公司云南滇中引水工程 PPP 项目；创新投资模式，重点通过联合投标、优化股权结构、引入基金等方式表外运作项目，实现投资拉动施工且不增加公司资产负债率，充分发挥投资的“以小撬大”作用。（李　伟）

【走向海外】截至 2019 年 12 月底，中铁三局新签海外项目 1 项，新签合同额 32500 万元，项目为乌干达 Ibanda 金矿矿山开采项目。完成营业额 241447 万元人民币，比 2018 年度增长 50.6%。在建项目 13 个，竣工项目 1 个。5 月 14 日，中铁三局承建的印尼雅加达至万隆高铁项目——瓦利尼隧道贯通，瓦利尼隧道是雅万高铁全线首条贯通的隧道。截至 2019 年 12 月 31 日，中铁三局正常运行的外经机构 9 个，包括埃塞俄比亚分公司、加纳子公司、巴基斯坦分公司、尼日利亚子公司、乌干达子公司、印度子公司、孟加拉国分公司、菲律宾代表处、马来西亚子公司；5 个休眠外经机构，包括斐济子公司、香港子公司、赞比亚分公司、坦桑尼亚办事处、南苏丹工程分公司。（岳修军）

【重大创新】2019 年，公司积极开展管理创新工作。向股份公司推荐 2018 年度优秀管理创新成果奖 3 项，获一等奖 2 项，二等奖 1 项，1 项成果获得股份公司推荐，经全国企业管理现代化创新成果审定委员会评审，在 529 项参评成果中，中铁三局华东指挥部的管理创新成果《建筑施工企业面向区域市场营销的目标管理》获得二等奖。2019 年公司积极组织单位对蒙华铁路工程项目管理实验室活动进行全面总结，组织申报 2019 年度优秀创新成果，11 月 5 日在股份公司优秀项目管理制度评选中，有 12 项管理制度获得表彰。（尚　丽）

【工程创优】2019 年，中铁三局参建的杭州市紫之隧道（紫金港路—之江路）工程、深圳市城市轨道交通 11 号线、郑州至徐州铁路客运专线 3 个项目获得第十七届中国土木工程詹天佑奖。施工的新建宝鸡至兰州铁路客运专线三阳川渭河 2 号特大桥作为主申报，南京至高淳城际轨道禄口机场至溧水段工程、新建宝鸡至兰州铁路客运专线渭河隧道作为参建项目获得国家优质工程奖。施工的成都地铁 7 号线供电系统综合 2 标段安装工程获得中国安装工程优质奖（中国安装之星）；施工的上海市轨道交通 5 号线南延伸工程获得上海市市政工程金奖；施工的长春市快速轨道交通北湖线一期工程获得吉林省建设工程“长白山杯”；施工的霍永高速公路 K79+766.871—K151+615.682 段工程、准朔铁路黄河特大桥获得山西省“太行杯”奖；施工的霍永高速公路 K79+766.871—K151+615.682 段工程获得山西省“汾水杯”奖。公司施工承建的郑州至万州铁路湖北段站前工程 ZWZQ-2 标荣获“全国青年安全示范岗”；上海市轨道交通 5 号线南延伸轨道工程荣获“2019 年度上海市安装行业绿色安装工程”；上海轨道交通 18 号线一期工程轨道工程 Ⅰ 标荣获“2019 年度上海市文明工地”称号；甬台温高速公路复线温州瑞安至苍南段工程土建施工第九施工标段和 104 国道瑞安仙降至平阳萧江段改建工程（瑞安段）第 1 施工标段获得浙江省公路水运工程“平安工地”；宕昌县 2018 年易地扶贫搬迁沙湾镇寺上集中安置项目荣获“2019 年甘肃省建筑工程绿色施工推进推广竞赛合格工地”；山西大学东山校区教学与实验综合楼 / 理科教学与实验综合楼和太原诺德逸宸云著项目荣获“2018—2019 年工程建设安全生产标准化工地”；银川经济技术开发区年产 15GW 单晶硅棒项目荣获“宁夏回族自治区安全标准化示范工地”；博雅 · 青河龙郡工程荣获“2018 年度山东省房屋市政施工安全文明示范工地”称号；中铁西北院“研发中心创新产业基地一期”项目荣获“2018 年甘肃省建设工程文明工地”；天津地铁 5 号线 R1 合同段——职业大学站荣获“2019 年度天津市市级文明工地”称号；方山县城区棚户区改造安置东一区项目荣获“省级建筑施工安全标准化示范项目”称号。（董云鹏）

【企业文化】2019 年，中铁三局持续推进股份公司“十二项文化”建设，发布《集团公司 VIS 视觉识别系统手册》。梳理中铁三局建局以来企业文化建设总结报告，撰写新版中铁三局简介，完成 2019 年公司施工现场员工工装招标工作。完成新版经营画册初稿设计和宣传片的编制。成功举办“唱响新时代”员工文艺展演暨颁奖晚会。制定中铁三局《庆祝新中国成立 70 周年活动方案》，广泛开展“我和我的祖国”“你好新时代”等群众性主题教育活动。举办“不忘初心、牢记使命”主题教育演讲比赛和员工庆祝新中国成立 70 周年大型摄影展。在“三局微视”推送“航拍三局”“同唱一首歌”“三局美食”“三局绝活”“三局道德模范”等庆祝新中国成立 70 周年系列文化活动视频作品。积极参与中国企业文化管理协会与中央重点新闻网站光明网共同发起的“新时代党建与企业文化共建项目”活动，成为首批“新时代党建与企业文化共建站”单位。在 2019 年中国企业文化管理协会年会上，中铁三局被评为“新中国成立 70 周年 · 企业宣传思想文化先锋单位 70 强”。情景剧《四代人三局情》获得“最美企业之声”银奖。中铁三局首届道德模范中铁三局五公司员工张潼民被评为“最美企业匠人”。（徐建军）

【党建工作】中铁三局党委坚持以习近平新时代中国特色社会主义思想为指导，坚持党对国有企业的领导，坚持现代企业制度改革的方向，不断提高中铁三局党的建设质量。扎实开展主题教育活动。中铁三局及所属三级单位领导班子围绕 236 个专题，开展集中学习研讨 175 次；形成调研成果 292 篇；讲授专题党课 302 次；检视出存在问题 1251 条，制定整改措施 1561 项，对 402 条问题进行立行立改，对 849 条问题进行持续整改。公司党委坚持以党建工作与生产经营双向融合为着力点，双促进、双提升。完善党建工作报告制度，开展重点工作部署落实和党建工作责任制落实情况专项检查，加大日常工作督查督办力度，层层压实管党治党责任。修订公司党委（常委）会议事规则，细化公司“三重一大”决策事项，全年组织召开党委常委会、全委会 10 次，研究讨论企业党建工作议题 61 项，前置研究企业重大经营管理事项 63 项，有效发挥把方向、管大局、保落实作用。坚持以改进干部作风、激发干事担当为着力点，研究制定 11 项专项管理制度，推动公司干部队伍建设。树立“以实绩论英雄，凭业绩用干部”导向，坚决落实新时代“好干部”标准，提拔使用 22 人，对 66 人进行交流调整，对 2 名不能胜任现职的中层干部予以免职，对不在状态人员及时进行提醒约谈。持续加大干部队伍年轻化，首次评选表彰十大青年好干部，重建后备年轻干部名录，提拔使用“80 后”6 人，全公司“80 后”干部达到 48 人，有 4 名“85 后”走向领导岗位。持续加强领导干部素质提升，对 60 名新任领导干部在浦东干部学院进行培训，分两期对 148 名项目经理在贵南项目进行现场教学，通过公司培训中心等各级平台，举办各类培训班 506 期，培训人员超过 28000 人。中铁三局领导班子被评为股份公司“四好班子”。坚持学习贯彻《中国共产党支部工作条例（试行）》，围绕“中央企业基层党建推进年”专项行动，稳步推进基本组织、基本队伍、基本制度建设。坚持抓党建从生产出发、抓生产从党建入手，持续在扭转基层党建工作模式、加强党建融合、突出基层党组织作用上发力。围绕银西、贵南等重大项目、重点工程，开展联建联创，开展党员先锋岗、红旗项目部创建活动，全力打造党建示范区。2019 年，在公司各个战线涌现出一大批先进典型和先进代表，线桥公司京张铁路六标铺架分部等三个党支部被股份公司评为“三基建设”示范党支部；贵南等 4 个项目部被评为股份公司“红旗项目部”；21 个“先进基层党组织”、89 名“优秀共产党员”、26 名“优秀党务工作者”获得集团公司党委隆重表彰。坚持以落实《中国共产党纪律处分条例》为抓手，不断深化全面从严治党各项要求。坚持聚焦主责主业，建立和完善了定期工作报告制度，研究制定公司纪检监察体制改革方案，配合完成股份公司党委政治巡视和国资委巡视调研，组织开展企业领导人员亲属和其他特定关系人所办企业与本企业业务往来专项整治，对制约公司发展的形式主义、官僚主义顽疾进行集中整治，围绕发现的问题，进行全面整改，构建长效机制。持续强化意识引领。坚持推进思想建党、思想强党，将思想政治建设与主题教育有机结合，同步推进。全年举行 8 次党委中心组集中学习研讨，引领全公司领导干部学习新思想，展示新作为。聚焦中国特色社会主义制度发展和国家治理的成就，围绕十九届四中全会提出的总体要求、总体目标、重点任务，全面开展宣传贯彻和学习讨论。（杨文　赵增茂　张翔　谷伊飞）

【信息化建设】2019 年，中铁三局在京张高铁建设过程中，结合工程特点将“互联网 +”、物联网、大数据、人工智能等信息化手段在铁路工程建设中融合应用，实现了“智能”建造，“数字”京张。结合股份公司打造智能无人工厂的科技引领智能施工潮流，开展“南漳智能制枕厂”“黄黄智能轨枕厂”的智慧改造，并按照轨枕生产线全工序智能化的建设目标，紧扣科技创新，倾力打造集约化的钢筋加工、轨枕生产、轨枕缓存三大车间，将传统工艺每班 30 余人减至每班 8 人，降低了人力成本。积极打造一体化信息化管控平台，初步将现有的十几套信息化管理系统进行资源整合，实现单点登录、统一内网门户入口等，初步实现一个管控平台。（冯栋梁）

【履行社会责任】中铁三局全面开展员工关心关爱行动，投入上千万元为一线员工和困难家庭送去温暖和帮助，成功带领 69 户困难职工脱困解困。投入“冬送温暖”“夏送清凉”资金 1000 余万元，清欠补缴“五险一金”1.1 亿元，中铁三局五公司、桥隧公司等 10 个先进集体，中铁三局桥隧公司邓英海、京张项目部张民栓等 43 名先进个人受到上级工会表彰，运输公司第二运输段 17134 机车包乘组获得“全国青年文明号”称号。（徐建军）

【领导人员】

郝　刚　党委书记、董事长、法定代表人（9 月任党委书记）
李新远　党委副书记、总经理、董事
于天生　党委副书记、董事
贺　庆　党委副书记、纪委书记、监事、监事会主席
常乃超　副总经理
张俊兵　副总经理、总工程师
杨向歌　总会计师
马文亮　工会主席、副总经理
张振兴　副总经理
黄　林　副总经理
张　威　副总经理
李建光　副总经理
李　彪　副总经理
孙洪利　副巡视员（11 月退休）

（吕安萍）

中铁四局集团有限公司

【简况】中铁四局集团有限公司（简称中铁四局）总部位于安徽省合肥市，前身是 1950 年组建的中国人民志愿军抗美援朝铁道工程总队。铁道工程总队于 1953 年 11 月从朝鲜胜利回国，同年，铁道部陆续在全国组建 12 个工程局、4 个专业工程公司，中铁四局即其中之一。后经多次归并组合和调整，于 1966 年 8 月正式更名为铁道部第四铁路工程局（“文革”期间一度改称为交通部第四铁路工程局，到 1975 年 2 月复更名为铁道部第四工程局，简称铁四局）。铁四局 2000 年 6 月 28 日改制为中铁四局集团有限公司。

中铁四局是一家具有综合施工能力的跨行业、跨国经营的国有大型建筑企业，是世界 500 强企业——中国中铁股份有限公司的骨干成员企业和“标杆”单位。截至 2019 年底，中铁四局年生产能力在 1000 亿元以上、年经营能力在 1600 亿元以上。截至 2019 年底，全局拥有 25 家以施工类为主，包括投资、运营、工业、设计监理、物贸、服务类子（分）公司，管理研究院、企业大学、财务共享中心等 5 家直属单位，10 个区域指挥部、32 个区域经营部、8 个境外区域中心（含安哥拉分公司、美大分公司）和一批工程指挥部（项目部）等外派机构。局本部设有 21 个行政、党群职能部门，1 个后勤保障服务部门。

截至 2019 年底，中铁四局营业范围为：承建国内外铁路、公路、房屋建筑、市政、水利水电、港口与航道、机电安装、电力、城市轨道交通、机场、铁路铺轨架梁、通信、信号、电气化接触网、环保工程；国内外铁路、建筑、市政、公路工程勘测、设计、监理、咨询及项目管理；城乡规划编制；工程检测；土地开发、房地产开发以及交通、市政公用工程设施、公共生活服务设施、健康养老、特色小镇等基础设施项目的投资、咨询、规划、勘察设计、建设、管理；施工机械租赁、修理；汽车检测；为铁路提供运输设备；铁路临管运输；声屏障制造及安装；园林绿化工程施工；水泥制品生产、销售；新型建筑材料研发、生产、销售、仓储；混凝土（砂浆）外加剂的生产、销售；苗木、花卉种植培育及销售；软件产品销售；承包境内外国际招标工程；境外工程设备、材料出口；对外派遣境外工程劳务人员；进出口业务。（依法须经批准的项目，经相关部门批准后方可开展经营活动）。截至 2019 年底，中铁四局共有特级资质 5 项（含铁路工程 1 项、建筑工程 1 项、市政公用工程 1 项、公路工程 2 项）。铁路、建筑、公路、市政公用、机电工程等施工总包一级资质 23 项，专业承包一级资质 40 项。子公司公路特级资质 1 项，施工总承包一级资质 22 项，专业承包一级资质 28 项。（徐立林）

【主要指标】2019 年中铁四局共实现营业收入 918.29 亿元，完成股份公司下达奋斗目标 844 亿元的 108.80%；实现归属于母公司净利润 16.7 亿元，完成股份公司下达确保目标 16.56 亿元的 100.18%；实现经营性现金净流量 17.38 亿元，完成股份公司下达确保目标 16.56 亿元的 104.95%；年末资产负债率 79.16%，控制在股份公司下达的目标 79.47% 以内；年末两金余额 184.35 亿元，两金增幅未超过营业收入增幅。（尹　亮）

表 14-10　　2019 年中铁四局集团有限公司主要经济指标

项目	2019 年	2018 年	比上年增长 / %
资产总额 / 亿元	694.88	645.24	7.69
所有者权益 / 亿元	144.84	130.22	11.23
营业收入 / 亿元	918.29	773.91	18.66
利润总额 / 亿元	19.67	17.73	10.94
净利润 / 亿元	16.59	14.68	13.01
归属于母公司净利润 / 亿元	16.7	14.66	13.92
科技支出 / 亿元	14.8	12.33	20.03
本年应交税费总额 / 亿元	18.49	22.9	-19.26
全员劳动生产率 /（万元 / 人·年）	42.18	38.15	10.56
净资产收益率 / %	12.06	12.98	减少 0.92 个百分点
总资产报酬率 / %	3.24	2.92	增加 0.32 个百分点
国有资产保值增值率 / %	113.23	114.99	减少 1.76 个百分点

制表：尹　亮

【职工队伍】截至 2019 年底，中铁四局在册员工 23214 人，其中管理人员 13714 人、研究生及以上学历 413 人（其中博士 10 人）、本科 10560 人；拥有各类专业技术人员 15993 人，其中高级职称 1780 人（其中正高级 121 人）、中级职称 5261 人；拥有在册技能人才 5887 人，其中工匠 1 人、特级技师 45 人、高级技师 567 人、技师 891 人。拥有局级及以上各类专家 84 人、一级注册建造师 1382 人。（徐立林）

【改革发展】2019 年，中铁四局推进企业改革，积极贯彻宏微观成本管理精神，将物资机械、劳务管理职能转移至成本部统管，“大成本”管理格局逐渐形成；强力推进瘦身健体，局机关机构改革全面启动，将城市投资分公司合并重组至投资运营公司，重庆、西安分公司合并重组为工程建设分公司，专项完成驻京办事机构清理；稳步剥离企业办社会职能，“三供一业”分离移交、5 家存续医院改革改制、国有企业退休人员社会化管理进展有序；财务共享持续深化，RPA（财务机器人）投入应用，首家区域财务管理中心在中铁四局五公司揭牌成立，“智慧财务”建设向前迈出坚实步伐。（徐立林）

▲ 昌赣高铁

【经营管理】中铁四局把高质量开展经营工作作为“保规模、稳增长、促质量”的第一要务。一是区域经营方面。落实区域经营战略，深耕长三角、粤港澳、京津冀城市群，成功打造长三角、华南、西南、津鲁四个超百亿级区域，其中长三角区域突破 400 亿元，形成江苏、浙江、安徽、山东、广东 5 个超百亿级省份，其中江苏单省超 280 亿元。二是立体经营方面。推进生产、投资、党建等与经营工作的立体联动，进一步巩固铁路、公路等传统市场份额，推动城市建设、生态环保、大企业等新兴市场取得突出成效。非铁路工程（不含投资）首次突破 1000 亿元，业务份额占年度营销总额近 70%，并培育了“超四百亿”的市政市场、“超三百亿”的城轨市场、“超两百亿”的房建市场、铁路市场。在投资与经营联动上，紧盯“四大”战略方向和短板领域，通过产融结合新模式、为大客户提供全产业链服务，承揽山东高速公路、长江大保护、遵义棚改等投资项目，地铁上盖物业取得突破，康养产业首期开园试营业。三是境外经营方面。重点国别营销方向进一步明确，新进刚果（金）市场，新

签境外项目合同额 56.5 亿元。（徐立林）

【科技进步与开发】中铁四局材料公司主责的“安徽省水泥基复合材料工程研究中心”通过安徽省发改委审核，获准成立。中铁四局电气化公司主责组建的“安徽省铁路电务工程技术研究中心”通过安徽省科技厅验收并备案。中铁四局三公司和五公司分别获准成立“省级企业技术中心”，中铁四局路桥公司成功认定“国家高新技术企业”，中铁四局材料公司组建的“合肥市高铁路基充填材料工程技术研究中心”和城轨分公司组建的“合肥市地下空间工程技术研究中心”，分别通过合肥市科技局组织的专家验收。在国家发改委、安徽省发改委和安徽省、天津市、江西省、吉林省经信厅组织的复审评价中，中铁四局 2 个国家级和 9 个省级企业技术中心均圆满通过，其中中铁四局及所属一公司、四公司、钢结构建筑公司、材料公司省级企业技术中心评价为“优秀”。同时“国家知识产权示范企业”也成功通过国家知识产权局组织的复核。2019 年中铁四局新增中国土木工程詹天佑奖 2 项，累计获得 34 项中国土木工程詹天佑奖。获省政府科技奖 5 项，铁道科技奖 2 项，公路科技奖 2 项，其他全国性行业科技奖 2 项。国铁集团将中铁四局“CRTS Ⅲ型板式无砟轨道智能建造技术及成套装备研究”课题纳入系统性重大项目。BIM 应用研发在快速建模、模型处理、信息交互、标准定制等方面取得显著成绩，并在多个全国性 BIM 大赛上累计获得 40 余个奖项，获“最佳 BIM 应用企业”称号。全年共获得省部级工法 72 项，其中省级工法 57 项，铁路工法 10 项，公路工法 5 项。全年获国家授权专利 228 件，其中发明专利 33 件，首次申请 PCT 国际专利 1 件，实现零的突破；6 件专利分别入选交通部和国家铁路局专利库，1 件专利获安徽省专利优秀奖。全年发布各类标准 10 项，其中国家标准 3 项，为历年之最；行业标准 4 项。获局外标准立项 21 项，其中国家标准 1 项、行业标准 3 项。（徐立林）

【节能减排】中铁四局持续深入开展节能减排工作，企业万元营业收入综合能耗稳步下降。全年获评股份公司绿色施工科技示范工程 6 项，股份公司节能低碳技术 6 项；并通过股份公司推荐 6 个项目申报中施企协的绿色建造施工水平评价；积极开拓绿色施工示范工程申报渠道，中铁四局五公司南宁青山大桥和沈阳南北快速干道分获“广西壮族自治区建筑业绿色施工示范工程”和“辽宁省建筑业新技术应用示范工程”称号。（徐立林）

【工程施工】2019 年，中铁四局完成企业营业额 1020 亿元（其中境内 993.8 亿元、境外 26.3 亿元），连续两年突破千亿元大关，并提前 40 天完成国内年度产值任务，完成股份公司下达计划的 127.5%，继续位列股份公司系统内第一名。全年建成桥梁 360 千米、隧道 93 千米、铺轨（单线）2234 千米、盾构区间（单线）90 千米、房屋 784 万平方米，土石方 9816 万立方米。中铁四局一公司、二公司、四公司、五公司营业额连续两年突破百亿元。参建的冬奥会重点工程——京张高铁崇礼支线开通运营，承建的中老昆万铁路玉磨段 5 标全面提速，景洪、橄榄坝澜沧江大桥顺利合龙，阿墨江、元江特大桥进入梁部施工阶段，汉十、郑万、张呼、成贵、昌赣、黔张常、浩吉、西安北至机场城际铁路以及蒙古国新机场高速公路等一批国内外重点项目竣工或通车；承建的世界最大极热干旱综合性汽车整车试车场、世界首个钢轮钢轨制式捷运系统、世界最大跨度通水通航钢结构渡槽、国内首次高铁枢纽站改造、国内最长跨公路铁路双线转体桥等一批具有较大影响力的工程顺利推进。张吉怀铁路永定制梁场、雅万高铁万隆制梁场、福厦铁路同安制梁场、赣深铁路河源东制梁场、东源制梁场、安九铁路八里湖制梁场、黄黄铁路武穴制梁场共 7 个铁路制梁场均一次顺利通过国家生产许可证发证审查。（徐立林）

【安全质量】2019 年，中铁四局对 100 个在建项目开展上半年、下半年安全质量大检查暨铁路建设项目红线检查，迎接中国铁路集团有限公司对中铁四局 18 个铁路项目、20 项次的红线专项督查，通过强有力落实现场包保责任等举措，确

▲ 2019 年 12 月 27 日，中铁四局、安徽大学新闻传播学院、新华网安徽频道、安徽广播电视台公共频道签署战略合作协议，四方合作联合创建“融媒创新工场”

保两次红线检查均平稳通过，未发现红线问题；增设海外片区管控组，推动中铁四局形成“九大片区管控组 +4 个技术专家组”的管控模式，强化对项目的动态管控和帮扶力度；推进安全质量“管”“监”分离工作，推进安全质量管理体系、监督体系建设，强化各级安全质量监督管理人员业务素质培训，监督指导全局安全质量监督管理体系的有效运行；将 2019 年确立为品质工程提升实施年，在全局范围内开展以“弘扬工匠精神，创建精品样板工程”为主题的评选活动，经严格初评、现场复查与抽检等一系列考核程序，以“内实外美、宁缺毋滥”为原则，确定 2019 年度精品样板工程 20 项。开发并推广使用风险分级管控和隐患排查治理双重预防信息化系统，截至 2019 年底，中铁四局 504 个项目部共填报风险 4102 个，局管控组和子公司、分公司片区领导完成安全风险管控任务 1196 个，消除各级安全风险 456 个，共有 603 个项目部排查上传隐患 207960 条。

（徐立林）

【企业文化建设】中铁四局坚持以“铸魂、育人、塑形”为重点，紧密围绕企业改革发展中心，把社会主义核心价值观融入企业生产经营管理各项活动中，探索和谐企业建设，深入推进基层文化建设，突出抓好企业形象宣传、企业人才队伍和宣传阵地建设，持续提升企业在新常态下的凝聚力、创造力和竞争力。编纂发行《企业故事》《脚步》《楷模》等企业文化丛书，连续 18 年定期举办企业文化节、“四局好人”评选，成功承办三届“中国中铁四局杯农民工 · 我的兄弟姐妹”全国摄影大赛。中铁四局先后有 10 名员工被评为“中国好人”和“全国优秀志愿者”；“四局好人”评选、“企业文化节”被评为安徽省精神文明创建十大品牌；企业历史展览馆被安徽省委省政府授予“安徽省爱国主义教育基地”；中铁四局“青藏铁路精神”荣膺中国企业文化研究会颁发的“新中国 70 年中国企业精神”；中铁四局“幸福文化”案例获得中国企业文化研究会颁发的“新中国 70 年企业文化建设典范案例”；中铁四局获得中国企业文化研究会颁发的“中国企业文化示范基地”荣誉称号。中铁四局成为安徽省首家、国内建筑业第二家获得此项殊荣的企业；中铁四局企业文化节获得中国交通报颁发的“首届交通运输优秀文化品牌”；中铁四局获得人民网颁发的“建设幸福企业优秀单位”，获得中国文化管理协会颁发的“新中国成立 70 周年 · 新时代企业文化标杆单位”，原创歌曲《盾构手之歌》获评安徽省十五届精神文明建设“五个一工程”特别奖。

（徐立林）

【幸福企业建设】2019 年，中铁四局不断加强幸福企业建设，通过召开全局幸福企业建设座谈研讨会、开展“幸福企业建设”课题研究、幸福企业建设测评工作等，进一步统一思想。加强幸福项目部创建，丰富创建内涵，提升创建品质，在全国各区域形成了良好的品牌效应。完善困难员工救助机制和员工互助保障机制，建立困难员工领导联系点制度，深入开展“送温暖送清凉”、困难员工补助和子女助学、大病员工医疗救助等活动，推进收入分配向一线倾斜，积极为员工办好事办实事。中铁五号院、北区改造进入建设期，员工的工作环境、生活条件和待遇水平得到不断改善。中铁四局积极履行社会责任，扎实开展精准扶贫工作，选派一批政治素质好、作风扎实、组织协调能力和群众工作能力强的优秀干部驻村定点帮扶，累计投入 800 多万元支持定点扶贫县建设。2019 年，中铁四局驻颍上县杨湖镇汪李村扶贫工作队获得“安徽省属单位脱贫攻坚先进集体”称号。刘国卿同志获评 2019 年 12 月敬业奉献类“中国好人”，张坤同志获评中国中铁“优秀扶贫干部”。（徐立林）

【品牌效益】2019 年，中铁四局累计 26 次位列铁路信用评价 A 类，新增中国土木工程詹天佑奖 2 项、国家优质工程奖 5 项，31 项工程评为 2019 年度中国中铁杯优质工程，联合申报的《高速铁路高性能混凝土成套技术与工程应用》科研成果获 2019 年度国家科技进步奖二等奖。全年累计有 319 家客户到访中铁四局本部参观交流。先后荣获“中华人民共和国成立 70 周年工程建设行业‘功勋企业’”“长三角地区百强企业”“全国企业文化建设示范基地”等称号。所属一公司、二公司、四公司、五公司、八公司获得“中国中铁先进三级工程公司”称号，9 名员工授予“中国中铁工程项目创效功臣”，入选数量在系统内均居首位。（徐立林）

▲ 中铁四局承建的青（岛）兰（州）高速公路东阿至聊城段通车

【教育培训】2019年，中铁四局着力加强能力素质培训，在领导干部培训方面：圆满完成第三期清华大学领导力提升研修项目，第四期已完成3次研修；举办第二轮第四期领导人员制度化轮训班和财务系统领导人员培训，在拓宽领导人员视野、更新管理理念的同时，组织领导干部到井冈山等革命圣地接受理想信念教育，补足领导干部“精神之钙”；全面开展“海豚”、“精英”“卓越”和“雄鹰”四类人才培养工作，共组织举办四类紧缺人才专项能力提升培训班8期。在业务及取证培训方面：局层面持续举办项目部负责人岗位胜任力建设与提升学习项目、项目部关键岗位负责人任职资格培训认证项目、组织学习技术培训项目、执业（职业）资格取证考前培训项目、职业技能认定高技能人才考核评价项目以及局机关业务系统培训项目，不断提高员工队伍的技能水平和综合素质。通过近几年的持续强化，中铁四局共有一级注册建造师取证1382人，持证数量在系统内排名第一，为特级资质就位提供了保证。在新入职员工培训方面：持续迭代培训课程体系和培训方式，各单位均高质量完成新入职员工集中培训，加快新员工了解企业、融入企业；加强新员工见习期的岗位培训和动态管理，充分发挥导师带徒的作用，加速新员工的成长。2019年，中铁四局累计举办培训班128期，培训约9945人次。（徐立林）

【领导人员】

张河川　党委书记、董事长
王传霖　总经理
袁　敏　党委副书记
万　明　党委副书记、纪委书记
李朋谦　工会主席、副总经理
汪志成　副总经理
刘　勃　副总经理
耿　锦　副总经理
邵　刚　副总经理
伍　军　副总经理、总工程师
王传越　副总经理
耿树标　副总经理、总法律顾问
汪海旺　副总经理
吴阿勤　总经理助理
魏成富　总会计师

（孙丹丹）

中铁五局集团有限公司

【简况】中铁五局集团有限公司（简称中铁五局）是中国中铁股份有限公司的全资子公司，公司注册地贵州省贵阳市，在贵州省贵阳市和湖南省长沙市分别设立总部办公中心。下辖18个子公司、分公司，8个区域指挥部，33个经营性分公司，12个中国境外经营机构。公司注册资本金41亿元，主要从事建筑工程投资、设计、施工及运营管理，经营范围涵盖房地产开发、酒店经营、机械制造、物资贸易等业务。拥有中国铁路、建筑、公路、市政工程等施工总承包特级资质6项；水利、市政、公路、机电工程等施工总承包一级资质19项；桥梁、隧道、路基、公路路面、铁路铺架、混凝土预拌等各类专业施工承包资质59项；铁道行业甲（Ⅱ）级、建筑、公路、市政行业等甲级设计资质6项。享有外经、外贸权及对外援助成套项目总承包资格，是中国对外承包工程商会会员单位，市场遍及26个国家和地区。截至2019年底，中铁五局员工总数为20431人，其中干部14720人，工人5711人。共有机械设备8408台，原值458487.13万元，净值168515.18万元。其中200万元以上大型设备220台（套）。自有设备总功率105.52万千瓦，装备生产率30.1，设备新度系数0.37。2019年，机械设备集中采购率94.53%，累计采购设备326台，价值1.52亿元。审核报废机电设备191台，原值15714.63万元。

中铁五局先后参加全国120多条铁路主干线，200多条公路主干线，以及全国各地机场码头、城市轨道、水利水电、市政工程的建设。近年来，在武广、京沪、哈大、沪昆等国家“四纵四横”高速铁路网建设中发挥主力军作用。公司施工技术实力雄厚，设有中国国家级企业技术中心和国家级应急救援队，掌握铁路、公路、城市轨道、市政公用、水利水电等土建工程关键前沿技术，特别是在长大复杂隧道、高大桥梁、超高建筑施工领域处于世界领先水平，并在磁悬浮、地下管廊、输油管道、城市水务、生态环保等领域积累了丰富的施工经验。中铁五局承建的中国京张高铁八达岭长城地下车站、川藏铁路拉林段桑珠岭隧道、大理洱海水环境治理、贵阳新庄污水处理厂、株机磁悬浮试运线、中缅输油管道等工程具有行业代表性。中铁五局先后获得中国建设工程鲁班奖、国家优质工程奖、全国用户满意工程等国家级奖项63项；获中国土木工程詹天佑奖9项；国家专利230件；省部级以上工法151项；主持和参与编制中国国家和行业标准17项。2019年有5项目成果获得国家级、国铁集团级、湖南省级、股份公司级管理创新成果奖，其中：“复杂高铁工程以生态优先、环境友好、资源节约为核心的全方位绿色施工管理”获得国家级二等奖；中铁五局五公司“三级公司主动参与PPP市场开发的经营管理”、中铁五局机械化公司“施工企业以培育核心竞争力为目标的路面专业施工能力建设”分别获得国铁集团、湖南省一等奖；中铁五局机械化公司“建筑施工企业工程项目经济责任目标管理体系构建”获得湖南省三等奖；中铁五局一公司“施工企业以降本增效为目标的工程项目区域集约化管理”获得国铁集团二等奖、股份公司三等奖。

中铁五局秉承“勇于跨越、追求卓越”的企业精神，致力于企业品牌建设，以管理科学、技术精湛、装备优良、回馈社会享誉业界，是国务院表彰的全国14家先进企业和单位之一，先后荣获中国建筑行业百强企业、中国优秀施工企业、中国建筑业科技进步与技术创新先进企业、中国全国五一劳动奖状、中国全国文明单位、中国全国劳动关系和谐企业等国家级荣誉。

（夏清华　师强　程锐　熊君）

【主要指标】2019年中铁五局资产总额493亿元。货币资金63.04亿元，固定资产原价65.74亿元，其中累计折旧41.20亿元，固定资产净值24.53亿元。营业收入479.26亿元，其中主营业务收入477.36亿元，营业利润6.14亿元，利润总额6.24亿元。（张红梅）

表14–11　　2019年中铁五局集团有限公司主要经济指标

项　目	2019年	2018年	比上年增长/%
资产总额/亿元	493.00	486.8	1.27
所有者权益/亿元	106.77	101.01	5.70
营业收入/亿元	479.26	428.49	11.85
利润总额/亿元	6.24	9.83	−36.52
净利润/亿元	5.46	8.13	−32.84
归属于母公司所有者的净利润/亿元	5.45	8.12	−32.88
技术开发投入/亿元	9.66	8.92	8.30
利税总额/亿元	14.47	17.27	−16.21
应交税金总额/亿元	8.86	11.25	−21.24
全员劳动生产率/（万元/人·年）	27.46	27.83	1.33
净资产收益率/%	5.26	9.79	减少4.53个百分点
总资产报酬率/%	2021.00	3.20	减少0.99个百分点
国有资本保值增值率/%	105.49	114.83	减少9.34个百分点

制表：张红梅

【改革发展】2019年，中铁五局新成立4个项目部，新成立子公司、分公司代局履行职责的项目经理部127个、项目更名7个。成立庐山和长沙县分公司，撤销南宁工程指挥部，改设南宁铁路工程指挥部，撤销北京办事处和雄安办事处；对中铁五局经营开发部和办公室内设科室进行调整，经营开发部一科、二科更名为报价科和施组科，中铁五局办公室撤销接待科，增设调研科。按照《中铁五局全面开展管理实验室活动方案》总体安排和合规建设要求，初步完成中铁五局和各层级管理制度的梳理修订和完善。5项管理创新成果获得国家级、国铁集团级、湖南省级、股份公司级管理创新成果奖，14项项目管理制度获评股份公司优秀项目管理制度。推进瘦身健体和层级压减。培训中心签订移交协议交由中铁国资接收管理；完成注销成都公司下属2家公司，截至年末累计完成注销单位15家，占原49家法人单位的30.6%。推进“三供一业”分离移交，已完成供水移交99.6%、供电移交96.25%、物业管理移交87.36%，供气（供热）移交已全部完成。推进子公司医院改革。中铁五局一公司、四公司、五公司医院撤院建所工作完成；二公司医院和杭州疗养院交由中铁国资统一进行资源整合。加强三级公司建设，中铁五局建筑公司、五公司、二公司新签合同额突破百亿元，建筑公司被评为“中国中铁先进三级工程公司”。（熊君　师强）

▲2019年10月28日，中铁五局建筑公司承建的国际山地旅游联盟总部大楼正式建成启用

【重大项目】2019年，中铁五局完成企业营业额595亿元（其中：施工产值548亿元，附营产值48亿元），完成股份公司年度计划550亿元的108%。截至年底，在建项目共计423个。按工程专业类别划分：铁路工程50个、地铁工程75个、市政工程91个、公路工程87

个、房建工程67个、水利水电工程37个、机场码头2个、其他工程14个。合同造价共计2186亿元，其中铁路工程684亿元，占31%，路外工程1502亿元，占69%。截至2019年末，剩余在建工程1127亿元，其中：铁路项目216.1亿元，占19.2%；公路工程304.6亿元，占27.2%；地铁工程170.5亿元，占15.1%；市政工程196.3亿元，占17.4%；房建工程125.6亿元，占11.1%；水利水电工程95.8亿元，占8.5%；其他类别工程16.4亿元，占1.5%。在建隧道共176座，设计长度539千米，年完成隧道成洞124千米（不含斜井、横洞等辅助导坑），剩余248千米（46%）。在建桥梁799座，桥梁工程分别在铁路、公路、城轨、市政、水利五个主要领域。施工任务总长为338千米，年累完成101千米，开累完成197千米，剩余施工长度141千米。全年完成土石方13824万立方米、桥梁101千米、隧道124千米、铺轨834千米、房屋建筑220万平方米。（励 青 曾力锋）

【人才建设】2019年，中铁五局共引进各类人才987人，其中高校毕业生825人，社会人才79人，技能人才83人。高校毕业生中博士研究生1人，硕士研究生20人，本科生765人，专科生39人；工程类专业612人，“双一流”高校毕业生158人。新增正高级职称21人，其中正高级工程师16人，正高级经济师3人，正高级会计师2人；新增高级职称364人，其中高级工程师325人，高级经济师25人，高级会计师14人；新增工程师561人。截至2019年底，中铁五局拥有正高级职称73人，高级职称1854人，中级职称4675人，初级职称5082人。职业项目经理448人，其中一级2人、二级36人、三级53人、四级128人、五级229人。2019年，中铁五局推荐各级各类专家111人，其中4人获评“中国中铁劳资专家”称号；完成职业技能等级认定考核421人。截至年末，中铁五局拥有各类专家67人（76个专家称号），享受国务院政府特殊津贴2人、省级政府特殊津贴2人、贵州省省管专家1人、詹天佑奖青年奖1人、茅以升铁道工程师奖4人、股份公司专家2人，局级专家60人，一级8人、二级23人、三级29人。全年共实施培训12万余人次，其中管理人员约2.7万人次、一线职工约9.3万人次，提升各层级、各系统人员的业务能力和综合素质。新增注册建造师70人，截至年末，中铁五局注册建造师1186人，其中一级注册建造师960人。（熊 君）

【走向海外】2019年，中铁五局在全球20多个国家有序开展经营工作，完成新签合同额47.56亿元人民币，同比增长7.87%。2019年4月27日，中铁五局与加纳铁路发展部在中国中铁总部签署加纳西线铁路项目曼索至库马西段（含敦夸至阿瓦索支线）施工与机车采购合同。2019年5月17日，中铁五局与贵州桥梁建设集团有限责任公司在贵阳签署战略合作协议，就国际工程的道路、桥梁、房建等项目合作开发、投资和建设。2019年5月23日，中铁五局与中铁国际签署战略合作协议，就中东地区、西北非区域及中东欧部分国家的铁路、房建、市政、水利水电工程等项目开展合作。2019年9月5日，中铁五局与北方国际合作股份有限公司在北京签署战略合作协议，不限于轨道交通、电力工程、市政、房建、矿产设施、新能源等相关行业项目开展合作。（刘 斐）

【重大创新】2019年，中铁五局贯彻落实“创新驱动”和“科技兴企”发展战略，努力强化技术人才素质建设和企业科技创新能力建设，以落实股份公司和中铁五局“十三五”科技发展规划为重心，加强体系建设，维护建设国家企业技术中心，以全局重难点工程施工和普遍共性问题为对象，为经营生产提供技术支持及技术保障，促进科技进步。2019年中铁五局获贵州省科学技术奖2项、湖南省科学技术奖2项、中国铁道学会科学技术奖2项、中国教育部科学技术进步奖1项、中国施工企业管理协会工程建设科学技术奖4项、中国交通运输协会科学技术奖1项，中国爆破行业协会科技进步奖1项、中国铁路工程总公司科学技术奖5项。获省部级工法51项，全年新申请专利73件，其中发明专利29件，实用新型专利44件，获得专利授权39件，其中发明专利4件，实用新型专利35件，申报中国专利奖2项。中铁五局技术中心成功申报国家级企业技术中心。中铁五局一公司、五公司成功申报湖南省企业技术中心，中铁五局成都工程公司成功申报四川省企业技术中心。（颜桢炜）

【工程创优】2019年中铁五局共获得省部级及以上优质工程奖35项：其中国家优质工程奖2项、全国用户满意工程奖5项、中国安装之星奖1项，中国中铁杯优质工程16项、山城杯1项、上海市市政工程金奖1项、飞天奖1项、湖南省优质工程1项、芙蓉杯1项、李春奖2项、黄果树杯4项。（谈李茜）

【企业文化】2019年，中铁五局学习贯彻习近平新时代中国特色社会主义思想，组织开展理论学习中心组学习6次，申报《中铁五局京张三标项目“1+X+N”党建工作模式的成功实践》《夯实三大主阵地 彰显党建新作为——中铁五局党委加强党建阵地建设的实践与思索》2个课题；在《政工调研》简报专栏发布简报5期。全年共在《中铁党建》《学习与探索》《党建》等刊物上发表理论文章30篇。建立“学习强国”学习平台组织体系，创建并认证50个学习组织；全面落实意识形态工作责任制，开展形势任务教育，推进道德讲堂建设，新组建“道德讲堂”29个，共建设道德讲堂171个，开展活动800余场次，累计参加人员总计2.1万余人。组织开展新中国成立70周年系列活动，组织策划全局各单位拍摄15部《我和我的祖国》快闪作品，摄制《祖国我们和您一起共成长》《中铁好儿郎》等短视频，在《铁道开发报》上开展“我和我的祖国”征文活动，策划“壮丽70年 奋斗新时代”庆祝新中国成立70周年专刊。全年《人民日报》、央视等各大主流媒体宣传报道中铁五局320余次。编制新版《企业文化手册》，更新完善《执行力文化手册》《中铁五局项目有形化建设实用操作手册》。积极参加国资委、股份公司举办的摄影、微电影和MV大赛，打造京张高铁、成贵铁路、蒙华铁路等重难点项目“三个一工程”，推出一批反映员工精神风貌的文化产品，中铁五局连续第8年荣获企业文化建设国家级荣誉。（师 强）

【党建工作】2019年，中铁五局分两批开展“不忘初心、牢记使命”主题教育，各级党组织把“学习教育、调查研究、检视问题、整改落实”贯穿始终，认真完成动员部署、学习研讨、调查研究、专题党课、专项整治、专题民主生活会、评估总结等八项规定动作，做到规定动作不走样，自选动作有特色。2019年11月27日，股份公司督导组督导检查中铁五局第一批主题教育整改落实情况“回头看”工作，对中铁五局第一批主题教育整改方案和专项整治方案落实情况表示肯定。落实“四同步”要求，组建5个党工委和纪工委，配备5名专职党工委书记；撤销3个收尾的局指（经理部）党工委，将收尾项目的党员纳入区域指挥部党工委管理；充实完善10个局指挥部（经理部）两委成员。各子公司、分公司逐步探索小项目直接成立党支部、大项目成立党工委领导党支部，以及横向联合组建基层党组织的组织建立模式，使每一名党员都纳入党组织的有效管理；指导局机关党委召开第二次党代会，选举产生第二届委员会和纪律检查委员会。深化“勇强当”党建专题活动，以“四步推进法”，在中铁五局掀起深化“勇强当”党建专题活动的热潮，7月，组织到张吉怀项目开展调研；9月，组织召开全局“勇强当”党建专题活动现场推进会；6家单位做现场经验交流；1名优秀党员代表发言；5家单位做书面交流。党内政治生活持续规范，两级领导班子成员在民主生活会上认真开展批评与自我批评，达到红脸、出汗的效果。各党支部认真组织召开组织生活会，开展民主评议党员，严格落实“三会一课”、主题党日等制度。加强基层书记队伍建设，举办1期基层党组织书记培训班，69名基层党组织书记参加培训。选派3名基层党组织书记参加股份公司党委在延安举办的基层党组织书记培训示范班；三级公司坚持举办1～2期基层党组织书记培训班，基本达到基层党组织书记年度集中培训全覆盖。加强党员教育管理，制订2019年中铁五局党员教育培训计划，从培训目标、培训内容、培训重点、培训方式提出要求。选派20名入党积极分子参加贵州省国资委举办的入党积极分子培训班，经考试全部合格，全年发展新党员191名。健全党建工作制度，制定《中铁五局集团有限公司党费收缴、使用和管理实施细则》《中铁五局党委关于进一步规范基层党组织按期换届工作的通知》，推动全局党建工作制度进一步完善。从总纲、行责履权、党内政治生活、工作落实等方面将31个制度汇编成册，形成《中铁五局党建工作制度汇编》。全面推行党建责任制考核，组织对15个三级公司开展2018年度党建责任制现场考核，并将考核结果与“四好班子”评选、子公司领导班子绩效薪酬挂钩。三级公司分别以现场考核、书面考核等方式对所属单位开展党建责任制考核，实现考核全覆盖。组织召开三级公司党委书记抓基层党建述职评议会，4名党委书记现场述职，12名党委书记书面述职；三级公司所属371名党工委（党支部）书记参加述职评议考核，其中82名书记现场述职。督导三级公司抓好党委书记抓基层党建作述职评议存在问题的整改，形成抓基层党建工作逐级述职、逐级评议、逐级考核、逐级带动的工作机制。中铁五局四公司京张项目部获得“中央企业先进基层党组织”；中铁五局四公司京张项目党支部、机械化公司双洮公路四工区党支部、建筑公司贵阳直管项目第六党支部获得中国中铁“三基建设示范党支部”。（唐亚国）

【信息化建设】加强OA协同工作平台、网络视频会议系统、工程项目成本管理信息系统、营销管理系统、工程信息管理系统、物资管理信息系统、物贸企业ERP系统、施工分包招标平台、电子档案系统、企业财共享平台、中国中铁财务信息平台、人力资源管理系统、安全质量隐患排查治理系统、电子商务采购系统以及企业门户网站等平台的应用。邀请网络安全公司对中铁五局机关进行网络安全评估，完成网络安全漏洞排查和测评工作。建立健全网络安全和信息化管理制度。重新编制《中铁五局信息化建设管理办法》《中铁五局网站管理规定》《中铁五局数据中心运维管理规定》《中铁五局计算机设备和配件耗材管理规定》《中铁五局视频会议系统管理规定》《中铁五局OA管理规定》《中铁五局机关网络与信息安全事件应急预案》。完善信息化基础架构，坚持以IT基础架构为企业信息化战略目标服务为原则，紧密结合业务应用需求，整合业务流程，不断优化和完善企业信息化基础架构。各子公司、分公司以及各项目部、指挥部、经理部等机构通过局域网建设和互联网接入，已全面实现与中铁五局公司本部网络互联互通，资源共享。强化信息化安全防护，升级和优化防火墙、监控和网络管理软件、协同防护杀毒软件等安全软件，确保中铁五局信息化高可靠性、高安全性、易管理和易维护性。（饶　力）

【履行社会责任】积极参与“6·17”宜宾长宁地震救援、“7·17”沪昆铁路六枝特区化处站边坡塌方抢险。持续开展湖南国家级贫困县汝城县扶贫工作，选派干部驻村帮扶贵州丹寨县台辰村，2019年向扶贫点投入基础设施建设36万元；帮助发展5个产业项目，引进资金90万元；培训1200人次，组织贵阳地区单位采购丹寨县农产品，全年累积43万余元。中铁五局海外项目主动为中国第十二批援利比亚医疗队提供帮助，为架设“中利友谊桥”发挥积极作用。（夏清华）

【领导人员】

徐中义　党委书记、董事长、法定代表人
刘晓辉　党委副书记、总经理（1月任总经理）
黄　武　副总经理
陈广森　副总经理
陈德斌　总工程师
梁承欢　副总经理、总经济师
陈佐林　副总经理
周海辉　总会计师、董事会秘书
刘少林　副总经理、工会主席
曹良华　副总经理
刘　勇　副总经理
陈　彬　副总经理
蒲青松　副总经理（2月免，调离）
龙　禹　副总经理（6月免，调离）
曹吉波　党委副书记、纪委书记（6月免，改任副巡视员）（熊　君）

中铁六局集团有限公司

【简况】中铁六局集团有限公司（简称中铁六局）是依据国资委、原铁道部和中国铁路工程总公司有关企业重组规划和部署，由原属北京铁路局的北京铁建集团、太原铁建集团、原属呼和铁路局的呼和铁建集团和原属中国铁路工程总公司的丰台桥梁工厂4家企业重组，于2004年1月6日正式挂牌成立，为中国中铁股份有限公司的全资子公司，注册所在地为北京市海淀区，注册资本金22亿元。拥有铁路工程、建筑工程、公路工程施工总承包特级资质，多领域施工总承包、专业承包壹级资质，以及工程勘察设计等资质共计82项，及国家（CMA）计量认证资质、军工涉密业务咨询服务安全保密条件备案资格证书、爆破作业单位许可证书、公路工程试验检测综合乙级资质和对外承包工程资格证书。下设北京、太原、呼和、天津、石家庄、广州、路桥、建安、电务、丰桥、信达、物贸、置业、云南双百14个子公司，交通、海外、设计院3个分公司。截至2019年末，中铁六局现有职工13622人，干部与技术干部比例为1.1∶1（8303/7591），工人与技术工人比例为5.27∶1（5319/1008）。资产总额216.44亿元，其中固定资产净值15.06亿元、流动资产180.21亿元、其他资产21.17亿元。保有各类施工设备7029台（套），设备原值219815.52万元，设备净值89304.95万元，设备总功率38.6万千瓦，新度系数0.41；人均动力装备率27.6千瓦、技术装备率6.38万元；主要设备的完好率92%、利用率85%。中铁六局2019年度施工生产能力达到360亿元，机械化施工程度高，设备施工能力覆盖了高速铁路、既有线、公路、市政、地铁、房建等施工领域。保有大型施工机械133台，尤其是保有多种直径、多种地质适应性的地铁盾构、铁路大直径盾构、高速铁路900吨提运架设备、公路架桥机、电气化接触网作业系列设备、铁路大机养护设备、焊轨机、多功能钻机等具有竞争实力的设备，专业化施工设备涵盖了桥梁、隧道、线路、公路、机械化铺轨、无砟轨道板生产等专业类别。中铁六局先后获得中国建设工程鲁班奖、中国土木工程詹天佑奖、国家优质工程奖、全国用户满意工程奖等国家级优质工程及优质专项工程奖60项，省部级优质工程奖206项；获得国家和省部级科技进步奖109项，国家和省部级工法530项，专利767项；参与或主编了铁路通信、信号、电力、电力牵引供电工程施工安全技术规程等30项行业标准；承建的北京西站无站台柱雨棚改造工程等14项工程被载入“中国企业新纪录”名册。通过了质量、环境、职业健康安全管理体系认证。多次获得全国优秀施工企业、全国工程建设质量管理优秀企业、中国优秀诚信企业、全国建筑业诚信企业、中国公路建设行业先进企业、全国用户满意企业、AAA级信用等级单位、质量AAA级单位、守合同重信用企业、纳税信用A级企业等荣誉。
（裴　涛　张　华　马群英　齐　明　郑志敏　侯红廷　刘小辉　陶　虹）

【主要指标】截至2019年12月31日，中铁六局资产总额216.44亿元；所有者权益51.47亿元；实现营业收入342.53亿元，同比增长12.28%。各子行业中，增长较快的是基建建设板块中的房建、公路板块。铁路板块营业收入较2018年有所降低。实现利润总额1.74亿元，同比增长14.80%；归属于母公司所有者的净利润1.37亿元，同比增长9.45%。技术开发投入5.64亿元，同比降低0.42%；利税总额4.43亿元，同比降低41.79%；应交税金总额3.56亿元，同比降低45.15%；全员劳动生产率25.78万元/人·年，同比增长1.58%；净资产收益率2.63%，与2018年相比下降0.19个百分点；总资产报酬率1.06%，与2018年相比下降0.18个百分点。国有资本保值增值率102.59%，与2018年相比下降0.3个百分点。（齐　明）

表14-12　　2019年中铁六局集团有限公司主要经济指标

项目	2019年	2018年	比上年增长/%
资产总额/亿元	216.44	251.43	-14.16
所有者权益/亿元	51.47	51.99	-1
营业收入/亿元	342.53	305.07	12.28
利润总额/亿元	1.74	1.51	14.80
净利润/亿元	1.36	1.25	8.8
归属于母公司所有者的净利润/亿元	1.37	1.25	9.45
技术开发投入/亿元	5.64	5.67	-0.42
利税总额/亿元	4.43	7.61	-41.79
应交税金总额/亿元	3.56	6.49	-45.15
全员劳动生产率/（万元/人·年）	25.78	25.38	1.58
净资产收益率/%	2.63	2.82	减少0.19个百分点
总资产报酬率/%	1.06	1.24	减少0.18个百分点
国有资本保值增值率/%	102.59	102.89	减少0.3个百分点

制表：齐　明

【机构调整】根据中铁六局加强和改进党建思想政治工作需要，撤销中铁六局党委工作部，成立党委办公室、党委组织部；根据中铁六局落实纪检监察体制改革工作需要，撤销中铁六局纪检监察部，成立纪委综合室、执纪审查室、执纪监督室；根据中铁六局产业延伸及市场拓展需要，与中铁开投合资成立云南中铁双百建材有限公司；根据中铁六局区域经营管理需要，成立了滁州分公司；为加强施工生产组织管理及安全管控，根据中铁六局生产管理需要成立京通铁路电气化工程指挥部；根据中铁六局子公司、分公司申请及中标项目生产管理需要，了解业主特定要求，合理确定项目部组织架构及定员，全年共完成90余个以局资质中标的工程项目机构成立、变更名称、撤销等文件和函件等。（王召辉）

【改革发展】干部管理。2019年11月18日中铁六局召开中层干部大会，宣布股份公司党委关于中铁六局领导班子成员调整的任免决定。季志华不再担任中铁六局党委书记、党委常委、董事长、董事、法定代表人职务；韦国任中铁六局党委书记、董事长、董事，为法定代表人。2019年中铁六局党委调整配备各级领导干部114人次，其中提拔45人，免职1人，交流65人次（其中：职务调整50人次，调入1人，改任非领导岗位13人，离岗休养1人），调出（辞职）3人。另办理退休3人。一批对党忠诚、勇于创新、治企有方、兴企有为、清正廉洁的优秀干部走上了领导岗位，为中铁六局持续稳定发展提供了坚强有力的组织保证。

绩效考核管理。根据《中铁六局集团有限公司加强全员业绩考核工作的指导意见》，提出年度工作要求，明确开展全员业绩考核工作的指导思想、基本原则和工作目标的总体要求，引入科学考核指标体系和考核方法，开展年度各级员工绩效考核工作。开展中铁六局领导班子副职年度绩效考核，对中铁六局班子副职2018年各项KPI指标、非量化指标分别进行总结打分，并结合职代会民主测评结果确定班子副职绩效考核总得分，为班子薪酬兑现提供依据，起草并签订2019年度《绩效合约》。完成所属各单位负责人年度绩效考核并实施兑现。组织子公司、分公司对2018年各项指标完成情况进行自评，组织本部相关职能部门根据掌握的数据和基础资料，提出考核评价结果和年薪标准兑现方案。开展各单位班子副职年度绩效考核。要求所属单位依据所签订的2018年负责人副职的绩效合约进行KPI绩效考核，根据考核结果提出薪酬兑现方案，至少拉开差距5%～8%，真正体现全员业绩考核宗旨。开展2019年首签合同期内员工年度考核。共有1401人参加考试，设12个专业，每个专业按难易程度设A、B、C三套试卷，设立66个考场，并全部纳入中铁六局视频监考，实现了“现场监考、现场巡视、视频监控”的监考新模式。

薪酬改革。制定《机关员工薪酬管理办法》《派出机构薪酬管理办法》。通过突出各自工作的核心指标，实现薪酬分配同各自职责的履行和工资绩效直接挂钩考核；对岗位工资和绩效系数进行了宽幅设置，拓宽了薪酬晋升通道，使收入分配更趋合理，突出薪酬向关键岗位倾斜的分配原则；区域指挥部采用承包项目开发额贡献率、开发任务绝对值贡献率、人均开发任务贡献率三项指标提取绩效工资，使区域指挥部负责人薪酬分配更加公平、合理；对区域指挥部、生产指挥部、稽查队岗薪制人员，紧密围绕各自工作职责，分配提取关键业绩指标，反映工作绩效，采用直线方程提取绩效工资。制定印发《进一步加强一次性奖励管理规定》，贯彻奖罚对等原则，对业绩考核奖励实行了限额管理，为协调机关本部各岗位收入差异，提高了制度保障；制定印发《员工经济处罚管理办法》，建立了中铁六局集团公司、子公司、分公司负责人，机关本部、派出机构岗薪制人员，受党纪、政纪处罚给予经济处罚的制度，明确了处罚标准，强化了责任意识。 （雷静波　汤鋆铭）

【重大项目】市场开发。2019 年，中铁六局新签合同总额 808.8 亿元，与 2018 年同比增加了 63.5 亿元，增幅 8.52%。其中：铁路项目合计 109.99 亿元占总额的 13.59%；公路项目合计 212.77 亿元占总额的 26.3%；市政项目合计 216.34 亿元占总额的 26.74%；房建项目合计 114.47 亿元占总额的 14.15%；水利电力项目合计 1.05 亿元占总额的 0.12%；城轨项目合计 72.61 亿元占总额的 8.97%；工业项目合计 20.17 亿元占总额的 2.49%；基础设施投资业务合计 37.87 亿元占总额的 4.68%；海外项目合计 9.18 亿元占总额的 2.37%；其他板块合计 4.33 亿元占总额的 0.53%。

投资项目。2019 年 1 月 7 日，中铁六局与中核华兴组成的联合体中标淮南市中兴路、南纬七路及综合管廊 PPP 项目。中铁六局获得 17.39 亿元投资项目新签合同额。4 月 17 日，中铁六局与湖北交投组成的联合体中标宜都至来凤高速公路宜昌段项目。中铁六局获得 20.48 亿元投资项目新签合同额。

重点工程。2019 年，中铁六局全年完成营业额 345.36 亿元，完成企业年度计划的 101.6%，同比增加 30.3 亿元，增长 9.6%，其中境内基建完成 331.93 亿元，附营 11.83 亿元，境外完成营业额 1.6 亿元。全年竣工或完工项目 161 项。完成实物工作量：路基土石方 4905 万立方米；桥梁 93 千米，预制梁 2630 孔（箱梁 1485 孔，T 梁 1145 孔），架梁 2075 孔（箱梁 913 孔、T 梁 1162 孔）；隧道成洞 45 千米，贯通隧道 29 座；地铁盾构成洞 9 千米，地铁车站 6 座；铺轨 825 千米，铺岔 452 组；公路 312 千米，路面 201 万平方米；房建 83 万平方米，给排水 230 千米；铺设通信电缆 1543 条公里，信号电缆 1808 条公里，电力电缆 359 条公里，接触网 353 条公里。全年开通项目共计 85 项，其中铁路项目 52 项，公路项目 12 项，市政项目 19 项，地铁项目 2 项。（张　楠　于立荣　王义龙）

【走向海外】2019 年，中铁六局海外板块完成新签合同额 19.2 亿元，实现营业收入 1.37 亿元；完成产值 1.6 亿元。调整驻外机构开发职能，明确驻外办事处的“13 项职责”，增强办事处独立运作能力。增设泰国办事处，境外办事处国别拓展到 6 个；设立中铁六局越南公司。先后与各类中资、外资企业及地方部门共签署战略合作协议和项目合作协议 18 份。承建的越南河内（吉灵—河东）轻轨 2 号线项目是越南国内第一条城市轻轨项目。该项目最高设计速度为 80 千米 / 小时，线路全长 13.021 千米，共设车站 12 座，平均站间距为 1151 米，全线均为高架结构。在河东郡设置车辆段一座，占地 26.2 公顷，包括 16 个单体建筑和相关室外工程、车辆段工艺设备等。该项目采用中国政府优惠贷款实施，业主方是越南交通运输部，设计单位是北京城建设计发展集团股份有限责任公司，监理单位分别是北京铁研建设监理有限责任公司和越南交通运输科技院，中铁六局为该项目 EPC 总承包商。 （杨　臻）

【工程创优】2019 年，中铁六局全年获得国家级优质工程奖 4 项、省部级优质工程奖 12 项、中国中铁杯优质工程 10 项；获得国家级安标工地 1 项、省部级安标工地 2 项、中国中铁安标工地 5 项；发布国家级优秀 QC 成果 5 项、省部级优秀 QC 成果 46 项。 （侯红廷）

【重大创新】通过组织召开中铁六局内专家会议，对集团公司科研立项计划、工法开发及专利计划进行严格把关，充分发挥中铁六局专家

▲ 京张高铁北京北动车所投入使用

▲ 中铁六局参建的九景衢铁路景德镇北站工程获得国家优质工程奖

的专业优势，为企业发展绘制科技创新路线图；通过组织召开总工程师系统工作会暨科技部长会议，明确全年科技管理工作目标，增强三级公司科管人员的责任意识，加强系统管理，把握全局科研工作方向，实现科技管理三个重要转变，即由单纯追求成果数量向追求实用，注重成果应用的转变；由课题、工法、专利研究相互无关联开展，向课题、工法、专利总体策划，实现相互支撑的转变；由工程完工后的技术总结，向注重超前研究，为施工方案的确定和优化提供可靠的数据分析支持的转变。编制并印发《工法汇编》，收录近三年来中铁六局集团公司获得优秀省部级工法 154 篇，下发各单位推广应用；出版《工程科技与管理》期刊 4 期，收录全局技术人员编写论文近 180 篇；研发《科技成果共享及交流平台》手机 App 应用平台并上线试运行，该平台的建设及应用避免了课题、工法等重复研发，减少了人力、财力的浪费，同时整合局内技术资源，提高科技成果的推广应用效率。在施重点项目全部开展 BIM 技术应用，应用点涵盖目前全部主流应用点，包括复杂结构工程量计算、施工工艺演示、形象进度管理、辅助验工计价、三维技术交底、长大干线辅助物资堆料提料管理、图纸复核、成本物资核算、产值统计、工程量汇总等。通过工程量计算复核，规避计算错误；通过碰撞检查，优化施工图纸设计；通过进度管理，降低施工进度风险；通过三维模拟和三维技术交底，提高沟通效率，降低施工差错发生率；通过场地布置，提前规避了不同工序间的相互干扰等。在工程项目投标竞争越来越激烈的市场环境下，中铁六局 BIM 技术应用中心积极配合市场开发工作，先后配合完成地方 BIM 备案及参与（BIM）投标 30 次。截至年末，全局共有 BIM 专职人员 38 人，兼职人员 138 人，各类参加 BIM 培训人员 200 余人。2019 年，中铁六局累计获得中国施工企业管理协会科学技术奖 4 项，中国公路协会科技创新成果奖 2 项，获得中国铁道学会科技进步奖 2 项，获得中国交通运输协会科技进步奖 2 项；获得省部级工法共 70 项，《高速公路隧道避免防水板纵向施工缝施工工法》等 14 项工法被中国公路行业协会评为公路工法，《双层贝雷梁支架体系落梁施工工法》等 56 项工法被评为省级工法；获得授权实用新型专利 35 余项，发明专利 15 项。2 家单位先后获评省级专利试点单位，中铁六局省部级技术中心达到 6 家，7 家单位被认定为高新技术企业，“科技成果共享平台”“工程项目信息管理系统”正式上线试运行，有效提升中铁六局生产组织信息化管理水平。2019 年，中铁六局共有 11 项创新成果获国家、省部及股份公司成果奖，北京市住房和城乡建设委员会优秀调研成果奖。

（刘小辉　陶　虹　李　亮）

【企业文化】积极宣贯中国中铁“五大价值理念”、10 条员工行为准则，提炼拓展中铁六局文化核心理念及新时代发展理念。大力弘扬并践行“尚德品、重实干、能担当、务实效”12 字企业核心价值观，坚持以责任为前提、以能力为依托、以实干为支撑、以实效为目的，引导广大干部员工全面加强执行文化和争先文化建设，使之成为各级领导班子引领发展的价值取向，成为广大干部员工校准偏差的工作指引。坚持把党风廉政建设作为改善和净化企业发展环境的治标之举，推动企业文化建设与廉政建设相融合，把企业廉洁文化的理念、制度、行为等融入企业的改革发展之中，贯穿于企业施工生产和经营管理的全过程，制定《中铁六局进一步加强项目部党风廉政建设的指导意见》，督导工程公司和项目部建立廉洁风险档案；制定了《中铁六局党委关于解决形式主义突出问题为基层减负的 30 条措施》，开展集中整治。宣传和推广企业优秀文化成果，加大典型的培育选树宣传，积极选树爱岗敬业、创新创效等方面的先进典型，充分发挥先进典型在企业加快发展、争创一流中的引领作用。深入开展“身边的讲堂”建设，积极传播正能量，不断提升先进典型在企业内部和社会的影响力。截至 11 月底，全局共有诚信敬业道德讲堂 136 个，开展活动 183 场次，参加人员总计 10200 人次；5 个道德讲堂荣获“2018 年度中国中铁示范道德讲堂”。（尚玉凯）

【党建工作】2019 年，中铁六局党委坚持以习近平新时代中国特色社会主义思想为指导，深入学习贯彻党的十九大和十九届二中、三中、四中全会精神，认真落实中央经济工作会议精神，坚持党的领导、加强党的建设，持续推动全面从严治党向纵深发展、向基层延伸，为企业高质量发展提供了强有力的政治思想组织保证。全年梳理有关制度清单6项、“三重一大”决策事项清单182项，并对有关文件材料进行线上填报。中铁六局党委坚持党管干部原则，按照“20字”标准严格管理干部。全年共调整配备各级领导干部106人次，其中提拔46人，交流48人次，调入1人，改任非领导职务11人。大力实施“80、90工程”，在全局范围内组织开展优秀年轻干部公开招聘和选拔工作，共有338人报名，245人参加了笔试，177人参加了面试，根据笔试面试综合成绩，最终确定64名人选列为考察对象，并到相关单位组织开展了民主推荐和干部考察工作。12家子公司、分公司申报中铁六局“四好”班子，中铁六局丰桥公司、广州公司、海外公司、物贸公司4家单位被评为2018年度中铁六局“四好”班子。全年完成一级建造师注册136人，造价工程师注册10人，安全工程师注册21人，各类证书继续教育培训63人次。全年举办项目经理、市场开发、安全三类人员培训、投融资、工经业务、基层党支部书等各类培训班61期，共培训3200余人次。中铁六局党委成立两个考核组四个小组，对所属16个子公司、分公司，8个区域指挥部，13个指挥（项目）部2019年度党建工作责任制进行了考核评价。在“不忘初心、牢记使命”主题教育中分排查摸底、集中整治、评估验收三个阶段，集中整顿软弱涣散基层党组织。共摸排整顿基层党支部38个，有效解决基层党支部存在的班子配备不齐、组织生活不规范、组织活动与生产经营“两张皮”等问题。2019年，中铁六局党委分两批开展“不忘初心、牢记使命”主题教育。开展主题教育期间，中铁六局领导班子和高管交流学习研讨文章48篇，两批主题教育共集中学习研讨专题163个。两批主题教育调研16个单位251个项目部，形成调研报告243篇。中铁六局16名领导班子成员和高管讲党课18次，基层单位233名领导班子成员讲党课256次，共计8150余人次参加。第一批主题教育共检视问题39条，制定整改措施57项，其中整改完成34条，持续整改5条；建立专项整治问题清单11项，制定整改措施28项，其中整改完成6条，持续整改5条。第二批主题教育共检视问题558条，其中整改完成427条，持续整改131条；专项整治问题211条，整改完成66条。发挥党委理论学习中心组学习示范作用，组织中铁六局党委中心组开展学习研讨7次，外出参观学习2次。推动用好“学习强国”学习平台。积极开展成立70周年主题教育。制定印发《中铁六局“歌颂70年、奋斗新六局”庆祝新中国成立70周年系列活动方案》，组织开展系列活动，全面开展爱国主义教育。2019年《中铁六局》报出版45期、网站更新55期、微信公众号推送55期；开辟“不忘初心、牢记使命”主题教育、“党的十九届四中全会精神”以及“尚德品、重实干、能担当、务实效”“强基固本、务实担当”等系列专栏，开展形势任务教育；全年在线上线下融媒体刊发稿件6767篇（条），13件作品在北京企业报好新闻评比中获奖，多篇报道被推荐到“学习强国”。指导所属13个子公司、分公司建立《中铁六局工程项目廉洁风险台账》。先后开展了形式主义和官僚主义、领导人员违规经商办企业、驻京办事机构和公务用车等专项治理。围绕“两个责任”先后约谈三级公司主要负责人16人次、三级公司纪委书记8人次；落实“一案双查”和“一岗双责”制度，全年警示谈话和诫勉10人次、党政纪处分9人次。对2家单位进行反馈整改，对6家子公司、分公司党组织进行常规巡察，巡察发现问题145个，问责178人次，清退、补缴违规违纪款项367.77万元。全年共受理信访举报139件，处置领导干部问题线索107件，其中，直接了结3件，谈话函询21件，初核83件；立案15件，给予党政纪处分44人次，挽回经济损失65.24万元。严格落实通报曝光制度，先后3次对典型案件通报曝光，切实发挥案件警示作用。中铁六局党委对巡视组指出的问题及意见和建议迅速召开党委书记专题会议、党委常委扩大会议进行专题研究，制定《中铁六局党委巡视反馈意见整改落实方案》，针对巡视反馈的7个方面16个突出问题，制定了24项具体整改措施，分解到部门和单位，明确整改期限及分管领导，分安排部署、集中整改、检查报告三个阶段，全面抓好整改落实工作。对于涉及有关单位和部门的具体整改事项，列出“问题清单”，采取“一对一”的形式，下发《中铁六局党委巡视问题整改督办通知书》9份，确保问题整改“对号入座”，对症下药，责任到人，落实到位。分类建立整改台账，逐项认真研究，明确“时间表”和“路线图”，对整改台账实行“销号制”处理。2019年，中铁六局共有1人获得全国五一劳动奖章，3家单位获得省级五一劳动奖状；1人被评为山西省劳动模范，3人获得省级劳动奖章。大力开展幸福之家、一线慰问、三工建设、双学双扶、“三让、三不让”温暖工程等活动，截至年末，走访慰问困难职工家庭117户，发放慰问金15.1万元。（陈　勇）

【信息化建设】2019年，中铁六局BIM虚拟工作站一期建设完成并正式投入应用，可为分支机构和工程项目部提供10~30台虚拟工作站，有效解决了BIM技术应用工作站配备不足问题；在各分支机构内开展了网络安全和保密工作大检查和宣传教育活动，对12家子公司、分公司的网络安全和保密工作进行了督导，提升了各公司的网络安全意识和工作积极性；组织在太原静兴项目部召开了2019年度中铁六局BIM工作推进会，对年度BIM技术应用工作进行了总结和再部署；累计共有80个工程项目开展了BIM技术应用，其中年内新开展BIM技术应用的项目数48个，全年取得的各类BIM奖项33项，中铁六局广州公司施工的南沙港洪奇沥大桥项目夺得工信部举办的优路杯BIM大赛金奖。中铁六局BIM技术取证人员数量突破200人，专职BIM技术人员数量38人，兼职人员数量138人，完成地方BIM备案2次，BIM投标27次，收录族库文件超过1000个。（邵　军）

【履行社会责任】2019年7月22—29日，成都铁路局成昆线马村车站2、3道局部、吴场至马村区间K1279+500地段100米范围路堑边坡溜坍抢险，中铁六局太原公司投入人员103人，大型机械2台，历时175小时22分参与抢险救援。9月16日，西安铁路局阳安线水害致K332+510—+540段路基下沉、路肩墙挤垮抢险，中铁六局太原公司投入121人，大型机械6台，历时4小时40分参与抢险救援。中铁六局落实“三不让”帮扶救助工作，使全体员工共享企业改革发展成果，全年“三不让”总计支出539.19万元，其中助困和“两节”送温暖共计支出278.38万元，助学29.7万元，助医45万元，工地慰问186.11万元。7月30日，中铁六局本部机关组织广大党员开展“共产党员献爱心”捐献活动，共计捐款39374元，荣获北京市慈善协会捐赠证书。9月26日，中铁六局所属广州公司向广州市番禺区慈善会捐款15万元。

（王义龙　齐　明　郭晶晶　刘金虎）

【领导人员】

韦　国	党委书记、董事长、法定代表人（11月任）
季志华	党委书记、董事长、法定代表人（11月免）
肖于太	党委副书记、总经理
王　波	党委副书记、工会主席（12月任）
黄新宇	党委副书记、工会主席、职工董事（8月免）
王朝义	副总经理
赵剑发	副总经理、总工程师
王东旭	副总经理、总经济师
熊守富	副总经理
王新华	总会计师
李永青	副总经理
马祥春	副总经理
高荣峰	副总经理（6月任）
周恒武	副总经理（12月免）

（雷静波）

中铁七局集团有限公司

【简况】中铁七局集团有限公司（简称中铁七局）是具有综合施工能力的大型建筑企业，是中国中铁旗下骨干成员企业，总部设在河南省郑州市。2003年12月25日，按照铁路主辅分离的改革部署，中铁七局由原郑州铁路建设集团有限公司、武汉铁路建设集团有限公司、洛阳铁路工程有限公司、襄樊铁路工程有限公司、安康铁路工程有限公司、中铁一局集团第三工程有限公司6家单位重组成立；2014年8月，按照中国中铁股份有限公司深化企业改革总体安排，原中铁电气化局西安铁路工程公司整体并入。经过十余年发展，中铁七局逐步成长为覆盖铁路、公路、市政、城市轨道、房建及房地产开发、物资贸易、勘察设计等业务，足迹遍布全国各地、海外近20个国家的大型综合性施工企业；拥有铁路工程、建筑工程、公路工程三项施工总承包特级资质，市政、桥梁、路基、隧道、城市轨道交通等多个专业壹级施工资质及境外工程承包经营权，所属三公司拥有一项公路特级资质。

截至2019年底，企业注册资本金26亿元，资产总额275.8亿元，其中流动资产223.4亿元，占资产总额的81%，非流动资产52.4亿元，占资产总额的19%；企业年营销额850亿元以上、营业额450亿元以上。下辖12个全资子公司、2个分公司、1个国家级技术中心，主要分布在河南、湖北、陕西、辽宁等地区；在册职工人数为16394人，其中，各类管理及专业技术人员10437人，占在册职工人数的63.7%。作业人员5957人，占在册职工人数的36.3%；现有各类专业技术人员9557人，其中：正高级职称45人，高级职称1309人，中级职称3807人，享受国务院政府特殊津贴2人。拥有大型成套设备8626台（套），资产原值40.58亿元，施工技术及装备实力居行业领先地位。

中铁七局先后参与郑西、京广、郑徐、中南部通道、蒙华、青藏、兰渝等多条高速铁路、重载铁路、重要铁路建设，完成一大批高速公路、地铁、市政、房建、通信、电力等重点工程施工，实施郑州航空港、湘潭河东湘江风光带、韶关曲江大道、巩义骨干路网、包头综合管廊等投融资项目，多次被评为“铁路、公路、隧道、桥梁建筑业100家最大经营规模企业”“全国优秀施工企业”“全国最佳施工企业”“全国守合同重信用企业”“全国铁路安全生产先进单位”。获中国建设工程鲁班奖、中国土木工程詹天佑奖和国家优质工程奖54项、省部级优质工程奖163项，先后获得“全国五一劳动奖状”“河南省省长质量奖”“全国工程建设质量管理优秀企业”“全国铁路信用评价A级施工企业”等称号。拥有国家专利授权418项、国家级工法8项、主参编国家行业标准和规范7项，省部级以上

科技成果 134 项。（刘智强）

【主要指标】2019 年，中铁七局实现营业收入 466.80 亿元，同比增加 41.0 亿元，增幅 9.6%，超额完成年度预算目标；实现利润总额 8.40 亿元，实现净利润 6.70 亿元，同比增加 1.3 亿元，增幅 23.7%，完成预算目标值 6.7 亿元的 100%。

2019 年，中铁七局经营活动产生的现金流量净额 21.9 亿元，超额完成预算目标值 6.7 亿元的 226%，连续 7 年经营活动现金净流量 10 亿元以上；盈余现金保障倍数为 3.3 倍，盈利能力指标良好；现金流动负债比率 10.4%，保持良好的偿债能力。

2019 年末，中铁七局资产总额 275.8 亿元，负债总额 218.0 亿元，所有者权益总额 57.8 亿元，资产负债率 79.1%，较 2019 年初下降 0.3 个百分点，控制在预算管控目标值 79.1% 以内。应收账款周转率 8.3 次，较预算目标值 8 次高 0.3 次；总资产周转率 1.7 次，较预算目标值 1.6 次高 0.1 次；“两金”余额为 104.3 亿元，较预算管控目标值 115.8 亿元减少 11.5 亿元；有息负债总量为 16.9 亿元，较预算管控目标值 17.5 亿元减少 0.6 亿元。（孔 辉）

▲ 华刚矿业在刚果（金）科卢韦齐表彰 103 名刚果籍“星级员工”

表 14-13　2019 年中铁七局集团有限公司主要经济指标

项目	2019 年	2018 年	比上年增长 / %
资产总额 / 亿元	275.80	271.80	1.50
所有者权益 / 亿元	57.80	55.90	3.30
营业收入 / 亿元	466.80	425.80	9.60
利润总额 / 亿元	8.40	6.80	23.50
净利润 / 亿元	6.70	5.40	23.70
归属于母公司所有者的净利润 / 亿元	6.60	5.30	24.50
技术开发投入 / 亿元	8.20	7.00	18.10
利税总额 / 亿元	11.50	7.80	47.40
应交税金总额 / 亿元	4.80	17.80	-73.00
净资产收益率 / %	11.80	10.70	增长 1.10 个百分点
总资产报酬率 / %	3.50	3.00	增长 0.50 个百分点
国有资本保值增值率 / %	112.40	113.80	减少 1.40 个百分点

制表：孔 辉

【改革发展】2019 年，中铁七局完成营业额 461 亿元，占股份公司计划 443 亿元的 104%；完成新签合同额 854 亿元，占股份公司计划 820 亿元的 104%。发布《新设机构管理办法》，规范机构管理工作，对所属子公司、分公司、机关职能部门、派出机构及议事协调机构等“十四项”机构设立事项进行梳理，明确各主责部门的职责分工、管理权限和程序、相关要求。撤销监察部，将原监察部的机构定员并入纪委统一调配，对原监察部有关职能调整至各责任部门；机关党委增挂离退休管理部名称，机关党委书记兼任部长；将原人力资源部劳务管理科机构定编及管理职责整体划入工程经济管理部。单独设立中铁七局党委巡察工作领导小组办公室（简称党委巡察办）；并对纪委机构设置、人员编制和职责范围进行调整。

制定《领导人员选拔任用纪实工作实施办法》，严格履行酝酿动议、组织考察、档案审核、签字背书、碰头会议、会议决策、任前公示、任职谈话等工作程序，严格遵守任职基本条件、岗位持证要求，规范选人用人各环节，对 109 名中铁七局所属各单位领导人员进行补充调整。其中，新提职领导人员 12 人，跨单位交流 42 人，其他调整交流 55 人。完成郑州公司、武汉公司、西安公司、电务公司、路桥公司 5 家单位领导班子成员日常履职情况巡察结果反馈工作，根据巡察结果对2家单位主要领导进行交流调整，对考评得分较低的领导班子副职进行警示谈话，督促相关单位对照反馈报告逐一分析原因、落实责任、限期整改，促使领导班子履职能力不断提升。加强领导人员试用期监督管理工作，对1名延长试用期考核不合格领导人员免去试用期职务，给予降职处理。加强日常考核监督管理工作，对2名负有安全责任的公司党政主要领导予以降职处理，对1名公司班子副职提前改任非领导职务。2019年，中铁七局被股份公司授予2018年度“四好班子”称号，组织开展所属三级公司“四好班子”评比活动，三公司、四公司、海外公司当选2018年中铁七局“四好班子”。修订中铁七局负责人副职、所属单位负责人、直属项目员工、机关员工薪酬管理办法，制定《中铁七局集团有限公司负责人副职薪酬与绩效考核管理办法》，明确负责人副职薪酬由企业整体业绩、个人KPI、能力素质、民主评议结果确定的形式；出台《中铁七局集团有限公司所属单位负责人薪酬管理办法》，突出重点考核其经营业绩，增强薪酬对经营行为的激励约束；针对直属项目、机关员工的薪酬结构、核定方法、审批发放程序进行了规范。明确取得法律从业资格证、企业法律顾问资格证的一次性奖励及津贴标准。

（孟妍　邢欣　朱敏　别磊）

【重大项目】2019年，中铁七局召开董事会会议6次，对重大决策事项形成决议75项。决策事项中，涉及战略规划类2项，重要报告计划类5项，财务方案、融资类8项，分支机构设立、变更、增资类11项，投资类20项，重要人事调整类10项，管理制度类11项，内控、风险管理类4项，薪酬管理类4项。对其中37项需股东批准决策事项，履行对股东的上报审批或备案程序。年度所形成75项决议中，已执行完毕及基本执行完毕的决议66项，正在组织实施或分阶段实施的决议8项，未获股东批准、终止执行的决议1项。

中铁七局参建的新建蒙西至华中地区铁路煤运通道MHTJ-14标、新建武汉至十堰铁路孝感至十堰段HSSG-3B标、新建郑州至万州铁路河南段站前工程ZWZQ-3标、新建郑州至周口至阜阳铁路郑州南站及相关工程（不含站房）施工总价承包ZNSG-3标、阳平关至安康铁路增建第二线站前工程YAZQ-5标、新建郑州至万州铁路河南段站后工程施工总承包ZWZF-1标、商丘至合肥至杭州铁路河南段商丘新区站站房及相关工程SHHZH-01标、新建铁路新疆博州支线工程、郑州轨道交通5号线土建8标、沈阳地铁9号线一期工程土建施工第十合同段、呼和浩特市轨道交通1号线一期工程5标、苏州市轨道交通3号线工程土建施工项目（第二批）Ⅲ-TS-11标段、国道218线则克台至吐尔根段公路工程ZT-1标、京新高速（G7）新疆境内大黄山至乌鲁木齐段改扩建项目第DWGJ-5标、国道234焦作至荥阳黄河大桥及连接线工程土建施工B类JZDQTJ-2标段、荆州市楚都大道工程（荆州纪南文旅区建设项目工程总承包五标段）等国内97个项目按期开通或完工。

截至2019年底，国内在建项目289个，合同造价1369亿元，其中铁路项目43个，路外项目247个，重点项目有：太焦铁路Ⅱ标、郑济铁路Ⅷ标，中兰铁路5标、7标工程，敦白铁路1标，新港江北铁路3标，郑州地铁4号线工程，洛阳地铁1号线2标，大连地铁5号线7标，成都地铁13号线一期车辆段，北京地铁12号线、16号线、19号线工程，杭州地铁3号线、7号线工程，南京地铁7号线2标，贵阳市轨道交通3号线1期11标，西安地铁6号线、8号线工程，广州轨道交通13号线二期，重庆轨道交通4号线二期工程第四、八标段，天河潭景区提升建设项目，郑州市四环线及大河路快速化工程铁路代建部分施工总1标，江南中心绿道武九线综合管廊工程，国道107线新乡境改建工程，定西至临洮高速公路2标、3标，双辽至洮南高速公路1标，G8012弥勒至楚雄高速公路玉溪至楚雄段4标、8标工程，宜宾至彝良高速公路（四川境）第五标段，云南省滇中引水工程楚雄段至红河段引入社会资本建设项目楚雄段施工9标，云南省滇中引水工程大理Ⅰ段至楚雄段项目大理Ⅱ段施工5标等。

海外在建项目73个，分布在坦桑尼亚、赞比亚、刚果（金）、埃塞俄比亚、塞内加尔、塞拉利

▲2019年10月15日，中铁七局与中国葛洲坝集团在武汉签订《战略合作框架协议》

昂、乌干达、博茨瓦纳、纳米比亚、玻利维亚10个国家，全年完成产值56.37亿元，完工项目9个。在建重点项目有：埃塞俄比亚莫乔—哈瓦撒公路项目、埃塞俄比亚83.4千米道路项目、埃塞阿卜卜往东南76千米设计施工总承包道路项目、埃塞俄比亚82.8千米公路项目、玻利维亚Espino公路项目、刚果（金）华刚铜钴矿D坑剥离工程、刚果（金）庞比铜钴矿剥离项目、刚果（金）绿砂矿剥离项目、刚果（金）卡莫亚铜钴矿基建期采剥工程、塞内加尔方久尼大桥项目、坦桑尼亚108千米道路升级项目、赞比亚Isoka-Nakonde 107千米公路项目、纳米比亚机场高速公路项目。

2019年，中铁七局中标原阳县城河湖生态景观PPP项目、定西至临洮高速公路PPP项目、焦作市中铁太行国际生态城旧城改造一期项目、连霍二广高速联络线（新安至伊川高速）PPP项目、云南省滇中引水工程楚雄段至红河段项目、天津地铁4号线PPP项目、濮阳至湖北阳新高速公路宁陵至沈丘段PPP项目7个投融资项目，新签合同额197.1亿元，占中铁七局新签合同额比例23.08%。截至年末，中铁七局共有投融资项目20个，总投资规模达464.71亿元，项目全周期需出资23.9亿元，中铁七局已累计完成出资11亿元。2019年，中铁七局科技开发计划课题共142项，其中新立课题65项，结转课题77项。“高边坡偏压地层条件下地铁车站深基坑施工变形控制技术研究”“艰险黄土山区铁路工程边坡变形远程自动化监控平台研究与应用”等4项课题被列为2019年度股份公司重点课题，并获股份公司374万元科研经费支持。

（聂宗英　宛霞　商泉　赵红燕　王兴　武进广）

【走向海外】2019年，中铁七局签订海外工程项目合同80项，合同金额107.7518亿元，位居中国对外工程承包业务新签合同额100强第36位。传统现汇项目保持一定规模，矿建业务成为海外业务新的增长点。所属电务公司参与运作莱索托南部132千伏输变电工程，拓宽海外业务专业经营范围。境外经营开发积极运作投融资项目，赞比亚477既有铁路改造项目完成合同谈判；赞比亚特许经营权项下卢奇高速公路项目通过股份公司三会审议，推动项目运作进展。在项目实施方面，以项目管理实验室为载体，持续推进海外项目属地化管理，全面提升履约水平，海外在建项目73个，全年完成海外营业额56.37亿元，位居中国对外承包营业额100强企业第31位。通过属地化管理和区域大项目管理，海外业务经营效益进一步提升，提高了海外业务发展质量。企业积极履行社会责任，积极参与埃塞俄比亚ET302航班2019年3月10日空难坠机救援、企业捐助等活动。（赵红燕）

【重大创新】2019年，中铁七局完成省部级科技成果评审20项，其中5项达到国际先进，7项达到国内领先，8项达到国内先进。获省部级科学技术奖14项，其中“基于耐久性的预应力板梁全寿命周期破坏机理及加固关键技术”成果获河南省科学技术奖三等奖；“小半径曲线大跨度槽型梁转体施工技术研究”获中国铁道学会科学技术三等奖；“自行式整体膺架法在现浇梁施工中的研究与应用”等7项成果获中国铁路工程总公司科学技术奖二等奖；“城市核心区域高架桥绿色智慧快速建造关键技术研究”等5项成果获中国施工企业管理协会科学技术奖二等奖。“基于BIM技术的新建地铁车站与既有地铁车站换乘节点注浆加固施工工法”“HZQDY900型无导梁式运架一体机箱梁架设施工工法”“复杂环境下126米小半径匝道桥非常规架梁施工工法”等37项工法被审定为省部级工法，其中河南省省级工法30项，公路工程部级工法7项。申报专利173项，其中发明专利71项；授权专利95项，其中授权发明专利14项；“岩层地质条件下无封底混凝土组合式围堰的施工方法岩层地质条件下无封底混凝土组合式围堰的施工方法”“一种拆除铁路既有线门式墩盖梁防护棚架的方法”等14项获得发明专利授权；“一种地铁明挖施工基坑围护桩桩体倾斜度监测平台”“一种长大隧道通风装置”等81项获实用新型专利授权。

2019年，中铁七局依托实验室活动为载体，深入开展企业管理创新工作，推动企业管理能力水平的提升，有18项成果获奖，其中《施工企业以BIM为载体的信息化

▲2019年12月，中铁七局“非对称悬浇大跨度宽幅波形钢腹板PC箱梁施工技术研究”获工程建设科学技术进步奖二等奖

平台融合管理》等4项成果获一等奖,《施工企业以阶梯选拔与管理为手段的人才培养机制构建》等6项成果获二等奖,《以提质增效为中心的小构件预制管理》等8项成果获三等奖。向股份公司推荐4项优秀企业管理创新成果，其中《施工企业基于“透镜模型”的项目经理能力测评管理》获股份公司一等奖，并被推荐申报全国企业管理现代化创新成果，获国家级成果二等奖;《施工企业清收清欠中的法律应用》获股份公司二等奖;《机关后台成本预警分析和监管体系的建立与实施》《工程机械状态远程网络监测系统的开发与运用》获股份公司三等奖。

（武进广　宋娟娟　邹栋佳）

【工程创优】2019年，中铁七局获国家级、省部级优质工程35项，获省级安全文明标准化工地14项，获中国中铁股份有限公司安全标准工地10项。亚的斯亚贝巴至吉布提铁路工程（Addis Ababa-Djibouti）获中国建设工程鲁班奖；郑州至徐州铁路客运专线、新建拉萨至日喀则铁路获第十七届中国土木工程詹天佑奖；西成客专跨西宝客专特大桥、坦桑尼亚Dodoma—Babati（多多玛—巴巴提）道路、乌干达MBARARA绕城高速及MBARARA-NTUNGAMO道路、长沙机场大道、苏州市轨道交通2号线及延伸线5项工程获国家优质工程奖；武汉市东湖国家创新示范区有轨电车T1线及关山大道市政拓宽上跨南环铁路连续钢箱梁桥和成都地铁3号线二、三期工程双流西站获全国优秀焊接工程奖；西宁至塔尔寺高速公路改扩建项目路基、路面、桥梁工程等6项工程获省部级优质工程奖；大连市地铁一期工程105标段工程施工、杭州地铁2号线二期工程SG2-22标等19项工程获中国中铁杯优质工程。甜永高速公路建设项目环县段TY12合同段等14项工程获省级安全文明标准化工地，新建郑州至济南铁路郑州至濮阳段站前（含部分站后工程）ZPZQ-Ⅷ标段等10个项目获中国中铁股份有限公司安全标准工地。

（吴晓波）

【企业文化】制定《〈关于进一步加强基层“家”文化建设的指导意见（试行）〉的通知》《关于在重点区域做好新闻宣传工作的通知》，实现企业文化与企业中心工作有机融合。出台《中铁七局集团有限公司新闻宣传工作评选表彰实施办法（试行）》，为年度“优秀通信员”等各类评先奖励提供制度支持。拍摄11部“我和我的祖国”MV，先后被“学习强国”学习平台，河南卫视等多家媒体采用选播。制作中铁七局宣传专题片《力量》，以文字、视频、图片等形式，充分宣传改革开放以来企业发展取得的巨大成就，该专题片先后被人民网、中新网采用刊发。制作《档案：为“家文化”涂抹厚重的底色》上报国家档案局，根据《国家档案局办公室关于建设项目微视频评选结果的通报》(档办函〔2019〕250号)，该微视频被评为一等奖。成立融媒体工作室，开办“七局微视”视频栏目，重点展示企业重大决策落实情况、员工的精神面貌和工作状态，同企业原有网站、微信、报纸等媒介合并形成融媒体矩阵，进一步发挥了内宣凝聚人心，外树企业形象的作用。3月10日埃塞俄比亚空难救援，8月29日郑州四环线及大河路快速工程大河路转体桥工程成功转体受到各大知名媒体关注和相继报道。（岳　琦）

▲2019年3月10日，中铁七局参与埃塞俄比亚空难救援

【党建工作】2019年，中铁七局共有党委14个，党总支53个，党支部458个，党员9231名。深入贯彻党的十九大精神和习近平新时代中国特色社会主义思想以及全国国有企业党建工作会精神，围绕企业中心工作，深入开展“不忘初心、牢记使命”主题教育，强化“三基建设”，规范党的基层组织建设标准化、科学化、信息化，深入抓好项目党建、区域党建、海外党建、机关党建，为中铁七局持续和谐稳定发展提供了坚强的政治保证和组织保证。35个党委（党工委），389个党支部，6293名党员参加了“不忘初心、牢记使命”主题教育，党委书记、董事长王珂平在中国中铁第一批总结大会上做了《守初心建家 担使命兴企 努力推动主题教育与“家文化”相得益彰》的交流发言；制定《关于推进项目党建工作与项目生产经营深度融合的通知》，进一步落实“党建质量提升年”各项部署要求，推进项目党建与项目生产经营深度融合，促进工程项目全面发展；制定《中铁七局集团有限公司区域指挥部党工委工作职责》，进一步明确区域指挥部党工委工作职责范围，全面贯彻落实中铁七局党委各项工作部署；制定《关于加强集

团公司所属区域指挥部、直属项目（指挥）部党工委党组织关系管理的通知》，进一步规范了党员组织部关系转接流程；两级领导班子召开了2019年度党员领导干部民主生活会和“不忘初心、牢记使命”专题民主生活会，基层党支部召开了组织生活会和民主评议党员；开展“党员身边无违章”活动和党建联建共建活动；对13家单位党委（党工委）书记抓基层党建工作述职评议和落实党建工作责任制进行了考核；编印海外、机关、项目党建工作指导手册；完成5个基层党委增补委员工作，全年发展党员165名，在延安对48名基层党组织书记和26名组工干部进行了业务培训和革命理想信念培训；海外项目党建和党群工作协理员建设持续推进。（刘　磊）

【信息化建设】2019年，中铁七局建设网络电子招标室，提高招标工作效率，降低企业成本。建设云视频会议系统，保证所有三级单位、全国各地及海外项目、每个基层员工都可通过视频终端随时随地参加会议。推进BIM建模师培训工作，一级建模师取证人数新增151人，二级建模师新增50人，截至年底累计取证一级建模师596人，二级建模师110人。推动BIM技术应用，搭建企业级BIM系统平台，将各三级公司项目部BIM模型集成到企业级平台上进行数据汇总及应用。参加各级BIM技术大赛，共31个BIM项目获57项省部级奖，其中《BIM技术在南宁地铁3号线总部基地站的综合应用》获中国图学学会第八届“龙图杯”全国BIM大赛二等奖，《BIM技术在西宁市群众文化艺术活动交流中心项目施工中的应用》获中国建筑业协会第四届建设工程BIM大赛三等奖。5月26日，中铁七局副总工程师于小四出席中国大数据论坛会并做了题为《数字施工 智造未来——BIM+智慧工地助力企业信息化变革》的专题报告，为中国中铁首次登录该论坛并发声。（赵　玲）

【履行社会责任】2019年，中铁七局万元营业收入综合能耗（可比价）为0.0404吨标煤/万元。同比下降3.35%，完成股份公司下降3.2%的年度考核目标，全年无环境责任事故和节能减排违规违纪事件。共有7个项目获“中国中铁绿色施工科技示范工程”，19个项目通过省级协会2019年度绿色施工示范工程和新技术应用示范工程立项，6项技术获“中国中铁2019年度重点节能低碳技术”。

中铁七局多次在火灾、旱情、地震、山体滑坡、暴雨、洪灾、台风等突发事件中参与抢险救援，履行社会责任。4月22日，云南省玉溪市易门县浦北乡苗茂村周边森林突起大火，中铁七局G8012弥勒至楚雄国家高速公路玉溪至楚雄段土建8标项目部集结全体员工和协作队伍，前往火灾现场参与抢险救援；5月7日，甘肃省天水市秦安县304省道多处山体滑坡、落石，中铁七局平凉至天水公路土建8标项目部立即启动抢险应急预案，组织抗洪抢险突击队150余人，调配多台装载机、挖掘机参与抢险；6月17日，四川省宜宾市长宁县突发里氏6.1级地震，中铁七局宜彝高速项目部积极疏散灾民、开展抢险救灾；8月8日，陕西省汉中市西乡县境内普降大到暴雨，既有阳安线西乡站至贾家河站区间K208+515—K208+530段线路右侧路基发生滑塌，铁路行车被迫中断，中铁七局阳安二线铁路指挥部组织近200人、1台挖掘机、1台装载机、3辆汽车及大量抢险物资，赶赴现场进行抢险；8月13日，受台风“利奇马”影响，辽宁省阜新地区连续突发暴雨，新义线K77+000—K78+000路基及边坡出现大面积、多点溜坍严重威胁营业线行车安全，中铁七局义朝铁路扩能改造工程站前Ⅰ标项目部接到救援抢险通知后，立即启动应急预案，组织人员110人、挖掘机2台、铲车2台参与抢险。在海外项目经营中，中铁七局积极履行社会责任，回馈当地社会。在项目所在地常态化开展艾滋病等疾病预防的宣传和教育，努力改善当地工人的工作和生活条件；加强对当地员工的培训和技术帮带工作，不断提高当地工人的技术水平；经常性开展消防、触电事故、溺水等应急演练；投入人力、物力及机械设备等加强对项目附近村庄和学校的帮扶救助。3月10日，埃塞俄比亚航班ET302发生空难，中铁七局埃塞俄比亚分公司接到中国驻埃塞俄比亚大使馆救援通知后，立即组织约20人的救援队伍，调配救援设备，配合埃塞俄比亚航空公司全力展开救援工作，成功搜寻到黑匣子。

（高海英　赵　鹏　商　泉　赵红燕）

【领导人员】

王珂平	党委书记、董事长
张建国	党委副书记、总经理、董事
何继中	党委副书记、董事
董炬洪	总工程师、副总经理、董事
郭建群	副总经理、董事
何　江	副总经理、董事
师建军	副总经理
卢家友	副总经理
范中兵	党委副书记、纪委书记、监事
黄树全	副总经理
赵红新	副总经理
袁壮丽	副总经理（6月任）
王　恺	总会计师（11月任）
杜翔斌	副总经理（9月免，改任副巡视员）
曹洪超	总经理助理
徐万瑜	副巡视员、董事
刘宝贵	副巡视员（9月退休）
黄江刚	监事会主席、外部监事
李国柱	职工监事
钟克生	职工监事

郭民龙　董事（1月任）

（邢　欣）

中铁八局集团有限公司

【简况】中铁八局集团有限公司（简称中铁八局）总部位于四川省成都市，是集建筑施工、工程勘察设计、项目策划、投资及管理、工业设备制造、房地产开发、汽车销售服务、仓储物流、混凝土制品和其他业务于一体的国有特大型企业集团，注册资本为59亿元。中铁八局持有建筑业企业资质106项。其中铁路、公路、建筑3个总承包特级资质；水利水电工程施工总承包、市政公用工程施工总承包、桥梁工程专业承包、隧道工程专业承包等54项一级资质。2019年机构改革后，中铁八局下辖9个全资子公司、3个分公司（含勘察设计研究院）、7个区域指挥部、1个国家级技术中心。现有员工1万余人，其中一级建造师606人，教授级高级工程师、教授级高级经济师57人，高、中级专业技术及管理人员6504余人。拥有大型关键成套施工机械设备5000余台（套），年施工能力400亿元以上。中铁八局在铁路综合工程、铁路客运专线工程、桥梁施工、无砟轨道、无砟道岔、CA砂浆配方及施工、成套施工设备等多个领域拥有国内技术领先地位，特别是于2004年圆满完成了遂渝无砟轨道综合试验段的施工任务，完善了中国高速铁路建设标准体系，开启了中国高铁元年，主要技术成果“遂渝线无砟轨道关键技术及应用”获得国家科技进步一等奖，完成了中国高铁“引进技术—中国制造—中国创造”的跨越式发展，形成了自主知识产权。

2019年，中铁八局完成新签合同额810.53亿元，为股份公司年度计划700亿元的115.79%，同比增长24.28%；完成营业收入320亿元，为股份公司年度计划313亿元的102%，同比增长10.26%；实现经营性净现金流34.16亿元。（许　静　马春芝）

【主要指标】2019年，中铁八局实现总收入320.37亿元，营业成本296.73亿元，税金及附加18044.88万元，销售费用9021.22万元，管理费用83254.04万元，研发费用30320.26万元，财务费用15857.37万元，资产减值损失2206.13万元，信用减值损失3730.55万元，其他收益3483.70万元，投资收益−28206.44万元，资产处置收益11027.07万元，实现营业利润60254.18万元，营业外收入9326.01万元，营业外支出1884.02万元，实现利润总额67696.16万元，所得税费用12085.67万元，净利润55610.50万元，少数股东损益−183.05万元，实现归属于母公司的净利润55793.55万元。（陈云光）

表14–14　2019年中铁八局集团有限公司主要经济指标

项目	2019年	2018年	比上年增长/%
资产总额/亿元	362.12	348.94	3.78
所有者权益/亿元	82.80	77.02	7.50
营业收入/亿元	320.37	290.22	10.39
利润总额/亿元	6.77	6.01	12.68
净利润/亿元	5.56	4.92	12.94
归属母公司所有者的净利润/亿元	5.58	4.91	13.74
技术开发投入/亿元	3.03	1.97	54.25
利税总额/亿元	15.40	16.29	−5.51
应交税金总额/亿元	8.63	10.29	−16.13
全员劳动生产率/（万元/人·年）	0	0	−12.35
净资产收益率/%	6.96	7.57	减少8.06个百分点
总资产报酬率/%	2.27	2.29	减少0.87个百分点
国有资本保值增值率/%	107.60	108.41	减少0.75个百分点

制表：陈云光

【职工队伍】截至2019年12月31日中铁八局共有员工10480人，其中干部6504人，占员工总数的62.1%。学历结构：博士研究生1人，硕士研究生114人，占干部总数的1.7%；大学本科4595人，占干部总数的70.6%；大学专科1301人，占干部总数的20%；中专330人，占干部总数的5.0%；高中及以下164人，占干部总数的2.5%。年龄结构：30岁及以下2191人，占干部总数的33.6%；31至35岁1220人，占干部总数的18.7%；36至40岁642人，占干部总数的9.8%；41至45岁730人，占干部总数的11.2%；46至50岁778人，占干部总数的11.9%；51至55岁586人（其中女性144人），占干部总数的9.0%；56岁及以上359人，占干部总数的5.5%。执业结构：目前有一级注册建筑师4人，一级注册结构工程师4人，注册土木工程师（岩土）3人，一级注册建造师

606人，注册造价工程师67人，注册监理工程师8人，注册安全工程师110人，注册公用设备工程师4人，注册质量工程师5人，注册咨询工程师2人，注册测绘师4人，注册会计师4人，企业法律顾问29人。（张 越）

【主要技术设备】截至2019年12月，中铁八局施工设备保有量4055台（套），原值208467万元，净值66959.64万元，新度系数0.32。2019年，发生机械事故0件。计划大修9台，完成4台，大修金额221万元。特种设备定检计划56台，完成45台，其他11台未检定为已拆除或未使用，在用设备定检完成率100%。（樊春刚）

【工程施工】2019年在建项目总计225个，新开工65个，完工60个。其中铁路项目54个，完工21个。路外项目171个。

2019年，共有9个铁路项目按期实现了开通目标，分别为：渝黔扩能重庆西动车（7月10日）、蒙华铁路（9月28日）、永广铁路（10月9日）、川黔铁路（11月25日）、东包铁路（11月30日）、商合杭铁路（12月1日）、徐盐站房（12月16日）、成贵站房（12月16日）、成贵站前贵阳北站成贵场（12月16日）9个项目。

制定《中铁八局铁路工程项目信用评价考核办法》和《中铁八局参与股份公司投资建设项目和总承包施工项目内部信用评价考核办法》，使信用评价工作做到有章可循、有据可依。9月正式发布《中铁八局集团有限公司工程项目临时工程建设标准参考图集（试行版）》，指导临时工程建设，提升临时工程标准化水平提升企业形象。（陈国强）

【改革发展】2019年中铁八局共取得各类建筑业企业资质119项，较2018年同期增加8项；中铁八局在四川省100强排名第28位。中铁八局对四公司和建筑公司、六公司和昆明公司、三公司和市政公司6家三级企业，分别进行合并重组改革，组建新的建筑公司、昆明公司、三公司。（张 桀）

【经营指标】2019年，中铁八局共完成新签合同额810.53亿元，为股份公司下达年度调整计划700亿元的115.79%。较2018年同期652.18亿元增加158.35亿元，增幅为24.28%。其中：完成国内建筑工程新签合同额726.03亿元，为股份公司下达年度调整计划632.28亿元的114.83%，为中铁八局下达年度调整计划704亿元的103.13%，较2018年同期574.28亿元增加151.74亿元，增幅为26.42%；完成海外业务新签合同额26879万美元，为股份公司下达年度调整计划19000万美元的141.47%，为中铁八局下达年度调整计划25080万美元的107.17%，较2018年同期14869万美元增加12010万美元，增幅为80.77%；完成房地产业务新签合同额30.28亿元，为股份公司下达年度调整计划19.52亿元的155.12%，为中铁八局下达年度调整计划30亿元的100.93%，较2018年同期30.39亿元减少0.11亿元，减幅为0.37%；完成勘察设计、物资贸易和其他经营共计35.67亿元，为股份公司下达年度调整计划35.10亿元的101.65%，为中铁八局下达年度调整计划28.70亿元的124.28%，较2018年同期减少2.47亿元，减幅为6.45%。（马春芝）

【科技创新】2019年中铁八局共完成局级科技成果25项，通过省部级科技成果评审及鉴定22项，其中6项达到国际先进水平、10项达到国内领先水平、6项达到国内先进水平；获得省部级科技进步奖11项，其中获云南省科技进步二等奖2项、中国铁道学会科技进步奖二等奖1项、三等奖1项、中国施工企业管理协会科技进步奖二等奖2项、中国铁路工程集团公司科技进步奖一等奖2项、二等奖3项；申请国家专利受理157项，其中发明专利受理60项；获国家专利授权79项，其中发明专利授权3项，截至年末累计获得国家专利授权399项，其中发明专利84项；获得软件著作权20项，累计获得软件著作权45项；主参编国家行业标准规范4项，累计主参编国家行业标准规范47项；获得中国施工企业管理协会2018年度工程建设行业互联网发展最佳实践案例1项、优秀实践案例2项；获得股份公司节能低碳技术8项，获得股份公司绿色施工科技示范工程5项。

▲ 惠州港燃料油调和配送中心2万吨及30万吨码头通过验收

2019年中铁八局获得股份公司以上的省部级科技进步奖11项，其中《大跨度钢—混结合连续梁（顶推）设计与施工关键技术研究及应用》《跨铁路营业线超宽超高大吨位桥梁转体关键技术及应用》获云南省科技进步奖二等奖；《高速铁路桥面系附属构件材料、制造工艺及成套设备研究》获中国铁道学会科技进步奖二等奖、《复合材料SMC电缆槽的研制》获中国铁道学会科技进步奖三等奖；《合川涪江深水库区连续刚构拱桥施工综合技术研究》《CRTS Ⅲ型板式无砟轨道自密实混凝土制备及施工技术研究》获中国施工企业管理协会科技创新成果二等奖；《大跨径斜拉扣挂悬浇拱桥施工技术研究》《装配式高强混凝土风电塔筒预制技术及配套工装研究》获中国铁路工程集团公司科技进步奖一等奖，《既有线特长隧道铁路信号改造工程施工技术研究》《大跨度钢管混凝土拱桥施工关键技术研究》《复杂地质条件下大跨度连拱隧道施工关键技术研究》获中国铁路工程集团公司科技进步奖二等奖。

（赵代强）

【工程创优】2019年，中铁八局获国家优质工程奖1项、省部级优质工程奖14项，全国用户满意企业奖3项、全国用户满意工程奖3项、四川省用户满意工程奖2项。

国家优质工程奖1项：中铁八局桥梁公司参建的广西百靖高速公路项目。省部级优质工程奖14项：中铁八局一公司承建的四川崇州琴鹤大桥工程获巴渝杯；中铁八局一公司承建的重庆市合川区涪江四桥工程，中铁八局电务公司承建的南宁市轨道交通1号线一期工程供电系统安装工程02标（民族广场站—火车东站）获天府杯奖；一公司承建的四川崇州琴鹤大桥工程获重庆市市政工程金杯奖；中铁八局昆明公司承建的沈阳市南北快速干道工程（团结路—北二环）第1标段获辽宁省优质工程世纪杯；中铁八局六公司承建的水岸青城（A1地块）获云南省优质工程奖二等奖；中铁八局一公司承建的四川崇州琴鹤大桥工程，中铁八局二公司承建的成都市成华区致力路下穿隧道，中铁八局三公司承建的川黔铁路遵义段外迁工程余家巷特大桥，中铁八局昆明公司承建的昆明市黄土坡至马金铺高速公路工程、呈黄路改扩建与王家营准轨场铁路，中铁八局市政公司承建的贵阳市朝阳洞路道路改造工程跨铁路桥桥梁工程，中铁八局四公司承建的中铁·骑士府邸一期，中铁八局建筑公司承建的铁九天大厦获中国中铁杯；全国用户满意工程奖3项：中铁八局一公司承建的四川崇州琴鹤大桥工程，中铁八局四公司承建的中铁丽景书香四期中铁八局，建筑公司承建的中铁九天大厦获全国用户满意工程奖。全国用户满意企业3家：中铁八局、中铁八局建筑公司、中铁八局电务公司获得“2019年全国用户满意企业”。

▲ 中铁八局玉楚项目部援建的2.1千米乡村公路完工通车

2019年，中铁八局创全国建设工程项目施工安全生产标准化工地1个，省市级安标工地9个，中国中铁安标工地8个；获2018年度中央在川和省属重点企事业单位安全生产工作“达标单位”。

（陈晓斌）

【党建工作】2019年，中铁八局党委深入贯彻落实党的十九大精神和股份公司第四次党代会精神，按照“中央企业党建质量提升年”部署要求，紧密围绕企业改革发展中心大局，紧扣“强基固本，标本兼治”工作主题，全力推进提升本系统基础工作质量，攻坚克难，统筹兼顾，积极作为，主动担当，各项工作有序推进。全年收集上报政工信息260条，其中11条被股份公司《中国中铁简报》采用，2条（次）党务信息被股份公司推荐上报国务院国资委，年度党务信息工作排名股份公司46家子公司、分公司第一名。截至年末，中铁八局共有党员6658名，共有404个党组织，其中，党委17个，党总支29个，党支部358个。2019年，共收缴党费9285436.58元。扎实推进“不忘初心、牢记使命”主题教育，围绕“现场与市场齐抓，规模与效益并重”工作主题，持续强化宣传思想文化建设，2019年，《中国中铁》报上稿221条，在股份公司排名第五；股份公司微信平台推送消息62条，中铁八局网站上传新闻1667条，编发《工程之声》报23期，推送微信853条，改版中铁八局画册1套，制作各类展板76块，制作电视片（人物专题片、快闪、微课、MV）22部，发布抖音短视频17条，编撰征文集1套；全面完成2019版中铁八局《年鉴》印发工作，启动了2020版《年鉴》编撰工作。全年共在中央级主流媒体刊稿74条，在地市级及以上媒体刊稿2926条。组织党委中心组理论学习5次，完成14篇党委中心组领导班子成员调研课题；组织开展“巴炬大讲堂”5次；制定2019年度中铁八局领导班子成员对口联系党外人士名单，并定期开展相关工作；组织召开了党外人士“建言献策”座谈会和党外代表人士“建言献策”工作室座谈会。

（王良　蒋昌丽　许静）

【纪检监察】2019年，中铁八局两级纪委突出政治监督、强化同级监督、细化日常监督、深化“再监督”，注重长效监督，推动各级党组织逐级签订党风廉政建设责任书1019份，组织各级党员领导干部撰写廉洁从业承诺3768份；推动股份公司党委巡视反馈问题整改，给予党政纪处分14人次；协助党委开展内部巡察，问责303人次，挽回直接经济损失3263万元；认真落实开展主题教育、定点扶贫、“廉洁之路”建设和系列专项整治工作监督职责，坚决做到“两个维护”；加强对选人用人、推优评先和重点领域、关键少数的监督力度，促进各级组织在企业深化改革和创新发展中担当作为。着力加强作风建设，紧盯“节日病”抓部署、抓教育提醒，发送廉洁信息3万余条，对关键场所开展明察暗访1347次；认真核查信访举报问题线索，查处违反中央八项规定精神问题2起2人，全部通报曝光。强化标本兼治，一体推进“三不”体制机制，中铁八局立案审查58件，同比减少4.9%；结案53件，给予党政纪处分149人次。向地方监委主动移交涉法案件3件4人，处置司法机关移交问题4件。完善涉及治理主体权力运行制约和监督等方面文件22个。组织党纪法规等宣贯199场次，参加学习1万余人次；开展警示教育和预防职务犯罪讲座372场次，通报内部典型案例28件，1.89万人次受到教育，35人次上缴无法拒收的礼品礼金，折合31.94万元人民币。稳步推进纪检监察体制改革，纪检干部队伍建设持续加强，共教育培训纪检干部174人次。

（王畅）

【工会工作】2019年，中铁八局工会累计投入“三工”建设资金7700余万元，实现了一线职工体面劳动、舒心工作、全面发展；筹集“送温暖”资金401万元，慰问困难职工、劳模先进、老干部、离退休人员和一线职民工。筹集“送清凉”资金445万元，确保一线员工平安度夏。资助113名困难职工子女，发放助学金41.67万元；下拨“冬季项目送温暖”慰问金62.8万元，为高原寒冷地区项目职工添置保暖御寒物品。对宜宾地震受灾的7名职工、3个项目给予5.1万元慰问补助；表彰15个女职工先进集体（组织）、20名先进女职工工作者和10名“三八红旗手”，连续3年获得全国“书香三八”读书活动优秀组织奖及四川省“玫瑰书香”活动优秀组织奖，其中，6篇女职工读书作品获全国“优秀作品”奖，8篇作品获四川省“优秀作品”奖；深入推进双争活动，中铁八局工会获评首届四川省十佳模范职工之家；表彰一批中铁八局模范职工之家、模范职工小家、优秀工会工作者和工会积极分子。

2019年，中铁八局工会共计发表工会信息168条（省部级以上媒体71条）、新闻稿件269条（省部级以上媒体72条），发表调研文章11篇（省部级以上媒体4篇）。共有53名个人获得股份公司劳模及以上先进表彰，36个集体荣获股份公司及以上先进表彰。其中，1人获全国五一劳动奖章；2人获火车头奖章；1人获中央企业劳动模范；6人获云南省五一劳动奖章；2人获贵州省五一劳动奖章；1人获四川省五一劳动奖章；1个集体获全国工人先锋号；中铁八局工会获评四川省十佳模范职工之家；1个集体获贵州省五一劳动奖状；7个集体获云南省工人先锋号。

（张兴才）

【共青团工作】截至2019年底，中铁八局团委下辖9个团委，2个团工委，164个团支部。共有青年团员2164人，保留团籍党员156人；全集团共有团干部503人，其中专职团干部12人。中铁八局商合杭铁路站前十标项目部、三公司双龙第二项目部分获“全国青年安全生产示范岗”称号；中铁八局建筑公司检测中心获“2017—2018年度中央企业青年文明号”，中铁八局10个集体分别获得股份公司“青年文明号”“五四红旗团委”“五四红旗团支部”“优秀青年安全监督岗”称号；26名个人分别获得股份公司“优秀团干部”“优秀团员”“优秀青年志愿者”“优秀青安岗员”称号；3名青年获股份公司团委“优秀通信员”称号。

（范凌）

【履行社会责任】扶贫攻坚彰显央企责任。充分发挥中铁八局行业优势，采取产业扶贫、基础设施建设、扶贫捐赠、党建帮扶等多种方式持续推进脱贫攻坚，中铁八局对口帮扶乐山市金口河区蒲梯村8户贫困户全部实现高标准脱贫，受到地方政府和当地百姓一致好评。积极参与抗震救灾、抢险救援等活动。

（雷成宸）

【领导人员】

刘胜尧	党委书记、董事长
吴家兴	党委副书记、总经理
李　俊	党委副书记、副总经理、华北指挥部指挥长（5月任，11月免）
钟　俊	党委副书记、纪委书记
王国明	副总经理、总会计师、华中指挥部指挥长（5月任，11月免）
郭相武	副总经理、总工程师

董冲锋　副总经理、总法律顾问、董事会秘书、西北指挥部指挥长（11月任）

左兴明　副总经理、工会主席、西北指挥部指挥长（5月任，11月免）

陈守忠　副总经理、总经济师、东北指挥部指挥长（5月任）

张俊峰　副总经理、华南指挥部指挥长（5月任）

喻修正　副总经理

栾宏源　副总经理、华东指挥部指挥长（5月任）

张　峰　副总经理、华北指挥部、华中指挥部指挥长（11月任）

（张　越）

中铁九局集团有限公司

【简况】中铁九局集团有限公司（简称中铁九局）是一家集工程设计、施工、科研、投资和海外工程为一体的多功能、大型国有建筑企业，是中国中铁股份有限公司的全资子公司，年施工能力300亿元以上。按照国务院部署，由原沈阳铁路局所属的沈阳铁路工程建设集团有限公司、锦州工程（集团）有限责任公司和吉林建设工程集团有限公司三家施工企业重组而成，于2003年12月26日正式挂牌成立。

中铁九局总部位于沈阳，下设6家全资子公司、3家分公司。此外，在马来西亚、沙特阿拉伯、刚果（金）、匈牙利、白俄罗斯、厄瓜多尔、委内瑞拉、玻利维亚和巴拿马等13个国家设立了17个境外机构。现有员工9068人，其中，各类管理人员5540人，占在册职工人数的61.1%；作业人员3528人，占在册职工人数的38.9%。现有各类专业技术人员5490人，其中：正高级32人、副高级900余人、中级2000余人、中级以下2600余人；取得国家各类执（职）业资格证书的有1200余人。

中铁九局拥有铁路工程、公路工程、房建工程、市政工程四项施工总承包特级资质和军工涉密业务安全保密资质，是东北地区唯一一家“四特级”建筑施工企业。拥有机电工程施工总承包壹级资质；桥梁工程、隧道工程、钢结构工程、公路路基工程和铁路铺轨架梁工程专业承包壹级资质。拥有各类设备6987台（套），资产原值23亿元以上，总功率50万千瓦，其中，国内保有大型专用施工设备89台（套），拥有13台地铁盾构机及后配套，多套客专箱梁制运架等设备；境外保有大型施工机械1497台（套），主要集中在矿山剥离、公路施工等基建领域。

中铁九局承建的工程项目分布全国31个省、自治区、直辖市。同时，公司积极“走出去”，广泛参与“一带一路”建设，先后在24个国家和地区开展基础设施建设。近年来，中铁九局共获得中国建设工程鲁班奖9项，中国土木工程詹天佑奖3项，国家优质工程5项，省部级优质工程118项。连续多年被辽宁省和沈阳市评为守合同重信用单位，2019年11月被辽宁省信用协会评为5A级企业。近年来，主编国家行业标准2项、参编5项；荣获国家和省部级科技进步奖60项、国家级工法10项、省部级工法176项；发明及实用型专利103项。

（马惠艳　贾维强　张　艳　刘美晨　高鑫磊　杨红磊　孙化东）

【主要指标】2019年，中铁九局聚焦高质量发展目标，坚持稳中快进的工作主基调，深入打好市场经营、项目履约和深化改革三大攻坚战，全年完成新签合同额469.19亿元，同比增长42.77 %，完成股份公司460亿元指标的102%；全年完成营业收入168.85亿元，同比增长35.87%，完成股份公司168亿元指标的100.51%。经营性现金流连续五年保持正向，“两金”期末余额91.71亿元，控制在股份公司116亿元预算指标范围内。

（孙化东）

表14-15　2019年中铁九局集团有限公司主要经济指标

项目	2019年	2018年	比上年增长/%
资产总额/亿元	184.92	188.08	-1.68
所有者权益/亿元	37.22	38.06	-2.21
营业收入/亿元	168.85	124.27	35.87
利润总额/亿元	0.47	0.51	-7.84
净利润/亿元	0.41	0.43	-4.65
归属于母公司所有者的净利润/亿元	0.5	0.5	0
技术开发投入/亿元	5.57	3.75	48.53
利税总额/亿元	3.12	5.25	-40.57
应交税金总额/亿元	3.00	5.44	-44.85
净资产收益率/%	1.10	1.24	减少0.14个百分点
总资产报酬率/%	1.10	1.53	减少0.43个百分点
国有资本保值增值率/%	98.31	98.15	增加0.16个百分点

制表：孙化东

▲ 2019 年 12 月 26 日，中铁九局企业大学成立

【改革发展】中铁九局以“双百行动”综合改革为抓手，在战略重组、机构改革、激励约束机制、生产经营管理等方面实现了稳中快进。2019 年，中铁九局启动了自成立以来力度最大、覆盖面最广、涉及人员最多的三级公司战略性重组，实体型三级公司由 15 家压减到 9 家，规模以下区域公司全部完成整合，三级公司的综合实力明显增强。深入落实股份公司关于两级机关“瘦身健体”有关要求，局总部部门从 23 个压减到 20 个、附属机构从 6 个压减到 2 个，编制得到有效压减、职责明显优化，初步实现了管理机构的精简高效。优化激励约束机制，提高专项奖励和滚动开发奖励力度，激发了全员参与市场经营的积极性。聚焦项目人才短板，推行职业化项目经理制度和主任（副主任）工程师评选制度，确保项目经理和技术人员心无旁骛做好本职工作。聚焦振兴发展的战略目标，12 月 26 日正式挂牌成立中铁九局企业大学，推动中铁九局人才培养上升到全新平台。

（陈宝峰　姚兴盛　王磊　刘明）

【重大项目】2019 年，中铁九局共召开董事会会议 7 次，共形成决议 94 项，审议听取专题报告 16 项。其中决议内容涉及战略管理、财务预决算、利润分配、人事任免、PPP 项目投资、资产购置、机构设置、内控与风险管理等重大事项。

深入实施经营优先战略，持续推进区域经营、协同经营、立体经营和高端经营，区域经营体系不断完善，区域经营能力持续提升。在传统优势区域中标哈尔滨机场二通道和沈吉水害治理等工程，在新区域市场成功中标苏州地铁和乐西高速公路等项目，运用新的经营模式成功实施郑州中博和棚户区改造等类地产项目，在新兴市场成功中标 JR 项目 18 项。

刚性落实法人管项目原则，加大后台管控和过程督办力度，苏州地铁、中德产业园等新开工项目实现了高标准起步；刚果（金）、内江师范学院、水曹铁路、昆明地铁、北京地铁、三供一业、沈阳快速路、广州南沙新区大岗先进制造业基地区块综合开发项目等在建项目稳步实施；大张高铁、赣州市政项目实现如期通车。京雄城际雄安站特大桥主体工程顺利完工，成为全线最先完成主体工程的标段。坚持科技服务生产，四平市南湖立交桥成功转体，并创造了多项“国内之最”；成昆项目全面实现了小型预制构件的标准化生产。

持续开展 CRTS Ⅲ 型轨道板智能制造技术研发，股份公司授权中铁九局组建和管理“中国中铁高速铁路轨道板智能制造研发中心”，承办中国中铁轨道板智能制造技术现场会，确立了中铁九局在轨道板智能制造行业的优势地位和品牌影响力。

（王帅　张健　韩冬　谢鹏扬）

【走向海外】2019 年，中铁九局深入落实海外“双优”发展战略，务实推进生产经营各项工作，海外实现了跨越式发展。2019 年 5 月，中铁九局作为中方企业牵头单位成功中标匈塞铁路项目，合同额达到 10.9 亿美元，这是中国—中东欧“17+1”的旗舰项目，也是中铁九局参与“一带一路”建设的首个大型铁路工程。中铁九局成功进入塞尔维亚和秘鲁两个新的国别市场，目前已形成亚洲、非洲、中东欧和南美洲四个既有区域市场。2019 年，中铁九局海外新签合同额、营业额均创历史新高。其中：新签合同额完成 13.72 亿美元，在股份公司 18 家综合工程局中排名第三；营业额完成 2.1 亿美元，连续 7 年完成股份公司下达的任务目标。

（孙媛媛）

【重大创新】认真落实国家创新驱动发展战略，大力推动企业科技创新，全年共获得技术发明与科技进步奖 9 项。积极推进科技成果转化，加强知识产权建设，中铁九局被评为国家知识产权优势企业和辽宁省知识产权优势企业，全年共获得专利授权 26 项，其中，《适用于高速铁路无砟轨道板钢筋笼张拉杆自动安装锁紧机器人》（CN201611113621）入选国家铁路局铁路重大科技创新成果库，这是中铁九局自成立以来第一个被国家铁路局审定入库的专利。同时，公司在轨道智能制造、高速铁路、大跨度深水基础桥梁、特殊地质复杂环境条件下的长大隧道、营业线铁路工程改造等建造技术方面取得新成就，继续保持国内先进水平。深入开展管理实验室活动，积极开展管理创新，被辽宁省建筑业协会评为“2018 年度辽宁省建筑

业优秀企业”。（张军美）

【工程创优】中铁九局深入推进“管”“监”分离，持续加强现场安全质量管控，提升企业本质安全水平。2019年下半年，中铁九局铁路信用评价排在B类第7名，股份公司内部信用评价排在18家工程局第8名，公路施工企业信用评价继续保持在A级以上。2019年，中铁九局共获得各类工程奖项49项，其中，重庆轨道交通10号线一期（建新东路—王家庄段）、深圳市城市轨道交通11号线、玻利维亚乌尤尼35万吨/年钾盐制造厂等工程获得中国建设工程鲁班奖，郑州市轨道交通2号线一期、南部滨海大道东端桥隧建设工程—莲花山隧道项目等获得国家优质工程，沈阳市小北关街平改立等六项工程获得国家优秀焊接工程。玻利维亚乌尤尼35万吨/年钾盐制造厂项目获得化学工业（境外）优质工程。（杜洪星　高鑫磊）

【企业文化】2019年，中铁九局党委、中铁九局在积极传承践行中国中铁企业文化的基础上，结合企业实际，提出全力打造“争先文化”，即坚持发展争先、对标争强、业绩争胜，以此凝聚广大干部职工力量、推动企业全面振兴和高质量发展。以各类会议、报纸、微信公众号等多种方式，持续开展“争先文化”的宣贯，进一步凝聚员工共识，推动“争先争胜”内化于心、外化于行。坚持稳中快进、自我加压，全年主要经济指标均实现大幅增长，企业的发展步伐明显加快，全局员工信心士气大幅提振，干事创业热情持续高涨。持续加大劳模先进选树、宣传工作力度，在企业内部营造了学先进、当先进的良好氛围。深入推进两级机关作风建设，开展“三反对三提倡”活动内容，即反对贪图享乐，提倡艰苦奋斗；反对铺张浪费，提倡勤俭节约；反对安贫乐困，提倡奋勇争先，广大干部员工的作风状态得到进一步转变。制作了原创歌曲《信念》，在全国总工会网络正能量歌曲评比中《信念》获“最佳人气奖”，进一步凝聚了广大员工爱国爱企、奋斗奋进的力量。（吴　楠）

【党建工作】坚持以习近平新时代中国特色社会主义思想为指导，高质量开展“不忘初心、牢记使命”主题教育，促进党的先进理论与企业发展紧密结合。贯彻两个“一以贯之”，中铁九局党委常委会前置研究生产经营重大问题56项，“把方向、管大局、保落实”有效发挥。落实党管干部的政治责任和国有企业领导人员“20字”标准，完善落实选人用人和监督考核管理机制，促进忠诚干净担当。落实全面从严治党要求以及中央八项规定精神和局“32条”具体规定，开展集中整治形式主义官僚主义以及“机关作风建设年”“三反对三提倡”等工作，重视警示教育、严肃问责追责，有力维护了风清气正发展环境。以“三基建设”为抓手，开展“项目党支部三级动态管理”“提质增效党旗红、共产党员当先锋”主题实践活动、“忠诚企业、爱岗敬业”系列主题教育以及“党群干部实地践学培训班”等工作，进一步提升党建工作质量。（穆永亮）

▲ 中铁九局开展“爱心暖社会，奉献铸精彩”雷锋精神宣传活动

【信息化建设】2019年，中铁九局BIM技术研究及应用取得了积极成果。先后组织局层面及子公司、分公司层面BIM培训6次，参培人员190多人，在京雄、玉楚、朝凌、内江师范学院、中德产业园等多个重点项目开展了BIM技术应用，开展14项课题研究。全年有20项作品在各级BIM大赛中获奖，其中，《基于BIM技术的简支系杆拱桥顶推转体施工关键技术研究》获得中国铁道学会科学技术奖二等奖、工程建设科学技术奖二等奖。成功举办中铁九局第二届“辽河杯”BIM大赛，激发了广大技术人员学习和应用BIM的热情，促进了各单位对BIM技术的研究和应用。

高标准运行财务共享中心，统一审批流程、统一审批权限、统一审核标准，将以前的线下业务审批模式整合到共享平台，解决了制度执行不到位，内控弱化等问题，全局会计处理真正实现标准化和自动化。同时，进一步加强了资金集中管理，有效防范了企业风险。（陈　旭　马仲举）

【履行社会责任】中铁九局高度重视施工过程中的环保问题，采取多项措施降低企业能源消费，提高绿色建造水平。2019年，全局万元营业收入综合能耗（可比价）为0.0448吨标煤/万元，较2018年降低8.1967%，全年共创建中国中铁绿色施工科技示范工程4项，申报中国施工企业管理协会工程建设项目绿色建造（施工）水平评价项目2项。其中，《基于BIM的钢筋工程智能制造关键技术》获评辽宁省节能减排新技术。

2019年7月至8月，辽宁、吉林等多个地区出现强降雨，图佳线、凌水线、长图线、九江线等多条铁路线路受到洪水影响，出现危及行车安全问题。中铁九局认真履行企业责任担当，迅速调集物资、装备和人员，全力参与抗洪抢险工作，保障了铁路大动脉畅通和人民生命财产安全。

2019年1月，中铁九局向赣州市红十字博爱基金会捐款3万元，积极支持江西革命老区建设。公司深入贯彻落实辽宁省精准扶贫要求，选派3名领导人员到辽宁建昌县、葫芦岛南票区贫困村担任驻村第一书记并捐赠扶贫资金15万元，为全面建成小康社会贡献力量。2019年10月，中铁九局向铁岭开原市遭受龙卷风灾害地区捐款2万元，积极支援受灾地区抗灾工作，履行企业社会责任。

（刘洋　张超　徐明宇）

【领导人员】

段广和　党委书记、董事长（1月免，退休）
赵中华　党委书记、董事长（1月任）
赵金祥　党委副书记、总经理（1月任）
周文明　副总经理
刘海东　总工程师（6月免副总经理、任总工程师）
王贺彩　总会计师、总法律顾问（10月任总法律顾问）
刘长城　副总经理（10月免总法律顾问）
彭　齐　副总经理
金　耀　副总经理（6月免总工程师）
王学军　副总经理
王学东　党委副书记、工会主席
王志山　副总经理
邵国强　副总经理（6月任）
陈金亮　党委副书记、纪委书记（9月免，调离）

（甘铎）

中铁十局集团有限公司

【简况】2003年12月26日，根据国资委、铁道部《关于将铁道部第二、第三勘察设计院等22户企业划转中国铁路工程总公司有关问题的批复》（国资改革函〔2003〕373号）以及中国铁路工程总公司《关于筹备成立中铁十局集团有限公司的通知》（中铁程劳〔2003〕385号），在原济南铁路工程（集团）有限责任公司、中铁三局集团第三工程有限公司、中铁四局集团第三工程有限公司基础上成立中铁十局集团有限公司，总部设在山东济南。

中铁十局集团有限公司是以工程施工总承包为主的跨国跨行业经营的特大型企业集团，拥有各类资质81项，包括总承包资质40项，专业承包资质41项。其中：铁路工程、市政工程、建筑工程（2项）、公路工程（2项）共计6项工程总承包特级资质；铁路行业、市政行业、建筑行业（2项）、公路行业（2项）共计6项甲级工程设计资质。水利水电工程总承包壹级，桥梁、隧道、铁路铺轨架梁、环保、钢结构、铁路电气化、路基、路面工程等专业承包壹级，拥有对外承包工程资格证书和对外援助成套项目A级资质。

中铁十局集团有限公司注册资本金38亿元，资产总额327亿元，下设19个子公司、分公司，主要分布在济南、天津、合肥、郑州、西安、南京、广州、青岛等经济发达城市和拉美、东非、南亚等地区；年施工能力600亿元以上；现有员工14493人，专业技术干部9014人，其中高级职称及以上1391人，一级建造师847人。

截至2019年底，国内保有施工机械设备4830台（套），原值19.2亿元，净值8.7亿元，总功率40.2万千瓦。国外保有施工机械设备653台（套），原值4.5亿元，净值6228万元，总功率10.8万千瓦。设备新度系数39.3%；设备技术装备率6.1万元/人、动力装备率33.4万元、装备生产率54.4万元。其中，自有盾构机/TBM等掘进设备25台（套），桥梁运架设备16台（套），机械养路等大型线路作业设备5台（套）；接触网作业等自轮运转设备39台（套）；凿岩台车等隧道大型专用设备19台（套）。

中铁十局集团有限公司承建的项目，先后获“中国建设工程鲁班奖”“中国土木工程詹天佑奖”“国家优质工程奖”等国家级优质工程奖23项，山东省“泰山杯”等省部级优质工程奖181项。获国家级工法13项，省部级工法194项，专利授权516项（其中发明专利91项）。省部级科技进步奖（含国家认可的社会力量设奖）128项次，省级以上技术创新优秀成果奖125项。通过“质量管理体系”“环境管理体系”“职业健康安全管理体系”认证，先后被授予“全国优秀施工企业”“全国优秀诚信企业”“全国文明单位”“全国公路行业优秀施工企业”“全国质量效益型先进施工企业”“重合同守信用企业”“全国科技进步与技术创新先进企业”“山东省企业文化建设十佳单位”“山东省劳动关系和谐企业”“富民兴鲁劳动奖状”等称号，连续多年保持山东省“最佳信贷诚信企业”称号。

（刘泓泽　花蓉）

【主要指标】2019年中铁十局实现归属于母公司净利润8.14亿元，同比增长31.72%，营业收入净利润率为1.8%，比2018年增长0.3%；经营现金净流量29.5亿元，较2018年同期增加23.7亿元；资产负债率由2019年初的80.3%下降至79.69%。（纽万祯）

表 14-16　　2019 年中铁十局集团有限公司主要经济指标

项目	2019 年	2018 年	比上年增长 / %
资产总额 / 亿元	327.33	328.70	-0.43
所有者权益 / 亿元	67.61	64.77	4.34
营业收入 / 亿元	464.27	410.93	13.17
利润总额 / 亿元	8.73	7.70	13.38
净利润 / 亿元	8.37	6.30	32.86
归属于母公司所有者的净利润 / 亿元	8.14	6.18	31.72
技术开发投入 / 亿元	7.97	7.32	9.18
利税总额 / 亿元	24.59	23.50	4.64
应交税金总额 / 亿元	15.86	16.80	-5.60
全员劳动生产率 /（万元 / 人·年）	38.28	34.11	12.23
净资产收益率 / %	13.21	10.20	增加 29.41 个百分点
总资产报酬率 / %	3.72	3.17	增加 17.35 个百分点
国有资本保值增值率 / %	112.51	110.32	增加 1.99 个百分点

制表：李　哲

【改革发展】采取“试点先行”“自下而上”“一企一策”的方式，加强三级工程公司建设。11 家工程公司机关全面实行大部制改革，机关部门数量由原来的 187 个减少到 136 个，下降 27.3%，定员编制数量由原来的 1480 人减少到 1131 人，下降 23.6%；开启模块化组合施工新模式，成立 28 个区域项目管理中心、24 个区域经理部、组建 36 个专业化分公司；打造“设计 + 投资 + 建设 + 运营”一体化营销，深化国内区域经营、立体经营；推行“海外发展双优”战略，打造拉美、非洲、亚太三大区域外经公司，成立 12 个国别公司，在 17 个国家和地区进行开发，追踪项目 70 余个，6 个工程公司参与海外建设，海外新签合同额实现“三年翻一番”的目标。开展系统建设，10 个业务系统通过分析系统现状、明确系统工作标准、制定提升措施、建立考评制度等，提升系统的管控力。推进三项制度改革，优绩优酬原则进一步体现；实施社会化用工“培转退”，用工风险不断降低。推进管理创新，所属单位推行区域物资、财务、成本集中管控。落实国资国企改革部署，压减各类企业 9 家，推进退休人员社会化管理，“三供一业”全部分离移交。推进创新型企业建设，建成 4 家高新技术企业、6 家省级技术中心，启动预制梁智造技术研发；举办首届四新技术推广应用交流会，科技成果共享应用水平不断提高。（刘泓泽）

▲ 中铁十局施工的新疆境内首座大跨度矮塔斜拉桥—阿（勒泰）富（蕴）准（格尔）铁路喀腊塑克水库特大桥合龙

【重大项目】2019 年中铁十局完成新签合同额 1103 亿元，同比增长 45.5%；完成营业额 503 亿元，同比增长 15.6%，两项指标均创历史最高值。铁路工程施工：2019 年，完成施工产值 505.6 亿元，完成年度计划 431.6 亿元的 117%，同比增长 17%。年内在建项目 358 个，其中铁路工程 69 个，公路工程 57 个，市政工程 118 个，城轨工程 34 个，房建工程 49 个，海外工程 26 个，水利工程 5 个。（刘泓泽　花蓉）

【走向海外】2019 年，紧密围绕“一带一路”建设，加快拓展海外市场布局，开辟泰国、乌干达、所罗门群岛、墨西哥、智利等新国别市场，海外经营网络体系进一步调整完善；落实“海外优先”战略，启动全局外经系统建设，推进三家外经公司向商务型、窗口型国际化公司转型发展；重视和加强境外合规经营，健全集团公司“大合规”体制，增强境外合规人员培训，加强境外政策法律研究，增强海外业务的订约意识、履约意识，降低境

外合规经营风险。2019 年，实现海外新签合同额 127 亿元，再创历史新高；境外在建项目 27 个，主要分布在委内瑞拉、秘鲁、泰国、斯里兰卡、东帝汶、肯尼亚、阿尔及利亚、巴布亚新几内亚等 8 个国家，累计完成海外营业额 25.1 亿元。 （杨展鹏）

【重大创新】2019 年，“超小间距邻近（上跨）既有广深港高铁复杂隧道群综合施工技术研究”等 6 课题被列为股份公司 2019 年度 A 类科技开发计划，其中重点课题 2 项，获股份公司科技经费资助 140 万元，项目立项数量及获得资助经费较上一年度显著提高。云桂铁路获第十七届中国土木工程詹天佑奖。获得省部级以上科技奖 22 项，其中获得股份公司科技奖 4 项、中施企协科技奖 7 项、中国铁道学会科技奖 1 项、中国质量学会科技奖 1 项，山东土木学会科技奖 8 项、河南省施工技术创新成果奖 1 项。全年获得省部级工法 18 项，其中公路部级工法 4 项、山东省级工法 12 项，河南、内蒙古省级工法各 1 项，新增企业级工法 80 项。全年获专利授权 95 项，其中发明专利 10 项。 （张海霞）

【工程创优】2019 年，中铁十局获国家级优质工程奖 5 项，获省部级优质工程奖 25 项。

2019 年度国家级优质工程的项目：南京至高淳城际轨道禄口机场至溧水段工程、新建石家庄至济南铁路客运专线平禹特大桥、济南市二环南路建设工程（西段）、广东省潮州至惠州高速公路项目获国家优质工程金奖，云桂铁路获中国土木工程詹天佑奖。

2019 年度省部级优质工程的项目：沈阳至铁岭公路改扩建工程获“李春奖”；新建哈尔滨至牡丹江铁路客运专线哈尔滨西动车运用所能力补强工程获黑龙江省“龙江杯”奖；新建龙口至烟台铁路 ZQ-Ⅲ标段跨 206 国道及夹河特大桥、新建云桂铁路（云南段）幸福隧道、新建青岛至连云港铁路青岛西站站房及相关工程、新建青连铁路风河特大桥、新建济南至青岛高速铁路章丘北站站房工程获山东省“泰山杯”奖；环湖南路古城段提升改造工程获云南省“优质工程”奖；莆炎高速三明段 YA2 合同段新队分离立交桥工程获“上海市建设工程金属结构金刚奖”；S7 公路（S20-月罗公路）新建工程 S7-1-3 标获“上海市优质工程结构工程奖”；成都地铁 7 号线工程获四川土木工程“李冰奖”；中新天津生态城彩环路（彩嘉路—汉北路）道路排水工程施工一标段获天津市建设工程“海河杯”奖。

2019 年度中国中铁杯优质工程（省部级）的项目：济南市轨道交通 R1 号线地下段土建工程二标；济广高速济南连接线段店立交南延（济南市二环西路高架桥南延）穿越铁路工程；益阳至马迹塘高速公路项目第 3 标段浮邱山隧道；合肥市郎溪路高架包河大道立交工程项目郎溪路高架；合肥市蓬莱路跨派河桥（云谷路—芮祠路）工程跨派河大桥；安庆经开区两区共建和平东路综合管廊及道路排水工程；芜湖市弋江路快速化改造米市口立交工程；天津碧桂园一期十四标；新建龙口至烟台铁路站前工程Ⅲ标段跨 206 国道及夹河特大桥；新建青连铁路青岛西站站房工程；新建连云港至盐城铁路站前工程 LYZQ-Ⅴ、Ⅵ标跨沿海高速、苏北灌溉总渠特大桥；西安市地铁 3 号线一期工程鱼化寨至保税区段（不含试验段）土建施工项目 TJSG-5 标；新建云桂铁路（云南段）站前工程第四标段幸福隧道工程。 （王 旭）

【党建工作】深入学习贯彻党的十九大精神和习近平新时代中国特色社会主义思想，加强队伍建设，2019 年共提拔领导人员 49 人、调整交流干部 95 人次，培训副处职以上领导干部 62 人（其中送培 11 人，自培 51 人），组织党委中心组集体学习 9 次，派员参加三级公司集体学习 106 人次。扎实开展“不忘初心、牢记使命”主题教育，累计召开党委会或领导小组会议 141 次，列出学习书目 787 篇，参加学习 1.3 万人次，累计研讨 110 次。开展主题党日、知识答卷活动，组织专题党课 262 次，参加学习 1.2 万人次。两批主题教育列出具体整治内容 560 项，制定整改措施 1086 条，实行项目化推进。贯彻落实“三重一大”决策制度，全年召开党委常委（扩大）会 21 次，前置研究讨论企业重大经营管理议题 84 项。

严格落实“两个责任”，出台

▲ 中国中铁参建的苏州市轨道交通 2 号线及延伸线工程获国家优质工程奖

党风廉政建设和反腐败工作领导小组工作规则，制定纪检监察体制改革实施方案。坚持“五项沟通约谈”“培训必讲廉政”，开展“一月一案例”警示教育活动、背靠背“画像”“廉政档案”活页夹更新工作；建立领导人员廉洁承诺制度，主动查找问题130余项；开展企业领导人员亲属和其他特定关系人所办企业与本企业业务往来专项整治工作，331名副处职以上人员进行自查自纠。持续加大对违反“六大纪律”的查处力度，共处置反映问题线索95件，立案审查46件次，给予党政纪处分97人次。

开展“保安全、创精品、争先进”主题教育，评选表彰第三届“感动十局”十大人物，开展庆祝新中国成立70周年活动暨“第三届企业文化节”系列活动，组织“追寻红色足迹、弘扬爱国精神”主题统战活动，激励统战人士干事创业。加强传统媒体和新媒体宣传报道，重大节点新闻连续登上中央电视台新闻联播，进一步加强微信等六个平台的新媒体宣传作用，“两微一抖”点击率过百万。中铁十局集团有限公司被授予“厚道鲁商”称号。

（刘连波　杨春雷　崔　佳）

【信息化建设】加强网络安全建设，推进安全等级备案。完成门户网站等六大业务系统安全等级保护测评，通过公安部门和专业评测机构的测评；推进各公司门户网站和OA系统备案、评测工作，充分保障网络安全。提供业务基础保障，加强业务应用融合，搭建盾构数据业务平台，实现盾构系统虚拟化和高可用性，为中铁十局生产监控系统的统一架构和私有云部署提供坚实基础。建设高效视频会议系统，全年召开视频会议69次，参会人员2.9万人次，与现场会议相比，缩减会议经费，提高办公效率。信息化建设奖项获得突破，取得技术中心平台和电子档案系统等2项计算机软件著作权，电子档案获中施企协颁发的互联网发展最佳案例，技术中心平台获得互联网发展优秀实践案例。

BIM技术应用及智慧工地建设初步形成。获省部级BIM应用大赛奖项5项。以中铁十局三建公司集贤路项目和五公司兴泉铁路项目为试点，以BIM技术应用为核心，以物联网和视频监控为支撑，开展智慧工地建设。通过试点项目，积累经验，培养人才，推动智慧工地发展。（张海霞）

【履行社会责任】推进困难职工帮扶解困工作，对特重困职工实施“一对一”精准帮扶，实现解困脱困目标。开展员工健康关爱走基层活动，为重点项目、偏远项目、高原地区项目职工提供心理咨询与疏导1000余人次。2019年元旦、春节期间，筹集资金492.1万元，走访慰问困难职工86户、劳模和离退休职工1044人次、一线职工和农民工1.1万人次。开展“金秋助学”活动，资助158人，发放助学款53.5万元。全年共支出“三不让”资金310.7万元，帮扶救助困难职工2600人次。争取地方救助资金10.2万元，帮扶特重困职工35名。加大女职工特殊权益维护力度，资助单亲困难女职工家庭子女15人，发放帮扶款34500元。

开展青年志愿者活动。先后组织无偿献血活动3次，96名青年累计献血28400cc；组织“爱心助学”活动，为四川省大凉山38名贫困学生送去书包和生活用品；组织“十局青年与爱同行”爱心慰问活动，16名青年积极参与。截至2019年底，青年志愿者活动累计服务400余人次。

组织参与抢险救灾。3月15日，参与山西晋中山林火灾抢险工作。6月18日，参与四川省宜宾地震救灾，捐赠帐篷40顶、折叠床40张、方便面及纯净水等救灾物资，完成受灾房屋安全鉴定任务。7月29日至8月19日，先后两次参与成昆铁路抢险工作，承担G245国道和成昆铁路K311、K306等三处抢险任务，累计投入资金785万元，挖掘机、装载机和工程车辆作业996台班，马队90匹，现场人工作业1.4万工日，共清理泥石流约2.1万立方米，清理及修建沟渠4460米，坡面封闭3.7万平方米，疏通抢险通道4.5千米，修建抢险指挥部2000平方米。8月25日至8月31日，持续参与四川汶川特大山洪泥石流灾害抢险救援工作。

（韩志勇　郝西宏　崔　佳）

【领导人员】

杨兰松　党委书记、董事长
李学民　党委副书记、总经理、副董事长
李海峰　党委副书记
陈　伟　党委副书记、纪委书记、监事会主席
崔　军　党委常委、工会主席、副总经理（1月免）
于科善　党委常委、工会主席、副总经理（6月任）
陈国清　党委常委、副总经理
郭建封　党委常委、总会计师
董文德　党委委员、副总经理
王爱平　党委委员、总工程师（8月免）
杜强泽　党委委员、副总经理
高　峰　党委委员、副总经理
李仲峰　副总经理
杨玉泉　党委委员、副总经理
周建明　副总经理（6月任）
武海光　党委委员、副巡视员（10月免）
崔　军　党委委员、副巡视员（1月任）
王爱平　党委委员、副巡视员（9月任）
徐为民　总经理助理（高胜峰）

中铁大桥局集团有限公司

【简况】中铁大桥局集团有限公司（简称中铁大桥局）是中国中铁股份有限公司的全资子公司，是中国唯一一家集桥梁科学研究、工程设

计、土建施工、装备研发四位于一体的承包商兼投资商，具备在各种江、河、湖、海及恶劣地质、水文等环境下修建各类型桥梁的能力。

中铁大桥局具有铁路、公路、市政公用工程施工总承包特级资质，桥梁工程、隧道工程、港口与海岸工程、铁路铺轨架梁工程、公路路基工程专业承包壹级、房屋建筑工程施工总承包壹级及特种工程专业承包资质，公路路面工程、石油海洋工程、消防设施工程专业承包贰级资质，铁道行业甲（Ⅱ）级、公路行业甲级、市政行业甲级设计资质，测绘甲级资质。

1950年经中央人民政府指示，铁道部开始武汉长江大桥的筹建工作，1953年4月成立铁道部新建铁路总局武汉大桥工程局。1958年3月，改称铁道部大桥工程局。1970年8月，铁道部与交通部合并，亦改称交通部大桥工程局。1975年3月，铁道部与交通部分设，仍属铁道部，名称恢复为铁道部大桥工程局。此前及此后，单位名称还有“革命委员会”“桥梁与基础工程公司”等短期变更，但隶属关系及内部机构均无实质性变化。2000年10月，与铁道部脱钩，更名为中铁大桥工程局，属中国铁路工程总公司领导。2001年4月26日，改制为中铁大桥局集团有限公司。2004年10月28日，经国务院国有资产监督管理委员会批准，中铁大桥局股份有限公司依法成立。中铁大桥局股份有限公司是由中铁大桥局集团有限公司、武汉钢铁（集团）公司、中铁隧道局集团有限公司、中铁山桥集团有限公司、铁道科学研究院共同发起，以中铁大桥局集团有限公司桥梁建设等土建施工资产改制重组设立的股份有限公司。2015年2月10日，中铁大桥局集团有限公司按照法定程序吸收合并中铁大桥局股份有限公司，中铁大桥局股份有限公司正式注销。

▲ 中铁桥梁科技大厦

2019年，中铁大桥局下设子公司22家（其中：备案类3家）、分公司27家（其中：备案类23家）项目部233个、片区指挥部8个。职工期末人数为12675人。其中，在岗职工12054人，非在岗职工621人；干部人数8868人，工人3807人；正高级职称203人，副高级职称1789人；特级技师14人，高级技师501人，技师700人。中铁大桥局资产总额421.4亿元，较2018年增长7.21%。自有机械设备12694台（套），总原值46.26亿元，净值20.06亿元，总功率54.56万千瓦。技术装备率16.22万元/人，动力装备率44.13千瓦/人，主要设备完好率87.18%，利用率81.13%，机械化施工程度高。

中铁大桥局先后获国家科学技术奖33项，国际乔治·里查德森大奖6项、新中国成立60周年“百项经典暨精品工程”10项、中国建设工程鲁班奖40项、中国土木工程詹天佑大奖30项、拥有国内外专利730项。拥有桥梁结构健康与安全国家重点实验室和博士后工作站，是国家认定企业技术中心，获得第三届中国质量奖，并连续四届获评全国文明单位。从20世纪50年代援建越南河内铁路桥梁开始至今，先后在缅甸、孟加拉国、印度尼西亚、南非、坦桑尼亚、安哥拉、摩洛哥等20多个国家和地区建设了一大批精品工程；入选美国《工程新闻纪录》（ENR）评选的世界最大225家国际承包商，跻身“国际十大桥梁承包商”。（易　爽）

【主要指标】2019年中铁大桥局完成新签合同额442.1亿元，企业营业额406.1亿元，实现利润总额10.36亿元，净利润7.92亿元，企业综合毛利润率达7.2%。（潘成兵）

表14-17　　2019年中铁大桥局集团有限公司主要经济指标

项　目	2019年	2018年	比上年增长/%
资产总额/亿元	421.40	393.07	7.21
所有者权益/亿元	84.31	79.01	6.71

续表

项　目	2019 年	2018 年	比上年增长 / %
营业收入 / 亿元	393.81	350.06	12.50
利润总额 / 亿元	10.36	13.04	-20.55
净利润 / 亿元	7.92	10.07	-21.35
归属于母公司所有者的净利润 / 亿元	6.59	8.23	-19.93
技术开发投入 / 亿元	6.26	5.28	18.56
利税总额 / 亿元	20.13	25.13	-19.90
应交税金总额 / 亿元	8.66	11.04	-21.56
全员劳动生产率 /（万元 / 人・年）	305.11	264.66	15.28
净资产收益率 / %	9.70	14.11	减少 31.25 个百分点
总资产报酬率 / %	3.01	3.86	减少 22.02 个百分点
国有资本保值增值率 / %	108.78	112.39	减少 3.21 个百分点

制表：潘成兵

【改革发展】实施机构改革。结合中国中铁总部机关机构变化、职能调整以及对二级企业机关机构定员标准要求，梳理机关部门和附属机构职能，有序推进机关部门改革，调整部分机关部门和分公司的组织机构、编制、职能；明确片区指挥部及下设经营部编制。

积极推进企业“压减”工作。注销中铁大桥局集团南通投资发展有限公司（注销时间：2019 年 1 月 2 日）、中铁大桥局集团（沈阳）工程有限公司（注销时间：2019 年 4 月 28 日）2 家子公司；注销中铁大桥局集团有限公司广西分公司（注销时间：2019 年 1 月 4 日）、中铁大桥局集团有限公司黑龙江分公司（注销时间：2019 年 4 月 12 日）、中铁大桥局集团有限公司山西分公司（注销时间：2019 年 6 月 27 日）3 家分公司，全面完成中国中铁三年压减任务。

持续推进精准激励。深化“盈利光荣、亏损可耻，共创价值、共享成果”理念，对资质申报、考取紧缺执业资格人员等实施重奖；坚持效益导向的原则，及时兑现项目终期考核，激发各级项目管理人员工作积极性。

稳步实施项目管理团队职业化。印发《项目经理及关键岗位人员资质与经营业绩档案管理办法》，对项目经理业绩档案进行分级分类评价。

加快干部队伍年轻化进程。修订《领导人员管理办法》《科级及以下干部职务管理办法》，“80 后”逐渐成为处级领导干部的中坚力量，“90 后”在科级干部中渐露头角，干部队伍年龄结构逐步优化。

（李　倩）

【重大项目】2019 年，中铁大桥局新开工项目 59 项，其中铁路工程 7 项，非铁路工程 52 项；年度在建工程累计 233 项，其中铁路工程 31 项，非铁路工程 202 项，分布在全国 31 个省、自治区、直辖市；年内有 88 项工程完工或收尾。

重点工程：杨泗港长江大桥，杨泗港快速通道青菱段、汉十 8 标、太原迎宾桥、湖北香溪长江公路大桥工程及香溪河大桥、延庆至崇礼高速公路河北段 GQ3 合同段施工结束。五峰山桥、青山桥钢梁合龙。沪通长江大桥、平潭桥钢梁合龙、斜拉索挂设完毕。商合杭铁路芜湖长江公铁大桥主塔封顶、钢梁合龙。调顺大桥 90 号塔柱、91 号塔柱开始施工。金海桥 26 号主塔墩身开始施工。张吉怀化铁路完成酉水大桥拱上立柱安装。鳊鱼洲大桥三个主塔塔柱完成 17%。郑济铁路简支钢桁梁安装完成 92%、连续钢桁梁安装完成 65%。赤壁桥 3# 墩塔柱、4# 墩塔柱完成 84%。保康至神农架高速公路 3 标隧道初支完成 70%、衬砌完成 60%。江汉七桥钢结构架设完成 24%。临港长江大桥主塔开始施工。丽香铁路 3 标钢桁梁架设完成 21 节。香丽公路虎跳峡金沙江大桥钢梁架设 51 节。福厦铁 1 标乌龙江特大桥主塔开始施工。宁波舟山港主通道完成墩身架设 310 节、箱梁架设 143 片。千黄高速钻孔桩全部完成。温州瓯江北口大桥工程 BKTJ-01 标开始承台浇筑。杭绍台铁路 6 标段椒江特大桥 49#、50# 塔柱施工至下横梁。

重点投资项目：2019 年中标汉中褒河物流园 PPP 项目，并联动开发房建施工标，实现新签合同额 22.16 亿元。2019 年，中铁大桥局既有 19 个基础设施投资项目，总投资约 1171 亿元，项目全周期需出资 51.53 亿元，中铁大桥局年度完成出资 7.74 亿元，年累完成比例 15%。

（易　爽）

【走向海外】中铁大桥局积极开展海外市场营销，不断完善海外业务管理体系，深入推进区域营销模式，从“走出去”向“走进去”、“走上去”转变。2019 年，实现海外新签合同额 66.04 亿元，完成海外营业额 14.37 亿元。2019 年海外项目进展情况：①孟加拉国帕德玛桥项目：完成产值 76815 万元人民币，主桥钢桩制造和插打全部完成，主桥基础施工完成承台 15 座，墩身 22 座，电塔钢管桩制造完成 34 根，插打完成 26 节，两岸引桥所有桩基施工全部完成，钢梁制造41孔，架设19孔，铁路纵梁完成42个节间。②孟加拉帕德玛大桥铁路连接线项目：完成产值27000万元，1#高架桥完成钻孔桩201根、承台13座、墩身7座、节段梁预制552片；2#高架桥完成钻孔桩29根、承台1座、节段梁预制168片；3#高架桥完成钻孔桩239根、承台1座、节段梁预制239片。③坦桑尼亚姆特瓦拉港口新增泊位项目：完成产值11126万元，桩基213根，桩帽120个，预制梁预制516件，预制板预制245件，堆场地基处理33810平方米，贫混凝土铺设5725平方米，疏浚478329立方米。④坦桑尼亚新塞兰德跨海大桥项目：完成产值11927万元，栈桥1008米，钻孔桩198根，承台1座。⑤马来西亚婆罗洲大道升级改造工程拉让江桥项目：完成产值7169.38万元人民币，跨拉让江特大桥完成800毫米HPC管桩154根，承台12个，墩柱16个，桥台2个，挂篮现浇悬臂节段箱梁132节段，引桥预制顶推节段箱梁28节段及合拢段施工，诗巫立交完成承台12个，墩柱12个，盖梁12个，桥台2个，I型梁预制、架设84片，桥面板现浇6跨12幅，芦楼立交完成桥台2个，I型梁原位现浇10片，桥面板现浇1跨，桥面附属70m，路基附属180m，乌也大桥完成承台2个，墩柱2个，盖梁2个，桥台1个，I型梁预制70片。⑥孟加拉国吉大港铁路工程项目：完成产值3733.6万元，钻孔桩103根，承台12个，墩身10个，盖梁9个。⑦香港将军澳—蓝田隧道节段梁项目：完成产值3059.85万元，节段梁预制155片。⑧香港日出康城房屋预制构件项目：完成产值340.76万元，房屋预制构件1113片。⑨香港何文田房屋预制构件项目：完成产值846.8万元，房屋预制构件1151件。（宋　阳）

【重大创新】开展技术创新。承担各级科研项目立项总计59项，其中国家自然科学基金项目、中国工程院咨询研究课题、中国工程科技发展战略湖北研究院咨询研究项目、湖北省高价值知识产权培育工程项目、武汉市企业技术创新项目各1项，中国中铁科技开发课题6项，其他外部课题5项，集团公司直管科研项目立项43项。3项中国铁路总公司科研课题完成研究工作并申请验收；3项中国中铁科技开发计划课题通过结题验收；组织开展验收中铁大桥局科研项目/课题35项。新增授权专利113项，其中发明专利36项，实用新型专利76项，外观设计专利1项；软件著作权4项。获中国节能协会环保专利奖三等奖1项；2项铁路专利、1项铁路技术标准和4篇铁路科技论文入选国家铁路局铁路重大科技创新成果库。获得各级科技奖58项，其中湖北省科学技术奖2项，河南省科技进步奖1项，宁夏回族自治区科学技术奖1项，中国铁道学会科学技术奖2项，中国公路学会科学技术奖3项，中国施工企业管理协会科学技术奖3项，中国建筑学会科学技术奖2项，中国测绘学会奖1项，中国卫星导航定位协会奖1项，中国钢结构协会科学技术奖5项，中国质量协会奖1项，中国公路建设行业协会科学技术奖1项，中国交通运输协会科学技术奖2项，中国节能协会奖2项，中国发明协会奖2项，国家铁路局重大科技创新成果奖8项，中国铁路工程总公司科学技术奖7项，中国铁路工程总公司优秀工程勘察设计奖2项，詹天佑奖2项，其他省级行业学会协会奖10项，“海洋长大桥梁建造技术创新团队”被评为国资委优秀科技创新团队。

推进管理创新。将管理创新工作纳入所属各单位年度绩效考核，将管理创新成果的制度转化情况作为考评内容，促进创新成果转化和运用。中铁大桥局2019年度管理创新课题立项75项，获中国中铁管理创新成果奖一等奖2项，获第二十六届全国企业现代化创新成果奖二等奖1项。（舒海华）

【工程创优】南京长江第四大桥工程获2018—2019年度国家优质工程金质奖；宁安铁路安庆长江大桥、滨北线松花江公铁两用桥改建工程获2018—2019年度国家优质工程奖；宜昌庙嘴长江桥、泰州长江大桥获2018—2019年度中国建设工程鲁班奖（国家优质工程）；贵州鸭池河特大桥、宜宾金沙江公铁两用桥获优秀焊接工程奖一等奖，摄乐桥建设工程二标段获优秀焊接工程奖。

银川北京路延伸及滨河黄河

▲2019年7月15日，孟加拉帕德玛大桥桩基施工全部完成

大桥工程、武陟至西峡高速公路桃花峪黄河大桥获2018—2019年度“李春奖”（公路交通优质工程奖）；重庆寸滩长江大桥工程获2019年度重庆市市政金杯工程奖。（付红艳）

【企业文化】在统一宣贯中国中铁“五大理念”和中铁大桥局特色价值理念的基础上，加强项目基层文化建设，发布《工程项目塑形标准化操作指南》，推进工程项目文化理念、行为、形象不断规范化、制度化。及时跟进常泰长江大桥、川藏铁路等重大工程项目的开工活动和项目塑形工作，为项目建设起好步、开好头。完成重庆白沙沱桥、宜昌秭归长江大桥、武汉鹦鹉洲长江大桥等项目的“五个一”工程书籍编印；启动武汉杨泗港长江大桥、青山长江大桥、京张高铁等项目的文学创作笔会。举办“庆祝新中国成立70周年”系列文艺文化主题活动，评选表彰第三届“建桥楷模”，配合开办“我和我的祖国”庆祝新中国成立70周年职工文艺会演，并选送节目参加湖北省国有企业庆祝中华人民共和国成立70周年文艺演出。坚持在发扬传承桥文化底蕴的基础上，创新企业文化建设活动。“桥文化”入选“新中国成立七十周年·全国建筑业企业文化经典案例”和“2019年度工程建设行业企业文化最佳案例”。“桥文化”文艺精品竞相涌现，探索“大桥书局”出版社发行桥题材图书畅通桥文化市场化传播渠道，《国家名片——中国桥梁》《长江大桥日历》《中国桥》等精品书籍，获得好评。不断强化企业品牌形象塑造，中铁大桥局“立足中国桥，唱响‘建桥国家队’”品牌工作在中国中铁品牌建设座谈会上作经验交流。2019中国桥博会成功举办，推动文化产业繁荣发展，“桥文化”影响力不断提升。推出桥梁主题文创产品近600款，“乔公子”文创品牌入选2018北京文化创意大赛全国50强。桥梁传媒公司成功申报展陈设计施工一体化一级资质，拓宽了经营领域，为桥文化走向更广阔的舞台奠定基础。（吴　霏）

【党建工作】2019年，中铁大桥局党委围绕中心工作，加强党的全面领导，推进全面从严治党，把方向、管大局、保落实，为推进企业高质量发展提供了坚强保证。制定《中铁大桥局党委党内监督工作实施细则》等制度，加强党的十九大等会议精神和党中央及上级组织决策部署贯彻落实情况的监督检查。推进中铁大桥局及所属19家法人单位和管理主体“三重一大”决策和运行应用系统的上线和应用工作。全年共召开党委常委（扩大）会议18次，履行“前置程序”研究讨论议题38项。推动落实《中铁大桥局党委落实中央纪委〈工作建议〉的工作任务台账》，113项任务中，已办结58项。开展企业领导人员亲属及其他特定关系人所办企业与本企业业务往来专项整治，组织中铁大桥局中层以上干部开展了两轮自查自纠，并作出公开承诺。深入开展“不忘初心、牢记使命”主题教育活动，组织党委理论学习中心组学习12次，其中专题研讨5次。规范参学督学的过程实施和结果运用，到12家所属单位开展参学督学。通过打造“凤凰山讲坛”“道德讲堂”“书记讲党课”等思想政治教育品牌，补强学习阵地。开通海外社交媒体平台。开展“凡是在心不在形”实践活动，广泛宣讲企业形势任务和理念措施。2019年《大型国有企业思想政治工作“四大平台”的构建与实施》获得中国中铁企业管理现代化创新成果奖二等奖，19篇理论文章在《中铁党建》《调研参要》《湖北国资》等刊物发表。持续开展队伍建设，修订《领导人员管理办法》《科级及以下干部职务管理办法》等制度办法。全年共调整领导干部8批139人次，其中提拔领导干部37人次，交流102人次。推动干部年轻化和改任非领导职务政策，完善改任非领导职务人员薪酬管理等制度，培养选拔优秀年轻干部，优化干部队伍结构，全年共有34名处级领导人员改任非领导职务，提拔17名40岁以下的年轻领导干部，占年度提拔人数的46%。组织对65名新任职领导人员进行集体谈话和个别谈话，对两家巡察发现问题单位进行提醒谈话。对2家单位领导班子进行了日常履职考核，对58名干部进行了试用期满考核。完善“专场宣讲会＋院校双选会＋政府招聘会”的招聘模式。加强专家队伍建设，评审聘任21

▲ 中铁大桥局承建的南京长江四桥

▲ 宜昌至喜长江大桥

名集团公司一级专家，推荐申报中国中铁、行业协会、政府专家40余人次。借助博士后科研工作站、中铁大桥局研究生班等平台持续开展后备专家培养。印发《中铁大桥局集团有限公司科级及以下干部职务管理办法》，全年提拔科级干部120人。2019年，所属4家单位党委完成换届选举工作；调整7家单位党工委、纪工委人员的组成；撤销10家单位党工委、纪工委；完成武汉铁路桥梁职业学院党组织隶属关系变更。打造"全面从严治党示范性工程"和选树"全面从严治党示范党支部"两大特色党建品牌，首次采用全面视频考评与现场抽查考评相结合的方式组织开展评选工作《打造全面从严治党示范性工程实施办法》被评为中国中铁优秀项目管理制度。推广使用"大桥红"党建工作网络平台。全年共发展党员119名。1名党员获"中央企业优秀共产党员"称号，3个基层党支部获得"中国中铁'三基建设'示范党支部"称号，1个基层党委被评为湖北省政府国资委党委第二批"国有企业示范基层党组织"。各级党组织和纪检组织紧盯重要时间节点，开展明察暗访和突击检查727次。全年分三批对44个单位开展巡察工作，对2个单位开展巡察"回头看"，实现了一届任期内巡察全覆盖目标。督促职能部门针对工程项目廉洁风险开展专项监督检查21次，提出监督监察建议49项。连续20年开展党风廉政建设宣传教育月活动，组织开展党章党纪党规教育414次，参加人数19847人次。全年共处置问题线索41件，同比下降24%；立案15件，同比下降25%；运用"四种形态"处理党员领导干部104人，运用第一种形态处理党员干部73人，占处理总人数70%。运用第二种、第三种形态处分党员干部31人，同比下降50%，充分体现严管厚爱并重的执纪理念。坚持全媒体建设思路，与新华社、中央电视台、《人民日报》等媒体合作推出《新中国的第一　第一座自主设计建造的长江大桥》《中国超级工程——平潭海峡公路铁路两用大桥》等10余篇专题报道，配合中央电视台录制的《我爱你中国》专题演出，连续第三年亮相国庆央视荧屏。围绕重大工程节点策划宣传20余次。在中央级媒体刊发新闻报道1870条，其中中央电视台报道305条，报道数量再创新高。配合中新社完成"海外华文媒体行走武汉"采访活动，配合亚洲广播电视联合会"一带一路"合拍项目摄制组完成拍摄活动，将"建桥好声音"传播到海外。（张　琦）

【信息化建设】成立以党委书记和总经理为组长的网络安全和信息化领导小组，开展"工业化、信息化""两化"融合贯标工作，获得"2019年武汉市制造业与互联网融合发展专项资金"奖励。实现中铁大桥局全包业务系统迁入"大桥云"，形成围绕信息化战略规划的一个数据中心（中央企业共享数据中心A级），一个云平台（大桥云），八大业务信息平台（协同办公、视频会议、成本管理、财务管理、施工调度、智慧工地、安全管理、市场营销），企业网服务能力不断加强，两地三中心中的武汉本地两个中心初步具备双活能力，网络总出口带宽提升至1760M。按照国家新版信息安全等级保护规范规划，开始网络安全体系建设，加强网络安全保障能力，全面梳理信息系统安全风险，对现有重要信息系统进行漏洞扫描和渗透测试并完成修复工作。举办网络安全和信息化技术培训班，组织员工参加网络安全攻防比赛。通过BIM技术和智慧梁场等技术的不断深入应用，智慧工地建设达到国内先进水平，深中通道项目部获得中国图学学会龙图杯施工组一等奖。《基于BIM技术的桥梁工程项目施工管理企业级协同平台》课题通过立项评审，正式立项，通过大数据团队与BIM中心通力协作，截至年末已完成项目级BIM管理平台基础模块研发，并确定了企业BIM管理平台的系统架构、技术路线和研发思路。积极推动统一编码研究工作，制定《数据统一编码认证中心解决方案》《数据统一编码技术方案》《数据统一编码实施方案》，对统一编码研究的建设方式、实施方式以及需要实现的目标进行了规划。（宋　旋）

【履行社会责任】扶贫帮困：定点扶贫村所在的宣恩县脱贫摘帽已通过了国家的第三方评估，向湖北省委省政府申请脱贫摘帽并获批复。持续关注"走出大山看大桥"活动中的留守儿童，保持联系，送去关怀。赴西藏山南区开展留守儿童结对帮扶活动。志愿服务：组建学雷锋志愿服务队，常态化开展爱心募捐、帮困助残、文明指引、公益宣传、义务劳动、赛会服务等形式多样的志愿者活动，马来西亚砂捞越州婆罗洲大道升级改造工程项目部开展了"学雷锋"义务献血活动，在异国他乡弘扬无国界的雷锋精神。关爱职工：拓展员工普惠服务，深入推进"三让三不让"关爱员工工程、"幸福之家十个一工程"以及"员工健康关爱计划"。修订《"三不让"帮扶救助实施办法》，提高补助标准，规范审批流程，扩大救助范围，重点解决好重病职工住院医疗费用、缓解困难职工生活等实际问题。加强员工健康关爱三支队伍建设，举办相关培训班4期，参训人员390人次。全年建成幸福驿站49家，并以中铁大桥局一公司信阳项目部为试点，推进幸福驿站标准化建设。持续开展"六送"活动，惠及职工和农民工42878人次。（吴　霏）

【领导人员】

刘自明	党委书记、董事长、法定代表人
文武松	党委副书记、总经理
黄支金	党委副书记
古继洪	党委常委、副总经

理、总会计师
汪小平　党委副书记、纪委书记、监事
刘杰文　党委常委、副总经理
肖佳鹏　党委常委、工会主席、副总经理
李富仓　副总经理
季跃华　副总经理
蔡登山　副总经理
潘东发　总工程师
罗　兵　副总经理
张红心　副总经理
刘建华　副总经理（6月任）

（杨迎冬）

中铁隧道局集团有限公司

【简况】中铁隧道局集团有限公司（简称中铁隧道局）是中国中铁股份有限公司下设的专业从事隧道与地下工程建设的国有大型施工企业。公司住址：广东省广州市南沙区明珠湾起步区工业四路西侧自编2号（仅限办公用途），网址：http://www.crtg.com。主要经营业务范围涉及铁路、公路、市政、建筑、水利水电、机电工程等施工总承包，隧道、桥梁、公路路基、铁路铺轨架梁等专业承包，以及公路、铁道、市政等行业设计、机械制造、科研咨询等领域。施工类资质方面具有铁路工程、公路工程、市政公用工程3项施工总承包特级和建筑、机电等施工总承包一级，及隧道、桥梁、公路路基、铁路铺架、环保、建筑机电安装、装修装饰等多项专业承包一级资质；设计资质方面具有铁道行业甲Ⅱ级、公路行业甲级、市政行业甲级3项资质。企业通过了GB/T 28001 职业健康安全管理体系认证、GB/T 19001 质量管理体系认证、GB/T 24001 环境管理体系认证。

1978年5月，为修建黄河水下隧道，经铁道部报请国务院批准，在河南洛阳成立铁道部4501工程指挥部，1978年10月，国务院批准将4501工程指挥部改组为铁道部隧道工程局。1999年8月，与铁道部脱钩，更名为中铁隧道工程局，纳入中央企业系统管理。2001年5月，实行公司制改造，组建了以中铁隧道局集团有限公司为核心，集勘测设计、建筑施工、科研开发、机械制造四大功能为一体的中铁隧道集团。2017年4月27日，中铁隧道局集团有限公司科技大厦奠基，中铁隧道集团正式搬迁至广东省广州市南沙区办公，2017年7月31日，中铁隧道集团有限公司更名为中铁隧道局集团有限公司。2018年6月26日，中铁隧道局集团正式在广州南沙工商注册成功。

中铁隧道局是中国中铁股份有限公司的全资子公司，注册资本29.63亿元，所有者权益60.23亿元，资产总额423.38亿元，拥有国家级企业技术中心1个，盾构及掘进技术国家重点实验室1个。全集团在建工程项目近300个，遍布全国各地及中东、中亚、东南亚、南美等地。2019年，中铁隧道局员工总数达到14667人，拥有管理、专业技术人员9035人，其中国家级有突出贡献专家1人，享受国务院政府特殊津贴9人，“国家百千万人才工程”1人，全国技术能手1人，中原学者1人。中铁隧道局共有754项科研成果通过鉴定、评审或验收，其中国家科技进步奖15项（含特等奖1项），省部级科技成果273项；拥有知识产权185项，国家级工法18项。累计获中国建设工程鲁班奖21项，中国土木工程詹天佑奖38项，国家优质工程奖47项，全国市政金杯奖11项，国际项目管理银奖1项。

中铁隧道局拥有盾构及掘进技术国家重点实验室、国家级企业技术中心、博士后科研工作站。中国土木工程学会隧道与地下工程分会挂设在企业。经中国工程机械协会授权成立“全断面隧道掘进机状态监测与评估中心”。先后获得“全国用户满意施工企业”“全国优秀施工企业”“中国优秀企业”“中国诚信单位”“全国五一劳动奖状”“中国企业文化竞争力十强”等荣誉。（余纪伟）

【主要指标】截至2019年末，中铁隧道局资产总额423.38亿元，其中流动资产317.38亿元，非流动资产106亿元；负债总额363.15亿元，所有者权益60.23亿元。国有资本保值增值率为106.11%，实现了国有资产保值增值的目标。2019年，中铁隧道局新签合同额772.9亿元，完成股份公司确保目标900亿元的85.9%；实现企业营业额468.8亿元，完成年度预算450亿元的104.2%；实现营业收入439.34亿元，完成年度预算436亿元的100.77%；实现净利润3.05亿元；实现经营性净现金流20.04亿元，完成奋斗目标。推进三级公司资金池建设提升资金集中收益，改善金融资源结构实现低成本资金优化配置，利用高新技术企业、研发加计扣除等税收优惠政策优化所得税税负，企业净资产收益率和总资产报酬转率稳步提升。

（赵　旭）

表14-18　2019年中铁隧道局集团有限公司主要经济指标

项目	2019年	2018年	比上年增长/%
资产总额/亿元	423.38	301.97	40.21
所有者权益/亿元	60.23	59.33	1.52
营业收入/亿元	439.34	400.11	9.80
利润总额/亿元	3.80	2.24	69.64

续表

项目	2019 年	2018 年	比上年增长 / %
净利润 / 亿元	3.05	1.79	70.39
归属于母公司所有者的净利润 / 亿元	2.88	1.62	77.78
技术开发投入 / 亿元	12.7	8.67	46.48
应交税金总额 / 亿元	6.74	8.1	-16.79
净资产收益率 / %	5.10	3.29	增加 55.02 个百分点
总资产报酬率 / %	1.47	1.60	减少 8.13 个百分点
国有资本保值增值率 / %	106.11	103.25	增加 2.77 个百分点

制表：赵　旭

【改革发展】2019 年，中铁隧道局加快转型升级步伐，抓项目履约，挖潜增效，严管安全质量，加大改革力度，优化产品结构，实现了平稳有序发展。在企业改革发展方面，贯彻股份公司区域营销改革精神，压实二级单位市场营销主体责任、三级单位生产管理主体责任和辅助营销的职能，完成国内营销体制改革方案调研和编制，组织推进子公司、分公司营销机构清理，调整片区指挥部职责、机构和编制，构建了以集团公司营销部为指挥协调中心、片区指挥部为责任主体、省级营销分公司为基础单元、各子公司、分公司有序参与配合的营销系统组织架构；推进机构管理机制完善与总部机构改革，制定发布新设机构管理办法，优化完善机构管理流程和管理规则，完成总部相关机构编制及职责调整，完成总部机构改革总体思路与实施方案；组织修订中铁隧道局集团公司绩效考核办法和考核指标体系，突出子公司“管干”的功能定位；推进国际业务统筹管理能力，明确国际业务管理顶层架构和国际业务运行规则，将中铁隧道局工程有限公司更名为中铁隧道局集团国际工程有限公司并委托国际事业部实体运行；推进“大专业、小综合”战略，明确施工型子公司、分公司发展方向和特色产品及培育方向；取得市政总承包特级资质和市政行业甲级设计资质，取得军工涉密业务咨询服务安全保密条件备案证书，通过中国建筑业 AAA 级信用评价；完成施工、设计资质跨省变更，完成统计关系跨省转移，保障了企业迁移后平稳运行。（蒋永强）

【重大项目】2019 年，中铁隧道局共承建工程项目 369 个，其中铁路项目 39 个，公路项目 51 个，市政项目 106 个，城市轨道项目 105 个，水电项目 11 个，房建项目 17 个，其他项目 40 个。太焦铁路神农隧道、赤喀铁路天秀山隧道、蒙华铁路中条山隧道、丽香铁路七达里隧道、衢宁铁路鹫峰山 1 号隧道、广州外绕大梅山隧道、珠海板樟山新增上行隧道、张吉怀铁路新村二号隧道，兰花隧道、格库铁路阿尔金山隧道、成都机场高速公路龙泉山隧道等一批重难点隧道贯通；宁波地铁 TJ5120 标、武汉地铁 11 号线、苏州地铁 5 号线、新加坡 C885 项目、青岛地铁 8 号线、春风隧道、合肥轨道交通 4 号线 6 标、合肥轨道交通 1 号线三期、南通地铁 1 号线、杭州地铁 1 号线、7 号线等一大批盾构或 TBM 项目始发。黔张常，崇礼，昌赣，蒙华 3 标，9 标，商合杭，汉十和乐清湾等项目年内开通运营。玉磨、郑万 9 标、成昆 9 标、杭临 10 标、长石联络线、深圳北环等项目逐步脱困。（孙祥惠）

【走向海外】中铁隧道局加大海外项目的市场开发力度，保持海外业务持续增长，全年新签合同额 32.33 亿元人民币，其中中标智利圣地亚哥地铁 2 号线 3 标段，合同金额 3.02 亿元人民币；中标以色列特拉维夫轻轨系统红线 TBM 段（东标段）项目，合同金额 4.1 亿元人民币；中标格鲁吉亚南北公路 Kvesheti 至 Kobi 段 Lot1 标段，合同金额 22.64 亿元

▲ 2019 年 8 月 13 日，中国自主研制的最大直径泥水盾构机——“春风号”在深圳春风隧道正式投入使用

人民币；中标瑞典斯德哥尔摩新地铁延长线服务隧道3个，87131、87132、87133项目，合同金额2.57亿元人民币。全年履约实施的项目共10个，2019续建项目7个，新中标开工项目3个。2019年中铁隧道局计划完成施工营业额2.08亿美元，截至年底实际完成2.47万美元，完成年度计划的119.08%。（陈　鑫）

【重大创新】2019年，中铁隧道局在研课题162项，其中重大课题82项。依托高黎贡山隧道、滇中引水工程、珠三角城际广佛环线等重难点工程，兼顾低真空磁悬浮隧道、TBM新型破岩、隧道结构智能监控与维护、大数据建设等前沿或新兴技术进行科研项目立项38项、工法44项、专利71项，立项经费4895万元，其中前沿或新兴技术立项金额2273万元，占比46%。新承担国家重点研发项目、河南省技术创新专项、股份公司科研立项等各类外部科研课题共21项，共获经费支持2571.95万元。2019年，34项科技成果通过省部级评审或评价（其中，国际领先水平8项、国际先进水平16项、国内领先水平9项）、9项科技成果通过股份公司验收、34项科技成果通过中铁隧道局评审和验收。获省部级及以上科技进步奖34项（其中国家科技进步奖2项），获中国专利优秀奖1项；获国家发明专利24项、实用新型专利19项、软件著作权22项、外观专利1项，获省部级工法21项、企业级工法33项；获中国中铁企业管理现代化创新成果奖二等奖3项。获第十届“创新杯”建筑信息模型（BIM）应用大赛第三名。（韩　丹）

【工程创优】2019年，中铁隧道局承建的兰渝铁路西秦岭隧道获得中国建设工程鲁班奖。全年获国家优质工程奖7项，其中广东省潮州至惠州高速公路、南昌市红谷隧道获国家优质工程金奖，苏州市轨道交通2号线及延伸线、重庆轨道交通5号线一期北段、重庆至贵阳铁路扩能改造工程天坪隧道、南宁东站综合交通枢纽一期工程（地下空间）—公共服务工程01标、达州至万州高速公路获得国家优质工程奖。获中国土木工程詹天佑奖5项，分别是云桂铁路，南昌市红谷隧道，杭州市紫之隧道，深圳市城市轨道交通11号线，广州市轨道交通2、8号线延长线。

2019年，中铁隧道局承建的南宁市轨道交通5号线一期（国凯大道—金桥客运站）施工总承包02标土建5工区获中建协2019年度建设工程项目施工安全生产标准化工地。南宁市轨道交通5号线一期工程（国凯大道—金桥客运站）施工总承包02标土建5工区五一立交站、中铁隧道集团科技大厦荣获广东省建设工程项目施工安全生产标准化工地。中铁隧道集团科技大厦获广东省房屋市政工程安全生产文明施工示范工地）。京沈客专京冀段十三标、新建格尔木至库尔勒铁路（新疆段）S6标、太焦铁路TJXQ-1标、广东省龙川至怀集公路TJ23合同段、以色列特拉维夫轻轨红线TBM西标段、石家庄市城市轨道交通2号线一期工程土建及相关工程、昆明市轨道交通4号线PPP项目土建工程项目、成都轨道交通8号线一期工程、宁波轨道交通4号线土建工程TJ4009标、南沙基地项目部、杭州地铁6号线一期工程土建施工SG6-4标11个项目获得中国中铁2019年度安全标准工地。无锡地铁3号线一期工程04标获江苏省建筑业绿色施工示范工程。（巩建军）

【党建工作】2019年，中铁隧道局党委以习近平新时代中国特色社会主义思想为指引，贯彻落实党的十九届四中全会精神，加强党的政治建设、思想建设、组织建设和党风廉政建设，推了党建工作责任制的落实。召开第五次党代会，为企业未来五年的发展明确了方向。坚持政治理论武装不动摇，层层组织中心组学习，成立四中全会精神宣讲组，全年召开党委常委（扩大）会8次，党委办公会13次，党建工作领导小组会议3次。坚守意识形态工作主阵地，组织集中观看中宣部教育警示片，扎实开展专项督查，意识形态管控能力有效提升。制定加强“三基建设”的实施意见，开展党建工作责任制考核，党建基础工作逐步夯实，以色列项目党建受到国资委党委的高度评价。开展“不忘初心、牢记使命”主题教育，作为优秀单位在股份公司总结大会上做了经验交流，专题片《初心》入选党中央主题教育官网，将主题教育成果有效转化为攻坚克难、推动发展的实际成效。落实“两个责任”，集中开展形式主义官僚主义专项整治、特定关系人往来专项整治、驻京办事机构清理工作，开展落实中纪委《工作建议》“再深入、再查摆”活动，严厉打击违反中央八项规定精神和“四风”问题，全年查处案件29件，给予136人党政纪处分。加强领导班子和干部队伍建设，全年调整副处及以上领导人员31人次、提职12人、撤职3人。加大对外宣传报道力度，全年88次登上中央电视台，5次登上新闻联播，新老成昆线登上新中国成立70周年献礼节目，制作《执着与值得》《初心》《使命》等专题宣传片，讲好了企业故事。（周海东）

【信息化建设】2019年，中铁隧道局建成总部科技大厦办公信息化系统，建成了中国中铁华南区域数据中心和信息化智能办公系统（总投资6324万元），为中铁隧道局总部提升管理水准提供了信息化保障。列入年度重点科研课题，组建数据集成课题组，解决信息孤岛问题，完成了中铁隧道局数据集成平台一期建设任务，将经营、工程、安全、业财、成本、OA等13个业务进行了数据集成，形成了统一门户和数据BI，避免数据重复录，开启数据治理。促进 BIM 技术应用，年内举办 BIM 建模、取证培训班 2 期，培训一线 BIM 技术人员 117 人。启动数据中心云平台、业财共享平台、成本管理 V2.0 系统、OA 平台、安全隐患排查系统和集团门户网站 6 个重要数据平台的等保 2.0 测评工作。按照军工涉密计算机及办公设备管理要求，严格排查，反复演练，持续整改，实现达标，通过了国防科工局军工涉密资质备案现场核查。

2019 年，中铁隧道局《盾构施工远程信息化管理关键技术研究》获中国铁路总公司一等奖，《BIM 技术在高黎贡山隧道施工中的应用》获中国勘察设计协会第十届“创新杯”BIM 大赛基础设施类第三名，《如意坊放射性系统工程（一期）BIM 技术应用》获中国建筑信息模型科技创新联盟、中国科技化产业促进会等第五届“科创杯”中国 BIM 技术交流暨优秀案例作品展示会大赛三等奖，业财共享平台、工程进度管理系统、设备二维码智能巡检系统、深圳—中山跨江通道 S03 标项目、春风隧道项目智慧工地等被中国施工企业管理协会推荐为 2019 年度优秀案例。12 月 16 日，国家科技部中国技术创业协会举办的“共创杯”智能建造技术创新大赛中，中铁隧道局集团参赛作品《深中通道 BIM 技术应用》获得全国设计组二等奖。（杜潮继）

【履行社会责任】 2019 年，中铁隧道局各级抢险救援力量先后 16 次参与所在区域附近发生的山体滑坡、洪水、泥石流、台风等自然灾害抢险救援，如汶川三江镇泥石流、渝怀铁路边坡坍塌、成昆铁路山体滑坡等，累计投入救援设备 487 台（套），抢险人员 856 人次，积极承担和履行中央企业社会责任。（巩建军）

【领导人员】

于保林　党委书记、董事长、法定代表人
唐　忠　党委副书记、总经理、副董事长
罗　琼　党委副书记、董事
薛　峰　党委副书记、纪委书记、监事会主席
范国文　工会主席、副总经理、职工董事
洪开荣　总工程师、董事
高　伟　副总经理、董事
赵玉良　副总经理、董事
韩静玉　副总经理
李献林　总会计师、总法律顾问、董事
李少利　副总经理
南晓宇　副总经理
赵全民　副总经理
易国良　副总经理
张学军　副总经理

（陈　骥）

中铁电气化局集团有限公司

【简况】 中铁电气化局集团有限公司（简称中铁电气化局）成立于 1958 年，是中国中铁股份有限公司成员企业，具有铁路、建筑工程施工总承包特级资质；机电、市政公用、通信工程施工总承包一级等 17 项总承包资质；铁路电气化、铁路电务、电子与智能化工程等 26 项专业承包资质；铁道行业甲Ⅱ级、建筑行业甲级，铁道行业（电气化）专业甲级设计资质；承装一级、承修一级、承试二级电力施工许可证；铁路运输许可证；测绘资质。总部设在北京。

截至 2019 年底，中铁电气化局员工总数 11868 人，其中，管理人员、专业技术人员 8125 人；工人 3743 人，分别占职工总数的 68% 和 32%。中级及以上专业技术职务人员 4281 人，其中教授级高工 38 人，高级技术职称 1213 人，中级技术职称 3030 人。员工的年龄结构：35 岁以下 4646 人，占 39%，36~45 岁 3104 人，占 26%，46~55 岁 3223 人，占 27%，55 岁以上 895 人，占 8%；员工的文化结构：大专以上 8512 人，占 72%，中专及高中 2432 人，占 20%，高中以下 924 人，占 8%。

截至年末，中铁电气化局共有下属企业 52 家，拥有机械设备 4192 台，总功率 39.57 万千瓦，总原值 18.03 亿元，设备新度系数 33.12%。其中大型电气化轨行设备 457 台（恒张力放线车 15 台，接触网作业车 228 台，立杆作业车 50 台，轨道车 42 台，轨道平板车 112 台，其他轨行车辆 10 台），大型土建施工机械 64 台，其中盾构施工设备 8 套，塔式起重机 26 台，由中铁电气化局运管公司使用和管理的大型轨行设备 232 台（产权归国家铁路局）。机械运输设备总量 2371 台、原值 62608.2714 万元、净值 18156.3987 万元、总功率 274864.3 千瓦，人均动力装备率 23.76 千瓦/人、技术装备率 1.57 万元/人、设备完好率 93.37%、利用率 92.43%、机械化施工程度较高达到 80% ~ 90%，年施工生产能力为 403.11 亿元。

中铁电气化局集团承建了国内 70% 的电气化铁路、60% 的高速铁路和 70% 以上的城市轨道交通供电工程。拥有世界最大的铁路电气化和城市轨道交通接触网器材生产厂，累计为中国供应了 70% 的电气化铁路、78% 的城市轨道交通接触网零部件等产品，是国内该领域最大的电气化器材系统集成商。

中铁电气化局是国家高新技术企业，拥有省级企业技术中心、省级工程技术研究中心和国家级技能大师工作室，是铁道行业标准归口单位和国家“牵引供电系统”标准化组长单位，主持编写了多部行业标准、规范。中国铁道学会电气化委员会设在公司本部，出版发行的《电气化铁路》是国家一级学术期刊和国内唯一的电气化铁道专业期刊。

公司先后获得多项中国建设工程鲁班奖、中国土木工程詹天佑奖、国家优质工程金质奖和国家科技进步奖，获得全国五一劳动

奖状、全国文明单位、全国优秀企业、全国质量管理先进单位和火车头奖等荣誉。截至年末，中铁电气化局荣获国家级优质工程奖111项，AAA级安全文明标准化工地奖8项，省部级优质工程奖282项。

（王怀亮　孙震红　巨　龙　邹云迅）

【主要指标】2019年，中铁电气化局完成企业营业额403.11亿元，为股份公司年度目标计划390亿元的103.4%，比2018年同期增长7.5%。其中：完成基建建设产值339.33亿元，比2018年同期增加25.55亿元，同比增长8.14%。设计产值0.35亿元，工业产值39.38亿元，房地产业收入11.4亿元，物资贸易产值7.71亿元，其他国内产值3.19亿元，外经外贸营业额1.75亿元。

2019年实现新签合同额709.1亿，完成股份公司营销目标650亿元的109.1%，同比增长9.09%。实现归属于母公司净利润10.52亿元，完成股份公司利润目标7.86亿元的133.84%。

（王怀亮　张建瑞　蒋　琪　李树锋　巨　龙　邹云迅）

表14–19　2019年中铁电气化局集团有限公司主要经济指标

项目	2019年	2018年	比上年增长/%
资产总额/亿元	394.07	360.21	9.40
所有者权益/亿元	83.65	72.88	14.78
营业收入/亿元	399.11	353.96	12.76
利润总额/亿元	13.01	12.47	4.33
净利润/亿元	10.60	10.12	4.74
归属于母公司所有者的净利润/亿元	10.52	10.05	4.68
技术开发投入/亿元	9.60	8.39	14.42
利税总额/亿元	23.31	25.17	−7.39
应交税金总额/亿元	13.33	15.05	−11.43
全员劳动生产率/（万元/人·年）	28.32	24.51	15.54
净资产收益率/%（不含少数股东权益）	13.96	15.94	减少12.42个百分点
总资产报酬率/%	3.51	3.60	减少2.50个百分点
国有资本保值增值率/%	114.95	118.50	减少3.00个百分点

制表：邹云迅

【改革发展】系统总结项目管理实验活动成果，建立梳理提炼、实践检验、修订完善规章制度的长效机制；完成管理信息化系统的开发、试运行及全面上线，管理制度嵌入信息化系统，利用信息化系统对节点、表单进行控制，实现对业务的有效管控，提高管理制度的操作性和执行力，形成中铁电气化局集团简洁有效的管理体系。依据公司发展战略和职能定位，集团公司发挥“战略、决策、经营、财务、科技中心”作用，子公司、分公司发挥“生产经营实施、成本控制、科技成果转化、人才培养中心”作用，清晰界定各层级企业职能定位和职责，制定工作清单和责任矩阵，建立中铁电气化局特色的“4+1”项目管理模式；落实管理创新成果制度，推进科技创新和管理创新双轮驱动，发布集团级企业管理创新20项，股份级企业管理创新4项，集团—子公司、分公司—项目部三个层级管理制度，9项制度获得股份公司表彰；推荐上报北京市企业管理现代化创新成果奖5项，获得一等奖1项。梳理中铁电气化局集团全业务制度、流程、表单，建立管理制度化、制度流程表单化、表单信息化的“三化”框架，打通横向到边、纵向到底的业务流程。截至年末，在中铁电气化局集团公司机关和下属24个子公司、分公司，9个局指项目部，8个区域指挥部开展试点运行，系统建设了106个局部门和1600个子分部门业务子系统，整合建设1000个局部门和2400多个子分部门业务信息化功能模块。中铁电气化局集团共创建3832个表单，1931个流程。按照股份公司对三级工程公司压减工作要求，持续推进企业瘦身健体的力度，对营业收入未到达15亿元标准的三家工程公司整合撤并，完成电气化分公司与中铁科电气化局有限公司、上海电气化工程分公司与上海华东电气化工程有限公司、西安电气化工程有限公司与西安电务工程分公司重组合并；整合上海地区城轨运营维管产业、撤销南京建管公司组建基础投资分公司。完成集团公司医疗机构改革任务，中铁电气化局一公司、三公司卫生所按期注销。加强企业资质管理，印发《企业资质三年规划》，对资质升级、资质维护进行系统筹划，集团新增资质3项，稳步推进集团公司武器装备二级保密资质、涉密信息系统集成甲级资质申报工作，完成涉密场所、保密设备初步验收。理顺了投资分公司、区域指挥部的职能定位、调整了机关和分支机构定员定编。进一步明确集团公司、子公司、分公司、分支机构、项目部职能定位，优化项目管理模式，强化项目管理分公司主体地位和作用，实行“区域化、群管理”的一体化集中管理，有效提高区域资源整合能力。

（王怀亮　戚　跃　孙震红）

【重大项目】坚持加强党的领导与完善公司治理有机统一，“双向进入、交叉任职”领导体制持续巩固，各治理主体权责边界更加清晰、决策程序更加规范，公司治理水平持续提升。不断深化新“三型党委”建设，充分发挥党委把方向、管大局、保落实作用。推行“三重一大”决策清单化管理和在线监管，科学决策水平进一步提高。2019 年召开党委常委会 20 次，研究决策党建工作事项 75 项，前置研究企业重大经营管理事项 69 项；召开总经理办公会 16 次，研究议题 93 项；召开董事会议 14 次，其中：现场会议 12 次，通信会议 2 次。董事会审议生产经营、财务预决算、利润分配、重大投融资、法人治理结构调整、薪酬等各类议案 79 项。形成的董事会决议有 13 项未能有效执行，其中有 6 项等待股份公司批准，有 4 项受客观原因制约未能执行，有 3 项正在执行中，其他决议实施过程受控，效果良好。各类“三重一大”决策事项执行良好，监督有效，有效管控了决策风险。2019 年，中铁电气化局集团参与建设的大、中、小工程项目 300 项，其中已开通工程 73 项，在建工程 227 项，其中铁路综合工程 5 项，铁路土建工程 3 项，铁路“四电”系统集成工程 16 项，铁路站后“四电”工程 43 项，铁路房建工程 8 项，城市轨道交通工程 86 项（包括四电工程 69 项、综合工程 11 项、土房建工程 6 项），市政工程 13 项，公路工程 4 项，工民建房建工程 10 项，水利水电工程 1 项，维管工程 38 项。建成、开通电气化铁路 3350.667 正线公里（包括高铁工程 2206.213 正线公里，普速铁路 1144.454 正线公里），其中开通电气化铁路 3060.544 正线公里。建成投产牵引变电所亭 209 座，配电所 146 座，箱式变电站 963 座，通信线路 1037.018 正线公里，信号自闭线路 915.392 正线公里。投入使用各类房屋 145.927 万平方米；完成土石方 73.4522 万立方米，铁路铺轨 59.45 千米，折合开挖隧道 399.75 延长米，折合完成桥梁 856 米。参建全国 41 个城市轨道交通项目，开通城市轨道交通工程 452.43 正线公里，完成地铁隧道盾构 8023.3 米，开挖地铁隧道 1779.67 米。2019 年，中铁电气化局集团完成施工产值 338.6 亿元，为年度施工产值计划 335.3 亿元的 101%。2019 年中铁电气化局集团中铁电工技术中心成功获得河北省企业技术中心认定；与清华大学（电机系）共同建立了铁路电气化技术联合研究中心。

（王一鸣　陈希武　张　华）

【走向海外】2019 年，中铁电气化局海外业务完成新签合同额 80.49 亿元，完成企业营业额 2.51 亿元（不含以色列特拉维夫红线轻轨项目），实现利润总额 98 万元。中标并签约的匈牙利肖罗克莎尔（含）—克莱比奥（边境）铁路升级采购项目（EPC 合同），是中铁电气化局集团公司海外业务首次进入到欧盟市场；签约的乌兹别克斯坦 P06 接触网供货项目，是中铁电气化局海外业务第一次自主经营项目。全年，港澳地区追踪项目 41 个，签约项目 7 个，累计新签合同额 3.1 亿元。成立海外第 8 个国别和地区境外常设机构。依托集团公司轨道交通“四电”系统集成优势开展主营业务的同时，积极向“四电 +”相关新领域拓展、向产业链上下游延伸。2019 年，成功签署澳门多个房建 MEP 项目，香港机场旅客捷运系统轨道梁及机电项目，香港地铁广告牌更新项目，香港将军澳公路隧道高低压供电系统更新项目等；通过以色列特拉维夫红线轻轨等项目的实施，带动了集团公司设计咨询、工业产品、试验检测、联调联试、物流物贸业务的出口。

（万明明）

【重大创新】开创“投融资 +EPC+ 维管”新模式中标集通铁路电气化改造项目，采用购买合伙企业份额的投资模式中标杭绍台铁路 PPP 项目，投融资项目新签额达到 263 亿元。组织申报中国施工企业管理协会工程建设科学技术奖 5 项，获奖 2 项。获铁道学会科学技术奖 2 项、中国施工企业管理协会技术发明奖 1 项、中国施工企业管理协会科学技术进步奖 1 项、天津市科学技术奖 1 项。2019 年新增授权专利 24 项，其中发明专利 14 项，新增软件著作权 18 项，全年评审局级工法 36 项。自主研发和合作开发的工装器具数控腕臂（吊弦）预配平台、接触网智能巡检小车等，在京张、大张等多个项目建设中应用。通过集团公司省部级以上科研鉴定（评审）21 项，通过股份公司组织的二批次科技成果评审

▲ 2019 年 12 月 22 日，中铁电气化局承建的特拉维夫红线项目试车线实现动态调试运行

20项，通过集团公司科学技术奖24项。集团公司将工艺工法的开发纳入科研开发体系，2019年局级工法开发计划立项39项。获股份公司、中施协、中建协、铁道行业协会、北京市等省部级优秀QC小组72个。其中1个项目获中国施工企业协会QC小组成果发表会一等奖，3个项目获全国优秀QC小组，1个班组获全国质量信得过班组。获省部级及以上科技进步或发明奖（含国家认可的社会力量设奖）5项。全年新开科研项目76项，其中重大项目15项，重点项目47项，引导项目14项，新增股份公司科研项目6项，其中重大项目2项，引导项目4项。

组织或参与编写《铁路电力、电力牵引供电工程施工安全技术规程》《铁路自然灾害及异物侵限监测系统工程技术规范》《铁路电力牵引供电及电力工程交接试验规程》等铁道行业建设标准14项，承揽主译《电气化铁路用铜及铜合金接触线》《电气化铁路用铜及铜合金绞线》《电气化铁道用断路器技术条件》等铁道行业标准7项，与西南交通大学、同济大学等共同开展IEEEP 2839国际标准《轨道交通用安全计算机标准》的编制工作，努力实现国际标准零的突破。

（王怀亮　张华）

【工程创优】企业工程项目获奖情况。质量管理方面，中铁电气化局集团公司交验工程质量达到了国家、行业质量验收标准，符合设计文件和有关技术规范要求。工程施工质量验收合格率达到100%，单位工程一次验收合格率100%，客运专线主体工程质量零缺陷。未发生工程质量事故。2019年，获得国家优质工程奖5项，安装之星1项，第十六届詹天佑奖2项，获中国中铁杯优质工程奖10项，其他省部级奖项14项，地方市优质工程奖11项。安全标准工地建设方面，中铁电气化局集团公司创建局级安全标准工地50个，5个项目获得股份公司安全标准工地称号，4项工程获得省级安全文明工地。

（邹云迅）

【党建工作】中铁电气化局党委深入学习贯彻习近平新时代中国特色社会主义思想，采取党委常委会、党委中心组学习、辅导讲座、专题党课等多种方式，及时跟进学习习近平总书记系列重要讲话和指示批示精神、中央和上级印发的各项重要文件精神等，特别是深入学习贯彻党的十九届四中全会精神，制定学习宣贯落实全会精神的工作方案。把学习贯彻“新思想”作为干部培训的必修课，在处级干部经营管理培训等各类培训班上设置了专项课程。

深入开展“不忘初心、牢记使命”主题教育，两级班子以学习贯彻“新思想”为主线，开展集中学习研讨119次、深入基层调研364次，两级党组织共查摆主要问题689项，制定整改措施1165项，解决了一批企业改革发展和党建工作存在的突出问题，以及职工群众反映的热点问题。在主题教育效果评估中，总体评价“好”和“较好”为100%。中铁电气化局集团主题教育经验《立足初心使命 推进企业发展》在《现代国企研究》杂志刊发。

加强干部队伍建设，举办“十三五”第九期经营管理培训班，选派优秀年轻干部在中国人民大学进行为期半年的脱产培训；修订集团公司中层副职公开招聘制度，制定领导人员选拔任用纪实工作实施办法、所属单位中层干部选拔任用工作“一报告两评议”实施办法；全年选拔任用集团公司中层正职领导人员5人、中层副职领导人员34人，交流所属单位领导人员8人次。加强人才队伍建设，全年共举办各类培训班4100期，培训56410人次；内部培训师队伍建设、执业资格人才使用管理等工作成效显著。

加强基层党建工作。召开全局党建工作会议，明确了党建工作总体要求和重点任务。建设党建质量进阶管理体系，编制完成《党员领导干部教育管理手册》等5个标准化管理手册。加强“三基建设”，规范以集团公司名义中标的工程项目党组织的设置，对130名基层党组织书记和党务干部进行集中培训，推行党支部“六有六上墙”做法。对全局619个支部和境外党组织设置情况进行排查，整顿软弱涣散党组织10个。

认真落实“两个责任”，深入开展“落实两个责任，排查廉洁风险”自查自纠活动，修订《集团公司党委党风廉政建设和反腐败工作领导小组工作规则》，制定《集团公司党委党内监督工作实施办法》，推动纪检监察体制机制改革。制定并落实《关于解决形式主义突出问题为基层减负的27条措施》。驻京办、驻外办清退工作全面完成。加强廉洁教育，保定党职校党风廉政建设教育基地全年参观学习94批2468人次。对集团公司机关各部门、区域指挥部和直属项目部进行专项巡察，发现问题65项。

宣传思想文化工作。深入开展庆祝中华人民共和国成立70周年系列活动。全年在省部级以上新闻媒体发稿1600余篇。突出京张高铁等重大工程建设宣传，在央视科教频道播出京张科技创新专题片。《中国电气化铁路科普知识100题》、《梦想再出发》MV、《我和我的祖国》快闪作品被《学习强国》采用。集团公司1项文化成果入选“新中国70年中国企业精神与企业文化成果大典”。

推动和谐企业建设。组织50名职工参加国庆游行。深入开展“爱企立功”竞赛，在6个重点项目集中开展劳动竞赛，激发职工创业激情。6人获中国中铁劳模、1人获浙江省劳模、1人获首都劳动奖章、2人获火车头奖章。巨晓林被中组部、中宣部等九部门评选为“最美奋斗者”。深化幸福之家建设，全年支出“三不让”资金160.56万元，“两节”送温暖资金987.64万元。共青团深入开展“青春心向党，建功新时代”等活动，充分发挥生力军和突击队作用，中铁电气化局集团团委在股份公司团委绩效考核中排名第一。（赵茂楠）

【信息化建设】全面推进管理三化工作，年末管理三化平台正式上线试运行，共建设1个局集团平台与24个子公司、分公司平台，22个局部门系统与300多子分部门系统，100多个局部门业务子系统与1600多个子分部门业务子系统，1000多个局部门业务模块与2400多个子分部门业务模块，集团公司共创建3832个表单，1931个流程。完成集团两个重要网站的等级保护2.0建设任务，顺利取得公安备案证书，完成集团、子公司、分公司的40个信息系统的漏洞安全扫描，查明集团公司网络安全隐患。积极推进云平台建设、虚拟专用企业网络建设、云视频会议接入测试、推进软件正版化建设等一系列股份要求的重点工作。（杨 柳）

【履行社会责任】全年，组织志愿服务队73支，开展志愿者活动次数337次；投入志愿服务2684人次；为社会困难群众和公司困难职工提供救助。积极投身抢险救灾，践行央企责任，2019年在“白鹿”“韦帕”“利奇马”等台风灾害中，彰显了责任和担当。中铁电气化局全年参与各类抢险救灾150多次投入抢险救灾人数22600多人次、投入设备310多台套，投入资金800多万元。（赵 刚）

【领导人员】

韦 国	党委书记、董事长（11月免，调离）
李爱敏	党委副书记、总经理
池洪军	党委副书记、纪委书记（6月免）
周 绩	党委副书记、纪委书记（6月任）
沈九江	副总经理
刘德海	副总经理
赵印军	副总经理、总工程师
刘保顺	副总经理、总经济师
陈建明	副总经理
李争科	副总经理
宋连持	副总经理、工会主席
徐勇烈	副总经理
张永康	副总经理
毛明华	副总经理（6月任）
牛光辉	总会计师、总法律顾问
邹领权	总经理助理

（曹忠义）

中铁武汉电气化局集团有限公司

【简况】中铁武汉电气化局集团有限公司（简称中铁武汉电气化局）于2014年8月18日在湖北省武汉市工商行政管理局注册成立，由中铁电气化局集团第二工程有限公司整体及中铁一局集团电务工程有限公司、中铁二局集团电务工程有限公司、中铁三局集团电务工程有限公司、中铁四局集团电气化工程有限公司、中铁五局集团电务城通工程有限公司部分人员和项目重组成立，截至2019年12月31日，中铁武汉电气化局注册资本9亿元，下设第一工程有限公司、上海电气、物资贸易、科工装备、设计研究院5个子公司和北京、机电、城市建设、运营管理、城铁5个分公司。主要从事铁路电气化、电力、通信、信号和城市轨道交通、公路交通、机电设备、输变电、楼宇智能化、工业与民用建筑等工程建设，是集科研开发、设计咨询、工程施工、运营维护、产品制造和商务开发为一体的“四电”系统集成商和工程总承包商。目前拥有“6总18专”等24项建筑企业资质，工程设计专项（建筑幕墙、建筑装饰、消防设施）乙级资质及电力承装（修、试）资质，涵盖铁路工程、铁路电气化工程、电务工程、通信、输变电、机电、房建、市政、钢结构、电力设施承装承试、建筑幕墙、建筑装饰装修等设计施工领域。

中铁武汉电气化局现有员工4510人，专业技术干部2452人，占员工总数的54.37%，其中具有教授级高级专业技术资格的15人，高级专业技术资格的411人，中级专业技术资格的708人，初级专业技术资格的955人；工程类专业干部1751人，占员工总数的38.82%（其中高级311人，中级561人，初级620人）；工人2058人，其中，技术工人1965人，技术工人中初级工55人，中级工204人，高级工773人，技师491人，高级技师266人，特技技师2人。

截至2019年底，中铁武汉电气化局实收资本9亿元，全部为股份公司投资。资产总额60.81亿元，其中流动资产55.30亿元、非流动资产5.51亿元。

中铁武汉电气化局现有机械设备1264台，总功率7.66万千瓦，总原值2.98亿元，净值0.71亿元。其中铁路电气化施工机械93台，原值1.77亿元，净值0.35亿元。设备平均新度系数0.24，人均动力装备率16.99千瓦/人，人均技术装备率1.57万元/人，装备生产率145.31万元，主要施工机械平均完好率97.47%，利用率88.75%。

2019年，中铁武汉电气化局完成施工产值105亿元，在建工程项目215个，铁路工程项目136个、轨道交通项目44个，其他项目35个，安全优质地开通了蒙华铁路、梅汕客专、黔张常铁路、汉十高铁、穿山港铁路、阳安二线、呼和浩特轨道交通1号线、杭州地铁5号线、厦门地铁2号线、合肥地铁3号线等50余个项目。中铁武汉电气化局成立以来，共有38项科研课题通过了中铁武汉电气化局集团公司评审，9项科研课题通过中国中铁股份有限公司评审，获得中国铁路工程集团公司科学技术奖6项。审定企业级工法43项。

累计获得授权发明专利3项，实用新型专利109项，软件著作权13项。（丁芊 杨成 沈齐波 肖会建 杨山荣 吴荣超）

【主要指标】截至2019年底，中铁武汉电气化局完成营业收入102.05亿元，完成年度预算的119.78%；实现净利润0.98亿元，较2018年增长25.64%；资产负债率79.88%，与年度预算相比下降0.68%；经营性净现金流7.48亿元，现金盈余保障倍数4.4；实现经济增加值（EVA）3.73亿元，完成年度预算的141.29%。

（沈齐波）

表 14–20　　2019年中铁武汉电气化局集团有限公司主要经济指标

项目	2019年	2018年	比上年增长/%
资产总额/亿元	60.81	58.6	3.77
所有者权益/亿元	11.51	10.86	5.99
营业收入/亿元	102.05	63.34	61.11
利润总额/亿元	1.15	0.89	27.78
净利润/亿元	0.98	0.78	25.64
归属于母公司所有者的净利润/亿元	0.98	0.78	25.64
技术开发投入/亿元	3.25	1.78	82.58
利税总额/亿元	3.57	3.02	18.21
应交税金总额/亿元	2.59	2.24	15.63
净资产收益率/%	8.73	7.44	增加1.29个百分点
总资产报酬率/%	2.09	1.74	增加0.35个百分点
国有资本保值增值率/%	109.54	107.72	增加1.82个百分点

制表：沈齐波

【改革发展】按照“打造四型企业，推动五化发展，实现六大目标”的行政工作总体思路，推动中铁武汉电气化局实现差异化发展。2019年，根据宏观经济形势和市场变化，提出以“四定”为主要内容的行政工作布局：一是发展定向，进一步明确了企业打造“国内一流、全球知名、绿色智能”轨道交通集团的发展方向和目标；二是主业定位，提出在做专做精做强“四电”专业的同时，积极推进“四电+”战略，做到“四电”为主，相关多元；三是链条定型，围绕主业，通过向咨询、设计、投融资、新产品等产业链上游延伸，向运管、服务等产业链下游过渡，完善产业链条，提高附加值，构建持续发展生态圈；四是文化定心。践行合创文化，使合创文化落地生根，创树企业品牌。2019年，推进内部工程公司改革重组，按照专业化发展理念，将“四电”同业公司由原来的6家减少到2家，重组后中铁武汉电气化局设有一公司和北京分公司2家“四电”工程公司，上海电气、城市建设、机电、运营管理和城铁分公司5家专业工程公司，突出“四电+”、产业链延伸和新兴市场发展方向，专业化更强。构建“以客户为中心、以机制为保障、以创新为动力”的三维空间管理新格局。（杨成）

【重大项目】2019年，中铁武汉电气化局实现新签合同额182.8亿元，其中铁路项目71.6亿元，占比39.2%；非铁路项目111.2亿元，占比60.8%。

铁路项目：全年新签合同额71.6亿元。经营区域上，积极统筹区域经营资源，实现经营区域全覆盖，重大项目集中在鄂、粤、蒙、陕、闽、黑、云、黔、渝、湘、川、浙、苏等省、自治区、直辖市；业务构成上，以铁路“四电”项目为重点，加强与中铁建工、中铁通号、中铁三局、中铁电气化局、中铁第三设计院等单位联合，努力突破行业限制。持续完善中铁武汉电气化局集团公司投标商务库，开具办理浩吉（蒙华）、梅汕、黔张常、汉十等竣工项目业绩证明，通过玉磨铁路四电集成标，开具并完善了中铁武汉电气化局集团公司领导班子成员铁路“四电”系统集成项目经理业绩证明，为中铁武汉电气化局重大铁路“四电”系统集成项目投标提供要素支持。2019年，参与投标铁路大中型“四电”项目27项，中标7项，先后独立中标合安铁路引入合肥枢纽相关工程、玉磨铁路站后工程、兴泉铁路“四电”项目、中老铁路磨万段“四电”项目，与通号公司、中铁十局等单位联合中标安九铁路湖北段、江西段“四电”工程，浦梅铁路“四电”项目，首次以投资方式中标时速为350千米的潍莱铁路“四电”项目。中铁武汉电气化局承建的浩吉铁路、梅汕客专、黔张常铁路、汉十高铁、穿山港铁路、阳安二线、连镇客专连淮段、米攀铁路攀枝花南至局界段等项目顺利开通，开通项目29个，建成铁路新线1366正线公里、改造既有线670正线公里。

轨道交通项目。全年新签合同额56.85亿元。2019年，中铁武汉电气化局在深圳、武汉、杭州、呼和浩特、重庆、南昌、常州、西

安、成都、佛山、绍兴等城市中标地铁项目，新开拓常州、佛山、绍兴等城市市场。业务构成上，以城铁“四电”、机电安装、钢结构、装修装饰、风水电等专业为主导。先后中标深圳市城市轨道交通6号线支线工程施工总承包系统设备安装工程、武汉市轨道交通5号线工程钢结构工程（第二标段）、杭州地铁1号线三期工程车站（含区间）设备安装及装修工程、重庆轨道交通4号线（民安大道—石船）PPP项目、南昌轨道交通4号线高新停车场电气化工程、常州市轨道交通2号线一期工程供电系统施工安装工程M2-GC-GDAZ-01标段、武汉市轨道交通5号线工程沿线供变电系统安装工程、杭州至绍兴城际铁路工程供电系统施工Ⅰ标（变电所）、西安市地铁临潼线（9号线）一期工程XTSG-3标、西安地铁5号线二期工程（交大创新港—和平村（不含））供电系统设备采购及施工安装工程、西安市地铁6号线一期工程车站设备安装及装修、轨道、系统设备安装施工总承包项目、呼和浩特市城市轨道交通1号线一期工程施工5标、武汉市轨道交通6号线二期工程老关村大架修库工程、武汉市轨道交通5号线工程武汉火车站至徐家棚站（风、水、电、装修）施工第二标段、常州市轨道交通2号线一期机电安装及装修工程03标、成都轨道交通10号线三期及13号线一期工程、广州市轨道交通7号线一期工程西延顺德段机电工程总承包项目等轨道项目。

其他项目。全年新签合同额54.34亿元。经营区域上，持续巩固湖北、广东、陕西、四川、新疆、西藏等地域优势。新开发天津、山东等新的区域市场，独立自主完成投资类项目，中标新建潍坊至莱西铁路“四电”系统集成及相关工程，正式进入投资领域。中标北京新机场高速公路（南五环—北京新机场）10千伏外电源工程施工03标段、长株潭城际铁路与石长铁路联络线“四电”和信息系统集成及相关工程施工总价承包、广州铁路枢纽新建白云站（棠溪站）工程管线迁改项目BYZGX-3标、光谷中华科技园滨湖社区建设项目（二期）设计施工总承包（EPC）项目、武汉经发粮食物流产业投资有限公司铁路专用线工程第二标段采购—施工总承包、四川遂宁绵遂高速公路（遂宁段）取消省界收费站应急工程建设项目施工总承包合同、武汉诺德逸都项目一期住宅、幼儿园、商业、公建配套及地下室车库建安及配套设施工程、中新天津生态城中心渔港智能交通（二期）工程施工等多项路外工程项目。（杨山荣　兰　婷　刘　方）

【走向海外】 中铁武汉电气化局重点经营中老铁路站后“四电”集成项目、香港地铁C4988-16E闭路电视系统升级项目埃及斋月十日铁路项目、中泰铁路站后“四电”项目等项目，全年海外新签合同额10亿元，其中由中铁武汉电气化局独立承揽的新建铁路磨丁至万象线四电工程施工总价承包Laos-China SDSG Ⅰ标已开工。

（邓知友）

【重大创新】 围绕“四电”系统集成开展科技创新工作，2019年有3项课题通过股份公司结题验收，4项课题申请股份公司科技成果评审，申报中国铁路工程集团有限公司科学技术奖5项。在高铁“四电”施工领域，坚持瞄准世界高铁技术的前沿，实施前瞻性基础研究和引领性创新战略，“自动化接触网腕臂预配平台”和“调度信息化系统”均已开发成功并在多个项目投入使用。同时，围绕智慧城市建设，推动灯联网技术研发与推广，打造出具有自主知识产权的“中铁智联网”云平台和“智慧路灯”系统，在“5G”时代，开辟出中铁武汉电气化局的崭新领域。中铁武汉电气化局加大对外科研合作力度，积极推进企校合作，促进人工智能、物联网、智能供电系统、试验检测、BIM技术等方面的科研成果研究及转化。

在中铁武汉电气化局机关部门中推行的首次受理负责制，按照时限对首次受理的部门进行考核，将受理情况与部门KPI直接挂钩，提高机关办事效率；安排相关部门对日常工作关键流程、常用流程开展梳理、再造，促进流程更加优化、简便、高效；在各级机关开展重点事项督查督办工作，并将督查督办结果直接与部门KPI挂钩，建立了以绩效导向为核心的激励与约束考核体系。创新人才队伍培养机制，实施见习项目党工委书记、见习项目经理及见习项目总工程师制

▲ 深圳地铁6号线进行附属工程安装

度，开展高级专家、首席专家评选推荐，导师带徒、优秀高校毕业生和工程技术新秀评选等活动，营造人才成长积极氛围。围绕建设六支人才队伍目标，采取内育外引的方式，组织基层党组织书记培训、优秀项目经理培训、国际项目管理、各类专业技术等培训 2000 余人次，培养了 51 名中级技术职称管理人员，向股份公司推荐 51 名高级技术职称人员，7 名正高级职称人员。先后与中国铁塔湖北公司、宜昌三峡广电等单位签订战略合作协议，通过借助外力、优势互补，实现资源融通、合作共赢。2019 年，中铁武汉电气化局有 2 项管理创新成果获中国中铁企业管理现代化创新成果奖二等奖。

（吴荣超　丁 芊）

【工程创优】2019 年，中铁武汉电气化局获得 1 项国家级奖项、4 项省部级奖项、3 项股份公司奖项、1 项地方市级奖项。其中，长昆客专“雪峰山隧道”四电系统获得 2019 年度中国建设工程鲁班奖，合肥轨道交通 3 号线机电工程获得安徽省 AAA 级环保施工示范工地。（刘祖强）

【企业文化】持续倡导“合创”企业文化，结合项目生产，推出一系列有影响的先进典型，中铁武汉电气化局被中国文化管理协会授予“新中国成立 70 周年·企业宣传思想文化先锋单位”和“新时代企业文化优秀单位”。代表中国中铁参展欧亚经济论坛西安电子商务会展，获评优秀参展商，扩大了企业品牌影响力。2019 年，在省部级以上媒体刊播稿件 338 篇次，地方媒体、行业媒体、各大网站累计刊稿 3341 篇次，其中在《中国中铁》报及中国中铁官方微信刊稿 58 篇次。（贺玉琴）

【党建工作】2019 年，中铁武汉电气化局党委深入开展“不忘初心、牢记使命”主题教育。在第一批主题教育中，先后组织领导班子成员开展集中学习研讨 3 次，开展主题调研 8 次，组织召开座谈会 13 场次，个别访谈 50 余人次，收集问卷调查 275 份，讲党课 8 次共计 1563 人次参加，梳理出集中整治问题 22 项。对检视发现的问题，集团公司党委明确责任人、责任部门、整改期限，实施销号式整改。领导班子召开了“不忘初心、牢记使命”专题民主生活会，得到了股份公司巡回指导组充分肯定。在第二批主题教育中，9 月中旬成立了 4 个主题教育巡回指导组，结合主题教育 19 项重点任务，分别对 10 个三级子公司、分公司，7 个直属区域指挥部、5 个直属项目部进行了督导检查。各基层党组织召开了“不忘初心、牢记使命”专题组织生活会，开展了民主评议党员。出台《关于推行项目党建一张表管理的通知》《关于加强集团公司基层党的基本组织基本队伍基本制度建设的实施办法》等 9 项规范性管理文件。截至 2019 年 12 月底，中铁武汉电气化局共有党组织 250 个，党员 2099 名。入党申请人 641 名，其中入党积极分子 329 名，2019 年发展党员 63 名。开办党组织书记、党员发展对象、党内统计培训班，培训 148 人次。结合建党 98 周年及新中国成立 70 周年实际，组织开展主题党日、慰问党员、先进评比表彰等“5 个 1”活动；召开集团公司党委七一表彰大会，现场表彰“十佳基层党组织”“十佳共产党员标兵”“十佳党务工作者”。

党风廉政建设方面：做实政治监督。把党内监督纳入全年重点工作，对 8 家三级子公司、分公司开展党内监督工作情况进行了专项检查，现场反馈检查意见 37 项。督促开展第二批巡察问题整改，修订完善制度 62 项，收回违规领取款项 4.23 万元，清理备用金 23 万元。压实同级监督。全面部署和推进党风廉政建设和反腐败工作，督促各级党组织与子公司、分公司，区域指挥部，直属项目部签订《党风廉政建设责任书》17 份。全年对新任干部集体廉政谈话 42 人次，督促部门副职以上领导干部全部做出廉洁承诺。强化专责监督。持续推进企业纪检监察体制改革，下发《中铁武汉电气化局党委关于推进集团公司纪检监察体制改革实施方案》；拟定《推进三级公司纪检监察体制改革实施方案》。按照《实施方案》完成对文件制度“废改立”的梳理准备工作。强化权力监督。全程参与干部选拔任用，配合完成三级公司班子补备和机关部门人员提拔考察共计 34 人；严把廉洁意见回复关，出具《干部廉洁回复意见》63 份。对集团公司职能部门履职开展“再监督”，提出整改建议 477 条，完善相关制

▲ 中铁武汉电气化局承建的贵广高铁贵阳北动车所

度3项。深化不能腐体制机制建设。制定下发《中铁武汉电气化局三级企业纪委领导人员选拔任用暂行办法》《中铁武汉电气化局纪检监察组织精准运用监督执纪“四种形态”的实施办法》等文件9个，健全完善领导人员权力运行监督机制。做细项目监督。在成都地铁8号线、玉磨铁路等重点项目开展党风廉政建设交底，全方位推进廉洁示范线建设；制定《玉磨铁路站后项目争创“廉洁之路”示范项目工作方案》，积极策划、筹备玉磨铁路项目争创中老铁路廉洁之路示范项目启动会。（郭艳 张艳）

【信息化建设】推进信息技术与企业管理深度融合。完善并集成企业运营管理信息系统、生产经营管理信息系统，实现企业管理信息系统的升级换代。深度融合BIM、大数据、智能化、移动通信、云计算等信息技术，实现BIM与企业管理信息系统的一体化应用，促进企业设计水平和管理水平的提高。加快BIM普及应用，实现勘察设计技术升级。在工程项目勘察中，推进基于BIM进行数值模拟、空间分析和可视化表达，研究构建支持异构数据和多种采集方式的工程勘察信息数据库，实现工程勘察信息的有效传递和共享。在工程项目策划、规划及监测中，集成应用BIM、GIS、物联网等技术，对相关方案及结果进行模拟分析及可视化展示。在工程项目设计中，普及应用BIM进行设计方案的性能和功能模拟分析、优化、绘图、审查，以及成果交付和可视化沟通，提高设计质量。推广基于BIM的协同设计，开展多专业间的数据共享和协同，优化设计流程，提高设计质量和效率。研究开发基于BIM的集成设计系统及协同工作系统，实现四电专业的信息集成与共享。强化企业知识管理，支撑智慧企业建设。研究改进勘察设计信息资源的获取和表达方式，探索知识管理和发展模式，建立勘察设计知识管理信息系统。开发勘察设计信息资源，完善知识库，实现知识的共享，充分挖掘和利用知识的价值，支撑智慧企业建设。（徐灏）

【履行社会责任】2019年，中铁武汉电气化局积极参与宜宾长宁地震救援、成昆线泥石流灾害抢险、厦门地铁2号线塌陷抢险救援。实地走访慰问多个重点项目，发放冬送温暖夏送清凉资金100余万元。慰问劳模、困难职工18人次，发放慰问金3.4万元。所属各子公司、分公司广泛开展困难职工帮扶慰问活动，支付“三不让”资金共计47.77万元。积极落实精准扶贫重大决策，购买对口扶贫县农产品12.7万余元。开展青年志愿者活动20次，帮扶人数共107人，帮扶金额共计4.1万元。中铁武汉电气化局团委3次组织“幸福之家”志愿者、团员青年代表走访慰问谷城县留守儿童献爱心活动。

（张强 于沁 贺贝贝）

【领导人员】

周志宇　党委书记、董事长
豆保信　党委副书记、总经理
吴国琦　党委副书记、工会主席、副总经理
马海军　副总经理、总工程师
夏永强　总会计师、总法律顾问
张万全　副总经理
刘　刚　副总经理

（杨成）

中铁建工集团有限公司

【简况】中铁建工集团有限公司（简称中铁建工）是中国中铁股份有限公司的全资子公司。前身是1953成立的铁道部建厂公司和铁道部工厂设计事务所，1965年整编为铁道部第五设计院，1998年更名为中铁建厂工程局，2002年改制为中铁建工集团有限公司。中铁建工集团总部位于北京市丰台区南四环西路128号。

中铁建工具有国家建筑工程施工总承包、铁路工程施工总承包、公路工程施工总承包3项特级资质；建筑行业（建筑工程）甲级、铁路行业甲（Ⅱ）级、公路工程甲级3项设计资质；3个房地产开发一级资质；2项工程施工总承包壹级资质：市政公用工程施工总承包壹级、机电工程施工总承包壹级；7项工程专业承包壹级资质：地基基础工程专业承包壹级、起重设备安装工程专业承包壹级、桥梁工程专业承包壹级、隧道工程专业承包壹级、钢结构工程专业承包壹级、建筑装修装饰工程专业承包壹级、铁路铺轨架梁工程专业承包壹级。

▲中铁建工投资建设的30层高双子楼——坦桑尼亚首都达累斯萨拉姆尼雷尔广场正式竣工

中铁建工以设计、施工、房地产为“三大主业”，形成了房建、房地产、路桥隧、设计、安装、装饰、钢结构、工业制造八大业务板块，构成投资、设计、施工、物业管理一体化的全产业链发展模式。下辖10家分公司、8家子公司，7大区域经营指挥部、3个直属项目指挥部、1个建筑研究院等11个直属机构，业务范围遍及全国31个省、自治区、直辖市和亚洲、欧洲、非洲等29个国家和地区。

截至2019年底，中铁建工共有职工11324名，其中在岗职工11038名，占总数的97.5%；非在岗职工286名，占总数的2.5%；干部10538名，占总数的93.1%，工人786名，占总数的6.9%。中铁建工集团共有各类专业技术人员10233名，其中，高级专业技术职务人员1090名，中级专业技术职务人员2788名，分别占技术人员总数的10.7%和27.2%。专业技术人员中，工程技术人员8311名，占总数的81.2%；会计人员1098名，占总数的10.7%；经济人员573名，占总数的5.6%；政工人员179名，占总数的1.8%。

2019年中铁建工资产总额965.36亿元，较2018年增加66.72亿元，增长7.4%。流动资产808.2亿元，较2018年增加15.1亿元，增长1.9%。非流动资产157.1亿元，较2018年增加51.6亿元，增长49%，其中：投资性房地产66.9亿元，较2018年增加21.7亿元，增长48.1%，固定资产净额20.3亿元，较2018年增加2亿元，增长11%。截至2019年底，中铁建工自有机械设备台数3276台，原值66366.11万元，净值30474.85万元，功率75775.21千瓦，技术装备率2.63%，动力装备率6.53%，装备生产率163.19%，设备新度系数0.46，主要设备完好率94.32%，主要设备利用率94.89%。

中铁建工先后获得了一系列重大荣誉。在工程创优方面，共获得省部级及以上优质工程818项，其中国家级奖198项，包括：中国建设工程鲁班奖43项、鲁班奖参建奖34项、国家优质工程奖33项、国优参建奖11项、中国土木工程詹天佑奖12项、詹天佑住宅小区奖4项、全国用户满意工程27项；省部级奖620项。在科技攻关方面，共获得省部级以上科技进步奖153项，发明专利27项，省部级以上施工工法129项。在安全生产方面，共获得省部级及其以上安全文明标准化工地456项，其中国家级奖24项、省部级奖432项。在企业管理方面，共获得北京市现代化管理创新成果奖5项，其中一等奖2项、二等奖3项。在党群工作方面，共获中宣部全国百优项目称号1项、全国五一劳动奖状3个、全国工人先锋号2个、中央企业先进集体3个、全国劳动模范1名、全国五一劳动奖章9人、共青团国家级奖项2个、央企团工委奖项2个等荣誉。（杨启昉　王坤宇　卢新娜　高　平）

【主要指标】2019年中铁建工完成新签合同额1506亿元，同比增长7%，超额完成股份公司年度新签合同额调整计划的2%；完成企业营业额600亿元，同比增长29%，超额完成股份公司年度企业营业额计划的20%。实现营业收入595.28亿元，同比增长33.46%；实现利润总额22.07亿元，同比增长4.35%；实现净利润17.14亿元，同比增长3.38%，其中归属于母公司净利润17.29亿元，同比增长2.07%；年末所有者权益195.6亿元，同比增长8.27%。净资产收益率9.11%，总资产报酬率2.56%，国有资本保值增值率110.23%。（肖艳敏　卢新娜）

表14-21　2019年中铁建工集团有限公司主要经济指标

项目	2019年	2018年	比上年增长 / %
资产总额 / 亿元	965.36	898.64	7.42
所有者权益 / 亿元	195.60	180.66	8.27
营业收入 / 亿元	595.28	446.05	33.46
利润总额 / 亿元	22.07	21.15	4.35
净利润 / 亿元	17.14	16.58	3.38
归属于母公司所有者的净利润 / 亿元	17.29	16.94	2.07
技术开发投入 / 亿元	9.00	5.80	55.17
利税总额 / 亿元	34.83	36.14	−3.62
应交税金总额 / 亿元	20.12	21.08	−4.55
净资产收益率 / %	9.11	10.94	减少1.83个百分点
总资产报酬率 / %	2.56	3.39	减少0.83个百分点
国有资本保值增值率 / %	110.23	115.39	减少5.16个百分点

制表：肖艳敏　卢新娜

【改革发展】2019年，中铁建工完成资产登记49项，资产评估备案3项，开展公司及所属单位拥有土地、房屋摸排和清查工作。推进企业压减和组织结构优化工作，年内根据业务需求新设子企业5户，分

公司8户，压减子公司、分公司6户，完成对北方公司和山东公司的增资。推进财务共享服务中心建设，2019年初公司所属国内业务全面上线运行；完善共享业务规则和流程，截至2019年底，累计梳理优化业务流程246项，开发共享业务表单185个，覆盖国内全部业态；推广应用OCR技术填制表单，提高财务共享业务效率和质量；开展财务共享平台二次开发和应用，开发内部交易生成双方凭证表单15个；开展共享业务宣传培训，组织业务培训6次，培训人员927人次，接待中铁特货运输、中国能建等外部单位交流调研4次。拓展共享平台“业财一体化”生态圈，启动共享版增值税管理信息系统建设，完成销项发票线上开具、进项发票线上认证等试点工作。落实“两金”压控要求，组织开展专项行动，累计回收各类款项146.74亿元。开展资产经营工作，联合中铁资本设立第三期应收账款ABS专项计划，转让应收账款10.12亿元。

中铁建工加强三级领导班子建设，连续10年被评为股份公司“四好”班子，5家所属单位被评为中铁建工集团“四好”班子。严格按照程序和原则选拔使用干部，突出政治标准，坚持业绩导向，全年调整使用中层干部110名；首次引入第三方人力资源服务机构参与中铁建工集团中层副职公开招聘工作，制定各系统笔试学习大纲，引导干部职工加强政治理论和企业管理知识学习，21名中层干部以公开竞聘方式走上领导岗位。推行干部人事制度改革，修订完善《中铁建工集团有限公司优秀年轻干部评选培养管理暂行办法》等11项制度规定，健全干部管理制度体系。加大人才引进工作力度，提升人才引进质量，启动企校结对共建“十个一工程”，加强与高等院校、优秀大学生的沟通交流，扩大企业在对口目标院校的影响力。深化职称制度改革，规范职称评审和聘任管理，健全完善专家考核机制，做好专家梯队建设；推进干部人事档案专项审核和数字化管理，做好人力资源信息系统应用和维护，夯实管理基础。

加强制度优化，完善激励约束机制，按照国资委、股份公司要求，做好负责人薪酬管理与规范工作，修订所属单位负责人薪酬管理办法，建立负责人基薪动态调整机制。加强中铁建工工资总额管理，贯彻股份公司工资总额管理政策，落实各级巡视、审计要求，规范薪酬管理，加强薪酬体系建设。发挥考核评价激励约束作用，加快推进全员绩效考核，督促所属单位完善考核制度，细化考核指标，强化结果应用，通过考核结果实现薪酬能增能减。（卢新娜　王坤宇）

【重大项目】中铁建工董事会严格落实投资项目准入条件，仔细甄别项目质量，提高投资业务决策质量，审议通过实施临沂市高新区科教产业园房地产开发、天津市北辰区双青新家园地块房地产开发、青岛市即墨中心城区东部片区还迁房安置、青岛市城阳区上马街道地块房地产开发、昆明市呈贡区房地产开发、合肥中铁智慧新城片区开发6个房地产开发项目，调整太原市迎泽区松庄村城中村改造项目、巴新诺德中心项目2个房地产开发项目投资方案，决策参与投资唐山市东湖片区生态修复和基础设施建设PPP项目、潍莱高铁站后房建项目、天津地铁7号11号线一期工程PPP项目、北京航空航天大学青岛国际科教新城项目、山东大学龙山校区及配套工程项目、鲁南高速铁路曲阜至兰考段站后房建项目大标段6个PPP项目和基础设施投资项目。年内先后对昆明呈贡、青岛即墨、青岛城阳等地拟实施房地产项目开展现场调研，详细掌握拟投资项目现场的自然、经济、社会现状等，认真评估项目可行性，为科学决策、防范风险提供全面客观真实资料和充分依据。加强投资决策项目跟踪调研，深入苏州、上海、广州、珠海、包头、呼和浩特、大连、旅顺等地，对重点房地产项目进行调研检查，及时掌握项目真实情况，一项一策帮助解决问题；赴临汾、南京、广州等地开展基础设施投资项目调研检查，重点了解项目公司投资决策执行情况，针对具体问题进行现场指导。

中铁建工依托2022年北京冬奥会“三场一村”场馆工程，联合清华大学、北京工业大学等开展专项科研课题研究，“局部山体切削面的生态再造格宾支护体系”被科技部列为国家重点研发计划科研课题项目。参加由中施企协牵头的国家发展改革委员会/世界银行/全球环境科研项目《中国能效市场机制项目》中“工程建设项目设计、建造、运营绿色水平评价体系研究”项目。申报中国中铁2019年科技研究开发计划，“大型双层车场铁路站房综合体施工关键技术研究”被列为股份公司重大课题；“超高层连体建筑关键技术研

▲ 中铁建工春风和院项目

究”“排钢管剪力结构施工体系研究”“丝路明珠塔超高层（电视广播信号发射塔）钢结构综合施工技术研究”被列为股份公司重点课题；“EPC模式下上顺下逆同步设计—施工技术研究”“高烈度区复杂超高层建筑关键技术研究”“南极工程全生命周期项目管理研究”“随州南站钢桁架索膜结构施工技术研究”“站房工程智慧建造技术的深入研究”被列为股份公司引导课题。

推进重大项目产融结合，通过“股权投资＋施工”模式获取银川丝路明珠塔和潍莱高铁项目，投资额2.43亿元，施工合同额21.24亿元。参与产业基金投资撬动经营承揽，认缴北京城市副中心投资基金4亿元，年内实缴出资8000万元，已承揽北京城市副中心剧院等项目；利用股权投资推动房地产表外项目运作，联合中铁开投、中信信托通过“参股＋认购信托份额”方式开发昆明山海春风项目，利用5.42亿元资金撬动51.52亿元项目投资。

年内重点推进的投资项目包括：北京诺德春风和院项目、昆明诺德山海春风项目、武汉江城之门项目、成都诺德壹号项目、苏州诺德国礼项目、苏州诺德姑苏上府项目、大连诺德滨海花园项目、旅顺诺德春风十里项目、包头诺德国际花园项目、张家口南综合客运枢纽棚户区改造项目、海南中铁诺德丽湖半岛项目、广州诺德中心项目、广州诺德名著项目、杭州中铁诺德金隅都会森林项目、杭州中国中铁溪畔云璟府项目、珠海中铁凤凰谷项目、深圳北站汇德大厦项目、济南中铁诺德名府项目、济南中铁诺德名城项目、天津诺德英蓝国际金融中心项目、太原中国中铁诺德城项目、中铁诺德·绣惠生态城项目、巴新莫尔兹比港诺德中心项目、东非维多利亚诺德中心项目、东非半岛诺德中心项目、尼雷尔广场项目、达市中铁产业园项目、半岛公寓项目、济青高铁站房项目、新建鲁南高速铁路日照至临沂和临沂至曲阜段站房及相关工程LNZF-2标段项目、新建潍坊至莱西铁路站房及相关工程项目、南京未来网络产业创新综合体项目、南京内河港小花作业码头项目、张家口“三场一村”项目、太原国际会展中心项目、贵阳市轨道交通3号线一期工程项目、银川丝路明珠塔项目、国高网G8012云南省玉溪至楚雄高速公路项目、唐山市东湖片区生态修复和基础设施建设项目、广州金融城站综合交通枢纽项目。

（王蒙　赵晓娜　卢新娜　贾宏瑾）

【走向海外】在巩固海外四大区域市场基础上，中铁建工积极开拓新市场，中标印度尼西亚、马来西亚新项目，东南亚经营布局初见成效，现已具有东非、北非、中亚、南太平洋、东南亚五大海外区域市场，形成“5+N”的海外市场新格局，并做好在建工程实施，两项援外工程获优良评价。2019年中铁建工集团新签海外项目合同额约6.7亿美元，海外工程完成营业额约3.5亿美元，海外在施投资工程5项，包括坦桑尼亚尼雷尔基金会广场项目，总投资9400万美元，累计完成投资9325万美元；坦桑尼亚达市革命党工业园项目，总投资1.45亿美元，累计完成投资3390万美元；坦桑尼亚维多利亚诺德中心项目，总投资3921万美元，累计完成投资3777万美元；坦桑尼亚半岛诺德中心项目，总投资3442万美元，累计完成投资1756万美元；巴新莫尔兹比港诺德中心项目，总投资7651万美元，累计完成投资5282万美元。2019年中铁建工海外在施工程78项，1000万美元以上重大工程46项，1亿美元以上重大工程4项，在建工程合同总额约26.4亿美元，未完成合同总额约12.3亿美元；在施工程分布在坦桑尼亚、阿尔及利亚、巴布亚新几内亚、哈萨克斯坦、乌干达、肯尼亚、卢旺达、南苏丹、加纳等国家和地区；在施合同额5000万美元以上重点工程13项，包括坦桑尼亚尼雷尔基金会广场项目，合同额0.94亿美元，合同工期53个月，已完成合同额99%；肯尼亚卡卡梅加医院项目，合同额0.67亿美元，合同工期60个月，已完成合同额26%；卢旺达基加利供水管网升级改造设计施工项目，合同额0.74亿美元，合同工期24个月，已完成合同额57%；乌干达社保大楼二期项目，合同额0.89亿美元，合同工期36个月，已完成合同额12%；阿尔及利亚巴哈吉四万人体育场项目，合同额3.91亿美元，已完成合同额54%；阿尔及利亚奥兰省Sidi Chahmi Hayet Regency 2100套公共商品房设计施工项目，合同额1.7亿美元，合同工期48个月，已完成合同额79%；阿尔及利亚阿尔及尔省SIDI ABDELLAH新城大学城11000床位公寓项目，合同额1.79亿美元，合同工期40个月，已完成合同额48%；阿尔及利亚阿尔及尔省SIDI ABDELALLAH新城1080套公共商品房设计施工项目，合同额0.83亿美元，合同工期34个月，已完成合同额的82%；阿尔及利亚阿尔奥兰省OUED-TLELAT 1000人监狱项目，合同额0.54亿美元，合同工期30个月，已完成合同额56%；阿尔及利亚阿尔及尔海水浴疗酒店项目，合同额0.65亿美元，合同工期16个月，已完成合同额59%；阿尔及利亚奥兰省Misserghin镇1区2区6区3000/13000套租售住房设计与施工项目，合同额0.97亿美元，合同工期28个月，已完成合同额34%；巴布亚新几内亚国WNCC法院工程项目，合同额1.5亿美元，合同工期29个月，已完成合同额35%；中国驻哈萨克斯坦使馆新建馆舍工程项目，合同额0.54亿美元，合同工期40个月，已完成合同额69%。

（王忠）

【重大创新】2019年中铁建工集团

形成创新成果19项，其中5项成果获北京市第三十四届企业管理现代化创新成果奖，“基于五维管理机制的综合建筑企业集团战略管控体系建设与实践”“基于互联网技术的智慧工地项目管理体系的构建与实施”获北京市管理创新成果一等奖，“国际工程总承包项目管理控制机制建立与实践”“基于建筑信息模型的集成管理创新与实践”“建筑信息模型管理在房地产开发项目全生命周期的应用实践”获北京市管理创新成果二等奖。3项成果获中国中铁企业管理现代化创新成果奖，“建筑施工企业基于BIM技术的装配式施工管理”“基于大型公建项目四新管理模式的建设与实践”获一等奖，“基于任职资格体系的员工专业晋升体系建设”获二等奖。

2019年中铁建工获实用新型专利74项，获省部级工法20项。年内组织参加BIM技术等比赛，获奖84项，在工信部举办的“优路杯”全国BIM技术大赛中，中铁建工集团在房建组、轨道交通组、综合组共获4项金奖；“潍坊北站站前广场BIM技术深度应用探索”获中国建筑业协会第四届建设工程BIM大赛BIM技术综合一类成果；“DDIC数字化建造技术在中国中铁轨道研发中心的研究与应用”、“襄阳东津站BIM技术应用”获“共创杯”首届智能建造技术创新大赛施工组一等奖；“基于BIM的智慧建造助力鲁南高铁全生命周期应用”获第五届“科创杯”BIM大赛最佳BIM施工应用奖（施工组）一等奖。苏州湾水街项目（西区）、南京杨庄6号地块经济适用住房（23—31栋）工程、波音737MAX飞机完工及交付中心定制厂房及配套设施3项工程通过住建部组织的专家验收，被授予“住房和城乡建设部2019年绿色施工科技示范工程”。北京铁路枢纽丰台站改建工程（站房）、信息与金融产业示范区一（东李商圈改造二期项目9-2-2地块）、成都自然博物馆、新建福州至平潭铁路站房及相关工程、新建南昌至赣州铁路客运专线赣州西站站房及相关工程、新建铁路格尔木至库尔勒（青海段）格尔木站站房雨棚及相关工程、江旅青山湖商业旅游综合体、中铁大厦工程8项工程通过住建部“2019年度绿色施工科技示范工程”立项；熙水台花园项目获住建部“2019年装配式建筑科技示范工程”立项。　（杨启昉　赵晓娜）

▲ 第四届“亚非青年联欢节”青年代表到中国中铁建工集团丰台站项目观摩座谈

【工程创优】 2019年中铁建工集团获国家级优质工程18项：滨海站（含参建1项）、哈尔滨站改造工程、中铁青岛世界博览城会议中心及配套项目、苏州财富广场西塔楼工程获中国建设工程鲁班奖，成都地铁7号线工程机电安装及装修11标工程获中国安装工程优质奖，滨海站获中国土木工程詹天佑奖，中铁青岛世界博览城会议中心及配套工程、永旺梦乐城烟台店、广州地铁琶洲项目主体工程BT融资建设工程、鹤壁万达广场工程获国优奖，哈尔滨站改造工程、潍坊北站钢结构工程、波音737MAX飞机完工及交付中心定制厂房及配套设施建设工程获中国钢结构金奖，波音737MAX飞机完工及交付中心定制厂房及配套设施建设工程获全国优秀焊接工程，杭政储出商品住宅（设配套公建）及幼儿园工程、济南嘉里综合发展工程、兰州国际商贸中心工程获全国用户满意工程。获国家级QC小组17项：襄阳东津站QC小组、昌赣客专赣州西站QC小组、昌赣客专赣州西站QC小组、未来网络QC小组、紫金建邺QC小组、南昌保税QC小组、正盛太古港装饰装修QC小组、江旅青山湖商业旅游综合体格构柱QC小组、大同南站QC小组、舟山波音737完工及交付中心飞跃MAX梦想QC小组、空港人寿QC小组、清河项目QC小组、北京电影学院追影QC小组、中铁商务广场QC小组、诺德名府高层区项目QC小组、机场武警办公用房QC小组、华润置地兴隆片区D-2地块三标段项目QC小组。获全国建设工程施工安全生产标准化工地5项：新建长沙至昆明客运专线贵安站站房工程、张家口南综合客运枢纽工程、陈塘庄货场铁路职工定向安置经济适用房B地块项目、新建北京至张家口铁路清河站工程、日照市东港区秦楼街道片区秦家楼城中村棚户区改造项目。获省部级优质工程奖45项，获省部级QC小组104项，获省部级安全文明工地奖项32项。　（高　平）

【企业文化】 中铁建工在打造企业特色文化方面，推进诺德品牌建设，协助做好诺德商标维护，成功申报商标55个，统筹房地产公司和投资公司修改完善《诺德品牌VI手册》；在中国中铁品牌建设座谈会上，中铁建工集团党委书记、董事长张建喜作《高定位强管理拓内涵提价值——努力将诺德打造成为中国中铁核心地产品牌》大会发言。围绕京张高铁清河站、哈尔滨站等铁路站房观摩会和云南省建筑业协会现场观摩会开展现场形象宣传，制作宣传片、画册、展板、海报、微信、新闻等产品，展示“铁路站房建设王牌军”和“大型公共建筑专家”的企业形象，提升品牌影响力。组织庆祝中华人民共和国成立70周年系列工作，完成铁路站房成就展展厅、铁路站房成就展画册、铁路站房动漫片制作、铁路站房摄影展、《远征南极》出版发行、海外英雄谱、《我和我的祖国》快闪录制、“同升国旗、同唱国歌”活动等工作，呈现企业参与新中国建设的光辉历程。完成企业展览馆升级改造，将企业展览馆打造成重要展示平台和窗口。开展先进典型选树，山东公司“小候鸟志愿服务”项目获评中宣部全国百优项目，微电影《工地飞来小候鸟》获评中宣部第三届社会主义核心价值观主题微电影二等奖。张翠山获“2019北京榜样”周榜人物。卢卫平、包庆连、罗煌勋、杨煜4人入选“新中国成立70周年中国中铁典型人物”，中铁建工集团参建的拉萨站、北京站、北京南站、北京西站、郑州东站、成都东站、兰州西站、深圳北站、武昌站、国家图书馆（二期）、玉树灾后重建项目、中国南极科考站、上海F1国际赛车场、青藏铁路、大秦铁路、哈大客专、秦沈客专、京广高铁、坦赞铁路、京沪铁路、京沪高铁、京津城际、合福高铁等23项工程入选“新中国成立70周年中国中铁典范工程”。6家单位获得中国中铁工程项目文化示范点，4个道德讲堂获股份公司表彰。（贯　冀）

【党建工作】2019年中铁建工党委深入贯彻落实党中央、国资委党委和股份公司党委的各项部署，坚持党对一切工作的领导，不断推动全面从严治党向基层延伸、向纵深发展，促进党的建设和企业发展深度融合，加快中铁建工集团做强做优做大步伐，推动企业实现高质量发展。抓牢政治建设，确保党中央和上级党委重大决策部署落地见效。“不忘初心、牢记使命”主题教育期间开展专题研讨52次，征集意见301条，形成问题清单218项，制定整改措施348项，截至年底完成整改206项；接受中央主题教育第十一督导组、国资委主题教育第一巡回督导组检查督导5次，承办委管央企北京地区主题教育座谈会，主题教育成效得到中央、国资委巡回督导组和中国中铁党委肯定。抓实组织建设，创新开展“达标创好争先”活动。制定《关于在基层党组织中开展“达标创好争先”活动的实施意见》，首次采用“361”考核评价体系，从三个层面、六个方面对基层党建进行考核，并在年底对所属29家单位党委（党工委、党总支）进行全覆盖检查；组织所属单位党组织负责人抓基层党建工作述职，实现对所属单位基层党建工作考评全覆盖；20家子公司、分公司现场统一展示本单位党建工作内业资料进行观摩交流；总结提炼形成10个基层党建典型案例，推广创新做法，形成示范效应；制定出台《中铁建工集团落实〈中国共产党支部工作条例〉实施办法》《党费收缴、使用和管理办法》《项目党建视觉系统标准化手册（试行）》等文件制度，推动基层党建向规范化、科学化、标准化转变。抓强队伍建设，贯彻落实股份公司党委“三基建设”现场会精神，制定具体实施意见，明确基层党支部工作职责、工作内容、人员配备标准以及经费保证机制，确定机关党群机构设置方案；成立7大区域指挥部党工委，指导11家单位完成公司“两委”委员增补，1家单位完成公司党委换届选举；创新培训方式，采取“以会代培”“研讨式培训”“实地践学”“走出去学”等多种形式，先后组织“达标创好争先”动员会暨党建工作培训会、党委书记研讨会、党支部书记实地践学培训班、第二批主题教育推进会暨组宣业务培训会，累计培训316人次。在股份公司2018年度党建工作责任制考核中被评为“优秀”等级。

中铁建工集团党委深入学习宣贯习近平新时代中国特色社会主义思想和党的十九大、十九届四中全会精神，扎实开展“不忘初心、牢记使命”主题教育。利用读书会开展学习教育，先后4次组织召开集中培训会、读书会，学习《习近平关于“不忘初心、牢记使命”重要论述选编》《习近平新时代中国特色社会主义思想学习纲要》《中国共产党章程》等内容。邀请专家开展学习教育，通过专家讲座、红色教育和视频会议方式，先后5次邀请专家学者作《贸易战阴影下的世界经济形势与前景》《延安精神》《共产党人的初心和使命》《深度解读十九届四中全会精神》专题讲座或报告。利用自媒体开展学习教育，设计制作专题宣传展板，在官方微信设置每日一学、每日一题环节，引导广大党员干部学习习近平新时代中国特色社会主义思想和党的十九大、十九届四中全会精神。开展形势任务教育，保持员工思想稳定。明确年内重点工作，研究制定《宣传工作要点》《党委书记工作指引》等，全面部署2019年思想政治工作。认真抓好意识形态领域工作，印发《关于进一步贯彻落实意识形态工作责任制的通知》《网络意识形态工作责任制实施细则》等制度文件，维护企业和谐稳定的发展大局。抓好党委理论学习中心组学习，组织召开6次党委理论学习中心组学习，认真学习习近平新时代中国特色社会主义思想、“不忘初心、牢记使命”主题教育、党的十九届四中全会精神等内容，进一步筑牢党员领导干部的理想信念。强化员工思想教育，结合股份公司《关于加强“学习强国”学习平台学习使用工作的通知》要求，推进各单位利用“学习强国”开展学习

工作；设计制作《2018 年精彩瞬间》宣传片、企业发展成就展板，及时宣传股份公司和中铁建工集团重要会议精神和重大举措。做好股份公司巡视整改工作，根据股份公司党委第一巡视组巡视发现问题，及时报送巡视整改意见，所有整改措施均已完成。

在纪委工作方面，中铁建工集团坚持纪检工作清单化管理，制定年度纪检工作清单，明确年度工作要点。监督党委开展“不忘初心、牢记使命”主题教育，同步组织开展中铁建工集团纪委“不忘初心、牢记使命”主题教育。协助党委与 21 家单位签订《党风廉政建设责任书》，明确年度责任和目标。突出政治监督，规范权力运行，监督党委理论中心组、领导班子民主生活会、“双重”组织生活、专题党课、谈心谈话等制度落实，严肃党内政治生活，参与中铁建工集团重要人事安排初始酝酿 7 批 112 人次，回复党风廉政意见 66 人次，开展任职前廉洁谈话 56 人次。深入纠治“四风”，开展专项治理，协助党委开展“企业领导人员亲属和其他特定关系人所办企业与本企业业务往来专项整治”，组织 2638 名各级干部完成自查自纠，对 3 人给予党政纪处分。强化机制建设，精准执纪问责，健全问题线索“收管办审”分离机制，加强集中管理、集体研判、分类处置和定期清理，两级纪检组织全年受理问题线索 75 件，其中予以了结 3 件、暂存待查 3 件、谈话函询了结 16 件、初步核实了结 30 件、立案 18 件，处理处分 162 人次，挽回经济损失 131.25 万元。组织开展党的十八大以来纪律处分决定执行情况和采取谈话函询方式了结处置问题线索专项检查，覆盖 116 人次、线索 25 个。推动体制改革，加强组织建设，新选配 8 名纪委书记，其中提拔 7 名，对 6 名纪委书记交流任职，在 6 家单位配备专职纪委书记，指导 3 家单位成立纪检工作机构。加强项目党风廉政建设，修订完善项目党风廉政建设 5 项制度，制定项目党风廉政建设制度汇编和工作手册。

在工会工作方面，中铁建工集团开展工会活动促进生产经营，启动 2019 年“诺德杯”劳动竞赛，对章丘地区“五保一促”劳动竞赛阶段性总结评比表彰；开展群安员集中安全教育培训、群安员“六比六促”安全竞赛、群安员互检等“三个一”活动；获北京市安康杯优秀组织单位 1 个、安全卫士 1 人；开展职工创新创效活动；修订印发《关于进一步深化劳模（先进职工）创新工作室创建活动的意见》；命名表彰 10 个中铁建工集团劳模（先进职工）创新工作室；做好劳模先进推荐工作，1 人获全国技术能手，1 人获河北省五一劳动奖章，1 个集体获中央企业先进集体，1 个集体获北京市工人先锋号，1 个集体获天津市工人先锋号，1 个集体获昆明市工人先锋号。推动民主管理，召开四届二次职代会，抓好提案征集处理工作，共征集职工代表提案 66 件，立项 37 件。抓好 2019 年集体合同签订履行。修订印发中铁建工集团“三工”建设标准化图册，开展“三不让”帮扶、冬送温暖、夏送清凉、金秋助学活动。年内中铁建工集团工会共拨付专项经费 124.1 万元，偏远困难重点项目“送清凉、送温暖”764.4 万元，发放日常慰问金 43.2 万元。开展职工书屋创建活动，承办全国总工会“与共和国同行”全国职工书屋主题阅读交流活动，2 个职工书屋被全国总工会命名为示范职工书屋，1 个职工书屋获评全国最美职工书屋称号。丰富职工文化活动，组织“我和我的祖国”职工文艺会演、庆祝新中国成立 70 周年书画比赛。组织参加股份公司文体比赛，其中乒乓球比赛获总决赛团体冠军。加强女工工作，组织召开女工委全会，选树正面典型，1 人当选北京市第十四次妇女代表大会代表。发展企业普惠关爱，组织开展困难职工调查摸底，按照股份公司标准，将符合条件的 14 名困难职工列为重点帮扶对象。实施员工健康关爱计划，与六局、置业联合举办员工健康关爱委员（EAP 专员）培训班，共计 157 人参加培训。开展心灵驿站试点、EAP 培训和健康关爱服务，全集团共建立心灵驿站 17 个，开展心理疏导和咨询活动 18 场次。加强工会组织建设，组织开展工会 2018 年度会员评价活动，民主测评满意率 99.1%；指导 3 家所属单位换届召开会员代表大会。加强队伍建设，组织各级工会干部参加工会十七大、领导力提升、女职工素质提升、智慧工会云平台、生产宣教、EAP 内训师等培训班。印发《工会主席离任审计通知》，对北京分公司、西南分公司、华北分公司、房地产公司四家单位工会主席进行离任审计。

在巡视巡察工作方面，党委巡察办牵头中铁建工集团本部各部门完成股份公司党委巡视整改任务，制定 73 项整改措施，开展专项治理检查等活动 9 次，修订完善制度 12 项，处置巡视移交问题线索 15 件。完成 2018 年第三批巡察发现 42 项问题整改验收工作。按照 2019 年巡察工作计划，采取“一托二”方式，组织 6 个巡察组、分两批对 12 家单位开展常规巡察，实现对 20 家子公司、分公司巡察全覆盖。组织开展形式主义、官僚主义问题集中整治，发现并整改问题 152 项，推动制定《关于解决形式主义突出问题为基层减负的 20 项措施》。按照股份公司纪委要求，深入开展整治信访举报处理工作中形式主义、官僚主义问题，发现并整改问题 61 项。制定《关于加强贯彻落实中央八项规定精神情况督促检查工作的实施办法》《关于贯彻习近平总书记重要批示精神深入落实中央八项规定精神工作意见的具体措施》，扎紧作风建设制度“笼子”。（徐灿贯 冀杨国辉 罗杰 孙雅磊）

【信息化建设】2019年，中铁建工集团借助移动互联、三维GIS、视频监控、物联网、BIM、大数据、智能化等信息技术完成了数字化指挥中心一期建设，主要实现五大功能：业务管理大数据、项目管理大数据、党建大数据、IT管理大数据和调度指挥中心。旨在打造统一的数据汇聚与共享平台，规范数据资产管理，统一数据标准和口径，打通信息“孤岛”，实时掌控企业经营生产状态，支撑对业务管理工作的督导检查、横向对比、综合分析、风险预警、问题诊断和辅助决策，实现企业数据资产的科学统筹、融通共享和保值增值。全面加强网络安全管理，梳理统计全集团36套信息系统，并集中统一组织网络安全漏洞排查和网络渗透，并下发整改通知单督促排查问题的整改落实。做好国庆70周年庆祝活动期间网络安全防护工作，全集团未发生网络安全事故。在股份公司的网络安全专项检查工作中综合排名第三，并作为网络安全管理优秀单位在股份公司网络安全培训会上分享经验。完成公路特级资质申报信息化卷编辑和信息化现场实地核查迎检任务。做好中国中铁北京区域财务共享云平台的推广应用和日常维护，完成中国中铁北京区域10家单位财务共享系统的云平台迁移；完成本单位工程项目信息查询系统、大数据分析展示系统等9套信息系统云平台迁移。完成BIM+GIS钢结构全生命周期软件开发，启动人力资源薪酬管理系统建设。推进业务流程审批网络化，新建审批流程36个，全年公文流转和业务流程审批事项累计4万多件。组织第四届信息化技能培训，对网络安全法及相关法规进行宣贯，培训网络安全专业技能和个人防护技巧。（赵晓娜）

【履行社会责任】2019年6月17日，四川省宜宾市长宁县发生6.0级地震，中铁建工集团积极参与抗震救援工作，西南分公司、装饰公司离受灾点较近的项目部成立救援小分队和青年志愿小组，联合当地政府部门疏散交通，将速食品、帐篷、防暑降温药品等送到物资发放点，帮助搭建临时帐篷，项目员工自发进行捐款。7月10日，山东公司第三期“牵手关爱七彩假期——建设工地小候鸟驿站”爱心暑托班在青岛市信联天地项目正式开班，78名“小候鸟”参加，爱心暑托班是针对农民工子女开办的暑期托管班，已连续开展4年。8月10日，9号超强台风“利奇马”在浙江登陆，奇袭浙江、上海、江苏、山东等地，山东公司项目部在保证员工生命财产安全基础上，勇担央企责任，积极参与社会救援：章丘绣江河受上游水库泄洪影响，沿岸堤坝有决堤风险，章丘绣惠生态城项目了解情况后，调集6车砂石料、组织20人参与救援，历经3个多小时，用沙袋筑起高2米、宽5米的防洪堤；济南市市中区兴隆街道多处路段积水不畅，济南华润项目救援队第一时间出动10余人，协助当地政府在积水严重路段放置防汛沙袋；潍坊北站站前广场项目部组织98人成立防洪抢险突击队，调集防洪沙袋8500个，抢险专用机械板车2辆、叉车3辆、三轮车4辆等，对重要区域进行全面防汛布控，第一时间清理危石、修复排水、疏通沟渠，保障道路通行、排水顺畅。（贯 冀）

▲中铁建工员工第17次参加南极科考

【领导人员】

张建喜 党委书记、董事长
毕彦春 党委副书记、总经理、副董事长
陈文志 党委副书记、纪委书记
邓银国 党委副书记
郭俊亮 总会计师
杨 煜 总工程师
黄振庭 副总经理
张学军 副总经理
孟庆军 副总经理
杨智艳 副总经理
贾国明 副总经理、总经济师
王建营 副总经理
王玉生 副总经理（6月任）
卢卫平 工会主席（6月免）
周志立 副总经理（12月免）

（王坤宇）

中铁广州工程局集团有限公司

【简况】中铁广州工程局集团有限公司（简称中铁广州局）原单位组建于1988年，1992年10月注册为全民所有制企业，名称为“广东中海工程建设总局”。1999年划归三九企业集团，后并入华润集团。2008年11月整体划归中国铁路工程总公司管理。2009年4月改制并更名为中铁港航工程局有限公司。2010年3月，资产整体注入中国中铁股份有限公司。2010年11月，中国中铁股份有限公司对中铁港航工程局有限公司进行重组。2011年1月设立企业集团，中铁港航工程局有限公司作为集团母公司名称变更为“中铁港航局集团有限公司”。2016年11月，按照中国中铁战略部署，重组新设“中铁广州工程局有限公司”。2017年3月10日，设立企业集团，中铁广州工程局有限公司作为母公司名称变更为“中铁广州工程局集团有限公司”，2017年中铁广州工程局集团有限公司进行企业内部重组，将中铁港航局集团旗下11个子公司和1个参股公司重组并入中铁广州局。中铁广州局具有铁路工程施工总承包特级（含铁道行业设计甲（Ⅱ）级）、港口与航道施工总承包特级（含水运行业设计甲级）、建筑工程施工总承包特级（含建筑行业设计甲级）、公路工程施工总承包特级（含公路行业设计甲级）、市政公用工程施工总承包壹级、矿山工程施工总承包叁级、地基与基础工程专业承包壹级、桥梁工程专业承包壹级、隧道工程专业承包壹级、钢结构工程专业承包壹级、铁路电务工程专业承包叁级、铁路电气化工程专业承包叁级、水利水电工程施工总承包叁级、机电工程施工总承包叁级，爆破作业单位许可证壹级。

中铁广州局编制内行政管理职能部门15个：公司办公室、企业发展部、人力资源部（党委干部部）、财务部、法律合规部、审计部、安全质量环保部、海外部、技术管理中心、经营开发中心（军企合作部）、成本管理部、设备物资部、投资发展部、工程管理部和专家委员会；编制内党群机构部门6个：党委（董监事会）办公室（保密办）、党委组织部、党委宣传部（企业文化部、报社）、纪委（党委巡察办）、工会、和团委；设编制外机构18个：9个区域指挥部（华南、华中、华东、华北、东北、西南、西北、鲁豫、川藏渝）、4个工程指挥部（华南、华北、西南、西北）、综合事务管理中心、招标采购配送中心、财务共享服务中心、马来西亚指挥部和精测大队。所属成员企业25家，其中全资子公司11家，参股子公司14家。11家全资子公司包括：中铁广州工程局集团港航工程有限公司、中铁广州工程局集团第二工程有限公司、中铁广州工程局集团第三工程有限公司、中铁广州工程局集团深圳工程有限公司、中铁广州工程局集团城轨工程有限公司、中铁广州工程局集团桥梁工程有限公司、中铁广州工程局集团市政环保工程有限公司、中铁广州工程局集团检测中心有限公司、中铁广州工程局集团西北投资开发有限公司、中铁广州工程局集团置业有限公司、中铁港航局集团惠州置业有限公司。14家参股子公司：中铁广州工程局集团管线工程有限公司（参股40%）、南京久路市政建设工程有限公司（参股40%）、中铁二院（广东）港航勘察设计有限责任公司（参股9%）、广东中铁西江高科投资有限公司（1%）、贵州威围高速公路发展有限公司（5%）、贵阳轨道交通三号线一期工程建设管理有限公司（0.77%）、沈阳西部建设投资有限公司（5%）、昆明昆倘高速公路投资发展有限公司（4.8%）、中铁（河南）新川高速公路有限公司（3%）、东莞市轨道交通一号线建设发展有限公司（0.14%）、贵州金仁桐高速公路发展有限公司（1.61%）、广州南沙科创产业园开发管理有限公司（1%）、上海联铁置业发展有限公司（2.05%）、太原西北二环高速公路发展有限公司（0.83%）。

截至2019年末，中铁广州局资产总额176.22亿元，较2018年增长12.15亿元，增幅7.41%，其中固定资产净值11.72亿元，流动资产135.15亿元，其他非流动资产22.15亿元。拥有员工5581人，其中研究生以上学历81人、本科学历2967人、专科学历1070人，各类管理人才2146人，各类专业技术人才3598人，其中高级职称550人（正高级工程师26人）、中级职称1225人、初级职称1823人，各类技能人才1094人，其中高级技师103人、技师160人、高级工309人。拥有固定资产1346台（套）（不含测量、实验仪器及小车），固资原值170089.04万元，净值90312.79万元，总功率174900.99千瓦，人均技术装

▲ 中铁广州局港航公司承建的中石化（香港）杨浦成品油保税库配套码头项目正式投产运营

备率16.38万元/人，动力装备率31.73千瓦/人，自有设备完好率92.43%，利用率88.56%。

中铁广州局先后获省部级、地市级优质工程82项，国家级优质工程奖11项；科研课题立项213项，通过省部级科技成果鉴定100项，获国家级工法6项、省部级工法72项，获发明专利36项、实用新型专利88项，获省部级及行业协会科技奖41项。2019年，中铁广州局获得中施协“工程建设企业社会信用评价AAA级”和“2019年度工程建设诚信典型企业”称号；获“2016—2018年连续三年广东省守合同重信用企业”“2017—2018连续二年广东省诚信示范企业”“诚信评价AAAAA”“广东省市政行业协会先进单位”“广东省建筑业AAA级信用企业”“广州市建筑业协会优秀企业”荣誉称号。

（赵超 郭品 缪晨辉 于洪磊 熊喜佳 杜中超）

【主要指标】截至2019年末，中铁广州局资产总额176.22亿元，较2018年增长12.15亿元，增幅7.41%。营业收入175.10亿元，较2018年增长24.87%。资金集中度平均水平约为72.74%，比2018年同期高4.41个百分点；成员单位日均集中资金6.07亿元，是2018年同期日均集中资金的122%，增加1.11亿元。“两金”余额为95.2亿元，较2018年的88.43亿元增加7.65%，低于24.8%的收入增长，圆满完成股份公司下达的“两金”控制目标。（熊喜佳）

表14–22　2019年中铁广州工程局集团有限公司主要经济指标

项目	2019年	2018年	比上年增长/%
资产总额/亿元	176.22	164.07	7.41
所有者权益/亿元	20.77	20.44	1.61
营业收入/亿元	175.10	140.23	24.87
利润总额/亿元	0.26	0.52	-50.00
净利润/亿元	0.41	0.47	-12.77
归属于母公司所有者的净利润/亿元	0.27	0.42	-35.71
技术开发投入/亿元	1.58	1.03	53.40
利税总额/亿元	2.20	2.93	-24.91
应交税金总额/亿元	1.79	2.41	-25.73
全员劳动生产率/（万元/人·年）	301.8	249.00	21.20
净资产收益率/%	1.99	2.30	减少13.49个百分点
总资产报酬率/%	1.01	1.53	减少34.31个百分点
国有资本保值增值率/%	101.61	257.80	减少60.58个百分点

制表：熊喜佳

【改革发展】中铁广州局按照“对照先进找差距，对照差距查问题，对照问题抓落实”的原则，通过全面对标系统内外业态、规模和区位相近的先进单位，形成了179条对标学习成果，在此基础上，遵循“实事求是闯新路，深化改革促发展”的思路，出台“深化改革16条”，从“进一步明确企业发展战略、激活优质存量资源、加强三级公司建设、理顺机构设置、改革制度流程管理体系、改革干部队伍管理及人才培养体系、改革薪酬绩效考核体系、构建经营新格局、提升项目管控能力、防范化解企业重大风险、推进创新实践步伐加快、改进企业作风、创新群团工作、构建旗帜鲜明的企业文化、优化监督体制机制、建立健全党委领导深化改革工作的体制机制”16个方面，全面推进企业深化改革；启动并编制了“再造一个广州局、主要指标翻一番”为奋斗目标的“1+5”发展规划，进一步明晰了企业未来六年的发展定位、目标和路径。撤并社管中心和内保部，成立综合事务管理中心；对中铁广州局置业公司进行改革，由深圳公司吸收合并，进一步优化资源配置；撤销安全质量稽查大队，成立华南、华东、西南、西北4个工程指挥部，促进后台管理前移，强化项目监管。完善优化管理制度办法，出台并修订完善了立体经营、区域经营、信用评价考核办法等113项制度办法备。推进薪酬绩效体系改革，加大绩效部分差异化考核力度，关键指标实行总量与结构双控；建立子公司“一企一策”考核体系，差异化短板指标考核权重，实行有区别的精准考核，强化了考核指标的刚性约束，依据考核结果，取消4家子公司领导班子成员2018年绩效薪金，发挥业绩考核的导向作用，促进并增强了责“收”、责“现”、责“效”的自觉性。（向小亚）

【重大项目】截至2019年末，中铁广州局完成新签合同额420.8亿元，同比增加53.5%。其中铁路市场完成107.6亿元，地铁市场完成32.1亿元，市政市场完成123.1亿元，水工市场完成38.5亿元，2019年，中铁广州局完成施工产值178.57亿元，占股份公司下达计划指标170亿元的105%，其中铁路项目完成47.97亿元，占

全年完成产值的 26.9%；公路项目完成 40.66 亿元，占全年完成产值的 22.8%；市政项目完成 34.11 亿元，占全年完成产值的 94.1%；城轨项目完成 31.26 亿元，占全年完成产值的 17.5%；房建项目本年完成 14.87 亿元，占全年完成产值的 8.3%；其他水工项目本年完成产值 9.71 亿元，占全年完成产值的 5.4%。全年新开工项目 52 个，完工项目 34 个，全年在建项目 201 个，其中，铁路项目 21 个，公路项目 23 个，市政项目 72 个，城轨项目 26 个，房建项目 29 个，其他水工项目 30 个。全年实现开通的铁路项目 3 个。

截至年末，中铁广州局投资项目 16 个，总投资规模 200.45 亿元，其中：基础设施投资项目 14 个，总投资规模 191.27 亿元，开累完成投资 31.51 亿元；房地产项目 2 个，总投资规模 9.18 亿元，开累完成投资 4.02 亿元。完成股份公司批复的基础设施中期投资 2.69 亿元，完成率 95.39%，房地产二级开发中期投资 0.19 亿元，完成率为 86.36%。

（王霞　殷正武　刘贤）

【并购重组】2019 年，中铁广州局完成中铁港航局注销程序并取得核准注销登记通知书，完成海南分公司和三公司东至分公司工商注册手续；经集团公司一届十九次董事会审议通过，启动所属深圳公司吸收合并置业公司改革工作，拟定《中铁广州工程局集团置业有限公司等有关公司改革方案》；所属深圳、广州、肇庆、北京四家分公司完成集团公司决策程序和报送股份公司审批程序；完成中铁港航局大亚湾、三沙、城轨三家分公司工商名称变更为广州局大亚湾分公司、三沙分公司、城轨分公司事宜。

（赵超）

【安全质量】2019 年，中铁广州局推进安全生产“管”“监”责任落实，强化安全生产预防预控和过程控制。竣工工程一次验收合格率 100%，未发生生产安全、质量责任、职业健康伤害、环境污染事件和不良社会影响。全年对 74 个在建项目 97 次安全质量环水保稽查，发现问题 2796 项，提出管理建议 652 条，已全部整改完毕。发布安全风险重点监控项目 261 个，重大危险源清单 74 个，跟踪台风 10 个，直接向重点影响区域项目部发布预警信息 600 余次。跟踪收集涉爆项目信息 112 个，涉爆项目使用炸药 3425646 千克，雷管 1801967 发。新接入 16 个项目 88 路视频，与 45 个项目视频连线 302 次，现有 20 个项目 124 路视频在集团公司大数据中心可视。全年在线使用安全质量隐患排查系统的项目 152 个；排查治理安全质量隐患 66082 条，其中Ⅰ级 945 条，Ⅱ级 9891 条，Ⅲ级 38684 条，Ⅳ级 16562 条，均及时整改完成。全年公路水运三类人员取证 48 人，住建部三类人员取证 107 人次。完成质量管理体系 GB/T 50430—2017 换版及“四标一体”审核认证，取得“四标一体”认证证书。

（郭品　赵超）

【走向海外】截至 2019 年末，中铁广州局在建海外项目共 4 个，年度营业额为 12287 万美元，折合人民币约 76231 万元。重点跟踪海外项目 15 个，海外项目出国考察 6 次，组织海外项目投标议标 2 次。按国别地区分类，亚洲国别追踪项目 11 个，占比 73%；非洲国别 2 个，占比 13%；中东地区和欧美地区各 1 个，分别占比 7%。按项目类别分类，港航项目 7 个，占比 47%；房建项目 4 个，占比 27%；其他项目（公路、铁路）占比 26%。按项目性质分类，援外项目 2 个，占比 13%；运作项目 2 个，占比 13%；现汇竞标项目 11 个，占比 73%。另外，与合作方签署 5 份 MOU（合作备忘录），并就土耳其国别市场签订 1 份代理合作协议。

（谭礼忠）

【重大创新】2019 年，中铁广州局新开科研课题 30 项，其中重大课题 2 项，重点课题 12 项，引导课题 16 项，涵盖铁路、公路、港航、市政等领域，翁开高速开州湖特大桥《山区陡峭地形 1100m 跨悬索桥施工及 BIM 技术应用研究》立项股份公司重点课题，股份公司支持经费 100 万元，3 项课题立项股份公司引导课题。完成科技成果结题 23 项，11 项达到国内领先水平。委托广东省建筑业协会进行科技成果鉴定 10 项；委托股份公司进行科技成果鉴定 15 项，其中 2 项国际领先、1 项国内先进、3 项国内领先。获中国铁路工程总公司科技奖二等奖 2 项、中国铁道学会科技奖二等奖 1 项、中国施工企业管理协会科技奖二等奖 1 项，广东省土木建筑学会科技奖二等奖 1 项；获广东省省级工法 7 项、内蒙古自治区省级工法 1 项；发明专利 14 项、实用新型专利 9 项，授权发明专利 2 项、实用新型专利 17 项。已建成研发平台有：中铁广州工程局集团有限公司省级企业技术中心、中铁广州工程局集团第三工程有限公司省级企业技术中心以及爆破技术研究中心；下属桥梁公司通过国家高新技术企业认定；深圳公司的《地铁智慧建造工程技术研究中心》通过 2019 年度省级工程技术研究中心认定。

（缪晨辉）

【工程创优】2019 年，中铁广州局 2 项工程荣获 2018—2019 年度第二批国家优质工程奖，分别为：新建长沙至昆明铁路客运专线北盘江特大桥和南昌市九州大道高架快速路工程；5 项工程获得中国中铁杯优质工程奖；8 项工程获省部级优质工程奖；2 项工程获地市级优质工程奖。

（郭品）

【企业文化】构建“说广州局的好话、办广州局的好事，为广州局而自豪”的大局文化；进一步丰富“干最好，争第一”“盈利光荣、亏损可耻”的盈奖亏惩文化内涵，引导员工担当作为、为企争利。制作专题片《风雨兼程四十载 砥砺前行铸丰碑》，宣传企业改革发展成就；完成企业宣传画册修改，全面对外展示企业良好形象。对东莞地铁1号线、南沙庆盛综合体、雄安项目等9个重点项目进行统一塑形，有效提升中铁广州局的项目文化形象。下发《关于进一步加强基层文化建设的指导意见（试行）》，把企业的核心价值培养融入基层的物质文化、制度文化和精神文化建设中去。全公司43个"身边的讲堂"深入开展活动，取得了良好实效。（胡 彬）

【党建工作】中铁广州局扎实开展"不忘初心、牢记使命"主题教育，认真贯彻"守初心、担使命，找差距、抓落实"总要求，主要领导带头讲党课、读原文、悟原理，开展学习研讨；严肃检视问题，开好专题民主生活会、组织生活会；认真开展专项整治，实现了理论学习有收获、思想政治受洗礼、干事创业敢担当、为民服务解难题、清正廉洁作表率。深入贯彻党的十九届四中全会精神，明确从传统"管理"到现代"治理"的深刻转变，积极构建高效运转的公司治理体系。认真落实习近平总书记"三个转变"要求，持续筑牢企业高质量发展根基。对标对表先进企业，形成了3985字的"深化改革16条"，确立深化改革主体框架。健全企业改革发展基本组织。党组织与行政机构同步设置，开展基层党员教育和党支部书记培训，确保"四个同步"落到实处。"一手册两规则"修订完善，基层党建工作制度不断健全。同步召开项目党建工作现场会和项目管理现场会，全面深化"两个一切：一切工作到支部，一切要求到项目""项目党建四大关系：党建和党务的关系、项目经理负责制和项目党组织核心作用发挥的关系、抓基层打基础和探索创新的关系、服务支持和保证监督的关系"，试行项目党建区域化管理，推动工程项目"三基建设"全面过硬。开展"党旗红、争先锋""先锋聚力，共创一流"系列活动，一批基层项目荣获中国中铁"三基建设"示范党支部、红旗项目部。签订党风廉政责任书，召开党风廉政建设和反腐败工作推进会议，形成层层抓落实的工作局面。深入开展形式主义、官僚主义集中整治，落实《关于解决形式主义突出问题为基层减负的28条措施》，对"四风"问题揪住不放、立行立改。积极接受股份公司党委巡视，针对反馈的7方面22项39个具体问题，全面落实整改和责任追究。做好接受国资委巡视调研工作，实事求是汇报企业成绩和问题，按照反馈意见严肃整改。认真落实中纪委《工作建议》，深入开展专项整治，查处个别领导干部违规经商办企、违规给其指定劳务队伍大额经济补偿的案件，以案为鉴形成震慑。全面清理驻京办事机构，推进中老铁路"廉洁之路"建设。全年受理问题线索60件，切实做到抓早抓小、防微杜渐。有序推进纪检监察体制、审计管理体制改革。在井冈山干部学院举办领导干部理想信念培训班，以井冈山精神补足精神之钙、铸牢信仰之魂。选送领导干部参加广东省委"学习贯彻党的十九届四中全会精神""粤港澳大湾区建设"专题研讨班，为企业属地化发展夯基垒土。严格落实新时期好干部"20字"标准，全年提拔中层副职及以上领导人员20人。强化三级公司领导班子党务工作岗位与经营管理岗位交流，全年中层副职及以上领导人员轮岗54人次，三级单位财务、纪检系统领导干部交流率达50%。创新干部选拔任用工作，着力推进后备干部队伍建设，制定《领导人员后备干部管理暂行办法》，构建发现、培训、锻炼、管理、使用一体化干部选拔培养使用链，遴选129位年轻干部进入"三梯队"，其中6人经延伸考察，走上三级单位领导班子岗位。建立培训基地，打造特色的人才培养平台。实施"优才计划"，为985、211院校学生提供助学金、奖学金和实习机会，增强企业对毕业生的吸引力。加强职工创新创效组织，周文劳模创新工作室被命名为中国中铁劳模创新工作室。参与广东省委"港澳青年学生南沙'百企千人'实习计划"，彰显央企责任和品牌。主动与地方政府高端对接，提高企业知名度和社会影响力。"深化改革16条"进入井冈山干部学院陈列室，成为井冈山精神与深化改革结合的宣教实例；庆祝新中国成立70周年，中铁广州局党委书记接受广州电视台"大咖有约"专访，讲述中铁广州局建设成果和故事；《中铁广州：引领——把不可能变成可能》被《学习强国》"广东学习平台"收录；广州电视台"改革开放40周年"专题片《头啖汤》，收录了拉林铁路藏木特大桥、南沙港铁路等重大工程，进一步树立"中铁广州"良好的品牌形象。广泛开展帮扶解困、模范职工小家、青年大学习、青年文明号、导师带徒活动，团结带领广大职工群众和团员青年建功立业。65个项目召开职代会，深化基层民主管理厂务公开。开展"南粤杯"劳动竞赛，形成你追我赶、创先争优的局面。"夏送清凉""冬送温暖""双节"慰问，拨付资金762万元，慰问在建项目107个，一线职工、老干部、劳模先进、海外员工共4707人。每季度对困难职工统计摸底，实施就业创业、纳入社会低保、金秋助学等帮扶措施。大力弘扬劳模精神和工匠精神，荣获七个省部级"五一"荣誉。充分发挥团员青年生力军和突击队作用，南沙港铁路项目获得2018年度全国青年安全生产示范岗；13个青年集体、32名青年个人受到股份公司团委表彰。（张小青）

【信息化建设】启动智慧工地项目研究工作，以广州地铁7号线项目为试点开展系列调研和建设工作，初步完成中铁广州局集团智慧工地建设初稿编制和试点项目的平台部署、接入工作，完成项目视频监控、有毒有害气体检测、地下施工人员定位等多项试点业务的推进工作。评估中铁广州局网络安全防护工作，针对勒索病毒，对全网漏洞和病毒情况进行集中整改，在接受股份公司网络安全现场审查工作中以92.89分的优异成绩获得专家的一致好评。编制中铁广州局公路特级资质申报资料的信息化卷，上线新版工程项目管理系统，保障公路特级资质顺利通过现场核查工作。修订并发布《便携式计算机保密管理制度》等制度办法，取得军工涉密培训资格证书，保障中铁广州局取得军工涉密服务资质。（肖　磊）

【履行社会责任】2019年“6·17”四川宜宾长宁县地震后，中铁广州局宜彝高速公路7标项目部迅速调集挖掘机、装载机、自卸汽车等设备30台（套）、救援人员40人参加抢险救灾，2019年6月22日，贵州省桐梓县遭遇特大暴雨，山洪冲毁桐容公路多处路段，中铁广州局金仁桐高速公路七标项目部迅速组织45人的“抢险突击队”，调集1台挖掘机、10台工程车和抗洪所需物资，连续作战12个昼夜，打通了15万人民群众的交通生命线。开展就业扶贫，接纳汝城产业工人500余人；积极推广消费扶贫，内部推荐购买汝城县优质农产品170余万元；开展与汝城县贫困学子“一对一”爱心结对帮扶，筹集资金20.35万元，资助407人；组织向贫困家庭学生捐赠书籍和体育用品、组织品学兼优学子到广州开展“圆梦励志行”公益夏令营活动。（胡　彬）

【领导人员】

唐　云　党委书记、董事长
赵　斌　党委副书记、总经理、董事
田家勇　党委副书记、工会主席、副总经理、职工董事
娄靓涛　党委副书记、纪委书记、监事会主席
王宏利　党委常委、副总经理、总会计师、总法律顾问、董事
谢季军　党委常委、副总经理、董事
柯松林　党委常委、副总经理、总工程师
孙志斌　党委常委、副总经理、董事
李尚球　副总经理
韩永刚　副总经理（6月任）
兰国友　副总经理（6月任）

（于洪磊）

中铁北京工程局集团有限公司

【简况】中铁北京工程局集团有限公司（简称中铁北京局）是中国中铁股份有限公司的全资子公司，注册资本32亿元，是一家集工程设计、施工、监理、科研、开发、投资于一体的综合性大型建筑集团。具有建筑工程施工总承包特级、铁路工程施工总承包特级、公路工程施工总承包特级资质。中铁北京局的注册地位于北京市海淀区北四环西路87号。中铁北京局成立于1987年，成立之时名称为中国航空港建设总公司，前身是以工程兵部队为主体的空军工程建设总局；1998年12月整体移交地方并入三九企业集团；2008年1月4日，随三九企业集团整体并入中国华润总公司；2009年11月，经国资委批准整体划入中国铁路工程总公司；2010年10月，中国中铁进行战略重组，将中铁一局集团第一工程有限公司、中铁三局集团第一工程有限公司、中铁建工集团北京有限公司整建制并入，扩充了公司的综合实力；2010年11月29日，改制更名为中国航空港建设有限公司；2010年12月28日，正式进入中国中铁股份有限公司；2011年1月31日，经中国中铁批准组建企业集团，更名为中国中铁航空港建设集团有限公司。2011年4月1日，启动子公司、分公司重组，成立中铁航空港集团第二工程有限公司、北京机场工程分公司、深圳分公司、北京第五分公司、第六分公司、第七分公司、第八分公司和辽宁工程有限公司。2012年，组建新中铁航空港集团三公司、中铁航空港集团重庆第四分公司和中铁航空港集团杭州分公司三个新公司。2015年6月，企业内部再次进行重组整合，将深圳分公司与二公司的业务、资产和人员进行整体合并，成立中铁航空港第二工程有限公司；将八分公司与机场分公司业务、资产和人员进行整体合并，成立中铁航空港机场工程分公司；将五分公司、六分公司、七分公司业务、资产和人员进行整体合并，成立中铁航空港北京建筑工程分公司，新设物贸公司。2016年，按照“市场需要、分布合理、精干高效”的原则，成立了7个区域指挥部，2017年3月，按照股份公司统一的战略部署，经股份公司批准，中铁航空港正式更名为中铁北京工程局集团有限公司，随着集团公司正式更名，所属各子公司、分公司也相继完成更名。2017年6月，成立雄安区域指挥部，2017年10月，中铁天丰建筑工程有限公司重组至中铁北京局，2017年12月成立国际分公司。2018年8月，下属北京颐和监理公司重组至中铁华铁工程设计集团有限公司。

截至2019年底，中铁北京局在册员工8291人（含劳动合同制员工和其他从业人员），其中：管理及专业技术人员6658人，占员工总量的80.3%，技能人员1633人，占员工总量的19.7%。非在岗员工下降为605人，员工在岗率为93%。

2019年，中铁北京局共有各类施工机械设备1567台（套），设备原值10.61亿元，净值6.44亿元，设备新度系数为60.71%，技术装备率为7.99万元/人，设备总功率18.32万千瓦，动力装备率为22.71千瓦/人，主要施工机

械完好率达到 91.25%。

（蒋清怡　周　海　马增强）

【主要指标】截至 2019 年底，中铁北京局实现资产总额 237.67 亿元；决算反映所有者权益 46.50 亿元；全年完成营业收入 259.24 亿元，同比增长 17.11%；实现净利润 0.28 亿元，经营性现金流持续保持净流入。全年技术开发投入 3.17 亿元，同比增长 115.65%；实现利税总额 5.49 亿元，应交税金总额 5.14 亿元，实现净资产收益率 0.60%、总资产报酬率 0.67%，实现国有资本保值增值率 100.69%。坚持与时俱进，各级财务工作有序可依，不断完善财务规章体系，进一步夯实预算管理、成本核算、经济分析等基础工作，从资金筹措、资本运作、资产管理、融资授信、债务管控、税务筹划、经费管理、业绩考核等方面打好“组合拳”，推动业财深度融合，不断增强财务工作在经济运行中的统筹规划管理功能。（张　鹤）

表 14–23　　2019 年中铁北京工程局集团有限公司主要经济指标

项目	2019 年	2018 年	比上年增长 / %
资产总额 / 亿元	237.67	235.85	0.77
所有者权益 / 亿元	46.50	47.37	-1.84
营业收入 / 亿元	259.24	221.36	17.11
利润总额 / 亿元	0.35	1.88	-81.38
净利润 / 亿元	0.28	1.52	-81.58
归属于母公司所有者的净利润 / 亿元	0.28	1.52	-81.58
技术开发投入 / 亿元	3.17	1.47	115.65
利税总额 / 亿元	5.49	7.21	-23.86
应交税金总额 / 亿元	5.14	5.33	-3.56
净资产收益率 / %	0.60	3.21	减少 2.61 个百分点
总资产报酬率 / %	0.67	1.51	减少 0.84 个百分点
国有资本保值增值率 / %	100.69	103.63	减少 2.94 个百分点

制表：张　鹤

【改革发展】2019 年，中铁北京局首次提出并积极践行中铁北京局“12345”总体发展思路，全面构建“2+1”管理一个中心，理顺了“2+1”层级的管理关系、责权关系、功能定位，为强化中铁北京局总部“六大中心”功能，子公司、分公司主体主责主操作功能，以及区域指挥部“三个一体化”（两个经营一体化、生产经营一体化、市场现场一体化）功能提供了重要基础保障。围绕“六大中心”，加强总部建设。进一步整合系统部门职能，成立了合同部、融资部，分别与成本部、财务部合署办公，实行“一套人马、两块牌子”。深化机制建设，完善制度体系。各系统、各板块完善经营类、投融资类、“放管服”、A2 项目等 79 项管理制度、管理办法，形成了中铁北京局管理制度体系。加强区域建设，补齐补强短板。针对区域指挥部人力资源不足的问题，中铁北京局人力资源部通过公开招聘、外部调入及内部推荐等途径共引进 20 名社会成熟人员，并组织岗位调配 150 人次，补齐了短板。同时强化区域指挥部制度建设，出台了区域指挥部经营管理办法、绩效考核管理办法，实现了阶段性成长。聚焦子公司、分公司建设，根据精细管理、精准施策，提出子公司、分公司综合类和专业类发展思路，指出“千人百亿”“双千双百”雄心壮志，全面推行 A2 类项目管理模式，召开子公司、分公司建设管理大会，研讨子公司、分公司不实不强的问题。（蒋清怡）

【A2 模式项目管理】中铁北京局推行“ABCD”项目管理模式，A1 类项目是由中铁北京局集团公司负责组建项目经理部，代表中铁北京局进行项目管理，两个或两个以上子公司、分公司参建的项目。A2 类项目是由中铁北京局委托一个子公司、分公司组建项目经理部，代表中铁北京局进行项目管理，一个或多个子公司、分公司参建的项目。由于项目规模和安全风险较大、技术复杂程度较高，项目经理部的组建流程、权限和管理按 A1 类中铁北京局直管项目经理部要求执行。参建子公司、分公司在项目接受中铁北京局项目经理部管理。B 类为各子公司、分公司以中铁北京局资质中标的项目经理部。C 类为所属子公司资质中标，由一个子公司、分公司组建项目经理部进行管理的项目。D 类为以中铁北京局资质和所属子公司资质中标，派遣主要管理人员进行监督管理的项目经理部。通过制定《A2 项目管理模式管理策划指导意见书》《A2 项目管理模式工经管理指导意见》《A2 项目管理模式财务指导意见》《A2 项目管理模式组织机构、人员管理和薪酬指导意见》，明确 A2 项目与中铁北京局集团公司、子公司、分公司的组织构架和职责边界，明确了 A2 项目管理机制、合同履约机制、业绩考核机制、薪酬管理机制和内部问责机制，突出责、权、利对等，

逐渐形成以"中铁北京局一号工程"中兰项目为载体的模板模块，从本质上加强了A2模式项目管理，提升了A2模式项目履约能力。（刘广利）

【经营管理】中铁北京局集团公司发挥"北京局+"功能和区域机构功能，分别与太极计算机股份有限公司、中资蓝天生态环境科技有限公司、广东合弘资产管理公司、望都县棚户区改造及市政项目签订战略合作协议。建立立体营销、鹰式营销、鹰式管理的营销体制机制，明确了投资决策管理、投资与回购管理、评价管理、风险管理，秩序经营，减少风险。成功中标渭南市安置区建设项目和航天城项目，形成了"北京局+""三个模式一体化"的营销管理和营销思路，营销体制机制、模式模板模块阶段成熟，营销系统、营销人员及"投融资经营"能力逐步提高。

2019年中铁北京局完成新签合同额581.04亿元，同比增长20.4%；其中国内基建板块完成新签合同额561.91亿元，同比增长22%；海外业务板块完成新签合同额14.91亿元，房地产开发板块完成新签合同额4.23亿元。国内基建各专业板块新签合同额情况：铁路板块新签合同额100.6亿元，同比增长77.3%；房建板块新签合同额275.8亿元，同比增长55.51%；公路板块新签合同额109.99亿元，同比增长38.42%；市政板块新签合同额31.05亿元；城轨板块新签合同额34.03亿元，同比增长29.1%；机场板块新签合同额10.43亿元，同比增长34.53%。（牛乐）

【信息化建设】2019年，中铁北京局开展企业专线网络、VPN系统改造、数字化建造和智慧工地建设、中铁北京局到股份公司裸光缆建设、深化OA办公系统、网络异地灾备系统、高速铁路梁场信息化管理平台研发及使用等信息化建设。中铁北京局在20余项目经理部推广开展BIM技术应用，建立中铁北京局BIM族库平台并共享于全局，实现BIM技术在工程项目中的全面应用。（周岐文）

【科技创新】2019年，中铁北京局贯彻落实国家创新驱动发展战略，全面实施股份公司科技创新驱动发展的决策，提升中铁北京局科技创新能力，探索符合中铁北京局特色的科技创新驱动模式，促进企业提质增效和转型升级，根据股份公司《2019年度科技研究开发计划》《中国中铁关于落实国资委科技创新政策的若干意见》要求，按照《中铁北京工程局集团有限公司"十三五"科技发展规划》开展科技创新工作。

2019年，中铁北京局积极组织科技成果奖项申报，获得省部级工法8项；授权专利52项，其中：授权发明专利1项；获得中国中铁级别及以上科学技术奖6项；参编标准8项，已颁布1项。（周岐文）

【工程创优】平稳通过铁路质量安全红线检查，继续保持安全生产"零事故"，为保障新中国成立70周年大庆安全稳定做出积极贡献，在企业发展的各个领域获得多项荣誉，先后被评为全国建筑业AAA级信用企业、全国质量管理优秀企业、北京市安全生产管理先进施工单位、北京市安全文化建设示范企业、"2019安监之星·北京榜样"优秀组织单位。

2019年，中铁北京局在建工程质量合格率达100%，全年未发生工程质量事故。中铁逸都国际D组团工程及附属项目、上海市宝山区杨行镇YH-B-1单元20-01地块项目、西安地铁4号线TJSG-3标被评为全国市场信用满意AA级用户满意工程，中铁北京局参建的深圳地铁11号线和重庆地铁10号线获得中国建设工程鲁班奖，中铁·西安中心项目获得国家优质工程奖，新建合肥至安庆铁路站前工程HAZQ-4标项目被列入全国建设工程施工安全生产标准化工地学习交流名单，获省部级、股份公司级优质工程和安标工地23项；飞翔QC小组、昆明地铁4号线盾坚QC小组、阜阳西站项目求知QC小组、商合杭铁路项目部QC小组、海航一号楼项目逸心QC小组获得"全国优秀质量管理小组奖"，全年共荣获"省部级QC小组成果奖"26项。（刘政美）

【重点项目】2019年，中铁北京局完成施工产值272.6亿元，同比增长13.1%。其中铁路工程完成施工产值66.3亿元，占全年完成产值的24.3%，同比减少2.9%；公路工程完成施工产值59.4亿元，占全年完成产值的21.8%，同比增长35.3%；房建工程完成施工产值88.0亿元，占全年完成产值的32.3%，同比增长

▲ 中铁北京局参建的中铁·西安中心项目荣获"2018—2019年度国家优质工程奖"

21.9%；市政工程完成施工产值20.6亿元，占全年完成产值的7.6%，同比减少7.6%；城轨工程完成施工产值26.1亿元，占全年完成产值的9.6%，同比增长7.4%；机场工程完成施工产值11.4亿元，占全年完成产值的4.2%，同比增长12.9%。

2019年，中铁北京局参建的兰州市轨道交通1号线、靖神铁路东段小纪汗至神木西、喀叶墨高速公路、海南文琼高速公路、北京大兴国际机场、京雄城际铁路（北京西站至大兴机场段）、浩吉（原蒙华）铁路、漳州龙文高速公路、榆松高速公路、商合杭高铁商合段、郑阜高铁、黔张常铁路、合肥地铁3号线、佛山市高明区有轨电车示范线首期、银川至西安高铁银中段、呼和浩特市轨道交通1号线开通运营。（刘广利）

【海外经营】2019年，中铁北京局海外业务实现新签合同额20.32亿元，年累计完成营业收入38279.62万元。新国别市场开发成果显著，成功突破南亚、中东及中亚等新市场；参与商务部对外经援类项目，成功中标援外项目——援巴基斯坦瓜达尔新国际机场项目。

2019年在建海外项目共有4个：赞比亚铜带机场项目，马尔代夫维拉纳机场项目，孟加拉帕德玛大桥连接线项目，援巴基斯坦瓜达尔新国际机场项目。（闫颖）

【企业文化】2019年，以打造“和文化”为主要内容的“企业文化建设年”活动，全面推进“铸魂”“育人”“塑形”三大工程，出台《“和文化”建设实施意见》《“和文化”宣誓制度》，明确“包容、和谐、团结、奋进”的“和文化”内涵，细化“11359N”工程，提炼“和文化”符号，丰富了企业文化理念第17条内容——企业哲学：诚信至上，品质致远。通过构建文化体系，形成导向更加明确、引领作用更加突出、品牌特色更加鲜明的企业文化理念。将“道德讲堂”作为落实“企业文化建设年”系列活动的一项重要内容，通过“身边人讲身边事，身边人讲自己事，身边事教育身边人”的形式，实施以“和文化”为主题的“道德讲堂”建设工程。中铁北京局集团本部先后开展二期道德讲堂，并以“巡回讲堂”的形式，在北京、连徐、郑州、贵阳、长春以及杭州地区掀起精神文明建设之风，覆盖在建的300余个项目部、8000余名员工。道德讲堂已成为中铁北京局传递企业正能量、提升员工道德素养的新阵地，“包容、和谐、团结、奋进”的“和文化”理念已成为广大员工的共同思想追求。以庆祝中华人民共和国成立70周年为契机，在中铁北京局集团开展“我眼中的祖国变化”微电影创作和征文比赛活动。征集了23部微电影作品，评选出一等奖作品1部，二等奖作品2部，三等奖作品3部，并在中铁北京局集团公司微信公众平台集中展播。征集征文113篇，评选出一等奖作品1篇，二等奖作品2篇，三等奖作品5篇，优秀奖作品10篇。编印《“我眼中的祖国变化”获奖征文集》400本，刻录《“我眼中的祖国变化”优秀微电影作品》光盘10个。制作中铁北京局《我和我的祖国》快闪视频，展示了全体员工爱国爱企之情。举办了“扎实践行和文化·凝心聚力促发展”主题演讲比赛。9月26日，举办“扎实践行和文化、凝心聚力促发展”主题演讲比赛活动。选手们从实际情况出发，立足于不同岗位，发掘各条战线的典型人和事，用鲜活的事例生动诠释了“和文化”，阐述对“包容、和谐、团结、奋进”的理解和认知，凝聚了广大团员青年为企业高质量发展而努力奋斗的共识。中铁北京局荣获了“2018—2019年度全国企业文化优秀成果”一等奖及“新中国70年企业文化建设”优秀单位。（王永军）

▲2019年8月20日，中铁北京局和若项目参与拉依喀乡村振兴示范村建设获表彰

【党建工作】加强党对企业的领导，强化“把方向、管大局、保落实”的职责，全年召开党委常委会15次、党委办公会12次、党建工作领导小组会议2次、内部规范性文件联席会议3次，研究党建及重大事项议题117项，有效发挥了党委领导作用。注重压实党建主体责任，对12家子公司、分公司落实党建工作责任制进行考核，组织6名子公司、分公司党委书记进行了抓基层党建工作现场述职。贯彻股份公司“三基建设”现场会精

神，新成立项目党组织33个，做到“应建必建”。加强基本队伍建设，全集团举办各类党群干部培训班17期、培训652人次，提升了党群干部队伍整体素质；按照“双向培养”要求，全年发展党员107名，优化了党员队伍结构。坚持把学习贯彻习近平新时代中国特色社会主义思想作为首要政治任务，分两批组织开展了“不忘初心、牢记使命”主题教育。

贯彻“党建带工建”“党建带团建”方针，加强对工会、共青团组织的领导，支持工会、共青团依法依章程开展工作。各级工会紧密围绕生产经营，组织开展专项劳动竞赛、群安员班组长素质提升月等活动，充分调动广大职工促生产、保安全的积极性。坚持以人为本，大力开展“三工”建设、困难职工帮扶、“三让三不让”“金秋助学”、心灵驿站等工作，不断改善职工生产生活条件，充分体现了企业大家庭的温暖。22个单位获得“中央企业先进集体”、省市级“五一劳动奖状”、中国中铁劳模工作室等称号，15人获得中华铁路总工会“火车头奖章”、省市级“五一劳动奖章”、中国中铁劳动模范等称号。各级团组织紧紧围绕服务企业发展、服务团员青年，组织开展第一届创新创效大赛、第二届青安岗岗员技能大赛等特色活动，充分发挥了团员青年的主力军作用。

（张京京　朱丽娟　田地）

【履行社会责任】中铁北京局大力推进消费扶贫工作，为山西省保德县精准扶贫投入29万余元。指导各单位适时参与扶贫帮困、抢险救灾等社会公益活动。中铁北京局一公司和若铁路项目部参与和田县乡村振兴示范村建设，投入资金1290万元。中铁北京局北京公司银吴项目部捐助2万余元参与银川市芦花乡扶贫工作；寻沾高速公路项目部为当地100户贫困村民、五保户发放慰问品及慰问金共计5万元。中铁北京局五公司投入近10万元帮扶安徽省桐城市金神镇草原村修筑小学、敬老院等赢得好评。中铁北京局六公司为延边自治州汪清县罗子沟捐款修建的光伏发电项目让全村81户贫困户成功脱贫，全村人均增收1073元。

（王永军）

【领导人员】

丁荣富	党委书记、董事长
刘少魏	党委副书记、总经理、董事
张宝强	党委副书记、副总经理、工会主席
张超生	党委常委、副总经理、董事
胡守正	党委常委、副总经理、总工程师
张卫红	党委常委、副总经理、董事
耿午阳	党委常委、副总经理
王新忠	党委常委、副总经理、董事
党秀军	党委副书记、纪委书记、监事会主席（6月免）
陈金亮	党委副书记、纪委书记（9月任）
马立强	副总经理
李　茂	总会计师、董事
李慧成	监事
薛　林	监事会主席（11月任）

（周海）

中铁上海工程局集团有限公司

【简况】中铁上海工程局集团有限公司（简称中铁上海局）成立于2010年12月30日，是中国中铁股份有限公司所属全资成员企业，由原中国中铁股份有限公司上海分公司、中铁三局华海公司、中铁四局六公司和市政分公司、中铁九局一公司整体重组而成的综合性建筑企业，总部位于上海市静安区。注册资本23亿元，企业总资产227.17亿元，净资产37.87亿元（不含少数股东权益），企业综合授信283亿元。拥有各类施工机械设备3236台（套）（设备原值18.25亿元、净值10.09亿元、总功率259728千瓦、全员技术装备率11.15万元/人、动力装备率28.7千瓦/人、设备新度系数55.28%）。

主营业务范围包括水务环保、高速铁路、城轨交通、市政房建、投资业务和海外业务等。现有各类资质80余项，其中，拥有铁路、建筑、公路、市政4项施工总承包特级资质；隧道、桥梁、机电安装等一级资质30项。资质的等级和类别涵盖企业主营业务，具备参与各类建筑领域施工的能力。业务范围涵盖建筑安装业绝大部分领域，以及工程设计与监理、服务业、房地产和BT、BOT、PPP等投资项目。截至2019年，在建项目262个，遍布全国31个省、自治区、直辖市，以及马来西亚、匈牙利等国家。

中铁上海局下辖10个全资子公司和1个分公司，9个区域经营总部（含马来西亚吉隆坡区域指挥部）和8个直管项目部。其中，所属市政环保公司、六公司以水务环保为主营业务。截至年末，全公司共有员工8597人，其中，干部6312人，工人2285人。

2019年，中铁上海局全年完成新签合同额704.6151亿元，占股份公司下达计划的115.51%，其中华东区域经营总部超200亿元。全年完成企业营业额412.56亿元，占股份公司下达计划的125%，同比增加71.02亿元；人均劳动生产率482万元。顾村总部基地顺利启用；中铁上海局和3家子公司、分公司获得高新技术企业；全年获得中国建设工程鲁班奖1项、国家优质工程奖3项、国家优秀焊接工程2项、省部级优质工程14项；获得股份公司科学技术特等奖2项、国外专利2项；京雄铁路装配式桥墩技术、张吉怀轨枕厂智能化等取得了良好社会效应。（杨大胜　陈昕）

【主要指标】中铁上海局2019年末资产总额220.74亿元，负债总额182.83亿元，所有者权益37.91亿元，较2018年42.16亿元减少4.25亿元，其中资本公积增加0.96亿元，由2019年初8.87亿元增加到9.83亿元。2019年完成营业收入325.30亿元，比2018年同期增长16.10%；利润总额2.44亿元，比2018年同期增长7.49%；报表净利润2.20亿元，比2018年同期增长16.0%；总资产报酬率1.12%，比2018年同期1.14%下降了0.02个百分点；净资产收益率5.49%，比2018年同期5.23%上升了0.26个百分点；国有资本保值增值率106.07%，比2018年同期105.03%增加1.04个百分点。年末货币资金存量45.91亿元，经营性净现金流13.67亿元。（彭暐俨）

表14-24　2019年中铁上海工程局集团有限公司主要经济指标

项目	2019年	2018年	比上年增长/%
资产总额/亿元	220.74	227.17	-2.83
所有者权益/亿元	37.91	42.16	-10.08
营业收入/亿元	325.30	280.20	16.10
利润总额/亿元	2.44	2.27	7.49
净利润/亿元	2.20	1.89	16.40
归属于母公司所有者的净利润/亿元	2.15	1.49	44.30
技术开发投入/亿元	10.32	13.57	-23.95
利税总额/亿元	3.41	3.38	0.89
应交税金总额/亿元	0.34	0.27	25.93
净资产收益率/%	5.49	5.23	增加0.26个百分点
总资产报酬率/%	1.12	1.14	减少0.02个百分点
国有资本保值增值率/%	106.07	105.03	增加1.04个百分点

制表：彭暐俨

【改革发展】坚持问题导向，针对管理薄弱环节，采取“抓两头、促中间”的工作思路，深入推动企业改革创新。围绕“机构、人员、制度和管理手段”四个要素，开展业务系统管理提升活动，出台21份系统管理提升方案，形成自我高效运转的管理体系；规范周司务交班会和季度安全质量、营销视频会、项管会和安委会、年度劳动竞赛现场会等例会制度，构建营销与生产、生产与财务成本、财务成本与法规营销、生产与宣传等业务系统之间的工作对接机制；成立企业管理委员会，对企业管理中出现的不规范行为进行问责；成立企业创新中心，培育并形成中铁上海局务实有效的管理创新机制，截至年末，创新中心正在开发企业智能化办公管理平台，实现业务流程线上跟踪、智能协同和跟催督办、全员绩效自动化考核评价等模块功能。根据蒙华项目管理实验室和全面管理实验室活动成果，中铁上海局从精准角度、项目生命周期角度、宏观角度、微观角度“四个维度”对项目管理办法进行修订，出台升级版的项目管理办法，已完成宣贯学习和考试自查；组织2019年上半年工程项目大检查，共对38个受检项目提出675个问题，下达104份整改通知。实施核心业务板块优化组合，将中铁上海局市政公司17个项目注入二公司，将二公司铁路、城市地铁项目分别划归到一公司、五公司和城轨分公司，形成了市政公司、二公司、六公司等2.5个公司专注水务环保领域，华海公司、城轨分公司、一公司等2.5个公司专注于城市地铁领域单位的布局，进一步提高一公司、五公司综合施工实力；加强三级工程公司专业化建设，按照“管理现代化、竞争专业化、发展差异化”的发展思路，坚持综合公司综合发展，专业公司专业发展，在施工任务分配上坚持让专业的人干专业的事，逐步形成综合型公司、专业化公司和其他类型公司多种形态并存、业态互补、协同发展的局面；持续优化三级工程公司产业结构，推进核心板块全产业链发展，召开投资项目运营工作部署专题会，探索水务环保、房建等板块项目自主运营模式。（王峰光　张潇）

【重大项目】2019年，中铁上海局共中标工程164项，完成新签合同额704.6151亿元，完成股份公司营销指标610亿元的115.51%，完成2019年中铁上海局营销指标700亿元的100.66%。其中：铁路工程完成91.0993亿元，公路工程完成33.5151亿元，城市轨道交通工程完成87.2716亿元，市政工程完成228.6657亿元，房建工程完成261.9186亿元，物资贸易完成2.1449亿元。

铁路工程方面，中标新建江苏南沿江城际铁路站前工程施工总价承包10标、新建常德经益阳至长沙铁路站前工程施工单价承包4标、匈牙利肖罗克莎尔（含）至克莱比奥（边境）铁路等11个项目；城轨工程方面，新进入金华、长春两个城轨市场，中标的武汉市轨道交通11号线三期首开段土建预埋工程张家湾停车场综合工程，中标额17.94亿元，是中铁上海局轨道交通单标中标额最高纪录，实现了营销工作的新突破；公路工程方面，取得政府与社会资本合作（PPP）建设濮阳至湖北阳新高速公路宁陵至沈丘段、成资渝高速公路成都天府国际机场至潼南（川渝界）段项目TJ4标项目（路面工程）、上海S7公路（S20-月罗公路）新建工程S7-Ⅱ-1标等公路工程施工任务；市政、水务环保方面，积极与各大投资集团合作，中标黄家湖污水处理厂三期扩建工程施工总承包、横岭水质净化厂二期提标改造工程、江门市蓬江区水环境综合治理项目（一期）—黑臭水体治理工程EPCO项目，其中攀枝花市生活污水处理设施建设PPP项目中标额15.3302亿元，巩固扩大中铁上海局水务板块；房建项目方面，中标宁阳县满庄片区棚户区改造项目（一期）项目、肥西县人才公寓EPC（设计、采购、施工一体化）项目、汉台区植物园以西棚户区改造项目一期工程EPC总承包等项目，2019年合计中标额261.9186亿元，较2018年增长334.06%；投资项目方面，2019年投资板块中标额约占全公司总营销额的2.79%，实现了投资、投标的双轮驱动。

中铁上海局对有关三级公司部分项目进行优化组合。将中铁上海局二公司所属的张吉怀项目（含梁场）全部划转至五公司，南沿江项目（含梁场）全部划转至一公司，上海及福州地铁项目全部划转至城轨分公司；将市政公司所属的华南、西南、西北区域项目（不含地铁项目）全部划转至二公司，实现了中铁上海局二公司、城轨分公司转型升级，完善了水务环保、城轨交通市场布局。2019年12月24日，根据股份公司召开的重组设立中国中铁专业水务环保公司工作部署会议精神，将中铁上海局市政公司从中铁上海局分离，整体重组并入中国铁工建设集团有限公司。2019年，中铁上海局新成立企业创新中心、企业大学（党校）、经济稽查总队、大企业市场开发部；撤销原北京办事处，将其职能与华北区域经营部进行整合，设立了华东、华南、华北、华中、东北、西北、西南七个区域经营总部；指导各子公司、分公司撤销了地区办事处。（张超 王峰光 张潇）

【走向海外】持续跟进匈塞铁路项目、乌克兰基辅地铁4号线项目、马来西亚吉隆坡“可负担房屋”房建项目、马来西亚MRT2期车站机电安装项目、肯尼亚35000套政府保障房等项目，按照优势互补、强强联合的思路与中铁东方国际、北控集团、绿地集团、三一重工等企业合作；拓展思路，与涉外设计院加强联系，探索构建设计施工联合体关系网络，力争“并肩出海”。

2019年6月，中匈联合体中标匈塞铁路项目，中标价20.79亿美元。中匈双方各占合同额的50%，中铁上海局份额占中方联合体的20%，即2.079亿美元（约合人民币14.333亿元）。（俞敏）

【重大创新】科技创新方面。2019年，中铁上海局召开2次科研、工法立项会议，开展科研开发项目16项，参编规范11项，工法开发项目20项，科研经费拨付521万元。申报股份公司科研立项17项，完成股份公司科技成果评审10项。5项成果获得股份公司科学技术奖，15项成果获得社会力量奖。下达两批工法开发计划，共25项，形成企业级工法36项；获得省部级工法15项。申请发明专利65项，实用新型专利122项；发明专利授权5项，实用新型专利授权93项，国际专利授权2项。2019年获股份公司绿色施工科技示范工程6项，省部级绿色施工示范工程4项，上海市建设工程绿色施工达标工程1项、行进过程自动变跨铺轨施工综合节能技术获“中国中铁重点节能低碳技术”、中铁上海局锦州混凝土分公司获中国混凝土行业绿色生产示范企业。69个项目开展BIM技术应用，137人获得国家部委颁发的BIM证书，并有23个项目获得32项BIM奖项（包含1项国际奖）。

管理创新方面。开展系统管理提升活动。按照2019年中铁上海局工作会、职代会上关于“牢牢把握加快发展和高质量发展这个主题，更加突出系统管理和项目管理”的工作总体要求，以“分析现状、查找问题、针对性解决问题”为方法步骤，围绕“机构、人员、制度、工作机制”，编制《中铁上海工程局集团有限公司系统管理提升方案（1.0版）》《中铁上海

▲ 中铁上海局承建的昌赣高铁项目

▲ 中国中铁党委召开“三基建设”现场会，与会人员观摩中铁上海局京雄城际铁路五标项目装配式桥墩和装配式桥面系的施工关键技术

工程局集团有限公司系统管理提升活动实施方案》及系统管理提升方案模板。根据模板指导各部门制定本系统管理提升方案，组织召开专题系统管理提升方案评审会21场。对市场营销、投资业务、国际业务、技术中心、工程管理、安全质量、物资设备、成本、财务、人力资源、法律合规、审计、公司办公室、社会事业、企业管理、党委办公室、党委宣传、党委组织、纪委、工会、团委21个系统管理提升方案全部完成并发布。根据各业务系统管理提升方案中对人员、机构方面的优化建议进行汇总，形成《中铁上海局—子公司、分公司—项目部人员、机构优化清单》，同时通过企业管理委员会，对各系统提升方案的执行落实情况进行跟踪、通报，确保执行到位。2019年，中铁上海局获国家级创新二等奖1项，股份公司创新一等奖2项、二等奖1项，上海市创新二等奖1项、三等奖3项。组织开展万众创新评选，共征集所属13家子公司、分公司及各部门146项管理创新成果，其中25项成果被评定获得2018年度“万众创新”获奖成果。（李小虎　郭　乐　王峰光）

【工程创优】中铁上海局获得省部级安标工地18项、股份公司“安全标准化工地”8项。苏州高新区人防停车场工程、武汉北湖污水处理厂及附属工程获得2019年全国建设工程项目施工安全生产标准化工地。

全公司在建工程质量合格率达100%，全年未发生工程质量事故。参建的哈尔滨站改造工程（站房、雨棚部分）获得中国建设工程鲁班奖；南宁市良庆大桥、苏州轨道交通2号线、上海铁路局太平桥货场部分地块单位租赁房项目A地块等工程获得国家优质工程奖；公司全年共获得省部级以上优质工程19项。获省部级QC成果奖29项，其中人工石QC小组等10个QC小组获得国家级优秀质量管理小组奖。获省部级环保奖项18项，并首次获得1项国家级环保示范工程（合肥市清溪净水厂）。

（刘广超）

【企业文化】围绕中铁上海局年度发展目标、系统管理提升、项目精细化管理、核心业务板块优化组合等，充分运用“一微一报一网”平台，广泛开展形势任务教育，坚定发展信心。围绕重点工程建设，加大新闻宣传力度，全年在中央级媒体刊稿1038篇，提升企业知名度。围绕庆祝新中国成立70周年，举办“辉煌七十载，奋进新时代”图片展、“我和我的祖国”微视频大赛、劳模事迹报告会、金话筒主持人大赛等，激发广大职工爱国爱企热情。围绕现场思想政治工作，坚持员工思想动态分析制度，推广运用“四五六”思想政治工作法，稳定职工队伍。深化精神文明创建，加强“道德讲堂”建设，继续保持“全国文明单位”荣誉，创建经验被国资委汇编成册，成功承办上合组织主办的国际医学创新合作论坛，扩大企业社会影响力。

（张笑铭）

【党建工作】践行强企富工的初心和使命，以抓好问题整改落实检验主题教育工作成效。通过个人自学、专家辅导、学习研讨、联组学习等形式，深入学习党的科学理论。两级党委组织集中学习研讨80余次，两级领导班子成员开展调研279次，形成调研成果162项，先后在系统管理提升、业务板块优化组合、党建融合创新、一线职工休息休假等方面，提出对策措施并相继落地见效。坚持把专项整治与学习教育、调查研究、检视问题衔接起来，对检视发现的607个问题制定整改措施1219项，做到上下联动整改、立查立行立改，第一批专项整治问题销号率81%，第二批专项整治工作有序推进。国资委主题教育第一巡回督导组组长苏文生两次现场调研督导，股份公司党委书记张宗言为机关党员代表上党课，对中铁上海局主题教育开展情况给予高度评价。中铁上海局建筑公司党委在中国中铁党委第二批主题教育推进会上做了发言交流。

坚持以党建工作与生产经营深度融合为导向，通过开展党建工作交底、编制《新时代项目党建工作指南》《工程项目党建工作制度汇编》、优化升级党建协同工作平台、开展“示范党支部”创建、举办党群干部业务培训示范班，夯实了项目党建实践基础；通过修订“四双”工作实施细则及项目强化监督防控风险工作制度、督导落实融合具体措施、开展“五大工程”试点，促进项目党建与生产管理互融共进；通过逐级签订年度履行主体责任任务书、分解年度政治工作重点任务、开展党组织书记述职评议等，层层

压实了党建工作责任；通过开展“决胜京雄，建功雄安”等形式多样的党建联建活动，促进施工生产，融洽企地关系。在京雄城际铁路项目举办了庆祝建党98周年系列活动，成功承办中国中铁“三基”建设现场会并作经验介绍。中铁上海局党委在股份公司2018年度党建工作责任制考核中位列第二名。

坚持党管干部原则，严格规范动议提名、组织考察、讨论决定等程序，全年累计提拔、调整、交流领导人员187人次。加强领导人员日常监督管理，对所属子公司、分公司114名领导人员日常履职情况进行了反馈。逐级开展“四好”班子创建，中铁上海局领导班子连续三年、累计六年荣获股份公司“四好”班子；物贸公司连续四年，华海公司连续三年荣获中铁上海局“四好”班子。注重领导人员党性锻炼和业务提升，举办了第四期领导人员井冈山党性教育培训班，选送领导人员参加各类培训班64人次。通过设立企业大学（党校）、实施“五一〇”人才培养工程、开展技能竞赛、举办青年干部培训班等形式，提升了各类人才的综合素质。精心组织高校毕业生入职培训，建立了领导人员导师带徒结对子及定期沟通交流机制，全年接收高校毕业生841人，引进各类社会成熟人才236人，员工流失率同比下降28%。中铁上海局党委在中国中铁人才工作会议上就一线青年人才培养交流了工作做法。

贯彻落实习近平总书记重要批示精神，制定为基层减负及落实中央“八项规定”精神的具体措施，建立党风廉政建设和反腐败工作领导小组工作规则，强化管党治党主体责任。完成股份公司党委新一轮巡视问题整改，组织开展自查自纠6次，提升整改工作实效。梳理排查党的十八大以来历次巡视、巡察、审计、专项整治等发现的问题，对持续整改的10项问题进行专项督办直至整改闭合，配合完成国资委党委下沉巡视工作。有序实施纪检监察体制改革，相关制度更加健全规范，职能权限更加清晰分明。组织企业领导人员违规经商办企业专项整治，实现副处级以上干部全覆盖；开展形式主义官僚主义集中整治，发现共性问题12项，制定整改措施23条，实施问责14人次。加强警示教育，严肃执纪问责，全年给予党政纪处分66人次，诫勉谈话和组织处理37人次，营造崇廉尚实的良好氛围。

（张笑铭　刘　琼）

【信息化建设】2019年，中铁上海局全面新建计算机和语音综合布线系统、数据中心机房（2个）、计算机办公信息网络、分布式会议系统、桌面云系统、智能语音电话系统，并将财务共享云系统扩建成为全集团的服务云平台。利用裸光纤将新总部基地与老总部办公楼互联，将新、老总部网络构建成为统一的整体。

截至年末，中铁上海局应用各类信息系统25套，其中本地部署并提供服务的信息系统15套，已全面迁移至服务云平台运行。启用WOC加速设备对视频会议效果进行优化。视频会议系统覆盖全部12个下属子公司、分公司和7个区域经营总部，合计112台视频会议终端，实现视频会议系统到项目的全覆盖。开展信息安全二级等级保护建设计划，首期将基础网络、OA、财务、成本、营销5个系统纳入二级等级保护认证范围。2019年，中铁上海局各子公司、分公司机关统一身份管理覆盖率达到98.6%，软件正版化覆盖率达到97.3%，服务器操作系统、数据库等服务端软件已实现100%正版化。全年解决各类故障、问题、完成咨询合计超过300件，为信息化在企业的落地应用发挥积极作用。（杨　波　刘丁丁）

【履行社会责任】2019年，中铁上海局开展困难职工精准帮扶工作，评审确定35户特困、重困职工为精准帮扶对象，共支付帮扶款59.5万元。修订《深化“三不让”帮扶救助实施办法》，提高助困、助医和助学标准，全年共支付生活困难救助款188.75万元，救助219人次。支付大病救助款121.53万元，救助25人次。支付助学款28.74万元，资助困难职工155户。所属各单位通过参加属地职工医疗互助保障、自主成立职工互助保障基金会等形式，为职工再筑一道风险保障，全年发放大病救助款25.16万元，救助34人次。（谢传甲）

【领导人员】

荣树森	党委书记、董事长（12月退休）
闫子才	党委副书记、总经理
梁永兴	党委副书记、副董事长（按二级企业正职管理）（12月改任股份公司专职董事、监事）
张　超	党委副书记、纪委书记、监事会主席
李　宁	总会计师、总法律顾问
李　杨	副总经理
李　亮	副总经理
章胜华	副总经理、工会主席（6月任）
徐江洪	副总经理（3月改任副巡视员）
张庆远	副总经理
黄　新	副总经理、总工程师
张立新	副总经理

（张　潇　王东旗）

中铁国际集团有限公司

【简况】中铁国际集团有限公司（简称中铁国际）是中国中铁为实施“大海外”战略、加快“走出去”步伐而设立的专业公司，于2013年11月由原中铁国际经济合作有限公司、中国中铁委内瑞拉分公司、东方国际分公司、老挝分公司4家单位重组设立。中铁国际下辖建筑、投资、房地产、国际贸易和能源电力等领域等103家子公司、分公司、代表处，业务遍及亚洲、非洲、欧洲、南太、拉美五大区域，在66个国家和地区设有经营及办事机构。中铁国际职工总数为889人，包括各类专业技术人员817人，无技术工人。其中，具有正高级专业技术职称人员6人，高中级专业技术职称人员487人。2019年9月，中国中铁对中铁国际增加资本投入人民币1.81亿元，注册资本变更为人民币25亿元。截至2019年底，中铁国际资产总额为87.32亿元，其中流动资产51.91亿元，占资产总额的59.45%，非流动资产35.41亿元，占资产总额的40.55%。所属企业自20世纪70年代开始从事国际经济技术合作、工程承包和对外投资，在全球陆续完成了1000多项大中型工程，涵盖交通市政、房屋建筑、机场港口、农田水利、能源电力、矿产资源等业务领域，其中多项国际知名工程获得同行业和东道国的赞誉。

顺应国际市场发展趋势，中铁国际已由传统工程承包商向“承包商＋投资商”转型升级。近年来，通过集成中国中铁设计技术咨询及技术施工优势，凭借与金融机构的良好合作关系，发挥自身商务优势和海外大项目管理经验，中铁国际先后签约并组织实施委内瑞拉平原铁路、印尼雅万高铁、中老铁路和中泰铁路等一批重大项目，国际工程承包（EPC、EPC+F、BT、BOT、PPP等）和房地产及矿产资源投资已成为公司的核心业务。（成程　孟昕）

【主要指标】中铁国际2019年末资产总额为87.32亿元，较2018年初82.47亿元下降5.88%；负债总额为53.34亿元，较2018年初51.20亿元下降4.18%；资产负债率为61.08%，较2019年初62.08%下降1个百分点；所有者权益33.98亿元，较2019年初的31.27亿元增长8.67%。中铁国际2019年度实现营业收入56.34亿元，较2018年的64.34亿元下降12.43%；实现归属于母公司净利润1.15亿元。（章林）

表14–25　2019年中铁国际集团有限公司主要经济指标

项目	2019年	2018年	比上年增长 / %
资产总额 / 亿元	87.32	82.47	5.88
所有者权益 / 亿元	33.98	31.27	8.67
营业收入 / 亿元	56.34	64.34	−12.43
利润总额 / 亿元	1.56	2.83	−44.83
净利润 / 亿元	1.17	2.28	−48.37
归属于母公司所有者的净利润 / 亿元	1.15	2.11	−45.42
技术开发投入 / 亿元	0.0431	0.0422	2.13
利税总额 / 亿元	0.46	3.44	−86.63
应交税金总额 / 亿元	0.33	1.52	−78.29
净资产收益率 / %	3.60	6.87	减少3.27个百分点
总资产报酬率 / %	2.17	3.72	减少1.55个百分点
国有资本保值增值率 / %	103.9	98.80	增加5.1个百分点

制表：章林

【改革发展】自“双百行动”综合改革行动实施以来，中铁国际围绕“五突破一加强”要求，稳步推进“双百行动”改革，通过设立战略委员会、薪酬与考核委员会、审计与风险管理委员会进一步完善企业法人治理结构；通过工资总额备案制和强化绩效考核，健全企业激励约束机制，在中海外试点推进职业经理人制度探索市场化经营机制路径，以印度尼西亚公司为试点推行混合所有制改革激活企业发展动力，分步解决企业“三供一业”历史遗留问题，形成具有国际特色的境外党建“工法”。根据市场开发需要，中铁国际申请设立中海外东帝汶分公司、中铁国际东帝汶分公司、中铁国际菲律宾分公司3家境外机构。其中，中海外东帝汶分公司已完成设立。

制定《中铁国际集团有限公司境外机构外聘人员管理办法》（中铁国际人劳〔2019〕7号），规范中铁国际境外机构用工管理，促进境外机构依法规范用工。制定《中铁国际集团有限公司总部部门及科室职责》（中铁国际人劳〔2019〕27号），明确和强化各部门及科室职责。制定《中铁国际集团有限公司投融资项目评审专家组设立方案》（中铁国际人劳〔2019〕181号），提高中铁国际投融资业务能力，促进投融资项目落地效率，提高管理水平。制定《中铁国际集团有限公司关于受党纪政纪处分的单位负责人薪酬扣减实施细则（试行）》（中铁国际人劳〔2019〕462号），完善中铁国际所属单位负责人薪酬监督管理，奖励健全责任追究机制。修订《中铁国际集团有限公司企业负责人履职待遇、业务支出管理办法》（中铁国际人劳〔2019〕530号）、《中铁国际集团有限公司所出资企业负责人履职待遇、业务支出管理办法》（中铁国际人劳〔2019〕532号）和《中铁国际集团有限公司总部人员履职待遇、业务支出管理办法》（中铁国际人劳〔2019〕53号），规范中铁国际履职待遇、业务支出管理。（成程　孟昕）

【重大项目】2019年，中铁国际完成新签合同67项，新签合同额393.75亿元（56.16亿美元），完成年度计划326.37亿元的120.65%。其中境外新签合同总额为51.19亿美元，占公司新签总额的91.15%，非洲区域新签合同额21.03亿美元，南太平洋区域5.37亿美元，亚洲周边区域新签合同额10.04亿美元，欧洲市场新签合同额13.21亿美元。4月25日，中铁国际与缅甸中央伊洛瓦底发展有限公司签署缅甸曼德勒产业新城基础设施项目合同，合同金额4.99亿美元；4月29日，中铁国际与圣克鲁斯市政府签署了圣克鲁斯圣奥雷利奥城市道路和排水工程项目合同，合同金额1.2亿美元；9月30日，中铁国际与乌克兰State Mortgage Institution签署了乌克兰保障房建设及供应项目合同，合同金额4.96亿美元；10月25日，中铁国际与科特迪瓦公务员及政府官员福利局签署了科特迪瓦国家公务员Ⅰ期新城3万套住房项目合同，合同金额11.53亿美元；10月16日，中铁国际与赞比亚交通通信部签署了赞比亚西北铁路1A标段项目合同，合同金额4.76亿美元；10月16日，中铁国际与佳湾开发有限公司签署了赫尔辛基—塔林海底隧道项目设计咨询服务合同，合同金额8.25亿美元。（徐木青）

【走向海外】根据企业“走出去”战略，推动实施多层次深化战略合作。9月27日，中铁国际与新加坡迈进集团在新加坡签署战略合作协议。海外项目进展情况：①孟加拉国家数字联通项目，合同金额9.85亿美元，现正在履行孟方政府的相关审批程序。②孟加拉达卡加济布尔至迈门辛至杰马勒布尔铁路复线项目，合同金额10.51亿美元，现正在履行中孟政府的相关审批程序。③中缅铁路项目，合同金额200亿美元，现正初步拟定设立方案、推进计划、内部分工、人员配置、工作机制等。④巴基斯坦ML1铁路升级改造项目，总造价约131亿美元，筹备组现以2020年实现ML1项目签署商务合同为工作目标。⑤印度尼西亚雅加达钻石塔房地产项目，投资金额1.3亿美元，12月9日，钻石塔房地产项目完成开工手续，现在项目正有序建设。（徐木青　赵东麒）

【重大创新】2019年，中铁国际完成中国中铁科技开发计划引导课题《国际工程承包合同审核体系、工具及可视化研究》结题工作，科技课题《高强超微外加剂在喷射混凝土中的运用》通过中国中铁科技成果鉴定，科研课题《新型带模注浆材料在隧道中的应用》被列入中国中铁科技开发计划引导课题。

2019年12月，中铁国际组织开展2019年度优秀科技项目和优秀科技论文征集评选工作，川铁公司《高强超微外加剂在湿喷混凝土中的运用》《低用水量高强混凝土实验研究》分别获2019年度中铁国际优秀科技项目奖一等奖、二等奖；《集团公司审计发现问题整改探讨》等3篇论文获2019年度中铁国际优秀科技论文奖二等奖；《新型隧道带模注浆材料在隧道中的运用》等13篇论文获2019年度中铁国际优秀科技论文奖三等奖。申请2项专利，包括发明专利《一种自密实高性能混凝土及其制备方法》和实用新型专利《一种定向注浆袖阀管结构》。（孙胜阳）

【工程创优】2019年，中铁国际获全球最佳工程项目奖1项、省部级优质工程4项、省部级安全文明工地3项、地级市优质结构工程5项。尼泊尔巴瑞巴贝引水隧道项目获ENR（美国《工程新闻纪录》）第七届“全球最佳工程项目”；沙迦酋长国警察总部大楼项目获阿联酋联邦基础设施发展部颁发的“施工质量优秀证书”；孟加拉国政府基础网络三期项目同时获信息社会世界首脑会议“2019年信息社会世界首脑会议项目冠军奖”和孟加拉国软件和信息服务协会“2019年国家信息通信技术奖”；磨万铁路Ⅱ标Ⅰ分部被评为“中国中铁安全标准工地”；玻利维亚“El Espino-Charagua-Boyuibe”公路项目被评为“中国中铁安全标准工地”；磨万铁路Ⅱ标Ⅰ分部华楠站双线特大桥工地被老中公司评为“磨万铁路2019年标准化工地”；秣陵新市镇安置房项目13#、42#、44#、45#、46#楼工程先后获南京建筑业协会颁发的“优质结构工程”证书。（李慧琴）

【企业文化】中铁国际坚持以“多彩国际幸福家园”为主题，加强企业文化建设。开展“学习劳模精神、汇聚榜样力量”活动，选树先进典型。原川铁公司徐子龙获得“中央企业劳动模范”称号，亚洲分公司卫晓军、中海外王玉水被评为第七届“中国中铁劳动模范”。

▲2019年4月16日，由中铁国际中国海外工程有限责任公司（简称中海外）总承包，中海外、中铁二局共同实施的尼泊尔巴瑞巴贝引水隧道项目举行贯通庆典

各级共青团组织开展志愿者活动，弘扬奉献精神，3名青年获得“中国中铁优秀青年志愿者”称号。道德讲堂活动涵养文化底蕴，中海外COVEC讲堂、安哥拉分公司罗安达铁路复线项目道德讲堂被评为中国中铁“示范道德讲堂”。开展跨文化建设，2名外籍员工当选中铁国际先进个人。中老铁路宣传完成“三个一”（一部宣传片《使命》、一个节目《相约北京》、一本画册），中老青年文化交流活动登上国资委Facebook平台，助力讲好“一带一路”故事。打造职工思想宣传发动阵地，引领职工群众为企业发展建功立业，中铁国际为海外一线员工拍摄制作《伟大出自平凡》段视频分别荣获由《工人日报》主办的首届短视频大赛“最具影响力奖”，以及由中华全国总工会主办的第六届全国职工微影视大赛金奖。2019年中铁国际对外宣传报道400余篇次，企业形象显著提升。（曹 妍 谢萌萌）

【党建工作】围绕企业中心工作，不断强化党在各项工作中的领导地位和引领作用。坚决执行党委会前置程序，建立了“三重一大”决策和运行监管系统，议事决策程序更加规范，全年共召开党委会议13次，研究议题84项，其中前置事项43项。开展党建工作责任制检查考核和党（工）委书记抓基层党建工作述职，压实党建工作责任，督导三级公司党（工）委发挥把方向、管大局、保落实的领导作用。坚持德才兼备、以德为先用人标准选好用好干部，注重选拔20世纪70年代后出生、海外业绩突出的干部。聚焦“守初心、担使命、找差距、抓落实”总要求，以深入学习贯彻习近平新时代中国特色社会主义思想为主线，坚持高起点开局、高标准推进，把学习教育、调查研究、检视问题、整改落实贯穿全过程，圆满完成第一批和第二批的各项任务。主题教育“理论学习有收获、思想政治受洗礼、干事创业敢担当、为民服务解难题、清正廉洁作表率”目标顺利实现。以“三基建设”为抓手，进一步夯实党建工作基础。强化基本制度建设。推动《中国中铁党委关于加强基本组织基本队伍基本制度建设的实施意见》落地落实，制定完善《党委办公会会议制度》《党委党内监督工作实施办法》等党内制度，完善《党支部活动手册》，落实“三会一课”制度；强化基本组织建设，建立健全党的组织机构，做好党组织换届排查，开展基层软弱涣散党组织专项整治；强化基本队伍建设，举办党支部书记和党务工作人员培训班，加强党务人员配备，专兼职党务人员数量稳步增长。张恒祥被评为中央企业优秀共产党员。加快纪委职能转变，制定企业纪检监察体制改革方案并实施。完成4家境外单位的政治巡察，实现首轮巡察全覆盖。持续推进中老铁路“廉洁之路”建设，开展企业领导人员违规经商办企业专项整治。落实中央八项规定精神，驰而不息纠正“四风”。开展形式主义官僚主义问题集中整治，清理驻京办事机构，通报典型案例，加强廉洁教育。（亓永慧 王 懿）

▲2019年7月，中铁国际在井冈山市红色文化培训中心举办基层党组织书记暨党务工作人员“不忘初心、牢记使命”实地践学培训班

【信息化建设】2019年，中铁国际完成深化OA协同办公平台应用、统一身份管理、信息系统安全评估、数据安全保护、海外分支机构数据回传5项重点工作。在中铁国际推广应用主数据平台、企业微信平台、统一身份认证平台、企业邮箱、skype等基础信息化平台和应用，用户覆盖率进一步提升。（田 源）

【履行社会责任】中铁国际各单位融入当地经济社会建设，广泛开展爱心助学、扶贫济困、慈善公益、志愿服务等活动，积极参与抢险救灾，履行社会责任，赢得东道国及中国政府的高度肯定和广泛认可。中老铁路项目建设指挥部组织向习近平总书记关心的老挝农冰村小学捐赠学习用品，南美分公司向秘鲁特殊学校儿童捐赠食品和礼物，南太公司向项目沿线学校捐赠文体用品，西北非分公司向塞拉利昂学校捐赠书本，树立了中国企业良好的形象。（曹 妍）

【领导人员】

甘百先　党委书记、董事长、法人代表

陈诗平　党委副书记、总经理、副董事长（12月免，调离）

郭　毅　副总经理、工会主席
王子建　副总经理
宋国栋　总会计师、总法律顾问
黄　宏　副总经理
王立杰　副总经理、总工程师
白　蕊　副总经理
吴东正　副总经理
李亚铭　总经理助理
李述宝　安全生产总监
黄功华　总经理助理
孙晶晶　董事会秘书
王紫光　巡视员
赵超英　副巡视员　（孟　昕）

中铁东方国际集团有限公司

【简况】中铁东方国际集团有限公司（简称东方国际）是中国中铁股份有限公司为实施国际化经营战略在境外设立的二级子公司。东方国际成立于2016年9月13日，注册资本金5亿林吉特（折合人民币83136万元），注册地马来西亚吉隆坡。东方国际设立后，中铁国际集团有限公司将所持有的中国铁路工程（马来西亚）有限公司100%股权向中铁东方国际集团有限公司转让，马来西亚公司作为东方国际子公司管理，代管中国铁路工程总公司新加坡分公司。主要从事勘察设计、基础设施建设、投资及运营、房地产开发、资源矿产等业务，是集设计咨询、工程施工、运营维护、产品制造和商务开发于一体的工程总承包商，具备为业主提供一站式综合服务的能力，在城市基础设施、地产开发等领域具有强大的核心竞争实力。

东方国际先后承揽了印度尼西亚苏门答腊煤炭运输项目、马来西亚沙巴铁路升级改造项目、马来西亚吉隆坡MRT一期项目、马来西亚吉隆坡雅益轩地产开发项目、马来西亚吉隆坡MRT二期项目、马来西亚南部铁路项目及马来西亚吉隆坡安邦贾兰尼帕房建项目等多个重大项目。东方国际主营业务为境外基建建设和境外综合开发。2019年，积极推进马来西亚大马城项目。

截至2019年12月底，东方国际在册员工235人，其他人员175人（含本地员工103人），其中：专业技术人才32人，工程技术人员66人，经济人员116人，会计人员13人，政工8人。公司保有机械设备198台（套），其中：中铁岩土联营体公司89台（套），总功率12584.1千瓦，人均动力装备率53.6千瓦/人，技术装备率29.2万林吉特/人，综合装备生产率15.5万元（注：马币兑人民币汇率以2019年12月31日中国银行中间折算价169.24计算）。设备主要集中在马来西亚，其中土石方机械8台（套）、动力机械21台（套）、起重机械33台（套）、其他机械136台（套），施工机械设备固定资产原值9928.2万林吉特（其中：中铁岩土联营体公司8095.6万林吉特），净值6859.2万林吉特（其中：中铁岩土联营体公司6623.2万林吉特）。东方国际认真执行项目所在国、中国及股份公司关于设备管理的法律法规及相关规定，以资产管理为纽带，建立健全适应海外市场发展要求的设备管理体制，对施工设备实行综合管理，为实现企业经济效益最大化服务，实现资产保值增值。在项目施工过程中，大中型设备运行状况稳定，保养状况良好，机械设备综合完好率81.5%以上，主要设备平均利用率70%，无设备责任事故发生。

2019年，中铁东方国际集团有限公司党委被评为驻马来西亚中资企业先锋党组织；中铁东方国际集团有限公司被评为中国中铁首届“卓越杯”BIM大赛优秀组织单位；中国铁路工程（马来西亚）有限公司商务部被授予2018年度“中国中铁青年文明号”；中铁马来西亚东方隧道有限公司被授予马来西亚CIDB建筑施工安全健康评估五星奖、职业健康安全协会管理白金奖、2018年度中国中铁工程项目文化建设示范点、2018年度中国中铁安全标准工地；中铁马来西亚雅益轩项目公司被授予2018年度中国中铁安全标准工地；中铁马来西亚基础设施有限公司被授予马来西亚职业安全与卫生局“安全无事故”证书；马来西亚吉隆坡新捷运工程地下北段A标段、马来西亚Timah Tasoh输水隧道项目被评为2018年度中国中铁杯优质工程项目奖。

2019年，东方国际先后成立网络安全和信息化领导小组、科技创新工作领导小组，不断完善科技与信息化工作机制；以东方国际在建的MRT二期、雅益轩、第三大道及沙巴公司项目为依托，开展项目科技研究开发、工法专利申请、科技论文发表及项目信息化建设等各项工作，持续推进科技创新驱动发展战略，完善科技创新载体和平台；整合科技设计及信息资源，通过参与形式多样的培训、交流及论坛提升科技创新工作团队专业技能知识，不断强化人才支撑和智力保障，营造科技创新环境。全年未发生任何安全生产责任事故，圆满完成零事故、零伤亡目标；所属单位、项目公司部分已通过ISO国际标准管理体系认证。

（刘鑫垚　李松涛　李明佳　徐朝坤　闫文静）

【主要指标】截至2019年12月31日，东方国际资产总额21.64亿元，相比2018年17.67亿元增长22.47%；所有者权益0.31亿元，相比2018年−0.21亿元增加247.62%；2019年完成营业收入19.84亿元，相比2018年14.20亿元增长39.72%；利润总额0.42亿元，相比2018年0.18亿元增加133.33%；净利润为0.32亿元，相比2018年0.14亿元增加128.57%；归属于母公司所有者的净利润0.37亿元，相比2018年0.16亿元增加了131.25%；利税总额0.45亿元，相比2018年0.19亿元增加136.84%；应交税金总额0.69亿元，相比2018年0.65亿元增加6.15%；总资产报酬率下降

1.61 个百分点，由 3.25% 下降到 1.64%；国有资本保值增值率上升到 1193.95%。（王靓阳）

表 14–26 2019 年中铁东方国际集团有限公司主要经济指标

项目	2019 年	2018 年	比上年增长 / %
资产总额 / 亿元	21.64	17.67	22.47
所有者权益 / 亿元	0.31	−0.21	247.62
营业收入 / 亿元	19.84	14.20	39.72
利润总额 / 亿元	0.42	0.18	133.33
净利润 / 亿元	0.32	0.14	128.57
归属于母公司所有者的净利润 / 亿元	0.37	0.16	131.25
技术开发投入 / 亿元	0	0	0
利税总额 / 亿元	0.45	0.19	136.84
应交税金总额 / 亿元	0.69	0.65	6.15
净资产收益率 / %	632.24	0	增加 632.24 个百分点
总资产报酬率 / %	1.64	3.25	减少 1.61 个百分点
国有资本保值增值率 / %	1193.95	23.97	增加 1169.98 个百分点

制表：王靓阳

【改革发展】2019 年，东方国际以沙巴 FOREST HILL 项目为试点，以项目承包责任制模式开展工作。（刘鑫垚）

【重大项目】2019 年，东方国际完成新签合同额 3.1 亿元人民币，成功中标沙巴 Forest Hill 公寓项目、泛婆罗大道一期 4 标桩基项目。截至年末，东方国际在建项目 7 个，主要分部在马来西亚吉隆坡和亚庇，在建项目合同额共计 12.5 亿美元，剩余未完合同额 8.1 亿美元。其中重大项目 3 个，分别为吉隆坡新捷运工程二期地下 C 标段，合同额 3.75 亿美元，已完合同额 2.57 亿美元，剩余未完合同额 1.18 亿美元；金马士至新山双轨电气化铁路项目，合同额 6.75 亿美元，已完合同额 1.4 亿美元，剩余未完合同额 5.35 亿美元；吉隆坡安邦贾兰尼帕房建项目，合同额 1.55 亿美元，已完合同额 0.32 亿美元，剩余未完合同额 1.23 亿美元。重大项目合同额共计 12.05 亿美元，占比在建项目合同额约 96%。重大项目剩余未完合同额共计 7.76 亿美元，占比在建项目剩余未完合同额约 95%。重大项目累计完成合同额共计 4.3 亿美元，占比完成总合同额的 36%。

大马城项目实现重大突破：2019 年 4 月 25 日，在国务院总理李克强和马来西亚首相马哈蒂尔的见证下，中国中铁总裁张宗言与马来西亚经济事务部部长阿兹敏签署《大马城项目恢复框架协议》；12 月 17 日，在马来西亚总理马哈蒂尔、经济事务部长阿兹敏、财政部部长林冠英、交通部部长陆兆福、财政部秘书长阿末巴德利、中国驻马来西亚大使白天、中国中铁总裁陈云的见证下，中铁东方国际集团党委书记、董事长陈之功和依海控股董事长林刚河代表中铁—依海联合体与 TRX City 董事长阿斯里正式签署马来西亚“大马城”项目恢复协议，中铁—依海联营体支付 TRX City 公司相应股份价值 2% 的订金 1.482 亿林吉特，其中中铁出资额为 7410 万林吉特。通过与马来西亚财政部牵头的大马城项目谈判委员会等有关方的谈判，成功协商解决了协议潜在的重大风险点 20 多项；在股份公司领导指导参与下，聚焦股东权利、付款周期、人民公园面积、拆迁费用支付、空地占有、税费优惠等内容，在恢复原协议基础上争取到更多有利条款，为公司创造价值（含节省费用）超过 19 亿美元；以轻资产运营为核心竞争力，明确通过设立轻资产管理公司 PMC、房地产基金公司、房地产信托基金、物业运营和维护管理公司等策划理念，完善产业链和价值链等方面的模式创新，有效地确保项目执行可行。大马城项目预计投资额约 2300 亿元，是中国企业在海外运作的体量最大的单一城市商业综合体开发项目。

重点营销项目进展：沙捞越高速公路第二干道 B3 标、商务标和技术标短名单名列第一；马来西亚政府保障房项目，与马来西亚住房部签署项目合作谅解备忘录；槟城垃圾场矿化项目，与国云集团签署合作意向书；槟城交通大蓝图下的基础设计建设项目，东方国际主要领导与槟城州首席部长多次会面，双方达成合作意向；沙特吉达社区排洪工程项目竞标成绩排名第一，等待业主授标；沙特吉达排洪隧道项目和麦地那快速公交项目顺利通过资格预审。泰国林查班港口、乌塔堡机场、曼谷超高层和曼谷森林北地块房建等项目，与合作方签订意向协议。约旦安曼地铁项目，与业主就商业模式、续签合作备忘录及后期推进计划等事宜进行多次会谈协商。

依托马来西亚 MRT 二期项目，与中铁科学研究院合作，共同开展“吉隆坡软土地区地铁车站深基坑施工关键技术研究”等相关工作，截至 2019 年底，总体完成进度达 80%，撰写各类科技与信息化论文 9 篇，其中已发表省部级期刊科技与信息化论文 5 篇，2 篇英文论文被国际隧协 2020（WTC）年年会专刊收录，《盾构机顶升过站的设计与操作实践》《复杂地质条件下超深地下连续墙槽壁稳定性分析》等 2 篇科技论文正在申报 EI，获得《一种预应力锚索张拉纠偏装置》发明专利 1 项，《地铁车站永临一体化围护结构及施工方法说明书》《一种中间盖挖法的一体化车站结构与施工方法说明书》等 2 项专利正在申报中。

以雅益轩超高层住宅项目为依托，积极开展《框支剪力墙超高层住宅施工技术研究》科研课题，组织人员编写科研总结报告，通过研究异性梁板与转换梁施工技术、3D 实景扫描与构件代码化生产技术、耐磨混凝土楼地面一次成型技术研究、多元化模板支撑体系应用技术以及 BIM 应用、超高层混凝土泵送技术、集成附着式爬升脚手架等，解决异性梁板和大型楼面转换梁施工难题，形成一整套针对东南亚市场的超高层住宅标准化施工工艺。（张钟　陈峰　周静宁　杜妍　徐朝坤）

【海外项目管理】 2019 年，东方国际积极践行共建“一带一路”发展倡议，顺应国家经济发展新常态，贯彻落实国家“走出去”战略，以“抢抓机遇、战略引领、组织保障、稳中求进、转型升级”为指导思想，以体制机制创新为内在驱动，立足马来西亚市场，全力推进大马城项目，积极拓展周边区域市场。

东方国际“走出去”战略实施情况：推进吉隆坡及周边市场，加强沙巴公司营销能力建设，增设沙捞越和槟城营销团队，在推进国别市场建设上，继续向沙特、尼泊尔派驻营销团队，8 月增设泰国营销团队，同时在约旦、印度尼西亚、柬埔寨、文莱等国别开展项目营销。2019 年 6 月，牵头成立中国中铁马来西亚内部商会。

海外项目进展：现汇项目。2019 年，东方国际完成有效项目投标 24 项，项目范围涉及吉隆坡、沙捞越、沙巴、曼谷、吉达等，涵盖公路、桥梁、医院、公寓、市政、水利、港口等专业。成功中标沙巴 Forest Hill 公寓项目、泛婆罗大道一期 4 标桩基项目。

对外合作：与泰国 CNT 公司就乌塔保机场项目签署合作谅解备忘录、与泰国 See Sang 公司就林查班港口项目签署合作谅解备忘录、与沙特大型基建公司 THG 旗下 ICC 公司签署沙特市场开发合作谅解备忘录。

（刘鑫垚　陈峰　周静宁）

【重大创新】 2019 年，东方国际以吉隆坡新捷运二期项目为基础完成项目信息化管理平台的搭建工作，实现项目生产活动的运营自动化、管理网络化、数据准确化。该信息化平台于 2019 年 5 月全面上线推行，并于 2019 年 8 月正式投入使用，范围覆盖 7 家项目参建单位，满足项目信息化管理的协同需求，达到信息资源的有效共享，提高信息资源流转效率。目前运行效果良好，取得主要成效如下：①安全环境管理方面：英标安全质量环境管理体系与项目公司特色管理理念相融合。MRT 二期项目处于马来西亚市场，项目主承包商（地下段）聘请国际化的安全健康环境管理团队，采用国际通用的 OHSAS 18001 职业健康安全管理认证体系和 ISO 14001 环境管理认证体系，对项目现场采用英标标准进行安全、环境审计。项目公司针对特殊英标管理体系，融入项目特色管理理念，即结合“管”的过程控制、“监”的检查纠偏形成“管”“监”合力，构建安全生产风险分级管理和隐患排查治理双重预防体系，持续提升企业本质安全保障能力，形成具有海外管理特色的英标安全环境管理功能模块。②勘测设计管理方面：英标体系项目设计管理的设计和施工同步进行的特点与项目公司设计管理程序相结合。该项目设计阶段由总承包商设计咨询公司完成，项目公司在咨询公司设计基础上，依据施工方案和流程进行施工阶段设计。导致设计管理纵向维度上的版本众多、横向维度如站点部位、专业工序、用途类别多，项目平台的勘测设计板块打破空间与单一搜索引擎管理模式，加强与咨询公司的沟通协调，形成文件档案，通过控制过程质量和进度、进行成果审查、提出整改意见、联合技术交底等，在设计阶段对项目进行设计风险管理。应用信息化工具，摆脱僵化的管理方法，在项目设计管理操作过程中，细致记录设计细节，运用平台多维度查询工具，在全公司范围内共享文件档案过程与结果。③英标建筑市场管理理念与中铁系统内合作协同模式相辅相成。项目分包管理涉及合同管理、成本控制、集中采购管理、计划及

▲ 2019 年 12 月 17 日，中国中铁总裁陈云出席马来西亚大马城项目恢复协议签署仪式并致辞

进度管理、日志与进度联动、来往文件管理、结算管理，以及围绕合同为管理中心展开相关的生产及督查工作。给项目管理提供了高效的信息流处理平台，节省项目运营成本，提高信息资源流转效率。

马来西亚 MRT 二期项目在实施阶段过程中，根据施工环境、场地移交条件的变化，进行盾构过站方式的调整和优化，以控制成本、降低安全隐患以及工期滞后等风险；引入“盾构机顶升”的过站技术，通过调整车站局部底板和维护结构的设计，严格实施风险管控等，制定标准化作业流程实现过站方式由“先隧后站”改为“空推过站”，保证盾构顺利接收、空推过站和二次始发；减少长度 189 米的临时双线隧道，以及相应的盾构掘进、管片的安装拆除、注浆等措施费用；减少南站端头注浆，交出渡线端头部分注浆，换刀注浆加固，综合节省较多费用。

深化 BIM 技术在马来西亚房建及城市轨道交通项目的推广和应用工作。结合海外项目实施先进性、创新性要求，在东方国际项目施工生产中全面推广 BIM 新技术，发挥 BIM 技术在设计审核、机电碰撞检查、管线优化、工程量计算、建筑装修及三维可视化交底等方面的优势，实现项目信息化管理。

在房建及城市轨道交通项目中持续推广和运用全景激光扫描技术，对已完成的结构进行激光扫描，进行人机交互，生产出现场结构竣工图纸，提供至设计技术部门进行建筑装修材料定尺寸设计，最后由厂家精确裁切并运送至现场，减少现场加工产生的材料浪费，建筑装修材料损耗率保持在可控范围内。（刘鑫垚　杜志云　徐朝坤）

【工程创优】2019 年，中铁马来西亚东方隧道有限公司被授予马来西亚 CIDB 建筑施工安全健康评估五星奖、职业健康安全协会管理白金奖、2018 年度中国中铁工程项目文化建设示范点、2018 年度中国中铁安全标准工地；中铁马来西亚雅益轩项目公司被授予 2018 年度中国中铁安全标准工地；中铁马来西亚基础设施有限公司被授予马来西亚职业安全与卫生局“安全无事故”证书；马来西亚吉隆坡新捷运工程地下北段 A 标段、马来西亚 Timah Tasoh 输水隧道项目被评为 2018 年度中国中铁杯优质工程项目奖。（闫文静）

【企业文化】2019 年，东方国际开展海外文化宣传，不断提升企业形象，激发员工爱国爱企热情，增强员工扎根海外搞建设的坚定信念。一是做好企业内部铸魂、塑形、育人等宣传活动。举办“东方杯”篮球、羽毛球、乒乓球比赛等各种文体活动，重点在国庆节期间组织开展“户外快乐健步走”“辉煌 70 载、筑梦 20 年”红歌比赛和观看国家博物馆“复兴之路”大型主题展览、国庆阅兵大典和爱国爱企教育片等庆祝新中国成立 70 周年系列活动以及在主题教育期间组织党员赴马六甲参观郑和纪念馆，开展主题为“体味历史文化，践行一带一路”的“不忘初心、牢记使命”主题教育实践活动，既提高了党员对马来西亚历史文化的了解和对中马友谊源远流长的认识，也为中马友谊增砖添瓦。大力突出典型示范，开展东方国际首届“十大劳模”评选活动，将获得上级先进个人和劳模的先进事迹拍摄成宣传片进行集中分批宣传，号召广大党员干部职工向先进模范学习，提振广大干部职工干事创业的精气神、忠于事业的责任心，提高思想境界，在推动企业高质量发展上做出应有贡献。二是做好企业外部形象宣传报道。利用新媒体和主流媒体做好外部高端宣传推广，讲好海外故事、传播海外声音、展示海外形象，为国内外市场赢得良好形象。重点以重要人物访问和大项目经营为载体，积极维系中方、马方及国际媒体关系。马来西亚总理马哈蒂尔、政府内阁成员先后访问中国中铁总部期间，获得马来西亚《东方日报》《中国日报》等媒体报道；针对大马城项目，先后在《恢复框架协议》签约仪式、《大马城公司股权买卖恢复及修订协议》签约仪式期间，获得马来西亚当地、中国等主流媒体多轮报道。（孙彦宁）

【党建工作】2019 年，东方国际党委强化党的领导，不断凝聚推动企业发展合力。一是抓好政治能力建设。坚持把党的政治建设摆在首位，毫不动摇坚持党在企业各项工作的政治核心和领导核心，认真贯彻落实《中共中央关于加强党的政治建设的意见》主要精神，对习近平总书记重要讲话指示精神和党中央、国资委党委重大决定以及股份公司党委重要决策部署，做到第一时间传达学习、不折不扣贯彻执行。同时，围绕坚定政治信仰、提高政治能力等方面，坚持用习近平新时代中国特色社会主义思想武装头脑、指导实践，不断提高东方国际各级党员领导干部的政治意识和政治觉悟，进一步增强“四个意识”、坚定“四个自信”，坚决做到“两个维护”。二是落实管党治党责任。年初在 2019 年工作会上，东方国际党委与中国铁路工程（马来西亚）有限公司党委签订党风廉政建设责任书，制定印发 2019 年度党建工作要点，将全面从严治党责任逐级明确和细化；年中，东方国际党委根据股份公司党风廉政建设和反腐败工作推进会精神和“三基建设”现场会议有关部署，及时召开党委会进行传达和部署；年底，东方国际党委深入学习贯彻党的十九届四中全会精神，企业党建工作责任不断压实，措施不断完善，各级党组织负责人管党治党意识和能力不断提升。三是发挥党建引领作用。紧密围绕中心工作，东方国际党委不断强化党组织在各项工作中的领导地位和引领作用。在企业改革发展、生产经营管理过程中注重以加强海外党的建设、党的领导来

促进党员领导干部担当作为。围绕股份公司海外体制机制改革方案积极思考企业改革发展思路；针对股份公司经济责任审计发现的问题及整改要求，及时成立审计整改领导小组进行整改，党委书记任组长，对能够立行立改的问题分类指导、及时解决，对一时不能解决的问题举一反三，梳理问题清单，制订措施，压实责任，使各项重点任务有条不紊分头推进，持续规范和加强企业日常管理；面对大马城项目签约搁置和雅益轩项目存在巨大风险等困难现象，党委领导班子成员，特别是党委主要领导不回避、不懈怠，带领工作团队迎难而上、勇于担当、主动作为，不断激发党员干部工作热情，逐步形成了打造党的建设、凝聚发展动能和促进工作落实的“三位一体”工作格局，充分发挥党委的先锋作用和党员领导干部的示范引领作用。四是提升科学决策水平。严格执行东方国际党委会议事规则、“三重一大”集体决策实施办法等决策程序要求，不断加强民主集中制落实，在涉及像大马城项目、雅益轩项目的重大决策、重大资金使用事项上和企业重要人事任免，坚持党委会前置程序，落实会前充分酝酿沟通，领导班子集体研究，构建起决策科学、运行高效、保障监督有力的工作格局。全年共召开党委会10次，研究审议了65项议题。 （孙彦宁）

【信息化工作】2019年，东方国际探索和推进科技与信息化建设工作，编制完成《中铁东方国际集团BIM实施应用指南》，东方国际BIM团队参加中国中铁首届“卓越杯”BIM大赛，被授予中国中铁首届“卓越杯”BIM大赛“优秀组织单位”；积极加强对外交流合作，2019年5月参加股份公司举办的项目数字化管控专题研讨会暨专家委员会信息化组工作会议，探讨项目部数字化管控模式，学习数字化工地现状及发展趋势，观摩平滩大桥和地下综合管廊项目数字化技术应用成果，在会议中分享东方国际项目数字化管理经验；2019年8月，参加用友软件举办的2019年数字企业智能服务主题峰会，了解国内工程行业信息化发展状态和趋势，寻求和借鉴高效项目信息化管理的案例。与用友公司合作，以在建MRT二期项目为试点，2019年1月项目综合管理信息化软件平台开始上线试运行，2019年5月在项目上全面推行，2019年8月正式投入使用，涵盖项目综合办公、商务合同、勘测设计、进度计划、采购、安全环境等板块，实现项目生产活动的运营自动化、管理网络化、数据准确化；截至2019年底，平台运行情况良好，项目信息化管理完成表单数289项，上线运行289项，范围覆盖7家项目参建单位，实现项目信息化管理协同需求，达到信息资源的有效共享，提升跨部门协作。 （杜志云 徐朝坤）

【履行社会责任】2019年6月1日，东方国际联合中建三局马来西亚公司举办“一带一路快乐成长路，我在马来西亚过六一”儿童节庆祝活动，邀请马来西亚本地福利院——菩提之家的所有儿童共同过节，向福利院儿童赠送书包、文具、饮用水杯等物资，以表爱心和美好祝福；9月13日，东方国际在中秋节前联系马来西亚本地一家特殊儿童服务机构进行善款捐赠，在中秋节当天职工们收到来自该机构小朋友们亲手制作的月饼和感谢卡。 （胡可心）

【领导人员】

陈之功	党委书记、董事长、法人代表
史　渊	党委副书记、总经理、董事（9月任）
何　文	董事
陈文鑫	董事
张睿开	董事
杨东友	副总经理
孙　航	副总经理
蔡红生	副总经理、总工程师
杨德佳	党委副书记、纪委书记、工会主席、执行监事

（李松涛）

中铁二院工程集团有限责任公司

【简况】中铁二院工程集团有限责任公司（简称中铁二院）创建于1952年，其前身为1952年2月成立的铁道部设计局西南设计分局。建院以来，先后命名、更名为：铁道部第二设计院（“文革”期间称：铁道部第二设计院革命委员会）、交通部第二铁路设计院（1970年）、铁道部第二设计院（1975年）、铁道部第二勘测设计院（1978年）、铁道部第二勘测设计公司（对外名称：中国华阳工程咨询公司，1984年）、铁道部第二勘测设计院（1985年）、铁道第二勘测设计院（2001年）、中铁二院工程集团有限责任公司（2006年）。

2001年，中铁二院完成了由事业单位向企业法人的转变，成为具有独立法人地位的科技型企业，更名为铁道第二勘察设计院。2003年9月27日，根据国资委要求（国资改革〔2003〕89号文），铁二院脱离铁道部，划归中国铁路工程总公司。2007年1月17日，铁道第二勘察设计院经国家工商总局（现国家市场监督管理总局）核准，更名为中铁二院工程集团有限责任公司。

截至2019年底，中铁二院持有国家相关部委颁发的工程勘察、工程设计综合甲级资质和工程咨询、工程造价咨询、工程监理、水土保持方案资格、地质灾害防治工程勘察、设计、施工等各类资质证书和对外经营资格证书等四十多项。设有线路、轨道、地质、路基、桥梁、水文、隧道及地下工程、站场、通信、信号、信息化、机车车辆、机械、结构、建筑、给排水、暖通、环保、电力、电气化、造价及航测等三十多个专业。依托铁路设计专业优势，业务拓展到公路、地铁、城市轻轨、市政工程、房地产、轮渡码头、工程总承包、工程监理、岩土工程施工等各类工程建设领域。

中铁二院下设23个党群及行政管理部门、33个国内经营分院、21家非法人生产单位、4家辅助生产服务单位、21家全资子公司和5家控股子公司（其中2家并表）。业务范围涵盖铁路、城市轨道交通、公路、市政、港口码头、民航机场等多个领域，可提供规划、咨询、勘察设计、监理、工程总承包、产品产业化等基本建设全过程服务。中铁二院先后获得“中央企业先进集体”“中国建筑业行业标杆”“全国先进工程勘察设计企业”等称号，被授予“全国五一劳动奖状”。

截至2019年底，中铁二院员工总数5933人，其中，在岗人员5914人，内退及其他不在岗人员19人（含不在岗工人10人）。在岗人员中技术人员4270人、管理人员1165人、工人479人，在岗干部中具备高级职称2737人（含正高350人）、中级职称1826人、初级及以下职称872人，在岗工人中特级技师2人、高级技师8人、技师80人、高级工362人、中级工13人、初级工14人（含普工）。（董瀚潞　王彩霞）

【主要指标】 2019年，中铁二院资产总额为73.49亿元，较2018年74.58亿元减少1.09亿元，下降1.46%；其中流动资产减少4.95亿元，主要是货币资金减少2.16亿元，应收账款减少1.96亿元，预付款项增加2.0亿元，其他应收款减少3.11亿元，合同资产增加0.90亿元，其他流动资产减少0.85亿元。非流动资产增加3.86亿元，主要是其他权益工具投资增加1.01亿元，固定资产增加0.91亿元，在建工程减少0.95亿元，递延所得税资产增加1.2亿元，其他非流动资产增加1.38亿元。

中铁二院负债总额42.78亿元，较2018年40.98亿元增加1.8亿元，增长4.37%；其中流动负债增加7.0亿元，主要是短期借款增加5.7亿元，应付票据增加2.07亿元，应付账款减少1.19亿元，合同负债减少2.75亿元，应交税费增加1.38亿元，其他应付款增加2.08亿元。非流动负债减少5.21亿元，主要是长期借款减少5亿元。

中铁二院所有者权益总额30.71亿元，较2018年33.59亿元减少2.88亿元，下降8.56%。

2019年，中铁二院完成新签合同额232.03亿元，较2018年增长26.28%，营业收入91.74亿元，全年实现利润总额0.59亿元，净利润0.49亿元。截至2019年底，总资产73.49亿元，净资产30.71亿元。（董瀚潞　赵玥）

表14-27　2019年中铁二院工程集团有限责任公司主要经济指标

项目	2019年	2018年	比上年增长/%
资产总额/亿元	73.49	74.58	-1.46
所有者权益/亿元	30.71	33.59	-8.56
营业收入/亿元	91.74	79.05	16.05
利润总额/亿元	0.59	8.35	-92.93
净利润/亿元	0.49	6.92	-92.92
技术开发投入/亿元	4.6	2.37	94.09
利税总额/亿元	3.56	11.17	-68.13
应交税金总额/亿元	8.66	8.82	-1.81
净资产收益率/%	1.52	21.31	减少19.79个百分点
总资产报酬率/%	2.41	12.68	减少10.27个百分点
国有资本保值增值率/%	104.47	122.23	减少17.76个百分点

制表：赵玥

【改革发展】 中铁二院全面推动“双百行动”综合改革工作，在开展对标调研、组织宣贯和开展综合改革大讨论活动的基础上，修订完善《中铁二院“双百行动”综合改革总体方案》并获股份公司批复，混合所有制改革、经营生产体制机制改革、三项制度改革以及“三供一业”的分离移交、退休人员社会化管理等改革工作正稳步推进，管理咨询、审计、资产评估等中介机构的招标工作已顺利完成并入场开展工作。推进海南投资建设公司、华丰公司的压减收尾、中铁天宝清算退出等工作。推进四川省山地轨道交通研究院、中铁高铁设计研究院有限公司等3家公司筹建，或合资组建以及入股福建冶金设计院等相关工作。加强下属子公司资质建设，推动环保公司、成都公司、旷谷公司等子公司增加注册资本、扩大经营范围等工作，提升子公司的整体竞争力。退出矿产领域业务，已完成渝东彭水矿产项目股权转让工作；加强房地产风险化解力度，实施房地产专项基金一揽子解决方案，已完成缩减规模3000万元。（王彩霞）

【重大项目】 2019年，中铁二院着

力推进川藏铁路“科学研究＋类似工程技术总结＋暂行规定＋创新平台”等多项工作。依托国家科技部《川藏铁路科技创新总体规划》、国家发改委《川藏铁路重大科技攻关实施方案》，结合工程建设需求，联合中国工程院、中国科学院、西南交大、成都理工大学等科研力量，开展四川省、国铁集团系统性重大专项课题研究，运作参与青藏高原第二次科学考察、国家自然科学基金项目申报，2019年共开展川藏铁路科研课题156项，总投入达2.6亿元，成功申请四川省重大专项“川藏铁路建设重大关键技术难题创新研究”，获得财政经费支持1000万元。针对川藏铁路滑坡、泥石流、高地温隧道、瓦斯隧道、拱桥等技术难题，组织500余人耗时3个月编制形成29项类似工程技术总结报告，针对川藏铁路各类工程勘察、设计、施工和建设管理的特点和面临的重难点问题，系统总结国内外类似工程建设的经验和教训，充分借鉴国内外相关先进理论和科研成果，提出可供川藏铁路建设借鉴的基本理论、技术要领、参数指标、工程措施等技术成果及纳规建议，实现了类似工程经验向川藏铁路建设的应用转化和创新。主持及参与编制《川藏铁路勘察设计暂行规定》《川藏铁路施工道路及施工供电勘察设计暂行规定》等国铁集团及国家铁路局技术标准16项、企业标准12项，按照依法科学、创新引领、生态保护、防灾减灾、统筹协调的原则，系统规定了川藏铁路不同工况条件下的评估标准、抗风抗震、施工方法、风险防控、机械配置、技术措施等关键技术要求，为高标准、高质量推进川藏铁路建设提供技术支撑。国铁集团和科技部共同研究论证，提出建设全国第3家技术创新中心——国家川藏铁路技术创新中心。中铁二院与铁科院组成的联合工作组，共同研究建设川藏铁路技术创新中心的具体方案，编制完成《国家川藏技术创新中心建设方案》、技术创新中心研发实验环境等，为整合国内科技创新力量及助推川藏铁路的科技创新与成果转化奠定了基础。（袁志刚）

【走向海外】充分依托“中国中铁”品牌优势，以重点项目为抓手，按照“重点推动项目全力以赴，优先经营项目深耕细作，跟踪经营项目持续关注，配合投标项目积极主动”的思路推进项目经营工作。发挥设计先行优势，成功获得了老挝南楞3号水电站项目等19个项目合同，其中援黑山塔拉河大桥维修项目，实现了公司监理业务在欧洲零的突破。完成中国中铁埃及分公司的当地注册，推动埃及斋月十日城铁路项目贷款协议生效条件的逐一落实，为项目执行和埃及市场持续经营充实了必备条件。以第八次中国—中东欧国家领导人会晤、第二届“一带一路”高峰论坛等会议为契机，推动政府间合作项目开发，成功签署克罗地亚多式联运项目MOU，完成中缅铁路通道“木姐—曼德勒铁路项目可行性研究报告”编制，重点项目推进获得了重大阶段性成果。先后举办了9期国际人才研修项目，为31个国家将近258名高级官员提供国际教育培训，并派专家赴哥斯达黎加、缅甸等多个国家讲授铁路建设的先进技术和经验，进一步加深了与项目所在国政府的合作关系，为海外市场的持续开拓奠定了基础。截至2019年12月末，中铁二院海外业务新签合同19个，完成新签合同额约合人民币37.36亿元。（郑　铮）

【科技创新】中铁二院持续完善“两级四层”创新体系建设，持续加大科研投入，实施开发项目893项；编制形成《中铁二院科技创新平台建设与运行管理暂行办法》，新增获批“数字轨道交通技术研究与应用国家地方联合工程研究中心”“四川省艰险山区轨道交通安全风险防控工程研究中心”和“中国中铁齿轨交通工程研究中心”，实现了国家级、省级科技创新平台的双突破。2019年，中铁二院下达科学技术研究计划375项（其中：公司控新开项目143项），计划经费25562.5万元（含产值及科研经费，下同）。其中中国铁路总公司及国家部委项目18项，计划经费1289万元；中国中铁股份有限公司项目21项，计划经费1954万元；中铁二院项目318项，计划经费22049.5万元。2019年新增四川省科技厅、国家铁路局、国铁集团、中国工程院、中国中铁、中国铁道学会等外部来源项目99项，获取经费支持2892.5万元。

2019年，中铁二院完成科研项目29项（其中：中国铁路总公司3项，中国中铁股份有限公司26项）；各级科技成果评审评价80项（其中：中国铁路总公司评审3项、中国中铁评审15项、中铁二院评审42项、其他科技评价机构评价20项）；其中：“复杂艰险山区高速铁路减灾选线及工程设计关键技术”等19项成果达到国际领先水平，“高速远程滑坡致灾机理以及铁路选线、灾害防控对策研究”等43项成果达到国际先进

▲ 中铁二院设计的南宁东客站鸟瞰夜景

水平，“欧盟铁路规划研究解读及合作机会分析”等14项成果达到国内领先水平。组织推进申报国家科学技术奖4项，组织申报省级政府、中国中铁、各类学会协会科技进步奖48项，申报四川省、股份公司、中国勘察协会优秀标准设计奖17项。同时，组织开展国家铁路局重大科技成果入库申报工作。2019年，中铁二院成功入库铁路科技项目5项、铁路专利2项、铁路科技论文6篇。

2019年，中铁二院获得国家级技术发明奖1项，国家科学技术进步奖1项，获得省部级科技奖51项（其中：省级政府科技进步奖8项、中国中铁科技奖20项、中国铁道学会科技奖12项、其他学会/协会科技奖4项）。下达标准化编制计划184项，其中：标准87项，标准设计97项；（其中：新开项目标准设计54项），经费投入7043.5万元。编制2019年《现行有效常用规范目录》及2019年《现行有效标准设计图纸目录》。新申报专利360项（其中：发明专利160项，实用新型200项）；新增获得国家知识产权局专利授权227项（其中：发明专利40项，实用新型专利187项）；新增核准“中铁二院”商标，涵盖工程设计服务、城市规划等8大类别，有效期为10年；《整体式无砟轨道》获第21届中国专利优秀奖。参与川藏铁路技术创新中心、粤港澳大湾区协同创新中心建设，与中科院武汉岩土所共建地下工程灾变与防护工程实验室，与铁科院签订川藏铁路科技创新合作备忘录，与重庆交通大学、华东交通大学签订战略合作协议，以项目合作为抓手，围绕双方各自优势领域，持续加强与高校、科研院所的科技合作。（袁志刚）

【工程创优】2019年，中铁二院获得全球FIDIC杰出工程项目奖1项、优秀工程项目奖1项，中国土木工程詹天佑奖1项，省部级优秀工程勘察设计奖39项，省部级优秀工程咨询成果奖11项。其中，中铁二院参与设计的西成高铁获得FIDIC最高奖——杰出工程项目奖，主持设计的云桂高铁获得FIDIC优秀工程项目奖和第十七届中国土木工程詹天佑奖。（王昱）

【企业文化】2019年，中铁二院以庆祝新中国成立70周年等重大活动为契机，通过多元方式打造企业特色文化，全面提升企业文化的软实力和凝聚力，有力助推企业品牌资产的持续增值。围绕庆祝新中国成立70周年，组织策划主题摄影展、爱国歌曲演唱、微电影展播、征文、升国旗仪式等一系列宣传纪念文化活动，全面展示企业70年来的发展成就和职工不忘初心、牢记使命、同心共筑中国梦的爱国热情。强化理论研究在企业文化建设的引领作用，结合中央部委对国有企业发挥外宣工作主体作用的要求，依托海外重大工程项目，首次成功申报中央企业党建政研会课题之《加强文化融合能力 提升跨文化管理水平 探索国有企业在“一带一路”建设中文化体系创新路径》，形成“1+8”的课题理论研究成果，获得2019年度央企党建政研会课题研究成果二等奖，为企业文化“走出去”提供了重要的理论支撑和实践指导。探索创新基层项目文化建设理念和手段，围绕川藏铁路、中老铁路等重点项目，推出多个有影响、有特色的文化产品，拍摄制作川藏铁路特色宣传片，制定中老铁路专项宣传文化实施方案，承办中老铁路大型摄影展，编排文艺作品参加中老铁路建设工地文艺晚会演出，活动成果均受到了国内外媒体的高度关注和评论报道。统筹公司道德讲堂、企业文化宣讲等各类企业文化品牌活动，打造企业文化一盘棋格局，全年面向新员工、基层单位进行企业文化宣讲17场，开展“道德讲堂”30余场次，1个项目部获中国中铁工程项目文化建设示范点，2个基层“道德讲堂”获评中国中铁示范道德讲堂。全面升级企业文化展示载体，制作新版企业形象宣传片，完成企业形象展示厅的全面升级改造，全年接待参观220余场，有力助推企业的生产经营工作。（刘恺）

▲复杂艰险山区高速铁路减灾选线及工程设计关键技术（2019年中国铁道学会科技特等奖）

【党建工作】2019年，中铁二院党委及所属各级党组织充分发挥党组织领导核心和政治核心作用，以提升组织力为重点，突出政治功能，以高质量党建引领企业高质量发展。切实加强党的政治建设，充分发挥党委领导作用。深入学习贯彻习近平新时代中国特色社会主义思想、党的十九大及历次全会精神，认真贯彻执行党中央重大决策部署；扎实开展两批“不忘初心、牢记使命”主题教育工作；积极开展

"双百行动"综合改革活动；全面完成"三重一大"数据填报等年度重点工作任务。扎实推进"三基建设"，强化党建引领。督促指导所属4家新成立党委召开第一次党代会；认真做好党员发展、管理和培训工作，全年发展党员35名，举办三期基层党组织书记培训；严格落实党的政治生活制度，扎实开展党内主题教育，严格贯彻落实党内文件。坚持党管干部、党管人才，培养高素质专业化干部人才队伍。多途径加快年轻干部培养；加强领导人员教育和管理，全年共提拔任用中层干部17名，交流中层干部9名；举办中层领导人员轮训班，全面完成三年轮训目标；积极开展"四好"领导班子评选表彰。牢牢掌握意识形态，加强宣传思想文化阵地建设。全年共举办党委理论学习中心组集体学习研讨会5次；加强对所属各级党组织意识形态的工作部署和检查指导；大力开展宣传引导工作和舆情应对工作，企业重大事件和重点工程被中央电视台等主流媒体报道的次数创历史新高。落实全面从严治党要求，不断加强党风廉政建设和反腐败工作。建立健全拒腐防变制度体系，优化主体责任定期报告制度，修订党内监督工作实施办法，进一步推动全面从严治党主体责任落到实处；坚定不移深化政治巡视巡察，年内由三个巡察组对所属5家单位党委开展了第三批常规巡察工作。坚持党建带群建，充分发挥工会、共青团组织作用。不断加强工会组织建设和民主管理；认真落实工会教育，积极履行参与、建设和维护职工权益职能；充分发挥共青团组织生力军和突击队作用。 （郑馥璇）

【信息化建设】中铁二院对基于超融合架构的服务云平台进行升级扩容，扩容后超融合服务器节点数增加至5台。对中铁二院总部大楼3楼数据中心机房的墙面装饰装修、新排风系统和机房环境监控系统等进行改造，改造后达到国家B级机房标准，有效保障机房内集团公司重要信息化系统与设备安全、可靠、稳定运行。完成中铁二院数字轨道交通技术研究与应用国家地方联合工程研究中心云计算中心机房建设，云计算中心机房采用先进的模块化设计技术，将供配电、温湿度控制、机柜系统以及数据采集交互设备高度集成，全面提高了机房能源使用效率及机房环境设施可靠性，有力支撑了工程研究中心相关业务工作的开展。2019年，中铁二院完成20项既有系统与信息平台的集成工作，先后上线成本管控视图及成本定额库、产品产业化新产品管理系统（新产品立项管理部分）、工程总承包项目管理平台系统、项目部信息化管理系统（国内铁路板块）、战略合作协议管理系统。启动企业微信与信息平台融合，打造移动二院的小规模试点工作。截至年末，中铁二院共完成网络及应用系统维护工作4402项，其中日常巡检记录1292项，人员信息维护2620项，网络、应用系统及机房维护490项，中铁二院网络系统正常运行率平均保持在99%以上，应用系统的正常运行率平均保持在98%以上。2019年中铁二院软件开发共立项31项，立项总经费为3490万元，年度内实际投入软件研发总经费为1757.45万元；新引进软件193项，投入总经费为2903.9472万元；结题软件项目24项；新办理软件著作权22个，软件著作权数量总计112项；组织完成了15项软件申报股份公司评优，8项软件申报中勘协评优；2019年获得中国勘察设计协会评选的优秀工程勘察设计计算机软件评优二等奖1项、三等奖2项，获得股份公司评选的优秀工程计算机软件奖一等奖3项、二等奖4项、三等奖4项。 （肖建材）

【履行社会责任】2019年，中铁二院帮扶甘孜州泸定县加郡乡庄子村和巴中市恩阳区观音井镇岳王村、万寿村。帮扶建档立卡贫困户101户359人：其中庄子村42户153人，岳王村44户157人，万寿村15户49人。派出驻村干部4名，计列扶贫资金150万元，通过开展基础建设帮扶、产业帮扶、就业和技术帮扶、保障帮扶、爱心帮扶和支部+党建主题教育等活动，助力两县（区）三村脱贫成果的进一步巩固。开展"金秋助学"和贫困村留守儿童关爱工作。2019年8月，对岳王村、万寿村和庄子村共101户贫困家庭学生继续开展"金秋助学"活动，投入帮扶资金15.4万元。开展"科技点亮梦想"——关爱留守儿童爱心夏令营活动。组织职工对"留守儿童微心愿"的认领，帮助三个受扶贫困村的82名少年儿童实现小小心愿。持续开展送温暖送关爱活动。"两节"期间，中铁二院共计投入资金6万余元，为贫困村民送去慰问品。国庆节期间，全面排查走访已脱贫贫困户，对其中生产生活条件较差、基本设施未满足要求的9户贫困户家中急需物品进行补充资助。2019年，中铁二院为庄子村捐赠复印机1台，为泸定县交通局捐赠电脑8台，为贡嘎山小学捐赠电脑8台，为金洞子村捐赠笔记本电脑2台，改善了当地教育教学和办公条件。 （徐 丹）

【领导人员】

赵德义	党委书记、董事长
朱 颖	党委副书记、副董事长、总经理
扈 森	党委常委、董事、副总经理
王书龙	党委副书记、纪委书记、监事会主席
王 刚	党委副书记、副总经理、职工董事、工会主席
张文健	党委常委、董事、副总经理（7月改任副巡视员）
胡光涛	党委常委、董事、副总经理、总会计师

闵卫鲸	党委常委、董事、副总经理
陆建华	董事、副总经理
许佑顶	党委常委、董事、副总经理、总工程师
张雪才	副总经理、总法律顾问
李生权	副总经理（3月改任副巡视员）
秦小林	副总经理
魏德勇	副总经理

（周燕其）

中铁第六勘察设计院集团有限公司

【简况】中铁第六勘察设计院集团有限公司（简称中铁六院）是隶属中国中铁股份有限公司的具有工程设计综合甲级资质的大型、综合性、国际化企业集团，成立于2014年8月26日，业务涵盖勘察、设计、科研、咨询、监理、项目管理、工程总承包等领域。公司设有"中国中铁智慧城市研发中心""天津市轨道交通供电系统技术工程中心""天津市企业技术中心""院士专家工作站"，并成功申报了"天津市隧道设计及安全评估企业重点实验室"，被认定为国家级高新技术企业。公司下设天津电化院、天津隧道院、中铁通号院、中铁西安院、中铁合肥院、路安工程咨询公司、天津检测公司和工程设计审查咨询公司8家子公司；电化分公司、隧道分公司、广西分公司、粤东分公司、淮北分公司5家分公司；线路站场设计院、桥梁设计院、城市轨道与建筑设计院、机械环境设计院、工程经济设计院、勘察院、测绘院、BIM技术中心等10家直属生产单位；东、西、南、北、中和滨海分院6家驻外经营分支机构。截至2019年12月31日，中铁六院累计荣获国家科技进步奖10项，中国土木工程詹天佑奖16项，中国建设工程鲁班奖4项，国家优质工程奖11项，全国优秀勘察设计奖32项，全国优秀工程咨询成果奖15项，获国家级QC小组成果奖16项，省部级科技进步奖82项，省部级优质工程奖7项，省部级优秀勘察设计奖491项，省部级优秀工程咨询成果奖51项，省部级QC小组成果奖58项，中国中铁股份有限公司科技进步奖47项，中国中铁股份有限公司优秀勘察设计奖263项，中国中铁股份有限公司优秀工程咨询成果奖74项，中国中铁股份有限公司级QC小组成果奖47项，发明专利65项，实用新型专利280项，外观专利4项，计算机软件著作权94项，计算机软件著作权72项。其中，中铁六院参与设计建设的京津城际铁路（中国第一条世界一流水平、运营时速350千米的电气化铁路）获得国家科技进步奖一等奖，京沪高速铁路（中国第一条自行设计的高速电气化铁路）荣获国家科技进步奖特等奖。

2019年，中铁六院累计实现营业收入25.65亿元，新签合同额50.12亿元，实现净利润0.67亿元。截至年末，资产总额16.07亿元，其中流动资产11.19亿元，非流动资产4.88亿元；非流动资产中固定资产净值1.50亿元；净资产收益率7.89%，资产负债率47.07%，应上缴款完成率100%。

（王海双　辛振省　边少勇）

【职工队伍】截至2019年12月31日，中铁六院在岗职工1896人。其中，集团本部841人，各子公司、分公司1055人。专业技术人才结构：正高级专业技术职务126人，高级专业技术职务822人，中级专业技术职务607人，初级专业技术职务233人；技能人才16人（高级工3人，技师6人，普通工7人）。学历结构：博士研究生6人，硕士研究生540人，大学本科1148人，大学专科119人，中专及以下83人。年龄结构：30岁以下380人；31～35岁453人；36～40岁479人；41～45岁181人；46～50岁166人；51～55岁184人；56岁及以上85人。截至年末，中铁六院有享受国务院政府津贴人员6人，国家有突出贡献中青年专家、百千万人才工程国家级人选1人，天津市勘察设计大师3人，交通运输青年科技英才1人，詹天佑铁道科学技术奖8人（其中成就奖2人、贡献奖1人、青年奖5人），茅以升铁道工程师奖8人。注册工程师452人次（其中一级注册建筑师13人，一级注册结构工程师33人，注册土木工程师（岩土）33人，注册公用设备工程师22人，注册电气工程师23人，注册监理工程师114人，一级注册建造师52人，注册造价工程师34人，注册咨询工程师71人，其他注册工程师57人）。（陈水英）

【主要指标】截至2019年12月31日，中铁六院累计完成新签合同额50.12亿元，完成股份公司下达的年计划指标的100.24%，较2018年同期43.02亿元增长16.5%；实现营业收入25.65亿元，较2018年同期23.15亿元增长10.80%；实现净利润0.67亿元，较2018年同期0.38亿元增长76.32%；应交税金总额0.76亿元，较2018年同期1.37亿元降低44.53%；实现利税总额1.41亿元，较2018年同期1.35亿元增长4.44%；技术开发投入0.80亿元，较2018年同期0.71亿元增长12.68%；全员劳动生产率49.48万元/人·年，较2018年同期37.05万元/人·年增长33.55%；净资产收益率7.89%，较2018年同期4.52%增长3.37个百分点；总资产报酬率5.07%，较2018年同期2.82%增长2.25个百分点；国有资本保值增值率107.92%，较2018年同期104.15%增长3.77个百分点。2019年末资产总额16.07亿元，较2018年同期16.99亿元减少5.41%；所有者权益8.50亿元，较2018年同期8.45亿元增长0.59%。2019年企业资产负债率较2018年下降幅度较大，表明债务风险降低，但是货币资金存量下降“两金”余额升高，导致资产质量下降，经营性现金净流量为负数，生产经营资金紧张，需要在以后的生产经营过程中采取有力措施，改善资金紧张局面，进而提高资产质量。（王海双）

表 14-28　2019 年中铁第六勘察设计院集团有限公司主要经济指标

项目	2019 年	2018 年	比上年增长 / %
资产总额 / 亿元	16.07	16.99	-5.41
所有者权益 / 亿元	8.50	8.45	0.59
营业收入 / 亿元	25.65	23.15	10.80
利润总额 / 亿元	0.82	0.48	70.83
净利润 / 亿元	0.67	0.38	76.32
归属于母公司所有者的净利润 / 亿元	0.67	0.38	76.32
技术开发投入 / 亿元	0.80	0.71	12.68
利税总额 / 亿元	1.41	1.35	4.44
应交税金总额 / 亿元	0.76	1.37	-44.53
全员劳动生产率 /（万元 / 人·年）	49.48	37.05	33.55
净资产收益率 / %	7.89	4.52	增长 3.37 个百分点
总资产报酬率 / %	5.07	2.82	增长 2.25 个百分点
国有资本保值增值率 / %	107.92	104.15	增长 3.77 个百分点

制表：王海双

【改革发展】2019 年，中铁六院撤销纪检监察部，建筑设计院，各片区经营分院和北京办事处等机构；成立纪委综合室和执纪审查室，城市轨道交通与建筑设计院，东、南、西、北、中五大片区指挥部，并注册成立淮北分公司；将工程总承包管理部调整为工程总承包事业部；调整勘察测绘业务，成立测绘院；整合监理业务，将其他子公司、分公司监理业务调整至路安咨询公司。通过一系列的业务重组和机构调整，优化了资源配置和管理效能。截至年末，中铁六院共有 8 家三级子公司，5 家四级子公司，5 家分公司。（冯子超）

【管理实验室活动】2019 年，中铁六院根据股份公司开展全面管理实验室活动的总体要求，印发《中铁六院管理实验室活动实施方案》，遵循“管理制度化、制度流程化、流程信息化”的基本要求，以北京地铁 28 号线和天津滨海 B1 线两个总体总包项目为抓手，以项目管理提升为主线，以解决管理实际问题为导向，着重研究解决生产组织、项目管理、区域经营、安全质量、成本控制和清收清欠等 15 个方面管理难题。通过分步骤、分阶段的工作推进方式，系统梳理企业运行过程中的管理流程，优化改进企业管理工作的制度措施、流程管控和信息平台，累计补充完善规章制度 91 项，并形成 16 项管理实验室课题研究成果清单，进一步提升企业管理效能和水平，激发企业管理创新的活力和潜能。（冯子超）

【重大经营项目】2019 年，中铁六院承揽伶仃洋通道工程前期、黎湛铁路改造工程、北黑线铁路改造工程前期及一批铁路专用线前期项目，取得市场开发的新业绩。通过拓展经营思路，先后承揽宁马城际铁路南京段预可行性研究、广州地铁 12 号线前期研究、银川西夏棚户区改造、北部湾防城港海底管道，中标轨道交通北京 13 号线、南京 5 号线、广州 11 号线、18 号线、22 号线等重点项目。（李　昂）

【走向海外】中铁六院新签以色列特拉维夫轻轨绿线隧道 G3-2 工程、纽埃公路升级改造等 5 个海外项目，合同额共计 741 万美元，超额完成股份公司下达的 2019 年海外新签合同额 600 万美元指标，完成率 123.50%；完成营业额 481 万美元，超额完成股份公司下达的 2019 年海外营业额 400 万美元指标，完成率 120.25%。在新签项目中，以色列特拉维夫轻轨绿线隧道 G3-2 工程是中铁六院与中建集团联合经营的成果，是中铁六院首次与中国中铁系统外单位开展合作。截至年末，中铁六院已在哈萨克斯坦、巴基斯坦、以色列、印度尼西亚等国家拥有数个集团直管生产项目，电化分公司、隧道分公司等子公司、分公司在乌兹别克斯坦、马来西亚等国家或地区开展海外项目的生产实施。（李振波）

【重大创新】2019 年，中铁六院投入科研经费 7998 万元，实现科研立项课题 51 项，获得股份公司级课题 10 项，国家铁路局课题 2 项。参与股份公司重大专项《超大跨蛭壳型暗挖地下洞库建造与服役期安全保障关键技术研究》课题研究，并承担国家铁路局《铁路专用线发展规划布局》研究项目任升。全年获得知识产权 86 项，其中获国家发明专利 10 项，实用新型专利 55 项，计算机软件著作权 21 项。2019 年，中铁六院获得省部级及以上奖项（含股份公司级）186 项，其中承担的南昌市红谷隧道工程、成都地铁 2 号线工程获第十七届中国土木工程詹天佑奖，渭北煤化工园区180万吨甲醇70万吨聚烯烃项目、南昌市红谷隧道工程获得2018—2019年度国家优质工程金质奖，新建山西中南部铁路通道太行山隧道、长沙市南湖路湘江隧道工程、重庆至贵阳铁路扩能改造工程天坪隧道、南京至高淳城际轨道禄口机场至溧水段工程获得2018—2019年度国家优质工程奖，“铁路跨海通道隧道建设方案研究”获得全国优秀工程咨询成果奖三等奖。全年供货省部级科技进步奖15项，省部级优质工程奖1项，省部级勘察设计奖86项，省部级QC成果奖17项，股份公司级奖58项。（辛振省）

【企业文化】2019年，中铁六院党委在坚持对股份公司企业文化“五大理念”进行统一宣贯的同时，对中铁六院集团公司特色文化理念进行“再宣贯”，对所属各单位及一线项目部标识整改使用情况进行抽查，对标识使用不准确的个别企业文化产品提出整改要求，确保企业标识使用的规范性；制作符合中铁六院VI手册要求的信封、信纸、手提袋等文化产品，进一步促进企业文化落地；积极开展发展目标认同、价值观念认同、经营理念认同、组织机制认同、文化理念认同“五大认同”宣传教育，促进集团广大干部员工统一思想认识、统一价值理念、统一行为规范。利用党课、调研座谈、新员工培训、企业文化理念巡回宣讲等多种活动形式，宣贯“五大认同”理念，推进企业精神文明建设，加快企业文化深度融合，增强企业凝聚力和向心力。以庆祝新中国成立70周年、中铁六院重组成立5周年为契机，组织开展“砥砺的五年，奋进的中铁六院”改革发展成就暨员工书画摄影展、“我与企业共成长”主题征文暨员工读书活动、“同心聚力共奔跑，奋勇逐梦正当时”全员健身运动等系列活动，加强中铁六院企业文化合和理念宣贯，促进广大干部员工强信心、提素质、创佳绩、展形象。（王鑫）

【党建工作】党委工作。中铁六院党委下辖基层党委10个，党员1455名，其中在职党员1152名。2019年，发展党员20名。2019年持续加强两级党委中心组学习，将习近平总书记重要讲话、论述、国资委及股份公司党风廉政建设和反腐败工作等会议精神等作为主要学习内容。制定印发《中铁六院党委关于深入学习贯彻党的十九届四中全会精神的通知》《中铁六院党委关于深入学习贯彻中国共产党宣传工作条例的通知》等，推动学习贯彻习近平新时代中国特色社会主义思想往实里走、往深里走、往心里走。对“党委常委会议事规则”进行修订完善，建立落实“党委参与重大经营管理决策议事规则”，突出党委会议前置程序，实现加强党的领导和完善公司治理的统一。完善《中铁六院贯彻落实“三重一大”决策制度实施办法》，修订印发《“三重一大”事项清单》《重大事项请示报告条例的具体措施》及清单，加强对业务部门提交党委常委会议案的会前审核，发挥党委在现代企业制度建设中“把方向、管大局、保落实”作用。2019年，中铁六院党委通过突出会议前置程序，已参与企业重大经营管理决策103项。2019年6月至12月，分两批组织开展“不忘初心、牢记使命”主题教育工作。主题教育活动把学习教育、调查研究、检视问题、整改落实四个方面贯穿始终，高标准、高质量做好安排部署、集中学习研讨、进行调查研究、讲好专题党课、认真检视问题、开展专项整治、召开专题民主生活会、做好评估总结八项“规定动作”。加强“三基建设”，起草《关于加强集团公司基层党的基本组织基本队伍基本制度建设的实施意见》，深入开展软弱涣散党组织专项整治，建立软弱涣散党组织台账，明确具体整治措施及整改时限。“智慧党建”平台正式试运行，有效提升企业党建工作科学化标准化水平。中铁六院集团公司领导班子成员签订《领导人员廉洁从业承诺书》，所属各单位党委签订《党风廉政建设责任书》，组织17名新任职领导人员廉政谈话及廉洁从业情况“签字背书”。制定出台《中铁六院党委领导班子成员党风廉政建设谈心谈话工作提醒》，落实纪委书记与同级班子成员定期沟通制度，全年开展开展党风廉政建设谈话42人次，纪委书记与同级领导班子成员谈话40人次。领导班子成员严格落实“一岗双责”，抓好对同级领导班子和班子成员的监督，抓好三级企业党委书记、纪委书记述职述廉评议评价工作，坚持党风廉政月报、年报制度，坚持每季度在党委常委会上对党风廉政建设工作进行总结和安排。开展巡察问题验收销号工作，开展第二批四个单位的巡察工作，完成党委一届任期内全覆盖，针对首轮第二批巡察发现的8个方面的46个问题，党委巡察办组织被巡察单位提交了巡察整改报告，建立了巡察发现问题整改台账及督办清单，明确了问题整改的责任人、责任单位、责任领导、责任部门、分管领导、反馈时间、上报时间、验收意见。围绕学习贯彻党的十九大精神、全面从严治党、“智慧党建”等党建重点工作，以及集团公司年初“两会”精神、“子改分”改革、产业结构调整、“不忘初心、牢记使命”问题专项治理活动等重点任务，开展积极深入的宣传引导工作。

纪委工作。2019年，中铁六院纪委积极协助党委落实全面从严治党主体责任，制定《党委党内监督工作实施办法》，完善《关于深入贯彻落实中央八项规定精神 进一步加强作风建设的实施意见》及配套检查办法；组织集团公司党委首轮第二批巡察发现的49个问题的整改验收销号工作，实现党委一届任期内巡察全覆盖。督促完成股份公司新一轮巡视反馈的14个问题的整改，组织移交问题线索的调查处理，下发了《关于做好巩固和拓展巡视巡察工作成果的通知》，强化巡视巡察工作效能；印发《集团公司纪委落实党风廉政建设监督责任工作导引》，抓住“领导干部”这个“关键少数”。通过对领导班子成员“背靠背”画像、日常沟通谈话、职代会测评、协助党委主要领导履行第一责任人的责任，督促领导班子其他成员履行“一岗双责”，指导相关单位部门落实党风廉政建设重点任务；年内两级纪委共收到信访举报15件次，其中上级及地方转办10件次，自收5件次。含重复件3件次，列为问题线索12件次。采取谈话函询4次，初核9件次，初核转立案1件次，运用第一种形态19人次，第二种形态2件次，无第三种、第四种形态情形。协助党委开展纪检监察体制改革，拟订《所属单位纪检监察体制改革实施方案》，撤销纪检监察部，成立纪委综合室、执纪审查室；印发《各单位纪委书记向集团纪委述职并接受评议细则（试行）》，组织各单位纪委书记述职考评工作；组织开展纪委系统“不忘初心、牢记使命”主题教育活动，组织全体纪检干部参加股份公司组织的专题培训班。

工会工作。2019年，成立11个创新工作室，其中2个创新工作室被评为中国中铁劳模（专家型职工）创新工作室并获天津市劳模和工匠人才创新工作室先进，1个女职工集体获全国铁路先进女职工集体，1个女职工集体获中国中铁先进女职工集体，1个集体获山东省工人先锋号，1个爱心妈咪屋获铁路总工会女工委铁路爱心屋挂牌，1个单位被授予中国中铁“大干90天”劳动竞赛优秀组织单位，1项提案获中国中铁优秀提案，公司羽毛球代表队荣获“中国中铁杯”第二届职工羽毛球比赛总决赛团体第三名。

共青团工作。中铁六院团委下辖7个团委，34个团支部。2019年中铁六院隧道院团委、西安院团委分别召开第一次团员代表大会，选举产生团委班子，结合集团公司产业结构调整及时成立城建院团委、测绘院团支部，确保团组织全面覆盖，青年工作有效开展。2019年开展“青春心向党，建功新时代”系列主题团日活动，举办“不忘初心、牢记使命”团干部培训班，组织开展青年文明号、青年岗位能手、五四红旗团委、团支部、团干和团员评选、模范师徒评选和“建树青年”领导荐读活动。2019年，冯松彬获中央企业优秀团干部荣誉称号；中铁六院电化院团委获股份公司五四红旗团委，隧道院第一团支部等3个团支部获股份公司五四红旗团支部，刘洋等13人获股份公司优秀团干部和优秀团员。

（何海运　张倩　陈阳　王鑫）

【信息化建设】编写下发《中铁六院集团公司2019年信息化工作要点》和《中铁六院集团公司2019年档案工作要点》；调整中铁六院网络安全与信息化领导小组，组织召开网络安全与信息化工作会议，对信息系统等级保护进行专项检查与测评，获得公安部颁发的等级证明；完成新中国成立70周年及各项重大活动的网络安全保障工作；推进股份公司和集团公司等各类科研项目建设和软件开发工作，完成结题验收5项、成果鉴定5项，取得软件著作权4项，成功上线运行智慧党建平台。建设“《企业年度工作报告》填报平台”“中国中铁投资项目管理系统”“中国中铁国际化经营信息管理平台”等平台，累计节约总工时超7000个月，节约成本约3500万元，“《企业年度工作报告》填报平台”被股份公司推荐为十项信息成果之一，参与国资委的奖项评比。（吕晗）

【经营管理】市场经营。2019年，中铁六院完成工程设计综合甲级资质申报工作，成为全国第79家综合设计甲级资质单位。通过转变经营机制，在原经营分院的基础上成立5个经营片区指挥部，代表中铁六院集团公司统筹区域内各单位经营工作，理顺片区指挥部与各子公司、分公司的经营关系，并严格按要求扎实推进区域经营管理，不断提高经营管理效率，确保“区域经营”“立体经营”战略全面贯彻实施。先后发布《片区指挥部绩效考核管理办法（暂行）》等管理制度文件，修订完善《片区经营管理办法（暂行）》《投标管理办法（暂行）》《资质证书管理办法》《业务招待费管理办法》《经营开发管理制度》等制度。通过体制机制建设，建立健全中铁六院对经营片区的管理和绩效考核，明晰集团公司、片区指挥部和各子公司、分公司事业部之间的工作界面，加强片区指挥部在经营工作中的统筹地位，提高经营资源统筹力度和使用效率。

审计工作。完成了对中铁六院电化院原总经理张云太、合肥院原执行董事李彦军、合肥院原总经理王智忠、西安院原执行董事辛建华、西安院原总经理党北沈、审图公司原总经理吕剑英、勘察院原院长（检测公司原总经理）杨军生、隧道院原总经理朱世友等人的任期经济责任审计工作；开展审计项目整改资料审核和整改督促工作，并根据国资委对中国中铁党委开展巡视的配合工作要求，组织开展发现问题整改情况的落实工作；制订《中铁第六勘察设计院集团有限公司违规经营投资责任追究实施办法（试行）》和《中铁第六勘察设计院集团有限公司违规经营投资责任追究实施办法》，修订《中铁第六勘察设计院集团有限公司内部审计工作规定》等办法；出具中铁六院集团公司内部审计工作管理建议书和内部审计管理提示函，对规范资产处置、车辆通行费核算抵扣等问题提出管理建议；组织协调选派线站院副总工参与审计署京津冀特派办实施的石家庄机场建设项目审计工作；派出人员参与了股份公司2019年度第一批巡视工作。

企业管理。持续优化内部资源配置，完善组织机构设置和产业结构布局，推进整章建制工作健全管理体系，注重培养和引进高素质人才，平稳有序推进市场经营开发及生产项目管理工作，并以技术创新为驱动力打造竞争优势，企业综合实力日渐增强。截至2019年12月31日，中铁六院共颁布实施行政类管理制度260项，其中一级管理制度3项，二级管理制度51项，三级管理制度138项，四级管理制度68项；实施党群管理制度70余项；全年新增管理制度22项，修订完善管理制度45项。

（冯子超　陈岸　李昂）

【履行社会责任】中铁六院与天津市委党校组成联合帮扶组，对宝坻区朝霞街道艾杨各庄村和北艾各庄村进行结对帮扶。春节前夕实地走访慰问艾杨各庄村的11户帮扶贫困户，按照帮扶困难村三年工作规划和帮扶工作实际需要，组织开展“天津市宝坻区朝霞街道艾杨各庄村和北艾各庄村结对帮扶项目”，全年共计投入帮扶资金802744元。中铁六院响应党中央和天津市委精准扶贫的号召，按照滨海新区、天津港保税区的有关部署，积极参与东西部扶贫协作和支援合作工作，累计投入扶贫资金100000元。

（蔺广鑫）

【天津中铁电气化设计研究院有限公司】简称天津中铁电化院，注册地为天津自贸试验区（空港经济区）中环西路36号125室。公司党委书记、执行董事李熙光，总经理、党委副书记赵兴华。电化分公司现有职工320余人，专业从事干线铁路和城市轨道交通的工程设计咨询、系统研究、工程总承包、新技术研发等，历经近70年的技术积累和专业发展，已发展成为以“电”字为核心，具有明显专业优势的设计咨询企业。2019年完成新签合同额5.45亿元，实现营业收入3.99亿元，净利润0.75亿元。

（刘胜利）

【中铁（天津）隧道工程勘察设计有限公司】简称天津隧道院，注册地为天津市红桥区河北大街1号。执行董事徐福东，总经理、党委副书记贺维国。2019年4月进行了产业结构调整，公司发展定位为做精做优隧道专业品牌。是从事铁路隧道、公路隧道、市政公用（道路、城市隧道、轨道交通）、岩土与地下空间等领域的设计、咨询和施工图审查专业公司。在水下隧道、山岭隧道、市政隧道、超大跨度地下工程、城市轨道交通、地下商业开发等方面多有建树，是国内掌握明挖法、矿山法、盾构法、沉管法、明挖围堰法等隧道及地下工程技术最全面的设计单位之一。2019年在册职工96人，完成新签合同额1.635亿元，实现营业收入1.33亿元，净利润2177万元。

（庞姣）

【中铁通信信号勘测设计院有限公司】简称中铁通号院，注册地为北京市丰台区科兴路7号，是具有独立法人资格的经济实体，北京国家高新技术企业。公司党委书记、执行董事胡学钧，总经理、党委副书记王玉。现有职工230余人，主要从事铁路、地铁的通信信号专业设计咨询和电力、房建、电磁兼容的配套设计咨询以及相关工程的系统集成、工程总承包和产品研发等任务。近年来，中铁通号院积极应对市场变化，加快业务调整，大力拓展铁路、地铁设计咨询，开展产品研制、信息化、工程总承包业务，初步形成了以设计咨询、信息化、产品产业化、工程总承包“四大支柱”为一体的经济架构。2019年完成新签合同额39875万元，实现营业收入25500万元，净利润2016万元。

（朱一方）

【中铁西安勘察设计研究院有限责任公司】简称“中铁西安院”，注册地为西安市友谊东路30号。公司党委书记、执行董事党北沈，总经理、党委副书记袁旭东。中铁西安院是一个多专业综合性勘察设计企业，现有职工260余人，在铁路长大干线、城市轨道交通、企业厂矿铁路专用线设计、市政桥梁工程设计、工程总承包等领域综合实力雄厚，还可承担上述工程领域的技术咨询服务、工程监理、工程地质勘察监理等业务。2019年完成新签合同额44713万元。其中勘察设计咨询板块合同额13004万元；总承包板块合同额31709万元，实现营业收入42246.70万元。其中勘察设计咨询板块营业收入10136.42万元；总承包板块营业收入32110.28万元，净利润1793.13万元。

（刘寒）

【中铁合肥建筑市政工程设计研究院有限公司】简称中铁合肥院，注册地为合肥市濉溪东路8号。公司党委书记、执行董事王智忠，总经理、党委副书记霍建军。中铁合肥院始建于1955年，为1984年国家建设部首批认证的甲级资质设计院，现有职工260余人。拥有城乡规划、建筑行业（建筑工程）、市政行业（道路工程、桥梁工程、给水工程、排水工程、轨道交通工程）、风景园林专项、房建监理、市政监理、施工图审查十一项甲级资质。近年来实施“立足主业、多元发展”和“立足安徽、走向全国”发展战略，已从单一的民用建筑设计院发展到目前建筑、市政、轨道、监理、审图五大板块齐头并进的综合性设计院。2019年完成新签合同额2.42亿元，实现营业收入1.57亿元，净利润1554万元。

（刘莹）

【天津路安工程咨询有限公司】简称路安咨询公司，注册地为天津市河东区江都路33号。公司党委书记、执行董事郑继刚，总经理、党

委副书记孙彰林，成立于1999年5月，2017年6月提升为中铁六院所属子公司，路安咨询公司现有在职职工73人，是一个集监理、咨询为一体的企业。公司业务涵盖铁路工程、地铁、轻轨工程、机电安装工程、房屋建筑工程、电力工程、通信工程、公路工程和市政公用工程项目的管理咨询、工程监理、工程采购咨询、造价咨询、技术开发和技术咨询服务。2019年完成新签合同额2.41亿元，实现营业收入1.78亿元，净利润784.5万元。（荣亚兵）

【中铁第六勘察设计院集团（天津）检测试验技术有限公司】简称天津检测公司，注册地为天津自贸试验区（空港经济区）中环西路36号306室，成立于2017年7月21日，是具有独立法人资格的经济实体。公司主要领导为执行董事陈彬彬、总经理李彦军。主要从事铁路、城市轨道交通、建筑工程等领域内的地基基础工程、主体结构工程、隧道工程与城市地下工程、工程监测、工程测量等方面检验检测工作。近年来，检测公司积极开展资质认证扩项工作，目前已具备各类检验检测参数共计67项。2019年各项工作有序开展，经济运行良好。（宋红磊）

【中铁六院集团（天津）工程设计审查咨询有限公司】简称审图公司，注册地为天津自贸试验区（空港经济区）中环西路36号114室。公司法人、执行董事徐福东，总经理张存，监事任玉谨，总工程师张美琴，成立于2017年6月27日，是具有独立法人资格的经济实体。主要从事市政基础设施轨道交通施工图审查任务。2019年，审图公司仍处于企业初创期及市场培育期，主要工作重点为维护企业资质及保证企业平稳运行。集团产业结构调整后，审图公司加快推动审图公司企业目标的设立及建设、组织架构的完善；积极拓展市场、开展新的业务模式。公司发展目标为形成以施工图审查为主、工程设计咨询服务为辅的发展模式。截至2019年，审图公司在建项目11个，合同余额1800余万元；其中2019年新签项目2个，合同额222万元，实现营业收入327万元，净利润35万元。（李长虹）

【领导人员】

姜春林　党委书记、董事长、法定代表人
张先锋　党委副书记、总经理、董事
刘文斌　党委副书记、纪委书记、工会主席、职工董事
韩鲁斌　党委常委、副总经理、董事，兼任北部片区指挥部指挥长
李永龙　党委常委、副总经理、董事，兼任中部片区指挥部指挥长
张少平　党委常委、副总经理、董事，兼任东部片区指挥部指挥长
杜道龙　党委常委、副总经理，兼任南部片区指挥部指挥长
范建国　党委常委、副总经理、总工程师、董事
门天民　党委常委、总会计师、总法律顾问、董事
赵晋友　副总经理，兼任西部片区指挥部指挥长
胡　海　副总经理（陈水英）

中铁工程设计咨询集团有限公司

【简况】中铁工程设计咨询集团有限公司（以下简称中铁设计）始建于1953年2月，前身是铁道部专业设计院，2004年7月1日改制重组，注册为现名。2017年完成了员工持股及同步混合所有制改革工作，注册资本为73081.8286万元，是集工程规划、勘察、设计、咨询、总承包、监理、产品和科研开发于一体的特大型综合勘察设计咨询企业，是中国中铁股份有限公司的控股子公司，是北京市科学技术委员会认定的高新技术企业和北京市设计创新中心，是国家火炬计划重点高新技术企业。

中铁设计持有国家颁发的工程勘察综合类甲级、工程设计综合资质甲级等12项资质，拥有商务部批准的对外工程承包经营权，取得了ISO 9001质量管理体系、ISO 14001环境管理体系和GB/T 28001—2011职业健康安全管理体系认证证书。主要服务领域包括铁路、城市轨道交通、公路、市政道路、房屋建筑、矿产冶金、产品及技术研发等。公司在铁路标准设计、航测遥感、客运专线桥梁、高速铁路道岔、城市轨道交通轨道系统、跨座式单轨交通系统等方面一直保持领先的技术优势。

中铁设计总部位于北京，在北京设有13个专业分公司，在济南、郑州、太原设有3个综合分公司，拥有从事工程监理、岩土工程、工程检测、工程咨询、建筑规划、智慧交通等业务的6个全资子公司和3个控股子公司。截至2019年底，共有职工2834人，其中勘察大师1人，设计大师1人，正高级工程师124人，享受国务院政府津贴人员、省部级专家和拔尖人才等97人，取得国家各类注册执业资格896人次。截至年末，资产总额41.96亿元（包括固定资产净值5.06亿元、流动资产34.18亿元、其他资产2.72亿元）、机械运输设备（总量1.99亿元、净值0.51亿元、设备完好率100%、利用率100%）。

（沈旭艳　刘昕　祁中强）

【主要指标】2019年末中铁设计资产总额41.96亿元，较年初减少2.58亿元，降幅5.79%，资产总额减少主要由于支付混合所有制改革前归属于股份公司的应付股利引起。所有者权益21.83亿元，较年

初增加2.57亿元，增幅13.33%，增加主要为生产经营积累。中铁设计2019年共实现营业收入44.46亿元，较2018年同期增加10.78亿元，增幅32.00%；实现利润总额6.14亿元，较2018年增加1.29亿元，增幅26.60%；实现归属于母公司所有者净利润5.31亿元，较2018年增加1.21亿元，增幅29.50%，主营业务的稳步发展是本年营业收入和利润增长的主要动力。2019年技术开发投入1.63亿元，与2018年基本持平。利税总额8.26亿元，较2018年增加了1.5亿元，增幅22.19%。2019年度应交税金总额1.84亿元，较2018年减少0.7亿元，降幅27.56%。全员劳动生产率39.51万元/人·年，较2018年增加了2.22万元/人·年，增幅5.94%。净资产收益率25.87%，较2018年增加了3.25个百分点，总资产报酬率14.26%，较2018年增加了3.44个百分点，国有资本保值增值率127.64%，较2018年增加了3.87个百分点。 （刘 昕）

表14-29 2019年中铁工程设计咨询集团有限公司主要经济指标

项目	2019年	2018年	比上年增长/%
资产总额/亿元	41.96	44.54	-5.79
所有者权益/亿元	21.83	19.26	13.33
营业收入/亿元	44.46	33.68	32.00
利润总额/亿元	6.14	4.85	26.60
净利润/亿元	5.31	4.11	29.25
归属于母公司所有者的净利润/亿元	5.31	4.10	29.50
技术开发投入/亿元	1.63	1.61	1.30
利税总额/亿元	8.26	6.76	22.19
应交税金总额/亿元	1.84	2.54	-27.56
全员劳动生产率/（万元/人·年）	39.51	37.30	5.94
净资产收益率/%	25.87	22.62	增加3.25个百分点
总资产报酬率/%	14.26	10.82	增加3.44个百分点
国有资本保值增值率/%	127.64	123.77	增加3.87个百分点

制表：刘 昕

【改革发展】2019年中铁设计顺利完成员工持股计划第二期流转工作，并同期完成第二次红利分配，员工持股激励作用不断凸显，员工参与公司治理规范有效，员工持股管理水平不断提升。调整机构，根据纪检体制机制改革要求，撤销纪检监察处，其人员和编制并入中铁设计集团公司纪委统一使用。纪委成立纪委综合室、执纪审查室两个内设机构。重新下达中铁设计集团公司本部分公司、异地分公司、子公司的内部机构设置及人员定编指导意见；成立中铁设计集团渤海交通设计研究有限公司、中铁旸谷（北京）智慧科技有限公司。

（沈旭艳 祁中强）

【重大项目】铁路方面：2019年12月30日，中铁设计承担的京张铁路、崇礼铁路、张呼东段3条高铁线路建成通车。中铁设计承担的重载铁路浩勒报吉至吉安铁路于9月28日开通，同时配套的靖边至神木铁路也正式开通。承担的东乌至包西联络线、南同蒲铁路西安局管段、叶赤峰铁路扩能工程也相继开通。开通里程共计1045千米。中铁设计完成了成达万可研、通苏嘉甬铁路江苏段可研、襄常铁路荆宜段可研、龙梅初步设计及部分施工图、太锡铁路太崇段补充初步设计及开工段施工图、宜昌至郑万联络线引入宜昌枢纽工程初步设计及部分施工图、郑济铁路濮阳至省界段站前施工图。地方铁路也有所斩获，中标了隆叙铁路、广清城际北延线、盐城港疏港铁路滨海港支线、浩勒报吉北矿区集运线等项目勘察设计。

轨道交通方面：加大京津冀、长三角、粤港澳大湾区等重点区域市场经营开发力度，中标深圳城市轨道交通10号线南延、东延工程可研及勘察设计总承包任务。发挥跨座式单轨领域的技术和市场优势，中标潍坊轨道交通1号线一期、2号线工程可研及勘察设计任务。加大多制式轨道交通市场追踪力度，中标衡阳市胶轮有轨电车试验示范线工程勘察设计任务，承揽广深港机场高速磁浮交通线工程预可行性研究等新型轨道交通前期规划研究工作。

工程总承包领域：发挥设计在工程总承包业务中的引领作用，承揽济南市开源路道路建设工程、台州市高铁新区下穿杭绍台铁路一期道路工程、郑州市贾鲁河综合治理工程西流湖段涉铁工程等项目的设计施工总承包任务。以在手设计项目为切入点，延伸承揽蒙华铁路公安站、江陵站改扩建工程等项目的设计施工总承包任务。以协同经营为结合点，发挥各自资源优势，承揽京张高铁太子城高铁客站枢纽设

计施工总承包任务。全年工程总承包新签合同 75.84 亿元。

新兴业务：智慧交通业务领域取得突破，承揽洪雅智慧旅游、山西高速公路智慧交通项目。生态修复、污水处理、棚户区改造等业务有所斩获，承揽黄河中游汾河水系磁窑河交城段水质提升和生态修复工程总承包、咸安区老城区提档升级规划等项目。（张　旭）

【海外业务】中铁设计借助中铁国际、东方国际等平台，加强与股份公司各工程局的合作，注重区域性大铁路通道项目的跟踪，积极做好前期研究工作。目前参与的主要项目有：马来西亚南部铁路项目管理、加纳西部铁路、刚果（金）财政资源化项目、巴基斯坦 ML-1 铁路等项目。保持与葛洲坝国际、电建国际、北方国际、CMEC 等外经企业的合作，以中铁设计的工程设计优势联合开发海外项目。目前主要参与的项目有：蒙古额尔登特至敖包特铁路勘察设计、伊拉克卡尔巴拉—纳杰夫铁路、缅甸仰光悬挂式轻轨项目、柬埔寨金边单轨等项目。（康　冬）

【科技创新】2019 年中铁设计被认定为北京市企业技术中心，院士专家工作站获得北京市“优秀院士专家工作站”称号。全年主编标准 10 项、参编标准 29 项。主编的《铁路桥涵混凝土设计规范》获得 2019 年度中国工程建设标准化协会“标准科技创新奖”一等奖；主编的《胶轮有轨电车系统技术规范》获批中国城市轨道交通协会团体标准，填补了胶轮有轨电车领域的空白。以京张高铁为依托，编制《铁路工程绿化设计和施工质量控制标准（北方地区）》，为北方地区铁路绿化设计提供遵循。围绕智能京张设计目标，加强各专业间的深度融合、各系统间的交互联动，努力推动京张高铁实现智能建造、智能装备、智能运营。结合承担川藏铁路第三方工程地质遥感和航空物探专题，多层次成功申报 6 项重大科研课题。作为中国工程院重大咨询研究项目“琼州、渤海海峡通道工程前期战略研究”的依托单位，组织各课题单位完成渤海海峡通道的研究，承担项目下设 6 个课题中 2 个课题的研究工作。积极推进管理信息化建设，合同管理系统、人力资源管理系统上线运行。全年获国家、省部级奖项 101 项，其中科学技术奖 12 项。全年申请各类专利 53 项，获得授权各类专利 56 项。（朱　红）

【工程创优】2019 年，中铁设计获得国家、省部级（包括股份公司）以上各类科技成果奖项 141 项，其中科学技术奖 12 项，国家铁路局重大科技创新成果入库 9 项；优秀工程勘察奖设计奖 62 项，优秀工程标准设计奖 2 项，优秀工程计算机软件奖 3 项，优秀 BIM 技术应用奖 6 项，优秀工程咨询成果奖 16 项；QC 成果奖 31 项。获得授权专利 56 项（其中发明 8 项）。（董　薇）

【党建工作】切实加强党的领导，以习近平新时代中国特色社会主义思想为指导，扎实有序推进第一批、第二批“不忘初心、牢记使命”主题教育，切实抓好学习研讨、调查研究、检视问题、整改落实等各项工作，巩固活动成果，推动企业发展，充分发挥党建思想政治工作的优势和作用，切实运用习近平新时代中国特色社会主义思想武装头脑、指导实践、推动工作。强化政治建设，举办党组织负责人培训班，全集团共 110 名各级党组织负责人参加培训，同时，结合主题教育专题党课和讲座等，落实落地支部书记轮训，有力提升带头人队伍素质。强化基层党建，在旸谷公司、轨道公司 2 家新成立的混合所有制控股子公司设立党组织，研究制定项目临时党支部工作细则、区域党工委及项目临时党支部经费办法，在成达万等重点勘察项目成立临时党支部，持续推进党建与生产经营管理深度融合，切实做到党的组织和党的工作全覆盖，有效发挥党组织作用。加强队伍建设，2019 年新提拔干部 12 人，岗位调整 18 人次，岗位交流 11 人次，12 人到经营大区任总经理助理，2 人到生产单位任院长助理。制定《内部培训师管理办法》，推进内部培训师评选工作。坚持从严治党，定期对党风廉政建设和反腐败工作进行研究部署，与所属单位签订《党风廉政建设责任书》，强化日常督促，突出绩效考核。坚持

▲ 2019 年 12 月 30 日，由中铁设计设计的崇礼铁路开通。图为复兴号行驶在京张高铁崇礼支线上

廉政谈话制度，积极推进纪检监察体制改革，推动廉政学习教育常态化。强化品牌建设。坚持内强素质提升、外树形象打造，京张高铁、芜湖跨座式单轨等重点工程项目频频登上新华社、人民日报、央视1套《开讲啦》、4套国际频道等国内主流媒体，北京卫视财经频道、北京日报、千龙网、河北日报等地方媒体同步跟进，高密度报道中铁设计；5位干部职工参加新中国成立70周年庆典现场观礼活动；中铁设计参与的《中国城轨》在央视中文国际频道热播；《不忘初心使命、坚定“八种”角色》被国资委《国企党建》、股份公司《学习与探索》等同步全文刊载；企业宣传片《智慧筑就通途》、宣传画册正式发布，企业品牌影响力有力提升。

（刘佳　朱红）

【信息化建设】2019年，中铁设计合同管理系统、人力资源管理系统、数字化档案管理系统、协同办公系统通过验收。加大生产信息化研发力度，通过与国际一流软件公司Bentley公司进行战略合作，共同研发基于协同设计的中国本土化铁路工程正向设计BIM软件，打造中国版铁路三维设计整体解决方案；实现基于BIM的三维协同设计，开发协同设计管理平台，开展多专业间的数据共享和协同，优化设计流程，提高设计质量和效率。

（董薇　张弛）

【履行社会责任】2019年，中铁设计综合能耗指标较2018年下降3.44%，完成股份公司下达的3.2%的考核目标；申报的《气密式防腐接触网钢管支柱及其制备方法》技术，列入中国中铁2019年度节能低碳技术目录。坚持“安全第一、预防为主、综合治理”的方针，树立“零事故”理念。2019年，全面落实安全生产责任制，持续开展员工安全生产教育培训、“安全生产月”等活动，围绕公司各业务板块和重点生产项目，强化对安全生产的程序控制，加强对项目现场安全稽查检查，及时消除安全事故隐患，确保公司安全生产基本处于稳定可控状态，全年未发生因工伤亡责任事故。“七一”期间积极参加北京市委组织部、市慈善基金会在全市范围内组织开展的“共产党员献爱心”捐献活动。在京地区所属党组织共有795名共产党员、45名入党积极分子、64名职工群众参加捐款共计85406.7元，全部送交至北京市慈善基金会。在“不忘初心、牢记使命”主题教育中，中铁设计各基层党支部积极开展大爱无私、回馈社会志愿服务活动。党员干部赴养老院、儿童福利院送温暖；走进社区、公园消除卫生死角；参与“爱心暖阳”系列之“冬衣送暖”主题社会捐助活动等，通过开展多种形式的党员志愿服务活动，以务实的作风践行初心使命，因地制宜为身边群众办实事，积极融入基层社会治理，展现为民服务情怀。参与公益事业，响应股份公司号召，连续多年开展“地球站”公益工程，倡导勤俭节约、扶贫济困、低碳环保的公益理念，号召职工捐赠家庭和个人闲置物品，经分类整理、修缮消毒等措施后，全部用于捐赠贫困地区。

（李宝存　刘佳）

【领导人员】

李寿兵	党委书记、董事长
王洪宇	党委副书记、总经理、副董事长
郭宏军	总会计师、总法律顾问、董事
辛　兵	副总经理、董事
吴俊诚	党委副书记、工会主席、职工董事
王飞孟	党委副书记、纪委书记
周　坤	副总经理
石　山	副总经理
郑晓辉	副总经理
何建文	副总经理（7月任）
蒋伟平	副总经理（3月改任副巡视员）

（田览）

中铁大桥勘测设计院集团有限公司

【简况】中铁大桥勘测设计院集团有限公司（简称中铁大桥院），始建于1950年8月。2003年，完成公司制改造，成立中铁大桥勘测设计院有限公司；2010年，中铁大桥勘测设计院有限公司升格为正局级单位，由中国中铁股份有限公司直接管理；2011年，成立中铁大桥勘测设计院集团，公司更名为中铁大桥勘测设计院集团有限公司。注册地址为湖北省武汉市汉阳区汉阳大道34号，注册资本14426.24万元人民币。

中铁大桥院是国内唯一一家以桥为主、多元发展的勘测设计集团，持有国家颁发的工程勘察（综合类）、工程测量、铁道行业（桥梁工程）设计、公路行业（特大桥梁、公路）设计、市政行业（道路工程、桥梁工程、城市隧道工程、轨道交通工程）设计、铁路行业甲（Ⅰ）级设计、工程咨询、工程造价咨询、市政公用工程监理、公路工程监理、铁路工程（铁路桥梁工程）监理、工程总承包、建筑行业（建筑工程）设计、城乡规划编制等甲级资格证书。主要承担规划测量与工程测量，岩土工程及工程地质勘察，铁路和公路桥梁规划和设计，市政道路、桥梁、轨道交通设计，以及上述各项相应配套工程的勘测、设计、咨询及工程建设监理，桥梁、隧道的试验、检测、监测、加固改造，铁道工程，建筑设计，城乡规划编制等。并持有ISO 9001质量管理体系、ISO 14001环境管理体系、OHSAS 18000职业健康安全管理体系标准认证证书。

中铁大桥院下设6家子公司、3家分公司。子公司为中铁武汉大桥工程咨询监理有限公司、中铁大桥（南京）桥隧诊治有限公司、中铁城市规划设计研究院有限公司、中铁时代建筑设计院有限公司、中铁武汉勘察设计研究院有限公司、芜湖市建筑工程施工图设计文件审查中心有限公司；分公司为华东分公司、郑州分公司、安徽分公司。

截至2019年底，中铁大桥院职工总数1104人，拥有各类专业技术人才992人，其中教授级高级工程师111人，高级工程师433人，工程师235人。高级技工53人，技师31人。先后培养了3名中国工程院院士、6名全国工程勘察设计大师。获国际桥梁"乔治·理查德森"大奖3项，国际桥协杰出结构工程奖2项，英国卓越结构工程大奖1项，FIDIC百年重大土木工程项目奖1项，FIDIC工程项目奖5项，亚瑟·海顿奖1项，国家科技进步奖23项，包揽新中国成立60周年"百项经典暨精品工程"中全部7项桥梁工程，获得省部级以上各类奖项超过200项。获授权专利证书210项，其中发明专利100项，实用新型专利110项，并取得计算机软件著作权76项。自2008年至今，连续多年被认定为国家高新技术企业。2019年获得"全国文明单位"称号。（粟晓）

【主要指标】2019年，中铁大桥院完成新签合同额27.43亿元，同比增长17.22%，近3年年均增长率为28.16%；实现营业收入15.96亿元，同比增长18.66%，近3年年均增长率为19.59%。全年实现净利润1.46亿元，同比增长11.45%，近3年年均增长率为13.67%；经营性净现金流2.95亿元，近3年经营性净现金流均保持在3亿元左右。截至2019年末，资产总额28.62亿元，较2018年增长11.84%，近3年年均增长率为11.07%。所有者权益6.91亿元，较2018年增长5.18%，近3年年均增长率为9.34%；国有资本保值增值率为6.28%。（李东运）

表14-30　2019年中铁大桥勘测设计院集团有限公司主要经济指标

项目	2019年	2018年	比上年增长/%
资产总额/亿元	28.62	25.59	11.84
所有者权益/亿元	6.91	6.57	5.18
营业收入/亿元	15.96	13.45	18.66
利润总额/亿元	1.70	1.57	8.28
净利润/亿元	1.46	1.31	11.45
归属于母公司所有者的净利润/亿元	1.43	1.28	11.72
技术开发投入/亿元	0.89	0.83	7.23
利税总额/亿元	2.49	2.22	12.16
应交税金总额/亿元	1.38	1.26	9.52
净资产收益率/%	145.87	123.85	增加17.78个百分点
总资产报酬率/%	22.34	21.18	增加1.16个百分点
国有资本保值增值率/%	6.28	6.44	减少0.16个百分点

制表：李东运

【改革发展】2019年，中铁大桥院继续坚持"以桥为主，多元竞进"的总体战略，以桥梁为主，综合集成各业务板块，实现整体竞争实力的大幅提升。继续牢固树立人才是企业第一资源的人才工作理念，坚持党管人才的原则，严格把关人才"选、育、用、留"，完善人力资源结构，健全人才培养机制，逐步打造总量规模适度、资源特色显著、专业优势突出、专业结构合理、资源分布均衡、各类人才全面发展的人力资源格局。2019年，1人获2019年最美科技工作者称号；1人获湖北省有突出贡献中青年专家称号；1人获第十届中国公路学会百名优秀工程师称号；2人获2019年度茅以升铁道工程师称号。新评聘高级以上职称人员82人，中级职称111人。

2019年，为提升中铁大桥院的经济效益和发展水平，保证中铁大桥院集团公司持续健康稳定发展，成立成本管理部，与财务部合署办公；为保证中铁大桥院勘测业务持续健康发展，加强自主经营、优化生产组织、促进自主创新，对勘测院进行机构改革，保留勘测院更名为勘察院，设立测绘院，对两院内部机构、岗位、人员进行调配，并做好改革配套措施；为贯彻落实党中央国务院关于剥离国有企业办社会职能和解决历史遗留问题重大决策，中铁大桥院成立了剥离企业办社会职能和解决历史遗留问题领导小组，对退休人员和厂办大集体现状进行调查，制定实施方案并执行。（粟晓）

【重大项目】2019年，中铁大桥院出资43.47万元（出资比例0.01%）与中国中铁股份有限公司、中铁开发投资集团有限公司、中铁三局集团有限公司、中铁六局集团有限公司、中铁广州工程局集团有限公司、中铁二院工程集团有限责任公司、中铁十七局集团有限公司、贵州省交通规划勘察设计研究院股份有限公司组成联合体，共同参与贵州省金沙经仁怀至桐梓高速公路PPP项目；中铁大桥院对参股公司安徽省综合交通研究院股份有限公司按股比增资 2250 万元，用于建设安徽省现代智能综合交通创新基地；中铁大桥院子公司中铁武汉勘察设计研究院有限公司出资 42 万元受让贵州瓮马铁路南北延伸线有限公司 0.01% 股权。

为打造中国铁水联运产业科技创新平台，培养铁水联运行业工程技术研究人才和管理人才，推进多式联运健康有序发展，实现多式联运系统行业“政—产—学—研”一体化战略，股份公司已批复设立“中国中铁铁水联运技术研发中心”，委托中铁大桥院组建和管理。

（秉 晓）

【走向海外】2019 年，中铁大桥院贯彻落实中国中铁海外发展相关政策和制度，以中铁大桥院集团公司“十三五”海外发展规划纲要为指引，继续围绕能力建设、经营开发和生产管理等三大核心要素开展工作。完成全员海外业务合规培训，参与外事、商务、投融资等人才培训培养，推进欧美规范研究等海外能力建设；重点开发加纳、孟加拉国、菲律宾等海外市场，跟进推动一批重点工程；继续做好帕德玛大桥、援孟加拉国孟中友谊八桥、加纳职业教育升级改造工程、加纳阿克拉立交桥等项目的生产和管理工作。

参与跟踪和投标的海外项目共计 37 项，其中亚太地区 17 项，非洲地区 13 项，泛俄地区 3 项，中东地区 2 项和美洲地区 2 项。全年共有孟加拉国 JMJ 铁路、加纳滨海大道工程、阿克拉普夸西立交桥、马达加斯加铁路和孟中友谊八桥二次经营 5 个项目实现签约，实现海外新签合同 2665 万美元（约 1.8 亿元人民币），收款额 600 万美元（约 4000 多万元人民币）。深入挖掘加纳和孟加拉国两个市场潜力，推动多项目滚动发展，逐步做深做实，完成加纳分公司注册可行性调研。

推动实现加纳滨海大道工程融资关闭，国家开发银行已于 2019 年 12 月完成首笔贷款支付，中铁大桥院与当地合作伙伴 ARCSCALE 公司联合体共同承担本项目监理和项目管理任务，项目进入开工动员和准备阶段。

（盛常芳）

【重大创新】中铁大桥院在公铁两用大桥、高速铁路大跨度桥梁、多塔缆索承重桥梁、组合桥梁、桥梁深水基础设计方面继续保持领先优势地位，同时结合川藏铁路、重大越江跨海通道桥梁工程设计工作，重点做好超大跨度铁路桥梁、高寒山区大跨度铁路桥梁、跨海大桥深水基础等关键领域核心技术的研发工作，并积极在新材料、新结构、新工艺等新技术领域开展了一系列卓有成效的研究。

年内新承担省部级科研项目 7 项，中国中铁科研项目 13 项，自立科研项目 44 项；20 项科研课题完成结题。5 项成果通过中国中铁科技成果评审，其中“大跨度悬索桥非线性分析的关键技术及软件开发”“海洋环境珊瑚礁地质桥梁设计新技术”2 项成果达到国际领先水平，“基于增设劲性钢梁提升混凝土梁桥承载能力技术”“大跨度结合梁悬索桥耐久性设计新技术”2 项成果达到国际先进水平，“山区大跨度钢箱梁牌楼塔悬索桥设计新技术”达到国内领先水平。年内新申请专利 150 项，获得专利授权 44 项，其中授权发明专利 19 项，授权实用新型专利 26 项。由中铁大桥院主编的铁路行业标准《铁路桥梁用结构钢技术条件》(TB/T 3556—2020）正式发布，参编的交通运输行业标准《公路与铁路两用桥梁通用技术要求》(JT/T 1246—2019） 于 2019 年 3 月 15 日发布。2019 年，中铁大桥院“桥梁绿色建造工程技术研究中心”获得湖北省工程技术研究中心批准，中铁大桥院“铁水联运技术研发中心”获批中国中铁股份公司技术研发中心。

（梅大鹏）

▲ 平潭海峡公铁两用大桥合龙贯通仪式

【工程创优】2019 年，中铁大桥院获得各类科技奖励 67 项，其中“强风作用下高速铁路桥上行车安全保障关键技术及应用”获得国家科技进步奖二等奖，“超千米级公铁两用斜拉桥用 Q500qE 钢研究开发与工程应用”获得湖北省科技进步奖二等奖，“武汉鹦鹉洲长江大桥”获得国际咨询工程师联合会菲迪克优秀工程奖，2019 年，中铁大桥院参建的工程获中国土木工程詹天佑奖 2 项，国家优质工程奖 7 项，8 项工程入选全国勘察设计行业庆祝新中国成立 70 周年优秀勘察设计项目。

（梅大鹏）

【企业文化】2019年，中铁大桥联合举办2019中国（武汉）国际桥梁科技论坛暨国际桥梁博览会，促进世界桥梁建设新技术、新工艺、新设备、新材料的交流与合作，进一步提升中铁大桥院集团公司知名度和影响力。邀请滕锦光院士、谢先启院士等国内知名专家进行了学术讲座，举办了7次学术交流或学术报告会，积极开展内部技术交流。全年发表技术论文36篇，申报2篇科技论文纳入国家铁路局铁路重大科技创新成果库。（洪　芬）

【党建工作】中铁大桥院党委坚持以习近平新时代中国特色社会主义思想和党的十九大精神为指引，深入贯彻落实党中央和股份公司党委各项决策部署，始终坚持把思想建党作为一项长期政治任务，与推进“两学一做”学习教育常态化制度化相结合，与开展好“不忘初心、牢记使命”主题教育活动相结合，认真开展形式主义、官僚主义集中整治、企业领导人员亲属和其他特定关系人所办企业与本企业业务往来专项整治等专项工作，不断提高企业治理成效。认真落实股份公司党委关于纪检监察体制机制改革要求，制订了实施方案，按时完成机构设置和职能移交。认真履行扶贫攻坚政治责任，连续两年在湖北省直单位定点扶贫考核中被评为“优秀”等次。2019年，深入贯彻中央企业“基层党建推进年”工作要求，建立以中铁大桥院党委统一领导、15个基层党委或党总支各司其职、52个基层党支部步调一致的横向到边、纵向到底的组织体系。组织开展“三基建设”示范党支部评选推荐工作，推荐桥隧诊治公司第二党支部作为中国中铁“三基建设”示范党支部。指导8家基层党委、党总支、党支部委员进行增补调整，组织开展软弱涣散基层党组织集中整治工作，对15个基层组织存在的问题进行了针对性整顿，基层组织战斗堡垒作用进一步提升。2019年发展党员12人，在延安举办2期培训班，累计培训119人。围绕新时代党支部书记的职责与担当，结合新发展要求，开展专题培训3场，累计培训12家单位支部书记近50人。依托国家重大人才工程和重点项目，择优选拔推荐各类领军和拔尖人才。2019年1人获全国工程勘察设计大师称号；1人获2019年最美科技工作者称号；1人获湖北省有突出贡献中青年专家称号；1人获第十届中国公路学会百名优秀工程师称号。通过出台《中铁大桥勘测设计院集团有限公司关于领导人员选拔任用工作“一报告两评议”实施办法》等规章制度，严格规范各环节程序，保证党对干部人事工作的领导权和对重要干部的管理权。印发《中铁大桥勘测设计院集团有限公司领导人员日常履职情况考察办法》，开展领导干部试用期满考核和集团机关及直属生产单位的领导人员年度考核评价，通过考核全覆盖，进一步传导工作压力。坚持“导师带徒”“专家工作室”“技能拔尖人才”等人才培养制度，出台相关奖励和津贴制度，缩短应届毕业生和青年人才的成长周期。截至2019年12月，共申报正高级工程师28人、高级工程师65人；145人获中级专业技术职务任职资格，20人获初级专业技术职务任职资格。申报高级政工师2人，评审通过政工师3人。持续加强对巡视、审计和日常监督检查中发现的违反中央八项规定精神问题线索处置，2019年查处违反中央八项规定精神问题1人次。（吴　刚）

【信息化建设】2019年，中铁大桥院总部对核心网络设施进行提速升级，达到网络“万兆骨干，千兆桌面”的最新网络标准。企业生产管理平台完成建设及验收、使用培训、试用、完善等各环节工作，计划在2020年全面推广上线使用。中国中铁网络信息安全专项检查小组现场对中铁大桥院总部网络安全及信息化建设相关工作进行了检查评估并提出了相关建议。2019年在BIM技术的研究和应用方面，着重研究了基于BENTLEY ORD的桥梁专业二次开发问题。开展川藏铁路大渡河特大桥的BIM技术的研究与应用。在常泰长江大桥中设计人员开展基于AUTODESK公司INVENTOR的正向设计，在龙潭长江大桥开展基于TEKLA的钢结构正向设计。开发完成桥梁建造期间的BIM应用平台。沪通长江大桥BIM应用获得中国铁路BIM联盟举办的“联盟杯”大赛二等奖。（肖　立）

【履行社会责任】2018年，中铁大桥院累计投入扶贫资金30余万元。巩固产业扶贫，努力提升脱贫攻坚内生动力，在英山县委县政府组织的全县“三合一”拉练活动中，陶家河村猕猴桃基地成为产业扶贫重点示范项目，获得当地政府高度肯定。送关爱，聚民心，春节期间走访慰问贫困户，发放慰问金共计2万元；给陶家河小朋友送关怀，开展“助力精准扶贫，关爱留守儿童”志愿者活动，向幼儿园捐赠了书籍书包、文具、器材等共计1万余元物资。常态化开展“两节”慰问、金秋助学、送清凉、送关爱、组织完成劳模座谈慰问、乙肝疫苗接种、解决职工子女就学难，广大职工的幸福感显著提升；为广大职工营造安静舒缓的学习、休息氛围，在中铁大桥院本部率先打造具有员工健康关爱特色功能的专属空间的全新品牌——“健康小家”；广泛开展群众性文化体育活动，先后举办中铁大桥院第六届职工运动会、羽毛球、足球、篮球等体育比赛和才艺大赛，支持各类协会开展活动。组织职工参加湖北省职工技能大赛，并获得一等奖。中铁大桥院团委开展公益救助、义务植树、关爱留守儿童、精准扶贫等青年志愿活动。围绕重点工程，积极开展“青年文明号”“青年突击队”创建活动。（吴　楠）

【领导人员】
秦顺全　董事长
田道明　党委书记、副董事长
张　敏　党委副书记、总经理
高宗余　总工程师
庄　勇　副总经理
黄燕庆　副总经理
周传斌　副总经理
张　强　副总经理
付宏平　副总经理、总会计师、总法律顾问
陈德柱　副总经理
杨书华　党委副书记、纪委书记、工会主席、监事会主席　　（粟　晓）

中铁华铁工程设计集团有限公司

【简况】中铁华铁工程设计集团有限公司（简称中铁华铁）是中国中铁股份有限公司的全资子公司，总部位于北京。2016 年 4 月 28 日由中铁工程设计院有限公司和华铁工程咨询有限责任公司重组成立。中铁华铁拥有 60 多年的历史渊源，其前身分别是 1953 年成立的铁道部工厂设计事务所和 1984 年成立的中国铁道工程咨询公司。

中铁华铁作为高新技术企业、北京市设计领军企业、高速铁路建造技术国家工程实验室理事单位，拥有工程勘察综合甲级、建筑行业（建筑工程）设计甲级、机械行业（交通运输设备制造业工程）设计甲级、市政行业（轨道交通工程）设计甲级、工程监理综合资质、工程造价咨询甲级、工程咨询资信评价甲级等资质，以及工程设计、城乡规划编制等相关专业乙级资质。是以勘察设计、监理咨询、设备集成、岩土工程等为一体的综合性设计咨询企业，业务涵盖了建筑、铁路、机械、城市轨道交通、市政、公路等多个工程领域。1997 年通过了质量管理体系认证，2005 年通过了环境、职业健康安全管理体系认证。

中铁华铁设计集团下设 13 个单位，分别为：工业设计院（民用设计院）、北京设计院（造价咨询院）、轨道交通设计院、勘察设计院、上海设计院、苏州设计院、深圳设计院、铁路工程监理公司、城市轨道交通监理公司、上海分公司（上海华铁）、广州分公司、北京颐和工程监理有限责任公司（海南分公司）、北京华铁燕丰物业管理有限公司。截至 2019 年底，中铁华铁设计集团职工总数 2172 人，各类专业技术人员 1610 人，其中享受国务院政府特殊津贴 1 人，教授级高级工程师 27 人，高级职称人员 467 人，中级职称人员 784 人。各类国家注册人员 660 人，省部级注册人员 1043 人。

中铁华铁先后获得国家科技进步奖 7 项，国家优秀工程设计金奖 1 项，银奖 4 项，中国建设工程鲁班奖 12 项，国家优质工程奖 27 项，中国土木工程詹天佑奖 12 项，全国市政金杯示范工程奖 8 项，国家专利 86 项（现有效 67 项），国家优秀标准设计奖 5 项，国家优秀工程咨询成果奖 8 项，各类省部级奖项百余项。截至 2019 年底，中铁华铁设计集团固定资产净值 9269 万元，流动资产 77444 万元，其他资产 16231 万元。　　（李　洋）

【主要指标】2019 年，中铁华铁设计集团完成新签合同额 29.4 亿元，为全年目标的 113%，同比增长 26.2%；全年完成营业收入 9.8 亿元，实现年度既定目标，同比增长 9.5%；实现净利润 8200 万元，完成年度既定目标，同比增长 10.7%；资产质量持续改善，全年收回应收账款 7.2 亿元，实现计划清欠率平均为 118%，经营性净现金流明显改善，确保实现了正向经营性净现金流，同时连续多年保持了零带息负债，资产负债率控制在压降预算指标范围以内。（李　洋）

表 14–31　　2019 年中铁华铁工程设计集团有限公司主要经济指标

项目	2019 年	2018 年	比上年增长 / %
资产总额 / 万元	102944	99063	3.90
营业收入 / 万元	97915	89431	9.49
利润总额 / 万元	9130	8764	4.20
净利润 / 万元	8200	7410	10.70
归属于母公司所有者的净利润 / 万元	8200	7410	10.70
净资产收益率 / %	16.30	14.80	增加 10.06 个百分点

制表：张　英

【改革发展】2019 年中铁华铁对所属 5 家单位分别进行重组合并，优化资源配置，形成专业化集成，提高企业运营效率和核心竞争力，形成发展新动力；组织完成的建筑设计管理系统信息化研发及应用成果、工程咨询企业项目成本管理研究成果，分别获得中国中铁 2019 年度企业管理现代化创新成果评选二等奖和三等奖；三项制度改革持续深入推进，修订完善相关业绩考核办法，优化薪酬制度改革，建立与经营业绩紧密挂钩的差异化激励约束机制，做到职工收入增长与本单位经济效益增长相适应。

（金爱珺）

【重大项目】中铁华铁设计集团积

极转变企业经营模式，在巩固勘察设计咨询业务持续发展的基础上，以专业技术为先导，拓展以设计为主体的工程总承包业务。2019年承揽乌镇“空天地一体化”数字经济小镇EPC项目，合同额9.9亿元；张家港爱丽家居新厂区项目设计采购施工总承包（EPC）项目，合同额5亿元。工程总承包项目新签合同额占比达50%。中铁华铁主编的中国设备监理协会“城市轨道交通工程供电、通信、信号、自助售票系统监理技术要求”共4个团体标准正式发布；参编的中国工程建设标准化协会“多节钻扩灌注桩技术规程”已正式出版。（李　冰　刘颖颖）

【走向海外】中铁华铁与中国中车、中国机械进出口（集团）、中铁哈萨克斯坦有限公司阿克纠宾分公司、中刚布桑加水电股份有限公司、绿纱矿业股份有限公司、中国极地研究中心等公司进行深化合作、互利共赢、抱团出海，通过集成优势资源，努力提升综合服务能力，加速中铁华铁设计集团走向国际市场。2019年，中铁华铁承揽南极新建维多利亚地考察站勘察项目和援缅甸滚弄大桥监理项目。在建海外项目进展情况良好，巴基斯坦拉合尔轨道交通橙线监理项目进入调试运营阶段；安哥拉铁路维修设备供货、安装调试、培训及服务项目处于验收阶段；柬埔寨暹粒吴哥国际机场工程施工监理项目进入施工阶段；刚果（金）SICOMINES铜钴矿建设工程施工监理项目接近尾声。（文　深）

【重大创新】2019年中铁华铁科技、科研开发投入3167万元。全年开展各类科研项目23项，其中，中国中铁重点科研项目1项（主持），中铁华铁设计集团22项。通过中国中铁科技成果评审2项。新增授权专利3项（其中发明专利1项，实用新型专利2项）。2019年，中铁华铁设计集团获中国勘察设计协会优秀工程设计奖2项，中国工程咨询协会全国优秀工程咨询成果奖1项，国家优质工程奖12项；获中国铁道学会科学技术奖1项，北京市工程勘察设计行业协会优秀工程勘察设计奖2项，北京市工程咨询协会优秀工程咨询成果奖3项，中国施工企业管理协会绿色建造设计奖1项；获中国中铁级奖14项（其中科学技术奖2项，优秀工程设计奖6项、优秀工程勘察奖2项、优秀工程咨询成果奖4项），获优秀QC小组成果奖3项（省部级3项）。（刘颖颖）

【工程创优】中铁华铁设计集团设计的“北京轨道交通燕房线项目”和“大连地铁张前路车辆段项目”分别获中国勘察设计协会优秀勘察设计一等奖、三等奖，“退城搬迁入园建厂技术改造项目一期建设工程”获北京市优秀工程勘察三等奖，“电力科研楼等三项中国电力科学研究院科技研发中心建设工程”获中国施工企业管理协会工程建设项目绿色建造设计二等奖；承担监理的“武汉市轨道交通机场线综合工程项目”“北京站至北京西站地下直径线工程前三门隧道项目”等多项工程获得中国施工企业管理协会评定的2018—2019年度国家优质工程奖。（刘颖颖）

【企业文化】围绕“树立品牌，提质增效”中心工作，坚持在传承中融合，在融合中发展，积极推进企业文化建设。加大对股份公司价值理念系统的贯彻执行力度，对全公司企业标识使用情况进行检查，进一步规范标识、标牌；不断深化精神文明建设，推进道德讲堂活动，组织员工开展社会公益活动；深入推进项目文化建设，以“铸魂、育人、塑形”为使命，以“勇于跨越，追求卓越”为主线，使企业文化在基层组织和广大员工中内化于心、外化于行，推动企业文化在基层一线落地生根，中铁华铁设计集团黄黄铁路监理3标项目部获“2019年度中国中铁基层文化建设示范点”称号；以庆祝中华人民共和国成立70周年为契机，聚焦企业改革发展成就，开展企业改革成就宣传活动；围绕企业核心工作及重点工作，对中铁华铁设计集团2019年工作会议、职代会以及党风廉政建设与反腐败工作会议、庆祝建党98周年表彰大会，主题教育系列会议及时进行宣传报道，结合主题教育，及时挖掘报送先进典型、经验做法，模范带动作用明显。持续开展道德讲堂活动，中铁华铁设计集团勘察设计院“道德讲堂”获“2019年度中国中铁示范道德讲堂”称号。2019年中铁华铁设计集团官网共发布信息209篇，各类新媒体发布稿件200余篇。（赵　琳）

【党建工作】中铁华铁党委把握“坚持党的领导”主线，落实“加强党的建设”部署，对标“重点工作任务”清单，做到党建与生产经营深度融合，推动企业实现了高质量、可持续发展。持续深入学习贯彻习近平新时代中国特色社会主义思想和党的十九大精神。组织了集中统一学习，开展专题交流研讨，形成了浓厚自学氛围，推进了学习成果转化。深入开展了“不忘初心、牢记使命”主题教育活动。开展了两批“不忘初心、牢记使命”主题教育活动，成立党委主题教育工作领导小组，各级党组织开展51次集中研讨、54次集中学习，讲授专题党课72次，形成85篇调研报告。加强党的建设，坚定不移推进全面从严管党治党。把党的政治建设摆在首位，切实发挥政治引领作用；持续强化思想建设，坚持党委中心组学习制度，深入开展“不忘初心、牢记使命”主题教育；持续强化作风建设，开展集中整治形式主义官僚主义、企业领导人员亲属经商办企业排查等专项工作；持续强化纪律建设，把坚决做到“两个维护”作为首要政治纪律，坚持“五个必须”、反对“七个有之”。夯实基本组织，坚持

"四同步、四对接"，基层组织实现全覆盖，1个党支部获中国中铁党委"三基建设"示范党支部。落实主体职责，扎实领导推进党风廉政建设和反腐败工作。定期向股份公司党委报告党风廉政建设和反腐败工作情况，签订《领导人员廉洁从业承诺书》，与所属单位签订了《党风廉政建设责任书》，坚持开展定期谈话、任前廉洁谈话；开展了第四批、第五批内部巡察工作。

（王勇刚）

【信息化建设】中铁华铁完成网络带宽扩容提速。财务共享系统全面上线，业务覆盖所有子、分公司；OA办公系统、斯维尔、PKPM等网络版软件完成升级。组织参加PKPM钢结构装配式培训、BIM技术应用培训，采购BIM-VR等设备，推进BIM技术在房建项目三维设计审查、三维综合管线施工、工程量计算、VR应用等方面全面应用，实现全专业三维施工图设计。完善视频会议系统，做好大型会议后台硬件保障。全面上线营销管理系统，提升经营管理工作信息化水平。继续深化和细化OA流程管控，持续完善网络基础设施，提升中铁华铁设计集团网络与信息安全管控能力。（张晶）

【履行社会责任】组织开展小画笔爱心拍卖募捐活动，筹集资金帮助困难地区儿童。中铁华铁各级工会结合送温暖活动开展与中国中铁对口贫困县的消费扶贫，消费扶贫金额达64.4万元。送温暖活动各级组织共慰问一线员工2062人次，慰问特困职工家庭14户，慰问退休职工403人，慰问病困离退休职工55人，总计慰问金额113万元。（王硕）

【领导人员】

毕征才	党委书记、董事长
彭晓华	总经理
王伟宁	副总经理
孙继伟	副总经理
于晓东	副总经理
韩凤凯	党委副书记、纪委书记、监事会主席
仝宝敏	副总经理
徐洪球	副总经理、总工程师
高海宏	副总经理、工会主席

（吴志梅）

中铁科学研究院有限公司

【简况】中铁科学研究院有限公司（简称中铁科研院）是中国中铁旗下唯一的综合性科研企业，致力于铁路、公路、轨道交通、市政等国家基础设施建设的科研、设计、监理、检测、施工和配套产品研发。在隧道及地下工程、滑坡与高边坡、冻土与盐湖、黄土与地基基础、沙漠与环境工程地质、裂土（膨胀土）、环保与环评、工程地质与灾害防治、文物保护及建筑物纠偏、岩土工程检测、桥梁及结构工程等专业领域做出了突出贡献。中国中铁对中铁科研院的发展定位为：引领中国中铁乃至建筑行业科技进步和技术升级，建设成为中国中铁科技研究、科技研发、科技创新的领军企业。

中铁科研院源于1959年、1961年铁道部在成都、兰州分别成立的铁道部隧道科学技术研究所和铁科院西北研究所。中铁西南院前身是铁道部隧道科学技术研究所，为攻克修建成昆铁路、川藏铁路面临的复杂隧道和山区泥石流难题而建立；中铁西北院前身是铁科院西北研究所，为攻克修建青藏铁路面临的高海拔冻土、黄土以及滑坡灾害难题而建立。1992年，两院分别更名为铁道部科学研究院西南分院、铁道部科学研究院西北分院。2000年，顺应国家科技体制改革，两院双双进入中国铁路工程总公司，由事业单位转制为企业，分别更名为中铁西南科学研究院、中铁西北科学研究院。2005年，改制为国有独资公司，分别更名为中铁西南科学研究院有限公司（简称中铁西南院）、中铁西北科学研究院有限公司（简称中铁西北院）。2014年8月，按照中国中铁全面深化改革的总体部署，中铁西南院、中铁西北院合并重组，成立中铁科学研究院有限公司，注册资本金6亿元，注册地成都。

中铁科研院下辖中铁西南科学研究院有限公司、中铁西北科学研究院有限公司、中铁岩锋成都科技有限公司、四川铁科建设监理有限公司、甘肃铁科建设工程咨询有限公司、中铁成都科学技术研究院有限公司6家全资子公司和设计院、工程公司、成都分公司、深圳分公司4家分公司。拥有一批包括国家级专家、省部级专家、青年科技拔尖人才在内的高素质科技人员队伍，其中享受国务院政府特殊津贴人员29人，国家级突出贡献专家1人，百千万人才国家级人选1人，省部级专家21人，股份公司专家26人，教授级高工56人，博士、硕士研究生导师28人。现有资质包括工程设计铁道行业甲（Ⅱ）级、建筑工程乙级、市政行业（道路、桥梁、给水、排水专业）乙级等。资产总额16.99亿元，其中：固定资产净值2.89亿元、流动资产10.43亿元、其他资产3.67亿元。

中铁科研院在各专业领域累计取得各类科技成果510项，自2014年重组成立以来，取得科技成果88项，其中达到国际先进及以上水平的成果55项（国际领先14项，国际先进41项）。获得包括国家自然科学奖、技术发明奖、科技进步奖在内的国家与省部级科技成果奖等473项（含国家许可的社会力量设计奖），其中国家级科技奖项36项。获得国家发明专利、实用新型专利、软件著作权421项（含外观设计专利）；主持或参编国家、部委和行业规范（标准）80项，主编、参编、翻译著作74部。已建成1个博士后科研工作站、1个国家级企业技术中心、5个省级重点实验室和1个工信部重点实验室分中心。主编的《现代隧道技术》在2019年交通运输工程学科151种期刊影响力指数排名中名列第12。（李丹）

【主要指标】2019年中铁科研院完成新签合同额29.64亿元，同比增长24.2%，为中国中铁下达年度指标的109.8%；完成营业额15.7亿元，同比增长7.9%，为中国中铁下达年度指标的101.2%；实现营业收入15.74亿元，同比增长10.15%，为中国中铁下达年度指标的105%；实现归属于母公司净利润0.50亿元，同比增长56.25%；实现经济增加值（EVA）8648万元，为中国中铁下达年度指标的110.9%；全年经营性净现金流2.04亿元（含发行资产支持证券ABS 1.42亿元），为中国中铁下达年度指标的357%。（杨日知）

▲ 2019年4月25日，中铁科研院西南院获得公路工程综合甲级、桥梁隧道工程专项资质，该院公路水运工程试验检测综合实验室成为中国中铁首家综合甲级试验室

表14-32　2019年中铁科学研究院有限公司主要经济指标

项目	2019年	2018年	比上年增长/%
资产总额/亿元	16.99	16.15	5.20
所有者权益/亿元	8.10	7.55	7.28
营业收入/亿元	15.74	14.29	10.15
利润总额/亿元	0.62	0.38	63.16
净利润/亿元	0.55	0.35	57.14
归属于母公司所有者的净利润/亿元	0.50	0.32	56.25
技术开发投入/亿元	0.81	0.75	7.65
利税总额/亿元	1.33	1.18	12.71
应交税金总额/亿元	0.94	1.10	-14.55
净资产收益率/%	7.02	4.71	增加2.31个百分点
总资产报酬率/%	4.63	3.09	增加1.54个百分点
国有资本保值增值率/%	107.24	103.22	增加4.02个百分点

制表：杨日知

【职工队伍】截至2019年12月31日，中铁科研院共有职工1030人，其中干部983人，工人47人。具体构成如下：①管理人员构成。管理人员469人，其中经营管理人员396人，占比84.4%；党群工作者70人，占比14.9%。从学历结构来看，研究生及以上学历162人，占比34.5%；大学本科学历279人，占比59.5%；大学专科及以下28人，占比5.9%。从年龄结构来看，35岁以下的干部197人，占比42.0%；35岁至41岁的干部108人，占比23.0%；41岁以上的干部164人，占比35.0%。②专业技术人员构成。专业技术人员973人，其中在管理岗位工作459人，具有职业资格192人。从学历结构来看，研究生及以上学历361人，占比37.1%；大学本科学历553人，占比56.8%；大学专科及以下55人，占比5.7%。从年龄结构来看，35岁以下的干部450人，占比46.3%；35岁至41岁的干部233人，占比23.9%；41岁以上的干部290人，占干部总人数的29.8%。③工人构成。技师13人，高级工9人，中级工16人，初级工6人。从学历结构来看，本科学历3人，大专及高等职业学校11人，中等职业学校1人，高中及以下32人。从年龄结构来看，35岁及以下2人，36岁及以上45人。④2019年，中铁科研院按照培训计划组织开展教育培训工作，结合业务发展需求，加大人才培养和职工教育培训力度，满足生产经营、技术创新和企业管理的需要。截至2019年底，中铁科研院各单位、部门共完成包括年初培训计划在内的各类培训班221期数，参培人员达2968人次，职工教育培训投入费用共计178.93万元。培训内容包括领导人员领导力、理想信念、政治理论培训132人次；岗位业务培训1562人次；执业资格、继续教育培训62人次。（胡平）

【改革发展】2019年，中铁科研院组织实施机关机构改革，将职能部门由原来的19个压缩到16个，定员76人；成立4个区域指挥部，分别是：华北指挥部、华东指挥部、华南指挥部和西北指挥部；开展中央企业驻京办事机构专项清查，撤销“中铁科研院北京办事处”；修订《中铁科研院所属单位业绩考核管理办法》《所属单位负责人履职待遇、业务支出管理办法》《中铁科学研究院有限公司企业年金实施办法》《中铁科学研究院有限公司员工教育培训管理办法》《中铁科学研究院有限公司所属单位负责人薪酬管理办法》《中铁科学研究院有限公司薪酬管理办法（试行）》等制度，根据公司年度重点工作安排拟定考核内容，进一步规范公司机关员工薪酬分配秩序，建立以绩效为导向的激励约束机制；组织开展管理实验室活动，对所属单位活动的推进情况进行检查督导和过程辅导，在重点项目管理制度流程实践检验、管理创新课题研究、总结提炼可复制推广的样板引路、流程信息化信息研发等方面取得显著成效；组织实施中铁科研院四川铁科对重庆中咨万通监理有限公司的股权收购事宜，完成收购后公司拥有交通部公路工程监理甲级资质；中铁科研院西南院与成都交投、成都城投合资设立成都善筑工程检测有限责任公司；按照住建部相关要求，对所属单位违规“挂证”行为进行了彻底清理和整治，保障经营开发和生产工作的正常开展；严格按照中国中铁总体部署开展“三供一业”分离移交工作，截至2019年底，已全面完成供水、供电、供热、供气和物业管理分离移交正式协议的签订及相关职能、资产等分离移交工作。（胡　平　何晓晶　徐文杰）

【重大项目】中铁科研院分别与中铁国际集团有限公司、中科院广州电子技术有限公司签订战略合作协议，联合开发国际市场和进行智慧城市、铁路、公路、城市轨道交通、市政基础设施建设领域的重难点技术科技攻关。

2019年，中铁科研院在研重大科研项目27项，其中新立项3项，已结题验收7项。在研重大科研项目分别为“基于地层与土体参数变异性的深厚非均匀填土场地沉降特性研究”“红层地区典型地质灾害失稳机理与新型防治方法技术研究”“内蒙古特殊环境公路灾变机理及综合防控成套技术研究”“西部特殊土地区建筑纠倾加固成套技术研究”“铁路既有线路基病害整治成套技术研究”“宁夏高速铁路荒漠化防治与生态修复技术研究”“复合菌剂在垃圾填埋场无害化处理中的应用技术研究”“石化污染场地原位修复关键技术应用研究”“川藏铁路典型地质灾害全过程风险评估方法及防控对策技术研究”“基于无线技术的地质灾害以及施工安全监控预警技术”“基于地表形态场理论的大中型不良地质体快速排查与评估新技术研究”“基于无线传感网络的隧道监测智能采集模块研制”“第三方工程质量检测信息平台研究与开发”“桥梁运营维护智慧管理平台研发”“川西高原隧道洞口防冻设计参数及保温技术研究”“川藏铁路艰险山区超长深埋隧道地质预报关键技术研究”“基于相变蓄冷板的高地温隧道降温机制及设计方法研究”“GIS+BIM数字化项目管控平台”“川藏铁路隧道高性能初期支护与单层衬砌技术研究”“科技情报管理、采集、发布平台系统建设”。（何晓晶　欧小强）

【走向海外】中铁科研院开展国际化经营工作，加大国际市场开发力度，在继续做好马来西亚、老挝等现有市场后续项目开发的同时，充分发挥企业国际资源和技术优势，积极谋划部署新国别市场，重点对芬兰、格鲁吉亚、泰国、印度、新加坡、斯里兰卡等新市场进行了跟踪开发，密切跟进市场内设计咨询、监理和项目管理、地灾治理、监控量测、超前地质预报等相关业务，取得了丰硕的经营成果，海外经营再创新高，并为企业今后国际化发展的市场开拓、项目储备和业务多元化奠定了坚实基础。充分发挥统筹协调作用，合理规划各业务板块和各子、分公司海外发展布局，着力打造企业海外核心竞争力，加快形成海外经营合力；不断加大海外市场拓展力度，自主开发与联合开发并重，通过国内外合作，以技术促经营，积极探索新国别市场，成功开辟新市场领域；继续坚持海外区域化经营，贯彻“以现场保市场”理念，深入发掘现有海外市场潜力，进一步扩大了现有市场份额。2019年，中铁科研院成功签订芬兰海底隧道设计及咨询项目、中泰铁路监理项目等重大海外项目，海外新签合同额共计2912万美元，约合2亿元人民币，完成年度指标的323.5%，海外经营业绩实现历史新突破。（冯　环）

【重大创新】中铁科研院积极推进和落实川藏铁路科技攻关工作。与国家科技部、中科院、铁路总公司、铁科院、经规院、中铁二院等单位建立联系，积极参与川藏铁路科技攻关，制定了《中铁科研院川藏铁路科技研发专项指南（第一批）》，动员科技人员开展项目申请工作，并组织专家召开了“中铁科研院2019年川藏铁路科技研发专项立项（第一批）评审会”。2019年，中铁科研院第一批科技开发计划项目中共有8项川藏铁路相关课题成功立项，申报中国中铁川藏铁路建造技术领域专项课题15项，并承担了中国铁路总公司、中铁二院川藏铁路相关课题各3项。优化科研项目管理体系，给予项目承担单位、项目负责人在经费预算科目间调整、协作研究单位选择等权限；完善科技成果转化管理与激励机制，建立科技成果完成人员和成果转化人员重奖机制、科技成果转化人员保障机制及晋升、评先评优推荐机制等七项措施，充分激发公司科技创新活力与科技成果转化积极性。隧道及地下工程专业技术实验室顺利通过“四川省隧道安全工程技术研究中心”认定，西北研发基地一期工程初步完成，滑坡专业技术实验室基础建设已经完成，岩土文物保护工程专业技术实验室正常运行，工业互联网安全技术试验与测评实验室成功取得工业互联网安全测评资质，何发亮、廖小平和特殊岩土技术专家工作室已开展科技研发工作。成功研制了TK800转子式湿喷机、HP2516混凝土喷射机组，实现了湿喷机产品的系列化；传统优势专业领域的科技成果得到推广应用，铁路隧道空气动力学等科技成果在川藏铁路设计中获得应用，岩土文物保护技术成果在乐山大佛等重点文物保护中得到应用。通过科技成果转化形成的专有技术或产品实现营业收入1.14亿元，以科技成果作为支撑中标的项目合同额达6.01亿元。

（欧小强　徐辰丁）

【工程创优】截至2019年12月31日，中铁科研院全年在研科研项目138项，其中新立科研项目48项，通过结题验收科研项目55项；通过评审（鉴定）的科技成果8项，其中达到国际领先和先进7项；获得各类科技成果奖21项，其中国家级1项、省部级12项；获得股份公司优秀工程勘察设计及咨询成果奖7项，其中一等奖2项、二等奖2项、三等奖3项；获得2019年度铁路工程勘察设计优秀质量管理小组成果一等奖2项、二等奖3项、优秀奖2项；获得授权专利87项（含软件著作权、外观设计），被受理的专利申请66项；主持或参编技术标准32项，其中国家级标准4项。

中铁科研院所属四川铁科监理的兰渝铁路西秦岭隧道工程获2018—2019年度中国建设工程鲁班奖，青藏铁路西格二线关角隧道工程、新建拉萨至日喀则铁路雅江3#特大桥获2018—2019年度国家优质工程；甘肃铁科所监理的新建长沙至昆明铁路客运专线湖南段“四电”系统集成、防灾安全监控、信息及相关工程获2018—2019年度国家优质工程。

（欧小强　何国东　伍海艳）

【企业文化】2019年，中铁科研院开展“专·家”文化调研，组织实施庆祝新中国成立70周年系列活动，拍摄制作《我和我的祖国》快闪MV视频，举办“我和祖国共成长”演讲比赛，开展“不忘初心、心向祖国”歌咏比赛，举办庆祝新中国成立70周年图片展，开展“同升国旗·同唱国歌”升旗仪式，组织收看国庆阅兵庆祝活动，参观四川省庆祝新中国成立70周年大型成就展，在国资委举办的庆祝新中国成立70周年中央企业故事大赛中荣获三等奖。以严金秀当选国际隧协主席、入围“最美奋斗者”、当选2019十大女性人物、担任西南交大校外辅导员为契机，在新华社、科技日报等主流媒体开展广泛深入的宣传报道，进一步扩大了中国中铁及中铁科研院的影响力和知名度。深入挖掘各类专家型人才的先进事迹，大力推进诚信敬业道德讲堂活动，开展学习严金秀同志先进事迹报告会等活动，发挥了企业文化引领和凝聚作用。

（张　莹）

【党建工作】中铁科研院党委坚持和加强国有企业党的领导，以政治建设为统领，认真深入学习贯彻落实习近平新时代中国特色社会主义思想，积极推动习近平总书记重要指示批示、中央重大决策部署在公司落实落地；大力推进企业改革发展，落实党委会前置程序，细化前置研究和决策事项清单，强化议案法律合规审查，规范了“三重一大”决策程序；加强企业保密与国家安全教育管理，筑牢公司保密和国家安全思想防线。准确贯彻和践行新时代组织路线，开展“不忘初心、牢记使命”主题教育，逐条逐项整改落实检视问题，在着力破解企业改革发展难题、职工群众反映强烈的问题上取得了实效；开展基层党建工作自查整改和集中整顿软弱涣散基层党组织活动，制定加强“三基”建设的实施意见，举办党支部书记轮训班、党群干部综合素质提升培训班和入党积极分子培训班；严格落实党管干部原则，加强选人用人管理监督，狠抓领导班子和干部队伍建设，加大优秀人才引进培养力度，开展了子、分公司“四好班子”评选工作。严格履行和压实党委主体责任，进一步严肃党内政治生活，全面开展集中整治形式主义、官僚主义，以及领导人员亲属和其他特定关系人所办企业与本企业业务往来专项整治工作；紧盯关键时间节点，组织重点场所明察暗访、突击检查50场次；加大惩处曝光力度，着力推进纪检监察体制改革，积极配合中国中铁党委巡视和国资委党委巡视组下沉巡视，认真开展巡视问题整改落实、“四整治四提升”专项行动。重点增强和突出宣传思想实效，持续强化思想引领作用，认真落实意识形态、网络意识形态工作责任制，加强风险防控处置工作；组织庆祝新中国成立70周年系列活动，深化爱党爱国教育；持续加强“专·家”文化建设，乐山大佛修复项目、乌兹别克斯坦希瓦古城项目、风火山冻土观测站3次亮相中央电视台，促进企业品牌形象持续提升。着力改进和提升群团工作水平，充分凝聚和谐发展合力。持续深化企业民主管理，民主决策涉及职工利益事项；认真开展评先树模工作、职工代表履职能力培训；认真落实“三让三不让”员工关爱工程，积极开展“两送”活动、节日慰问、困难帮扶、金秋助学活动；持续深化“导师带徒”和对标学习，组织参加创新创意大赛，开展青年思想调研、青年读书月、爱国主义教育等活动。

（胡典佑）

【信息化建设】中铁科研院确定了BIM、大数据、区块链等重点领域研究方向，完成蒙华铁路隧道施工大数据开发技术研究、GIS+BIM数字化项目管控平台研发等工作，中央节能安全保护装置、轮对智能镟修一体化系统在多个项目推广应用。发挥中国中铁科技情报中心平台作用，完成科技情报平台二期建设，发布《情报动态》《科技情报》《世界500强中国建筑最新动态》《2019科技情报汇报》等系列产品，构建了集开源信息数据库、文献数据库于一体的科技资源数据库，为中国中铁进行科学决策贡献了力量。发挥工信部工业互联网中铁分中心作用，为全系统提供专业的网络安全服务。对中国中铁及24家单位、60余个重要业务系统和网站进行了安全测评，成功承办了2019年网络安全法宣贯大会等会议。发挥信息技术优势，优化升级数字化项目管控平台、隧道施工监控量测预警系统、HSP隧道超前地质预报仪等信息化产品，并成功应用于青岛地铁、蒙华铁路、中老铁路等有关项目。（徐辰丁）

【履行社会责任】2019年，中铁科研院积极参与老挝琅勃拉邦车祸救援、成昆铁路岩体崩塌救援、甘肃省舟曲县牙豁口滑坡抢险、兰新铁路抢险、浙江高速公路抢险等抢险救援行动。发挥专业优势，成功监测预警青海川大高速滑坡；多次派出专家组前往宜宾长宁参与地震灾后桥梁安全排查。在扶困济贫方面，走进中国中铁捐建的映秀幼儿园，为孩子们带去温暖和关爱；多次赴正宁县月南村开展对口帮扶，为村民们送温暖、讲党课，捐赠农业技术培训书籍、电脑、衣物和书包等物资。

2019年，中铁科研院能源消费总量0.2645万吨标煤，营业收入（现价）149320万元，营业收入（可比价）126979.4万元，增加值（现价）35753.5万元，增加值（可比价）30404.2万元，万元营业收入综合能耗（现价）0.0177吨标煤/万元，万元营业收入综合能耗（可比价）0.0208吨标煤万元，万元增加值综合能耗（现价）0.0740吨标煤/万元，万元增加值综合能耗（可比价）0.0870吨标煤/万元，顺利完成全年每万元营业收入综合能耗（可比价）降低3.2%的目标。（张莹　何国东）

【领导人员】

徐敦美	党委书记、董事长
李　林	党委副书记、总经理、董事
陈思贵	党委副书记、纪委书记
严金秀	党委委员、副总经理、董事
王国昌	党委委员、副总经理、董事
马惠民	党委委员、副总经理、董事
王引生	党委委员、副总经理、董事会秘书、总法律顾问
高红兵	副总经理、总工程师
邓文华	董事
魏　鸿	职工董事
杨　峰	监事会主席
魏　平	职工监事
尹　成	业务经理
蔡　伟	业务经理

（胡平）

中铁置业集团有限公司

【基本概况】中铁置业集团有限公司（简称中铁置业）是中国中铁股份有限公司为完善产业布局、做强做优做大房地产业务而成立的全资子公司，是中国中铁房地产板块业务的核心企业。中铁置业注册资本金65亿元，具有房地产开发、物业服务管理两个一级资质，业态涵盖复合地产、旅游地产、住宅地产、养老地产、工业地产、商业地产以及土地一级开发，并通过了质量、环境、职业健康安全管理体系认证。经营范围包括房地产开发与经营、策划、咨询；建筑材料销售；机械设备租赁；投资管理；物业管理及相关服务；技术咨询；招标代理；信息咨询等。中铁置业实施全国性开发战略，重点布局京津冀、长三角、珠三角区域，以北京为中心，辐射全国，在20多个中心城市，同步开发项目60余个，开发面积2000万平方米。中铁置业总部位于北京市丰台区汽车博物馆南路3号院北京中铁大厦A座。截至2019年末，共有员工2698人（包括集团公司所属物业公司员工1142人），其中干部200人（占员工总数7.4%），技术干部1556人（占员工总数57.7%）。

中铁置业成立以来，坚决贯彻落实党中央、国务院国资委及股份公司的决策部署，牢牢把握稳中有进、稳中有为的创业发展思路，紧密围绕股份公司“抓改革、调结构、促转型、增效益”中心工作，专心于中国中铁地产板块的健康发展，专注于房地产一、二级市场的投资与开发，致力于打造股份公司地产板块龙头企业。在推进立体经营、优化区域布局上，划分了东北、京津冀、西部及华中、西南、山东、东南沿海、海外七个经营片区，构建了集团投资中心+区域经营中心+区域公司的立体经营体系；在全面推进管理实验室活动中，坚持问题导向，突出业务协同，着力优化管控模式，下移管控重心，管控效率不断提升，实现“管理制度化、制度流程化、流程信息化”；在产品研发上，形成了“诺德”“逸都”“水岸”“水映”“缤纷”“中心”“广场”等系列产品线；在推进企业转型升级上，积极推动会展、棚改、文旅、地铁上盖物业等项目投资开发和运营，开辟了“会展+地产”“一级+二级”“文旅+地产”的开发模式，建立了良好的融资渠道与平台，经济运行质量持续提升，企业发展成果丰硕。经过十四年的创业发展，企业经营规模逐年倍增，产业链条逐步完整，经济效益不断攀升，管理体系持续改进，党建工作创新有为，团队素质逐步提升，企业文化特色鲜明，运行质量有序可控。中铁置业成立以来，累计实现营业收入1256.72亿元，归属于母公司净利润61.78亿元，资产规模达1264.01亿元，排名股份公司各二级单位第一位。

中铁置业先后获得“绿建成就企业奖”“中国房地产名企”“中央企业先进集体”“中央企业企业文化示范单位”“全国模范职工之家”“全国工人先锋号”等荣誉称号；投资项目多次获得省部级建筑工程奖、国家精瑞科学技术奖、联合国人居环境示范奖等荣誉。企业品牌影响力持续增强，第三方测评客户满意度81分，与2018年相比稳中有升，大幅超过行业均值。2019年获得“中铁诺德”商标专有权并成功注册26个“诺德”系商标。在“2019中国房地产企业品牌价值排行榜”上，中铁置业以500.8亿元的品牌价值名列27位，较2018年攀升10位。（白俊华）

【主要指标】2019年，中铁置业实现新签合同额616.59亿元；实现营业收入174.16亿元；实现利润总额14.65亿元，净利润10.85亿元；全年实现归属于母公司所有者的净利润9.47亿元；“两金”余额944.23亿元，完成压控指标的102.46%；年末资产总额1264.01亿元，较2018年1088.25亿元增长16.15%。年末所有者权益总额为131.88亿元，较2018年减少6.53亿元，其中归属于母公司权益为85.37亿元，较2018年增加5.34亿元。（赵文勇）

表 14-33　　2019年中铁置业集团有限公司主要经济指标

项目	2019年	2018年	比上年增长（%）
资产总额/亿元	1264.01	1088.25	16.15
所有者权益/亿元	131.88	138.41	-4.72
营业收入/亿元	174.16	184.72	-5.72
利润总额/亿元	14.65	15.98	-8.36
净利润/亿元	10.85	12.00	-9.60
归属于母公司所有者的净利润/亿元	9.47	10.15	-6.72
技术开发投入/亿元	—	—	—
利税总额/亿元	32.54	31.22	4.23
应交税金总额/亿元	27.29	21.55	26.63
净资产收益率/%	7.99	8.67	减少0.68个百分点
总资产报酬率/%	1.91	2.60	减少0.69个百分点
国有资本保值增值率/%	109.82	103.98	增加5.84个百分点

制表：赵文勇

【改革发展】2019年，中铁置业坚持改革创新驱动企业高质量发展，不断增强发展竞争力和创造力。持续优化管控模式。以深入开展“管理实验室”活动为抓手，抓实重点专项课题研究落地，编制完成企业《中长期战略规划》。全力推进“管理三化”工作，聚焦制度体系建设，切实为基层减负放权，让制度体系更接地气，业务流程持续优化，两级业务管控边界与职能定位不断清晰，有力提升了企业整体管控效能。持续深化三项制度改革。制定中铁置业深化三项制度改革实施方案，以突出业绩为导向，持续优化两级绩效考核和薪酬体系，改进和加强工资总额分配管理，实行考核结果与价值创造和资源配置挂钩，积极研究推进风险抵押机制，促进并增强各单位围绕提质增效贡“收”、贡“现”、贡“效”的自觉性，目标管理更加科学，考核导向更加精准。围绕“做精机关、做强基层、做实一线”的目标积极推进组织机构变革，提出本部机关组织机构和定员编制调整优化方案，明晰了“大运营”“大区域”组织、城市公司、项目公司之间的管控关系，组织架构和人员结构持续优化。（白俊华）

【重大项目】2019年，成功获取贵阳清镇项目、武汉阳逻H地块项目、长春A4地块及西海岸5、6号地，土地投资额48.92亿元，计容建筑面积196.93万平方米。2019年参与北京市顺义区樱花园小区房屋代开发项目、温州市南白象街道霞坊城中村改造安置房代建项目、温州状元街道横街村A-05、A-07、A-08地块城中村改造工程代建开发项目、湖南新丰源投资有限公司房地产开发委托管理服务项目等项目投标工作，并获取了北京市顺义区樱花园小区房屋产权置换A、B片区项目、湖南新丰源投资有限公司房地产开发委托管理服务项目、青岛胶州临空区服务中心代建项目及漳州世博城片区开发项目，共完成新签合同额244.43亿元。

中铁置业与漳州政府签署了福建漳州世博城项目、与襄阳政府签署了湖北襄阳世博城项目、与张家港政府签署了江苏张家港世博城项目等会展项目的合作框架协议，进一步实践会展项目的复制推广，提升企业品牌效益；在城市更新、棚户区改造项目方面，锁定核心区位的优质土地资源。在深圳、广州等发展潜力大的城市布局城市更新、土地整备、三旧改造等项目，积极响应粤港澳大湾区的建设发展，签署了深圳市罗湖区新秀工业区城市更新项目、深圳市宝安区黄麻布社区土地整备 / 城市更新项目、深圳市宝安区沙井民主股份合作公司征返地项目等项目的合作框架协议，跟进广州市白云区棠涌村城中村改造项目，实现央企社会责任的同时，提前布局房地产开发战略要地；着力推进片区综合开发和 TOD 开发模式，跟进合肥中央公园项目、哈尔滨综合交通工程项目配套土地开发项目和温州汀田 TOD 综合开发项目。（钱丽雅）

【重大创新】中铁置业以转型升级为驱动，持续推进企业管理提升与创新。以构建大运营管控体系为目标，以信息化增进业务协同，持续改进加快周转、质量安全、节点考核、调度例会等管理制度，实现用制度管人，靠流程管事，提升了运营管控成效。以强化协同、提速增效为目标，扎实推进全系统网络安全与信息化建设，投资决策、成本管理、销售、现场可视化监控、财务共享和 OA 办公等系统实现优化升级，为破解数据孤岛、集中数据共享、强化业务协同、服务企业决策提供有力支撑。扎实推进产品品牌和产品线标准化建设，在“阅系、逸系、彩系”住宅产品标准化成果的基础上，形成了“高端、改善、刚需、共产、公寓”五大系室内精装标准化和公共区域精装标准化成果，为项目提品质、快周转、控成本、树品牌提供了强力的技术支撑。（白俊华）

【工程创优】2019 年中铁置业开发的中铁青岛世界博览城会议中心综合体项目获中国建设工程鲁班奖，中铁·西安中心项目获国家优质工程奖。长春中铁城 A2 地块二期、亳州市元参路（西一环—魏武大道）道路排水工程、贵阳中铁逸都国际项目 F 组团 3 项工程获得中国中铁杯优质工程；贵阳中铁逸都国际 G 团一期 1~2 号楼、贵阳中铁阅山湖 C 组团一期一标段 C1 栋及 C11 栋、贵阳中铁阅山湖云著综合体一期一标段、沈阳中铁阅香湖项目、菏泽中铁牡丹城一期（17#~18#、23#~24#、27#~29#、31#~36#）5 项工程获得省部级优质工程和安全文明示范工地。（沈振武）

【企业文化】2019 年，中铁置业坚定自信兴文化，着力提升企业文化认知认同，努力为企业高质量发展提供文化支撑。持续宣贯中国中铁“五大理念”和中铁置业核心价值理念，注重做好中铁置业“家文化”内涵的诠释，引导员工既认识到家的关爱与幸福，也认识到建家、兴家的责任与担当。在全公司开展理念上墙活动，把企业文化讲座作为新员工入职必修课，着力加强文化融入。积极推进文化强企，广泛开展形势教育、文化讲座、思想调研、谈心谈话、事迹宣讲等活动，培育积极向上的企业精神与正能量。不断加大企业品牌塑造与宣传力度，规范企业标识和形象宣传，制作新的《企业宣传册》，认真做好文化产品建设。（霍国玺）

【党建工作】2019 年，中铁置业党委围绕中心工作，加强党的全面领导，推进全面从严治党，把方向、管大局、保落实，为推进企业高质量发展提供了坚强保证。旗帜鲜明把政治建设摆在首位，高质量高标准推进主题教育，全公司组织各类集中学习研讨 110 次，领导人员讲党课 124 次，开展相关主题党日活动 300 余次，广大党员守初心、担使命的思想自觉进一步增强，真信笃行、知行合一的能力进一步提升。领导班子成员开展对标对表、实地调研，形成高质量调研报告 14 篇，推动高质量发展举措更有针对性。坚持把方向、管大局、保落实，召开党委常委会 17 次，审议决策重大事项 210 个，前置研究经营管理事项 110 个，党委前置把关定向实现常态化。定期通报督促，125 项重点工作、5 个专项督办事项得到有效落实。深入推进“三基建设”，优化 2 个基层党组织设置，指导 4 家单位按期换届，建立党建制度 18 项、修订 4 项、废止 15 项，推进党支部标准化手册全面落地，扎实开展“争先锋、强堡垒、党旗红”主题实践活动，党建整体工作质量和效果明显提升。狠抓巡视整改、领导人员业务往来、主题教育专项整治等 6 个专项治理，全年整改各类问题 98

▲青岛中铁世博城举行博鳌亚洲论坛·全球健康论坛大会

个，建立完善规章制度14项，28条纳入重点督办事项持续整改，有力促进了基础管理工作提升。稳步推进三项制度改革，细化9项重点任务清单，推进本部机关定员定编管理，初步形成“大部制”机构调整方案。注重日常监督管理，创新运用胜任力模型测评，开展常态化日常履职巡察，6名领导人员改任非领导职务。持续优化激励约束机制，修订薪酬和绩效考核制度。注重市场化引进人才和年轻干部培养使用，全年引进专业人才174人；选拔领导干部33人，40岁以下15人，年龄结构进一步优化。认真落实两个责任，一体推进“不能腐”体制机制，稳步实施纪检监察体制改革。持之以恒贯彻中央八项规定精神，制定并落实改进作风的31项措施，推动纠正“四风”常态化。集中整治形式主义、官僚主义，建立重大事项请示报告制度，细化基层减负工作清单。深化政治巡察，完成对5家单位和本部机关常规巡察，发现并推动整改问题86项，提前实现3年巡察全覆盖。认真落实意识形态主体责任，抓好《中国共产党宣传工作条例》落实。强化新媒体运用，围绕重大发展成果、重点工程建设，在省部级以上媒体发稿410篇，宣传工作传播力影响力进一步提升。深化民主管理，推进员工权益平等协商，发挥员工首创精神、工匠精神，进一步构建和谐劳动关系。深化共建共享，大力实施员工关爱工程，办实事、解难事，员工幸福感、获得感、安全感进一步提升。贵州公司阅山湖项目获得“全国青年文明号”称号；“置业小学堂”被评为全国工会爱心托管班。（霍国玺）

【信息化建设】2019年，中铁置业以信息化赋能企业高质量发展，围绕信息化新技术、系统深度融合、数据资源整合、消除信息孤岛方面推进工作。注重制度建设、强化规范管理。起草了中铁置业《网络信息安全管理办法》《软件系统开发与推广管理办法》等制度，健全信息化管理体系，提供制度保障。加强基础设施建设、增强保障能力。开通了股份公司的裸光纤网络、各单位点到点的专线网络、超融合云计算系统等信息化基础建设，保障各类信息化业务正常开展。推进系统开发、提高管理水平。建设信息化灾备系统，实现“两地三中心”数据备份，完成各类信息化系统部署，保障中铁置业信息系统数据安全。对多套系统的建设优化升级，部署财务共享系统迁移企业微信号审批，OA办公系统和显示屏对接，投资管理系统的重构升级，财务共享系统智能机器人部署，营销系统升级和售楼处探感系统部署，围绕破解信息系统数据孤岛问题，编制大数据智能化决策平台建设方案和系统整合推进实施方案，设计信息系统整合架构。提升网络安全、严守信息安全底线。对中铁置业网络信息安全进行梳理分析，编写实施工作方案和措施，组织各单位开展签订网络安全自查书，落实主体责任保障网络安全，中铁置业部署的网络设备、服务器和信息系统进行渗透测试，对38个网络数据设备、15套系统的重要数据和信息泄露安全隐患进行渗透排查，对发现的问题和漏洞进行及时整改。有效提高公司管理智能化、自动化和管控数字化水平，推进信息化与企业发展深度融合，推动企业管理工作创新升级。（余雷）

【履行社会责任】2019年，中铁置业把履行社会责任作为高质量发展的驱动力，高标准打造绿色精工适需产品，积极参与公益事业，持续为社会创造最大化价值。企业品牌价值500.8亿元，居全国第27位。第三方客户满意度进入行业标杆值。青岛世界博览城会议中心与中铁西安中心，分别获国家工程建设领域最高荣誉：中国建设工程鲁班奖、国家优质工程奖。亳州陵西湖，变昔日“臭水沟”为湿地公园，获国际景观设计标杆“艾景奖”。济南“中铁城”获得中国建筑界最高级别认证“三星级绿色建筑设计标识”，2019年新开项目绿建达标率100%。深入推进保障性住房建设，跟进棚改、旧改项目，更新城市面貌。连续7年定向资助70名寒门学子“圆梦大学”，连续6年结对帮助“陕西回归儿童救助中心”。16支青年志愿服务队，分别在各区域文明交通、公益环保、植树造林、孝老爱幼、扶贫助困等方面积极担当作为，受到社会认可和欢迎。（霍国玺）

【领导人员】

郑　勇	党委书记、董事长
朱　洁	党委副书记、总经理
穆亦龙	副总经理
邓荣飞	副总经理
朱长清	副总经理、总工程师
王凤君	党委副书记、纪委书记（9月任）
张春胜	副总经理、工会主席（6月免党委副书记、纪委书记，任副总经理，仍任工会主席）
孙宝良	副总经理、财务总监
陈荣国	副总经理
刘喆宁	副总经理

（刘少钦）

中铁文化旅游投资集团有限公司

【简况】中铁文化旅游投资集团有限公司（简称中铁文旅）是中国中铁股份有限公司全资子公司，是中国中铁集文化、旅游、地产、康养、教育、体育、休闲等产业融合一体化发展的综合性城市运营平台。2010年12月，中铁文旅以中铁国际生态城项目为起点开始创业，2016年3月，根据中国中铁整体战略部署，中铁文旅重组整合为集团企业，公司注册地在贵州省双龙航空港经济区，注册资本金为15亿元。

中铁文旅业务领域涵盖土地一级整理，土地一级、二级联动开发，城市基础设施建设和公共配套投资，文化旅游、康复养生、体育运动、酒店运营、教育培训等产业投资等众多城镇化建设和运营业务。截至2019年底，设有中铁贵州旅游文化发展有限公司、中铁四川生态城投资有限公司、中铁五局集团成都发展投资有限责任公司、中铁五局集团郫县投资发展有限责任公司、济南中铁诺德文旅置业有限公司5家子公司，并代管中国中铁股份有限公司贵州生态城分公司、中国中铁股份有限公司四川仁寿分公司。已开发和在开发的项目有贵阳中铁国际生态城项目，眉山黑龙滩国际生态旅游度假区项目，济南绣惠项目，成都“国宾上城”项目，郫县“天府逸城”项目等。其中，中铁国际生态城和黑龙滩国际生态旅游度假区属于中铁文旅重点打造和品牌支撑项目，均被列入贵州省重点项目和四川省重点项目。

截至2019年底，中铁文旅总资产为174.3亿元，其中流动资产为127.7亿元，非流动资产为46.6亿元，资产周转率为0.58次，资产负债率为79.65%。共有在册员工353人，中层及以上管理人员48人，占比为14%；研究生及以上学历42人，大学本科学历253人，大专及以上学历人员占99%；正高级职称8人，高级职称76人，中级职称198人，中级及以上职称人员占80%。（周昱凤）

【主要指标】2019年，中铁文旅实现营业收入85.20亿元，实现净利润16.20亿元，实现归属于母公司净利润14.4亿元，经营性净现金流为11.3亿元；年末“两金”余额82.07亿元，有息负债36.99亿元，资金集中度为80%；人均创收2498万元，人均创利476万元。（孙娜）

表14–34　2019年中铁文化旅游投资集团有限公司主要经济指标

项目	2019年	2018年	比上年增长/%
资产总额/亿元	174.30	120.70	44.00
所有者权益/亿元	35.50	20.60	72.00
营业收入/亿元	85.20	52.10	64.00
利润总额/亿元	17.40	8.20	112.00
净利润/亿元	16.20	7.00	131.00
归属于母公司所有者的净利润/亿元	14.40	6.20	132.00
技术开发投入/亿元	—	—	—
利税总额/亿元	18.50	8.70	113.00
应交税金总额/亿元	1.20	0.80	50.00
净资产收益率/%	57.90	38.70	增加19.20个百分点
总资产报酬率/%	12.00	7.90	增加4.10个百分点
国有资本保值增值率/%	131.00	129.00	增加2.00个百分点

制表：孙娜

【改革发展】2019年，中铁文旅构建“以市场为基本导向、以可研为基本依据、以业绩为基本要求”的目标管理机制。推行实施以“人均创效、人均创利”为主的目标倒逼管理机制，把人均产值、人均利润两项指标作为控制底线，与企业生产经营各项工作紧密结合。按照市场化原则，废止三级公司领导班子年薪制，建立以业绩为导向的考核评价机制，三级公司领导班子兑现薪酬普遍超过集团公司领导班子薪酬，打破“大锅饭”状态，释放三级公司发展活力。试点实施项目跟投工作，将员工与企业风险、收益有效关联起来，员工积极性得以充分调动，实现了员工共享企业改革发展成果，构建更为科学合理、更加接轨市场、更具竞争力的薪酬与奖惩机制。根据企业发展定位，构建完善“以集团公司为核心、区域经营机构为支点、三级公司为辅助、战略合作方为纽带”的经营格局，按照“5个50%”“六给两要”等精神，结合企业平台功能定位和业务布局，不断完善经营要素配置，健全经营工作机制，经营工作基础得以夯实，在现有商业模式的基础上，全力探索生态修复治理、城市环境改造、通关口岸、国际海岛等新型业态，储备了大量项目资源，企业发展进入新的领域。（王国飞）

【重大项目】2019年，贵阳中铁国际生态城项目全年实现营业收入41亿元，实现净利润6.58亿元，回笼资金20.54亿元，新取得建设用地430亩；项目累计完成投资263亿元，累计实现营业收入146亿元，累计出让土地11130亩。眉山黑龙滩国际生态旅游度假区项目，全年实现营业收入43.59亿元，实现净利润6.38亿元，回笼资金29.34亿元，新取得建设用地2600亩；项目累计完成投资53.49亿元，累计实现营业收入73.98亿元，累计取得建设用地4197亩。（王国飞）

【工程创优】2019年，中铁国际生

态城白晶谷38组团（一期）获评“贵州省优质质量结构工程奖”及“贵州省安全文明施工样板工地”；中铁国际生态城一期工程获评中国中铁杯优质工程奖及中国中铁安全文明施工样板工地；黑龙滩国际生态旅游度假区安置房项目获评中国中铁安全文明施工样板工地及中国中铁绿色施工科技示范工程。（廖竞颖）

▲ 四川黑龙滩生态大道工程

【企业文化】2019年，中铁文旅组建成立企业文化建设领导小组，搭建企业文化建设平台。邀请专业管理咨询公司开展企业文化构建工作。通过广泛访谈等方式总结提炼中铁文旅特色的企业文化体系。（沈宇鸿）

【党建工作】2019年，中铁文旅认真推进全面从严治党，全面落实党的路线方针政策，严格落实两个“一以贯之”要求，积极宣贯“三个转变”重要指示，着重加强党的领导和党的建设，强化“三重一大”决策，强化把关定向，履行党委主体责任，推进从严治党向基层纵深延伸。推进“三基建设”，落实“三基建设”现场会精神、开展党建工作对标调研、研究制订中铁文旅集团“三基建设”实施办法，指导督促总部机关和所属单位解决“应建未建、应设未设、应配未配”的问题，继续调整完善党内工作制度，加强党建工作队伍建设。落实党建工作责任制，抓好党建工作责任制的分解落实、年中检查和年度考核评价工作。开展主题教育，按照规定动作不走样，自选动作有特色的要求，把学习、检视、调研、整改始终贯彻全过程，做到“理论学习有收获、思想政治受洗礼、干事创业敢担当、为民服务解难题、清正廉洁作表率”。开展文化宣传工作，启动企业文化体系构建工作。开展党风廉政建设，严格落实“两个责任”，签订责任书，层层压实责任，传导压力，强化廉洁警示教育，强化监督执纪，推进纪检监察体制机制改革，一体推进“不敢腐、不想腐、不能腐”机制建设。推进和谐企业建设，坚持党的群众路线，贯彻党的依靠方针，全面落实“员工普惠三策”“幸福之家十个一工程”“智慧工会云平台建设”，广泛开展“推进目标管理、保证目标实现”劳动竞赛活动。

2019年，中铁文旅纪委切实履行监督责任，持续强化专责监督，抓实抓细日常监督，层层压实“两个责任”。加强纪律警示教育，举办预防职务犯罪专题讲座，组织参观贵州省白云监狱，取得了良好成效。狠抓作风建设，紧盯节假日“四风”问题，严防“四风”问题的反弹回潮。落实纪检监察体制改革举措，深化“三转”工作，撤销了原纪检监察部，纪委内设成立了纪委综合室，配备专职纪检干部3名，一体推进所属三级公司纪检监察体制改革。（何焱　沈宇鸿）

【信息化建设】建设与股份公司链接的企业专网，保证OA系统、视频会议系统、财务共享系统、营销管理系统、干部人事档案数字化管理系统等各类系统的正常运行。改造信息系统VPN接入，关闭各类重要信息系统外网访问地址，保证数据安全。在股份公司统一安排下，完成各类系统的安全渗透测评评估，并对发现的问题进行整改加固，各类安全漏洞得到了有效的控制。（王诚）

【履行社会责任】开展对口扶贫工作，参与贵州省的脱贫攻坚的结对帮扶工作。2019年，中铁文旅贵州公司同壹基金及合作单位耐克运动营的相关爱心人士到龙里县草原乡团结村塘堡小学开展主题教育爱心助学捐赠活动，为贫困学子捐赠了文具、书包、冲锋衣等物品；中铁文旅川投公司依托四海生活小镇商业经营、联建单位消费采购、第三产业劳动力需求等，向项目所在村组、村民开展了就业帮扶、创业帮扶、消费扶贫等活动，并向6名贫困大学生开展了捐资助学活动。（沈宇鸿）

【领导人员】

李　辉　党委书记、董事长
邓树传　党委副书记、总经理
王　闽　副总经理、工会主席（10月免党委副书记、纪委书记、监事会主席，任副总经理，仍任工会主席）
吴　杨　副总经理
申凌云　副总经理　（周昱凤）

中铁高新工业股份有限公司

【简况】中铁高新工业股份有限公司（简称中铁工业，股票代码SH.600528）隶属中国中铁股份有限公司，注册资本22.2亿元，公司总部位于北京市丰台区。中铁工业历史可追溯至1894年成立的山海关造桥厂，距2019年已有125年的历史。中铁工业于2017年1月5日完成资产置换，置出中铁二局股份有限公司100%股权，置入中国中铁持有的中铁山桥、中铁宝桥、中铁科工及中铁装备四大优质资产的100%股权；2017年3月2日，证券简称变更为“中铁工业”，并在上海证券交易所上市。

中铁工业业务范围涵盖隧道施工装备设计与制造、道岔设计与制造、钢梁钢结构制造与安装、工程机械产品设计与制造以及新型轨道交通装备制造、环境保护等领域，主营业务的市场占有率和综合实力位居“国内第一”乃至“世界第一”。截至2019年底，中铁工业拥有住建部施工资质52项，其中施工总承包资质9项，专业承包资质36项，其他资质7项。

中铁工业是“中国品牌日”的发源地，也是“三个转变”的诞生地。2014年5月10日，习近平总书记视察中铁工业成员企业中铁装备时提出“推动中国制造向中国创造转变、中国速度向中国质量转变、中国产品向中国品牌转变”的重要指示，为中国的工业发展指明了新方向。

截至2019年末，中铁工业下设子公司9家，分别是中铁山桥、中铁宝桥、中铁科工、中铁装备、中铁九桥、中铁工服、中铁环境7家全资子公司和中铁磁浮、中铁轨道2家控股子公司。全公司共有职工12304人，其中干部5866人，工人6458人。按照学历层次划分，研究生737人，本科4010人，专科2414人，中专及以下5163人。干部中技术干部5290人，占干部总数的90.2%，其中正高级职称82人，副高级职称884人，中级职称1766人，初级职称1793人；拥有百千万人才国家级人选——国家突出贡献中青年专家1人，享受国务院政府津贴人才14人，茅以升科学技术奖获得者11人，詹天佑科学技术奖获得者4人，铁道部青年科技拔尖人才5人，总公司突出贡献中青年专家5人，总公司青年科技拔尖人才17人，中国中铁专家8人。工人中技术工人5126人，占工人总数的79.4%，其中工匠技师1人，特级技师31人，高级技师148人，技师451人，高级工2051人，中级工1079人，初级工759人。

中铁工业作为国家认定“企业技术中心”“国家高新技术企业”“院士工作站”“博士后科研工作站”，多次获得国家科技进步奖一等奖、中国土木工程詹天佑奖、中国建设工程鲁班奖、国家优质工程金质奖、国家质量提名奖、中国好设计金奖、中国工业大奖等国内重量级奖项，以及菲迪克工程优质奖、古斯塔夫斯·林德恩斯奖、乔治·理查德森奖等国际大奖。（蒲林茂　苏君龙）

【主要指标】2019年，中铁工业实现营业总收入205.75亿元，同比增长14.96%，完成年度经营计划196亿元的104.97%；完成归属于母公司所有者的净利润16.27亿元，同比增长9.84%，完成年度预算15.26亿元的106.62%。（谭欣）

表14-35　2019年中铁高新工业股份有限公司主要经济指标

项目	2019年	2018年	比上年增长/%
资产总额/亿元	388.84	338.88	14.74
所有者权益/亿元	188.94	160.48	17.73
营业收入/亿元	205.75	178.98	14.96
利润总额/亿元	18.63	17.35	7.36
净利润/亿元	16.36	15.11	8.32
归属于母公司所有者的净利润/亿元	16.27	14.81	9.84
技术开发投入/亿元	10.20	8.43	21.07
利税总额/亿元	20.05	19.20	4.40
应交税金总额/亿元	7.71	12.14	-36.52
净资产收益率/%	9.79	9.74	增加0.05个百分点
总资产报酬率/%	4.94	5.22	减少0.29个百分点
国有资本保值增值率/%	110.36	109.75	增加0.61个百分点

制表：谭欣

【改革发展】中铁工业积极践行“三个转变”，推进“改革创新年”活动，企业改革发展党建各项工作都取得新突破。编制《关于进一步贯彻落实习近平总书记“三个转变”重要指示精神行动方案》，明确两级企业管理定位，提出机关机构改革方案，完成公司注册地变更和税务关系转移，建立7个国内区

域营销中心和4个海外代表处，分立中铁重工、中铁钢构，关停了2家亏损企业。开展企业人事改革，出台职业经理人、领导人员交流、改任企业非领导职务等管理办法，构建市场化选任职业经理人机制，拓宽领导干部多岗位锻炼以及能上能下的通道，举办了第二期井冈山理想信念培训班和第一期领导干部领导力提升研修班，开展后备干部遴选并建立后备干部人才库。深化企业薪酬改革，制定《中铁工业深化三项制度改革实施方案》《中铁工业收入分配改革指导意见》，按照“一企一策”原则组织修订《中铁高新工业股份有限公司所属企业工资总额管理办法》《中铁高新工业股份有限公司所属企业负责人薪酬管理办法》。（蒲林茂　高瀚月）

【重大项目】2019年，中铁工业成功中标深中通道钢箱梁项目，中标总体量约19万吨；海外项目成功中标孟加拉国帕德玛铁路连接线项目、克罗地亚大桥钢结构项目、雅万高铁铺架设备项目；新产业取得突破，中铁科工中标恩施青云崖文化旅游特色小镇崖壁观光火车项目（空轨列车），中铁环境中标茶陵县乡镇污水处理及管网配套设施等项目；研制的“春风号”超大直径泥水平衡盾构机入选“央企十大创新工程”，中国首台出口非洲、欧盟的盾构机成功下线，成功研发出国内首台第四代半掘进机——高压水辅助破岩掘进机，全球首台紧凑型超小转弯半径硬岩掘进机（TBM）成功下线，国内首台气垫式直排泥水—土压双模式盾构机成功下线；参建的虎门二桥、平潭海峡公铁两用大桥首座航道桥、武汉青山长江大桥成功合龙，“中国最宽桥梁”北京新首钢大桥顺利贯通。

（蒲林茂）

【走向海外】围绕“十三五”国际化经营发展规划，构建了海外营销体系。完成东盟、南亚、美洲、欧洲四个区域代表处的建设，组建海外区域经营机构和驻外属地化经营队伍。2019年，成功中标孟加拉国帕德玛铁路连接线项目钢结构大单5万吨、克罗地亚大桥钢结构桥梁1.8万吨以及雅万高铁铺架设备等项目，中国掘进机顺利进入全球顶级高端市场。开展国际产能合作，推进属地化办厂，提升国际化发展规模，依托中老铁路桥面钢结构项目，在老挝建成钢结构生产厂房，中铁山桥的印尼道岔组装厂、中铁宝桥的泰国道岔厂、中铁装备的在欧工厂也正积极布局建设中。加强企业产品海外宣传，先后参加德国宝马展、中东国际铁路展、南美轨道交通展、世界桥梁大会、东南亚轨道交通展以及俄罗斯轨道交通展等国际展会。（蒲林茂）

【重大创新】2019年，中铁工业4项技术成果达到国际领先水平，14项技术成果达到国际先进水平；共申请专利601件，授权专利451件；申报中国中铁科研立项46项，申报外部科研立项4项，获得地方政府和外部单位资金支持2463万元。以川藏铁路极端装备为研发重点，成功开发出世界最大悬臂掘进机、世界首台半断面马蹄形盾构机、高原水平旋喷钻机、可多机群协同全电脑三臂凿岩台车、耐候钢桥梁、耐候道岔等新型产品，并举办川藏铁路极端装备新品发布会。研发出世界首台第四代半掘进机——高压水力耦合破岩TBM并实现工程应用。成功攻克直径6米级以内的地铁隧道主轴承国产化替代技术，突破了该领域“卡脖子”难题。具备了新型轨道车辆自主设计能力，完成新制式样车的研制，并开展样车静态和动态测试。掌握隧道污水处理关键技术，研制出盾构渣土减量化、无害化、资源化处理的成套技术装备“春泥号”。

（王　明）

【工程创优】2019年，中铁工业参建的南京长江第四大桥、重庆市江津中渡长江大桥获得2018—2019年度国家优质工程奖，参建的泰州长江公路大桥、南京长江第四大桥获第十七届中国土木工程詹天佑奖，参建的吉茶高速矮寨特大悬索桥、泰州长江公路大桥、松原天河大桥等三项工程荣获2018—2019年度第二批中国建设工程鲁班奖；承建的笋溪河特大桥工程荣获中国钢结构金奖工程。（邱守慈）

【企业文化】中铁工业对各所属企业特色文化和板块文化进行研究、梳理，提炼“红色山桥”“品质宝桥”“创新科工”“品牌装备”“匠心九桥”“专业工服”等子文化内涵并制定好推广方案，通过各类载体积极传播企业文化理念，增强职工文化认同感；对重组企业文化融合课题进行研究，在《中铁党建》发

▲ 太焦铁路制梁场450t提梁机作业

表理论文章《重组企业文化融合的路径探析》；在庆祝新中国成立70周年之际，举办“全球工业人同唱一首歌”快闪活动、“工业精神火炬传递”及共绘《七彩工业图》活动，增强职工归属感、荣誉感；在杭州举行的2019中国文化管理协会企业文化管理年会上，中铁工业被评为“新中国成立70周年·党建+企业文化实践创新70强”荣誉称号。基于工业精神火炬传递活动制作的视频作品《中国中铁高新工业：传承红色基因弘扬工业精神》被评为“向祖国汇报·企业微视频”优秀作品特等奖；中铁工业的企业形象宣传片《中铁工业 联通梦想》被评为“最美传播之声”金奖代言作品。中铁九桥华东分公司、中铁宝桥怒江项目部、中铁装备隧道设备公司获评2019年中国中铁基层文化建设示范点。

（寇嘉伦）

【党建工作】2019年，中铁工业党委深入学习贯彻习近平新时代中国特色社会主义思想和党的十九大精神，认真落实全面从严治党要求，深入开展“不忘初心、牢记使命”主题教育，围绕企业中心工作，不断加强党建和思想政治工作，统筹推进各项工作。一是坚持党的领导，推动中央决策部署落实落地，始终把政治建设放在首位，注重教育引导全体党员干部牢固树立“四个意识”，坚定“四个自信”，做到“两个维护”，在全公司营造学习宣贯习近平新时代中国特色社会主义思想和十九届四中全会精神的浓厚氛围。二是提高政治站位，深入践行“三个转变”，坚持把贯彻落实“三个转变”重要指示精神作为学习宣贯习近平新时代中国特色社会主义思想的重要内容，切实把“三个转变”转化为公司的竞争力、生产力，研究制定“筑牢三大根基”“推进‘三化’建设”“强化四大支撑”“实施五项升级”的“3345”行动方案。三是注重统筹谋划，扎实开展“不忘初心、牢记使命”主题教育，组建领导机构和指导组，细化学习教育、调查研究、检视问题、整改落实4项重点措施，形成工作清单11项，确保组织到位、协调到位、措施到位。四是聚焦组织力建设，持续提升基层党建水平，修订、制定了党建基础制度24项，分层分级举办党组织书记、党务干部培训班，积极探索基层党支部标准化、规范化建设，鼓励基层党组织开展特色党建品牌创建活动，“蜂巢式”党建经验入选中组部基层典型案例。五是强化落实“两个责任”，深入推进党风廉政建设，开展“学规矩、讲规矩、守规矩”主题实践活动；组织公司两级领导班子、中层干部签订廉洁从业承诺书，建立健全党员领导干部廉洁“画像”；召开公司党风廉政建设和反腐败工作会议、联席会议；开展企业领导人员亲属和其他特定关系人所办企业与本企业业务往来专项整治，将整治范围扩展到所属单位中层副职以上人员；落实政治巡察要求，全年完成4家单位巡察；开展纪律处分决定执行情况专项检查，对十八大以来公司各级纪委处理的违规违纪问题进行了自查。（蒲林茂）

【信息化建设】2019年，中铁工业以“一中心、三示范”为抓手，准确高效开展智能制造信息化工作。联合11家单位，中标“2019年工业互联网创新发展工程——工业互联网安全开发测试基础共性服务平台项目”，并获得1000万元国拨专项资金支持；中铁宝桥（扬州）有限公司、中铁工程机械研究设计院有限公司和中铁工程服务有限公司完成“两化”融合管理体系贯标；“TBM混合云管理平台及TBM掘进智能控制软件”入选2019大数据优秀方案，同时入选由国家工信安全发展研究中心编制的《大数据优秀产品和应用解决方案案例集（2019）》丛书，并且在2019中国国际大数据产业博览会发布；“中铁设备管理云平台”案例被中施企协评为2018年度工程建设行业互联网发展最佳实践案例，另有两项案例被中施企协评为2018年度工程建设行业互联网发展优秀实践案例，并在第五届工程建设行业互联网大会上宣传推广。（单仲喜）

【中铁工业“装备云”远程监控平台上线】1月9日，中铁工业所属企业中铁装备自主研发的掘进机远程监控服务平台——“装备云”正式上线。该平台依托郑州总部大数据中心，以高性能云服务平台为基础，深度融合了数字传感技术、工业互联网、大数据分析、人工智能、虚拟现实、增强现实等新一代信息技术，实现了隧道掘进机集群的远程实时监控、业务管理及掘进机临境化虚拟交互、现场三维可视化模拟等功能，在现场和用户应用之间架设了一条安全、可靠、稳定的数据通道。通过“装备云”平台能实时跟踪了解盾构机的运行状态和施工情况，足不出户掌握设备运行信息，凭借强大的数据分析功能，还可以预测施工过程中存在的安全风险、进度风险、质量风险，不仅使管理人员能快速直观地掌握现场动态，还为设备安全、高效地掘进提供了依据，提高了设备利用率及掘进效率。同时，借助VR和AR等虚拟现实技术，“装备云”平台还可以以三维可视化方式直观地还原施工场景，犹如“身临”现场施工，使操作者更加直接、清楚地了解盾构机的实际工作情况，也为掘进机的智能掘进、无人值守打下坚实基础。（庄轩）

【履行社会责任】2019年，中铁工业在推进企业高质量发展的同时，不断强化履行社会责任，积极参与扶贫助困，投身公益事业，倡导绿色发展。开发“环境友好型”产品。实现产品的绿色制造、良性应用，将环境保护产业作为企业新兴产业的重要方向，推动扶植环境保护产业实现新发展；创新研制新制式轨道交通车辆，为新时代城市

轨道交通需求提供了一揽子综合解决方案。参建的京张铁路官厅水库特大桥、武汉青山长江大桥、雅康高速泸定大渡河大桥、沪通长江大桥、平潭海峡大桥等合龙或建成通车，服务2022杭州亚运会的博鳌隧道、川藏铁路极端装备开工建设，北京新机场线与大兴国际机场同期建成投用，世界上一次性建成并开通运营里程最长的铁路——浩（勒报吉）吉（安）铁路开通运营。参建的赤水河红军大桥，助力革命老区交通扶贫；中铁宝桥向对口贫困村援建抗旱蓄水池、文化广场、羊舍等设施，利用产业扶贫带动10名建档立卡贫困人员人均增收5000元以上；中铁九桥组织青年志愿者开展主题为“粽”情九桥、“饺”动端午节公益活动，给困难家庭和孤寡老人带来温暖；中铁磁浮为四川凉山州美姑县村民捐赠过冬衣物；公司李博、郝海静同志被授予“中国中铁优秀扶贫、援疆、援藏干部”称号。中铁山桥组织“青年文明号”集体开展助学献爱心、“微心愿”、情暖孤儿院、清扫公交站等活动，服务社会大众；中铁宝桥青年志愿者团队为倡导文明新风、构建和谐社区、方便群众生活等方面做出积极努力；中铁科工与社区党支部结对共建，开展“双进双服务”活动并捐赠物资；中铁装备开展“保护黄河、保护环境、从我做起”志愿活动；中铁九桥开展“爱我九江，鄱阳环保行”和“保护母亲河，爱护河流是我们的责任”职员服务活动。（李明瑞）

【领导人员】

易铁军　党委书记、董事长
李建斌　党委副书记、总经理、董事
黄振宇　党委副书记、副董事长
刘恩国　党委委员、监事会主席（5月改任巡视员）
唐智奋　党委委员、副总经理、总工程师
魏云祥　党委委员、纪委书记、工会主席
余　赞　党委委员、副总经理、董事会秘书
刘　娟　党委委员、总会计师、总法律顾问
曹登敬　党委委员、副总经理
王建喜　党委委员、副总经理

（苏君龙）

中铁资源集团有限公司

【简况】中铁资源集团有限公司（简称中铁资源）是中国中铁股份有限公司从事矿产资源开发的全资子公司，注册资本金为54.27亿元人民币，总部设在北京。主要经营范围涉及贵金属、有色金属、黑色金属、非金属等资源开采、加工和销售；国内外自然资源开发的技术研究和咨询、地质勘探及设计；进出口贸易；施工总承包；项目投资等领域。

历经十余年发展，中铁资源已成长为集矿山开发、商贸物流、矿山建设服务于一体的国际化企业集团，海外市场拓展到刚果（金）、蒙古国、澳大利亚等国家，国内市场分布在黑龙江、青海、内蒙古等省、自治区、直辖市。主要资源品种为铜、钴、钼、铅、锌、银等有色金属。其中，保有铜资源量856.6万吨、钴64.8万吨、钼66.6万吨、铅36.17万吨、锌70.29万吨、银1890.65吨。

中铁资源实际经营业务企业13家，其中全资公司6家，控股公司6家，参股公司1家；境内企业7家，境外企业6家。核心矿山5家，分别是刚果（金）华刚、绿纱、MKM铜钴矿，蒙古国乌兰铅锌矿，黑龙江伊春鹿鸣钼矿。铜金属产能17.2万吨/年（其中华刚一期12.5万吨/年、MKM矿业2.2万吨/年、绿纱矿业2.5万吨/年），华刚二期及绿纱“填平补齐”项目建成投产后全公司铜金属产能将达到30.7万吨/年；钴金属产能4900吨/年；硫酸产能29万吨/年；钼金属产能1.15万吨/年；铅锌金属产能3.2万吨/年。

中铁资源总部设置20个职能业务部门，现员130人。全公司共有中方员工1236人，其中管理和专业技术人员907人，技能人员329人；硕士及以上学历137人，本科588人；正高级职称12人，高级职称193人，中级职称296人。外方员工3471人。（邵颖妮　王宇　左文雄）

【主要指标】2019年，中铁资源实现营业收入136.51亿元，同比增长9.19%，继续保持稳定增长态势；实现归属于母公司净利润20.69亿元，同比增长21.28%，在股份公司系统内企业排名第3位，连续两年实现较高盈利水平；实现经营性净现金流24.38亿元，超出股份公司确保目标6.78亿元；有息负债比年初减少16.3亿元，2016年以来累计偿还借款77.58亿元；资产负债率72.17%，比年初降低9.99个百分点，较股份公司管控目标降低15.89个百分点。

（邵颖妮　王宇）

表14-36　**2019年中铁资源集团有限公司主要经济指标**

项目	2019年	2018年	比上年增长/%
资产总额/亿元	205.96	198.36	3.83
所有者权益/亿元	57.32	35.39	61.97
营业收入/亿元	136.51	125.02	9.19
利润总额/亿元	26.31	21.29	23.58

续表

项目	2019 年	2018 年	比上年增长 / %
净利润 / 亿元	23.13	18.25	26.74
归属于母公司所有者的净利润 / 亿元	20.69	17.06	21.28
技术开发投入 / 亿元	0.90	0.65	38.46
利税总额 / 亿元	38.11	35.42	7.59
应交税金总额 / 亿元	11.80	14.13	-16.49
净资产收益率 / %	49.90	69.73	减少 19.83 个百分点
总资产报酬率 / %	15.18	13.50	增加 1.68 个百分点
国有资本保值增值率 / %	174.05	259.45	减少 85.40 个百分点

制表：张玲玲

【矿山生产】中铁资源加强指标任务的科学分解、生产数据的分析统计以及组织调度的协调安排，支持保障现场处置重点难点问题。2019 年中铁资源金属产品总量 25.22 万吨，同比增加 6.13%，其中铜金属总量同比增加 3.19%，阴极铜产量同比增加 16.48%，钴产量同比增加 3.97%，钼产量同比增加 0.81%，铅锌产量同比增加 32.34%；选冶回收率等 10 项技术指标创历史新高，21 项指标超过年度计划或设计值。华刚矿业焙烧系统运行良好，阴极铜产量同比增加 25.28%，冶炼回收率同比增加 2.66 个百分点。鹿鸣矿业设备稳定运行，持续巩固达产成果，原矿处理量达到 1580 万吨。新鑫公司全年采矿量 83 万吨，同比增加 24.88%。MKM 矿业阴极铜产量同比增加 23.17%。（邵颖妮　王宇）

【项目建设】中铁资源在做好现有矿山生产经营的同时，重点建设项目取得突破性进展。2019 年，刚果（金）主要建设项目实现了安全、进度和质量管理的有序平稳。华刚矿业二期工程各项准备工作加速推进，历经多轮商务谈判，建设和融资方案等重大事项获得股东会批准，项目初步设计通过评审，设备选型和工艺流程试验研究提前展开；同时规范有序和策略性地开展招标采购，既保障设备的兼容性、匹配性和先进性，也获得较好性价比，主要设备费用较招标预期明显降低。布桑加水电站主体工程进度完成节点计划，机电设备安装与土建工程同步进行；移民新村建成移交，已完成搬迁超过 70%；采购招标全部结束，大部分设备已出厂发货；复建路桥全线通车，为顺利运输奠定基础。绿纱矿业“填平补齐”项目制氧站、焙烧系统、制酸系统完成了联动对接，生产出首批硫酸产品，生产潜能获得提升。中刚基建公司“一揽子”项目有序推进，已累计签署 31 个项目的设计施工合同，已完工 17 个，重点加强项目验收工作，有效规避政局变动风险，得到刚果（金）政府和民众认可。（邵颖妮　王宇）

▲ 中铁资源刚果（金）MKM 铜钴矿花园式矿山硫酸分厂和冶炼分厂

【改革管理】2019 年，中铁资源推进体制机制改革，强化“系统领导、梯次管理、逐级负责”，加强基础管理，落实各项改革举措。完善经营管理机制，坚持“一企一策”原则，层层分解目标，层层压实责任，推进实施全员绩效考核，及时兑现各单位负责人年度薪酬，加强总部员工考评工作，“多干、多挣、多交、多得”的价值导向逐步深入，核心管理团队和一线员工的积极性得到提振。调整组织机构，优化组织模式，强化系统管理职能。生产技术部和科技设计部合并为生产（技术）管理部；撤销党群工作部，成立党委工作部和工会办公室；撤销监察部和纪检监察一室、二室，成立纪委综合室；成立商贸分公司。提升财务管理水平，持续加强双清工作，刚果（金）单位累计清收或抵减增值税款 1.93 亿元；所属各单位全年上缴资金 25.38 亿元，其中鹿鸣矿业全年上缴资金 13.63 亿元，资产负债率下降 24.93%。加强风险管理，重点提升海外业务合规工作水平，妥善应对刚果（金）大选后局势和疫情，确保生产稳定和员工安全健康；科学谋划与蒙方谈判策略，采取多项措施化解长期停产风险，维护企业长远利益。提升安全环保管理水平，鹿鸣矿业加强尾矿库综合治理，实现了安全度汛。以问题为导向地提升能力水平，加强各业务系统发现问题、分析问题和解决问题的能力，强化日常数据和信息的统计分析，认真谋划各项问题的解决之策，大力倡导积极认真和务实担当的工作作风。

（邵颖妮　王　宇）

【荣誉奖励】2019 年，中铁资源被授予“有色金属工业境外资源开发功勋企业”称号。中铁资源所属新鑫公司获评蒙古国“百强企业”。中铁资源所属华刚矿业荣获刚果（金）卢阿拉巴省颁发的“环境保护证书”。（邵颖妮　王　宇）

【企业文化】中铁资源深入开展形势任务教育，举办新中国成立 70 周年系列庆祝活动，激发员工爱国、爱企、爱岗热情。优化人才培养和选用模式，累计内部交流调整干部员工 52 人次；通过社会招聘、毕业生招录等方式，多渠道引进矿山技术、机械设备、财务管理、党群等专业人才 105 人，重点加大向海外一线的人才倾斜力度。开展职工教育培训，先后组织各类专业培训班 13 次，累计培训员工将近 1000 人次，促进了员工能力素质提升。广泛开展劳动竞赛、技术比武、小改小革、金点子等活动，组织“劳动模范”“两先一优”等评选表彰，为员工建功立业、攻关创新和交流经验搭建平台。坚持企业发展成果与广大员工共享，实施员工关爱工程，重点加大对海外员工及家庭的关怀力度，全年筹集“送温暖、送清凉”资金 140 万元，慰问职工 1466 人次，资助困难职工子女 48 人。保障员工工资按时足额发放以及五险一金、企业年金、补充医疗按时缴纳，实现了员工收入与企业经济效益同步增长，员工幸福感不断增强。

（邵颖妮　王　宇）

【党建工作】中铁资源党委会由 9 名委员组成，其中党委书记 1 名、党委副书记 1 名；下设 6 个党委，3 个党工委，3 个独立党支部，44 个基层党支部，党员 504 人。2019 年，中铁资源开展“不忘初心、牢记使命”主题教育，各级党组织深入学习贯彻新思想，查找检视问题，狠抓整改落实，以更好的工作成效检验学习成果。加强基层党组织建设，开展支部达标创建活动，重点提升海外党建工作质量，华刚矿业党工委、中刚基建公司党支部被中国驻刚使馆评为“海外党建工作先进单位”。配合股份公司党委巡视工作，对反馈的 18 项问题持续抓好整改；完成 5 家所属单位的党委巡察工作，实现国内企业全覆盖。严格落实“三重一大”制度，涉及企业改革和重要生产经营事项等共计 46 项议题，履行了党委会前置程序，企业依法合规管理水平进一步提高。履行全面从严治党两个责任，驰而不息纠治“四风”问题，开展形式主义、官僚主义集中整治，对部分单位存在的突出问题，及时组织专题分析研究，约谈企业主要负责人，不断改进各级管理人员的工作作风。

（邵颖妮　王　宇）

【信息化建设】中铁资源加大信息化建设和投入力度，完成 OA 办公系统升级，推广使用企业微信，移动办公效率大幅提升。优化生产信息管理系统，实现各矿山生产数据的集中管控。创新电子档案管理模式，完成总部 OA 与档案管理系统集成项目的试运行工作。上线云视频会议系统，视频会议功能实现境内外企业全覆盖，会议场景更加多样化、会议连线更加稳定。新建私有云平台，加强网络基础设施建设和运维监测，网络运行安全高效。（邵颖妮　魏新杰）

【履行社会责任】中铁资源积极推进企地和谐共建，在刚果（金）先后为当地建设供电线路，修缮供水系统解决了近 3 万人饮用水难题，参与援建学校医院。其中，华刚矿业累计投入 1800 万美元用于周边社区道路、电力和供水系统建设，累计提供 5000 多个就业岗位，员工属地化率达 83%，每年投入 100 万美元开展公益活动，为当地文化、教育、体育、医疗等事业做出积极贡献。在蒙古国帮助矿山周边地区修建道路、桥梁、广场，积极支援当地抢险救灾，多次参与草原救火，保护牧民生命财产安全。

（邵颖妮　王　宇）

【领导人员】

赵占虎	党委书记、董事长、法定代表人
孙瑞文	党委副书记、总经理（9 月改任巡视员）
蒲青松	副董事长
张瑞刚	党委副书记、纪委书记、工会主席、监事会主席
罗晓春	副总经理
王含渊	总工程师
陈元海	总会计师
钟长汀	总地质师
于龙生	副总经理（10 月免）
彭小林	副总经理

（刘晨辰）

中铁物贸集团有限公司

【简况】中铁物贸集团有限公司（简称中铁物贸）是中国中铁股份有限公司全资子公司，前身是成立于 2007 年 2 月的中国中铁物贸分公司，2010 年 12 月 18 日改制为中铁物贸有限责任公司，2017 年 2 月组建企业集团，注册资本金 30 亿元。中铁物贸是中国中铁唯一指定专业从事物资集中采购和物资贸易的大型企业集团，在国内物流与物资采购、贸易领域拥有较高的影响力和美誉度，是中国物流与采购联合会副会长单位，北京企业（诚信创建）评价协会副理事长单位，

▲ 中铁资源黑龙江鹿鸣钼矿浮选现场——国内单系列处理能力大的钼矿浮选设备

全国供应链创新与应用试点企业，中国企业联合会信用评价最优评级AAA企业，2019年全国公共采购“优秀集中采购机构”。

中铁物贸在全国各主要城市及区域设有子公司、分公司、事业部、物供中心，组建了北京、上海、深圳、昆明、武汉、成都、西安、沈阳8大集采中心，拥有物资贸易专业高级管理人员近千人，本科及以上学历达90%以上。公司主要开展钢材、水泥、钢轨、道岔、油品化工、系统设备集成、有色金属、木材、建筑材料、橡胶制品、机械设备等建筑业全品类物资贸易服务，并提供经济信息咨询、仓储服务、设备租赁、项目投资、资产管理、货物进出口、技术进出口、代理进出口等高附加值服务产品。逐渐形成了以项目物资供应、区域集中采购、战略采购、部管物资代理服务、招标代理服务、国际国内贸易、电子商务及投资业务八大业务为主的经营格局。

成立十多年来，中铁物贸先后承担了国内外数千项铁路、公路、市政、水利、房建和城轨等工程的物资集采服务，提供了数千亿元的工程建设物资。依托中国中铁系统内部强大的终端需求市场和资源优势，大力开展与上下游客户的战略合作，与国内外主要大型资源厂家、建筑央企、知名互联网企业建立了良好的战略合作关系，拥有丰富、优质的建筑业产业链战略资源，有效提升了市场竞争力和客户体验度。

中铁物贸主动拥抱“互联网+”，持续推进“数字中铁，智慧物贸”战略。自主开发建设的鲁班采购电子商务平台，是中国中铁官方唯一采购电子商务平台，为中国中铁全系统提供采购管理全流程信息化集成服务，同时面向建筑行业内企业提供采购电子商务产品及信息技术服务，年交易额突破3000亿元，注册供应商超90000家，是中国建筑行业开展电子商务业务的重大创新典范，在中国建筑业电子商务领域处于领先地位。中铁物贸以“连接、协同、共享”为理念，开发的业务协同平台（BCP）和财务共享系统，实现了业、财、资、税一体化目标，通过上下游客户互联互通，构筑了开放立体的全方位供应链生态圈，引领建筑业供应链集成服务管理变革。（夏姗姗）

【主要指标】2019年，中铁物贸累计完成新签合同额610.05亿元，完成股份公司下达年度预算495亿元的123.24%，较2018年全年新签合同额438.16亿元增加172.34亿元，增长39.23%；完成营业收入284.73亿元，完成股份公司下达年度预算262亿元的108.67%，较2018年全年营业收入228.68亿元增加56.05亿元，增长24.51%。总资产周转率从1.55次增长至1.75次，资产负债率从2018年末的91.49%下降至90.48%。（聂宗仁）

表14-37　**2019年中铁物贸集团有限公司主要经济指标**

项目	2019年	2018年	比上年增长/%
资产总额/亿元	177.14	147.70	19.93
所有者权益/亿元	16.86	12.57	34.13
营业收入/亿元	284.73	228.68	24.51
利润总额/亿元	5.37	3.80	41.32
技术开发投入/亿元	0.42	0.33	27.27
利税总额/亿元	7.50	4.14	81.16
应交税金总额/亿元	2.98	2.72	9.56
全员劳动生产率/（万元/人·年）	3572	2909.00	22.79
净资产收益率/%	30.63	225.25	减少86.40个百分点
总资产报酬率/%	3.75	4.00	减少-6.25个百分点

制表：聂宗仁

【职工队伍】截至2019年底，中铁物贸职工人数为845人。其中男职工644人，女职工201人；年龄在35岁及以下502人，36～45岁210人，46岁及以上133人；专业技术职称为初级及以下418人，中级职称248人，高级职称179人；文化程度为硕士研究生146人，大学本科621人，大学专科及以下78人。

从员工所在岗位结构来看，2019年底中铁物贸副处级及以上领导干部122人，占员工总量的14%；一般管理人员723人，占员工总量的86%。从员工专业系统结构来看，2019年底中铁物贸两级公司（集团公司、子公司、分公司及事业部）领导班子成员及高管87人，占员工总量的10%；采购、营销、物供业务人员464人，占员工总量的55%；财务、审计人员104人，占员工总量12%；研发、党群、纪检、人力资源、法务、综合管理等人员190人，占员工总量的23%。（刘　博）

【改革发展】中铁物贸制定出台《中铁物贸集团有限公司关于开展质量提升行动推进高质量发展的实施方案》，明确“两大提升、四大体系、十项工程”的主要任务，转变发展方式，实施战略引领，提升发展质量。持续推进创新驱动，为企业发展增添活力。开展全国供应链创新应用试点工作，2019年围绕如何从企业供应链向行业供应链转变，在供应链金融、鲁班电商采购、BCP和共享平台建设升级等方面做好落地工作，取得了阶段性成果。“中国中铁供应链金融服务平台”被列为股份公司A类科技开发计划重点课题。应用信息化手段，在业务创新、财务创新、科技创新上多点开花，试点资产证券化（ABS），开辟增加现金流、降低“两金”新通道；试点开展保理业务，稳妥推进供应链金融业务，丰富企业融资渠道。（夏姗姗）

【物资供应服务】2019年，中铁物贸累计为127个中国中铁直管、投资及大型项目提供工程物资供应服务，累计供应金额达227.69亿元，比2018年186.01亿元增长22.41%。其中：供应钢材301.49万吨、供应金额131.82亿元，水泥739.39万吨、供应金额33.99亿元，其他类物资金额61.89亿元。2019年1—12月新增石化产品集采项目504个（历史累计集采项目达到2940个），年累供应石化产品82.5万吨，供应金额56.05亿元，同比增长13.83%，相较市场价格累计节约成本2.47亿元。其中：成品油63万吨，降低1.94亿元；润滑油脂5712吨，降低1206万元；沥青17万吨，降低604万元，在有力保障项目物资供应的基础上，实现了降本增效。

（李海波）

【区域集中采购】截至2019年底，中铁物贸纳入区域集中采购模式的项目共计385个，比2018年增加83个，区域集采模式下累计供应总额56.08亿元，其中供应钢材103.36万吨、供应金额44.81亿元，供应水泥221.03万吨、供应金额11.26亿元，与市场价格相比，钢材、水泥累计降低成本约2.37亿元。中铁物贸通过提供优质的资源渠道、品质可靠的产品、具有竞争力的价格、专业化的服务，吸引工程局融入区域集采的范围。截至年底，中铁物贸已配合股份公司发布了湖北、湖南、安徽、四川、广东、河南、陕西、上海、新疆、江苏、山东、山西、内蒙古、北京、天津、重庆、黑龙江、吉林、辽宁、浙江、河北、甘肃、江西、广西、福建、西藏、青海、宁夏共计28个区域的钢材、水泥定价规则。（李海波）

【战略采购】2019年，中铁物贸加强与鞍钢集团、攀钢集团、宝武钢铁和中石油、京东、阿里巴巴等大型资源厂商及知名互联网企业合作，全年新增战略合作厂商资源23家，已与47家合作供应商签署战略采购协议，其中钢材类厂家签署战略采购协议26家；水泥类厂家签署战略采购协议12家；润滑油脂类厂家签署战略采购协议2家；桥梁钢板类厂家签署战略采购协议2家；钢绞线、锚具类厂家签署战略采购协议5家。（李海波）

【市场开发】2019年，中铁物贸实现市场业务新签合同额75.87亿元，完成预算指标72.75亿元的104%，超额完成任务目标。出台《中铁物贸区域经营、立体经营管理办法》，设立八大区域经营中心，首次召开经营开发工作会，全面推进区域经营、立体经营工作。全年共参加各类物资采购和代理服务招标活动49次，投标82个包件，中标16个包件，中标率20%，成功中标北京地铁3号线、水曹铁路钢轨等重点项目甲供材料采购项目，市场经营开发取得新进展。

（耿瑞琦）

【信息化建设】中铁物贸以信息化建设促转型，实现“智慧物贸”工程新升级，加强制度与信息化建设互动反馈，先后对资金、供应商、招标采购管理等制度办法进行修订，健全公司网络信息安全体系。推进BCP二期、纪检监察系统等平台的建设运行，特别在BCP开发中，通过对数据融合、报表自动化、填单自动化、内控自动化深入研究，在业务功能、协同接口、数据中心及移动端四个部分下功夫，实现业务覆盖面更广，业务管理维度更细致。完善鲁班平台功能，围绕中国中铁采购发展战略，统筹推进电子采购平台二期、网上商城四期等相关建设，不断推进满足集采管控、采购交易、行业服务能力的全范围、全流程、全方式的能力和水平。截至2019年末，鲁班平台认证通过供应商93059家，与2018年60505家相比增加32554家，增长53.8%，开通平台服务的供应商39596家。（刘　磊）

【企业创优】2019 年，中铁物贸先后获得 2018—2019 年度全国企业文化优秀成果奖一等奖、中国施工企业管理协会工程建设科学技术进步奖二等奖、中国物流与采购联合会科技进步奖三等奖，成为中物联现代供应链研究院理事单位，被授予“北京市诚信创建企业”称号。在第十届全球采购（武汉）论坛暨公共采购 2019 年会上，获得优秀集中采购机构和先进电子平台两项大奖。在中央企业电子商务联盟年度十大评选活动上，获得十大电商品牌、电商十大创新项目、电商十大新锐产品、电商十大先锋人物四大奖项。中铁物贸鲁班公司获得 2017—2018 年度全国青年文明号，中铁物贸北京公司河北物供中心获得石家庄市“工人先锋号”称号，中铁物贸成都分公司四川物供中心被授予“成都市工人先锋号”称号。（夏姗姗）

【党建工作】2019 年，中铁物贸党委深入学习贯彻习近平新时代中国特色社会主义思想和党的十九大精神，贯彻落实全国国企党建工作会精神，按照中国中铁年度系列会议的各项工作要求，聚焦高质量发展，重点强化“六个坚持”，全面推进“十个物贸”工程建设。全年召开党委会 22 次，审议研究各类议题 256 项，坚持党的领导与完善公司治理有机统一，召开董事会 8 次，审议议案 71 项。中铁物贸党委把抓好主题教育作为最重要的政治任务，认真开展学习宣贯活动，组织党员干部接受革命传统教育、形势任务教育和先进典型教育 685 人次。两级党委领导班子围绕重难点课题，深入一线听民意、找症结、谋思路，累计讲授专题党课 92 场次，开展谈心谈话 542 人次，形成调研报告 83 篇，共检视问题 613 个，为民服务解难题 102 件，其中涉及职工群众切身利益的问题 67 件。召开“三基”建设现场推进会，制定出台加强“三基”建设实施意见。有序开展党内换届选举，9 家具备条件的单位分别召开了首次党员大会。先后出台党内规范性文件联席会议、党内监督工作实施办法等 17 项党建管理制度。强化党建工作责任制考评落实，实现全覆盖，考评结果直接运用到各单位年薪奖惩。严格落实全面从严治党“两个责任”，深入推进党风廉政建设，开展企业领导人员亲属和其他特定关系人所办企业与本企业业务往来专项整治，制定出台解决形式主义突出问题为基层减负系列措施，认真贯彻落实纪检监察体制改革精神，制定《关于推进纪检监察体制改革的实施方案》，并研发上线互联网监督平台，开展筛查预警提示。坚持党管干部、党管人才原则，完善干部选拔机制，扎实开展干部选拔任用“一报告两评议”工作，实现二、三级公司全覆盖。修订完善人才管理办法，制定“三项制度”改革方案，不断提高人才队伍建设制度化规范化水平。加强专业人才队伍建设，规范职评体系，推进各类专家申报评选，启动内训师评聘，全年开展各层级各类培训班 20 期，累计培训 1596 人次。（李成铖）

▲2019 年 10 月 19 日，川藏铁路极端装备研制技术交流会暨新品发布会

【履行社会责任】2019 年，中铁物贸建立心灵驿站 25 个，开展心理咨询疏导活动 30 多场次，组织 300 名员工进行线上心理健康测评。全年共投入资金 237.18 万元用于推进“幸福之家十个一”工程建设。广泛开展“三让三不让”员工关爱工程和“六送”等慰问活动，全年日常慰问员工 87 人，慰问金额 10.2 万元。积极开展“夏送清凉”活动，共计慰问物供中心 57 个，覆盖员工总数 964 人，慰问金额 23.91 万元。开展“两节”送温暖活动，慰问员工 863 人，慰问金额 61 万元。围绕打赢困难职工帮扶解困攻坚战，按照统一部署对在册困难职工持续进行帮助，至 2019 年底，实现了全公司特重困职工清零目标。同时，为积极做好消费扶贫工作，助力打好精准扶贫攻坚战，中铁物贸本部及下属单位按照购买地域就近、重点购买物流较近扶贫县农产品的原则，共计投入 18.54 万元购买了山西保德县的扶贫农产品。（闫玉环）

【领导人员】

马元林　党委书记、董事长、法定代表人

黄怀朋　党委副书记、副董事长、总经理

王夙君　党委副书记、纪委书记、监事会主席（9 月免，调离）

钱誉庆　党委副书记、纪委书记（9 月任）

杨　泰　党委委员、工会主席、职工董事

李玉侠　党委委员、董事、总

会计师

王勇周　党委委员、副总经理

昌　选　党委委员、副总经理、董事会秘书、总法律顾问

占小锁　党委委员、副总经理

（李曼莉）

中铁信托有限责任公司

【简况】中铁信托有限责任公司（简称中铁信托）原名为衡平信托有限责任公司，是经中国银行保险监督管理委员会批准，以金融信托为主营业务的非银行金融机构，注册资本50亿元。2002年12月，由原成都工商信托投资有限责任公司和成都金通信托投资公司合并新设立衡平信托。2005年10月，中国铁路工程总公司和其下属的中铁二局集团有限公司收购衡平信托72.39%的股权。2007年7月，按照中国银保监会《信托公司管理办法》换发新的金融许可证，成为全国首批换发金融许可证的信托公司之一。2008年12月，经批准，正式更名为中铁信托有限责任公司。

中铁信托业务范围涵盖资金信托、动产信托、不动产信托、有价证券信托、投资基金、证券承销、投资银行业务等；办理居间、咨询、资信调查等业务；以存放同业、拆放同业、贷款、租赁、投资方式运用固有财产；以固有财产为他人提供担保，从事同业拆借以及法律法规规定或中国银保监会批准的其他业务。2008年9月，中国银保监会核准中铁信托特定目的的信托受托机构资格；2009年11月，经四川银保监局批准，中铁信托获得以固有资产从事股权投资的创新业务资格；2012年12月，经中国银行间市场交易商协会批准，中铁信托获得银行间市场交易商协会会员资格；2016年8月，中铁信托获得银登中心信贷资产收益权转让相关业务资格。

中铁信托控股子公司——宝盈基金管理有限公司成立于2001年5月18日，注册资本1亿元人民币，注册地深圳。宝盈基金主要经营业务包括发起设立证券投资基金、基金管理、特定客户资产管理以及证监会批准的其他业务。

中铁信托先后获得“中国中铁四好班子”“全路模范职工之家”“成都市模范职工之家”“成都市厂务公开民主管理示范单位”“中国债券市场资产支持证券优秀发行人”“中国优秀信托公司”“年度最佳信托公司”“年度最佳理财服务品牌”“最佳研发团队”“年度优秀财富管理中心”等荣誉称号。　（潘彪虎）

【职工队伍】截至2019年12月31日，中铁信托在岗员工共440人，其中信托本部273人、宝盈基金167人；女职工206人，占比46.82%；硕士及以上226人，占比51.36%；35岁以下258人，占比58.64%。2019年，招聘新员工68人、离职员工43人；内部岗位轮换调整43人；评聘16名中级、5名高级专业技术职称人员以及9名项目经理，员工队伍保持稳定，结构不断优化。　（巩路遥）

【主要指标】截至2019年12月31日，中铁信托资产管理总规模为4631亿元，其中信托本部4254亿元、宝盈基金377亿元。按合并口径，中铁信托全年实现营业收入18.16亿元，完成预算目标的105.59%；净利润10.32亿元，完成年度预算任务的103.20%。企业资产总额187.80亿元，所有者权益者97.57亿元，净资产收益率10.94%。　（石光瑞）

表14-38　2019年中铁信托有限责任公司主要经济指标

项目	2019年	2018年	比上年增长/%
资产总额/亿元	187.80	179.55	4.59
所有者权益/亿元	97.57	91.10	7.10
营业收入/亿元	18.16	24.78	-26.72
利润总额/亿元	13.60	16.16	-15.84
净利润/亿元	10.32	12.30	-16.10
归属于母公司所有者的净利润/亿元	10.18	12.16	-16.28
技术开发投入/亿元	0.03	0.02	50.00
利税总额/亿元	14.62	17.43	-16.12
应交税金总额/亿元	10.21	11.74	-13.03
净资产收益率/%	10.94	14.18	减少3.24个百分点
总资产报酬率/%	7.40	9.24	减少1.84个百分点
国有资本保值增值率/%	111.43	115.01	减少3.58个百分点

制表：石光瑞

【研究创新】2019年，中铁信托牵头完成中国信托业协会重点课题《信托公司开展资金信托业务创新研究》，完成中国信托业协会组织的《中国信托业发展报告（2018—2019）》和《中国信托业2018年社会责任报告》的编写工作；在国内知名期刊和报纸上发表文章近20篇；完成行业研究报告和专题研究报告80余份，为公司相关业务开展提供参考和指导。2019年中铁信托博士后出版专著

2本，分别为《房地产信托项目决策及管理研究》《家族信托的产品创新与投资管理》；中铁信托——西南财大中国信托研究中心出版专著1本，为《信托前沿热点问题研究》。（朱晓林）

【党群工作】2019年，中铁信托党委认真落实管党治党责任和全面从严治党要求，企业党建做到“规定动作不走样、结合实际有特色”，中铁信托金融同业部获得“全国青年文明号”称号，公司连续7年被评为中国中铁“四好班子”。加强政治建设，深入学习贯彻党的十九大、十九届四中全会精神、习近平新时代中国特色社会主义思想，扎实推进“不忘初心、牢记使命”主题教育，严肃党内政治生活，坚持请示报告制度，不断树牢全员“四个意识”，坚定“四个自信”，做到“两个维护”。突出方向引领，制定143项决策清单，清晰界定各决策主体权责边界，完成十九大以来“三重一大”决策上线国资委系统，开展“推动企业高质量发展”主题调研活动，把控企业发展方向与节奏。全面加强三基工作，完善《党支部标准化手册》等党建工作制度，常态化抓好“学习导读”和专题党课，开展“主题党日”“三亮一做”活动并形成常态，推动党建与中心工作融合，不断彰显特色与实效。（陈世韬）

【企业文化】中铁信托围绕“三优”企业、“四好”团队、“五德”员工构建企业文化体系。一是对40年的企业文化脉络和文化体系进行梳理，编制《企业文化手册》，形成文化、理念、行为、视觉等五大系统，重点建设“信托、执行、风险、廉洁、职工”五个文化，推进中铁文化、信托文化的融合，打造出集中统一又特色鲜明的中铁信托主体文化。二是推出《员工手册》和《从业人员120条禁止性规定》，清晰告知全体员工企业倡导什么、反对什么，从正反两方面丰富企业主流价值。三是加强企业宣传和党建研究工作，首次在《中国中铁》报开设“财富视窗”专栏，开展庆祝新中国成立70周年系列活动，深度策划微信公众号建设，全年在《中铁党建》刊载政研文章3篇，在内外部刊稿380篇。（陈世韬）

【领导人员】

马永红 党委书记、董事长
陈　赤 党委副书记、总经理
解义才 党委副书记、纪委书记、工会主席、监事长
王　兴 党委委员、副总经理
舒军华 党委委员、副总经理
李正斌 党委委员、总会计师
严　震 党委委员、副总经理（1月任）
李文众 副巡视员
王　石 副巡视员（潘彪虎）

中铁财务有限责任公司

【简况】中铁财务有限责任公司（简称中铁财务）于2013年7月4日由银监会（现银保监会）批准筹建（银监复〔2013〕330号），2014年2月27日取得开业批复（京银监复〔2014〕98号），3月16日正式开业运营。2018年注册资本金增至90亿元，其中：中国铁路工程集团有限公司出资4.5亿元，占比5%；中国中铁股份有限公司出资85.5亿元，占比95%。截至年末，公司资产总额789.11亿元，较2018年增长16.04%。2019年，中铁财务监管评级首获1B级，并获得《中国经营报》“2019卓越竞争力创新财务公司”，在股份公司对成员企业综合考核中位列中铁金融板块第一，并且连续5年保持A级，三次获得“四好班子”荣誉称号。中铁财务现有员工73人，其中全日制研究生以上学历29人，占员工总数的40%；中级职称以上人员35人，占员工总数的48%；具有海外留学经历人员14人，占员工总数的19%。（贾二凤）

【主要指标】中铁财务积极发挥资金集中基本职能，在资金结算、信贷、保函、票据等方面给予中国中铁最大金融支持。2019年，公司实现营业收入14.21亿元，较2018年增长9.27%；利润总额10.88亿元，完成预算的123.02%，较2018年增长21.37%；净利润8.26亿元，完成预算的122%，较2018年增长20.04%。（曹敩）

表14-39　2019年中铁财务有限责任公司主要经济指标

项目	2019年	2018年	比上年增长/%
资产总额/亿元	789.11	680.05	16.04
所有者权益/亿元	114.21	107.67	6.07
营业收入/亿元	14.21	13.01	9.27
利润总额/亿元	10.88	8.96	21.37
净利润/亿元	8.26	6.88	20.04
归属于母公司所有者的净利润/亿元	8.26	6.88	20.04
技术开发投入/亿元	0.04	0.02	94.56
利税总额/亿元	11.23	9.65	16.38
应交税金总额/亿元	2.88	2.82	1.90

续表

项目	2019 年	2018 年	比上年增长 / %
净资产收益率 / %	7.45	8.64	减少 1.19 个百分点
总资产报酬率 / %	1.48	1.35	增加 0.13 个百分点
国有资本保值增值率 / %	107.67	113.33	减少 5.66 个百分点

制表：曹 敷

【改革发展】2019 年，中铁财务推进领导人员薪酬改革，增加风险合规等考核指标，进一步规范公司领导人员薪酬延期支付管理，修订并正式发布《中铁财务有限责任公司经理层绩效考核管理办法》，建立了更为严谨科学的领导人员考核兑现机制。积极开展纪检监察体制改革，结合公司发展实际，增设纪委综合室（巡查工作领导小组办公室）；完善贷款审查委员会成员及工作机制，公司组织机构更加健全。开展境外资金管理平台建设，经股份公司批复，于 2019 年 6 月正式托管铁工（香港）财资管理有限公司，在构建境内外一体化资金集中管理目标上迈出了坚实一步。（贾二凤）

【信贷业务】2019 年，中铁财务为 35 家成员单位办理综合授信 1090 亿元，3 月 29 日自营信贷业务规模达到峰值 268.64 亿元，较 2018 年峰值 239.79 亿元上涨 12.03%。全年共开展流动资金贷款 68 笔，金额 221.26 亿元；流动资金贷款年末余额 163.96 亿元，保持零不良贷款率，年内未发生信用风险事件；开展委托贷款 80 笔，年末余额 118.61 亿元；办理各类保函 112 笔，合计金额 57.24 亿元，同比增长 74.73%，其中外部保函 76 笔合计 53.78 亿元，占保函总金额的 93.96%。（樊亚波）

【资金业务】中铁财务加强年度资金预算执行，进一步精细开展头寸管理，通过资金周会、流动性压力测试、大额资金监控等方式，做好资金预测，统筹安排资金调度，在满足日常结算和信贷需求的基础上，不断加强资产配置，提高收益水平；积极跟踪参与金融同业市场，加强同业业务合作，增加同业授信。每日定期监测流动性监管指标，制定应急措施和预案，不断提高流动性风险应对能力。（吴 昊）

【投资业务】2019 年，中铁财务在保证总体流动性的前提下，坚持“稳健投资，价值投资”理念，审慎开展投资业务。在对年度宏观经济及投资市场分析的基础上，制定《有价证券投资配置方案》，严格按照止盈止损原则和风险控制要求，丰富投资产品，做好过程监控，提高投资收益。截至 2019 年 12 月 31 日，开展货币市场基金投资收益 4182.22 万元，年化收益率 2.74%，税前收益率 3.65%。国债逆回购配置方面，取得逆回购利息收入 108 万元，年化收益率算术平均值 3.62%，单笔最高收益率 4.40%。（吴 昊）

【票据业务】2019 年，25 家成员企业在中铁财务签订电票服务协议，共办理电子银承合同 884 份，出票 2118 张，办理承兑金额 40.61 亿元，较 2018 年开票总量上涨 50.80%；办理电子银行票据贴现 26 张，总金额共计 1.36 亿元；办理电子商业电票贴现 61 张，金额 0.95 亿元。（郑亚菲）

【外汇业务】2019 年，中铁财务外汇年末吸存规模 2.5 亿美元，全年交易总量 94 亿美元、受理业务 1814 笔，分别较 2018 年增长 120% 和 26%。按照国家外汇管理局 2019 年 7 号文要求完成重新备案工作，此次获批成员单位 36 家，集中外债额度 362 亿美元，对外放款额度 54 亿美元，与铁工（香港）财资管理有限公司形成有效联通，助力公司全球资金管理体系建设。同时积极参与《中国中铁国际业务业财税管理操作指南》的调研、编写和复核工作，以及国际财务共享中心建设，助力中国中铁海外业务发展。（贺传亮）

【资金集中】中铁财务坚持以客户拓展为目标，以 G6 存贷业务迁移为手段，在保障日常结算体系运行的前提下，各项指标均实现快速增长。年内新拓展客户 3779 户，同比增长 64.88%，累计拓展客户 8099 户、开立各类账户 19348 个。客户的稳步增长促进了结算业务规模和吸收存款规模攀升，年度累计结算指令 265 万笔，同比增长 134.51%；年度结算交易金额 63502 亿元，同比增长 26.88%；年末时点账面吸存 655.95 亿元，同比增长 18.51%；还原后全年日均集团吸存 587.89 亿元，同比增长 13.21%。（贺传亮）

【重大创新】2019 年，中铁财务积极发挥专业金融机构的作用，探索银财合作新方向，开创了国内财务公司“联合保理”业务的先例，并积极研究“联合保理 +”的创新及应用。年内为成员企业成功办理多笔“联合保理”和“联合保理 +”业务，有效降低了成员企业资产负债率和融资成本，提高了资金使用效率，进一步丰富产品线，满足成员单位个性需求，拓宽了合作金融机构范围，增强了市场议价能力。积极推进信息技术与金融服务深度融合，大力开展技术创新，全年共完成 8 个业务模块测试，4 个业务模块上线运行。开展移动应用 App 建设，已完成初步测试，预计 2020 年上半年正式投入使用。借力管理实验室平台开展管理创新，在资金营运、联合保理、票据业务、财税

▲ 中铁财务有限责任公司通过公开招聘引进各类人才

管理、综合管控等多方面开展理论研究，2019 年有 7 篇论文在各类刊物公开发表，并荣获股份公司、财协、建筑业协会多个奖项，理论创新能力进一步增强。（贾二凤）

【风险管理和内部控制】坚持“全面性、制度性、融合性、独立性”原则，严格落实全面风险管理和内部控制要求，持续提升风险管理的能力和水平。加强规章制度建设，逐步形成覆盖全业务、全流程的制度体系。修订《风险偏好管理框架》，明确风险管理策略及对各类风险的态度。完善风险审查机制，坚持风险提示函制度，严守红线底线。健全风险管理员机制，制定《风险（合规）管理员工作规则》，充分发挥“三道防线”作用。（罗志）

【人力资源管理】2019 年，中铁财务积极推动“人才强企”战略，不断完善人才队伍管理体制机制，年内引进各类人才 22 人。先后制定《干部选拔任用纪实办法》等制度，持续完善干部管理体系。在延安和井冈山举办三期政治素质培训班，组织员工参加内外部培训 240 余人次，切实提升员工综合素质。坚持统筹兼顾，重点加强领导人员、金融人才、IT 人才、党群人才四支人才队伍建设，厚植人才优势，以人才智力推动企业高质量发展。（高晓伟）

【信息化建设】着力打造和完善中国中铁全球资金管理和支付平台，不断完善业务功能，大幅提升系统性能和安全性。完成融资租赁、同业拆借、证券投资、农行批量跨行代理支付等功能上线，业务线上化办理成效显著。电票 3.0 系统、统一监管报送、移动应用等项目顺利开展，助力业务应用创新和管理提升。完成国际支付 Swift 系统升级，对接国际财务共享中心，实现外币结算支付线上一体化。完成机房改造、设备搬迁和软件系统性能优化升级，基础设施承载能力提升 3 倍，支付指令业务高峰较上年增加 73.42%。优化网络安全分区，提升网络安全监控和运维保障能力。（胡卓）

【企业文化建设】持续重视企业文化工作，大力宣贯企业“十三五”战略规划，明确“打造中国中铁金融服务核心企业，创建有影响力的一流财务公司”企业目标。组织员工观影、参观改革开放 40 周年展览等活动。制作了中铁财务宣传片、改革开放四十周年纪录片、资金结算微课等视频，企业影响力和文化软实力不断增强。（高瑞卿）

【党建工作】2019 年，中铁财务党委认真落实党建工作责任制，打造“小机构、大党建、强实效”工作格局，扎实开展“不忘初心、牢记使命”主题教育活动，以高质量党建引领高质量发展。不断提高政治站位，强化理论创新武装头脑；把方向、管大局、保落实，全面深入发挥党的领导作用；抓队伍、强素质，打造新时代干部人才队伍；压责任、强基础，全面推进“三基建设”；聚焦点，求突破，提升企业文化发展软实力；挺规矩、强作风，推进党风廉政建设不断向纵深发展。（高瑞卿）

【领导人员】

林　鑫　党委书记、董事长
王建军　党委副书记、总经理
杨凯利　党委副书记、纪委书记、副总经理、总会计师
肖　尧　副总经理、工会主席、董事会秘书
陶立新　副总经理、总法律顾问（贾二凤）

中铁资本有限公司

【简况】中铁资本有限公司（简称中铁资本）成立于 2016 年 8 月，注册资本金 20 亿元，公司设在北京，是中国中铁的全资子公司。经营范围包括股权投资、金融投资及资产管理、资产受托管理、投资策划、咨询服务等业务。截至 2019 年 12 月 31 日，中铁资本下辖控股公司 4 家，分别是中铁金控融资租赁有限公司、中铁汇达保险经纪有限公司、中国中铁香港投资有限公司和中铁商业保理有限公司；参股公司 11 家，分别是中铁建信（北京）投资基金管理有限公司、中铁平安投资有限公司、中铁聚信资产管理有限公司、中铁民通（北京）投资有限公司、中铁光大股权投资基金管理（上海）有限公司、中铁融城资本管理有限公司、宁夏金融资产管理有限公司、中铁德闳（天津）投资管理有限公司、天津闳实股权投资基金管理有限公司、中铁创新（天津）投资管理有限公司、恒邦财产保险股份有限公司。中铁资本在岗职工 186 人，资产总额 109.2 亿元。

中铁资本作为中国中铁金融资源整合平台，综合金融服务平台，产融结合协同平台，创新孵化发展

平台，境外资本运营平台，以为中国中铁主业提供全方位金融服务为核心使命，着力打造链接金融市场与工程承包、设计咨询、装备制造等主业板块的纽带和桥梁，致力打造一流的资本控股集团。中铁资本已初步构建了产业基金、融资租赁、保险经纪、商业保理、海外投融资、创新创投六大业务模块。截至 2019 年末，中铁资本完成新签合同额 10.02 亿元，完成股份公司下达预算指标 141.07%。（李双双）

【主要指标】2019 年中铁资本实现营业收入 8.45 亿元，资产总额 109.20 亿元，负债总额 62.06 亿元，利润总额 2.78 亿元，净利润 1.89 亿元。（陈牧一）

表 14-40　　2019 年中铁资本有限公司主要经济指标

项目	2019 年	2018 年	比上年增长 / %
资产总额 / 亿元	109.20	88.61	23.24
所有者权益 / 亿元	47.14	36.35	29.68
营业收入 / 亿元	8.45	6.54	29.2
利润总额 / 亿元	2.78	1.75	58.86
净利润 / 亿元	1.89	1.38	36.96
归属于母公司所有者的净利润 / 亿元	1.12	1.19	−5.88
利税总额 / 亿元	3.15	3.78	−16.67
应交税金总额 / 亿元	1.44	2.71	−46.86
净资产收益率 / %	4.53	4.47	增加 0.06 个百分点
总资产报酬率 / %	4.83	2.11	增加 2.72 个百分点
国有资本保值增值率 / %	104.00	111.10	减少 7.10 个百分点

制表：陈牧一

【产业基金】2019 年，中铁资本产业基金业务全年累计承揽项目 13 个，总投资 432.14 亿元；参与 PPP 项目资格预审 11 个，参与投标 8 个，中标 8 个，中标项目总投资 274.74 亿元。通过总结经验，有效把握备案时间，做到基金业协会当天反馈、当天回复，全年完成 14 支基金产品备案。产业基金业务在持续做好存量认缴制基金项目放款工作的基础上，积极对接中国 PPP 基金，加强与区域总监的对接联系，及时跟进政企基金内部的审批进展，推动政企基金的审批放款工作；推进央企合作基金二期运作投放以及合格投资者、供应商融资模式的基金设立放款工作；利用出台的资本金管理政策利好，寻找保险资金、信托资金及其他机构投资人，研发新产品模式，并成功通过“认缴制 + 永续债”模式实现放款。全年放款项目 21 个，放款金额 36.24 亿元。（李路通）

【证券化业务】中铁资本通过“代理”模式，发行中铁资本第 1 期及第 2 期应收账款资产证券化项目，总规模共计 100 亿元。项目从储架到满额发行落地仅用时 3 个月，中铁资本以专业高效的工作方式创收账款资产证券化市场历史规模最大纪录，并且两期产品均创同期市场同级别产品利率最低纪录。（杜伟丽）

【融资业务】中铁金控融租赁公司是中国中铁于 2015 年 8 月在天津东疆保税区成立的类金融企业，致力于成为产融结合的重要平台，总部设立在北京。2017 年 7 月，根据中国中铁发展战略，重组成为中铁资本的重要成员企业之一。中铁金控借助中国中铁背景和自贸区政策支持，努力发挥融资租赁在盘活存量资产、拓宽融资渠道、降低融资成本、增加经营性现金流等方面的业务优势，重点服务中国中铁内部和产业链上下游。中铁金控基于直接租赁、售后回租、经营租赁三大基础业务模式，围绕客户需求，创新性开拓了厂商租赁、项目租赁、供应商租赁等多种产品，整合内外部金融资源，立足主业为中国中铁内部成员单位发展提供融资方案，以融促产，先后服务于中国中铁系统内 21 家二级单位，租赁物包括 82 台盾构机以及搬梁机、架桥机、船舶等各类基建设备，遍布国内 24 个省份及东帝汶、南非、孟加拉国等国家。截至 2019 年 12 月末，中铁金控开累实现业务合同额达 120 亿元，实现资金投放 109 亿元。资产总额 61.67 亿元，累计实现营业收入 12.46 亿元，利润总额 3.07 亿元。（杨　斌）

【保险经纪业务】中铁资本控股的中铁汇达保险经纪有限公司经纪业务涉及国内外铁路、公路、地铁、市政、房建、物流、装备、车辆等资产类型，产品覆盖建筑工程一切险及附加第三者责任险、建筑施工人员团体意外伤害保险、出国人员团体意外伤害险、企业财产险、机器设备损失险、船舶险、货运险、车险等传统的主流险种，以及首台套保险、诉讼保全保险、保险保函、保证保险等新型保险业务。公司机关目前设有党群工作部（人力资源部）、综合管理部、财务管理部 3 个后台部门，经营开发部、索赔管理部、风险管理部和技术管理部 4 个中台部门，以及重要客户部、国际业务部（再保险部）2 个前台部门，同时在广州、成都、上海和西安设有4个服务中心，履行展业及保险期内服务等前台业务职能。

2019年，中铁汇达国内项目立项700笔，合同额4597亿元，实现签单佣金7295万元；海外业务实现立项合同额227亿元，签单佣金446万元；通过保险安排为主业创效1.28亿元，保险索赔创效1.35亿元，协助索赔案件当年结案率达85.08%。中铁汇达参与的保险项目全年累计报案1709笔，累计结案1454笔。其中，直接参与重大赔案超过60笔，直接达成的赔款金额超过5000万元，包括中铁广州局拉林铁路项目协助施工单位获得赔款逾千万元，中铁一局宝鸡联盟路渭河大桥项目赔案获赔650万元、中铁一局柳南大道暴雨赔案获赔480万元，玻利维亚Espino高速公路系列赔案获赔44万美元，贵州遵余高速雪灾赔案获赔466.2万元，中铁开投寻沾高速系列赔案获赔433万元，中铁九局龙游景观云桥赔案获赔750万元。此外，中铁汇达开拓海外市场，2019年度，持续跟踪匈塞铁路项目投标阶段的工程险、雇主责任险、设计师责任险方案报价准备工作，跟踪以色列紫线和绿线PPP项目保险安排进展，并完成中铁电气化局—中铁隧道局特拉维夫红线项目一揽子保险，中铁大桥局帕德玛连接线项目工程保险项目的出单。

（袁红艳）

【保理业务】2018年7月2日，中铁资本与中铁隧道局合资成立中铁商业保理有限公司。中铁保理为核心企业提供供应链金融服务。2019年，中铁保理累计完成业务合同签约32项，业务投放13.46亿元，新签合同额1.39亿元，实现营业收入1.53亿元；新增授信批复22.4亿元，累计已取得银行授信批复总额79.4亿元。“中铁保理核心业务系统”有效解决了传统保理业务流程长、效率低的问题，实现项目快速审批，业务风险可控，获得中国施工企业管理协会评选的“工程建设行业优秀实践案例奖”；基于数字化手段和信息系统互联互通技术打造的“中铁供应链金融服务平台”，实现了基于电子信用凭证拆转融的业务管理、风控管理、头寸管理、运营管理的E化操作。

（李　明）

【境外综合金融服务】2019年，中铁资本成立国际业务部。由所属中铁香港牵头，联合中铁金控、中铁汇达、中铁保理3家所属单位为股份公司海外项目提供全方位综合金融服务。项目前端由中铁香港提供资本金支持、投融资方案设计、财务顾问服务、资本运作建议等一系列专业化支持；项目中端由中铁金控、中铁汇达提供专业化服务，在融资租赁、保险理赔等方面为内部单位保驾护航；项目后端，中铁保理将提供资金融通、买方资信评估、销售账户管理、信用风险担保、账款催收等一系列服务，中铁香港将通过资产证券化、对接养老保险、装入上市公司等一系列资本运作方式实现项目退出。

（吴业强）

【境外投融资业务】2019年，中铁资本所属中铁香港配合工程单位跟踪海外投资项目50余个，重点跟踪项目8个，出具10余份投融资方案，完成项目预可行性研究报告5份，完成股份公司立项审批1个，配合3家内部单位完成相关投资项目的投标工作；跟踪海外并购标的20余个，与3家目标公司股东建立深入联系，拟上报股份公司项目1个；与5家内部单位签署合作框架协议，与10家外部合作机构签署合作备忘录，获取金融机构融资意向函2份，与多家金融机构及主权基金达成合作意向。协助中铁置业、中铁海南引入外资1.83亿美元。协助2家内部单位完成相关款项支付。

（吴业强）

【创新创投】2019年，中铁资本积极履行双百基金投资管理权，认购双百基金LP份额8亿元，9月已缴纳双百基金首期出资0.8亿元，双百基金将深度参与股份公司所属“双百企业”特别是中铁二院的混合所有制改革，支持中铁二院实施综合性改革，推动股权多元化和体制机制创新。加快推进创投基金落地。主动拓展基金募资来源，已取得苏州市相城区引导基金30%出资意向函，河北资产正履行程序出资15%；积极储备优质项目，已累计对接超过90家企业。努力打造并购财务顾问，中铁资本联合股份公司兄弟单位筛选与中国中铁由协同效应的上市公司，发掘优质上市标的，补强提升延伸股份公司产业链，实现跨越式发展，推动并购中国金融租赁有限公司的初步调研。探索设立城市更新基金，2019年，中铁资本与成都市金牛区政府、中铁二院签署三方战略合作协议，发起设立金牛区城市更新基金，推动金牛区旧城改造、城市片区综合开发、轨道交通产业等城市更新领域新型城镇化建设。

（顾培钊）

【风险管理与合规管理】中铁资本深化推进全面风险管理与合规管理，以业务风险管控为核心，建立贯穿事前、事中、事后的全流程业务风险防控机制，深化、细化业务实质风险管理。创新开展对租赁、保理、融资债权等信用风险类业务实施风险限额管理，组织所属单位搭建科学的客户分类与授信管理体系和定价机制，全面防控业务风险。组织开展合规管理，以检查与宣导相结合，强化践行合规治企理念，以自查整改不断提高合规经营水平。扎实开展法律事务管理工作，推进完善制度流程建设，以公司章程为核心，坚持动态清单式管理模式，建立高效实用的标准化、流程化制度规范体系，对重大项目、重

点事项、各类经济合同严格执行合法合规审核程序，严把法律风险关。（门 莹）

【协同经营】中铁资本全面布局协同经营，通过完善体系，理顺关系，经营能力和服务水平得到大幅提升，公司经营规模首次突破10亿元。着力构建协同经营体系，通过加强对各业务板块、各单位之间的业务协同，解决各业务板块在经营过程中各自为战的问题，提升公司经营效率和经营质量。通过与中国中铁内部单位的交流合作，形成上下联动、内外协同的经营局面。强化特色经营服务，深入推介“金融服务一体化”，为主业单位量身定制金融服务方案，将公司各类金融产品服务与主业各板块开展进行有效对接，提供全方位、立体化的金融服务。加强与股份公司主管部门、各主业单位联系与沟通，通过产品设计和业务推介，提升股份公司业务部门及各兄弟单位对中铁资本各板块业务的了解和支持。加强业务督促落地，从公司层面对各单位重点经营工作进行协调与督促，使各单位按照公司整体部署，集中力量重点推进急、难、重、大项目，建立了“股份公司二级单位分类经营体系”，实施精准营销，提升营销效率。（周文博）

【人才队伍建设】2019年，中铁资本健全选人用人机制，不断完善组织机构，持续加强薪酬和绩效管理，稳步开展人才引进工作，狠抓基础建设。坚持党管干部原则。坚持一手抓好选拔任用，一手抓好考核监督。切实做到按制度提拔、按程序提拔，扎实开展试用期满考核，实施“一报告两评议”选拔任用测评，强化结果运用，进一步优化干部队伍，提高干部质量。将绩效管理作为“一把手”工程。分别制定了《中铁资本领导班子副职绩效考核和薪酬管理办法》与《中铁资本市场化选用人员管理办法（暂行）》，对公司本部中后台部门进行季度考核，充分发挥薪酬绩效的激励约束作用。采取统一公开招聘和授权招聘相结合的方式开展公开招聘工作，共引进26人，充实公司人才队伍。不断完善组织机构。成立业务协同部；成立国际业务部，与中铁香港公司合署办公；设置纪委副书记1人；撤销纪检监察部，成立纪委综合室；成立党委巡视（巡察）办，与党群工作部合署办公；财务管理部下设共享中心。（高 妍）

【党建工作】2019年，中铁资本党委严格贯彻落实中央精神和股份公司党委的工作要求，以习近平新时代中国特色社会主义思想为指导，不断增强“四个意识”、坚定“四个自信”、做到“两个维护”，全面落实新时代党的建设总要求。公司党委扎实推进“不忘初心、牢记使命”主题教育，强化党的全面领导、完善党的组织和人才队伍建设、深入开展思想政治教育、强化企业宣传、夯实党风廉政建设、构建和谐企业等方面，围绕发展抓党建，抓好党建促发展，不断推进全面从严治党向纵深发展。

注重党的政治建设，全面落实党的领导地位。组织开展党委中心组学习6次，两级党组织历次中心组集中学习了习近平新时代中国特色社会主义思想、党的十九大精神、党的十九届四中全会精神、习近平总书记系列重要讲话、党风廉政建设规定、国家政策法规、股份公司系列会议和文件精神等内容，强化了思想政治教育。全年共组织召开了党委会15次、党委办公会12次，履行前置程序进行集体决策。

夯实党的组织建设，充分发挥战斗堡垒作用。集中开展两批“不忘初心、牢记使命”主题教育，公司党委班子带头领学、促学，各级党组织严格按照6天集中学习要求开展集中学习。在基层开展以“不忘初心、永葆四心”为主题的“四心”教育。扎实推进党的三基建设，两级的党组织机构和人员基本完成配备，发展党员4人，表彰3个党组织、3位党务工作者和8名优秀党员。制定各项制度30余项。

加强干部队伍建设，确保党管干部落到实处。制定、修订13项制度，规范选人用人程序。严格落实《党政领导干部任用条例》，全年召开动议会议6次，干部考察8次，组织任前谈话24人次，提拔任用领导人员9人，调整配备领导人员20人次；组织培训10余次，组织参加股份公司和兄弟单位的各类培训5次。

深化思想政治教育，不断提升政治理论素养。通过集中宣讲、讲党课、轮训、知识竞赛等多种方式，实现学习宣传的全覆盖，切实提升全员的理论素养。利用公司微信公众号，发布重大业务动态和重要经营成果信息300余篇，报送新闻稿件30余篇，刊发新闻稿件和工作信息20余篇，全年在中央媒体刊稿13篇，在《中国中铁》报上刊登新闻12篇。

加强党风廉政建设，营造风清气正的发展环境。召开了2019年度党风廉政建设和反腐败工作会，全面从严治党不断向纵深发展。组织公司两级参观石景山区反腐倡廉警示教育基地，组织全体党员干部集中观看《叩问初心》教育警示片，以案说纪，以案说法。紧盯重要节点，做好全部节日期间的“四风”整治工作，发送微信及邮件提醒30多次，开展警示教育3次。有序开展班子画像，形成了评价报告。

发挥群团组织作用，促进企业和谐发展。开展庆祝新中国成立70周年红歌赛、手机摄影大赛等各类文化活动；指导各单位工会、共青团组织开展参观新中国成立70周年成就展、组织观看新中国成立70周年大会活动。组织召开职工代表联席会2次，对涉及职工切身利益的相关制度等进行了讨论完善；安排人员参加了EAP专员培训，在新办公楼为员工建立了职工书屋、健身房、母婴室、活动室。组织各类兴趣小组，丰富了员工业余文化生活，增强了员工之间的沟通交流，不断提升企业活力。

（应承昊）

【领导人员】

张继华　党委书记、董事长（11月免）
方文胜　党委副书记、总经理
彭德宏　党委副书记、纪委书记
汪　涛　副总经理、工会主席
梅家周　副总经理
秦永虎　副总经理　（李双双）

中铁国资资产管理有限公司

【简况】中铁国资资产管理有限公司（简称中铁国资）的前身是2007年5月9日成立的中铁宏达资产管理有限公司（简称中铁宏达），是在国家工商行政管理总局（现国家市场监督管理总局）登记注册的全民所有制企业，是中国铁路工程总公司（简称总公司）国有独资的重要成员企业。中铁宏达代表总公司履行非上市单位和资产的管理职能，对总公司委托经营的国有资产效益负责，与中国中铁股份有限公司实行机构、人员、资产、财务、业务“五分开”。2017年12月28日，中国铁路工程总公司完成公司制改制工商变更，改制后公司名称变更为中国铁路工程集团有限公司（简称中铁工集团）。2017年12月29日，经中铁工集团批准，中铁宏达由全民所有制企业改制为一人有限责任公司，中铁工集团公司持有100%股权，改制后中铁宏达名称变更为中铁国资资产管理有限公司。中铁宏达的全部债权债务和资质证照等由改制后的中铁国资资产管理有限公司承继。中铁国资注册资本金1亿元人民币。经营范围包括资产经营管理、投资及相关咨询服务；对教育、卫生、健康养老服务机构的投资与管理；物业管理。

中铁国资本部机关共设10个部门，分别为公司办公室、战略规划部（法律合规部）、人力资源部（党委干部部）、财务部、经营开发部、职教医疗管理部、行政管理部（保卫部）、纪委综合室（审计部）、党委工作部（董监办、党委办公室、企业文化部）、工会工作部（机关党委、机关工会）。有分支机构22个（与有关二级企业合署办公），人员204人；直管职教院校9所（高职2所、中职6所、培训学院1所），在册职工1464人，其中干部1274人，技术干部1158人。技术干部占干部总数的90.89%，外聘人员600余人，兼职教师（专家）500余人，全日制在校生4万余人；重组改制医院2所（中铁国资占49%股份），与通用、国药公司资源整合医院14所（中铁国资占49%股份）。

（郝广宁　刘佳欣）

【主要指标】2019年中铁国资营业总收入12.5亿元，完成预算目标的129%，归属于母公司净利润0.9亿元，完成预算确保目标的3.7倍，管理费用、业务招待费和资本性投资控制在批复预算之内。2019年12月31日资产总计40.7亿元，负债合计10亿元，净资产30.6亿元，资产负债率25%。

（王佳琪）

表14-41　2019年中铁国资资产管理有限公司主要经济指标

项目	2019年	2018年	比上年增长/%
资产总额/亿元	40.70	30.70	32.57
所有者权益/亿元	30.60	19.60	56.12
营业收入/亿元	12.50	13.50	-7.41
利润总额/亿元	1.10	1.60	-31.25
净利润/亿元	1.10	1.60	-31.25
归属于母公司所有者的净利润/亿元	0.90	1.60	-43.75
技术开发投入/亿元	—	—	—
利税总额/亿元	1.10	1.70	-35.29
应交税金总额/亿元	0.10	0.10	0
全员劳动生产率/（万元/人·年）	16.00	13.00	23.08
净资产收益率/%	4.10	8.60	减少5个百分点
总资产报酬率/%	3.00	5.40	减少2个百分点
国有资本保值增值率/%	105.10	101.80	增加3个百分点

制表人：李逸云

【改革发展】2019年，中铁国资坚持以习近平新时代中国特色社会主义思想为指导，积极适应国家经济社会发展新常态，坚持稳中求进总基调，深入调研谋划，提出“依法合规治企、真抓实干兴企”的工作理念，提出“以战略总揽全局、以改革重塑企业、以诚信赢得市场、以创新谋求长远”的治企思想，提出“把中铁国资打造成为核心业务突出、产业布局合理、权责清晰明确、管理科学有序的现代企业”的

发展构想，明确“做实做优做强企业”的发展方向，形成以职业教育、职业培训、医疗服务、养老健康、资产经营管理为支撑，以全面从严治党为统领，以全面深化改革为保障的发展格局。

（吕新平　赵飞宇）

【“三供一业”分离移交工作】 截至2019年末，全公司“三供一业”分离移交总体工作进度为98%。供水工作进度100%；供电工作进度100%；供热工作进度100%；供气工作进度100%；物业管理工作进度94%。全公司“三供一业”分离移交协议签订申报资金622325万元，集团公司下拨资金498727万元，其中，下拨国有资本经营预算资金225512万元，集团公司配套支持资金273215万元，占申报资金的80.13%。根据报表统计，全公司维修改造费用累计支付382725万元，还有116002万元尚未支付。（谢成斌）

【职教机构改革】 2019年，中铁国资全面贯彻落实国务院《关于印发加快剥离国有企业办社会职能和解决历史遗留问题工作方案的通知》（国发〔2016〕19号）以及国资委、财政部等六部委《关于国有企业办教育医疗机构深化改革的指导意见》（国资发改革〔2017〕134号）文件精神，按照中国中铁总体工作部署，中铁国资全面深化改革领导小组加强统筹谋划和组织指导，有力推进职教机构改革工作。通过全面调查摸底，广泛征求意见，深入洽谈协商，认真分析研判，争取相关政策，制定并完善《中国中铁职业教育机构深化改革方案》。根据《中国中铁职业教育机构深化改革方案》，将中国中铁11家职教院校纳入改革范围，对其中9家实行集中统一管理，开展资源整合；对其余2家实施关闭撤销。根据《中国铁路工程集团有限公司关于进一步加快推进职教机构改革有关事项的通知》（中铁程办函〔2019〕50号）要求，2019年9月25日，中国中铁在北京召开职教机构管理移交工作总结会，中铁国资、中国中铁各相关二级企业、职教机构负责人三方签订职教院校管理移交协议，由中铁国资作为唯一上级主管单位，对9家职教机构实行集中统一管理，实现“管人、管事、管资产”三统一，标志着中国中铁职教机构深化改革工作取得阶段性成果。（赵飞宇）

【医疗单位改革】 制定并完善《中国中铁医疗机构深化改革方案》。根据《中国中铁医疗机构深化改革方案》，对53家医疗机构进行分类改革，包括关闭撤销23家，改为对内卫生所11家，移交地方管理3家，重组改制（国有控股权退出）2家，资源整合14家。其中，参与央企资源整合的14家医疗机构，11家与通用集团下属的通用环球医疗合作，3家与国药集团下属的国药医疗合作，并由央企合作方实施控股。通过加强督查督办、强化协调沟通、举办医疗机构改革工作培训研讨班、签订合作协议、全面深入推进落实工作。与通用环球医疗、国药医疗签订14家医疗机构资源整合合作协议，正式启动合作程序，拟订西安、北京、合肥3个医院管理平台公司的设立工作推进计划，成立相应的工作组与合作方对接，细化主要工作任务和步骤，明确职责分工和时间节点要求。全面启动医疗机构资源整合和重组改制工作，印发《中铁国资关于进一步推动医疗机构资源整合和重组改制工作的通知》，统筹部署医疗机构的法律尽职调查和资产清查、财务审计、资产评估事项。协调推进中铁一局医疗机构资源整合工作，与通用环球医疗签订《中铁一局医疗单位资源整合合作协议》，与通用环球医疗指定的全资子公司融慧济民签订股东协议，并签署公司章程，在西安市完成了通用环球中铁（西安）医院管理有限公司的工商登记注册手续，搭建中铁一局5家医疗机构的集中管理平台，已经实现专业化、实质性运营；与通用环球医院投资管理（天津）有限公司（原融慧济民）签订了股东协议、制定公司章程，在北京市工商行政管理部门办理公司设立登记手续，成立通用中铁（北京）医院管理有限公司，并领取营业执照，初步搭建了中铁二局集团第二医院等6家医疗机构的集中管理平台；与国药医疗就合作成立合肥医院管理平台公司，对中铁四局3家医疗机构实现集中管理，初步协商拟订了股东协议和公司章程。通过与武汉和润合签订《中国中铁阜阳中心医院改制合作补充协议》，以及推动中铁二局中心医院三方股东就中心医院划拨土地资产作价入股、股权结构调整方式达成共识，而确定2家混合制医疗机构实现国有控股权退出的改革路径和方式。完成医疗机构关闭撤销23家、改为对内卫生所11家和移交地方1家。（赵飞宇）

▲ 中铁国资与通用环球医疗签署医疗机构资源整合合作协议

【资产经营】中铁国资现拥有土地666万平方米，房产230万平方米。其中：职教单位占地153万平方米，建筑面积58万平方米；主业企业使用土地279万平方米；具备开发改造条件86万平方米；经营性房产59万平方米。2019年，中铁国资代表中国铁路工程集团有限公司履行非上市国有资产经营管理职责，完成资产处置项目3项，合同金额2271万元。其中中铁六局呼和铁建乌海非上市土地征迁项目，非上市资产补偿价值981万元；中铁十局昆山非上市资产拆迁补偿项目，合同金额1280万元；中铁隧道局广东乐昌基地政府征收补偿项目，合同金额10万元。自主开发项目取得进展。中铁一局兰州土门墩棚改项目按照棚改项目程序要求提交棚改立项、规划调整等申请；确定中铁二局职防院土地开发项目方案；中铁咸阳干院棚改项目四方投资协议通过咸阳市自然资源局局务会议评审，获得陕西省渭河生态保护中心关于渭河200米内生态红线影响范围的确定并同意项目实施的意见。

中铁国资以集团公司资产管理中心为工作平台推动土地房屋权属规范工作，按照集团公司统一安排和部署，作为主责部门完成编写文件资料，组织视频会议；编制工作实施方案；配合组织业务培训；整理相关政策文件；编发工作简报；建立工作联系平台等工作。截至年末，中国铁路工程集团有限公司存在土地、房屋权属需规范的单位共有31家，总计需规范权属的土地有750多宗（非上市348宗）、房屋2400多项（非上市1013项），分布在全国29个省（自治区或直辖市），其中四川省、北京市、贵州省、陕西省、山东省相对数量集中。2019年中铁国资所属单位发生资本性项目投资996项，支出金额103765万元。经中铁国资审批，同意购置医疗、教学设备11项，金额为1337万元。（陆 勃）

【重大项目】2019年，中铁国资投资购置位于北京临空经济商务区核心区的“国家地理信息科技产业园”2B组团内办公楼，购置2B-1和2B-3两栋，建筑面积64733.16平方米（其中：2B-1为49001.54平方米、2B-3为15731.62平方米），合同总价含税总房价款为1799581848.00元人民币。武汉铁路桥梁学院投资建设，项目建设规模控制8100平方米以内，投资规模控制在3000万元以内；资金来源：申请“十三五”产教融合发展工程中央预算内投资计划2000万元，其余资金由学校自筹。本项目是推动职业教育协调发展的基础必备条件，同时可申请“十三五”产教融合发展工程中央预算资金2000万元，武汉铁路桥梁学校的专业建设与武汉市重点产业布局相适应，与国家总体产业布局相协调。兰州铁路技师学院投资建设，项目一期建设规模控制在6000平方米以内，投资规模控制在3000万元以内，在兰州市临洮中铺工业园区新购土地120亩；所需建设资金由兰州铁路技师学院自筹。本项目建设符合国家教育发展政策，有利于甘肃省职业教育的发展脱贫攻坚，是全面实现教育服务经济建设功能的可靠保证，本项目建成为集理论与实践的专业能力培训和职业素质训导为一体的职业教育场所，可以更好地为中国中铁服务。衡水铁路电气化学校投资建设，项目建设规模控制在3800平方米以内，投资规模控制在1000万元以内。项目资金来源：一是2018年国家级高技能人才培训基地补助资金300万元；二是2019年职业教育质量提升工程中央补助资金200万元；三是其余资金由学校自筹。本项目是在国家铁路局、中国中铁的支持下努力打造理论－实作一体化考点，建成具有行业特色、区域特色、专业特色的示范实训基地，做优、做强、做大中国中铁机车车辆驾驶资格考试考点，实现机车车辆驾驶人员考试一站式服务。（徐光男）

【党建工作】2019年，按照党组织隶属关系，中铁国资设立党委10个（含本级党委）、党总支5个、党支部54个，有党员1025名，其中在职职工党员602名、退休职工党员393名，学生党员30名。

2019年，中铁国资党委坚持以学习贯彻习近平新时代中国特色社会主义思想和十九届四中全会精神为主线，认真履行管党治党政治责任，更好发挥把方向、管大局、保落实重要作用，牢牢把握“做实做优做强企业”发展方向，扎实开展主题教育工作，大力推动各项重大改革部署落实落地，团结带领广大干部职工初心不改担使命、善作善成建新功，为推动企业改革发展提供了坚强保证。深入开展“不忘初心、牢记使命”主题教育，先后制定实施方案、各类工作推进计划，成立主题教育工作领导小组及工作机构，起草上报专项报告、阶段汇报、总结报告、工作周报、典型材料等综合性材料；组织召开2次主题教育培训会议、2次专题党课报告会、2次巡回督导组检查会，领导班子调研成果交流会、第二批主题教育工作推进会、第一批主题教育整改落实“回头看”工作会议等，组织参加4次集团公司主题教育相关视频会议、48次所属联系单位专项工作会议；开展知识答题活动、主题教育测评和座谈交流；公司班子成员、中层干部和各党支部集中学习研讨6天以上，学习中央规定书目21篇，形成理论研讨交流材料72篇，调研报告16篇，开展专题党课11次，梳理问题37个，制定整改措施51项，做到了规定要求不走样、活动组织有特色、整体工作有成效。坚持全面从严治党、全面依法治企方针，先后召开14次党委会，3次党委办公会，3次党建工作领导小组会，3次领导班子专题学习会，5次理论学习中心组会，8次董事会、监事会，9次主题教育专题工作会，1 次政工职评会，1 次党内规范性文件联席会议，2 次公司党员领导干部专题民主生活会，2 次机关各支部专题组织生活会等一系列会议。严格履行“三重一大”决策程序和党委会前置研究讨论，对“三重一大”事项及时酝酿、专题研讨、集体研究、慎重决策，全年研究决定党的建设重要议题 96 项，研究讨论提交总经理办公会和董事会审议的事关企业改革发展、经营管理、职工利益的重大事项 58 项，研究制定 16 项重要制度办法。先后制定领导人员管理办法、培训工作管理办法，修订员工年度绩效考核办法及薪酬管理办法；对机关本部、各职教医疗单位、分中心 12 名党员领导干部职务进行调整；安排 6 名优秀基层年轻干部到公司本部机关挂职锻炼；制定《关于加强公司基层党的基本组织基本队伍基本制度建设的实施意见》，调整机关党委委员、本部机关党支部、领导人员党建工作联系点、领导人员党建工作联系点党支部；先后在《国企党建》《中铁党建》《学习与探索》《中国中铁》报刊登公司改革发展、机关作风建设、主题教育重要文章 8 篇；收集各单位上报信息 600 余条，采编信息 426 条，编发《中铁国资简报》105 期、《主题教育专刊》32 期；通报表彰 2018 年度优秀课题成果 25 篇、信息宣传工作先进单位 10 个、优秀信息宣传员 8 名；严格落实集团公司党委节假日“十五个严禁”要求；坚持与各单位党委、纪委签订党风廉政建设责任书；坚持党委履行主体责任月报、季报、半年报和年报制度；召开职教单位廉洁风险点查找防控研讨会、党风廉政建设和反腐败工作联席会议、领导小组会议；认真开展国资委党委第五巡视组调研反馈问题和意见整改，主题教育“八个问题”专项整治，形式主义、官僚主义专项治理，企业领导人员及其亲属违规经商办企业专项排查；研究成立纪委综合办公室，落实企业纪委体制改革相关要求。

中铁国资党委遵循和谐发展理念，坚持党建带群建、党建促团建，支持工会、共青团组织最大限度发挥桥梁纽带作用。建立职工思想动态分析机制和重大事项及时跟进机制，积极推进民主管理规范化建设，落实职工群众知情权、参与权、表达权、监督权，保障职工合法权益和根本利益。建立健全劳动关系协调机制和职工工资正常增长机制，按时足额发放职工工资，没有发现拖欠现象。大力推广中铁惠园 App 注册认证，积极承办第二届“中国中铁杯”职工羽毛球大赛，广泛开展“三让三不让”、健康体检、节日送温暖等活动，认真做好信访、维稳、保密、统战、离退休、政研等方面工作，形成全面深化改革、推进二次创业的良好发展局面。（刘姝媛）

【信息化建设】新建视频会议室，建立视频会议系统，实现中铁国资本部及所属单位视频连线机点对点召开视频会议，同时培训员工利用手机、计算机等移动终端和网络资源，下载网络会议 App，实现网络会议的随时召开，随时交流。委托广联达公司对 OA 系统、微风系统进行维护和升级，确保公司系统业务正常开展。委托科技公司负责网络信息系统的日常维护工作，信息系统的运行、网络接入和重要资源的访问均通过网络信息中心进行集中管理。（郝广宁）

【职业教育和职业培训】2019 年中铁国资所属院校共计招生 14688 人，毕业 13241 人，就业人数 13028 人，就业率达 98.39%。组织开展建筑施工现场专业人员培训考核，完成 12 个岗位，32 个班次，涉及 18 个企业的 2670 人。3 所职教院校被列为教育部首批 1+X 证书制度试点单位并积极为社会提供服务。所属职教院校全年累计培训 240 期、124 个工种（专业）、89 家委托培训单位，完成培训总人数 3.14 万人。（谷有志）

【领导人员】

何梦通　党委书记、董事长
罗育桂　党委副书记、总经理
李　欣　总会计师
经　越　党委副书记、纪委书记、工会主席、职工董事
陈虎顿　副总经理
于连泉　副总经理（郝广宁）

中国铁路工程集团有限公司党校

【基本概况】中国铁路工程集团有限公司党校（简称集团公司党校）成立于 1984 年 7 月，位于河北省石家庄市，主要承担中国中铁系统领导干部的教育培训任务。根据《中国共产党党校工作条例》有关规定，集团公司党校实行校务委员会领导体制，校委会全面领导学校工作，校委会工作由主持日常工作的副校长主持。集团公司党校现有内设部门 9 个，职工 56 人（含内退职工 2 人），其中，具有全日制研究生学历 14 人，本科学历 35 人，大学专科及以下 7 人；高级职称 11 人，中级职称 20 人，初级职称 2 人；在职党员 39 人。1984 年 10 月，集团公司党校成功举办青工政治教育师资培训班，正式开启了干部教育培训事业；1985 年 9 月，举办首届大专班，开启了系统内干部学历教育培训事业。2008 年，中国中铁对党校实施整体开发，2010 年 6 月，集团公司党校回迁新大厦，办学、办公、餐饮、住宿自成体系，现拥有办公办学房产 15252 平方米，除办公区以外，设有 6 个多媒体教室、1 个小型体育馆，118 间客房和 1 个 3200 多平方米的饭店。2013 年 7 月，集团公司党校跨入中央党校国资委分校管理序列，培训规模不断扩大，培训层次不断提升，培训内容更加丰富，逐步形成了中央党校国资委分校中国中铁处级干部进修、局级

领导人员政治理论培训、党组织书记培训、纪检干部培训、工会干部培训、团干部培训、经营开发人员培训、项目经理培训、入党积极分子培训、保卫人员培训10大类课程体系，采用讲授式、案例式、研讨式、体验式、互动式和行动学习等多种教学方法，在教学安排中设置党性教育课程，把习近平新时代中国特色社会主义思想作为第一课，依托西柏坡红色教育资源打造出“中国梦·赶考行”大型实践教学活动，依托习近平总书记从政起步的正定县，探寻习近平总书记“治郡县”“谋发展”的坚定信念、政治智慧和实践探索，开发出“知之深·爱之切”实践教学项目，逐步确立了高端教育培训品牌。2018年4月，由中国铁路工程总公司党校更名为中国铁路工程集团有限公司党校。2019年，依托中铁六局广州公司、中铁大桥局党校和中铁八局四公司青城山庄培训中心建立了中铁党校广州、武汉和成都3个校外培训基地。（王宏图）

【主要指标】2019年，集团公司党校营业收入包括教育培训收入和房屋租赁收入，全年营业收入0.3813亿元，较2018年增长26%，其中，培训收入0.2739亿元，较2018年增长37%；房屋租赁收入0.0695亿元，较2018年增长11%。全年成本费用总额0.3939亿元，较2018年增长24%。全年实现利润总额−0.0022亿元，集团公司党校全年0.048亿元的资产折旧是导致利润为负的主要因素。（王　珊）

表14–42　2019年中国铁路工程集团有限公司党校主要经济指标

项目	2019年	2018年	比上年增长/%
资产总额/亿元	1.3813	1.3761	0.40
所有者权益/亿元	1.1479	1.1501	−0.20
营业收入/亿元	0.3813	0.3029	26.00
利润总额/亿元	−0.0022	−0.0051	57.00
净利润/亿元	−0.0022	−0.0051	57.00
归属于母公司所有者的净利润/亿元	−0.0022	−0.0051	57.00
技术开发投入/亿元	—	—	—
利税总额/亿元	—	—	—
应交税金总额/亿元	—	—	—
净资产收益率/%	−0.19	−0.44	增加0.25个百分点
总资产报酬率/%	−0.16	−0.37	增加0.21个百分点
国有资本保值增值率/%	99.80	99.56	增加0.24个百分点

制表：王　珊

【改革发展】2019年，集团公司党校探索实行经营管理目标责任制度，年初，教育培训处和资产管理处分别与党校签订经营管理目标责任书，确定年度经营管理目标，年末，经营办学取得历史性突破，资产收益超出年初预期，党校按照经营管理目标责任书规定分别向两个部门兑现奖励。集团公司党校全力推进新党校建设和搬迁筹备工作，先后向股份公司上报关于建设新党校的请示、关于在顺义国家地理信息科技产业园取得部分房产用于办学的请示。按照股份公司有关领导要求，在顺义牵头成立中铁顺义总部基地建设项目工程指挥部，与国测集团、临空经济核心区管理委员会、顺义区政府相关职能部门等建立工作联系。2019年11月28日，股份公司党委常委会做出同意党校搬迁的决策，党校搬迁筹备工作取得实质性进展。建立决策咨询组织，实行重点任务工作小组制度，优化校委会决策机制。推进剥离企业办社会职能和解决历史遗留问题工作，完成党校职工家属区“三供一业”分离移交工作，启动退休人员社会化管理工作，按照石家庄市政府剥离国有企业办社会职能和解决历史遗留问题专项领导小组办公室的要求，选择石家庄市长安区人民政府为移交区县，圆满解决“19名退休教师补贴争议”历史遗留难题，退休教师收到补贴款，党校获得更加稳定的发展环境。（王宏图）

【教育培训】2019年，集团公司党校共举办各类培训班130期，培训学员12343人次、共53883天，分别较2018年同期增长56.6%、62.4%、41.3%。集团公司党校牢记职责使命，全面贯彻党校姓党的要求，突出主课主业，坚持从严治校，严肃校风、学风。突出党的理论教育和党性教育，在局级政治理论班和处级干部进修班的教学安排中，以马克思主义的本源和中国共产党的“初心”为起点，强化对习近平新时代中国特色社会主义思想和党的基本理论基本路线基本方略的系统学习。依托西柏坡和塔元庄党性教育基地，打造三门精品课程，并向中央党校国资委分校“精品特色课课程库”提交申报。坚持多渠道开发师资资源，优化师资库，年内引进师资53名，分类管理师资，在师资库中划分出25个课程类别。坚持走出去、请进来的开门办学方针，加强外出调研学习，年内迎来中央党校国资委分校、中广核党校、上海电气集团教育中心党校、国家能源集团延长石油公司党校、中铁大桥局党校主要领导到校开展调研交流活动。

（王宏图）

【理论研究】2019年，集团公司党校申报央企党建政研会课题《传承红色基因，激扬新时代国企文化》，获得三等奖。立项中国中铁重点课题《中国中铁产融结合业务设计研究》。完成《中国梦·赶考行——中国铁路工程集团有限公司党校党性教育课程》和《大学校长说》两部教材的编写。在央企政研会会刊《企业文明》杂志上发表党校治校办学的经验文章。在《中铁党建》《中国中铁》报和《学习与探索》等刊物发表理论文章35篇。校刊《学习与探索》相继推出“不忘初心、牢记使命”、庆祝新中国成立70周年等专题，开设“党课开讲”“灼见”“一线速写”“思享会”等新专栏，刊出一批有思想、有水准、有特色的理论文章。围绕党校教学管理、党的建设、制度建设、科研管理、预算管理、信息化建设等方面开展14个课题研究。

（王宏图）

【党建工作】2019年，集团公司党校扎实开展“不忘初心、牢记使命”主题教育，组织全校中层以上党员干部，开展三次共计6天时间的集中学习研讨，各支部制订学习计划，组织党员普遍开展学习。围绕中心搞调研、注重实效搞调研、改进作风搞调研，形成一批有分量、有质量的调研成果。领导班子成员分别给全校党员和职工讲党课，各支部书记在本支部讲党课。开展专项整治，逐项列出整改清单，制定深化整改方案。召开校领导班子专题民主生活会和党支部专题组织生活会。构建“党建四大格局”，即教学党建、学员党建、机关党建、党建研究。修订党校《机关党建工作五年规划（2018—2022年）》，编制《党支部工作手册》，坚持党建工作例会制度和机关党委委员联系支部制度。开展海外党建、项目党建、党校党建的研究。全年开展校委中心组集中学习研讨8次，创新学习方式，讲、学、研、用结合。开展“双周全员集中学习”“青思汇”“微课接力讲”等活动。开通“中国中铁理论月刊”微信公众号，开启新媒体宣传工作。

党校校委会、纪检组认真履行党风廉政建设“两个责任”，制定印发年度党风廉政建设工作要点，认真落实定期沟通谈话制度、“三重一大”决策制度、定期报告制度，认真贯彻执行中央八项规定精神，深入推进集中整治形式主义、官僚主义工作，不断深化提升廉政大课堂建设。

（王宏图）

【领导人员】

史柏生　常务副校长

王军芳　副校长、工会主席

李庆安　副校长

（王宏图）

中国中铁雄安新区投资建设总指挥部

【简况】中国中铁股份有限公司京津冀工程指挥部、中国中铁雄安新区投资建设总指挥部（简称京津冀指挥部、雄安指挥部）是中国中铁响应党中央、国务院关于设立雄安新区的战略决策部署，积极参与雄安新区投资建设，充分发挥中国中铁在基建建设领域的专业优势设立的总指挥部，与中国中铁京津冀工程指挥部合署办公。雄安指挥部主要负责与国务院有关部委和雄安新区有关部门就雄安新区建设进行沟通协调；负责收集雄安新区各建设项目信息，深度介入各项目的前期工作；负责协调股份公司各单位有序参与各类项目的经营开发和投标工作；负责对各二级单位的在建项目进行指挥、协调和监督管理；负责新区建设其他事宜的组织协调相关工作。2019年12月，京津冀工程指挥部与中国中铁雄安新区投资建设总指挥部分离。

雄安指挥部现有9人，其中领导班子成员1人（指挥长1人），其他管理人员8人；总指挥部教授级高工3人，高级工程师1人、高级经济师1人、高级政工师1人、工程师1人、助理工程师1人、助理会计师1人。办公地址：河北省保定市容城县白洋淀大道茂丰鞋业4楼。

（王树旺　郭跃峰）

【营销战略】雄安指挥部结合雄安新区特点，将经营重心前移，以制度创新、机制创新、管理创新、科技创新、文化创新为抓手，推动区域经营动能、效能和质量提升。明确“唯有将融会贯通＋管理创新进行到底才能变压力为动力，化挑战为机遇”的管理思路，聚焦长远发展、重点任务，保持战略定力，规划好“时间表”“路线图”，运用“引领＋落实＋协调”工作机制，以“融会贯通＋管理创新”激发中国中铁在雄安新区市场营销活力。2019年，雄安指挥部把握新区政策，深入组织学习《河北雄安新区总体规划（2018—2035年）》《中共中央 国务院关于支持河北雄安新区全面深化改革和扩大开放的指导意见》《雄安新区综合交通运输规划建设研究方案》等政策性文件和新区管委会、雄安集团制定发布的一系列制度、导则，形成《中国中铁在雄安新区推进装配式建筑研究报告》等12项前瞻性专题报告。雄安指挥部加快转型变革，制定2019年度“54321”工作思路，即树立五种经营理念（依法合规经营＋规模效益经营＋优势产业经营＋品牌效应经营＋共享共赢经营）、坚持四个营销创新（经营领域创新＋商业模式创新＋管理实践创新＋科研技术创新）、实现三商一体突破（在雄安新区第一批实现由单一的承包商向投资商＋建造商＋运营商的“三商一体”突破升级）、创建两个新区示范（创建雄安新区建筑示范工程＋创建雄安新区建筑示范企业）、打造一个经营目标（打造中国中铁在雄安新区建筑领域的优势地位），为后续的“巩固发展阶段＋持续发展阶段＋成果辉煌阶段”打实基础。

（王树旺　郭跃峰）

【中标情况】2019 年中国中铁中标雄安集团总承包项目 22 个，中标金额 41.34 亿元；投资项目 1 个，投资金额 1.15 亿元（中铁置业投资雄安新区党政机关办公用房）；中标铁路项目 3 个，中标金额 11.86 亿元（白洋淀站贵宾楼 0.19 亿元；京雄铁路雄安站、动车所生产生活房屋、客服信息系统施工 JXZF-4 标段 9.94 亿元；京雄铁路雄安站、动车所生产生活房屋、客服信息系统施工总价承包招标 JXKF-1 标段 1.73 亿元）。在雄安新区外围中标高速公路项目 4 个，中标金额 29.15 亿元，确保了中国中铁“新区内基建＋新区外围交通网络”“传统领域＋新兴领域”“优势产业＋创新产业”的三层升级突破。自雄安新区成立以来，中国中铁累计营销承揽中标金额占中国雄安集团工程招标累计总额的 1/3。

（王树旺　郭跃峰）

【融合创新】雄安指挥部坚持高端经营，以“联盟开放融合市场、联手完善合作机制、联合促进产业链条、联通提升公共服务、联动加强品质产品、联袂打造优质品牌”坚持“合作＋共赢”双促进、坚持“市场＋业绩”双提升、坚持“责任＋文化”双融入，打造“利益共同体＋发展共同体＋责任共同体”，相互借力、共同发力，从软服务做起，做到人性化服务、个性化服务。中国中铁、华润集团对国有土地五种供地方式的概念功能、适用条件范围、优劣势等进行了分析研究，有针对性提出适用于雄安新区的《中小型商办类项目“先租后让”供地方案研究》，为破解“土地财政”将传统的城市开发建设“短周期赚快钱”转变为集规划、投资、开发、建设、验收、运营为一体的全生命周期管理模式，为新区城市开发高质量建设提供了新探索、新路径。中国中铁城市规划院与华润集团共同完成了康养特色小城镇定位产业、概念性规划及建设实施方案，其中鄚州康养特色小镇规划设计方案获得新区最佳方案荣誉；与卡尔索普合作参加“河北雄安新区容城县城片区城市设计方案征集”，赢得了优胜奖；研究规划了昝岗高铁站站城一体化 TOD 建设、产城融合等方案，实践低碳可持续的城市理念，为新区高铁片区站城一体化建设提供了新的探索与路径，在 7 家央企方案比选中公认为最优方案。中国中铁与联合体开展的《雄安新区综合管廊预制装配一体化施工技术》研究，作为股份公司 2019 年重点科技研究开发计划，为中标新区管廊项目奠定了基础。（王树旺　郭跃峰）

▲ 中铁四局建筑公司徽派风格“花园式”驻地

【管理创新】雄安指挥部围绕主营业务，牵头收集整理五大央企的各个二级集团公司资质等级、业绩、财务状况，形成了快速查询文件，为项目投标提供了可分析依据，最大限度保证了中国中铁资格预审通过率；在容东组团、雄东组团、雄安枢纽和起步区组织各单位扎实有序对 69 个重点项目进行了追踪和落实，进一步拓宽了营销渠道，形成了“以中铁投资为依托、中铁置业为支点和具有专业优势的集团＋企业联盟的优势产业链并形成产业集群”的营销发展格局，在市场布局、业务领域、产业链延伸等方面均取得显著成绩。

突出战略引领，以“把专业的事交给专业的人去做”为原则，以具有专业优势的“集团公司＋企业联盟”为牵头单位，以工程集团公司为辅助，以上、中、下游产业集聚配套为纽带，以基础设施项目为载体，引导各单位从信息的追踪到项目的竣工移交，相互补台而不拆台、相互补位而不越位、相互取长而不取短。雄安指挥部制定《中国中铁雄安新区市场营销维护监督管理制度》，切实解决“乱作为、不作为、管不住、管不好”的问题，使各单位有章可循、有规可依。按照“谋划一批、中标一批、建设一批、储备一批”的原则，以点带面把主业做强、把板块做大。2019 年，中国中铁三次获得新建项目“标王”，奠定了在新区建筑领域的绝对领先优势。（王树旺　郭跃峰）

【模式创新】雄安指挥部探索模式创新，形成了中国中铁特有的“趋势营销＋需求营销”“绿色营销＋无废营销”“数字营销＋智慧营销”的新模式，在雄安新区打造中国中铁独特核心能力和差异化竞争优势，为新旧动能转换、高质量营销提供动力。提出“优势领域

要治‘满’（当前有明显优势或者能中标，有可能被竞争对手短期超赶造成长远营销动力不足）、中端领域要治‘平’、弱势领域要治‘短’、特色领域要治‘偏’”的营销思路。融合新区对建设者安置需求，雄安指挥部牵头，按照“统一规划、委托管理、自筹共建、财务平衡”的原则和“四季有花、四季有景、四季舒心”的理念，集生活、办公、培训、教育、文化基地为一体，设计了“中国中铁雄安营地绿色基地”，按照“节能、环保、节地、美观、共享、开放”的原则，对其相应的标准及规划导则进行编制，并在雄安新区推广使用。对雄安站枢纽片区按照“立足实际、借鉴经验、顺应趋势、高端高新、竞合发展”原则，提出了“新一代信息技术、生物医药与医疗健康、会议展览、科创服务和现代金融”产业定位，形成了雄安站枢纽片区产业研究成果及雄安站枢纽片区文化研究工作成果。出台《中国中铁雄安新区装配式道路管理办法》，指导项目装配式临建、作业过程的绿色环保。由中铁上海局负责生产的装配式道路采用租赁模式与销售+回购模式，实现了装配式道路“内部市场化”，提高了周转使用率，减少了退耕与建筑弃渣的处理。 （王树旺　郭跃峰）

【技术创新】雄安指挥部利用基于GIS、BIM技术，依托互联网、物联网、云计算、大数据、卫星定位导航、4G/5G移动通信、人工智能等现代信息技术，坚持集成联合开发完善城市森林规划设计、建设施工、运营维护管理全生命周期信息化、数字化、智能化平台系统——“GIS+BIM城市森林全生命周期大数据信息系统”，形成了以创新为主要引领和支撑的数字营销+智慧营销，对智能规划设计平台、项目建设施工数字信息管理与智能作业、项目运营数字信息管理与智能养护进行全链条梳理优化，通过打造“一个系统、一个平台、一个终端”，实现城市森林各种数据网上采集、共享、开放、应用一体化，在城市森林全生命周期管理领域展开了消除“信息孤岛”、拔掉“数据烟囱”大会战。该系统开拓了国内BIM+GIS对城市森林全生命周期管理的先河，为新区城市开发在其他领域应用数字化、智能化建设起到了示范带动作用。中铁四局、中铁装备、中铁科工等联合研发设计了U型盾构及管节安装一体机，对大吨位管节预制、运输等标准与工法进行了配套研发，形成了12项系列成果，已经获国家发明专利2项、实用新型专利9项；参与了河北省科技厅“民生领域系统技术集成专项”雄安新区地下综合管廊建设技术，形成了《雄安新区地下综合管廊规划设计、绿色建造及安全运维关键技术研究》等近100万字14项成果，已获得11项国家专利。

中铁上海局京雄五标项目部坚持贯彻“创新、协调、绿色、开放、共享”五大发展理念，组建科技创新团队，成立了“侯宇飞桥梁专家创新工作室”，积极开发应用新技术、新工艺、新设备，将创新理念体现在项目实施过程之中，采用模块化建造技术，实现高速铁路桥梁装配式一体化、时速350千米全封闭声屏障建造技术创新，体现京雄城际铁路品牌价值。装配式桥梁、装配式桥面系关键技术研究成效显著，已形成3项工法，编制5项标准，申请了10项专利，桥梁装配式技术成果已接待国铁集团海外公司牵头的国外塞尔维亚铁路专家以及国内工管中心、呼和浩特铁路局等高铁客专公司数十家批次观摩，受到国家铁路集团有限公司和建设单位的充分肯定，为全路推广应用提供了宝贵经验和有价值的借鉴。2019年11月19日，申报的《BIM技术助力智能京雄精品工程建设》和《BIM+GIS技术在高速铁路装配式一体化桥梁施工中的创新应用》2项课题，在铁路BIM联盟第二届第二次会员代表大会上，获铁路工程项目BIM应用组一等奖和三等奖。

（王树旺　郭跃峰）

【工程创优】雄安指挥部深入研究雄安集团6S管理精华，帮助项目制定管理理念体系，对重点项目、应急项目的管理模式、施工方案、项目测算、合同完善、全方位协调等流程全程参与、服务配合，帮助项目厘清思路。各中标集团在新区侧重“战略管理”，突出了“管控+服务”功能，发挥了项目价值创造的“驱动器”、利益分配的“调节阀”作用；各中标子公司、分公司在新区侧重了“项目管理”，突出了“监管+指导”功能；各在建项目则侧重于“资源管理”，突出了“执行+创效”功能的管理体系和运行机制。在建项目以工程项目全生命周期为主线，严守安全、质量、工期、效益、环保、信誉六条底线，努力践行管理创新，为实现滚动经营添砖加瓦。中铁一局已成为新区植树造林的“明星企业”；中铁二局高质量建设实验区（生活）项目迎来中国雄安集团建筑施工观摩团；K1快速路在极其困难的条件下完成了全线第一根桩基；中铁隧道局雄安新区容东片区RDSG-1标段迎接了韩正副总理视察和国内外观摩团数次观摩；中铁建工承建的白洋淀站西配楼工程如期高质量完工，收到津保铁路有限公司发来的感谢信，感谢信中提到“建工集团经过百日会战，顺利完成该工程，获得了河北省政府领导及国家铁路总公司、北京局集团公司领导的充分认可，望再接再厉，在‘交通强国，铁路先行’的征程中再创佳绩，再铸辉煌”。10月28日，中铁建工集团承建的京雄城际铁路雄安站地下结构封顶，全面转入地上结构施工阶段，标志着京雄城际铁路建设取得重大进展，各大媒体和《学习强国》争相报道。2019年，习近平总书记视察雄安新区时，中铁一局、中铁四局、中铁九局、建工临危受命秀林驿站与道路铺设紧急任务，仅用28小时且提前42小时完成施工任务，中国雄安集团向参建单位分别发出4份感谢信。中铁五局雄安新区南拒马河防洪治理工程（容城段）荣获容城县农业农村局（水利局）颁发的“2019年容城县水土保持工作先进单位”。雄安新区2018年秋季植树造林项目设计施工总承包第六标段（中铁四局）的《环白洋淀雄安新区生态绿色造林工程全周期BIM应用》获得“龙图杯”第八届全国BIM大赛综合组优秀奖。雄安新区2019年植树造林项目（秋季）市场化绿化工程总承包第三标段（中铁三局）一个月圆满完成施工任务，中国雄安集团特发贺电以示祝贺。在中国雄安集团组织的信誉评价中，累计3个企业获得A级企业称号，中国中铁独占两个席位，占获得A级企业称号的2/3。（王树旺　郭跃峰）

【党建工作】雄安指挥部党工委树牢“四个意识”，坚定“四个自信”，坚决做到“两个维护”，充分发挥政治、思想、组织领导作用，坚持问题导向，以“功成不必在我”的精神境界和“功成必定有我”的历史担当，将党建工作与市场营销相融相长、耦合共生，不折不扣抓好工作落实。雄安指挥部党工委从市场营销的角度以“干在实处永无止境、走在前列要谋新篇、勇立潮头方显担当”为理念，坚持“市场主导、立足当前、着眼长远、整体推进、重点突破、自主创新”的原则，在学习提升中打开新视野、树立新观念；在调查研究中认清新特点、把握新规律；在破解难题中增长新本领、开创新局面，促进了新区市场营销融会贯通的“化学反应”，深化了营销系统性重塑、结构性重构、技术性创新等方面的业务关联、链条延伸，为探索新业态、新模式、新路径，推动市场营销的发展活力和创新活力起到了积极推动作用。雄安指挥部党工委在各种节日期紧盯“四风”问题，坚持不懈正风肃纪，防止“四风”反弹回潮；集中整治了形式主义、官僚主义；开展了“弘扬爱国奋斗精神、建功立业新时代”主题活动、“不忘初心、牢记使命”主题教育，对公款吃喝、购置高档烟酒、各种招待、食堂管理、小车管理进行了自查自纠，为市场营销营造了良好的政治环境。（王树旺　郭跃峰）

【领导人员】

孙永刚　指挥长

（王树旺　郭跃峰）

中国中铁股份有限公司珠三角城际工程建设指挥部

【简况】2017年2月28日，中国中铁股份有限公司珠三角城际工程建设指挥部（简称珠三角建设指挥部）成立［《关于成立中国中铁股份有限公司珠三角城际广佛环线GFHD-1标工程项目部及珠三角城际工程建设指挥部的通知》（中铁股份规划〔2017〕23号）］。珠三角建设指挥部代表中国中铁统一组织管理牵头中标的珠三角城际施工总承包项目，并负责与地方政府、业主单位的联系协调等工作，积极开发珠三角城际轨道交通领域的市场。

珠三角建设指挥部是纯管理型非营利性机构，2019年管辖7个项目，其中3个直管项目，4个监管项目，合同额共计：194.7亿元。3个直管项目分别是：2015年12月以联合体（中铁一局、中铁四局、中铁七局、中铁八局、中铁港航局）总承包方式中标56.5亿元的新白广2标；2016年12月以联合体（中铁二局、中铁四局、中铁隧道局、中铁北京局、广东华隧）总承包方式中标53.4亿元的广佛环1标；2018年12月以联合体（中铁隧道局、中铁二局、中铁一局、中铁北京局）总承包方式中标27.47亿元的珠三角城际琶洲支线PZH-1标。4个监管项目分别是：2018年1月以联合体（中铁大桥局、中铁六局、中铁八局）总承包方式中标25.58亿元的珠海城际轨道交通横琴至珠海机场段站前工程HJZQ-1标；2018年2月协助中铁电气化局联合体（中铁电气化局、中铁四局）中标15.86亿元的广州至清远城际轨道交通四电集成、房屋建筑及相关工程；2018年2月协助中国中铁武汉电气化局联合体（中铁武汉电气化局、中铁建工）中标8.8亿元的佛莞城际轨道交通广州南至望洪段站后工程5标；2019年3月协助中铁电气化局联合体（中铁电气化局、中国通号公司）中标7.08亿元的新塘经白云机场至广州北站城际轨道交通站后工程施工总价承包XBZH-4标。

珠三角建设指挥部现有员工5人，其中教授级高级工程师2人，高级工程师2人，工程师1人。新白广2标员工20人（包括指挥部领导3人），其中教授级高级工程师1人，高级工程师3人，高级经济师1人，工程师5人，会计师2人，助理会计师1人，政工师1人，后勤5人。设有工程部、安全质量部、工经部、财务部、办公室、物机部共6个部门。办公地址在广东省广州市花都区花山镇观明路8号。广佛环1标员工19人（包括指挥部领导2人），其中项目总经理1人，常务副总经理1人、副总经理1人、总工程师1人、安全总监1人。教授级高级工程师1人，高级工程师3人，工程师4人，后勤4人。设有工程管理部、安全质量部、物资协调部、计划合同部、财务管理部、办公室共6个部门。琶洲支线1标员工17人（其中指挥部领导1人，有6人是在广佛环1标和琶洲支线1标两边兼职），其中项目经理1人，总工程师1人，高级工程师3人，工程师3人，后勤4人，设有工程管理部、安全质量部、计划合同部、物资协调部、财务管理部、综合办公室共6个部门。广佛环1标和琶洲支线1标系合署办公（办公地址：

广州市海珠区新港东路黄埔村北码头28号M创工厂6栋3楼)。

新白广2标起讫里程GFDK32+139.1~DK52+190.714，全长20.131千米(含长链79.3069米)，合同工期46个月。其中：土建工程长度15.657千米(含长链79.3069米)，新建地下车站3座，分别为天贵路站、花山站、机场T2站(土建工程已实施)，均为明挖法施工；明挖区间3段共长14.8千米(广天区间、天花区间、花机区间)，下穿暗挖隧道4段共长900.114米。无砟道床铺设41.8千米，正线铺轨157千米，站线铺轨4.6千米。

新白广2标2016年3月15日正式开工。在业主广东珠三角城际轨道交通有限公司自2016年5月在新白广城际铁路全线开展劳动竞赛以来至2019年12月，连续37次获得月度劳动竞赛红旗。

广佛环1标起讫里程为DSK0+226~DSK20+005，正线全长19.946双线千米，合同工期56个月。工程内容主要包含4站4区间，以及全线的设备安装和站房装修工程。主要采用盾构法施工，另含暗挖法100双延米；正线无砟道床施工19.946双线千米，站线无砟道床施工1.053千米。

琶洲支线PZH-1标自琶洲站(不含)至新造竖井(不含)，起讫里程为DK0+000~DK8+585，全长8.585千米，合同工期60个月。工程内容主要有一站两区间，区间主要采用盾构法施工，新建地下车站1座三层结构、盾构井贝岗公园明挖段采用明挖法施工；无砟道床铺设8.594千米(双线、含双块式轨枕预制或外购)，全线正线铺轨35.184千米，站线铺轨2.25千米，铺道岔11组；全线站房装修及安装工程、四电集成(含独立四电房屋)。（严唐樵）

【主要指标】1. 新白广2标2019年全年完成产值6.69亿元，占业主年初下达年度计划6.49亿元的103.1%；开累完成54.06亿元，占合同额的95.7%。年累完成基坑土石方开挖及外运405580立方米；开累完成4473635立方米，占土方开挖总数4473635立方米的100%；年累完成明挖主体结构2083延长米，开累完成明挖主体结构14758延长米，占总数14758延长米的100%；暗挖隧道年累完成378延长米，开累完成835延长米，占总数835延长米的100%。

2. 广佛环1标全年累计完成施工产值6.38亿元，占业主下达年度计划6.11亿元的105%；开累完成产值15.67亿元，占合同金额53.4亿元的29%。东环1标开累完成临时征地182000平方米，占临时用地总数182000平方米的100%；开累完成交通疏解5处，占交通疏解总数5处的100%；年累完成地下连续墙施工28幅，开累完成446幅，占地下连续墙总数446幅的100%；年累完成基坑土石方开挖及外运398146立方米；开累完成1132153立方米，占土方开挖总数1458331立方米的78%；年累完成主体结构503延长米，开累完成534延长米，占总数1149延长米的46%；年累完成盾构隧道1450双延米，开累完成1612双延米，占设计17963双延米的9%。标段7台盾构机均已始发掘进，剩余1台正在调试。

3. 琶洲支线PZH-1标全年累计完成施工产值2.0亿元，占业主下达年度计划1.7亿元的118%；开累完成产值2.00亿元，占合同金额27.47亿元的7.3%。年累完成临时征地105800平方米，开累完成105800平方米，占临时用地总数113200平方米的93.5%；年累完成地下连续墙施工141幅，开累完成141幅(仅剩大学城东站)，占地下连续墙总数197幅的72%；年累完成基坑土石方开挖及外运162358立方米，开累完成162358立方米，占土方开挖总数388257立方米的42%；贝岗明挖段已开挖全部完成，完成底板浇筑1段。

4. 珠机1标2018年3月16日开工，2019年度实际完成产值4.37亿元，占年计划6.11亿元的72%，开累完成9.68亿元，占总承包合同额25.58亿元的37.8%。

5. 广清3标2019年度完成产值9.1727亿元，其中电气化专业完成1.6872亿元，房建专业完成7.4854亿元，完成业主年度计划9.5218亿元的96.33%，开累完成15.1491亿元，完成合同总额17.5593亿元的86.27%。

6. 佛莞5标2019年度完成产值1.4185亿元，其中四电专业完成0.2995亿元，房建专业完成1.119亿元，完成业主年度计划1.1613亿元的122%，开累完成1.1613亿元，完成合同总额8.8亿元的13.5%。

7. 新白广4标2019年度完成产值6.57亿元，其中强电专业完成1.31亿元，房建专业完成4.17亿元，通号专业完成1.08亿元，完成业主年度计划6.87亿元的95.68%，开累完成6.57亿元，完成合同总额7.02亿元的93.60%。（严唐樵）

【重大创新】新白广项目完成18项专利技术申报(已获授权8项、等待授权10项)，3个QC小组获得省部级成果，申报5个省级工法，1项科研课题经股份公司评审。广佛环东环1标全年组织完成专项施工方案81个，其中对“超过一定规模的危险性较大分部分项工程”专项施工方案通过专家论证15份，集中组织重大方案的内部评审8次，落实重大优化变更4个。2019年广佛环1标获股份公司科研立项4项，3个正在实施并取得阶段性成果，截至年末已完成专利技术成果8项，在申报专利技术成果正5项。琶洲支线PZH-1标全年完成专项方案编制及审批30项，立项科研课题6项、QC 9项、工法3项、专利技术5项。（严唐樵）

【工程创优】珠三角城际工程建设

指挥部各项目通过深入开展标准化作业管理，严格推进“管”“监”分离工作，不断强化督导检查，现场管控能力不断加强，安全质量形势稳定可控，信用评价工作成效显著，未发生安全质量事故，实现了年度管理目标，安全质量管理整体水平得到了进一步提升。2019年，珠三角城际工程建设指挥部各项目珠三角公司组织的信用评价在参建单位中均排名靠前，其中东环项目中铁隧道局、中铁二局分别获珠三角城际2019年度“标准化工地”。（严唐樵）

【党建工作】2019年，珠三角建设指挥部党工委认真贯彻落实习近平新时代中国特色社会主义思想、党的十九届四中全会和党的十九大精神，按照股份公司党委年初工作会要求，牢牢树立“以高质量党建引领高质量发展”思想，深入开展“不忘初心、牢记使命”主题教育，强化政治引领，融入生产经营，抓班子、带队伍、把方向、管大局、保落实、求实效，乘势而上，奋力担当，在发挥党组织作用、助推生产经营方面取得了一些成效。开展“不忘初心、牢记使命”集中学习研讨7次，组织全体党员开展“不忘初心、牢记使命”红色教育2次，完成下属3个总承包项目部的调查研究工作，领导班子成员分别对分管项目、部门讲授了专题党课，通过集中研、调查研究、检视问题、专题党课、整改落实等环节，进一步找差距、抓落实，推动指挥部各项工作落地生根，增强了全体党员干部工期和创优树誉意识。全年共举办廉洁从业教育、警示教育、学党规党纪、学系列会议精神等内容的学习活动20次，东环项目部组织员工参观了广东省党风廉政教育基地，新白广项目与珠三角公司、广东省人民检察院广州铁路运输分院搭建了企检共建廉洁教育平台，营造了“清白做人、干净做事”的良好氛围。开展“创岗建区”“创优争先”“党员创新工作室”“忆党史、强党性、争先锋、比贡献”及“不忘初心、牢记使命”“党建联建”“秋季运动会”等党建主题活动，不断提升各单位基层党组织的凝聚力和战斗力，助推生产经营向前发展。同时，各工区在关键岗位设立党员先锋岗、群安员、青安岗，认真开展现场风险管控、隐患排查等工作，扎实推进项目施工生产和安全生产；盯紧“三重一外”，加大宣传力度，外宣工作继续保持良好势头，在中央级和当地主流媒体上频频亮相，中国中铁在广州地区的品牌形象得到进一步提升，2019年在中国中铁报以上媒体刊稿1000余篇。坚持党建带工建、党建带团建，认真践行“以人为本”的理念，切实发挥群团组织的服务作用，扎实开展“三让三不让”、员工体检、幸福之家建设、“十个一”工程，做好员工关怀与困难帮扶工作，帮助其解决实际问题，发挥实际效果，让全体职工有更多的幸福感、获得感、安全感。（严唐樵）

【信息化建设】广佛环1标建立项目信息化管控中心，BIM施工信息管理平台全面启用，充分应用BIM技术指导施工，视频监控成功接入平台，BIM全景仿真系统初步构建完成，并成功实现广大区间下行线盾构机数据远程接入，剩余区间盾构数据正在整理接口；两座车站主体结构BIM模型已完成，正在建装修模型。（严唐樵）

【领导人员】

谌明朗	指挥长兼新白广2标、广佛环1标项目党工委书记总经理
唐宇田	副指挥长兼广佛环1标常务副总经理、琶洲支线1标第一副经理
彭　林	副指挥长兼琶洲支线1标项目经理、广佛环1标副总经理
聂成玉	副指挥长兼新白广2标和广佛环1标副总经理、纪工委书记
赵志刚	副指挥长兼新白广2标总工程师、工委主任

（严唐樵）

中国中铁股份有限公司广州轨道交通指挥部

【简况】2017年10月27日，经股份公司第四届董事会第六次会议审议通过，成立中国中铁股份有限公司广州轨道交通工程指挥部（简称广州轨道交通指挥部）。主要职能为：①代表中国中铁股份有限公司，负责统筹指挥、协调股份公司中标实施的广州轨道交通工程建设工作（含地铁同步实施的综合管廊项目）。②负责统筹协调与广州市相关各级地方政府及有关政府部门、广州地铁集团公司及建设方、设计、监理等单位的关系和业务沟通。③负责统筹组织、协调工程项目征迁和管线迁改等工程建设前期工作。④负责统筹指挥、协调项目的实施进度、安全质量、环保及文明施工和科技创新工作。广州轨道交通指挥部与中国中铁股份有限公司广州市轨道交通11号线工程项目经理部实行一套机构，两块牌子运作。广州轨道交通指挥部设有党群部、前期工作部、物机部、管线迁改部。

2017年1月24日，按照广州市政府要求，中国中铁在广州市设立中铁广州建设有限公司，代表股份公司负责广州地铁工程总承包管理、税费申报及缴纳、GDP申报等事项的全资子公司，公司地址：广州市海珠区新港东路1226号19至20层，经营范围：土木工程建筑业，资质类别及等级：市政公用工程总承包壹级。公司未设置管理机构及配置人员。

广州市轨道交通11号线线路全长约44.2千米，全部采用地下敷设方式，全线共设车站32座（含代建的城轨琶洲站），其中换乘

站20座（其中包含与城轨琶洲站换乘1座），赤沙车辆段1座，主变电站3座。（张 杰）

【经营管理】借助政府对绿色施工、扬尘降噪标准提高的要求，广州轨道交通指挥部积极主动与广州市定额站联系，将项目绿植围墙、竖井全封闭施工棚、施工围蔽标准提高、土石方消纳费，列入政府出台相关调整计价文件中，协调业主同意将11号线项目办理绿色施工措施费、扬尘污染防治措施、用工实名制管理、在线空气质量噪声监测设备费、绿色围蔽等的合同变更。推动市造价站启动人工工日标准调整，协调政府主管部门将管廊投资估算由60.39亿元调整为75.25亿元，其中工程费由41.7亿元调整为48.5亿元。指导参建单位扎实推进17—16#井、十一号线沙河站等项目的保险理赔事宜。

2019年，中铁广州建设公司恢复在广州市的市场主体资格。加强与广州市政府相关部门、地铁集团、水投集团等单位的日常沟通，对市场政策变化趋势的分析，对重点客户和项目信息进行收集、整理与筛选，建立重点跟踪项目清单，对重点项目从立项开始进行全过程跟进，并按规定向股份公司职能管理部门报送市场信息。组织中铁二局、中铁五局、中铁武汉电气化局等单位以股份公司联合体名义参与广州轨道交通七号线一期西延段机电安装工程投标，配合项目业主完成招标模式确定、招标条件设定、合同条款修订等招标文件编制工作。（刘春嫦）

【生产管理】2019年，广州轨道交通十一号线累计始发9台盾构机，完成产值34.8亿元，占合同总额的16.7%，占年度计划37.5亿元的93%（其中，中国中铁年度完成产值32亿元，占年度计划31.4亿元的102%；广建联合体年度完成产值2.8亿元，占年度计划6.1亿元的46%）；开累完成产值67.1亿元，占合同总额的32.3%。全线总体开工39个工点，占总工点数62个的63%，其中已开工27个车站，占车站总数30个的90%，已开工12个区间，占区间总数32个的37%。（郭桂喜）

【科技创新】2019年，推进钢筋清样及模块化设计及施工，提高工效，该项技术攻关已在南石路站推广应用，使主体结构钢筋工厂化加工、现场拼装，加快了主体结构施工进度。重点研究装配化施工，对上涌公园主体结构装配化施工进行专题研究，重点对下阶段结构梁、板预制工艺、运输组织、梁板吊装装备、轨顶风道预制安装等进行工艺、工装设备研究。推动上涌公园车站、赤沙车辆段等装配化车站和车辆段在住建部成功立项装配式建筑科技示范工程。全面总结广州轨道交通十一号线总承包管理经验，形成的《基于城市轨道交通工程的总承包管理体系和管理能力建设》管理创新成果获股份公司管理创新一等奖。加强知识产权保护，获得《一种干冰致裂岩石炮孔装药堵塞方法和堵塞结构》1项发明专利，《广州地铁十一号线工程安全监测物联网云平台》《广州地铁十一号线开挖动态设计与施工管理系统》等2项著作权登记，4项实用新型专利。（郭桂喜）

【安全管理】2019年，广州轨道交通指挥部在工程实施前按照地质风险、工程自身风险和周边环境风险3类风险进行分批次识别，地铁项目共识别风险666个，其中Ⅰ级风险96个，Ⅱ级风险414个，Ⅲ级风险156个，通过每季度对动态风险进行分析，制定管控措施每日在施工现场对进行公示，严格管控各类工程风险，工程风险得到有效控制。对风险较大、风险集中或工序转换时容易发生安全质量事故的工程重要部位和环节等关键节点，组织相关单位对施工现场的技术、环境等条件是否满足工程质量和安全生产要求进行核对检查验收。对明挖、暗挖、盾构、起重吊装、模板工程和支撑体系、高架、顶管等9大类危险性较大的分部工程，明确具体的关键节点和实施前核查验收标准。持续整章建制，编制安全质量环保工作布置及制度文件31个，全过程督促管理人员履行安全生产职责，多种方式检查履职情况及效果，督促各单位抓预控，确保源头管理效果。围绕深基坑施工、爆破施工、盾构施工等重大风险，指挥部邀请行业专家、高校教授等，对各级主要领导及生产管理人员开展专项安全教育培训合计8期，培训870余人次。对现场作业人员，全部通过安全教育体验馆进行岗前安全教育培训，共培训15747人次，实现100%全覆盖。结合工程重难点和风险点，2019年共开展盾构带压开仓综合、盾构停电综合、深基坑施工等应急演练共计49次。全面推进应急体系建设，组建专业应急救援队伍，配齐抢险设备物资，年内组织应急演练61次。推进安全文明施工标准化建设，配合广州地铁主编《广州地铁建设工程安全文明施工标准化指南》（通用篇）、《广州市轨道交通新线建设暗挖工程安全绿色文明施工标准化图册（试行）》，进一步深化管控要点、实施依据。稳步推进安全检查与隐患排查治理工作，开展检查并形成书面整改要求246次，检查问题共计3446余条。（陈 俊）

【征地拆迁】全年统筹各项目完成征借地126.7万平方米，完成设计总征借地面积的49.72%（其中广州轨道交通十一号线完成比为15%，综合管廊完成比为29%，广州轨道交通十三号线二期完成比为56%，广州轨道交通七号线二期完成比为91%，棠溪站完成比为90%）；各项目完成拆迁23.21万平方米，完成设计拆迁面积的40%（其中广州轨道交通十一号线完成比为38%，综合管廊完成39%，广州轨道交通十三号

线二期完成54%，广州轨道交通七号线二期完成0%，棠溪站完成79%）。（黄夏飞）

【物资管理】截至2019年末，共计招标物资24种类，累计招标金额126.15亿元；推动中国中铁广州轨道交通信息化管理平台建设工作，推动新材料、新设备的研究使用，从制度建设、计划管理、现场管理、供应商管理、信息化管理、合同管理、内业资料等方面制定检查考核标准，定期组织对物资、设备管理情况进行专项检查工作，对存在的问题及时进行整改。（张 辉）

【BIM技术应用及信息化建设】2019年，广州轨道交通指挥部推进基于BIM技术的信息化系统研发与应用。通过对“广州轨道交通信息化管理平台V1.0”的项目总览、安全、人员、进度等管理功能模块的技术升级、界面布局与业务流程优化升级，形成“广州轨道交通信息化管理平台V2.0”并于10月26日正式上线运行。V2.0版本的人员管理将监理、业主、检查参观单位、政府部门等涵盖进来，实现与广州市建委平台数据互联互通；通过进度管理模块与BIM模型的结合，利用工程进度模拟、施工组织设计可视化、进度风险管理等方式，实现施工组织流水合理化，提高进度计划编制的精确度，以及通过数据分析和监测实现了风险预警；安全管理的隐患排查任务及风险详情可根据当前施工进度自动推送，同时，平台隐患排查系统与广州地铁集团隐患排查系统实现了数据互通，减少了现场管理人员反复登录多套系统、重复开展隐患排查以及数据多次录入等问题。开展基于信息化平台数据的业主综合监控平台PC端的研发及推广应用，同时开展App端设计与研发，基于3D GIS系统结合BIM模型直观展现线路车站、区间、线网的位置信息，通过饼状图、柱状图、三维BIM模型结合航拍模型等方式对工程项目进度、安全、应急、进度、人员、机械等施工各方面信息进行直观展示，以及对施工现场数据进行汇总统计分析，同时通过综合监控平台及时准确掌握项目全方位数据，准确找到项目问题点，提高项目管控效率。推广应用倾斜摄影技术，以航拍模型为承载基础，通过绑定监控摄像头、机械、监测点位、AI分析设备实现施工现场的可视化管理，提高现场的管理效率及智能水平，助力智慧工地建设。（黄康明）

【综治维稳】建立指挥部、总包部、分部、工区四级责任体系，明确责任人，层层压实责任。认真开展信访矛盾纠纷隐患排查，全面梳理信访矛盾，配合业主积极营造良好稳定建设氛围。建立信访定期通报机制，及时传达股份公司、业主单位信访工作要求，协调业主组织开展全线信访调研及业务培训，提高信访处置水平。开展农民工实名制与工资分账管理，通过网络监管、定期上报、不定期检查等方式对各分部的建筑工人实名制及工人工资分账管理制度落实情况进行检查，规范各分部用工，降低用工风险。开展农民工工资支付自查自纠专项活动，全面开展专项检查，对农民工实现全员全覆盖，通过工资分账管理，实现农民工工资按时足额发放，在国庆等特殊防护期未出现“到省进京”等上访问题，为项目施工生产营造良好氛围，工作局面良好稳定。（张 杰）

【党建工作】2019年，广州轨道交通指挥部党工委以习近平新时代中国特色社会主义思想为指导，全面贯彻党的十九大精神和十九届二中、三中、四中全会精神，认真落实中央和股份公司工作部署，坚持党的领导、加强党的建设，坚持稳中求进工作总基调，坚持新发展理念，牢牢把握实现高质量发展这一根本要求，紧密围绕安全生产、项目管理、技术创新等工作，积极开展项目党建主题活动。开展党员领导干部民主生活会，强化党工委中心组理论学习，加大宣传队伍建设和宣传工作培训力度，加强工程项目廉洁风险防控，持续开展党风廉政警示教育，企业文化工作成效明显，形成了整体联动的工作格局。开展“地铁建设党旗红，提质增效争先峰”主题活动，将党建工作与施工生产中的安全、质量、工期、效益等生产指标有效对接，为项目发展提供强大的政治思想保证。联合广东省总工会和广州地铁集团，在十一号线及综合管廊、十三号线二期、七号线二期各总包部开展“建功地铁 筑梦羊城”示范性劳动竞赛活动，激发广大党员的生产积极性，引导全员为项目施工生产提质增效贡献力量，推动项目各项工作有序进行，不断扩大中国中铁的社会影响。指导并组织各参建单位广泛开展工人职业技能培训和技术技能大比武，促进工人自觉进行专业技能的学习，提升职业技能和综合素质，为其转岗提升和转化提供保障。紧抓安全生产群众监督、群防群控，将群安员纳入企业安全管理体系，实施群安员年度评先常态化。持续推进班组长安全质量责任制、全员安全教育培训工作；开展“安全进工地”系列活动，为项目安全施工生产保驾护航。强化责任担当，推动项目产业工人队伍建设，形成一套建筑产业工人信息管理系统，有效形成产业工人大数据平台。与广州市总工会、广州地铁集团联合开展了防暑降温及送清凉慰问活动，与广州地铁集团、广州市政法委等单位开展共建活动。广州轨道交通指挥职工书屋被中华全国总工会命名为2019年度“全国模范职工书屋”，是全中国中铁唯一一家被全总命名的职工书屋。（石硕岩）

【广州市轨道交通十一号线（综合管廊）】2016年10月8日，根据中国中铁、广州建筑股份有限公司、中铁平安投资有限公司、广州地铁设计研究院有限公司组成联合体中标承建广州市轨道交通十一号线及同步实施工程总承包和广州市中心城区地下综合管廊（沿轨道交通十一号线）工程PPP项目需要，成立“中国中铁股份有限公司广州市轨道交通十一号线工程项目经理部”（以下简称十一号线经理部）和“中国中铁股份有限公司广州市中心城区地下综合管廊工程项目经理部”（以下简称综合管廊经理部），代表股份公司全面履行合同。负责对项目统筹、指挥、协调与监控，对质量、安全、文明施工、进度等管理负全责，履行合同主体责任，全面兑现本项目合同承诺；负责与政府相关部门、建设单位、设计院、监理等单位的沟通、协调工作，实行“二个机构、一套人员、合署办公”的管理方式。

机构设置有综合办公室、财务部、工程部、工经部、安质部共5部门，物机部、BIM部、征迁部由广州轨道交通指挥部统一管理。下设一至九分部，各项目分部由股份公司属性各成员企业（中铁一局、中铁二局、中铁三局、中铁五局、中铁隧道局、中铁广州局、中铁上海局、中铁电气化局、中铁建工）组建。

广州市中心城区综合管廊沿十一号线同步敷设，采用主线与支线分离设计，全长48千米，其中主线44.9千米，支线3.1千米。主线设46座出地面井，支线地面井4座，主线24座地面井与十一号线车站附属合建。

2019年，中国中铁广州市中心城区地下综合管廊工程项目经理部实现24个工作井井位移交，35号、42号工作井盾构机按预定时间成功始发，全年完成施工产值7.6亿元，占指挥部下达年度产值计划8.45亿元的89.9%，占项目公司下达年度产值计划7.9亿元的94.7%；开累完成建安产值13.3亿元，占合同总额42.7亿元的31.1%。施工过程中重点盯控盾构穿越不良地质、特殊建构筑物、既有铁路及地铁等重大风险点，23~24号区间盾构机长距离浅覆土穿越流花湖，安全顺利完成全线首次湖底软弱地层钢套筒接收贯通。42#~43#区间盾构机安全越过杨涌湾河道、广州大道南、厚德电力隧道等重大风险源施工。

通过召开设计方案专题论证会及勘察设计工作例会等方式对工作井多方案比选，推进设计对工作井位置进行优化，对线路平纵断面进行深化，根据详勘结果及时对围护方案做出调整，根据功能需要优化工作井内空间布局。线路有两段与地铁十一号线实现了完全剥离（主线5~10号井与支线1~4井实现了合并，37~42盾构区间与地铁十一号线实现了剥离），5号、10号、12号、45号4个工作井围护结构由原设计的地下连续墙变更为钻孔灌注桩，26号工作井、27号工作井、28号工作井以及26~27号盾构区间、28~29号盾构区间均进行了深度下压处理，从而较好解决了工作井借地困难，施工风险高等难题。

施工中采用多项新工艺新技术提高施工能力和水平，一是廊体中隔板采用预制装配式工艺，采用自主研发的运架一体机进行廊体中隔体的运输和安装，提高了盾构区间中隔板安装工效，减少了模板支架体系的投入，增强了节能减排和环境保护实效。二是开展隧道降温技术的研发，盾构机安装降温设备，以改善作业环境，提高生产效率。三是盾构区间施工中引进了AB组料，保证了通过富水地层、小曲线、大纵坡盾构区间管片成型质量。

2019年，广州地下综合管廊项目累计计量完成115491万元，占合同额427056万元的27%，其中2019年度完成62786万元，占合同总价的14.7%。

2019年管廊初步设计方案调整，将支线全部并入主线，全线内隔板由钢结构调整为砼预制板。为实现内隔板装配化、标准化生产，便于集中统一管理，2019年4月，砼板预制及安装、钢结构、装修施工任务由各土建施工单位承担通过招标调整为一家单位承担，中标单位为中铁二局；原二分部承担的支线机电安装任务纳入主线统一进行招标，中标单位分别为中铁四局和中铁电气化局。合同总价为33767万元。

2019年8月，对人防门（非智能部分）进行了招标，人防门（非智能部分）招标为统招分签，采用清单单价模式，中标单位为广州地铁设计院，合同总价745万元。

2019年11月12日，广州地下综合管理支线土建工程顺利通过国家住建部和财政部联合验收，成为广州市首个管廊试点项目。广州市中心城区地下综合管廊工程施工GLSG-4标环线南区间项目（管廊四分部三工区）荣获2019年度中国中铁安全标准工地。

（蔡志刚　李　勇　徐　菁）

【广州市轨道交通十三号线二期】 广州轨道交通十三号线二期项目于2018年4月13日收到广州地铁集团有限公司中标通知书，采用1（中国中铁股份有限公司）+N（中国中铁二级子公司）联合体投标模式。工程起于朝阳站、与一期鱼珠站相接，线路全长33.45千米，区间首次采用内径5.8米盾构施工。线路总体呈东西走向，贯穿五个区。周边环境特殊、敏感，地质条件复杂、多变，施工难度及工期压力大，是广州地铁建设史上难度最大的一条线路，工程总造价179.8亿元。

2018年5月9日股份公司成立“中国中铁股份有限公司广州市轨道交通十三号线二期工程总承包项目经理部”（以下简称总包部），办公地点设在广州市海珠区新港东路1166号环汇商业广场北塔30楼。参建各局设置项目经理部（以下简称项目部），项目部下设工区。

总包部人员由各二级单位抽调

组成，内设工程部、安质部、工经部、财务部、综合部等部室，其中物设部、BIM 应用部、征迁协调部及管线迁改部由中国中铁广州轨道交通指挥部统一设置、统筹指挥。全线共由中铁一局、中铁二局、中铁三局、中铁四局、中铁五局、中铁六局、中铁七局、中铁八局、中铁十局、中铁北京局、中铁上海局、中铁广州局、中铁隧道局、中铁电气化局、中铁建工 15 个单位参建。其中局级项目经理部 1 个、三级公司代局级项目经理部 14 个，下设工区 21 个。同时，首开天河公园小标段纳入总包部管理。

全线共 36 个站点（22 座车站、6 个盾构井、1 个中间风井、2 个停车场、2 个出入段线、2 个联络线、1 个停车场盖体），截至 2019 年 12 月 31 日有 29 个站点已开工，开工率 80.6%，全线共完成产值 13.90 亿元，盾构始发 5 台。

2019 年 1 月，向股份公司申报引导课题《广州地区“红层”地质长距离盾构施工水平转载及立式提升系统成套装备研究》，装备已在珠村—鱼珠区间安装调试完成；为实现灰岩区大型溶洞经济高效处理，总包部联合广州地铁设计院、西安建筑科技大学对溶洞处理的材料、工艺进行新型水下聚凝复合注浆创新研究；为提高东风路暗挖车站非爆开挖功效，总包部、中铁隧道局进行钻劈一体台车研制，首台样机已完成，并在 E31 盾构井开挖试验。

截至 2019 年底，总包部、各项目部及工区共到位主要管理及技术人员 963 人，其中总包部 24 人，分部及工区以上负责人 108 人，其他专业技术人员 831 人，工人 2543 人。各项目合同履约人员均已到岗。

2019 年，总包部自建书屋获得“全国总工会命名职工书屋”，总包部获得中国中铁“红旗项目经理部”。（王丽红　李俊锋）

【广州轨道交通七号线二期】广州轨道交通七号线二期项目于 2018 年 10 月 18 日收到广州地铁集团有限公司中标通知书，广州市轨道交通七号线二期工程，线路长约 21.9 千米，共设 11 座车站，其中换乘站 8 座，停车场 1 座。平均站间距约 2.0 千米，全线均为地下线敷设方式。项目包含土建工程、轨道工程、机电设备安装工程、系统集成工程、装饰装修工程、上堂停车场及综合体同步实施工程、兴业主变和鱼珠主变扩容改造工程、六号线首期派出所工程、二十一号线水西站 3 号出入口工程。合同工期：2018 年 12 月 30 日至 2023 年 6 月 28 日。广州轨道交通七号线二期工程采用 1（中国中铁股份有限公司）+N（中国中铁二级子公司）联合体投标模式；由中国中铁成立总承包项目经理部（以下简称总包部），参建各局设置项目经理部（以下简称分部）。七号线二期工程总包部设在广州市海珠区新港东路 1226 号 20 层。

总包部人员由各二级单位抽调组成，内设工程部、安质部、工经部、财务部、综合部等部室，其中 BIM 应用部、物设部、征迁协调部及管线迁改部由中国中铁广州轨道交通指挥部统一设置、统筹指挥。全线下设一至十一分部，分别由中铁一局、中铁三局、中铁四局、中铁八局、中铁十局、中铁北京局、中铁广州局、中铁隧道局、中铁武汉电气化局、中铁电气化局、中铁建工集团 11 个参建单位组建而成。广州轨道交通七号线二期项目总包、各分部共到位主要管理及技术人员 465 人，其中总包部 21 人，分部以上负责人 49 人，其他专业技术人员 395 人，工人 818 人。

2019 年，广州轨道交通七号线二期完成产值 9.304 亿元，占年度计划的 88%，占合同额 89.9656 亿元的 10%。确定建管部级科研课题 3 项，分别为《考虑流固耦合作用的深厚砂层地铁车站基坑截水及变形分析关键技术研究》《复合地层三模盾构掘进机（TBM+ 泥水 + 土压）适应性研究及应用》《微振动矿山法施工技术研究》。

2019 年，广州市轨道交通七号线二期工程全线 11 座车站，9 座车站进行土建围护结构施工；剩余 2 个车站（深井站和姬堂站）正在进行管线迁改；全线 11 个区间，3 个中间风井，2 个明挖区间，其中已开始土建工程主体结构施工有 3 个点（大深井中风井、大姬中风井、水西至水西北明挖段），围护结构施工的有 2 个点（大深区间吊出井、科萝中风井），其余区间工点进行前期工程施工准备；姬堂停车场初步的用地红线图已送至区重点办，未完成从上堂变更到姬堂的调规，征地预公告无法办理，无法开展征迁相关工作。

截至 2019 年底，共计招标物资 16 种类，累计招标金额 3.18 亿元。2019 年，指挥部 BIM 应用部开展 BIM 技术应用及信息化建设，在广州轨道交通十一号线的建设基础上，主要在智慧工地建设、应用培训及实施推广方面开展工作。智慧工地建设方面，在七号线二期水西北站智慧工地试点站建设的基础上，将人脸识别门禁、车辆识别、视频监控、三维航拍、环境监测等系统推广至其余已开工工点；在施工信息化管理平台 2.0 应用培训及实施推广方面，先后组织七号线二期项目相关人员，针对平台的隐患排查、关键工序、标准化建模及三维技术交底等方面进行了培训并安排专业人员配合现场实施。（常　勇）

【领导人员】

金德成	指挥部指挥长、党工委副书记
王树伟	指挥部副指挥长
谢仁根	指挥部副指挥长、纪工委书记、工会工委主任
李应战	指挥部副指挥长

（唐艳静）

中国中铁股份有限公司孟加拉帕德玛大桥铁路连接线项目经理部

【简况】2018年7月3日，中国中铁股份有限公司孟加拉帕德玛大桥铁路连接线项目经理部（以下简称项目经理部）成立，是中国中铁股份有限公司直属项目经理部。项目经理部下设6个部门、1个小组，分别为综合管理部、财务部、设计技术部、工程管理部、商务合同部、采购管理部、市场经营工作小组，截至2019年12月31日，共有正式职工24人，外聘员工1人，孟加拉国籍员工22人，办公驻地位于孟加拉国达卡使馆小区12号路21号。

参与建设单位7个，根据业务性质分成7个分部，分别是中铁大桥局（一分部）、中铁一局（二分部）、中铁四局（三分部）、中铁武汉电气化局（四分部）、中铁工业（五分部）、中铁北京局（六分部）、中铁二院（设计分部）。截至年末，项目现场中方人员合计900余人，其中一分部340人，二分部198人，三分部202人，四分部2人，五分部7人，六分部133人，设计分部29人。

项目经理部2019年末资产合计30.1亿元，其中货币资金30138.6万元，项目的预收款存放在股份公司在中国进出口银行开立的两优账户中，由股份公司共管，该部分货币资金主要是项目管理的货币资金。预付账款155311.1万元，主要是预付给中铁内部分包商的预付工程款，其他流动资产115543.5万元，全部为与股份公司资金中心的往来款。固定资产主要为办公设备，其中原值为54.8万元，折旧为21.1万元，固定资产净值为33.7万元。2019年项目设备总量761台套，净值36397.17万元，总功率126893.5千瓦，人均动力装备率358.46千瓦/人，技术装备率102.82万元/人，设备完好率95.74%，设备利用率80.56%，机械化施工程度91%。

2019年《孟加拉国铁路建设关键技术研究》被列为股份公司引导课题，该课题包含深厚饱和粉细砂层桩侧摩阻特性及桩基设计研究、路基软基处理关键技术、多跨简支钢桁梁顶推施工关键技术、曲线混凝土梁节段预制拼装施工关键技术、宽轨轨道施工关键技术等5个子课题，并将随工程进展逐步完成各类课题研究工作。

（李宏伟　许孝华　晁明辉）

【工程简介】孟加拉帕德玛大桥铁路连接线项目是中孟两国政府“一带一路”建设的重点工程，由中国中铁股份有限公司以EPC方式承建。该铁路线是连接孟加拉国东西部客货运输的一条重要通道，线路起于孟加拉国首都达卡，经帕德玛公铁两用大桥至杰索尔为终点，全长168.6千米，工程造价约31.4亿美元，项目于2018年7月3日开工，计划竣工日期为2022年12月31日。新建铁路路基138.1千米、各类大中小桥全长30.5千米（其中高架铁路桥23.4公里）、涵洞230座。正线铺轨单线170.9千米（其中无砟轨道30千米），站线铺轨单线49.7千米，新建车站14座，改建车站6座。本项目部分使用中国标准。铁路建成后将成为“孟中印缅经济走廊”中铁路南部通道的重要组成部分。其中，铁路客运将采用中国制造的宽轨车厢，“中国建造”和“中国制造”将为孟加拉人民提供更安全、更舒适、更快捷、更便利的铁路运输服务。　（李宏伟）

表14-43　2019年中国中铁股份有限公司孟加拉帕德玛大桥铁路连接线项目经理部主要经济指标

项目	2019年	2018年	比上年增长/%
资产总额/亿元	30.10	42.03	-28.40
所有者权益/亿元	0.022	0.004	401.60
营业收入/亿元	16.88	1.92	779.16
利润总额/亿元	0.16	0.29	-45.00
净利润/亿元	0.16	0.29	-45.00
归属于母公司所有者的净利润/亿元	0.16	0.29	-45.00
技术开发投入/亿元	0	0	0
利税总额/亿元	0.16	0.29	-45.00
应交税金总额/亿元	0	0	0
净资产收益率/%	731.00	1316.00	减少585.00个百分点
总资产报酬率/%	0.54	0.97	减少0.40个百分点
国有资本保值增值率/%	401.60	0	增加401.00个百分点

制表：胡广明

【项目进展】主体工程完成情况：2019年完成产值23144.75万美元，占合同额313875万美元的7.37%。其中，路基本体填筑累计完成660万立方米，占比28.33%。PVD软基处理累计完成

838 万米，占比 31.72%；桩基累计完成 603 根，占比 10.39%。承台累计完成 25 个，占比 3.24%。节段梁预制累计完成 1035 片，占比 14.21%；涵洞累计完成 10 座，占比 5.23%。

征地拆迁进展情况：2019 年，管段（CH0+191~CH134+975）总长 138.1 千米（包括支线，不包括待分包给当地合作方的后 30 千米），已交付用地 101.4 千米，未交付用地 36.7 千米，占比 26.6%。未拆迁共计 850 处，影响长度 51.68 千米，占比 37.4%。其中，达卡—邦嘎段约 82 千米范围内，有部分建筑物、管网、公用管道未拆迁及部分土地未征用，影响施工的地段总长 21.08 千米，其中，“先通段”马瓦至邦嘎段影响施工的地段总长 8.24 千米；邦嘎—杰索尔段约 88 千米（包括后 30 千米），管段范围交付 19.406 千米施工用地，且已交地范围内除房屋、树林，电力线未拆除以外，还存在征地地界不足的问题，影响到施工的地段约 7.243 千米。（甘百文）

【经营管理】项目经理部代表股份公司对各所属单位在孟加拉国经营活动统筹协调。通过不定期组织召开在孟所属单位市场经营会议，保持与各所属单位经营人员的日常沟通。项目经理部直接参与推动达卡至吉大港快速铁路项目。2019 年 5 月，项目经理部与业主签署共同开发该项目的会谈纪要并于 8 月组织安排孟加拉国铁道部部长访华，并在北京与孟铁道部签署共同开发含该项目在内的一系列铁路项目的会谈纪要。（钟广洲）

【项目文化】孟加拉帕德玛大桥铁路连接线项目作为国家“一带一路”建设的重点工程，是宣传国家政策、中孟友好、公司形象的重要载体。项目始终宣贯中国中铁“勇于跨越、追求卓越”的企业核心价值理念，塑造一流企业“可敬”“可信”“可亲”的一流形象。2019 年，先后通过中国驻外媒体、孟加拉国当地媒体刊发播报项目新闻信息，利用国内外媒体讲好中孟友好的故事、讲好“一带一路”的故事、讲好中国铁路和中国中铁的故事、讲好中孟两国员工的故事。部分项目建设宣传照片获得中国驻孟加拉国大使馆举办的“一路有你，携孟同行”摄影比赛奖项，项目经理部荣获由中国驻孟加拉国大使馆颁发的“庆祝中华人民共和国成立 70 周年主题联展优秀组织奖”。开展多种形式的职工文娱活动、节日慰问和评优表彰活动。在庆祝祖国 70 华诞期间，聚焦氛围营造，深入开展“我爱你，中国——庆祝新中国成立 70 周年手机摄影大赛”“讴歌新时代、筑梦新丝路”国庆文艺汇演等系列活动，组织全体党员集中观看祖国 70 华诞阅兵直播，发动项目人员投稿参加“奋斗者 2019——视觉新国企”摄影作品比赛。“两节”期间成功举办 2020 年“迎新春”文艺汇演和体育比赛活动。开展项目经理部评先评优工作，对先进集体、先进个人授予“孟铁先锋”“孟铁之星”等称号。（秦　红）

【海外党建】孟加拉帕德玛大桥铁路连接线项目经理部党工委共有 4 个党工委、2 个党总支、14 个党支部，党员人数总计 143 人。2019 年，项目党工委创新海外项目党建工作，着眼别国差异，将党建工作融入项目建设，为施工组织管理提供坚实的思想保证、政治保证和组织保证。从严落实党风廉政建设“两个责任”，在项目管理和施工生产的全过程中廉政先行，强化党组织担负全面从严治党主体责任，积极履行党风廉政建设监督责任，保证工程建设健康有序地推进。（秦　红）

【信息化建设】孟加拉帕德玛大桥铁路连接线项目经理部是中国中铁首个上线 OA 系统的海外直属项目部，2019 年与业主建立 ZOOM 会议视频系统覆盖 7 个分部，并与股份公司建立云会议系统，中方人员海康系统建立，桌面云系统建立。（李宏伟）

【履行社会责任】2019 年孟铁项目部为沿线当地村民修建便道、书籍捐献、紧急救援等事例达 30 余件。针对项目管理需要和工程实际，倡导管理属地化，招录当地员工，带动当地民众就业。截至年末全项目

▲ 2019 年 12 月 31 日，孟加拉帕德玛大桥铁路连接线项目经理部一分部进行首孔箱梁架设

已雇用孟籍管理人员474人，劳务人员4785人。（秦　红）

【领导人员】

王　坤　党工委副书记、副总经理（主持工作）

崔文勇　党工委委员、副总经理

黄福波　党工委委员、副总经理、纪工委书记、工会工委主任

李永毅　党工委委员、副总经理、总工程师

（李宏伟）

中国中铁股份有限公司印尼雅万高铁项目经理部

【基本概况】中国中铁股份有限公司印尼雅万高铁项目经理部（简称印尼雅万项目经理部）是代表中国中铁股份有限公司全面履行印尼雅万高铁项目合同、代表股份公司负责印尼国别市场开发及区域经营活动的二级直属机构。经理部总部设在印尼西爪哇省万隆市Padalarang新城区。

2016年6月2日，印尼雅万项目经理部正式成立，并由中铁国际集团有限公司代为管理。2018年7月3日，为进一步有序推动印尼雅万高铁项目，股份公司将经理部管理关系调整为股份公司总部直接管理。

印尼雅万项目经理部内设“六部一室”，分别为综合部、财务部、工程管理部、安全质量环保部、工程经济部、物资设备部和中心试验室。下设三个分部，分别是中铁三局组建的第一分部、中铁四局组建的第二分部、中铁电气化局组建的第三分部。印尼雅万项目经理部同时代为管理设立在印尼首都雅加达的中国中铁印尼代表处。

截至2019年底，经理部（含分部）共有中国中铁员工326人（经理部25人，分部301人），其中：管理人员247人，技术工人79人。中级职称专业技术人员63人，高级专业技术人员28人，其中：正高级工程师7人，高级工程师15人，高级会计师4人，高级经济师2人。项目进场拌和站、钢筋加工设备、挖掘机、推土机、压路机、装载机、隧道施工设备、桥梁桩基设备、制梁设备、运输设备等共1093台（套）。

（田文翰）

【获奖情况】2019年，印尼雅万高铁项目经理部被国资委授予“境外项目党建示范线”称号。经理部一分部在雅万高铁中方联合体信用评价考核中上半年排名第一，下半年排名第二。2019年9月23日，经理部党工委书记、总经理张伟，中方管理人员沈超、张永利、王学仁、赵峰、朱少胜被雅万高铁中方联合体管委会评为“迎国庆70周年”先进个人。2019年12月19日，经理部党工委书记、总经理张伟任印尼中国商会理事会主席。（田文翰）

【主要指标】2019年，印尼雅万高铁项目经理部完成雅万高铁项目产值34.2亿元，占中方联合体下达经理部年度计划41.5亿元的82.4%。开累完成产值41.2亿元，占合同额96.2亿元的42.8%。

表14-44　　2019年中国中铁股份有限公司印尼雅万高铁项目经理部主要经济指标

项目	2019年	2018年	比上年增长/%
资产总额/亿元	3.65	7.29	-49.93
所有者权益/亿元	0	0	—
营业收入/亿元	21.34	0.57	3643.86
利润总额/亿元	0.34	0.0019	17795.00
净利润/亿元	0	0	—
归属于母公司所有者的净利润/亿元	0	0	—
技术开发投入/亿元	0	0	—
利税总额/亿元	0.64	0.04	1500.00
应交税金总额/亿元	0.006	0	—
净资产收益率/%	0	0	—
总资产报酬率/%	6.20	0.04	增加6.16个百分点
国有资本保值增值率/%	100.00	100.00	—

制表：韩泽新

【重大项目】印尼雅万高铁项目是国际上首个由政府主导搭台、两国企业对接进行合作建设和运营的高铁项目，是中国“一带一路”建设与印尼“全球海洋支点”战略对接的重要成果，是中国高铁第一次全系统、全要素、全生产链走出国门的重要实践，更是中国标准、中国技术、中国装备实现国际化的一次深度探索，对于中国高铁“走出去”具有重要的推动和示范效应。

项目始于印尼首都雅加达，止于万隆，全长142.30千米，设4座车站和1座动车段，最高设计时速350千米。2018年6月全面开工，总工期为36个月。项目采用EPC总承包建设模式，中国中铁主要负责设计线路里程85千米至

142 千米的土建工程施工，以及全线 142.30 千米电力与电气化工程的建设。

项目开工建设以来，印尼雅万高铁项目经理部实现了项目首桩、首台、首墩、首涵、首梁、首个软基础处理段等多个首件工程的建设和验收，为项目全线施工树立了样板。2019 年，德卡鲁尔车站、动走线、动车所软基处理和路基填筑基本完成；DK93+345~DK93+610 段区间路基完成路基填筑和边坡防护；桥梁工程具备开工条件地段已全部进场施工；重点解决了隧道驻地、斜井便道临时用地，弃渣场等制约隧道施工问题，9 个斜井全部进洞施工，其中 6 个斜井完成斜井开挖，已进入正洞施工，重点控制工程的 6 号隧道、8 号隧道、10 号隧道、11 号隧道都进入正常施工；四号制梁场通过了中铁检验认证中心桥梁产品认证。

截至 2019 年底，隧道工程：正洞开挖完成 3433 米，占总量的 29.8%；斜井开挖累计完成 1721.8 米，占总量的 82.7%。桥梁工程：钻孔桩开累完成 4376 根，占总量的 51.8%；承台开累完成 248 个，占总量的 31.8%；墩台身开累完成 21 个，占总量的 28.4%；9 月 24 日第一座连续梁顺利合龙；四号梁场累计完成 113 孔箱梁的预制，12 月 19 日完成首孔梁的架设。（田文翰）

【里程碑事件】 2019 年 5 月 14 日，印尼雅万高铁项目经理部一分部承建的瓦利尼隧道顺利实现贯通。2019 年 9 月 24 日，雅万高铁 DK1353 桥 22~25 号墩 48 米连续梁中跨合龙段混凝土浇筑完成，项目全线首座连续梁顺利合龙。2019 年 10 月 10 日，经理部四号制梁场一次性通过中铁检验认证中心桥梁产品认证，标志着雅万高铁预应力混凝土简支箱梁全面迈入批量化和规模化生产阶段。2019 年 11 月 5 日，股份公司党委书记、董事长张宗言在中国中铁印尼雅万高铁项目经理部党工委书记、总经理张伟陪同下，与印尼总统特使、海洋事务与投资统筹部部长卢胡特举行会谈，就高质量建设雅万高铁项目及加强基础设施投资建设合作进行了深入交流，并达成重要共识。（田文翰）

【党建工作】 2019 年，印尼雅万高铁项目经理部党工委把握"以党建促进项目建设"的思想主线，以"不忘初心、牢记使命"主题教育活动为抓手，扎实开展党建活动。一是中心组深入学习习近平总书记系列讲话精神，持续推动落实党中央和股份公司关于雅万项目的各项决策部署；二是落实党风廉政建设"两个责任"，强化制度管人、程序管事的理念，坚持推动内部评审制度，规范内部运作程序，突出对重大事项，重点环节、重要过程的管控；三是高度重视群众工作，积极组织开展群众工作、推进项目文化建设，形成了以党工团共建促进和谐的工作机制；四是认真抓好党员队伍管理。经理部在职党员 17 名，入党积极分子 1 名。重点做好 1 名入党积极分子的培养、考察和培训。同时，加强对党员监督管理，经理部党工委 2019 年度调入党员组织关系 3 份。（邹玉柱）

【履行社会责任】 印尼雅万高铁项目经理部设立工地培训学校，专门培养技术、安全、质量综合管理专业人才，加快印尼当地技术工人培养，缩短技术工人成长周期，为雅万高铁项目 3 年通车工期规划并定期开展大复合型职业技术人员培训。截至年末，已开展 4 期培训，培训印尼籍技术管理骨干员工 263 人。改造拓宽项目周边既有乡村道路约 7 千米，为当地的小学校捐赠书包等学习用具 50 份。修缮和迁改清真寺 5 座，惠及当地百姓。2019 年 5 月斋月期间，经理部（含分部）向当地社会捐赠价值约 5 万元的牛羊及物资。8 月古尔邦节期间，向当地社会捐赠价值约 4.7 万元的牛羊。12 月组织捐款折合 9000 元人民币现金及价值 7500 元救灾物资，捐给万隆地区受洪灾群众用于日常救急生活。全年累计捐赠约 7 万元人民币用于修缮当地清真寺、村庄道路及为当地小学生购买牛奶等。

2019 年，印尼雅万高铁项目经理部与万隆多个高校进行合作，确定以经理部二分部的工程部、试验室、现代化梁场为教学实践基地，涉及培训人员 209 人次。通过培训交流，建立了交流互信机制，促进了本地人才的培养和引进，在

▲ 2019 年 12 月 19 日，中国中铁印尼雅万高铁项目二分部 4 号梁场成功架设雅万高铁 1203 特大桥首片箱梁，成为雅万高铁万隆地区的首梁架设

展现中国中铁企业文化的同时，积极履行建设高铁项目对印尼人才培训的社会责任。（邹玉柱）

【跨文化融合】一是开展智库合作。与中国、印尼知名智库联合成立中印尼智库联盟，共同开展调查、研讨和研究，完成《基础设施行业在印度尼西亚国别投资风险与机遇研究》和《基础设施行业在印度尼西亚投资风险机遇月度分析》两项研究成果。二是传播中国企业品牌形象。通过开展走进印尼社区、组织当地民众策划、开展系列文化融合活动，举办公众开放日活动，与当地孔子学院联合举办类似“万隆精神论坛”等文化交流活动全方位开展“跨文化融合”活动。（邹玉柱）

【领导人员】

张　伟　党工委书记、总经理

胡启升　党工委副书记、副总经理、纪工委书记

王外存　副总经理、总工程师

梁　良　财务总监、工会工委主任（邹玉柱）

中国中铁股份有限公司哈大铁路客运专线工程指挥部

【配合业主单位组织开展项目收尾工作】2019年项目部主要配合业主要求，组织对开通运营中存在的质量问题进行维修整改。根据实际运营情况和业主要求，对质量保修期内的质量问题负责维修，以保证开通铁路的运营安全；配合沈阳铁路局开展全线桥梁墩身裂纹和无砟轨道CA砂浆裂纹或断裂的调查与治理；组织中铁二局开展鞍山隧道出入口雨棚加固及增加检查设施的新增工程实施；组织各工程局对全路无砟轨道路基混凝土封层质量问题排查结果进行线上治理。配合哈大客专公司土地取证工作，截至年末剩余总量的30%，根据业主需要，组织各局对取证工作给予配合；配合业主“四场一地”审价及复垦遗留工作。配合哈大客专公司在全线开展高铁沿线外部环境治理工作，重点对高铁上跨电力线的排查工作。根据国家对高铁周边环境整治的具体要求，积极配合建设单位对哈大高铁沿线上跨电力线进行逐个排查，确定存在倒落侵限的具体位置，方便后续工作开展。（姜成财）

【开展归档资料整理工作】2019年根据股份公司关于档案移交的具体要求，完善指挥部内外合同及验工计价文件、会计账项等资料的整理、补充、装订及归档工作。（姜成财）

【依法合规做好“四场一地”工作】2019年项目部组织各参建单位做好“四场一地”审价资料的整理、提报工作，与审价单位积极沟通，有理有据确认项目及费用。与建设单位协商“四场一地”合同及补充协议的签订方式及相应内容。（姜成财）

【验工计价】2019年项目部三电迁改工程完成对建设单位验工计价2949万元，完成对参建单位验工计价3139万元。做好项目收尾阶段各项基础台账的完善工作。完善验工计价体系，验工数量、计价金额和其他费用三个模块，各季度动态更新的管理台账，为大标段、多单位、长周期的繁杂验工计价工作提供准确、高效的基础数据支撑。加强与哈大公司交流沟通，争取事前指导和支持，避免盲目和重复工作，提高了工作效率，取得良好效果。（姜成财）

【剩余重大费用分劈工作】哈大指挥部根据哈大公司关于TJ-1标段不实施工程的最终批复，按照各工程局施工内容，依据股份公司与各工程局集团签订的《施工责任承包书》（中铁十三局为《施工分包合同》）及其补充协议，对各单位的桥下绿化及洞穴处理等费用进行验工计价。（姜成财）

【账务清理】受多方因素影响，哈大指挥部与业主账务往来一直存在不同程度差异，给正常的会计核算和财务决算造成了不同程度影响。2019年12月，哈大指挥部将2007年至2019年的账务通过逐笔与业主核对资金及激励约束考核费、甲供材料等项目，找出差异原因，明确差异处理方案，解决了前期因业主核算不规范，转账无通知书等原因导致的甲供料款等项目金额双方入账金额不一致、业主账面错记、重复记录部分款项的问题。在核对处理基础上，哈大指挥部与哈大公司对资金拨付、甲供材料下转、激励约束考核费验工与拨款数等分别进行了往来签认，形成了书面材料，完成了哈大指挥部与业主往来的核对，进一步厘清了账务往来，为即将到来的清概工作做好铺垫。

2019年，哈大指挥部重新梳理了工程款收付台账、职工社保扣缴台账、税费缴纳台账、职工薪酬台账等电子台账，对相关基础资料进行了整理归类积极做好基础工作为项目交验做好准备。（姜成财）

【财务共享系统上线】2019年5月15日，股份公司召开直属机构财务共享推广上线业务培训会。会议对股份公司直属机构财务人员进行共享系统及G6系统使用培训。7月1日，哈大客运专线及哈大三电迁改指挥部具备了共享系统上线条件，财务核算正式由浪潮GS系统切换为共享系统。（姜成财）

中国中铁股份有限公司双辽至洮南公路建设项目第ST01合同段项目总经理部

【项目概况】中国中铁股份有限公司于2018年5月15日接到双辽至洮南公路建设项目第ST01合同段项目（简称中国中铁双洮公路项目）中标通知书，由中国中铁股份有限公司、北京铁路局、北京云星宇交通科技股份有限公司

组成的联合体中标。该项目是《国家高速公路网》中大庆至广州高速公路（G45）双辽至嫩江联络线（G4512）的一部分，也是《吉林省高速公路网》中重要组成部分，项目起自双辽市，主要经由双辽市、长岭县、通榆县至终点洮南市。主线全长187.203千米，连接线全长13.289千米，全线采用沥青混凝土路面结构，项目总造价110.74亿元，工程施工造价64.33亿元，合同工期36个月，计划2021年5月30日前通车。项目路基、路面、桥涵、绿化、房建等工程由中国中铁所属中铁四局、中铁五局、中铁七局、中铁十局、中铁北京局承担施工任务，三级公司负责现场施工；全线机电、交安工程等由北京云星宇公司承担施工任务；全线物资由中铁物贸集团公司集中采购供应。（张　龙）

【职工队伍】项目总经理部内设6个职能部门：技术质量部、安全生产部、计划合同部、财务会计部、党群工作部、综合办公室。截至2019年底，定编员工总人数25人，其中班子成员6人，其他管理人员19人。学历结构：硕士生1人，占总人数的4%；大学本科生23人，占总人数的92%；大专生1人，占总人数的4%。年龄结构：30岁及以下4人，占总人数的16%；31～40岁12人，占总人数的48%；41～50岁4人，占总人数的16%；50岁以上5人，占总人数的20%。职称结构：工程系列15人，占总人数的60%，其中教授级工程师1人，高级工程师6人，工程师8人；经济系列人员2人，占总人数的8%，其中经济师1人，初级1人；会计系列人员3人，占总人数的12%，其中会计师1人，初级2人；政工系列人员5人，占总人数的20%，其中高级政工师3人，政工师1人，初级1人。公路、建筑一级建造师6人。（李海成）

【主要指标】2019年，项目完成产值37.1亿元，超额完成业主下达年度产值计划32.8亿元的11.3%。开累完成产值47亿元，占合同额53.1亿元的88.6%。2019年实现营业收入31.8亿元，超额完成股份公司下达指标25.5亿元的24.9%；实现经营性现金净流量0.49亿元，超额完成股份公司下达指标0.47亿元的4.0%；归属于母公司净利润0.49亿元，超额完成股份公司下达指标0.47亿元的4.0%；缴纳上缴款0.49亿元，超额完成股份公司下达指标0.47亿元的4.0%；管理费用率为0.7%，小于股份管理费用率2%控制指标。（石江波　卢倩华）

▲ 中国中铁双洮高速公路项目智能摊铺作业

【工程施工】2019年，项目总经理部坚持目标和问题“两个导向”，明确施工进度和安全生产“两个重点”，围绕标准化管理和执行力建设“两个抓手”，确保实现创优目标和培养优秀人才“两个成果”，紧盯进度、安全、质量、成本、文明环保、绩效管理六大目标，不断推动项目高质量发展。

安全管理。落实安全生产责任体系，完善安全生产管理制度，严格执行有关规定，对现场违规违章等不安全行为及时制止、整改，做到有据可依，有据必依。定期召开安全总监述职会议6次，推进落实“管”“监”分离，对全线安全管理工作进行总结和部署，查找工作中的矛盾和不足，找准安全生产工作中存在的突出问题，提出解决措施。强化学习、加强全员安全教育培训，建立安全培训基地、VR体验馆，利用现代化的培训手段组织新进场人员培训，对安全隐患进行模拟、体验，提高施工人员安全生产意识和防范能力，夯实安全生产基础。强化主线交叉道口交通安全管控，对全线交叉道口设置统一标准的安全警示牌，指派专人看守道口，确保交通安全。强化预控，加强日常监管，开展隐患排查，对存在的安全隐患下发整改通知单，按期及时整改。落实上下班接送班车制度，确保工人上下班安全。抓好施工总承包大兵团作战模式安全管理工作的管控协调，保证项目本质安全。目前，项目安全可控。2019年，项目累计大件运输1066476千米，起吊19334次，架设钢筋混凝土梁、钢梁5246片，计172座。

质量管理。编制和完善管理制度，做到技术管理工作规范化、制度化。确定工艺标准，累计编制施工工艺标准18项。实行首件工程

认可制，编制首件工程认可制管理办法，推进样板引路，实现全线首件工程两级控制、全覆盖。全年共组织集中办公 8 次，审批各类技术方案 128 份；组织并参加各类技术培训会 5 次，召开专题会议 5 次。完善三级技术交底，掌握现场施工技术，严管现场施工质量，把握关键工序、关键环节的质量要点，做到闭环管理；对质量通病进行分析、总结和解决。督导各参建单位做好各项施工方案，杜绝质量事故发生。全线共设置大型水泥土拌和站 55 座，创造了日产水泥土 11 万多立方米的全国第一纪录，实现全线总计 885 万立方米水泥土的全部厂拌。

进度管理。2019 年，项目实体工程量完成情况：路基工程完成 100%；桥涵工程完成 100%；路面工程 AC 以下完成 100%，AC-20 完成 88.6%，SMA-13 完成 2%；附属工程完成 85%；绿化工程中互通区完成 73%，服务区完成 39%。

创收增效。项目总经理部全年组织召开二次经营专题会 4 次，共梳理出二次经营项目 76 小项，其中共性问题 26 项，个性问题 50 项。截至 2019 年 12 月，已累计完成降本增效 4 亿元。

（赵海滨　张　龙　卢倩华）

【信息化建设】大力推进安全管理信息化建设，在靠近省道的临建站厂出入口安装智能监控预警系统，龙门吊安装防碰撞红外报警装置，确保交通安全无事故；高标准推动互联网 + 质量安全管理系统建设，在 BIM 技术研发和应用领域，提出利用物联网收集数据、互联网传输数据、BIM 模型存储数据，瞄准 5G、大数据、云计算的研发思想，建立完善 BIM 技术应用、经验交流平台和机制，联合各方在全线推广 BIM 技术应用，设专职管理人员 10 人，开展 BIM 技术应用宣贯会等一系列活动 20 余次。成立联合课题组，依托双洮高速公路开展《基于 BIM 技术的高速公路建设管理平台系统开发》课题研究；全面引进智能化操作设备，全线共引进智能路基压实设备 119 台，智能钢筋弯箍机、智能钢筋弯曲机、数控钢筋笼滚焊机、数控钢筋弯圆机 53 台，路面智能摊铺系统 6 套，路基强夯设备 40 余套，为工程质量保驾护航；引进智能绿化二维码系统，对绿化种植详细信息进行检查、统计和对比分析，高标准推进绿化施工；推进智慧党建信息化建设，通过 VR+ 党建形式，开启智能化学习教育模式。

（曹　璐）

【创新创优】2019 年，双洮高速公路项目总经理部被授予全国“工人先锋号”、全国“优秀质量管理小组”、全国“青年安全生产示范岗”，吉林省“工人先锋号”、吉林省“安康杯”竞赛优胜单位、吉林省安全生产协会“常务理事单位”、吉林省“平安工地”示范创建项目，中国中铁“三基建设”示范党支部、中国中铁“红旗项目部”、中国中铁“青年文明号”、中国中铁“项目文化建设示范点”、中国中铁“优秀青年安全质量监督岗”、中国中铁“绿色施工科技示范工程”、中国中铁“安全标准工地”、中国中铁“示范道德讲堂”等国家级、省部级和股份公司称号。项目累计荣获各级先进集体表彰 222 项、先进个人表彰 622 人次。项目总经理高兴泽获选新中国成立 70 周年天安门国庆观礼嘉宾，被评为吉林省工程建设“优秀项目经理”、吉林省建筑工程质量专家、新中国成立 70 周年中国中铁“典型人物”称号；党工委书记孙玉国、总经理高兴泽、总工程师粟勇荣获首届中国公路学会“交通 BIM 工程创新奖”个人成果奖；党工委副书记孙化文被评为“吉林省劳动模范”；总工程师粟勇获吉林省建筑工程质量专家称号；副总经理欧有扬被评为通榆县“劳动模范”；财务会计部部长石江波获“火车头奖”；安全生产部部长赵海滨被评为吉林省“安康杯”竞赛先进个人；综合办公室主任毛家鹏、二工区项目经理郭鸿强被评为中国中铁劳动模范；党群工作部雷扬被评为中国中铁青年岗位能手。一大批先进集体和个人在建设指挥部举行的年度总结表彰大会上受到表彰。

2019 年，项目召开创优工作推进会 4 次，总结、提炼、评选和推广技术与管理各类成果，并在实践中逐步转化为施工标准，积极协调各参建单位开展科研课题研究，签订创优创新责任状，推进项目创优工作。累计拥有科研课题 20 项，QC 小组活动课题 20 项，工法 21 项，专利 15 项。科技创新工作已获得国家级奖项 4 项，国家级实用新型专利 1 项，省部级奖项 4 项。《基于 BIM 技术的高速公路建设管理平台》研究课题获中国公路学会交通 BIM 工程创新奖二等奖，获中勘协第十届“创新杯”建筑信息模型（BIM）应用大赛拓展应用类和基础设施工程建设类二等奖、中国建筑业协会第四届建设工程 BIM 大赛二类成果，被评为吉林省第一届建设工程 BIM 大赛 BIM 应用示范项目，获吉林省第一届建设工程 BIM 大赛一等奖、中国中铁青年“双洮杯”BIM 大赛优秀组织奖。总经理部“振兴东北路先行 QC 小组”被评为全国优秀质量管理小组。另已完成中国施工企业管理协会绿色建造施工水平评价、吉林省工程项目绿色建造施工水平评价、吉林省建设工程“长白山杯”奖（省优质工程）等奖项的申报工作。

（张　龙　李海成）

【党建工作】2019 年，中国中铁双洮高速公路项目总经理部党工委坚持以中国中铁党委“三基建设”和制度要求为抓手，规范党内组织生活，全面提升全线基层党建工作质量。项目总经理部统一指挥、统一部署，统一行动，深入学习贯彻习近平新时代中国特色社会主义思想和党的十九届二中、三中、四中全会精神，增强“四个意识”、坚定“四个自信”，做到“两个维护”，认真开展“不忘初心、牢记使命”主题教育，持续开展“双洮高速党旗红，全面创优当先锋”、“三面旗帜进班组，工匠精神铸精品”党建主题活动、“中国中铁双洮杯”5+2战役建功立业劳动竞赛和项目管理实验室活动。组织召开“决战必胜，实现项目建设高质量发展；再创佳绩，向新中国成立70周年献礼”誓师大会。开展向革命烈士纪念碑敬献花篮爱国主义教育活动、“我和我的祖国”快闪活动、制作《我和我的祖国》视频短片、“传承的力量——小小中铁人”等迎接新中国成立70周年系列活动；组织全线职工集中观看国庆阅兵，认真学习习近平总书记国庆重要讲话精神；邀请国庆观礼嘉宾——全国劳动模范代表、项目总经理高兴泽分享天安门观礼感悟；开展向吉林省劳动模范孙化文学习交流座谈会。组织召开中国中铁青年“双洮杯”BIM大赛、中国中铁“双洮杯”技能大赛，承办吉高集团建设项目技能竞赛，切实提升职工技能，打造“人才双洮”。以人为本，加强“幸福之家”建设，冬送温暖、夏送清凉、金秋助学、先进女职工表彰座谈会、青年对标学习思想交流座谈会等。党政纪工团全面发力，多措并举，极大激发提振了全线参建员工士气。全年开展党建文化活动共计27项，“三会一课”“一月一案例”廉政警示教育共计150余次，“三重一大”决策事项35项，形成会议纪要9份。项目6次登上吉林《新闻联播》，3次登上《学习强国》，工程建设情况被中央级、省部级媒体专题报道60余篇，刊发转载2000余次，项目总经理部微信公众平台推送107篇，提升了中国中铁在吉林省的品牌影响力和美誉度。（雷　扬）

【履行社会责任】积极发扬央企担当精神，践行央企社会责任，全面落实项目和谐稳定“12378”工作制度。全线累计为吉林沿线市县创缴纳税34701万元。开展“守初心、担使命”弘扬革命精神践行动活动，为抗日民族英雄杨靖宇烈士后人捐款，全线参建员工（含1名不到两岁的“小小中铁人”）共计1245名建设者募捐善款118.2万元。慰问走访当地老人，为周围失火村庄积极提供无偿救援，当地敬老院、村党支部向双洮项目送来“学雷锋爱洒老年公寓，献爱心情暖千家万户”“危难之中显真情，大火无情人有情”锦旗。（雷　扬）

【领导人员】

孙玉国　党工委书记
高兴泽　总经理、党工委副书记
孙化文　党工委副书记、纪工委书记、工会工委主任
刘运洪　副总经理
欧有扬　副总经理
艾　松　副总经理、安全总监
栗　勇　副总经理、总工程师、质量总监

（李海成）

CHINA RAILWAY ENGINEERING CORPORATION YEARBOOK
附录

表 15-1

中国铁路工程集团有限公司 2019 年新签合同额（一）

单位：万元

项目	中铁一局	中铁二局	中铁三局	中铁四局	中铁五局	中铁六局	中铁七局	中铁八局	中铁九局	中铁十局	中铁大桥局	中铁隧道局	中铁电气化局	中铁武汉电气化局	中铁建工	中铁广州局	中铁上海局	中铁北京局	中铁国际	东方国际
总 计	16161854	11457254	13873813	16500251	12787833	8087641	8540086	7381924	4691975	11028625	4421194	7729225	7090580	1827963	15061703	4208497	7046151	5828532	3937518	31176
一、境内	15334251	11367629	13621313	15935480	12310135	7895831	7462568	7196558	3731412	9753358	3760772	7405933	6076278	1590168	14592114	4207428	6902821	5679469	337537	0
(一) 基建建设	13319515	10454303	12252357	13831168	9853838	7272148	5653075	6478681	3723597	9178032	3079144	6670478	3421226	1478933	11688764	4207428	6684894	5637205	0	0
1. 铁路工程	2132355	1375756	3268889	2312601	1992917	1099866	329327	773407	542027	2154019	377085	518509	1309879	441246	1420477	1198719	767663	968769	0	0
2. 公路工程	2819127	1478153	2973917	884860	1496788	2126210	1203134	777038	744067	1321369	1296654	1072311	31225	7614	87992	581172	335151	1116922	0	0
3. 市政工程	2527839	2423097	1726108	4108384	2113622	2164798	777919	1300544	1209792	2336302	728221	2203186	181146	15431	642132	1202285	2122328	310372	0	0
4. 房建工程	2063957	3078593	2194951	2654740	1658715	1144723	2041710	2351894	932332	2265037	388443	312201	146443	342686	9040038	676732	2601874	2796520	0	0
5. 水利电力工程	261952	464122	557309	67714	923842	10476	371772	323317	0	501995	0	802870	0	0	7049	17138	0	0	0	0
6. 港口与航道工程	0	0	0	14095	0	0	0	0	0	3133	0	0	0	0	0	256711	0	0	0	0
7. 机场工程	0	0	0	8016	226	0	0	0	0	0	0	2937	0	0	53576	0	0	104337	0	0
8. 城市轨道交通工程	3444408	1567838	1470589	3459504	1046009	726076	854271	879228	284168	595176	0	1458940	1620556	537583	273681	261216	857878	340283	0	0
9. 其他工程	69876	66744	60593	321254	621718	0	74942	73253	11211	1001	288741	299524	131977	134373	163818	13454	0	0	0	0
(二) 勘察设计	4253	7192	5469	20722	0	2684	0	23226	2421	942	239	3803	0	210	20011	0	0	0	0	0
1. 铁路工程	152	296	2113	3472	0	2655	0	966	1433	272	43	0	0	0	0	0	0	0	0	0
2. 公路工程	0	0	1713	148	0	0	0	208	31	5	5	1166	0	0	0	0	0	0	0	0
3. 市政工程	0	700	240	13397	0	0	0	21981	930	66	150	20	0	0	0	0	0	0	0	0
4. 房建工程	4101	6019	1404	3705	0	29	0	0	26	0	0	0	0	0	20011	0	0	0	0	0
5. 水利电力工程	0	0	0	0	0	0	0	0	0	0	0	0	0	0	0	0	0	0	0	0
6. 港口与航道工程	0	0	0	0	0	0	0	0	0	0	0	0	0	0	0	0	0	0	0	0
7. 机场工程	0	0	0	0	0	0	0	0	0	0	0	0	0	0	0	0	0	0	0	0
8. 城市轨道交通工程	0	176	0	0	0	0	0	70	0	0	0	0	0	0	0	0	0	0	0	0
9. 其他工程	0	0	0	0	0	0	0	0	0	599	42	2617	0	210	0	0	0	0	0	0
(三) 工业	138360	0	153527	54451	0	201735	0	36276	0	0	5829	44503	226250	1479	19643	0	0	0	0	0
(四) 房地产	1771	332350	0	106763	1379000	14000	1015848	302803	1000	31137	183837	0	249157	0	2617315	0	0	42264	0	0
(五) 基础设施投资业务	1511757	283771	1110104	1900568	693706	378749	698887	0	0	461725	181873	678634	2110188	90076	242999	0	196478	0	134101	0
1. 铁路工程	0	283771	308489	0	0	0	0	0	0	308489	0	0	821597	90076	52999	0	0	0	0	0
2. 公路工程	0	0	484569	861961	572854	204850	401467	0	0	153236	0	678634	0	0	0	0	0	0	0	0
3. 市政工程	1511757	0	317046	548836	120852	173899	0	0	0	0	181873	0	1288591	0	0	0	196478	0	0	0
4. 房建工程	0	0	0	489771	0	0	0	0	0	0	0	0	0	0	190000	0	0	0	134101	0

续表

项目	中铁一局	中铁二局	中铁三局	中铁四局	中铁五局	中铁六局	中铁七局	中铁八局	中铁九局	中铁十局	中铁大桥局	中铁隧道局	中铁电气化局	中铁武汉电气化局	中铁建工	中铁广州局	中铁上海局	中铁北京局	中铁国际	东方国际
5. 水利电力工程	0	0	0	0	0	0	175893	0	0	0	0	0	0	0	0	0	0	0	0	0
6. 港口与航道工程	0	0	0	0	0	0	0	0	0	0	0	0	0	0	0	0	0	0	0	0
7. 机场工程	0	0	0	0	0	0	0	0	0	0	0	0	0	0	0	0	0	0	0	0
8. 城市轨道交通工程	0	0	0	0	0	0	0	0	0	0	0	0	0	0	0	0	0	0	0	0
9. 其他工程	0	0	0	0	0	0	121526	0	0	0	0	0	0	0	0	0	0	0	0	0
（六）矿产资源	0	0	0	0	0	0	0	0	0	0	0	0	0	0	0	0	0	0	0	0
（七）技术咨询	0	0	0	1310	0	0	0	0	4325	0	20706	6171	5430	0	0	0	0	0	0	0
（八）工程监理	4749	0	0	2289	0	0	0	0	0	0	6194	0	5998	0	0	0	0	0	0	0
（九）批发零售贸易	298595	242250	0	446	375742	8508	94758	265487	0	81522	278375	0	56543	19471	0	0	21449	0	203436	0
（十）机械租赁	7883	0	0	0	0	11553	0	0	0	0	3852	0	0	0	0	0	0	0	0	0
（十一）其他	47369	47763	99856	17764	7850	6454	0	90086	69	0	723	2344	1487	0	3384	0	0	0	0	0
二、境外	827603	89625	252500	564771	477698	191810	1077518	185366	960563	1275267	660422	323292	1014302	237795	469589	1069	143330	149063	3599981	31176
（一）基建建设	827603	89625	220000	564771	477698	191810	1077518	185139	959106	403371	660422	323292	1013094	237795	469589	1069	143330	149063	2957367	31176
1. 铁路工程	58340	89625	0	57101	336535	0	2960	0	720248	0	162840	0	982075	233511	0	1069	143330	0	647215	0
2. 公路工程	404755	0	220000	65666	24152	0	356017	548	1095	155519	195891	226370	0	0	0	0	0	0	14920	10219
3. 市政工程	69337	0	0	259143	2070	0	14422	5962	3842	0	0	0	0	4284	17855	0	0	0	127287	0
4. 房建工程	256157	0	0	182862	114941	191810	149256	56000	109012	157797	0	0	0	0	442950	0	0	0	1639721	20957
5. 水利电力工程	0	0	0	0	0	0	13958	6191	0	11397	0	0	0	0	0	0	0	0	135116	0
6. 港口与航道工程	0	0	0	0	0	0	0	0	0	0	0	0	0	0	0	0	0	0	0	0
7. 机场工程	926	0	0	0	0	0	0	0	0	0	0	0	0	0	0	0	0	149063	0	0
8. 城市轨道交通工程	22721	0	0	0	0	0	0	0	0	0	0	96922	0	0	0	0	0	0	0	0
9. 其他工程	15367	0	0	0	0	0	540905	116438	124909	78658	301691	0	31019	0	8784	0	0	0	393108	0
（二）勘察设计	0	0	0	0	0	0	0	0	0	0	0	0	0	0	0	0	0	0	583275	0
（三）工业	0	0	0	0	0	0	0	0	0	0	0	0	1208	0	0	0	0	0	8869	0
（四）矿产资源	0	0	32500	0	0	0	0	0	0	66157	0	0	0	0	0	0	0	0	0	0
（五）对外劳务合作	0	0	0	0	0	0	0	0	0	0	0	0	0	0	0	0	0	0	50470	0
（六）其他	0	0	0	0	0	0	0	227	1457	805739	0	0	0	0	0	0	0	0	0	0

表 15-2

中国铁路工程集团有限公司 2019 年新签合同额（二）

单位：万元

项目	中铁二院	中铁六院	中铁设计	中铁大桥院	中铁科研院	中铁华铁	中铁工业	中铁置业	中铁文旅	中铁资源	中铁物贸	中铁信托	中铁财务	中铁资本	中铁交通	中铁南方	中铁投资	中铁开投	中铁城投	中铁上投
总 计	2320254	501175	1124709	274346	296405	293809	3585592	6165974	2867225	1363159	6100516	182000	142100	100160	4456403	8303006	12127304	8261988	8803466	5383647
一、境内	1946596	495929	1113144	259656	279592	293645	3378544	6165974	2867225	363223	6100516	182000	142100	91903	4456403	8303006	12127304	8261988	8803466	5383647
（一）基建建设	479503	185817	758386	85059	128585	148750	0	0	465283	0	0	0	0	0	908454	6772993	1374387	0	3350766	2286847
1. 铁路工程	68718	67930	144542	75019	65536	0	0	0	0	0	0	0	0	0	908454	0	0	0	0	0
2. 公路工程	29246	0	0	0	18436	0	0	0	0	0	0	0	0	0	0	87378	0	0	66264	0
3. 市政工程	215693	45740	307728	3136	22951	0	0	0	146723	0	0	0	0	0	0	4406112	306999	0	242923	358519
4. 房建工程	0	777	277393	6904	749	148750	0	0	318560	0	0	0	0	0	0	307525	230875	0	0	1377290
5. 水利电力工程	0	0	0	0	0	0	0	0	0	0	0	0	0	0	0	0	0	0	0	0
6. 港口与航道工程	0	0	0	0	0	0	0	0	0	0	0	0	0	0	0	0	0	0	0	0
7. 机场工程	0	0	0	0	0	0	0	0	0	0	0	0	0	0	0	0	0	0	0	0
8. 城市轨道交通工程	165846	71370	28333	0	0	0	0	0	0	0	0	0	0	0	0	1714208	836513	0	3041579	551038
9. 其他工程	0	0	390	0	20913	0	0	0	0	0	0	0	0	0	0	257769	0	0	0	0
（二）勘察设计	825876	241879	256383	147972	16371	80692	0	0	0	0	0	0	0	0	0	0	0	0	0	0
1. 铁路工程	385153	27857	100506	39352	3347	7713	0	0	0	0	0	0	0	0	0	0	0	0	0	0
2. 公路工程	42894	68	3194	41529	4261	0	0	0	0	0	0	0	0	0	0	0	0	0	0	0
3. 市政工程	149326	34409	31779	52328	321	0	0	0	0	0	0	0	0	0	0	0	0	0	0	0
4. 房建工程	2579	32905	18374	3749	659	40145	0	0	0	0	0	0	0	0	0	0	0	0	0	0
5. 水利电力工程	0	0	0	0	0	0	0	0	0	0	0	0	0	0	0	0	0	0	0	0
6. 港口与航道工程	0	0	0	0	0	0	0	0	0	0	0	0	0	0	0	0	0	0	0	0
7. 机场工程	0	0	0	0	0	0	0	0	0	0	0	0	0	0	0	0	0	0	0	0
8. 城市轨道交通工程	245447	144219	102490	8505	6320	32834	0	0	0	0	0	0	0	0	0	0	0	0	0	0
9. 其他工程	477	2421	40	2509	1463	0	0	0	0	0	0	0	0	0	0	0	0	0	0	0
（三）工业	0	0	0	0	11755	0	3200920	0	0	0	0	0	0	0	0	0	0	0	0	0
（四）房地产	3217	0	0	0	0	0	0	6093878	2401942	0	0	0	0	0	25367	0	983000	93995	803600	3096800
（五）基础设施投资业务	277110	0	0	0	0	0	0	0	0	0	0	0	0	0	3522582	1530013	9769917	8167993	4649100	0
1. 铁路工程	0	0	0	0	0	0	0	0	0	0	0	0	0	0	0	0	1600000	0	0	0
2. 公路工程	0	0	0	0	0	0	0	0	0	0	0	0	0	0	3522582	0	3447599	3588300	4649100	0
3. 市政工程	0	0	0	0	0	0	0	0	0	0	0	0	0	0	0	1530013	4722318	4579693	0	0
4. 房建工程	0	0	0	0	0	0	0	0	0	0	0	0	0	0	0	0	0	0	0	0

续表

项目	中铁二院	中铁六院	中铁设计	中铁大桥院	中铁科研院	中铁华铁	中铁工业	中铁置业	中铁文旅	中铁资源	中铁物贸	中铁信托	中铁财务	中铁资本	中铁交通	中铁南方	中铁投资	中铁开投	中铁城投	中铁上投
5. 水利电力工程	0	0	0	0	0	0	0	0	0	0	0	0	0	0	0	0	0	0	0	0
6. 港口与航道工程	0	0	0	0	0	0	0	0	0	0	0	0	0	0	0	0	0	0	0	0
7. 机场工程	0	0	0	0	0	0	0	0	0	0	0	0	0	0	0	0	0	0	0	0
8. 城市轨道交通工程	277110	0	0	0	0	0	0	0	0	0	0	0	0	0	0	0	0	0	0	0
9. 其他工程	0	0	0	0	0	0	0	0	0	0	0	0	0	0	0	0	0	0	0	0
（六）矿产资源	0	0	0	0	0	0	0	0	0	318027	0	0	0	0	0	0	0	0	0	0
（七）技术咨询	115990	19115	49913	16357	74972	0	0	0	0	0	0	0	0	0	0	0	0	0	0	0
（八）工程监理	44049	27814	42253	10268	39548	64203	0	0	0	0	0	0	0	0	0	0	0	0	0	0
（九）批发零售贸易	0	0	0	0	0	0	0	0	0	0	6100516	0	0	0	0	0	0	0	0	0
（十）机械租赁	0	0	0	0	0	0	130868	0	0	0	0	0	0	50990	0	0	0	0	0	0
（十一）其他	200851	21304	6209	0	8361	0	46756	72096	0	45196	0	182000	142100	40913	0	0	0	0	0	0
二、境外	373658	5246	11565	14690	16813	164	207048	0	0	999936	0	0	0	8257	0	0	0	0	0	0
（一）基建建设	323651	1500	0	0	0	0	0	0	0	0	0	0	0	0	0	0	0	0	0	0
1. 铁路工程	230286	1500	0	0	0	0	0	0	0	0	0	0	0	0	0	0	0	0	0	0
2. 公路工程	0	0	0	0	0	0	0	0	0	0	0	0	0	0	0	0	0	0	0	0
3. 市政工程	0	0	0	0	0	0	0	0	0	0	0	0	0	0	0	0	0	0	0	0
4. 房建工程	0	0	0	0	0	0	0	0	0	0	0	0	0	0	0	0	0	0	0	0
5. 水利电力工程	93365	0	0	0	0	0	0	0	0	0	0	0	0	0	0	0	0	0	0	0
6. 港口与航道工程	0	0	0	0	0	0	0	0	0	0	0	0	0	0	0	0	0	0	0	0
7. 机场工程	0	0	0	0	0	0	0	0	0	0	0	0	0	0	0	0	0	0	0	0
8. 城市轨道交通工程	0	0	0	0	0	0	0	0	0	0	0	0	0	0	0	0	0	0	0	0
9. 其他工程	0	0	0	0	0	0	0	0	0	0	0	0	0	0	0	0	0	0	0	0
（二）勘察设计	45683	3746	11565	14690	0	30	0	0	0	0	0	0	0	0	0	0	0	0	0	0
（三）工业	0	0	0	0	596	0	207048	0	0	0	0	0	0	0	0	0	0	0	0	0
（四）矿产资源	0	0	0	0	0	0	0	0	0	976474	0	0	0	0	0	0	0	0	0	0
（五）对外劳务合作	0	0	0	0	0	0	0	0	0	0	0	0	0	0	0	0	0	0	0	0
（六）其他	4324	0	0	0	16217	134	0	0	0	23462	0	0	0	8257	0	0	0	0	0	0

表 15-3　　2019 年中国中铁各二级公司新签合同额完成情况排名

排名	单位名称	2019 年度新签额		2018 年	同比增长率 / %
		完成额 / 亿元	其中总承包额 / 亿元	完成额 / 亿元	
一、工程局集团公司					
1	中铁四局	1650.0	1439.6	1392.2	18.5
2	中铁一局	1616.2	1414.7	1381.2	17.0
3	中铁建工	1506.2	1215.8	1408.0	7.0
4	中铁三局	1387.4	1247.2	1186.4	16.9
5	中铁五局	1278.8	1033.2	837.4	52.7
6	中铁二局	1145.7	1054.4	1129.8	1.4
7	中铁十局	1102.9	958.1	758.3	45.4
8	中铁七局	854.0	673.1	733.0	16.5
9	中铁六局	808.8	746.4	745.3	8.5
10	中铁隧道局	772.9	699.4	786.0	-1.7
11	中铁八局	738.2	666.4	603.0	22.4
12	中铁电气化局	709.1	443.4	658.9	7.6
13	中铁上海局	704.6	682.8	520.0	35.5
14	中铁北京局	582.9	578.6	477.3	22.1
15	中铁九局	469.2	468.3	328.6	42.8
16	中铁大桥局	442.1	374.0	715.1	-38.2
17	中铁广州局	420.8	420.8	277.9	51.4
18	中铁国际	393.8	295.7	373.8	5.3
19	中铁武汉电气化局	182.8	171.7	156.7	16.6
20	东方国际	3.1	3.1	2.2	43.1
二、勘察设计咨询公司					
21	中铁二院	232.0	80.3	183.7	26.3
22	中铁设计	112.5	75.8	77.2	45.7
23	中铁六院	50.1	18.7	43.0	16.5
24	中铁科研院	29.6	12.9	23.9	24.2
25	中铁华铁	29.4	14.9	23.3	26.0
26	中铁大桥院	27.4	8.5	23.4	17.2
三、投资集团公司					
27	中铁投资	1212.7	137.4	832.2	45.7
28	中铁城投	880.3	335.1	605.5	45.4
29	中铁南方	830.3	677.3	834.4	-0.5
30	中铁开投	826.2	0.0	685.0	20.6
31	中铁上投	538.4	228.7	450.7	19.4
32	中铁交通	445.6	90.8	98.5	352.5
四、房地产集团公司					
33	中铁置业	616.6	0.0	810.3	-23.9
34	中铁文旅	286.7	46.5	516.0	-44.4
五、金融公司					
35	中铁信托	18.2	0.0	27.0	-32.6
36	中铁财务	14.2	0.0	12.4	14.7
37	中铁资本	10.0	0.0	8.0	24.9
六、其他板块公司					
38	中铁物贸	610.1	0.0	438.2	39.2
39	中铁工业	358.6	0.0	308.4	16.3
40	中铁资源	136.3	0.0	146.1	-6.7

表 15-4

2019 年中国铁路工程集团有限公司营业额完成情况一览表（一）

单位：万元

项目	中铁一局	中铁二局	中铁三局	中铁四局	中铁五局	中铁六局	中铁七局	中铁八局	中铁九局	中铁十局	中铁大桥局	中铁隧道局	中铁电气化局	中铁武汉电气化局	中铁建工	中铁广州局	中铁上海局	中铁北京局	中铁国际	东方国际
总 计	8011605	6896174	5678431	10201818	5515421	3453627	4616485	3387077	1801658	5030337	4060644	4601558	3980925	1051298	6004738	1785747	3509416	2726028	601858	166865
一、境内	7787908	6765992	5433130	9938490	5241421	3437619	4052819	3272956	1660958	4779774	3921381	4401491	3963392	1051298	5762887	1713137	3482921	2690184	118073	0
（一）基建建设	7291691	6085962	5289600	9699709	4801902	3319335	3965817	2527741	1646980	4029409	3423772	4319604	3393306	1026151	4731403	1707905	3473921	2690184	32272	0
1. 铁路工程	1889741	1029589	2419140	2842187	2092507	1250529	854842	623051	315310	1141690	1021230	976483	1831621	739808	1093192	434094	997914	637997	0	0
2. 公路工程	1086822	935621	597672	1806151	913163	587191	985801	472966	79654	719961	1288291	756506	24074	12793	73090	398711	241134	594184	1800	0
3. 市政工程	1692451	734960	578436	2348108	491187	715078	1132007	516544	578937	1202998	830909	795195	112155	12027	558370	322076	970494	206015	29733	0
4. 房建工程	735560	1473302	429424	573886	417253	192362	517417	484415	384757	438774	40087	97158	142123	6805	2673174	156181	326609	881701	739	0
5. 水利电力工程	0	62541	222015	44909	159295	18835	8978	7969	0	57329	54359	90863	3594	940	0	0	1161	0	0	0
6. 港口与航道工程	0	0	0	0	0	0	0	0	0	0	600	0	0	0	0	81896	0	0	0	0
7. 机场工程	0	110466	0	0	0	0	0	26200	0	0	0	0	0	0	2745	0	0	101826	0	0
8. 城市轨道交通工程	1868967	1713818	999956	2028119	701503	555340	466772	395068	242119	468657	166556	1391151	1019006	236198	296480	313222	933919	261230	0	0
9. 其他工程	18150	25665	42957	56349	26994	0	0	1528	46203	0	21740	212248	260733	17580	34352	1725	2690	7231	0	0
（二）勘察设计	3972	6857	11747	14101	0	0	0	1606	7954	0	230	0	3421	0	6021	0	0	0	0	0
1. 铁路工程	950	0	7440	4705	0	0	0	823	2439	0	30	0	24	0	0	0	0	0	0	0
2. 公路工程	410	0	0	0	0	0	0	246	0	0	0	0	0	0	0	0	0	0	0	0
3. 市政工程	2055	0	0	7338	0	0	0	520	0	0	200	0	1	0	0	0	0	0	0	0
4. 房建工程	548	6857	0	2058	0	0	0	0	5515	0	0	0	3371	0	6021	0	0	0	0	0
5. 水利电力工程	0	0	0	0	0	0	0	0	0	0	0	0	0	0	0	0	0	0	0	0
6. 港口与航道工程	0	0	0	0	0	0	0	0	0	0	0	0	0	0	0	0	0	0	0	0
7. 机场工程	0	0	0	0	0	0	0	0	0	0	0	0	0	0	0	0	0	0	0	0
8. 城市轨道交通工程	9	0	601	0	0	0	0	0	0	0	0	0	0	0	0	0	0	0	0	0
9. 其他工程	0	0	3706	0	0	0	0	17	0	0	0	0	25	0	0	0	0	0	0	0
（三）工业	66644	14921	34134	57780	57847	3460		73881	0	0	8715	50107	373777	14984	14434	0	0	0	0	0
（四）房地产	4678	258349	0	70000	8190	46000	20835	309315	6024	10000	239986	0	114245	0	1007883	0	0	0	0	0

续表

项目	中铁一局	中铁二局	中铁三局	中铁四局	中铁五局	中铁六局	中铁七局	中铁八局	中铁九局	中铁十局	中铁大桥局	中铁隧道局	中铁电气化局	中铁武汉电气化局	中铁建工	中铁广州局	中铁上海局	中铁北京局	中铁国际	东方国际
（五）基础设施投资业务	70172	0	0	0	0	0	0	0	0	672634	0	23691	0	0	0	0	9000	0	0	0
（六）矿产资源	0	0	0	0	0	0	0	0	0	0	0	0	0	0	0	0	0	0	0	0
（七）技术咨询	139	0	0	0	0	0	0	0	0		24896	6154	0	0	0	0	0	0	0	0
（八）工程监理	5973	0	0	4158	0	0	0	0	0	0	10751	0	4880	0	0	0	0	0	0	0
（九）批发零售贸易	269973	362702	12300	63000	351963	59858	66167	293066	0	4970	193852	0	47007	10163	0	0	0	0	85801	0
（十）机械租赁	14400	0	0	0	5678	0	0	3126	0	0	4234	0	18880	0	0	0	0	0	0	0
（十一）其他	60266	37201	85349	29742	15841	8966	0	64221	0	62761	14945	1935	7876	0	3146	5232	0	0	0	0
二、境外	223697	130182	245301	263328	274000	16008	563666	114121	140700	250563	139263	200067	17533	0	241851	72610	26495	35844	483785	166865
（一）基建建设	223697	124499	245301	263328	274000	16008	402343	114121	140700	127326	139263	200067	17533	0	241851	72610	26495	35844	474160	166865
1. 铁路工程	50963	108192	87455	44906	43873	0	0	92016	0	558	103945	0	4063	0	0	51918	0	23908	21719	35246
2. 公路工程	96992	0	20295	160778	119973	0	279226	1558	958	79118	19936	21827	0	0	354	0	276	0	208117	3983
3. 市政工程	11596	0	0	50247	29850	0	36459	18436	11200	0	3131	25693	0	0	17947	0	868	0	17368	81239
4. 房建工程	28708	0	30118	6887	44902	0	3355	0	68484	1272	1125	19134	0	0	222289	0	16763	0	61958	40942
5. 水利电力工程	0	16307	0	0	4634	0	41	1800	0	0	0	0	75	0	0	0	0	0	100561	0
6. 港口与航道工程	0	0	0	0	17083	0	0	0	0	0	11126	0	0	0	0	15333	0	0	0	0
7. 机场工程	0	0	0	0	6179	0	0	0	0	0	0	0	0	0	1261	0	0	11936	833	0
8. 城市轨道交通工程	29511	0	107433	0	7506	16008	0	0	6185	0	0	118587	13395	0	0	5359	8588	0	0	0
9. 其他工程	5927	0	0	510	0	0	83262	311	53873	46378	0	14826	0	0	0	0	0	0	63604	5455
（二）勘察设计	0	0	0	0	0	0	0	0	0	0	0	0	0	0	0	0	0	0	0	0
（三）产品销售	0	0	0	0	0	0	0	0	0	0	0	0	0	0	0	0	0	0	8869	0
（四）矿产资源	0	0	0	0	0	0	0	0	0	0	0	0	0	0	0	0	0	0	0	0
（五）对外劳务合作	0	0	0	0	0	0	0	0	0	0	0	0	0	0	0	0	0	0	756	0
（六）其他	0	5683	0	0	0	0	161323	0	0	123237	0	0	0	0	0	0	0	0	0	0

表 15-5

2019 年中国铁路工程集团有限公司营业额完成情况一览表（二）

单位：万元

项目	中铁二院	中铁六院	中铁设计	中铁大桥院	中铁科研院	中铁华铁	中铁工业	中铁置业	中铁文旅	中铁资源	中铁物贸	中铁信托	中铁财务	中铁资本	中铁交通	中铁南方	中铁投资	中铁开投	中铁城投	中铁上投
总 计	915006	280653	437078	163599	149320	107900	2180273	1743282	853445	1374109	2848018	182000	142100	79429	2051558	2126669	2327878	2287643	2602642	950337
一、境内	893485	278494	433894	156704	144563	104389	2058683	1743282	853445	332375	2848018	182000	142100	78171	2051558	2126669	2327878	2287643	2602642	950337
（一）基建建设	113592	46683	210352	20323	44703	0	1782	0	432329	0	0	0	0	0	222813	1602934	2327878	53986	2602642	692198
1. 铁路工程	67795	43294	157688	18998	12719	0	0	0	0	0	0	0	0	0	0	0	0	0	0	0
2. 公路工程	19588	0	0	0	3371	0	0	0	0	0	0	0	0	0	0	0	31291	8678	1282856	0
3. 市政工程	26209	2266	41341	0	3149	0	782	0	241048	0	0	0	0	0	0	241399	1052124	0	151302	0
4. 房建工程	0	0	2676	1325	253	0	1000	0	191281	0	0	0	0	0	0	9080	0	0	103987	0
5. 水利电力工程	0	0	0	0	0	0	0	0	0	0	0	0	0	0	0	0	0	0	45200	0
6. 港口与航道工程	0	0	0	0	0	0	0	0	0	0	0	0	0	0	0	0	0	0	0	0
7. 机场工程	0	0	0	0	0	0	0	0	0	0	0	0	0	0	0	0	0	0	0	0
8. 城市轨道交通工程	0	1123	8257	0	13	0	0	0	0	0	0	0	0	0	222813	1352455	1244463	45308	1019297	692198
9. 其他工程	0	0	390	0	25198	0	0	0	0	0	0	0	0	0	0	0	0	0	0	0
（二）勘察设计	570302	181050	139570	112845	10755	57418	0	0	0	0	0	0	0	0	0	0	0	0	0	0
1. 铁路工程	344039	23811	73224	36750	1756	5774	0	0	0	0	0	0	0	0	0	0	0	0	0	0
2. 公路工程	35156	869	2439	23825	1829	0	0	0	0	0	0	0	0	0	0	0	0	0	0	0
3. 市政工程	54709	11412	18017	28355	26	0	0	0	0	0	0	0	0	0	0	0	0	0	0	0
4. 房建工程	0	13100	7291	9978	410	27526	0	0	0	0	0	0	0	0	0	0	0	0	0	0
5. 水利电力工程	0	0	0	0	0	0	0	0	0	0	0	0	0	0	0	0	0	0	0	0
6. 港口与航道工程	0	0	0	0	0	0	0	0	0	0	0	0	0	0	0	0	0	0	0	0
7. 机场工程	0	0	0	0	98	0	0	0	0	0	0	0	0	0	0	0	0	0	0	0
8. 城市轨道交通工程	126580	131758	38599	11042	5702	24118	0	0	0	0	0	0	0	0	0	0	0	0	0	0
9. 其他工程	9818	100	0	2895	934	0	0	0	0	0	0	0	0	0	0	0	0	0	0	0
（三）工业	0	0	0	0	6818	0	1892158	0	0	0	0	0	0	0	0	0	0	0	0	0
（四）房地产	5200	0	0	0	0	0	0	1710984	417447	0	0	0	0	0	80851	0	0	0	0	0
（五）基础设施投资业务	0	0	0	0	0	0	0	0	0	0	0	0	0	0	1747894	523735	0	2233657	0	258139

续表

项目	中铁二院	中铁六院	中铁设计	中铁大桥院	中铁科研院	中铁华铁	中铁工业	中铁置业	中铁文旅	中铁资源	中铁物贸	中铁信托	中铁财务	中铁资本	中铁交通	中铁南方	中铁投资	中铁开投	中铁城投	中铁上投
（六）矿产资源	0	0	0	0	0	0	0	0	0	288396	0	0	0	0	0	0	0	0	0	0
（七）技术咨询	40672	14025	37532	6586	47214	0	0	0	0	0	0	0	0	0	0	0	0	0	0	0
（八）工程监理	36237	19756	43221	16950	27481	46971	0	0	0	0	0	0	0	0	0	0	0	0	0	0
（九）批发零售贸易	0	0	0	0	0	0	0	0	0	0	2848018	0	0	0	0	0	0	0	0	0
（十）机械租赁	0	0	0	0	0	0	106740	0	0	0	0	0	0	40194	0	0	0	0	0	0
（十一）其他	127482	16980	3219	0	7592	0	58003	32298	3669	43979	0	182000	142100	37977	0	0	0	0	0	0
二、境外	21521	2159	3184	6895	4757	3511	121590	0	0	1041734	0	0	0	1258	0	0	0	0	0	0
（一）基建建设	594	14	267	0	0	0	0	0	0	0	0	0	0	0	0	0	0	0	0	0
1. 铁路工程	594	14	267	0	0	0	0	0	0	0	0	0	0	0	0	0	0	0	0	0
2. 公路工程	0	0	0	0	0	0	0	0	0	0	0	0	0	0	0	0	0	0	0	0
3. 市政工程	0	0	0	0	0	0	0	0	0	0	0	0	0	0	0	0	0	0	0	0
4. 房建工程	0	0	0	0	0	0	0	0	0	0	0	0	0	0	0	0	0	0	0	0
5. 水利电力工程	0	0	0	0	0	0	0	0	0	0	0	0	0	0	0	0	0	0	0	0
6. 港口与航道工程	0	0	0	0	0	0	0	0	0	0	0	0	0	0	0	0	0	0	0	0
7. 机场工程	0	0	0	0	0	0	0	0	0	0	0	0	0	0	0	0	0	0	0	0
8. 城市轨道交通工程	0	0	0	0	0	0	0	0	0	0	0	0	0	0	0	0	0	0	0	0
9. 其他工程	0	0	0	0	0	0	0	0	0	0	0	0	0	0	0	0	0	0	0	0
（二）勘察设计	19859	2145	2917	6895	0	2344	0	0	0	0	0	0	0	0	0	0	0	0	0	0
（三）产品销售	0	0	0	0	381	0	121590	0	0	0	0	0	0	0	0	0	0	0	0	0
（四）矿产资源	0	0	0	0	0	0	0	0	0	918540	0	0	0	0	0	0	0	0	0	0
（五）对外劳务合作	0	0	0	0	0	0	0	0	0	0	0	0	0	0	0	0	0	0	0	0
（六）其他	1068	0	0	0	4376	1167	0	0	0	123194	0	0	0	1258	0	0	0	0	0	0

表 15-6 2019 年中国中铁各二级公司营业额同比完成情况统计表

单位名称	总体情况			国内			海外		
	本年累计完成 / 万元	上年实际 / 万元	同比增减 / %	本年累计完成 / 万元	上年实际 / 万元	同比增减 / %	本年累计完成 / 万元	上年实际 / 万元	同比增减 / %
中铁一局	8011605	7651611	4.7	7787908	7434540	4.8	223697	217071	3.1
中铁二局	6896174	5751901	19.9	6765992	5585303	21.1	130182	166598	−21.9
中铁三局	5678431	5468180	3.8	5433130	5307845	2.4	245301	160335	53.0
中铁四局	10201818	10191880	0.1	9938490	9936414	0.0	263328	255466	3.1
中铁五局	5515421	4804877	14.8	5241421	4460240	17.5	274000	344637	−20.5
中铁六局	3453627	3150563	9.6	3437619	3125502	10.0	16008	25061	−36.1
中铁七局	4616485	4324740	6.7	4052819	3882261	4.4	563666	442479	27.4
中铁八局	3387077	3082442	9.9	3272956	2974178	10.0	114121	108264	5.4
中铁九局	1801658	1550208	16.2	1660958	1436288	15.6	140700	113920	23.5
中铁十局	5030337	4356383	15.5	4779774	4109893	16.3	250563	246490	1.7
中铁大桥局	4060644	3601097	12.8	3921381	3423148	14.6	139263	177949	−21.7
中铁隧道局	4601558	4445916	3.5	4401491	4266299	3.2	200067	179617	11.4
中铁电气化局	3980925	3686209	8.0	3963392	3651486	8.5	17533	34723	−49.5
中铁武汉电气化局	1051298	636360	65.2	1051298	636360	65.2	0	0	0
中铁建工	6004738	4657425	28.9	5762887	4409874	30.7	241851	247551	−2.3
中铁广州局	1785747	1517597	17.7	1713137	1455770	17.7	72610	61827	17.4
中铁上海局	3509416	3108629	12.9	3482921	3090997	12.7	26495	17632	50.3
中铁北京局	2726028	2444498	11.5	2690184	2413877	11.4	35844	30621	17.1
中铁国际	601858	706972	−14.9	118073	110861	6.5	483785	596111	−18.8
中铁东方国际	166865	115360	44.6	0	0	0	166865	115360	44.6
中铁二院	915006	790014	15.8	893485	755965	18.2	21521	34049	−36.8
中铁六院	280653	237795	18.0	278494	234810	18.6	2159	2985	−27.7
中铁设计	437078	320321	36.4	433894	313477	38.4	3184	6844	−53.5
中铁大桥院	163599	125787	30.1	156704	120137	30.4	6895	5650	22.0
中铁科研院	149320	145295	2.8	144563	140310	3.0	4757	4985	−4.6
中铁华铁	107900	101852	5.9	104389	101852	2.5	3511	0	0
中铁工业	2180273	2109284	3.4	2058683	1980070	4.0	121590	129214	−5.9
中铁置业	1743282	1799695	−3.1	1743282	1799695	−3.1	0	0	0
中铁文旅	853445	506296	68.6	853445	506296	68.6	0	0	0
中铁资源	1374109	1244911	10.4	332375	399134	−16.7	1041734	845777	23.2
中铁物贸	2848018	2661964	7.0	2848018	2661964	7.0	0	0	0
中铁信托	182000	270000	−32.6	182000	270000	−32.6	0	0	0
中铁财务	138000	123915	11.4	138000	123915	11.4	0	0	0
中铁资本	79429	63127	25.8	78171	62970	24.1	1258	157	701.3
中铁交通	2051558	1585064	29.4	2051558	1585064	29.4	0	0	0
中铁建投	2126669	1939065	9.7	2126669	1939065	9.7	0	0	0
中铁投资	2327878	1437349	62.0	2327878	1437349	62.0	0	0	0
中铁开投	2287643	1681306	36.1	2287643	1681306	36.1	0	0	0
中铁城投	2602642	2304623	12.9	2602642	2304623	12.9	0	0	0
中铁上投	950337	560692	69.5	950337	560692	69.5	0	0	0

表 15-7

中国铁路工程集团有限公司 2019 年劳动工资统计表（一）

项目		中铁一局	中铁二局	中铁三局	中铁四局	中铁五局	中铁六局	中铁七局	中铁八局	中铁九局	中铁十局	中铁大桥局	中铁隧道局	中铁电气化局	中铁武汉电化局	中铁建工	中铁广州局	中铁上海局	中铁北京局	中铁国际	东方国际
在岗	1. 期末人数 / 人	22451	17897	20525	22643	19076	13083	14593	10288	8528	13102	12081	13536	11582	4368	12465	5399	8327	7661	875	248
	2. 平均人数 / 人	22388	18131	20778	23880	19432	12687	14680	10297	8518	12978	11883	13739	11654	4376	12479	5218	8433	7724	876	265
	3. 工资总额 / 万元	254810.9	199431.3	246791.9	358318.0	203771.6	162271.9	181085.3	141283.3	105598.0	165123.5	182182.7	195487.4	193321.7	49715.0	277410.7	68101.7	126702.8	93779.0	25123.2	7206.3
	其中：奖金及效益工资 / 万元	74205.8	62322.3	52441.3	72398.3	56527.5	84598.4	0.0	69996.7	54939.9	43118.5	85105.2	80868.5	101468.4	15274.4	88648.0	11905.4	23420.2	18408.0	5167.2	1441.3
	4. 平均工资 / 元	113816	109995	118776	150049	104864	127904	123355	137208	123970	127233	153314	142287	165884	113608	222302	130513	150246	121412	286795	271936
其他从业	1. 期末人数 / 人	36	0	20	195	199	58	7	30	0	57	899	2	5985	0	20	1024	72	25	12	157
	2. 平均人数 / 人	40	0	20	206	277	60	9	20	0	54	875	1	7417	0	20	961	297	29	12	166
	3. 劳动报酬 / 万元	325.1	0.0	185.9	1158.7	1971.8	411.0	55.3	139.3	0.0	285.3	7493.8	54.1	55488.3	0.0	267.4	2872.3	2522.0	366.8	99.4	2171.2
	4. 平均劳动报酬 / 元	81280	0	92966	56246	71183	68506	61446	69640	0	52832	85644	541357	74812	0	133717	29888	84917	126470	82821	130797
非在岗	1. 期末人数 / 人	2408	1396	1757	1067	1355	851	1553	405	540	1386	723	1137	285	142	331	329	651	605	15	0
	2. 平均人数 / 人	2484	1532	1770	1170	1566	904	1606	434	584	1348	759	1026	325	124	335	343	710	625	16	0
	3. 生活费 / 万元	4949.4	4413.1	2339.0	2897.3	1961.9	1905.4	3208.1	1392.3	673.6	3382.3	1315.9	2223.7	1095.2	778.6	906.8	774.7	1590.9	892.7	161.4	0.0
	4. 平均生活费 / 元	19925	28806	13215	24763	12528	21077	19976	32081	11535	25091	17337	21674	33699	62793	27070	22586	22406	14284	100847	
	其中：（1）内部退养职工人数	595	392	88	411	302	60	278	132	81	393	142	451	249	32	238	197	192	23	14	0
	（2）内部下岗职工人数	1484	836	1493	412	884	700	1046	123	324	919	575	606	2	47	67	125	336	508	0	0
	其中：一年以上	0	564	875	127	523	406	309	0	14	575	497	192	0	8	61	31	0	442	0	0
	（3）长期病、休假人数	80	94	51	88	169	66	169	144	98	66	6	59	33	62	7	7	75	60	1	0
	（4）长期学习职工人数	0	0	0	0	0	0	0	0	0	0	0	0	0	0	0	0	0	0	0	0
	（5）集体外出劳务人数	19	74	28	0	0	0	14	0	0	0	0	0	0	0	0	0	0	0	0	0
	（6）个人外出劳务人数	230	0	97	156	0	25	46	6	37	8	0	21	1	1	19	0	48	14	0	0

表 15-8

中国铁路工程集团有限公司 2019 年劳动工资统计表（二）

项目		中铁二院	中铁六院	中铁设计	中铁大桥院	中铁科研院	中铁华铁	中铁工业	中铁置业	中铁文旅	中铁资源	中铁物贸	中铁信托	中铁财务	中铁资本	中铁交通	中铁南方	中铁投资	中铁开投	中铁城投	中铁上投
在岗	1. 期末人数 / 人	5933	1882	2801	1087	1019	762	11796	2698	353	1199	770	440	72	186	441	604	416	390	546	177
	2. 平均人数 / 人	5899	1860	2808	1075	980	751	11617	2658	341	1218	794	434	58	180	444	603	431	390	545	177
	3. 工资总额 / 万元	200937.6	54287.9	88744.7	34353.5	22206.0	17969.0	133158.9	68914.8	9550.0	28721.6	19929.5	24717.0	1924.0	6161.7	14895.8	18476.3	15111.6	12813.0	18026.0	6419.8
	其中：奖金及效益工资 / 万元	157417.9	34086.4	67288.8	20612.1	9517.7	6415.0	82836.9	28665.0	1500.0	4199.1	0.0	0.0	72.6	1442.3	4021.9	8868.6	7513.6	5100.0	5740.9	942.4
	4. 平均工资 / 元	340630	291870	316042	319567	226592	239268	114624	259273	280059	235809	251001	569516	331732	342314	335490	306406	350618	328538	330752	362701
其他从业	1. 期末人数 / 人	41	0	4	640	471	1392	5	56	0	0	40	0	3	5	187	0	221	0	0	91
	2. 平均人数 / 人	45	0	4	838	437	1312	7	63	0	0	56	0	3	4	290	0	224	0	0	91
	3. 劳动报酬 / 万元	462.6	0.0	87.9	11948.1	6948.7	9090.0	75.3	1190.1	0.0	0.0	844.8	0.0	45.7	83.3	2912.1	0.0	4584.1	0.0	0.0	1494.0
	4. 平均劳动报酬 / 元	102796	0	219700	142579	159010	69284	107601	188899	0	0	150857	0	152320	208200	100416	0	204647	0	0	164181
非在岗	1. 期末人数 / 人	19	14	29	17	5	19	508	0	0	0	2	0	0	0	0	0	0	0	0	0
	2. 平均人数 / 人	20	15	30	19	5	19	531	0	0	0	3	0	0	0	0	0	0	0	0	0
	3. 生活费 / 万元	24.6	52.9	71.0	86.7	25.0	21.0	554.6	0.0	0.0	0.0	4.5	0.0	0.0	0.0	0.0	0.0	0.0	0.0	0.0	0.0
	4. 平均生活费 / 元	12281	35240	23652	45655	49926	11053	10445	0	0	0	14989	0	0	0	0	0	0	0	0	0
	其中：（1）内部退养职工人数	5	7	8	17	2	2	235	0	0	0	2	0	0	0	0	0	0	0	0	0
	（2）内部下岗职工人数	0	2	11	0	0	0	139	0	0	0	0	0	0	0	0	0	0	0	0	0
	其中：一年以上	0	2	5	0	0	0	136	0	0	0	0	0	0	0	0	0	0	0	0	0
	（3）长期病、休假人数	4	3	6	0	3	1	9	0	0	0	0	0	0	0	0	0	0	0	0	0
	（4）长期学习职工人数	0	2	0	0	0	0	0	0	0	0	0	0	0	0	0	0	0	0	0	0
	（5）集体外出劳务人数	0	0	0	0	0	0	2	0	0	0	0	0	0	0	0	0	0	0	0	0
	（6）个人外出劳务人数	10	0	4	0	0	16	123	0	0	0	0	0	0	0	0	0	0	0	0	0

表 15-9

2019 年中国中铁股份公司技术动力装备情况年报

序号	单位名称	境内 / 外	统计期内自有机械设备 数量 / 台	原值 / 万元	净值 / 万元	总功率 / kW	统计期全部职工实有数 / 人	技术装备率 /（万元 / 人）（净值）	动力装备率 /（kW/ 人）	统计期施工产值 / 万元	装备生产率 / 万元	设备新度系数
			A	B	C	D	E	F=C/E	G=D/E	H	I=H/C	J=C/B
1	中铁一局	境内	7685	582601.54	240313.50	1037559.18	24597	9.77	42.18	7870887.68	32.75	0.41
		境外	988	46391.46	20208.06	162450.03	544	37.15	298.62	313901.32	15.53	0.44
2	中铁二局	境内	5772	387039.00	116767.48	587483.20	19293	7.20	36.43	6210461.00	44.70	0.32
		境外	762	49285.38	22155.22	115388.10						
3	中铁三局	境内	6289	512592.46	204647.93	1149219.28	21780	9.40	52.76	5289601.00	25.85	0.40
		境外	289	12322.49	2599.86	46282.93	257	10.12	180.09	245301.00	94.35	0.21
4	中铁四局	境内	4932	477431.39	199273.06	662085.13	22836	8.73	28.99	9938490.00	49.87	0.42
		境外	567	26090.14	9741.14	80825.70	380	25.63	212.70	263328.00	27.03	0.37
5	中铁五局	境内	6642	380191.47	145782.40	802554.20	20122	0.47	39.88	4866051.00	33.38	0.38
		境外	1766	78295.66	22732.78	252627.80	309	0.31	817.57	209863.00	9.23	0.29
6	中铁六局	境内	7026	218733.58	89250.86	385918.42	13923	6.41	27.72	3382653.00	37.90	0.41
		境外	3	1081.94	54.10	290.00	69	0.78	4.20	16008.00	295.91	0.05
7	中铁七局	境内	4763	227026.94	82304.55	371538.69	14523	5.67	25.58	4091506.60	49.71	0.36
		境外	3863	178796.11	28800.85	547649.22	1004	28.69	545.47	565245.40	19.63	0.16
8	中铁八局	境内	3379	178584.72	60100.89	289351.28	10768	6.22	33.24	3272955.00	54.46	0.34
		境外	676	29882.37	6858.75	95663.81				114121.00	16.64	0.23
9	中铁九局	境内	5490	176377.16	60821.70	353946.52	9008	8.83	48.59	1660958.00	27.31	0.34
		境外	1497	61144.76	18708.99	136861.08				140700.00	7.52	0.31
10	中铁十局	境内	4830	191505.00	86797.00	402087.00	14850	5.84	27.08	4929041.00	56.79	0.45
		境外	653	44948.00	6228.00	108167.00	410	15.19	263.82	127327.00	20.44	0.14
11	中铁大桥局	境内	11479	402569.98	172632.46	447942.48	10265	16.82	43.64	4435527.21	25.69	0.43
		境外	1215	60006.51	27944.16	97705.53	483	57.86	202.29	334113.15	11.96	0.47
12	中铁隧道局	境内	20794	787842.39	276750.79	1207761.00	11793	23.47	102.41	4369616.00	15.79	0.35
		境外	285	68676.98	17832.23	35395.50	221	80.69	160.16	172590.00	9.68	0.26

续表

序号	单位名称	境内/外	统计期内自有机械设备				统计期全部职工实有数/人	技术装备率/（万元/人）（净值）	动力装备率/（kW/人）	统计期施工产值/万元	装备生产率/万元	设备新度系数
			数量/台	原值/万元	净值/万元	总功率/kW						
			A	B	C	D	E	F=C/E	G=D/E	H	I=H/C	J=C/B
13	中铁电气化局	境内	4192	180317.02	59726.04	395689.84	11569	5.16	34.20	4031139.00	67.49	0.33
		境外	0	0.00	0.00	0.00	0	0.00	0.00	0.00	0.00	0.00
14	中铁建工	境内	1359	45929.91	22922.85	43577.88	11607	2.63	6.53	4731403.00	206.41	0.50
		境外	1917	20436.20	7552.00	32197.33				241851.00	32.02	0.37
15	中铁国际	境内	0.00	0.00	0.00	0.00	0	0.00	0.00	0.00	0.00	0.00
		境外	1422.00	72698.32	23912.20	121690.27	875	27.33	139.07	345465.93	14.45	0.33
16	中铁广州局	境内	1288	166654.33	87865.79	163610.49	5426	16.19	30.15	1809121.00	20.59	0.53
		境外	58	3434.70	2447.00	11290.50	155	15.79	72.84	76230.92	31.15	0.71
17	中铁北京局	境内	1418	98091.57	57562.41	159009.63	8288	6.95	19.19	2931247.00	50.92	0.59
		境外	78	2994.78	2541.27	11762.30	73	34.81	161.13	34753.00	13.68	0.85
18	中铁上海局	境内	3236	182485.27	100878.52	264190.93	9050	11.15	29.19	4125619.00	40.90	0.55
		境外	20	506.97	432.24	1107.00	66	6.55	16.77	26469.00	61.24	0.85
19	中铁资源	境内	903	88715.88	48922.54	101446.50	684	72.35	138.40	251704.19	2.40	0.60
		境外	5861	438414.24	279065.69	223632.79	3129	93.97	101.39	762899.39	1.44	0.67
20	中铁武汉电气化局	境内	1264	29774.22	7061.67	76646.00	4510	1.57	16.99	1026150.00	145.31	0.24
		境外	0	0.00	0.00	0.00	0	0.00	0.00	0.00	0.00	0.00
合计		境内小计	102741	5314463.83	2120382.44	8901617.63	/	/	/	/	/	0.40
		境外小计	21920	1195407.01	499814.53	2080986.89	/	/	/	/	/	0.42
		总计	124661	6509870.84	2620196.98	10982604.53	252867	10.36	43.43	83214297.79	31.76	0.40
说明	1. 技术装备率 = 统计期自有机械设备净值 / 全部职工人数； 2. 动力装备率 = 统计期机械设备总功率 / 全部职工人数； 3. 装备生产率 = 年施工产值（万元）/ 统计期全部设备净值（万元）； 4. 设备新度系数 = 设备净值 / 设备原值； 5. 统计周期：1 月 1 日—12 月 31 日。											

表 15-10

2019 年中国中铁股份公司施工机械设备资产变动情况表

序号	单位名称	境内 / 外	上年末机械		本年新增固资机械			本年报废机械			本年处置机械			本年末机械	
			数量 / 台	原值 / 万元	数量 / 台	原值 / 万元	功率 / kW	数量 / 台	原值 / 万元	功率 / kW	数量 / 台	原值 / 万元	功率 / kW	数量 / 台	原值 / 万元
			A	B	C	D	E	F	G	H	I	J	K	L=A+C−F	M=B+D−G
1	中铁一局	境内	7116	582297.05	1054	27363.82	0.00	685	22891.69	74695.26	271	14741.45	31697.80	7685	582601.54
		境外	665	33599.18	397	14896.62	0.00	74	2104.34	10050.00	0	0.00	0.00	988	46391.46
2	中铁二局	境内	5573	370625.18	441	25583.93	33782.94	242	9170.11	17185.20	43	2553.12	4083.90	5772	387039.00
		境外	1316	79327.72	13	186.94	341.60	567	30229.28	86724.00	306	11547.02	31586.00	762	49285.38
3	中铁三局	境内	5573	458603.94	819	58859.85	17146.40	167	6241.31	17923.40	125	5648.85	14192.70	6225	511222.48
		境外	277	11874.69	0	0.00	0.00	0	0.00	0.00	0	0.00	0.00	277	11874.69
4	中铁四局	境内	4805	472411.72	341	22196.33	34447.55	214	17176.66	27888.80	75	6295.32	10041.30	4932	477431.39
		境外	383	13564.52	188	13646.28	14465.50	4	1120.66	286.00	0	0.00	0.00	567	26090.14
5	中铁五局	境内	7016	401299.29	471	16353.66	27537.30	845	37361.48	45527.10	254	10211.24	25793.50	6642	380191.47
		境外	1672	74166.71	295	11464.48	0.00	201	7335.53	0.00	19	974.95	0.00	1766	78295.66
6	中铁六局	境内	7111	213915.05	389	10084.76	26129.22	471	4184.29	14101.61	173	1481.49	4483.19	7029	219815.52
		境外	0	0.00	0	0.00	0.00	0	0.00	0.00	0	0.00	0.00	0	0.00
7	中铁七局	境内	4479	220195.95	527	11738.37	25553.03	243	4907.37	20012.70	175	3006.54	12370.62	4763	227026.94
		境外	3579	166581.54	303	13913.53	46347.82	19	1698.95	4592.00	0	0.00	0.00	3863	178796.11
8	中铁八局	境内	3114	179198.20	388	10320.46	29684.96	130	12585.84	12834.15	201	2826.11	8083.20	3379	178584.72
		境外	548	28163.14	135	3371.13	12792.15	0	0.00	0.00	0	0.00	0.00	676	29882.37
9	中铁九局	境内	4866	174767.25	713	6483.94	12751.66	89	4874.04	7902.00	89	4874.04	7902.00	5490	176377.16
		境外	918	47958.47	599	13513.29	44423.67	20	327.00	1476.00	20	327.00	1476.00	1497	61144.76
10	中铁十局	境内	5026	188071.00	579	17821.00	37543.60	500	5964.00	21009.20	275	8423.00	18695.70	4830	191505.00
		境外	667	64003.00	49	1632.00	6742.00	63	20687.00	12094.30	0	0.00	0.00	653	44948.00
11	中铁大桥局	境内	11301	382789.55	921	31740.51	26655.73	743	9669.36	11566.62	322	8376.49	14170.34	11479	402569.99
		境外	748	46896.07	482	13129.96	51529.43	15	19.52	245.60	0	0.00	0.00	1215	60006.51
12	中铁隧道局	境内	19746	780998.04	2590	25039.87	87921.14	1542	18195.52	34760.38	804	7324.98	31982.40	20794	787842.39
		境外	177	53758.71	108	14918.27	6913.80	0	0.00	0.00	0	0.00	0.00	285	68676.98
13	中铁电气化局	境内	4159	165740.53	383	19565.37	40021.50	341	4740.01	29823.00	9	248.87	941.00	4192	180317.02
		境外	0	0.00	0	0.00	0.00	0	0.00	0.00	0	0.00	0.00	0	0.00

续表

序号	单位名称	境内/外	上年末机械		本年新增固资机械			本年报废机械			本年处置机械			本年末机械	
			数量/台	原值/万元	数量/台	原值/万元	功率/kW	数量/台	原值/万元	功率/kW	数量/台	原值/万元	功率/kW	数量/台	原值/万元
			A	B	C	D	E	F	G	H	I	J	K	L=A+C−F	M=B+D−G
14	中铁建工	境内	735	37870.65	650	9019.32	8371.95	26	960.06	881.00	4	1286.56	483.00	1359	45929.91
		境外	1820	17764.79	187	2893.05	6582.50	90	221.64	1213.50	43	166.18	1057.00	1917	20436.20
15	中铁国际	境内	0	0.00	0	0.00	0.00	0	0.00	0.00	0	0.00	0.00	0	0.00
		境外	1373	77537.35	114	7482.98	16825.30	61.00	3901.94	720.00	0	0.00	0.00	720	81118.39
16	中铁广州局	境内	1174	149011.84	201	21374.25	22630.00	87.00	3395.32	3731.75	7.00	386.39	672.50	1288	166654.33
		境外	60	3594.42	−2	159.72	457.00	0	0.00	0.00	0	0.00	0.00	58	3434.70
17	中铁北京局	境内	1402	95393.48	101	8321.83	7702.10	85	5623.74	14769.60	21	1580.70	2719.70	1418	98091.57
		境外	31	685.43	47	2309.35	7047.00	0	0.00	0.00	0	0.00	0.00	78	2994.78
18	中铁上海局	境内	2927	167020.92	378	18793.64	23041.11	69	3329.29	2763.80	69	3329.29	2763.80	3236	182485.27
		境外	22	271.65	7	359.28	252.20	9	123.96	68.40	2	3.16	4.40	20	506.97
19	中铁资源	境内	1352	92315.19	48	366.05	0.00	10	75.52	0.00	0	0.00	0.00	903	88715.88
		境外	5711	433570.24	157	4857.82	5890.80	7	13.82	2.20	0	0.00	0.00	5861	438414.24
20	中铁武汉电气化局	境内	1292	30303.50	37	752.16	3786.20	65	1281.44	3726.00	16	416.32	2297.32	1264	29774.22
		境外	0	0.00	0	0.00	0.00	0	0.00	0.00	0	0.00	0.00	0	0.00
合计		境内小计	98767	5162828.32	11031	341779.12	464706.39	6554	172627.06	361101.57	2933	83010.77	193373.97	102680	5314175.79
		境外小计	19967	1153317.63	3079	118415.26	219696.77	1130	67783.64	117472.00	390	13018.31	34123.40	21203	1202297.34
		总计	118734	6316145.96	14110	460194.38	684403.16	7684	240410.69	478573.57	3323	96029.08	227497.37	123883	6516473.13
说明	1. 报废机械：统指已履行报废程序，从账目上已拆除固资的机械设备； 2. 处置机械：指实物已转让或变卖的机械设备； 3. 统计周期：1月1日—12月31日。														

表 15-11

2019 年中国中铁股份公司主要施工机械设备实有、完好情况统计表

序号	机械名称	能力		质量状况			运用情况				
		单位	数量/台	日历台日数	完好台日数	完好率/%	定额台班	实作台班	利用率/%	闲置数量/台	闲置率/%
			A	B	C	D=（C/B）×100%	E	F	G=（F/E）×100%	H	I=（H/A）×100%
1	履带（或轮胎）挖掘机（≥ 1.0m^3）	m^3	1114	378214	340751	90.09	377704	299781	79.37	115	10.32
2	推土机（≥ 132kW）	kW	246	83907	74707	89.04	81814	67281	82.24	23	9.35
3	轮胎装载机（≥ 2m^3）	m^3	2941	1033427	936409	90.61	853119	741581	86.93	254	8.64
4	震动（或静压）压路机（≥ 14t）	t	583	205414	183216	89.19	152605	131467	86.15	47	8.06
5	平地机（≥ 118kW）	kW	274	91971	78720	85.59	93754	66325	70.74	19	6.93
6	凿岩台车（二臂及以上）	台	76	24588	22870	93.01	17815	14320	80.38	11	14.47
7	露天钻机（进口各型）	台	34	11362	9684	85.23	7678	6451	84.02	5	14.71
8	盾构机	台	355	100634	86497	85.95	97999	85629	87.38	54	15.21
9	TBM	台	13	365	336	92.05	180	123	68.33	6	46.15
10	汽车起重机（≥ 8t）	t	530	150430	133978	89.06	109878	97627	88.85	21	3.96
11	轮式起重机（≥ 20t）	t	100	36011	34260	95.14	45553	32855	72.12	9	9.00
12	履带起重机（≥ 25t）	t	76	26912	23095	85.82	19559	15924	81.42	6	7.89
13	塔式起重机（≥ 100t·m）	t·m	447	161134	152656	94.74	119575	113119	94.60	11	2.46
14	载重汽车（≥ 5t）	t	363	121303	112666	92.88	119435	106804	89.43	32	8.82
15	自卸汽车（≥ 8t）	t	2406	825386	747043	90.51	845133	693623	82.07	267	11.10
16	混凝土搅拌站（≥ 60m^3/h）	m^3/h	3137	1113246	993783	89.27	658797	596631	90.56	215	6.85
17	混凝土搅拌输送车（≥ 6m^3）	m^3	1811	549110	482517	87.87	386231	351374	90.98	86	4.75
18	混凝土输送泵（≥ 60m^3）	m^3/h	1122	308524	279373	90.55	149689	126416	84.45	131	11.68
19	混凝土泵车（各型）	台	218	76196	69423	91.11	46254	38419	83.06	10	4.59
20	混凝土喷射机械手（≥ 15m^3）	台	331	118147	103920	87.96	60424	52514	86.91	45	13.60
21	打桩机	台	35	12775	10742	84.09	8799	7042	80.03	8	22.86

续表

序号	机械名称	能力		质量状况			运用情况				
		单位	数量/台	日历台日数	完好台日数	完好率/%	定额台班	实作台班	利用率/%	闲置数量/台	闲置率/%
			A	B	C	D=（C/B）×100%	E	F	G=（F/E）×100%	H	I=（H/A）×100%
22	钻机（含回转、冲击、地质、反循环、水平、多功能）	台	307	105779	94615	89.45	94121	69919	74.29	52	16.94
23	长钢轨焊接生产设备	套	77	26628	24671	92.65	12650	11987	94.76	2	2.60
24	铺轨机（各型）	台	68	21113	19613	92.90	10995	8624	78.44	12	17.65
25	架桥机（≥900t）	台	111	37193	32779	88.13	19072	12785	67.04	39	35.14
26	运梁车（≥900t）	台	101	34444	30530	88.64	19419	13291	68.44	33	32.67
27	提梁机（≥900t）	台	82	26271	24647	93.82	12667	8292	65.46	29	35.37
28	搬运机（≥900t）	台	78	28267	25770	91.17	14342	10030	69.93	24	30.77
29	轮轨式T梁架桥机	台	36	13025	12006	92.18	6665	4014	60.23	14	38.89
30	公铁两用架桥机（≥160t）	台	69	21983	19848	90.29	14937	12148	81.33	11	15.94
31	其他架桥机	台	75	26590	22758	85.59	14037	8011	57.07	39	52.00
32	造桥机（各型）	台	16	5840	2430	41.61	2700	1300	48.15	7	43.75
33	铁路机车（各型）	台	182	67513	63197	93.61	91069	86902	95.42	10	5.49
34	轨道车（各型）	台	284	94730	86348	91.15	76500	67824	88.66	18	6.34
35	大型机械化养路设备	套	119	33016	29956	90.73	23033	17138	74.41	4	3.36
36	接触网恒张力放线车、作业车	台	513	182435	168711	92.48	114015	102255	89.69	14	2.73
37	稳定土厂拌设备（或拌和站）(各型）	台	236	83000	73484	88.53	62634	49799	79.51	23	9.75
38	稳定土摊铺机（各型）	台	17	5840	5174	88.60	3285	2141	65.18	1	5.88
39	混凝土摊铺机（各型）	台	9	2459	1938	78.81	1422	740	52.04	2	22.22
40	沥青搅拌站（各型）	台	61	21640	19404	89.67	12732	9031	70.93	7	11.48
41	沥青摊铺机（各型）	台	69	23507	20542	87.39	19310	10113	52.37	8	11.59
42	船舶（各型）	艘	56	20368	16657	81.78	14648	11742	80.16	21	37.50
43	其他	台	13155	4120404	3667154	89.00	3284722	2868029	87.31	1200	9.12
合计			31933	10431101	9338878	89.53	8176968	7031419	85.99	2945	9.22

表 15-12

2019 年中国中铁股份公司外租设备统计报表

序号	设备名称	设备租赁总体情况						占比 /%	股份公司内部单位租赁情况（不含本单位内租）			
		总数量 /台	其中		应结算金额 /万元	其中			总数量 / 台		应结算金额 /万元	
			境内	境外		境内	境外		境内	境外	境内	境外
1	挖掘机	25203	24891	312	278628.43	274630.06	3998.37	16.78	0	0	0.00	0.00
2	推土机	1133	1092	41	9722.54	8867.75	854.79	0.59	0	0	0.00	0.00
3	装载机	7160	6973	187	55305.50	54598.60	706.90	3.33	0	0	0.00	0.00
4	压路机	2037	1909	128	14168.38	13349.16	819.22	0.85	0	0	0.00	0.00
5	平地机	531	471	60	4698.55	4078.95	619.60	0.28	0	0	0.00	0.00
6	凿岩台车（两臂及以上）	40	40	0	4131.37	4131.37	0.00	0.25	0	0	0.00	0.00
7	露天钻机（管棚钻机、多功能钻机、水平钻机等）	99	97	2	3634.40	3600.08	34.32	0.22	0	0	0.00	0.00
8	TBM 或盾构	290	290	0	162385.90	162385.90	0.00	9.78	114	0	63256.36	0.00
9	汽车起重机	23705	23446	259	238699.56	236612.37	2087.19	14.38	0	0	0.00	0.00
10	履带起重机	1175	1165	10	30073.33	29615.73	457.60	1.81	0	0	0.00	0.00
11	塔式起重机	5014	4999	15	120804.48	120349.93	454.55	7.28	1	0	504.00	0.00
12	桥门式起重机（含搬运机、提梁机）	1128	1128	0	30701.56	30701.56	0.00	1.85	16	0	4422.83	0.00
13	载重汽车	7619	6918	701	40939.56	40278.25	661.31	2.47	0	0	0.00	0.00
14	自卸汽车	10899	10306	593	89491.12	85097.18	4393.94	5.39	0	0	0.00	0.00
15	混凝土搅拌站	428	424	4	16157.19	16001.81	155.38	0.97	0	0	0.00	0.00
16	混凝土输送车	8937	8857	80	143305.07	141907.66	1397.41	8.63	5	0	21.49	0.00
17	混凝土输送泵	2114	2021	93	21999.54	21506.71	492.83	1.33	0	0	0.00	0.00
18	混凝土泵车	3465	3451	14	71916.11	71698.40	217.72	4.33	1	0	3.30	0.00
19	混凝土机械手	285	282	3	16915.00	16843.63	71.37	1.02	12	0	1701.60	0.00
20	打桩机（各型）	384	381	3	12196.44	12075.66	120.78	0.73	0	0	0.00	0.00
21	桩孔钻机（含回转、冲击、地质、反循环）	469	465	4	17073.50	16922.92	150.58	1.03	4	0	115.00	0.00

续表

序号	设备名称	设备租赁总体情况						占比/%	股份公司内部单位租赁情况（不含本单位内租）			
		总数量/台	其中		应结算金额/万元	其中			总数量/台		应结算金额/万元	
			境内	境外		境内	境外		境内	境外	境内	境外
22	长钢轨焊接设备（套）	12	12	0	1133.07	1133.07	0.00	0.07	0	0	0.00	0.00
23	铺轨机（各型）	8	8	0	365.18	365.18	0.00	0.02	0	0	0.00	0.00
24	运架梁设备（各型）	236	236	0	13783.56	13783.56	0.00	0.83	14	0	5573.92	0.00
25	造桥机（各型）	12	12	0	3171.77	3171.77	0.00	0.19	2	0	179.71	0.00
26	大型机械化养路设备	92	92	0	4520.08	4520.08	0.00	0.27	4	0	247.20	0.00
27	铁路机车	91	91	0	8341.65	8341.65	0.00	0.50	0	0	0.00	0.00
28	轨道车	138	137	1	2896.42	2889.28	7.14	0.17	2	0	33.00	0.00
29	接触网放线车、作业车（各型）	119	119	0	4391.76	4391.76	0.00	0.26	43	0	1164.00	0.00
30	稳定土拌和站（各型）	21	21	0	430.12	430.12	0.00	0.03	0	0	0.00	0.00
31	稳定土摊铺机	25	25	0	834.80	834.80	0.00	0.05	0	0	0.00	0.00
32	混凝土摊铺机	7	7	0	189.61	189.61	0.00	0.01	0	0	0.00	0.00
33	沥青搅拌站	17	15	2	2709.79	2666.40	43.39	0.16	0	0	0.00	0.00
34	沥青摊铺机	46	41	5	1266.06	1167.77	98.29	0.08	0	0	0.00	0.00
35	船舶	337	335	2	35168.02	35157.26	10.76	2.12	2	785	780.00	0.00
36	其他	25607	23714	1893	197956.58	195294.75	2661.83	11.92	16	0	2099.66	0.00
合计		128882	124470	4412	1660106.00	1639590.74	20515.26	100.00	236	785	80102.07	0.00
说明	1. 每类设备只统计数量与统计期应结算金额，不论规格型号； 2. 股份公司内部单位租赁情况是指跨集团之间的设备租赁； 3. 统计周期：1 月 1 日—12 月 31 日。											

文件辑要

表 15-13　　2019 年中国铁路工程集团有限公司党委文件目录

发文字号	文件标题
中铁程党办〔2019〕1 号	关于报送中国中铁党委领导班子及党政主要领导 2018 年度贯彻落实中央八项规定精神情况的报告
中铁程党宣〔2019〕2 号	中国铁路工程集团有限公司党委关于 2018 年意识形态责任制落实情况及党委理论学习中心组学习情况的报告
中铁程党干〔2019〕3 号	关于印发《中国铁路工程集团有限公司援疆、援藏、援青及定点扶贫挂职干部管理办法》的通知
中铁程党组〔2019〕4 号	中国铁路工程集团有限公司党委关于中国中铁 2018 年度领导班子民主生活会情况的报告
中铁程党办〔2019〕5 号	关于《中国铁路工程集团有限公司党委深入贯彻落实全国老干部局长会议精神实施方案》的报告
中铁程党干〔2019〕6 号	中国中铁党委关于公司领导班子成员及高管工作分工调整的请示
中铁程党办〔2019〕7 号	关于贯彻落实中央经济工作会议、全国“两会”、中央企业地方国资委负责人会议精神情况的报告
中铁程党办〔2019〕8 号	关于贯彻落实中央纪委三次全会、国资委机关暨中央企业党风廉政建设和反腐败工作会议精神的报告
中铁程党办〔2019〕9 号	关于开展“企业领导人员亲属和其他特定关系人所办企业与本企业业务往来专项整治工作”的情况报告
中铁程党办〔2019〕13 号	中国中铁党委关于贯彻落实 5 月 24 日专题部署会郝鹏同志讲话精神情况的报告
中铁程党干〔2019〕14 号	关于中国中铁股份有限公司有关领导人员职务任免的请示
中铁程党办〔2019〕15 号	中国中铁党委 2019 年上半年贯彻落实中央八项规定精神情况的报告
中铁程党办〔2019〕16 号	中国中铁党委关于 2019 年上半年党风廉政建设和反腐败工作情况的报告
中铁程党宣〔2019〕17 号	中国铁路工程集团有限公司党委 2019 年上半年意识形态工作情况报告
中铁程党办〔2019〕18 号	中国中铁党委关于贯彻落实习近平总书记重要指示精神集中整治形式主义、官僚主义工作情况的报告
中铁程党办〔2019〕19 号	关于印发《中国铁路工程集团有限公司党委关于推进纪检监察体制改革的实施方案》的通知
中铁程党干〔2019〕20 号	中国铁路工程集团有限公司关于张宗言、陈云职务任免的报告
中铁程党组〔2019〕21 号	中国铁路工程集团有限公司党委关于召开中国中铁党委“不忘初心、牢记使命”专题民主生活会情况的报告
中铁程党办〔2019〕22 号	中国中铁党委学习贯彻落实郝鹏同志在中央企业负责人研讨班上讲话精神的情况报告
中铁程党办〔2019〕23 号	中国中铁党委学习贯彻落实习近平新时代中国特色社会主义思想和习近平总书记重要指示批示情况的报告
中铁程党干〔2019〕25 号	关于调整中国铁路工程集团有限公司党委人才工作领导小组的通知
中铁程党办〔2019〕27 号	中国中铁党委学习宣贯党的十九届四中全会精神情况的报告
中铁程党办〔2019〕28 号	中国中铁贯彻落实习近平总书记关于“三个转变”重要指示精神情况的报告
中铁程党办〔2019〕29 号	中国中铁贯彻落实习近平总书记关于中老铁路项目重要指示精神情况的报告
中铁程党办〔2019〕30 号	中国中铁贯彻落实习近平总书记关于印尼雅万高铁重要批示精神情况的报告
中铁程党干〔2019〕32 号	关于公司领导班子成员及高管工作分工调整的请示
中铁程党办〔2019〕33 号	中国中铁党委关于 2019 年落实全面从严治党主体责任推进党风廉政建设和反腐败斗争情况的报告
中铁程党宣〔2019〕34 号	关于报送中国铁路工程集团有限公司党委 2019 年意识形态责任制落实情况及党委理论学习中心组学习情况的报告

表 15-14　　2019 年中国铁路工程集团有限公司文件目录

发文字号	文件标题
中铁程财〔2019〕1 号	中国铁路工程集团有限公司关于为华刚矿业股份有限公司项目二期建设贷款提供担保事宜的请示
中铁程办〔2019〕2 号	关于印发《中国铁路工程集团有限公司因公证照管理实施细则》的通知
中铁程办〔2019〕3 号	中国铁路工程集团有限公司关于推进共建“一带一路”走深走实工作方案的报告
中铁程财〔2019〕4 号	中国铁路工程集团有限公司关于中国中铁所属公司分期缴纳宁阳县高庄片区棚户区改造项目履约保证金有关备案事宜的报告
中铁程办〔2019〕5 号	中国铁路工程集团有限公司关于所属企业员工持股试点情况的报告
中铁程财〔2019〕6 号	中国铁路工程集团有限公司关于降杠杆减负债有关问题排查情况的报告
中铁程财〔2019〕7 号	中国铁路工程集团有限公司关于申报 2019 年中央企业离休干部医药费国有资本经营预算资金事宜的请示
中铁程董〔2019〕8 号	中国铁路工程集团有限公司关于 2018 年度完善法人治理结构相关工作情况的报告

续表

发文字号	文件标题
中铁程财〔2019〕9号	中国铁路工程集团有限公司关于金融衍生品业务风险排查情况的报告
中铁程办〔2019〕10号	中国铁路工程集团有限公司关于房地产业务土地储备情况排查的报告
中铁程财〔2019〕11号	中国铁路工程集团有限公司关于2018年度产权协议转让有关情况的报告
中铁程财〔2019〕12号	中国铁路工程集团有限公司关于2019年职工家属区“三供一业”分离移交国有资本经营预算申报的报告
中铁程董〔2019〕13号	中国铁路工程集团有限公司关于《中国中铁董事会2018年度工作报告》的报告
中铁程办〔2019〕14号	中国铁路工程集团有限公司关于中国中铁违规经营投资责任追究工作情况的报告
中铁程董〔2019〕15号	中国铁路工程集团有限公司关于《中国中铁董事会2018年度工作报告》的报告
中铁程办〔2019〕16号	关于印发《中国铁路工程集团有限公司科学技术奖奖励办法》的通知
中铁程办〔2019〕17号	中国铁路工程集团有限公司关于报送2018年投资完成情况的报告
中铁程财〔2019〕18号	中国铁路工程集团有限公司关于2019年度预算有关情况的请示
中铁程办〔2019〕19号	关于《中国铁路工程集团有限公司2019年度全面风险管理报告》的报告
中铁程办〔2019〕22号	中国铁路工程集团有限公司关于2018年度节能减排《统计监测报表》及《工作总结分析报告》的报告
中铁程办〔2019〕23号	中国铁路工程集团有限公司关于北戴河地区培训疗养机构专项核查情况的报告
中铁程办〔2019〕25号	中国铁路工程集团有限公司关于房地产业务有关情况的报告
中铁程财〔2019〕26号	中国铁路工程集团有限公司关于2018年度国有资产评估管理工作情况的报告
中铁程办〔2019〕27号	中国铁路工程集团有限公司关于报送2018年“处僵治困”工作总结的报告
中铁程办〔2019〕28号	中国铁路工程集团有限公司关于报送企业关键核心技术攻关工作有关情况的报告
中铁程办〔2019〕29号	中国铁路工程集团有限公司关于企业负责人履职待遇、业务支出2018年度管理情况及2019年度预算方案的报告
中铁程办〔2019〕30号	中国铁路工程集团有限公司关于印发《中国中铁职业教育机构深化改革方案》的通知
中铁程办〔2019〕31号	中国铁路工程集团有限公司关于印发《中国中铁医疗机构深化改革方案》的通知
中铁程办〔2019〕32号	关于中国铁路工程集团有限公司2019年扶贫工作计划的通知
中铁程办〔2019〕33号	关于发布《中国铁路工程集团有限公司党政规章制度清理成果文件清单》的通知
中铁程办〔2019〕34号	中国铁路工程集团有限公司关于支持克罗地亚多式联运项目成果推进事宜的请示
中铁程办〔2019〕35号	中国铁路工程集团有限公司关于报送2019年投资计划的报告
中铁程办〔2019〕36号	关于报送《中国中铁股份有限公司2019—2021年滚动发展规划》的报告
中铁程办〔2019〕37号	关于2018年中国铁路工程集团有限公司并购情况的报告
中铁程办〔2019〕38号	中国铁路工程集团有限公司关于2019年度中央企业负责人经营业绩考核和工资总额预算有关事宜的请示
中铁程办〔2019〕39号	中国铁路工程集团有限公司关于邀请科特迪瓦交通部部长阿马杜·科内来华访问事宜的请示
中铁程财〔2019〕40号	中国铁路工程集团有限公司关于中国中铁股份有限公司缴纳重庆轨道交通4号线二期PPP项目、5A线PPP项目现金保证金有关备案事宜的报告
中铁程财〔2019〕43号	中国铁路工程集团有限公司关于2018年度中国中铁有关利润分配方案的报告
中铁程财〔2019〕44号	关于报送《中国铁路工程集团有限公司2018年度境外子企业财务决算报表》的报告
中铁程财〔2019〕45号	中国铁路工程集团有限公司关于2018年度财务决算补充备案情况的报告
中铁程财〔2019〕46号	中国铁路工程集团有限公司关于2018年度国有资本保值增值情况的报告
中铁程财〔2019〕47号	中国铁路工程集团有限公司关于2018年度账销案存资产管理情况的报告
中铁程财〔2019〕48号	中国铁路工程集团有限公司关于2018年度资产减值准备财务核销管理工作情况的报告
中铁程财〔2019〕49号	中国铁路工程集团有限公司关于中国中铁内保外贷业务开展情况的报告
中铁程办〔2019〕50号	中国铁路工程集团有限公司关于2018年度法律纠纷案件情况的报告
中铁程办〔2019〕51号	关于表彰中国铁路工程集团有限公司优秀扶贫、援疆、援藏干部的决定
中铁程办〔2019〕52号	中国铁路工程集团有限公司关于《国家级安全生产应急救援基地建设项目申报书》的报告
中铁程办〔2019〕53号	中国铁路工程集团有限公司关于共建“一带一路”成效和梳理排查风险的报告
中铁程财〔2019〕54号	中国铁路工程集团有限公司关于2019年非主业投资控制比例事宜的请示
中铁程财〔2019〕55号	中国铁路工程集团有限公司关于2018年度、2016—2018年任期业绩考核目标完成情况的报告
中铁程办〔2019〕56号	中国铁路工程集团有限公司关于存量PPP业务整改进展情况的报告
中铁程办〔2019〕57号	中国铁路工程集团有限公司关于《中国中铁2018年度内部控制评价报告》的报告

续表

发文字号	文件标题
中铁程办〔2019〕58号	中国铁路工程集团有限公司关于做好化解原中铁四局短期合同工因社保遗留问题持续上访有关工作情况的报告
中铁程办〔2019〕59号	中国铁路工程集团有限公司关于批转《原中铁宏达资产管理中心主任韩仁海同志任期经济责任审计报告》和《任期经济责任审计评议书》的通知
中铁程办〔2019〕60号	中国铁路工程集团有限公司关于邀请孟加拉国铁道部长努如尔·伊斯拉姆·苏简来华访问事宜的请示
中铁程办〔2019〕61号	中国铁路工程集团有限公司关于实施企业年金制度后发放统筹外费用有关情况的报告
中铁程办〔2019〕62号	中国铁路工程集团有限公司关于报送三年压减工作总结的报告
中铁程办〔2019〕63号	关于印发《中国铁路工程集团有限公司史志工作管理办法》的通知
中铁程董〔2019〕64号	中国铁路工程集团有限公司关于报送2018年度《企业年度工作报告》的报告
中铁程办〔2019〕65号	中国铁路工程集团有限公司关于报送“双百企业”综合改革进展情况评估报告的报告
中铁程办〔2019〕66号	关于印发《中国铁路工程集团有限公司信息公开管理办法》的通知
中铁程财〔2019〕67号	中国铁路工程集团有限公司关于申报2018年度国有资本收益的报告
中铁程财〔2019〕68号	中国铁路工程集团有限公司关于中国中铁2019年度开展套期保值业务预算情况的报告
中铁程办〔2019〕69号	中国铁路工程集团有限公司关于邀请尼日利亚阿夸伊博姆州州长乌多姆·加布里埃尔·埃曼纽尔来华访问事宜的请示
中铁程财〔2019〕70号	中国铁路工程集团有限公司关于投资基金清理排查工作的报告
中铁程办〔2019〕71号	中国铁路工程集团有限公司关于2018年度外部董事报酬管理工作情况的报告
中铁程财〔2019〕72号	中国铁路工程集团有限公司关于确定所属上市公司合理持股比例的报告
中铁程办〔2019〕73号	中国铁路工程集团有限公司关于所属中铁宏达资产管理中心北京金家村分中心丰台区金家村一号院职工住宅项目一期立项延期的请示
中铁程办〔2019〕74号	关于成立中国铁路工程集团有限公司职称改革工作领导小组的通知
中铁程财〔2019〕75号	中国铁路工程集团有限公司关于申报2020年中央企业离休干部医药费国有资本经营预算资金事宜的请示
中铁程办〔2019〕77号	中国铁路工程集团有限公司关于工资总额2018年度清算和2019年度预算方案的请示
中铁程办〔2019〕78号	中国铁路工程集团有限公司关于中国中铁股份有限公司收购北京恒通创新赛木科技股份有限公司控制权有关事项的请示
中铁程财〔2019〕79号	中国铁路工程集团有限公司关于2020年国有资本经营预算预申报的报告
中铁程办〔2019〕80号	中国铁路工程集团有限公司关于报送混合所有制改革进展情况的报告
中铁程办〔2019〕81号	中国铁路工程集团有限公司关于报送2019年上半年改革进展情况的报告
中铁程财〔2019〕82号	中国铁路工程集团有限公司关于2019年上半年业绩考核指标执行情况的报告
中铁程办〔2019〕83号	中国铁路工程集团有限公司关于所属子企业监事会工作情况的报告
中铁程办〔2019〕84号	中国铁路工程集团有限公司关于报送2019年上半年投资完成情况的报告
中铁程办〔2019〕85号	中国铁路工程集团有限公司关于2018年度国际化经营自评价情况的报告
中铁程办〔2019〕86号	中国铁路工程集团有限公司关于亚吉铁路项目有关情况的报告
中铁程办〔2019〕87号	中国铁路工程集团有限公司关于董事长兼党委书记张宗言同志赴马来西亚执行商务洽谈任务事宜的请示
中铁程办〔2019〕88号	中国铁路工程集团有限公司关于董事长兼党委书记张宗言同志赴中国香港、日本、韩国执行业绩路演任务事宜的请示
中铁程办〔2019〕89号	中国铁路工程集团有限公司关于报送深化三项制度改革行动方案的报告
中铁程办〔2019〕91号	关于调整中国铁路工程集团有限公司剥离企业办社会职能和解决历史遗留问题领导小组的通知
中铁程办〔2019〕92号	关于调整中国铁路工程集团有限公司外事工作领导小组的通知
中铁程办〔2019〕93号	中国铁路工程集团有限公司关于董事长兼党委书记张宗言同志赴香港参加第四届“一带一路”高峰论坛事宜的请示
中铁程财〔2019〕94号	中国铁路工程集团有限公司关于处置“僵尸企业”国有资本经营预算补助资金清算结余继续使用事宜的请示
中铁程办〔2019〕95号	关于调整中国铁路工程集团有限公司职称改革工作领导小组成员的通知
中铁程办〔2019〕96号	关于调整中国铁路工程集团有限公司人才工作领导小组的通知
中铁程办〔2019〕97号	关于调整中国铁路工程集团有限公司扶贫开发工作领导小组成员的通知
中铁程董〔2019〕99号	中国铁路工程集团有限公司关于豁免陈云担任总经理兼职中国中铁股份有限公司高级管理人员限制事宜的请示

续表

发文字号	文件标题
中铁程办〔2019〕100 号	中国铁路工程集团有限公司关于中国铁路工程集团有限公司在澳门中葡平台建设高峰论坛上签约事宜的请示
中铁程财〔2019〕101 号	中国铁路工程集团有限公司关于国资委信托业务专项检查整改落实情况的报告
中铁程办〔2019〕102 号	中国铁路工程集团有限公司关于报送“处僵治困”工作情况的报告
中铁程办〔2019〕103 号	中国铁路工程集团有限公司关于重新备案三家“双百企业”综合改革方案的报告
中铁程办〔2019〕104 号	中国铁路工程集团有限公司关于报送 2019 年国有企业改革重点工作任务落实情况的自查报告
中铁程办〔2019〕105 号	中国铁路工程集团有限公司关于主责主业有关情况的报告
中铁程办〔2019〕106 号	中国铁路工程集团有限公司关于战略性新兴产业发展情况的报告
中铁程办〔2019〕107 号	中国铁路工程集团有限公司关于落实国资委有关会议精神的报告
中铁程办〔2019〕108 号	中国铁路工程集团有限公司关于总部机构名称和职务职级称谓调整情况的报告
中铁程办〔2019〕109 号	中国铁路工程集团有限公司关于“走出去”工作 2019 年主要进展和 2020 年工作考虑的报告
中铁程财〔2019〕110 号	中国铁路工程集团有限公司关于呈报 2020 年度主要指标预算预报表的报告
中铁程办〔2019〕111 号	中国铁路工程集团有限公司关于企业违规向退休人员发放统筹外补贴问题整改落实情况的报告
中铁程办〔2019〕112 号	中国铁路工程集团有限公司关于企业负责人 2018 年度薪酬和 2016—2018 年任期激励收入兑现情况的报告
中铁程办〔2019〕113 号	中国铁路工程集团有限公司关于开展企业违规向退休人员发放统筹外补贴问题自查情况和违规问题整改方案的报告
中铁程财〔2019〕114 号	中国铁路工程集团有限公司关于贯彻落实《关于加强中央企业金融业务管理和风险防范的指导意见》情况的报告
中铁程办〔2019〕115 号	中国铁路工程集团有限公司关于《中国中铁开展“总部机关化”问题专项整改实施方案》的报告
中铁程董〔2019〕116 号	关于印发《董事会授权董事长、总经理行使公司有关职权方案》的通知
中铁程财〔2019〕117 号	中国铁路工程集团有限公司关于 2019 年度财务决算备案情况的报告
中铁程办〔2019〕118 号	中国铁路工程集团有限公司关于协调中铁九局与北京广盛借款合同纠纷案的紧急请示
中铁程财〔2019〕119 号	中国铁路工程集团有限公司关于上报 2020 年国有资本经营预算支出计划建议的报告
中铁程办〔2019〕120 号	中国铁路工程集团有限公司　中国铁道建筑集团有限公司关于协调解决铁路工程项目施工费用问题和困难事宜的请示
中铁程财〔2019〕121 号	关于《中国铁路工程集团有限公司 2019 年度产权管理工作总结》的报告
中铁程办〔2019〕122 号	中国铁路工程集团有限公司关于马来西亚大马城项目补充协议谈判进展情况的报告
中铁程办〔2019〕123 号	中国铁路工程集团有限公司关于中国中铁股份有限公司收购恒通科技控制权有关事项补充说明（二）的报告
中铁程办〔2019〕124 号	关于表彰 2019 年度中国铁路工程集团有限公司科学技术奖获奖成果的决定
中铁程办〔2019〕125 号	中国铁路工程集团有限公司关于请求国资委协调辽宁省公安厅案件办理事宜的紧急请示
中铁程办〔2019〕126 号	关于中国中铁 2019 年度剥离企业办社会职能和解决历史遗留问题工作进展情况的报告

表 15-15　　2019 年中国中铁股份有限公司党委文件目录

发文字号	文件标题
中国中铁党组〔2019〕1 号	关于印发《中国中铁股份有限公司党费收缴、使用和管理实施细则》的通知
中国中铁党宣〔2019〕2 号	关于印发《关于进一步加强基层文化建设的指导意见（试行）》的通知
中国中铁党宣〔2019〕3 号	中国中铁党委　中国中铁关于表彰“中国中铁工程项目文化建设示范点”的决定
中国中铁党宣〔2019〕4 号	中国中铁党委关于表彰 2018 年度中国中铁示范道德讲堂的通知
中国中铁党纪〔2019〕5 号	关于印发《中国中铁纪检监察组织精准运用监督执纪“四种形态”的实施办法（试行）》的通知
中国中铁党办〔2019〕6 号	关于印发《中国中铁党委党内监督工作实施办法》的通知
中国中铁党办〔2019〕7 号	中国中铁党委关于印发《关于加强贯彻落实中央八项规定精神情况督促检查工作的实施办法》的通知
中国中铁党办〔2019〕8 号	关于深入开展 2019 年度调查研究工作的通知
中国中铁党办〔2019〕9 号	关于印发《中国中铁党委党内规范性文件联席会议以及审查和备案制度》的通知
中国中铁党干〔2019〕10 号	关于印发《中国中铁股份有限公司关于领导人员选拔任用纪实工作实施办法》的通知
中国中铁党干〔2019〕11 号	关于印发《中国中铁股份有限公司关于领导人员选拔任用工作“一报告两评议”实施办法》的通知
中国中铁党干〔2019〕12 号	关于印发《中国中铁股份有限公司关于领导人员选拔任用廉洁从业结论性评价办法》的通知

续表

发文字号	文件标题
中国中铁党干〔2019〕13号	关于印发《关于进一步激励全公司广大干部新时代新担当新作为的实施意见》的通知
中国中铁党干〔2019〕14号	关于深入推进干部人事档案专项审核及进一步加快档案数字化收尾工作的通知
中国中铁党纪〔2019〕15号	关于印发《中国中铁领导人员廉洁从业承诺制度（试行）》的通知
中国中铁党报〔2019〕16号	关于印发《中国中铁》报2019年报道重点的通知
中国中铁党宣〔2019〕17号	中国中铁党委关于加强“学习强国”学习平台学习使用工作的通知
中国中铁党组〔2019〕18号	中国中铁党委关于印发《2019年全公司党委组织工作要点》的通知
中国中铁党宣〔2019〕19号	中国中铁党委关于印发《2019年中国中铁宣传思想文化工作要点》的通知
中国中铁党干〔2019〕20号	中国中铁党委关于印发《2019年全公司干部管理工作要点》的通知
中国中铁党办〔2019〕21号	中国中铁党委关于印发《关于开展企业领导人员亲属和其他特定关系人所办企业与本企业业务往来专项整治的工作方案》的通知
中国中铁党宣〔2019〕22号	关于印发《2019年中国中铁党委理论学习中心组重点学习内容安排》的通知
中国中铁党组〔2019〕23号	关于以股份公司名义中标项目党组织设置的通知
中国中铁党组〔2019〕24号	关于印发2019年全公司发展党员计划的通知
中国中铁党组〔2019〕25号	关于成立中国中铁对外宣传工作领导小组的通知
中国中铁党组〔2019〕27号	中国中铁党委关于开展“三基建设”示范党支部评选推荐工作的通知
中国中铁党组〔2019〕28号	关于成立中国中铁党委“不忘初心、牢记使命”主题教育工作领导小组及工作机构的通知
中国中铁党组〔2019〕29号	关于印发《中国中铁党委关于开展“不忘初心、牢记使命”主题教育的实施方案》的通知
中国中铁党宣〔2019〕30号	关于印发《中国中铁党委关于庆祝中华人民共和国成立70周年有关活动的安排》的通知
中国中铁党组〔2019〕32号	中国中铁党委关于扎实做好主题教育重点工作的通知
中国中铁党办〔2019〕33号	关于进一步开展企业领导人员亲属和其他特定关系人所办企业与本企业业务往来专项整治的通知
中国中铁党组〔2019〕34号	关于成立中共中国中铁股份有限公司国际事业部委员会和纪律检查委员会的通知
中国中铁党组〔2019〕35号	关于调整党委巡视领导小组办公室人员编制和职责权限的通知
中国中铁党组〔2019〕36号	中国中铁党委关于命名表彰“三基建设”示范党支部的决定
中国中铁党办〔2019〕37号	关于修订落实党委履行党风廉政建设主体责任定期报告制度的通知
中国中铁党干〔2019〕38号	关于规范组织人事部门协助纪检监察机关（机构）查阅、调取干部人事档案工作的通知
中国中铁党组〔2019〕39号	关于调整中国中铁纪委机构设置、人员编制和职责权限的通知
中国中铁党巡〔2019〕40号	关于印发《关于中国中铁党委新一轮巡视前三批发现共性问题的报告》的通知
中国中铁党宣〔2019〕41号	关于深入学习《习近平新时代中国特色社会主义思想学习纲要》的通知
中国中铁党办〔2019〕42号	关于印发《中国中铁党委领导及高管调查研究制度》的通知
中国中铁党办〔2019〕43号	关于印发《中国中铁党委集中整治形式主义、官僚主义工作发现共性问题报告》的通知
中国中铁党办〔2019〕44号	关于印发《中国中铁党委党风廉政建设和反腐败工作领导小组工作规则》的通知
中国中铁党组〔2019〕45号	中国中铁党委关于开好“不忘初心、牢记使命”专题民主生活会的通知
中国中铁党办〔2019〕46号	中国中铁党委　中国中铁关于印发《中国中铁股份有限公司督查督办工作实施办法》的通知
中国中铁党组〔2019〕47号	关于成立中共中铁海南投资建设有限公司委员会和纪律检查委员会的通知
中国中铁党办〔2019〕48号	关于印发《关于工程项目层级贯彻落实“三重一大”决策制度的指导意见》的通知
中国中铁党组〔2019〕49号	中国中铁党委关于印发《关于加强公司基层党的基本组织基本队伍基本制度建设的实施意见》的通知
中国中铁党组〔2019〕50号	中国中铁党委关于开展第二批“不忘初心、牢记使命”主题教育的实施方案
中国中铁党干〔2019〕51号	中国中铁党委关于表彰2018年度“四好”班子的决定
中国中铁党干〔2019〕52号	关于印发《中国中铁股份有限公司职业经理人市场化选聘契约化管理办法（试行）》的通知
中国中铁党干〔2019〕53号	中国中铁党委关于进一步明确二级企业领导班子成员分工调整的通知
中国中铁党办〔2019〕54号	中国中铁党委关于印发熊维平同志在国资委党委第五巡视组巡视中国中铁党委工作动员会上的讲话和张宗言同志表态发言的通知
中国中铁党干〔2019〕55号	关于优秀年轻干部挂职锻炼工作的实施意见
中国中铁党组〔2019〕56号	关于成立中共中铁重庆投资发展有限公司委员会和纪律检查委员会的通知
中国中铁党组〔2019〕57号	关于成立中共中国中铁股份有限公司川藏铁路工程指挥部工作委员会和纪律检查工作委员会的通知
中国中铁党巡〔2019〕59号	关于调整中国中铁党委巡视工作领导小组组成人员的通知
中国中铁党宣〔2019〕60号	中国中铁党委关于深入学习宣传贯彻党的十九届四中全会精神的通知
中国中铁党干〔2019〕61号	关于印发《中国中铁股份有限公司二级企业领导人员管理办法》的通知

续表

发文字号	文件标题
中国中铁党干〔2019〕62号	关于在组织工作中进一步严格执行重要事项请示报告制度的通知
中国中铁党干〔2019〕63号	关于印发《中国中铁股份有限公司关于加强人才队伍建设的指导意见》的通知
中国中铁党干〔2019〕64号	关于印发《中国中铁股份有限公司关于进一步发挥专家人才队伍建设的实施意见》的通知
中国中铁党干〔2019〕65号	关于表彰中国中铁科技创新优秀人才、中国中铁基层经营管理优秀人才、中国中铁优秀工匠的决定
中国中铁党干〔2019〕66号	中国中铁党委印发《中国中铁股份有限公司关于进一步规范领导人员配偶、子女及其配偶经商办企业行为的规定（试行）》的通知
中国中铁党组〔2019〕67号	关于成立中共中国中铁股份有限公司国际工程分公司委员会和纪律检查委员会的通知
中国中铁党组〔2019〕68号	关于调整中国中铁股份有限公司党委办公室（保密办公室）定员编制和主要职能的通知
中国中铁党干〔2019〕70号	关于印发《中国中铁股份有限公司委派的专职外部董事监事管理办法》的通知
中国中铁党宣〔2019〕71号	关于表彰新中国成立70周年中国中铁典范工程和典型人物的决定
中国中铁党宣〔2019〕72号	关于印发《中国中铁党委关于学习宣传贯彻党的十九届四中全会精神重点任务工作方案》的通知
中国中铁党办〔2019〕73号	关于印发《关于进一步加强总部建设的实施意见》的通知

表 15–16　　2019年中国中铁股份有限公司文件目录

发文字号	文件标题
中国中铁安监〔2019〕1号	中国中铁党委 中国中铁 中国中铁工会 中国中铁团委关于全面系统推进“管”“监”责任落实 提升企业本质安全保障能力的通知
中国中铁法规〔2019〕2号	关于发布《中国中铁股份有限公司PPP项目法律合规风险防范指引》的通知
中国中铁劳社〔2019〕4号	中国中铁党委　中国中铁　中国中铁工会　中国中铁团委关于表彰中国中铁第二届员工职业技能大赛暨第十七届青年职业技能大赛先进个人和先进集体的决定
中国中铁法规〔2019〕5号	关于印发《中国中铁股份有限公司工程项目合同管理及法律合规风险防范指引》的通知
中国中铁科信〔2019〕6号	关于印发《中国中铁股份有限公司计算机网络管理办法》的通知
中国中铁科信〔2019〕7号	关于印发《中国中铁股份有限公司数据中心机房管理规定》的通知
中国中铁安监〔2019〕8号	关于印发《中国中铁股份有限公司安全质量责任事故追究办法补充规定》的通知
中国中铁审计〔2019〕9号	中国中铁关于批转《中铁八局集团有限公司原董事长唐云同志任期经济责任审计报告》和《任期经济责任审计评议书》的通知
中国中铁审计〔2019〕10号	中国中铁关于批转《中铁上海局原党委书记梁永兴同志任期经济责任审计报告》和《任期经济责任审计评议书》的通知
中国中铁成本〔2019〕11号	中国中铁关于解决平潭海峡公铁两用大桥项目工程费用有关问题的请示
中国中铁审计〔2019〕12号	关于成立中国中铁股份有限公司审计工作领导小组的通知
中国中铁科信〔2019〕13号	中国中铁党委 中国中铁 中国中铁工会 中国中铁团委关于表彰首届“卓越杯”BIM大赛获奖单位和个人的决定
中国中铁劳社〔2019〕14号	关于印发《中国中铁关于受党纪政纪处分的二级单位负责人薪酬扣减实施细则（试行）》的通知
中国中铁干部〔2019〕15号	关于印发《中国中铁股份有限公司工程技术专家管理办法》的通知
中国中铁外经〔2019〕16号	关于成立中国中铁第二届“一带一路”国际合作高峰论坛领导小组的通知
中国中铁财务〔2019〕17号	关于发布《中国中铁会计核算手册（2019）》的通知
中国中铁安监〔2019〕18号	关于印发《中国中铁股份有限公司2019年安全生产、工程质量、环境保护和职业健康监督管理工作要点》的通知
中国中铁劳社〔2019〕19号	关于调整中国中铁股份有限公司企业年金管理委员会的通知
中国中铁生产〔2019〕20号	关于印发《中国中铁股份有限公司优秀工程勘察设计奖评选办法》的通知
中国中铁生产〔2019〕21号	关于印发《中国中铁股份有限公司优秀工程咨询成果奖评选办法》的通知
中国中铁劳社〔2019〕22号	关于成立中国中铁股份有限公司珠三角城际琶洲支线PZH-1标项目经理部的通知
中国中铁经营〔2019〕23号	关于印发《中国中铁投资建设项目和总承包施工项目投标组织方案备案管理暂行办法》的通知
中国中铁劳社〔2019〕24号	中国中铁关于给予中铁一局等6家单位特级资质管理奖励的决定
中国中铁劳社〔2019〕25号	关于成立中国中铁股份有限公司唐山市东湖片区生态修复基础设施建设项目指挥部的通知
中国中铁安监〔2019〕26号	关于表彰2018年度中国中铁安全标准工地的决定
中国中铁外经〔2019〕27号	中国中铁股份有限公司关于现阶段匈塞铁路项目相关问题的报告
中国中铁监办〔2019〕28号	关于印发《中国中铁股份有限公司监事会2019年工作要点》的通知
中国中铁劳社〔2019〕29号	关于成立中国中铁股份有限公司云南玉楚高速公路工程指挥部的通知
中国中铁安监〔2019〕30号	关于表彰2018年度中国中铁优质工程项目及获奖单位的决定
中国中铁安监〔2019〕31号	关于表彰2018年度中国中铁杯优质工程项目及获奖单位的决定

续表

发文字号	文件标题
中国中铁安监〔2019〕32号	中国中铁党委 中国中铁关于印发《股份公司党委安全生产职责》的通知
中国中铁办发〔2019〕33号	关于印发《中国中铁股份有限公司会议管理办法》的通知
中国中铁生产〔2019〕34号	中国中铁关于成立确保蒙华铁路按期开通领导小组的报告
中国中铁规划〔2019〕35号	中国中铁党委　中国中铁关于表彰2018年度“三级综合工程公司20强、三级专业工程公司20强”的决定
中国中铁科信〔2019〕36号	关于印发《中国中铁股份有限公司节能低碳技术评选推广管理办法》的通知
中国中铁科信〔2019〕37号	关于印发《中国中铁股份有限公司绿色施工科技示范工程评选办法》的通知
中国中铁科信〔2019〕38号	关于印发《中国中铁股份有限公司专利管理办法》的通知
中国中铁财务〔2019〕39号	关于印发《中国中铁股份有限公司增值税管理办法》的通知
中国中铁科信〔2019〕40号	关于印发《中国中铁股份有限公司专业研发中心管理暂行办法》的通知
中国中铁科信〔2019〕41号	关于印发《中国中铁股份有限公司科技成果转化管理暂行办法》的通知
中国中铁审计〔2019〕42号	中国中铁关于批转《中铁投资集团原总经理刘少魏同志任期经济责任审计报告》和《任期经济责任审计评议书》的通知
中国中铁干部〔2019〕43号	关于印发《中国中铁股份有限公司扶贫项目管理办法》的通知
中国中铁采购〔2019〕44号	关于印发《中国中铁股份有限公司采购管理办法》的通知
中国中铁采购〔2019〕45号	关于印发《中国中铁股份有限公司招标采购管理规定》的通知
中国中铁采购〔2019〕47号	关于印发《中国中铁股份有限公司供应商管理规定》的通知
中国中铁干部〔2019〕48号	关于印发《中国中铁股份有限公司2019年培训计划》的通知
中国中铁科信〔2019〕49号	关于印发《中国中铁股份有限公司网络信息安全管理办法》的通知
中国中铁规划〔2019〕50号	关于印发《中国中铁股份有限公司2019年度全面风险管理报告》的通知
中国中铁劳社〔2019〕51号	关于印发《中国中铁股份有限公司新设机构管理办法》的通知
中国中铁干部〔2019〕52号	中国中铁关于成立股份公司内部培训师评聘工作领导小组的通知
中国中铁劳社〔2019〕53号	关于成立中国中铁股份有限公司贵阳轨道交通3号线一期工程指挥部的通知
中国中铁投资〔2019〕54号	关于印发《中国中铁股份有限公司投资项目运营管理指引》的通知
中国中铁劳社〔2019〕55号	关于印发《中国中铁股份有限公司2019年劳资社保工作要点》的通知
中国中铁安监〔2019〕56号	中国中铁关于深入开展安全生产责任“落实年”活动的通知
中国中铁审计〔2019〕57号	中国中铁关于批转《中铁四局景德镇市地下综合管廊PPP项目专项审计报告》的通知
中国中铁审计〔2019〕58号	中国中铁关于批转《呼和浩特市轨道交通1号线一期工程PPP投资项目专项审计调查的报告》的通知
中国中铁审计〔2019〕59号	中国中铁关于批转《中铁资源原总经理邵武同志任期经济责任审计报告》和《任期经济责任审计评议书》的通知
中国中铁成本〔2019〕60号	关于印发《中国中铁工程项目二次经营策划书编制质量评比办法》的通知
中国中铁规划〔2019〕61号	关于印发《中国中铁股份有限公司2019年战略规划工作要点》的通知
中国中铁法规〔2019〕62号	关于印发《中国中铁股份有限公司2019年法律合规工作要点》的通知
中国中铁投资〔2019〕63号	中国中铁关于印发矿产资源投资项目负面清单的通知
中国中铁投资〔2019〕64号	中国中铁关于印发基础设施投资项目负面清单的通知
中国中铁法规〔2019〕65号	关于发布《中国中铁股份有限公司规章制度清理成果文件清单》的通知
中国中铁财务〔2019〕66号	关于做好增值税税率下调应对工作的通知
中国中铁成本〔2019〕67号	关于印发《中国中铁股份有限公司2019年度成本管理工作要点》的通知
中国中铁劳社〔2019〕68号	关于印发《中国中铁股份有限公司2018年度经营开发奖励办法》的通知
中国中铁成本〔2019〕69号	关于印发《中国中铁工程施工劳务（专业）分包采购指导意见》的通知
中国中铁经营〔2019〕70号	关于表彰中国中铁2018年度经营工作先进单位（集体）和先进个人的决定
中国中铁科信〔2019〕71号	关于成立中国中铁高速铁路建造技术动画编制领导小组的通知
中国中铁办发〔2019〕72号	中国中铁党委 中国中铁关于印发《中国中铁股份有限公司印章、介绍信管理办法》的通知
中国中铁审计〔2019〕73号	中国中铁关于批转《中铁投资集团原党委书记、董事长王喜军同志任期经济责任审计报告》和《任期经济责任审计评议书》的通知
中国中铁财务〔2019〕74号	关于印发《中国中铁股份有限公司2019年财务工作要点》的通知
中国中铁劳社〔2019〕75号	中国中铁关于表彰2018年度劳资社保工作先进单位的通知
中国中铁科信〔2019〕76号	中国中铁关于下达股份公司2019年度工法开发计划和专利申请计划的通知
中国中铁科信〔2019〕77号	关于印发《中国中铁股份有限公司川藏铁路科研开发计划专项指南》的通知
中国中铁经营〔2019〕78号	关于下达中国中铁股份有限公司2019年生产经营计划的通知

续表

发文字号	文件标题
中国中铁财务〔2019〕79 号	中国中铁关于进一步明确若干财经纪律的通知
中国中铁科信〔2019〕80 号	关于举办第二届中国中铁青年创新创意大赛的通知
中国中铁董办〔2019〕81 号	中国中铁关于发布股份公司 2019 年第一期关联法人名单的通知
中国中铁科信〔2019〕82 号	中国中铁关于印发《2019 年中国中铁科技与信息化工作要点》的通知
中国中铁财务〔2019〕83 号	关于印发《中国中铁股份有限公司财税高端人才管理暂行办法》的通知
中国中铁安监〔2019〕84 号	中国中铁关于深入学习贯彻《生产安全事故应急条例》的通知
中国中铁安监〔2019〕85 号	中国中铁关于进一步加强职业健康工作的通知
中国中铁劳社〔2019〕86 号	关于印发《中国中铁股份有限公司 2019 年技能人员培训计划》的通知
中国中铁劳社〔2019〕87 号	关于成立中国中铁股份有限公司陕西旬凤高速公路土建第 9 合同段项目经理部的通知
中国中铁劳社〔2019〕88 号	关于成立中国中铁股份有限公司深圳市妈湾跨海通道工程施工总承包 2 标联合体项目经理部的通知
中国中铁劳社〔2019〕89 号	关于成立中国中铁股份有限公司深圳市滨海大道交通综合改造工程设计施工总承包联合体项目经理部的通知
中国中铁劳社〔2019〕90 号	关于成立中国中铁股份有限公司濮新高速公路工程指挥部的通知
中国中铁劳社〔2019〕91 号	关于成立中国中铁股份有限公司中德产业园项目总包部的通知
中国中铁劳社〔2019〕92 号	关于设立中国中铁股份有限公司伊斯坦布尔分公司的通知
中国中铁劳社〔2019〕93 号	关于印发《中国中铁股份有限公司所出资企业负责人履职待遇、业务支出管理办法》的通知
中国中铁安监〔2019〕94 号	中国中铁 中国中铁团委关于表彰 2018 年度“中国中铁优秀青年安全质量监督岗”“中国中铁优秀青年安全质量监督岗岗员”的决定
中国中铁办发〔2019〕95 号	关于印发《中国中铁股份有限公司值班工作管理办法》的通知
中国中铁办发〔2019〕96 号	关于印发《中国中铁股份有限公司项目档案管理办法》的通知
中国中铁劳社〔2019〕97 号	中国中铁 中国中铁团委关于命名表彰 2018 年度“中国中铁青年文明号”和“中国中铁青年岗位能手”的决定
中国中铁董办〔2019〕98 号	关于发布中国中铁股份有限公司 2018 年度报告的通知
中国中铁劳社〔2019〕99 号	关于举办 2019 年中国技能大赛——中国中铁股份有限公司第二届职业技能竞赛的通知
中国中铁劳社〔2019〕100 号	关于成立中国中铁股份有限公司庆盛枢纽区块综合开发项目（庆盛科创教育核心区工程）联合体项目经理部的通知
中国中铁办发〔2019〕101 号	关于印发《中国中铁股份有限公司归档项目文件整理规则》的通知
中国中铁董办〔2019〕102 号	关于印发《中国中铁股份有限公司 2019 年董事会监事会日常工作要点》的通知
中国中铁采购〔2019〕103 号	关于印发《中国中铁股份有限公司 2019 年采购管理、物资管理、物贸业务管理工作要点》的通知
中国中铁规划〔2019〕104 号	关于表彰 2019 年度中国中铁股份有限公司优秀质量管理小组的决定
中国中铁规划〔2019〕105 号	中国中铁关于做好防范化解重大风险有关工作的通知
中国中铁劳社〔2019〕106 号	关于成立中铁（河南）新川高速公路有限公司的通知
中国中铁劳社〔2019〕107 号	关于设立中国中铁股份有限公司以色列分公司的通知
中国中铁劳社〔2019〕108 号	关于设立中国中铁匈牙利有限责任公司的通知
中国中铁审计〔2019〕109 号	中国中铁关于批转《中铁建工集团有限公司原党委书记、董事长段永传同志任期经济责任审计报告》和《任期经济责任审计评议书》的通知
中国中铁规划〔2019〕110 号	中国中铁关于落实唐良智市长指示精神参与重庆市交通规划勘察设计院股权合作有关情况的报告
中国中铁办发〔2019〕111 号	中国中铁关于档案利用优秀案例评选结果的通报
中国中铁审计〔2019〕112 号	中国中铁关于批转《中铁置业集团有限公司原董事长王子光同志任期经济责任审计报告》和《任期经济责任审计评议书》的通知
中国中铁董办〔2019〕113 号	中国中铁关于发布股份公司 2019 年第一季度报告的通知
中国中铁审计〔2019〕114 号	中国中铁关于表彰 2018 年度审计工作先进单位和先进工作者的决定
中国中铁财务〔2019〕115 号	中国中铁关于公布“力争两金零增长、确保正向现金流”专项行动考核结果的通知
中国中铁劳社〔2019〕116 号	关于下达中国中铁 2019 年度员工总量调控计划的通知
中国中铁审计〔2019〕117 号	中国中铁党委 中国中铁关于深入推进企业审计工作改革的通知
中国中铁审计〔2019〕118 号	关于印发《中国中铁股份有限公司 2019 年度审计工作要点》的通知
中国中铁成本〔2019〕119 号	关于印发《中国中铁工程项目责任成本预算文件编制质量评比办法》的通知
中国中铁科信〔2019〕120 号	中国中铁关于公布 2019 年度第一批通过股份公司科技成果评审项目的通知
中国中铁采购〔2019〕121 号	关于印发《中国中铁股份有限公司采购业务监督管理规定（试行）》的通知
中国中铁安监〔2019〕122 号	中国中铁党委 中国中铁 中国中铁工会 中国中铁团委关于 2019 年“安全生产月”活动安排的通知
中国中铁劳社〔2019〕123 号	关于成立中国中铁股份有限公司贵州金仁桐高速公路工程指挥部的通知

续表

发文字号	文件标题
中国中铁劳社〔2019〕124号	关于成立中国中铁股份有限公司深圳市黄木岗综合交通枢纽工程施工总承包联合体项目经理部的通知
中国中铁劳社〔2019〕125号	关于成立中国中铁股份有限公司广州市中心城区地下综合管廊工程项目经理部八至十分部的通知
中国中铁审计〔2019〕126号	中国中铁关于批转《中铁东方国际原总经理蔡泽民同志任期经济责任审计报告》和《任期经济责任审计评议书》的通知
中国中铁地产〔2019〕127号	关于印发《中国中铁2019年房地产和养老产业业务工作要点》的通知
中国中铁科信〔2019〕128号	中国中铁关于印发《中国中铁股份有限公司2019年度科技研究开发计划》的通知
中国中铁安监〔2019〕129号	中国中铁关于加强境外安全生产管理工作的通知
中国中铁安监〔2019〕130号	关于印发《中国中铁股份有限公司安全质量、生态环境及灾害事故（事件）应急预案》的通知
中国中铁办发〔2019〕131号	关于印发《中国中铁股份有限公司信访工作办法》的通知
中国中铁劳社〔2019〕132号	关于成立中国中铁股份有限公司重庆轨道交通4号线（民安大道—石船）PPP项目工程指挥部的通知
中国中铁外经〔2019〕133号	中国中铁关于对因投标业绩造假被世界银行制裁的中铁五局进行通报批评的决定
中国中铁劳社〔2019〕134号	关于成立中国中铁股份有限公司唐山花海项目建设指挥部的通知
中国中铁财务〔2019〕136号	中国中铁关于印发《中国中铁内部主要经济关系规范》的通知
中国中铁规划〔2019〕137号	中国中铁关于参与重庆市交通规划勘察设计院股权合作情况的报告
中国中铁财务〔2019〕138号	关于印发《中国中铁进一步加强金融业务管理和风险防范的指导意见》的通知
中国中铁规划〔2019〕139号	关于成立中国中铁并购重组整合工作领导小组的通知
中国中铁劳社〔2019〕140号	关于印发《中国中铁科技成果奖励管理办法（试行）补充规定》的通知
中国中铁董办〔2019〕142号	关于印发《中国中铁股份有限公司董事会授权经理层决策部分事项及有关要求的方案》的通知
中国中铁办发〔2019〕143号	中国中铁党委 中国中铁关于印发《中国中铁股份有限公司信访工作责任制实施办法》的通知
中国中铁办发〔2019〕144号	关于印发《中国中铁股份有限公司公务用车管理办法》的通知
中国中铁采购〔2019〕145号	关于调整中国中铁采购与物资贸易管理领导小组成员的通知
中国中铁财务〔2019〕146号	中国中铁关于公布二级单位2018年度业绩考核暨2016—2018年三年滚动业绩考核结果的通知
中国中铁财务〔2019〕147号	关于印发《中国中铁股份有限公司办公用房管理办法》的通知
中国中铁劳社〔2019〕149号	关于印发《中国中铁股份有限公司二级企业工资总额管理办法》的通知
中国中铁劳社〔2019〕150号	关于印发《中国中铁股份有限公司企业年金方案》的通知
中国中铁采购〔2019〕151号	关于印发《中国中铁采购评审管理规定》的通知
中国中铁董办〔2019〕152号	关于成立中国中铁股份有限公司科创板上市工作领导小组的通知
中国中铁劳社〔2019〕153号	关于成立中国中铁股份有限公司泰城水生态环境治理工程PPP项目总包部的通知
中国中铁劳社〔2019〕154号	关于成立中国中铁股份有限公司洛阳市轨道交通1号线红山车辆段01标段工程指挥部的通知
中国中铁审计〔2019〕155号	中国中铁关于印发《经济责任审计发现问题案例》的通知
中国中铁劳社〔2019〕156号	关于成立中国中铁股份有限公司北京财务共享服务中心的通知
中国中铁财务〔2019〕157号	关于印发《中国中铁关于进一步规范产业基金业务管理的若干意见》的通知
中国中铁审计〔2019〕160号	中国中铁关于印发《建设项目审计发现问题案例》的通知
中国中铁外经〔2019〕161号	中国中铁关于成立马来西亚大马城项目工作组的通知
中国中铁财务〔2019〕162号	中国中铁关于印发《2019年存货和应收账款清理专项行动方案》的通知
中国中铁财务〔2019〕163号	关于印发《中国中铁股份有限公司供应链金融业务管理办法》的通知
中国中铁经营〔2019〕164号	中国中铁关于下达2019年新签合同额调整计划的通知
中国中铁董办〔2019〕165号	中国中铁股份有限公司关于豁免陈云担任高级管理人员兼职中国铁路工程集团有限公司总经理限制事宜的请示
中国中铁规划〔2019〕166号	关于印发《中国中铁关于开展质量提升行动推进高质量发展的实施意见》的通知
中国中铁董办〔2019〕167号	中国中铁关于发布股份公司2019年第二期关联法人名单的通知
中国中铁财务〔2019〕168号	中国中铁关于股份公司2018—2019年度财务决算考核评比情况的通报
中国中铁审计〔2019〕169号	关于印发《中国中铁股份有限公司企审共建工作管理办法》的通知
中国中铁审计〔2019〕170号	关于印发《中国中铁股份有限公司2019年度内部控制评价工作方案》的通知
中国中铁审计〔2019〕171号	中国中铁关于批转《中铁资本有限公司原总经理张继华同志任期经济责任审计报告》和《任期经济责任审计评议书》的通知
中国中铁劳社〔2019〕172号	中国中铁关于给予中铁一局等9家单位特级资质管理奖励的决定
中国中铁科信〔2019〕173号	中国中铁关于公布2019年度通过股份公司结题验收科研计划课题的通知
中国中铁劳社〔2019〕174号	关于撤销中国中铁股份有限公司监察部及调整有关职能的通知

续表

发文字号	文件标题
中国中铁劳社〔2019〕175 号	关于成立中国中铁股份有限公司川藏铁路工程指挥部的通知
中国中铁劳社〔2019〕176 号	关于成立中国中铁驻京办专项清理工作领导小组的通知
中国中铁劳社〔2019〕177 号	关于成立中国中铁股份有限公司国际工程分公司的通知
中国中铁外经〔2019〕178 号	关于成立中国中铁中缅铁路通道项目工作小组的通知
中国中铁劳社〔2019〕179 号	关于撤销中国中铁股份有限公司莫斯科代表处的通知
中国中铁劳社〔2019〕180 号	关于印发《中国中铁股份有限公司深化三项制度改革行动方案》的通知
中国中铁董办〔2019〕181 号	关于发布中国中铁股份有限公司 2019 年半年度报告的通知
中国中铁劳社〔2019〕182 号	关于印发《中国中铁驻京办事机构专项清理工作方案》的通知
中国中铁外经〔2019〕183 号	关于调整中国中铁股份有限公司境外突发事件应急处置领导小组的通知
中国中铁董办〔2019〕184 号	中国中铁关于调整股份公司第四届董事会各专门委员会组成人员的通知
中国中铁法规〔2019〕185 号	关于印发《中国中铁股份有限公司海外业务合规管理指引》的通知
中国中铁劳社〔2019〕186 号	关于成立中国中铁股份有限公司滁宁城际铁路一期工程总承包部的通知
中国中铁审计〔2019〕187 号	中国中铁关于批转《中铁六局原总经理马江黔同志任期经济责任审计报告》和《任期经济责任审计评议书》的通知
中国中铁财务〔2019〕188 号	关于印发《中国中铁股份有限公司套期保值业务管理办法》的通知
中国中铁董办〔2019〕189 号	中国中铁关于表彰 2018 年度《企业年度工作报告》编制优秀单位的通报
中国中铁劳社〔2019〕190 号	关于撤销中国中铁股份有限公司驻上海办事处的通知
中国中铁劳社〔2019〕191 号	关于成立中国中铁股份有限公司冯红铁路建设工程指挥部的通知
中国中铁财务〔2019〕192 号	关于印发《中国中铁二级单位全面预算（目标）管理和业绩考核办法》的通知
中国中铁劳社〔2019〕193 号	中国中铁关于公布二级企业机关机构定员标准的通知
中国中铁规划〔2019〕194 号	关于印发《关于进一步贯彻落实习近平总书记“三个转变”重要指示精神 推动企业创新发展的意见》的通知
中国中铁劳社〔2019〕195 号	关于成立中国中铁股份有限公司长春地铁 6 号线 02 标段总包部的通知
中国中铁劳社〔2019〕196 号	关于成立中国中铁股份有限公司贵州桐新高速公路工程指挥部的通知
中国中铁劳社〔2019〕197 号	关于成立中国中铁股份有限公司芜湖赤铸山路快速化改造工程项目经理部的通知
中国中铁规划〔2019〕198 号	关于调整中国中铁全面深化改革领导小组组织机构和成员的通知
中国中铁劳社〔2019〕199 号	中国中铁关于给予中铁上海局等 3 家单位特级资质管理奖励的决定
中国中铁董办〔2019〕201 号	关于调整股份公司第四届董事会各专门委员会组成人员的通知
中国中铁董办〔2019〕202 号	关于印发《中国中铁股份有限公司监事会议事规则》的通知
中国中铁董办〔2019〕203 号	关于印发《中国中铁股份有限公司章程》的通知
中国中铁规划〔2019〕204 号	中国中铁关于表彰优秀项目管理制度的通知
中国中铁劳社〔2019〕205 号	关于设立第二批“中国中铁技能大师工作室”的通知
中国中铁劳社〔2019〕206 号	关于成立中国中铁股份有限公司云南省滇中引水工程楚雄段至红河段引入社会资本建设项目指挥部的通知
中国中铁劳社〔2019〕207 号	关于成立中国中铁股份有限公司云南省滇中引水工程大理 I 段至楚雄段引入社会资本建设项目指挥部的通知
中国中铁科信〔2019〕208 号	中国中铁关于公布 2019 年度第二批股份公司科技成果评审结果的通知
中国中铁外经〔2019〕209 号	关于成立中国中铁海外体制机制改革领导小组的通知
中国中铁财务〔2019〕210 号	关于印发《中国中铁直属境外机构财务管理办法》的通知
中国中铁财务〔2019〕211 号	关于印发《中国中铁境内直属非法人机构财务管理办法》的通知
中国中铁采购〔2019〕212 号	关于调整中国中铁物资贸易风险管控领导小组组成人员的通知
中国中铁规划〔2019〕213 号	关于成立中国中铁“总部机关化”问题专项整改工作领导小组的通知
中国中铁科信〔2019〕214 号	关于印发《中国中铁股份有限公司软件系统开发与推广管理办法》的通知
中国中铁经营〔2019〕215 号	关于抽样检查在京二级单位落实《中国中铁党委关于进一步明确二级企业领导班子成员分工调整的通知》精神情况的通报
中国中铁外经〔2019〕216 号	中国中铁党委 中国中铁关于印发《中国中铁股份有限公司海外体制机制改革方案》的通知
中国中铁规划〔2019〕217 号	中国中铁党委 中国中铁关于表彰三级工程公司建设先进单位、先进三级工程公司和工程项目创效功臣的决定
中国中铁成本〔2019〕218 号	中国中铁 中国铁建关于请求解决铁路工程项目施工费用问题和困难的报告
中国中铁安监〔2019〕219 号	关于印发《中国中铁股份有限公司开展安全生产集中整治工作实施方案》的通知
中国中铁离退〔2019〕220 号	关于做好 2019 年离退休人员统计年报工作的通知

续表

发文字号	文件标题
中国中铁劳社〔2019〕221 号	关于成立中国中铁股份有限公司北部区域工程建设指挥部的通知
中国中铁成本〔2019〕222 号	中国中铁关于贯彻落实国务院根治拖欠农民工工资领导小组办公室开展 2019 年度根治欠薪冬季攻坚行动要求工作方案的通知
中国中铁成本〔2019〕223 号	中国中铁 中国铁建关于协调解决铁路工程项目施工费用问题和困难事宜的请示
中国中铁董办〔2019〕224 号	关于印发《中国中铁股份有限公司董事会授权经理层决策部分事项及有关要求的方案》的通知
中国中铁审计〔2019〕225 号	中国中铁关于批转《中铁财务有限责任公司原董事杨凯利同志任期经济责任审计报告》的通知
中国中铁干部〔2019〕226 号	关于印发《中国中铁股份有限公司干部人事档案管理办法》的通知
中国中铁劳社〔2019〕227 号	关于印发《中国中铁关于进一步加强工程项目薪酬管理的指导意见》的通知
中国中铁生产〔2019〕228 号	关于公布 2019 年度中国中铁股份有限公司优秀工程咨询成果获奖项目的通知
中国中铁生产〔2019〕229 号	关于公布 2019 年度中国中铁股份有限公司优秀工程勘察设计获奖项目的通知
中国中铁经营〔2019〕230 号	关于印发《中国中铁投资建设项目和总承包施工项目投标组织方案备案管理办法》的通知
中国中铁经营〔2019〕231 号	关于印发《中国中铁股份有限公司承揽国内总承包项目投标（合同）评审管理办法》的通知
中国中铁劳社〔2019〕232 号	中国中铁关于公布 2019 年高级技师、特级技师和工匠技师任职资格的通知
中国中铁劳社〔2019〕233 号	关于成立中国中铁股份有限公司青岛市地铁 6 号线一期工程土建施工项目经理部的通知
中国中铁科信〔2019〕234 号	关于印发《中国中铁股份有限公司 2020 年度科技研究开发计划课题指南》的通知
中国中铁劳社〔2019〕235 号	关于成立中国中铁信息技术公司的通知
中国中铁劳社〔2019〕236 号	中国中铁关于优化区域总部设置、新设投资公司的通知
中国中铁规划〔2019〕237 号	中国中铁党委　中国中铁关于印发《重组设立中国中铁专业化水务环保公司方案》的通知
中国中铁劳社〔2019〕238 号	中国中铁党委 中国中铁 中国中铁工会 中国中铁团委关于表彰中国中铁第二届员工职业技能大赛暨第十八届青年职业技能大赛先进个人和先进集体的决定
中国中铁经营〔2019〕239 号	关于印发《中国中铁区域经营工作管理办法》的通知
中国中铁劳社〔2019〕240 号	关于印发《中国中铁股份有限公司各工程局集团公司国内区域经营指挥部二十强评选办法》的通知
中国中铁科信〔2019〕241 号	关于公布中国中铁 2019 年度节能低碳技术的决定
中国中铁劳社〔2019〕242 号	关于成立中国中铁股份有限公司南京地铁六号线工程施工总承包 D6-TA01 标项目部的通知
中国中铁劳社〔2019〕243 号	关于成立中国中铁股份有限公司云南省滇中引水项目总指挥部的通知
中国中铁生产〔2019〕244 号	关于印发《中国中铁股份有限公司综合管廊运营管理指南（试行）》的通知
中国中铁经营〔2019〕245 号	关于印发《中国中铁股份有限公司经营工作考核办法》的通知
中国中铁生产〔2019〕246 号	关于印发《中国中铁股份有限公司收费公路运营管理指南（试行）》的通知
中国中铁劳社〔2019〕247 号	关于成立中国中铁股份有限公司西安地铁八号线工程施工总承包 3 标段项目经理部的通知
中国中铁劳社〔2019〕248 号	关于成立中国中铁股份有限公司西安地铁六号线一期站后工程施工总承包项目经理部的通知

中国中铁区域经营工作管理办法

第一章　总　则

第一条　深化生产经营管理体制机制改革，在全系统全面推行区域经营管理模式，是股份公司的重大部署和重要举措。为进一步明晰区域经营的责任主体、基本定位和运行模式，纵深推进区域经营全面落地，逐步构建立体经营格局，从根本上提高企业的生产经营能力，特制定本办法。

第二条　区域经营是指把全国划分为若干区域，以区域为基本的经营单元，由股份公司和集团公司分别设立常驻机构，派出常驻人员，全权代表股份公司和集团公司统筹全公司经营要素，专职负责本区域各类任务承揽和市场维护的经营管理模式。

第三条　中国中铁全系统实行“股份公司重在产业管理、集团公司重在市场经营、工程公司重在生产组织”的生产经营基本管理体制；与此相配套，在市场经营管理体制上推行“股份公司协调经营、集团公司主体经营、工程公司辅助经营”的管理体制。

第四条　集团公司承担市场经营的主体责任，其基本标志是，由集团公司及其区域经营机构承揽的任务应占到承揽总额的80%以上。其根本目的是，通过整合经营资源，提升企业的市场经营能力；通过释放工程公司生产力，提升企业的生产管理能力。

第五条　推进区域经营要贴近市场、协同作战、长远发展。股份公司各级各板块各单位应当持之以恒、扎实推进，建立并不断完善“以区域经营为主干、其他经营模式为补充”的总体经营管理体系。

第六条　本管理办法主要适用于股份公司所属各集团公司。股份公司所属区域总部（项目部）区域经营管理办法另行制定。

第二章　组织架构

第七条　区域经营机构是市场经营的有效载体和运作平台，应构建包括股份公司及其区域总部和直属机构，集团公司及其区域经营机构、经营保障信息机构、现场指挥部，三级公司及其驻区域联络员、各项目经理部在内的各司其职、各尽其责的区域经营架构。

第八条　区域经营机构是企业的正式编制单位，具有机构专设、职能专一、人员专业、费用专列的特点。股份公司和各集团公司应建立健全覆盖全国、统分有序、资源共享、精干高效的区域经营机构网络。

第九条　各层级区域经营机构设置。

（一）股份公司

股份公司经营开发部是推进区域经营管理的职能主管部门。

（二）股份公司区域总部

各投资公司、直属机构是股份公司区域经营的重要载体，按照“一套人马、两块牌子”的原则，建立股份公司区域总部，在其责任区域内设置覆盖相应市场的经营分支机构。

（三）集团公司本级

集团公司成立以董事长、总经理为核心的经营领导小组，成员应包括集团公司所有班子成员；在主要领导之下，应有一名副职专职分管全集团经营工作；集团公司市场营销部门是集团公司区域经营工作的职能主管部门。

（四）集团公司区域经营机构

集团公司区域经营机构包括区域指挥部和下设的省市经营分支机构。

1. 机构设置。各工程局应根据实际情况在全国设立7个及以上的区域指挥部，每个指挥部负责不少于3个省（直辖市、自治区，下同）的经营承揽和市场开发，覆盖全国各省，其中集团公司总部所在省原则上要单独设立区域指挥部开展属地经营。考虑各板块不同业务特点，投资、设计咨询、工业等板块各单位根据实际情况设置区域经营机构，逐步实现全覆盖。区域指挥部管辖区域内的每个省都应设立省级经营分支机构，市场规模特别大的省，可在地级市增设经营分支机构。

2. 部门设置。各区域指挥部应设置市场部、综合部等业务部门，条件具备的区域指挥部要成立党工委。

3. 要素配置。区域指挥部负责人配置按照《中国中铁党委关于进一步明确二级企业领导班子成员分工调整的通知》(中国中铁党干〔2019〕53号）文件执行。负责3个及以上省的区域指挥部，人数应在15人以上；负责2个及以下省或市场规模较小的区域指挥部，人数控制在20人以下。各省级经营分支机构原则上应是处级单位，常驻专职经营人员数量控制在3~5人。各区域指挥部和省级经营分支机构应有固定的办公场所并具备一定的商务接待能力。各区域指挥部配车不少于2台，省级经营分支机构配车不少于1台，并根据实际需要适时增减。

（五）经营保障信息机构

各集团公司在设置完善的区域指挥部之外，可在重点区域针对信息收集和履约保障等实际需要，单独设立负责市场信息收集、履约保障、二次经营、信用维护等职能的保障机构，也可以将该职责和工作赋予相应的区域指挥部。

（六）工程公司经营机构

工程公司承担辅助经营职责，

应设置市场营销部门，除辅助集团公司经营外，要承担滚动经营职责，具备经营、商务、报价、编标和施组等业务职能，并与集团公司各区域指挥部明确相应的联络人。

第三章 职责定位

第十条 股份公司重点履行区域经营管理模式的顶层设计、机制建设、总体指导、统筹协调和考核督导，推动全系统各单位各板块区域经营管理工作规范化、标准化、科学化发展。

股份公司经营开发部负责全公司区域经营工作的组织建设、推进协调、服务统筹和日常监管，是政策中心、信息中心、经营调度中心、服务中心。主要职责：

（一）负责落实股份公司经营目标和工作要求，制定区域经营发展战略、管理制度并组织考核评价。

（二）负责督导各集团公司建立完善区域经营工作管理体系和运行机制。

（三）负责组织、协调重大项目的经营承揽，加强高层对接、外部协作和内部协同，提高经营质量和市场份额。

（四）负责经营队伍建设和经营要素建设等基础工作的规划和推进，为开展经营工作提供支持服务。

（五）负责以市场为导向，以区域经营带动和推进立体经营，形成股份公司统筹协调、区域机构布局落实、集团公司立体跟进、各产业协作参与的大经营格局。

第十一条 股份公司区域总部是总部机关经营职能的延伸，代表股份公司在负责区域内履行“统筹、协调、监管、服务、高端经营”职能。

（一）统筹职能。站在股份公司的高度，统筹区域市场的整体开发工作，提出区域发展的战略规划和年度工作安排；统筹区域内资源，发挥各单位的经营优势。

（二）协调职能。对内建立经营协同和信息、利益共享机制，做好沟通协调，消除无序竞争、相互扯皮的现象，对外加强合作，维护正常的竞争秩序，确保企业利益最大化。

（三）监管职能。负责区域内各单位经营行为的监管，维护企业良好形象；负责以股份公司资质中标在建项目的监管，及时将业主对项目建设的有关建议向参建单位反馈，督导参建单位通过认真整改、优质履约提升信誉。

（四）服务职能。为各单位市场开发提供工程信息、经营资源和对外服务工作；建立各产业单位的沟通联络平台，提升协同经营效能；帮助在建单位做好与业主的沟通工作，积极协助解决项目履约过程中的问题。

（五）高端经营职能。负责区域内地市级以上政府及所属基建部门、业主、核心客户等高层关系的建立与维护，推动中国中铁战略合作协议的签订和有价值项目的经营落地；通过整合区域内的经营资源，积极组织开展高端经营，不断提高市场竞争能力和企业整体份额；承揽业主或招标文件要求对股份公司进行招标或股份公司授权以股份公司资质跟踪承揽的大型项目、高端项目和产业链协同项目，凡是集团公司有条件有能力承揽的项目，均交集团公司进行承揽。

第十二条 集团公司履行区域经营工作的主体责任，承担企业经营工作的决策指挥职能，全面领导、组织、协调整体经营系统运转。主要职责：

（一）负责贯彻落实股份公司的工作要求，制定本集团的经营战略、承揽计划、管理制度和实施办法。

（二）负责划定区域经营机构的辖区领域，完善区域经营管理政策和办法，落实区域经营的考核奖罚。

（三）负责加强经营策划和调度，组织各类项目的经营承揽，提高经营效率和经营质量。

（四）负责加强经营队伍建设和经营要素的整合管理等基础保障工作。

第十三条 集团公司区域经营机构是市场经营的主要运作平台，是全集团经营承揽指标的主体责任单位，按照“以市场经营为主、施工监管为辅”的原则，在授权的辖区内履行经营和施工监管双重职能。主要职责：

（一）负责配套完善和在辖区内统一使用全集团所有经营要素，开展经营承揽，完成集团公司下达的经营指标。

（二）负责辖区内的客户管理和市场维护，形成可持续经营的区域市场环境。

（三）负责监控辖区内在建项目的施工进展和动态，组织、督导项目部共同创造良好的企业信誉。

（四）负责与辖区内各规划、设计机构保持联络，负责为全集团经营承揽和二次经营工作提供信息、沟通联络等服务和支持。

（五）负责履行集团公司在辖区的延伸职能，按照集团公司授权处理好辖区的其他事宜。

第十四条 经营保障信息机构是各集团公司实现经营目标的协作平台和重要补充。主要负责收集研究中央和各部委有关的经济政策、规划信息；相关央企的建设项目开发与深度合作；企业信用、品牌的维护，协助处理舆情危机、维稳、机要保密等相关业务；为全集团经营承揽和二次经营工作提供信息、沟通联络等支持保障。

第十五条 工程公司是区域经营的支撑和保障单位，重点是以生产促经营，精力主要集中到施工现场管理，应当成为效益和信誉的生产中心、经营后备人才的培养和储备中心。主要负责配合经营、标书编制、生产管理、创造信誉、完善资质、提供各种投标资源保障，并承担既有市场维护和滚动经营。

各专业工程公司可根据实际需要配备一定的经营力量，倾注一定的经营精力，与区域经营机构做好沟通和密切配合，保证区域经营和专业经营都能取得实效。

第十六条 项目经理部具体负责干好在建项目，创效益树信誉，依托项目深化与业主的沟通联系，实现同一区域、同一业主的持续滚动发展。

第四章 管理政策

第十七条 集团公司应当以“五个50%”为原则标准，以“管企业要管经营、管业务要管经营、管生产要管经营”为总要求，树立立体经营、系统经营理念，落实经营工作的先导地位。

一是主要领导应把50%以上的精力用于经营工作。主要领导是经营工作的第一责任人，应谋划经营大盘、分解经营责任、完善经营机制、兑现经营奖惩、强化高端对接、运作重大项目。

二是班子成员中应有50%以上的成员担任区域指挥部负责人，有关工作要求按照《中国中铁党委关于进一步明确二级企业领导班子成员分工调整的通知》(中国中铁党干〔2019〕53号)文件执行。班子副职及总经理助理在区域指挥部任职的，其工资待遇在区域指挥部发放，与区域经营业绩挂钩，参照《中国中铁关于二级单位其他负责人担任专职项目、区域指挥长负责人的薪酬管理通知》(中铁股份劳社函〔2018〕151号)文件要求执行。

每个集团公司原则上只能有1名领导分管国内经营、1名领导分管国际经营。分管经营领导是集团公司国内和国际经营工作的总调度长，负责本单位经营能力的评估和建设、推进区域经营体系建设、经营策划组织大型项目投标及本单位的属地经营工作。

三是在企业管理研究成果中，以市场经营为主题或从市场经营角度切入主题的成果应占到50%以上，体现在市场开发、体制机制、经营思想、人才建设、经营方略、成本管理、二次经营、滚动发展、经营业绩等方面。

四是经营系统处职干部的人数应占到全集团处职干部总人数（不含集团公司机关处职干部、集团公司直属指挥部和项目经理部处职干部）的50%以上。

五是主责为经营的人员在完成或超额完成任务的情况下，收入应高于其他岗位人员50%以上。

第十八条 股份公司对集团公司以“十要十不要”为具体要求，保障区域经营正确的发展方向。各单位在深化落实过程中，应抓住要害，把握好以下几个原则：

坚定改革决心，锁定时间节点，区域管理全面落地。

集团公司主导，工程公司辅助，明确市场主体责任。

贴近市场用人，重素质选精英，畅通奖励晋升渠道。

优化结构布局，覆盖全国市场，合理设置机构人员。

驻地办公经营，机构属地发展，追求最优效益信誉。

政策支持到位，激发内生动力，建立健全配套政策。

坚持区域经营，带动立体经营，产业协同扎实推进。

第十九条 集团公司对区域经营机构（直属机构）实行“六给两要”政策，这是实施区域经营的根本。“六给”是给地盘、给资质、给人才、给权力、给服务、给奖惩；“两要”是要有效益的项目、要有信誉的市场。

对区域机构既要有效管控，又要充分放权，形成管理有序的运行机制。应当管定岗、定编、定员、定职，管固定资产投入，管经济政策，管任务目标，管任务分配原则，管考核兑现；应当赋予区域机构自收自支的财权，相对自主的选人用人权，经营要素的自主选用权，工程任务的调配权，在建项目的监管权，区域内部奖罚的自主权。

第二十条 集团公司在推行区域经营管理模式的同时，要高度重视并有效运用工程公司的市场资源，通过机构优化、人员提拔、剥离重组等措施，使工程公司的区域经营能力直接转换为集团公司的区域经营能力。各工程公司在施工管理上要承担主体责任，不断提升项目施工管理能力，在人才、效益、信誉等要素方面为经营工作提供全面保障。

第五章 运行机制

第二十一条 区域经营应当实行经营目标管理和项目经营责任制。把经营指标分解到各区域经营机构，加强过程控制，严格目标考核；把经营指标落实为具体的跟踪项目，并分别明确具体的责任领导和责任人员，实现经营工作可追溯。

第二十二条 建立区域经营机构收费管理制度，确保区域经营机构的经营费用来源。建立区域经营机构向辖区内中标项目收取经营费用的具体办法，实现区域经营机构财务独立、自负盈亏。各集团区域机构收取费用的比例应在本区域新签合同额的0.3%~1%；股份公司为合同主体的项目，费用收取按照《中国中铁内部主要经济关系规范》(中国中铁财务〔2019〕136号)执行。要正确处理好费用专列与合理分担的关系，依法合规、严控风险、合理解决。

第二十三条 建立健全区域经营承揽激励机制。要建立经营奖励基金制度，根据经营成果定期提取奖励基金，保证经营奖金的来源，对经营工作实行专奖专罚；对区域经营机构负责人要实行经营承揽目标责任制，签订经营承揽考核责任书，年终根据承揽指标完成情况考核兑现；经营奖励政策可以适度多元化，针对具体情况可采取承揽任务总额奖励、阶段兑现、一标一奖、年度综合评优奖、特殊贡献奖、经营津贴等有效手段，重在充分激发经营人员的积极性。

第二十四条 建立完善法纪风险防范机制。各单位要依法合规开展经营工作，系统防范风险；要增强保密意识，严控商业机密；密切与各级执纪执法机关的日常联系，建立联防联治工作机制，提高应对突发事件的危机处理能力。

第二十五条 构建区域总部与各单位协作联动机制。股份公司区域总部应发挥牵头引领和统筹协调作用，以区域内各单位经营资源为支撑，建立信息收集、筛选、分享制度和管理办法。通过系统策划，组织调配相关经营资源和要素，实现施工、设计、金融、物贸、工业等各单位协同经营、共谋发展。各类项目经营优先支持工程局、设计院、工业等二级单位承揽。股份公司区域总部应坚持小项目不做、子品牌能做的不做、集团公司能做的不做的原则，不与各集团公司争市场，不阻碍集团公司的经营发展。

第二十六条 各业务板块应当加快推进和深化区域经营。股份公司区域总部应结合自身职能定位，在划定的责任区域内，合理设置经营分支机构；设计咨询板块应根据自身情况在全国各省市布点撒网，大力加强经营网点的建设；房地产板块应贯彻区域经营的基本原理，全面加强城市公司建设，建立以城市为单元的经营统筹格局；工业、物贸、资源、金融板块等都应根据自身目标市场特点和经营需要，组建贴近市场一线的经营机构和经营团队；外经板块应在重点国别市场和区域市场组建强有力的区域经营机构，扎根当地市场。

第六章 基础保障

第二十七条 加强企业资质体系建设。全面抓好工程总承包、施工总承包、专业承包和劳务分包各序列资质的配套完善、维护升级和创新发展，争取最大的资质覆盖面。

第二十八条 加强企业信誉建设。高度重视施工生产管理，防止市场准入处罚，确保和提升信用评价等级，为市场营销奠定基础；加大各类工程评优活动的申报力度，将企业科技优势、信誉优势转化为市场竞争优势；加强中央媒体宣传报道工作，充分发挥宣传报道对经营工作的重要辅助作用。

第二十九条 加强企业经营所需各类执业资格证书的考取、注册和管理工作。各单位应出台鼓励政策，有效组织员工积极考取注册建造师、注册安全工程师、注册造价工程师等有关执业资格，并加强管理、注重培养，满足经营工作的需要。

第三十条 加强施工业绩资料的收集和管理。各单位应着重做好中标通知书、施工合同文本、评优评先文件和证书、竣工验收报告、主要图纸、结算资料等证明材料，以及特殊施工技术、先进工艺工法、获得荣誉等有关资料的收集工作，出台相关的商务资源管理办法，为经营投标工作提供保障。

第三十一条 加强区域经营能力建设。提高对宏观经济政策的理解和把握能力，加强对区域发展战略和规划的研究，持续加强商业模式创新引领水平，提升对市场需求变化的响应能力。贯彻精英搞经营的理念，把区域经营机构作为干部晋升的重要平台和通道之一。加强经营人员业务培训工作，不断提升从业人员综合素质和业务水平。

第三十二条 加强经营工作信息化建设。加强管理软件开发和工作平台建设的力度，提高对市场信息以及经营管理日常工作的系统集成，扩大信息化管理对经营工作的覆盖范围，进一步提高经营工作效率和管理水平。

第七章 考核奖惩

第三十三条 股份公司按照"量化考核指标为主，定性指标为辅""公正、透明、易操作"的原则，依据"区域经营机构设置、区域经营制度建设、区域经营运行和业绩"等主要指标，结合职能定位及板块业务特点，分门别类制定区域经营建设标准考核细则，明确区域经营工作的评价内容及标准等，对区域总部和各集团公司分别进行考核。考核的主要内容和重点将根据区域建设的成效和进展适时调整，原则上前期以考核机构设置、人员配备、制度完善等建设内容为主，随着深入推进逐步转为以考核区域经营业绩成效为主。

第三十四条 股份公司对区域总部经营工作进行考核，考核内容主要包括新签合同额、高端经营履职、高端经营成果落实、服务其他二级单位等，具体按照《中国中铁二级单位全面预算（目标）管理和考核办法》（中国中铁财务〔2019〕192号）中的相关条款以及有关文件执行。

第三十五条 对区域经营工作的考核结果将作为"四好班子"、集团公司负责人年度绩效考核经营指标计分的重要参考。

第八章 附则

第三十六条 股份公司区域总部原则上不允许跨区域经营，特殊情况需经股份公司批准。责任区域在调整前仍按目前的责任区域执行。

第三十七条 各单位可根据本管理办法并结合单位实际制定、完善相应的管理办法和实施细则。

第三十八条 本管理办法自发布之日起实施，原《中国中铁股份有限公司工程经营工作指导意见》（中铁股份经营〔2016〕188号）、《中国中铁股份有限公司区域经营工作指导意见》（中铁股份经营〔2018〕133号）同时废止。

第三十九条 本管理办法由股份公司经营开发部负责解释。

中国中铁股份有限公司海外体制机制改革方案

为深入贯彻习近平新时代中国特色社会主义思想和党的十九大精神，以及国资委党委和国资委有关国际化经营工作部署，抢抓国家新一轮对外开放的战略机遇，更加科学地统筹国际国内两个市场，打造公司国际经济合作和竞争新优势，增强全球资源配置能力和效率，提升全球市场影响力和话语权，加快建成具有全球竞争力的世界一流企业，开启新时代中国中铁国际化经营高质量发展新征程，特制订本方案。

一、股份公司海外体制机制改革的重要性和必要性

中国中铁是实施国家“走出去”战略、“一带一路”建设等重大战略的重要力量。近年来，公司深度参与“一带一路”建设、基础设施互联互通、国际产能和装备制造合作以及第三方市场合作等国家重大战略，积极开拓国际市场，参与国际竞争，通过不懈努力，公司海外经营格局不断完善，海外经营取得了较好成绩。2011—2018年公司累计实现海外新签合同额883.47亿美元，完成营业额407.40亿美元，2018年末境外资产合计623.4亿元，归属于母公司权益85.7亿元，境外业务净资产收益率为24.5%，境外资产占股份公司资产总额的6.6%，境外收入占股份公司收入总额的5.8%，净利润占股份公司总额的12.1%。截至2019年9月底，全公司从事国际业务工作人员8851人，国内外派劳务6839人，雇用当地人员43535人。国际业务分布全球96个国家和地区，境外机构328家，在69个国家有443个在建工程项目，合同金额约392.89亿美元。公司经营网点遍布全球，国际化人才队伍不断壮大，项目储备规模持续扩大，境外业务利润总额稳步增长，利润率逐年提高，资产投资回报率处于同行较好水平，发展质量逐步提升，为公司做强做优做大注入了新动力，国际化经营已经成为推动中国中铁高质量发展的目标方向和重要支撑。

党的十九大报告提出要培育具有全球竞争力的世界一流企业。这就要求企业要进一步增强国际化经营能力，大幅提升跨国指数，进一步增强行业引领能力、市场话语权和品牌影响力等。当前推动公司国际化经营面临的形势是问题、挑战与机遇并存。从问题看，公司的国际化经营仍然存在一些亟待解决的突出矛盾和问题：公司海外经营规模占比偏小、海外资源高度分散、经营管理不集中、统筹协调能力较弱、全球资源配置能力不强、全球市场影响力和话语权偏低、经营体制机制不活，呈现出“浅、小、散、乱”不利局面，与公司所处的行业地位不相适应，与高质量共建“一带一路”不相适宜，与经济全球化的新形势、新情况、新要求不相适应，严重制约了企业全球化发展。从挑战看，主要来自国际方面。新形势下国际保护主义、单边主义持续蔓延，贸易和投资争端加剧，全球产业格局和金融稳定受到冲击，世界经济运行风险和不确定性显著上升，民粹主义、极端主义、恐怖主义等非传统安全挑战更加严峻，国际竞争异常激烈。从机遇看，国家加大新一轮对外开放，共建“一带一路”为世界各国发展提供了新机遇，为我国开放发展开辟了新天地，为企业全球化发展打开了新境界。作为中央骨干企业，我们要增强“四个意识”，坚定“四个自信”，坚决做到“两个维护”，进一步增强加快国际化发展的紧迫感和责任感，抢抓“一带一路”建设、基础设施互联互通、国际产能和装备制造合作以及高铁“走出去”深入推进的战略机遇，全面推动公司海外经营体制和机制的改革创新，优化资源配置，完善经营布局，调整业务结构，实现立体化经营和属地化发展，不断提高公司国际化经营的发展质量和水平，在建设世界一流企业的新征程中走前列、作表率，为共建“一带一路”和构建人类命运共同体贡献力量。

二、总体要求、原则和主要目标

（一）总体要求

以习近平新时代中国特色社会主义思想为指引，坚持“四总”海外经营改革方向：建成具有全球竞争力的世界一流企业是总目标，实现“中国中铁国际化”向“全球化中国中铁”转变是总任务，推动公司国际化经营实现高质量发展是总要求，推行海外优先发展是总遵循。全面加快海外经营体制机制改革步伐，大力实施海外优先发展和优质发展的“双优”战略。打造“一体两翼N驱”海外发展新格局，强化股份公司“一体”总体统筹功能，发挥平台公司的“两翼”带飞作用，推动二级子集团海外力量形成“N驱”协同共进之势。构建“大区+国别+项目”经营管理体系，实现海外经营点线面立体推进。推动平台公司重组。按照“做强总部、做优平台、做实区域”的要求打造海外利益共同体和生命共同体。构建海外投融资并购平台，提升全球资源配置能力，稳中求快推进海外业务转型升级。完善海外经营绩效考核评价体系，发挥考评“指挥棒”作用，激发海外经营动力与活力。推进海外经营合规管理系统、财务共享系统和信息化

管理系统“三大系统”建设，增强企业海外经营集中控制力与抗风险能力。进一步加强海外党建和党风廉政建设，为企业国际化经营高质量发展提供坚强保障。

（二）遵循原则

1. 坚持战略引领原则。以国家“走出去”战略和“一带一路”建设为指引，以建成具有全球竞争力的世界一流企业为目标，科学制定公司国际化经营战略和发展规划，引领公司国际化经营高质量发展。

2. 坚持问题导向原则。聚焦公司国际化经营存在的“浅、小、散、乱”等重点、难点、焦点问题以及薄弱环节，找出差距，补强短板，制定对策，抓好落实。

3. 坚持目标导向原则。以建成具有全球竞争力的世界一流企业为总目标，理顺海外经营体制机制，增强全球资源配置能力，引领行业技术发展，不断提升行业话语权和品牌影响力，不断提高公司跨国指数。

4. 坚持集中管控原则。实行股份公司海外经营集中管控，发挥全产业优势，做到上下游一体、前后方联动，形成立体协同经营格局，合力运作重大项目、开拓重点市场，实现公司国际业务区域化、属地化和专业化发展。

5. 坚持改革创新原则。深化海外经营体制机制改革，打造公司海外利益共同体和生命共同体，创新经营模式，构建与公司海外“双优”发展相适应的发展体系、管理体系和保障体系。

6. 坚持资源整合原则。进一步整合内外部资源，加快建成面向全球的资源配置和生产经营服务系统，不断扩大海外经营规模，提高海外市场份额，优化全球布局，强化品牌管理，形成国际合作与竞争新优势。

（三）主要目标

到 2020 年末（“十三五”末），公司海外经营体制机制改革基本完成，形成更加符合公司国际化经营要求的发展体系、管理体系、运营体系和考核评价体系，市场布局和业务结构更趋合理，全球资源配置能力和效率逐步提升，选拔培养出一批德才兼备、善于经营、强于管理、熟悉商务、精通语言的国际复合型人才队伍，公司国际化经营活力、控制力、影响力和抗风险能力显著增强，实现海外业务稳步增长，海外新签合同额、营业额稳中有升。

到 2025 年末（“十四五”末），公司海外经营体制机制更加成熟更加定型，国际化复合型人才队伍占公司人员比例显著提高，在全球交通基础设施领域的资源配置中占据主导地位，引领全球交通基础设施领域的技术发展，在全球交通基础设施领域的影响力和话语权显著加大，在全球交通基础设施领域全产业链一体化的核心竞争力显著增强，建成具有全球竞争力的世界一流企业；培育出至少 2 个年新签合同额 100 亿美元左右、营业额 50 亿美元左右的核心区域市场，4 个年新签合同额 50 亿美元左右、营业额 25 亿美元左右的重点区域市场，公司境外新签合同额达到 400 亿美元，营业额达到 200 亿美元，境外收入占公司收入总额达到 15% 左右。

三、实施海外优先发展战略

推动公司全系统自觉、彻底地扭转观念，在思想深处以海外为先、以国际为重。大力推行国际化人才发展优先、资源配置优先、制度保障优先、薪酬待遇优先，形成员工抢着去、能者愿意去、家人放心去的海外干事创业良好氛围，做到各领域、各环节、各专业、各部门全动员，聚焦全球资源，形成国际化的组织架构、管理模式、制度体系，培育海外优先发展文化，以海外优先发展驱动优质发展。

（一）国际化人才发展优先。要建立和完善国际化人才队伍建设中长期规划，加快打造一支懂专业、通语言、精商务、善经营、强管理的国际化复合型人才队伍。要进一步加大海外人才引进培养力度，畅通海外人员职业发展通道。要强化对海外员工的政策倾斜，对京外调干、专业技术职称评定等，同等条件下优先办理、优先评定，切实增强海外员工的获得感。要完善海外业务领导干部选拔任用机制，提升干部队伍综合素质和管理能力，应该把掌握一门外语作为基本条件，股份公司系统内二级单位分管海外的副职领导应具有 3 年及以上海外业务管理经验，现状不能满足的应在未来 3 年内逐步调整到位；分管海外的副职领导需为专职，不再分管国内业务；拟提拔为股份公司部门副职或二级单位副职人员应从具有 3 年及以上海外从业者中优先考虑。

（二）资源配置优先。境外项目关键岗位候选人要优先从公司海外从业队伍中择优选聘；要将最优秀的人才和队伍投入海外项目；重视引进国际一流人才；鼓励与国际知名咨询顾问团队、国际知名企业开展国际间合作。重视海外前期投入，考虑建立海外投资并购和大项目开发资金池，加大项目前期开发力度；海外项目的公司内部借款给予合理的利率和周期优惠，优先保障资金供给；重视海外投资并购，提高海外投资并购决策效率。鼓励海外经营机构合理保有一定规模的专业施工设备，实行区域市场调剂使用，提高市场竞争力；购置设备资产时给予合理的配额和标准倾斜，在政策允许的范围内对折旧方案给予倾斜；大力提倡融资租赁。

（三）制度保障优先。要构建“1+N”海外体制机制改革制度体系，本方案是“1”，即海外体制机制改革顶层设计，同时要建立“N”个符合“全球化中铁”海外经营制度文件，规范经营管理，理顺管理关系，清晰工作程序，明确工作标准，提高工作效率，激发动力活力，提升公司海外经营管理的科学性、有效性和可持续性。要从制度保障和措施机制上推进国际化优先发展战略落地实施，总部各

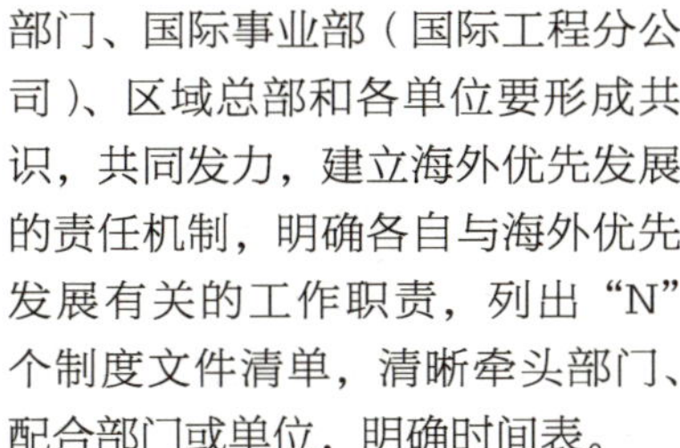

部门、国际事业部（国际工程分公司）、区域总部和各单位要形成共识，共同发力，建立海外优先发展的责任机制，明确各自与海外优先发展有关的工作职责，列出“N”个制度文件清单，清晰牵头部门、配合部门或单位，明确时间表。

（四）薪酬待遇优先。要建立完善海外薪酬管理体系，切实发挥激励约束作用，吸引并留住优秀人才积极投身海外事业。要建立健全与国际人力资源市场基本适应、与境外业务经济效益和劳动生产率挂钩的薪酬决定和增长机制，加大绩效考核力度，科学评价员工贡献，合理拉开收入差距。对公司在国内、国外从事海外业务的领导人员、员工的薪酬待遇应给予倾斜，向优秀兄弟企业对标；市场化选聘的职业经理人实行市场化薪酬分配机制。海外业务人员在出国出差期间的个人差旅补贴应比照其他中央企业较高水平的标准执行。探索境外经营机构管理层模拟股权激励机制，管理层以一定资金模拟入股，完成经营指标可以获得分红。境外人员享受带薪年休假，休假制度应结合生产经营工作实际合理安排并给予一定倾斜。鼓励海外从业人员考取国际从业资格证书，获得证书的给予费用报销，并试行聘用制，给予补贴或津贴。建立海外杰出贡献勋章制，勋章获得者可以享受特殊津贴和待遇。

（五）培育海外优先发展文化。以“勇于跨越、追求卓越”的企业精神为指引，以“逢山开路、遇水架桥”的文化基因为底蕴，大力弘扬成就客户、艰苦奋斗、甘于奉献、开拓进取、诚实守信的文化认同，以激励为导向，以考核为牵引，增强海外从业人员的责任感、荣誉感、归属感和获得感，发挥好模范标杆和精神奖励作用，逐步培育海外优先发展文化。要以多种形式践行优先发展文化，形成海外干事创业良好文化氛围，以海外优先发展文化引领海外经营高质量发展。

四、打造海外利益共同体和生命共同体

按照“一体两翼N驱”发展格局，强化股份公司总体统筹功能，发挥平台公司商务引领，推动二级子集团海外力量N驱协同共进，做强总部、做优平台、做实区域，打造海外利益共同体和生命共同体，为海外经营优质发展提供体制保障。

（一）股份公司“一体”总体统筹。股份公司是“一体两翼N驱”中的“一体”，主要负责锚定航向、战略引领、全球布局、资源配置、集团管控、统筹协调、高端经营、合规及风险管理、考核评价、外事管理，授权国际事业部（国际工程分公司）进行管理。

（二）平台公司“两翼”带飞。中铁国际集团有限公司（以下简称中铁国际）和中国海外工程有限责任公司（拟从中铁国际分离并进行内部重组，以下简称中海外）是平台公司。平台公司的定位和职责：一是负责国际化经营商务引领；二是履行委托管理区域总部的管理职责，聚焦市场营销（援外项目除外）；三是项目签约后履行合同主体责任，负责项目管控、商务管理、履约交付等，不参与项目施工；四是东方国际和拟设立的国别公司是商务平台的必要补充，发挥好特定国别的商务引领，开展特定国别经营。

（三）二级子集团“N驱”协同共进。工程局、设计院、装备制造等统称为二级子集团，主要定位和职能：一是为平台公司（含国别公司）经营开发提供技术支持和商务配合；二是项目签约后，负责技术管理、商务配合、工程施工等；三是部分二级子集团受托管理区域总部，履行好区域总部管理职能。

（四）明确“一体”“两翼”“N驱”的关系

在公司海外经营层面，“一体”的总体统筹和集中管控职能通过授权国际事业部（国际工程分公司）来实现，根据“做强总部、做优平台”的要求，明确界定三者之间的关系。

1. 三者的管理关系。国际事业部是“两翼”和“N驱”的海外业务归口管理部门，“两翼”和“N驱”要接受国际事业部的归口管理。国际事业部制定战略目标和年度计划，将目标和计划分解到“两翼”和“N驱”，并督查和评价目标计划执行情况；“两翼”和“N驱”要承担并完成相应的目标任务，接受国际事业部的督查和评价。国际事业部是海外业务政策制度的制定者和监督者，也是支持者和服务者；“两翼”和“N驱”是海外业务政策制度的执行者，要接受“一体”的监督。“两翼”“N驱”以股份公司名义运作实施项目时需在获得国际事业部同意后按程序办理授权。国际事业部对“两翼”“N驱”进行海外指标考核评价。

2. 三者的协同关系。国际事业部是总调度、总协调和总指挥，重点做好全球布局、市场协调和资源调度；“两翼”和“N驱”要根据布局、协调和调度统一行动，分工协作；国际事业部发挥好公司全产业链和高端运作优势，“两翼”和“N驱”发挥好商务和技术优势，形成立体协同经营格局。

3. 三者的经济关系。国际事业部对以股份公司名义运作和实施的项目或由国际事业部牵头推动落地的项目加强管理，利用好这些项目推动设立项目前期开发资金池，用以公司境外投资并购和大项目开发的前期费用、项目开发前期规划费用和品牌维护费用。

4. “两翼”和“N驱”的合作关系。根据做优平台的要求，全球区域市场将重点向“两翼”倾斜，“两翼”和“N驱”需密切合作。一是在经营开发阶段，“两翼”与“N驱”书面确立合作关系，前者牵头负责市场营销和商务引领，后者提供技术支持、商务配合；“N驱”独自参与现汇项目竞标时优先

考虑依托“两翼”，后者原则上不收取费用。二是项目签约后，“两翼”履行合同主体责任，主责商务管理、项目管控和履约交付，“N驱”履行施工主体责任，主责技术管理、施工管理、商务配合。

5.“两翼”和“N驱”的经济关系。一是“两翼”作为签约主体时，按比例收取商务管理费用，享受商务利润。“N驱”作为施工主体，享受施工利润。二是通过对外索赔获得的经济利益由双方协商分配。三是内部考核时，各项指标均计入“两翼”，“N驱”按实际参与份额计入。四是设计集团前期规划和可研工作发生的国内费用自行承担，国外发生的费用由参与开发的二级子集团分摊，项目成功后两部分费用计入项目成本。

五、推行中海外内部重组

发挥中海外品牌在部分国别的市场影响力和话语权，对中海外进行内部重组，重塑中海外整体实力，形成特色鲜明的商务平台。

（一）股改方式。将中海外从中铁国际整体分离，由中国中铁全资控股，按中国中铁的二级子公司进行管理。

（二）重组方式。推行中海外的资产重组、债务重组、人员重组、财务重组、法人治理结构优化等，提升中海外经营管理能力和水平。

（三）职能定位。将中海外定位为股份公司海外商务平台公司，履行好平台公司职能。

六、推进海外区域化属地化专业化发展

按照“大区+国别+项目”模式搭建经营管理体系，完善全球市场布局，深入推进区域化、属地化、专业化和品牌化发展，根据“做实区域”的要求，设立区域总部，整合海外经营机构，实行区域集中管理，加强品牌管理，探索第三方市场合作，为海外经营优质发展提供管理保障。

（一）区域总部设立、定位和管理。拟在全球设立24个以内的区域总部，按照“整体规划、分批设立”原则进行，首批拟按不同区域、不同类型选4个试点。区域总部履行区域统领统筹、组织协调、商务引领、经营开发、履约管理、合规风险管理、税务筹划等主要职责。区域总部实行总部直管和委托管理两种模式，总部直管即委托国际事业部管理，委托管理即委托中铁国际、中海外、国别公司以及海外业绩优秀的二级子集团管理。在区域委托管理基础上，部分国别经营能力突出的单位可确定为国别主责单位。区域总部委托管理和国别主责单位实行动态管理，连续3年不能完成区域和国别经营目标的受托单位将予以调整。

（二）整合国别（地区）经营机构。整合现有海外经营机构，原则上每个国别（地区）不超过3家经营机构，其余经营机构合并、停业、关闭、注销后自主选择以模拟股权方式参与区域总部经营。国别（地区）经营机构要明确分工，优势互补，避免竞争，有序经营。

（三）加强境外直属项目部管控。雅万高铁项目部、德伊高铁项目部、孟加拉帕德玛大桥铁路连接线项目部是股份公司境外直属项目部，原则上要纳入中国中铁国际工程分公司统一管理。直属项目部现阶段以施工生产管理为主，同时立足当地做好国别市场经营。公司原则上不再成立总部直管项目部。

（四）加快新兴国别市场布局。加快在尚无机构但随着双边关系转圜或建交而逐步成为经贸合作热点的新兴国别市场设立经营机构。原则上，新兴国别市场的布局优先考虑中铁国际和中海外，注册的经营机构控制在3家以内。

（五）明确“大区+国别+项目”的关系

按照“做实区域”的要求，明确各管理层级与大区、国别和项目的关系。

1.国际事业部与区域总部的关系。总部直管的区域总部由国际事业部负责组建和管理，主要负责人由国际事业部派出，区域内各单位优秀人员正式调入区域总部；国际事业部对委托管理的区域总部主要负责人有建议权，对委托的区域总部进行模拟考核，实现对区域总部委托单位的动态管理。

2.“两翼”和“N驱”与区域总部的关系。“两翼”和“N驱”负责委托管理的区域总部组建和管理，主要负责人经受托单位推荐、国际事业部审核通过后担任，受托单位和区域内其他单位的优秀人员正式调入区域总部。“两翼”和“N驱”对委托管理的区域总部进行全面管理，对区域总部预算指标负责。

3.区域总部、国别/地区经营机构、项目的关系。区域总部对国别（地区）经营机构下达经营指标；国别/地区经营机构要完成区域总部所分配的经营指标。区域总部要统筹协调和集中管理国别（地区）市场，对于共同合作推动的项目，区域总部要牵头统一对外进行商务谈判，负责项目推动落地和签约，以及项目的税务筹划、合规管理和履约管理，“N驱”的国别/地区经营机构要配合区域总部对外沟通和商务谈判，配合推动项目落地和签约；“两翼”独立推动的项目由委托管理的区域总部和自身国别/地区经营机构独立完成；“N驱”独立推动的项目要接受区域总部的监管，区域总部要对“N驱”的国别/地区经营机构提供商务支持和业务指导。项目签约后，对于共同合作的项目，“两翼”做好商务管理、项目管控和履约交付，“N驱”做好技术管理、项目施工和商务配合；对于“两翼”独立推动的项目，可以考虑内部竞争性谈判选定“N驱”分包商；对于“N驱”独立推动的项目，由“N驱”独立实施，“两翼”不收取前期支持费用。

（六）加强品牌管理

1.品牌体系。进一步提升“中国中铁”和“CREC”品牌在全球

行业的话语权和影响力，国际事业部统一管理和维护“中国中铁”和“CREC”品牌，向品牌使用单位收取管理费用；中铁国际和中海外要加强自身品牌建设，逐步形成有较大国际影响力的子品牌；电气化局、大桥局、隧道局、工业集团、建工集团和设计院等要在国际市场发挥好专业品牌作用；综合工程局在有市场影响力的国别加强品牌建设。

2. 品牌使用。中国中铁国际工程分公司开展经营活动时使用“中国中铁”和“CREC”品牌。区域总部开展日常管理活动时经授权后使用“中国中铁”和“CREC”品牌。在国别具体项目按以下原则使用品牌体系：①政府间合作的重大战略性项目使用“中国中铁”和“CREC”品牌；②10亿美元及以上项目使用“中国中铁”和“CREC”品牌，10亿美元以下的项目鼓励使用“中铁国际”“中海外”或二级子集团自身品牌；③平台公司或二级子集团业绩不能满足要求的项目可以使用“中国中铁”和“CREC”品牌；④专业性较强的项目鼓励使用专业局自身品牌，不受地域限制。

3. 品牌宣传。以中国中铁名义签约的项目仅宣传“中国中铁”和“CREC”品牌；以平台公司或二级子集团签约的项目应重点宣传“中国中铁”和“CREC”品牌，同时宣传自身品牌。

（七）政府间战略性项目。政府间合作的重大战略性项目按照前后方联动、上下游协同的模式进行，后方由国际事业部牵头，统一调度、协调和指挥，前方由区域总部主责并提供支撑。

（八）第三方市场合作。探索与欧美、日韩发达国家知名企业共同成立区域总部进行第三方市场合作的可行性，拓展共建“一带一路”新实践。

七、打造海外投融资并购平台

打造股份公司海外投融资并购平台，大力推动公司围绕主业的投融资并购业务，不断增强公司的全球资源配置和跨国经营能力，提升公司境外投资并购和融资能力，努力实现公司境外资产整体上市，为公司海外业务转型升级和优质发展提供高端平台。

（一）平台的定位。境外投融资并购平台的定位：一是优化资源配置，加强股份公司境内外各业务板块间的协同效应；二是助力股份公司实现从资产推动型企业转变为资本管理型企业。其主要职责：一是负责境外投资；二是负责跨境并购；三是负责境外融资功能；四是协同研究子公司境外分拆上市工作。

（二）平台与主业板块的关系。投融资平台是项目的投资者，是境外资产的主要股东，通过优化投资结构和合理的融资安排，聚焦资本市场运作。各二级单位负责项目的设计、采购、施工和运营维护等工作。

（三）平台的组织管理。平台业务开展初期，由股份公司国际事业部代管。股份公司任命董事会成员并派驻财务总监，初期可设置3名专职副总经理及1名财务总监（兼职）分管境外直投、跨境并购、融资服务三大功能模块及风控合规业务。平台公司设在香港，考虑在北京设立办事机构，平台设置境外直投、跨境并购、融资服务等业务部门以及财务、法务、风控等支持性部门，成立初期人员编制在40人左右。

（四）平台的运营。根据平台定位，从投、融、管、退四个环节设计境外投资、并购及融资/上市三个主要业务模块的功能及流程设置。合理规划境外投资、并购、融资/上市的业务盈利路径，确保平台的持续健康发展，兼顾平台对于主业及其他业务板块的带动和协同作用。合理设计平台的治理与组织架构，规划平台公司从董事会到关键职能部门的主要职责、决策流程，提高审批效率，加快对投资项目的识别和把握能力。要结合相关监管要求，评估为推动境外投资及并购业务所需的资本金规模，通过资本金的杠杆作用提升融资能力，并发挥资本金对相关产业基金的撬动作用，统筹规划融资结构及融资渠道，优化股份公司的资产负债率及资本运作效率。

八、打造“三大管理平台”

要打造海外信息化管理平台、合规管理平台和财务共享平台，为海外优质发展提供重要保障。

（一）打造海外信息化管理平台。要提升公司海外业务的集中管控能力和效率，做到业务流程化，流程标准化，标准信息化；提高公司海外业务的发展质量和水平；提高海外业务效率，降低业务运营成本，控制业务风险。信息化平台要实现：一是全面覆盖，公司海外信息化管理平台要全面覆盖各个国家和地区的海外业务，不留盲区；二是全流程，信息化管理要包括国别报告和经营指南、案例研究、驻外机构、制度办法、项目全生命周期（包括整体策划、投标报价和项目推动、资质业绩、项目落地、项目实施、项目交付、业绩整理、总结评价）的全部数据；三是实时性，上述数据应由专人定期及时录入并进行动态维护；四是保密性，信息是公司的商业秘密，访问信息平台要进行分级授权，确保安全；五是高效运行，要及时对海外信息平台的数据进行分析，全面掌握海外业务运行情况，及时报告问题以便管理层决策。

（二）打造海外合规管理平台。建立海外合规风险管理体系，使公司海外业务满足境外国家有关法律法规及国际组织有关规则的要求，防范重大合规风险事件的发生。建立合规监督机制，设置独立的合规管理组织体系。梳理并设置合规审批权限，实施合规风险分级分类管理。建立员工自查、管理部门负责人审查、合规官审查和合规官交叉审查的合规管理防线，形成全员参与、职责清晰、全程监督的合规管理格局。明确公司各个层级的海外合规管理职责，抓住合规管理重点，加强重点环节的合规管理，建立健全合规管理制度，提供合规管理保障。加强境外税务筹划。

（三）打造海外财务共享平台。要提升公司海外财务集中管控能力，实现海外财务管理专业化、流程化、标准化和信息化；集中处理海外所有财务基础业务，能够完成全球所有国家和地区财务核算、财务报告、财务制度、资金管理、纳税基础申报、预算监督等，提高财务运营效率、降低财务运营成本、控制财务风险和提高会计信息质量；要遵循共享、集中、适应性原则。

九、进一步强化国际事业部的职能

按照“做强总部”的要求，总部各部门要根据部门分工履职尽责，并提供政策支持和制度支撑。国际事业部是股份公司国际业务集中归口管理部门，要进一步强化国际事业部职能，通过提升战略管控能力、高端市场经营能力、资源调度能力、生产经营管控能力、投融资并购能力和风险管控能力，实现公司高效的“集团管控”，为海外优质发展提供组织保障。

（一）国际事业部的主要职责。①负责国际化经营政策研究，协同组织制订股份公司国际化经营战略、发展规划，并组织实施与评价工作。②负责对接国家相关部委、驻外使领馆、金融机构、行业协会以及外国相关政府部门等，实现高端运作、运作高端。③负责股份公司国际业务全球布局、资源配置，做好国际业务的调度、协调和指挥工作；负责区域总部的设立和调整，对区域总部主要负责人有建议权，对区域总部进行考核评价。④负责股份公司国际业务制度的归口管理，按职责分工组织制订国际业务管理制度。⑤负责股份公司国际业务年度生产经营计划的编制、下达和调整；负责国际业务统计，相关统计数据并入股份公司经营开发部；负责督促协调二级单位完成年度经营指标；对股份公司国际业务整体经营指标负责，并接受考核；配合做好境外业务信息披露工作。⑥负责对开展国际业务的二级单位进行指标考核评价，相关考核评价结果纳入股份公司财务部考核评价体系。⑦负责“中国中铁”和“CREC”品牌使用和维护管理；做好授权管理工作。⑧协同做好股份公司海外重点关注项目的监控、协调、巡视和督导，协同做好境外项目施工生产和安全、质量、环保及职业健康监管工作，负责外交部、商务部、大使馆等政府部门的沟通协调。⑨负责对股份公司直管的区域总部进行管理，现阶段包括以色列分公司、匈牙利公司区域总部，在相应区域和国别开展经营工作。⑩牵头负责股份公司境外投资、并购业务及管理工作，配合做好所形成的股权事务管理工作；配合做好中国铁路工程集团有限公司境外投资、并购业务及形成的股权事务管理工作。⑪负责境外机构设立的审批，报股份公司劳资社保部备案。⑫负责建立公司海外合规管理体系，指导、监督和检查二级单位海外合规管理执行情况，开展国际业务合规培训和评价；负责海外风险管理，建立健全国际业务风险管控体系。⑬负责组织海外非投资项目复评审和投资项目评审。⑭负责组织实施海外专项业务培训。⑮负责管理公司因公出国（境）、邀请境外相关人员来华、接待外宾来访；负责公司外事管理；组织海外机构和人员非生产性安全管理和海外突发事件应急处置工作。⑯对直接管理的区域总部或项目部党建工作进行归口管理。

（二）组织机构。国际事业部按照精干高效原则，科学设置机构和部门，根据定位和职能，设置办公室、发展合规部、投资部、财务部、人力资源部、市场部、项目管理部、党群工作部、纪委综合室、外事管理处10个部门，人员配置暂按60人考虑（不含海外派驻人员）。

（三）管理模式。国际事业部实行自主经营，独立核算，是总部特设部门，实行经费预算制管理，比照二级单位考核模式，对国际事业部的考核包括公司整体海外新签合同额和完成营业额，赋予相应的财权和人事管理权。

（四）回归管理职能。考虑到公司海外经营现状，国际事业部在发挥统领统筹职能的同时仍需承担重要经营职能。待公司海外业务发展成熟、平台公司发展壮大时，根据实际情况可以考虑国际事业部回归管理职能。

十、设立中国中铁国际工程分公司

中国中铁国际工程分公司是实现重大项目立体经营、提升重大项目管理水平、控制重大项目风险的重要载体。

（一）主要职能。承担股份公司下达的国际业务经营指标；按模拟法人实体化机制运行，根据股份公司授权，以“中国中铁”和“CREC”品牌开展境外经营活动，评审和签订境外经营合同；负责推动以股份公司名义运作的重大项目，对项目进行严格管理，履行主体责任，现阶段负责对以股份公司名义实施的孟加拉帕德玛大桥铁路连接线项目、印尼雅万高铁项目、德伊高铁项目进行直接管理；对直接牵头运作落地的项目进行管理。

（二）组织机构。根据经营需要组建部门机构，负责人员招聘、管理和考核，建立健全国际工程分公司管理体系。人员配置暂按20~30人考虑，根据经营需要动态调整。

（三）管理方式。股份公司拟向国际工程分公司注入模拟资本金3000万元人民币，由股份公司授权开展经营活动，与国际事业部按“一套人马、两块牌子”合署办公。

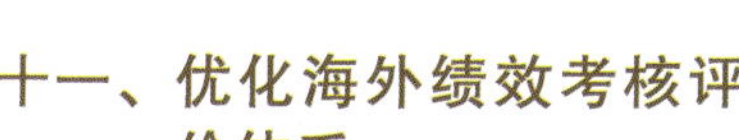

十一、优化海外绩效考核评价体系

要建立与公司国际化经营相适应的绩效考核评价体系，有效引导系统内各单位重视国际业务的发展，调动积极性、主动性和创造性，为海外优质发展提供激励约束机制。

（一）考核评价部门。国际事业部负责海外指标考核评价工作，评价结果纳入财务部的整体考核体系。

（二）考核评价对象。股份公司海外指标考核评价对象包括平台类、基建类、勘察设计类、工业制造类二级单位，以及股份公司区域总部（含国别公司）、境外直属项目部。

（三）考核评价指标体系。针对平台类、基建类、勘察设计类、工业制造类、直属项目部的不同特点，设置差异化的考核评价指标体系。

（四）考核评价指标。考核评价指标主要由经营性指标（新签合同额和完成营业额）、财务指标（利润、现金流、应收账款和存货）、管理指标（海外风险管理）等构成。另外，考核评价指标随着发展阶段动态调整。

（五）激励系数。考核评价时经营性指标将乘以激励系数，鼓励海外优先发展。

十二、设立外事管理办公室

落实有关部委关于"各中央企业的外事工作由集团（总公司）统一领导，由集团（总公司）外事部门综合归口管理"的要求，杜绝管理漏洞，提高公司外事管理水平。

（一）管理职能。外事管理办公室主要负责履行政策落实、外事联络、派遣因公出国（境）人员和邀请外国业务人员来华事项审批、申办与管理因公出国（境）证照、统筹重大涉外活动、外事经费管理、境外机构和人员非生产性安全管理、组织相关业务培训、境外舆情监管等，协同做好涉外保密管理工作。

（二）组织机构。外事管理办公室与国际事业部合署办公，业务相对独立，主任由国际事业部总经理担任。

十三、加强海外党建工作

要全面加强海外党建工作，健全海外党组织体系，加强海外党建统筹协调，健全海外党建工作制度，为做强做优做大海外业务提供坚强保障，彰显党组织战斗力。加强反腐倡廉和纪律检查工作，探索海外合规与纪检相结合的工作模式，贯穿廉洁安全主线，彰显制度建设保障力。健全海外企业文化建设和对外宣传工作体系，营造海外精神家园，彰显文化建设凝聚力，促进合作共赢，彰显品牌建设影响力。

十四、保障措施

（一）提高认识。加快海外经营改革是股份公司认真贯彻习近平新时代中国特色社会主义思想和党的十九大精神，国资委党委和国资委有关国际化经营工作部署，适应国际化经营新形势，建成具有全球竞争力的世界一流企业作出的一项重大举措，对于抢抓国际化经营新机遇具有十分重要的现实意义。要提高认识，统一思想，加强领导，精心组织，加大工作力度，确保海外经营改革各项工作顺利推进。

（二）加强领导。股份公司成立海外经营改革领导小组，在股份公司党委和股份公司领导下开展工作。组长张宗言、陈云，副组长任鸿鹏，成员部门为相关部门及二级单位，办公室设在国际事业部。领导小组全面负责股份公司海外经营改革工作，研究决定海外经营改革有关问题。

（三）规范运作。按照股份公司海外经营改革的总体要求，制定详细的实施方案，严格履行各项程序，依法合规运作。要处理好资产、债务处置和人员安置。要加大监督检查力度，杜绝改革过程中发生违纪行为。

（四）确保稳定。海外经营改革是一项十分复杂的系统工程，机构拆并、重新定位和股份制改革必将对企业原有的组织结构、经营机制、管理模式带来新的调整和变化，甚至在一定程度上影响到部分单位、部分人员的利益。要坚持思想先行，充分发挥政治优势，加强思想政治工作，深入机关，深入一线，深入群众，广泛宣传海外经营改革重大意义，引导广大干部职工理解改革、支持改革、参与改革、推动改革。要坚持稳步推进，注意方式方法，及时掌握职工思想动态。要坚持表率作用，各级党员领导干部要提高站位，自觉把思想和行动统一到股份公司党委和股份公司的决策部署上来，带头推动海外经营改革方案的贯彻实施，为广大职工做出表率。要坚持"两手抓两手硬"，把握好经营改革和生产经营之间的关系，既确保改革顺利进行，又确保 2019 年各项生产经营目标全面完成。

中国中铁党委　中国中铁关于加强三级工程公司建设的指导意见

一、总体要求

（一）指导思想

以习近平新时代中国特色社会主义思想为指导，深入贯彻党的十九大精神，全面落实党中央、国务院对国有企业深化改革的决策部署，坚持党的领导，坚持新发展理念，坚持改革创新，以高质量发展为主线，加强工程公司建设，使工程局做到“五给”，即给任务、给要素、给服务、给压力、给奖惩；工程公司做到“五有”，即有能力、有规模、有效益、有文化、有信誉。进一步明确职能定位，深化集约发展，完善配套措施，强化激励约束，系统解决发展中存在的主要问题，大力提升工程公司综合实力。

（二）主要目标

到2023年，建设一批发展质量高、竞争能力强、经济效益好、品牌信誉优、企业贡献大的工程公司，为中国中铁高质量发展奠定基础。

——培育10家以上年营业收入超200亿元，20家以上年营业收入超100亿元的工程公司。

——工程公司平均年营业收入达60亿元以上、年人均“创收”360万元以上。

——平均收入净利润率3%以上、年人均“创利”8万元以上，消灭亏损工程公司。

——年均两金增幅低于营业收入增幅、盈余现金保障倍数1倍以上、总资产周转率1次以上。

二、深化组织结构改革，明确职能定位

（一）优化工程公司组织架构。按照“股份公司重在产业管理、工程局重在经营管理、工程公司重在生产管理”的职能定位，工程公司按照“二八定律”，80%的精力用于生产管理，20%的精力用于辅助经营，根据专业化发展、模块化组织、机械化作业、工厂化生产、信息化管理的总体要求，结合企业特点，加快组织架构改革，形成“综合型工程公司主干辅揽、专业型工程公司既干又揽”的发展新格局。工程公司应健全以机关本部为管控服务主体、专业化分公司为专业施工和服务主体、工程项目部为施工管理主体的组织架构。强化机关本部职能建设，实施法人管项目；组建生产型和服务型的专业化分公司，为工程项目部承担专业施工任务和提供专项业务服务；合理设置工程项目部，全面履行合同约定，创造效益和信誉。

（二）明确工程公司机关管控服务职能。工程公司应合理确定机关组织机构和定员定编。机关一般设置生产技术管理、安全管理、工程经济、财务管理、市场营销、人力资源管理、审计监察、法律合规管理、行政管理、党群管理等业务管理系统，各业务系统职能定位参照《工程公司本部机关业务系统职能定位》(附件1)；综合型工程公司市场营销系统应配合工程局和区域指挥部做好营销工作，专业型工程公司市场营销系统应积极发挥专业特长做好专业市场开发；按照精干高效原则，各业务系统根据企业规模分设职能管理部门，明确职责，强化能力建设。坚持员工总量控制，参照《三级工程公司机关机构编制指导标准》(附件2)，推行减人不减经费的激励约束机制；坚持集约化管理，按照系统管理、业务相关和协同高效的原则，倡导实施机关大部制。

（三）明确专业化分公司生产服务职能。综合型和专业型工程公司可根据生产任务常态化需求，组建测量、试验、物资、机械租赁等服务型专业化分公司。综合型工程公司围绕桥梁、隧道、房建、盾构、钢结构、预制构件等主要专业，专业型工程公司围绕工序或工艺等细分专业，分别组建生产型专业化分公司。工程公司结合专业化分公司的类型、规模和特点不同，分类制定专业化分公司的定员定编标准，专业化分公司部门设置可依据专业特点进行调整或细分，但应严格控制管理人员数量。服务型专业化分公司可设置业务、经济、综合等管理部门。生产型专业化分公司可设置生产技术、物资设备、经济、综合等管理部门。在社会化专业程度较高的地区应根据需要适当设立服务型专业化公司，充分利用社会资源。

（四）明确工程项目部施工管理职能。工程项目部领导班子一般配备项目经理、书记、总工程师，根据项目规模和管理需要配备项目副经理、总经济师、总会计师、安全总监。结合“一定编两定额”规定和工程项目实际，确定项目部组织机构和定员定编。工程项目部内设机构可参照“五部两室”标准，按照业主要求和内部管理需要，结合市场环境、专业复杂性、管理难度和实际生产组织模式等因素合理设置；工程项目部定员参照《三级工程公司项目经理部定员指导标准》(附件3)，根据项目进度实行动态配置和管理。

（五）推行区域经理部管理模式。同一区域或相近地区同时承建多个工程项目，可组建区域经理部统一管理，共享管理资源。区域经理部负责与业主、设计、监理和地方政府等外部单位的沟通协调等；负责区域内工程项目安全质量、工期进度、成本管控、财务结算、物资采购供应组织、劳务分包与结算

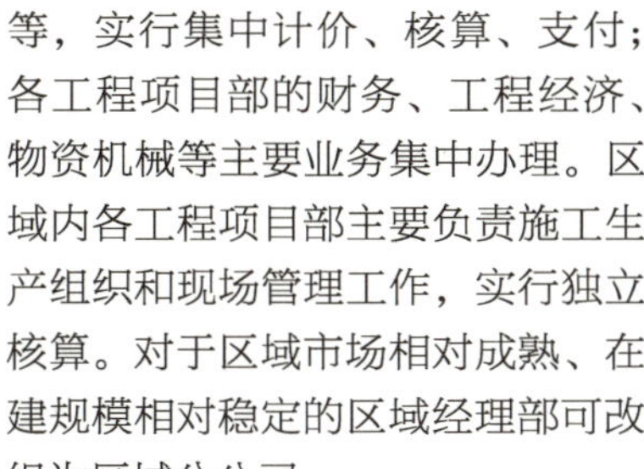

等，实行集中计价、核算、支付；各工程项目部的财务、工程经济、物资机械等主要业务集中办理。区域内各工程项目部主要负责施工生产组织和现场管理工作，实行独立核算。对于区域市场相对成熟、在建规模相对稳定的区域经理部可改组为区域分公司。

三、深化生产体制改革，推进生产组织模式变革

（一）推行“工程项目部＋专业化模块”模式。在确保工程公司与工程项目之间不设置四级脱产管理机构的前提下，建立“工程公司总部抓总、专业化分公司主建、工程项目部主干”的生产组织模式。工程公司“抓总”，负责规划、建设好科技含量高、成本占比高、社会化程度低的各类专业化分公司，形成专业骨干模块；专业化分公司“主建”，根据工程项目建设需求，派出专业化施工或服务团队；工程项目部“主干”，负责工程项目的全面管理，优化配置各类资源要素，协调统筹各专业化分公司派出团队进行模块化组合施工，共同完成工程项目施工建设任务。

（二）加强专业化分公司建设。工程公司应持续加强专业化分公司能力建设，在人、财、物及内部市场等方面给予政策倾斜，有效整合内部优势资源，实行专业资源集中管控，加强技术指导、强化队伍建设、实施目标考核，切实提高服务型专业化分公司要素管理和技术服务能力，提高生产型专业化分公司施工作业能力。专业化分公司应不断加强标准化建设，建立统一的质量标准、流程标准、作业标准及制度标准，实现流程化生产，标准化管理；合理调配使用人力、物资、机械设备等资源，落实工程项目部对安全、质量、工期、文明施工等方面的管理要求。

（三）加强工程项目部建设。工程项目部应结合建造合同书、施工方案书、二次经营策划书、责任成本预算书、经济责任书五本书，加强现场管理，实现均衡生产，确保成本可控，不断创造信誉和效益。落实安全生产责任制，加强质量安全红线管理。加强现代信息技术与安全质量管控的深度融合，实施风险分级管控和隐患排查治理双重预防机制。突出文明、绿色施工标准化工地建设，强化工程创优，把项目创造的信誉转化为企业投标加分的具体竞争力。落实施工组织设计的总体安排，夯实项目管理、落实激励方案、规范劳务分包、盘活生产要素；创新施工工艺，改进工装水平，重视小革新、小发明和小创造的应用推广；加强物资采购管理，坚持主要物资集中采购，二、三项料采用网络管理或纳入分包单价，科学储备大宗物资，抓实物资消耗管控；加强设备租赁管理，严控外租设备数量及费用，建立机械物联网监管系统，提高设备利用率。坚持经济活动分析制度，做好固定费用分析，及时查找成本管理漏洞，实现纠偏导正。

（四）理顺专业化分公司与项目部间的经济关系。工程公司应制定内部承包指导价，指导双方签订经济承包合同，推行内部市场化管理。专业化分公司的分包价可依据工程公司核定的责任成本或市场价和企业指导价确定，专业化分公司通过不断优化施组，提高作业效率，获取超额利润；也可依据实际发生成本，支付专业化分公司分包费用，专业化分公司依据分包合同约定，参与超额利润分配；工程公司也可结合企业实际和项目特点，建立其他可实现双向激励的经济规则。

四、聚焦规模化发展，做大工程公司

（一）强化经营指标上规模。工程局结合区域分布和专业特点加大内部资源整合力度，通过撤并重组和强化资源配置实现工程公司经营规模较大幅度增长，对于综合型工程公司营业收入不足20亿元、专业型工程公司营业收入不足15亿元的，要坚决进行撤并重组。结合企业发展实际，定期提高控制指标，推动工程公司实现规模效益，提高抗风险能力。要主动对标标杆企业，通过采取综合措施，不断提高管理水平，培育一批百亿元以上工程公司。

（二）强化生产组织上规模。工程公司要加强生产组织管理，做好前期策划，坚持由公司总经理带队对新中标项目进行施工调查和管理交底一周以上，指导工程项目部确定临建规划选址、重大施工方案、资源配置计划、征地拆迁协调、首开工点选择等工作，并进行专项业务交底，确保前期营销成果有效落地及项目高起点开局。突出工期管理，全面掌握公司施工生产情况，建立工期预警机制，根据项目实际情况精准施策。打造本质安全企业，推进“管”“监”责任落实，有效发挥组织指挥、技术保障、资源配置、安质监督四个系统合力。突出重要区域、重点工程、重点单位、重要环节、重要装置等“五重”隐患排查治理，推广应用安全教育培训系统，强化提升企业员工安全素质。持续加强工程质量管控，逐级分解、层层包保质量目标，严格落实质量责任终身制，积极创建优质工程，切实以质量保安全。推广工地防尘、防污染、防噪声、防辐射和垃圾处理、污水处理、淤泥处理等绿色工艺工法。推进品质建造，编制《标准化建设指导手册》，实施标准化建设，坚持样板引路，实现项目实施有标准、公司考核有依据。

（三）强化辅助经营上规模。按照“工程局主体经营、工程公司辅助经营”的营销定位，工程局应给予满足工程公司发展需要的任务额和有效益的任务，针对战略性亏损项目应建立补偿机制。工程公司根据“现场保市场”的工作要求，应着力培育3~5个重点区域市场，聚焦经营区域、经营项目，不断完善辅助经营体系；加强与工程局区域指挥部和经营办事处协同联动，

做好成本测算、标书编制、资源支持等辅助经营工作。依托工程项目加强与业主的沟通联系，为工程局及时收集项目信息。专业化分公司和工程项目部应干好在建工程，以产品信誉扩大市场占有率，以行业信誉站稳市场，以社会信誉扩大企业影响力，实现滚动发展，共建共享区域经营成果。

（四）强化要素配置上规模。工程局应将优秀的专业人才、装备和技术等生产要素投入发展良好及有潜力的工程公司。生产设备要全部向工程公司集中，禁止工程局本部实质性持有。在资本投入、融资分配、利润分配等方面，对工程公司施行涵养政策，保持其适度的财务弹性，增强其扩大再生产和抗风险能力。对创业期、转型期、重组期、暂时困难期的工程公司，可适当采取免收一定时期管理费、给予一定额度无息借款等扶持政策，助其步入正轨；结合工程公司规模和效益等指标，实施员工总量的动态管理；统筹区域发展布局，支持工程公司将本部设置在省会城市和经济发达的城市，或省级以上经济开发区、高科技园区和自贸区，为企业发展营造良好的外部环境。工程公司应强化对工程项目的资源保障，同步下达生产和要素配置计划，根据施工计划安排，督促工程项目部落实资源配备；强化在管理人员、物资设备、协作队伍、资金等资源配置方面的主动服务意识，提升资源利用效率，做好后方保障，形成“上下联动、横向结合、内外协调、分进合击”的良好态势。

（五）强化外协队伍管控上规模。工程局应不断探索引入、培育和涵养优秀协作队伍的新模式和新方法，搭建优秀协作队伍共享平台，完善优秀协作队伍选用、定价机制，为工程公司提供高质量的队伍资源和政策支持。工程公司应健全对分包企业资质信用、履约能力、业绩贡献的考核评价机制，逐步淘汰实力较差、信誉不良的分包企业；建立分包单价管理制度，合理确定分包单价体系并实行动态化、市场化管理；适度减少分包企业数量，提高分包企业质量，着力培育一批有实力、讲诚信、能共赢的分包企业，利用外部力量做大增量，扩大规模；严肃选用责任，实行推荐人与责任人背书制度，严防“撤场经济”现象发生。专业化分公司和项目部依法合规、科学有效策划分包模式；坚持分包合同集体评审、分级分类评审和先评后签，严格执行先签合同后进场的红线制度；落实劳务企业履约保证金和交底制度，强化现场施工作业过程管控；坚持“五同”管理，实施劳务工实名制管理，确保劳务工工资按时足额发放。

五、聚焦效益化发展，做优工程公司

（一）加强宏观成本管控增效益。工程局应坚守不投亏损标，按照成本最优划分分包标段，10亿元左右的投资项目或总承包项目原则上由一个工程公司管理，压缩管理幅度、减少项目机构数量；规模较大的项目原则上按照施工组织设计划分任务，减少生产要素重复投入，实现资源利用率最大化；根据工程公司专业分工和市场区域划分任务，原则上属地公司优先，最大限度发挥专业优势和区位优势。工程公司注重提升人力资源投入产出比，优化各级组织架构设置，加强合规经营合规管理，严格控制各项非生产经营固定资产投资和管理费用支出。

（二）加强微观成本管控增效益。工程局应大力推进工程公司及所属工程项目部融入股份公司各类产品与服务的集中采购，加强采购供应服务。加强采购资金统筹管理，提高支付层级，通过债务统筹解决分散支付信用低、隐性融资成本高的问题，合理使用供应链金融解决工程公司和工程项目部阶段性采购资金不足问题。工程公司应严格贯彻“方案决定成本”的理念，强化施组方案的经济比选、评审和执行，保证施组方案的安全性、先进性和经济性，把优化施组和方案贯穿施工全过程，避免管理不善、执行不力导致被动调整施组方案。以责任成本预算控制为主线，将责任成本节超率纳入绩效考核，严格考核兑现。建立机械设备区域集中管理机制，降低采购和租赁成本。积极推进机械化换人、自动化减人，推广运用能耗低、工效高、工艺先进的智能建造设备。推进混凝土预制构件、新型装配式建筑和钢构件工厂化集中加工和配送，狠抓微观成本各环节管控。

（三）加强二次经营增效益。工程局应建立从上到下的二次经营管理体系，加强二次经营的统一管理，重点组织自管项目的索赔策划、指导和帮助，主持铁路项目索赔和非铁路项目重大变更索赔事项的组织实施。工程公司应加强索赔工作的统一组织和管理，实行过程监管，对重点项目和重点索赔事项由分管领导牵头，工程经济专家人员进行具体指导帮助。统筹一次经营和二次经营工作，掌握与甲方合同关键条款，围绕优化设计、施工图量差、变更索赔、材料调差，找准二次经营题材，科学制定二次经营策划方案，加强过程指导，规范考核并及时兑现奖励，重大二次经营工作应成立工程公司层面的专门工作组。工程项目部应落实好二次经营策划，加强与业主的沟通和相关方的协调，重视现场基础资料积累和过程推进，及时转化二次经营成果。

（四）加强清收清欠增效益。坚守“两金增幅不超营业收入增幅”底线，实现两金占流动资产比例持续降低、两金剔除特殊因素后“零增长”，层层分解目标、压实责任，牢固树立并严格落实“项目现金流自平衡”理念，按照“应收尽收、提前回收”和“量入为出，以收定支”的原则，加快存货去化、资金回笼，统筹谋划债务筹划工作。扎实推进项目部资金自平衡，激发工程项目部创收主动性。打通双清工作业务壁垒，经营部门应选好项目、签好合同，为双清工作打牢基础，工程和物资部门应合理安排工程进度、及时履行签认程序，为清收工作创造条件。重视收尾项目管理，做到快速收尾，加强已完工项目工程清算、审计审价、余款清欠和后评价工作，做到“工完账清”，实现全周期经营、全过程管控、全方位盈利。

（五）加强亏损治理增效益。工程局应按照“清、诊、治、惩、防”五字方针，加大对亏损工程公司的资金扶持、任务扶持和人才扶持力度，实现“止血、输血、造血”的递变，对扭亏无望的企业坚决撤并。根据亏损金额、亏损性质、亏损原因等情况，严肃责任追究和处罚，凡出现亏损或经营性净现金流为负的工程公司必须一票否决，连续两年亏损的必须坚决撤并，营造“创效光荣、亏损可耻”的强大舆论氛围，全面确立效益至上的理念。工程公司应在公司层面的经济活动分析基础上，深入一线开展现场经济活动分析，评估项目盈亏，揭示项目经济管理存在的突出问题，形成“教方法、查原因、找不足、抓整改、共进步”的上下互动局面。项目部应强化责任成本过程核算、分析、纠偏和预警管理，对于存在潜亏风险的项目，制定“一项目一策”的扭亏、减亏方案，明确责任人、减亏目标及奖罚标准，激发治亏创效积极性。

（六）加强资产质量增效益。工程公司资产质量应实现“三低两高”。已完工未计量金额低，占当期营业收入比例应控制在 12% 以内；应收账款金额低，占当期营业收入比例应控制在 15% 以内；资产负债率低，应控制在 82% 以内并杜绝带息负债；经营性现金流高，盈余现金保障倍数须在 1 倍以上；货币资金存量高，在无带息负债前提下，应确保企业生产经营周转需要。

六、聚焦集约化发展，做强工程公司

（一）围绕专业发展提能力。工程局应结合实际，统筹规划工程公司专业发展方向，形成专业互补格局。培育综合型工程公司形成 3~5 个核心专业，支持现有专业型工程公司实施“专业 +”发展战略，推进工程公司专业化向价值链上下游延展，积极培育新兴工程专业和高价值专业公司。引导发展艰难的综合型工程公司收缩专业范围，或向专业型工程公司转型，严格限制工程公司由专业向综合转型。工程公司应注重专业的人才培养、装备改造、器具研发和实用技术创新，积极探索高效率的生产组织模式、管理制度体系，不断优化核心专业，增强专业发展动力。

（二）围绕创新管理提能力。大力开展管理创新，补齐短板，突破企业发展瓶颈，在体制机制、权责界面、标准流程、监督考核等方面创新开拓、激发活力；加快“三项制度”改革，形成干部能上能下、员工能进能出、收入能升能降的制度体系。加强技术创新，鼓励工程技术人员、施工作业人员在技术应用和操作方面开展技术创新，提升实用性和经济性。加强在数字化建造、装配式建造、工厂化建造、绿色建造、新型材料研发等方面的前瞻性研究，提高成果转化率。加快推进以 BIM 和互联网技术的集成应用，建设包含智慧生产、智慧服务、智慧监控、智慧管理等方面并涵盖各业务系统信息化管理的“智慧工地”管理云平台，逐步实现对各类实时数据智能化分析，推进现场进度、质量、安全、绿色施工、成本管理等信息的一站式管控。

（三）围绕考核激励增活力。工程局应研究制定工程公司知识、技术、管理等生产要素参与分配的市场化分配制度，试点探索职业经理人制度和岗位分红、项目收益分红等中长期激励机制，坚持物质激励和精神激励并重，让有功者“名利位”兼收，让有过者无地自容，将效益指标、安全质量、专业发展、业绩积累、资质申报、各类执业资格证获取和党建反腐等压力向工程公司传导。工程公司对机关本部人员，突出重要工作和综合素质考核，并与评优评先、工资提档、职级晋升和绩效收入紧密挂钩，积极探索末位淘汰制，促进后台管理能力持续提升。对工程项目部应突出成本节超率、二次经营创效率和项目利润率三项指标考核，不断完善项目经理期薪制，积极探索项目超额利润奖励、岗位分红、模拟股权、风险抵押、经营承包兑现等分配方式，确保薪酬兑现的刚性和及时性。赋予工程项目部一定薪酬分配权，增强一线管理活力。对专业化分公司应突出资产保值增值，以及责任成本、净利润、全员劳动生产率、资金净上缴等指标考核，并给予工程项目部一定考核评价权重。对获取高价值专利和高层次技术创新奖项给予一次性奖励，激发专业化分公司不断强化专业技术能力。

（四）围绕基层减负增活力。工程局应明确为工程公司服务的事项清单及标准，并将服务责任分解到各职能部门。工程局应减少对工程公司及其项目部不必要的检查，同一层级开展必要的检查应采取联合检查方式，减轻迎检负担；精简会议，严格控制参会层级和人数，减轻会议负担；梳理和论证所有现行文件中增岗、增编相关条款的政治性、经济性和科学性，严禁未经集体决策直接要求工程公司及工程项目部增设专门机构、岗位或人员，减轻财政人口负担；明确各类信息归集主责部门，加强信息横向流通，不断整合优化业务信息系统，逐步撤销工程局以下数据中心和冗余软件功能模块，积极应用自动化数据采集技术，减少资料重复报送负担；减少对工程公司人员、车辆等资源的临时抽调和借用，严禁不合理的费用列支，减轻责任转嫁负担。

七、聚焦规范化发展，做实工程公司

（一）突出制度建设强基础。践行“制度创新不能仅为规范管理加高围墙，更应为推动高质量发展搭建跳板”的理念，进一步建立健全生产组织、辅助经营、成本管理、财务管理、行政管理、考核激励、党群工作等制度体系建设。推进管理实验室活动常态化，坚持问题导向，践行实践检验，持续优化改进各项管理制度，增强制度的适用性和有效性。正确处理“管”和“放”的关系，在依法合规的前提下，凡有利于企业发展、有利于质量效益提升和激发创造热情的，都可以大胆实践，积极推进制度创新。

（二）突出内控风险合规强基础。工程局应做好内控、风险、合规管理“一体化”体系建设的顶层设计。工程公司结合主营业务、职能部门设置、岗位人员配置，建立以法律法规和管理制度为根本遵循、以业务流程为管理载体、以信息化为实施手段的“一体化”管理体系；做好企业和业务层面的风险辨识、评估工作，制定风险管控策略、措施和应急预案。工程项目部针对项目特点，细化风险源和风险点，做好风险因素的梳理和评价工作，明确管控责任岗位，落实控制措施。坚持“防范为主”，围绕政治、市场、财务、安全质量环保、突发事件、法律合规、廉洁从业等重大风险，建立风险实时预警机制，防止小风险演变为大风险、个别风险演变为综合风险，不断提高风险防范化解能力。

（三）突出人才队伍建设强基础。工程公司应推进项目经理职业化，建立健全项目经理评级、考核和激励制度，严格奖优罚劣，提升优秀项目经理的薪酬待遇和政治待遇，着力培养20名以上优秀项目经理，50名以上合格项目经理队伍。科学制定人才引进计划，精心组织，精准施策；注重员工职业发展规划，加大人才培训力度，完善人才培养机制，其中各类专业技术人才应达到1000人以上。制定专业化分公司技能人才发展规划，择优选用、培养关键岗位技能人才；不断优化人才配置管理，做到人岗相宜，提高人员使用效能；实施分类分级的差异化考核，科学构建技能人才薪酬增长机制。工程项目部应突出新入职员工的见习期管理，推行“导师带徒”制，探索见习生轮岗制度，有计划地安排见习生在2~3个相关岗位进行锻炼，逐步推行岗位“AB”角制度。定期了解掌握员工的工作现状和思想状态，努力创造条件满足员工的合理诉求，解决实际困难；努力改善员工工作、生活环境，结合实际制定休息休假制度，创造反探亲条件，切实做到留人留心。

八、加强党的建设和企业文化建设

（一）加强党的建设。坚持以习近平新时代中国特色社会主义思想为指导，认真落实全国国企党建工作会精神，坚持党对企业的政治领导、思想领导、组织领导的有机统一，突出把政治建设摆在首位。按照“四好班子”要求，加强工程公司领导班子建设，加快年轻化步伐，打造对党忠诚、勇于创新、治企有方、兴企有为、清正廉洁的领导团队。以“三基”建设为重点，抓基层、强弱项、补短板，推进基层党组织全面进步、全面过硬。抓实意识形态工作，把网络意识形态作为重中之重，提升突发事件舆情应对管控能力。讲好“中国中铁”故事，扎实做好形势、政策、成就和典型宣传，提升品牌形象。推进党建带工建、团建，支持群团组织积极参与工程公司改革发展，推动企业与职工共商共治共享共赢。支持工会、共青团开展各种群众性活动，丰富职工精神文化生活，切实增强员工凝聚力、向心力和集体荣誉感。

（二）加强廉政建设。坚持挺纪在前，健全完善落实“两个责任”制度体系，明确党委落实主体责任、纪委落实监督责任清单，严格落实“一岗双责”。推进纪检监察体制改革和“三转”，抓好机构定编落实，同步完善纪检监察相关配套制度。坚定不移纠“四风”树新风，健全完善并落实作风建设制度文件。从严监督执纪问责，加强以党内监督带动企业其他监督的体系建设。贯通运用监督执纪“四种形态”，坚持执纪必严、违纪必究、一案双查，坚决查处各种违规违纪行为。落实“三个区分开来”，营造“为担当者担当”的干事创业环境。

（三）加强企业文化建设。传承社会主义核心价值观和中国中铁文化，围绕“铸魂、育人、塑形”的总体目标，全面加强合规、责任、团队、形象和幸福文化建设。工程公司应结合企业历史沿革、专业领域及企业发展阶段等因素，确立自身特色文化，与中国中铁文化形成互补。形成战无不胜的项目文化，公正廉洁的企业风气，政治坚定、积极向上、安居乐业的整体企业风貌，积累企业发展软实力。以贯彻企业文化为统领，全面加强领导班子建设，做到思想统一、行为一致、作风扎实，成为企业文化的代言集体。以企业文化为导向，系统梳理制度体系，废止相悖制度、完善关键条款、去除冗余环节，搭建企业文化的重要载体。以文化共识为焦点，规范企业选人用人标准，营造职业发展的正确价值取向，发挥文化塑魂的重要作用。以业务系统为路径，推进企业文化的全面渗透，汇聚推进工程公司发展的一切力量。

九、保障措施

（一）加强组织领导。为加强工程公司建设的组织领导，股份公司成立以主要领导为组长的加强工程公司建设领导小组，研究解决重大问题；领导小组办公室设在战略规划部，负责日常管理工作，做好调查研究、经验总结、选树典型等工作；各部门要各司其职、压实责任，密切配合、通力协作，制定配套政策措施并推进落实。

（二）制定实施方案。各工程局要提高对加强工程公司建设的极端重要性的认识，认真落实加强工程公司建设的各项措施，增强紧迫感和责任感，调动和激发积极性和创造性，扎实有效推进。根据本指导意见，制定本单位加强工程公司建设实施方案，细化建设目标和主要任务，制订推进计划和保障措施，并向股份公司战略规划部报备。

（三）落实建设责任。全公司各级组织要齐抓共管、多措并举，力戒形式主义，扎实推进企业高质量发展。各工程局要加强领导、健全组织，承担主体建设责任，及时掌握建设情况，强化横向交流，适时召开现场推进会。工程公司要积极作为、真抓实干，充分发挥主观能动性，深化企业改革，增强企业综合发展实力。

中国中铁股份有限公司关于加强人才队伍建设的指导意见

一、总体要求

（一）指导思想

以习近平新时代中国特色社会主义思想为指导，全面贯彻落实党的十九大、十九届二中、三中、四中全会精神及习近平总书记从党和国家事业发展全局的战略高度出发对人才工作作出的一系列重要指示，牢固确立人才引领企业发展的战略地位，树立服务人才就是服务企业发展的理念，以满足企业高质量发展需要为目标，以用好用活人才为核心，创新完善人才培养体制机制，持续优化人才成长发展环境，激发人才创新创造活力，为中国中铁全面振兴、建设具有全球竞争力的世界一流企业提供强大的人才支撑。

（二）基本原则

——坚持党管人才原则，引领企业人才服务发展。习近平总书记强调“党管人才，主要是管宏观、管政策、管协调、管服务，而不是由党委包揽人才工作的一切具体事务。通过制定政策、创新机制、改善环境，为人才提供更多发展机遇和更大发展空间”。把服务发展作为加强人才队伍建设的出发点，科学研究制定人才队伍建设的目标任务和政策措施，把人才队伍建设与落实习近平总书记“三个转变”重要指示、推动企业转型升级结合起来，确保人才队伍素质更好地支撑企业高质量可持续发展需要。

——坚持统筹兼顾原则，抓好重点人才队伍建设。立足企业中长期发展需要，以党群人才队伍、经营管理人才队伍、项目经理人才队伍、专家人才队伍、专业技术人才队伍、技能人才队伍六支人才队伍建设为重点，做好急需紧缺关键岗位人才的培养和引进，切实把人才优势转化为企业创新优势、竞争优势和发展优势，全面抓好中国中铁人才队伍建设。

——坚持问题导向原则，做好人才体制机制创新。突出问题导向，树立靶向思维，遵循人才成长规律，加快推进人才发展体制机制改革和政策制度创新，因企制宜、精准施策，通过深入调查研究，坚决破除束缚人才发展的思想观念和体制机制障碍，努力解决影响和制约人才发展稳定的突出问题，激发和保护人才创新创造活力。

——坚持以人为本原则，优化企业用人留人环境。加大支持人才发展的资金、感情投入，努力改善人才的工作、生活环境，及时掌握人才思想动态，帮助人才解决实际困难，在工作上多帮助、生活上多关心、学习上多引导。加强对优秀典型人才的宣传表彰力度，营造“尊重、支持、依靠人才”的浓厚氛围，打造人才成长发展、干事创业的良好环境。

（三）主要目标

通过5年左右的时间，培养造就一支数量充足、素质优良、结构合理、富有活力的优秀人才队伍。人才发展体制机制改革取得重大进展，人才干事创业环境明显优化，人才创新创造效能显著提升，取得一批代表行业前沿，处于国内外领先水平的关键核心技术。组织实施中国中铁“5100”人才工程，引进100名清华大学、北京大学、同济大学等知名高校毕业生，5000名“双一流”高校毕业生；培养100名45岁左右的二级公司领导班子成员，5000名专业齐全、素质优良、能引领公司各专业发展方向的优秀青年人才，员工本科率达到65%，构筑中国中铁“5100”人才高地。

二、突出重点，分层分类抓好人才队伍建设

以人才队伍能力建设为出发点，以调整优化人才队伍结构为主线，以提高人才创新能力、培养高层次专家人才为重点，以人才体制机制改革创新为驱动力，重点建设好高素质、复合型的党群人才队伍；懂经营、善管理的经营管理人才队伍；能吃苦、敢担当的项目经理人才队伍，肯钻研、善创新的专家人才队伍；业务熟、专业全的专业技术人才队伍；技艺精、本领强的技能人才队伍。

（一）党群人才队伍。围绕驾驭全局能力、科学决策能力、开拓创新能力，建设一支党性观念强、熟悉生产经营管理、善于做党建和群众工作的高素质、复合型党群人才队伍。要建立科学选配、精准使用的有效机制，畅通懂党务、懂业务、懂管理的人才在党政岗位横向和纵向交流的渠道；选拔培养一批高学历、掌握政策、熟悉业务、有基层工作经历的优秀党员充实到党群干部岗位，尤其是各级党群领导岗位。各二级单位每年要有计划、有目的地在重点高校招聘2~5名新闻、哲学、中文等文科类、有较好文字功底的优秀毕业生，安排到一线项目部定向培养锻炼，制订专项培养计划，通过3年左右的培养充实到党群干部队伍。

（二）经营管理人才队伍。围绕经营管理能力、开拓创新能力、风险防控能力，建设一支与市场发展相适应的懂经营、善管理的经营管理人才队伍。健全完善适合企业自身特点的经营管理人才选拔培养机制，加快培养具有全球战略眼光、善于开拓国际国内市场、长于科学管理精细化管理、能够引领推动产业转型升级的优秀经营管理团

队。各二级单位每年要有计划、有目的地在重点高校招聘2~5名适合从事经营管理工作的优秀毕业生，安排到一线项目部定向培养锻炼，制订专项培养计划，注重培养他们的社会责任感，增强依法经营的能力，提高成本管控的意识。

（三）项目经理人才队伍。围绕项目策划能力、成本管控能力、团队建设能力，建设一支能吃苦、敢担当的项目经理人才队伍。要充分调动项目经理的积极性，通过政策导向使项目经理潜心钻研项目管理业务，心无旁骛抓管理，建设好项目管理团队。全面落实项目经理持证上岗制度，各二级单位要研究制定相应的激励政策，创造条件积极鼓励有业绩无证人员考取建造师执业资格，从有证无业绩人员中挑选有培养前途的人选，有计划地安排到项目管理岗位进行锻炼，从多方面入手着力培养资格证书与业绩相匹配、数量充足的项目经理人才队伍。

（四）专家人才队伍。围绕基础研究能力、技术创新能力、科研攻关能力，建设一支熟悉行业前沿发展方向、善于创新、掌握关键核心技术的专家人才队伍。进一步完善专家人才分级选拔、阶梯培养体系，逐步建立股份公司、二级公司、三级公司专业覆盖面广、梯次合理的专家人才队伍。依托国家重点实验室、重大科研攻关项目，重难点工程项目建设，培养锻炼专家人才队伍。有组织、有计划地选派中国中铁专家赴国内外先进企业、知名科研机构对标学习、考察交流，开阔专家视野。要在现有专家人才队伍的基础上，优化专家分组和专业构成，全力打造覆盖各行业各专业的专家人才队伍方阵，对公司普遍存在的共性、反复发生的问题开展专项攻关，充分发挥专家人才专业和技术优势。

（五）专业技术人才队伍。围绕施工组织能力、技术创新能力、解决实际问题能力，建设一支业务熟、专业全的专业技术人才队伍。聚焦年轻专业技术人才，以项目部所需的关键岗位人才为抓手，重点培养善于钻研、能优化施工组织方案的总工程师人才，懂法规、善监管的安全总监人才，懂业务、会算账的工程经济人才，外语好、懂商务的海外人才，业务精、沟通能力强的市场营销人才，掌握政策、职业操守良好的会计人才，善于分析、具有全周期资金统筹能力的财务、金融人才，懂法律、懂管理的法律顾问人才。

（六）技能人才队伍。围绕爱岗敬业、持续专注、精益求精的大国工匠精神，建设一支技艺精、本领强的技能人才队伍。按照“提素质、拓渠道、增待遇、强管理、树形象”五位一体的管理思路，狠抓技能人才队伍建设。针对企业技能人才队伍存在的短板和弱项，深化技能人才队伍建设改革工作，不断健全和完善技能人才培养、使用、评价、激励机制，为技能人才发挥作用，展示才华提供保障。进一步完善技能人才培训体系，拓展技能人才发展通道，提升技能人才综合素质，调动技能人才积极性。

三、有的放矢，改革创新人才发展体制机制

以培养用好各类优秀人才为出发点，不断创新完善有利于引进人才，有利于留住人才，有利于人才脱颖而出，有利于人才合理有序流动，有利于充分调动人才工作积极性的体制机制。

（一）创新人才引进机制

——加强校企合作，抓好源头活水。按照既满足当前需要又考虑长远发展的思路，通过实施“5100”人才工程，优化毕业生院校和学历结构，股份公司牵头在知名院校采取专项引才政策，重点引进公司急需紧缺的高层次、高学历毕业生。针对公司需求大、专业联系紧密的重点高校，可通过设立中国中铁奖学金、成立中国中铁班、为在校生提供实习岗位、选派中国中铁专家兼职授课、开展科研合作等形式，使毕业生更早更全面了解企业，增强企业认同感，进一步提高毕业生招聘工作的有效性。

——建立绿色通道，引进高端人才。针对企业急需且短期无法通过内部培养的“高精尖缺”人才，可通过人才引进绿色通道，在职务、职称、落户、住房、子女教育、医疗保障等方面采取“一人一策”的特殊优惠政策，最大限度简化引进程序，解决引进人才后顾之忧。特别是对同行业企业中一些具有丰富海外资源和商务谈判经验的海外领军人才，可以给予一定职务直接聘任，也可由其组建团队，对团队进行整体引进。

——打破传统思维，推行柔性引才。深刻学习领会习近平总书记提出的“聚天下英才而用之”“不拘一格用好人才”等关于人才工作的重要论述，树立“不求所有、但求所用、不求所在、但求所为”的柔性引才理念，实行更加开放灵活的人才政策和引才方式。对于企业急需的“高精尖缺”人才，如不具备引进条件，可借助现代5G技术、VR虚拟现实等科技手段，采取远程协助、网络办公、弹性工作等方式开展联合科研攻关，由引才转向引智，通过内外智力联合，实现双方共赢。

（二）创新人才培养机制

——规范完善高校毕业生见习期管理制度。加强高校毕业生见习期管理，建立完善岗前培训制度，通过导师带徒、定期谈心谈话等方式让新入职的毕业生尽快融入集体、认同企业文化。探索建立高校毕业生见习期多岗位轮岗实习制度，各岗位实习期满经考核合格的给予一定奖励，鼓励见习生成为一专多能的业务多面手，积极探索项目部岗位“AB”角制度，逐步精简机构，降本增效。

——研究制定关键岗位人才替补计划。对于专业性强、短时间内无法替代的岗位，应立足于内部培养，确保关键岗位出现空缺时，有人能及时顶岗。每个关键岗位在职

人员要负责培养1~2名接班人选，通过“师带徒”的培养方式，形成关键岗位人才培养体系，重点培养项目经理、项目书记、项目总工程师、工程部长、工经部长、安质部长、物机部长、财务部长、试验室主任、办公室主任十类岗位人才。对于人才培养贡献突出的可以优先提拔或给予一定奖励。对于与市场高度融合、可替代性强的一般性辅助岗位，原则上与劳务派遣公司合作进行补充。

——探索开展纵横多向挂职人才培养模式。根据人才个性化培养和工作需要，挂职交流可采取上下挂职、横向挂职和外部挂职等方式。特别要注重在机关与基层之间，设计、施工单位与投资公司之间、设计与施工单位之间、各施工单位之间开展人才挂职培养模式，拓宽人才视野，了解上下游及同行业业态情况、丰富工作阅历、增强全局意识，提高人才业务水平和能力。

（三）创新人才激励机制

——持续加大薪酬激励力度。将承担国家重大专项、重大工程项目建设、关键核心技术等科研攻关任务的科研骨干人才和创新团队工资总额，境外人员工资总额，技能人才津贴和奖励，经营开发奖励等同技术、管理、经营、技能人才分配相关的事项，纳入工资总额特殊事项清单范围，所需工资总额在企业年度工资总额预算中实行单列管理，不与经济效益挂钩，加大对各单位重点人才的薪酬资源支持。

——健全完善中长期激励机制。鼓励有条件的单位用好用足政策红利，统筹运用股权激励、分红激励、员工持股激励等中长期激励政策，探索运用超额利润分享、虚拟股权、项目跟投等激励方式，打好激励“组合拳”。针对经营开发人才队伍可研究制定特殊薪酬政策，充分体现经营开发龙头作用，强化中长期薪酬激励力度，激励政策要与承揽项目最终收益情况挂钩，避免经营生产“两张皮”，把揽活与干活紧密地结合起来，形成利益共同体。

——探索开展专业技术职务等级制。鼓励有条件的单位探索开展专业技术职务等级制，在评聘分开的基础上将技术职称作为聘任技术职务等级的前提，通过加强年度考核，把考核结果作为聘任技术职务等级的重要依据，并确定相应薪酬待遇，达到持续激励的效果，打破人才成长过程中的“天花板”效应。

（四）完善人才评价机制

——不断完善职称评审工作机制。深入贯彻落实中央《关于深化职称制度改革的意见》精神和国家人力资源和社会保障部关于职称评审工作的最新精神和要求，做好相关职称评审制度的修订完善工作。创新完善职称评审机制，充分运用信息化手段，探索开展网络评审、多评委综合打分等方式，进一步营造公平、公正的评审工作环境，更加突出业绩贡献导向，确保优秀专业技术人才脱颖而出。

——逐步构建分类考核评价体系。充分发挥考核“指挥棒”作用，注重建立以品德、业绩和贡献为主的考核评价导向，简化考核评价程序，由具体用人单位根据各自特点自主研究制定考核评价的标准和方式方法，构建完善“谁用人，谁定标准，谁考核”的考核评价体系，注重考核结果运用，原则上考核结果由被考核人直接领导进行反馈，提高考核评价针对性和精准度。

——科学设置人才考核评价周期。注重过程评价和结果评价、短期评价和长期评价相结合，探索实行聘期考核评价和以完成一定任务目标考核评价的机制，克服考核评价过于频繁、流于形式的倾向。针对不同类别、不同层次人才的特点科学设置不同的考核评价周期，突出中长期目标导向，可适当延长科研人才、专家人才的考核评价周期，让他们卸下思想“包袱”，轻装上阵，潜心科研。

（五）完善人才留用机制

——建立完善定期谈话谈心制度。项目部党政主要领导要定期与见习期内高校毕业生和项目骨干人才进行谈心谈话，及时掌握其思想、工作、生活状态，做到在思想上多引导、工作上多帮助、生活上多关心，切实增强人文关怀，通过事业留人、感情留人、待遇留人、环境留人等措施达到留人留心。

——建立完善党政工团联动制度。公司党政工团要切实发挥好“后勤部长”作用，对于长期工作在项目一线，尤其是长期坚守在海外项目不能回家的员工，要定期派人进行家访慰问，及时了解并帮助解决员工家庭存在的实际困难，解除员工后顾之忧，让其能够安心工作。

——贯彻落实人才休息休假制度。要结合单位实际，研究制定人才休息休假制度，可采取轮休、调休、反探亲、集中休假、重大节日延长休假时间等灵活多样的方式和措施，统筹安排好一线项目部员工休息休假；对确因工作需要不能休假的员工，应按照国家和公司有关规定安排调休或支付加班报酬。

四、搭建平台，积极为人才施展才华提供舞台

吸引人才、培养人才、留住人才的核心是要发挥人才作用，要树立人人都是可用之才的理念，千方百计搭建好平台，把适当的人放在适当的岗位上，用其长、避其短，努力营造“人尽其才、才尽其用、各尽所长”的良好用人环境。

（一）提供竞争上岗平台。引入竞争机制，按照公开择优的竞争原则，优先重用有本事、想干事、能干事的人才，形成鲜明的人才使用导向。注重选拔基层一线优秀的年轻人才到项目部关键岗位进行实践锻炼，进一步提高业务素质和能力。各级机关要扩大选人用人视野，通过公开竞聘制度，选拔一部分优秀项目人才到机关业务部门工作。对于急需紧缺的高素质海外人

才，可根据国际事业部划分的区域板块，在全公司进行公开招聘，把各二级公司外语好，有丰富海外实战经验且有志长期从事海外工作的人才集中起来，在相对固定区域深耕海外市场。

（二）打造企业创新创造平台。开展“管理创效、技术创新”活动，针对企业普遍存在的问题或对影响企业发展和引领行业领先技术发展方向的问题，加大科研经费投入，进行有计划的专项课题攻关，形成重大问题由股份公司牵头，各子公司、分公司配合的专项课题攻关小组。依托国家重点实验室、重大工程建设等，将优质资源、精锐力量向重大科研项目、重大工程建设聚集，有计划、有目标地开展创新活动，营造人人关注技术创新、人人参与管理创效的良好氛围，不断提升企业的创新能力和核心竞争力。

（三）构建专家智力支持平台。建立健全专家咨询服务平台，注重发挥专职董监事和已退休离岗的高层次专家人才作用，每年由股份公司研究确定管理和科技创新课题，根据课题研究需要，采取一事一议的方式，充分发挥高层次专家人才智慧和技术优势，使研究成果得到充分转化和应用。定期举办学术研讨、技术论坛、考察研修等专家广泛参与的活动，快速提高中国中铁专家队伍的整体技术水平。

（四）搭建人才有序流动平台。依托互联网技术搭建信息共享平台，实现人才资源信息和区域项目信息公开、共享。在单位相对集中的地区建立区域人才分公司，新入职的毕业生可由区域人才分公司管理，并通过区域人才分公司内部调剂让员工就近选择项目部，实现人才在全国范围流动向在一个固定区域内流动的转变，解决照顾家庭的问题，最终实现专业技术人才在公司内部合理有序流动。

（五）创新立体化舆论宣传平台。充分运用公司内部网站、微信公众号、报纸等新闻媒介，广泛开展理论学习、宣传教育工作，进一步加强对人才理想信念教育和职业道德建设，增强人才企业责任感和职业认同感。加强企业各项人才政策的解读和宣传引导工作，让广大人才充分了解公司各项人才政策措施。大力宣传优秀人才先进典型事迹，积极营造关心关怀支持人才成长发展的良好氛围，让人才有获得感和荣誉感，激励引导人才立足岗位、扎根企业、甘于奉献。

五、加强领导，促进人才队伍建设措施落地见效

（一）要统一思想。牢固树立人才是第一资源、人才引领创新的理念。各单位党政主要领导和人力资源部门要认真学习贯彻习近平总书记关于人才工作的重要论述，深刻理解人才资源是撬动创新发展的第一杠杆，是提高生产力的第一资源，充分认识加强人才队伍建设是事关股份公司长远发展的一项十分紧迫的重要任务。

（二）要措施到位。加大对人才培养开发的资金支持力度，确保科研经费、培训经费、专项奖励基金。要研究政策、真抓实干、大胆探索，结合本单位实际，研究制定有针对性的措施，并及时研究解决新情况新问题，总结推广新方法新经验，确保各项政策措施落地见效。

（三）要加强考核。重点对人才队伍建设存在的主要问题、具体措施及实际效果进行考核，将人才队伍建设工作纳入各级领导班子考核指标体系，结合干部日常履职考察，重点对党政主要领导进行考核，考核结果进行通报，并与党政主要领导兑现收入直接挂钩。

企业名录

表 15-17　　中国中铁所属单位名录

单位名称	地址	邮编	电话
中铁投资集团有限公司	**北京市丰台区汽车博物馆南路3号院北京中铁大厦**	**100160**	**010-83920886 010-83920866**
中铁北方投资发展有限公司	河北省石家庄市桥西区裕华东路56号中铁商务广场B座15层	050011	13831168762
中铁中原投资发展有限公司	河南省郑州市航海东路1225号	450016	13607682905
中铁东北投资发展有限公司	辽宁省沈阳市浑南区三义街28-4号瑞宝东方大厦22层	110101	13324009629
中铁（山东）投资有限公司	山东省青岛市市北区敦化路383号中铁青岛广场A座17、18层	266034	18354235515
中铁京津投资有限公司	北京市丰台区汽车博物馆南路3号院北京中铁大厦4层	100010	13426259075
中铁京新高速公路项目总包部	内蒙古自治区阿拉善盟左旗文华尚景1号楼3单元202室	750306	18791351225
大连地铁五号线总承包管理部	辽宁省大连市西岗区沈阳路5号中铁大连地铁五号线有限公司	116011	18628912799
北京中铁悦诚投资管理有限公司	北京市丰台区汽车博物馆南路3号院北京中铁大厦	100010	18600869570
北京祥顺置业有限公司	北京市丰台区汽车博物馆南路3号院北京中铁大厦4层	100010	13426259075
石家庄云际生态保护管理服务有限公司	河北省石家庄市藁城区通安街282号3号楼403室	050000	18612182837
呼和浩特市地铁一号线建设管理有限公司	内蒙古自治区呼和浩特市赛罕区如意和大街西蒙奈伦广场7号楼A座	010000	18891567179
中铁南方投资集团有限公司	**广东省深圳市南山区中心路3333号中铁南方总部大厦20-24层**	**518045**	**0755-33952180**
中铁珠三角投资发展有限公司	广东省广州市南沙区港航二街1号6~9层	511440	020-39011829
中铁（江西）投资有限公司	江西省南昌市红谷中大道1669号华尔街商业中心写字楼16层	330038	0791-82212759
中铁（厦门）投资有限公司	福建省厦门市湖里区泗水道619号2001室	361006	0592-2967279
中铁（福州）投资有限公司	福建省福州市台江区八一七中路165号	350004	
中铁海西投资有限公司	福建省厦门市湖里区五缘湾道湖里大厦20~21层	361000	0592-2967229
中铁南方遵义投资有限公司	贵州省遵义市汇川区南京路城上城801室	563000	0852-8759719
深圳中铁朗侨峰居有限责任公司	广东省深圳市南山区中心路3333号中铁大厦3层	518054	0755-33957850
中铁南方（东莞）投资有限公司	广东省东莞市南城街道鸿福路106号南峰商务中心1栋905室	523000	—
中铁（江门）城镇化建设投资发展有限公司	广东省广州市南沙区港航二街1号6~9层	511440	—
中铁（莆田）投资有限公司	福建省莆田市湄洲湾北岸经济开发区经济城688号		—
云浮市佛云中铁投资发展有限公司	广东省云浮市云城区思劳镇云浮国际石材城C区东南角（氢能科技企业孵化器内）	527300	—
深圳中铁佳兴投资发展有限公司	广东省深圳市南山区粤海街道中心路3333号中铁大厦22层	518045	0755-33957724
中铁南方投资集团有限公司城市开发分公司	广东省深圳市南山区中心路3333号中铁大厦22层	518045	—
中国中铁股份有限公司华南工程指挥部	广东省广州市天河区黄埔大道西108号奥园大厦B栋13A层	510627	—

续表

单位名称	地址	邮编	电话
中铁交通投资集团有限公司	**广西壮族自治区南宁市良庆区凯旋路15号绿地中心8号楼中铁交通大厦**	530021	0771-5561630
广西中铁交通高速公路管理有限公司	广西壮族自治区南宁市良庆区凯旋路15号绿地中心8号楼第44层	530021	0771-5561630
广西梧州岑梧高速公路有限公司	广西壮族自治区玉林市玉州区城西街道林村	537000	0775-5821118
广西岑兴高速公路发展有限公司	广西壮族自治区玉林市玉州区城西街道林村	537000	0775-5821118
广西全兴高速公路发展有限公司	广西壮族自治区桂林市兴安县桂黄路310路口	541300	0773-3120589
河南平正高速公路发展有限公司	河南省驻马店市平舆杨埠镇平正高速公路收费站	463400	0396-5351999
中铁菏泽德商高速公路建设发展有限公司	山东省菏泽市定陶区定砀路88号	274100	0530-6276016
云南富砚高速公路有限公司	云南省文山州砚山县七乡大道秀源社区	663100	0876-3137787
重庆垫忠高速公路有限公司	重庆市垫江县高安镇重庆垫忠高速公路有限公司	408300	023-74512885
重庆渝邻高速公路有限公司	重庆市渝北区锦橙路28号（北岸新洲）5栋	401147	023-88633013
四川遂宁绵遂高速公路有限公司	四川省遂宁市河东新区灵泉大道	629000	0825-2360502
陕西榆林榆神高速公路有限公司	陕西省榆林市神木市锦界镇陕西榆林神佳米高速公路有限公司	719000	0912-8604516
陕西榆林神佳米高速公路有限公司（中国中铁股份有限公司神佳米项目工程指挥部）	陕西省榆林市神木市锦界镇陕西榆林神佳米高速公路有限公司	719000	0912-8604516
陕西榆林绥延高速公路有限公司（中国中铁股份有限公司陕西榆林绥延高速公路项目工程指挥部）	陕西省榆林市绥德县镇定南路金阳光小区电子服务中心4层	718000	0912-2440458
广东韶新高速公路有限公司	广东省韶关市武江区沐阳东路卓越雅苑5号楼10层	512026	0751-8880271
广东汕湛高速公路东段发展有限公司（中铁交通投资集团有限公司广东汕揭高速公路项目工程指挥部）	广东省汕头市濠江区府前路中段（诚瑜实业副楼）	515071	0754-87252187
广西南宁铁程投资有限公司（中铁南宁龙岗新区项目工程指挥部、中铁南宁“两桥三路”项目工程指挥部）	广西壮族自治区南宁市良庆区凯旋路15号中铁交通大厦39层3909~3913室	530200	—
衡阳铁程投资有限公司（中铁衡阳滨江区项目工程指挥部）	湖南省衡阳市珠晖区东风路400号	421002	0734-81693248
昆明铁程投资有限公司（中铁昆明草海项目工程指挥部）	云南省昆明市西山区积善北路62号	650206	0871-68193608
临汾铁程建设工程有限公司（中铁临汾规划三街项目工程指挥部）	山西省临汾市尧都区滨河西路水云间小区10号楼	041000	0357-3222810
中国中铁股份有限公司南宁轨道交通3号线02标工程指挥部	广西壮族自治区南宁市良庆区凯旋路15号中铁交通大厦41层	530021	0771-5593912
中国中铁股份有限公司南宁轨道交通4号线02标工程指挥部	广西壮族自治区南宁市良庆区凯旋路15号中铁交通大厦41层	530012	—
中国中铁股份有限公司南宁轨道交通5号线02标工程指挥部	广西壮族自治区南宁市良庆区凯旋路15号中铁交通大厦41层	530012	—
广西中铁交通天地置业有限公司	广西壮族自治区南宁市青秀区长福路远展投资大厦4层	533000	0771-3395960-1
贵州中铁交通双龙投资建设有限公司（中铁交通贵州双龙航空港项目建设指挥部）	贵州省贵阳市小河区长江路万科中心A座17层	553009	—
山西静兴高速公路有限公司（中铁交通山西静兴高速公路项目工程指挥部）	山西省吕梁市岚县东村镇西二街（田野国际饭店1~7层）	033500	—
陕西旬凤韩黄高速公路有限公司	陕西省宝鸡市凤翔县城关镇秦景北路西城国际·百合小区商业7号楼	721499	0917-7280310
太原西北二环高速公路发展有限公司（中铁交通山西太原西北二环高速公路工程指挥部）	山西省太原市迎泽区双塔北路永祚西街2号	030002	—

续表

单位名称	地址	邮编	电话
中铁中南投资发展有限公司	湖南省长沙市长沙县特立路 48 号中铁中南投资发展有限公司	410100	—
四川中铁交通成达建设投资有限公司	四川省宜宾市翠屏区西郊两路桥苗圃六村 4 号	644000	0831-8358528
广西区域指挥部	广西壮族自治区南宁市中越路 7 号东盟财经中心 B 座 17 楼 1701 室	530022	0771-588080
山西区域指挥部	山西省太原市万柏林区九院沙河南岸中铁交通投资集团	030024	
湖南区域指挥部	湖南长沙雨花区湘府东路 168 号华文森林酒店 12 层	410011	0731-84331500
中铁开发投资集团有限公司	**云南省昆明市西山区清苑路 68 号**	**650118**	**0871-68107718**
中铁重庆投资发展有限公司	重庆市渝北区回兴街道服装城大道绣峰 B8 栋 19 层	401120	18302316852
中铁湖北建设投资有限公司	湖北省武汉市洪山区宝通寺路 8 号百瑞景五期东区 7 号楼 2 层	430070	027-87775876
中铁云南建设投资有限公司	云南省昆明市云景路中段电子信息产业园 10 栋	650500	15877918646
中铁惠信股权投资基金管理有限公司	云南省昆明市西山区清苑路 68 号	650118	13769103001
昆明中铁总部大厦项目建设管理有限公司	云南省昆明市云景路中段电子信息产业园 10 栋	650500	13888455240
云南分公司	云南省昆明市经开区云景路电子信息产业创业中心 10 栋	650217	15877918646
贵州分公司	贵州省贵阳市观山湖区潭坝路迈德国际 A2-408	550022	15885109521
湖北分公司	湖北省武汉市洪山区宝通寺路 8 号百瑞景五期东区 7 号楼 2 层	430070	027-87775876
重庆分公司	重庆市渝北区回兴街道服装城大道绣峰 B8 栋 19 层	401120	18302316852
昆明东格高速公路开发投资有限公司	云南省昆明市东川区铜都街道新建村汤丹收费站管理中心	654100	15288465687
昆明寻沾高速公路发展有限公司	云南省昆明市寻甸回族彝族自治县仁德街道办月秀路昆明寻沾高速公路发展有限公司	655200	15087056800
昆明轨道交通四号线土建项目建设管理有限公司	云南省昆明市云景路中段电子信息产业园 10 栋	650500	15288174624
贵州瓮开高速公路发展有限公司	贵州省瓮安县银盏镇平安路 46 号	550400	15286223617
贵州遵余高速公路发展有限公司	贵州省遵义市播州区苟江镇苟江大道 1 号 4-K 栋写字楼	563100	15288211107
武汉中铁武九北综合管廊建设运营有限公司	湖北省武汉市武昌区徐东大街 6 号汇通新长江 A 座 19 层	430061	18208756080
贵州威围高速公路发展有限公司	贵州省毕节市威宁县草海镇滨海大道郎玉酒店对面中国中铁指挥部	553100	15934641972
中铁重庆轨道交通投资发展有限公司	重庆市渝北区回兴街道服装城大道 48 号绣峰写字楼 B8 栋 18 层	401120	18996818128
中铁重庆地铁投资发展有限公司	重庆市渝北区回兴街道服装城大道 48 号绣峰写字楼 B8 栋 18 层	401120	13808039881
中国中铁股份有限公司重庆渝湘复线高速公路工程指挥部	重庆市渝北区回兴街道服装城大道 48 号绣峰写字楼 B8 栋 21 层	401120	13808039881
昆倘高速公路发展有限公司	云南省昆明市五华区园博园 2 栋	650032	18687609200
贵阳轨道交通三号线开发建设有限公司	贵州省贵阳市观山湖区龙滩坝路迈德国际 A2 栋 17~19 层	550009	13888530138
贵阳市城市综合管廊建设管理有限公司	贵州省贵阳市观山湖区二铺十三公里中铁二局项目部	550009	13984091288
中铁开投云南普高指挥部	云南省红河州蒙自市吉庆路 68 号	661100	18084847097
中国中铁滇中引水工程楚红指挥部	云南省玉溪市红塔区玉矿大厦 21 层	653100	17387995316
中国中铁滇中引水工程大楚指挥部	云南省楚雄市团结路保安大厦	675000	15117305888
中铁开发投资集团有限公司贵州金仁桐高速公路工程指挥部	贵州省遵义市新蒲新区奥体路 88 号千禧大酒店创元写字楼 19 层	563000	13508518466
中铁开发投资集团有限公司贵州桐新高速公路工程指挥部	贵州省遵义市新蒲新区奥体路 88 号千禧大酒店创元写字楼 19 层	563000	13508518466

续表

单位名称	地址	邮编	电话
中铁城市发展投资集团有限公司	**四川省成都市天府新区宁波路东段 377 号中铁卓越中心 32 层**	**610000**	**028-80518289**
四川分公司	四川省成都市天府新区宁波路东段 377 号中铁卓越中心裙楼 4 层	610000	028-63022015
中铁新丝路建设投资管理有限公司	陕西省西安市未央区浐灞商务中心三期 16 层	710000	029-83539285
甘肃分公司	甘肃省兰州市城关区团结路 9-13 号	730070	0931-8820628
宁夏分公司	宁夏回族自治区银川市金凤区创新园 66 号	750001	0951-8763907
青海分公司	青海省西宁市城东金汇路 33 号 2 号楼 111 室 112 室	810000	0971-8140798
新疆分公司	新疆维吾尔自治区乌鲁木齐市经济开发区西环北路 2219 号石油新村中铁办公楼	830011	0991-5263380
西藏分公司	西藏自治区拉萨市堆龙德庆区柳梧新区国际总部城 5 栋 3 单元 5 层 1 号	850000	0891-6571538
成都分公司	四川省成都市天府新区宁波路东段 377 号中铁卓越中心 4~6 层	610000	028-80518668
中铁宜宾投资建设有限公司	四川省宜宾市叙州区南岸龙湾路 4 号金沙江宾馆	644000	0831-3691702
成都中铁天圆房地产有限公司	四川省成都市天府新区宁波路东段 377 号中铁卓越中心裙楼 5 层	610218	028-80256153
成都轨道交通指挥部	四川省成都市天府新区宁波路东段 377 号中铁卓越中心 9 层	610000	028-82366102
攀西指挥部	四川省西昌市大石板路 19 号西昌市国有资产监督管理局 5 层	615000	15928632629
中铁（上海）投资集团有限公司	**上海市浦东新区世博馆路 52 号鲁能国际中心 B 座 15 层**	**200126**	**021-60898504**
浙江区域经营指挥部	浙江省杭州市萧山区宁围镇江宁大厦 A 座 12 层	311215	—
安徽区域经营指挥部	安徽省合肥市包河区金谷产业园 B52 栋	230051	—
江苏区域经营指挥部	江苏省南京市江宁区秦淮路 66 号隆仁大厦 1101 室	211160	—
淮海区域经营指挥部	江苏省徐州云龙区绿地商务办公写字楼 A 座 1-1105 室	221000	—
上海区域经营指挥部	上海市普陀区丹巴路 99 号苏宁天御 C1 栋 4 层	200126	—
中铁一局集团有限公司	**陕西省西安市雁塔北路 1 号**	**710054**	**029-87864150**
第二工程有限公司	河北省唐山市国防道 49 号	063004	0315-2596002
第三工程分公司	陕西省宝鸡市滨河大道 57 号	721006	0917-2862831
第四工程有限公司	陕西省咸阳市玉泉西路 8 号中铁大厦	712000	029-33777651
第五工程有限公司	陕西省宝鸡市渭滨区高新 10 路	721013	0917-3836240
桥梁工程有限公司	重庆市北部新区人和大道 11 号	401121	023-67649669
新运工程有限公司	陕西省咸阳市渭城区人民东路 111 号	712000	029-33777751
建筑安装工程有限公司	陕西省西安市雁塔区公园南路 89 号	710043	029-87865262
电务工程有限公司	陕西省西安市灞桥区灞柳 1 路 1111 号	710038	029-83622516
市政环保工程有限公司	甘肃省兰州市七里河区任家庄 168 号	730050	0931-2923226
城市轨道交通建设有限公司	江苏省无锡市锡山区安镇街道山河路 50-6 号	214105	0510-68580011
天津建设工程有限公司	天津市河北区革新道 5 号	300250	022-60555188
厦门建设工程有限公司	福建省厦门市翔安区马巷镇莲亭路 819 号	361100	0592-7762829
广州分公司	广东省广州市番禺区东环街东艺路金山谷创意产业园一期 A6 栋	511492	020-37758800
物资工贸有限公司	陕西省西安市雁塔北路 1 号	710054	029-87864228
陕西中铁一局正方天域置业有限公司	陕西省西安市雁塔区雁环中路 169 号	710065	029-81029030
陕西华营工程建设监理有限公司	陕西省西安市雁塔北路 1 号	710054	029-87864646
工业贸易有限公司	陕西省西安市雁塔北路 1 号	710054	029-87864230
勘察设计分公司	陕西省西安市雁塔北路 9 号中铁第壹国际 A 座 8 层	710054	029-82283560

续表

单位名称	地址	邮编	电话
铁路建设有限公司	陕西省咸阳市秦都区吴家堡四段路 10 号	712000	029-32870693
陕西中铁工程检测有限公司	陕西省西安市航天大道枣园村	710100	029-84193403
海外事业部	陕西省西安市雁塔北路 1 号	710054	029-87864750
中铁二局集团有限公司	**四川省成都市金牛区马家花园路 10 号**	**610031**	**028-864-42050**
第一工程有限公司	贵州省贵阳市四通街 5 号金鹏大厦	550007	0851-5745779
第二工程有限公司	四川省成都市青羊区青羊工业园总部广富路 218 号 G11 栋	610091	028-62058627
第三工程有限公司	四川省成都市金牛区金凤凰大道 666 号中铁产业园 A9 栋	610000	028-69988089
第四工程有限公司	四川省成都市青白江区新河路 8 号	610306	028-83663555
第五工程有限公司	四川省成都市青羊区腾飞大道 99 号	610091	028-61679070
第六工程有限公司	四川省成都市金牛区金凤凰大道 666 号中铁产业园 2-B 栋大楼	610000	028-66768831
建筑工程有限公司	四川省成都市一环路北一段 432 号	610031	028-87649959
新运工程有限公司	四川省成都市金牛区长福街 1 号	610031	028-87695809
电务工程有限公司	四川省成都市通锦路 9 号	610031	028-86442656
物资公司	四川省成都市马家花园路 10 号	610031	028-87669796
房地产公司	四川省成都市马家花园路 2 号通锦大厦六层	610031	028-86443932
装饰装修有限公司	四川省成都市金牛区金凤凰大道 666 号中铁产业园 A10	610000	028-69986510
深圳工程有限公司	广东省深圳市南山区中心路 3333 号中铁南方总部大厦 11 层	518034	0755-83190059
勘测设计院	四川省成都市马家花园路 10 号中铁二局大厦 5 层	610031	028-86443293
新城建设指挥部	四川省成都市马家花园路 2 号通锦大厦 503 室	610031	028-86444366
城通公司	四川省成都市金牛区金凤凰大道 666 号中铁产业园 A11 栋 1 单元	610000	028-69592581
瑞隆物流有限公司	四川省成都市金牛区马家花园路 2 号通锦大厦	610031	028-86444135
昆明应急救援队（昆明工程公司）	云南省昆明市西山区车家壁碧源路 6 号	650111	0871-8413216
华南公司	广东省广州市天河区黄埔大道西 108 号奥园大厦 13A	510627	0755-38209755
华中公司	湖北省武汉市武昌区秦园东路水岸星城 B 区 D12 栋 301 室	430060	027-88921073
华北公司	北京市丰台区外环西路 26 号院 61 号楼	100038	010-83886635
华东公司	上海市静安区灵石路 709 号 B 区万灵谷花园 A011	200070	021-56987901
东南公司	福建省福州市鼓楼区五四路 283 号天骅大厦 2038 室	350003	0591-87725183
西北公司	陕西省西安市雁塔南路 2216 号曲江国际大厦 9 楼 903 室	710000	029-82252564
中原公司	山东省济南市天桥区明湖西路 800 号银座好望角 B 座 1204 室	255000	0531-5226956
东北公司	辽宁省沈阳市浑南新区沈营路 3-2 号瑞宝国际花苑 2-2-18-1	110180	024-23710001
云桂公司	广西壮族自治区南宁市江南区福建园街道石柱岭二路 7 号	530031	0771-14825506
新疆公司	新疆维吾尔自治区乌鲁木齐市阿勒泰路 83 号皓翔金山大厦 3 层	830000	—
中铁三局集团有限公司	**山西省太原市迎泽区新建南路 1 号**	**030001**	**0351-4038637**
第二工程有限公司	河北省石家庄市翟营南大街 9 号中铁大厦 11 层	050031	0311-87670320
第三工程有限公司	山西省太原市坞城东街南巷 14 号	030006	0351-8785620
第四工程有限公司	北京市门头沟区三家店新建路 25 号	102300	010-61818146
第五工程有限公司	山西省晋中市榆次区顺城东街 1 号	030600	0354-2028713
第六工程有限公司	山西省晋中市榆次区桥东街 128 号	030600	0354-3102836
电务工程有限公司	山西省晋中市榆次区文苑街 280 号	030600	0354-3111345
建筑安装工程有限公司	山西省太原市坞城东街南巷 41 号	030006	0351-8728638

续表

单位名称	地址	邮编	电话
桥隧工程有限公司	四川省成都市金牛区天回镇中铁产业园 A10 栋 1 单元	056036	0310-4040040
线桥工程有限公司	河北省三河市燕郊镇燕郊开发区	065201	0316-3332841
运输工程分公司	山西省晋中市榆次区迎宾街 209 号	030600	0354-3029413
勘测设计分公司	山西省太原市劲松路 10 号	030001	0351-8951767
社会事业管理中心	山西省太原市迎泽大街 269 号	030001	0351-8950223
测绘检测工程有限公司	山西省太原迎泽大街 269 号	030001	0351-8951546
广东建设工程有限公司	广东省广州市番禺区东环街番禺大道北 555 号天安总部中心 28 号楼	510630	020-38023006
物资供应有限公司	山西省太原长治路 251 号瑞杰科技中心 A 座 21 层	030006	0351-7036150
天津建设工程有限公司	天津市津南区双港镇上海街 58 号	300350	022-88826366
投资公司	山西省太原市迎泽大街 269 号	030001	0351-8951168
华东建设工程有限公司	江苏省南京市江宁区麒麟社区靶厂路 8 号中铁三局华东建设公司	211135	025-52397958
中铁四局集团有限公司	**安徽省合肥市包河区望江东路 96 号**	**230023**	**0551-65244114**
第一工程有限公司	安徽省合肥市阜阳北路 434 号	230041	0551-65531544
第二工程有限公司	江苏省苏州市相城经济开发区蠡塘河路 9 号	215131	0512-85888868
第三建设有限公司	天津市东丽区矽谷港湾 D2 区 4 号楼	300011	022-24413299
第四工程有限公司	安徽省合肥市新蚌埠路 106 号	230041	0551-64228000
第五工程有限公司	江西省九江市濂溪区青年路 369 号	332000	0792-7025630
第七工程分公司	安徽省蜀山区合肥市南二环 488 号	230022	0551- 63742262
第八工程分公司	安徽省合肥市阜阳北路 365 号	230041	0551-65242870
电气化工程有限公司	安徽省蚌埠市蚌山区迎湖路 9 号	233040	0552-3889358
建筑工程有限公司	安徽省合肥市东流路西段	230022	0551- 63742062
钢结构有限公司	安徽省合肥市环湖东路 388 号	200023	0551-63741971
机电设备安装有限公司	江西省南昌县东新乡千亿产业园内	330209	0791-85810366
路桥工程有限公司	吉林省长春市宽城区新月路 416 号	130052	0431-86036028
市政工程分公司	安徽省合肥市宿松南路 1188 号中铁科技大楼	230022	0551-65249987
城市轨道交通工程分公司	安徽省合肥市宿松南路 1188 号中铁科技大楼	230022	0551-65249001
上海工程公司	上海市静安区中山北路 901 号屹申商务大厦 B 楼	200083	021-65423104
南京工程分公司	江苏省南京市浦口区浦口大道 1 号新城总部大厦 A 座 1602 室	21000	025-58779617 025-58806814
工程建设分公司	陕西省西安市大庆路 3 号蔚蓝国际 A 座 18 楼	710082	029-87618478
物资工贸有限公司	安徽省合肥市望江东路 96 号	230023	0551-65244137
安徽中铁工程材料科技有限公司	安徽省合肥市宿松南路 1188 号中铁科技大楼	230022	0551-65249601
设计研究院	安徽省合肥市望江东路 96 号	230023	0551-65244043
委内瑞拉分公司	安徽省合肥市宿松南路 1188 号中铁科技大楼西五楼 510 室	230023	0551-65246278
安哥拉分公司	安徽省合肥市宿松南路 1188 号中铁科技大楼西 508 室	230023	0551-65244845
房地产开发有限公司	安徽省合肥市包河区宿松路 1188 号中铁科技大楼	230023	0551-65249296
建设投资分公司	安徽省淮南市田家庵区淮河大道 1 号	232001	0554-6678027
开发投资分公司	江苏省南京市汉中门大街 48 号金陵大厦三楼	210029	025-83305225
中铁健康服务有限公司	安徽省黄山市屯溪区稽灵山路 32 号	245041	0559-2572588
投资运营有限公司	安徽省合肥市包河区宿松路 1188 号	230022	0551-65249165
北方投资公司	北京市西城区德泉胡同 9 号	102308	—
中铁五局集团有限公司	**贵州省贵阳市枣山路 23 号**	**550003**	**0851-88180150**
第一工程有限责任公司	湖南省长沙市中意一路 646 号	410117	0731-82833432
第二工程有限责任公司	湖南省衡阳市珠晖区龙家坪 45 号	421002	0734-8398150
第四工程有限责任公司	广东省韶关市十里亭	512031	0751-8853459

续表

单位名称	地址	邮编	电话
第五工程有限责任公司	湖南省郴州市南岭大道866号	423000	0735-7521001
第六工程有限责任公司	重庆市北部新区高新园天宫殿街道锦橙路26号	401147	023-67895175
机械化工程有限责任公司	湖南省衡阳市珠晖区洪塘冲32号	421002	0734-8312459
电务工程有限责任公司	湖南省长沙市麓谷咸嘉湖西路475号	410205	0731-88992599
建筑工程有限责任公司	贵州省贵阳市观山湖区毕节路58号联合广场2栋	550002	0851-85797277
路桥工程有限责任公司	广东省广州市南沙区大涌工业五路5号	511458	020-28652686
物资实业有限责任公司	贵州省贵阳市枣山路23号	550003	0851-88180558
天麟建材贸易有限公司	湖南省长沙市雨花区洞井铺中意一路646号	410117	0731-85921630
机电有限责任公司	贵州省贵阳市枣山路23号	550003	0851-86513155
置业有限责任公司	贵州省贵阳市北京路241号天华大厦5层	550004	0851-86866149
贵州工程有限公司	贵州省贵阳市枣山路23号	550003	0851-88270829
天怡酒店	贵州省贵阳市枣山路29号	550003	0851-86518888
天龙酒店	湖南省长沙市韶山北路299号	410007	0731-84188888
实业发展有限公司	贵州省贵阳市南明区玉溪巷89号	550003	0851-85778958转8305
贵州铁建工程质量检测咨询有限公司	贵州省贵阳市云岩区后坝路1号兴隆·枫丹白鹭城市花园商业2栋负1层1号	550008	0851-88173135
海外分公司	贵州省贵阳市枣山路23号	550003	0851-88180961
成都工程公司	四川省成都市青羊区工业总部基地腾飞大道51号	619000	028-69086189
长沙市政项目管理有限公司	湖南省长沙市经济技术开发区泉塘街道社塘路335号	410600	0731-88216099
多元经济管理中心	贵州省贵阳市南明区玉溪巷89号	550003	0851-85778958转8305
城市轨道交通工程分公司	湖南省长沙市高新开发区咸嘉湖西路475号科研大楼5层	410205	0731-88992563
广州工程公司	广东省广州市南沙区大涌工业五路5号	511458	020-28652686
机械租赁分公司	贵州省贵阳市枣山路23号	550003	0851-88270829
中铁六局集团有限公司	**北京市海淀区万寿路2号**	**100036**	**010-68155051**
北京铁路建设有限公司	北京市海淀区万寿路2号	100036	010-51825187
太原铁路建设有限公司	山西省太原市杏花岭区建设北路182号	030013	0351-2666168
呼和浩特铁路建设有限公司	内蒙古自治区呼和浩特市新城区车站西街11号	010050	0471-2242057
天津铁路建设有限公司	天津市河北区律纬路与五马路交口西北角诺德中心10号楼	300143	022-60720926
石家庄铁路建设有限公司	河北省石家庄市平安北大街18号乐模大厦	050000	0311-87911903
路桥建设有限公司	湖南省长沙市雨花区金海路128号国际研创中心A7栋	410007	0731-85921024
建筑安装工程有限公司	北京市昌平区马池口镇下念头村昌流路x017号	102299	010-89790900
中铁信达经贸有限公司	北京市丰台区卢沟桥东关89号	100165	010-83896219
中铁丰桥桥梁有限公司	北京市丰台区葛村西里1号	100070	010-63717563
电务工程有限公司	北京市丰台区南四环西路188号15区10号	100070	010-52226646
海外工程分公司	北京市丰台区南四环西路188号总部基地10区5号楼	100070	010-52256619
物资工贸有限公司	北京市海淀区万寿路2号	100036	010-52733281
广州工程有限公司	广东省广州市番禺区番禺大道北555号天安科技园18号楼	511400	020-34883990
交通工程分公司	北京市丰台区南四环西路188号十区16号楼	100070	010-50916290
北京置业有限公司	北京市海淀区万寿路2号中铁六局大厦506室	100036	010-52733362
工程设计院	北京市海淀区万寿路2号	100036	010-52733537
云南中铁双百建材有限公司	云南省昆明市西山区润城第二大道12层	650100	—

续表

单位名称	地址	邮编	电话
中铁七局集团有限公司	**河南省郑州市航海东路 1225 号**	**450016**	**0371-67723150**
第一工程有限公司	河南省洛阳市老城区春都路 155 号	471001	0379-65150807
第二工程有限公司	辽宁省沈阳市和平区南京南街中土大厦	110000	18842330095
第三工程有限公司	陕西省西安市浐灞生态区广安路 2899 号	710043	029-86366628
第四工程有限公司	湖北省武汉市东湖新技术开发区茅店山西路 2 号	430074	027-51130813
第五工程有限公司	河南省郑州市航海东路 1225 号	450016	0371-68285511
郑州工程有限公司	河南省郑州市二七区陇海中路 3 号	450000	0371-68325317
武汉工程有限公司	湖北省武汉市东湖新技术开发区茅店山西路 2 号	430074	027-51130731
西安铁路工程有限公司	陕西省西安市新城区金花北路 205 号西铁工程大厦	710032	029-82356002
电务工程有限公司	河南省郑州市金水路 226 号楷林国际 17 层	450008	0371-68361491
路桥工程有限公司	陕西省宝鸡市金台大道七号院 9 号楼	721000	0917-2855301
海外分公司	河南省郑州市航海东路 1225 号	450016	0371-68283650
中产置业有限公司	河南省郑州市陇海中路 11 号	450000	0371-86063875
物贸公司	河南省郑州市航海东路 1225 号	450016	0371-67727238
勘测设计研究院	河南省郑州市航海东路 1225 号	450016	0371- 67727657
中铁八局集团有限公司	**四川省成都市金科东路 68 号**	**610000**	**029-87517570**
第一工程有限公司	重庆市九龙坡区黄桷坪铁路三村 3 号	400053	023-61215888
第二工程有限公司	四川省成都犀浦国宁东路 1188 号	610097	028-69986263
第三工程有限公司	贵州省贵阳市南明区朝阳洞路建材巷 1 号	550007	0851-85761991
第四工程有限公司	四川省成都市一环路北二段 100 号	400053	028-83180401
建筑工程有限公司	四川省成都市高新区西部园区西区大道 461 号	611731	028-86106131
电务工程有限公司	四川省成都市郫都区犀浦金樽三街 316 号	610097	028-87876787
昆明铁路建设工程有限公司	云南省昆明市春城路 321 号	650200	0871-66164827
第六工程有限公司	云南省昆明市塘双路 192 号	650011	0871-66122631
市政工程分公司	贵州省贵阳市观山湖区世纪金源国际商务中心 3 号楼	550081	0851-84119486
房地产开发有限公司	四川省成都市金牛区西北桥边街 1 号五丁苑山羊座 1~3 层	610081	028-83180177
桥梁工程有限公司	四川省成都市青白江区青华东路 173 号	610300	028-83605223
现代物流有限公司	四川省成都市成华区站北路 38 号	610086	028-86329800
海外工程分公司	四川省成都市郫都区国宁东路 1188 号中铁塔米亚 16 号楼 10 层	610097	028-69986281
勘察设计研究院	四川省成都市金牛区金科东路 68 号	610086	028-87517826
城市轨道交通分公司	四川省成都市高新区西部园区西区大道 461 号	610081	028-83231082
中铁九局集团有限公司	**辽宁省沈阳市和平区胜利南街 46 号**	**110051**	**024-23942635**
第二工程有限公司	吉林省吉林市昌邑区重庆街 1398 号	132001	0432-66123217
第四工程有限公司	辽宁省沈阳市沈河区敬宾街 3-1 号	110013	024-88555223
第六工程有限公司	辽宁省沈阳市沈河区敬宾街 3-1 号	110013	024-88555028
第七工程有限公司	辽宁省沈阳市大东区工农路 337 号	110044	024-62046147
电务工程有限公司	辽宁省沈阳市和平区胜利北街 36-5 号	110001	024-62021656
工程检测试验有限公司	辽宁省沈阳铁西区北一东路 36 号	110025	024-62393701
路桥分公司	辽宁省沈阳市皇姑区崇山东路 2 甲	110032	024-83960310
大连分公司	辽宁省大连市金州开发区海滨旅游路 35 号	116600	0411-62493079
勘察设计院	辽宁省沈阳市和平区胜利南街 46 号	110051	024-23840997
中铁十局集团有限公司	**山东省济南市高新区舜泰广场 7 号楼**	**250101**	**0531-82461047**
第一工程有限公司	山东省济南市天桥区车站街 167 号	250100	0531-82422897
第二工程有限公司	河南省郑州市金水区金水路 226 号楷林国际 19 层	450008	0371-86155753

续表

单位名称	地址	邮编	电话
第三建设有限公司	安徽省合肥市经济技术开发区繁华大道 12666 号	230601	0551-63547601
第四工程有限公司	江苏省南京市栖霞区紫东路 2 号紫东创意园 A6 幢	210023	025-85831508
第五工程有限公司	江苏省苏州市高新区金庄街 9 号	215011	0512-68075098
第八工程有限公司	天津市西青区天安数码城	300380	022-59565959
西北工程有限公司	陕西省西安市高新区锦业二路 69 号	710065	029-88882190
青岛工程有限公司	山东省青岛市市北区抚顺路 19 号	266034	0532-55526555
城市轨道交通工程有限公司	广东省广州市番禺区番禺大道北 555 号天安总部中心 14 号楼	511493	020-31102379
建筑工程有限公司	山东省济南市高新区工业南路 59 号中铁汇展国际 8 号楼 6~9 层	250101	0531-58995963
电务工程有限公司	山东省济南市高新区工业南路 59 号中铁汇展国际 8 号楼 12 层	250101	0531-82461515
投资开发有限公司	山东省济南市高新区工业南路 59 号中铁汇展国际 8 号楼 18 层	250101	0531-58995857
物资工贸有限公司	山东省济南市高新区工业南路 59 号中铁汇展国际 8 号楼 4 层	250101	0531-55565365
第三工程有限公司	福建省厦门市湖里区东渡路 258 号银龙大厦 7 层	361013	0592-2638157
拉美分公司	山东省济南市高新区舜泰广场 7 号楼 10 层	250101	0531-82461294
非洲分公司	山东省济南市高新区舜泰广场 7 号楼 10 层	250101	0531-82461672
亚太分公司	山东省济南市高新区舜泰广场 7 号楼 16 层	250101	0531-82461280
济南勘察设计院	山东省济南市天桥区车站街 89 号	250001	0531-82468720
运营管理分公司	山东省济南市高新区工业南路 59 号中铁汇展国际 8 号楼 15 层	250101	13335194941
中铁大桥局集团有限公司	**湖北省武汉市四新大道 6 号**	**430050**	**027-84596511**
第一工程有限公司	河南省郑州市南阳路 93 号	450053	0371-63674990
第二工程有限公司	江苏省南京市鼓楼区燕江路 66 号	210015	025-58781038
第四工程有限公司	江苏省南京市浦口区迎江路 40 号	210031	025-86966112
第五工程有限公司	江西省九江市白水湖路 20 号	332001	0792-8586229
第六工程有限公司	湖北省武汉市蔡甸区新天大道 525 号	430100	027-69603168
第七工程有限公司	湖北省武汉经济技术开发区春晓路 8 号	430050	027-84588875
第八工程有限公司	重庆市江北区港城东环路 6 号 1 幢	400000	023-67013223
第九工程有限公司	广东省中山市翠亨新区和裕路 9 号	528437	0760-23759860
中铁大桥科学研究院有限公司	湖北省武汉市硚口区建设大道 103 号	430034	027-83532982
物资有限公司	湖北省武汉市汉阳区莲花湖路特 1 号	430050	027-84825008
武汉桥梁特种技术有限公司	湖北省武汉市东湖新技术开发区高新六路 97 号	430205	027-81925128
武汉桥梁传媒有限公司	湖北省武汉市汉阳区四新大道 6 号	430050	027-84596449
武汉置业发展有限公司	湖北省武汉市经济开发区东风大道 67 号金桥太子湖 1 号 A 座	430056	027-84597087
武汉地产有限公司	湖北省武汉市武昌区宝通寺路 8 号	430070	027-87655001
上海工程有限公司	上海市奉贤区南桥镇望园南路 1588 弄绿地未来中心 A1-6 楼	200071	021-66540718
福船海洋工程公司	福建省福州市马尾区镇冰路 9 号中铁福船大厦	350015	0591-38133316
中铁大桥局武汉商业运营管理有限公司	湖北省武汉市武昌区宝通寺路 8 号	430070	027-87655001
西藏工程有限公司	西藏自治区拉萨市经济技术开发区阳光新城 B 区 5 栋一单元 5-1	540100	0891-6168460
海外工程分公司	湖北省武汉市四新大道 6 号	430050	027-84596635
设计分公司	湖北省武汉市汉阳大道 38 号	430050	027-84596901
机械化施工分公司	湖北省武汉市汉阳区汉阳大道 54-2 号	430050	027-84511566

续表

单位名称	地址	邮编	电话
九江船舶分公司	江西省九江市浔阳区滨江东路 148 号	332004	0792-8615001
北京路桥分公司	北京市西城区马连道格调小区 1 号楼	100032	010-63358977
长沙分公司	湖南省长沙市开福区三一大道 303 号	410003	0731-82564106
东北分公司	辽宁省沈阳市浑南区世纪路 5-2 号	110179	024-31692476
中铁隧道局集团有限公司	**广东省广州市南沙区广意路 23 号**	**511000**	**020-32268902**
中铁隧道股份有限公司	河南省郑州市高新技术产业区科学大道 99 号	450001	0371-67896508
一处有限公司	重庆市渝北区天山大道西段 32 号 2 幢	401123	023-65933555
二处有限公司	河北省三河市燕郊开发区学院路 410 号	065201	0316-3362127
三处有限公司	广东省深圳市南山区建区村建昌路 33 号	518060	0755-61385049
建设有限公司	广西壮族自治区南宁市科园大道 29 号	530003	0771-2315299
路桥工程有限公司	天津市空港经济区中环西路 86 号	300308	022-84958707
市政工程公司	浙江省杭州市西湖区三墩镇振华路—紫宣路 158 号西城博司 4 幢	310030	0571-28167046
机电工程有限公司	河南省洛阳市状元红路	471009	0379-62632893
勘察设计研究院	广东省广州市南沙区工业四路	511000	020-39006726
投资发展事业部	广东省广州市南沙区工业四路	511400	020-39078302
国际事业部	北京市朝阳区广渠门外大街 9 号院 3 号楼	100020	010-61057210
设备分公司	河南省洛阳市状元红路	471009	0379-62633024
物资分公司	河南省洛阳市状元红路	471009	0379-62632578
工程试验分公司	河南省洛阳市状元红路	471009	0379-62632133
盾构及掘进技术国家重点实验室	河南省郑州市高新技术产业区科学大道 99 号	450001	0371-67283856
职工大学	河南省洛阳市状元红路	471009	0379-62632655
中铁电气化局集团有限公司	**北京市万寿路南口金家村 1 号**	**100036**	**010-51846560**
第一工程有限公司	北京市丰台区南四环西路 188 号总部基地七区 10 号楼	100070	010-51859399
第三工程有限公司	河南省郑州市二七区小赵砦东街 33 号	450052	0371-60655600
西安电气化工程有限公司	陕西省宝鸡市金台区金台大道七号院 9 号楼	721000	0917-2855016
北京建筑工程有限公司	北京市丰台区靛厂甲 121 号	100039	010-88245508
北京景旭房地产开发有限公司	北京市丰台区六里桥 1 号耐伦大厦 12 层	100161	010-63885155
北京电信研究试验中心有限公司	北京市丰台区金家村 1 号院 15 号楼 3 层	100036	010-51846032
铁路运营管理有限公司	北京市丰台区公益西桥西北京市轨道交通建设管理有限公司 C 座 6、7、8 层	100068	010-51872285
北京通达监理有限公司	北京市丰台区丰台路口 139 号 202 室	100071	010-83820515
物资贸易有限公司	北京市海淀区莲花池西路 16 号金鑫大厦	100036	010-63978586
中铁电气工业有限公司	河北省保定市北三环 6255 号中铁电气工业有限公司轨道交通产业园	071000	0312-8639315
北京《电气化铁道》编辑部有限公司	北京市万寿路南口金家村 1 号	100036	010-51842632
第二工程分公司	广东省广州市番禺区东环街东艺路 139 号 5 栋 1 号 201、301、401、501 室	510000	020-37879519
电气化公司	北京市石景山区京原路 19 号院 1 号楼	100034	010-51876863
城铁公司	北京市万寿路南口金家村 1 号	100036	010-51848190
上海电气化工程分公司	上海市静安区江场路 1377 弄绿地中央广场 1 号楼 5 层	200000	021-61397678
沈阳电气化工程分公司	辽宁省沈阳市浑南区国际软件园 E19 座	110000	024-88013796
铁路工程公司	北京市丰台区卢沟桥小屯兴源路 8 号院 B 座	100036	010-85160212
国际工程公司	北京市万寿路南口金家村 1 号	100036	010-51872002
京沪高铁维护管理公司	北京市莲花池东路 106 号汇融大厦 A 座 26 层 2602 室	100055	010-51862475
智能交通与安全技术分公司	北京市丰台区六里桥 1 号奈伦大厦 21 层	100161	010-63355681
设计研究院	北京市丰台区双林东路郭庄子 365 号	100036	010-52263601

续表

单位名称	地址	邮编	电话
顺达公司	北京市万寿路南口金家村 1 号	100036	010-51872199
石家庄机械装备分公司	河北省石家庄新华区和平西路 686 号	050000	0311-87638207
中铁电气化局集团（香港）有限公司	香港特别行政区荃湾海盛路 3 号 TML 广场 D 座 1505-1506A	—	0085236196614
中铁武汉电气化局集团有限公司	**湖北省武汉市东湖新技术开发区光谷创业街 71 号**	**430074**	**027-51172222**
第一工程有限公司	湖北省武汉东湖新技术开发区武大园路 2 号湖北徽商大厦 A 座 7、8、9 层	430223	027-51780009
上海电气有限公司	上海市青浦区北青公路 10688 弄张江云立方 30 号楼	201700	021-59221209
中铁电气化（武汉）设计研究院有限公司	湖北省武汉市东湖新技术开发区光谷创业街 71 号	430074	027-51172272
科工装备有限公司	湖北省襄阳市襄城区岘山路 656 号	441041	0710-3544396
物资贸易有限公司	湖北省武汉市东湖新技术开发区佳园路 9 号同亨大厦 10 层	430074	027-65527692
北京分公司	北京市丰台区南四环西路 188 号丰台科技园总部基地十区 15 栋	100070	010-52268953
城市建设分公司	广东省广州市番禺区南村镇兴业大道 3 号畅兴大厦 3 层	511400	020-37106131
机电分公司	陕西省西安市碑林区南二环东段 39 号陕铁大厦	710102	029-61103166
运营管理分公司	四川省成都市金牛区中铁轨道高科技产业园金凤凰大道 666 号 12 栋 3 单元	610036	028-65718555
城铁分公司	湖北省武汉市东湖新技术开发区光谷大道 77 号金融港 B6 栋 10 层	430070	027-87002588
中铁建工集团有限公司	**北京市丰台区南四环西路 128 号诺德中心 1 号楼**	**100070**	**010-51136666**
深圳分公司	广东省深圳市南山区南山大道建工村建厂路 34 号	518052	0755-26974720
北京分公司	北京市丰台区造甲村 111 号	100070	010-63791630
上海分公司	上海市普陀区交通路 4621 弄李子园商务区 10 号 15~18 层	200331	021-36361116
广州分公司	广东省广州市番禺大道北 555 号番禺节能科技园天安总部中心 29 号楼	511400	020-31109880
西南分公司	贵州省贵阳市南明区新华路 126 号富中国际广场 28 层	550002	0851-85513520
华北分公司	北京市丰台区南四环西路 128 号诺德中心 3 号楼 23 层	100070	010-87576610
西北分公司	陕西省西安市高新区西部大道企业壹号公园 25 栋	710119	029-62817200
国际工程公司	北京市丰台区南四环西路 188 号总部基地 12 区 45 号楼	100070	010-52238611
北京路桥分公司	北京市丰台区南四环西路 188 号 10 区 11 号楼	100070	010-52220876
设计院	北京市丰台区诺德中心 1 号楼东配楼 3、4 层	100070	010-53500920
资产管理公司	北京市丰台区南四环西路 128 号诺德中心 1 号楼	100160	010-51136629
北方工程有限公司	天津市滨海新区塘沽福建北路 69 号	300451	022-60616622
山东有限公司	山东省青岛市海尔路 182-8 号半岛国际大厦 6、7 层	266061	0532-80991501
安装工程有限公司	北京市丰台区南四环西路 188 号总部基地 10 区 18 号楼	100070	010-52221107
装饰工程有限公司	北京市丰台区南四环西路 188 号总部基地 10 区 19 号楼	100070	010-63705366
北京中铁诺德房地产开发有限公司	北京市丰台区汽车博物馆西路诺德中心 1 号院 11 号楼 42 层	100070	010-511855603
诺德投资有限公司	广东省深圳市福田区民田路 178 号华融大厦 305 室	518048	0755-82772952
东非有限公司	7th floor, Uhuru Heights, At the junction of Bibi Titi Mohammed Road/Ohio Street, Dar es Salaam, Tanzania	—	+255-222153321
北京机械制造有限公司（建筑产业化公司）	北京市房山区阎村镇南梨园村南临 30 号	102412	010-51116721

续表

单位名称	地址	邮编	电话
中铁广州工程局集团有限公司	**广东省广州市南沙区进港大道 582 号**	**511457**	**020-61996666**
港航工程有限公司	广东省广州市萝岗香山路 11 号	510660	020-62223808
第二工程有限公司	广东省广州市花都区建设路 34 号	510800	020-36858031
第三工程有限公司	广东省肇庆市站北路 45 号	526020	0758-2909255
深圳工程有限公司	广东省南山区中心路 3333 号中铁南方总部大厦 13 层	518000	0755-21517193
置业有限公司	广东省广州市南沙区进港大道 582 号	511457	020-62800923
中铁港航局集团惠州置业有限公司	广东省惠州大亚湾澳头中兴中路 1 号东方新天地大厦一栋一单元 2507 号	516081	13866791393
工程检测中心有限公司	广东省广州市花都区建设路 34 号	510800	020-86892664
西北投资开发有限公司	陕西省西咸新区沣西新城康定路 16 号	712000	029-33133519
桥梁工程有限公司	广东省广州市花都区新华街松园大道 26 号办公楼	510800	020-37760109
城轨工程有限公司	广东省广州市南沙区进港大道 582 号	511457	020-66230940
市政环保工程有限公司	陕西省西咸新区沣西新城康定路 16 号中铁港沣国际 23 楼	712000	029-33133519
中铁北京工程局集团有限公司	**北京市门头沟区永定镇玉带东二街 161 号**	**102308**	**010-62720890**
第一工程有限公司	陕西省西安市国家民用航天产业基地航创路 259 号	710100	029-62625200
第二工程有限公司	湖南省长沙市雨花区体院路 28 号	410014	13687313308
（天津）工程有限公司	天津市红桥区咸阳北路 48 号银泰科工贸大厦 A 幢 12 层	300131	022-58306067
北京有限公司	北京市延庆区八达岭经济开发区康西路 26 号	100070	010-51169500
第五工程有限公司	浙江省杭州市萧山区经济技术开发区通惠北路 2 号 5 层	310000	0571-56696363
第六工程有限公司	辽宁省沈阳市沈北新区蒲河大道 888 号西六区 6、7 号	110127	024-66801021
中铁天丰建筑工程有限公司	北京市门头沟区石龙经济技术开发区永安路 20 号 3 号楼三层 304 室	102308	15210203069
城市轨道交通工程有限公司	安徽省合肥市高新区天达路 20 号	401147	0551-67126757
物资工贸有限公司	北京市门头沟区石龙经济技术开发区永安路 20 号 3 号楼 A-4107 室	102300	010-88845296
中铁航空港成都地产有限公司	四川省成都市武侯区双凤五路 281 号中铁金花城 8-501 号	610041	028-85545835
铜仁京兆兴项目管理有限公司	贵州省铜仁市高新技术产业开发区电商园一期 4 号楼	554300	13671110718
成都分公司	四川省成都市高新区玉成乡袁家坝综合体 A 栋 7 号	641400	02861814666
机场工程分公司	北京市海淀区北四环西路 87 号 2 号楼 203 室	100195	010-88853378
中铁航空港建设集团有限公司北京建筑工程分公司	北京市门头沟区石龙经济技术开发区永安路 20 号 3 号楼 A-4107 室	100195	010-88845296
国际工程分公司	北京市门头沟区永定镇玉带东二街 161 号 501 室	102308	010-62720613
中铁上海工程集团有限公司	**上海市宝山区富联路 777 号**	**201906**	**021-80277675**
第一工程有限公司	安徽省芜湖市鸠江区卜家店	200436	0553-2821220
第二工程有限公司	上海市宝山区富联路 777 号	201906	021-80277333
第三工程有限公司	安徽省合肥市高新区香樟大道 168 号科技实业园 D18/23 栋	300486	0551-63736546
第四工程有限公司	天津市滨海新区中新生态城动漫中路 334 号创展大厦 B 座 9 楼	530000	022-66196620
第五工程有限公司	广西壮族自治区南宁市西乡塘区龙腾路 80 号台湾街台北中心 19~20 楼	650217	0771-8011913
第六工程有限公司	云南省昆明市经开区顺通大道国际银座 C3 座 22~23 层	710018	0871-64627568
第七工程有限公司	陕西省西安市经济技术开发区凤城九路 79 号	241000	021-62650506
华海工程有限公司	上海市闵行区中春路 7500 号	201101	021-64193984
市政工程有限公司	上海市普陀区武威路 88 弄中鑫企业广场 3 号楼	200331	021-66118180
建筑工程有限公司	上海市宝山区富联路 777 号	201906	021-80277062
北方工程有限公司	辽宁省沈阳市浑南新区世纪路 6-1 号	110000	0416-2552850

续表

单位名称	地址	邮编	电话
物资工贸有限公司	上海市宝山区富联路 777 号	201906	021-80277057
城市轨道交通工程分公司	上海市宝山区富联路 777 号	201906	021-80277205
中国铁工建设有限公司	**北京市丰台区五圈南路海格通信产业园科研楼 C 座 10 层**	**100000**	**—**
中铁国际集团有限公司	**北京市海淀区复兴路 69 号中国中铁广场 C 座 6~9 层**	**100039**	**010-52680088**
中国海外工程有限责任公司	北京市海淀区紫竹院路 1 号 7 号楼中海外大厦	100044	010-88566998
川铁国际经济技术有限公司	四川省成都市金牛区金府路 88 号万通金融广场 15~18 层	610036	028-68761001
南美分公司	RocayCoronado condominiopirai - casa25E, Santacruz, Bolivia	1050	+591-77527122
南太平洋公司	P.O.Box5769, Section 9, Lot12, Hagwa Street, Boroko, NCD, Port Moersby, Papua New Guinea	121	+675-3253993 +675-3253675
西北非分公司	No.7lumley beach, Freetown, Sierra Leone	—	+232-99888666
南部非洲公司	Ground Floor, No.4 Greystone Building, Fourways Golf Park, Roosstreet, Fourways, Sandton, Johannnesburg.（PO Box1507, Cramerview 2060, South Africa）	2191	+0027-117068991
亚洲分公司	12th Floor, Concord Bilkis Tower, 40/6, North Avenue（Madani Road）, Gulshan-2, Dhaka-1212, Bangladesh	1212	—
安哥拉分公司	Sedeem: RUA S/N - BAIRRO KINGUELA NORTE（PRÓXIMO AO INSTITUTO SUPERIOR DE CIÊNCIAS POLICIAIS OSVALDO SERRA VAN-DÚNEM）, Nº S/N, Mun í cipio: BELAS, Prov í ncia: LUANDA	999104	+028-68761611 +00244-944-484-344
印尼有限责任公司	21st Floor, Menara Sun Life, Jl. Dr. Ide AnakAgungGdeAgung, Blok 6.3, Jakarta 12950-Indonesia	12950	+62-2125981554
香港有限公司	UNIT1201-03, 12F, APEC PLAZA, 49HOI YUEN ROAD, KWUN TONG, KLN, HK	—	+852-21913800 +852-21913553
工程（香港）有限公司	香港特别行政区九龙观塘开源道 49 号创贸广场 12 层 1201-03 室 Unit 1201-03, 12/F., APEC Plaza, 49 Hoi Yuen Road, Kwun Tong, Kowloon, Hong Kong	999077	+852-21913800 +852-21913553
北京建设分公司	北京市丰台区莲花池南里 26 号中铁工程大厦 A 座 4 层	100055	010-63389100
商贸有限公司	北京市门头沟区石龙东路 3 号维科宾馆 5 层	102308	010-69804238
南非投资有限公司	1st Floor, Building 4 Greystone, Fourways Golf Park, Roos St, Fourways, JHB, South Africa	2191	+00270-114674077
新能源有限公司	北京市海淀区西翠路 17 号院 24 号楼 5 层	100039	—
中老铁路项目指挥部	老挝万象官邸别墅 20 栋	01000	+020-55679388
巴基斯坦 M1 铁路项目筹备组	北京市海淀区万寿路 2 号中铁六局大厦 308 室	100039	—
中东代表处	Villa 18a, street 20b, 332c, Jumeirah1, Dubai, UAE	413696	+00971-6-5550808
乌克兰代表处	str. Kozhumyatskya, 20a, Office 1, Kyiv, Ukraine	04071	+380（66）8547671
中铁东方国际集团有限公司	**吉隆坡总部：Lot 705&708, 7th floor, Menara 2, Faber Towers, Jalan Desa Bahagia, Taman Desa, 58100, Kuala Lumpur, Malaysia** **北京总部：北京市丰台区丰台北路 36 号中铁华铁大厦 9 层**	**58100** **100071**	**+603-79717842** **+010-83897014**
中国铁路工程（马来西亚）有限公司	总部：Lot 905&906, 9th floor, Menara 2, Faber Towers, Jalan Desa Bahagia, Taman Desa, 58100, Kuala Lumpur, Malaysia	58100	+603-79811616 +603-79818194

续表

单位名称	地址	邮编	电话
中铁二院工程集团有限责任公司	**四川省成都市通锦路 3 号**	**610031**	**028-87668866**
成都勘察设计研究院有限责任公司	四川省成都市火车北站西二巷 4 号	610081	028-86437317
昆明勘察设计研究院有限责任公司	云南省昆明市官渡区春城路福德立交桥西北角	650200	0871-3538675
重庆勘察设计研究院有限责任公司	重庆市北部新区昆仑大道 46 号	400023	023-88319088
贵阳勘察设计研究院有限责任公司	贵州省贵阳市宝山南路 268 号	550002	0851-5930387
华东勘察设计有限责任公司	浙江省杭州市江干区三里亭路 57 号	310004	0571-87249976
（成都）建设发展有限责任公司	四川省成都市沙湾东一路新二号	610031	028-87700060
（成都）置业开发有限责任公司	四川省成都市通锦路 3 号	610031	028-87664929
成都市政工程技术咨询有限责任公司	四川省成都市通锦路 3 号	610031	028-86445807
（成都）咨询监理有限责任公司	四川省成都市金牛区天回镇金凤凰大道 666 号中铁轨道产业园	610083	028-68937195
成都工程检测有限责任公司	四川省成都市通锦路 3 号	610031	028-86446477
四川中铁二院环保科技有限公司	四川省成都市金牛区万石路中铁产业园	610083	028-86445251
四川旷谷信息工程有限公司	四川省成都市通锦路 3 号	610031	028-68937037
四川迈铁龙科技有限公司	四川省成都市通锦路 3 号	610031	028-86446512
四川艾德瑞电气有限公司	四川省成都市通锦路 3 号	610031	028-86446707
四川拓绘科技有限公司	四川省成都天回镇金凤凰大道 666 号中铁产业园	610083	028-69665820
海南勘察设计有限公司	海南省海口市金贸中路一号半山花园海天商务楼 2878 室	570125	0898-68508316
四川铁创科技有限公司	四川省成都市天回镇金凤凰大道 666 号中铁产业园	610083	028-86445982
四川睿铁科技有限责任公司	四川省成都市天回镇金凤凰大道 666 号中铁产业园	610083	028-86446897
成都物业服务有限公司	四川省成都市天回镇金凤凰大道 666 号中铁产业园	610083	028-68937079
南宁勘察设计研究院	广西壮族自治区南宁市民族大道 88 － 1 号铭湖经典大厦 21 层	530022	0771-2264040
北方勘察设计有限责任公司	山东省济南市市中区顺河东街 66 号	250012	0531-66686168
中铁产业园投资发展有限公司	四川省成都天回镇金凤凰大道 666 号中铁产业园	610081	028- 87587103
四川瑞云信通科技有限公司	四川省成都市金牛区金凤凰大道 99 号	610081	028- 86446386
北京分院	北京市丰台区吴家村路甲 2 号	100040	010-51885404
上海分院	上海市打浦路 88 号海丽大厦 24 楼	200023	021-53964848
广州分院	广东省广州市天河区潭村路 344 号跑马地花园凯榕居	510627	020-85271985
深圳分院	广东省深圳市南山区后海大道瑞铧苑	518054	0755-26479788
福州分院	福建省福州市北环路沁圆新村一号楼 102 室	350013	0592-5052237
厦门分院	福建省厦门市槟榔西里 42 号	361004	0592-5052237
南京分院	江苏省南京市珠江路 88 号新世界中心 B 座 2602 室	210018	025-84716220
沈阳分院	辽宁省沈阳市和平区市府大路 224 号 5 号楼	110002	024-22527598
南昌分院	江西省南昌市站前路 96 号天集大厦 2301 室	610031	0791-87027599
郑州分院	河南省郑州市郑汴路 138 号英协 A 区	450004	0371-66539173
新疆分院	新疆维吾尔自治区乌鲁木齐市河北东路 966 号	830011	0991-6633153
拉萨分院	西藏自治区拉萨市色拉北路雪域明珠园 57-1	850000	0891-6377580
太原分院	山西省太原市迎泽区劲松路 16 号	030001	—
海南分院	海南省海口市金贸中路一号半山花园海天商务楼 2878 室	570125	0898-68598005
青岛分院	山东省青岛市市北区太清路 30 号 C 座	266022	0532-66028709
合肥分院	安徽省合肥市蜀山区潜山路绿地蓝海国际大厦 C 座 21 层	230071	0551-63521106
珠海分院	广东省珠海市拱北侨岭街 84 号 5 幢 501 室	519020	—
湖南分院	湖南省长沙市雨花区古曲路 188 号中隆国际御玺 3B1501	410007	0731-85510856
西安分院	陕西省西安市长乐西路 166 号朝阳国际 C 座 12 楼 1201 室	710032	029-83265139
武汉分院	湖北省武汉市武昌区明主路 616 号和璟国际大厦九楼	430060	027-87308266
雄安分院	河北省雄安新区容城县奥威路领秀城 21 栋 2 单元 2103 号	071000	—

续表

单位名称	地址	邮编	电话
中铁第六勘察设计院集团有限公司	**天津市空港经济区中环西路 36 号**	**300308**	**022-58670629**
天津中铁电气化设计研究院有限公司	天津市河东区江都路 33 号	300250	022-24340602
中铁（天津）隧道工程勘察设计院有限公司	天津市红桥区河北大街 1 号	300133	022-27353577
中铁通信信号勘测设计院有限公司	北京市丰台区金家村 1 号院 13 号楼 312 室	100036	010-51872123
中铁西安勘察设计研究院有限责任公司	陕西省西安市碑林区友谊东路 30 号	710054	029-82321727
中铁合肥建筑市政工程设计研究院有限公司	安徽省合肥市濉溪东路 8 号	230041	0551-65602501
天津路安工程咨询有限公司	天津市河东区江都路 33 号	300250	022-58583529
（天津）检测试验技术有限公司	天津市红桥区河北大街 1 号	300133	022-27330560
（天津）工程设计审查咨询有限公司	天津市自贸试验区（空港经济区）中环西路 36 号 114 室	300308	022-58670582
中铁工程设计咨询集团有限公司	**北京市丰台区广安路 15 号**	**100055**	**010-51835097**
北京中铁诚业工程建设监理有限公司	北京市丰台区航丰路 13 号崇新大厦 2 号楼 4056 室	100070	010-51835210
中铁济南工程建设监理有限公司	山东省济南市槐荫区经十路 25666 号	250022	0531-82439793
中铁济南工程技术有限公司	山东省济南市槐荫区经十路 25666 号	250022	0531-82420756
中铁山西建设工程有限公司	山西省太原市杏花岭区建设北路 262 号	030013	0351-2622885
北京工程检测有限公司	北京市丰台区广安路 15 号	100055	010-51832177
北京铁专院工程咨询有限公司	北京市丰台区广安路 15 号	100055	010-52696363
北京建筑规划设计有限公司	北京市丰台区莲花池南里 26 号 中铁国资大厦 A 座 8 层	100055	010-52686538
中铁轨道交通设计研究有限公司	安徽省芜湖市芜湖经济技术开发区汽经一路 5 号 3-023 室	241000	0553-7527920
中铁旸谷（北京）智慧科技产业有限公司	北京市丰台区外环西路 26 号院 20 号楼 1~4 层	100071	010-52696333
济南设计院	山东省济南市槐荫区经十路 25666 号	250022	0531-82420756
郑州设计院	河南省郑州市高新区莲花街 60 号	450000	0371-68327267
太原设计院	山西省太原市杏花岭区建设北路 262 号	030013	0351-2622885
中铁大桥勘测设计院集团有限公司	**湖北省武汉市经济技术开发区博学路 8 号**	**430056**	**027-84957188**
中铁武汉大桥工程咨询监理有限公司	湖北省武汉市汉阳区汉阳大道 34 号	430050	027-84836754
中铁武汉勘察设计研究院有限公司	湖北省武汉市东湖新技术开发区光谷软件园 E5 栋	430074	027-51161672
中铁大桥（南京）桥隧诊治有限公司	江苏省南京市高新区磐能路 8 号	210061	025-58744609
中铁时代建筑设计院有限公司	安徽省芜湖市鸠江区国泰路 8 号	241001	0553-5855620
中铁城市规划设计研究院有限公司	安徽省芜湖市鸠江区国泰路 8 号	241000	0553-3833832
芜湖市建筑工程施工图设计文件审查中心有限责任公司	安徽省芜湖市联盛广场 2 号楼 14 层 6422 室	241000	0553-3112723
华东分公司	江苏省南京市浦口区浦东北路 5 号总部商务广场 10 幢	210003	—
郑州分公司	河南省郑州市康复前街 55 号	450052	—
安徽分公司	安徽省芜湖市鸠江区北京中路芜湖广告产业园内酒店公寓楼 11 层 1102 室	241004	—
中铁华铁工程设计集团有限公司	**北京市丰台区丰台北路 36 号中铁华铁大厦**	**100071**	**010-63319661**
工业设计院	北京市丰台区丰台北路 36 号中铁华铁大厦	100071	010-83802294
北京设计院	北京市丰台区丰台北路 36 号中铁华铁大厦	100071	010-83897368
轨道交通设计院	北京市丰台区丰台北路 36 号中铁华铁大厦	100071	010-83897377
勘察设计院	北京市朝阳区青年路姚家园甲 110 号	100038	010-85520503
上海设计院	上海市宝山区环镇南路 522 号 A 座 3 层	200436	021-56534019

续表

单位名称	地址	邮编	电话
苏州设计院	江苏省苏州高新区竹园路 209 号创业园 3 号楼 8 层	215011	0512-68415880
深圳设计院	广东省深圳市福田区泰然八路 25 号水松大厦 12A-B	518040	0755-82761658
铁路工程监理公司	北京市丰台区丰台北路 36 号中铁华铁大厦	100071	010-83897531
城市轨道交通监理公司	北京市丰台区丰台北路 36 号中铁华铁大厦	100071	010-83897615
上海分公司	上海市静安区中兴路 457 号中宝大厦 5 层	200071	021-56972292
广州分公司	广东省广州市番禺区迎宾路五洲城 C 座 3010 室	511430	020-34112255
北京颐和工程监理有限责任公司	北京市海淀区北四环西路 87 号院	100195	010-88856175
北京华铁燕丰物业管理有限公司	北京市丰台区丰台北路 36 号中铁华铁大厦	100071	010-83897650
中铁科学研究院有限公司	**四川省成都市金牛区西月城街 118 号**	**610031**	**028-86119790**
中铁西南科学研究院有限公司	四川省成都市高新西区古楠街 97 号	611731	028-67582907
中铁西北科学研究院有限公司	甘肃省兰州市城关区民主东路 365 号	730030	0931-4934554
中铁岩锋成都科技有限公司	四川省成都市高新西区古楠街 97 号	611731	028-87938100
四川铁科建设监理有限公司	四川省成都市高新西区古楠街 97 号	611731	028-67580070
甘肃铁科建设工程咨询有限公司	甘肃省兰州市城关区民主东路 365 号	730030	0931-4934594
中铁成都科学技术研究院有限公司	四川省成都市天府新区万安街道万安路西段 191 号	610000	028-67580083
中铁科学研究院有限公司设计院	四川省成都市高新西区古楠街 97 号	611731	028-67580096
中铁科学研究院有限公司工程公司	四川省成都市高新西区古楠街 97 号	611731	028-67580189
中铁科学研究院有限公司成都分公司	四川省成都市金牛区金府路 666 号金府 SOHO2301 室	610000	028-61991221
中铁科学研究院有限公司深圳分公司	广东省深圳市福田区京基滨河时代大厦 A 座 2707 室	518000	0755-88290572
中铁置业集团有限公司	**北京市丰台区汽车博物馆南路 3 号院北京中铁大厦 A 座**	**100160**	**010-83925798**
沈阳中铁盛丰置业有限公司	辽宁省沈阳市于洪区松山西路 160-1 号	110148	024-62525500
沈阳中铁万科祥盟置地有限公司	辽宁省沈阳市于洪区松山西路 160-1 号	110148	024-62525500
中铁置业集团长春房地产开发有限公司	吉林省长春市汽车经济技术开发区富民大街中铁城	130000	0431-81273666
沈阳中铁阅湖置业有限公司	辽宁省沈阳市于洪区松山西路 160-1 号	110148	024-62525500
中铁置业集团上海有限公司	上海市静安区江场西路 299 弄 22 号	200436	021-56651118
上海中铁市北投资发展有限公司	上海市静安区江场西路 299 弄 22 号	200436	021-56651118
上海中铁宝丰置业有限公司	上海市宝山区友谊路 1588 弄	201901	021-66680533
中铁诺德（杭州）置业有限公司	浙江省杭州市萧山区宁围街道民和路 600 号	311215	0571-89175552
杭州中铁和丰置业有限公司	浙江省杭州市余杭区北沙西路 28 号	311100	0571-89175552
中铁诺德南通置业有限公司	江苏省南通市苏通科技产业园区江成路 1088 号内 3 幢（ZC）3831 室	226000	0513-80561600
南通协创置业有限公司	江苏省南通市崇川区中央路 52 号	226000	0513-859628209
亳州中铁置业有限公司	安徽省亳州市谯城区花戏楼路与元参路交叉口西北角中铁诺德逸都	236800	0558-5581116
中铁置业集团西安有限公司	陕西省西安市高新区丈八一路 10 号	710075	029-88199798
西安中铁瑞丰置业有限公司	陕西省西安市灞桥区灞桥湿地公园	710000	029-89517629
西安中铁长丰置业有限公司	陕西省西安市高新区丈八一路 10 号	710075	029-89840813
西安茂丰置业有限公司	陕西省西安市高新区丈八一路 10 号	710075	029-89840813
中铁置业集团西安有限公司太原项目指挥部	山西省太原市迎泽区新建南路 1 号中铁三局科技研发中心 21 层	030002	0351-8209281
中铁置业集团贵州有限公司	贵州省贵阳市观山湖区观山西路 200 号	550081	0851-87991111
贵阳中铁置业有限公司	贵州省贵阳市观山湖区观山西路 200 号	550081	0851-87991111
贵阳金丰置业有限公司	贵州省贵阳市观山湖区观山西路 200 号	550081	0851-87991111
遵义源丰置业有限公司	贵州省遵义市播州区龙坑镇中铁共青湖	563000	13985103550
贵州中铁诺德地铁置业有限公司	贵州省贵阳市清镇市清州大道新气象站旁数据湖城	551400	0851-87991111
中铁置业集团上海投资发展有限公司	上海市静安区永和路 318 弄 5 号	200072	021-36562888

续表

单位名称	地址	邮编	电话
蚌埠中铁置业有限公司	安徽省蚌埠市东海大道 2595 号大学科技园 1 栋 16 层	233000	0552-2151860
中铁置业亳州投资发展有限公司	安徽省亳州市药都路 6 号	236800	0558-5857010
中铁置业滕州投资发展有限公司	山东省滕州市高铁客运换乘中心	277500	0632-5051509
中铁置业无锡投资发展有限公司	江苏省无锡市梁溪区凤宾路 100 号联东 U 谷 18-1-301 室	214000	0510-83591177
中铁置业集团山东有限公司	山东省青岛市市南区香港中路 8 号	266071	0532-66759999
青岛中金渝能置业有限公司	山东省青岛市市南区香港中路 8 号	266071	0532-81635871
青岛中铁祥丰置业有限公司	山东省青岛市城阳区湘潭路 9 号	266071	0532-68009636
烟台中铁置业有限公司	山东省烟台市莱山区山海路 111 号	264000	0535-6865006
济南中铁置业有限公司	山东省济南市历城区经十东路中铁城售楼处二层	250101	0531-86517295
中铁置业集团菏泽有限公司	山东省菏泽市牡丹区中华西路中铁牡丹城营销示范区综合办公楼	274000	0530-5880609
中铁置业集团济南有限公司	山东省济南市历城区经十东路中铁城售楼处二层	250101	0531-86517268
青岛中铁西海岸投资发展有限公司	山东省青岛市西海岸新区滨海大道 7777 号世博城展示中心	266400	0532-85196369
青岛世博城国际会议展览有限公司	山东省青岛市西海岸新区滨海大道 7977 号世博城展示中心	266400	0532-85196327
中铁置业集团北京有限公司	北京市门头沟区永定镇玉带东二街 163 号中铁西城大厦 19 层	102300	010-61828582
北京中铁润丰房地产有限公司	北京市顺义区空港街道天竺房地产开发有限公司院内 7 号楼	101300	010-61828582
北京中铁东兴房地产开发有限公司	北京市门头沟区永定镇玉带东二街 163 号中铁西城大厦	102308	010-61828582
中铁置业集团济南有限公司	山东省济南市历城区经十东路中铁城售楼处二楼	250101	0531-86517268
北京中铁华兴房地产开发有限公司	北京市大兴区旧忠路中铁华侨城和园售楼处	100076	010-67938752
北京中铁永兴房地产开发有限公司	北京市海淀区新材料创业大厦 A 座 309	100094	010-61828582
北京中铁顺兴房地产开发有限公司	北京市顺义区天北路闫家营段北京中铁顺兴房地产开发有限公司	101318	010-80414255
北京中铁大通房地产开发有限公司	北京市通州区宋庄镇徐辛庄大街 1 号 517 室	101119	01061828552
北京中铁诺德东兴置业有限公司	北京市门头沟区永定镇玉带东二街 163 号中铁西城大厦 16 层	102300	010-61828584
北京中铁诺德盛兴置业有限公司	北京市丰台区汽车博物馆南路 3 号院 D 座 201	100160	010-53356666
北京中铁诺德顺兴置业有限公司	北京市顺义区空港街道天竺房地产开发有限公司院内 7 号楼	101312	010-61828582
北京中铁诺德隆兴置业有限公司	北京市顺义区空港街道天竺房地产开发有限公司院内 7 号楼	101318	010-82058888
北京中铁诺德晨兴房地产开发有限公司	北京市顺义区空港街道天竺房地产开发有限公司院内 7 号楼	101304	010-61828582
北京建邦中铁房地产开发有限公司	北京市海淀区西北旺镇永靓家园项目部	100094	010-62442660
中铁置业集团中南有限公司	湖北省武汉市洪山区徐东大街中铁科技大厦 11 层	430070	027-88735559
湖南青竹湖置业有限公司	湖南省长沙市岳麓区潇湘北路 668 号中铁西江悦售楼部	410000	0731-85099797
湖南百鑫达投资置业有限公司	湖南省长沙市岳麓区潇湘北路 668 号中铁西江悦售楼部	410000	0731-85099798
武汉中铁置业有限公司	湖北省武汉市洪山区徐东大街中铁科技大厦 11 层	430070	027-88735559
武汉中铁锦兴房地开发有限公司	湖北省武汉市洪山区徐东大街中铁科技大厦 11 层	430070	027-88735559
四川新锐实业投资有限公司	四川省都江堰市中兴镇梅花大道 2 号	611830	028-89716597
深圳中铁诺德置业有限公司	广东省深圳市福田区福中三路 1006 号	518026	0755-88267777
深圳市中铁永丰投资发展有限公司	广东省深圳市福田区福中三路 1006 号	518026	0755-88267777
中铁置业（广州）有限公司	广东省广州市白云区江高镇广花三路中铁诺德云城项目工地	510450	0755-88267777
三亚中铁置业有限公司	海南省三亚市河东区迎宾路 165 号	572000	0898-88676159
三亚中铁保丰置业有限公司	海南省三亚市吉阳区迎宾路 179-1 号中环广场 1 号楼 29A 层	572000	0898-88890048
海南鸿安农场有限公司	海南省海口市金盘开发区金华花园连体别墅（丁）型 15 号	570102	18976715688
海南胜安农场有限公司	海南省海口市金盘开发区金华花园连体别墅（丁）型 15 号	570102	18976715688
厦门市中铁源昌置业有限公司	福建省厦门市湖里区五缘湾木浦路 103 号恒安国际中心 1501~1503 单元	361000	0592-3781970

续表

单位名称	地址	邮编	电话
秦皇岛中铁置业房地产开发有限责任公司	河北省秦皇岛市海港区河北大街西段中铁秦皇半岛售楼处	066000	0335-7093960
北京市安丰工程项目管理有限公司	北京市丰台区汽车博物馆南路3号院 北京中铁大厦D座8~9层	100071	010-21722168
北京中铁第一太平物业服务有限公司	北京市丰台区汽车博物馆南路3号院北京中铁大厦东配楼四层	100055	010-21722081
中铁置业集团有限公司成都分公司	四川省成都市青羊区光华东三路486号	610091	028-86283909
中铁置业集团河北雄安有限公司	河北省保定市容城县板正南大街领秀城售楼部	071700	0312-5626506
重庆中铁安居文化旅游发展有限公司	重庆市铜梁区东城街道办事处中兴东路613号潜能燃气大厦9楼	402560	023-45671999
中铁文化旅游投资集团有限公司	**贵州省龙里县中铁国际生态城白晶谷5组团**	**551200**	**0851-85195888**
中铁贵州旅游文化发展有限公司	贵州省黔南州龙里县冠山街道体育路	551200	0851-85195859
中铁四川生态城投资有限公司	四川省眉山市仁寿县黑龙滩镇四海社区商业街13栋	620561	028-36011119
中铁五局集团成都投资发展有限责任公司	四川省成都市金科南路1号黑格中心C5	610036	028-87503400
中铁五局集团郫县投资发展有限公司	四川省成都市郫县郫筒镇滨河路16号	610000	028-87504800
济南中铁诺德文旅投资有限公司	山东省济南市章丘区绣惠街道中心大街诺德生态城营销中心三楼	250200	0531-83690611
中铁高新工业股份有限公司	**北京市丰台区南四环西路诺德中心11号楼**	**100070**	**010-52265888**
中铁山桥集团有限公司	河北省秦皇岛市山海关区南海西路35号	066200	0335-7940050
中铁宝桥集团有限公司	陕西省宝鸡市清姜路80号	721006	0917-3353371
中铁科工集团有限公司	湖北省武汉市洪山区徐东大街55号	430066	027-88772985
中铁工程装备集团有限公司	河南省郑州市经济技术开发区第六大街99号	450016	0371-60608800
中铁九桥工程有限公司	江西省九江市滨江东路148号	332004	0792-7028519
中铁工程服务有限公司	四川省成都市金牛区金凤凰大道666号中铁产业园A11-2	610083	028-83571008
中铁磁浮科技（成都）有限公司	四川省成都市金牛区金凤凰大道666号中铁产业园A13-4	610083	028-83572881
中铁轨道交通装备有限公司	江苏省南京市建邺区白龙江东街22号艺树家工场18层	210019	025-69568187
中铁环境科技工程有限公司	湖南省长沙市岳麓区先导路湘江时代A1栋20层	410218	0731-84127477
中铁资源集团有限公司	**北京市海淀区西四环中路16号院中铁资源大厦**	**100039**	**010-88213080**
华刚矿业股份有限公司	刚果（金）总部：Quartier Kapata, Commune Dilala, Ville de Kolwezi, Province du Lualaba, RDCongo 刚果（金）卢阿拉巴省科卢韦齐市迪拉拉区卡巴达社区 北京代表处：北京市海淀区西四环中路16号院中铁资源大厦6~7层	100039	010-88612000
MKM矿业简化股份有限公司	Kalumbwe Myunga, Territoire de Lubudi, Ville de Kolwezi, Province du Lualaba, RDCongo 刚果（金）卢阿拉巴省科卢韦齐市城乡区噶隆布维·姆雍嘎	—	+243-811739891
绿纱矿业简化股份有限公司	N° 70/68 de L' Avenue Tshiniama au Quartier Golf, Commune de Lubumbashi à Lubumbashi, Province de Haut-Katanga, RDCongo 刚果（金）上加丹加省卢本巴希市卢本巴希区高尔夫小区Tshiniama街70/68号	—	+243-840948267
中刚基础设施建设股份有限公司	N° 38612, Avenue UTEX, Quartier Basoko (CONCESSION UTEXAFRICA), Ngaliema, Kinshasa, RDCongo 刚果（金）金沙萨恩加利埃马区BASOKO居住区（UTEXAFRICA租界）UTEX街38612号	—	+243-0904433837

续表

单位名称	地址	邮编	电话
中刚工程建设股份有限公司	N° 2, Avenue Femme Congolaise, Quartier Mutoshi, Commune Manika, Ville de Kolwezi, Province du Lualaba, RDCongo 刚果（金）卢阿拉巴省科卢韦齐市玛尼卡区姆投希街区刚果妇女大街 2 号	—	+243-822520773
新鑫有限责任公司	МонголулсынДорнодаймагийнДашбалбарсумl-рбаг ШиньШиньXXКньУлааныОрд 蒙古国东方省达西县第一村中铁资源新鑫公司乌兰矿	—	+976-86685556
伊春鹿鸣矿业有限公司	黑龙江省铁力市铁力林业局鹿鸣林场伊春鹿鸣矿业有限公司	152500	0458-6189065
中铁资源集团有限公司商贸分公司（北京兴源诚经贸发展有限公司）	北京市丰台区汽车博物馆南路 3 号北京中铁大厦 B 座 9~11 层	100161	010-83773001
廊坊市中铁物探勘察有限公司	河北省廊坊市广阳区廊万路 9 号	065000	0316-5212305
中铁资源集团金港矿业管理有限公司	北京市海淀区西四环中路 16 号院中铁资源大厦 11 层	100039	010-88212973
中铁资源集团北京技术咨询分公司	北京市丰台区汽车博物馆南路 3 号院北京中铁大厦 B 座 8 层	100070	010-63725586
青海热贡文化保护与开发有限公司	青海省黄南州尖扎县坎布拉镇	811999	0973-7702105
中铁物贸集团有限公司	**北京市门头沟区永定镇玉带东二街 163 号**	**102308**	**010-61829816**
深圳有限公司	广东省深圳市南山区中心路 3333 号中铁南方总部大厦 19 层	518054	0755-36658162
昆明有限公司	云南省昆明市西山区日新中路润城第一大道 4 栋 21 层	650100	0871-67152358
上海有限公司	上海市普陀区丹巴路 99 号 C1 座	200062	021-32514872
武汉有限公司	湖北省武汉市武昌区徐东大街 6 号汇通天地 A 座 18 层	430000	027-88225009
西安有限公司	陕西省西安市碑林区雁塔路北段 9 号中铁第一国际 A 座 19 层	710000	029-83211586
中铁物贸（北京）有限公司	北京市丰台区汽车博物馆南路 3 号院北京中铁大厦西配楼 10~11 层	100055	010-83770567
鲁班（北京）电子商务科技有限公司	北京市门头沟区永定镇玉带东二街 163 号	102308	010-61829501
中石油铁工油品销售有限公司	北京市西城区北三环中路 29 号院茅台大厦 18 层	100029	010-59089109
中铁物贸（天津）有限公司	天津市滨海新区泰达 MSDC2 区 2 栋 24 层	300450	022-58808979
上海亚太国际商品交易服务有限公司	上海市浦东新区世纪大道 201 号渣打银行 9 层	200120	—
中铁物贸矿产有限公司	北京市东城区安定门东大街 28 号 2 号楼 3 层 311A 室	100010	—
中铁物贸能源有限公司	北京市密云区密三路 1 号	101500	—
成都分公司	四川省成都市金牛区金凤凰大道 99 号中铁产业园 A5 栋 7 层	610083	028-83357960
公司沈阳分公司	辽宁省沈阳市和平区南堤西路 901 号中海国际中心 B 座 17 层	110000	024-22552858
轨道集成分公司	北京市丰台区西四环南路 35 号中都科技大厦 13 层	100071	010-63386193
中铁信托有限责任公司	**四川省成都市航空路 1 号国航世纪中心 B 座**	**610041**	**028-82570957**
宝盈基金管理有限公司	广东省深圳市福田区福华一路 115 号投行大厦	518048	0755-83275188
中铁财务有限责任公司	**北京市海淀区复兴路 69 号中国中铁大厦 C 座五层**	**100039**	**010-51952345**
中铁资本有限公司	**北京市海淀区复兴路 69 号华熙 LIVE 中心 C 座 8、9 层**	**100039**	**010-59898521**
中铁汇达保险经纪有限公司	北京市海淀区西翠路 17 号院 24 号楼 6 层	100039	010-51191501
中铁金控融资租赁有限公司	北京市海淀区西翠路 17 号院 24 号楼 2 层	100039	010-88213303
中铁商业保理有限公司	北京市海淀区复兴路 69 号华熙 LIVE 中心 C 座 7 层	100039	010-59871699
中国中铁香港投资有限公司	北京市海淀区复兴路 69 号华熙 LIVE 中心 C 座 6 层	100039	—

续表

单位名称	地址	邮编	电话
中铁世德铁路投资有限公司	**陕西省西安市碑林区 99 号建科大厦 901 室**	**710000**	**—**
中铁云网信息科技有限公司	**北京市海淀区复兴路 69 号**	**100039**	**—**
中铁国资资产管理有限公司	**北京市丰台区莲花池南里 26 号中铁工程大厦 A 座**	**100055**	**010-51843870**
中铁干部管理培训学院	陕西省咸阳市秦皇路 5 号	712000	029-32879710
中铁国资一局资产管理中心	陕西省西安市雁塔北路 1 号	710054	029-87864897
兰州铁路技师学院	甘肃省兰州市七里河区西津西路 511 号	730050	0931-4914815
中铁国资二局资产管理中心	四川省成都市金牛区通锦路 8 号	610031	028-8642877
中铁二局集团中心医院	四川省成都市金牛区沙湾东一路 85 号	610031	028-87743457
中铁二局集团第二医院	江苏省邳州市邳新路 12 号	221300	0516-86223517
中铁国资三局资产管理中心	山西省太原市迎泽大街 269 号	030001	0351-8951503
哈尔滨铁道职业技术学院	黑龙江省哈尔滨市平房区哈南第二大道和南城十五路交叉口	150060	0451-57839228
郑州铁路技师学院	河南省郑州市上街区五云路 68 号	450041	0371-68320720
山西省铁路工程学校	山西省祁县东风路 116 号	030900	0354-5222282
中铁三局集团中心医院	山西省太原市坞城东街 2 号	030006	0351-8952375
中铁国资四局资产管理中心	安徽省合肥市望江东路 96 号	230023	0551-65244237
中铁四局集团中心医院	安徽省合肥市望江东路 96 号	230023	0551-65244457
中国中铁阜阳中心医院	安徽省阜阳市颍东区幸福路 161 号	236024	0558-2107411
中铁四局集团第四医院	安徽省合肥市新蚌埠路 90 号	230041	0551-65245257
中铁国资五局资产管理中心	贵州省贵阳市南明区玉溪巷 89 号	550002	0851-8180480
贵阳铁路工程学校	贵州省贵阳市云岩区白云大道 163 号	550008	0851-4849926
中铁五局集团杭州疗养院	浙江省杭州市富阳区花坞北路 5 号	311400	0571-63323181
中铁国资六局资产管理中心	北京市海淀区万寿路 2 号中铁六局大厦 815 室	100036	010-68185869
中铁国资七局资产管理中心	河南省郑州市航海东路 1225 号	450016	0371-67723150
中铁国资八局资产管理中心	四川省成都市金牛区金科东路 68 号	610036	028-87519663
中铁国资九局资产管理中心	辽宁省沈阳市和平区胜利南街 46 号	110051	024-23943983
中铁国资十局资产管理中心	山东省济南市高新区舜泰广场 7 号楼	250101	0531-82461170
中铁国资大桥局资产管理中心	湖北省武汉市汉阳区汉阳大道 38 号	430050	027-84596303
武汉铁路桥梁职业学院	湖北省武汉市经济技术开发区（汉南）东荆街马影河大道 66 号	430052	027-84280190
中铁国资隧道局资产管理分中心	河南省洛阳市状元红路 3 号	471009	0379-62633133
中铁国资电气化局资产管理分中心	北京市丰台区万寿路南口金家村 1 号院	100036	010-51846543
衡水铁路电气化学校	河北省衡水市红旗南大街职教园区衡水铁路电气化学校	053000	0318-8081180
中铁国资建工资产管理分中心	北京市房山区良乡政通路 12 号	102488	010-51136629
中铁国资北京工程局资产管理中心	北京市海淀区北四环西路 87 号	100195	010-88845011
中铁国资上海工程局资产管理分中心	上海市闸北区江场三路 278 号	200436	021-60768116
中铁上海局芜湖医院	安徽省芜湖市鸠江区卞家店中铁上海局芜湖医院	241000	0553-2821354
中铁国资广州工程局资产管理中心	广东省广州市萝岗区科学城香山路 11 号	510660	020-62812685
中铁国资山桥资产管理中心	河北省秦皇岛市山海关区南海西路 35 号	066205	0335-5158722
山海关铁路技师学院	河北省秦皇岛市山海关区工人新村 863 号	066205	0335-7941272
中铁山桥集团医院	河北省秦皇岛市山海关区工人街 55 号	066205	0335-5141383
中铁国资宝桥资产管理中心	陕西省宝鸡市清姜路 80 号	721006	0917-2867005
宝鸡桥梁厂职工医院	陕西省宝鸡市清姜路 80 号	721006	0917-2867420
中铁国资科工资产管理中心	湖北省武汉市武昌区徐东大街 45 号中铁科技大厦 2309 室	430066	027-86835169
中铁国资武汉电化局资产管理中心	湖北省武汉市东湖新技术开发区光谷创业街 71 号	430074	027-51172341

续表

单位名称	地址	邮编	电话
中铁国资第六勘察设计院资产管理中心	天津市空港经济区中环西路36号	300308	022-58670623
中国铁路工程集团有限公司党校	河北省石家庄市裕华东路56号	050011	0311-67660609 0311-67660610
中国中铁雄安新区投资建设总指挥部	河北省保定市容城县容信路1号中国中铁大厦4层	071700	—
中国中铁股份有限公司珠三角建设指挥部	广州市花都区花都大道东888号祈福酒店9楼	510800	—
中国中铁股份有限公司广州轨道交通工程指挥部	广州市海珠区新港东路万胜围广场C塔19~20楼	510330	—
中国中铁股份有限公司孟加拉帕德玛大桥铁路连接线项目经理部	孟加拉国达卡市巴利达拉小区12号路21号楼	—	—
中国中铁股份有限公司印尼雅万高铁项目经理部	印度尼西亚万隆市帕达拉郎镇新城区床具用品专卖场－中国中铁股份有限公司印尼雅万高铁项目经理部	40553	—
中国中铁股份有限公司哈大铁路客运专线工程指挥部	辽宁省沈阳市苏家屯红椿路88号米拉晶典C2-111	110111	—
中国中铁股份有限公司双辽至洮南公路建设项目第ST01合同段项目总经理部	吉林省松原市长岭县太平川镇106省道旁兴源新村	131500	—

索 引

使用说明

一、本索引采用内容分析索引法编制，除大事记外，年鉴中有实质检索意义的内容均予以标引，以便检索使用。

二、本索引基本上按汉语拼音音序排列，具体排列方法如下：以数字开头的，排在最前面；以英文字母打头的，列于其次；汉字标目则按首字的音序、音调依次排列，首字相同时则以第二个字排序，依此类推。

三、索引标目后的数字，表示检索内容所在的正文页码；数字后面的英文字母 a、b、c，表示正文栏别，合在一起即指该页码及所在的版面区域。年鉴中用表格、图片反映的内容，则在索引标目或数字页码后面用括号注明（表）（图），以区别于文字标目。

四、为反映索引款目间的隶属关系，对于二级标目，采取在上一级标目下缩一格的形式编排，之下再按汉语拼音音序、音调排列。

数字（0~9）

英文（A~Z）

A

B

C

E~F

G

H

J

K

L

M

N

P~Q

R~S

Y

Z

（王彦祥　刘子涵　范小玉　武昕阳　编制）